Antidiskriminierungsrecht versus Kündigungsschutzrecht

Schriften zum Recht der Arbeit

Herausgegeben von Olaf Deinert und Rüdiger Krause

Band 19

PETER LANG

Ceren Kasım

Antidiskriminierungsrecht versus Kündigungsschutzrecht

Der Schutz vor der diskriminierenden Kündigung im deutsch-türkischen Rechtsvergleich

PETER LANG

Bibliografische Information der Deutschen Nationalbibliothek
Die Deutsche Nationalbibliothek verzeichnet diese Publikation in der Deutschen Nationalbibliografie; detaillierte bibliografische Daten sind im Internet über http://dnb.d-nb.de abrufbar.

Zugl.: Göttingen, Univ., Diss., 2021

Gedruckt mit freundlicher Unterstützung der Hans-Böckler-Stiftung.

Hans **Böckler**
Stiftung

Mitbestimmung · Forschung · Stipendien

D 7
ISSN 2191-4079
ISBN 978-3-631-88239-9 (Print)
E-ISBN 978-3-631-89256-5 (E-PDF)
E-ISBN 978-3-631-89257-2 (EPUB)
DOI 10.3726/b2035

Peter Lang – Berlin · Bruxelles · Lausanne · New York · Oxford

Diese Publikation wurde begutachtet.

www.peterlang.com

In Liebe und Dankbarkeit meiner Familie gewidmet.
Für Deniz und Leyla …

VORWORT

Die vorliegende Arbeit ist im April 2021 beim Dekanat der Juristischen Fakultät der Georg-August-Universität Göttingen zur Begutachtung eingereicht und im Wintersemester 2021/2022 als Dissertation angenommen worden. Die mündliche Prüfung fand im Dezember 2021 statt. Die Berücksichtigung der Rechtsprechung erfolgte, soweit möglich, bis Juni 2022. Die Hans-Böckler-Stiftung hat die Erstellung der Dissertation mittels der Gewährung eines Druckkostenzuschusses zur Veröffentlichung unterstützt.

Ich nutze das Vorwort, um einer Reihe von Personen zu danken, die mich bei der Erstellung dieser Arbeit unterstützt haben.

An erster Stelle danke ich meinem Doktorvater, Herrn Professor Dr. Rüdiger Krause, für die sehr fürsorgliche Betreuung meiner Arbeit und für die permanente Unterstützung. Als Jurist und Wissenschaftler ist er stets ein Vorbild für mich.

Mein Dank gilt auch Herrn Professor Dr. Olaf Deinert für die zügige Erstellung des Zweitgutachtens. Herrn Professor Dr. Peter-Tobias Stoll danke ich für die Übernahme des Vorsitzes der Doktorprüfung.

Ferner bin ich Herrn Matthias Effertz für das gründliche und ausführliche Korrekturlesen der Dissertation zu Dank verpflichtet.

Danken möchte ich auch allen Freunden*Freundinnen, die mich während meines Promotionsstudiums unterstützt haben, deren Namen ich hier nicht aufführen kann.

Mein besonderer Dank geht an meine Familie. Ohne ihre ständige Unterstützung und ihr Vertrauen wäre diese Arbeit nie zustande gekommen. Vor allem bin ich meinen Eltern, Rabia Kasım und Halim Kasım, dankbar, die mich dazu erzogen haben, niemals aufzugeben, und meinem Bruder, Sarp Kasım, der immer ein offenes Ohr für mich hatte. Besonders dankbar bin ich meinem Ehemann, M. Önder İntizamoğlu, der meine Projekte immer aufrichtig unterstützt hat. Meinen Kindern danke ich für die Lebensfreude, die sie uns geschenkt haben. Diese Arbeit ist demzufolge meiner Familie gewidmet – insbesondere meinen Kinder Deniz und Leyla.

Weingarten, im August 2022

Inhaltsübersicht

Inhaltsverzeichnis

Abkürzungsverzeichnis

Anmerkung: Erklärung der benutzten türkischen Abkürzungen und die Abkürzungen der deutschen Rechtsprache, die nicht im *Hildebert Kirchner*, unter Mitarbeit von *Dietrich Pannier*; Abkürzungsverzeichnis der Rechtssprache, 6. Aufl., Berlin 2008 aufgelistet sind.

AGG Allgemeines Gleichbehandlungsgesetz vom 14.8.2006

ArbG Arbeitsgesetz der türkischen Republik vom 22.5.2003 mit der Gesetzesnummer 4857

ArbG Nr. 931 Arbeitsgesetz der türkischen Republik aus dem Jahr 1936 mit dem Gesetz Nr. 931

ArbG Nr. 3008 Arbeitsgesetz der türkischen Republik aus dem Jahr 1936 mit dem Gesetz Nr. 3008

ArG Nr. 4857 Arbeitsgesetz der türkischen Republik vom 22.5.2003 mit der Gesetzesnummer 4857

Arbeitsgesetz Arbeitsgesetz der türkischen Republik vom 22.5.2003 mit der Gesetzesnummer 4857

AEMR Allgemeine Erklärung der Menschenrechte der Vereinte Nationen vom 10.12.1948

AEUV Vertrag über die Arbeitsweise der Europäischen Union

ALR Preußisches Allgemeines Landrecht

AntirassismusK VN Übereinkommen zur Beseitigung jeder Form von Rassendiskriminierung vom 7.3.1966

Antirassismuskonvention VN Übereinkommen zur Beseitigung jeder Form von Rassendiskriminierung vom 7.3.1966

Antirassismus-Richtlinie RL 2000/43/EG des vom 29. Juni 2000 zur Anwendung des Gleichbehandlungsgrundsatzes ohne Unterschied der Rasse oder der ethnischen Herkunft

Arbeitsgesetz Arbeitsgesetz der türkischen Republik vom 22.5.2003 mit der Gesetzesnummer 4857

BRG Betriebsrätegesetz vom 4.2.1920

BRK VN Übereinkommen über die Rechte von Menschen mit Behinderung vom 13.12.2006

CEDAW United Nations The Committee on the Elimination of Discrimination against Women

CEPEJ Europäische Kommission für die Effizienz der Justiz

Committee ESCR United Nations Economic and Social Council Committee on Economic, Social and Cultural Rights

ÇT Çalışma ve Toplum

FrauenrechteK VN Übereinkommen zur Beseitigung jeder Form von Diskriminierung der Frau vom 18.12.1979

Frauenrechtekonvention VN Übereinkommen zur Beseitigung jeder Form von Diskriminierung der Frau vom 18.12.1979

ECSR European Committee of Social Rights

Ed. Editor

ed. Edition

EGKS Europäische Gemeinschaft für Kohle und Stahl

Einl. Einleitung

EMBR Französische Erklärung der Menschen- und Bürgerrechte vom 26.8.1789

ErwG Erwähnungsgrund

ESC Europäische Sozialcharta

EU Europäische Union

Euratom Europäische Atomgemeinschaft

EUV Vertrag über die Europäische Union

EWG-Vertrag Vertrag zur Gründung der europäischen Wirtschafsgemeinschaft 1957

Gender-Richtlinie Zivilrecht RL 2004/113/EG des Rates vom 13. Dezember 2004 zur Verwirklichung des Grundsatzes der Gleichbehandlung von Männern und Frauen beim Zugang zu und bei der Versorgung mit Gütern und Dienstleistungen

GewO Gesetz betreffend Abänderung der Gewerbeordnung vom 1. Juni 1891, RGBl, Nr. 18.

GMRGI Gesetz über Menschenrechte- und Gleichheitsinstitution der Türkei mit dem Gesetznummer 6701 vom 6.4.2016

Gleichbehandlungsrichtlinie RL 2006/54/EG des Europäischen Parlaments und des Rates vom 5. Juli 2006 zur Verwirklichung des Grundsatzes der Chancengleichheit und Gleichbehandlung von Männern und Frauen in Arbeits- und Beschäftigungsfragen (Neufassung)

GRC Charta der Grundrechte der Europäischen Union

GüArbeitsgerichte Gesetz über Gesetz über Arbeitsgerichte vom 12.10.2017 mit der Gesetznummer 7036

GüBehinderten Gesetz über Behinderten der türkischen Republik vom 1.7.2005 mit der Gesetznummer 5378

GTVG Gewerkschaften und Tarifvertragsgesetz vom 18.10.2012 mit der Gesetznummer 6356

Int. Introduction

IPBPR Internationaler Pakt über bürgerliche und politische Rechte vom 19.12.1966

IPWSKR Internationaler Pakt über wirtschaftliche, soziale und kulturelle Rechte vom 19.12.1966

i.S.v. im Sinne von

Nr. Numara (Nummer)

Rahmen-Richtlinie RL 2000/78/EG des Rates vom 27. November 2000 zur Festlegung eines allgemeinen Rahmens für die Verwirklichung der Gleichbehandlung in Beschäftigung und Beruf

RESC Revidierte Fassung der Europäischen Sozial Charta

Revidierte-Gender-Richtlinie RL 2002/73/EG des europäischen Parlaments und des Rates vom 23. September 2002 zur Änderung der Richtlinie 76/207/EWG des Rates zur Verwirklichungdes Grundsatzes der Gleichbehandlung von Männern und Frauen hinsichtlich des Zugangs zur Beschäftigung, zur Berufsbildung und zum beruflichen Aufstieg sowie in Bezug auf die Arbeitsbedingungen

RG. T.C. Resmî Gazete (Die Amtsblatt der Republik Türkei) (www.resmigazete.gov.tr)

Univ. Universität

US Vereinigte Staaten (von Amerika)

USA Vereinigte Staaten von Amerika

1924er-Verfassung Verfassung der Republik Türkei aus dem Jahr 1924

1961er-Verfassung Verfassung der Republik Türkei vom 20. Juli 1961

1982er-Verfassung Verfassung der Republik Türkei vom 7. November 1982

Verfassung Verfassung der Republik Türkei vom 7. November 1982

Verf. Verfassung der Republik Türkei vom 7. November 1982

VN-Charta Charta der Vereinten Nationen und Statut des Internationalen Gerichtshofs

vs. Versus

Ziff. Ziffern

Zit. Zitiert

Einführung

§ 1 Einleitung

„Das Schlimmste an diesen Vorurteilen ist,
dass man anfängt, an sich selbst zu zweifeln.
Man ist verletzt, man ist zornig,
all das, aber zugleich fragt man sich:
Bin ich vielleicht wirklich nicht gut genug?"

Nina Simone[1]

Jeder Mensch ist mit einem gleichen, innewohnenden moralischen Wert geboren und allein aufgrund ihres Menschseins kommt allen Menschen die Wertgleichheit zu.[2] Daraus resultieren die gleichen, angeborenen Rechte jedes Menschen auf Gleichheit vor dem Gesetz und dem Anspruch auf Entgegenbringen der gleichen Achtung.[3] Die Überzeugung, die Anderen seien minderwertig, und damit verbundene stigmatisierte Darstellungen über die Mitgliedschaft bestimmter gesellschaftlicher Gruppen erzeugen ein Minderwertigkeitsgefühl.[4] Durch Charakterisierungen, Stereotypen und Überzeugungen hinsichtlich der Unterdrückten kommt es in der Gesellschaft zur Rationalisierung, Naturalisierung und Legitimierung der Unterdrückung.[5] Jede menschliche Identität ist aber in Übereinstimmung mit ihrem, ihnen innewohnenden kulturellen und sozialen Wert in gleicher Weise, ohne herabsetzende Diskriminierung, wertzuschätzen. Abwertende Diskriminierungen enthalten wiederum in sich die Aussage, Diskriminierte seien weniger wert als Andere in der Gesellschaft, und verleugnen die Wertgleichheit aller Menschen und der menschlichen Identitäten.[6] Sie hemmen die Selbstverwirklichung der Menschen, verletzen das Selbstwertgefühl des Individuums und beeinträchtigen das gesamte gemeinschaftliche friedliche Zusammenleben.[7] Gewünscht ist aber ein gesellschaftliches Leben, in dem alle Menschen, frei von abwertenden Diskriminierungen, ein freies und menschenwürdiges Leben führen können. Alle haben das Recht, ohne Verzweiflung und Angst sie selbst zu sein. Erwünscht ist demzufolge die Verwirklichung des Rechts

---

1 Elena Favilli, Francesca Cavallo; Good Night Stories for Rebel Girls. 100 aussergewöhnliche Frauen, 4. Aufl., Carl Hanser Verlag, 2017, S. 170.

2 Z. B. Charta der Vereinten Nationen; Allgemeine Erklärung der Menschenrechte; Internationales Übereinkommen zur Beseitigung jeder Form von Rassendiskriminierung. Siehe *diese Dissertationsschrift* § 4 C; § 4 D. I und II.

3 Siehe *diese Dissertationsschrift* § 4 C; § 4 D. I und II.

4 Siehe *diese Dissertationsschrift* § 4 C; § 4 D. I, II, III und IV.

5 Siehe *diese Dissertationsschrift* § 4 C; § 4 D. IV.

6 Siehe *diese Dissertationsschrift* 4 C; § 4 D. I, II, III und IV.

7 Siehe *diese Dissertationsschrift* § 4 C.

auf Schutz gegen die Überzeugung, einige seien weniger wert als andere. Das gilt auch und vor allem für den Arbeitsplatz, demnach genau dort, wo die Menschen ihren Lebensunterhalt verdienen und ihren materiellen Wohlstand erstreben. Die Realisierung eines freien, würdigen Lebens ist nicht gegeben, wenn Arbeitnehmer*innen Angst vor ungerechter Diskriminierung haben und ihre ökonomische Sicherheit und somit das soziale Wohlbefinden durch Diskriminierungen gefährdet sehen.[8]

Bei dieser Idee im Hinterkopf war § 2 Absatz 4 AGG der Beweggrund dieser Dissertationsschrift. Das allgemeine Kündigungsschutzrecht hat eine lange Tradition und seine eigene Rechtsgeschichte in Deutschland und seine Wurzeln reichen weit zurück. Auch das geltende Kündigungsschutzgesetz geht zurück in die 1950er, präzise in das Jahr 1951. Das deutsche Kündigungsschutzrecht spielt immer noch eine Art Vorreiterrolle in der Welt. Der Diskriminierungsschutz als ein umfassendes Rechtsgebiet, geregelt in einem eigenständigen Gesetz, wiederum ist ein relativ neues Rechtsphänomen im Vergleich zum allgemeinen Kündigungsschutz, geregelt im Kündigungsschutzgesetz in der deutschen Rechtsordnung. Zwar sind im Grundgesetz in Artikel 3 GG oder in diesbezüglichen ersten Regelungen schon vorher Ansätze zu finden, z. B. § 611a BGB a.F. oder § 75 BetrVG. Die Verabschiedung des Allgemeinen Gleichbehandlungsgesetzes erfolgte aber erst im Jahr 2006 mit der Intention, eine Umsetzung der unionsrechtlichen Antidiskriminierungsrichtlinien ins Leben zu rufen. Der Beweggrund dieser Dissertation, § 2 Absatz 4 AGG, entstammt ebenfalls diesem Gesetz. Nach § 2 Absatz 4 AGG gelten für Kündigungen ausschließlich die Bestimmungen zum allgemeinen und besonderen Kündigungsschutz. Gedanken wie Glaube an die Stärke des deutschen Kündigungsschutzrechts und der Wunsch nach Vermeidung eines doppelten/zweiten Kündigungsschutzes im Hintergrund waren ein Anlass, Kündigungen vom Anwendungsbereich des AGG auszuschließen, auch wenn dessen Vereinbarkeit mit dem Unionsrecht immer noch streitig ist. Trotz einer langen Diskussion im Schrifttum hält das Bundesarbeitsgericht an der Norm fest und hat eine Auslegung entwickelt, nach der materielle Diskriminierungsverbote des Allgemeinen Gleichbehandlungsgesetzes bei der Auslegung der unbestimmten Rechtsbegriffe des Kündigungsschutzgesetzes zu beachten sind.

Vier Jahre vor der Verabschiedung des Allgemeinen Gleichbehandlungsgesetzes im Jahr 2002 und 51 Jahre nach der Verabschiedung des deutschen

---

8 Diese Arbeit legt besonderen Wert auf die Benutzung einer geschlechtsneutralen Sprache. Aus diesem Grund wird das Gender-Sternchen „*“ angewendet. Nicht allein die männlich orientierten Mitglieder der Gesellschaft, sondern auch alle andere Genderformen und die Geschlechtsidentitäten, Männer, Frauen, Intersexuelle, Transgender und alle andere biologischen Geschlechter und Genderrollen gelten als inbegriffen. Noch zu notieren ist es, dass die türkische Sprache – ausgenommen einige aus anderen Sprachen ins türkische eingegliederte Wörter – eine geschlechtsneutrale Sprache ist.

Kündigungsschutzgesetzes erstellte wiederum der türkische Gesetzgeber erstmals in der Rechtsgeschichte der Türkei einen allgemeinen arbeitsrechtlichen Kündigungsschutz, um die Rechtslage des Landes an die Bestimmungen des Internationalen Arbeitsorganisation Übereinkommens anzupassen. Die Regulierung ist eine fast wortnahe Übersetzung des Internationalen Arbeitsorganisation Übereinkommens Nr. 158. Ein Jahr später, im Jahr 2003, drei Jahre vor dem deutschen Allgemeinen Gleichbehandlungsgesetz, kam das erste arbeitsrechtliche allgemeine Diskriminierungsverbot des türkischen Rechts. Im Hintergrund stand vor allem die Anpassung des türkischen Arbeitsrechts mit der Frauenrechtskonvention der Vereinten Nationen, die Umsetzung des Übereinkommens des Internationalen Arbeitsorganisation Übereinkommens hinsichtlich des Diskriminierungsschutzes, aber auch die Harmonisierung der türkischen Rechtslage mit den unionsrechtlichen Antidiskriminierungsrichtlinien. Als zweiter Durchbruch des türkischen arbeitsrechtlichen Antidiskriminierungsrechts ist das im Jahr 2016 verabschiedete Gesetz über Menschenrechte und Gleichheitsinstitution der Türkei zu nennen, das ein Nachfolger einer langjährigen Tradition der Institutionalisierung der Menschenrechte in der Republik Türkei ist und ebenfalls Regelungen in Bezug auf den Schutz vor Diskriminierung im Arbeitsleben enthält. Der Grundgedanke des Gesetzes basiert auf dem nationalen türkischen Recht und auf dem Besitzstand der Europäischen Union und den Antidiskriminierungsrichtlinien. In keinem der türkischen Gesetze ist eine Ausschließung der Kündigungen im Hinblick auf den arbeitsrechtlichen Diskriminierungsschutz zu finden. Warum sind die allgemeinen arbeitsrechtlichen Regulierungen beider Länder, die hauptsächlich gleichzeitig zu datieren sind, wobei sich beide größtenteils vom Unionsrecht inspirieren ließen, unterschiedlich? Im deutschen Recht stehen die Kündigungen außerhalb des antidiskriminierungsrechtlichen Schutzes, im türkischen Recht hingegen nicht.

Diese Arbeit nimmt diese Feststellung als ihren Anknüpfungspunkt und strebt die Auseinandersetzung mit den nationalen deutschen und türkischen Rechtsnormen hinsichtlich des Schutzes vor der diskriminierenden Arbeitgeberkündigung innerhalb des Kündigungsschutzes durch die Schaffung einer theoretischen fundamentalen Basis mittels Hilfe der Untersuchung der Entwicklung, der Ziele und der Kritik des Antidiskriminierungs- und Kündigungsschutzrechts sowie durch Erkundung des arbeitsvölkerrechtlichen und supranationalen Rechts an. Ziel ist es letztendlich, ein Verständnis der Denkarten des Antidiskriminierungs- und Kündigungsschutzrechts zu erreichen und mit dessen Hilfe die Rechtsnormen im Hinblick auf ihre Eignung im Zusammenhang mit dieser theoretischen Grundlage in der Hoffnung auf das Schaffen eines umfassenderen Schutzes für Arbeitnehmer*innen zu untersuchen, die aufgrund ihrer Eigenschaft als Merkmalsträger*innen sich in gesellschaftlich benachteiligten Positionen befinden und demzufolge einen wirksamen Schutz vor einer diskriminierenden Kündigung brauchen.

Sowohl über das Antidiskriminierungsrecht als auch über den Kündigungsschutz gibt es in Deutschland weitreichende Kommentarliteratur, die das Allgemeine Gleichbehandlungsgesetz und das Kündigungsschutzgesetz zum Thema haben.[9] Darüber hinaus ist die Problematik des § 2 Absatz 4 AGG in Monografien und zahlreichen Artikeln behandelt, darunter sind auch rechtsvergleichende Arbeiten, z. B. mit dem englischen oder italienischen Recht oder in Bezug auf das Unionsrecht, vorhanden.[10] Ein Vergleich mit dem türkischen Recht im Hinblick auf das Verhältnis von Antidiskriminierungsrecht und Kündigungsschutzrecht findet sich bis jetzt aber nicht. Im türkischen Schrifttum sind ebenfalls Monografien und Artikel über den Diskriminierungsschutz und Kündigungsschutz zu finden.[11]

---

9 *AGG Kommentare (Beispielhaft):* Adomeit, Klaus / Mohr, Jochen: Kommentar zum Allgemeinen Gleichbehandlungsgesetz, Stuttgart, München, Hannover, Berlin, Weimar, Dresden 2007; Bauer, Jobst-Hubertus / Göpfert, Burkhard / Krieger, Steffen (Hrsg.): Allgemeines Gleichbehandlungsgesetz, 3. Aufl., München 2011; Schiek, Dagmar (Hrsg.): Allgemeines Gleichbehandlungsgesetz (AGG), Ein Kommentar aus europäischer Perspektive, München 2007.

Kündigungsschutzgesetz Kommentare (Beispielhaft): Ascheid, Reiner / Preis, Ulrich / Schmidt, Ingrid: Kündigungsrecht: Großkommentar zum gesamten Recht der Beendigung von Arbeitsverhältnissen, 6. Auflage 2021.

10 *Monografien (Beispielhaft):* Becker, Christian: Vom Gleichheitssatz zum arbeitsrechtlichen Diskriminierungsverbot: Eine rechtsvergleichende Betrachtung der europäischen, italienischen und deutschen Rechtsentwicklung unter besonderer Berücksichtigung älterer Arbeitnehmer in befristeten Arbeitsverhältnissen, Berlin 2015; Wenckebach, Johanna: Antidiskriminierungsrechtliche Aspekte des Kündigungsschutzes in Deutschland und England, Diss. Bremen, Baden-Baden 2012; Lingscheid, Anja: Antidiskriminierung im Arbeitsrecht, -Neue Entwicklungen im Gemeinschaftsrecht auf Grund der Richtlinien 2000/43/EG und 2000/78/EG und ihre Einfügung in das deutsche Gleichbehandlungsrecht-, Berlin 2004.

Artikeln (Beispielhaft): Bauer, Jobst-Hubertus / Thüsing, Gregor / Schunder, Achim: Das Allgemeine Gleichbehandlungsgesetz – Alter Wein in neuen Schläuchen?, NZA 2006, 774 ff.; Diller, Martin/Krieger, Steffen/Arnold, Christian: Kündigungsschutzgesetz plus Allgemeines Gleichbehandlungsgesetz., Sind Arbeitnehmer in Zukunft doppelt vor Kündigung geschützt?, NZA 16/2006, 887 ff.

11 *Diskriminierungsschutz (Beispielhaft):* Bakırcı, Kadriye: Uluslararası Hukuk, AB ve ABD Hukuku ile Karşılaştırmalı İş Hukukunda Cinsiyet Ayrımcılığı Yasağı İlkesinin İstisnaları ve Objektif Haklı Nedenler, Ankara 2012; Dedeoğlu, Saniye: Eşitlik mi Ayrımcılık mı? Türkiye`de Sosyal Devlet, Cinsiyet Eşitliği Politikaları ve Kadın İstihdamı, Çalışma ve Toplum 2009/2, 41 ff.; Doğan Yenisey, Kübra: İş Kanununda Eşitlik İlkesi ve Ayrımcılık Yasağı, Çalışma ve Toplum 2006/4, 63 ff.; Dulay Yangın, Dilek: İşyerinde Dini Sembollerin Kullanımı (Karar İncelemesi), Çalışma ve Toplum 2019/3 (62), 2049 ff.; Gülmez, Mesut: İnsan Haklarında Ayrımcılık Yasaklı Eşitlik İlkesi: Aykırı Düşünceler, Çalışma ve Toplum, 2010/2, 217 ff.; Karan, Ulaş: Uluslararası İnsan Hakları Hukuku Işığında Türk Hukukunda Ayrımcılık Yasağı, Diss. İstanbul Üniversitesi, İstanbul 2012; Ünal, Canan: İş Hukukunda Yaş

Das arbeitsrechtliche Antidiskriminierungsrecht gestaltet sich zurzeit als ein sehr begehrtes Thema der türkischen Arbeitsrechtliteratur. Kürzlich sind auch Monografien über das Gesetz über Menschenrechte und Gleichheitsinstitution der Türkei erschienen.[12] Diskriminierende Kündigungen in der türkischen Literatur sind bis jetzt meistens im Zusammenhang mit den Rechtsfolgen der diskriminierenden Kündigungen in den Artikeln behandelt.[13] Eine Untersuchung des Themas der diskriminierenden Kündigung in seinem ganzen Umfang, auch einer rechtsvergleichenden Version, fehlt allerdings.

Das Thema des Verhältnisses von Antidiskriminierungsrecht und Kündigungsschutzrecht verliert darüber hinaus im Allgemeinen nie an Aktualität. Eine Untersuchung über dieses Thema ist vor allem eine Diskussion über das Verhältnis von bürgerlichen Menschenrechten und sozialen und ökonomischen Menschenrechten, und solange eine ausreichende Gewährleistung beider Arten von Menschenrechten nicht erreicht ist, bleibt es eines der grundsätzlichen Diskussions- und Konfliktthemen der Rechtswissenschaft. Des Weiteren beweist sich das Antidiskriminierungsrecht als ein sehr bewegtes, permanent zu entwickelndes Rechtsgebiet, das immer wieder neue Fragestellungen und Herausforderungen aufwirft.

In Bezug auf den Vergleich der nationalen deutschen und türkischen Rechtsordnungen hinsichtlich des Schutzes vor diskriminierenden Arbeitgeberkündigungen innerhalb des Kündigungsschutzes ist es zum gegenwärtigen Zeitpunkt geboten, das Thema zu untersuchen, weil es noch nie in deutsch-türkisch

---

Ayrımcılığı, İstanbul 2018; Yıldız, Gaye Burcu: İşverenin Eşit İşlem Yapma Borcu, Ankara 2008.

Kündigungsschutz (Beispielhaft): Alp, Mustafa: İşçinin Feshe Karşı Korunması (İş Güvencesi Yasası), Dokuz Eylül Üniversitesi Hukuk Fakültesi Dergisi, 2003, Cilt: 5, Sayı: 1, 1 ff.; Astarlı, Muhittin: Genel Ekonomik Kriz Dönemlerinde İşletme Gerekleri Nedeniyle Fesih ve Kısa Çalışma İlişkisi, Sicil, 2010 Mart, 74 ff.; Baysal, Ulaş: İş Sözleşmesinin Süreli Feshinde İşçinin Yeterliliğine İlişkin Geçerli Sebepler, Diss. Gazi Üniversitesi 2011.

12 *Gesetz über Menschenrechte und Gleichheitsinstitution der Türkei (Beispielhaft):* Düğmeci, Fatih: Türkiye İnsan Hakları ve Eşitlik Kurumu'nun Yapısı ve İdare Üzerindeki Ayrımcılık Denetimi, Yüksek Lisans Tezi, Selçuk Üniversitesi Sosyal Bilimler Enstitüsü Kamu Hukuku Anabilim Dalı, Konya 2018; Kayaalp, Dilek: Türkiye İnsan Hakları ve Eşitlik Kurumu Kanununun İş Hukukuna Etkisi, Yüksek Lisans Tezi, Ankara Hacı Bayram Veli Üniversitesi Lisansüstü Eğitim Enstitüsü, Mayıs 2019.

13 *Über die Rechtsfolgen (Beispielhaft):* Aktay, Nizamettin: İşe İade Davası Sonrası İşçinin İşverene İşe Davet Edilmesine Rağmen İşe Başlamamasının Sonuçlarına İlişkin Yargıtay Kararı İncelemesi, Sicil Eylül 2006, Yıl: 1, Sayı: 3, 103 ff.; Bakırcı, Kadriye: İş Güvencesi Kapsamındaki İşçilerin Doğrudan Tazminat Talep Hakları ve Kötüniyet veya Sendikal Tazminat ile Ayrımcılık Tazminatı İlişkisi, Sicil Haziran 2006, Yıl: 1, Sayı: 2, 114 ff.

rechtsvergleichender Hinsicht Behandlung erfahren hat. Für das deutsche Schrifttum ist es von besonderer Bedeutung, die Wirkungen der Übereinkommen der Internationalen Arbeitsorganisation und der völkerrechtlichen Verträge auf die nationale türkische Rechtsordnung zu prüfen. Das türkische Schrifttum kann insbesondere von der deutschen Denkweise profitieren und die Arbeitsweise der langjährigen kündigungsschutzrechtlichen Tradition auf das arbeitsrechtliche Antidiskriminierungsrecht beobachten. Für die Leser anderer Rechtstraditionen ist es ebenfalls wertvoll, einen Vergleich der Rechtsordnungen Deutschlands und der Türkei in ihren Besonderheiten sowie in ihren Unterschieden und Ähnlichkeiten mit den anderen zu betrachten und somit neue Anregungen zu sammeln.

Seit Beginn des Jahres 2020 gewinnt das Thema des Verhältnisses des Antidiskriminierungsrechts und des Kündigungsschutzrechts in Bezug auf den Schutz vor diskriminierenden Kündigungen vermehrt an Aktualität. Die Krise und die außergewöhnliche gesellschaftliche, politische, aber auch rechtliche Lage – verursacht durch die Pandemie der Coronavirus-Krankheit – verlangt ein Umdenken im Hinblick auf das Konzept von Diskriminierungsschutz und Kündigungsschutz im arbeitsrechtlichen Kontext sowie ebenso eine ausführliche Untersuchung der geltenden Rechtsnormen in Bezug auf ihre Eignung für die Post-Pandemie-Ära. Die Pandemie der Coronavirus-Krankheit und die dadurch verursachte Krise verschärfte die gesellschaftlichen Ungleichheiten und verschlechterte die Situation der am stärksten gefährdeten Gruppen, die meistens aufgrund der Merkmalsträgerschaft durch die allgemeinen Diskriminierungsverbote geschützt sind, in der Gesellschaft. Frauen als eine Merkmalsträgergruppe sind als Beispiel zu nehmen. Die Vereinten Nationen und weitere internationale Organisationen stellten im internationalen Kontext eine Repräsentanz von Frauen von 39 Prozent der weltweiten Gesamtbeschäftigung fest, allerdings sind sie bis jetzt durch einen Verlust aufgrund der Pandemie von 54 Prozent der gesamten Arbeitsplatzverluste betroffen.[14] Außerdem sind es nach der vorläufigen Bewertung der Internationalen Arbeitsorganisation die feminisierten Sektoren, die wahrscheinlich am stärksten vom Verlust von Arbeitsplätzen als Ergebnis der Pandemie der Coronavirus-Krankheit betroffen sind.[15] Im Falle einer Beendigung der Regulierungen der pandemiebedingten Kurzarbeit in Deutschland und in der Türkei sowie der Aufhebung des pandemiebedingten Kündigungsverbotes in der Türkei

14 McKinsey Global Institute: COVID-19 and gender equality: Countering the regressive effects, 15.7.2020; International Finance Corporation World Bank Group: Covid-19 and Gender Equality: Six Actions for the Private Sector, Washington 2020, S. 6; Schalatek, Liane: The invisible coronavirus makes systemic gender inequalities and injustice visible, 30.4.2020. UN Women: https://www.unwomen.org/en/news/stories/2020/9/feature-covid-19-economic-impacts-on-women (31.3.2021).

15 Feminisierte Sektoren sind die Wirtschaftssektoren, in denen überwiegend Frauen beschäftigt sind. Vgl. European Parlament Study Requested by the FEMM committee: The gendered impact of the COVID-19 crisis and post-crisis period, S. 53.

ist kurzfristig, aber vielleicht auch mittelfristig mit einer Entlassungswelle aufgrund der durch die Krise der Pandemie verursachten ökonomischen Rezession zu rechnen. Es besteht die Gefahr der Entlassung der Merkmalsträger aufgrund ihrer fragilen sozialen Lage als Erste. Es stellt sich die Frage nach der Reaktion der Gesellschaft nach der durch die Pandemie der Coronavirus-Krankheit verursachten Krise. Reichen die derzeitigen Schutzmechanismen aus, Merkmalsträger, die schon jetzt potenzielle Opfer von ungerechter Diskriminierung sind und unter fragilen gesellschaftlichen Positionen leiden, zu schützen? An welche Grundwerte halten sich Menschen in Konfliktfällen? Diese Arbeit kann mittels ihrer grundwertebasierten Untersuchung des Rechtsproblems zur Lösung dieser Fragen beitragen.

Der Zweck dieser Dissertationsschrift ist es demnach, einen Überblick zu geben über das Verhältnis von Antidiskriminierungsrecht und Kündigungsschutzrecht unter Berücksichtigung der fundamentalen Perspektive und des internationalen und supranationalen Arbeitsrechts; vor allem ist ein Vergleich zu ziehen zwischen dem deutschen und dem türkischen Recht hinsichtlich der Schnittpunkte dieser Rechtsgebiete, wozu eine diskriminierende Kündigung zu zählen ist. Der Vergleich der Rechtssysteme der Bundesrepublik Deutschland und der Republik der Türkei in Bezug auf das Antidiskriminierungs- und Kündigungsschutzrecht und ihre Wechselbeziehung stehen dabei im Mittelpunkt.

§ 2 Eingrenzung des Untersuchungsgegenstands

Die vorliegende Dissertation thematisiert vor allem das Verhältnis des arbeitsrechtlichen Antidiskriminierungsrechts und des arbeitsrechtlichen allgemeinen Kündigungsschutzrechts. In Betracht zieht die Doktorarbeit im Wesentlichen die theoretischen Aspekte des Themas und beschäftigt sich mit den grundlegenden Fragen der Rechtsgebiete des Antidiskriminierungsrechts und des Kündigungsschutzrechts in Bezug auf die Geschichte, Begrifsbestimmungen, Ziele sowie rechtfertigende und herausfordernde Theorien. Berücksichtigung findet ebenfalls das Verhältnis des Antidiskriminierungsrechts und des Kündigungsschutzrechts aus der Perspektive des Völkerrechts und des supranationalen Rechts unter Berücksichtigung der Reflexion der theoretischen Debatten. Die Dissertationsschrift nimmt den Schutz des*der Arbeitnehmers*in vor der diskriminierenden Kündigung des*der Arbeitgebers*in innerhalb des Kündigungsschutzes im nationalen Recht als Objekt der Untersuchung und es findet ein Rechtsvergleich zwischen dem nationalen deutschen und dem türkischen Recht statt.

Die Arbeit beabsichtigt eine Bereicherung der arbeitsrechtlichen Antidiskriminierungsrecht-Literatur. Ausschließlich antidiskriminierungsrechtliche Vorschriften über das Arbeitsleben, insbesondere die an kündigungsschutzrechtliche Fragen angesichts des Arbeitsrechts anknüpfen, erfahren ihre Abhandlung in der Doktorarbeit. Andere, privatrechtliche und öffentlichrechtliche Regelungen des Antidiskriminierungsrechts wie auch sozialrechtliche Vorschriften sind nicht Gegenstand dieser Dissertationsschrift. Die Arbeit konzentriert sich ausschließlich auf den Schutz der Arbeitnehmer*innen im rechtlichen Sinne und verzichtet in ihrer Untersuchung auf die Behandlung in Bezug auf andere Beschäftigte.

Die Doktorarbeit richtet ihr Ziel auf das Problem der diskriminierenden Kündigung. Diskriminierung vor der Einstellung, am Arbeitsplatz und Belästigung als Diskriminierung sind demnach nicht Gegenstand dieser Dissertation und werden nur am Rande bearbeitet.

Die Arbeit erkennt die bahnbrechende Bedeutung des Konzepts der positiven Diskriminierung in der Geschichte des Diskriminierungsschutzrechts eben auch in der Rechtsgeschichte, erwähnt aber dieses Thema nur am Rande der Doktorschrift und handelt sie lediglich im Kontext der diskriminierenden Kündigung ab.

Die Dissertation untersucht darüber hinaus nur personenbedingte Diskriminierungsgründe. Die geschichtliche Entwicklung des Antidiskriminierungsrechts belegt ein Basieren des Diskriminierungsschutzes für personenbedingte Merkmale und andere – z. B. arbeitsvertraglich bezogene Merkmale – auf verschiedenen historischen Ereignissen und verschiedenen Rechtsgedanken. Somit thematisiert die Arbeit nur personenbedingte Merkmale, die sowohl in Deutschland als auch in der Türkei durch allgemeine Diskriminierungsverbote geschützt sind. Die vorliegende Doktorarbeit beschäftigt sich demnach nicht mit der Diskriminierung aus Gründen der Staatsangehörigkeit und den am Arbeitsvertrag anknüpfenden Diskriminierungsverboten sowie mit der Entgeltgleichheit. Des Weiteren limitiert die Dissertationsschrift die Diskussion über die Diskriminierungsmerkmale mit ihrem Bezug zum allgemeinen Kündigungsschutzrecht und im Kontext zum allgemeinen arbeitsrechtlichen Diskriminierungsschutz. Weiterhin geht die Arbeit nicht ein auf detaillierte Fragen über den Mutterschutz oder den Schutz der Menschen mit Behinderungen, die mit der Zeit ihre eigenen Rechtsgebiete entwickelt haben, oder den Schutz von Schwangeren, vielmehr erfolgt eine Behandlung dieser Diskriminierungsgründe nur im Zusammenhang mit dem allgemeinen arbeitsrechtlichen Diskriminierungsschutz.

Die Doktorschrift schafft eine Diskussion über den allgemeinen arbeitsrechtlichen Diskriminierungsschutz und das allgemeine Kündigungsschutzrecht. Außerordentliche Kündigungen, die auf dem Zusammenbrechen der Arbeitsvertragsverhältnisse aus wichtigem Grund basieren, und der besondere Kündigungsschutz, der auf den Schutz verschiedener Personengruppen abzielt, liegen außerhalb des Diskussionsbereiches der Dissertation, da sie grundlegende Unterschiede in Bezug auf ihr Ziel und Schutzgut haben, und finden deswegen nur am Rande hinsichtlich der Erreichung der Verständlichkeit des Dissertationsthemas Erwähnung. Massenentlassungen sind ebenfalls nicht Gegenstand der Doktorarbeit.

Mit dem Problem der diskriminierenden Arbeitnehmerkündigung setzt sich die vorliegende Arbeit nicht auseinander. Die Dissertation konzentriert sich nur auf die diskriminierende Arbeitgeberkündigung und den antidiskriminierungsrechtlichen und/oder kündigungsschutzrechtlichen Schutz dagegen.

§ 3 Gang der Untersuchung

Die Dissertation besteht aus einer Einführung, drei Teilen und einem Fazit.

Die Arbeit beginnt mit einer Einleitung zur Doktorschrift, die sowohl den Untersuchungsgegenstand der Schrift eingrenzt als auch den Gang der Untersuchung vorstellt.

Nach der Einführung gliedert sich die Dissertationsschrift in drei Teile. Der erste Teil widmet sich dem theoretischen Fundament der Untersuchung; diesbezüglich schildert er die theoretischen Grundlagen des Antidiskriminierungsrechts und des Kündigungsschutzrechts anhand eines Vergleiches der beiden Rechtsgebiete. Der zweite Teil der Arbeit betrachtet die rechtlichen Grundlagen des Antidiskriminierungsrechts und des Kündigungsschutzrechts nach dem internationalen und supranationalen Recht und deren Verbindung mit dem nationalen deutschen und türkischen Recht. Der dritte Teil setzt sich mit den nationalen rechtlichen Grundlagen des Antidiskriminierungsrechts und des Kündigungsschutzrechts am Beispiel des praktischen Problems des Schutzes der Arbeitnehmer*innen vor einer diskriminierenden Kündigung der Arbeitgeber*innen innerhalb des Kündigungsschutzes im deutsch-türkischen Rechtsvergleich auseinander. Dabei verwendet die Arbeit eine Methode, die vom Allgemeinen auf das Besondere kommt. Die Doktorschrift beabsichtigt damit, zuerst die treibende Kräfte, die Grundwerte und die Funktionsweise der beiden Rechtsgebiete verständlich zu machen und erläutert die Reflexionen der allgemeinen Theorien des Antidiskriminierungsrechts und des Kündigungsschutzrechts auf die internationalen, supranationalen Normen und hauptsächlich in Bezug auf besondere nationalrechtliche Fragestellungen hinsichtlich einer diskriminierenden Kündigung. Basierend darauf beleuchtet die Dissertation in den Ebenen der nationalen, internationalen und supranationalen rechtlichen Grundlagen, welche theoretischen Ansätze bei der Normsetzung in der Lage sind, die Übereinstimmung der nationalen Normen mit der allgemeinen Theorie des Antidiskriminierungsrechts und des Kündigungsschutzrechts zu überprüfen. Da die Zielsetzung dieser Doktorarbeit sowohl einen Vergleich des Antidiskriminierungsrechts und des Kündigungsschutzrechts als aber auch einen Vergleich der nationalen deutschen und türkischen Rechtssysteme beinhaltet, bietet sich zusätzlich die Verwendung der Methode des Rechtsvergleiches – verteilt über die gesamte Arbeit – an.

Der erste Teil der Dissertationsschrift, betitelt „Theoretisches Fundament. Antidiskriminierungsrecht vs. Kündigungsschutzrecht", enthält drei Kapitel, namentlich „Antidiskriminierungsrecht", „Kündigungsschutzrecht" sowie „Antidiskriminierungsrecht vs. Kündigungsschutzrecht", und befasst sich mit dem theoretischen Fundament der Doktorarbeit. Gegenstand der Untersuchung sind insbesondere das Antidiskriminierungsrecht und das Kündigungsschutzrecht. Die Untersuchung der beiden erfolgt in der gleichen Weise, um einen Vergleich der theoretischen Grundlagen dieser verschiedenen Rechtsgebiete zu ermöglichen sowie ihre Ähnlichkeiten und Verschiedenheiten der Rahmenbedingungen festzustellen. Somit folgt eine Behandlung der geschichtlichen Entwicklung des Antidiskrimierungsrechts und des Kündigungsschutzrechts, um die Bedeutung eines derartigen Schutzes gegen Diskriminierung oder Kündigung zu verstehen und wie sich diese Schutzmechanismen mit der Zeit entwickelt haben. Eine Begriffsbestimmung mit der Klärung der Begriffe wie Diskriminierung, Antidiskriminierung oder Kündigung, Kündigungsschutz folgt, um zielgerichtet Verwechslungen zu vermeiden. Erläuterung finden danach rechtfertigende Theorien in Bezug auf die Frage, warum eine Diskriminierung gesellschaftlich unerwünscht ist, und die Frage, warum Arbeitnehmer*innen gegen ungerechte Kündigungen zu schützen sind, sowie die Frage um herausfordernde Theorien hinsichtlich der Kritik am Antidiskriminierungsrecht oder Kündigungsschutzrecht. In Bezug auf das Antidiskriminierungsrecht erfolgt zusätzlich eine umfassende Schilderung der Ziele des Antidiskriminierungsrechts; parallel dazu findet eine Erläuterung des Schutzgutes des Kündigungsschutzes und in Verbindung damit die Frage nach dem Bestandsschutz oder die Abfindung im Hinblick auf das Kündigungsschutzrecht statt. Der erste Teil schließt mit einem Vergleich des Antidiskriminierungsrechts vs. des Kündigungsschutzrechts. Die Erarbeitung der weiteren Teile basieren auf der Grundlage der gefundenen Ergebnisse.

Der zweite Teil der Arbeit, betitelt „Rechtliche Grundlagen. Internationales und Supranationales Recht“, enthält zwei Kapitel, namentlich „Völkerrechtliche Grundlagen des Antidiskriminierungsrechts und Kündigungsschutzrechts“, sowie „Europarechtliche Grundlagen des Antidiskriminierungsrechts und Kündigungsschutzrechts“, und befasst sich mit der internationalen und supranationalrechtlichen Dimension der Dissertation. Das Kapitel beinhaltet eine Erklärung und Konkretisierung der völkerrechtlichen Grundlagen durch internationale Organisationen der Vereinten Nationen, der Internationalen Arbeitsorganisation und des Europarats anhand einer abgeschlossenen Charta, Erklärung, eines Paktes, Übereinkommens, einer Konvention in Verbindung mit ihrer Bedeutung für das nationale deutsche und türkische Recht unter Berücksichtigung der theoretischen Aspekte. Die Untersuchung vollzieht sich geteilt nach Diskriminerungsschutz und Kündigungsschutz sowie mittels der Durchsetzungsmechanismen des angebotenen Schutzes mit dem Ziel der Ermöglichung eines Vergleiches, wie die völkerrechtlichen Verträge den Schutz gegen Diskriminierung und gegen Kündigung bewerten, und eruiert, ob verschiedene Schutzniveaus für den Diskriminierungsschutz und den Kündigungsschutz vorhanden sind. Nach der Behandlung der Doktorarbeit mit den völkerrechtlichen Grundlagen schließt sich eine Auseinandersetzung mit den europarechtlichen Grundlagen unter Berücksichtigung ihrer Bedeutung für das deutsche und türkische Recht an. Dabei befasst sich die Arbeit zunächst mit dem Diskriminierungsschutz und danach mit dem Kündigungsschutz und behandelt eventuell vorhandene, verschiedene Schutzmechanismen und/oder verschiedene Niveaus des Schutzes gegen Diskriminierung oder Kündigung.

Der dritte und umfangreichste Teil der Dissertation, betitelt „Nationales Recht. Schutz des*der Arbeitnehmers*in vor der diskriminierenden Kündigung des*der Arbeitsgebers*in nach deutschem und türkischem Recht", enthält sechs Kapitel, namentlich „Nationale rechtliche Grundlagen des arbeitsrechtlichen Antidiskriminierungsrechts und des allgemeinen Kündigungsschutzrechts", „Anwendungsbereiche des arbeitsrechtlichen Antidiskriminierungsrechts und des allgemeinen Kündigungsschutzrechts nach deutschem und türkischem Recht", „Schutz vor Diskriminierung nach dem allgemeinen Diskriminierungsschutz am Beispiel einer Kündigung", „Schutz vor Kündigung nach dem Kündigungsschutzrecht am Beispiel einer diskriminierenden Kündigung", „Rechtsschutz für eine diskriminierende Kündigung" und „Rechtsfolgen einer diskriminierenden Kündigung", und befasst sich mit dem Thema der diskriminierenden Kündigung und dem Schutz dagegen nach deutschem und türkischem Recht im rechtsvergleichenden Sinne. Das Ziel des dritten Teiles ist die Herausarbeitung der Unterschiede zwischen den Rechtslagen in Deutschland und in der Türkei in Bezug auf den Schutz vor einer diskriminierenden Kündigung sowie hinsichtlich der Ähnlichkeiten und Gemeinsamkeiten der Rechtsordnungen. Zur Untersuchung gelangen die Fragen, wie und inwiefern die Rechtsordnungen einen Schutz vor einer diskriminierenden Kündigung bieten, wie es sich von einem anderen Rechtssystem unterscheidet und, vor allem, ob der gewährleistete Schutz nach dem nationalen deutschen und türkischen Recht mit den theoretischen Grundlagen des Antidiskriminierungsrechts und des Kündigungsschutzrechts vereinbar ist. Eine Auseinandersetzung mit dem Thema erfolgt nach jedem dargestellten Aspekt erst nach deutschem und danach nach türkischem Recht. Während der Darstellung dieses Teiles verwendet die Arbeit manchmal Daten von soziologischen Untersuchungen oder Statistiken, um die Gewichtung des Problems in der Gesellschaft und ihre Bedeutung für das gesellschaftliche Leben zu verdeutlichen. Die Doktorschrift präferiert dabei den Umfang der Darstellung des türkischen Rechts gegenüber dem deutschen Recht. Die Arbeit zielt vor allem auf deutschsprachige Leser; darüber hinaus hat das Thema in der deutschen Literatur bis jetzt eine wesentlich umfangreichere Behandlung erfahren. Die türkische Literatur lässt eine eingehende Untersuchung des Themas weitgehend noch vermissen. Außerdem soll die Dissertation für deutsche Leser inspirierend sein und es ihnen ermöglichen, andere Lösungswege zu den gleichen Problemen kennenzulernen.

Ein Fazit beschließt die Arbeit.

Erster Teil. Theoretisches Fundament. Antidiskriminierungsrecht vs. Kündigungsschutzrecht

Der folgende Teil beschäftigt sich mit dem Verhältnis von Antidiskriminierungsrecht und Kündigungsschutzrecht. Der Teil gliedert sich in drei Kapitel. Den Beginn stellt das Thema Antidiskriminierungsrecht dar. Es folgt eine Diskussion zum Thema Kündigungsschutzrecht. Schließlich steht das Beleuchten des Verhältnisses dieser Rechtsgebiete an.

§ 4 Antidiskriminierungsrecht

Dieser Teil beinhaltet die theoretischen Grundbausteine des Antidiskriminierungsrechts. Nach einem kurzen Überblick über die Geschichte des Antidiskriminierungsrechts findet eine Beschreibung des Begriffes Diskriminierung statt. Es schließt sich die Frage an, warum Diskriminierung in einer Gesellschaft unerwünscht ist. Nach einer ausführlichen Darstellung der Ziele des Antidiskriminierungsrechts folgt die Erwähnung der Kritikpunkte gegen das Antidiskrimienierungsrecht. Abschließend folgt eine Stellungnahme zum Thema des Antidiskriminierungsrechts.

A. Überblick über die Geschichte des Antidiskriminierungsrechts

In der ersten Ausgabe des von ihm herausgegebenen Buches *Anti-Discrimination Law* spricht *McCrudden* im Jahr 1991 von dem Antidiskriminierungsrecht als *„a relatively recent phenomenon"*.[16] Das Antidiskriminierungsrecht ist vielleicht nach dreißig Jahren kein relativ neues Phänomen mehr, aber es gewinnt immer mehr an Bedeutung. Die Wurzeln des Antidiskriminierungsrechts sind bis zur Aufklärung und zu den bürgerlichen Revolutionen in den Vereinigten Staaten und Frankreich zurückzuführen. Die Anerkennung des gleichen inneren moralischen Wertes jedes Menschen öffnete den Weg zur Gleichstellung aller Menschen ohne Unterschiede.[17] Alle Mitglieder der menschlichen Gesellschaft sind mit einem innewohnenden moralischen Wert geboren. Da alle Menschen mit dem gleichen Wert gleich geboren sind, ist jede menschliche Persönlichkeit von gleichem Wert, es wohnen ihm*ihr auch die gleichen Rechte inne und sie sind vor dem Gesetz gleich.[18] Diskriminierungen, welche die Wertgleichheit der Menschen verleugnen, sind moralisch verwerflich und sozial ungerecht.[19] Aus diesem Grund haben alle ein Recht auf gleichen Schutz des Gesetzes gegen jede Diskriminierung.[20]

In Betracht zu ziehen sind demnach die Geschichte des Antidiskriminierungsrechts im Hinblick auf die völkerrechtliche Ebene, die Entwicklungen in den Vereinigten Staaten von Amerika sowie andere Rechtsordnungen und das europäische Rechts-Regime. Abschließend folgt ein Zwischenergebnis.

---

16 *McCrudden* in: McCrudden (Ed.), Anti-Disc. L., 1st. ed., Int. xi (xi).
17 Siehe *diese Dissertationsschrift* § 4 D. I. und II.
18 Siehe *diese Dissertationsschrift* § 4 D. I. und II.
19 Siehe *diese Dissertationsschrift* § 4 D. I. und II.
20 Siehe *diese Dissertationsschrift* § 4 D. I. und II.

I. Völkerrechtliche Ebene

Auf der völkerrechtlichen Ebene fanden diese Ideen hinsichtlich der Würde und der Gleichheit der Menschen ihre Reflexionen. Die Erfahrungen mit den Weltkriegen bewegten die Nationen der Welt. Die Pflicht der Staaten zur Nichtdiskriminierung gegenüber ihren Bürgern findet bereits in der Charta der Vereinten Nationen (VN-Charta) aus dem Jahr 1945 ihren Platz.[21] Die VN-Charta ist der Gründungsvertrag der Vereinten Nationen (VN), damit bekennen sich die Vereinten Nationen zu Zielen und Grundsätzen wie Gleichberechtigung oder Gerechtigkeit. Die Achtung vor den Menschenrechten und die Grundfreiheiten für alle ohne Unterschied der Rasse, des Geschlechts, der Sprache und der Religion setzten die Vereinten Nationen als eines ihrer Ziele (Art. 1 III VN-Charta).[22] Die Allgemeine Erklärung der Menschenrechte (AEMR) erkannte danach im Jahre 1948 den Schutz vor Diskriminierung als ein Menschenrecht an (Art. 2 I AEMR).[23] Parallel dazu erklärte der Europarat 1950 in der Europäischen Konvention zum Schutz der Menschenrechte und Grundfreiheiten (EMRK), bei der Gewährung der in der Konvention anerkannten Rechte und Freiheiten seien Diskriminierungen verboten (Art. 14 EMRK).[24]

Die internationale Community begann erst mit der aufkommenden Debatte zur Rassendiskriminierung, sich mit einzelnen Diskriminierungsmerkmale gründlich zu befassen. Auseinandersetzungen mit dem Kolonialismus und damit verbundenen Praktiken der Rassentrennung spielten eine Vorreiterrolle. Mit der Erklärung der VN-Generalversammlung im Jahr 1960 über die Gewährung der Unabhängigkeit an koloniale Länder und Völker verurteilten die Vereinten Nationen den Kolonialismus.[25] 1963 kam die Erklärung über die Beseitigung aller Formen der Rassendiskriminierung zustande.[26] Darauf folgte das Internationale Übereinkommen der Vereinten Nationen aus dem Jahr 1966 zur Beseitigung jeder Form von Rassendiskriminierung (Antirassismuskonvention).[27] Das

---

21 VN, Charta der Vereinten Nationen und Status des Internationalen Gerichtshofs vom 26.6.1945, in Kraft getreten am 24.10.1945. Siehe *diese Dissertationschrift* § 7 B. I.

22 Siehe auch *diese Dissertationschrift* § 7 B. I. 1.

23 VN, Resolution der Generalversammlung 217 A (III), Allgemeine Erklärung der Menschenrechte vom 10.12.1948. Siehe *diese Dissertationschrift* § 7 B. II.

24 Europarat, Europäische Konvention zum Schutz der Menschenrechte und Grundfreiheiten vom 4.11.1950 (Gesetz v. 15.12.1953, BGBl. 1954 II S. 14). Siehe *diese Dissertationschrift* § 7 D. I.

25 VN, Die Erklärung vom 14.12.1960 der VN-Generalversammlung über die Gewährung der Unabhängigkeit an Kolonialgebiete und Kolonialvölker – Entschließung 1514 (XV).

26 VN, Die Erklärung vom 20.11.1963 der VN-Generalversammlung über die Beseitigung aller Formen der Rassendiskriminierung – Entschließung 1904 (XVIII).

27 VN, Internationale Übereinkommen zur Beseitigung jeder Form von Rassendiskriminierung vom 7.3.1966 (BGBl. 1969 II S. 961).

Übereinkommen diente dem Verbot jeglicher Diskriminierung aufgrund der Rasse, der Hautfarbe, der Abstammung, der nationalen und ethnischen Herkunft. Es verpflichtet die Unterzeichnerstaaten, ein Verbot der Rassendiskriminierung auch in der Privatwirtschaft zu schaffen, unter anderem für wirtschaftliche, soziale und kulturelle Rechte, insbesondere das Recht auf Arbeit, auf gerechte und befriedigende Arbeitsbedingungen, auf Schutz gegen Arbeitslosigkeit, auf gleiches Entgelt für gleiche Arbeit, auf gerechte und befriedigende Entlohnung (Art. 5 AntirassismusK). Bei der weltweiten Verbreitung des Antidiskriminierungsrechts spielte das Antirassismuskonvention eine wichtige Rolle.[28]

Kurz nach dem Erlass des VN-Antirassismuskonvention im selben Jahr kam es zum Erlass der internationalen Pakte über bürgerliche und politische Rechte vom 19.12.1966 (IPBPR) und über wirtschaftliche, soziale und kulturelle Rechte vom 19.12.1966 (IPWSKR).[29] Sie enthalten ausführliche Diskriminierungsverbote (Art. 2 I IPBPR und Art. 2 II IPWSKR) und gewährleisten Schutz gegen Diskriminierungen bei ähnlichen Merkmalen wie AEMR. Artikel 4 IPBPR gewährleistet sogar auch im Falle eines öffentlichen, das Leben der Nation bedrohenden und amtlich verkündeten Notstandes Schutz gegen Diskriminierung.[30]

Historisch folgte danach eine Diskussion über die Geschlechterdiskriminierung auf internationaler Ebene. 1979 kam es zur Verabschiedung des VN-Übereinkommens zur Beseitigung jeder Form von Diskriminierung der Frau (Frauenrechtekonvention).[31] Damit betonten die Vertragsstaaten der internationalen Menschenrechtspakte ihre Verpflichtung, die Gleichberechtigung von Mann und Frau bei der Ausübung aller wirtschaftlichen, sozialen, kulturellen, staatsbürgerlichen und politischen Rechte sicherzustellen (Einl. und Art. 1 III FrauenrechteK). Die Staaten verpflichteten sich durch dieses Übereinkommen, jede Form von Diskriminierung – unter anderem im Hinblick auf das Berufs- und Wirtschaftsleben – zu beseitigen, insbesondere das Recht auf Arbeit zu gewährleisten.[32]

Die internationale Community befasst sich gegenwärtig außer mit der Rasse und dem Geschlecht, die unter dem Antirassismuskonvention und Frauenrechtekonvention thematisiert sind, unter anderem mit dem Merkmal Behinderung.[33] 2006 kam es zur Verabschiedung des Übereinkommens über die Rechte von

---

28 Vgl. *McCrudden* in: McCrudden (Ed.), Anti-Disc. L., 2nd. ed., Int. xi (xii).

29 VN, Internationaler Pakt über bürgerliche und politische Rechte vom 19.12.1966 (BGBl. 1973 II 1533); VN, Internationaler Pakt über wirtschaftliche, soziale und kulturelle Rechte vom 19.12.1966 (BGBl. 1973 II S. 1569). Siehe *diese Dissertationschrift* § 7. B. III.

30 Siehe *diese Dissertationschrift* § 7 B. III. 1.

31 VN, Übereinkommen zur Beseitigung jeder Form von Diskriminierung der Frau vom 18.12.1979, Resolution 34/180 der Generalversammlung der Vereinten Nationen (BGBl. 1985 II S. 647).

32 Siehe *diese Dissertationschrift* § 7 B. IV. 2.

33 Vgl. BTDrucks 2006 16/1780 S. 20. Z. B. ILO, Promoting a Rights-based Approach to Migration, Health, and HIV and AIDS: A Framework for Action, Geneva: ILO, 2016;

Menschen mit Behinderungen (BRK) der Vereinten Nationen. Dieses Übereinkommen sicherte Menschen mit Behinderungen den vollen Genuss der Menschenrechte und Grundfreiheiten ohne Diskriminierung zu (Einl. BRK).[34]

Die Normen der Internationalen Arbeitsorganisation (IAO) sind insbesondere für Beschäftigungsverhältnisse von Bedeutung.[35] Bereits im Jahre 1944 sprach die Internationale Arbeitsorganisation in ihrer Erklärung hinsichtlich ihrer Ziele und Zwecke vom Recht aller Menschen, ungeachtet ihrer Rasse, ihres Glaubens und ihres Geschlechts materiellen Wohlstand und geistige Entwicklung in Freiheit und Würde, in wirtschaftlicher Sicherheit und unter gleich günstigen Bedingungen zu erstreben.[36] Hervorzuheben ist das Übereinkommen Nr. 111 über die Diskriminierung in Beschäftigung und Beruf der IAO aus dem Jahr 1958.[37] Dieses Übereinkommen definierte Diskriminierung als eine Verletzung der in der AEMR niedergelegten Rechte (Einl. IAO-Übk. Nr. 111) und mit dem Übereinkommen verpflichteten sich die unterzeichneten Staaten, jegliche Diskriminierung auf dem Gebiet der Beschäftigung und im Beruf auszuschalten (Art. 2 IAO-Übk. Nr. 111). Im Jahr 1998 benannte die internationale Arbeitsorganisation das Übereinkommen Nr. 111 als eines der acht Übereinkommen, die auch als Kernarbeitsnormen zu bezeichnen sind.[38]

II. Entwicklungen in den Vereinigten Staaten von Amerika

Zwar sind die menschenrechtlichen Diskriminierungsverbote nicht notwendig auf das Verhältnis zwischen Staat und Bürger beschränkt. Welche Bedeutung sie aber im Verhältnis zwischen Parteien von privaten Verträgen haben, ist unklar, dies ist abhängig von der jeweils geltenden Rechtsordnung.[39] Die Anerkennung als eigenständiges Rechtsbiet, welches die vorvertraglichen und vertraglichen Beziehungen zwischen Privatpersonen, insbesondere die

---

IAO, Empfehlung betreffend HIV und AIDS und die welt der arbeit, 2010 (Nr. 200); ILO, Migrant Workers, International Labour Conference, 87th Session, 1999, Report III (Part 1B); ILO Towards a fair deal for migrant workers in the global economy, International Labour Conference, 92nd Session, 2004, Report VI.

34 VN, Übereinkommen über die Rechte von Menschen mit Behinderungen vom 13.12.2006, Resolution 61/106 der Generalversammlung der Vereinten Nationen (BGBl. 2008 II S. 1419). Siehe *diese Dissertationschrift* § 7 B. IV. 3.

35 Siehe *diese Dissertationschrift* § 7 C.

36 IAO, Erklärung über die Ziele und Zwecke der IAO vom 10.5.1944 (Erklärung von Philadelphia).

37 IAO, Übereinkommen Nr. 111 der IAO vom 25.6.1958 über die Diskriminierung in Beschäftigung und Beruf (BGBl. 1961 II S. 97). Siehe *diese Dissertationsschrift* § 7 C. I.

38 IAO, ILO Declaration on Fundamental Principles and Rights at Work and Ist Follow-Up, adopted by the International Labour Conference at its Eighty-sixth Session, Geneva, 18.6.1998 (Annex revised 15.6.2010).

39 Vgl. *Schiek*, S. 20.

arbeitsrechtlichen Beziehungen, regelt, verdankt das Antidiskriminierungsrecht der US-amerikanischen Geschichte. Das Antidiskriminierungsrecht entstand allmählich nach dem Zweiten Weltkrieg auf der Ebene nationaler Rechtsprechung; angefangen mit der Bekämpfung der Rassendiskriminierung und danach der Geschlechterdiskriminierung verbreitete es sich weiter. Zurzeit verfügt das US-amerikanische Antidiskriminierungsrecht über einen umfassenden Anwendungsbereich in Bezug auf das allgemeine Zivilrecht wie unter anderem auch auf das Arbeitsrecht.[40]

Trotz der Freilassung der Sklaven Mitte des 19. Jahrhunderts (1865) in den USA wurden schwarze US-Amerikaner*innen aufgrund institutionalisierter Diskriminierung nach US-amerikanischem Recht und amerikanischer Sitte weiter diskriminiert.[41] Insbesondere die Südstaaten der USA umgingen das Verbot der Sklaverei durch sogenannte *Black Codes* und das Wahlrecht der Schwarzen mit der sogenannten *Großvaterklausel*.[42] Eine Grundsatzentscheidung des Obersten Gerichtshofes der Vereinigten Staaten (1896) erklärte die Gesetzgebung zur Rassentrennung in den Südstaaten sogar für verfassungsmäßig.[43] Der auf diesem Urteil basierende *getrennt aber gleich* (*separate but equal*) Grundsatz definierte in den folgenden Jahrzehnten in juristischer und sozialer Hinsicht das Fundament für die Rassentrennung.

---

40 Vgl. *McCrudden* in: McCrudden (Ed.), Anti-Disc. L., 1st. ed., Int. xi (xii); *McCrudden* in: McCrudden (Ed.), Anti-Disc. L., 2nd ed., Int. xi (xii); *Thüsing*, S. 4.

41 Vgl. *McCrudden* in: McCrudden (Ed.), Anti-Disc. L., 1st ed., Int. xi (xii); *Günther*, S. 47. Die Sklaverei in den USA wurde im Jahr 1865 nach dem Ende des amerikanischen Bürgerkriegs durch den 13. Zusatzartikel zur Verfassung abgeschafft.

42 Vgl. *Günther*, S. 47. *Black Codes* waren die Gesetze in den Vereinigten Staaten von Amerika, die die Rechte von `schwarzen` US-Amerikanern, einschränkten. Als `Schwarz` galt alle Personen, die ein schwarzafrikanische Vorfahrer hatten („One-drop rule"). Vor allem waren die ehemaligen Sklaven betroffen. Sie erlitten generell Einschränkungen in der Freiheit der Berufswahl, der Wahl des Ehepartners und des Verbots der Aussage vor Gericht. *Großvaterklauseln* waren die Klauseln, die die Wahlberechtigung der Bürger mit dem Status der Großväter, also etwa der Wahlberechtigung des Großvaters, verbunden haben.

43 Plessy v. Fergusson, 163 U.S. 537 (1896). Der Grund der juristischen Auseinandersetzung war ein vom Bundesstaat Louisiana verabschiedetes Gesetz „Separate Car Act" (1890). Das Gesetz befahl für Eisenbahnzüge getrennte Wagen für Weiße und Schwarze und bei Verstößen eine Geld- oder Gefängnis-Strafe. Gegen das Gesetz wurde eine Bürgerinitiative zur Überprüfung der Verfassungsmäßigkeit des Separate Car Act gegründet. Der juristisch (wegen der One-Drop-Rule) als Schwarzer geltende, aber der vom Ausehen nicht als Schwarzer erkennbare *Plessy*, verletzte absichtlich das Gesetz, indem er in einem Abteil für Weiße Platz nahm. Nachdem er den Zugbegleiter von seiner Abstammung benachrichtigt hatte, wurde er aufgefordert, den Platz zu räumen und sich stattdessen in ein Abteil für Schwarze zu setzen, was er aber ablehnte, und weswegen festgenommen wurde.

Die Bürgerrechtsbewegung spielte ab Beginn des 20. Jahrhunderts eine prägende Rolle in der Geschichte der Vereinigten Staaten und setzte sich für die Gleichberechtigung der Schwarzen und die Überwindung des Rassismus ein.[44] Im Jahr 1915 wurde die Großvaterklauseln für verfassungswidrig erklärt.[45] Trotzdem erwiesen sich nach dem amerikanischen Bürgerkrieg ins Leben gerufene verfassungsrechtliche und gesetzliche Schutzmaßnahmen und Versuche in den 1920ern, dem Status quo entgegenzuwirken, als fruchtlos.[46] Erst nach dem Zweiten Weltkrieg kam Leben in die Entwicklung des Antidiskriminierungsrechts durch die Rechtsprechung und insbesondere durch arbeitsrechtliche antidiskriminierungsrechtliche Normen hinsichtlich der Rassendiskriminierung.[47] In den 1960er-Jahren brachte die Bürgerrechtsbewegung die Rassendiskriminierung der Schwarzen im Alltag in das politische Bewusstsein.[48] 1954 hob der Oberste Gerichtshof die Entscheidung *getrennt aber gleich* auf.[49] 1963 erfuhren die verbotenen Diskriminierungsmerkmale erstmals neben der Rasse ihre Erweiterung durch die Geschlechterdiskriminierung im *Equal Pay Act*.[50] In Bezug auf die gesetzliche Ebene war *Civil Rights Act* aus dem Jahr 1964 hervorzuheben. Es verbietet eine Diskriminierung aufgrund von Rasse, Hautfarbe, Religion, Geschlecht oder nationaler Herkunft. Andere Gesetze in den USA folgten dem *Civil Rights Act*. *Age Discrimination in Employment Act* aus dem Jahr 1967 und 1990 *Americans with Disabilities Act* waren die Nachfolger. In den 1960ern in den USA war bereits von einer engen Konzeption des Antidiskriminierungsprinzips auszugehen. Damaliges Hauptziel des Gesetzgebers war immer noch die weitverbreitete offenkundige Diskriminierung wegen der Hautfarbe.[51] Intensive Debatten über die Frauengleichberechtigung setzten erst mit der ersten Feminismuswelle ein.[52]

---

44 Vgl. *Günther*, S. 47.

45 Guinn v. United States, 238 U.S. 347 (1915).

46 Vgl. *McCrudden* in: McCrudden (Ed.), Anti-Disc. L., 1st ed., Int. xi (xii).

47 Vgl. *McCrudden* in: McCrudden (Ed.), Anti-Disc. L., 1st ed., Int. xi (xii).

48 Vgl. BTDrucks, 16/1780, S. 20.

49 Brown v. Board of Education, 347 U.S. 483 (1954). B*rown v. Board of Education* waren die Fälle der Rassentrennung an öffentlichen Schulen, die von betroffenen Eltern eingebracht wurden. Angeklagt wurden US-amerikanische Bundesstaaten mit der Begründung, dass separate nach Hautfarben getrennte Einrichtungen für Schüler den *Equal Protection Clause* der Verfassung verletzen würden. Der Oberste Gerichtshof gibt an, dass „separate educational facilities are inherently unequal". Somit wurde die separate Einrichtung als eine Verletzung des *Equal Protection Clause* festgestellt.

50 Vgl. *McCrudden* in: McCrudden (Ed.), Anti-Disc. L., 1st ed., Int. xi (xiii). *Equal Pay Act* of 1963, Pub. L. 88–38, „An act to prohibit discrimination on account of sex in the payment of wages by employers engaged in commerce or in the production of goods for commerce" 10.6.1963.

51 Vgl. *Strauss*, 79 Geo. L. J. (1991), 1619 (1619).

52 Vgl. *Günther*, S. 49.

Weitere Themen wie andere mögliche Diskriminierungsmerkmale (insbesondere als Analogie zu Rasse und Geschlecht), positive Diskriminierung usw. kamen später allmählich ins Gespräch.[53]

III. Andere Rechtsordnungen und europäisches Rechts-Regime

Auch in anderen Ländern außer den USA, wie im Vereinigten Königreich, entwickelten ab den 1960ern antidiskriminierungsrechtliche Normen.[54] Der *Civil Rights Act* geriet auch zum Vorbild für zahlreiche nationale Rechtsakte außerhalb der USA.[55] Nach den 1990ern nahmen insbesondere Kanada, Südafrika und die Länder unter dem Europäischen Rechts-Regime eine Vorreiterrolle bei der Entwicklung des Antidiskriminierungsrechts außerhalb der USA ein.[56] Zurzeit verbietet die überwiegende Mehrheit der Staaten der Welt Diskriminierung mithilfe von verfassungsrechtlichen oder gesetzlichen Bestimmungen.[57]

Die Diskriminierungsverbote in der europäischen Gesetzgebung folgten der amerikanischen mehr als eine Generation später.[58] Anders als in der US-amerikanischen Geschichte des Antidiskriminierungsrechts stellten Frauen die ersten Forderungen nach Gleichbehandlung in Europa in Bezug auf die Geschlechterdiskriminierung.[59] Ab den 1970er Jahren entstand innerhalb der Europäischen Union umfangreiche Rechtsvorschriften, die sich zunächst auf die Diskriminierung von Frauen und Männern im Bereich der Beschäftigung und der sozialen Sicherheit konzentrierten.[60] Im Jahr 2000 wurde dies auf andere Diskriminierungsgründe ausgeweitet.[61]

Im Grunde genommen enthält schon der Vertrag zur Gründung der Europäischen Wirtschaftsgemeinschaft aus dem Jahr 1957 ein Gebot der Entgeltgleichheit der Geschlechter.[62] Nach dem Artikel 119 EWG ist jeder Mitgliedstaat den Grundsatz des gleichen Entgelts für Männer und Frauen bei gleicher Arbeit zu beibehalten (Art. 119 EWG; Art. 119 EGV; Art. 141 EGV Neu Fassung; Art. 157 AEUV). In dem Zusammenhang ist Richtlinie 75/117/EWG über die Entgeltsgleichheit

---

53 Vgl. *Brest*, 90 Harv. L. Rev. (1976), 1 (3); *Günther*, S. 50; *McCrudden* in: McCrudden (Ed.), Anti-Disc. L., 1st ed., Int. xi (xiii).
54 Vgl. *McCrudden* in: McCrudden (Ed.), Anti-Disc. L., 1st ed., Int. xi (xiii).
55 Vgl. *Thüsing*, Diskriminierungsschutz, S. 7 Rn. 9.
56 Vgl. *McCrudden* in: McCrudden (Ed.); Anti-Disc. L., 2nd. ed., Int. xi (xii).
57 Vgl. *Altman*, SEP 2016, 1 (1).
58 Vgl. *Thüsing*, Diskriminierungsschutz, S. 7 Rn. 9. Siehe *diese Dissertationschrift* § 8.
59 Vgl. *Günther*, S. 46; *Thüsing*, Europäisches Arbeitsrecht, S. 89 Rn. 37.
60 Vgl. IELL/*Bell* Part 2 Int Rn. 2.
61 Vgl. IELL/*Bell* Part 2 Int Rn. 2.
62 Vertrag zur Gründung der Europäischen Wirtschaftsgemeinschaft vom 25.3.1957, durch den Vertrag von Maastricht 1992 wurde der EWG-Vertrag in EG-Vertrag umbenannt.

für Männer und Frauen zu nennen.[63] Danach kommt die Richtlinie 76/207/EWG über die Gleichbehandlung der Geschlechter beim Zugang zur Beschäftigung.[64] Im Jahr 1992 folgte der Vertrag zur Gründung der Europäischen Gemeinschaft (EGV).[65] Die neue Fassung des EG-Vertrages aus dem Jahr 1997 machte einen Schritt durch Artikel 141 EGV Neu Fassung (vorher Art. 119 EGV und heute Art. 157 AEUV) vorwärts bei der Sicherung der Entgeltgleichheit für Männer und Frauen, indem er die Anwendung des Grundsatzes des gleichen Entgelts nicht nur bei gleicher sondern auch bei gleichwertiger Arbeit sichert.[66] Darüber hinaus zu erwähnen ist die Richtlinie 97/80/EG über die Beweislast bei Diskriminierung aufgrund des Geschlechts, die die mittelbare Diskriminierung erstmals im europäischen Recht definiert hat.[67]

Im Jahr 1997 kam es danach zur Hinzufügung von Artikel 6a EGV in den Vertrag zur Gründung der Europäischen Gemeinschaft durch den Vertrag vom Amsterdam (Artikel 6a EGV durch Vertrag von Amsterdam eingefügt, danach Art. 13 EG-Vertrag neu Fassung und heute Art. 19 AEUV).[68] Damit verpflichtete sich der Rat, geeignete Vorkehrungen zur Bekämpfung der Diskriminierung aus Gründen des Geschlechts, der Rasse, der ethnischen Herkunft, der Religion oder der Weltanschauung, einer Behinderung, des Alters oder der sexuellen Orientierung zu treffen. Des Weiteren kam es im Jahr 2000 zur Verabschiedung der Antirassismus Richtlinie (RL 2000/43/EG), welche Diskriminierungen aus Gründen der Rasse und der ethnischen Herkunft verbietet, und der Rahmen-Richtlinie 2000/78/EG, die die Bekämpfung der Diskriminierung wegen der Religion, der Weltanschauung, der Behinderung, des Alters und der sexuellen Ausrichtung

---

63 Richtlinie 75/117/EWG des Rates vom 10.2.1975 zur Angleichung der Rechtsvorschriften der Mitgliedstaaten über die Anwendung des Grundsatzes des gleichen Entgelts für Männer und Frauen

64 Richtlinie 76/207/EWG des Rates vom 9.2.1976 zur Verwirklichung des Grundsatzes der Gleichbehandlung von Männern und Frauen hinsichtlich des Zugangs zur Beschäftigung und zum beruflichen Aufstieg sowie in Bezug auf die Arbeitsbedingungen, Amtsblatt der Europäischen Gemeinschaft 1976/L 39/40 14.2.76.

65 Vertrag zur Gründung der Europäischen Gemeinschaft, Amtsblatt der Europäischen Gemeinschaft 92/C 224/01, durch den Vertrag von Maastricht 1992 wurde der EWG-Vertrag in EG-Vertrag umbenannt.

66 Die neue Fassung des EG-Vertrags durch den Vertrag von Amsterdam zur Änderung des Vertrags über die Europäische Union, der Verträge zur Gründung der Europäischen Gemeinschaften sowie einiger damit zusammenhängender Rechtsakte, unterzeichnet in Amsterdam am 2.10.1997.

67 Richtlinie 97/80/EG des Rates vom 15.12.1997 über die Beweislast bei Diskriminierung aufgrund des Geschlechts, Amtsblatt der Europäischen Gemeinschaft L/14 6 20.1.98.

68 Der Vertrag von Amsterdam wurde am 2.10.1997 unterzeichnet und ist am 1.5.1999 in Kraft getreten.

in Beschäftigung und Beruf bezweckt.[69] Die Revidierte-Gender-Richtlinie 2002/73/EG änderte die Richtlinie 76/207/EG, diese erfuhr später, zusammen mit einigen anderen Richtlinien (RL 75/117 EWG, RL 76/207/EWG, RL 86/378/EWG und Beweislast RL 97/80/EG) durch die Gleichbehandlungsrichtlinie 2006/54/EG, ihre Ersetzung.[70] Zwischen diesen kam es im Jahr 2004 zur Verabschiedung der Gender-Richtlinie Zivilrecht 2004/113/EG zur Verwirklichung des Grundsatzes der Gleichbehandlung von Männern und Frauen beim Zugang zur und bei der Versorgung mit Gütern und Dienstleistungen.[71]

Die Antidiskriminierungsrichtlinien beschäftigen sich mit den verschiedenen Diskriminierungsmerkmalen in verschiedenen Anwendungsbereichen. Angefangen mit der Geschlechterdiskriminierung verbreitete sich das europäische Antidiskriminierungsrecht hinsichtlich vielfältiger Merkmale.[72] Eine Gemeinsamkeit zwischen vier Kern Antidiskriminierungsrichtlinien, AntirassismusRL, RahmenRL, Revidierte-GenderRL und GenderRL Zivilrecht, ist einfach festzustellen: Alle erwähnten Richtlinien erklären in Bezug auf ihre Erwägungsgründe, dass sie den Schutz vor Diskriminierung und die Gleichheit vor dem Gesetz als ein allgemeines Menschenrecht anerkennen. Außerdem ist auch der Einfluss des US-amerikanischen Rechts in den Richtlinientexten gut zu beobachten. Die englischen Fassungen der Anti-Diskriminierungsrichtlinien decken sich teilweise inhaltlich und wörtlich mit ihren amerikanischen Vorgängern.[73]

---

69 Richtlinie 2000/43/EG des Rates vom 29.06.2000 zur Anwendung des Gleichbehandlungsgrundsatzes ohne Unterschied der Rasse oder der ethnischen Herkunft, Amtsblatt der Europäischen Gemeinschaft 2000/L 180/22; Richtlinie 2000/78/EG des Rates vom 27.11.2000 zur Festlegung eines allgemeinen Rahmens für die Verwirklichung der Gleichbehandlung in Beschätigung und Beruf, Amtsblatt der Europäischen Gemeinschaft 2000/L 303/16.

70 Richtlinie 2002/73/EG des europäischen Parlaments und des Rates vom 23.9.2002 zur Änderung der Richtlinie 76/207/EWG des Rates zur Verwirklichung des Grundsatzes der Gleichbehandlung von Männern und Frauen hinsichtlich des Zugangs zur Beschäftigung, zur Berufsbildung und zum beruflichen Aufstieg sowie in Bezug auf die Arbeitsbedingungen, Amtsblatt der Europäischen Gemeinschaft 2002/L 269/16. Richtlinie 2006/54/EG des Europäischen Parlaments und des Rates vom 5.7.2006 zur Verwirklichung des Grundsatzes der Chancengleichheit und Gleichbehandlung von Männern und Frauen in Arbeits- und Beschäftigungsfragen (Neufassung), Amtsblatt der Europäischen Union 2006/L 204/23.

71 Richtlinie 2004/113/EG des Rates vom 13.12.2004 zur Verwirklichung des Grundsatzes der Gleichbehandlung von Männern und Frauen beim Zugang zu und bei der Versorgung mit Gütern und Dienstleistungen, Amtsblatt der Europäischen Union 2004/L 373/37.

72 Vgl. *McCrudden* in: McCrudden (Ed.), Anti-Disc. L., 1st Ed., Int. xi (xiii); *McCrudden* in: McCrudden (Ed.), Anti-Disc. L., 2nd. ed., Int. xi (xii).

73 *Thüsing*, Diskriminierungsschutz, S. 7 Rn. 9.

Die europäische antidiskriminierungsrechtliche Gesetzgebung verbindet allerdings Diskriminierungen mit grob in zwei Gruppen zu unterteilenden Diskriminierungsmerkmalen.[74] Auf der einen Seite stellen personenbezogene Merkmale wie Geschlecht, Rasse, Religion und ähnliche Attribute. Auf der anderen Seite befinden sich Diskriminierungsverbote wie diejenigen, die in den Richtlinien über Teilzeitarbeit, Leiharbeit, Telearbeit oder Ähnliches ihre Regulierung finden, die nicht am*an der Arbeitnehmer*in, sondern am Vertrag anknüpfen.[75] Auf dieser Weise wird der Grundsatz der Gleichbehandlung zunehmend als Methode zur Regelung verschiedener Arten von Arbeitsverhältnissen angewandt und dient zur Verbesserung der Position von nicht standardmäßigen Arbeitsformen.[76] Darüber hinaus ist auch das Verbot der Diskriminierung aus Gründen der Staatsangehörigkeit zu nennen. Im Grunde genommen enthält schon der Vertrag zur Gründung der Europäischen Wirtschaftsgemeinschaft aus dem Jahr 1957 ein Verbot der Diskriminierung aus Gründen der Staatsangehörigkeit.[77] „Unbeschadet besonderer Bestimmungen der Verträge ist in ihrem Anwendungsbereich jede Diskriminierung aus Gründen der Staatsangehörigkeit verboten", lautet Artikel 7 des EWG-Vertrages (danach Art. 6 EGV, Art. 12 EGV Neue Fassung und heute Art. 18 AEUV). Die zivilrechtliche Bedeutung dieser Regulierung manifestiert sich in der Arbeitnehmerfreizügigkeit.[78] Die Diskriminierungsverbote, die am Arbeitsvertrag anknüpfen, und das Verbot der Diskriminierung aus Gründen der Staatsangehörigkeit sind aber, im Rahmen dieser Arbeit nicht weiter zu untersuchen.[79]

IV. Zwischenergebnis

Demzufolge ist der Schutz vor Diskriminierung ein im Kern völkerrechtliches Dokument anerkannter Menschenrechte. Als eigenständiges Rechtsgebiet entstand das Antidiskriminierungsrecht allerdings erst nach dem Zweiten Weltkrieg in den USA. Angefangen mit der Rassendiskriminierung und danach ausgedehnt auf die Geschlechterdiskriminierung verbreitete es sich weiter. Nach den 1990ern spielte das europäische Rechtsregime eine Vorreiterrolle bei der Entwicklung des Antidiskriminierungsrechts außerhalb der USA. Zurzeit verbietet die überwiegende Mehrheit der Staaten der Welt die Diskriminierung durch verfassungsrechtliche oder gesetzliche Bestimmungen.[80] Zusammen mit diesem

74 Vgl. *Thüsing*, Diskriminierungsschutz, S. 9 Rn. 13.
75 Vgl. *Thüsing*, Diskriminierungsschutz, S. 9 Rn. 13.
76 Vgl. IELL/*Bell* Equality: Int Rn. 9.
77 Vertrag zur Gründung der Europäischen Wirtschaftsgemeinschaft vom 25.3.1957, durch den Vertrag von Maastricht 1992 wurde der EWG-Vertrag in EG-Vertrag umbenannt.
78 Vgl. *Thüsing*, Diskriminierungsschutz, S. 8 Rn. 12.
79 Siehe *diese Dissertationschrift* Einführung, § 2.
80 Vgl. *Altman*, SEP 2016, 1 (1).

globalen Konsens existieren jedoch viele strittige Fragen, die auf eine nicht existierende Einigkeit hinsichtlich der Diskriminierung schließen lassen.[81] Was ist eine Diskriminierung? Diese Frage soll nunmehr ausführlich untersucht werden.

B. Begriffsbestimmung: Begriff der Diskriminierung und andere Begriffe

Bei der Diskussion über das Antidiskriminierungsrecht kommen neben der Diskriminierung auch viele andere Begriffe und Bezeichnungen ins Gespräch. Um zu verstehen, was das Antidiskriminierungsrecht ausmacht, gilt es aber erst zu klären, was mit dem Begriff der Diskriminierung gemeint ist. Danach folgt eine Erläuterung über den Unterschied zwischen der Benachteiligung und der Diskriminierung. Weiterhin gibt es auch eine Darstellung der unterschiedlichen Arten von Diskriminierung.

I. Diskriminierung und Antidiskriminierung

Eine Definition der Diskriminierung findet sich nicht in den Kerndokumenten der Menschenrechte, vielmehr werden Listen der Gründe angeführt, nach denen Diskriminierung zu verbieten ist.[82] Nur in den beiden Nichtdiskriminierungspakten der VN (Antirassismuskonvention und Frauenrechtekonvention) sind deutlichere Formulierungen mit einem Akzent auf Ungleichbehandlung zu finden.[83] Außerdem gibt es in den internationalen Verträgen im Grunde genommen keine allgemein akzeptierte Definition von Diskriminierung.[84] Wie ist Diskriminierung zu definieren?

---

81 Vgl. *Altman*, SEP 2016, 1 (1).

82 Vgl. *Altman*, SEP 2016, 1 (2); *Schiek*, S. 25.

83 Vgl. *Schiek*, S. 25. Art. 1 der *Antirassismuskonvention* definiert die Diskriminierung aus Gründen der Rasse als „jede auf der Rasse, der Hautfarbe, der Abstammung, dem nationalen Ursprung oder der ethnischen Herkunft beruhende Unterscheidung, Ausschließung, Beschränkung oder Bevorzugung, die zum Ziel oder zur Folge hat, dass dadurch ein gleichberechtigtes Anerkennen, Genießen oder Ausüben von Menschenrechten und Grundfreiheiten im politischen, wirtschaftlichen, sozialen, kulturellen oder jedem sonstigen Bereich des öffentlichen Lebens vereitelt oder beeinträchtig". Art. 1 der *Frauenrechtekonvention* spricht von der „Diskriminierung der Frau" als „jede mit dem Geschlecht begründete Unterscheidung, Ausschließung oder Beschränkung, die zur Folge oder zum Ziel hat, daß die auf die Gleichberechtigung von Mann und Frau gegründete Anerkennung, Inanspruchnahme oder Ausübung der Menschenrechte und Grundfreiheiten durch die Frau – ungeachtet ihres Familienstands – im politischen, wirtschaftlichen, sozialen, kulturellen, staatsbürgerlichen oder jedem sonstigen Bereich beeinträchtigt oder vereitelt wird." Siehe auch *diese Dissertationschrift* § 7 B. IV.

84 Vgl. *Altman*, SEP 2016, 1 (2).

1. Diskriminierung

Die etymologischen Wurzeln des Wortes *diskriminieren* stammt von den lateinischen Wörtern *discrīmināre* (trennen, absondern, unterscheiden), *discrīmen* (bedeutet das Trennende, Unterschied, Abstand) oder spätlat. *discrīminātio* (Scheidung, Absonderung).[85] Die moralisch wertneutrale Bedeutung des Wortes bekam mit der Zeit eine negative, stigmatisierende Wertung.[86] Mit dem Terminus *diskriminieren* wurde auf Ungleichbehandlung, Benachteiligung, aber auch auf Herabsetzen, Herabwürdigen rekurriert.[87] Das Wort gewann endlich folgende Bedeutungen: unterscheiden; jemanden absondern; durch Nähren von Vorurteilen verächtlich machen; ihn*sie durch unangemessene, unwürdige Behandlung, durch Äußerungen, Behauptungen in den Augen Anderer herabsetzen, ihn*sie herabwürdigen; jemanden in seiner Geltung, seinem Wert herabsetzen, herabwürdigen und durch unterschiedliche Behandlung benachteiligen, zurücksetzen.[88] Auch in englischsprachigen Rechtskreisen verbindet sich die meist akzeptierte Definition der Diskriminierung mit dem Gefühl der Abneigung oder Feindseligkeit gegenüber Personen mit diesen Charakteristiken.[89] Die wissenschaftliche Verwendung der Diskriminierung findet sich auch mit Bezugnahme auf den alltäglichen Sprachgebrauch des Wortes. Eine ausführliche soziologische Definition des Begriffs der Diskriminierung ist wie folgt: *„[...] die Verwendung von kategorialen, das heißt vermeintlich eindeutigen und trennscharfen Unterscheidungen zur Herstellung, Begründung und Rechtfertigung von Ungleichbehandlung mit der Folge gesellschaftlicher Benachteiligungen [...]“.*[90] Eine Erläuterung erfolgt erst im Hinblick auf die verwendeten Unterscheidungskategorien. Als Nächstes steht eine Schilderung der Bestimmung der Diskriminierungsmerkmale. Es folgt eine Darstellung der gesellschaftlichen Benachteiligung. Schließlich kommt es zur Präzisierung der sozial unerwünschten Ungleichbehandlung.

---

85 Vgl. *Adomeit,* Gleichbehandlung als Problem, S. 37; *Lingscheid,* S. 8. „diskriminieren“, bereitgestellt durch das Digitale Wörterbuch der deutschen Sprache, http://www.dwds.de/wb/diskriminieren (22.03.2018); „diskriminieren“ auf Duden online, http://www.duden.de/node/740593/revisions/1377720/view (21.3.2018).

86 Vgl. *Adomeit,* Gleichbehandlung als Problem, S. 3; *Lingscheid,* S. 8.

87 Vgl. *Lingscheid,* S. 8; *Bauer/Göpfert/Krieger* AGG Einl. Rn. 10. „diskriminieren“, bereitgestellt durch das Digitale Wörterbuch der deutschen Sprache, http://www.dwds.de/wb/diskriminieren (21.3.2018).

88 „diskriminieren“, bereitgestellt durch das Digitale Wörterbuch der deutschen Sprache, https://www.dwds.de/wb/diskriminieren (21.3.2018); „diskriminieren“ auf Duden online, http://www.duden.de/node/740593/revisions/1377720/view (21.3.2018).

89 Vgl. *McCrudden* in: McCrudden (Ed.), Anti-Disc. L., 1st. ed., Int. xi (xiv).

90 *Scherr,* APUZ 9/2016, 3 (3).

a) Verwendete Unterscheidungskategorien: Diskriminierungsmerkmale

Die verwendeten Unterscheidungskategorien einer Diskriminierung können vielfältig sein. Im rechtswissenschaftlichen Kontext heißen die Unterscheidungskategorien im Sinne des antidiskriminierungsrechtlichen Sprachgebrauches Diskriminierungsmerkmale, die verschiedenartig einzuordnen sind. Die Diskriminierungsmerkmale lassen sich z. B. nach Gruppenkategorien und Personenkategorien aufteilen.[91] *Gruppenkategorien* wie Muslime, Juden, Christen sind keine tatsächlichen Gruppen von Menschen, die einander kennen, sondern es handelt sich hier um gesellschaftlich konstruierte Gruppen.[92] Die Individuen sind aber durch Zugehörigkeit einer dieser Gruppen zuzurechnen.[93] *Personenkategorien* wie Menschen mit Behinderungen, Frauen, Kranke beruhen auf Merkmalen, die nach den angenommenen, individuellen Eigenschaften der Personen eingeordnet sind.[94] Die Diskriminierungsmerkmale lassen sich auch danach zuordnen, ob eine Person Einfluss auf ein Merkmal haben kann oder nicht. Bei einiger dieser Diskriminierungsmerkmale handelt es sich um *innere Dimensionen* der Individuen, um biologisch fixierte Eigenschaften wie Hautfarbe, genetische Merkmale, Behinderung oder Alter.[95] Diese Diskriminierungsmerkmale kann die Person nicht beeinflussen.[96] Bei anderen geht es um *äußere Dimensionen* wie Familienstand, Einkommen, Weltanschauung, welche verhaltensbezogene Merkmale sind.[97] Diskriminierungsmerkmale sind ferner als *symmetrische* (z. B. Geschlecht) oder *asymmetrische* (z. B. Frauen) Merkmale zu klassifizieren.[98] Asymmetrisch ist ein Diskriminierungsmerkmal auf der einen Seite beim Schutz eines Merkmalträgers vor Diskriminierungen wie Behinderung, wenn nur Menschen mit Behinderungen vor den Diskriminierungen geschützt werden, aber nicht nichtbehinderte.[99] Einige Diskriminierungsmerkmale lassen sich auf der anderen Seite *dual* betrachten und bezeichnen gegenteilige Charakteristiken wie weiblich gegen männlich.[100] Andere haben dagegen *mehrere Dimensionen*, z. B. bei der Rede hinsichtlich der Religion als ein Diskriminierungsmerkmal, gemeint sind alle Religionen wie Christentum, Islam, Judentum usw. All diese Kategorisierungen helfen dabei, die Zusammenhänge und Unterschiede zwischen den Diskriminierungsmerkmalen widerzuspiegeln und das Ziel des Schutzes jedes Merkmalsträgers besser zu verstehen.

91 Vgl. *Scherr*, APUZ 9/2016, 3 (3).
92 Vgl. *Scherr*, APUZ 9/2016, 3 (3).
93 Vgl. *Scherr*, APUZ 9/2016, 3 (3 Fußnote 2).
94 Vgl. *Scherr*, APUZ 9/2016, 3 (3).
95 Vgl. *Günther*, S. 10.
96 Vgl. Schiek/*Schiek*, AGG, § 1 Rn. 6.
97 Vgl. Schiek/*Schiek*, AGG, § 1 Rn. 6.
98 Vgl. Schiek/*Schiek*, AGG, § 1 Rn. 5.
99 Vgl. Schiek/*Schiek*, AGG, § 1 Rn. 5.
100 Vgl. Schiek/*Schiek*, AGG, § 1 Rn. 5.

b) Bestimmung der Diskriminierungsmerkmale

Ein hoch komplexes Phänomen ist weiterhin die Bestimmung der verwendeten Kategorien hinsichtlich der Unterscheidungen und die Frage welche verwendeten Kategorien als rechtlich anerkannte diskriminierende Unterscheidungskategorien gelten. Beides hängt vom geschichtlichen, kulturellen und gesellschaftlichen Kontext ab. Wirtschaftliche, politische und soziale Strukturen spielen ebenfalls eine Rolle. Dies ist vor allem ein Thema von soziologischen, beziehungsweise rechtssoziologischen oder rechtspolitischen, Untersuchungen.[101] Zwar basiert die Auswahl der Diskriminierungsmerkmale, die in den Gesetzestexten Platz finden, auf langjährig stattgefundenen, strukturellen gesellschaftlichen Benachteiligungen.[102] Welche diskriminierenden Unterscheidungskategorien in den Gesetzestexten Anwendung finden und welche nicht, ist jedoch letztendlich eine politische Entscheidung des Gesetzgebers. Mit dieser Entscheidung legt der Gesetzgeber auf der einen Seite die in der Gesellschaft diskriminierten Gruppen fest, auf der anderen Seite steht er aber selbst in der Gefahr, derartige Gruppen zu bilden.

Der Unterschied zwischen dem Vertrag über die Arbeitsweise der Europäischen Union (AEUV) und der Charta der Grundrechte der Europäischen Union (GRC) kann als gutes Beispiel darauf dienen, wie die historischen Entwicklungen die Anerkennung der Diskriminierungsmerkmale beeinflussen können. Enthielt z. B. der im Jahr 1997 durch den Vertrag von Amsterdam in den EG-Vertrag eingefügte Artikel 6a EGV (später Art. 13 EGV Neue Fassung und jetzt Art. 19 AEUV) die Merkmale der Rasse, der ethnischen Herkunft, des Geschlechts, der sexuellen Ausrichtung, der Behinderung, des Alters, der Religion und der Weltanschauung, ging die GRC weiter und dehnte sie mit Artikel 21 GRC zwanzig Jahre später im Jahr 2007 auf dem Schutz hinsichtlich der Merkmale Hautfarbe, soziale Herkunft, Zugehörigkeit zu einer nationalen Minderheit, Sprache, politische Anschauung, sonstige Anschauung, Vermögen und Geburt aus.[103] Auf diese Weise fasste die GRC die geschützten Diskriminierungsmerkmale viel weiter als die AEUV. Darüber hinaus beinhaltet die GRC anders als die AEUV eine Öffnungsklausel (Vgl. Anh. I). Insbesondere bildet das durch die GRC anerkannte genetische Merkmal ein erläuterndes Beispiel für die Beeinflussung von vielfältigen Variablen hinsichtlich der Anerkennung eines Diskriminierungsmerkmals. Früher, als die Feststellung und die Verwendung der genetischen Eigenschaften von Menschen technologisch nicht möglich oder nicht zu leisten war, wurde die Genetik als Diskriminierungsmerkmal nicht verwendet. Heutzutage ist es jetzt technologisch möglich und ökonomisch leistbar – sogar bei Bewerbungen – genetische Gutachten über Personen anzufordern. Obwohl

101 Vgl. *Scherr*, APUZ 9/2016, 3 (3 ff.).
102 Vgl. *Lembke*, APuZ 9/2016, 11 (12).
103 Siehe *diese Dissertationschrift* § 8 B. II 1. und 2.

sie immer noch nicht sehr weit verbreitet ist, bildet die GRC bei der Anerkennung der Genetik als Diskriminierungsmerkmal eine Unterscheidungskategorie, deren Verwendung in der Zukunft Schule machen dürfte. Des Weiteren können die deutsche und die türkische Verfassung als Beispiele hinsichtlich der kulturellen Unterschiede zwischen den Ländern bei der Anerkennung der Diskriminierungsmerkmale dienen. Im deutschen Grundgesetz ist von der Abstammung oder der Heimat die Rede, während die türkische Verfassung die Konfession als selbstständigen Merkmal hervorhebt.[104] An dieser Stelle ist zu betonnen, dass die Entscheidung des Gesetzgebers über die anerkannten Diskriminierungsmerkmale keine unumstößliche finale Entscheidung ist, sondern mit der Zeit veränderbar. Beispielweise war Behinderung bis zum Jahr 2014 kein rechtlich anerkanntes Diskriminierungsmerkmal nach türkischem Arbeitsgesetz, aber seit der Gesetzesänderung 2014 ist sie ein durch das Gesetz geschütztes Diskriminierungsmerkmal.[105] (Vgl. Anh. I).

c) Gesellschaftliche Benachteiligung

Durch Verwendung dieser Diskriminierungsmerkmale werden Ungleichbehandlungen hergestellt, begründet oder gerechtfertigt.[106] Diese Ungleichbehandlungen haben gesellschaftliche Benachteiligungen zur Folge. Das diskriminierende Verhalten verschafft den Personen, an die es gerichtet ist, eine Art von sich aus der Diskriminierung ergebendem Nachteil, der nur relativ zu einer geeigneten Vergleichsgruppe zu bestimmen ist durch die Bestimmung einer lediglich bedingt geeigneten Vergleichsgruppe.[107] In der Regel gehört diese relevante Vergleichsgruppe zur gleichen übergeordneten politischen Struktur wie die benachteiligte Gruppe.[108] Ansonsten benachteiligt eine Diskriminierung bestimmte Personen gegenüber anderen und diejenigen, die eine bevorzugte Behandlung erfahren, sind nicht als Opfer einer Diskriminierung anzusehen.[109]

d) Sozial unerwünschte Ungleichbehandlung

Wie im deutschen Gesetzentwurf für Allgemeines Gleichbehandlungsgesetz (AGG) erwähnt, ist die Diskriminierung eine sozial unerwünschte Ungleichbehandlung.[110] Die Entscheidung darüber, was sozial ungewünscht ist und was nicht, ist im Grunde genommen eine Wertentscheidung der Gesellschaft. Diese Wertentscheidung betrifft auch eine Entscheidung darüber, wer als ein

---

104 Siehe *diese Dissertationsschrift* § 9; § 10, § 11.
105 Arbeitsgesetz der Republik Türkei vom 22.5.2003 mit der Gesetzesnummer 4857.
106 Vgl. *Scherr*, APUZ 9/2016, 3 (3, 7).
107 Vgl. *Altman*, SEP 2016, 1 (3, 4).
108 Vgl. *Altman*, SEP 2016, 1 (4).
109 Vgl. *Altman*, SEP 2016, 1 (5). Siehe auch *diese Dissertationsschrift* § 4, D.
110 Vgl. BTDrucks, 16/1780, S. 22.

gleichberechtigter Mensch gilt, die gleichen Rechte und Freiheiten wie andere hat, und wer nicht. Berühmte Beispiele dazu sind die Situation der Sklaven und die der Frauen gegen Ende des achtzehnten Jahrhunderts. In der Unabhängigkeitserklärung der Vereinigten Staaten aus dem Jahr 1776 steht: *„Folgende Wahrheiten erachten wir als selbstverständlich: daß alle Menschen gleich geschaffen sind; daß sie von ihrem Schöpfer mit gewissen unveräußerlichen Rechten ausgestattet sind; daß dazu Leben, Freiheit und das Streben nach Glück gehören; [...]".*[111] Trotz des inkludierenden Wortlautes waren im Grunde genommen die Schwarze nicht gemeint. Der überwiegende Teil der Verfasser des Textes besaß Sklaven wie auch viele andere Gründerväter der Vereinigten Staaten.[112] Die französische Nationalversammlung verkündete die Erklärung der Menschen- und Bürgerrechte im Jahr 1789 und sprach von natürlichen und unveräußerlichen Menschenrechten und von von Geburt an frei und gleiche Rechte besitzenden Menschen, Frauen waren allerdings nicht inbegriffen.[113] Die sich für die historischen Zeitgenossen als unproblematisch und unvermeidbar beschriebenen Benachteiligungen haben sich später (wie im Beispiel von Sklaven und Frauen) im Rückblick auf die Vergangenheit als ungerechtfertigt erwiesen.[114] Das belegt, auch gegenwärtig ist nicht davon auszugehen, dass das inzwischen erreichte Verständnis inakzeptabler Charakteristiken von Benachteiligungen zureichend ist, weil das Diskriminierungsverständnis sich ständig weiterentwickelt.[115]

2. *Antidiskriminierung*

Wenn es um das Thema Antidiskriminierungsrecht geht, gilt Antidiskriminierung im wortwörtlichen Sinn als Handlung gegen Diskriminierung.[116] Basierend auf dieser Aussage und auf der Definition der Diskriminierung lassen sich folgende Schlüsse ziehen: Das Antidiskriminierungsrecht fokussiert sich auf Diskriminierungen, die aufgrund von rechtlich anerkannten Diskriminierungsmerkmalen entstehen unter Verweis auf Diskriminierungsverbote. Es schützt

111 http://usa.usembassy.de/etexts/gov/unabhaengigkeit.pdf (23.4.2018).

112 Die meisten der Gründerväters der Verenigten Staaten waren auch Sklavenhalter. Thomas Jefferson, der die Unabhängigkeitserklärung der Vereinigten Staaten größtenteils verfasst hat, besaß wie viel Grundbesitzer aus den Südstaaten, zahlreiche Sklaven. http://web.archive.org/web/20071225183626/http://www.britannica.com/eb/table?tocId=9437430&idxStructId=301875&typeId=7 (23.4.2018).

113 Schon damals schrieb *Wollenstonekraft* das Buch „A Vindication of the Rights of Woman" (1790) und kritisierte aus bürgerrechtlicher Perspektive das damalige Verständnis des Menschen. Passim Wollenstonekraft, „A Vindication of the Rights of Woman", London, 1992.

114 Vgl. *Scherr*, APuZ 9/2016, 3 (7).

115 Vgl. *Scherr*, APuZ 9/2016, 3 (7).

116 „Antidiskriminierung" auf Duden online, https://www.duden.de/node/853667/revisions/1661433/view (21.3.2018)

Menschen gegen Diskriminierungen im Verhältnis zwischen den Bürgern*innen und dem Staat oder zwischen den Bürgern*innen untereinander.

II. Rechtlicher Sprachgebrauch

Im rechtlichen Sprachgebrauch verwendet der deutsche Gesetzgeber den Begriff Benachteiligung anstatt Diskriminierung. Das deutsche Kern-Gesetz zur Regulierung des Antidiskriminierungsrechts heißt Allgemeines Gleichbehandlungsgesetz (AGG).[117] Der Gesetzentwurf, der unter anderem das AGG regelt, heißt *„Entwurf eines Gesetzes zur Umsetzung europäischer Richtlinien zur Verwirklichung des Grundsatzes der Gleichbehandlung"*. Der vom Gesetzgeber gewählte Oberbegriff für die antidiskriminierungsrechtlichen Normen ist die Gleichbehandlung.[118] Der Begriff der Diskriminierung findet aber auch häufig im Gesetzentwurf Platz wie *„[...] der Schutz aller Menschen vor Diskriminierung [...]"* oder *„[...] die Verwirklichung des Grundsatzes der Gleichbehandlung aller Personen ohne Diskriminierung [...]"* und an anderen Stellen.[119] Der Gesetzentwurf spricht ausdrücklich von Benachteiligung anstatt von Diskriminierung, um zu verdeutlichen, dass nicht jede unterschiedliche Behandlung, die mit der Zufügung eines Nachteils verbunden sei, einen diskriminierenden Charakter habe.[120] Unter Diskriminierung sei im allgemeinen Sprachgebrauch nur die rechtswidrige, sozial verwerfliche Ungleichbehandlung zu verstehen.[121] Es gebe aber indessen auch Fälle der zulässigen unterschiedlichen Behandlung, wie die §§ 5, 8 bis 10 und 20 AGG zeigen.[122] Der Begriff der Antidiskriminierung findet jedoch auch Platz im Gesetzestext wie in § 23 AGG als Antidiskriminierungsverband oder in § 25 AGG als Antidiskriminierungsstelle.[123]

Die türkische Kern-Norm des arbeitsrechtlichen Antidiskriminierungsrechts, Artikel 5 Arbeitsgesetz (ArbG), heißt, ähnlich wie das deutsche AGG, *Gleichbehandlungsprinzip*, auf Türkisch *eşit davranma ilkesi*.[124] Der erste Absatz dagegen, welcher den Diskriminierungsschutz reguliert, verwendet das Wort *ayrım* (auf Deutsch Diskriminierung) der Begriff der Diskriminierung ist auch im türkischen juristischen Sprachgebrauch verbreitet. Das türkische Wort *ayrım yapmak* (auf Deutsch diskriminieren) bedeutet unterscheiden, nicht

117 Siehe *diese Dissertationsschrift* § 9. A. II. 1.
118 Vgl. *Günther*, S. 41; NK-ArbR/*Robert von Steinau-Steinrück/ Schneider* AGG § 1 Rn. 4–5.
119 BTDrucks, 16/1780, S. 1, 2, 20.
120 Vgl. BTDrucks, 16/1780, S. 30; NK-ArbR/*Robert von Steinau-Steinrück/ Schneider* AGG § 1 Rn. 4–5.
121 Vgl. BTDrucks, 16/1780, S. 30.
122 Vgl. BTDrucks, 16/1780, S. 30.
123 Vgl. Wendeling-Schröder/Stein/*Wendeling-Schröder* §1 Rn 4.
124 Siehe *diese Dissertationsschrift* § 9. B. II. 2.

gleichbehandeln.[125] Eine herabwürdigende Bedeutung ist in den Wörterbüchern nicht vorgesehen. Das Wort hat eine relativ wertneutrale Bedeutung. Kommt es aber zur Verwendung des Wortes wie zum Beispiel in der Wortgruppe *ırk ayrımı* (auf Deutsch Rassendiskriminierung) deutet es auch Isolierung, Ausschließen, Trennung, Einschränkung an.[126]

III. Nichtdiskriminierung, Gleichbehandlung und Gleichstellung

Trotz der Wahl des Begriffes der Gleichbehandlung bei beiden Rechtssystemen als oberstem Titel stimmen die Begriffe Gleichbehandlung und Nichtdiskriminieren nicht überein. Das Gleichbehandlungsgebot verlangt, an sich gleich zugeordnete Sachverhalte gleich und das Diskriminierungsverbot verlangt, an sich nicht gleich zugeordnete Sachverhalte dennoch gleich zu behandeln.

Beide Rechtsinstitutionen, die Gleichbehandlungsgebote und die Diskriminierungsverbote, streben gemeinsam das Vermeiden oder Beseitigen von Ungerechtigkeiten an. Beide verbieten ungerechtfertigte Ungleichbehandlungen.[127] Sie bezwecken das Erreichen von Gleichbehandlung.[128] Die Wege zum Erreichen des Zieles der Gleichbehandlungsgebote und Diskriminierungsverbote sind verschieden. Gebietet der Gleichbehandlungsgrundsatz, die Gleichen gleich und die Ungleichen nach ihrer Art der Ungleichheit ungleich zu behandeln, widerspricht die Nichtdiskriminierungspflicht einer Ungleichbehandlung von Ungleichen. Sie verlangt eine Gleichbehandlung von Ungleichen ungeachtet ihrer Ungleichheit.

Diskriminierung geht weiter als Ungleichbehandlung.[129] Ein Diskriminierungsverbot funktioniert wie eine Korrektur, die letztendlich Ungleichheit korrigieren kann. Reicht das Gleichbehandlungsgebot nicht, die *wahre* Gleichheit zu verwirklichen und die Gerechtigkeit zu realisieren, geht die Nichtdiskriminierungspflicht vor. Diskriminierungsverbote verlangen von Menschen, ihre eigenen Vorurteile zu überwinden, gesellschaftlich und historisch erfüllte Inhalte der anerkannten Diskriminierungsmerkmale zu vergessen und diese Merkmale bei der Entscheidungstreffung außer Acht zu lassen. Die mit der Nichtdiskriminierung verpflichteten Rechtssubjekte müssen die Merkmalsträger ohne ihre Merkmale wahrnehmen. Der Grund dafür ist die gesellschaftliche Wertvorstellung,

---

125 „ayrım yapmak“ bereitgestellt durch Türk Dil Kurumu Sözlük, http://www.tdk.gov.tr/index.php?option=com_gts&arama=gts&kelime=ayrım%20yapmak&cesit=1&guid=TDK.GTS.5ac7eb54706388.33270613 (6.4.2018);

126 „ayrım yapmak“ bereitgestellt durch Türk Dil Kurumu Sözlük, http://www.tdk.gov.tr/index.php?option=com_gts&arama=gts&kelime=ayrım%20yapmak&cesit=1&guid=TDK.GTS.5ac7eb54706388.33270613 (6.4.2018);

127 Wendeling-Schröder/Stein/*Wendeling-Schröder* §1 Rn 4.

128 Vgl. *Lingscheid,* S. 12.

129 Vgl. *Bauer/Göpfert/Krieger* Einl. Rn. 10.

welche fordert, diese ungleichen Sachverhalte trotz ihrer Ungleichheit gleich zu behandeln.

Genauer verlangt das Diskriminierungsverbot, bestimmte Merkmale nicht zur Feststellung von Ungleichheiten zu verwenden.[130] Bei diesen bestimmten Merkmalen, die grundsätzlich ein sachliches Differenzierungskriterium für eine Ungleichbehandlung sein könnten, lässt sich eine Ungleichbehandlung nicht nur aus dieser Verschiedenheit legitimieren.[131] Der durch Diskriminierende autonom gesetzten Zweck wird auf diese Weise zugunsten eines für vorrangig erklärten, meist sozialen Ziels korrigiert.[132] Anders als der Gleichbehandlungsgrundsatz, breiten sich Diskriminierungsverbote außerdem über statusbezogene Maßnahmen wie Einstellung und Kündigung aus.[133]

Um die Bedeutung der Diskriminierung noch mehr zu beleuchten, ist auch der Unterschied zwischen der Nichtdiskriminierung und der Gleichstellung zu klären. Gleichstellung fokussiert sich auf das Ergebnis des Verfahrens und kämpft gegen ungleichgewichtige Ergebnisse der Rechtsnormen oder Maßnahmen.[134] Die Bekämpfung gegen das Ergebnisungleichgewicht erfährt ihre Einleitung durch die Verwendung einer strikten Proportionalität.[135] Es gilt, alles zu vermeiden, was zu irgendwelchen Auswirkungen aufgrund von vorhandenen Unterschieden zwischen vergleichenden Gruppen führen könnte.[136]

Beide Diskriminierungsverbote und Gleichstellungmaßnahmen haben mehr als eine formale Normanwendungsgleichheit zum Ziel, vielmehr geht es um das Erreichen einer materiellen Ergebnisgleichheit trotz unterschiedlicher Voraussetzungen.[137] Um die materielle Gleichheit zu erreichen, wird Ungleiches aufgrund gesetzlicher Zielsetzungen gleich behandelt.[138] Auf diese Weise kommt es zur Verdrängung von privatautonom ausgeübten Freiheitsrechten im Falle von Diskriminierungsverboten und Gleichstellungspflichten zugunsten vom Gesetzgeber für notwendig erachteten Zielen.[139] Eine solche Intervention in das private Recht ist möglich bei der Erklärung der Unabdingbarkeit der Diskriminierungsverbote und Gleichstellungspflichten und auch deswegen treten individuelle Vereinbarungen dahinter zurück.[140]

Im Vergleich zum allgemeinen arbeitsrechtlichen Gleichbehandlungsgrundsatz nehmen Diskriminierungsverbote und Gleichstellungsmaßnahmen auf

---

130 Vgl. Wendeling-Schröder/Stein/*Wendeling-Schröder* § 1 Rn. 6.
131 Vgl. Wendeling-Schröder/Stein/*Wendeling-Schröder* Einl. Rn. 9; *Lingscheid,* S. 12.
132 Vgl. *Lingscheid,* S. 12.
133 Vgl. *Lingscheid,* S. 12.
134 Vgl. *Schlachter,* S. 9, 10.
135 Vgl. *Schlachter,* S. 10.
136 Vgl. *Schlachter,* S. 9.
137 Vgl. *Lingscheid,* S. 13.
138 Vgl. *Lingscheid,* S. 13; *Wiedemann*, S. 41.
139 Vgl. *Lingscheid,* S. 13.
140 Vgl. *Lingscheid,* S. 13.

bestehende gesellschaftliche Gruppenbildungen Bezug.[141] Die gesellschaftlich begründete (zugeschriebene oder erworbene), aber durch ein Diskriminierungsverbot untersagte Gruppenbildung kann nach dem allgemeinen Gleichbehandlungsgrundsatz individuell und einzelwirtschaftlich sachlich begründbar sein, da nicht die Gleichbehandlung des Gleichen betroffen ist.[142]

IV. Arten der Diskriminierung

Diskriminierung hat vielfältige Facetten. Rechtstheoretiker und Rechtssysteme unterscheiden zwischen einer Vielfalt an Arten von Diskriminierungen: unmittelbaren und mittelbaren, organisationalen, institutionellen, strukturellen und einige andere. Der folgende Abschnitt thematisiert einige dieser Arten; andere, in der vorliegenden Arbeit nicht diskutierte Arten von Diskriminierung wie Belästigung, offene Diskriminierung, verdeckte Diskriminierung, behandelt dieser Teil nicht.[143]

1. Unmittelbare und mittelbare Diskriminierung

Die Unterscheidung zwischen der unmittelbaren und mittelbaren Diskriminierung basiert auf dem Fakt, dass eine Diskriminierung nicht allein eine Folge von benachteiligenden Handlungen ist.[144] Auf dieser Grundlage formuliert: Eine unmittelbare Diskriminierung liegt vor, wenn eine Person aufgrund der Diskriminierungsmerkmale eine weniger günstige Behandlung erfährt, erfahren hat oder erfahren könnte. Eine ungleiche, unterschiedliche Behandlung verursacht eine unmittelbare Diskriminierung. Die Ungleichhandlung hat im Fall einer unmittelbaren Diskriminierung einen direkten Bezug auf die Diskriminierungsmerkmale. Sie lässt ausdrücklich auf ein verbotenes Differenzierungskriterium schließen.[145] Eine unmittelbare Diskriminierung kann z. B. vorsätzlich, infolge einer allgemeinen Indifferenz oder ein Produkt der Voreingenommenheit sein.[146] Eine *mittelbare Diskriminierung* liegt dagegen vor, wenn dem Anschein nach neutralen Vorschriften, Kriterien, Vorgaben oder Verfahren in Wirklichkeit zur Benachteiligung von Personen oder Personengruppen als Merkmalsträger führen. Im Fall einer mittelbaren Diskriminierung gilt es, sich auf das Endergebnis zu konzentrieren. Handlungen, Vorschriften usw. verursachen mithilfe von dem

141 Vgl. *Lingscheid,* S. 12.
142 Vgl. *Lingscheid,* S. 12.
143 Siehe *diese Dissertationschrift* § 2.
144 Vgl. *Scherr,* APUZ 9/2016, 3 (4).
145 Vgl. *Lingscheid,* S. 8.
146 Vgl. *Altman,* SEP 2016, 1 (12).

Anschein nach neutralen Kriterien, die förmlich keine Unterschiede machen, im Endergebnis eine diskriminierende Wirkung in der Praxis.[147]

Die unmittelbare Diskriminierung wegen eines verbotenen Merkmals war die erste Art von Diskriminierung, die innerhalb der Antidiskriminierungsrechts-Gesetzgebung als rechtswidrig Anerkennung fand. Einer erst im Jahr 1971 getroffenen US-amerikanischen Entscheidung des Obersten Gerichtshofes verdankt das Antidiskriminierungsrecht die Anerkennung und den Begriff der mittelbaren Diskriminierung.[148] Der Europäische Gerichtshof folgte dieser Entwicklung und übernahm 1981 die Rechtsinstitution mit dem Hinweis auf die US-amerikanische Entscheidung.[149] Die Mitgliedstaaten der Europäischen Union folgten dieser Entwicklung.[150] Das Verhältnis zwischen der Theorie hinsichtlich einer mittelbaren Diskriminierung und dem Antidiskriminierungsrecht behandelt die Frage, ob eine mittelbare Diskriminierung nach der Theorie des ökonomischen Liberalismus zu rechtfertigen ist, die in den USA nach den 1990ern und auch im europäischen Rechtskreis intensiv diskutiert worden.[151] Im Laufe der Zeit aber haben die europäischen Länder die mittelbare Diskriminierung gesetzlich formuliert.[152] Im europäischen Kontext finden beide Begriffe zum ersten Mal in der Richtlinie 76/207/EWG Verwendung. Die Formulierung und die Definition der mittelbaren Diskriminierung fanden sich erst im Jahr 1997 in der Richtlinie 97/80/EG Artikel 2. In der Antirassismus Richtlinie aus dem Jahr 2000 lassen sich die Definitionen der beiden Begriffe finden (RL 2000/43/EG Art. 2 II).[153]

2. *Präferenzmodell und statistische Diskriminierung*

Die Kategorisierung der Diskriminierung nach dem Präferenzmodell und nach der statistischen Diskriminierung thematisiert die Frage, wodurch eine Diskriminierung geschieht. Nach dem *Präferenz Diskriminierungsmodell (Taste-based)* folgt: Entweder der*die Arbeitgeber*in selbst oder jemand, dessen*deren Präferenz der*die Arbeitgeber*in in Betracht zieht, wie ein*e Mitarbeiter*in oder ein*e Kunde*in, mag die Mitglieder einer der diskriminierten Gruppen nicht und will sich auch nicht mit ihnen assoziieren.[154] Nach diesem Modell ist eine

---

147 Vgl. *McCrudden* in: McCrudden (Ed.), Anti-Disc. L., 1st. ed., Int. xi (xiv); *Lingscheid,* S. 8.

148 Griggs v. Duke Power Company, 401 U.S. 424 (1971). Vgl. *McCrudden* in: McCrudden (Ed.); Anti-Disc. L., 1st. ed., Int. xi (xiv); *Wiedemann*, S. 2, 31.

149 EuGH, 31.3.1981, Rs. 96/80 „Jenkins". Nach der Jenkins Entscheidung: EuGH 13.5.1986, Rs. 170/84, Rn. 24 – 31 „ Bilka-Kaufhaus"; EuGH 27.6.1990, Rs. C-33/89, Rn. 7– 16 „Kowalska". Vgl. *McCrudden* in: McCrudden (Ed.), Anti-Disc. L., 1st. ed., Int. xi (xv); *Wiedemann*, S. 31.

150 Vgl. *Wiedemann*, S. 31.

151 Vgl. *McCrudden* in: McCrudden (Ed.); Anti-Disc. L., 2nd. ed., Int. xi (xiv).

152 Vgl. *Wiedemann*, S. 31.

153 Siehe *diese Dissertationsschrift* § 8 B. II. IV. und § 8 B. III.

154 Vgl. *Becker*, S. u.A. 16, 27, 30, 31, 40, 42, 56, 76; *Strauss*, 79 Geo. L. J. (1991), 1619 (1621);

Diskriminierung das Ergebnis einer exogenen Präferenz.[155] Sie kann aus der Art und Weise resultieren, in der individuelle Präferenzen die Ressourcen innerhalb eines wettbewerbsorientierten Rahmens der freien Marktwirtschaft zuweisen.[156] Diese Form einer Diskriminierung kann unter anderem aus Feindseligkeit oder der Vorliebe und den Vorurteilen des*der Arbeitgebers*in oder eines*einer Mitarbeiters*in oder eines*einer Kunden*in resultieren.[157]

Eine *statistische Diskriminierung* kann auf der anderen Seite auch ohne diskriminierende Präferenzen auftreten.[158] Nach dem Modell der statistischen Diskriminierung diskriminiert ein*e rationale*r Arbeitgeber*in, auch wenn kein relevanter Akteur einen diskriminierenden Animus hat, wenn der*die Arbeitgeber*in zu dem Schluss kommt, dass ein Diskriminierungsmerkmal wie Geschlecht, Rasse usw. ein nützlicher Hinweis für berufliche Qualifikationen ist.[159] Es existiert die Ansicht, eine statistische Diskriminierung sei das Ergebnis von unvollständigen Informationen.[160] Eine Diskriminierung in dieser Form trete auf, weil Informationen über die Qualifikationen eines*einer Arbeitnehmers*in oft teuer zu erhalten seien, es lasse sich jedoch ohne allzu großen Aufwand feststellen, ob der*die Arbeitnehmer*in ein*e Diskriminierungsmerkmalsträger*in sei oder nicht.[161] Im Falle einer statistischen Diskriminierung gehen die Arbeitgeber*innen davon aus, dass die Vorurteile und Stereorotypen in der Gesellschaft über die diskriminierte Gruppe zutreffend sind. Auf der Grundlage von,genauen' Verallgemeinerungen über,reale' Unterschiede zwischen Mitgliedern von sozialen Gruppen, denen jeweilige Individuen zuzurechnen sind, treffen die Arbeitgeber*innen Entscheidungen.[162] Sie berücksichtigen die Annahmen über angebliche Unterschiede zwischen sozialen Gruppen als Zusatzinformationen mit dem Ziel, den Entscheidungsprozess zu vereinfachen.[163] Sie behaupten aber, sie selbst hätten keine Vorurteile und wollten niemanden diskriminieren.[164] Basierend auf diesen Ideen herrscht die Meinung vor, solange diese Verallgemeinerungen oder diese Annahmen zuträfen, sei es unrentabel für die Arbeitgeber*innen, die Diskriminierung aufzugeben.[165]

---

155 Vgl. *Strauss*, 79 Geo. L. J. (1991), 1619 (1623).
156 Vgl. *Becker*, S. 30.
157 Vgl. *Strauss*, 79 Geo. L. J. (1991), 1619 (1632).
158 Vgl. *Strauss*, 79 Geo. L. J. (1991), 1619 (1622, 1626).
159 Vgl. *Strauss*, 79 Geo. L. J. (1991), 1619 (1622).
160 Vgl. *Strauss*, 79 Geo. L. J. (1991), 1619 (1623).
161 Vgl. *Strauss*, 79 Geo. L. J. (1991), 1619 (1622).
162 Vgl. *Strauss*, 79 Geo. L. J. (1991), 1619 (1624).
163 Vgl. *Scherr*, APuZ 9/2016, 3 (5).
164 Vgl. *Scherr*, APuZ 9/2016, 3 (5).
165 Vgl. *Strauss*, 79 Geo. L. J. (1991), 1619 (1624).

3. *Organisationale Diskriminierung, institutionelle Diskriminierung, gesellschaftsstrukturelle Diskriminierung*

In einem engen Zusammenhang mit der statistischen Diskriminierung steht die *organisationale Diskriminierung*. Organisationale Diskriminierung bezeichnet eine Diskriminierung, die das Ergebnis von funktionalen Erfordernissen der Organisationen ist.[166] Es besteht die Ansicht, um sich wirtschaftlich fähig, geeignet und zuverlässig zu erweisen und wirtschaftlich weiterleben zu können, würden die Arbeitgeber*innen Ausbildungs- und Arbeitsstellen bevorzugt an solche Bewerber*innen vergeben, von denen anzunehmen sei, sie passten sich einfach an die Betriebskultur an und die Belegschaft und die Kunden*innen würden sie akzeptieren.[167] Dies hat einerseits zur Folge, dass hinsichtlich der Betriebskultur sozialkulturell distanzierte Bewerber*innen, bei denen die Annahme nahe liegt, aufgrund ihrer Einstellung könnten Konflikte im Betrieb oder Komplikationen mit der Kundschaft entstehen, zum Wohle der wirtschaftlichen Fortsetzung des Betriebs Diskriminierung erfahren.[168] Andererseits bezeichnet eine *institutionelle Diskriminierung* durch Strukturen und Verfahrensweisen von Institutionen verursachte Diskriminierungen.[169] Diese Art von Diskriminierung ist nicht auf individuelle zurechenbare Handlungen, stereotype Vorstellungen oder benachteiligende Absichten der Personen zurückzuführen.[170] Der Begriff der institutionellen Diskriminierung stammt aus Auseinandersetzungen mit dem institutionellen Rassismus in den 1960ern in den USA.[171] Eine *gesellschaftsstrukturelle Diskriminierung* gilt als eine Diskriminierung, die direkt oder indirekt aufgrund von Strukturen in den gesellschaftlichen Teilsystemen – wie z. B. Recht, Bildung oder Ökonomie – zustande kommt.[172]

4. *Positive Diskriminierung*

Die positive Diskriminierung bezeichnet positive, unternommene Schritte, um die Repräsentation von bestimmten gesellschaftlichen Gruppen in verschiedenen Bereichen zu hervorzuheben, von denen sie historisch ausgeschlossen waren.[173] Positive Diskriminierung identifiziert in erster Linie bestimmte schwächere Gruppen, die aufgrund des Ungleichgewichts in der anfänglichen sozialen

---

166 Vgl. *Scherr*, APuZ 9/2016, 3 (6).
167 Vgl. *Scherr*, APuZ 9/2016, 3 (6).
168 Vgl. *Scherr*, APuZ 9/2016, 3 (6).
169 Vgl. *Scherr*, APuZ 9/2016, 3 (5); *Günther*, S. 45.
170 Vgl. *Scherr*, APuZ 9/2016, 3 (5).
171 Vgl. *Günther*, S. 45.
172 Vgl. *Scherr*, APuZ 9/2016, 3 (6).
173 Vgl. *Fullinwider*, SEP 2018, 1 (1). Für den Begriff der positiven Diskriminierung ist in den USA der Begriff „affirmative action" und in Großbritannien „positive action" gebräuchlich.

Situation nicht in der Lage sind, das Gleichgewicht aus eigener Kraft (wieder-)herzuherstellen.[174] Die (Wieder-)Herstellung des Gleichgewichts durch den Abbau der festgestellten Benachteiligungen erfordert eine speziell auf die Bedürfnisse der schwächeren Gruppen ausgerichtete Unterstützung durch die Allgemeinheit.[175] So wird eine vorübergehende Bevorzugung der Schwächeren und eine begrenzte Benachteiligung der anderen Gruppen akzeptiert, bis das soziale Gleichgewicht hergestellt ist.[176] Die Rechtsinstitution der positiven Diskriminierung zeigt somit vor allem, wie umfassend der Antidiskriminierungsrechts-Gedanke ist.[177]

V. Zwischenergebnis

Eine Diskriminierung ist eine auf diskriminierende Merkmale beruhende Erstellung, Begründung und Rechtfertigung einer sozial unerwünschten Unterscheidung, Ausschließung, Beschränkung, Bevorzugung, eine allgemeine Ungleichbehandlung mit dem Ziel oder mit der Folge gesellschaftlicher Benachteiligung.

Welche in der Gesellschaft verwendeten Kategorien als rechtlich anerkannte diskriminierende Unterscheidungskategorien gelten, hängt vom geschichtlichen, kulturellen und gesellschaftlichen Kontext ab. Die Auswahl der Diskriminierungsmerkmale, die in den Gesetzestexten Platz finden, ist allerdings letztendlich eine politische Entscheidung des Gesetzgebers, die er im Namen der Gesellschaft trifft. Diese Entscheidung legt auf der einen Seite die in der Gesellschaft diskriminierten Gruppen fest, auf der anderen Seite nimmt der Gesetzgeber mit seiner Entscheidung eine Stellung dazu ein, welche der existierenden Unterscheidungskategorien sozial in höherem Maße als unerwünscht gelten als andere, sodass sie das Niveau eines gesetzlich anerkannten Diskriminierungsmerkmals einnehmen. Diese Wertentscheidung betrifft auch eine Entscheidung darüber, wer als ein gleichberechtigter Mensch gilt, die gleichen Rechte und Freiheiten wie andere hat, und wer nicht. Manche für historische Zeitgenossen als unproblematisch und unvermeidbar beschriebenen Benachteiligungen haben sich später im Rückblick auf die Vergangenheit als ungerechtfertigt erwiesen.[178] Das belegt, auch gegenwärtig ist nicht davon auszugehen, dass das inzwischen erreichte Verständnis hinsichtlich inakzeptabler Charakteristiken von Benachteiligungen hinreichend ist, weil das Diskriminierungsverständnis sich ständig weiterentwickelt.[179]

---

174 Vgl. *Schlachter*, S. 10.

175 Vgl. *Schlachter*, S. 10.

176 Vgl. *Schlachter*, S. 10.

177 Für die Eingrenzung des Untersuchungsgegenstandes siehe *diese Dissertationsschrift* § 2. Siehe auch *diese Dissertationsschrift* § 4 D. IV.

178 Vgl. *Scherr*, APuZ 9/2016, 3 (7).

179 Vgl. *Scherr*, APuZ 9/2016, 3 (7).

Beruhend auf anerkannte Diskriminierungsmerkmale kommt es zur Erstellung von Unterscheidungen, Ausschließungen, Beschränkungen, Bevorzugungen, allgemeinen Ungleichbehandlungen, begründet und gerechtfertigt, welche gesellschaftliche Benachteiligungen als Ziel oder zur Folge haben.

Das Antidiskriminierungsrecht fokussiert sich auf Diskriminierungen, entstanden aufgrund von rechtlich anerkannten Diskriminierungsmerkmalen unter Verweis auf Diskriminierungsverbote. Es schützt Menschen gegen Diskriminierungen im Verhältnis zwischen den Bürgern*innen und dem Staat oder zwischen den Bürgern*innen untereinander.

Eine Verwendung der Begriffe der Benachteiligung oder der Gleichbehandlung anstatt der Diskriminierung kann nur einige Seiten des Diskriminierungsphänomens abdecken und lediglich einen Teil der Realität abbilden. Der Begriff der Diskriminierung findet Verwendung, um eine Verwechslungsgefahr zu vermeiden.

Die Unterscheidungen verschiedener Arten von Diskriminierung verhelfen zu einem besseren Verständnis im Hinblick auf das Konzept der Diskriminierung. Diskriminierung entsteht aus verschiedenen Gründen und nimmt im gesellschaftlichen Leben verschiedene Erscheinungsbilder an. Warum soll aber eine Diskriminierung in einer Gesellschaft unerwünscht sein?

C. Rechtfertigende Theorien: Warum ist eine Diskriminierung gesellschaftlich unerwünscht?

Je nach dem moralphilosophischen Standpunkt, dem soziologischen Verständnis oder der politischen Sichtweise gibt es verschiedene Perspektiven auf die Ungerechtigkeit, die die Diskriminierung in der Gesellschaft bewirkt. Aus moralphilosophischem Standpunkt ist es eine meist vertretene Idee, eine Diskriminierung sei ungerecht, weil der Diskriminierende Personen auf der Grundlage von Eigenschaften ungleich behandelt und benachteiligt, die individuell unbeeinflussbar und nicht unter der Kontrolle des Individuums stehen (äußerlich wahrnehmbare askriptive Persönlichkeitsmerkmale wie Geschlecht oder Hautfarbe) oder individuell kaum beeinflussbar und vom Individuum nicht frei gewählt worden sind (äußerlich nicht oder nicht immer wahrzunehmende statusbezogene Persönlichkeitsmerkmale wie Geburt, soziale Herkunft) oder, obwohl sie subjektiv beeinflussbar sind, ihre Änderung politisch nicht verlangt werden darf (verhaltensbezogene Merkmale wie Religion, Weltanschauung, deren Wahrnehmbarkeit abhängig vom aktiven Akt des Bekenntnisses ist).[180] Nach einer anderen Sichtweise sei eine Diskriminierung ungerecht, weil sie Personen auf der Grundlage von ungenauen Stereotypen behandele.[181] Andere behaupten, eine

180 Vgl. *Altman*, SEP 2016, 1 (26); *Schiek*, S. 26, 34, 35.

181 Vgl. *Altman*, SEP 2016, 1 (24). Passim *Réaume* 63 La. L. Rev. (2003); *Crenshaw*, 101 Harv. L. R. (1988).

Diskriminierung sei ungerecht, weil sie diejenigen, gegen die sie gerichtet ist, erniedrigt, indem sie diese Personen moralisch minderwertig behandelt.[182] Laut ihnen enthält eine Diskriminierung in sich eine Aussage, die Diskriminierten seien weniger wert als andere in der Gesellschaft, in dem Sinne lehnten sie den gleichen moralischen Wertstatus der Menschen ab.

Eine andere, auf soziologische Erkenntnisse basierende Version besagt, eine Diskriminierung sei wegen ihres Zusammenhangs mit den Vorurteilen falsch. Bei einer auf Vorurteilen basierenden Unterscheidung kommt es fälschlicherweise zum Zuschreiben von negativen Merkmalen, die tatsächlich auf die gesamte Menschheit verteilt sind, hier aber hauptsächlich auf Mitglieder einer bestimmten Gruppe bezogen werden.[183] Durch Stereotypen und Vorurteile stigmatisierte Gruppen verlieren ihren Glauben an das System und an die Zukunft, investieren weniger in sich selbst und büßen ihr Selbstbewusstsein ein.[184]

Andere, politisch geprägte Erklärungen assoziieren Diskriminierung mit der Verletzung der Freiheit und erklären, eine Diskriminierung sei falsch, weil sie den gleichberechtigten Anspruch jeder Person auf Freiheit verletze.[185] Eine andere Auffassung sagt, Diskriminierung sei falsch, weil sie eine willkürliche oder irrationale Art, die Menschen zu behandeln, sei.[186] In Verbindung damit steht das Argument, eine Diskriminierung sei ungerecht, weil es Individuen nicht basierend auf ihrer Leistung behandele.[187] In diesem Zusammenhang wird der Diskriminierung vorgeworfen, sie beeinträchtige die Leistungsfähigkeit des Arbeitsmarktes, indem sie die maximale Nutzung der produktiven Arbeitskräfte beschädige und auf diese Weise der gesamtgesellschaftlichen Wohlfahrt schade.[188]

Nach einer anderen Position sei eine Diskriminierung, insbesondere hinsichtlich der strukturellen Diskriminierung, ein systematischer Abstieg einer ganzen Gruppe von Menschen in einen *Zustand der Minderwertigkeit.*[189] Institutionelle und strukturelle Diskriminierungen führten – ohne angemessene Begründung – zu *relativen Nachteilen* für Personen, die bestimmten Gruppen angehören, und verweigern ihnen die gleichen Chancen wie andere.[190] Eine Diskriminierung sei ungerecht, weil sie die Mitglieder einer sozialen Gruppe *in eine Position der Vulnerabilität, der Ausbeutung und des Dominiertwerden* setze.[191]

---

182 Vgl. *Altman*, SEP 2016, 1 (28). Siehe *diese Dissertationsschrift* § 4, D, II.
183 Vgl. *Réaume*, 63 La. L. Rev. (2003), 645 (681).
184 Vgl. *Réaume*, 63 La. L. Rev. (2003), 645 (681).
185 Vgl. *Altman*, SEP 2016, 1 (27).
186 Vgl. *Altman*, SEP 2016, 1 (25).
187 Vgl. *Altman*, SEP 2016, 1 (26).
188 Passim *Epstein, Forbidden Grounds.*
189 Vgl. *Altman*, SEP 2016, 1 (30).
190 Vgl. *Altman*, SEP 2016, 1 (30).
191 Vgl. *Altman*, SEP 2016, 1 (31); *Schiek*, S. 39; Schiek/*Schiek* AGG Einl. Rn. 44. Siehe *diese Dissertationschrift* § 4, D., III.

Diese unterschiedlichen Verständnisse der Ungerechtigkeit von Diskriminierung in der Gesellschaft beweist noch einmal den komplexen Charakter des Diskriminierungsphänomens, welcher sich auch in den Zielen des Antidiskriminierungsrechts widerspiegelt.

D. Ziele des Antidiskriminierungsrechts

Ein beständiges Thema in der antidiskriminierungsrechtlichen Literatur betrifft die Grundlagen und die Ziele des Antidiskriminierungsrechts. Woher stammt das Antidiskriminierungsrecht? Welche Prinzipien begründen das Antidiskriminierungsrecht? Was sind die mit dem Antidiskriminierungsrecht verfolgten Ziele? Über diese Fragen ist bereits viel geschrieben und geäußert worden. Der vorliegende Abschnitt setzt sich mit den Theorien, die das Antidiskriminierungsrecht rechtfertigen, auseinander und versucht unterschiedliche Meinungen über die mit dem Antidiskriminierungsrecht verfolgten Ziele darzustellen. Eine Darstellung findet nachstehend zuerst der Ansatz, der die Erreichung der Gleichheit als Ziel des Antidiskriminierungsrechts sieht und als Nächstes die moralische Gleichheit. Dazu gehören die Chancengleichheit und die Verteilungsgerechtigkeit. Anschließend kommt es zur gleichen Bewertung der verschiedenen Gruppenidentitäten. Als Letztes steht ein Zwischenergebnis.

I. Erreichung der Gleichheit

Gleichheit als feste Grundlage bei dem Antidiskriminierungsrecht ist die am häufigsten vertretene Position in den Diskussionen über die Grundlagen des Antidiskriminierungsrechts.[192] Für viele Autoren ist die Gleichheit entweder die Basis des Antidiskriminierungsrechts oder die primären Prinzipien des Antidiskriminierungsrechts handeln von der Idee der Gleichheit.

Nach der Wörterbucherklärung bedeutet Gleichheit, in allen oder in bestimmten Merkmalen übereinstimmend zu sein.[193] Im Sinne numerischer Identität bedeutet Gleichheit ein und denselben, mit sich selbst in allen Merkmalen übereinstimmenden Gegenstand.[194] In Bezug auf diese Arbeit ist aber nicht dieses Verständnis, sondern die qualitative Gleichheit von Bedeutung. Die qualitative Gleichheit bezeichnet die Übereinstimmung zwischen einer Gruppe von verschiedenen Objekten, Personen, Prozessen oder Umständen.[195] Gleichheit in diesem Sinne

192 Vgl. *McCrudden* in: McCrudden (Ed.), Anti-Disc. L., 2nd. ed., Int. xi (xx).

193 „Gleichheit“ auf Duden online, http://www.duden.de/node/682175/revisions/1347987/view (19.3.2018); „gleich“, auf das Digitale Wörterbuch der deutschen Sprache, http://www.dwds.de/wb/gleich#1 (19.3.2018); Etymologisches Wörterbuch (Wolfgang Pfeifer).

194 Vgl. *Gosepath*, Gleichheit/Ungleichheit.

195 Vgl. *Gosepath*, SEP 2011, 1 (2); *Gosepath*, Gleichheit/Ungleichheit.

besteht im Wesentlichen aus einer dreistelligen Relation zwischen zwei (oder mehreren) Objekten, Personen, Prozessen oder Umständen und einer (oder mehreren) Eigenschaften und erzeugt notwendigerweise eine Frage: in welcher Hinsicht gleich?[196] Diese verschiedenen Objekte, Personen, Prozesse oder Umstände weisen in Bezug auf ein bestimmtes Merkmal in mindestens einer Hinsicht die gleichen Qualitäten auf.[197] Sie müssen aber nicht in jeder Hinsicht die gleichen Qualitäten besitzen.[198] Auch sind sie bei vorhandenen Unterschieden in anderen Eigenschaften in Bezug auf ein bestimmtes Merkmal als gleich zu bezeichnen.[199] Dahingehend bezeichnet Gleichheit das Verhältnis zwischen den verglichenen Objekten.[200] Dieser Vergleich braucht ein konkretes Merkmal, in dem die Gleichheit gelten soll.[201] In Folge dessen knüpft die Gleichheit an den gemeinsamen Anteil am vergleichsentscheindenden Merkmal an.[202] Dieser relevante Vergleichsstandard stellt eine jeweils zu spezifizierende Variable des Gleichheitsbegriffs dar und führt zu verschiedenen Konzeptionen der Gleichheit.[203]

Die Gleichheit ist vor allem ein soziales, politisches, hochkomplexes Konzept. Spätestens seit der Französischen Revolution diente sie als eines der führenden Ideale des politischen Denkens in der westlichen Welt.[204] Es handelt sich um „die ethische[n] Grundaussage[n]“ der modernen Zeiten, dass die Menschen gleich sind.[205] Gleichzeitig ist sie aber derzeit das umstrittenste der großen sozialen Ideale.[206] Auf die philosophische und die politische Diskussion über die Gleichheit kann diese Arbeit nur am Rande eingehen. Diese Komplexität und zahlreiche Meinungen über die Gleichheit zeigen aber auch, dass nur die Definition von Gleichheit bzw. gleich nicht reicht, um über die Gleichheit zu diskutieren. Niemand und nichts ist von sich aus gleich oder ungleich.[207] Wie der Inhalt des Gleichheit-Begriffs in jedem Einzelfall ausgefüllt wird, ist eine wertende Entscheidung.[208] Um diesen Entscheidungsprozess zu verdeutlichen, ist eine Vielzahl an Prinzipien und Konzeptionen der Gleichheit verteidigt worden.[209] Dementsprechend soll das Ziel des auf die Idee der Gleichheit basierenden

196 Vgl. *Gosepath*, SEP 2011, 1 (4).
197 Vgl. *Gosepath*, SEP 2011, 1 (2).
198 Vgl. *Gosepath*, SEP 2011, 1 (2).
199 Vgl. *Gosepath*, SEP 2011, 1 (2).
200 Vgl. *Gosepath*, Gleichheit/Ungleichheit.
201 Vgl. *Gosepath*, Gleichheit/Ungleichheit.
202 Vgl. *Gosepath*, Gleichheit/Ungleichheit.
203 *Gosepath*, Gleichheit/Ungleichheit.
204 Vgl. *Gosepath*, SEP 2011, 1 (1); *Dupré*, S. 12;
205 Vgl. *Mahlmann* in: Rudolf/Mahlmann, GleichbehandlungsR, § 1 Rn. 6.
206 Vgl. *Gosepath*, Gleichheit/Ungleichheit; *Gosepath*, SEP 2011, 1 (1).
207 Vgl. *Kaiser*, NZA 2000, 1144 (1148).
208 Vgl. *Lingscheid*, S. 7.
209 Vgl. *Gosepath*, SEP 2011, 1 (5).

Antidiskriminierungsrechts sein: die Erreichung der Gleichheit in einer ihrer verschiedenen Erscheinungsformen.[210]

II. Moralische Gleichheit: Menschenwürde

Bis zur Aufklärung herrschte auf dem europäischen Kontinent die allgemeine Auffassung, Menschen seien von Natur aus ungleich – das heißt, es gab eine natürliche menschliche Hierarchie.[211] Der Wert der Menschen bestand in einer Ehre, die gleichmäßig zu verteilen ihre Bedeutung zerstört hätte. Diejenigen, die diese Ehre innehaben, waren den anderen sozial vorangestellt.[212] Dieses Postulat kollabierte mit der Entstehung der Idee des Naturrechts und ihrer Annahme einer Gleichheit der natürlichen Ordnung unter allen Menschen.[213] Es handelte sich um den Kerngedanken, dass *„alle Menschen unabhängig von weiteren Attributen oder lebensgeschichtlichen Leistungen allein aufgrund ihres Menschseins Wertgleichheit genießen"*.[214] Daraus resultierte ein Anspruch eines jeden auf gleiche Achtung als unveräußerlichen höchsten Zweck.[215] Der Mensch erfuhr seine Charakterisierung als Selbstzweck und damit seine Einstufung als höchster Wert im Reich der Güter.[216] Die klassische Formel der formalen Gleichheit wurde präzisiert, fortentwickelt und erhielt im Laufe der Zeit eine inhaltlich egalitäre Bedeutung.[217] Nämlich: Jeder hat den gleichen Wert und verdient den gleichen Respekt.[218] In der Gegenwart ist dies die Definition der weitverbreiteten Auffassung von substanzieller, universaler, *moralischer Gleichheit.*[219]

Diese Idee der Wertgleichheit der Menschen erfuhr neuzeitlich ihre Zusammenfassung im Rechtsbegriff *menschlicher Würde.*[220] Die Würde spielte mit der Aufklärung eine Art von aufsteigender Rolle in der Gesellschaft, die gewöhnliche Menschen auf den moralischen Status erhebt, den zuvor nur die Aristokratie genossen hat.[221] Der Begriff der Würde gab den zuvor durch ein hierarchisches Verständnis von Beziehungen zwischen Menschen definierten Wertvorstellungen somit eine egalitäre Wendung.[222] Das Prinzip der gleichen Würde und

---

210 Vgl. *McCrudden* in: McCrudden (Ed.); Anti-Disc. L., 2nd. ed., Int. xi (xv); *Mahlmann* in: Rudolf/Mahlmann, GleichbehandlungsR, § 1 Rn. 18.

211 Vgl. *Gosepath*, SEP 2011, 1 (10); *Réaume*, 63 La. L. Rev. (2003), 645 (674).

212 Vgl. *Réaume*, 63 La. L. Rev. (2003), 645 (674).

213 Vgl. *Gosepath*, SEP 2011, 1 (10).

214 Vgl. *Mahlmann* in: Rudolf/Mahlmann, GleichbehandlungsR, § 1 Rn. 8.

215 Vgl. *Mahlmann* in: Rudolf/Mahlmann, GleichbehandlungsR, § 1 Rn. 8.

216 Vgl. *Mahlmann* in: Rudolf/Mahlmann, GleichbehandlungsR, § 1 Rn. 8.

217 Vgl. *Mahlmann* in: Rudolf/Mahlmann, GleichbehandlungsR, § 1 Rn. 8; *Gosepath*, SEP 2011, 1 (10).

218 Vgl. *Gosepath*, SEP 2011, 1 (10).

219 Vgl. *Gosepath*, SEP 2011, 1 (10); Vgl. *Réaume*, 63 La. L. Rev. (2003), 645 (674, 675).

220 Vgl. *Mahlmann* in: Rudolf/Mahlmann, GleichbehandlungsR, § 1 Rn. 8.

221 Vgl. *Réaume*, 63 La. L. Rev. (2003), 645 (674).

222 Vgl. *Réaume*, 63 La. L. Rev. (2003), 645 (674).

des gleichen Respekts findet heute als Minimalstandard in der westlichen Mainstream-Kultur Akzeptanz.[223]

Nach dem *individualistischen* Verständnis des Antidiskriminierungsrechts ist das Ziel des Diskriminierungsschutzes *der Schutz der Menschenwürde* der von einer Diskriminierung Betroffenen.[224] Gemäß einer auf der Idee der Würde basierenden Analyse des Antidiskriminierungsrechts ist die Würde ein selbstständiges Instrument des Antidiskriminierungsrechts und die Grundlage dieses Rechtsgebietes. Laut der zentralen Erkenntnis dieser Betrachtungsweise bedeutet die Wertschätzung der Menschenwürde, den inhärenten Wert des Menschen anzuerkennen.[225] Nach dieser Perspektive ist die Würde als eine moralische Eigenschaft, als ein Anspruch, den alle stellen können, zu charakterisieren.[226] In dem Sinne ist die Würde etwas, das allen Menschen zusteht.[227] Dem Menschen die Würde als eine moralische Sache zuzuschreiben, bedeutet, die Menschen als Lebewesen mit einem inneren, unvergleichlichen und unverzichtbaren Wert zu behandeln.[228] Es bezieht sich auf eine Art von Wert, die nicht von weiteren Qualifikationen abhängt wie Leistungen oder Erfolge oder nützlich, attraktiv oder angenehm zu sein.[229] Die Würde bedeutet Würdigkeit.[230] Das heißt nicht im Sinne eines Hinweises auf eine andere Wertform, die einen würdig macht, sondern die Würde bedeutet *würdig zu sein.*[231]

Die Würde als eine Eigenschaft des Menschen zu behandeln, begründet einen Grundsatz des uneingeschränkten Respekts, der jedem gleichermaßen geschuldet ist.[232] Als Personen gleichen moralischen Status ist gleicher Respekt gegenüber allen Personen als Träger der Würde zu verlangen.[233] Wie aber die Würde als etwas, das der Mensch inhärent besitzt, nicht verdient werden muss, kann sie auch nicht verloren gehen.[234] Beim Versagen, Respekt zu zeigen, geht die Würde nicht verloren, sondern kann sie nur verletzt werden.[235] Die Würde zu verletzen, bedeutet demgemäß, die Botschaft zu vermitteln, einige seien weniger wert als andere.[236]

---

223 Vgl. *Gosepath*, SEP, 2011, 1 (11).

224 Vgl. *Schiek*, S. 37; Schiek/*Schiek*, AGG, Einl. Rn. 43; *Krause,* Arbeitsrecht, S. 105 Rn. 20.

225 Vgl. *Réaume*, 63 La. L. Rev. (2003), 645 (672).

226 Vgl. *Réaume*, 63 La. L. Rev. (2003), 645 (674).

227 Vgl. *Réaume*, 63 La. L. Rev. (2003), 645 (675).

228 Vgl. *Réaume*, 63 La. L. Rev. (2003), 645 (675).

229 Vgl. *Réaume*, 63 La. L. Rev. (2003), 645 (675).

230 Vgl. *Réaume*, 63 La. L. Rev. (2003), 645 (675).

231 Vgl. *Réaume*, 63 La. L. Rev. (2003), 645 (675).

232 Vgl. *Réaume*, 63 La. L. Rev. (2003), 645 (678).

233 Vgl. *Réaume*, 63 La. L. Rev. (2003), 645 (679).

234 Vgl. *Réaume*, 63 La. L. Rev. (2003), 645 (672, 675).

235 Vgl. *Réaume*, 63 La. L. Rev. (2003), 645 (676).

236 Vgl. *Réaume*, 63 La. L. Rev. (2003), 645 (672, 676); *Brest*, 90 Harv. L. Rev. (1976), 1 (48).

Zusammenfassend: Der Respekt der menschlichen Würde ist als die Basis der Diskriminierungsverbote und der Schutz der Würde des Menschen als das Ziel des Diskriminierungsschutzes zu verstehen, die den Kern des Antidiskriminierungsrechts ausmachen.[237] Die Zuerkennung der gleichen innersten Werte und der gleichen Würde des Menschen bilden die philosophische Grundlage des Antidiskriminierungsrechts. Die Wertgleichheit der Menschen setzt das Verbot der diskriminierenden Handlungen voraus. Jeder Mensch hat eine Würde. Würde ist nicht zu gewinnen und nicht zu verlieren bzw. sie kann nicht gewonnen oder verloren werden. Jede*r sollte in Übereinstimmung mit der Würde, die er*sie besitzt, in gleicher Weise, ohne Diskriminierung behandelt werden. Jemanden diskriminierend zu behandeln, bedeutet die Vermittlung der Botschaft, er*sie sei weniger wert als andere oder er*sie habe keine Würde, sei nicht wertig genug, um als Mensch Wertschätzung zu genießen. Eine auf der Würde basierende Analyse des Antidiskriminierungsrechts ist individualistisch, aber gleichzeitig universal und *berechtigt zum Empfang von Ansprüchen auf bereits bestehende Rechte.* Insoweit dient das Antidiskriminierungsrecht dem *Integritätsschutz.*[238] Darüber hinaus ist den unveränderlichen Merkmalen ein besonderes Gewicht hinsichtlich dieses Ausgangspunktes beizumessen und vor allem ist ein Verbot von unmittelbarer Diskriminierung zu fordern.[239]

Diese Konzeption des Antidiskriminierungsrechtes könnte allerdings die Gefahr mit sich bringen, die mittelbare Diskriminierung außer Betracht zu lassen.[240] Außerdem könnten sich auch folgende Probleme herauskristallisieren. Diskriminierungsschutz als Schutz gegen Würdeverletzung könnte den Schutz des Antidiskriminierungsrechts begrenzen.[241] Der auf Würde basierende Ansatz kann dazu führen, dass in zukünftigen Fällen der Diskriminierungsschutz beträchtlich eingeschränkt wird: Insbesondere als privilegiert erachtete Gruppen werden kaum eine Beeinträchtigung ihrer Würde nachweisen können.[242] Dadurch würde der Antidiskriminierungsschutz de facto denjenigen vorbehalten, die vom Gericht als benachteiligt erachtet werden.[243] Auch wenn dies politisch gern gesehen sein könnte, wird es zweifellos dazu führen, dass auch in Fällen, in denen Klagen berechtigt wären, kein Antidiskriminierungsschutz gewährt wird.[244] In Verbindung damit bewertet der auf Würde basierende Ansatz den gruppenbasierten und asymmetrischen Charakter des Diskriminierungsbegriffs als nicht

---

237 Passim *Réaume*, 63 La. L. Rev. (2003); *Mahlmann* in: Rudolf/Mahlmann, GleichbehandlungsR; *Krause*, Arbeitsrecht.
238 Vgl. *Krause*, Arbeitsrecht, S. 105 Rn. 20.
239 Vgl. Schiek/*Schiek*, AGG, Einl. Rn. 43.
240 Vgl. Schiek/*Schiek*, AGG, Einl. Rn. 43.
241 Vgl. *Huscroft*, 9 Otago L. Rev. (2000), 697 (705, 706).
242 Vgl. *Huscroft*, 9 Otago L. Rev. (2000), 697 (705, 706).
243 Vgl. *Huscroft*, 9 Otago L. Rev. (2000), 697 (705, 706).
244 Vgl. *Huscroft*, 9 Otago L. Rev. (2000), 697 (705, 706).

ausreichend. Eine Diskriminierung besteht aus ungleichen Handlungen, Praktiken oder politischem Kalkül, Personen *aufgrund ihrer Zugehörigkeit zu einer sozialen Gruppe* gegenüber anderen relativ zu benachteiligen. Diejenigen, die *eine bessere* Behandlung erfahren, sind demzufolge nicht als Opfer von Diskriminierung anzusehen.

III. Chancengleichheit und Verteilungsgerechtigkeit

Der Begriff der Diskriminierung beinhaltet neben der Ungleichbehandlung auch einen gesellschaftlichen Aspekt. Mitglieder einiger sozialen Gruppen der Gesellschaft sehen sich infolge ihrer Zugehörigkeit zu einer gesellschaftlichen Gruppe der gesellschaftlichen Teilhabe und der kulturellen Möglichkeiten einer Gesellschaft beraubt und auf diese Weise diskriminiert.[245] Nach der *sozial egalitären Perspektive des Antidiskriminierungsrechts* benötigt die Beseitigung der gesellschaftlichen Benachteiligung mehr als einen Schutz gegen Ungleichbehandlung mithilfe von regulativen Maßnahmen. Erforderlich sind eine generelle Verwandlung der sozialen Praktiken und eine Verbesserung der sozialen Situation der diskriminierten Gruppen mithilfe von allgemeinen sozialpolitischen Regelungen und distributiven Maßnahmen, welche genau genommen allen Mitgliedern der Gesellschaft offen sind.[246] Es gilt, diese sozialpolitischen Regelungen und distributiven Maßnahmen so zu verfassen und zu formen, dass sie der gruppenspezifischen Zugehörigkeit der Mehrzahl der Benachteiligten *gerecht* werden.[247]

Die Gerechtigkeit und die Gleichheit bilden seit der Antike in der Gerechtigkeitsdiskussion eine Einheit und in dem Sinne gilt die Gleichheit als ein konstitutives Merkmal der *Gerechtigkeit*.[248] Die Gerechtigkeit ist dahin gehend als *eine verhältnismäßige Gleichheit* zu definieren.[249] Aus dieser Perspektive ist das zentrale Problem der Gerechtigkeitsdebatte die Festlegung der Verteilungssphären und die Bestimmung dieser Verteilungssphären hinsichtlich des relevanten Verteilungskriteriums, demnach die Frage darüber, wem was zukommt.[250] Die Debatte darüber ist auch als Auseinandersetzung mit der Problematik zu verstehen, welche Fälle gleich und welche ungleich sind.[251] Demgemäß existieren zwischen den verschiedenen Formen der Gleichheit und dem Gerechtigkeitsbegriff diverse Verhältnisse. In diesem Kontext gelangen die Begrifflichkeiten der

245 Vgl. *Schiek*, S. 39; Schiek/*Schiek*, AGG, Einl. Rn. 44.
246 Vgl. *Schiek*, S. 39.
247 Vgl. Schiek/*Schiek*, AGG, Einl. Rn. 44.
248 Vgl. *Mahlmann* in: Rudolf/Mahlmann, GleichbehandlungsR, § 1 Rn. 18; *Gosepath*, Gleichheit/Ungleichheit.
249 Vgl. *Mahlmann* in: Rudolf/Mahlmann, GleichbehandlungsR, § 1 Rn. 18.
250 Vgl. *Mahlmann* in: Rudolf/Mahlmann, GleichbehandlungsR, § 1 Rn. 18; *Gosepath*, Gleichheit/Ungleichheit.
251 Vgl. *Gosepath*, Gleichheit/Ungleichheit.

Gleichheit als Prozess, der Gleichheit als Ergebnis sowie der Gleichheit der Chancen Darstellung.

1. Gleichheit als Prozess

Das Antidiskriminierungsrecht orientiert sich an unterschiedlichen Auffassungen in Bezug auf die Gleichheitsidee; eine davon ist die formale Gleichheit. Die *formale Gleichheit* ist das klassische Gleichheitsprinzip des westlichen Rechtsdenkens und die formale Rechtsgleichheit ist eines der Grundprinzipien des Rechts der westlichen Welt.[252] Dieser moderne, neuzeitliche Gleichheitsbegriff des Westens wurzelt im antiken Griechenland.[253] Die traditionale Gleichheitsformel, *Gleiches gleich, Ungleiches ungleich zu behandeln,* definiert die formale Gleichheit.[254] Im Kontext der formalen Gleichheit ist die Gleichheit als eine integrale Eigenschaft der Gerechtigkeit zu verstehen.[255] Nach diesem Verständnis wird erwartet, dass zwei Personen, die in mindestens einem normativ relevanten Bezug gleich sind, in dieser Hinsicht gleich behandelt werden.[256] Sonst erfährt eine Person eine *ungerechte* Behandlung.[257] Die entscheidende Frage im Sinne des Antidiskriminierungsrechts ist hier, welche Aspekte normativ relevant sind und welche nicht.[258]

Die Frage, welche der zahlreichen Unterschiede zwischen den Menschen als maßgeblich für Differenzierungen anzusehen sind, lässt sich auf der Grundlage der formalen Gleichheitsformel nicht beantworten.[259] Basierend auf dieser formalen Gleichheitsformel wählt das Antidiskriminierungsrecht jedoch bestimmte menschliche Eigenschaften oder Handlungen aus und konstatiert eine nicht zu tolerierende Ungleichheit in Bezug auf diese Eigenschaften oder Handlungen.[260]

Ein an formaler Gleichheit orientiertes Antidiskriminierungsrecht richtet seinen Fokus im Sinne von prozeduraler Gerechtigkeit auf konsistentes Handeln ohne ausdrücklichen Bezug auf die verbotenen Diskriminierungsmerkmale.[261] Das Ziel des Antidiskriminierungsrechts ist in dem Sinne die Eliminierung der illegitimen diskriminierende Überlegungen aus dem Prozess der Entscheidungsfindung.[262]

252 Vgl. *Gosepath,* Gleichheit/Ungleichheit; *Gosepath,* SEP 201, 1 (7); Schiek/*Schiek,* AGG, Einl. Rn. 51; *Dupré,* S. 12.
253 Vgl. Schiek/*Schiek,* AGG, Einl. Rn. 51; *Becker,* S. 24.
254 Vgl. *Gosepath,* SEP 2011, 1 (7); Schiek/*Schiek, AGG,* Einl. Rn. 51.
255 Vgl. *Gosepath,* Gleichheit/Ungleichheit, 2; *Günther,* S. 36.
256 Vgl. *Gosepath,* SEP 2011, 1 (7); *Gosepath,* Gleichheit/Ungleichheit.
257 Vgl. *Gosepath,* Gleichheit/Ungleichheit.
258 Vgl. *Gosepath,* SEP 2011, 1 (7).
259 Vgl. Schiek/*Schiek, AGG,* Einl. Rn. 51.
260 Vgl. Schiek/*Schiek, AGG,* Einl. Rn. 51.
261 Vgl. Schiek/*Schiek, AGG,* Einl. Rn. 53; *Mahlmann* in: Rudolf/Mahlmann, GleichbehandlungsR, § 1 Rn. 22 Fußnote 43.
262 Vgl. *McCrudden* in: McCrudden (Ed.) Anti-Disc. L., 1st. ed., Int. xi (xvii); *Brest,* 90 Harv. Law. R. (1976), 1 (6, 11).

Die Verringerung der Diskriminierung ist zu sichern und es gilt, die Gleichheit als Prozess zu erreichen.[263] Die Aufmerksamkeit des Antidiskriminierungsrechts richtet sich auf die Eliminierung des Prozesses der Entscheidungsfindung von den Diskriminierungen, nicht aber auf die Ergebnisse der Diskriminierungsverbote.[264]

Eine formale Konzeption des Antidiskriminierungsrechts versucht *die Gerechtigkeit für die Einzelnen* zu sichern und orientiert sich in diesem Zusammenhang *individualistisch.*[265] Diese Sicht versteht die Gleichheit als einen Prozess.[266] Gemäß dieser Vision besteht das Hauptziel des Antidiskriminierungsrechts darin, *künftige Fehlentwicklungen* zu verhindern.[267] Selbst im Falle des Feststellens von vorhandener Ungerechtigkeit in der Gesellschaft sind die Bemühungen, sie wiedergutzumachen, gegen die konkurrierenden Interessen der gesellschaftlichen Parteien abzuwägen und zu begrenzen.[268] Daran anknüpfend sind Diskriminierungsverbote oft mit *universalen* und *symmetrischen* Begriffen formuliert.[269] Ein universaler, symmetrischer Schutz gegen Diskriminierung schützt beide Seiten der Gesellschaft gleich, sowohl Frauen als auch Männer, sowohl Schwarze als auch Weiße usw. Die Befürworter der formalen Konzeption des Antidiskriminierungsrechts wollen meist den freien Markt bewahren und verbessern, respektieren Konzeptionen wie Effizienz und Leistung und erlauben eine begrenzte Intervention des Staates.[270]

Ein Antidiskriminierungsrecht, das die Gleichheit als einen Prozess sieht und auf der Idee der formalen Gleichheit basiert, hat auf einer Seite emanzipatorische Folgen: Da alle zu einer Kategorie gehören, gilt es, alle gleich zu behandeln, denn sie haben Anspruch auf bereits vorhandene rechtliche Positionen. Im antiken Griechenland, zum Beispiel, wurde auch die Gleichheit in Verbindung mit der Zugehörigkeit zu einer Gruppe oder eines Standes verstanden und diente dazu, sich mit einer gewissen gesellschaftlichen Gruppe zu identifizieren.[271]

Diese Konzeption des Antidiskriminierungsrechts könnte allerdings die Assimilierung und Angleichung zur Voraussetzung des Anspruchs auf

---

263 Vgl. *McCrudden* in: McCrudden (Ed.) Anti-Disc. L., 1st. ed., Int. xi (xvii); *Brest,* 90 Harv. Law. R. (1976), 1 (6); *Crenshaw,* 101 Harv. L. R. (1988), 1331 (1336, 1342).

264 Vgl. *McCrudden* in: McCrudden (Ed.); Anti-Disc. L., 1st. ed., Int. xi (xvii); *Crenshaw,* 101 Harv. L. R. (1988), 1331 (1342); *Brest,* 90 Harv. L. Rev. (1976), 1 (6, 11).

265 Vgl. *McCrudden,* in: McCrudden (Ed.) Anti-Disc. L., 1st. ed., Int. xi (xvii); *Brest,* 90 Harv. L. R. (1976), 1 (42 ff.); *Fiss,* 5 Philosophy & Public Affairs (1976), 107 (108); Schiek/*Schiek, AGG,* Einl. Rn. 54.

266 Vgl. *Crenshaw,* 101 Harv. L. R. (1988), 1331 (1342).

267 Vgl. *Crenshaw,* 101 Harv. L. R. (1988), 1331 (1342).

268 Vgl. *Crenshaw,* 101 Harv. L. R. (1988), 1331 (1342).

269 Vgl. *Fiss,* 5 Philosophy & Public Affairs (1976), 107 (129 ff, 135).

270 Vgl. *McCrudden* in: McCrudden (Ed.) Anti-Disc. L., 1st. ed., Int. xi (xvii); *Brest,* 90 Harv. L. Rev. (1976), 1 (30).

271 Vgl. *Becker,* S. 24.

Gleichbehandlung bedeuten.[272] Das formale Prinzip der Gleichbehandlung steht nur Gleichen zu. Die formale Vorstellung der Gleichheit ermöglichte und erforderte auch die Ungleichbehandlung von Freien und Sklaven, Griechen und Fremden, Frauen und Männern usw. da diese sich in ungleichen Kategorien befanden.[273] Ungleiche Frauen und Männer waren demzufolge ungleich zu behandeln, um die Gleichheit zu verwirklichen. In dem Sinne enthält die formale Version des Antidiskriminierungsrechts darin eine antiegalitäre Ausrichtung.[274] In einer Gesellschaft, in der viele andere gesellschaftliche Funktionen auf diskriminierende Weise funktionieren, fehlt die Gleichheit als Prozess, die materielle Gleichheit zu erreichen.[275] Außerdem beschäftigt sich die formale Konzeption des Antidiskriminierungsrechts nicht mit der Frage, wie diese gesellschaftlichen Ungleichheiten zustande gekommen sind. Unterschiede zwischen den Gruppen gelten nicht als Auswirkung der früheren Diskriminierung, sondern als reale, faktische Unterschiede zwischen Gruppen, die um gesellschaftliche Belohnungen konkurrieren.[276] Gemäß dieser Vision besteht das Hauptziel des Antidiskriminierungsgesetzes darin, künftiges Fehlverhalten zu verhindern, anstatt bestehende Erscheinungsformen vergangenen Unrechts zu beseitigen.[277]

2. Gleichheit als Ergebnis

Der formalen Gleichheit wird häufig die materielle Gleichheit gegenübergestellt, dem Erreichen der Gleichheit als Prozess als Ziel des Antidiskriminierungsrechts steht der Erreichung der Ergebnisgleichheit gegenüber.[278] Für ein an materielle Gleichheit orientiertes Antidiskriminierungsrecht sind die Wirkung der Gebote des Rechts in der sozialen Realität und die faktische Wirksamkeit von Handlungen von Bedeutung.[279] Diese expansive Sicht hebt die Gleichheit als Ergebnis hervor und blickt auf reale Konsequenzen der Antidiskriminierungsnormen für benachteiligte Gruppen.[280] Eine materielle Konzeption des Antidiskriminierungsrechts wertet die Diskriminierung, anders als die formelle Konzeption, nicht nur individuell, sondern genau so institutionell wie individuell aus. Nach dieser Sicht hat das Konzept der Diskriminierung einen klaren Zusammenhang mit der Anerkennung von sozialen Gruppen und beschäftigt sich mit diesen

272 Vgl. Schiek/*Schiek, AGG,* Einl. Rn. 54.
273 Vgl. Schiek/*Schiek,* AGG, Einl. Rn. 51.
274 Vgl. Schiek/*Schiek,* AGG, Einl. Rn. 54.
275 Vgl. *Crenshaw,* 101 Harv. L. R. (1988), 1331 (1345).
276 Vgl. *Crenshaw,* 101 Harv. L. R. (1988), 1331 (1342).
277 Vgl. *Crenshaw,* 101 Harv. L. R. (1988), 1331 (1342).
278 Vgl. Schiek/*Schiek,* AGG, Einl. Rn. 53.
279 Vgl. Schiek/*Schiek,* AGG, Einl. Rn. 53, 54.
280 Vgl. *Crenshaw,* 101 Harv. L. R. (1988), 1331 (1341).

Gruppen statt mit den Einzelpersonen.[281] Welche gesellschaftlichen Gruppen diskriminiert werden, hat eine Bedeutung, weil die Diskriminierung in der sozialen Realität mit Benachteiligungen einhergeht.[282] Die Rechtsverletzung ist darüber hinaus nicht als isoliertes Handeln gegen Individuen, sondern als gesellschaftliche Politik gegen eine ganze Gruppe zu sehen.[283] Gemäß dieser Vision besteht das Hauptziel des Antidiskriminierungsrechts darin, bestehende Erscheinungsformen vergangenen Unrechts gegenüber Mitgliedern der benachteiligten gesellschaftlichen Gruppen *zu* beseitigen.[284] Anders als prozessbasierte Ansätze des Antidiskriminierungsrechts werden Diskriminierungsverbote oft mithilfe von asymmetrischen Begriffen formuliert. Das Ziel des Antidiskriminierungsrechts ist die Beseitigung der materiellen Bedingungen der Unterdrückung der gesellschaftlichen Gruppen, um die gesellschaftliche Position der diskriminierten Gruppen, bspw. schwarzer Frauen, zu verbessern, nicht aber das Schaffen eines symmetrischen Schutzes für die bevorzugte Gruppe, z. B. für weiße Männer.[285] Eine asymmetrische Konzeption macht es möglich, die denjenigen Bevorzugungen zuzuerkennen, die durch Diskriminierung benachteiligt sind (positive Maßnahmen).[286] Ergebnisbasierte Ansätze neigen dazu, redistributiv zu sein.[287]

Dieser Standpunkt bleibt aber auch nicht frei von Kritik. Die Offenheit, Unhandhabbarkeit des Prinzips, die Tatsache, dass die Sorge um das Gruppenwohl über der für Einzelpersonen steht, eine fehlende Betonung der Effizienz, des Verdienstes und der individuellen Leistung sind als einige Kritikpunkte aufzuzählen.[288] Auch wenn der auslösende Vorfall zur Richtigstellung durch das arbeitsrechtliche Antidiskriminierungsrecht oft die gesetzliche Verletzung eines*r bestimmten Arbeitgebers*in sein kann, sind die tiefen zugrunde liegenden Fehler sozialer, historischer, ökonomischer Art als die eines*r zeitweiligen bestimmten Verletzters*in des Rechts auf Nichtdiskriminierung zu sehen.[289] Andererseits erfährt die Beziehung der Ergebnisgleichheit mit dem liberalistischen Prinzip der Verantwortung für eigenes Handeln ihre Infragestellung. Das Eigenverantwortungsprinzip setzt voraus, für sich selbst Folgen des Handelns zu

281 Vgl. *McCrudden* in: McCrudden (Ed.) Anti-Disc. L., 1st. ed., Int. xi (xvii); *Fiss*, 5 Philosophy & Public Affairs, (1976).
282 Vgl. Schiek/*Schiek*, *AGG*, Einl. Rn. 54
283 Vgl. *Crenshaw*, 101 Harv. L. R. (1988), 1331 (1342).
284 Vgl. *Crenshaw*, 101 Harv. L. R. (1988), 1331 (1342).
285 Vgl. *Crenshaw*, 101 Harv. L. R. (1988), 1331 (1341); *McCrudden* in: McCrudden (Ed.) Anti-Disc. L., 1st. ed., Int. xi (xvii); *Fiss*, 5 Philosophy & Public Affairs (1976), 107 (161).
286 Vgl. Schiek/*Schiek*, AGG, Einl. Rn. 54
287 Vgl. *McCrudden* in: McCrudden (Ed.) Anti-Disc. L., 1st. ed., Int. xi (xvii); *Fiss*, 5 Philosophy & Public Affairs, 1976.
288 Vgl. *McCrudden* in: McCrudden (Ed.) Anti-Disc. L., 1st. ed., Int. xi (xviii).
289 Vgl. *Fallon/Weiler*, 1 Supreme Court Rev. (1984), 1 (30, 31).

schaffen und die Konsequenzen des eigenen Handelns zu tragen; deren Übereinstimmung mit der Ergebnisgleichheit aber kritisch zu sehen ist.

3. Gleichheit der Chancen

Mit dem Wunsch, in einem besseren Einklang mit dem Prinzip der Verantwortung für eigenes Handeln zu stehen, erklärt sich die Idee der Chancengleichheit. Nach diesem Ansichtspunkt geht es darum, die Gerechtigkeit durch Chancengleichheit zu realisieren.[290] Wenn Chancengleichheit herrscht, wird die Zuordnung von Individuen zu Orten in der sozialen Hierarchie durch eine Art von Wettbewerbsprozess bestimmt, alle Mitglieder der Gesellschaft sind berechtigt, zu gleichen Bedingungen zu konkurrieren.[291] Das Ziel ist ein Ausgleich der Ergebnisse unter der Voraussetzung, dass es sich dabei um Folgen der Ursachen handelt, die außerhalb der Kontrolle der Person liegen; da aber der Mensch eigenverantwortlich für sein eigenes Handeln ist, sind differenzielle Ergebnisse erlaubt, soweit sie sich aus selbstbestimmter Wahl oder Ambition des Menschen ergeben.[292] Ferner sind individuelle Präferenzen zu beachten und zu zählen; anderenfalls verlöre sich der Blick auf den Wert des Menschen.[293]

Nach der Idee der Chancengleichheit steht eine Art von gruppenspezifischer Diskriminierung den individuellen Chancen auf gesellschaftlichen Erfolg im Wege.[294] Ein auf klassisch individualistisch liberalen Idealen basierendes Verständnis der Chancengleichheit bewertet die von Natur aus mit unterschiedlichen Talenten ausgestatteten Menschen unterschiedlich. Diskriminierende, aus *vermeintlichen* Hindernissen wie Rasse, Geschlecht oder soziale Herkunft entstehende Barrieren beeinträchtigen die freie Entfaltung der natürlichen Talente, der persönlichen Potenziale und die Wahrnehmung derjenigen Möglichkeiten, die der individuellen Leistung(sfähigkeit) entsprechen; auf diese Weise vermindern sie die individuellen Chancen.[295] Formale Chancengleichheit erfordert, dass sämtliche Ämter und Positionen, die Vorteile bringen, für alle Antragsteller offenstehen, und jedes Mitglied der Gesellschaft sich auf sämtliche Ämter oder Positionen bewerben können muss, die ihm einen Vorteil verschaffen.[296] Außerdem sind die Bewerbungen nach der Leistung des*der Bewerbers*in zu beurteilen und der*die Bewerber*in, der*die nach der Arbeitsleistung hinsichtlich der relevanten, entsprechenden Kriterien am qualifiziertesten ist, oder der*die Bewerber*in, der*die den fairen Wettbewerb gewonnen hat, erhält ein

290 Vgl. *Mahlmann* in: Rudolf/Mahlmann, GleichbehandlungsR, § 1 Rn. 25.
291 Vgl. *Arneson*, SEP 2015, 1 (1).
292 Vgl. *Gosepath*, SEP 2011, 1 (33).
293 Vgl. *Gosepath*, SEP 2011, 1 (33 ff.).
294 Vgl. *Schiek*, S. 40.
295 Vgl. *Dubré*, S. 13, 14; *Schiek*, S. 40.
296 Vgl. *Arneson*, SEP 2015, 1 (2, 4, 9, 30).

Angebot für das entsprechende Amt bzw. die Position.[297] Entsprechend dieser Auffassung besteht die Chancengleichheit darin, dass eine Karriere für allen zu leistungsentsprechenden, fairen Bedingungen offen steht; der darauf basierende *Diskriminierungsschutz* beschränkt sich auf die Entfernung von Barrieren.[298] Formale Chancengleichheit schränkt die launenhaften, auf Vorurteilen basierenden Marktentscheidungen der Investoren*innen, Arbeitgeber*innen oder Kunden*innen ein.[299] Wenn die Investoren*innen in einem Unternehmen nicht investieren, weil der*die CEO des Unternehmens Schwarz ist oder die Kunden*innen sich weigern, von einer jüdischen Person Waren zu kaufen, nur weil er*sie Jude ist, verletzen sie die Chancengleichheit.[300] Allenfalls ist eine statistische Diskriminierung zu erlauben mit der Begründung, eine Diskriminierung auf der Grundlage der Gruppenmitgliedschaft könnte unter bestimmten Umständen ein vernünftiges Verhalten der Wirtschaftsakteure sein und zu effizienten Ergebnissen führen.[301]

Ein auf vielmehr gruppenbezogen-sozialer Perspektive basierendes Verständnis der Chancengleichheit bewertet die Diskriminierung eher *strukturell* als individuell. Strukturelle Ungleichheiten wie fehlende Erziehung oder geringe finanzielle Möglichkeiten schränken die effektive Selbstverwirklichungsfreiheit der den diskriminierten Gruppen zugeordneten Personen ein; sie haben deswegen durchschnittlich weniger gesellschaftlichen Erfolg als andere.[302] Was jemand allerdings nicht zu verantworten hat, darf kein Verteilungskriterium sein (wie Rasse, Geschlecht, Hautfarbe und Ähnliches), weil Individuen für ihre Entscheidungen und Handlungen verantwortlich sind, nicht aber für die Umstände ihrer Situationen.[303]

Einige Theorien der Chancengleichheit beschäftigen sich mit der gleichen Verteilung der grundlegenden Mittel. Nach einer Ansicht ist Chancengleichheit in einer Gesellschaft gegeben, wenn Personen, die das gleiche angeborene Talent und die gleichen Ambitionen haben, die gleichen Erfolgsaussichten darauf haben, bei Wettbewerben Ämter und Positionen zu erhalten, die ihren Inhaber*innen einen höheren Vorteil bringen.[304] Nach einer anderen Ansicht ist die Chancengleichheit auch dann verletzt, wenn zwei Menschen die gleichen angeborenen Talente haben, aber eine geringere Aussicht auf Erfolg bei Wettbewerben für Ämter und Positionen gegeben ist, weil ihre*seine Ambitionen durch nachteilige oder diskriminierende Sozialisierung reduziert wurde (z. B. wenn eine Frau wegen der geschlechtsstereotypisierten Sozialisation in

297 Vgl. *Arneson*, SEP 2015, 1 (2, 4, 9, 30).
298 Vgl. *Dubré*, S. 13; *Schiek*, S. 40.
299 Vgl. *Arneson*, SEP 2015, 1 (6).
300 Vgl. *Arneson*, SEP 2015, 1 (6).
301 Vgl. *Arneson*, SEP 2015, 1 (14–15).
302 Vgl. *Dubré*, S. 14; *Schiek*, S. 40.
303 Vgl. *Gosepath*, Gleichheit/Ungleichheit.
304 Vgl. *Arneson*, SEP 2015, 1 (20).

der Gesellschaft keine faire Chance hatte, den gleichen Ehrgeiz zu entwickeln wie ein Mann mit den gleichen angeborenen Talenten wie sie).[305] Ein anderer Standpunkt benötigt ein gleich entwickeltes Talent und gleiche Ambitionen für die gleiche Aussicht auf Erfolg.[306] Andere Theorien der Chancengleichheit richten sich dagegen nach den grundlegenden menschlichen Möglichkeiten bei der Verteilung.[307] Obwohl das Maß der Intervention des Staates umstritten ist, muss aber ein Diskriminierungsschutz nach substanzieller Chancengleichheit ein ganzes Bündel von Maßnahmen auf der Grundlage von Vermutungen über die Ursachen von Ungleichheit ergreifen, um diese Art von Ungleichheit zu beseitigen und ausgewogene Rahmenbedingungen für die gesellschaftliche Chancengleichheit zu schaffen.[308] Letztlich zielt sowohl ein auf klassisch individualistisch liberalen Idealen basierendes Verständnis (formale Chancengleichheit) als auch auf gruppenbezogen-sozialer Perspektive basierendes Verständnis (substanzielle Chancengleichheit in einer ihrer Formen) auf einen Diskriminierungsschutz, der die Chancengleichheit „(wieder)herstellt".[309]

Zusammenfassend lässt sich festhalten, dass die Gleichheit der Chancen vielmehr die Ideen des auf der Verteilungsgerechtigkeit und der Chancengleichheit basierenden Verständnisses des Antidiskriminierungsrechts hinsichtlich der Ursachen und der Folgen der Diskriminierung aus einer sozial egalitären Perspektive untersucht. Zudem werden aus dieser Perspektive mögliche Maßnahmen zur Beseitigung der Diskriminierung vorgeschlagen. Nach dieser Lesart ist ein Antidiskriminierungsrecht gerechtfertigt, weil es die Chancengleichheit gewährleistet und die Verteilungsgerechtigkeit in der Gesellschaft sichert.

Eine sozial egalitäre Analyse des Antidiskriminierungsrechts orientiert sich an den gesellschaftlichen Gruppen und bewertet die Diskriminierung eher *strukturell* als individuell.[310] Basierend auf dieser Grundlage gilt ein*e Diskriminierender*e nicht als Übeltäter und nach dieser Interpretation ist nicht die Absicht des*der Diskriminierenden, sondern gesellschaftlich kollektive Verantwortung für soziale Ungerechtigkeiten von Bedeutung.[311] Die Ungerechtigkeit einer Verteilung wird niemandem außer der Gesellschaft als Ganzes zugeschrieben.[312] Entsprechend geht es bei diesen Ansätzen in erster Linie nicht um einen individuellen Schaden, vielmehr um den relativen, sozialen Vorteil oder Nachteil bestimmter sozialer Gruppen.[313] Nicht allein die Benachteiligung, auch ihre

305 Vgl. *Arneson*, SEP 2015, 1 (27).
306 Vgl. *Arneson*, SEP 2015, 1 (28).
307 Vgl. *Gosepath*, Gleichheit/Ungleichheit.
308 Vgl. *Dubré*, S. 14; *Schiek*, S. 40.
309 *Schiek*, S. 40.
310 Vgl. *Gardner*, 9 Oxford J. L. S. (1989), 1 (5).
311 Vgl. *Gardner*, 9 Oxford J. L. S. (1989), 1 (5).
312 Vgl. *Gardner*, 9 Oxford J. L. S., (1989), 1 (2).
313 Vgl. *Gardner*, 9 Oxford J. L. S., (1989), 1 (4).

Korrektur erfährt Wahrnehmung als ein Bereich kollektiver und nicht individueller Verantwortung.[314] Es geht gezielt um eine Umverteilung, welche jedoch gegen andere Interessen der Bürger*innen abzuwägen ist.[315] Demzufolge sind die Maßnahmen des sozial egalitären Diskriminierungsschutzes größtenteils distributiv, aber auch offen gegenüber den Angehörigen der nicht diskriminierten Gruppen.[316] Das verleiht dem Antidiskriminierungsrecht eine positive, aber ziemlich zurückhaltende Rolle. Das arbeitsrechtliche Antidiskriminierungsrecht dient dazu, Arbeitgebern*innen als Inhaber*innen sozialer Macht den Anreiz zu geben, sich bei ihren Entscheidungen sich hinsichtlich der Vergabe von vorteilhaften Positionen nicht an bestimmten Merkmalen der Betroffenen zu orientieren.[317] Demzufolge beinhaltet das Antidiskriminierungsrecht nicht nur Ansprüche auf bereits bestehende Rechte, sondern zielt auch darauf, die Zuteilung neuer Rechtspositionen zu beeinflussen.[318] Insoweit trägt das Antidiskriminierungsrecht zur Verwirklichung der sozialen Inklusion der gesellschaftlichen Gruppen und der Gewährleistung der sozialen Kohärenz in der Gesellschaft bei.[319] Aufgrund der Chancengleichheit ist ein Theoretisieren der mittelbaren als auch unmittelbaren Diskriminierung möglich. Der Weg zu einem Gebot der positiven Diskriminierung ist ebenso offen.

Aus auf Chancengleichheit basierender Version des Antidiskriminierungsrechts können sich jedoch folgende Probleme ergeben. Der Diskriminierungsschutz als Sicherung der Chancengleichheit und Verteilungsgerechtigkeit könnte zur Angleichung und Einförmigkeit der Individuen und Assimilation der gesellschaftlichen Gruppen führen. Die Inklusion als ein Zukunftsmodell bringt eine geringe bis keine Beachtung der Unterschiede zwischen den gesellschaftlichen Gruppen mit sich. Der Schutz gegen Diskriminierung, Marginalisierung und Dominanz der verschiedenen unterdrückten Gruppen in der Gesellschaft kann die Assimilation hinsichtlich einer vorbestehenden (und öfter problematischen) Norm bedeuten.[320] Der Unterschied ist aber genau genommen ein Wert an sich.[321] Es ist nicht (oder nicht immer) erforderlich, bestehende Unterschiede zwischen den Gruppen aufzugeben (z. B. müssen Frauen sich nicht an problematische ‚männliche Normen' angleichen.) Außerdem bringt die Zugehörigkeit zu jeder Gruppe von selbst historisch, sozial, kulturell enstandenen Werte, Traditionen und Praktiken. Nicht nur die Werte der dominanten Gruppen, sondern auch diejenigen unterdrückter Gruppen sind wertvoll (z. B. die Werte, die mit dem

---

314 Vgl. *Gardner*, 9 Oxford J. L. S., (1989), 1 (2).
315 Vgl. *Gardner*, 9 Oxford J. L. S., (1989), 1 (5).
316 Vgl. *Schiek*, S. 39.
317 Vgl. *Krause*, Arbeitsrecht, S. 105 Rn. 20; *Strauss*, 79 Geo. L. J. (1991), 1619 (1620).
318 Vgl. *Krause*, Arbeitsrecht, S. 105 Rn. 20.
319 Vgl. *Krause*, Arbeitsrecht, S. 105 Rn. 20.
320 Vgl. *Gosepath*, SEP 2011, 1 (23).
321 Vgl. Schiek/*Schiek, AGG*, Einl. Rn. 45; *Gosepath*, SEP 2011, 1 (23).

Frausein verbunden sind, haben auch ihren eigenen Wert). Auch die Normen der dominanten Gruppen können problematisch sein (wie die Normen der Männlichkeit oder des Weißseins).[322] Darüber hinaus darf die Entscheidungsmöglichkeit, für sich die mit anderen Gruppen verbundenen Eigenschaften in Anspruch zu nehmen und die eigenen Werte nach den Werten der anderen zu richten, dem Individuum nicht geraubt werden (z. B. die Frauen/die Männer können ihre als männlich/weiblich geltenden Eigenschaften und Werte erweitern). In Verbindung damit bewertet die Perspektive der Chancengleichheit das Verhältnis zwischen der Anerkennung der Gruppenidentitäten und dem Begriff der Diskriminierung nicht ausreichend. Nichtbeachtung der Identitäten der sozialen Gruppen führt auch zur Ungleichbehandlung, was gesellschaftliche Benachteiligungen nach sich ziehen kann. Die politische und kulturelle Anerkennung der unterschiedlichen Identitäten ist auch ein Ziel des Diskriminierungsverbotes.

IV. Gleicher Wert der verschiedenen Gruppenidentitäten: Anerkennung der Gruppenidentitäten

Was ist also Gerechtigkeit? Während eine Anschauung die Gerechtigkeit als die gleichberechtigte Verteilung von Gütern und Chancen versteht, sieht eine andere Betrachtungsweise in der Gerechtigkeit die kulturelle und symbolische Anerkennung unterschiedlicher Identitäten und deren Akzeptanz auf der Grundlage der Gleichheit.[323] Darauf basierend bewertet letztere Perspektive der Gerechtigkeit die Nichtbeachtung unterschiedlicher Identitäten als eine Form der Unterdrückung.[324] Im Sinne der Antidiskriminierungsrechtstheorie bedeutet es eine identitätspolitische Interpretation des Antidiskriminierungsrechts und ein darauffolgendes Bekennen hinsichtlich des Anerkennens und Akzeptierens der Unterschiede zwischen den sozialen Gruppen als Ziel des Diskriminierungsschutzes.[325]

Die gruppensensible Perspektive der Gerechtigkeit versteht die menschliche Identität in einem engen Verbund mit gesellschaftlichen Gruppen – die Prägung der menschlichen Identität vollzieht sich durch Gruppenzugehörigkeiten.[326] Die Theorie über die Identitätspolitik beruht auf den gemeinsamen Erfahrungen von Mitgliedern bestimmter sozialer Gruppen, die behaupten, bestimmte soziale Gruppen würden unterdrückt und es käme zu ungerechten Handlungen gegen diese Gruppen.[327] Diese Lesart der gesellschaftlichen Verhältnisse analysiert die

322 Vgl. *Gosepath*, SEP 2011, 1 (23).

323 Vgl. *McCrudden* in: McCrudden (Ed.) Anti-Disc. L., 2nd. ed., xi (xxiii, xxv); Vgl. *Mahlmann* in: Rudolf/Mahlmann, GleichbehandlungsR, § 1 Rn. 29.

324 Vgl. *McCrudden* in: McCrudden (Ed.) Anti-Disc. L., 2nd. ed., xi (xxiv).

325 Vgl. *McCrudden* in: McCrudden (Ed.) Anti-Disc. L., 2nd. ed., xi (xxiii, xxv, xxvi.); Schiek/*Schiek*, *AGG*, Einl. Rn. 47.

326 Vgl. *Mahlmann* in: Rudolf/Mahlmann, GleichbehandlungsR, § 1 Rn. 29.

327 Vgl. *Heyes*, SEP 2018, 1 (2).

Unterdrückung mit dem Ziel der Neubeschreibung stigmatisierter Darstellungen über die Mitgliedschaft bestimmter gesellschaftlicher Gruppen. Zudem beabsichtigt diese Perspektive die Transformierung eines eigenen Selbst- und Gemeinschaftsgefühls durch Bewusstseinsbildung gegen ein von einer dominanten Kultur aufgezwungenes Minderwertigkeitsgefühl.[328]

Nach diesem Verständnis ist der neutrale Bürger der liberalen Theorie genau genommen ein Träger mit einer weißen, männlichen, bürgerlichen, nicht behinderten und heterosexuell kodierten Identität.[329] Andere Individuen aber, nicht weiß, nicht männlich, nicht bürgerlich, mit Behinderung und nicht heterosexuell, erfahren aufgrund ihrer Zugehörigkeit zu einer bestimmten sozialen Gruppe Unterdrückung.[330] Eine unterdrückte soziale Gruppe in der Gesellschaft ist auf der einen Seite ein Kollektiv, dessen Mitglieder relativ wenig Mobilität in oder aus dem Kollektiv haben, die normalerweise ihre Mitgliedschaft als unfreiwillig erfahren, die im Allgemeinen durch Andere als Mitglieder einer unterdrückten Gruppe identifiziert werden und deren Möglichkeiten zutiefst von der Beziehung ihrer Gruppe zu anderen Gruppen durch Privilegien und Unterdrückung gestaltet sind.[331] In diesem Sinne ist Unterdrückung die systematische Einschränkung von Möglichkeiten sowie der Selbstbestimmung aufgrund einer solchen Mitgliedschaft.[332] Auf der anderen Seite sind die Mitglieder dominanter Gruppen privilegiert, das heißt: systematisch begünstigt durch die Deprivationen, die den Unterdrückten auferlegt werden.[333]

Die gruppensensible Perspektive distanziert sich von der liberalen Einsicht der Gleichheit und von der Idee der Chancengleichheit. Demgemäß ist diese Sichtweise skeptisch gegenüber den Versuchen der Anwendung von liberalen Gleichheitsnormen. Solche Versuche riskieren es, dass die Unterdrückten sich an die Identitäten ihrer Unterdrückenden angleichen (z. B. Eine rechtliche Zulassung der homosexuellen Ehe würde gleichgeschlechtliche Beziehungen mit einem heterosexuellen Modell assimilieren, anstatt ihre historischen, materiellen und symbolischen Begriffe herauszufordern).[334] Diese Art von Gleichheit, wenn es überhaupt Gleichheit sei, sei im Grunde genommen vielmehr eher eine Auslöschung sozial untergeordneter Identitäten als eine echte Eingliederung in das Gemeinwesen.[335] Die Beziehung mit der Chancengleichheit ist auch problematisch. Nach der gruppensensiblen Perspektive kann sich die Chancengleichheit anhand von ergebnisorientierten oder prozessorientierten Ansätzen ausrichten,

328 Vgl. *Heyes*, SEP 2018, 1 (2).
329 Vgl. *Heyes*, SEP 2018, 1 (9).
330 Vgl. *Heyes*, SEP 2018, 1 (9).
331 Vgl. *Heyes*, SEP 2018, 1 (9).
332 Vgl. *Heyes*, SEP 2018, 1 (10).
333 Vgl. *Heyes*, SEP 2018, 1 (10).
334 Vgl. *Heyes*, SEP 2018, 1 (10).
335 Vgl. *Heyes*, SEP 2018, 1 (10).

das bedeutet aber, die gesellschaftliche Annahme der Gleichheitsrhetorik (z. B. Rassengleichheitsrhetorik) beinhaltet nicht die Verpflichtung, die Ungleichheit (z. B. Rassenungleichheit) zu beenden.[336] Die Annahme einer Neutralität des Rechts (farbenblind, geschlechtsblind usw.) stellt für die Rhetorik der Chancengleichheit ein erhebliches Hindernis für die Bemühungen dar, die Bedingungen der Vormacht der dominanten Gruppen (z. B. der Weißen) zu mildern.[337] Eine neutrale Gesellschaft, die genau genommen auf der Unterdrückung einiger gesellschaftlicher Gruppen aufgebaut ist, kann die Unterdrückung nicht korrigieren, weil sie sie niemals erkennen kann.[338] Die Annahme der ambivalenten Rhetorik der Chancengleichheit durch die Gesellschaft macht es den unterdrückten Gruppen (z. B. den Schwarzen) viel schwerer, ihre Realität zu benennen.[339] Da daran geglaubt wird, dass die Gesellschaft bestimmte Gruppen (z. B. Schwarze) nicht mehr diskriminiert, können die gegenwärtigen Ungerechtigkeiten nicht das Ergebnis diskriminierender Praktiken sein.[340] Da die Chancengleichheit die Regel ist und der Markt fair und unparteiisch funktioniert und trotzdem einige bestimmte gesellschaftliche Gruppen (z. B. Schwarze) ganz unten in der Gesellschaft sind, müsste es im Grunde genommen die relative Minderwertigkeit dieser gesellschaftlichen Gruppen gegenüber den dominanten Gruppen widerspiegeln.[341] Demzufolge sind diejenigen, die dieser Logik nach ganz unten in der Gesellschaft sein sollten, auch unten.[342] Diese Art von Rationalisierung stärkt den Glauben der dominanten Gruppen (weiß, männlich, bürgerlich, nicht behindert und heterosexuell) an das System und intensiviert wiederum ihre Überzeugung, die Anderen (nicht weiß, nicht männlich, nicht bürgerlich, behindert und nicht heterosexuell) seien in der Tat minderwertig.[343]

Die Überzeugungen, die die gegenwärtigen Hierarchien in der Gesellschaft (z. B. zwischen Weißen und Schwarzen) als unvermeidlich und fair präsentieren, dienen genau genommen einer konsensbildenden hegemonialen Rolle, indem sie die unterdrückte gesellschaftliche Gruppe (z. B. Schwarze) als getrennte, sichtbare Andere bezeichnen, die in jeder Hinsicht mit allen anderen sozialen Gruppen zu kontrastieren sind.[344] Sie helfen durch die oppositionelle Kraft eines symbolischen Anderen, eine Illusion der Einheit zu schaffen.[345] Es ist aber nicht nur eine Illusion der Einheit der Unterdrückten, sondern auch der

336 Vgl. *Crenshaw*, 101 Harv. L. R. (1988), 1331 (1346).
337 Vgl. *Crenshaw*, 101 Harv. L. R. (1988), 1331 (1346).
338 Vgl. *Crenshaw*, 101 Harv. L. R. (1988), 1331 (1346).
339 Vgl. *Crenshaw*, 101 Harv. L. R. (1988), 1331 (1346).
340 Vgl. *Crenshaw*, 101 Harv. L. R. (1988), 1331 (1346, 1347).
341 Vgl. *Crenshaw*, 101 Harv. L. R. (1988), 1331 (1380).
342 Vgl. *Crenshaw*, 101 Harv. L. R. (1988), 1331 (1380).
343 Vgl. *Crenshaw*, 101 Harv. L. R. (1988), 1331 (1380).
344 Vgl. *Crenshaw*, 101 Harv. L. R. (1988), 1331 (1335, 1369, 1370).
345 Vgl.*Crenshaw*, 101 Harv. L. R. (1988), 1331 (1372).

Unterdrückenden. Die Errichtung eines Anderen schafft auch eine gemeinsame Identität für alle nicht stigmatisierten Parteien (z. B. für Weiße, Männliche, Bürgerliche, nicht Behinderte und Heterosexuelle).[346] Die Identität und die Interessen der Unterdrückenden und der Unterdrückten (z. B. der Weißen und der Schwarzen) sind gegensätzlich zu den anderen definiert.[347] Während die Mitglieder der dominanten Gruppen (z. B. die Weißen) mit den positiven Eigenschaften verbunden sind, sind die anderen (z. B. die Schwarzen) mit den negativen verbunden. Durch diese Charakterisierungen, Stereotypen und Überzeugungen hinsichtlich der Unterdrückten kommt es in der Gesellschaft zur Rationalisierung, Naturalisierung und Legitamisierung der Unterdrückung.[348] Diese Stereotypen dienen einer hegemonialen Funktion und sind ein Teil der Legitimationsideologie des Systems.[349]

Zusammenfassend: Das auf die kulturelle und symbolische Anerkennung unterschiedlicher Identitäten basierende Verständnis des Antidiskriminierungsrechts untersucht die Ursachen und die Folgen der Diskriminierung aus einer gruppensensiblen Perspektive, ebenso schlägt es auch aus dieser Perspektive mögliche Maßnahmen zur Beseitigung der Diskriminierung vor. Nach dieser Lesart ist das Antidiskriminierungsrecht gerechtfertigt, weil es die Unterschiede zwischen den sozialen Gruppen anerkennt und akzeptiert, die Gruppenidentitäten schützt und mittels dieser die authentische Selbstdarstellung der Menschen, somit die menschliche Identität, verstärkt. Eine gruppensensible Analyse des Antidiskriminierungsrechts orientiert sich an der Position der Betroffenen der Diskriminierung. Nach dieser Ansicht sollte Gegenstand der Diskussion sein, was die unterdrückte Gruppe über sich selbst glaubt, nicht mehr, über was über unterdrückte Gruppen geglaubt wird.[350] In dem Zusammenhang kommt es zur Anerkennung der Bedürfnisse der Mitglieder der unterdrückten Gruppen als eine Gruppe, die kollektive Gruppenidentitäten begrüßt, pflegt und fördert mit dem Ziel, einen neuen Status quo zu schaffen. Dieses Ziel, verbindet sich laut dieser Interpretation des Antidiskriminierungsrechts mit der Wahrnehmung der Vergangenheit. Die Vergangenheit spielt beim Verstehen und Interpretieren der Gegenwart und bei der Zielsetzung des Antidiskriminierungsrechts eine wichtige Rolle. Die Schaffung eines Bruches mit der Vergangenheit würde die menschliche Wahrnehmung der gegenwärtigen Ungerechtigkeiten beeinträchtigen.[351] Auch wenn jetzt in der Gesellschaft eine formale Gleichheit herrscht, sind einige Gruppen in der Gesellschaft unterdrückt und die gegenwärtige Unterdrückung bestimmter gesellschaftlicher Gruppen entstammt der Vergangenheit. In

346 Vgl. *Crenshaw*, 101 Harv. L. R. (1988), 1331 (1372).
347 Vgl. *Crenshaw*, 101 Harv. L. R. (1988), 1331 (1372).
348 Vgl. *Crenshaw*, 101 Harv. L. R. (1988), 1331 (1370, 1371).
349 Vgl. *Crenshaw*, 101 Harv. L. R. (1988), 1331 (1371).
350 Vgl. *Crenshaw*, 101 Harv. L. R. (1988), 1331 (1358).
351 Vgl. *Crenshaw*, 101 Harv. L. R. (1988), 1347.

Verbindung damit zu erwähnen ist das Verhältnis dieses Antidiskriminierungsrechtsverständnisses zu den Diskriminierungsmerkmalen. Nach dem gruppensensiblen Standpunkt zum Antidiskriminierungsrecht sind Kategorien wie Rasse, Geschlecht nicht naturgegeben, sondern sie wurden gesellschaftlich geschaffen (das gesellschaftliche Schaffen der Diskriminierungsmerkmale). Diese Merkmale sind nicht nur ein Aussehen, eine Idee, eine Sprache usw. Sie sind das, was Menschen mit diesen Eigenschaften verbindet. Gesetze und Bräuche trugen dazu bei ‚Rassen' ‚Geschlechter' usw. aus einer breiten Palette von menschlichen Eigenschaften zu schaffen.[352] Außerdem überscheiden sich verschiedene Diskriminierungsmerkmale miteinander in einer Person. Rasse, Ethnizität, Klasse, Gender und andere fügen sich in einer Person zusammen und verstärken sich: Sie verursachen eine Diskriminierung wie zum Beispiel nicht deshalb, weil eine Person eine Frau und eine Schwarze ist, sondern weil sie eine schwarze Frau ist (Intersektionalität der Diskriminierungsmerkmale).[353] Da es sich aber um geschaffene Kategorien handelt, sind sie auch änderbar. In dem Sinne beschäftigt sich das Antidiskriminierungsrecht nicht nur mit der Gegenwart, sondern stellt sich, basierend auf der Vergangenheit, als zukunftsorientiert dar und legt Wert auf positive Diskriminierung.

Aus dieser Version des Antidiskriminierungsrechts können sich jedoch folgende Probleme herauskristallisieren. Erstens kommt es zur Verbindung der Identitätspolitik meist mit der Gruppe, deren Identität es zu schützen gilt.[354] Eine Gruppenidentität erfordert zu einer gewissen Grade die Ausblendung individueller Unterschiede, die wiederum Anknüpfungspunkte sozialer Diskriminierung sein können.[355] Außerdem besteht die Gefahr, die Gruppenzugehörigkeit zu essenzialisieren, das heißt, die Gruppenidentität von ihrem historischen und gesellschaftlichen Zusammenhang zu trennen und als naturgegeben anzusehen. Damit verbunden können Individuen eine solche Art von Gruppenidentität als eine gezwungene Identität wahrnehmen. Das würde das Individuum, anstatt es zu befreien, in seine Gruppenidentität zwängen.

V. Zwischenergebnis

Die komplexe Natur des Konzepts der Diskriminierung, welche auf der Geschichte, der Kultur, der gesellschaftlichen Ordnung, der Wirtschaft, der Politik, den sozialen Strukturen und vielen anderen Faktoren beruht, spiegelt

352 Vgl. *Crenshaw*, 101 Harv. L. R. (1988), 1331 (1373).

353 Kimberle Crenshaw war die erste, die das Konzept der Intersektualität in Verdbindung mit dem Antidiskriminierungsrecht verwendete. Außerdem Vgl. *Kocher* in: Schlachter/Heinig (Hrsg.) Europäisches Arbeits- und Sozialrecht, § 5 Rn. 104.

354 Vgl. Schiek/*Schiek, AGG*, Einl. Rn. 47.

355 Vgl. *Mahlmann* in: Rudolf/Mahlmann, GleichbehandlungsR, § 1 Rn. 29.

sich auch bei der Diskussion über die Ziele des Antidiskriminierungsrechts wider. Dies schließt auch die philosophischen Ideale und die politischen Standpunkte hinsichtlich der Diskussion ein und die Antworten auf die Frage nach dem Ziel dieses Rechtsgebietes variieren weiter. Verschiedene Interpretationen der Diskriminierung und Versionen des Antidiskriminierungsrechts setzen verschiedene Ziele wie Erreichung der Gleichheit, Schutz der Menschenwürde und des Persönlichkeitsrechts, Gewährleistung der Chancengleichheit und Anerkennung der Gruppenidentitäten voraus. Die Realisierung der Ziele des Antidiskriminierungsrechts erfolgt anhand von diversen Vorgehensweisen. Sie richten sich entweder nach dem Individuum oder nach den Gruppen, schlagen symmetrischen oder asymmetrischen Schutz vor, sind ergebnisorientiert oder prozessorientiert. Weiterhin nehmen sie die Vergangenheit als Maßstab und versuchen das begangene Unrecht in der Gesellschaft wiedergutzumachen oder konzentrieren sie sich auf die gegenwärtige Situation oder sind zukunftsorientiert und suchen die Zukunft der Gesellschaft positiv zu beeinflussen. Die Gemeinsamkeit aller dieser Perspektiven ist aber die Auseinandersetzung mit der Idee der Gleichheit und der Glaube an den gleichen inneren moralischen Wert des Menschen und darauf basierend der Glaube an das unverzichtbare Recht für jeden auf Schutz gegen Diskriminierung, mit anderen Worten: das Recht auf Schutz gegen die Überzeugung, einige seien weniger wert als andere. Unter Berücksichtigung dieser Aspekte und der komplexen Natur der Diskriminierung komplementieren und ergänzen sich die mit dem Antidiskriminierungsrecht verbundenen Ziele gegenseitig.

Obwohl die Gleichheit eines der führende Ideale ist, ist sie vor allem ein soziales, politisches, hochkomplexes Konzept und niemand und nichts ist von sich aus gleich oder ungleich. Die Auslegung des Inhalts des Gleichheit-Begriffs gestaltet sich in jedem Einzelfall als eine wertende Entscheidung.[356]

Die Zuerkennung des inhärenten gleichen Wertes und der gleichen Würde des Menschen bildet den Kern des Antidiskriminierungsrechts. Jeder hat den gleichen, inneren, unvergleichlichen und unverzichtbaren moralischen Wert und jedem ist der uneingeschränkte gleiche Respekt zu erweisen. Die Wertgleichheit der Menschen setzt das Verbot von diskriminierenden Handlungen voraus. Es gilt, jede*n in Übereinstimmung mit der ihr*ihm innewohnenden Würde in gleicher Weise, ohne Diskriminierung, zu behandeln.

Nicht allein die Leugnung der Wertgleichheit der Menschen an sich, auch die Leugnung der Wertgleichheit der verschiedenen Identitäten führt zu Diskriminierungen. Nichtanerkennung der an sich wertvollen Identitäten der sozialen Gruppen; die Zugehörigkeit zu jeder von ihnen ist mit historischen, sozialen, kulturell sich ergebenden Werten, Traditionen und Praktiken verbunden; das Nichtakzeptieren der Unterschiede zwischen den sozialen Gruppen auf der Grundlage der Gleichheit führt auch zu Ungleichbehandlungen, was gesellschaftliche

---

356 Vgl. *Lingscheid*, S. 7; *Kaiser*, NZA 2000, 1144 (1148).

Benachteiligungen zur Folge haben kann. Auf der Grundlage der Grundannahme, auch der Unterschied sei ein Wert an sich, sind die Werte der unterdrückten Gruppen genauso wertvoll wie jene der dominierenden Gruppen.[357] Die Wertgleichheit der menschlichen Identitäten setzt das Verbot von diskriminierenden Handlungen voraus. Jede menschliche Identität ist in Übereinstimmung mit ihrem, ihnen innewohnenden kulturellen und sozialen Wert in gleicher Weise, ohne Diskriminierung, wertzuschätzen.

Wie die gesellschaftlichen Ungleichheiten zustande gekommen sind und welche gesellschaftlichen Gruppen diskriminiert werden, hat eine Bedeutung, vor allem weil die Unterschiede zwischen den Gruppen, die Stereotypen und Vorurteile grundsätzlich Auswirkung früherer Diskriminierungen sind. Die Vergangenheit spielt beim Verstehen und Interpretieren der Gegenwart und bei der Zielsetzung des Antidiskriminierungsrechts eine bedeutende Rolle. Kategorien wie Rasse, Geschlecht sind nicht naturgegeben, sondern sie wurden gesellschaftlich geschaffen, demzufolge sind sie änderbar. Diese Merkmale betreffen nicht nur das Aussehen, eine Idee, eine Sprache usw. Sie sind das, was Menschen mit diesen Eigenschaften verbinden. Die Überzeugungen, die die gegenwärtigen Hierarchien in der Gesellschaft als unvermeidlich und fair präsentieren, dienen genau genommen einer konsensbildenden hegemonialen Rolle, indem sie die unterdrückte gesellschaftliche Gruppe als getrennte, sichtbare Andere bezeichnen, die in jeder Hinsicht mit allen anderen sozialen Gruppen zu kontrastieren sind.[358] Sie helfen durch die oppositionelle Kraft eines symbolischen Anderen, eine Illusion der Einheit der Unterdrückten sowie der Unterdrückenden zu schaffen.[359] Eine unterdrückte soziale Gruppe in der Gesellschaft ist auf der einen Seite ein Kollektiv und erfährt normalerweise ihre Mitgliedschaft als nicht gewillt, die im Allgemeinen durch Andere als Mitglieder einer unterdrückten Gruppe identifiziert werden und deren Möglichkeiten zutiefst von der Beziehung ihrer Gruppe zu anderen Gruppen durch Privilegien und Unterdrückung gestaltet sind.[360] In diesem Sinne ist Unterdrückung die systematische Einschränkung von Möglichkeiten sowie der Selbstbestimmung aufgrund einer solchen Mitgliedschaft.[361] Während die Mitglieder der dominanten Gruppen mit den positiven Eigenschaften verbunden sind, sind die anderen mit den negativen verbunden. Durch diese Charakterisierungen, Stereotypen und Überzeugungen hinsichtlich der Unterdrückten kommt es in der Gesellschaft zur Rationalisierung, Naturalisierung und Legitimierung der Unterdrückung.[362] Wichtig sind aber nicht die Gedanken über die unterdrückten Gruppen, sondern was die unterdrückte Gruppe über

357 Vgl. Schiek/*Schiek, AGG,* Einl. Rn. 45; *Gosepath*, SEP 2011, 1 (23).

358 Vgl. *Crenshaw,* 101 Harv. L. R. (1988), 1331 (1335, 1369, 1370).

359 Vgl.*Crenshaw,* 101 Harv. L. R. (1988), 1331 (1372).

360 Vgl. *Heyes*, SEP 2018, 1 (9).

361 Vgl. *Heyes*, SEP 2018, 1 (10).

362 Vgl. *Crenshaw,* 101 Harv. L. R. (1988), 1331 (1370, 1371).

sich selbst denkt.[363] Die Begrüßung, die Pflege und die Förderung der kollektiven Gruppenidentitäten mit dem Ziel, *einen neuen Status quo zu schaffen,* setzt die Anerkennung der Bedürfnisse der Mitglieder der unterdrückten Gruppen als eine Gruppe voraus. Ohne Erkennung und Beseitigung der heutigen Erscheinungsformen des, möglicherweise historisch gewachsenen Unrechts ist es nicht möglich, künftige Fehlentwicklungen zu verhindern. In dem Sinne soll sich das Antidiskriminierungsrecht basierend auf der Vergangenheit mit der Gegenwart beschäftigen und als zukunftsorientiert darstellen.

Die Annahme einer ‚Neutralität des Rechts' und einer ‚Neutrale Gesellschaft', die genau genommen auf der Unterdrückung einiger gesellschaftlicher Gruppen aufgebaut ist, könnte vielversprechende Folgen für das gemeinschaftlichen Zusammenleben haben; dies kann allerdings die gesellschaftliche Unterdrückung einiger sozialen Gruppen, demzufolge die Diskriminierung, nicht überwinden, weil eine ‚Neutralität des Rechts' und eine ‚Neutrale Gesellschaft' nicht existieren.[364] Die Beseitigung der gesellschaftlichen Benachteiligung erfordert mehr als einen Schutz gegen Ungleichbehandlung mithilfe von regulativen Maßnahmen. Unverzichtbar ist eine generelle Umwandlung der sozialen Praktiken.[365] Es gilt, mittels des Antidiskriminierungsrechts die Transformierung eines eigenen Selbst- und Gemeinschaftsgefühls durch Bewusstseinsbildung gegen ein von einer dominanten Kultur aufgezwungenes Minderwertigkeitsgefühl zu erzielen. Allerdings ist stets darauf zu achten, eine Angleichung und Einförmigkeit der Individuen, eine Assimilation der gesellschaftlichen Gruppen, aber auch die Essentialisierung der Gruppenzugehörigkeit zu vermeiden.

E. Herausfordernde Theorien: Kritik am Antidiskriminierungsrecht

Trotz der vielfältigen, sich gegenseitig unterstützenden Ziele, die auf mancherlei Bedürfnisse in der Gesellschaft antworten, trotz bemerkenswerter Entwicklungsgeschichte und ungeachtet auch der völkerrechtlichen Normen, sind die gesellschaftlichen und wirtschaftlichen Folgen des Antidiskriminierungsrechts und selbst seine Existenz immer noch ein umstrittenes Thema im rechtswissenschaftlichen und politischen Umfeld.

I. Kritik am Antidiskriminierungsrecht

Abwertende Kritiken kommen insbesondere von den Befürwortern der liberalökonomischen Denkweise, welche die Besorgnis äußern, das Antidiskriminierungsrecht schade der Funktionsfähigkeit des liberalen Marktsystems. In erster

363 Vgl. *Crenshaw,* 101 Harv. L. R. (1988), 1331 (1358).
364 Vgl. *Crenshaw,* 101 Harv. L. R. (1988), 1331 (1346).
365 Vgl. *Schiek,* S. 39.

Linie der Kritikpunkte stehen die angeblichen wirtschaftlichen Effizienzverluste durch Diskriminierungsverbote. Nach der an der Effizienz des Marktsystems orientierten Sichtweise ist das Antidiskriminierungsrecht nutzlos und ferner eine schwere Last für die gesamte Gesellschaft. Das Nicht-Berücksichtigen der individuellen Präferenzen und die Ausklammerung einiger Diskriminierungsformen könnten in einem wettbewerbsorientierten Markt den gesamtgesellschaftlichen sozialen Wohlstand verringern.[366] Einige Formen der rechtswidrigen Diskriminierungen könnten sogar ‚effizient' für die Wirtschaft sein.[367] Das Verbot der rationalen, effektiven und profitablen Diskriminierungen greife in den Markt ein und verursache einen ineffizienten Markt. Eine wirksame Durchsetzung antidiskriminierungsrechtlicher Normen hätte die Verringerung der Gesamtleistungsfähigkeit der Wirtschaft im Allgemeinen zur Folge und würde auch aus diesem Grund den Merkmalsträgergruppen schaden.[368] Deswegen sind effiziente Diskriminierungen gerechtfertigt.

Des Weiteren besteht zwischen ‚Humankapitalinvestitionen' und Lohnhöhe eine Verbindung. Nach dieser Ansicht sind alle Menschen im üblichen wirtschaftlichen Sinne vernünftig.[369] Das heißt, sie handeln, um den Überschuss ihrer privaten Vorteile gegenüber ihren privaten Kosten zu maximieren.[370] Ein Teil jedes Lohnes sei die Rückzahlung der Investition des*der Arbeiters*in in das ‚Humankapital'. Wenn also die Löhne der Mitglieder bestimmter gesellschaftlicher Gruppen (zum Beispiel Frauen) niedriger als die der Löhne der durchschnittlichen Mitglieder einer anderen gesellschaftlichen Gruppe (zum Beispiel Männer) seien, bedeutet es, dass die durchschnittlichen Mitglieder der bestimmten Gruppen (im gegebenen Fall Frauen) weniger in ihr ‚Humankapital' als Andere (im gegebenen Fall Männer) investieren.[371] Außerdem kommt es zur Hervorhebung der Heterogenität bestimmter Gruppen (zum Beispiel Frauen) als eine Wirtschaftsklasse.[372] Eine derart benachteiligte Gruppe bilde keine homogene Einheit, es handele sich vielmehr um eine heterogene Gruppe.[373] Verschiedene Mitglieder der Gruppen haben voneinander abweichende wirtschaftliche Interessen. Kein Gesetz, das Diskriminierungen im Allgemeinen verbietet, würde aufgrund des vielfältigen wirtschaftlichen Interesses einzelner Mitglieder der bestimmten Gruppe sämtlichen Mitgliedern der Gruppe zugutekommen.[374]

---

366 Vgl. *McCrudden* in: McCrudden (Ed.), Anti-Disc. L., 1st. ed., Int., xi (xxv).
367 Vgl. *Posner*, 56 U. Chi. L. R. (1989), 1311 (1329).
368 Vgl. *McCrudden*, in: McCrudden (Ed.), Anti-Disc. L., 1st. ed., Int., xi (xxv).
369 Vgl. *Posner*, 56 U. Chi. L. R. (1989), 1311 (1315).
370 Vgl. *Posner*, 56 U. Chi. L. R. (1989), 1311 (1315).
371 Vgl. *Posner*, 56 U. Chi. L. R. (1989), 1311 (1315, 1316).
372 Vgl. *Posner*, 56 U. Chi. L. R. (1989), 1311 (m.w.N. 1334).
373 Vgl. *Posner*, 56 U. Chi. L. R. (1989), 1311 (1333).
374 Vgl. *Posner*, 56 U. Chi. L. R. (1989), 1311 (1333, 1334).

Kritik am Antidiskriminierungsrecht aus rein liberalistischer Ansicht geht weiter und erklärt Diskriminierungsverbote nicht nur dann als unerwünscht, wenn sie effiziente Diskriminierungen verbieten, sondern akzeptiert sie überhaupt nicht. Diese Perspektive bewertet die staatlichen Eingriffe in den freien Markt gefährlicher als private Diskriminierungen und verlangt das Tolerieren von privaten Diskriminierungen.[375] Jedes Regulierungssystem, das darauf abzielt, die Auswirkungen privater Diskriminierung zu beseitigen, ist einerseits kostspielig und andererseits kontraproduktiv, indem es die Diskriminierungen fördert, die es versucht zu beseitigen.[376]

Nach diesem Verständnis regelt sich ein liberales Rechtssystem nach dem Prinzip der Vertragsfreiheit, die als wichtigstes Gut zu schützen ist. Die Vertragsfreiheit erlaubt es aus einem guten Grund, aus einem schlechten Grund oder aus gar keinem Grund, Geschäfte zu machen.[377] Eine Kontrolle bzw. Begrenzung der Vertragsfreiheit der Parteien durch staatliche Eingriffe darf nur dann erfolgen, wenn Anwendung von Gewalt und/oder Betrug gegen eine Person oder das Eigentum anderer vorliegt.[378] Jede andere Art von Eingriff aus irgendeinem beliebigen Grund ist unerwünscht.[379] Die Diskriminierung gehört allerdings nicht dazu, sie gehört weder zur Gewaltanwendung noch zum Betrug. Das Diskriminieren besteht nur darin, sich zu weigern, mit der anderen Person ein Geschäftsverhältnis einzugehen.[380] Das bedeutet, dass die Menschen berechtigt sind, egal aus welchem Grund, zu diskriminieren.[381] Eine Diskriminierung gilt in einigen Kontexten sogar als rationale Antwort auf sich aus langfristigen Arbeitsverträgen ergebenden Friktionen; bestimmte Formen der Diskriminierung können sowohl aus Sicht eines Unternehmens als auch der Gesellschaft rational sein.[382] Wo Märkte keine formellen Barrieren haben, haben die Opfer von Diskriminierung wirksame Selbstschutzstrategien und mächtige Verbündete, deren Eigeninteresse in ihrem Namen funktioniert.[383] Es gibt viele unterschiedliche Firmen, die unterschiedliche Menschen bevorzugen. Das ermöglicht es, auf dem Arbeitsmarkt einen zu den eigenen Merkmalen passenden Jobs zu finden.[384] Aus organisatorischen Gründen ist es günstiger und einfacher für die Unternehmen, ähnliche Arbeitnehmer*innen zu beschäftigen.[385]

---

375 Vgl. *McCrudden* in: McCrudden (Ed.) Anti-Disc. L., 2nd. ed., xi (xx)
376 Vgl. *Epstein*, S. m.w.N. 36, 40, 50, 59.
377 Vgl. *Epstein*, S. 42.
378 Vgl. *Epstein*, S. 19, 25.
379 Vgl. *Epstein*, S. 3.
380 Vgl. *Epstein*, S. 30.
381 Vgl. *Epstein*, S. 30.
382 Vgl. *Epstein*, S. 59, 76.
383 Vgl. *Epstein*, S. 59.
384 Vgl. *Epstein*, S. 31 ff.
385 Vgl. *Epstein*, S. 67 ff.

Aus rein liberalistischer Position kommt es zur besonderen Beachtung der Vertragsform *contract at will.* Entsprechend dieser Vertragsform können Arbeitgeber*innen aus gutem Grund, aus schlechtem Grund oder aus keinem Grund einstellen oder kündigen.[386] Allerdings haben nicht nur die Arbeitgeber*innen ‚sondern auch die Arbeitnehmer*innen dieselben Optionen, sowohl für die Annahme von Arbeitsplätzen als auch für das Beenden des Vertrages.[387] In einem System, in dem contract at will herrscht, würden Firmen, die außer den Gründen der finanziellen Notwendigkeit, der Neupositionierung von Unternehmen oder des Fehlverhaltens der Mitarbeitern*innen diese kündigen, ihre Reputation verlieren, auch wenn es keinen rechtlichen Schutz gegen diskriminierende Kündigung geben würde.[388] In solchen Firmen würde sich die Loyalität der Mitarbeiter*innen verringern, sie würden die sie diskriminierende Firma verlassen und woanders arbeiten gehen, was eine höhere Entlohnung zum Halten der Arbeitnehmer*innen zur Folge hätte.[389]

Dieser rein liberalistische Kontext beschuldigt die Antidiskriminierungsgesetze, Beschränkungen zu implementieren, um Arbeitgeber*innen und Arbeitnehmer*innen zu einem Abweichen vom Marktstandard zu verleiten.[390] Nach diesem Verständnis bieten ungeregelte, wettbewerbsfähige Märkte mit der Möglichkeit des freien Eintritts, der den Parteien die Festlegung aller für sie geeigneten Arbeitsbedingungen ermöglicht, einen besseren und sichereren Schutz gegen unfaire Diskriminierung als das Antidiskriminierungsrecht.[391] Bei Aufhebung des Antidiskriminierungsrechts sei die Rückzugsposition nicht Gewalt und Anarchie, sondern eine freiwillige Trennung und Konkurrenz: „*... [the] voluntary separation and competition ...*“.[392] Das Antidiskriminierungsrecht sei jedoch die Antithese der Vertragsfreiheit.[393] Es sei eine ungerechtfertigte Einschränkung der Vertragsfreiheit.[394] Es verachte das Prinzip des Selbsteigentümers, seine eigene Arbeitskraft zu sein.[395] Es verursache zusätzliche soziale und ökonomische Kosten.[396] Es verhängt eine einheitliche Präferenz für alle Marktsegmente.[397] Es fördere die Diskriminierung, die es doch zu beseitigen versuche.[398] Zusammengefasst ist laut rein liberalistischer

386 Vgl. *Epstein*, S. 148.
387 Vgl. *Epstein*, S. 148.
388 Vgl. *Epstein*, S. 60, 67 ff.
389 Vgl. *Epstein*, S. 60, 61.
390 Vgl. *Epstein*, S. 147.
391 Vgl. *Epstein*, S. 9, 12.
392 Vgl. *Epstein*, S. 75.
393 Vgl. *Epstein*, S. xii, 3.
394 Vgl. *Epstein*, S. xii, 4.
395 Vgl. *Epstein*, S. 21, 23.
396 Vgl. *Epstein*, S. 27, 37, 37 ff., 50 u.a.
397 Vgl. *Epstein*, S. 44.
398 Vgl. *Epstein*, S. 36, 40, 50.

Perspektive eine Abschaffung des Apparates des Antidiskriminierungsrechts anzustreben.[399]

Die Durchsetzungskosten der antidiskriminierungsrechtlichen Gesetze sind ein anderes Thema, mit dem sich kritische Standpunkte zum Antidiskriminierungsrecht beschäftigt. Beide, moderate und rein liberalistische Sichtweisen, machen darauf aufmerksam, dass kein Gesetz kostenlos durchzusetzen ist.[400] Das gilt auch für ‚ineffektive' Gesetze, darunter antidiskriminierungsrechtliche Gesetze.[401] Die Kosten der Durchsetzung und damit die Verwaltungskosten sind versteckte Kosten des Rechtssystems.[402] Die Kosten eines ineffektiven Gesetzes verursachen gesamtgesellschaftliche Wohlfahrtsverluste.[403]

II. Zwischenergebnis

Inwieweit diese Kritikpunkte stimmen, ist allerdings in Frage zu stellen. Insbesondere sind die Auswirkungen der Diskriminierungsverbote auf die wirtschaftliche Effizienz immer noch ein problematisches, umstrittenes Thema der Antidiskriminierungsrechtsgesetzgebung. Die Frage ist, ob Diskriminierungsverbote die wirtschaftliche Effizienz des liberalen Marktes beeinträchtigen oder inwieweit es empirischer Untersuchungen bedarf, um diese zu belegen.[404] Gesellschaften, in denen Diskriminierungsverbote angeblich zu einem Verlust der wirtschaftlichen Effizienz geführt haben, sind schließlich Gesellschaften mit praktizierten Diskriminierungen. In diesen Gesellschaften sind Vorurteile, Stereotypen, niedrige Chancengleichheit und auch eine niedrigere Bewertung einiger gesellschaftlichen Gruppen und ähnliche diskriminierende Mechanismen wegen struktureller Diskriminierungen normale Umstände. Weil das komplette gesellschaftliche System, kulturell, ökonomisch oder politisch, offen oder verdeckt, auf der Grundlage von verschiedenartigen Diskriminierungen basiert, könnten die Versuche, diskriminierungsfreie Umgebungen zu schaffen oder Handlungen den Diskriminierungen entgegenzusetzen, in solchen Gesellschaften zu Effizienzverlusten führen. Zum Beispiel: Wo Frauen aufgrund von in der Gesellschaft herrschenden strukturellen Diskriminierungen in sich selbst weniger investieren, würde eine Frauenquote für Unternehmen, ungeachtet des Grunds der niedrigeren Qualifikation der in Frage kommenden Frauen gegenüber den sich bewerbenden Männern als eine Zwangseinstellung einer unqualifizierten weiblichen Bewerberin auf eine zu besetzende Stelle gelten. In einer Gesellschaft mit arbeitenden Männern und unbezahlter Hausarbeit der

399 Vgl. *Epstein*, S. 9, 147 u.a..
400 Vgl. *Posner*, U. Chi. L. R. 56 (1989), 1311 (1325); *Epstein*, S. 71.
401 Vgl. *Posner*, 56 U. Chi. L. R. (1989), 1311 (1325).
402 Vgl. *Epstein*, S. 59, 60 ff.
403 Vgl. *Posner*, 56 U. Chi. L. R. 56 (1989), 1311 (1334).
404 Vgl. Däubler/Bertzbach AGG/*Blanke/Graue* Einl. Rn 241.

Frauen sieht sich eine arbeitende Frau aufgrund der Doppelbelastung Haushalt/bezahlte Lohnarbeit gegenüber. Infolge fehlender Strukturen hinsichtlich der häuslichen Arbeit oder steigender Kosten für die Erledigung der Hausarbeit für die ganze Gesellschaft und ungeachtet der Ausbeutung der durch Frauen zu leistenden, unbezahlten Hausarbeit, würde sie als ineffizient für das Unternehmen und die gesamte Gesellschaft gelten. Jegliche Änderungsversuche verursachen ineffiziente Ergebnisse solange sie innerhalb der immer noch nach den alten diskriminierenden Regeln der Ökonomie und Arbeitsverteilung funktionierenden Ordnung erfolgen. In anderer Hinsicht könnte das Antidiskriminierungsrecht jedoch auch eine effizienzsteigernde Rolle spielen: Indem es das friedliche gesellschaftliche Zusammenleben fördert, die Möglichkeiten alle ihrer eigenen Potenziale, ohne diskriminierende Barrieren zu entfalten, eröffnet und durch eine gerechtere Verteilung der kulturellen und ökonomischen Güter, die den gesamtwirtschaftlichen Wohlstand verbessert.

Darüber hinaus gibt es auch Versuche, die marktwirtschaftliche Effizienz mit den Diskriminierungsverboten zu kombinieren.[405] Das in den USA entwickelte Personalentwicklungskonzept des Diversity Managements sichert das Einbinden von Menschen verschiedener Herkunft, Hautfarben, Kulturen etc. im Sinne der multikulturellen Organisation eines Unternehmens oder einer öffentlichen Institution zu, die zur Steigerung der Produktivität durch den positiven Umgang mit den vorhandenen Unterschieden führen soll.[406] Auch in der Europäischen Union ist das Antidiskriminierungsrecht, insbesondere dessen integrationspolitischen Ziele, als wichtiges Hilfsmittel für die Steigerung der wirtschaftlichen Effizienz des europäischen Marktes zu sehen.[407] Zusätzlich darf auch nicht vergessen werden, dass es Werte und Vorstellungen hinsichtlich des gemeinschaftlichen Zusammenlebens gibt, die höher zu bewerten sind als eine Effizienzsteigerung.[408]

Ein anderer bedeutender Kritikpunkt hinsichtlich des Antidiskriminierungsrechts entstammt den Diskussionen über die Freiheit der Vertragspartner. Ein viel diskutiertes Thema ist die Möglichkeit der Gestaltung der Vertragsfreiheit und gleichzeitig Gewährung des Diskriminierungsschutzes. Das Antidiskriminierungsrecht ermöglicht eine privatautonome Verwirklichung auch derer, die bisher in der Gesellschaft ausgeschlossen waren, bietet demnach gesamtgesellschaftlich sowohl mehr Gleichheit als auch mehr Freiheit.[409] Allerdings ist es für das liberal-demokratisch zu bewertende Zivilrecht von besonderer Bedeutung, die Freiheit der beiden Vertragspartner zu wahren.[410] Im Hinblick

405 Vgl. Däubler/Bertzbach/*Blanke/Graue* Einl. Rn. 242.
406 Vgl. Däubler/Bertzbach/*Blanke/Graue* Einl. Rn. 242.
407 Vgl. *Mahlmann* in: Rudolf/Mahlmann, GleichbehandlungsR, § 1 Rn. 51, 54.
408 Vgl. *Mahlmann* in: Rudolf/Mahlmann, GleichbehandlungsR, § 1 Rn. 52; *Kocher* in Schlachter/Heinig (Hrs.), EnzEuR Bd. 7, § 5 Rn. 7.
409 Vgl. Wendeling-Schröder/Stein/*Wendeling-Schröder, AGG,* Einl. Rn. 5.
410 Vgl. Wendeling-Schröder/Stein/*Wendeling-Schröder, AGG,* Einl. Rn. 5.

auf das Arbeitsrecht beschränken die Diskriminierungsverbote vor allem die Entscheidungsfreiheit der Arbeitgeber*innen und das Prinzip der Vertragsfreiheit erfordert den Schutz derselben. Gleichzeitig aber kommt die Machtposition des Arbeitgebers*in zum Tragen, welche nicht zu vergessen ist. Insbesondere in einem liberal marktwirtschaftlichen ökonomischen System spielt der*die Arbeitgeber*in aufgrund seiner*ihrer Machtposition eine wichtige Rolle bei der Verteilung der gesellschaftlichen, ökonomischen und kulturellen Güter. Bei jeder Entscheidung über die Einstellung, Lohnklassenbestimmung, Entlassung und Ähnliches wirken Arbeitgeber*innen wie ein Regulator des Marktes. Infolge ihrer Entscheidungen erfolgt die Güterverteilung und auf diese Weise bestimmen sie bewusst oder unbewusst, wem was zukommt. Die Forderung an diese Machtpositionsinhaber*innen, auf Diskriminierung zu verzichten, bedeutet ebenfalls den Wunsch nach einer gerechten und diskriminierungsfreien gesellschaftlichen Güterverteilung.

F. Ergebnis

Das Antidiskriminierungsrecht als ein Rechtsgebiet, das sich dem Schutz der Menschen gegen Diskriminierungen im Verhältnis zwischen den Bürgern*innen und dem Staat oder zwischen den Bürgern*innen untereinander widmet, fokussiert sich auf Diskriminierungen, entstanden aufgrund von rechtlich anerkannten Diskriminierungsmerkmalen unter Verweis auf Diskriminierungsverbote. Geprägt durch die Komplexität des Konzepts der Diskriminierung ist dieses Rechtsgebiet permanent im Entwicklungsstadium. In diesem Zusammenhang ist eine Diskriminierung als eine auf diskriminierende Merkmale beruhende Erstellung, Begründung und Rechtfertigung einer sozial unerwünschten Unterscheidung, Ausschließung, Beschränkung, Bevorzugung, eine allgemeine Ungleichbehandlung mit dem Ziel oder mit der Folge gesellschaftlicher Benachteiligung zu definieren. Determiniert ist sie vor allem durch den geschichtlichen, kulturellen und gesellschaftlichen Kontext und soziale Wertentscheidungen. Allerdings verbindet die Universalität des Anspruchs auf gleiche Berücksichtigung der inhärenten, moralischen Wertgleichheit jedes Menschen das Antidiskriminierungsrecht mit den Menschenrechten und davon ausgehend ergibt sich dies als ein Recht, dessen innerer Kern die Wertgleichheit der Menschen ist. Demzufolge ist das Recht auf Schutz gegen Diskriminierung unverzichtbar und darf unter keinen Umständen eine Einschränkung erfahren.

Viele Gründe sprechen für die Existenz eines Schutzes gegen Diskriminierung und die Gleichheit und die Gerechtigkeit spielen eine bedeutende Rolle bei der Diskussion über die Grundlagen des Antidiskriminierungsrechts. Die Kernidee und das Fundament dieses Rechtsgebietes beruhen aber auf dem gleichen inneren moralischen Wert des Menschen. Jedes Mitglied der menschlichen Gesellschaft ist mit einem gleichen, innewohnenden moralischen Wert geboren. Allein aufgrund ihres Menschseins genießen alle Menschen die Wertgleichheit. Daraus resultieren die gleichen, angeborenen Rechte jedes Menschen mit der Gleichstellung vor dem Gesetz und dem Anspruch auf Entgegenbringung der gleichen Achtung ohne Ansehen der Person. Diskriminierungen enthalten in sich die Aussage, Diskriminierte seien weniger wert als Andere in der Gesellschaft; in dem Sinne verleugnen sie die Wertgleichheit aller Menschen und lehnen den gleichen moralischen Status jedes Menschen ab. Deswegen sind Diskriminierungen moralisch verwerflich und sozial ungerecht. Auf dieser Basis ist der Schutz gegen die Diskriminierung als ein Schutz der Wertgleichheit des Menschen zu sehen. Die Aussagen und Handlungen hinsichtlich einer Leugnung der Wertgleichheit der Menschen führen entweder zur Verletzung der Menschenwürde und des Persönlichkeitsrechts der Menschen oder zur ungerechten Verteilung der Güter und Chancen durch diskriminierende Barrieren, welche die freie Entfaltung der natürlichen Talente, persönlichen Potenziale und die Wahrnehmung der individuellen Leistung(sfähigkeit) der entsprechenden Opportunitäten beeinträchtigt. Nicht allein die Leugnung der Wertgleichheit der Menschen an sich, auch die Leugnung der Wertgleichheit der verschiedenen Identitäten führt zu Diskriminierungen, Nichtanerkennung der an sich wertvollen Identitäten der sozialen Gruppen; die Zugehörigkeit zu jeder von ihnen ist mit historischen, sozialen, kulturell sich ergebenden Werten, Traditionen und Praktiken verbunden. Das Nichtakzeptieren der Unterschiede zwischen den sozialen Gruppen auf der Grundlage der Gleichheit führt auch zu Ungleichbehandlungen, was gesellschaftliche Benachteiligungen zur Folge haben kann. Auf diese Weise beeinträchtigen Diskriminierungen die Selbstverwirklichung der Menschen, verletzen das Selbstwertgefühl des Individuums und haben negative Auswirkungen auf das gesamte gemeinschaftliche friedliche Zusammenleben.

Aus alledem ergibt sich: Das Antidiskriminierungsrecht entstand aus dem Kampf darüber, wer als ein gleichberechtigter Mensch in der Gesellschaft gilt und wer nicht. Es ist vor allem ein Kampf um Anerkennung als gleichberechtigter Mensch. Gewünscht ist ein gesellschaftliches Leben, in dem alle Menschen – frei von abwertenden Diskriminierungen – ein freies und menschenwürdiges Leben führen können. Obwohl die Grenzen dieses Rechtsgebiets diskutierbar und immer noch strittig sind, sind die sich aus diesem Rechtsgebiet ergebenden universellen, aber gleichzeitig auch kulturellen Ansprüche unverzichtbar.

§ 5 Kündigungsschutzrecht

Dieser Teil beinhaltet die theoretischen Grundbausteine des Kündigungsschutzrechts. Nach einem kurzen Überblick die Geschichte des Kündigungsschutzrechts folgt eine Beschreibung der Begriffe der Kündigung und des Kündigungsschutzes. Es schließt sich die Frage nach der Rechtfertigung des Kündigungsschutzrechts an. Nach einer ausführlichen Darstellung des Schutzgutes des Kündigungsschutzes und der Schilderung des Problems des Bestandschutzes oder der Abfindung folgt die Erwähnung der Kritikpunkte gegen das Kündigungsschutzrecht. Abschließend kommt es zur Zusammenfassung und Ergebnis zum Thema des Kündigungsschutzrechts.

A. Überblick über die Geschichte des Kündigungsschutzes

Die Beendigung eines Arbeitsverhältnisses kann verschiedene Gründe haben. Die Kündigung ist jedoch der übliche Weg und der arbeitsrechtliche Kündigungsschutz nimmt die Arbeitnehmer*innen vor der Kündigung des Arbeitsverhältnisses in Schutz. Der Kündigungsschutz erschwert die Kündigung eines Vertrages oder schließt sie aus. Die kündigungsschutzrechtlichen Vorschriften fordern von dem*der Arbeitgeber*in, vorgeschriebene Bedingungen bei der Beendigung des Arbeitsverhältnisses durch Kündigung zu beachten. Der Schutzprozess gegen eine Kündigung kann ein weites Spektrum – von Mechanismen hinsichtlich der Voraussetzung eines triftigen Grundes für die Beendigung des Arbeitsvertrages, Ankündigungsfristen bis zum Einkommensschutz zum Beispiel in Form einer Dienstalterabfindung – beinhalten. Auf diese Weise dient der Kündigungsschutz dem Schutz des*der Arbeitnehmers*in.

Dieser Abschnitt befasst sich mit dem Thema der Geschichte des Kündigungsschutzes. In Betracht kommt demnach die Geschichte des Kündigungsschutzes in der vorindustriellen Zeit, während der Industrialisierung und ab dem Ende des 19. Jahrhunderts. Es schließt sich eine Erläuterung des Themas im internationalen Kontext an. Abschließend folgt ein Zwischenergebnis.

I. Vorindustrielle Zeit

Die Wurzeln des Kündigungsschutzrechts lassen sich bis zum Mittelalter verfolgen. Anders als das Antidiskriminierungsrecht basiert der Kündigungsschutz auf der europäischen Rechtsgeschichte und der Arbeitnehmerbewegung. Frühere Vertragsformen der Arbeit wie die beiderseitig unkündbaren Arbeitsverhältnisse oder die Strukturierung der Gesellschaft wie die Aufteilung der Gesellschaft hinsichtlich der Sklaven, Unfreien, Minderfreien und Ähnlichen brauchte es keine

Kündigung bzw. es war sogar keine erlaubt.[411] Im Mittelalter gab es jedoch bereits befristet abgeschlossene und am Ende der Vertragsfrist beendbare Dienstverträge.[412] Für das damalige Rechtsverständnis kam eine ordentliche Kündigung nicht infrage. Die Beendigung des Arbeitsverhältnisses zum Vertragsende stand bereits von Anfang an fest; trotzdem kannte das damalige Recht die außerordentliche Kündigung eines Vertrages aus wichtigen Gründen.[413] Der Schutz der Arbeitnehmer*innen ging allerdings einher mit der patriarchalischen Fürsorge mit der Befehls- und Zuchtgewalt der Arbeitgeber*innen.[414] Ab dem 16. Jahrhundert änderte sich die Beendigungsform des Gesellenvertrages, insbesondere durch den Einfluss der neu begründeten Verbünde der Gesellen.[415] Immer noch befristet abgeschlossene Gesellenverträge endeten nicht mehr ohne Weiteres nach Ablauf der Vertragsfrist, vielmehr galt es, die Kündigung vor Ablauf der Frist zu erklären.[416] Erfolgte dies nicht, dauerte der Vertrag noch eine Periode an.[417] Auf diese Weise kam es erstmals zur Beschränkung der Beendigungsfreiheit der Parteien.[418] Diese Beschränkungen hatten jedoch keine Macht, die Kündigungen zu vermeiden, oder keine finanziellen Folgen, die nach dem Ende des Vertrages den Arbeitnehmern*innen helfen konnten.[419] Sie dienten vielmehr wie ein zeitlicher Schutz-Mechanismus und erlaubten den Arbeitnehmern*innen, ihre Zukunft vorher zu planen. Obwohl sie aus diesen Gründen nicht als kündigungsschutzrechtliche Vorschriften zu bezeichnen waren, sind sie aber als wichtige, erste Beendigungsschranken in der Geschichte des Kündigungsschutzrechts anzusehen.[420]

Die Zeit des Absolutismus folgte dem Mittelalter. Der Staat überholt die Aufgabe, die Arbeitsverhältnisse zu regeln.[421] Infolgedessen wurde das Arbeitsrecht weitreichend öffentlich-rechtlich organisiert.[422] Die wichtigste Vertragsform im Arbeitsrecht war der Gesellenvertrag. Die Herrschenden (nach damaliger gesellschaftlicher Konstellation die Meister, die Unternehmen und der Staat) wollten Gesellenverträge mit möglichst langer Vertragsdauer wie zum Beispiel zehn

---

411 Vgl. *Göller*, S. 8 ff.; *Toews*, S. 10 ff.; *Hug*, Kündigungsrecht I, S. 53, 54.

412 Vgl. *Göller*, S. 11; A/P/S/*Preis*, 1. Teil A Rn. 1; *Toews*, S. 11.

413 Vgl. A/P/S/*Preis*, 1. Teil A Rn. 1; *Göller*, S. 11 ff.; *Hug*, Kündigungsrecht I, S. 56, 59; *Toews*, S. 11, 13.

414 Vgl. A/P/S/*Preis*, 1. Teil A Rn. 1; *Göller*, S. 12, 15; *Hug*, Kündigungsrecht I, S. 55; *Toews*, S. 11, 13, 14.

415 Vgl. *Göller*, S. 13–14; *Toews*, S. 12.

416 Vgl. *Göller*, S. 14; *Hug*, Kündigungsrecht I, S. 59 ff. Anders: *Toews*, S. 14.

417 Vgl. *Göller*, S. 14; *Hug*, Kündigungsrecht I, S. 59 ff.; *Toews*, S. 12.

418 Vgl. A/P/S/*Preis*, 1. Teil A Rn. 1; *Göller*, S. 14; *Toews*, S. 12.

419 Vgl. *Göller*, S. 14.

420 Vgl. A/P/S/*Preis*, 1. Teil A Rn. 1; *Göller*, S. 14.

421 Vgl. *Hug*, Kündigungsrecht I, S. 60.

422 Vgl. *Hug*, Kündigungsrecht I, S.60.

Jahre und einem seltenen Arbeitsplatzwechsel abschließen.[423] Um seinen Arbeitsplatz zu verlassen, brauchte der Geselle entweder die Zustimmung des*der Arbeitgebers*in oder er*sie musste einen*e Ersatzarbeitnehmer*in finden, der*die seinen*ihren Platz einnahm.[424] Andernfalls hatte er*sie eine Strafe zu erwarten oder er*sie wurde in Ausübung ihrer staatlichen Gewalt zur Weiterführung des Arbeitsverhältnisses gezwungen.[425] Langfristig abgeschlossene, unkündbare oder sehr schwer kündbare Arbeitsverträge und das Begehren der Arbeitnehmer*innen zur Freiheit und zu kürzeren Bindungen charakterisierten die Zeiten des Absolutismus.[426]

Von erheblicher Bedeutung für die deutsche Rechtsgeschichte war das Preußische Allgemeine Landrecht (ALR) aus dem Jahr 1794. Das ALR, dessen Ziel vorwiegend die Rechtsvereinfachung war, brachte grundsätzlich kein neues Recht, umfasste aber die rechtliche Gesamtordnung des preußischen Staates.[427] Das ALR hatte ein liberaleres Verständnis des Arbeitsvertrages als der Absolutismus.[428] Nach ihm konnten die Vertragsparteien die Vertragslaufzeit selbst regeln (I 11 § 905 ALR), die Kündigungsfristen waren für beide Teile gleich lang (II 8 §§ 378, 385 und II 5 §§ 109 ff. ALR). Trotzdem war das ALR bei seinem Inkrafttreten im Sinne der Formen des Staates und der Wirtschaft und auch hinsichtlich des Rechtsverständnisses bereits veraltet.[429] Die Französische Revolution hatte schon vor fünf Jahren begonnen. Die Ära des Liberalismus stand schon vor der Tür.

II. Industrialisierung

Nach den Zeiten des Absolutismus bis zum Ersten Weltkrieg prägte der wirtschaftliche Liberalismus das wirtschaftliche Leben in Europa.[430] Naturrechtsgedanken und wirtschaftlicher Liberalismus brachten die damals viel erwünschte Freiheit und Gleichheit nach ihrer eigenen Art ins Arbeitsleben. Anstatt Untertanenrechte erschienen erstmals in der Geschichte des europäischen Kontinents die subjektiven Rechte der Staatsmitglieder.[431] Persönliche Abhängigkeit galt als nicht der Menschenwürde entsprechend.[432] Alle Menschen seien frei und gleich an Rechten geboren und sie sollen so bleiben (Art. 1 S. 1 EMBR vom 26. August

---

423 Vgl. *Göller*, S. 19; *Hug*, Kündigungsrecht I, S. 64; *Toews*, S. 17, 18.

424 Vgl. *Göller*, S. 19; *Hug*, Kündigungsrecht I, S. 64.

425 Vgl. *Göller*, S. 19; *Hug*, Kündigungsrecht I, S. 64.

426 Vgl. *Göller*, S. 20; A/P/S/*Preis*, 1. Teil A Rn. 1.

427 Vgl. *Toews*, S. 14.

428 Vgl. *Göller*, S. 21.

429 Vgl. *Göller*, S. 21.

430 Vgl. *Göller*, S. 22 ff.; *Hueck/Nipperdey*, Lehrb. I, § 62 617; *Kittner/Kohler*, BB Beilage 2000, 1 (18); KSchR/*Deinert* Einl. 50 Rn. 19; *Wüllenweber*, S. 25.

431 Vgl. *Jellinek*, S. 2.

432 Die Ausnahme war das Gesinderecht. Die Herrschaft der Herr wurde als naturgegeben gesehen. Ausführlich: *Göller*, S. 22.

1789).[433] Das Gesetz müsse für alle gleich sein (Art. 6 EMBR), es dürfe keine Handlungen verbieten, außer diejenigen, die der Gesellschaft schaden könnten (Art. 5 EMBR); alles, was durch das Gesetz nicht verboten sei, dürfe nicht verhindert werden (Art. 5 EMBR). Der Staat erkannte die Freiheit des Einzelnen und diese Freiheit zu schützen wurde als Pflicht des Staates gesehen.[434] Alle Beschränkungen der wirtschaftlichen Freiheit galten als ungerecht.[435] Gleichwohl waren sie Hindernisse für die wirtschaftliche Entwicklung und für den Wohlstand eines Volkes.[436] Als freie und gleiche Mitglieder der Gesellschaft und Herr ihrer eigenen Arbeitskräfte durften alle Arbeitnehmer*innen ihre Arbeitskräfte den Meistbietenden verkaufen. Ein Anspruch auf Arbeitsleistung bildete sich nun allein auf Grundlage der freien Vereinbarung heraus.[437] Das Arbeitsverhältnis, als Rechtsverhältnis zwischen dem*der einzelnen Arbeitgeber*in und dem*der einzelnen Arbeitnehmer*in, gestaltete sich ausschließlich zivilrechtlich.[438] Die Parteien vereinbarten selbst, ob sie einen Vertrag auf bestimmte oder unbestimmte Zeit abschließen wollten, die mögliche Auflösung des Vertrages usw., und waren durch den Vertrag nur für diese Zeit der Bindung auch gebunden.[439] Als Reflexion der Idee des Liberalismus galt die Doktrin der freien Beendigung des Arbeitsverhältnisses, es herrschte das Prinzip der Vertragsfreiheit im Arbeitsleben und als Expression der Vertragsfreiheit bestand eine für beide Seiten des Arbeitsvertrages vorgesehene Kündigungsfreiheit.[440] Die damaligen Tarifverträge sahen dies ebenso.[441]

Die Vertragsfreiheit und die jederzeit folgende, mögliche Lösbarkeit des Arbeitsvertrages bedeutete am Anfang der Zeiten nach dem Absolutismus Freiheit und Freizügigkeit für die Arbeitnehmer*innen; aber danach verursachten sie Angst vor Entlassung.[442] Die Arbeitgeber*innen beuteten die schlechte Lage der Arbeitnehmer*innen aus. Sie kündigten die Arbeitsverhältnisse täglich oder sogar stündlich.[443] Aus Angst vor unvorhersehbaren Entlassungen akzeptierten

433 Französische Erklärung der Menschen- und Bürgerrechte vom 26.8.1789. Original Text: Jellinek, S. 20 ff.. Einige Übersetzungen: http://www.unesco-phil.uni-bremen.de/dokumente/Menschenrechtserkl%E4rungen/Erkl%E4rung_der_Menschen-_und_B%FCrgerrechte.html, https://de.wikipedia.org/wiki/Erkl%C3%A4rung_der_Menschen-_und_B%C3%BCrgerrechte; http://www.verfassungen.eu/f/ferklaerung89.htm (15.6.2016).

434 Vgl. *Göller*, S. 22; *Jellinek*, S. 75.

435 Vgl. *Hug*, Kündigungsrecht I, S. 65.

436 Vgl. *Hug*, Kündigungsrecht I, S. 65, 67.

437 Vgl. *Hug*, Kündigungsrecht I, S. 65, 69; *Göller*, S. 23.

438 Vgl. *Hug*, Kündigungsrecht I, 65; *Wüllenweber*, S. 25.

439 Vgl. *Wüllenweber*, S. 25; *Göller*, S. 23; *Hug*, Kündigungsrecht I, S. 69.

440 Vgl. *Hueck/Nipperdey*, Lehrb. I, § 62 617; Toews, S. 58; A/P/S/*Preis*, 1. Teil A Rn. 1.

441 Vgl. *Göller*, S. 25 ff.

442 Vgl. *Göller*, S. 27 ff.

443 Vgl. *Göller*, S. 26.

die Arbeitnehmer*innen sämtliche von den Arbeitgebern*innen bestimmten Arbeitsbedingungen.[444] Wegen des immer noch existierenden Zwangsarbeitsnachweises war es für viele Arbeitnehmer*innen nahezu unmöglich, neue Arbeit zu finden.[445] Vor allem Gewerkschaftsmitglieder waren betroffen.[446] Rechtliche Gleichheit und Freiheit büßten ihre Bedeutung ein. Als Antwort darauf ergab sich die Kollektivierung der Arbeitnehmer*innen aus der Industrialisierung, Technisierung und Arbeitsteilung.[447] Die Wünsche und die Stimme der Arbeitnehmer*innen nach besseren Arbeitsbedingungen nahmen an Intensität zu. Es setzte eine Infragestellung der über mehrere Jahre dauernden Symmetrie der Rechte und Pflichten des*der Arbeitnehmers*in und des*der Arbeitgebers*in in Bezug auf die Beendigung des Arbeitsvertrags ein.

III. Ab dem Ende des 19. Jahrhunderts

Ende des 19. Jahrhunderts wurden die ersten Regelungen für Kündigungsbeschränkungen getroffen.[448] Im deutschen Raum existierte zum Beispiel schon im Jahr 1891 eine Regelung hinsichtlich der Entschädigung für grundlose Kündigung (§ 124 b GewO vom 1. Juni 1891) (sie galt für beide Vertragsparteien) oder beiderseitig gleich lange Kündigungsfristen (§ 122 GewO vom 1. Juni 1891) als eine Verbesserung für die Arbeitnehmer*innen, weil die abdingbaren Kündigungsfristen bis dahin fast immer zugunsten des*der Arbeitgebers*in vereinbart wurden.[449] Im Jahr 1900 trat das deutsche Bürgerliche Gesetzbuch (BGB) in Kraft. Das BGB präzisierte die Kündigungsfristen, diese waren allerdings abdingbar und im eigentlichen Sinne keine Erweiterung des Kündigungsschutzes.[450] Die erste gesetzliche einseitige Beschränkung der Kündigungsfreiheit der Arbeitgeber*innen im deutschen Raum gab es im Jahr 1909 im Bergbau.[451] Die Kündigungsfreiheit der Arbeitgeber*innen fand ihre Beschränkung zugunsten der Sicherheitsmänner.[452] Außer den besonderen Vorschriften für Sicherheitsmänner im Bergbau galt die Kündigung des Vertrages ohne Angabe von Gründen immer noch als ein Bestandteil der Vertragsfreiheit.[453] Lange Zeit, immer noch in der

---

444 Vgl. *Göller*, S. 27 ff.; *Toews*, S. 25.
445 Vgl. *Toews*, S. 27 ff.; *Syrup*, Hundert Jahre, 160, 218; *Herkner*, Die Arbeiterfrage I, 133 ff., 138, 140.
446 Vgl. *Toews*, Entwicklung, 27 – 28; *Syrup*, S. 160; *Herkner*, S. 140 ff.
447 Vgl. *Dirschmied*, AuR 1972, 257 (257).
448 Vgl. *Göller*, S. 28 ff.
449 Gesetz betreffend Abänderung der Gewerbeordnung vom 1. Juni 1891 (GewO), RGBl, Nr. 18. Vgl. *Göller*, S. 30, 44.
450 Bürgerliches Gesetzbuch vom 18. August 1896, RGBl. S. 195. Vgl. *Toews*, S. 56.
451 Vgl. *Göller*, S. 32.
452 Allgemeines Berggesetz für die Preußischen Staaten vom 24. Juni 1865, Fassung vom 28 Juli 1909.
453 Vgl. *Göller*, S. 38.

zweiten Hälfte des 19. Jahrhunderts, sahen sowohl Arbeitgeber*innen als auch Arbeitnehmer*innen, die Vertragsfreiheit insbesondere in Bezug auf die Kündigung keinesfalls eine Einschränkung erfahren dürfe. Meistens standen bessere Arbeitsbedingungen und höhere Löhne höher im Kurs als mögliche Kündigungsbeschränkungen.[454] Viele Tarifverträge enthielten allerdings ein Verbot hinsichtlich der Kündigung von Arbeitnehmern*innen aufgrund der Zugehörigkeit zu einer Gewerkschaft.[455]

Die lange Zeit herrschende liberale Handlung des Staates änderte sich in den Zeiten des Ersten Weltkrieges. Der Staat übernahm eine positive Rolle im Arbeitsmarkt, entschied selbst über die Arbeitsbedingungen ohne Achtung der Interessen der Vertragsparteien, der Arbeitnehmer*innen und der Arbeitgeber*innen.[456] Auch der Kündigungsschutz war davon betroffen. Das Ziel des Staates basierte in der Aufrechterhaltung der Wirtschaft und der Deckung des Bedarfes des Krieges. Es gab Arbeitsvertragsabschlusszwänge, Entlassungsverbote.[457]

Das Ende des Ersten Weltkrieges bildete den Anfang einer neuen Epoche für das Kündigungsschutzrecht. Die schwierige wirtschaftliche Lage und die demografische Wirkung des Krieges mit einem Arbeitskräfteüberschuss führten im Deutschland in der Weimarer Republik zum Konsens, der Staat müsse als Gesetzgeber eine aktive Rolle im Arbeitsmarkt übernehmen.[458] Die Weimarer Reichsverfassung verankerte erstmals soziale Grundrechte verfassungsgesetzlich.[459] Aus Sicht des Kündigungsschutzrechts waren Demobilmachungs-Verordnungen und Stilllegungsverordnung von besonderer Bedeutung.[460] Diese Verordnungen hatten vorwiegend das Ziel, die volkswirtschaftliche Wiedergutmachung zu erreichen; deswegen war der individuelle Schutz der Arbeitnehmer*innen vor der Kündigung lediglich als Hilfsmittel zu sehen.[461] Nach der wirtschaftlichen Krise

---

454 Vgl. *Toews*, S. 30.
455 Vgl. *Göller*, S. 38.
456 Vgl. *Göller*, S. 51.
457 Vgl. *Göller*, S. 51 ff.
458 Vgl. *Göller*, S. 52.
459 Die Verfassung des Deutschen Reichs (Weimarer Reichsverfassung) vom 11.8.1919. Vgl. *Dirschmied*, AuR 1972, 257 (258).
460 Die Verordnung über die Einstellung, Entlassung und Entlohnung gewerblicher Arbeiter während der Zeit der wirtschaftlichen Demobilmachung vom 4.1.1919 (RGBl. 8); die Verordnung über die Einstellung, Entlassung und Entlohnung Angestellten während der Zeit der wirtschaftlichen Demobilmachung Einstellungsverordnung vom 24.1.1919 für Angestellte (RGBl. 100); beide wurden zusammengefasst in der Verordnung über die Einstellung und Entlassung von Arbeitern und Angestellten während der Zeit der wirtschaftlichen Demobilmachung vom 3.9.1919 (RGBl. 1500), die neue Fassung mit dem gleichen Titel wurde am 12.2.1920 veröffentlicht (RGBl. 214). Stilllegungsverordnung vom 8.11.1920 (RGBl. 1901) und die neue Fassung vom 15.10.1923 (RGBl. 983).
461 Vgl. A/P/S/*Preis*, 1. Teil A Rn. 7; *Toews*, S. 60, 62; *Herschel*, DB 1973, 80 (83).

in Deutschland kam es demzufolge zur Abschaffung dieser kündigungsschutzrechtlichen Regulierungen.[462] In Zeiten der Krise galten die kündigungsschutzrechtlichen Vorschriften als Last; bei Abschaffung dieser Vorschriften stand der Versuch im Vordergrund, die Arbeitgeber*innen und die Produktion von dieser Last zu befreien.[463]

Die einzig gebliebene und gleichzeitig die wichtigste Gesetzgebung dieser Zeit war das Betriebsrätegesetz (BRG) vom 4.2.1920.[464] Das BRG enthielt die ersten materiellen Kündigungsschutzvorschriften im deutschen Recht. Zum ersten Mal bestand die Möglichkeit eines Kündigungsschutzes gegenüber ordentlichen Kündigungen des*r Arbeitgebers*in.[465] Kernparagraf war § 84 BRG. § 84 BRG begrenzte die Ausübung des Kündigungsrechts der Arbeitgeber*innen. Nach § 84 Absatz 1 Ziffer 1 BRG kam es zum Ausschluss des Kündigungsgrundes aus Gründen hinsichtlich des Geschlechts, der politischen, militärischen, konfessionellen oder gewerkschaftlichen Betätigung, Zugehörigkeit oder nicht Zugehörigkeit zu einem politischen, konfessionellen oder beruflichen Verein oder militärischen Verbänden. Das BRG hatte allerdings einen kollektiven Charakter, weil das Gesetz das Klagerecht gegen eine Kündigung vom Tätigwerden des Betriebsrates abhängig machte.[466] Nur wenn der Betriebsrat den Einspruch eines*r Arbeitnehmers*in gegen eine Kündigung nach dem Versuch einer gütlichen Einigung gebilligt hatte, war es möglich, beim Arbeitsgericht eine Klage zu erheben.[467] Dieser Schutz des BRG galt übrigens nur für die Arbeitnehmer*innen, die in Betrieben mit Betriebsrat arbeiteten. Trotzdem war das BRG ein Durchbruch hinsichtlich des liberalen Gedankens der Kündigungsfreiheit.

In der Zeit nach dem Zweiten Weltkrieg erließen die Länder der amerikanischen und französischen Besatzungszonen innerhalb des heutigen deutschen Bundesgebietes ihre eigenen Kündigungsschutzgesetze.[468] Es gab allerdings den Versuch, dies einheitlich zu gestalten. Als Ansatzpunkt ist der Hattenheimer Entwurf vom 13.1.1950 zu sehen.[469] Die Vertreter der Arbeitgeber*innen (Arbeitgeberverbände) sowie der Arbeitnehmer*innen (Gewerkschaften) bereiteten den Hattenheimer Entwurf in Zusammenarbeit vor. Es kam zu einem Kompromiss zwischen den beiden Parteien des Arbeitsmarktes.[470] Dieser Entwurf ist in allen wesentlichen Punkten als Basis des Regierungsentwurfes zur Begründung des

---

462 Vgl. A/P/S/*Preis*, 1. Teil A Rn. 7; *Göller*, S. 56.
463 Vgl. A/P/S/*Preis*, 1. Teil A Rn. 7.
464 Betriebsrätegesetz vom 4.2.1920 (RGBl. 147).
465 Vgl. A/P/S/*Preis*, 1. Teil A Rn. 7 ff.; *Göller*, S. 58.
466 Vgl. A/P/S/*Preis*, 1. Teil A Rn. 8.
467 Vgl. A/P/S/*Preis*, 1. Teil A Rn. 8.
468 Regierungsentwurf, Begründung des Kündigungsschutzgesetzes 1951, RdA 1951, 61 ff. A/P/S/*Preis*, 1. Teil A Rn. 15; *Göller*, S. 90; *Toews*, S. 87.
469 Hattenheimer Entwurf vom 13.1.1950, RdA 1950, 63 ff. Vgl. *Hueck*, RdA 1949, 331 (331 ff.); *Hueck*, RdA 1950, 65 (65); *Toews*, S. 88; *Göller*, S. 91.
470 Vgl. A/P/S/*Preis*, 1. Teil A Rn. 17.

Kündigungsschutzgesetzes aus dem Jahr 1951 zu sehen und kennzeichnet das Kündigungsschutzgesetz als Ausdruck einer sozialstaatlich gebundenen Marktwirtschaft.[471]

1951 trat das deutsche Kündigungsschutzgesetz vom 10.8.1951 in Kraft und diente in erster Linie der Überwindung der bis dahin existierenden, zersplitterten Gesetzgebung.[472] Am 25.8.1969 kam es zur Novellierung dieser Fassung aus dem Jahr 1951. Obwohl das Kündigungsschutzgesetz seit dem In-Kraft-Treten mehrfach seine Änderung erfahren hatte, gilt die Fassung von 1969 in wesentlichen auch heute noch.[473] Das In-Kraft-Treten des Kündigungsschutzgesetzes von 1951 begrenzte die Kündigungsfreiheit der Vertragsparteien aufseiten der Arbeitgeber*innen.[474] Das Gesetz befreite sich aber von der kollektivrechtlich geprägten Konzeption seines Vorgängers BRG und individualisierte den Kündigungsschutz.[475] Das deutsche Kündigungsschutzgesetz fand seit seinem Inkrafttreten entsprechend den jeweils aktuellen Bedingungen mehrmals eine Änderung. Änderungen der Kündigungsfristen, die Restriktion der Sozialauswahl, danach deren Abschaffung und insbesondere die Änderungen der Schwellenwerte sind dafür als gute Beispiele zu nennen.

IV. Im internationalen Kontext

Im internationalen Kontext ist bereits im Jahr 1917 die erste rechtliche Erklärung zur Anforderung der Rechtfertigung einer Kündigung auf der verfassungsrechtlichen Ebene in der damaligen mexikanischen Verfassung zu finden.[476] Es folgten die Regelungen in der russischen sozialistischen Föderativen Sowjetrepublik (1922) und in der kubanischen Gesetzgebung (1934, 1938).[477] In den Vierziger- und Fünfzigerjahren kam es in mehreren Ländern zum Erlass von Gesetzen zu dieser Frage; die größte legislative Tätigkeit ereignete sich am Ende der Sechzigerjahre mit einem legislativen Schutz vor ungerechtfertigter Kündigung in vielen Regionen der Welt.[478] Neben dem legislativen System der Sicherung des Schutzes gegen ungerechte Kündigung ist weltweit auch das tarifvertragliche System von

---

471 Regierungsentwurf, Begründung des Kündigungsschutzgesetzes 1951, RdA 1951, 61 ff.. *Vgl. Göller*, S. 94; A/P/S/*Preis*, 1. Teil A Rn. 17; *Wolter*, NZA 2003, 1068 (1070); vHH/L/K/*von Hoyningen-Huene* Einl. Rn. 30 ff.

472 Kündigungsschutzgesetz BGBl. 1969, Nr. 83, 1317ff. Vgl. *Toews*, S. 91.

473 Kündigungsschutzgesetz wurde neugefasst durch Bekantgabe vom 25.8.1969 I 1317 und zuletzt geändert durch Art. 3 Abs. 2 des Gesetzes vom 20.4.2013, BGBl. I 868.

474 Vgl. vHH/L/K/*Krause* § 1 Rn. 1.

475 Vgl. *Wolter*, NZA 2003, 1068 (1070); *Krause*, Arbeitsrecht, S. 276, Rn. 18. Siehe auch *diese Dissertationsschrift* § 9 A.; § 10 A; § 12.

476 Vgl. International Labour Conference 67th Session 1981, Report VIII (1), S. 13.

477 Vgl. International Labour Conference 67th Session 1981, Report VIII (1), S. 13.

478 Vgl. International Labour Conference 67th Session 1981, Report VIII (1), S. 13.

Bedeutung.[479] Insbesondere in den USA und in Kanada sind seit den 1960ern solche Beispiele zu finden.[480]

Eine völkerrechtliche Empfehlung betreffend die Beendigung des Arbeitsverhältnisses durch den*die Arbeitgeber*in kam von der Internationalen Arbeitsorganisation im Jahr 1963. Die allgemeine Konferenz der Internationalen Arbeitsorganisation beschloss in der IAO-Empfehlung Nr. 119 das Erfordernis des Vorliegens eines triftigen Grundes für die Kündigung des Arbeitsvertrages durch den*die Arbeitgeber*in. Knapp mehr als 30 Jahre später als das deutsche Kündigungsschutzgesetz kam das IAO-Übereinkommen Nr. 158 aus dem Jahr 1982 über die Beendigung des Arbeitsverhältnisses durch den Arbeitgeber zustande. IAO-Übereinkommen Nr. 158 folgte dem Weg, den die IAO-Empfehlung Nr. 119 öffnete, und stellte erstmals auf der völkerrechtlichen Ebene fest, dass das Arbeitsverhältnis eines*r Arbeitnehmers*in nur dann beendigt werden darf, wenn ein triftiger Grund hierfür vorliegt. Darüber hinaus setzt ebenfalls die Revidierte Europäische Sozialcharta des Europarats vom Jahr 1996 das Bestehen eines triftigen Grundes für Kündigungen (Art. 24 RESC) voraus.[481] Auf der europäischen Unionrechtsebene erkannte die Charta der Grundrechte der Europäischen Union aus dem Jahr 2000 einen Anspruch eines*r jeden Arbeitnehmers*in auf Schutz vor ungerechtfertigter Entlassung (Art. 30 GRC).[482] Zusammengefasst ist aber immer noch nicht von einer einheitlichen Regelung der kündigungsschutzrechtlichen Vorschriften innerhalb der nationalen Rechtsordnung der Welt zu sprechen.

V. Zwischenergebnis

Die Idee, Arbeitnehmer*innen vor ungerechten Kündigungen zu schützen, entwickelte sich in der Zeit Schritt für Schritt, insbesondere nach der Industrialisierung auf dem europäischen Kontinent in Verbindung mit den Arbeitsbeziehungen. Von den ersten Kündigungsbeschränkungen bis zum heutigen Kündigungsschutz ist schon auf den ersten Blick ein umfassenderer Schutz in Ländern mit einem legislativen Kündigungsschutzsystem festzustellen. Erste Kündigungsbeschränkungen, im Sinne von Beendigungsschranken wie Vertragsfristen für Gesellenverträge im 16. Jahrhundert, dienten der Vorbereitung hinsichtlich möglicher Folgen einer Kündigung. Nur nach den Zeiten des Absolutismus ist von einem Kündigungsschutz entsprechend dem heutigen Rechtsverständnis zu sprechen, welcher nicht nur eine Planungssicherheit für die Arbeitnehmer- und Arbeitgeberseite als Ziel hatte, sondern sich mit dem Machtungleichgewicht der Arbeitsvertragsparteien und damit verbunden mit der traditionellen Symmetrie

---

479 Vgl. International Labour Conference 67th Session 1981, Report VIII (1), S. 13.
480 Vgl. International Labour Conference 67th Session 1981, Report VIII (1), S. 13.
481 Siehe *diese Dissertationsschrift* § 7 D. II.
482 Siehe *diese Dissertationsschrift* § 8 C. I.

der Rechte und Pflichten des*der Arbeitnehmers*in und des*der Arbeitgebers*in in Bezug auf die Beendigung des Arbeitsvertrags beschäftigte.

Der Geburtsstunde des Kündigungsschutzes lag die Beobachtung der gleichen Rechte zugrunde, unter dem Oberbegriff der Gleichheit, ohne Beachtung der ungleichen Positionen der Arbeitsvertragsparteien, verursacht auf dem Arbeitsmarkt infolge der verschlechterten materiellen Ungleichheit zwischen diesen im Namen der Gleichheit. Mithin ist das Kündigungsschutzrecht, als ein eigenständiger Rechtsbereich innerhalb des Arbeitsrechts, ein europäisches Phänomen. Die deutsche Gesetzgebung war den völkerrechtlichen Regelungen über das Kündigungsschutzrecht drei Dekaden voraus.

Trotzdem hat sich von Zeit zu Zeit eine überaus rasche Änderung der kündigungsschutzrechtlichen Normen ergeben. Dennoch kann von einem breiteren Schutz gegen die Kündigung im Vergleich zu anfänglichen Zeiten gesprochen werden. Ein internationaler Konsens in Bezug auf das Thema ist trotz der Bemühungen der internationalen Organisationen allerdings nicht festzustellen.

Überdies gestaltet sich der Kündigungsschutz, den die Staaten ihren Arbeitnehmern*innen versprechen, sehr sensibel hinsichtlich potenzieller ökonomischer Änderungen und politischer Situationen. Der Umfang des Kündigungsschutzes verengt sich oder weitet sich aus entsprechend den ökonomischen, regulatorischen Besonderheiten und der gesellschaftlichen Machtverteilung der Epochen. Er kam und kommt bis heute öfter zum Einsatz als ein wirtschaftliches Instrument zur Überwindung von Krisensituationen. Als ein erläuterndes Beispiel dafür kann die Geschichte der deutschen Demobilmachungs-Verordnungen und Stilllegungsverordnung dienen. Am Anfang stand eher die volkswirtschaftliche Wiedergutmachung mittels dieser Verordnungen im Vordergrund, der individuelle Schutz der Arbeitnehmer*innen vor der Kündigung war eher als Hilfsmittel zur Erreichung dieses Zieles zu sehen.[483] Danach – speziell in Krisenzeiten – galten diese kündigungsschutzrechtlichen Vorschriften als eine Last für die wirtschaftliche Wohlfahrt; eine Abschaffung dieser Vorschriften diente dem Versuch, die Arbeitgeber*innen und die Produktion von dieser Last zu befreien.[484] Neuzeitlich ist im europäischen Raum eine ähnliche Tendenz in Verbindung mit den Diskussionen über die Flexibilität zu beobachten, angesichts des Versuches, bei der Verringerung der Sanktionen – folglich mit einer Kostensenkung – die Flexibilität zu erhöhen.[485]

Demzufolge ist der heutige Kündigungsschutz als Kompromiss zu sehen zwischen den sozialen Partnern als Reflexion hinsichtlich der Infragestellung des lange Zeit herrschenden liberalistischen Laissez-faire Gedankens der Arbeitsverhältnisse und der damit verbundenen unbegrenzten Vertragsfreiheit der

483 Vgl. A/PS/*Preis*, 1. Teil A Rn. 7; *Toews*, S. 60, 62; *Herschel*, DB 1973, 80 (83).

484 Vgl. A/P/S/*Preis*, 1. Teil A Rn. 7. Einzige gebliebene war eine Neufassung der Stilllegungsverordnung vom 15. 10. 1923 RGBl. S. 983.

485 Vgl. *Treu*, Opening Adress, 1 (4).

Arbeitsvertragsparteien. Er ist eines der Instrumente zum Erreichen der materiellen Gleichheit in der Arbeitswelt und dient dem Bewahren der wirtschaftlichen, sozialen und kulturellen Rechte der Arbeitnehmer*innen.

B. Begriffsbestimmung: Begriff des Kündigungsschutzes und andere Begriffe

Die exakte Bedeutung des Begriffes des Kündigungsschutzes ist allerdings aufs Genaueste zu untersuchen, um die Verständlichkeit und Grenzsetzung der Arbeit zu erleichtern. Der Arbeitsvertrag – als ein unbefristetes Dauerschuldverhältnis – erlaubt keine automatische Beendigung, er erfordert einen Beendigungstatbestand.[486] Die beiderseitige Beendigung des Arbeitsverhältnisses durch eine beiderseitige Vereinbarung der Parteien oder die einseitige Beendigung durch eine Partei kann ein Beendigungstatbestand sein.[487] Die wichtigste Form der einseitigen Beendigungsform des Arbeitsverhältnisses ist die Kündigung. Zu klären sind die Begriffe der Kündigung und des Kündigungsschutzes.

I. Kündigung

Die ordentliche Kündigung, als eine neue Art der Beendigung des Arbeitsverhältnisses, gibt es in Europa erst seit der ersten Hälfte des 19. Jahrhunderts.[488] Sie war die neue Alternative zu einer anderen Beendigungsmöglichkeit des Arbeitsvertrages als ein unbefristetes Dauerschuldverhältnis.[489] Immer noch ist die Kündigung eine einseitige Auflösungsmöglichkeit der Parteien, sich von unbefristeten Arbeitsverhältnissen zu befreien.[490] Sie ist eine einseitige, empfangsbedürftige Willenserklärung und als Recht stellt sie eine einseitige Ausübung eines Gestaltungsrechts dar, welche die Aufhebung des Arbeitsverhältnisses bezweckt.[491] Die Kündigung kann ordentlich, bei Einhaltung einer Frist oder beim Bestehen von wichtigen Gründen fristlos, außerordentlich erfolgen.

486 Vgl. *Junker*, Grundkurs ArbR, S. 178 Rn. 320; *Krause*, Arbeitsrecht, S. 259 Rn. 1; *Ziegler*, S. 12.
487 Vgl. *Junker*, Grundkurs ArbR, S. 178 Rn. 320; *Krause*, Arbeitsrecht, S. 259, Rn. 1.
488 Siehe diese Dissertationsschrift § 5 A.
489 Vgl. *Ziegler*, S. 12.
490 Vgl. *Ziegler*, S. 12.
491 Vgl. *Dütz/Thüsing*, Arbeitsrecht, Rn. 355; *Junker*, Grundkurs ArbR, S. 178 Rn. 320, 324; *Hug*, Kündigungsrecht II, S. 41 ff.; *Krause*, Arbeitsrecht, S. 263 Rn. 1; *Waltermann*, Arbeitsrecht, Rn. 318; *Çelik/Caniklioğlu/Canbolat*, S. 305; *Süzek*, S. 517.

II. Kündigungsschutz

Allerdings kann die Kündigungsmöglichkeit des*der Arbeitgebers*in zur ordentlichen Kündigung aus verschiedenen Gründen mit unterschiedlichen Mitteln erschwert oder die Rechtswirksamkeit einer ordentlichen Arbeitgeberkündigung verhindert werden. Im Allgemeinen schützt der Kündigungsschutz die Arbeitnehmer*innen vor Entlassungen.[492]

Im weiteren Sinne beinhaltet der Kündigungsschutz alle Kündigungsbeschränkungen hinsichtlich der Kündigungsmöglichkeit, er kann aber die Beendigung des Arbeitsverhältnisses nicht verhindern und das Recht, zu kündigen, nicht limitieren.[493] Unter anderem gibt es Kündigungsfristen, die den Arbeitnehmern*innen eine Vorbereitungszeit für den Arbeitsplatzwechsel einräumen; Abfindungszahlungen, die den Arbeitnehmern*innen eine Minderung des finanziellen Nachteiles einer Kündigung ermöglichen; die Pflicht, die Kündigungserklärung schriftlich vorzunehmen; ebenso gehören die Begründungspflicht der Kündigung und ein Informations- oder Anhörungsverfahren vor der Kündigung dazu.[494] Die mögliche Erschwerung oder Verteuerung einer Kündigung dient als Versuch, den*die Arbeitgeber*in gedanklich in eine andere Richtung zu lenken, ob es möglich ist, den gewünschten Zweck mittels anderer Maßnahmen zu erreichen.[495] Wichtig beim formellen Kündigungsschutz ist: Nach Einhaltung dieser Beschränkungen können die Arbeitgeber*innen das Arbeitsverhältnis ohne jegliche weitere Beschränkung beenden. Sie lassen den Kündigungsfreiheitsgrundsatz unangetastet.[496]

Beim Kündigungsschutz im engeren Sinne ist das Kündigungsrecht der Arbeitgeber*innen durch die Regelungen des Kündigungsschutzes in seinen Voraussetzungen begrenzt.[497] Die Abmilderung der Wirkungen der Kündigungsausübung reicht nicht für einen Kündigungsschutz im engeren Sinne.[498] Das Recht des*der Arbeitgebers*in, jederzeit ein unbefristetes Dauerschuldverhältnis zu kündigen, ist ihm*ihr genommen.[499] Der als echter zu bezeichnende Kündigungsschutz betrifft im engeren Sinne den Bestandsschutz.[500] Infolge der kündigungsschutzrechtlichen Regelungen ist die Ausübung des Kündigungsrechts beim Vorliegen gewisser materieller Anforderungen ausgeschlossen oder das Kündigungsrecht kann nur beim Vorliegen bestimmter Voraussetzungen

---

492 Vgl. *Toews*, S. 6.
493 Vgl. A/P/S*Preis*, 1. Teil A Rn. 1; *Ziegler*, S. 14. Andere Ansicht: *Hug*, Kündigungsrecht II, S. 87 ff.
494 Vgl. *Ziegler*, S. 14 ff.
495 Vgl. *Ziegler*, S. 14, 15 Fn 17.
496 Vgl. *Oetker*, S. 13.
497 Vgl. *Ziegler*, S. 15.
498 Vgl. *Ziegler*, S. 15.
499 Vgl. *Hug*, Kündigungsrecht II, S. 13; *Ziegler*, S. 15.
500 Vgl. *Herschel*, DB 1973, 80 (81).

ausgeübt werden.[501] Ein das Kündigungsrecht beschränkendes Kündigungsverfahren, wozu auch das Verlangen nach der Zustimmung von Betriebsvertretungen gehört, ist ebenso zum Kündigungsschutz im engeren Sinne zu zählen.[502] Der materielle Kündigungsschutz kann auf verschiedene Art und Weise erfolgen. Gewisse Kündigungsgründe können verboten sein. Diese Motivverbote verhindern jedoch nicht die freie Ausübung des Kündigungsrechts.[503] Sie gelten als relative Kündigungsverbote.[504] Liegt aber einer Kündigung ein gewisses Motiv zugrunde, ist diese in dem spezifischen Fall unzulässig.[505] Außerdem besteht die Möglichkeit eines Verbotes der Kündigung des Arbeitsverhältnisses von bestimmten Arbeitnehmern*innen. Es handelt sich hier um absolute Kündigungsverbote, die die Kündigungsmöglichkeit des*der Arbeitgebers*in sperren.[506] In dem Fall sind gewisse Arbeitnehmer-Kategorien vom arbeitgeberlichen Kündigungsrecht ausgenommen.[507] Darüber hinaus verlangt die Kündigungsrechtfertigungspflicht allein bei Vorlage eines sachlichen, zu rechtfertigenden Grundes die Möglichkeit für Arbeitgeber*innen, Arbeitnehmern*innen zu kündigen.[508] Allein angesichts der in den Normen bestimmter vorhandener Gründe ist es dem*der Arbeitgeber*in erlaubt, das Arbeitsverhältnis zu kündigen, anderenfalls ist die Kündigung ausgeschlossen.

Bei der Erreichung des Zieles des Kündigungsschutzes können Gesetzestexte, Tarifverträge, Betriebsvereinbarungen, Individualverträge sowie die aktuelle Rechtsprechung eine aktive Rolle spielen; auch die IAO-Übereinkommen und Empfehlungen weisen darauf hin (Art. 1 IAO Übk. Nr 158; Art. 1 IAO Empfehlung Nr. 119). Der arbeitsrechtliche Kündigungsschutz ist nicht nur auf einem formalen Weg, sondern auch auf einem informellen Weg mithilfe von privatvertraglich oder tarifvertraglich vereinbarten Vorschriften zu erreichen. Privatvertraglich können die Parteien im Arbeitsvertrag kündigungsschutzrechtliche Regeln vereinbaren. Tarifvertraglich kann eine bis zum Streik führende Kooperationsverweigerung der Arbeitnehmer*innen im Falle einer Kündigung eine andere Art des arbeitsrechtlichen Kündigungsschutzes sein.[509] Allerdings sind Streiks mit dem Ziel der Unterstützung gekündigter Arbeitnehmer*innen sowohl in Deutschland als auch in der Türkei nicht zulässig. In dem Fall ist der anhand der Rechtsnormen geschaffene formelle Weg, der formelle arbeitsrechtliche Kündigungsschutz, die übliche Form des Kündigungsschutzes sowohl in Deutschland

---

501 Vgl. *Hug*, Kündigungsrecht II, S. 13; *Ziegler*, S. 15.
502 Vgl. *Ziegler*, S. 15, 17.
503 Vgl. *Ziegler*, S. 18.
504 Vgl. *Ziegler*, S. 18.
505 Vgl. *Ziegler*, S. 18.
506 Vgl. *Ziegler*, S. 19.
507 Vgl. *Ziegler*, S. 19.
508 Vgl. *Ziegler*, S. 19.
509 Vgl. KSchR/*Däubler* Einl. Rn. 522 ff.

als auch in der Türkei.[510] In dem Fall nimmt der Staat eine aktive Rolle in dem Konflikt zwischen den Arbeitnehmern*innen und den Arbeitgebern*innen ein. Er setzt die rechtlichen Standards einer Kündigung. Wie, wann, unter welchen Umständen es möglich ist, ein Arbeitsverhältnis zu kündigen, bestimmt das Kündigungsschutzrecht und die kündigungsschutzrechtlichen Vorschriften erfordern vom*von der Arbeitgeber*in die Beachtung der vorgeschriebenen Bedingungen bei der Beendigung eines Arbeitsverhältnisses durch Kündigung.

III. Zwischenergebnis

Ungeachtet der Regulierung durch welche Rechtsquelle auch immer, ist es das Ziel aller kündigungsschutzrechtlichen Vorschriften, Arbeitnehmer*innen vor willkürlichen Entlassungen zu schützen.[511] Ob eine (ungerechte) Kündigung in der Arbeitswelt unerwünscht ist und/oder die Arbeitnehmer*innen überhaupt gegen Kündigungen geschützt werden sollen, ist allerdings manchmal fraglich. In welchem Fall empfiehlt sich der Schutz vor Kündigung eines Arbeitsvertrages zugunsten eines*er Arbeitnehmers*in?

C. Rechtfertigende Theorien: Warum sollen Arbeitnehmer*innen gegen ungerechte Kündigungen geschützt werden?

Der Kündigungsschutz nahm im Verlauf seiner historischen Entwicklung in der Gesellschaft viele verschiedene Ziele ein und erfüllte viele unterschiedliche Funktionen auf dem Arbeitsmarkt. In Bezug auf die Bedeutung des Kündigungsschutzes für den Arbeitsmarkt sowie das gesamte gesellschaftliche Leben existieren allerdings zahlreiche diverse Ideen. Dieser Teil enthält eine Ausführung der Pro-Argumente hinsichtlich des Kündigungsschutzes, verbunden mit folgenden Fragen: Welche positiven Effekte hat der Kündigungsschutz im Hinblick auf den Arbeitsmarkt? Warum ist es sinnvoll, einen Kündigungsschutz zu haben? Was spricht für einen Kündigungsschutz aus der Perspektive der Arbeitnehmer*innen, der Arbeitgeber*innen, der Arbeitsuchenden sowie aus der gesamtgesellschaftlichen Perspektive?

I. Aus der Position der Arbeitnehmer*innen

Vom Ursprung her beschäftigte sich der Kündigungsschutz mit den verschiedenen Machtpositionen der Arbeitsvertragsparteien. Die ersten Beendigungsbeschränkungen hatten das Ziel, den Arbeitnehmern*innen die Möglichkeit zu geben, sich auf eine möglicherweise anbahnende Beendigung des Arbeitsvertrages

510 Vgl. KSchR/*Däubler* Einl. Rn. 524.
511 Vgl. *Jahn*, S. 28.

vorzubereiten mit der Begründung der schwachen ökonomischen Position der Arbeitnehmer*innen auf dem Arbeitsmarkt und ihre Abhängigkeit von dem vom*von der Arbeitgeber*in angebotenen Arbeitsplatz.[512] Der Kündigungsschutz in der heutigen Form mit allen seinen Instrumenten hinsichtlich der Kündigungsfristen, Abfindungen bis hin zum Bestandsschutz setzt sich aus dem rein liberalen Ideal der Symmetrie der Rechte und Pflichten des*der Arbeitnehmers*in und des*der Arbeitgebers*in in Bezug auf die Beendigung des Arbeitsvertrages zusammen aus Anlass einer herrschenden Machtungleichheit zwischen den Arbeitsvertragsparteien. Da die Arbeitgeberseite die ökonomisch und (des Öfteren) politisch stärkere Partei der arbeitsrechtlichen Beziehungen ist und da ein Arbeitsplatz für viele Arbeitnehmer*innen in den meisten Fällen die einzige oder hauptsächliche materielle Existenzgrundlage ist, sind die Durchsetzungsfähigkeit, der politische und wirtschaftliche Einfluss der Arbeitsvertragsparteien in erheblichem Umfang voneinander verschieden. Soziale und ökonomische Abhängigkeit des*der Arbeitnehmers*in ist im Fall einer Kündigung mit den danach verbundenen sozialen und ökonomischen Unsicherheiten mehr erkennbar.[513] Der Kündigungsschutz dient also vor allem dazu, diese Machtunterschiede auszugleichen und strebt eine Neutralisierung der unterschiedlichen Machtpositionen der Arbeitgeber*innen und der Arbeitnehmer*innen auf dem Arbeitsmarkt an.

Der Kündigungsschutz hat aber Wirkungen nicht allein im Hinblick auf die Beendigung des Arbeitsvertrages, sondern auch auf die arbeitsrechtlichen Beziehungen vor einer Kündigung. Während des Bestehens des Arbeitsvertrages bedeutet der gesetzliche Kündigungsschutz vor allem stabile Arbeitsbeziehungen und Sicherheit für die Arbeitnehmer* ininen. Der Kündigungsschutz verursacht weniger bewegliche Arbeitsmärkte und erfordert demzufolge ein Mehr an Investitionen der Arbeitgeber*innen für Arbeitnehmer*innen. Die durch den Kündigungsschutz geschaffene Sicherheit für die Belegschaft ermutigt die Arbeitgeber*innen, sich vermehrt der Weiterbildung der im Betrieb beschäftigten Arbeitnehmer*innen zu widmen, mit anderen Worten investieren die Arbeitgeber*innen in Arbeitsmärkte mit dem Kündigungsschutz mehr in Bezug auf ‚Humankapital' im Vergleich zu anderen Arbeitsmärkten ohne kündigungsschutzrechtliche Regelungen.[514] Auf diese Weise hat der Kündigungsschutz auch positive Effekte auf die betriebsinterne Mobilität.[515] Weiterhin hilft der Kündigungsschutz gleichzeitig bei dem Erhalt der erworbenen Kenntnisse

512 Siehe auch *diese Dissertationschrift* § 5, A., I.

513 Vgl. *Adomeit*, Kündigung und Kündigungsschutz, S. 15.

514 Vgl. *Höland*, in: Blank (Hrsg.) S. 23 (31, 38 Fn 48); *Walwei*, MittAB 2000, 101 (104); *Jahn*, S. 92, 210, 115; *Wolter*, NZA 2003, 1068 (1070). Folgende Autoren vertreten die Meinung, dass die Humankapitalinvestitionen der Arbeitgeber*innen in einem Arbeitsmarkt mit stringentem Kündigungsschutz mehr als andere Länder sind. *Höland*, in: Blank (Hrsg.) S. 23 (31); *Jahn*, S. 92, 210; *Wolter*, NZA 2003, 1068 (1070).

515 Vgl. *Höland*, in: Blank (Hrsg.) S. 23 (38 Fn 48); *Walwei*, MittAB 2000, 101 (104).

und Fähigkeiten der Arbeitnehmer*innen zugunsten sowohl des*der Arbeitnehmers*in als auch des*der Arbeitgebers*in.[516] Der*die Arbeitnehmer*in bildet und steigert den Wert seiner*ihrer Arbeitskraft durch Einarbeitung, durch Sammlung von Erfahrungen und durch das Tätigwerden.[517] Insbesondere bedeutet der Erhalt des Arbeitsplatzes unter Berücksichtigung der zunehmenden Spezialisierung, hinsichtlich einer schnelleren Veränderung in der Technik und der Leistungssteigerung viel für die Arbeitnehmer*innen.[518] In dieser Hinsicht können der Verlust des Arbeitsplatzes und eine mit dem Verlust des Arbeitsplatzes verbundene Nichtbeschäftigung mit der gravierenden Verletzung der erworbenen Kenntnisse, Fähigkeiten und der Verbindung zum Arbeitsleben sowie mit der Gefahr des Veraltens der Verwertbarkeit der Arbeitskraft verbunden sein.[519] Der Kündigungsschutz übt eine Präventivfunktion gegen willkürliche, übereilte Kündigungen aus und verhindert ungerechte Entlassungen der Arbeitnehmer*innen.[520]

Eine andere mögliche positive Wirkung des Kündigungsschutzes auf dem Arbeitsmarkt ist dann der Schutz gegen die Kommodifizierung der menschlichen Arbeitskraft.[521] Ein Arbeitsmarkt ohne Bestandsschutz und uneingeschränkten Wettbewerb zwischen Arbeitsplatzbesitzern*innen und Arbeitsuchenden bedeutet vor allem jederzeit Ersetzbarkeit, welche einen Wettbewerb der Leistungsverdrängung und Unterbietung aufseiten der Arbeitnehmer*innen zur Folge hat.[522] Dies führt zur Gefahr, den persönlichkeitsrechtlichen Bezug des Arbeitsverhältnisses auszublenden.[523] Die kündigungsschutzrechtlichen Bestimmungen wirken dem entgegen und helfen dabei, die Selbstentfremdung der Arbeiter*innen mit der Arbeit, die er*sie leisten, zu beseitigen, welche das gute Zusammenleben beeinträchtigt.[524] Darüber hinaus ist der Kündigungsschutz ein wichtiges Instrument hinsichtlich der selbstbestimmten Lebensgestaltung und der Planbarkeit des Lebens für Arbeitnehmer*innen.[525]

---

516 Vgl. *Coen*, S. 62; *Dorndorf*, ZfA, 1989, 345 (356); vHH/L/K/*Krause* § 1 Rn. 10; *Schwerdtner*, Arbeitsrecht I, S. 115.

517 Vgl. *Dorndorf*, ZfA, 1989, 345 (356).

518 Vgl. *Schwerdtner*, Arbeitsrecht I, 115.

519 Vgl. *Coen*, S. 62, 72; *Dorndorf*, ZfA, 1989, 345 (356).

520 So sehen: *Rühle*, DB 1991, 1378 (1379) (nach ihm fallen qualifizierte Arbeitnehmer*innen außerhalb dieses Funktion des Kündigungsschutzes); *Wolter*, NZA 2003, 1068 (1072) (insbesodnere im Falle von betriebsbedingten Kündigung); *Falkenberg*, DB 1991, 2486 (2487) (auch für die qualifizierte Arbeitnehmer*innen). Andere Meinung: *Coen*, S. 24.

521 Vgl. vH/L/K/*Krause* § 1 Rn. 9.

522 Vgl. vH/L/K/*Krause* § 1 Rn. 9.

523 Vgl. vH/L/K/*Krause* § 1 Rn. 9.

524 Vgl. *Herschel*, RdA 1975, 28 (31).

525 Vgl. *Wolter*, NZA 2003, 1068 (1070).

Überdies ist ein Argument nicht außer Acht zu lassen: Der Kündigungsschutz macht die Vertragsdurchsetzung effektiv und hat positive Effekte auf den Organisationsgrad der Arbeitnehmer*innen. Er gibt den Arbeitnehmern*innen die Chance, ohne Angst vor einer Entlassung in Sicherheit mutiger zu handeln, ihnen zustehende Rechte furchtlos auszuüben und zu verfolgen. Auf diese Weise ermöglicht er eine effektive Durchsetzung des Arbeitsvertrages und hilft bei der Vermeidung der Ausnutzung von unsicheren Positionen der Arbeitnehmer*innen, wie dies zum Beispiel zu Beginn des 20. Jahrhunderts der Fall war.[526] Das Sicherheitsgefühl vereinfacht auch gemeinsam vorzunehmende Handlungen der Arbeitnehmer*innen und kann eine demokratisierende Wirkung auf die Gesellschaft haben. Arbeitnehmer*innen, die sich in Sicherheit fühlen, haben mehr Lust und Mut, Zusammenschlüsse zu bilden. Die Stabilität der Beschäftigungsverhältnisse ist auch im Interesse der Gewerkschaften. Die Erschwerung der jederzeitigen Beendigungsmöglichkeit des Arbeitsvertrages verhilft zur Stabilität auf dem Arbeitsmarkt und unterstützt den Organisationsgrad der Gewerkschaften; auf diese Weise kommt es zu positiven Auswirkungen bei der Umsetzung tarifvertraglicher Vereinbarungen.[527]

Von diesem Punkt aus ist das Thema der Nach-Kündigungszeiten von Interesse. Trotz der digitalisierten Arbeitswelt ist die produktive Kraft der Arbeitnehmer*innen immer noch stark an die Arbeit und den Arbeitsplatz gebunden, im Gegensatz zum Finanzkapital stehen ihr in einem Kapitalmarkt weniger Wahlmöglichkeiten zur Verfügung.[528] Nach der Kündigung eines Belegschaftsmitglieds benötigt der*die Arbeitgeber*in in den meisten Fällen einen*eine neuen*e Arbeitnehmer*in, um diese Stelle zu füllen und die Arbeit fortsetzen zu lassen.[529] Da die Anzahl der Arbeitsuchenden in vielen Bereichen größer ist als die Anzahl der freien Arbeitsplätze, sind die Chancen des*der Arbeitgebers*in, den Arbeitsplatz des*der gekündigten Arbeitnehmers*in neu zu besetzen, groß. Anstatt die Stelle mit einem*r neuen Arbeitnehmer*in zu besetzen, hat der*die Arbeitgeber*in außerdem die Möglichkeit, den Arbeitsplatz abzuschaffen oder die Arbeit auf andere Arbeitnehmer*innen zu verteilen.[530] Andererseits ist die Schwierigkeit der Nach-Kündigungs-Zeit öfter für einen*eine Arbeitnehmer*in nicht unkompliziert zu bewältigen. Im Falle einer Kündigung verliert der*die Arbeitnehmer*in höchstwahrscheinlich seine*ihre einzige oder hauptsächliche materielle Existenzgrundlage. Er*Sie hat einige Möglichkeiten nach

526 Siehe auch *diese Dissertationschrift* § 5 A.
527 Vgl. A/P/S/*Preis*, 1. Teil B Rn. 13, 18.
528 Vgl. *Jahn*, S. 111.
529 Vgl. *Adomeit*, Kündigung und Kündigungsschutz, S. 15; *Coen*, S. 10, 11. Wie im *Fabricius*, Kollision von Beschäftigungspflichten aus Doppelarbeitsverhältnissen, ZfA 1972, 35 ff. dargestellt wurde.
530 Vgl. *Coen*, S. 10, 11. Wie im *Fabricius*, Kollision von Beschäftigungspflichten aus Doppelarbeitsverhältnissen, ZfA 1972, 35 ff. dargestellt wurde.

einer Kündigung. Er*sie kann kämpfen, um seinen*ihren Arbeitsplatz zurückzubekommen; dafür muss er*sie aber eine Kündigungsschutzklage erheben.[531] Erfüllt er*sie die entsprechenden Voraussetzungen, bekommt er*sie Arbeitslosengeld.[532] Auf jeden Fall ist er*sie jetzt „draußen" und muss sich einen neuen Arbeitsplatz suchen.[533] Da das Angebot allerdings fast immer größer als die Nachfrage ist, ist die Wahrscheinlichkeit, unverzüglich einen neuen Arbeitsplatz zu finden, in vielen Fällen nicht so hoch wie die Wahrscheinlich des*r Arbeitgebers*in, den frei gewordenen Arbeitsplatz unverzüglich neu zu besetzen. Es besteht außerdem immer die Gefahr einer kurzfristigen oder langfristigen Arbeitslosigkeit. In einer Leistungsgesellschaft kann das für einen*e Arbeitslosen*e bedeuten, eine Außenseiterposition einzunehmen; selbst bei einer Sicherung der materiellen Existenz des*r Arbeitslosen. Darüber hinaus ist der Arbeitsplatz für den*die Arbeitnehmer*in nicht nur ein Mittel, seinen*ihren Lebensunterhalt zu verdienen, vielmehr bildet er auch ein soziales Umfeld für die Selbstverwirklichung.[534] Des Weiteren kann dem Verlust des Arbeitsplatzes auch die Gefahr des Persönlichkeitsverfalls folgen, da die Arbeit meistens als ein Sozialisationsfaktor in der Gesellschaft dient.[535] All dies kann zur sozialen Stigmatisierung des*der Arbeitnehmers*in beitragen. Daneben hat der*die Arbeitnehmer*in auch Klageerhebungskosten, Lebensunterhaltskosten,

---

531 Vgl. *Coen*, S. 11.

532 Nach deutschem Recht hat man ein Anspruch auf Arbeitslosengeld, wenn man arbeitslos ist, sich bei der Agentur für Arbeit arbeitslos gemeldet und die Anwartschaftszeit erfüllt hat (§ 137 SGB III). Wer in der Rahmenfrist von zwei Jahre (§ 143 SGB III) mindestens zwölf Monate in der Arbeitslosenversicherung versicherungspflichtig war, erfüllt die Anwartschaftszeit (§ 142 SGB III). Die Dauer des Anspruchs auf Arbeitslosengeld richtet sich nach der Dauer der Versicherungspflichtverhältnisse innerhalb der um drei Jahre erweiterten Rahmenfrist und dem Lebensalter, das die oder der Arbeitslose bei der Entstehung des Anspruchs vollendet hat und beträgt maximal 24 Monate (§ 147 SGB III).

Nach türkischem Recht hat man ein Anspruch auf Arbeitslosengeld, wer seine Arbeit gegen ihren Willen und ohne sein Fehler verloren hat, obwohl er*sie arbeiten will, kompetent ist und gesundheitlich in der Lage zu arbeiten ist, wenn er*sie an einem Arbeitsplatz Rahmen der Arbeitslosenversicherung arbeitet hat, (§ 51 İşsizlik Sigortası Kanunu Nr. 4447);in den letzten drei Jahren mindestens 600 Tage Arbeitslosenversicherung Beitrage gezahlt hat, unter der Bedingung, dass er*sie in den letzten 120 Tage vor der Beendigung des Arbeitsvertrages ständig gearbeitet und (Art. 50, II İşsizlik Sigortası Kanunu Nr. 4447); innerhalb von 30 Tagen nach Beendigung des Arbeitsvertrags einen Antrag gestellt hat (Art. 48, V İşsizlik Sigortası Kanunu Nr. 4447). Ein*e Arbeitnehmer*in kann maximal 300 Tage Arbeitslosengeld bekommen (Art. 50, II İşsizlik Sigortası Kanunu Nr. 4447).

533 Vgl. *Coen*, S. 11.

534 Vgl. vHH/L/K/*Krause* § 1 Rn. 9.

535 Vgl. *Reuter*, RdA 1978, 344 (346).

Mobilitätskosten und Ähnliches zu tragen.[536] Alle diese Gründe sprechen für einen Kündigungsschutz aus der Position des*der Arbeitnehmers*in.

II. Aus der Position der Arbeitgeber*innen

Der Kündigungsschutz ist nicht nur aus Sicht der Arbeitnehmer*innen, sondern auch aus jener der Arbeitgeberseite aus diversen Gründen wünschenswert. In erster Linie bedeutet der Kündigungsschutz die Ermöglichung und die Erweiterung des Aufbaues eines firmenspezifischen Wissens. Weiterhin vermittelt der Kündigungsschutz den Arbeitnehmern*innen Unabhängigkeit und Freiraum, um neue Ideen zu entwickeln; auf diese Weise übt er einen positiven Einfluss aus auf die Ausweitung der betrieblichen Innovation und die Bereitschaft zum kreativen Handeln.[537] Daneben besteht auch eine hohe Bereitschaft der Arbeitnehmer*innen in Bezug auf technologische oder organisatorische Veränderungen, verursacht durch technologische und organisatorische Innnovationen, hinsichtlich ihrer Akzeptanz; weil der Kündigungsschutz auch die Angst vor Entlassungen reduziert.[538] Auf diese Weise kommt es zur Verminderung der Suchkosten der Unternehmen ohne Riskieren der Nichterreichung und des Nichterhaltens der Qualitätsstandards, während die firmeninterne Mobilität und die Flexibilität innerhalb des Betriebes eine Steigerung erfahren.[539] Anschließend wirkt der staatliche Kündigungsschutz neben dem Lohn, Karriereversprechen usw. wie ein Motivationsinstrument.[540] Das Versprechen der langjährigen Beschäftigung stärkt das Sicherheitsgefühl der Arbeitnehmer*innen mit der Folge eines gesteigerten Vertrauens gegenüber dem Unternehmen und der Bereitschaft, eigene Kenntnisse und Fähigkeiten zur Förderung der betriebliche Erfordernisse einzusetzen.[541] Je mehr Arbeitnehmer*innen ein Betrieb beschäftigt, desto mehr fühlen sie sich mit dem Betrieb verbunden, sie identifizieren sich stärker mit dem Betrieb und den Zielen des Unternehmens.[542] Die intensivierten sozialen Bindungen verbessern das Arbeitsklima und haben eine höhere Motivation und Leistungsbereitschaft zur Folge.[543] Stabile Arbeitsbeziehungen steigern die Qualität und die Effektivität der Arbeit, fördern die Effizienz und spielen eine

536 Vgl. *Jahn*, S. 111.
537 Vgl. *Däubler*, NJW 2002, 2292 (2292).
538 Vgl. *Jahn*, S. 129; *Walwei*, MittAB 2000, 101 (104).
539 Vgl. *Jahn*, S. 54, 121.
540 Vgl. *Jahn*, S. 121, 122; *Rühle*, DB 1991, 1378 (1378).
541 Vgl. KSchR/*Däubler* Einl. 178 Rn. 539.
542 Vgl. KSchR/*Däubler* Einl. 178 Rn. 539; *Höland*, in: Blank (Hrsg.) S. 23 (38 Fn 48).
543 Vgl. KSchR/*Däubler* Einl. Rn. 539; *Rühle*, DB 1991, 1378 (1378); *Walwei*, MittAB 2000, 101 (104).

produktivitätssteigernde Rolle.[544] Alle diese Gründe sprechen für einen Kündigungsschutz aus der Position des*der Arbeitgebers*in.

III. Aus der Position der Arbeitsuchenden

Eine Besonderheit des Kündigungsschutzes ist die Auswirkung desselben nicht allein auf Arbeitnehmer*innen und Arbeitgeber*innen, vielmehr hat jede kündigungsschutzrechtliche Vorschrift eine direkte oder indirekte Wirkung auf die Arbeitsuchenden aufgrund der Konkurrenz zwischen den Arbeitsplatz innehabenden Arbeitnehmern*innen und den arbeitsuchenden Arbeitnehmern*innen. Eine einheitliche Klassenzugehörigkeit darf nicht Grundlage für die Arbeitnehmerinteressen sein.[545] Arbeitnehmer*innen sind Einzelpersönlichkeiten, die unterschiedliche und gegeneinander kollidierende und konkurrierende Interessen verfolgen.[546] Des Weiteren spricht auch aus Sicht der Arbeitsuchenden vieles für einen Kündigungsschutz, weil die Vermeidung einer permanenten Ersetzbarkeit infolge eines schnellen und unerwarteten Wiedereintritts der Arbeitslosigkeit das Ziel ist.[547] Nur wenn ein einfaches Entlassen der Arbeitnehmer*innen durch die Arbeitgeber*innen nicht möglich wäre, würde sich eine Zugangsmöglichkeit zu einem Arbeitsplatz lohnen.[548] Zusätzlich verfügen arbeitsplatzbesitzende Arbeitnehmer*innen über ein höher zu bewertendes Interesse an einem Arbeitsplatz als Arbeitsuchende, denn der Nachteil eines Arbeitsplatzverlustes ist höher einzuschätzen als der Vorteil eines neu entstehenden Arbeitsverhältnisses.[549] Dies beruht insbesondere auf der Bedeutung des Arbeitsplatzes für Arbeitnehmer*innen. Diese Gründe sprechen für einen Kündigungsschutz aus Position der Arbeitsuchenden.

IV. Im Allgemeinen

Der Kündigungsschutz beeinflusst primär die Beziehung zwischen den Arbeitsvertragsparteien und die Position der Arbeitsuchenden auf dem Arbeitsmarkt, beachtet daneben aber auch die Interessen der Allgemeinheit.[550] Die mittels der Normen des Kündigungsschutzrechts erzielten stabilen Beschäftigungsverhältnisse fördern die Bewahrung des *„sozialen Frieden[s]“*.[551] Auf diese Weise

---

544 Vgl. *Jahn*, S. 54, 115; *Rühle*, DB 1991, 1378 (1378); *Wolter*, NZA 2003, 1068 (1070); vHH/L/K/*Krause* § 1 Rn. 10; *Seifert/Pawlowsky*, MittAB 1998, 599 (601).

545 Vgl. *Reuter*, 25 Jahre BAG, 411. Kritik zum Klassenbegriff *Reuter*, 25 Jahre BAG, 411 ff..

546 Vgl. *Reuter*, 25 Jahre BAG, 405ff.; *Reuter*, RdA 2004, 16 ff..

547 Vgl. vHH/L/K/*Krause* § 1 Rn. 9.

548 Vgl. *Nenninger*, S. 298. Siehe *diese Dissertationsschrift* § 9 B. I. 3. b).

549 Vgl. vHH/L/K/*Krause* § 1 Rn. 9.

550 Vgl. *Toews*, S. 92.

551 A/P/S/*Preis* 1. Teil B Rn. 8.

dienen sie dem sozialen Gerechtigkeitsgefühl. Gleichzeitig bietet der staatliche Kündigungsschutz den Parteien des Arbeitsvertrages die von beiden Seiten des Arbeitsverhältnisses erwünschte Vorhersehbarkeit. Da die Informationen auf dem Arbeitsmarkt nicht alle gleich verteilt sind, ist die andere Arbeitsmarktpartei nicht stets in ausreichendem Maße über die Fähigkeiten und Präferenzen der Arbeitsanbieter*innen oder die Bonität und Entwicklung der Firmenkonjuktur der Stellenanbieter*innen informiert.[552] Aus diesem Grund suchen die Akteure des Arbeitsmarkts nach Zeichen, die ihnen die Beurteilung erleichtern können.[553] Eines davon betrifft den staatlichen Kündigungsschutz. Die Vorhersehbarkeit hilft beim Bilden des gegenseitigen Vertrauens, welches außerdem als Basis der gegenseitigen Kooperation zwischen den Arbeitnehmern*innen und den Arbeitgebern*innen anzusehen ist. Gehen die Parteien von einem stetigen Aufeinandertreffen aus, hat dies Auswirkungen auf ihre strategische Entscheidungssituation.[554] Sie sorgen sich unter der Absicherung des Kündigungsschutzes um ihre gemeinsame Zukunft und deshalb investieren beide Arbeitsvertragsparteien mehr in die gegenseitigen kooperativen Beziehungen.[555] Daraus ergeben sich auf der einen Seite das Vertrauen der Kooperationsbereitschaft in Bezug auf das Gegenüber und die auf Gegenseitigkeit beruhende Kooperation.[556]

Auf der anderen Seite haben die Normen des Kündigungsschutzes beschäftigungspolitische Auswirkungen, indem sie durch die Arbeitsmarktfunktion, die sie ausüben, Angebot und Nachfrage auf dem Arbeitsmarkt beeinflussen. Die kündigungsschutzrechtlichen Regelungen sind gleichzeitig Entscheidungen sowohl über die Freisetzung des*der Arbeitnehmers*in, welche mit den Folgen wie Arbeitslosigkeit gebunden sind, oder die Weiterbeschäftigung des*der Arbeitnehmers*in; sie betreffen aber auch die Unternehmerfreiheit des Unternehmens im Rahmen des Personaleinsatzes.[557] Insbesondere wirkt der Kündigungsschutz auf dem Markt wie ein makroökonomischer Stabilisator der Beschäftigung gegen den Konjunkturzyklus.[558] Der Verzögerungseffekt des Kündigungsschutzes (die verlangsamte Anpassung an unterschiedliche ökonomische Phasen auf Grund des Kündigungsschutzes) hilft trotz der sich ändernden konjunkturellen Situationen, stabile Beschäftigungsverhältnisse zu installieren.[559]

552 Vgl. *Jahn*, S. 120.
553 Vgl. *Jahn*, S. 120.
554 Vgl. *Seifert/Pawlowski*, MittAB 1998, 599 (602).
555 Vgl. *Seifert/Pawlowski*, MittAB 1998, 599 (602); *Jahn*, S. 92.
556 Vgl. *Seifert/Pawlowski*, MittAB 1998, 599 (599, 601 ff.); *Jahn*, S. 120.
557 Vgl. *Rüthers*, NJW 2002, 1601 (1604, 1605); KSchR/*Deinert* Einl. Rn. 7.
558 Vgl. *Höland*, in: Blank (Hrsg.) S. 23 (31); *Jahn*, S. 103, 125, 127, 128; *Rühle*, DB 1991, 1378 (1378 ff.).
559 Vgl. *Rühle*, DB 1991, 1378 (1378); *Höland*, in: Blank (Hrsg.) S. 23 (31); *Jahn*, S. 125, 131.

Es gilt, andere unterstützende Argumente hinsichtlich des Kündigungsschutzes aus der gesamtgesellschaftlichen Sichtweise nicht außer Acht zu lassen, die Verringerung der möglichen Vertragskosten durch Kündigungsschutz mittels der Festlegung allgemeingültiger Regeln und der standardisierten Rechtsverfahren.[560] Bei jedem Vertragsabschluss sind auch neu Vertragskosten zu berechnen und da der Kündigungsschutz die Vertragsabschlüsse stabilisiert, minimiert er auch die Vertragskosten. Die Abdeckung des Arbeitskräftebedarfes bei Überstunden anstatt Leiharbeit oder ähnlichen, flexiblen Arbeitsformen kann aufgrund der Ersparnisse der „Such-, Einarbeitungs- und Personalnebenkosten" günstiger sein.[561] All diese Gründe sprechen für einen Kündigungsschutz aus gesamtgesellschaftlicher Position.

V. Zwischenergebnis

Zusammenfassend rechtfertigen die dargestellten Argumente die Aussage, die Arbeitnehmer*innen seien gegen ungerechte Kündigungen zu schützen. Dies ist nicht nur aus der Perspektive der Arbeitnehmer*innen so, auch die positiven Wirkungen des Kündigungsschutzes aus der Position der Arbeitgeber*innen, der Arbeitsuchenden und vor allem aus Sicht der Allgemeinheit sprechen für einen Schutz gegen ungerechte Kündigungen. Noch einmal hervorzuheben ist die Funktion des Kündigungsschutzes, die soziale, ökonomische Machtunterschiede zwischen den Arbeitsvertragsparteien ausgleicht und auf diese Weise das soziale Gerechtigkeitsgefühl bewahren kann. Damit verbunden stehen die Förderung der stabilen Arbeitsbeziehungen und das Sicherheitsgefühl der Arbeitnehmer*innen mit einer Pflege der sozialen Bindungen zwischen den Arbeitnehmern*innen unter sich und zwischen den Arbeitnehmern*innen und dem Betrieb.

D. Schutzgut des Kündigungsschutzes

Vielfältige Funktionen des Kündigungsschutzes, die positive Wirkungen auf das Arbeitsleben und das gesamtgesellschaftliche Leben haben, zeigen auch, wie vielfältig die von kündigungsschutzrechtlichen Regelungen betroffenen Interessen und Güter sein können. Es existieren unterschiedliche Standpunkte mit verschiedenen Antworten in Bezug auf die Diskussion hinsichtlich des Schutzes dieser Interessen und Güter durch die Kündigungsschutzgesetze. Der vorliegende Abschnitt konzentriert sich auf diese Frage und analysiert die Problematik hinsichtlich der Bestimmung des Schutzgutes/der Schutzgüter der kündigungsschutzrechtlichen Regulierungen.

---

560 Vgl. *Jahn*, S. 26; *Rühle*, DB 1991, 1378 (1378).
561 *Jahn*, S. 54.

I. Wirtschaftliche und soziale Existenz des*r Arbeitnehmers*in

Die Arbeitskraft und ihre Verbindung mit der wirtschaftlichen und sozialen Existenz des*der Arbeitnehmers*in ist ein Schlüsselpunkt der Beschäftigungsverhältnisse, welcher bei den Beschlüssen der politischen Entscheidungsträger eine wichtige Rolle spielt. Der Schutz dieser materiellen und/oder sozialen Existenzgrundlage des*der Arbeitnehmers*in ist nach viel vertretener Ansicht der Grund für den Kündigungsschutz.

Die Arbeitskraft ist die einzige, im Besitz des*der Arbeitnehmers*in produktive Kraft. Sie ist sein*ihr einziges ‚Kapital'.[562] Auf der Arbeitskraft basiert die materielle Existenz des*der Arbeitnehmers*in.[563] Der*die Arbeitnehmer*in nutzt seine*ihre Arbeitskraft durch Tätigkeit an einem Arbeitsplatz. Die Einordnung in einen Arbeitsplatz ist auch die einzige Möglichkeit, die Arbeitskraft zu nutzen.[564] Auf diese Weise nimmt der*die Arbeitnehmer*in am wirtschaftlichen Kreislauf teil und sichert seine*ihre materielle Existenz.[565] Auf dieser Grundlage gewährleistet der Kündigungsschutz beim Sichern des Arbeitsplatzbesitzes die materielle Existenzgrundlage des*r Arbeitnehmers*in.[566]

Nach einer anderen Argumentation bildet die Arbeit nicht nur die materielle, sondern auch die immaterielle Existenzgrundlage der Arbeitnehmer*innen.[567] Das Arbeitsverhältnis gestaltet das Leben des*der Arbeitnehmers*in; in der Arbeit, die der*die Arbeitnehmer*in leistet, verwirklicht der*die Arbeitnehmer*in sich selbst und auf diese Weise definiert das Arbeitsverhältnis seine*ihre Persönlichkeit.[568] Die Arbeitskraft ist für einen großen Teil der Bevölkerung die einzige Möglichkeit, an der kulturschöpferischen Bestimmung der Menschheit teilzunehmen.[569] Die gesellschaftliche Anerkennung des*der Arbeitnehmers*in und auch der Respekt der anderen haben im Wesentlichen mit der Arbeit zu tun, die der*e Arbeitnehmer*in leistet.[570] Daraus folgt im Falle einer Nichtbeschäftigung auch eine Beeinträchtigung der Persönlichkeit des*r Arbeitnehmers*in.[571] Eine Kündigung beeinträchtigt das Bewusstsein, sozial anerkannt zu werden, und das Gefühl, etwas Wertvolles zu tun.[572] Der Kündigungsschutz sichert demzufolge durch den Erhalt des Arbeitsplatzes auch das immaterielle Existenzminimum des*der Arbeitnehmers*in.[573]

---

562 Vgl. *Coen*, S. 67; *Olbersdorf*, AuR 1955, 137; *Carolsfeld*, Arbeitsrecht, § 1 C 20.
563 Vgl. *Carolsfeld*, Arbeitsrecht, § 1 C 20; *Coen*, S. 48; *Hubmann*, S. 145.
564 Vgl. *Coen*, S. 49, 64, 67; *Olbersdorf*, AuR 1955, 129 (137); *Herschel*, RdA 1956, 161 (165).
565 Vgl. *Coen*, S. 49; *Herschel*, RdA 1956, 161 (165).
566 Vgl. *Coen*, S. 48 ff.; *Rühle*, DB 1991, 1378 (1378 ff.).
567 Vgl. *Achterberg*, JZ 1975, 713 (720); *Hubmann*, S. 185; *Nikisch*, Arbeitsrecht I, § 38 513.
568 Vgl. *Herschel*, RdA 1975, 28 (31); *Coen*, S. 45, 46, 47; *Hubmann*, S. 185.
569 Vgl. *Hubmann*, S. 185.
570 Vgl. *Coen*, S. 45,46,47.
571 Vgl. *Coen*, S. 45,46,47.
572 Vgl. *Adomeit*, Kündigung und Kündigungsschutz, 48.
573 Vgl. *Achterberg*, JZ 1975, 720.

Dennoch ergeben sich folgende Schwierigkeiten aus einem Verständnis des Schutzgutes des Kündigungsschutzes aus der Perspektive der materiellen und/ oder immateriellen Existenzgrundlage des*der Arbeitnehmers*in. In erster Linie der Auseinandersetzungen steht die ‚angebliche' Verbindung zwischen der Arbeit und der materiellen Existenz des*der Arbeitnehmers*in. Es besteht die Ansicht, die materielle Existenz der Arbeitnehmer*innen in der heutigen Gesellschaft sei schon durch die Institutionen der sozialen Sicherung gewahrt.[574] Insbesondere existieren Garantien hinsichtlich der materiellen Existenz des*der Arbeitnehmers*in durch ein angemessenes Einkommen wie Arbeitslosengeld als Beispiel dafür.[575] Arbeitslosengeld und Arbeitslosenhilfe, finanziert mittels Arbeitslosenversicherung, bieten zwar eine finanzielle Absicherung im Falle einer Arbeitslosigkeit und stellen eine Garantie der materiellen Existenz durch ein anderes Einkommen dar; allerdings basieren diese Finanzierungsmöglichkeiten wiederum auf Arbeit.[576] Sie sind niedriger als die Arbeitslöhne und für einen bestimmten Zeitraum begrenzt.[577] Aus diesen Gründen ist die materielle Existenzgrundlage trotzdem eines der durch den Kündigungsschutz geschützten, bedeutendsten Rechtsgüter.

In zweiter Linie der Auseinandersetzungen spielt die immaterielle Existenzgrundlage des*der Arbeitnehmers*in eine wesentliche Rolle als das geschützte Rechtsgut des Kündigungsschutzgesetzes. Erstes besteht die Annahme, die Arbeit sei als immaterielle Existenzgrundlage anzunehmen, skeptisch zu betrachten. Eine Verbindung zwischen der immateriellen Existenz des*der Arbeitnehmers*in mit der Arbeit ist nur indirekt zu sehen. Die Arbeit dient eher als eine mittelbare Persönlichkeitsentfaltung, weil sich die Bedeutung eines Arbeitsplatzes für einen*eine Arbeitnehmer*in in erster Linie materiell erschließt.[578] Eine Persönlichkeitsentfaltung ohne materielle Existenzgrundlage ist unmöglich.[579] Außerdem gehört z. B. die Herstellung bei der Produktion nicht zum*zur Arbeitnehmer*in selbst, er*sie hat keine direkte Verbindung mit der erstellten Ware.[580] Zweitens sei irgendeine Verbindung zwischen der Arbeit und der immateriellen Existenz komplett zu verneinen. Die Selbstverwirklichung durch die Erwerbsarbeit erscheint nahezu unmöglich.[581] Zur Wahrung ihrer Menschenwürde und zur Sinngebung in Bezug auf das Dasein brauchen die Arbeitnehmer*innen die Freizeit.[582] Es verbleibt im Allgemeinen ein zeitlich limitierter Rahmen für jeden

574 Vgl. *Reuter*, RdA 1978, 344 (346, 347); *Reuter*, in: Gamillscheg (Hrsg.), S. 405 (407, 408).
575 *Reuter*, RdA 1978, 344 (346, 347). Vgl. *Reuter*, in: Gamillscheg (Hrsg.), S. 405 (407, 408).
576 Vgl. *Reuter*, RdA 1978, 344 (345); *Coen*, S. 49 Fn 150.
577 Vgl. *diese Dissertationschrift* Fn 505.
578 Vgl. *Coen*, S. 49, 50 Fn 152
579 Vgl. *Coen*, S. 49
580 Vgl. *Coen*, S. 50 Fn 152.
581 Vgl. *Schwerdtner*, ZfA 1977, 47 (51).
582 Vgl. *Schwerdtner*, ZfA 1977, 47 (51).

Einzelnen zur Entfaltung und Selbstverwirklichung seiner Persönlichkeit außerhalb der Arbeit.[583] Eine Entgegnung der Kritiken basiert auf der Begründung, der*die Arbeitnehmer*in verwirkliche sich selbst in der von ihm*ihr geleisteten Arbeit, ob in einem Betrieb, von Zuhause aus oder an einem eher ungewöhnlichen Arbeitsort wie z. B. in einem Coworking Cafe, indem er*sie jede zu erfüllende Tätigkeit in einer Fließbandfertigung, jedes Putzen eines Raumes oder jeden geschriebenen Programmcode mittels all seines*ihres bisher erworbenen Wissens, seiner*ihrer Kenntnisse und emotionalen Reife zustande bringt. Jedes Mal, wenn der*die Arbeitnehmer*in seine*ihre Arbeitskraft nutzt, gibt er*sie ein Stück von sich in der geleisteten Arbeit, dadurch ist jede Arbeit, die er*sie leistet, auch mehr oder weniger mit der eigenen Persönlichkeit verbunden. Auch Produktionsformen, die der Individualität des*der Arbeitnehmers*in der geleisteten Arbeit entgegenstehen, können die Persönlichkeitsentfaltung des*der Arbeitnehmers*in nicht gänzlich vermeiden. Das Wissen und die Erfahrung des*der Arbeitnehmers*in formen die Arbeit, gleichzeitig formt die Arbeit aber wiederum den*die Arbeitnehmer*in. Sie zeigt sich mit der Zeit als ein Teil der Persönlichkeit des*der Arbeitnehmers*in. Aus diesen Gründen ist die immaterielle Existenzgrundlage eines der bedeutendsten, durch den Kündigungsschutz geschützten Rechtsgüter.

II. Arbeitsplatz, Betriebszugehörigkeit

Neben der materiellen und immateriellen Existenzgrundlage nehmen der Arbeitsplatz und/oder die Betriebszugehörigkeit des*der Arbeitnehmers*in eine Funktion als Schutzgüter des Kündigungsschutzes ein. Eine auf dem Konzept des Arbeitsplatzes gegründete Sichtweise des Kündigungsschutzes versteht das Recht am Arbeitsplatz als ein auf dem Arbeitsvertrag beruhendes Recht.[584] Obwohl es kein Eigentum am Arbeitsplatz gibt, existieren Ähnlichkeiten zum Besitz, welche den*die Arbeitsplatzbesitzer*in berechtigt, Ansprüche auf Gewährung des Arbeitsplatzes, auf gebührenden Gefahrenschutz, auf eine entsprechende Entlohnung und Ähnliches, insbesondere aber auf Einschränkung der Kündigung zu haben.[585] In diesem Zusammenhang sei das Recht am Arbeitsplatz als ein subjektives absolutes Recht zu interpretieren, verbunden mit einer Drittwirkung.[586] Zusätzlich bezweckt das Recht am Arbeitsplatz vielmehr das Sichern der materiellen Existenzgrundlage der Arbeitnehmer*innen und es beruht auf materiellen Interessen und Bedürfnissen der Arbeitnehmer*innen.[587] Zu widersprechen ist diesem Argument allerdings in dem Punkt: Das Recht am Arbeitsplatz ist keinen

583 Vgl. *Zöllner*, S. D 15.
584 Vgl. *Molitor*, S. 8; *Hedemann*, RdA 1953, 121 (121, 123).
585 Vgl. *Hedemann*, RdA 1953, 121 (123, 125).
586 Vgl. *Hedemann*, RdA 1953, 121 (125).
587 Vgl. *Molitor*, S. 8.

dinglichen oder eigentumsähnlichen Inhalts hat, weil Gegenstand des Arbeitsvertrages nicht der Arbeitsplatz, sondern eine Dienstleistung ist.[588]

Des Weiteren ist die Auslegung des Schutzgutes des Kündigungsschutzes aus dem Konzept der Betriebszugehörigkeit zu erwähnen. Nach dieser Interpretation ist das Recht des*der Arbeitnehmers*in, Betriebsangehöriger zu sein und zu bleiben, durch kündigungsschutzrechtliche Normen geschützt.[589] Das Recht auf Betriebszugehörigkeit verleiht dem*der Arbeitnehmer*in in seinem*ihrem Betrieb ein Heimatrecht.[590] Der*die Arbeitnehmer*in ist wie ein*e „Betriebsbürger", wobei die Betriebszugehörigkeit im Sinne einer Einbindung in einen gemeinschaftlichen Zusammenhang zu schützen ist.[591] Das Ziel ist es, in erster Linie der Trennung der Menschen vom Produktionsmittel entgegenzuwirken, aber auch die persönliche Bindung des*der Arbeitnehmers*in gilt es, in der Gesellschaft durch die Zugehörigkeit zu einem Betrieb zu schützen.[592] Da der Betrieb eine Zelle des organisatorischen Aufbaues einer heutigen Gesellschaftsform ist, bedeutet die Zerstörung der Betriebszugehörigkeit auch die Zerstörung des Wertes dieser Institution.[593] Außerdem ist jeder schuldhafte und rechtswidrige Angriff gegen den Betrieb wesensgemäß zugleich ein Angriff gegen den Unternehmer.[594] Das hat logischerweise, neben dem Schutz der Betriebszugehörigkeit, gleichermaßen den Schutz des Gewerbebetriebes zur Folge.[595] Das Recht der Betriebszugehörigkeit ist als ein Unterfall des Rechts am Arbeitsplatz zu verstehen und in diesem Zusammenhang ist das Recht auf Betriebszugehörigkeit als ein absolutes Recht zu interpretieren.[596] Zusätzlich bezweckt das Recht auf Betriebszugehörigkeit das Sichern der materiellen, aber auch der immateriellen Existenzgrundlage der Arbeitnehmer*innen und es beruht nicht allein auf materiellen Interessen und Bedürfnissen der Arbeitnehmer*innen, vielmehr auch auf immateriellen. Zu widersprechen ist diesem Argument allerdings in dem Punkt: Nicht alle Unternehmen bestehen noch ausschließlich in der klassischen Form eines Betriebs, an einem physikalischen Ort, in dem Arbeitnehmer*innen nebeneinander arbeiten. Es gibt nicht mehr in allen Branchen des Arbeitslebens Betriebe, die auch die Funktion eines Begegnungsortes für die Arbeitnehmer*innen erfüllen.

Diese Ansichten, den Arbeitsplatz und die Betriebszugehörigkeit als geschützte Rechtsgüter des Kündigungsschutzes anzunehmen, entsprechen zugleich dem deutschen Regierungsentwurf zum Kündigungsschutzgesetz des

---

588 Vgl. *Wiedemann*, RdA 1961, 1 (3).
589 Vgl. *Rath*, S. 13.
590 Vgl. *Herschel*, RdA 1960, 121 (122).
591 Passim *Herschel*, RdA 1960.
592 Vgl. *Herschel*, RdA 1960, 121 (122).
593 Vgl. *Herschel*, RdA 1975, 28 (31).
594 Vgl. *Herschel*, RdA 1960, 121 (123).
595 Vgl. *Herschel*, RdA 1960, 121 (123).
596 Vgl. *Herschel*, RdA 1960, 121 (123); *Herschel*, DB 1973, 80 (82).

Jahres 1951.[597] Die Begründung zum deutschen Kündigungsschutzgesetz stellt den Arbeitsplatz und die Betriebszugehörigkeit des*der Arbeitnehmers*in als das geschützte Rechtsgut des allgemeinen Kündigungsschutzes dar mit der Anerkennung der Grundlagen der wirtschaftlichen und sozialen Existenz des*der Arbeitnehmers*in.[598] Nach dem Entwurf des Schutzgutes durch das deutsche Kündigungsschutzgesetz ist die „willkürliche Durchschneidung des Bandes der Betriebszugehörigkeit" in Bezug auf die Kündigungen ohne hinreichende Begründung.[599]

III. Vertragsdurchsetzung

Nach einer anderen Sichtweise hat der Kündigungsschutz weder mit der materiellen und immateriellen Existenzgrundlage noch mit dem Arbeitsplatz, der Betriebszugehörigkeit und der Beschäftigung zu tun. Der Schutzweck des allgemeinen Kündigungsschutzes ist es, dem*der Arbeitnehmer*in die Möglichkeit zu geben, ohne Angst seine*ihre Rechte im Betrieb nutzen zu können.[600] Das Ziel des Kündigungsschutzes ist die „furchtlose" Ausübung der Arbeitnehmerrechte und -freiheiten, sowohl das Ermöglichen der vertraglich vereinbarten Bedingungen als auch sämtlichen, den Arbeitsvertragsparteien auferlegten Rechte und Pflichten.[601] Die Grundfreiheiten der Arbeitnehmer*innen würden ohne Schutz vor willkürlichen Kündigungen ins Leere laufen.[602] Es gilt, den*die Arbeitnehmer*in vor einer Nötigung zur Eigenkündigung zu schützen.[603] Die Vertragsdurchsetzung ist also dann das Schutzgut der kündigungsschutzrechtlichen Vorschriften.

Die Kündigungsmöglichkeit bei vertragswidrigem Verhalten beinhaltet einen Sanktionscharakter.[604] Die Möglichkeit, schwere Vertragsverletzungen des*der Arbeitnehmers*in mit fristloser Kündigung zu sanktionieren, ist auch eine indirekte Motivation der Arbeitnehmer*innen, sich vertragsgemäß zu verhalten.[605] Als Mittel der Vertragsdurchsetzung ist vonseiten des*der Arbeitgebers*in außerdem die ordentliche Kündigung zu sehen, weil der*die Arbeitgeber*in auch ein

---

597 Vgl. Regierungentwurf, Begründung des Kündigungsschutzgesetzes 1951, RdA 1951, 61 ff.

598 Vgl. Regierungentwurf, Begründung des Kündigungsschutzgesetzes 1951, RdA 1951, 61 (63).

599 Regierungentwurf, Begründung des Kündigungsschutzgesetzes 1951, RdA 1951, 61 (63).

600 Vgl. *Reuter*, RdA 1978, 344 (349); *Krause*, Arbeitsrecht, 276, Rn. 19.

601 Vgl. *Dorndorf*, ZfA 1989, 345 (350); *Reuter*, RdA 2004, 161 (164, 167); *Reuter*, in: Gamillscheg (Hrsg.) S. 405 (424, 425); *Reuter*, RdA 1978, 344 (349); *Krause*, Arbeitsrecht, 276, Rn. 19.

602 Vgl. *Krause*, Arbeitsrecht, 276, Rn. 19.

603 Vgl. *Reuter*, RdA 2004, 161 (165).

604 Vgl. *Dorndorf*, ZfA 1989, 345 (352).

605 Vgl. *Dorndorf*, ZfA 1989, 345 (352).

legitimes Interesse hat an unbeschränkter Kündigungsfreiheit wegen des Prozessrisikos – verursacht durch Rechtsunsicherheit und Beweisschwierigkeiten hinsichtlich der Vertragswidrigkeit der Arbeitsleistung.[606] So kann der*die Arbeitgeber*in dem*der Arbeitnehmer*in, den*die er*sie für nicht vertragstreu hält, ohne Weiteres durch einen*eine anderen*e Arbeitnehmer*in ersetzen; auf diese Weise kann die jederzeit drohende ordentliche Kündigung als Nötigung zur ordnungsmäßigen Erfüllung des Arbeitsvertrages dienen.[607] Allerdings fallen mit jedem Personalwechsel Beschäftigungsfixkosten wie Ausbildungs-, Einstellungs-, Entlassungskosten an; aufgrund dessen ist das legitime Interesse des*der Arbeitgebers*in an unbeschränkter Kündigungsfreiheit nur in Fällen schwerwiegender Vertragswidrigkeit des Arbeitnehmerverhaltens gegeben.[608] Auf der anderen Seite kann der*die Arbeitgeber*in die Kündigung nicht nur als ein Mittel zur Erwirkung des vertragsgemäßen Verhaltens nutzen, sondern auch als ein Mittel zur Nötigung hinsichtlich des Verhaltens des*der Arbeitnehmers*in unabhängig vom Vertragsinhalt.[609] In solchen Fällen: Entweder unterlässt der*die Arbeitnehmer*in, eigene Rechte oder Gegenrechte, insbesondere Schutzrechte, geltend zu machen oder er*sie erbringt seine*ihre Arbeitsleistung weiter, obwohl der*die Arbeitgeber*in die ihm*ihr obliegenden Pflichten nicht erfüllt.[610] Allerdings gilt es, den*die Arbeitnehmer*in davor zu schützen, ein schon beinahe unterwürfig zu bezeichnendes Verhalten an den Tag legen zu müssen.[611] Um die Grenzen seiner*ihrer Leistungspflicht geltend zu machen und um sich gegen überbordende Verhaltensanforderungen wehren zu können, braucht der*die Arbeitnehmer*in den Kündigungsschutz.[612]

Nach diesem Verständnis richtet sich der Kündigungsschutz nicht nach dem Ex-post-Interessenkonflikt zwischen dem Entlassungsinteresse des*der Arbeitgebers*in und dem Bestandsinteresse des*der Arbeitnehmers*in, sondern nach der Ex-ante-Interessenlage des bestehenden Arbeitsverhältnisses.[613] Das Ziel des Kündigungsschutzgesetzes ist im Grunde genommen der Schutz *„bestimmter kulturelle[r] Standards in der Arbeitswelt“* und das Regulieren des Inhalts des Arbeitsverhältnisses im Interesse des*der Arbeitnehmers*in.[614] Das durch den Kündigungsschutz geschützte Schutzgut ist die Durchsetzung der vertraglichen Rechte des*der Arbeitnehmers*in.

606 Vgl. *Dorndorf*, ZfA 1989, 345 (354).
607 Vgl. *Dorndorf*, ZfA 1989, 345 (354).
608 Vgl. *Dorndorf*, ZfA 1989, 345 (354).
609 Vgl. *Dorndorf*, ZfA 1989, 345 (355).
610 Vgl. *Dorndorf*, ZfA 1989, 345 (355).
611 Vgl. *Dorndorf*, ZfA 1989, 345 (358, 364).
612 Vgl. *Dorndorf*, ZfA 1989, 345 (356, 357).
613 Vgl. *Dorndorf*, ZfA 1989, 345 (358).
614 *Dorndorf*, ZfA 1989, 345 (373). Vgl. *Dorndorf*, ZfA 1989, 345 (360).

Die Vertragsdurchsetzung hat immer eine bedeutende Rolle in der Geschichte des Kündigungsschutzes eingenommen. Dies ist insbesondere im Fall des Schutzes gegen unberechtigte Kündigungen aus gewerkschaftlichen Gründen klar zu beobachten. Die schwächere wirtschaftliche, soziale und arbeitsmarktliche Position des*der Arbeitnehmers*in im Vergleich zum*zur Arbeitgeber*in ist die schwache Stelle der Beziehung zwischen den Arbeitsvertragsparteien und macht den*die Arbeitnehmer*in verletzlich in Bezug auf eine mögliche Ausbeutung seiner*ihrer Arbeitskraft. Arbeitgeber*innen können schnell dazu neigen, ihre mächtige Position zu nutzen, um ihre wirtschaftlichen und andere Interessen zu schützen, die aber naturgemäß nicht immer mit den vom Recht anerkannten Freiheiten und Rechten der Arbeitnehmer*innen übereinstimmen. Der Kündigungsschutz funktioniert wie ein Präventions-Mechanismus und setzt auf das rechtmäßige Nutzen der vertraglichen und außervertraglichen Rechte und Freiheiten der Arbeitnehmer*innen.

IV. Zwischenergebnis

Bei der Feststellung des Schutzgutes oder der Schutzgüter des Kündigungsschutzes sind sowohl die Geschichte der kündigungsschutzrechtlichen Regulierungen als auch das heutige wirtschaftliche System und die Produktions- oder Arbeitsformen zu beachten. Der Kündigungsschutz ist ein wichtiges Rechtsinstrument, um die vertraglichen und außervertraglichen Rechte und Grundfreiheiten der Arbeitnehmer*innen zu schützen, wobei diese die Sicherung der materiellen und innmateriellen Existenzgrundlage derselben gewährleisten. Ohnehin lässt sich das Vertragsdurchsetzungsinteresse des*der Arbeitnehmers*in von dem Interesse hinsichtlich der materiellen Existenzsicherung nicht komplett trennen. Die Versuche des Sicherns irgendeines anderen Interesses würde ohne die Sicherung der materiellen Existenz der Arbeitnehmer*innen ins Leere laufen, da sich ohne ökonomische Sicherheit die minimale humanitäre Basis eines menschenwürdigen Lebens nicht erreichen lässt. Die Sicherung der materiellen Existenzgrundlage durch den Schutz des Arbeitsplatzes oder der Betriebszugehörigkeit hängt von anderen Variablen wie den verschiedenen Produktions- und Arbeitsformen und Arbeitsmodellen ab.

E. Bestandsschutz oder Abfindung?

Die Entscheidung für einen Kündigungsschutz bringt zunächst die Frage mit sich, unter Verwendung welcher Mechanismen der Schutz für Arbeitnehmer*innen gegen ungerechte Kündigungen erfolgen soll. Kündigungen zur Beendigung eines Arbeitsvertrages lassen sich z. B. durch die Voraussetzung eines triftigen Grundes hinauszögern oder erschweren bzw. einfach verbieten. Was passiert aber, wenn der*die Arbeitgeber*in trotzdem den Arbeitsvertrag kündigt? Ist es sinnvoll, den*die Arbeitgeber*in zum Weiterbestehen des Arbeitsverhältnisses zu zwingen oder empfiehlt sich eher die Sanktionierung einer ungerechtfertigten Kündigung mittels einer Abfindung? Diese Frage wird kontrovers diskutiert.

Auf einer Seite der Diskussion steht das Verständnis des Kündigungsschutzes als ein Bestandsschutz, welcher die Sicherung des Bestehens des Arbeitsverhältnisses nach einer ungerechtfertigt ausgesprochenen Kündigung als Ziel erklärt und des Öfteren eine Weiterbeschäftigung präferiert. Nach dieser Denkweise ist eine Abfindung nicht ausreichend, um durch den Kündigungsschutz erzielte Erfolge abzudecken.[615] Das Sanktionieren von ungerechtfertigten Kündigungen allein mit einer Abfindung lässt Arbeitnehmer*innen vermuten, sie könnten ihre Arbeitsplätze bei jedem Konflikt oder bei geringerer erbrachter Leistung oder Ähnlichem verlieren.[616] In dem Fall herrscht eine „Ja-Sager Mentalität" in den Unternehmen, welche die Präventivfunktion und den Vertragsdurchsetzungszweck des Kündigungsschutzes erheblich beeinträchtigt.[617] Kündigungsschutzrechtliche Klagen haben allerdings auch positive Effekte auf die Psychologie der Arbeitnehmer*innen.[618] Ein positives Ergebnis aufgrund einer Kündigungsschutzklage hat einen Befriedungseffekt, außerdem gibt es dem*der Arbeitnehmer*in, aber auch anderen Arbeitnehmern*innen, Mut, sich gegen eine als demütigend empfundene Kündigung zu wehren und es dem*der Arbeitgeber*in bewusst zu machen, dass nicht nur er*sie über Macht verfügt.[619] Außerdem erhöht eine Weiterbeschäftigung die Chancen der Arbeitnehmer*innen, neue Arbeitsplätze zu finden, weil es einfacher ist, sich aus einer Beschäftigung heraus auf eine andere Stelle zu bewerben.[620] Des Weiteren ist auch auf Arbeitgeberseite ein Bestandsschutz wünschenswert, wären alle ungerechten Kündigungen mit einer Abfindung verbunden, könnte dies eine sehr große finanzielle Belastung für die Arbeitgeber*innen bedeuten.[621]

Das BAG hat in vielen seiner Entscheidungen den Kerngedanken des deutschen Kündigungsschutzgesetzes als Grundsatz des Bestandsschutzes festgestellt und das deutsche Kündigungsschutzgesetz als ein Bestandsschutzgesetz, nicht aber als ein Abfindungsgesetz konstatiert.[622] Das Kündigungsschutzgesetz sichert den Bestand des Arbeitsverhältnisses für den*die Arbeitnehmer*in gegen die Willkür des*der Arbeitgebers*in und ermöglicht eine nach dem Bestandsschutz

615 Vgl. KSchR/*Däubler* Einl. Rn. 546.
616 Vgl. KSchR/*Däubler* Einl. Rn. 546.
617 KSchR/*Däubler* Einl. Rn. 546. Vgl. *Däubler*, NJW 2002, 2292 (2292).
618 Vgl. *Däubler*, NJW 2002, 2292 (2292).
619 Vgl. *Wolter*, NZA 2003, 1068 (1070); *Däubler*, NJW 2002, 2292 (2293).
620 Vgl. *Wolter*, NZA 2003, 1068 (1071, 1072).
621 Vgl. KSchR/*Däubler* Einl. Rn. 545.
622 BVerfG, NZA 2005, 41, 42; BAG 5.11.1964, NJW 1965, 787; BVerfG 22.10.2004, AP KSchG 1969 § 9 Nr. 49; BAG, NZA 2003, 261, 262. Vgl. vHH/L/K/*Krause* § 1 Rn. 4; *Krause*; Arbeitsrecht, 246 Rn. 19. Kritik: passim *Rühle* DB 1991.

orientierte Sicherung des Arbeitsplatzes.[623] Der Kündigungsschutz funktioniert demzufolge *„nicht durch prohibitiv wirkende Abfindung"*, sondern *„durch Einschränkung der Kündigungsbefugnis"*.[624]

Ob der allgemeine Kündigungsschutz allerdings einen absoluten Bestandsschutz unter den marktwirtschaftlichen Systemen bieten kann, ist doch sehr die Frage.[625] Das Kündigungsschutzgesetz – sowohl das deutsche als auch das türkische – funktioniert darüber hinaus in der Praxis wie ein Abfindungsgesetz. Anstatt Bestandsschutz zu erreichen, besteht das Ziel einer Kündigungsschutzklage vielmehr im Sichern von Abfindungszahlungen und es gelingt auch, einen größeren Teil der Kündigungsschutzklagen durch Abfindung zum Abschluss zu bringen.[626] Selbst Arbeitnehmer*innen streben oft nicht eine Weiterbeschäftigung an.[627] Nach einer Kündigung fällt die beiderseitige Vertrauensgrundlage weg, welche eine Weiterbeschäftigung nicht nur aus Sicht der Arbeitgeber*innen, sondern auch aus Sicht der Arbeitnehmer*innen erschwert. Weiterhin sind die Folgen einer direkten Abfindungszahlung im Vergleich zur Bestandsschutzklage für die Arbeitgeber*innen einfach einschätzbar.[628]

Obwohl die Kritiken gegen den Bestandsschutz als berechtigt einzustufen sind, würde jedoch eine komplette Ablehnung des Bestandsschutzes gleichzeitig eine Ablehnung des Kündigungsschutzes bedeuten. Der Bestandsschutz ist der Kern des Kündigungsschutzes und ohne ihn verlöre der Kündigungsschutz seine Bedeutung. Besteht weiterhin ein Kompromiss für einen Kündigungsschutz, gilt es, auch den Bestandsschutz zu erhalten, sonst wären die angeblich kündigungsschutzrechtlichen Regelungen nur Kündigungsbeschränkungen unter dem Deckmantel der Bezeichnung des Kündigungsschutzes. Auch unter Berücksichtigung der Kritiken im Hinblick auf die Praxis müssen beide Parteien des Arbeitsvertrags die Möglichkeit erhalten, im Falle eines Vertrauensbruches statt des Fortbestehens des Arbeitsverhältnisses eine Abfindung in Betracht zu ziehen.

---

623 Vgl. *Adomeit*, Kündigung und Kündigungsschutz, S. 56; vHH/L/K/*Krause* § 1 Rn. 4 ff.; *Wolter*, NZA 2003, 1068 (1069 ff.); KSchR/*Däubler* Einl. Rn. 545 ff.; *Däubler*, NJW 2002, 2292 (2292).

624 vHH/L/K/*Krause* § 1 Rn. 4.

625 Vgl. vHH/L/K/*Krause* § 1 Rn. 4.

626 Vgl. *Kronberger Kreis*, S. 14 ff.; *Rühle*, DB 1991, 1378 (1378, 1379); *Rüthers*, NZW, 2002 1601 (1603); *Coen*, Vorwort VII.

627 Vgl. *Rühle*, DB 1991, 1378 (1379).

628 Vgl. KSchR/*Däubler* Einl. Rn. 545; *Rüthers*, NJW 2002, 1601 (1603).

F. Herausfordernde Theorien: Kritik am Kündigungsschutzrecht

Nicht allein das Problem, welche Mittel dem Schutz der Arbeitnehmer*innen gegen ungerechte Kündigungen dienen sollen, sondern auch die Frage nach der Gewährung eines Schutzes gegen Kündigungen für Arbeitnehmer*innen steht zur Diskussion. Ohnehin ist das Vorhandensein oder Nichtvorhandensein eines Schutzes gegen Kündigung eine der Kernfragen der Debatte über den Kündigungsschutz. Zahlreiche Argumente – von der Unternehmerfreiheit bis zu den Rechten der Arbeitsuchenden – sprechen gegen kündigungsschutzrechtliche Restriktionen und machen es notwendig, eine klare Positionierung gegenüber dem Thema einzunehmen, sich mit diesen Argumenten auseinanderzusetzen.

I. Aus der Position der Arbeitnehmer*innen

Der Kündigungsschutz bedeutet vor allem eine höhere Arbeitsplatzsicherheit und eine starke örtliche Bindung für die Arbeitnehmer*innen; ob diese aber von allen Arbeitnehmern*innen gewünscht ist, sei infrage gestellt.[629] Eine hohe Arbeitsplatzsicherheit verursacht auch höhere Kosten für Arbeitgeber*innen mit der möglichen Folge einer niedrigeren Entlohnung für die Arbeitnehmer*innen.[630] Der gesetzliche Kündigungsschutz verhindert oder erschwert Entlassungen, z. B. auch beim Fehlen von erforderlichen Aufträgen.[631] Aus diesem Grund verlagern die Arbeitgeber*innen das Risiko auf die Arbeitnehmer*innen und zahlen eine geringere Entlohnung im Vergleich zu einer Situation ohne gesetzlichen Kündigungsschutz.[632] Als Folge davon tragen Arbeitnehmer*innen, die unter den kündigungsschutzrechtlichen Schutz fallen, die Kosten und verdienen weniger, als sie normalerweise verdienen könnten.[633] Allerdings ist nicht allen Arbeitnehmern*innen die Arbeitsplatzsicherheit von derart großer Bedeutung; mehr Bewegung und mehr Geld ist einigen lieber als die Sicherheit des Arbeitsplatzes.[634] Das ist aber unter dem Kündigungsschutz nicht möglich. Der gesetzliche Kündigungsschutz schließt die Möglichkeiten auf individuelle Vereinbarungen zwischen Arbeitnehmern*innen und Arbeitgebern*innen über unterschiedliche Arbeitsbedingungen wie Arbeitsplatzsicherheit, Kosten, Entlohnung usw. aus und schafft eine Sicherheit für alle ohne Achtung auf ihre persönlichen Präferenzen und Wünsche.[635] Die zwingenden Normen des Kündigungsschutzes

---

629 Vgl. *Kronberger Kreis*, S. 25.
630 Vgl. *Kronberger Kreis*, S. 24, 25.
631 Vgl. *Kronberger Kreis*, S. 26.
632 Vgl. *Kronberger Kreis*, S. 26.
633 Vgl. *Kronberger Kreis*, S. 24, 25.
634 Vgl. *Kronberger Kreis*, S. 25.
635 Vgl. *Kronberger Kreis*, S. 24 ff.

verringern auch die Flexibilität der Arbeitnehmerangebote, weil die Arbeitnehmer*innen außerhalb der gesetzlichen Grenzen keine Arbeitsleistungen anbieten können.[636] Auch wenn Arbeitsuchende sich für den Kündigungsschutz nicht interessieren, erfahren sie trotzdem Schutz nach dem gesetzlichen Kündigungsschutz; dies bedeutet für sämtliche Arbeitnehmer*innen mehr Kosten, insbesondere geringere Lohnzahlungen.[637]

Negative Auswirkungen des gesetzlichen Kündigungsschutzes sind auch in Bezug auf die Kooperations- und Leistungsbereitschaft der Arbeitnehmer*innen zu beobachten. In der Arbeitswelt spielt Fairness eine wichtige Rolle. Gegenseitiges Vertrauen und die Zuversicht, eine faire Behandlung zu erfahren, beeinflusst die Handlungen der Vertragsparteien. Gerade wenn der*die Arbeitnehmer*in sein*ihr Arbeitsverhältnis sowie seinen*ihren Lohn als fair einschätzt und sich von der Geschäftsführung gerecht behandelt sieht, erhöht das seine*ihre Leistung und damit die Produktivität des Unternehmens.[638] Privatvertraglich vereinbarter Kündigungsschutz fördert das Vertrauen der Arbeitnehmer und erhöht Kooperations- und Leistungsbereitschaft der Belegschaft.[639] Er verringert sowohl durch die Verhandlungen entstehende Transaktionskosten als auch Überwachungskosten.[640] Allerdings kann staatlicher Kündigungsschutz *„zur Verdrängung intrinsischer Motivation führen."*[641] Staatlich verordneter Kündigungsschutz kann stets einen starken Verlust an Leistungsbereitschaft nach sich ziehen.[642] Dies kann ein sinkendes Vertrauen und eine Minderung an Humankapitalinvestitionen zur Folge haben.[643] Als Konsequenz verringert sich möglicherweise des Weiteren die Kooperationsbereitschaft der Arbeitnehmer*innen. Alle diese Gründe sprechen gegen einen gesetzlichen Kündigungsschutz aus der Position der Arbeitnehmer*innen und präferieren eine uneingeschränkte Ausübung einer Vertragsfreiheit, vor allem hinsichtlich der Kündigungen in der Arbeitwelt.

Außerdem wird es argumentiert, dass ein beliebig kündbarer Arbeitsvertrag die Arbeitssuchphase nach einer Entlassung erleichtert. Es sei in der Tat weniger schwierig, eine Entlassung zu erklären, wenn allgemein bekannt ist, dass Arbeitsverträge nach Belieben gekündigt werden können, da die Kündigung kein Fehlverhalten des*der Arbeitnehmers*in, wie bei dem Kündigungsschutz, mehr voraussetzt.[644]

---

636 Vgl. *Löwisch*, JZ 2000, 806 (811).
637 Vgl. *Kronberger Kreis*, S. 29.
638 Vgl. *Jahn*, S. 115.
639 Vgl. *Jahn*, S. 115.
640 Vgl. *Jahn*, S. 115.
641 *Jahn*, S. 116.
642 Vgl. *Jahn*, S. 116.
643 Vgl. *Jahn*, S. 116.
644 Vgl. *Epstein*, 51 U. Chi. L. Rev. 947 (970).

II. Aus der Position der Arbeitgeber*innen

Der Kündigungsschutz hat große Auswirkung auf die Unternehmerfreiheit, indem er die Entscheidungsfreiheit des Unternehmens beeinträchtigt. Eine effektive und freie Führung des Unternehmens erfährt demzufolge vermutlich eine Behinderung.[645] Es heißt, der Kündigungsschutz übe einen negativen Einfluss auf die wirtschaftlichen Ziele der Unternehmen aus. Die zwingenden kündigungsschutzrechtlichen Normen hindern die Unternehmen, für sie wirtschaftlich günstige Entscheidungen zu treffen. Die Unternehmen gehorchen den Regulierungen des Kündigungsschutzes und büßen deswegen ihre Wettbewerbschancen ein oder versuchen Umgehungsmöglichkeiten zu finden.[646] Insbesondere in Zeiten der Globalisierung können nationale Kündigungsschutznormen eine große Last für Unternehmen sein. Jedes Land hat ein anderes Niveau des Kündigungsschutzes bzw. einige Länder verfügen sogar über keine gesetzlich vorgeschriebenen kündigungsschutzrechtlichen Normen. Dies kann für in Ländern mit Kündigungsschutz angesiedelten Unternehmen gegenüber Unternehmen in Ländern ohne Kündigungsschutz oder für Unternehmen in Ländern mit höherem Kündigungsschutz gegenüber solchen in Ländern mit einem niedrigeren Kündigungsschutz wirtschaftlich nachteilhaft sein.

Nach einer anderen Auffassung ist der Kündigungsschutz eine Barriere auf dem Arbeitsmarkt, eine Bremse der Anpassungsfähigkeit der Unternehmen, ein Hindernis gegen den Abschluss neuer Arbeitsverhältnisse.[647] Der Kündigungsschutz bedeutet vor allem zusätzliche Entlassungskosten für die Unternehmen wie Kosten der Kündigungsfristen, Sozialpläne, Gerichtskosten, Abfindungszahlungen usw.[648] Sind Unternehmen bestrebt, die im Betrieb beschäftigte Arbeitskraft an ihre Produktionsbedürfnisse anzupassen, ist dies ihnen unter Umständen aufgrund des Kündigungsschutzes nicht möglich.[649] Im Falle einer zunehmenden Produktion möchten die Unternehmen normalerweise zusätzliche Arbeitskräfte beschäftigen.[650] Allerdings hält der Kündigungsschutz die Unternehmen von neuen Einstellungen zurück.[651] Mögliche Entlassungskosten sind ein Teil der gesamten Arbeitskosten, und weil Unternehmen den künftigen Arbeitskräftebedarf nicht mit ausreichender Sicherheit voraussehen können, nehmen sie trotz verbesserter Auftragslage oder einer wirtschaftlichen Aufschwungsphase aufgrund von Bedenken wegen möglicher Unannehmlichkeiten

645 Vgl. *Barton*, Arbeitgeber 1987, 470 (470).
646 Vgl. *Löwisch*, JZ 2000, 806; *Stebut*, RdA 1997, 293 (293, 295).
647 Vgl. BTDrucks, 10/2102, 15, 16; BTDrucks, 13/4612, 8; *Barton*, Arbeitgeber 1987, 470 (471); *Rüthers*, NJW 2002, 1601 (1604).
648 Vgl. *Kronberger Kreis*, S. 16; *Jahn*, S. 26; *Epstein*, 51 U. Chi. L. Rev. 947 (965).
649 Vgl. *Kronberger Kreis*, S. 15; BTDrucks, 10/6555, 1.
650 Vgl. *Kronberger Kreis*, S. 15.
651 Vgl. *Walwei*, MittAB 2000, 101 (104); *Kronberger Kreis*, S. 16.

von unbefristeten Neueinstellungen Abstand.[652] Im Falle einer zurückgehenden Produktion oder in Zeiten einer ökonomischen Rezession möchten die Unternehmen normalerweise ihre Belegschaft reduzieren.[653] Allerdings erschweren die vom Kündigungsschutz verursachten zusätzlichen Kosten in Zeiten der ökonomischen Rezession eine einfache Auflösung der Arbeitsverträge. Ein stringenter Kündigungsschutz hat zur Folge, dass die Arbeitgeber*innen bemüht sind, befristete Arbeitsverträge, die flexible Arbeitsformen wie Leiharbeitsverträge und Ähnliches bevorzugen, anstatt unbefristete Arbeitsverträge abzuschließen.[654] Je mehr es sich schwierig gestaltet, von einem abgeschlossenen Arbeitsvertrag zurückzutreten, desto weniger bereit sind Arbeitgeber*innen, diese Form von Arbeitsverträgen abzuschließen.[655] Sie weichen von den gesetzlichen Arbeitsvertragsformen ab, neigen dazu, alternative Vertragsformen zu nutzen oder treffen andere Rationalisierungsmaßnahmen wie Überstunden oder Substitution der Arbeitskraft durch Maschinen, anstatt neue Arbeitnehmer*innen einzustellen.[656] Überstunden, Leiharbeit, Automatisierung, Auslandsproduktion usw. sind attraktiver als Neueinstellungen. Zusammengefasst verhindert der Kündigungsschutz die Schaffung neuer Arbeitsplätze und hält die Arbeitgeber*innen vor Neueinstellungen zurück.

Außerdem ist es für Unternehmen erforderlich, neue technologische Innovationen in ihren Betrieben einzuführen. Dazu brauchen sie Entlassungen und Neueinstellungen in der Belegschaft, weil sehr schnell sich ändernde Technologien immer neues Wissen und neue Kenntnisse voraussetzen, um sich ändernden Situationen anzupassen. Möglicherweise verfügen die Arbeitnehmer*innen in der Belegschaft über ein anderes, in der aktuellen Situation nicht zu nutzendes Wissen oder sie sind auf ein anderes Thema spezifiziert. Neues Wissen zu lehren kann viel Geld und viel Zeit kosten und trotz Geld und Zeit kann dies auch erfolglos sein. Weiterhin können die Chancen für die Unternehmen schon verloren gehen, bevor es zum Erfolg kommen kann.[657] Auf diese Weise kann der Kündigungsschutz die Wettbewerbsfähigkeit der Unternehmen stark beeinträchtigen.[658]

Der Kündigungsschutz gilt auch als eine Gefahr gegen die Effizienz und die Qualität der Arbeit. In dem Fall es reicht das Recht auf Kündigung zu haben. In einem beliebig kündbaren Arbeitsvertrag ist das Recht, zu kündigen, nur selten

---

652 Vgl. *Jahn*, S. 53, 125; BTDrucks, 10/6555, 1; *Löwisch*, JZ 2000, 806 (806); *Höland*, in Blank (Hrsg.), S. 23 (39).

653 Vgl. *Kronberger Kreis*, S. 15.

654 Vgl. *Hromadka*, in: Blank (Hrsg.), S. 11 (11); *Höland*, in: Blank (Hrsg.), S. 23 (27).

655 Vgl. *Hromadka*, in: Blank (Hrsg.), S. 11 (11).

656 Vgl. *Hromadka*, in: Blank (Hrsg.), S. 11 (11); *Jahn*, S. 53, 128; *Löwisch*, JZ 2000, 806 (806); *Rüthers*, NJW 2002, 1601 (1604).

657 Vgl. *Jahn*, S. 129.

658 Vgl. *Jahn*, S. 129.

ausgeübt, weil die Androhung einer Kündigung viel wirksamer ist.[659] Außerdem; der Wechsel der Arbeitnehmer*innen von der Beschäftigung in die vorübergehende Arbeitslosigkeit und von der Arbeitslosigkeit in die Beschäftigung ist ein die Effizienz steigernder Faktor auf dem Arbeitsmarkt.[660] Konkurrenz zwischen den Arbeitnehmern*innen sorgt demnach für eine Steigerung der Qualität der Arbeit. Der Kündigungsschutz aber verschlechtert die Qualität der Arbeit und behindert die Effizienz des Arbeitsmarktes, indem er die Konkurrenz zwischen Arbeitsplatzbesitzern*innen und den Arbeitsuchenden gefährdet und einen Wechsel zwischen Arbeitslosigkeit und Beschäftigung erschwert. All diese Gründe sprechen gegen einen (gesetzlichen) Kündigungsschutz aus der Position der Arbeitgeber*innen.

III. Aus der Position der Arbeitsuchenden

Der Kündigungsschutz hat nicht nur einen Einfluss auf die Arbeitnehmer*innen und die Arbeitgeber*innen, sondern auch auf die Arbeitsplatzwahlfreiheit der Arbeitsuchenden auf dem Arbeitsmarkt. Nach einer Kündigung frei werdende Arbeitsplätze sind genau genommen neue Beschäftigungsmöglichkeiten für Arbeitsuchende und mit der Beschränkung des Kündigungsrechts der Arbeitgeber*innen sind demzufolge auch die Arbeitsmöglichkeiten der Arbeitsuchenden beschränkt. Bei der Anerkennung des Bestandsschutzrechts des*der Arbeitsplatzbesitzers*in interveniert der Gesetzgeber hinsichtlich der Arbeitsplatzwahlfreiheit des Arbeitsuchenden.[661] Der Kündigungsschutz manifestiert den Status quo der Arbeitsplatzbesitzer*innen um den Preis des Zugangs der Arbeitsuchenden zu diesem Arbeitsplatz.[662]

Diese Kritik bezeichnet das Vorhandensein des gesetzlichen Kündigungsschutzes als eine Diskriminierung gegen die Arbeitsuchenden.[663] Der kündigungsschutzrechtliche Bestandsschutz schützt die Insider, die in dem kündigungsschutzrechtlich geschützten Arbeitsverhältnis sind, „die ‚drinnen' sind".[664] Die Outsider, „diejenigen ‚die ‚draußen' sind", haben unter Umständen weniger Bewegungsmöglichkeiten, können möglicherweise nur wenige freie Arbeitsplätze finden und demnach relativ selten in Arbeitsverhältnisse eintreten.[665] Ein Bestandsschutz für die Arbeitsplatzbesitzer*innen wirkt sich negativ

---

659 Vgl. *Epstein*, 51 U. Chi. L. Rev. 947 (974).

660 Vgl. *Kronberger Kreis*, S. 15.

661 Vgl. *Papier*, DVBl. 1984, 801 (813); *Barton*, Arbeitgeber 1987, 470 (471); *Reuter*, in: Gamilllscheg u.a. (Hrsg.) S. 404 (417 ff., 421ff.); *Reuter*, RdA 1978, 344 (349).

662 Vgl. *Oetker*, S. 16.

663 Vgl. *Kronberger Kreis*, S. 3.

664 *Höland*, in: Blank (Hrsg.), S. 23 (31).

665 *Höland*, in: Blank (Hrsg.), S. 23 (31); Vgl. *Jahn*, S. 92, 116 ff.

aus in Bezug auf die Verteilungsgerechtigkeit und privilegiert die Arbeitsplatzbesitzer*innen gegenüber den Arbeitsuchenden.[666]

Außerdem beeinträchtigt der Kündigungsschutz die Möglichkeit der Arbeitnehmer*innen hinsichtlich der Konkurrenz um den Arbeitsplatz ihrer Wahl.[667] Er stört den Wettbewerb und im Endeffekt wirkt er sich möglicherweise aus zugunsten des*der geringer qualifizierten Arbeitsplatzbesitzers*in gegenüber dem*der hochqualifizierten Arbeitsuchenden oder auch zugunsten des*der von der Kündigung bedrohten Arbeitsplatzbesitzers*in gegenüber dem*der geeigneten und schutzbedürftigen Arbeitsuchenden.[668]

Die Einstellungskosten, unter anderem Such-, Verhandlungs- und Einarbeitungskosten, und Entlassungskosten, u. a. entstehend aus Kündigungsfristen, Rechtsverfahrenskosten usw., funktionieren wie ein Schutzmechanismus für die Arbeitsplatzbesitzer*innen, die Insider, gegen den Verlust des Arbeitsplatzes und geben den Insidern Macht, ihre Löhne über dem Wettbewerbsniveau festzulegen.[669] Die Insider haben die Möglichkeit, Betriebsvereinbarungen, Tarifverträge und Ähnliches abzuschließen oder sie verhandeln ihre Löhne individuell aus. Die Neueingestellten müssen allerdings mit den Insidern zusammenarbeiten. Kooperieren die Insider aber nicht mit den Neueingestellten, hat dies negative Auswirkungen auf die Produktivität der Neueingestellten/Ex-Outsider.[670] Außerdem können die Insider dem Unternehmen durch das Erzeugen eines schlechten Betriebsklimas schaden.[671] Im Endeffekt ist der zu realisierende Preis für die Neueinstellungen möglicherweise wesentlich höher als der Preis der Planung, welche eine ausfallende Tendenz der Einstellungen verursacht.[672] Infolgedessen nimmt die Arbeitslosigkeit zu.[673] Aus diesem Grund können Arbeitsuchende, die Outsider, auch „durch Unterbietung" des Insiderlohns „ihre Beschäftigungschancen nicht erhöhen".[674] Der Kündigungsschutz verleiht diese ungerechte Macht den Insidern und beeinträchtigt die Chance der Outsider, neue Arbeitsplätze zu finden. Alle diese Gründe sprechen gegen einen gesetzlichen Kündigungsschutz aus der Position der Arbeitsuchenden.

666 Vgl. *Papier*, DVBl. 1984, 801 (813); *Reuter*, RdA 1978, 344 (349, 350); *Jahn*, S. 112.
667 Vgl. *Herschel*, RdA 1975, 28 (32).
668 Vgl. *Stebut*, RdA 1997, 293 (294); *Reuter*, RdA 1978, 344 (349).
669 Vgl. *Jahn*, S. 116, 117.
670 Vgl. *Jahn*, S. 117, 119.
671 Vgl. *Jahn*, S. 117, 119.
672 Vgl. *Jahn*, S. 117, 119.
673 Vgl. *Jahn*, S. 117, 119.
674 *Jahn*, S. 117.

IV. Im Allgemeinen

Der Kündigungsschutz wird allgemein in seinem Verhätnis zur Vertragsfreiheit und vor allem zur Privatautonomie kritisiert. Nach dieser Auffassung setzt der Grundsatz der Vertragsfreiheit und der Privatautonomie voraus, dass die Parteien des Arbeitsvertrags von Rechts wegen die Möglichkeit haben sollten, eine Vertragsform ohne Kündigungsschutz zu wählen, wenn sie dies wünschen.[675] Diese Schlussfolgerung gründet sich auf den Grundsatz, dass die Vertragsfreiheit sowohl die private Autonomie als auch das effiziente Funktionieren der Arbeitsmärkte fördert.[676] Die Vertragsfreiheit ist vor allem ein Aspekt der individuellen Freiheit gesehen.[677] Solange akzeptiert wird, dass der*die Arbeitgeber*in der*die volle Eigentümer*in seines*ihres Kapitals und der*in Arbeitnehmer*in der*die volle Eigentümer*in seiner*ihrer Arbeitskraft ist, steht es den beiden frei, sich zu den Bedingungen auszutauschen, die sie für richtig halten – einschließlich die Kündigung.[678] Für die meisten Menschen hängen ihre eigene Gesundheit und ihr Wohlergehen sowie das ihrer Familien entscheidend davon ab, ob sie ihren Lebensunterhalt durch den Eintritt in den Arbeitsmarkt verdienen können.[679] Die Einzelnen wissen, was ihre eigenen Präferenzen sind und wie sie ihr Leben regeln haben.[680] Es kann kaum davon ausgegangen werden, dass weit entfernte öffentliche Einrichtungen über bessere Informationen über die individuellen Präferenzen verfügen als die Parteien der Arbeitsvertrag, die sie innehaben.[681] Es soll also die Parteien der Arbeitsvertrag überlassen werden, ob und inwieweit sie sich einen Kündigungsschutz wünschen.

Ein wesentlicher Kritikpunkt gegen den Kündigungsschutz entstammt der gesamtgesellschaftlichen Position hinsichtlich der Auseinandersetzung mit der Idee des Interessenausgleichs. Beim Kündigungsschutz geht es genau genommen nicht um eine Abwägung zwischen dem Interesse des*der Arbeitgebers*in in Bezug auf die Beendigung des Arbeitsvertrages und dem Interesse des*der Arbeitnehmers*in am Fortbestand des Arbeitsverhältnisses.[682] Ohne Zweifel beruft sich das Arbeitsverhältnis auf den Interessenausgleich zwischen Arbeitsvertragsparteien, welche sich nach ihrer Privatautonomie ausschließlich nach Maßgabe ihrer Interessen binden.[683] Allerdings hat dies nichts mit dem Kündigungsschutz zu tun. Die kündigungsschutzrechtliche Bindung ist nicht eine „Selbstbindung“,

675 Vgl. *Epstein*, 51 U. Chi. L. Rev. 947 (951).
676 Vgl. *Epstein*, 51 U. Chi. L. Rev. 947 (951).
677 Vgl. *Epstein*, 51 U. Chi. L. Rev. 947 (953).
678 Vgl. *Epstein*, 51 U. Chi. L. Rev. 947 (955).
679 Vgl. *Epstein*, 51 U. Chi. L. Rev. 947 (953).
680 Vgl. *Epstein*, 51 U. Chi. L. Rev. 947 (956).
681 Vgl. *Epstein*, 51 U. Chi. L. Rev. 947 (954).
682 Vgl. *Reuter*, RdA 2004, 161 (164).
683 Vgl. *Reuter*, RdA 2004, 161 (164).

sondern eine „Fremdbindung“.[684] Die Bindung, die die kündigungsschutzrechtlichen Normen anordnet, entstammt nicht den Arbeitsvertragsparteien, sondern basiert auf dem Gesetzgeber.[685] Unter der Anforderung der Gerechtigkeit gegenüber jedermann ist der Gesetzgeber dazu verpflichtet, die Interessen aller zu berücksichtigen.[686] Darüber hinaus beeinträchtigt der Kündigungsschutz nicht nur die Interessen der Arbeitgeber*innen und der Arbeitsplatzbesitzer*innen, sondern auch die Interessen der Arbeitsuchenden. Die Arbeitnehmerschaft ist demzufolge nicht als eine einheitliche Gesamtheit zu betrachten.[687] Arbeitsuchende und Arbeitsplatzbesitzer*innen haben untereinander konkurrierende Interessen an einem Arbeitsplatz. Der Kündigungsschutz muss auch die bestehende Konkurrenz von Arbeitnehmerinteressen zur Kenntnis nehmen und berücksichtigen.[688] Der Schutz der Existenzgrundlage der Arbeitnehmer*innen lässt sich auch nicht als Schutzzweck des Kündigungsschutzes qualifizieren. Das Interesse an dem Schutz der Existenzgrundlage ist nicht nur ein Interesse des*der Arbeitsplatzbesitzers*in am Arbeitsverhältnis, sondern auch ein Interesse des*der Arbeitsuchenden am Arbeitsverhältnis; prinzipiell sind beide Interessen gleichwertig.[689] Den Kündigungsschutz mit dem gleichen Interesse zu rechtfertigen, ist nicht logisch und auch nicht zulässig.[690] Es gibt auch keinen Grund dafür, das Interesse des*der Arbeitsplatzbesitzers*in an der Existenzgrundlage höher zu bewerten als das entsprechende Interesse des*der Arbeitsuchenden.[691]

Darüber hinaus ergeben sich folgende Schwierigkeiten aus dem Kündigungsschutz aus der Sicht der Befürworter des unbegrenzten freien Austausches der Güter im Arbeitsmarkt. Nach dieser Blickrichtung beeinträchtigt der Kündigungsschutz den freiwilligen Tausch der Güter, welcher der Kern eines funktionierenden freien Marktes ist. Ein effizienter Arbeitsmarkt ist nur dann zu erreichen, wenn die Arbeitsmarktspieler frei und unbegrenzt handeln können. Eine Beschränkung der Vertragsfreiheit durch einen gesetzlichen Kündigungsschutz bringt Effizienzverluste für die Vertragsparteien mit sich.[692] Außerdem reduziert der Kündigungsschutz auch die Beweglichkeit des Arbeitsmarktes, verursacht demzufolge unflexible Arbeitsmärkte, indem er den Wechsel von Arbeitslosigkeit zu Beschäftigung und zurück von Beschäftigung zu Arbeitslosigkeit erschwert.[693] Da die Arbeitgeber*innen neuen möglichen Arbeitnehmern*innen,

---

684 *Reuter*, RdA 2004, 161 (164).
685 Vgl. *Reuter*, RdA 2004, 161 (164).
686 Vgl. *Reuter*, RdA 2004, 161 (164).
687 Vgl. *Reuter*, in: Gamillscheg (Hrsg.), S. 405 (410 ff.).
688 Vgl. *Reuter*, in: Gamillscheg (Hrsg.), S. 405 (414).
689 Vgl. *Reuter*, RdA 2004, 161 (164); *Reuter*, in: Gamillscheg (Hrsg.), S. 405 (421 ff.).
690 Vgl. *Reuter*, RdA 2004, 161 (164).
691 Vgl. *Reuter*, RdA 2004, 161 (164), *Reuter*, RdA 1978, 344 (350).
692 Vgl. *Walwei*, MittAB 2000, 101 (103).
693 Vgl. *Walwei*, MittAB 2000, 101 (102); *Kronberger Kreis*, S. 17.

Arbeitsuchenden, nicht nur einen Arbeitsplatz, sondern auch den gesetzlichen Kündigungsschutz bieten müssen, scheuen sie vor Abschluss von unbefristeten Arbeitsverträgen, welche den Abbau neuer Arbeitsplätze verhindern oder diejenigen Arbeitsplätze, die schon vorhanden sind, vernichten.[694] Auf diese Weise hat er eine negative Wirkung auf die Arbeitsplatzmobilität, verlängert die Dauer der Arbeitslosigkeit und erhöht den Anteil der Langzeitarbeitslosen.[695] Außerdem Kündigungsschutz ist als ungeeignet für eine sinnvolle private Anpassung an das Problem der unvollkommenen Information über die Zeit bewertet.[696] Nach dieser Ansicht ist ein beliebig kündbarer Arbeitsvertrag ein wesentlicher Bestandteil der Planung, da er beiden Seiten der Arbeitsvertrag die Möglichkeit gibt, eine abwartende Haltung gegenüber ihrer Beziehung einzunehmen, so dass neue und genauere Entscheidungen auf der Grundlage besserer Informationen getroffen werden können.[697]

Noch zu erwähnen ist der Standpunkt, der die Komplexität des Kündigungsschutzrechts kritisiert. Kündigungsschutzrechtliche Normen sind meistens kompliziert und manchmal auch sogar für Fachleute nicht einfach verständlich.[698] Unbestimmte Begriffe, Generalklauseln, ungeschriebene Prinzipien usw. verursachen Rechtsunklarheit.[699] Es ist unmöglich, ohne die Hilfe eines Experten diese Normen zu verstehen.[700] Dies verursacht Schwierigkeiten bei der Anwendung der kündigungsschutzrechtlichen Rechtsnormen. Außerdem können die Arbeitgeber*innen nicht schätzen, was nach der Kündigung kommt, sollten die Arbeitnehmer*innen vor Gericht gehen.[701] Es lässt sich für Arbeitgeber*innen nicht vorhersehen, wie lange ein Prozess dauern kann, wie hoch die Chancen sind, den Prozess zu gewinnen usw.[702] Das verursacht Unsicherheit aufseiten der Arbeitgeber*innen.[703] Die Arbeitgeber*innen müssen weiterlaufende Lohnkosten, Rechtsdurchsetzungs-, Beratungs- und Gerichtskosten verkraften.[704] Aus diesem Grund neigen Arbeitgeber*innen dazu, anstatt sich vor dem Gericht zu verteidigen, eine Abfindung zu zahlen.[705] Die Unklarheit der kündigungsschutzrechtlichen Normen und die Rechtsunsicherheit stellen sich

---

694 Vgl. *Kronberger Kreis*, S. 29; *Jahn*, S. 166; *Stebut*; RdA 1997, 293 (293, 295).
695 Vgl. *Jahn*, S. 296, 326 ff.; *Walwei*, MittAB 2000, 101 (102); *Löwisch*, NZA 2003, 690.
696 Vgl. *Epstein*, 51 U. Chi. L. Rev. 947 (969).
697 Vgl. *Epstein*, 51 U. Chi. L. Rev. 947 (969).
698 Vgl. BTDrucks, 13/4612, 8; *Barton*, Arbeitgeber 1987, 470 (470); *Löwisch*, NZA 2003, 689 (689); *Rüthers*, NJW 2000, 1601 (1601, 1602).
699 Vgl. *Rüthers*, NJW 2000, 1601 (1602).
700 Vgl. *Rüthers*, NJW 2000, 1601 (1602).
701 Vgl. *Kronberger Kreis*, S. 20, 22; *Barton*, Arbeitgeber 1987, 470 (470); *Rüthers*, NJW 2000, 1603, 1608.
702 Vgl. *Kronberger Kreis*, S. 22; *Barton*, Arbeitgeber 1987, 470 (470).
703 Vgl. *Kronberger Kreis*, S. 20, 22; *Rüthers*, NJW 2002, 1601 (1603).
704 Vgl. *Löwisch*, NZA 2003, 689 (690); *Rüthers*, NJW 2002, 1601 (1603).
705 Vgl. *Kronberger Kreis*, S. 22; *Rüthers*, NJW 2002, 1601 (1603).

für Unternehmen als psychologische Barriere für Neueinstellungen dar.[706] Darüber hinaus ist der Kündigungsschutz mit hohen Verwaltungskosten verbunden, wobei ein Arbeitsvertrag, der nach Belieben gekündigt werden kann, sehr billig zu verwalten ist.[707]

V. Zwischenergebnis

Inwieweit diese Kritikpunkte allerdings zutreffend sind, ist infrage zu stellen. Das Verständnis einer kündigungsschutzrechtlichen Bindung als eine Fremdbindung ist skeptisch zu betrachten.[708] Die tatsächliche Selbstbestimmung ist eine Voraussetzung der Privatautonomie. Eine faktische Selbstbestimmung des Vertragsabschlusses ist allerdings fraglich beim Fehlen eines annähernden Kräftegleichgewichts der Beteiligten, bei dem es einer der Parteien möglich ist, die Vertragsbedingungen einseitig zu bestimmen.[709] Ist auch in diesem Fall von einer ‚Selbstbestimmung' zu sprechen? Oder ist es eher eine Fremdbestimmung? Jahrelang kam es – insbesondere z. B. während der ersten Welle der Industrialisierung – infolge des Ungleichgewichts der Kräfte der Arbeitsvertragsparteien und der mächtigen Position der Arbeitgeber*innen zur Ausbeutung der Arbeitnehmerschaft.[710] Von Anfang an war der Kündigungsschutz eine Reaktion gegen diese Tendenz als eine Art von Empowerment Projekt für die Arbeitnehmer*innen. In diesem Zusammenhang sind auch die Argumente, der Kündigungsschutz existiere gegen den Willen der Arbeitnehmer*innen und er beeinträchtige den Wettbewerb zwischen den Arbeitnehmern*innen, skeptisch zu betrachten.

Es besteht der Vorwurf, der gesetzliche Kündigungsschutz verhindere durchaus mögliche individuelle Vereinbarungen zwischen Arbeitnehmern*innen und Arbeitgebern*innen über unterschiedliche Arbeitsbedingungen. Allerdings sind individuelle Vereinbarungen angesichts eines fehlenden annähernden Gleichgewichts der Kräfte der Arbeitsvertragsparteien eher die große Ausnahme; vielmehr diktiert die dominierende Arbeitgeberschaft die Bedingungen. Demzufolge ist der Kündigungsschutz eher als Beschützer der Vertragsfreiheit anzusehen, da die wichtigste Voraussetzung der Vertragsfreiheit der freie Wille der Vertragsparteien ist.

Abschließend sind die Folgen der kündigungsschutzrechtlichen Regelungen des Arbeitsmarktes zu hinterfragen. Zunächst existiert die Behauptung, der Arbeitsmarkt gestalte sich infolge des Kündigungsschutzes zu unbeweglich, was aber – vor allem angesichts des Beispiels in Bezug auf den deutschen

706 Vgl. BTDrucks, 13/4612, 8; *Löwisch*, NZA 2003, 689 (690).
707 Vgl. *Epstein*, 51 U. Chi. L. Rev. 947 (970).
708 Vgl. *Reuter*, RdA 2004, 161 (164).
709 Vgl. *Kittner*, AuR 1995, 385 (385, 386).
710 Siehe *diese Dissertationschrift* § 5 A und § 5 A. II.

Arbeitsmarkt – mit einem höheren Kündigungsschutzniveau und dennoch starken Bewegungen – zu bezweifeln ist.[711] Als Nächstes liegt die Betonung auf einer angeblich negativen Wirkung des Kündigungsschutzes auf die Arbeitsplätze; allerdings ist ein Schaffen von Arbeitsplätzen durch einen möglichen Abbau des Kündigungsschutzes lediglich als Vermutung anzusehen.[712] Ein Auswirken des Kündigungsschutzes auf die Arbeitslosigkeit lässt sich ebenfalls nicht nachweisen.[713] Einige Studien belegen ein Sinken der Beschäftigung und der Erwerbsquote aufgrund der kündigungsschutzrechtlichen Vorschriften; andere sprechen von einem positiven Effekt des Kündigungsschutzes auf die Arbeitslosigkeit und die Beschäftigungsquote, wieder andere Studien können keinen Effekt des Kündigungsschutzes auf die Beschäftigung und die Arbeitslosenquote ausmachen.[714] Es besteht auch die Ansicht, der Kündigungsschutz diene der Bekämpfung der Arbeitslosigkeit.[715] Demzufolge gibt es zahlreiche divergierende Ergebnisse empirischer Untersuchungen über die Wirkungen des Kündigungsschutzes auf die Beschäftigung.[716] Der Kündigungsschutz ist lediglich als eine Variable unter vielen anderen anzusehen, deren Wirkung auf dem Arbeitsmarkt von mehreren anderen Faktoren abhängig ist. Entscheidet sich der Gesetzgeber, im Namen der Gesellschaft und als Spiegelung der gesellschaftlichen Realität, für einen Kündigungsschutz, basiert diese Entscheidung nicht allein auf arbeitsmarktpolitischen Zielen. Beim Treffen der Entscheidung gilt es, gründlich zu durchdenken, welche Auswirkungen eine Kündigung hat, wer in welcher Form von einer Kündigung betroffen ist und wie unerwünschte Folgen einer Kündigung zu vermeiden oder zu mildern sind. Mittels der Entscheidung positioniert sich der Gesetzgeber, wessen Rechte er wie und in welchem Umfang schützen möchte. Die Entscheidung für einen Kündigungsschutz ist eine bewusste Entscheidung für die Verbesserung der Rechtspositionen hinsichtlich der gesellschaftlichen und ökonomischen Verteilung der Verfügungsrechte.[717]

G. Ergebnis

Das Kündigungsschutzrecht als ein Rechtsgebiet, das sich dem Schutz der Arbeitnehmer*innen gegen ungerechte Kündigungen widmet, bestimmt wie, wann, unter welchen Umständen die Kündigung eines Arbeitsverhältnisses möglich ist, wobei die kündigungsschutzrechtlichen Vorschriften vom*von der

---

711 Vgl. *Höland*, in: Blank (Hrsg.) S. 23 (33).

712 Vgl. KSchR/*Deinert*, Einl. Rn. 9.

713 Vgl. *Jahn*, S. 84 ff., 103, 296, 320 ff.; *Wolter*, NZA 2003, 1068 (1069).

714 Vgl. *Walwei*, MittAB 2000, 101 (104); *Höland*, in: Blank (Hrsg.) S. 23 (23, 30); *Jahn*, S. 125, 321 ff.

715 Vgl. *Herschel*, RdA 1975, 28 (30); *Toews*, S. 92.

716 Vgl. *Jahn*, S. 22, 23.

717 Vgl. *Höland*, in: Blank, S. 23 (38); *Walwei*, MittAB 2000, 101 (101, 102).

Arbeitgeber*in das Beachten von vorgeschriebenen Bedingungen bei der Beendigung des Arbeitsverhältnisses durch eine Kündigung fordern. In diesem Zusammenhang ist eine Kündigung als eine einseitige, empfangsbedürftige Willenserklärung und eine einseitige Ausübung eines Gestaltungsrechts, welche die Aufhebung des Arbeitsverhältnisses bezweckt, zu definieren. Im Allgemeinen ist – angefangen bei den ersten Beendigungsbeschränkungen bis zum heutigen Kündigungsschutz – schon auf den ersten Blick an ein breiter Schutz gegen Kündigungen festzustellen. Allerdings können sich die kündigungsschutzrechtlichen Normen von Zeit zu Zeit in hohem Maße ändern. Der Umfang des Kündigungsschutzes ist sehr sensibel in Bezug auf die ökonomischen und gesellschaftlichen Änderungen.

Viele Gründe sprechen für die Existenz eines Kündigungsschutzes. Vor allem ist der Kündigungsschutz ein Mittel, die Machtunterschiede zwischen den Parteien des Arbeitsvertrages auszugleichen sowie die unterschiedlichen Machtpositionen im Arbeitsmarkt zu neutralisieren. Angesichts eines fehlenden annähernden Gleichgewichts der Arbeitskräfte sind individuelle Vereinbarungen eher die Ausnahme, zumeist dominiert der stärkere Partner, hier der*die Arbeitgeber*in; deshalb ist der Kündigungsschutz genau genommen als ein Beschützer der Vertragsfreiheit anzusehen. Der Kündigungsschutz ist ein Empowerment Projekt für Arbeitnehmer*innen zur Überwindung des Kräfteungleichgewichts auf dem Arbeitsmarkt, um die wahre Gleichheit, die Verteilungsgerechtigkeit und tatsächliche Vertragsfreiheit zu erreichen. Er ist darüber hinaus ein wichtiges Instrument für die Planbarkeit des Lebens und selbstbestimmte Lebensgestaltung für die Arbeitnehmer*innen. Er schützt die Arbeitnehmer*innen gegen die Kommodifizierung der menschlichen Arbeitskraft sowie vor sozialer Stigmatisierung.[718] Ferner gestaltet der Kündigungsschutz die Vertragsdurchsetzung effektiv und hat einen positiven Effekt auf den Organisationsgrad der Arbeitnehmer*innen. Er gibt Arbeitnehmern*innen die Chance, ohne Angst vor Entlassung in Sicherheit mutiger zu handeln, ihnen zustehende Rechte furchtlos auszuüben. Ansonsten dient der Kündigungsschutz der Unabhängigkeit und des Freiraumes der Arbeitnehmer*innen, um neue Ideen zu entwickeln; daher bezieht er sich auf die Erhöhung der betrieblichen Innovation, die Erweiterung des Aufbaus firmenspezifischen Wissens und fördert die Bereitschaft zum kreativen Handeln. Durch die Normen des Kündigungsschutzrechts erzielte stabile Beschäftigungsverhältnisse fördern zudem die Bewahrung des sozialen Friedens; auf diese Weise dienen sie der Pflege des sozialen Gerechtigkeitsgefühls.[719] Gleichzeitig bietet der staatliche Kündigungsschutz den Parteien des Arbeitsvertrages die von beiden Seiten des Arbeitsverhältnisses erwünschte Vorhersehbarkeit. Die Entscheidung für einen Kündigungsschutz ist eine bewusste Entscheidung für die Verbesserung

---

718 Siehe *diese Dissertationsschrift* § 5 C. I. Vgl. vH/L/K/*Krause* § 1 Rn. 9.
719 Siehe *diese Dissertationsschrift* § 5 C. I. und IV. Vgl. A/P/S/*Preis*, 1. Teil B Rn. 8.

der Rechtspositionen in Bezug auf die gesellschaftliche und ökonomische Verteilung der Verfügungsrechte.[720]

Aus alledem ergibt sich: Der Kündigungsschutz entstand vor allem aus dem Kampf darüber, ungleichgewichtige Machtpositionen zwischen den Arbeitnehmern*innen und Arbeitgebern*innen im Arbeitsmarkt zugunsten der Arbeitnehmer*innen zu neutralisieren. Mit seiner Entscheidung für einen Kündigungsschutz bei der Feststellung des Umfangs des kündigungsrechtlichen Schutzes reflektiert der Gesetzgeber genau genommen den gesellschaftlichen Kompromiss zwischen der Arbeitnehmer- und der Arbeitgeberseite. Diese Entscheidung hängt allerdings entscheidend davon ab, welcher Arbeitsmarkt und welches ökonomische System in der Gesellschaft in dem gegebenen, relevanten Zeitraum gewollt und opportun sind. Mit seiner Entscheidung positioniert der Gesetzgeber sich im Namen der Gesellschaft dafür, wessen Rechte wie und in welchem Umfang er schützen möchte.

720 Vgl. *Höland*, in: Blank, S. 23 (38); *Walwei*, MittAB 2000, 101 (101, 102).

§ 6 Antidiskriminierungsrecht vs. Kündigungsschutzrecht

Das Antidiskriminierungsrecht und das Kündigungsschutzrecht haben nach der bisherigen Untersuchung der Arbeit ihren Ursprung in verschiedenen Geschichten, Kulturen, Rechtssystemen und dienen dem Erreichen verschiedener Ziele. Der Teil „Antidiskriminierungsrecht vs. Kündigungsschutzrecht" beinhaltet einen Vergleich der Unterschiede und Ähnlichkeiten dieser Rechtsgebiete.

Das Antidiskriminierungsrecht und das Kündigungsschutzrecht stammen aus verschiedenen Rechtssystemen, Kulturen und Geschichten. Während das Antidiskriminierungsrecht aus der US-amerikanischen Bürgerrechtsbewegung stammt, entstanden als ein eigenständiges Rechtsgebiet erst nach dem Zweiten Weltkrieg in den USA, wo immer noch contract -at -will herrscht, sind die Wurzeln des Kündigungsschutzrechts wiederum in der europäischen Geschichte der Arbeiterbewegung zu finden.[721] Es entstand insbesondere gegen Ende des 19. Jahrhunderts auf dem europäischen Kontinent.[722]

Bei dem Antidiskriminierungsrecht handelt es sich um die Anerkennung der inneren gleichen moralischen Werte des Menschen und der Wertgleichheit der verschiedenen Identitäten. Es gilt dabei, mittels des Antidiskriminierungsrechts die Transformierung eines eigenen Selbst- und Gemeinschaftsgefühls durch Bewusstseinsbildung gegen ein von einer dominanten Kultur aufgezwungenes Minderwertigkeitsgefühl zu erzielen. Gewünscht ist ein gesellschaftliches Leben, in dem alle Menschen – frei von abwertenden Diskriminierungen – ein freies und menschenwürdiges Leben führen können. Bei dem Kündigungsschutzrecht geht es vor allem darum, ungleichgewichtige Kräfte der Arbeitsvertragsparteien zu neutralisieren und auf diese Weise Freiheit und Gleichheit auf dem Arbeitsmarkt zu erreichen. Es reagiert auf die Ungleichheit der Verhandlungsmacht zwischen Arbeitgebern*innen und Arbeitnehmern*innen und beabsichtigt die wirtschaftliche Existenz eines Individuums zu sichern sowie ihre Freiheit zu garantieren. Während beide Rechtsgebiete sich mit den gesellschaftlichen Ungleichheiten und der Gerechtigkeit beschäftigen, erfordert der Kündigungsschutz eine Interessenabwägung der Rechte und Interessen der Arbeitgeber*innen und Arbeitnehmer*innen sowie aber auch der Arbeitsuchenden. Somit gestaltet sich das Kündigungsschutzrecht als die Suche nach einem gesellschaftlichen Kompromiss zwischen Arbeitsvertragsparteien. Unter Berücksichtigung der unabdingbaren Natur des Rechts auf Diskriminierungsschutz ist eine Interessenabwägung in Bezug auf das Antidiskriminierungsrecht unbedenklich.

---

721 Siehe *diese Dissertationsschrift* § 4 A. und § 5 A.

722 Siehe *diese Dissertationsschrift* § 5 A.

Während das Antidiskriminierungsrecht an alle Menschen gerichtet ist, liegt der Fokus des Kündigungsschutzrechts auf den Arbeitnehmern*innen. Das Antidiskriminierungsrecht konzentriert sich auf Diskriminierungen, entstanden aufgrund von rechtlich anerkannten Diskriminierungsmerkmalen unter Verweis auf Diskriminierungsverbote. Es schützt vor allem den merkmalstragenden Menschen gegen Diskriminierungen im Verhältnis zwischen den Bürgern*innen und dem Staat oder zwischen den Bürgern*innen untereinander. Das Antidiskriminierungsrecht ist, aufgrund des menschenrechtlichen Charakters des Diskriminierungsschutzes, an alle Menschen gerichtet. Der Kündigungsschutz konzentriert sich auf Kündigungen in Bezug auf die Arbeitsverhältnisse, wobei er bestimmt, wie, wann, unter welchen Umständen eine Kündigung möglich ist, auch im Falle einer Erschwerung oder eines Ausschlusses der Kündigung. Er schützt die Arbeitnehmer*innen (die unter den Kündigungsschutz fallen) gegen ungerechte Kündigungen im Verhältnis zwischen den Arbeitgebern*innen und Arbeitnehmern*innen. Das Kündigungsschutzrecht – als arbeitsrechtliches Unterkapitel – ist dabei an die Arbeitnehmer*innen gerichtet.

Das Antidiskriminierungsrecht wählt dabei einzelne Diskriminierungsmerkmale heraus und gewährt seinen Schutz in Bezug auf alle Rechtsbereiche. Beabsichtigt ist aber im arbeitsrechtlichen Zusammenhang die Sicherstellung eines Schutzes allen Arbeitnehmern*innen gegenüber, unabhängig von persönlichen Diskriminierungsmerkmalen mit der Gewährleistung der Gleichheit und der Gerechtigkeit. Der Kündigungsschutz, ein arbeitsrechtliches Phänomen, fokussiert währenddessen auf die Institution der Kündigung selbst und verbreitet seinen umfassenden Schutz in Bezug auf die Arbeitnehmerschaft für alle Kündigungsfälle, solange das Arbeitsverhältnis innerhalb des Anwendungsbereichs fällt. Beabsichtigt ist dabei eine Verstärkung der Machtposition des*der Arbeitnehmers*in im Arbeitsverhältnis durch die Festlegung von Standards für die Kündigung.

Bei der Entwicklung des Antidiskriminierungsrechts spielten die einzelnen Diskriminierungsmerkmale eine besondere Rolle. Als Beweggrund zu zählen sind sowohl im US-amerikanischen Recht als auch im völkerrechtlichen Diskriminierungsschutz das Merkmal Rasse bzw. Hautfarbe und/oder ethnische Herkunft. Es folgte die Entwicklung des Schutzkonzeptes hinsichtlich des Geschlechts und dessen Vorreiterrolle in der Entwicklung eines europäischen Antidiskriminierungsrechts.[723] Das Kündigungsschutzrecht wiederum richtet sich auf das gesamte Konzept der ungerechtfertigten Kündigung.

Der Schutz, den das Antidiskriminierungsrecht gewährleistet, verbreitete sich mit der Zeit seit dem Erlass der ersten antidiskriminierungsrechtlichen Normen. Der Schutz, den das Kündigungsschutzrecht gewährleistet, verbreitete sich ebenfalls mit der Zeit seit dem Erlass der ersten kündigungsschutzrechtlichen Normen. Allerdings gestalten sich die kündigungsschutzrechtlichen Normen

---

723 Siehe *diese Dissertationsschrift* § 4 A.

sensibel hinsichtlich der ökonomischen und gesellschaftlichen Änderungen. Die Abschaffung der kündigungsschutzrechtlichen Vorschriften oder die Verringerung des Grades des Kündigungsschutzes ist insbesondere im internationalen Kontext in Krisenzeiten zu beobachten.[724]

Das Recht auf Nichtdiskriminierung ist ein im Kern völkerrechtliches Dokument anerkannter Menschenrechte und eines der politischen und bürgerlichen Menschenrechte.[725] Es existiert ein globaler Konsens in Bezug auf das Antidiskriminierungsrecht; zurzeit verbietet die überwiegende Mehrheit der Staaten der Welt die Diskriminierung mithilfe von verfassungsrechtlichen oder gesetzlichen Bestimmungen. Eine Einschränkung des Rechts auf Nichtdiskriminierung darf unter keinen Umständen erfolgen (Vgl. Art. 4 IPBPR).[726] Die sich aus diesem Rechtsgebiet ergebenden universellen, aber gleichzeitig auch kulturellen Ansprüche sind unverzichtbar. Das arbeitsrechtliche Kündigungsschutzrecht basiert auf den wirtschaftlichen, sozialen und kulturellen Menschenrechten. Außer im IAO-Übereinkommen und in den RESC und einigen besonderen Bestimmungen in den völkerrechtlichen Verträgen gibt es aber keine völkerrechtliche Norm, welche die Einschränkung oder die Abschaffung des allgemeinen Kündigungsschutzes verbietet.[727] Trotz der Bemühungen der internationalen Arbeitsorganisation existiert kein globaler Konsensus über das Kündigungsschutzrecht.[728] Lediglich eine geringe Anzahl an Vertragsstaaten der internationalen Arbeitsorganisation ratifizierten bis jetzt das IAO-Übereinkomme über die Beendigung des Arbeitsverhältnisses durch den Arbeitgeber (IAO-Übk. Nr. 158).[729] Das gilt ebenfalls für die RESC, die kündigungsschutzrechtlichen Normen enthält.[730]

Beide Rechtsgebiete basieren in ihren Erkenntnissen vor allem auf den gesellschaftlich vorhandenen sozialen Machtunterschieden und beschäftigen sich damit. Auf einer Seite stehen dabei die gesellschaftlich benachteiligten Gruppen, die nach den antidiskriminierungsrechtlichen Normen einen Schutz gegen gesellschaftlich unerwünschte Diskriminierung suchen, auf der anderen Seite steht die schwächere Partei des Arbeitsverhältnisses in Form der Arbeitnehmer*innen, die nach den allgemeinen kündigungsschutzrechtlichen Normen einen Schutz gegen ungerechtfertigte Kündigungen sucht.

Von Anfang an wirken das Antidiskriminierungsrecht und das Kündigungsschutzrecht als eine Art von Empowerment Projekt für Unterdrückte bzw. für die Arbeitnehmer*innen. Sowohl das Antidiskriminierungsrecht als auch das

---

724 Siehe *diese Dissertationsschrift* § 5 A.
725 Siehe *diese Dissertationsschrift* § 4 A. § 7.
726 Siehe *diese Dissertationsschrift* § 4 A. § 7.
727 Siehe *diese Dissertationsschrift* § 5 A. § 7.
728 Siehe *diese Dissertationsschrift* § 5 A. § 7.
729 Siehe *diese Dissertationsschrift* § 7.
730 Siehe *diese Dissertationsschrift* § 7.

Kündigungsschutzrecht gehen über die konzeptionellen Apparate der geltenden Rechtssysteme hinaus. Vor allem fordern sie die Konzepte der Privatautonomie und Vertragsfreiheit heraus, positionieren sich gegen den reinen wirtschaftlichen Liberalismus, indem sie die Begriffe wie Gleichheit oder Freiheit und auch Gerechtigkeit infrage stellen und ein Umdenken, eine Umdefinierung und eine Umkonzeptionierung derer kategorisch verlangen. Befürwortet ist ein werteorientiertes Verständnis der marktwirtschaftlichen Verhältnisse. Das Antidiskriminierungsrecht und das Kündigungsschutzrecht gestalten sich dabei im arbeitsrechtlichen Kontext als Grenzmarkierungen der ökonomischen Entscheidungsfreiheit der Arbeitgeber*innen. Gefordert ist ein Schutz der Schwächeren. Es existiert die Erkenntnis, eine reine rechtliche Gleichheit und Freiheit reiche nicht aus; es gelte eine tatsächliche Gleichheit und Freiheit zu erreichen. In dem Sinne entfalten sie ein emanzipatorisches Potenzial.

Zweiter Teil. Rechtliche Grundlagen. Internationales und supranationales Recht.

Der folgende Teil beschäftigt sich mit den international- und supranationalrechtlichen Grundlagen des Antidiskriminierungs- und Kündigungsschutzrechts. Der Teil gliedert sich in zwei Kapitel. Den Beginn bildet das Thema völkerrechtliche Grundlagen des Antidiskriminierungsrechts und Kündigungsschutzrechts. Es folgt eine Diskussion zum Thema europarechtliche Grundlagen des Antidiskriminierungsrechts und Kündigungsschutzrechts.

§ 7 Völkerrechtliche Grundlagen des Antidiskriminierungsrechts und Kündigungsschutzrechts

Dieser Teil beinhaltet die für das deutsche und türkische nationale Recht von Bedeutung völkerrechtlichen normativen Grundlagen des Antidiskriminierungsrechts und Kündigungsschutzrechts. Nach einer Darstellung der antidiskriminierungsrechtlichen und kündigungsschutzrechtlichen Regulierungen des Arbeitsvölkerrechts im Rahmen der Vereinten Nationen findet eine Beschreibung der Diskriminierungsverbote und der kündigungsschutzrechtlichen Normen innerhalb der Internationalen Arbeitsorganisation statt. Nachfolgend stellt sich der Diskriminierungsschutz und der Kündigungsschutz im Kontext des Europarats vor. Abschließend folgt ein Ergebnis zum Thema der völkerrechtlichen Grundlagen des Antidiskriminierungsrechts und Kündigungsschutzrechts.

A. Kurzer Überblick

Dieser Abschnitt befasst sich mit einem kurzen Überblick über das völkerrechtliche Recht. Eine Beschreibung findet zuerst das Thema im Allgemeinen. Als Nächstes entwickelt sich eine Schilderung der Bedeutung des Arbeitsvölkerrechts für das deutsche und türkische nationale Recht.

I. Allgemeines

Die Regeln des durch die gemeinsame Arbeit/Zusammenarbeit mehrerer Staaten vereinbarten Arbeitslebens bilden die internationalen Ressourcen des Arbeitsrechts.[731] Anders als das supranationale Arbeitsrecht, das eine überstaatliche Geltung findet, gelten die Normen des Arbeitsvölkerrechts zwischenstaatlich.[732] Dem Thema des supranationalen Rechts, nur im Zusammenhang mit dem europäischen Recht, widmet sich das nächste Kapitel. Dieses Kapitel enthält eine Untersuchung hinsichtlich des universellen Arbeitsvölkerrechts im Sinne der verschiedenen Regelungen der Vereinten Nationen und der Internationalen Arbeitsorganisation sowie des regionalen Arbeitsvölkerrechts im Rahmen des Europarats.[733] Auf durch bilaterale Staatsverträge gestaltetes internationales

731 Vgl. *Süzek*, S. 78.
732 Vgl. *Schubert/Buschmann*, S. 35.
733 Vgl. *Krause*, Arbeitsrecht, S. 87, 88 Rn. 45.

Arbeitsrecht geht die vorliegende Arbeit nicht ein.[734] Allerdings berücksichtigt das Kapitel einige, für die Fragestellung dieser Arbeit bedeutende multilaterale Abkommen in einer deutsch – türkisch rechtsvergleichenden Weise.

Die Rolle, die das Arbeitsvölkerrecht für Arbeitsbeziehungen in Deutschland spielt, gestaltet sich immer noch als eine nur „marginale Rolle" am Rande des Mainstreams.[735] Auch in der Türkei finden des Öfteren die Normen und die Spruchpraxis hinsichtlich des Arbeitsvölkerrechts nur kurz in den ersten Teilen der türkischen Arbeitsrechtlehrbücher in Verbindung mit dem Thema – Rechtliche Grundlagen des Arbeitsrechts – Platz.[736] Allerdings ist das sich bietende Potenzial, das Arbeitsvölkerrecht, als ein gemeinsames Produkt der Weltgemeinschaft, vielseitig. Auf der einen Seite dient das Arbeitsvölkerrecht als Auslegungsinstrument der nationalen Normen. Auf der anderen Seite bietet es Hilfe für Rechtsuchende, wenn die nationalen Mechanismen keine Hilfe leisten können. Darüber hinaus erweist es sich auch als ein Maßstab bei dem Vergleich sowohl des deutschen als auch des türkischen Rechtssystems in vielerlei Hinsicht.

II. Bedeutung des Arbeitsvölkerrechts für das deutsche und türkische nationale Recht

In Betracht zu ziehen sind zuerst die Bedeutung des Arbeitsvölkerrechts für das deutsche Recht und als Nächstes für das türkische Recht.

1. Deutsches Recht

Die Transformierung der völkerrechtlichen Verträge ins deutsche nationale Recht erfolgt entweder gemäß Artikel 25 GG oder entsprechend Artikel 59 Absatz 2 GG. Die völkerrechtlichen Verträge, welche die politischen Beziehungen des Bundes regeln oder sich auf Gegenstände der Bundesgesetzgebung beziehen, gewinnen nach deutschem Recht rechtliche Verbindlichkeit, wenn der Bundesgesetzgeber den Verträgen durch ein Gesetz zustimmt (Zustimmungsgesetz) (Art. 59 II GG).

Die allgemeinen Regeln des Völkerrechts sind dagegen Bestandteil des Bundesrechts (Art. 25 GG). Sie haben Vorrang vor den Gesetzen und erzeugen unmittelbar Rechte und Pflichten für die Bewohner des Bundesgebietes (Art. 25 GG). Die Frage ist, ob die Diskriminierungsverbote als Völkergewohnheitsrecht im Sinne von Artikel 25 GG Anerkennung gewinnen könnten. Die Gewährleistung der Gleichheit mittels der Diskriminierungsverbote ist ein völkerrechtlich bevorzugter Weg.[737] Die Nichtdiskriminierungspflicht der Staaten findet in fast sämtlichen

734 Vgl. *Dütz/Thüsing*, Arbeitsrecht, S. 13 Rn. 22; *Süzek*, S. 92. Siehe auch *diese Dissertationsschrift* § 2.
735 *Krause*, Arbeitsrecht, S. 87 Rn. 45. Vgl. *Schubert/Buschmann*, S. 30.
736 Beispielhaft: Passim *Süzek*; *Mollamahmutoğlu/Astarlı*; *Çelik/Caniklioğlu/Canbolat*.
737 Vgl. Schiek/*Schiek, AGG*, Einl. Rn. 9.

völkerrechtlich zentralen Verträgen ihren Platz. Darüber hinaus weisen fast alle völkerrechtlichen Verträge in ihrer Präambel einen Schutz vor Diskriminierungen auf. Ferner ist das Diskriminierungsverbot durch IAO als Kernarbeitsnorm anerkannt. Diskriminierungsverbote gehören zum Kernbereich der Menschenrechte und haben aus diesem Grund einen zwingendem Gewohnheitsrechtcharakter.[738] Dies ist allerdings im Zusammenhang mit dem allgemeinen Kündigungsschutz schwer zu sagen. Weiterhin ist es seit Langem anerkannt als völkerrechtsfreundliches Auslegungsgebot des innerstaatlichen Rechts.[739] In seiner Entscheidung aus dem Jahr 2003 über den Arbeitgeberzuschuss zum Mutterschaftsgeld erwähnte das BVerfG sowohl das VN-Übereinkommen zur Beseitigung jeder Form von Diskriminierung der Frau als auch das IAO-Übereinkommen Nr. 111 in Verbindung mit Art. 3 II Satz 2 GG in Bezug auf die Pflicht der Bundesrepublik Deutschland zur Beseitigung mittelbarer und faktischer Diskriminierung.[740] Eine besondere Stelle beinhaltet die Konvention zum Schutz der Menschenrechte und Grundfreiheiten.[741] Nach dem BVerG zur Bindung an Gesetz und Recht (Art. 20 III GG) gehöre die Berücksichtigung der Gewährleistungen der Konvention zum Schutze der Menschenrechte und Grundfreiheiten und der Entscheidungen des EGMR im Rahmen methodisch vertretbarer Gesetzesauslegung.[742]

2. Türkisches Recht

Die Transformierung der völkerrechtlichen Verträge ins türkische nationale Recht erfolgt eben durch ein Zustimmungsgesetz. Nach Artikel 90 Absatz 1 türkische Verfassung ist die Ratifizierung von im Namen der Republik Türkei mit internationalen Organisationen abzuschließenden Verträgen von der Billigung durch die Große Nationalversammlung der Türkei durch Gesetz abhängig (Art. 90 I Verf).[743]

In der Verfassung der Republik Türkei finden sich auch Rang- und Kollisionsregeln betreffend das Verhältnis zwischen den internationalen Verträgen und den nationalen Rechtsnormen. Entsprechend, ob die völkerrechtlichen Verträge Grundrechte und Grundfreiheiten regeln oder nicht, finden verschiedene Regelungen Anwendung. Die verfahrensgemäß in Kraft gesetzten

738 Vgl. Däubler/Bertzbach AGG/*Däubler* Einl. Rn. 146.

739 BVerfG 14.10.2004, NJW 2004, 3407; BVerfG 4.5.1971, BeckRS 9998, 108730. Vgl. Wendeling-Schröder/Stein/*Wendeling-Schröder* AGG Einl Rn. 32; *Rudolf* in:Rudolf/Mahlmann, GleichbehandlungsR, § 2 Rn. 12ff.

740 BVerfG 18.11.2003, NZA 2004, 33, 37. Siehe auch *diese Dissertationsschrift* § 7 B. III. 1.; § 7 C. I.

741 Siehe auch *diese Dissertationsschrift* § 7 D. I.

742 BVerfGE 111, 307 (315 ff.).

743 Verfassung der Republik Türkei Gesetznummer 2709 vom 18.10.1982, RG, 9.11.1982, 17863, zuletzt geändert durch Gesetznummer 6771 vom 21.1.2017, RG, 27.4.2017, 30050.

völkerrechtlichen, nicht Grundrechte und Grundfreiheiten betreffenden Verträge besitzen Gesetzeskraft (Art. 90 V 1 Verf). Gegen sie ist ein Anrufen des Verfassungsgerichts mit der Behauptung der Verfassungswidrigkeit nicht zulässig (Art. 90 V 2 Verf). Das Ausschließen der Möglichkeit der Überprüfung der Verfassungsmäßigkeit dieser völkerrechtlichen, keine Grundrechte und Grundfreiheiten betreffenden Verträge durch das Verfassungsgericht hat eine kontroverse Diskussion in der Literatur über das Verhältnis dieser Normen gegenüber den nationalen türkischen Parlamentsgesetzen ausgelöst. Einige Autoren sehen Artikel 90 Absatz 5 Satz 2 Verfassung als einen Beweis für die Vorrangstellung dieser völkerrechtlichen Verträge gegenüber den parlamentarischen Gesetzen.[744] Sonst wäre eine Prüfung hinsichtlich einer Übereinstimmung mit der Verfassung opportun gewesen. Diese Verträge und Gesetze seien nicht allein aufgrund der verfahrensgemäß in Kraft gesetzten internationalen Verträge erlangten Gesetzeskraft auf derselben Ebene.[745] Diese Regelung soll eher dazu dienen, irgendeine Skepsis der Gerichte bei Rechtstreitigkeiten aufgrund eines völkerrechtlichen Vertrages zu beseitigen.[746] Kollidieren demzufolge arbeitsvölkerrechtliche Vorschriften mit den Normen der türkischen arbeitsrechtlichen Parlamentsgesetze, finden die arbeitsvölkerrechtlichen Normen vorrangig Anwendung, da sie in der Normenpyramide Vorrang haben vor den Parlamentsgesetzen.[747] Allerdings schreibt der Gesetzgeber bereits in der Begründung des 65. Artikels der Verfassung von 1961 ausdrücklich, bei dem Ausschluss der Möglichkeit der Verfassungsbeschwerde sei es Ziel der verfassungsgebenden Versammlung gewesen, das Entstehen einer Verpflichtung aufgrund einer Verfassungsmäßigkeitsklage innerhalb der internationalen Plattformen zu vermeiden.[748] Die Verfassung von 1982 übernahm denselben Wortlaut von Artikel 65 Absatz 5 1961er-Verfassung, mit der Begründung, bis jetzt hätten sich gute Erfahrungen mit dem Absatz in der Praxis ergeben und der Absatz berücksichtige die Notwendigkeiten in der Praxis.[749] Darüber hinaus legt der nächste Satz des 90. Artikels der Verfassung von 1982 deutlich und direkt die Vorrangstellung der verfahrensgemäß in Kraft gesetzten völkerrechtlichen Verträge über Grundrechte und Grundfreiheiten vor der nationalen türkischen Gesetzesnorm fest. Stünden die verfahrensgemäß in Kraft gesetzten, nicht Grundrechte und Grundfreiheiten regelnden völkerrechtlichen Verträge vor der nationalen türkischen Gesetzesnorm, legte

744 Vgl. *Teziç*, S. 11 ff.
745 Vgl. *Teziç*, S. 11 ff.
746 Vgl. *Teziç*, S. 11 ff.
747 Vgl. *Teziç*, S. 11 ff.
748 Vgl. Begründung Art. 65 Verfassung der Republik Türkei vom 9.7.1961 Gesetznummer 334, in: Aydoğdu, S. 112; *Süzek*, S. 82.
749 Vgl. Begründung Art. 90 Verfassung der Republik Türkei vom 7.11.1982 Gesetznummer 2709, in: Aydoğdu, S. 416.

es die nationale Verfassung dies auch so fest. Demgemäß stehen die arbeitsvölkerrechtlichen, nicht Grundrechte und Grundfreiheiten betreffenden Verträge gleichrangig in der Normenhierarchie mit den Normen der türkischen arbeitsrechtlichen Parlamentsgesetze. Sollten sie jedoch kollidieren, finden die allgemeine Kollisionsregeln (lex posterios oder lex specialis) Anwendung.[750]

Demgegenüber steht: Seit der Ergänzung des letzten Absatzes des Artikels 90 Verfassung im Jahr 2004 genießen die völkerrechtlichen Verträge über Grundrechte und Grundfreiheiten einen höheren Rang in der Normhierarchie als andere, nationale Normen aus der Sicht des türkischen Rechtssystems (Art. 90 V Verf.). Die verfahrensgemäß in Kraft gesetzten völkerrechtlichen Verträge über Grundrechte und Grundfreiheiten genießen Vorrang gegenüber der nationalen türkischen Gesetzesnorm.[751] Artikel 90 Absatz 5 Satz 3 Verfassung setzt fest, soweit die Vorschriften dieser Verträge mit den Bestimmungen der nationalen türkischen Gesetze mit gleichem Regelungsgehalt nicht übereinstimmen, finden die Bestimmungen der völkerrechtlichen Verträge vorrangig Anwendung.[752] Die Grundrechte und Grundfreiheiten bedeuten die Menschenrechte.[753] In dem Sinne gestalten die acht Kernarbeitsnormen der IAO vor allem völkerrechtliche Verträge über Grundrechte und Grundfreiheiten.[754] Bei einer Kollision der türkischen Parlamentsgesetze mit den IAO-Kernübereinkommen ist daraus eine gebotene Anwendung der Vorschriften der IAO-Kernübereinkommen zu schlussfolgern

Eine andere Thematik betrifft den Wortlaut „verfahrensgemäß in Kraft gesetzt" und die damit verbundene Frage der unmittelbaren Anwendung der arbeitsvölkerrechtlichen Verträge (Art. 90 I Verf). Nach Artikel 90 Absatz 1 der türkischen Verfassung der türkischen Verfassung erfolgt die Ratifizierung von völkerrechtlichen Verträgen durch das Billigen durch die Große Nationalversammlung der Türkei (Art. 90 I Verf). Dieses Gesetz heißt Vertrags-Zustimmungsgesetz. Die Literatur kritisiert allerdings ein einfaches Zustimmungsgesetz als nicht ausreichend. Eine unmittelbare Anwendung der internationalen Verträge entsprechend dem nationalen Recht der Türkei ist unmöglich nach den Grundlagen des türkischen Rechts.[755] Es ist eine Umsetzung des Vertragsinhaltes in innerstaatliches Recht erforderlich.[756] Dies trifft insbesondere den Fall über ein IAO-Übereinkommen.[757] Von ihrer Natur aus eignen sich die internationalen IAO-Übereinkommen nicht

750 Y21HD 18.10.1996, E. 1996/2261, K. 1996/5790 (LegalBank). Vgl. *Süzek*, S. 83; *Özbudun*, S. 383 ff.

751 Vgl. *Gülmez*, ÇT 2005/1, 11 (36); *Süzek*, S. 83; *Çelik*, S. 6.

752 Die Übersetzung der Verfassung: Die Verfassung der Republik Türkei Stand 1.1.2011 Überstezung von Rechtsanwalt Prof. Dr. Christian Rumpf.

753 Vgl. *Gülmez*, ÇT 2005/1, 11 (32); *Süzek*, S. 83.

754 Vgl. *Süzek*, S. 83.

755 Vgl. *Mollamahmutoğlu/Astarlı*, S. 95.

756 Vgl. *Mollamahmutoğlu/Astarlı*, S. 96.

757 Vgl. *Mollamahmutoğlu/Astarlı*, S. 79.

für eine unmittelbare Anwendung hinsichtlich der nationalen Arbeitsverhältnisse.[758] Das IAO-Übereinkommen Nr. 158 Art. 2, das den Vertragsstaaten eine Auswahl bietet, welche Arbeitnehmergruppen von allen oder einigen Bestimmungen dieses Übereinkommens auszunehmen seien, stellt ein gutes Beispiel dafür dar.[759] Ohne eine Umsetzung kann der Inhalt des Übereinkommens in das nationale türkische Recht keine direkte Anwendung finden.[760] Der Gesetzgeber muss dessen Inhalt in innerstaatliches Recht transformieren. Demnach sind die völkerrechtlichen Verträge nur bei einer Umsetzung in das nationale türkische Recht verfahrensgemäß in Kraft gesetzt.

Allerdings macht diese Position keinen Unterschied entsprechend den verschiedenen völkerrechtlichen Vorgaben. Einige völkerrechtlichen Verträge sind schon nach Wortlaut, Inhalt und Zweck her hinsichtlich einer direkten Anwendung im nationalen Recht geeignet. In dem Fall ist eine unmittelbare Anwendung zweckdienlich. Außerdem sind auch die völkerrechtlichen Verträge über Grundrechte und -freiheiten entsprechend dem ausdrücklichen Wortlaut der Verfassung differenziert zu betrachten. Ungeachtet eines bestehenden oder nicht bestehenden self-executing Charakters der völkerrechtlichen Verträge über Grundrechte und -freiheiten genießen sie eine unmittelbare Anwendung, solange sie verfahrensgemäß in Kraft gesetzt, das heißt, mittels eines Zustimmungsgesetzes ratifiziert sind.[761] Die Verfassung bestimmt die vorrangige Anwendung der Bestimmungen der völkerrechtlichen Verträge ohne Erwähnung irgendeines Umsetzungsgesetzes.[762] Diese völkerrechtlichen Verträge brauchen keine Umsetzung.[763] Sie sind automatischer Bestandteil des türkischen Arbeitsrechts.[764] Dies ist der Fall bei allen menschenrechtlichen Verträgen. Unter Berücksichtigung des IAO-Kernübereinkommens im Sinne des türkischen Rechts hinsichtlich der völkerrechtlichen Verträge über Grundrechte und -freiheiten, wobei die Türkei alle acht IAO-Kernübereinkommen ratifiziert hat, ist die unmittelbare Anwendung derselben im türkischen Arbeitsrechts zu schlussfolgern. In den letzteren Jahren positioniert sich der Kassationshof in einigen seiner Entscheidungen ebenfalls für eine unmittelbare Anwendung der völkerrechtlichen Verträge und berücksichtigt einschlägige völkerrechtliche Verträge in den Beziehungen bei seinen Entscheidungen.[765]

758 Vgl. *Mollamahmutoğlu/Astarlı*, S. 79.

759 Vgl. *Süzek*, S. 84.

760 Vgl. *Süzek*, S. 84.

761 In dieser Meinung ist *Süzek*, S. 85. Andersdenkend sind *Mollamahmutoğlu/Astarlı*, S. m.w.N. 95.

762 Vgl. *Gülmez*, ÇT 2005/1, 11 (36); *Süzek*, S. 85.

763 Vgl. *Süzek*, S. 85.

764 Vgl. *Gülmez*, ÇT 2005/1, 11 (36); *Süzek*, S. 85.

765 Y22HD 14.5.2013, E. 2013/7515, K. 2013/10949 (LegalBank); Y7HD 11.6.2014, E. 2014/7358, K. 2014/13055 (LegalBank). Vgl. EGMR 12.11.2008, Rs. 34503/97, Rn. 67, 68, 86 „Demir Baykara vs. Türkei". Vgl. *Gülmez*, ÇT 2013/3, 13 (47).

Basierend auf diesen Informationen über das grundsätzliche Verhältnis von Völkerrecht und innerstaatlichem deutschen und türkischen Recht kommt es zur Untersuchung einiger völkerrechtlicher Verträge.

B. Vereinte Nationen

I. Charta der Vereinten Nationen

Die Unterzeichnung der Charta der Vereinten Nationen vollzog sich am 26. Juni 1945 von 50 Gründungsstaaten der Vereinten Nationen zum Abschluss der Konferenz über eine internationale Organisation.[766] Am 24. Oktober 1945 ist die VN-Charta in Kraft getreten und 193 Staaten sind zurzeit Mitglieder der VN-Charta (Art. 4 VN-Charta).[767] Die Bundesrepublik Deutschland wurde am 18. September 1973 Vollmitglied in den Vereinten Nationen (Vgl. Anh. II).[768] Die Republik Türkei ist hingegen einer der Gründungsstaaten und von Anfang an Mitglied der Vereinten Nationen (Vgl. Anh. II).[769] Eine Darstellung finden nachstehend zuerst der Diskriminierungsschutz, als Nächstes der Kündigungsschutz und schließlich die Durchsetzungsmechanismen.

1. *Diskriminierungsschutz*

Die Diskriminierungsverbote genießen einen besonderen Stellenwert innerhalb der Charta der Vereinten Nationen.[770] Schon in der Präambel betonen die Gründungsmitglieder ihren Glauben an die Würde und den Wert der menschlichen

---

766 VN, Charta der Vereinten Nationen vom 26.6.1945, Inkraftreten am 24.10.1945. Vgl. „Sechsundvierzig Nationen, einschließlich der vier Sponsoren, waren ursprünglich zur Konferenz in San Francisco eingeladen. Eine dieser Nationen – Polen – schickte keinen Vertreter, weil die Zusammensetzung seiner neuen Regierung erst zu spät für die Konferenz bekannt gegeben wurde. Zum Zeitpunkt der Konferenz gab es keine allgemein anerkannte polnische Regierung, aber am 28. Juni wurde eine solche Regierung bekannt gegeben und am 15. Oktober 1945 unterzeichnete Polen die Charta und wurde damit eines der ursprünglichen Mitglieder.“ https://treaties.un.org/Pages/ViewDetails.aspx?src=TREATY&mtdsg_no=I-1&chapter=1&clang=_en (30.11.2018) Übersetzt durch die Verfasserin. Siehe auch *diese Dissertationschrift* § 4 A. I.

767 https://treaties.un.org/Pages/ViewDetails.aspx?src=TREATY&mtdsg_no=I-1&chapter=1&clang=_en (30.11.2018).

768 Bundesrepublik Deutschland Inkrafttreten am BGBl. 1973 II, 430. Deutsche Demokratische Republik wurde auch im Jahr 1973 Mitglied der Vereinten Nationen.

769 https://treaties.un.org/Pages/ViewDetails.aspx?src=TREATY&mtdsg_no=I-1&chapter=1&clang=_en (30.11.2018).

770 Vgl. Schiek/*Schiek*, AGG, Einl. Rn. 10.

Persönlichkeit und an die Gleichberechtigung von Mann und Frau sowie von allen Nationen (Präambel VN-Charta). Artikel 1 Absatz 1 Ziffer 3 VN-Charta beschreibt die Achtung vor den Menschenrechten und die Förderung und Festigung der Grundfreiheiten für alle ohne Unterschied der Rasse, des Geschlechts, der Sprache oder der Religion als Ziel der Vereinten Nationen.[771] (Vgl. Anh. I) Ein Verbot der Diskriminierungen aus diesen vier Gründen, der Rasse, des Geschlechts, der Sprache und der Religion, ist mehrmals an verschiedenen Stellen der VN-Charta in unterschiedlichen Kontexten immer wieder zu finden. Nach Artikel 55 Absatz 1 Buchstabe c VN-Charta ist es auch die Aufgabe der Vereinten Nationen, die allgemeine Achtung und Verwirklichung der Menschenrechte und Grundfreiheiten für alle ohne Unterschied der aufgezählten Diskriminierungsgründe (Rasse, Geschlecht, Sprache und die Religion) zu fördern, sodass zwischen den Nationen friedliche und freundschaftliche, auf der Achtung vor dem Grundsatz der Gleichberechtigung und Selbstbestimmung der Völker beruhende Beziehungen herrschen können.

2. *Kündigungsschutz*

Nicht nur die allgemeine Achtung und Verwirklichung der Menschenrechte und Grundfreiheiten für alle ohne Unterschied hinsichtlich der bereits genannten vier Diskriminierungsmerkmale, sondern auch die Förderung der Verbesserung des Lebensstandards, der Vollbeschäftigung und der Voraussetzungen für wirtschaftlichen und sozialen Fortschritt und Aufstieg, präsentiert Artikel 55 VN-Charta als eine der Aufgaben der Vereinten Nationen. Das Ziel ist es, eine Grundbasis zu schaffen, auf der zwischen den Nationen friedliche und freundschaftliche, auf der Achtung vor dem Grundsatz der Gleichberechtigung und Selbstbestimmung der Völker beruhende Beziehungen herrschen. Allerdings gibt es in der VN-Charta außer dem Hinweis des Artikels 55 VN-Charta auf die Lebensstandards und die Vollbeschäftigung keine weiteren Hinweise auf das Beschäftigungsleben. Eine direkte Regulierung über den Kündigungsschutz findet sich auch in der Charta der Vereinten Nationen nicht.

3. *Durchsetzungsmechanismen*

Die Bestimmungen sind – als Besonderheit der VN-Charta – nicht nur moralisch, sondern auch rechtlich verbindliche Verpflichtungen der Staaten.[772] Ein Mitglied der Vereinten Nationen, das die Grundsätze dieser Charta verletzt, riskiert sogar seinen Ausschluss aus der Organisation (Art. 6 VN-Charta). Außerdem kann die Generalversammlung der Vereinten Nationen Untersuchungen veranlassen

771 Siehe auch diese Dissertationschrift § 4 A. I.

772 Vgl. Schiek/ *Schiek*, AGG, Einl. Rn. 10; *Gareis*, Informationen zur politischen Bildung Nr. 310/2012, 4 (7).

oder Empfehlungen abgeben, um zur Verwirklichung der Menschenrechte und Grundfreiheiten für alle ohne Unterschied der Rasse, des Geschlechts, der Sprache oder der Religion beizutragen (Art. 13 VN-Charta). Artikel 76 der VN-Charta sieht ein Treuhandsystem vor, welches eine Förderung der Achtung vor den Menschenrechten und Grundfreiheiten für alle ohne Unterschied der Rasse, des Geschlechts, der Sprache oder der Religion zu ermöglichen. Unter Hinweis auf die Regulierungen über einen Diskriminierungsschutz gegen die Diskriminierungen aufgrund von Rasse, Geschlecht, Sprache und Religion in der Charta der Vereinten Nationen, und unter Berücksichtigung dessen, dass die VN-Charta im Grunde genommen selbst gar keinen Katalog menschenrechtlicher Garantien enthält, lässt sich folgern, dass im Recht der Vereinten Nationen die Diskriminierungsverbote den Freiheitsrechten vorausgehen[773]

II. Allgemeine Erklärung der Menschenrechte

Die Verabschiedung der Allgemeinen Erklärung der Menschenrechte vollzog sich am 10. Dezember 1948 als eine Resolution der Generalversammlung der Vereinten Nationen.[774]

1. Diskriminierungsschutz

Die Erklärung beginnt bereits mit einer Präambel, die die Anerkennung der angeborenen Würde und der gleichen und unveräußerlichen Rechte der Menschen als Grundlage eines freien, gerechten und friedlichen Zusammenlebens der Menschen in der Welt hervorhebt. Artikel 1 AEMR enthält die Grundelemente des Menschenbildes der Allgemeinen Erklärung der Menschenrechte. Alle Menschen seien frei und gleich an Würde und Rechten geboren. Sie seien mit Vernunft und Gewissen begabt und sollen einander im Geiste der Brüderlichkeit begegnen. Es folgt eine Verkündigung des Artikel 2 der AEMR, jeder Mensch haben einen Anspruch auf alle in dieser Erklärung verkündeten Rechte und Freiheiten ohne irgendeinen Unterschied. Aufgezählt sind elf Diskriminierungsgründe. Neben den vier in der VN-Charta aufgezählte Merkmale, Rasse, Geschlecht, Sprache und Religion, finden auch Hautfarbe, politische oder sonstige Anschauung, nationale oder soziale Herkunft, Vermögen und Geburt ihren Platz (Vgl. Anh. I). Die Aufzählung der Merkmale ist allerdings nicht ausgeschlossen. Laut einer Öffnungsklausel der Erklärung sind ausdrücklich auch die Unterscheidungen beim Beanspruchen der verkündeten Rechte und Freiheiten aufgrund von anderen, nicht aufgezählten Merkmalen im Unterscheidungsverbot inbegriffen.

---

773 Vgl. Schiek/*Schiek*, AGG, Einl. Rn. 10

774 VN, Allgemeine Erklärung der Menschenrechte vom 10.12.1948, Resolution 217 A (III) der Generalversammlung der Vereinten Nationen. Siehe auch *diese Dissertationschrift* § 4 A. I.

Darüber hinaus gewährleistet Artikel 7 AEMR die Gleichheit vor dem Gesetz und betont die Zusicherung des Anspruchs auf gleichen Schutz durch das Gesetz ohne Unterschied für alle Menschen. Gegen jede Diskriminierung, die gegen die AEMR verstößt, und gegen jede Aufhetzung zu einer derartigen Diskriminierung haben alle auch Anspruch auf gleichen Schutz.

2. *Kündigungsschutz*

Die Artikel 22, 23, 24 und 25 der AEMR behandeln Menschenrechte, die in Verbindung mit dem Arbeitsleben stehen, bespielweise das Recht auf Arbeit, auf Schutz vor Arbeitslosigkeit, das Recht auf eine der menschlichen Würde entsprechende Existenz sichernde Entlohnung oder das Recht auf einen angemessenen Lebensstandard. Wie in der VN-Charta finden sich allerdings kein direkter Hinweis auf den Schutz gegen Kündigungen in der Allgemeinen Erklärung der Menschenrechte.

3. *Durchsetzungsmechanismen*

Die Erklärungen der Generalversammlung der Vereinten Nationen stellen keine rechtverbindlichen Verträge dar, sie sind vielmehr programmatische Grundsätze enthaltende Empfehlungen.[775] Diese enthalten keine Installation eines Durchsetzungsinstrumentariums.[776] Die Erklärungen bilden keine eigenständige Rechtsquelle des Völkerrechts, sie dienen hingegen als subsidiäre Quellen des Völkerrechts bei der Herleitung allgemeiner Grundsätze des Völkerrechts.[777]

Als Besonderheit der Allgemeinen Erklärung der Menschenrechte nahmen einige Rechte der AEMR mit der Zeit gewohnheitsrechtlichen Charakter an, inbegriffen die Diskriminierungsverbote, insbesondere nach verbreiteter Ansicht das Verbot der Rassendiskriminierung.[778] Wichtig ist aber die Bedeutung dieses gewohnheitsrechtlichen Charakters allein für das Bürger-Staat Verhältnis, nicht hinsichtlich einer Horizontalwirkung.[779] Darüber hinaus zeigt sich die Allgemeine Erklärung der Menschenrechte als ein wesentlicher Orientierungspunkt für den Europäischen Unionsgesetzgeber, wobei die europäischen Antidiskriminierungsrichtlinien in ihren Erwägungsgründen auf die AEMR, neben anderen weiteren nicht programmatischen Erklärungen und Pakte usw., Bezug nehmen (ErwG Nr. 3 der Antirassismus Richtlinie, ErwG Nr. 4 der Rahmen-Richtlinie,

---

775 Vgl. Schiek/*Schiek*, AGG, Einl. Rn. 11; Wendeling-Schröder/Stein/*Wendeling-Schröder* Einl. Rn. 20; Däubler/Bertzbach AGG/*Däubler* Einl. Rn. 150.

776 Vgl. Wendeling-Schröder/Stein/*Wendeling-Schröder* Einl. Rn. 20.

777 Vgl. Schiek/*Schiek*, AGG, Einl. Rn. 11; Wendeling-Schröder/Stein/*Wendeling-Schröder* Einl. Rn. 20.

778 Vgl. Wendeling-Schröder/Stein/*Wendeling-Schröder* Einl. Rn. 20.

779 Vgl. Däubler/Bertzbach AGG/*Däubler* Einl. Rn. 151.

ErwG Nr. 2 Revidierte-Gender Richtlinie, ErwG Nr. 2 der Gender-Richtlinie Zivilrecht).[780]

III. Internationaler Pakt über bürgerliche und politische Rechte und Internationaler Pakt über wirtschaftliche, soziale und kulturelle Rechte

Die beiden gemeinsam im Jahr 1966 verabschiedeten internationalen Pakte über bürgerliche und politische Rechte und über wirtschaftliche, soziale und kulturelle Rechte sind rechtverbindliche völkerrechtliche Übereinkommen der Vereinten Nationen, welche zivile und politische Menschenrechte wie Freiheitsrechte (z. B. Meinungs- und Religionsfreiheit), politische Rechte (z. B. Wahlrecht) und andere wirtschaftliche Rechte (z. B. Recht auf Arbeit, Gewerkschaftsfreiheit, Recht auf gerechte Arbeitsbedingungen), soziale Rechte (z. B. Mutterschutz) und kulturelle Rechte (z. B. Recht auf Teilnahme am kulturellen Leben) Menschenrechte in zwei verschiedenen Rechtsakten thematisieren. Die zentralen Instrumente der Vereinten Nationen zum Schutz der Allgemeinen Erklärung der Menschenrechte verkündeten auf der einen Seite bürgerliche und politische Rechte, auf der anderen Seite wirtschaftliche, soziale und kulturelle Rechte sowie ökonomische Rechte in Form eines verbindlichen internationalen Vertrages.[781] In diesem Abschnitt erfolgt zuerst eine Untersuchung des internationalen Paktes über bürgerliche und politische Rechte und danach des internationalen Paktes über wirtschaftliche, soziale und kulturelle Rechte.

1. *Internationaler Pakt über bürgerliche und politische Rechte*

Der internationale Pakt über bürgerliche und politische Rechte (IPBPR) vom 16.12.1966 trat völkerrechtlich am 23.03.1976 in Kraft.[782] Zurzeit sind 173 Staaten in der Welt Parteien des Paktes, darunter Deutschland und die Türkei.[783] (Vgl. Anh. II) Die Unterzeichnung des Paktes durch die Bundesrepublik Deutschland erfolgte im Jahr 1968, die Ratifizierung des IPBPR fand im Jahr 1973 statt.[784] Erst

780 Vgl. Däubler/Bertzbach AGG/*Däubler* Einl. Rn. 152.

781 Vgl. IELL/*Fennely* ICCPR Art 26 Rn. 1; IELL/*Fennely* ICESCR Art. 2 and 7 Rn.1.

782 VN, Der internationale Pakt über bürgerliche und politische Rechte vom 16.12.1966, Resolution 2200A (XXI) der Generalversammlung der Vereinten Nationen, (BGBl. II 1973, 1533) (RG 21.07.2003, 25175). Das In-Krafttreten des Art. 41 IPBPR war erst am 28.3.1979.

783 https://treaties.un.org/Pages/ViewDetails.aspx?src=TREATY&mtdsg_no=IV-4&chapter=4&clang=_en (30.11.2018).

784 Bundesrepublik Deutschland: Unterzeichnung am 9.10.1968, Ratifizierung am 17.12.1973, Inkrafttreten am 23.3.1976 (BGBl. II 1973, 1533; BGBl. II 1976, 1068). Deutsche Demokratische Republik: Unterzeichnung am 23.3.1973, Ratifizierung am 8.11.1973 (mit Vorbehalt). C.N.88.1973.TREATIES-3 of 20 April 1973; United

fast 30 Jahre später als Deutschland folgten die Unterzeichnung und die Ratifizierung des internationalen Paktes über bürgerliche und politische Rechte in der Türkei. Im Jahr 2000 unterzeichnete die Republik Türkei den IPBPR und 2003 ratifizierte sie den IPBPR mit Vorbehalt, bezüglich des Artikel 27 IPBPR.[785] Artikel 27 IPBPR gewährleistet und pflegt die Rechte der ethnischen, religiösen und sprachlichen Minderheiten mit der Gewährleistung des Rechtes dieser Minderheiten, die gemeinsam mit anderen Angehörigen ihrer Gruppe ihr eigenes kulturelles Leben pflegen, ihre eigene Religion bekennen und ausüben oder sich ihrer eigenen Sprache bedienen dürfen.

a) Diskriminierungsschutz

Das Prinzip der Rechtsgleichheit ohne Diskriminierung erklären mehrere Artikel des internationalen Pakts über bürgerliche und politische Rechte zu allgemeinen Prinzipien der Völkerrechtgemeinschaft.[786] Den Wert der menschlichen innewohnenden Würde und der Gleichheit und der Unveräußerlichkeit der Rechte betont die Präambel des IPBPR mit Hinweis auf die Allgemeine Erklärung der Menschenrechte und die Charta der Vereinten Nationen, die die Verpflichtung hervorheben, die allgemeine und wirksame Achtung der Rechte und der Freiheiten des Menschen zu fördern. In Betracht ziehen sind demnach das akzessorische Diskriminierungsverbot und das autonome Recht auf Gleichheit und Nichtdiskriminierung. Schließlich kommt es zur Darstellung der Außerkraftsetzung der Verpflichtungen aus dem IPBPR und Diskriminierungsschutz.

aa) Akzessorisches Diskriminierungsverbot

Artikel 2 Absatz 1 IPBPR enthält eine allgemeine Nichtdiskriminierungspflicht und verpflichtet jeden Vertragsstaat, nicht nur die in diesem Pakt anerkannten Rechte zu achten, sondern sie auch allen in seinem Hoheitsgebiet befindlichen und seiner Herrschaftsgewalt unterstehenden Personen ohne Unterschied, „... *without distinction* ...", zu gewährleisten.[787] Eine Aufzählung einiger

---

Nations, Treaty Series, Vol. 999 294. https://treaties.un.org/Pages/ViewDetails.aspx?src=TREATY&mtdsg_no=IV-4&chapter=4&clang=_en#10 (20.03.2021).

785 Republik Türkei: Unterzeichnung am 15.8.2000, Ratifizierung am 21.7.2003, Inkrafttreten am 23.12.2003 (mit Vorbehalt). (RG 18.6.2003, 25142; RG 21.7.2003, 25175). Die Republik Türkei erklärte explizit, dieses Übereinkommen werde ausschließlich in Bezug auf das Staatsgebiet ratifiziert, das die Verfassung und die Rechts- und Verwaltungsordnung der Republik Türkei anwendet unter Vorbehalt des Rechtes, die Bestimmungen des Artikels 27 IPBPR gemäß den Bestimmungen und Regeln der Verfassung der Republik Türkei und des Vertrages von Lausanne auszulegen und anzuwenden.

786 Vgl. Wendeling-Schröder/Stein/*Wendeling-Schröder* Einl. Rn. 21; *Schiek*, S. 21.

787 Human Rights Committee CCPR/C/80/D/1138/2002 Arenz et. al. vs. Germany Rn. 8.5.

Diskriminierungsmerkmale erfolgt in Artikel 2 Absatz 1 IPBPR, aber aufgrund der Öffnungsklausel sind die im Artikel genannten Merkmale nicht abschließend. Fernerhin sind die in IPBPR aufgezählten Diskriminierungsmerkmale die gleichen Merkmale wie jene in der Allgemeinen Erklärung der Menschenrechte aufgezählten (Vgl. Anh. I). Im Übrigen gewährleistet Artikel 3 IPBPR die Gleichberechtigung von Mann und Frau bei der Ausübung aller in diesem Pakt festgelegten bürgerlichen und politischen Rechte. Als Besonderheit der in den Artikeln 2 und 3 vorgesehenen Diskriminierungsverbote sind diese keine selbstständigen Gleichheitsgarantien, vielmehr verfügen sie über einen akzessorischen Charakter[788] Darüber hinaus sind die Artikel 2 Absatz 1 und Artikel 3 des IPBPR beinahe wortgleich mit den Artikel 2 Absatz 2 und Artikel 3 des IPWSKR.[789] Außer den Artikeln 2 und 3 IPBPR finden sich auch in den anderen Artikeln des IPBPR, wie Artikeln 14, 20 und 25 IPBPR, diskriminierungsrechtliche Regulierungen, welche aber nicht Gegenstand dieser Arbeit sind.[790]

bb) Autonomes Recht auf Gleichheit und Nichtdiskriminierung

Eine selbstständige Gleichheitsgarantie beinhaltet auch der internationale Pakt über bürgerliche und politische Rechte neben den akzessorischen Diskriminierungsverboten der Artikel 2 und 3 IPBPR in Artikel 26 IPBPR.[791] Artikel 26 IPBPR wiederholt nicht die bereits in Artikel 2 Absatz 1 IPBPR vorgesehene Garantie, sondern begründet ein autonomes Recht.[792] Er ist ein unabhängiges Recht auf Gleichheit und Nichtdiskriminierung und gewährleistet die Gleichheit vor dem Gesetz und den Anspruch auf gleichen Schutz durch das Gesetz ohne Diskriminierung (Art. 26 S. 1 IPBPR).[793] Artikel 26 IPBPR ist in seiner Anwendung nicht auf das Verhalten der Vertragsstaaten bei der Anerkennung der Rechte und der Freiheiten anderer Übereinkommen oder eines spezifischen Rahmens beschränkt.[794] Der gilt auch dann, wenn ein bestimmter Gegenstand in anderen internationalen Instrumenten bezeichnet oder behandelt wird[795] Er kann sowohl im Zusammenhang mit bürgerlichen und politischen Rechten als auch im Zusammenhang mit wirtschaftlichen und sozialen Rechten Gültigkeit

---

788 Vgl. Däubler/Bertzbach AGG/*Däubler* Einl. Rn. 174; Schiek/*Schiek, AGG,* Einl. Rn. 12.

789 Siehe *diese Dissertationsschrift* § 7, B., III., 2.

790 Siehe *diese Dissertationsschrift* § 5.

791 Vgl. Schiek/*Schiek, AGG,* Einl. Rn. 13.

792 Human Rights Committee CCPR/C/122/D/2628/2015 Rn. 10.4 "Rebeca Elvira Delgado Burgoa vs. Plurinational State of Bolivia". Vgl. Human Rights Committee, General Comments No. 18, Rn. 12.

793 Human Rights Committee CCPR/C/80/D/1115/2002 Rn. 6.7 "Petersen vs. Germany".

794 Vgl. IELL/*Fennely* ICCPR Art 26 Rn. 4.

795 Human Rights Committee 172/1984 9.4.1987 Rn. 12.1 "Broeks vs. The Netherlands".

finden.[796] Artikel 26 IPBPR enthält selbst keine Verpflichtung in Bezug auf möglicherweise gesetzlich vorgesehene Angelegenheiten; wenn allerdings ein Staat in Ausübung seiner souveränen Macht eine solche Gesetzgebung erlässt, muss diese Gesetzgebung Artikel 26 IPBPR entsprechen.[797] In dieser Hinsicht hat das Gesetz jede Diskriminierung zu verbieten (negative Verpflichtung) und allen Menschen gegen jede Diskriminierung den gleichen und wirksamen Schutz zu gewährleisten (positive Verpflichtung) (Art. 26 Satz 2 IPBPR).[798] Auch die Wortwahl des Normtextes ist anders als Artikel 2 Absatz 1 IPBPR. Während Artikel 2 Absatz 1 IPBPR sich mit dem Handeln beschäftigt „... *without distinction ...* „, Artikel 26 IPBPR spricht vom „ ... *without any discriminination .... any discrimination ...*". Eine Definition der Diskriminierung befindet sich allerdings im Normtext nicht. Trotzdem verfasste der Menschenrechtsausschuss eine Definition der Diskriminierung basierend auf Übereinkommen zur Beseitigung jeder Form von Rassendiskriminierung (Antirassismuskonvention) und Übereinkommen zur Beseitigung jeder Form von Diskriminierung der Frau (Frauenrechtekonvention), welche die Diskriminierung in einem weiteren Sinne, inbegriffen nicht nur unmittelbare und formale Diskriminierung, sondern auch die mittelbare, de-facto und sogar auch positive Diskriminierung, beschreibt.

Aufzählung finden die gleichen Diskriminierungsgründe wie Artikel 2 AEMR und Artikel 2 IPBPR (Rasse, Hautfarbe, Geschlecht, Sprache, Religion, politische oder sonstige Anschauung, nationale oder soziale Herkunft, Vermögen, Geburt) und wieder sind die in Artikel 26 IPBPR genannten Merkmale nicht abschließend, *„[...] oder des sonstigen Status."*. (Vgl. Anh. I).

Allerdings ist nicht jede differenzierende Behandlung, die ein Vertragsstaat mithilfe von erlassenen Gesetzen vollzieht, eine Diskriminierung im Sinne von Artikel 26 IPBPR, sondern nur diejenigen, die nicht auf objektiven, zu rechtfertigenden und angemessenen Kriterien beruhen oder die nicht bezwecken, einen entsprechend dem IPBPR legitimen Zweck zu erreichen.[799] Im internationalen Pakt über wirtschaftliche, soziale und kulturelle Rechte findet allerdings keine eigenständige Gleichheitsgarantie wie Artikel 26 IPBPR, anders als die akzessorischen Diskriminierungsverbote von Artikel 2 und Artikel 3 des IPBPR und des IPWKSR, einen Platz.

---

796 Human Rights Committee 172/1984 9.4.1987 Rn. 12.1 „Broeks vs. The Netherlands". Vgl. IELL/*Fennely* ICCPR Art 26 Rn. 4.

797 Human Rights Committee 172/1984 9.4.1987 Rn. 12.4 „Broeks vs. The Netherlands". Vgl. Human Rights Committee, General Comment No. 18, Rn. 12.

798 Vgl. Schiek/*Schiek, AGG,* Einl. Rn. 13.

799 Human Rights Committee CCPR/C/80/D/1115/2002 Rn. 6.8 „Petersen vs. Germanyis; Human Rights Committee 172/1984 9.4.1987 Rn. 13 „Broeks vs. The Netherlands". Vgl. Human Rights Committee, General Comment No. 18, Rn. 8, 13; Däubler/Bertzbach AGG/ *Däubler/Bertzbach,* Einl. Rn. 179; IELL/*Fennely* ICCPR Art 26 Rn. 7.

Umstritten ist die Reichweite des Artikel 26 IPBPR in Bezug auf private Verhältnisse. Im Gegensatz zu den Positionen von Antirassismuskonvention und Frauenrechtekonvention verweist der internationale Pakt über bürgerliche und politische Rechte nicht ausdrücklich auf die Anwendung und Relevanz seiner Bestimmungen für nichtstaatliche Akteure des privaten Sektors, wie z. B. die Arbeitgeber*innen.[800] Zweifellos richtet sich die negative Verpflichtung (das Gesetz hat jede Diskriminierung zu verbieten) gegen diskriminierende staatliche Maßnahmen.[801] Die Reichweite der positiven Verpflichtung (das Gesetz hat allen Menschen gegen jede Diskriminierung den gleichen und wirksamen Schutz zu gewährleisten) ist jedoch diskutabel.[802] Allerdings hat der Menschenrechtsausschuss den weiten Umfang der Verpflichtungen des Staates im Rahmen des IPBPR in Verbindung mit dem Arbeitsleben bestätigt, indem er bekräftigte, dass der Beschäftigungsbereich eindeutig in den Geltungsbereich der in Artikel 26 des Paktes niedergelegten Garantien für Gleichbehandlung und Nichtdiskriminierung fällt.[803] Den Vertragsstaaten obliegt die Verpflichtung der Sicherstellung der Freiheit von Diskriminierung hinsichtlich aller in ihrem Hoheitsgebiet und ihrer Gerichtsbarkeit unterliegenden Personen, folglich sind die Gerichte der Vertragsstaaten verpflichtet, Einzelpersonen vor Diskriminierung zu schützen, unabhängig davon, ob dies in der Öffentlichkeit geschieht oder zwischen privaten Parteien im quasi-öffentlichen Sektor, beispielsweise im Rahmen der Beschäftigung und Tarifverträge.[804] Ausgenommen ist lediglich die Privatsphäre des Einzelnen.[805] Außerdem lassen sich Ansprüche gegenüber anderen Privatrechtssubjekten nicht direkt aus dem IPBPR herleiten.[806]

cc) Außerkraftsetzung der Verpflichtungen aus dem IPBPR und Diskriminierungsschutz

Noch zu erwähnen ist allerdings Artikel 4 des Paktes, welcher einen Diskriminierungsschutz für vier Merkmale – Rasse, Hautfarbe, Geschlecht und Sprache, auch im Falle eines öffentlichen Notstandes – garantiert, in dem grundsätzlich die Vertragsstaaten ihre Verpflichtungen aus diesem Pakt (ausgenommen sind das Recht auf Leben, das Verbot der Folter und der Sklaverei, das Rückwirkungsverbot, die Anerkennung als Rechtsperson, Gedanken-, Gewissens- und Religionsfreiheit) außer Kraft setzen können. Auf diese Weise verleiht der IPBPR

800 Vgl. IELL/*Fennely* ICCPR Art 26 Rn. 13.
801 Human Rights Committee 172/1984 9.4.1987 „Broeks vs. The Netherlands". Vgl. Schiek/*Schiek, AGG,* Einl. Rn. 13.
802 Vgl. Schiek/*Schiek, AGG,* Einl. Rn. 13.
803 Vgl. IELL/*Fennely* ICCPR Art 26 Rn. 13. Andere Ansicht: Vgl. Wendeling-Schröder/Stein/*Wendeling-Schröder* Einl. Rn. 21.
804 Human Rights Commitee CCPR/C/57/D/608/1995 Rn. 8.2 „Nahlik vs. Austria".
805 Vgl. Däubler/Bertzbach AGG/*Däubler/Bertzbach,* Einl. Rn. 176.
806 Vgl. Däubler/Bertzbach AGG/*Däubler/Bertzbach,* Einl. Rn. 176.

dem Diskriminierungsschutz einen prominenten Rang im Vergleich zu im IPBPR anerkannten anderen Rechte und Freiheiten (außer denen, die in Artikel 4Absatz 2 IPBPR ausdrücklich aufgezählt sind). Eine weitere Entwicklung in der neueren Geschichte der Türkei, welche für den Pakt von Bedeutung war, war die Erklärung des Ausnahmezustandes 2016 im Land. Am 20.07.2016 wurde der Ausnahmezustand erst für drei Monate erklärt, viele Male verlängert und am 19.07.2018 beendet. Während des Ausnahmezustandes setzte die Türkei ihre Verpflichtungen aus dem internationalen Pakt über bürgerliche und politische Rechte gemäß Artikel 4 IPBPR außer Kraft. Ausdrücklich aufzuzählen sind, neben anderen, auch Artikel 2 IPBPR (akzessorisches Diskriminierungsverbot) und Artikel 26 IPBPR (autonomes Diskriminierungsverbot).[807]

b) Kündigungsschutz

Der internationale Pakt über bürgerliche und politische Rechte enthält nur politische und bürgerliche Rechte. Die wirtschaftlichen, sozialen und kulturellen Rechte sind im internationalen Pakt über wirtschaftliche, soziale und kulturelle Rechte (IPWSKR) enthalten.

c) Durchsetzungsmechanismen

Der IPBPR sieht ein Berichtssystem (Art. 40 IPBPR), nach dem die Vertragsstaaten sich verpflichten, über die Maßnahmen, die sie zur Verwirklichung der in diesem Pakt anerkannten Rechte getroffen haben, und über die dabei erzielten Fortschritte, Berichte vorzulegen. Darüber hinaus gibt das 1. Fakultativ Protokoll eine Individualbeschwerdemöglichkeit (1. Fakultativ Protokoll IPBPR).[808] Sogar für Dritte ist es möglich, eine Mitteilung einzureichen, sofern der Betroffene nicht zu eigenem Handeln in der Lage ist; vorausgesetzt, es besteht eine hinreichend nahe Beziehung.[809] Der Menschenrechtsausschuss überprüft eine mögliche Verletzung der einzelne Rechte. Der betroffene Staat und der betroffene Einzelne

807 C.N.580.2016.TREATIES-IV.4 11.8.2016 (Depositary Notification); C.N.775.2016. TREATIES-IV.4 21.10.2016 (Depositary Notification); C.N.4.2017.TREATIES-IV.4 10.1.2017 (Depositary Notification); C.N.241.2017.TREATIES-IV.4 20.4.2017 (Depositary Notification); C.N.424.2017.TREATIES-IV.4 27.7.2017 (Depositary Notification); C.N.683.2017.TREATIES-IV.4 26.10.2017 (Depositary Notification); C.N.45.2018. TREATIES-IV.4 22.1.2018 (Depositary Notification); C.N.215.2018.TREATIES-IV.4 23.4.2018 (Depositary Notification); C.N.378.2018.TREATIES-IV.4 9.8.2018 (Depositary Notification).

808 VN, Fakultativprotokoll zu dem Internationalen Pakt über bürgerliche und politische Rechte vom 16. Dezember 1966, Resolution 2200A (XXI) (BGBl. II 1992, 1247) (RG 5.8.2006, 26250). Vgl. Wendeling-Schröder/Stein/*Wendeling-Schröder* Einl. Rn. 21; Däubler/Bertzbach AGG/*Däubler/Bertzbach* Einl. Rn. 178.

809 Vgl. Däubler/Bertzbach AGG/*Däubler/Bertzbach* Einl. Rn. 178.

erhalten eine Mitteilung des Ergebnisses des Ausschusses.[810] Das 1. Fakultativ Protokoll IPBPR ist seit 1976 in Kraft, bis jetzt unterzeichnet von 116 Staaten, sowohl Deutschland (1992) als auch die Türkei (2006) haben es unterschrieben und ratifiziert.[811] Allerdings brachte die Bundesrepublik Deutschland einen Vorbehalt bei Hinterlegung der Beitrittsurkunde an, welche auf den Artikel 26 IPBPR Bezug nimmt. Nach dem Vorbehalt gilt die Zuständigkeit des Menschenrechtsausschusses nicht für Mitteilungen, die eine Verletzung des Artikels 26 des IPBPR rügen, wenn und soweit die gerügte Verletzung andere Rechte betrifft als die im Rahmen des genannten Paktes garantierten Rechte.

Bis jetzt wurden 20 schriftliche Mitteilungen dem Menschenrechtsausschuss gegen Deutschland eingereicht.[812] Sechs davon enthalten eine Behauptung eines Verstoßes gegen Artikel 26 IPBPR durch Deutschland, eine beinhaltet eine Beschwerde wegen eines Verstoßes gegen Artikel 2 Absatz 1 IPBPR durch Deutschland. Der Menschenrechtsausschuss erklärte alle sieben genannten Beschwerden für unzulässig.[813] Für die Prüfung der Zuständigkeit gemäß dem Vorbehalt erwartet der Menschenrechtsausschuss, dass Deutschland in dem aktuellen Fall die Zulässigkeit der Beschwerde aufgrund des Vorbehaltes bestreitet.[814] Außerdem erklärte der Menschenrechtsausschuss in dem Fall Petersen vs. Germany, das in Artikel 26 des IPBPR unabhängige Recht auf Gleichheit und Nichtdiskriminierung biete einen größeren Schutz als das in Artikel 14 der Europäischen Menschenrechtskonvention enthaltene akzessorische Recht auf Nichtdiskriminierung.[815] Der Ausschuss sieht sich durch den Vorbehalt des Vertragsstaates des Fakultativprotokolls nicht daran gehindert, diesen Teil der Mitteilung zu prüfen.[816]

Gegen die Türkei erhielt der Menschenrechtsausschuss bislang die Einreichung von drei Individualbeschwerden.[817] Eine der Beschwerden betraf Artikel

---

810 Vgl. Wendeling-Schröder/Stein/*Wendeling-Schröder* Einl. Rn. 21.

811 Bundesrepublik Deutschland: Ratifizierung am 21.12.1992, Inkrafttreten am 25.11.1993, (BGBl. II 1992, 1246); Republik Türkei: Unterzeichnung am 3.2.2004, Ratifizierung am 5.8.2006, Inkrafttreten am 24.10.2006 (RG 5.8.2006, 26250). https://treaties.un.org/Pages/ViewDetails.aspx?src=TREATY&mtdsg_no=IV-5&chapter=4&lang=en (30.11.2018).

812 http://juris.ohchr.org/search/results (20.3.2021).

813 http://juris.ohchr.org/search/results (30.11.2018).

814 Human Rights Committee CCPR/C/78/D/960/2000 Rn. 8.3 "Baumgarten vs. Germany".

815 Human Rights Committee CCPR/C/80/D/1115/2002 "Petersen vs. Germany".

816 Human Rights Committee CCPR/C/80/D/1115/2002 Rn. 6.6, 6.7 "Petersen vs. Germany".

817 Human Rights Committee CCPR/C/104/D/1853–1854/2008 "Atasoy et al. vs. Turkey"; Human Rights Committee CCPR/C/123/D/2274/2013/REV.1 "Seyma Türkan vs. Turkey"; Human Rights Committee CCPR/C/125/D/2980/2017 "Özcelik et al". http://juris.ohchr.org/search/results (20.3.2021).

18 IPBPR, die Gedanken-, Gewissens- und Religionsfreiheit, und Artikel 2 und 26 IPBPR.[818] Es handelte sich allerdings um einen Konflikt in Bezug auf das Tragen eines Kopftuchs an der Universität; der Menschenrechtsausschuss kam zum Schluss, die Republik Türkei habe in dem Fall die beim IPBPR anerkannte Religionsfreiheit verletzt.[819] Der Fall findet aber keine weitere Untersuchung in dieser Arbeit wegen der thematischen Beschränkung der Dissertation, weil es nicht um einen arbeitsrechtlichen Bereich handelt.[820]

2. *Internationaler Pakt über wirtschaftliche, soziale und kulturelle Rechte*

Der internationale Pakt über wirtschaftliche, soziale und kulturelle Rechte (IPWSKR) vom 16.12.1966 trat völkerrechtlich am 3.01.1976 in Kraft.[821] Zurzeit sind 171 Staaten der Welt Parteien des Paktes, darunter Deutschland und die Türkei.[822] (Vgl. Anh. II) Allerdings haben nicht alle Staaten, die unterzeichnet haben, den Pakt ratifiziert.[823] Die Unterzeichnung des Paktes durch die Bundesrepublik Deutschland erfolgte aber im Jahr 1968, die Ratifizierung der IPWSKR vollzog sich im Jahr 1973.[824] Die Unterzeichnung und Ratifizierung des Paktes durch die Türkei fand, wie beim IPBPR, circa 30 Jahre später als Deutschland statt. Im Jahr 2000 unterzeichnete und im Jahr 2003 ratifizierte die Republik Türkei den Internationalen Pakt über wirtschaftliche, soziale und kulturelle Rechte mit Vorbehalt.[825]

---

818 Human Rights Committee CCPR/C/123/D/2274/2013/REV.1 "Seyma Türkan vs. Turkey" http://juris.ohchr.org/search/results (20.3.2021).

819 Human Rights Committee CCPR/C/123/D/2274/2013/REV.1 "Seyma Türkan vs. Turkey" http://juris.ohchr.org/search/results (20.3.2021).

820 Siehe *diese Dissertationsschrift* § 5.

821 VN, Der internationale Pakt über wirtschaftliche, soziale und kulturelle Rechte vom 19.12.1966, Resolution 2200A (XXI) der Generalversammlung der Vereinten Nationen, (BGBl. II 1973, 1569; BGBl. II 1976, 428) (RG 11.08.2003, 25196). Siehe *diese Dissertationsschrift* § 4 A. I.

822 https://treaties.un.org/Pages/ViewDetails.aspx?src=TREATY&mtdsg_no=IV-3&chapter=4&clang=_en (20.3.2021).

823 https://treaties.un.org/Pages/ViewDetails.aspx?src=TREATY&mtdsg_no=IV-3&chapter=4&clang=_en (30.11.2018). Z.B. Kuba oder die Vereinigten Staaten von Amerika.

824 Bundesrepublik Deutschland: Unterzeichnung am 9.10.1968, Ratifizierung am 17.12.1973, Inkrafttreten am 3.1.1976 (BGBl. II 1973, 1569; BGBl. II 1976, 428). Deutsche Demokratische Republik: Unterzeichnung am 27.3.1973, Ratifizierung am 8.11.1973 https://treaties.un.org/Pages/ViewDetails.aspx?src=TREATY&mtdsg_no=IV-3&chapter=4&clang=_en#2 (30.11.2018).

825 Republik Türkei: Unterzeichnung am 15.8.2000, Ratifizierung am 11.8.2003, InKrattreten am 23.12.2003 (RG 11.08.2003, 25196). Die Republik Türkei erklärte explizit, dass sie ihre Verpflichtungen aus dem Pakt im Einklang mit den Verpflichtungen aus der Charta der Vereinten Nationen (insbesondere Artikel 1 und 2 VN-Charta) umsetzen wird und dass sie die Bestimmungen des internationalen Paktes über

a) Diskriminierungsschutz

Der gesamte Pakt über wirtschaftliche, soziale und kulturelle Rechte enthält die Anerkennung der Grundsätze der Nichtdiskriminierung und Gleichheit.[826] Dazu zählt die Nichtdiskriminierung zu einer im IPWSKR verzeichneten unmittelbaren und bereichsübergreifenden Verpflichtung der Staaten.[827] Der IPWSKR enthält allerdings kein autonomes Recht auf Gleichheit und Nichtdiskriminierung wie Artikel 26 IPBPR. Trotzdem gewährleisten die in den Artikeln 2 Absatz 1 und 3 IPWSKR anerkannten akzessorischen Diskriminierungsverbote das Verbot einer Ausgrenzung wegen bestimmter Merkmale für jedermann bei der Verwirklichung der im Pakt vorgesehenen Rechte.[828] In Bezug auf Artikel 2 Absatz 2 des IPWSKR verpflichtet sich jeder Vertragsstaat, ähnlich wie bei Artikel 2 Absatz 1 des IPBPR, die Gewährleistung der Ausübung der in diesem Pakt verkündeten Rechte ohne Diskriminierung hinsichtlich der aufgezählten Merkmale. Die Verpflichtung zur Nichtdiskriminierung beschränkt sich auf die Rechte, die an anderer Stelle des Paktes geschützt sind.[829]

Eine Definition der Diskriminierung gibt es im Pakt nicht. Der wirtschaftliche, soziale und kulturelle Ausschuss verwendet jedoch eine ähnliche Definition der Diskriminierung wie Antirassismuskonvention, Frauenrechtekonvention, BRK und die Definition des Menschenrechtsausschusses.[830] In dieser Hinsicht ist die Diskriminierung weit interpretiert: „ *[...] discrimination constitutes any distinction, exclusion, restriction or preference or other differential treatment that is directly or indirectly based on the prohibited grounds of discrimination and which has the intention or effect of nullifying or impairing the recognition, enjoyment or exercise, on an equal footing, of Covenant rights. Discrimination also includes incitement to*

---

wirtschaftliche, soziale und kulturelle Rechte nur auf die Staaten anwenden wird, zu denen sie diplomatische Beziehungen unterhält. Außerdem bekräftigte die Republik Türkei, dass IPWSKR ausschließlich in Bezug auf das Staatsgebiet ratifiziert wird, in dem die Verfassung und die Rechts- und Verwaltungsordnung der Republik Türkei angewandt werden. Ansonstens behielt die Republik Türkei sich das Recht vor, die Bestimmungen von Artikel 13 Absätze 3 und 4 des Paktes über wirtschaftliche, soziale und kulturelle Rechte (Insbesondere in Artikel 13 III IPWSKR anerkannte Freiheit der Eltern über die religiöse und sittliche Erziehung ihrer Kinder und in Artikel 13 IV IPWSKR anerkannte Freiheit der natürlichen und juristischer Personen Bildungseinrichtungen zu schaffen) gemäß den Bestimmungen der Artikel 3, 14 und 42 Verfassung der Republik Türkei auszulegen und anzuwenden.

826 Vgl. Committee on Economic, Social and Cultural Rights (Committee ESCR), General Comment No. 20, Rn. 3.

827 Vgl. Committee ESCR, General Comment No. 20, Rn. 7.

828 Vgl. Däubler/Bertzbach AGG/ *Däubler/Bertzbach* Einl. Rn. 182; Schiek/ *Schiek, AGG,* Einl. Rn. 12.

829 Vgl. IELL/*Fennelly* ICESCR Rn. 4.

830 Vgl. Committee ESCR, General Comment No. 20, Rn. 7, 8.

discriminate and harassment.“[831] Formale, de-facto sowie unmitelbare und mittelbare und auch strukturelle Diskriminierung sind weiterhin enthalten.[832]

Die in Artikel 2 Absatz 2 IPWSKR anerkannten Diskriminierungsmerkmale sind die gleichen Merkmale wie Artikel 2 Absatz 1 IPBPR – Rasse, Hautfarbe, Geschlecht, Sprache, Religion, politische oder sonstige Anschauung, nationale oder soziale Herkunft, Vermögen, Geburt oder sonstiger Status. (Vgl. Anh. I) Artikel 2 Absatz 2 IPWSKR enthält auch eine Öffnungsklausel wie Artikel 2 Absatz 1 IPBPR. Der wirtschaftliche, soziale und kulturelle Ausschuss erkennt die Variation der Art und der Natur der Diskriminierung je nach Kontext und ihre Entwicklung mit der Zeit.[833] Daher ist ein flexibler Ansatz bei der Auslegung des „sonstigen Status“ zu erwarten, um andere Formen der differenziellen Behandlung zu erfassen, die nicht angemessen und objektiv gerechtfertigt sind und die mit den ausdrücklich in Artikel 2 Absatz 2 IPWSKR anerkannten Diskriminierungsgründen vergleichbar sind.[834] Insbesondere bei Diskriminierungsgründe, die Erfahrungen der unter Marginalisierung leidender, verletzbarer, sozialer Gruppen widerspiegeln, kommt es zur Anerkennung dieser Gründe als Diskriminierungsmerkmale nach dem sonstigen Status.[835]

Allerdings ist eine differenzierte Behandlung aufgrund verbotener Gründe nur dann als diskriminierend anzusehen, sofern die Begründung für die Differenzierung nicht angemessen und objektiv ist.[836] Dazu gehört auch eine Beurteilung, ob das Ziel und die Auswirkungen der Maßnahmen oder Unterlassungen legitim sind, mit der Natur der Rechte des Paktes vereinbar sind und ausschließlich zur Förderung des allgemeinen Wohlbefindens in einer demokratischen Gesellschaft dienen.[837] Darüber hinaus muss ein klarer und angemessener Verhältnismäßigkeitsgrad zwischen dem angestrebten Ziel und den Maßnahmen oder Unterlassungen und ihren Auswirkungen bestehen.[838] Das Versäumnis, die Differenzierung aufgrund fehlender Ressourcen zu beseitigen, ist keine objektive und vernünftige Begründung, es sei denn, es wurden alle Anstrengungen unternommen, um alle Ressourcen zu verwenden, die dem Vertragsstaat zur Verfügung stehen, um die Diskriminierung anzugehen und zu beseitigen eine Frage der Priorität.[839]

Anders als IPBPR verpflichtet sich Artikel 2 Absatz 1 IPWSKR, die Vertragsstaaten jedes der in dem Pakt verkündeten Rechte ohne Diskriminierung zu

831 Vgl. Committee ESCR, General Comment No. 20, Rn. 7.
832 Vgl. Committee ESCR, General Comment No. 20, Rn. 8, 10, 12.
833 Vgl. Committee ESCR, General Comment No. 20, Rn. 27.
834 Vgl. Committee ESCR, General Comment No. 20, Rn. 27.
835 Vgl. Committee ESCR, General Comment No. 20, Rn. 27.
836 Vgl. Committee ESCR, General Comment No. 20, Rn. 13.
837 Vgl. Committee ESCR, General Comment No. 20, Rn. 13.
838 Vgl. Committee ESCR, General Comment No. 20, Rn. 13.
839 Vgl. Committee ESCR, General Comment No. 20, Rn. 13.

verkünden. Dahingegen verpflichtet Artikel 2 Absatz 1 IPBPR die Vertragsstaaten nur sämtlichen, in ihrem Hoheitsgebiet befindlichen und ihrer Herrschaftsgewalt unterstehenden Personen die in dem Pakt verkündeten Rechte ohne Diskriminierung zu verkünden.

Artikel 2 Absatz 2 IPWSKR verpflichtet ausschließlich die einzelnen Staaten, subjektive Rechte kann der Einzelne aus dem Pakt allerdings nicht herleiten.[840] Dabei sind die Vertragsstaaten verpflichtet, die Maßnahmen zu ergreifen, die Rechtsvorschriften enthalten sollten, um sicherzustellen, dass Personen und Organisationen der Privatsphäre nicht aus unzulässigen Gründen diskriminiert werden.[841]

Auch in Bezug auf einzelne Rechte erwähnt der Pakt des Öfteren ausdrücklich die Grundsätze der Nichtdiskriminierung und der Gleichheit.[842] Artikel 3 des IPWSKR handelt wie Artikel 3 IPBPR von der Gleichberechtigung von Frauen und Männern. Die beiden Artikel (Art. 3 IPWSKR und Art. 3 IPBPR) sind beinahe wortgleich. Die Vertragsstaaten verpflichten sich laut Artikel 3 IPWSKR, die Gleichberechtigung von Mann und Frau bei der Ausübung der im IPWSKR festgelegten wirtschaftlichen, sozialen und kulturellen Rechte sicherzustellen. Außerdem finden auch in den anderen Artikeln des IPWSKR, wie in den Artikeln 7, 10 und 13 IPWSKR, diskriminierungsrechtliche Regulierungen Platz, welche aber die vorliegende Arbeit nicht weiter untersucht.[843]

Eine Restriktion wie Artikel 4 IPBPR gibt es im IPWSKR nicht.

b) Kündigungsschutz

Der internationale Pakt über wirtschaftliche, soziale und kulturelle Rechte bezweckt im Grunde die Sicherung von angemessenen materiellen Rahmenbedingungen für die individuelle Existenz.[844] Artikel 6 IPWSKR z. B. erkennt das Recht auf Arbeit an, das Recht jedes Einzelnen hinsichtlich der Möglichkeit, seinen Lebensunterhalt durch frei gewählte oder angenommene Arbeit zu verdienen. Die Vertragsstaaten verpflichten sich die geeigneten Schritte zum Schutz dieses Rechts zu unternehmen. Artikel 7 IPWSKR orientiert sich am Arbeitsleben. Danach erkennen die Vertragsstaaten das Recht eines jeden auf gerechte, sichere, gesunde Arbeitsbedingungen. Ein direkter Hinweis auf Kündigungsschutz findet sich nicht im IPWSKR.

Nach dem Ausschuss für wirtschaftliche, soziale und kulturelle Rechte befasst sich Artikel 6 IPWSKR umfassender als jedes andere internationalen Rechts Instrument mit diesem Recht auf Arbeit.[845] Das Recht auf Arbeit ist nach dem

---

840 Vgl. Däubler/Bertzbach AGG/ *Däubler/Bertzbach* Einl. Rn. 185.
841 Vgl. Committee ESCR, General Comment No. 20, Rn. 11.
842 Vgl. Committee ESCR, General Comment No. 20 Abs. 4.
843 Siehe *diese Dissertationsschrift* § 2.
844 Vgl. Wendeling-Schröder/Stein/*Wendeling-Schröder* Einl. Rn. 22.
845 Committee ESCR, General Comment No. 18, Rn. 1.

Ausschuss wesentlich für die Verwirklichung anderer Menschenrechte und bildet einen untrennbaren und inhärenten Bestandteil der Menschenwürde.[846] Jeder Mensch hat das Recht, arbeiten zu können, was ihm ein ihm*ihr ein Leben in Würde zu ermöglichen.[847] Das Recht auf Arbeit trägt gleichzeitig zum Überleben des Individuums und seiner*ihrer Familie zu seiner*ihrer Entwicklung und Anerkennung innerhalb der Gemeinschaft bei, sofern die Arbeit frei gewählt oder angenommen wird.[848] In diesem Kontext nennt der Ausschuss die Abschaffung von Gesetzen zum Schutz des*der Arbeitnehmers*in vor unrechtmäßiger Kündigung als Beispiel zur Verstöße gegen die Verpflichtung zur Achtung des Rechts auf Arbeit.[849] In dem Sinne teilt der Auschuss die Position, die den Kündigungsschutz als materieller und immaterielle Existenzgrundlage sieht.[850] Allerdings; ein direkter Hinweis auf Kündigungsschutz findet sich nicht im IPWSKR.

c) Durchsetzungsmechanismen

Der IPWSKR sieht ein Berichtsystem (Art. 16 ff. IPWSKR) als ein Instrument der Gewährleistung vor, nach dem die Vertragsstaaten sich verpflichten, einen Nachweis über die von ihnen getroffenen Maßnahmen und Fortschritte vorzulegen, die hinsichtlich der Beachtung der im Pakt anerkannten Rechte erzielt wurden. Es ist Aufgabe der Vertragsstaaten, durch einen Ausschuss für wirtschaftliche, soziale und kulturelle Rechte periodisch kontrollierte Berichte zu erstellen. Außerdem gibt es Bemühensverpflichtungen, z. B. sollen die Vertragsstaaten ihre Staatsziele darauf ausrichten, die verbürgten Rechte zu verwirklichen.[851] Allerdings stehen die entsprechenden Rechte grundsätzlich unter dem Vorbehalt der Leistungsfähigkeit des jeweiligen Staates.[852]

Außerdem sieht das Fakultativprotokoll zum Internationalen Pakt über wirtschaftliche, soziale und kulturelle Rechte eine individuelle Beschwerdemöglichkeit vor, welche im Jahr 2008, circa dreißig Jahre später als das erste Fakultativprotokoll zum IPBPR, verabschiedet wurde.[853] Mit einer Präambel beginnt das Fakultativprotokoll zum IPWSKR, die bemerkt, dass die Anerkennung der innewohnenden Würde und die Gleichheit und Unveräußerlichkeit der Rechte sämtlicher Mitglieder der menschlichen Gesellschaft die Grundlage

---

846 Committee ESCR, General Comment No. 18, Rn. 1.
847 Committee ESCR, General Comment No. 18, Rn. 1.
848 Committee ESCR, General Comment No. 18, Rn. 1.
849 Committee ESCR, General Comment No. 18, Rn. 34.
850 Siehe *diese Dissertationschrift* § 5, D.
851 Vgl. Wendeling-Schröder/Stein/*Wendeling-Schröder* Einl. Rn. 22.
852 Vgl. Wendeling-Schröder/Stein/*Wendeling-Schröder* Einl. Rn. 22
853 VN, Optional Protocol to the International Covenant on Economic, Social and Cultural Rights from 10.12.2008, Resolution A/RES/63/117 General Assembly. Inkrafttreten am 5.5.2013.

von Freiheit, Gerechtigkeit und Frieden in der Welt bildet. Weiter erinnert es an das Menschenbild der AEMR, an den frei, gleich an Würde und Rechte geborenen Menschen, und stellt ferner fest, dass jeder ohne irgendeinen Unterschied Anspruch auf alle in der AEMR verkündeten Rechte und Freiheiten hat. Alle Menschenrechte und Grundfreiheiten besitzen Allgemeingültigkeit und sind unteilbar, bedingen einander und sind miteinander verknüpft. Auf dieser Grundlage gibt das Fakultativprotokoll zum IPWSKR nicht nur den Einzelpersonen, sondern auch den juristischen Personen das Recht, eine Mitteilung an den Ausschuss für wirtschaftliche, soziale und kulturelle Rechte einzureichen. Allerdings haben bis jetzt lediglich 45 Staaten das Fakultativprotokoll unterschrieben und nur 24 Staaten haben es ratifiziert.[854] Sowohl die Bundesrepublik Deutschland als auch die Republik der Türkei haben das Protokoll weder unterschrieben noch ratifiziert.[855]

IV. Spezifische Überkommen der Vereinten Nationen zur Bekämpfung verschiedener Formen von Diskriminierung

Das Internationale Übereinkommen zur Beseitigung jeder Form von Rassendiskriminierung vom 7. März 1966 (Antirassismuskonvention), das Internationale Übereinkommen zur Beseitigung jeder Form von Diskriminierung der Frau vom 18. Dezember 1979 (Frauenrechtekonvention) und das am 13.12.2006 verabschiedete Übereinkommen über die Rechte von Menschen mit Behinderungen (BRK) sind die Übereinkommen der Vereinten Nationen, welche spezifisch nach besonderen Merkmalen von Diskriminierung regeln, Rasse, Geschlecht, Behinderung.[856] Eine Beschreibung findet zuerst die Antirassismuskonvention,

---

854 https://treaties.un.org/pages/ViewDetails.aspx?src=TREATY&mtdsg_no=IV-3-a&chapter=4 (20.3.2021).

855 https://treaties.un.org/pages/ViewDetails.aspx?src=TREATY&mtdsg_no=IV-3-a&chapter=4 (20.3.2021).

856 VN, Das Internationale Übereinkommen zur Beseitigung jeder Form von Rassendiskriminierung vom 7. März 1966 (The International Convention on the Elimination of All Forms of Racial Discrimination – CERD -), Resolution 2106 (XX) vom 21.12.1965 General Versammlung, Inkrafttreten am 4.1.1969; Bundesrepublik Deutschland: Unterzeichnung am 10.2.1967, Ratifizierung am 16.5.1969, Inkrafttreten am 15.6.1969 (BGBl. 1969 II S. 961); Türkische Republik: Unterzeichnung am 13.10.1972, Ratifizierung am 16.6.2002, Inkrafttreten am 12.10.2002 (RG 9.4.2002, 24721). VN, das Internationale Übereinkommen zur Beseitigung jeder Form von Diskriminierung der Frau vom 18. Dezember 1979 (Convention on the Elamination of all Forms of Discrimination against Women –CEDAW-) Inkrafttreten am 3.9.1981; Bundesrepublik Deutschland: Unterzeichnung am 17.7.1980, Ratifizierung am 9.7.1985, Inkrafttreten am 9.8.1985 (BGBl. II 1985, 647); Türkische Republik: Unterzeichnung am 11.6.1985, Ratifizierung am 14.10.1985, Inkrafttreten am 19.1.1986 (RG 25.6.1985, 18792; RG 14.10.1985, 18898). VN, Übereinkommen über

als nächstes entwickelt sich eine Schilderung der Frauenrechtekonvention und schließlich geschieht eine Darstellung der BRK.

1. Übereinkommen zur Beseitigung jeder Form von Rassendiskriminierung

Das Internationale Übereinkommen zur Beseitigung jeder Form von Rassendiskriminierung vom 7.03.1966 ist seit 4.01.1979 völkerrechtlich in Kraft und zurzeit sind 182 Staaten der Welt Parteien des Übereinkommens, darunter Deutschland und die Türkei.[857] Deutschland hat das Übereinkommen schon im Jahr 1967 unterschrieben und 1969 ratifiziert.[858] Die Türkei hat allerdings das Übereinkommen im Jahr 2002 ratifiziert, obwohl sie es schon im Jahr 1972, mit Vorbehalt, unterschrieben hat.[859] (Vgl. Anh. II)

Das Internationale Übereinkommen zur Beseitigung jeder Form von Rassendiskriminierung folgt dem Weg, den die VN-Charta und die AEMR eröffnet haben, und verbindet sich mit den Traditionen der Kolonialismus- und Rassentrennungsbekämpfung, und wiederholt den Wunsch nach einem diskriminierungsfreien Beschäftigungs- und Berufsleben (ErwG AntirassismusK).[860]

---

die Rechte von Menschen mit Behinderungen (The Convention on the Rights of Persons with Disabilities) Inkrafttreten am 4.1.1969.

857 VN, Das Internationale Übereinkommen zur Beseitigung jeder Form von Rassendiskriminierung vom 7. März 1966 (The International Convention on the Elimination of All Forms of Racial Discrimination – CERD -), Resolution 2106 (XX) vom 21.12.1965 General Versammlung, Inkrafttreten am 4.1.1969; Bunderepublik Deutschland: Unterzeichnung am 10.2.1967, Ratifizierung am 16.5.1969, Inkrafttreten am (BGBl. 1969 II S. 961); Türkische Republik: Unterzeichnung am 13.10.1972, Ratifizierung am 16.6.2002, Inkrafttreten am 12.10.2002 (RG 9.4.2002, 24721). https://treaties.un.org/Pages/ViewDetails.aspx?src=TREATY&mtdsg_no=IV-2&chapter=4&clang=_en#EndDec (20.3.2021).

858 Bundesrepublik Deutschland: Unterzeichnung am 10.2.1967, Ratifizierung am 16.5.1969 (BGBl 1969 II, 961). Deutsche Demokratische Republik: Unterzeichnung am 23.3.1973 (United Nations, Treaty Series, Vol. 883, S. 190) (https://treaties.un.org/Pages/ViewDetails.aspx?src=TREATY&mtdsg_no=IV-2&chapter=4&clang=_en#EndDec) (30.11.2018).

859 Republik Türkei: Unterzeichnung am 13.10.1972, Ratifizierung am 16.9.2002. In ihrem Vorbehalt erklärte die Republik Türkei, dass sie die Bestimmungen dieses Übereinkommens nur gegenüber den Vertragsstaaten umsetzen wird, zu denen sie diplomatische Beziehungen unterhält, und dass dieses Übereinkommen ausschließlich in Bezug auf das Staatsgebiet ratifiziert wird, in dem die Verfassung und die Rechts- und Verwaltungsordnung der Republik Türkei angewendet werden. Es ist das gleiche Vorbehalt, der Türkei auch für IPBPR und IPWSKR erklärte.

860 VN, Die Erklärung vom 14.12.1960 der VN Generalversammlung über die Gewährung der Unabhängigkeit an Kolonialgebiete und Kolonialvölker – Entschließung 1514 (XV); VN, Die Erklärung vom 20.11.1963 der VN Generalversammlung über die Beseitigung aller Formen der Rassendiskriminierung – Entschließung 1904 (XVIII). Siehe *diese Dissertationsschrift* § 4 A. I.

a) Begriff der Diskriminierung

Die Antirassismuskonvention benutzt das Wort „Diskriminierung“, in seinem ersten Artikel befindet sich eine weitverbreitete Definition der Rassendiskriminierung (Art. 1 I AntirassismusK). Jede auf der Rasse, der Hautfarbe, der Abstammung, der nationalen oder ethnischen Herkunft beruhende Unterscheidung, Ausschließung, Beschränkung oder Bevorzugung, die zum Ziel oder zur Folge hat, dass dadurch ein gleichberechtigtes Anerkennen, Genießen oder Ausüben von Menschenrechten und Grundfreiheiten im politischen, wirtschaftlichen, sozialen, kulturellen oder jedem sonstigen Bereich des öffentlichen Lebens vereitelt oder beeinträchtigt wird, wird als Rassendiskriminierung definiert (Art. 1, I AntirassismusK).[861]

Die Definition der Diskriminierung umfasst Handlungsformen (Unterscheidung, Ausschließung, Beschränkung oder Bevorzugung), die eine Beeinträchtigung oder eine Vereitelung des Genusses oder der Ausübung von Menschenrechten und Grundfreiheiten darstellen.[862] Dank der breiteren Definition der Rassendiskriminierung beinhaltet das Diskriminierungsverbot ein Verbot der formalen, de-facto, unmittelbaren, aber auch, da eine Beeinträchtigung des gleichberechtigten Genusses der Menschenrechte und Grundfreiheiten genügt, der mittelbaren Diskriminierung.[863]

Das Diskriminierungsmerkmal Rasse ist umfassend definiert, inbegriffen sind neben der Rasse die Hautfarbe, die Abstammung, die nationale und die ethnische Herkunft.

Erfasst sind die Diskriminierungen im öffentlichen Leben, allerdings nicht nur im politischen Bereich, sondern auch in den wirtschaftlichen, sozialen und kulturellen Bereichen des Lebens, wobei die marktwirtschaftlichen Ökonomien durch privatrechtliche Eigeninitiative organisiert sind; inkludiert ist aber insbesondere auch die Sphäre der Beschäftigung (Art. 1, I AntirassismusK).[864] In dem Sinne ist die Art einer privaten Wirkung des Rassendiskriminierungsverbots angelegt.[865] Grundsätzlich gibt es keine Ausnahme vom Rassendiskriminierungsverbot (Vgl. Art. 1, II AntirassismusK).[866]

---

861 Die deutsche Fassung des Übereinkommens (BGBl. 1969 II S. 961) verwendet unglücklicherweise den Begriff „Volkstum“ statt „ethnische Herkunft“. In der englischen orginallen Text steht allerdings „ethnic origin“, welche eigentlich nicht mit dem Begriff „Volkstum“ zu decken ist. Deswegen verwendet diese Disseratationschrift, passend zu dem originiellen Text, der Begriff „etnische Herkunft“.

862 Vgl. Schiek/*Schiek, AGG,* Einl. Rn. 17.

863 Vgl. Schiek/*Schiek, AGG,* Einl. Rn. 17; Däubler/Bertzbach AGG/*Däubler/Bertzbach,* Einl. Rn. 156; IELL/*Fennelly* ICERD Rn. 3, 11.

864 Vgl. Schiek/*Schiek, AGG,* Einl. Rn. 17; IELL/*Fennelly* ICERD Rn. 3; Committee on the Elimination of Racial Discrimination (CERD), General Reccomendation XIV, Rn. 3.

865 Vgl. Schiek/*Schiek, AGG,* Einl. Rn. 17.

866 Vgl. Schiek/*Schiek, AGG,* Einl. Rn. 18.

Antirassismuskonvention sieht vielfältige Verpflichtungen der Staaten vor. Einleitend gelten einzig zu dem Zweck getroffene Sondermaßnahmen, die eine angemessene Entwicklung bestimmter Gruppen gewährleisten, nicht als Rassendiskriminierung, die Vertragsstaaten erhalten für das Ergreifen derselben Unterstützung (Art. 1 IV und Art. 2 II AntirassismusK).[867] Weiterhin verurteilen die Vertragsstaaten die Rassendiskriminierung und verpflichten sich eine Politik der Beseitigung der Rassendiskriminierung in jeder Form zu verfolgen (Art. 2, I AntirassismusK). Vor allem ist die Politik aufgerufen, unverzüglich und mit allen geeigneten Mitteln die Konvention umzusetzen (Art. 2, I AntirassismusK). Artikel 2 Absatz I Buchstabe d Antirassismuskonvention erweitert die Reichweite des Übereinkommens weiter, indem es die Vertragsstaaten dazu auffordert, jede durch Personen, Gruppen oder Organisationen ausgeübte Rassendiskriminierung mit allen geeigneten Mitteln einschließlich der durch die Umstände erforderlichen Rechtsvorschriften zu verbieten und zu beendigen.[868]

b) Diskriminierungsschutz im Arbeitsleben

Darüber hinaus bindet die Antirassismuskonvention die Vertragsstaaten, das Recht jedes Einzelnen ohne Unterschied der Rasse, der Hautfarbe, der nationalen oder ethnischen Herkunft auf Gleichheit vor dem Gesetz insbesondere hinsichtlich der wirtschaftlichen, sozialen und kulturellen Rechte, wie zum Beispiel das Recht auf Arbeit, auf gerechte und befriedigende Arbeitsbedingungen, auf Schutz gegen Arbeitslosigkeit, auf gleiches Entgelt für gleiche Arbeit, zu gewährleisten (Art. 5 AntirassismusK). Artikel 5 AntirassismusK hat eine wichtige arbeitsrechtliche Dimension.[869] Der Ausschuss für die Beseitigung der Rassendiskriminierung hat das Erfordernis eines nichtdiskriminierenden Zugangs zum Arbeitsmarkt als ein grundlegendes Element des Artikel 5 AntirassismusK, insbesondere Art. 5, I ,e und i AntirassismusK, bestätigt mit einem Unterstreichen der Bedeutung dieser Bestimmung, um das Ziel der Beseitigung der Rassendiskriminierung zu verfolgen.[870] In der Entscheidung über den Fall Yilmaz-Dogan vs. The Netherlands bestätigte der Ausschuss die Gültigkeit der Rechte für alle Stufen des Beschäftigungsprozesses vom Zugang zur Beschäftigung, von den Beschäftigungsbedingungen bis zur Kündigung.[871] Eine ungerechte Kündigung beeinträchtigt das Recht auf Arbeit, welche der Artikel 5 Buchstabe e Nr. i AntirassismusK schützt.[872] Vornehmlich sollen die Vertragsstaaten einen wirksamen Schutz und wirksame Rechtsbehelfe durch die zuständigen nationalen Gerichte

867 Vgl. Schiek/*Schiek*, *AGG*, Einl. Rn. 19.
868 Vgl. IELL/ Fennelly ICERD Rn. 8.
869 Vgl. IELL/*Fennelly* ICERD Rn. 13.
870 Vgl. IELL/*Fennelly* ICERD Rn. 13.
871 CERD, CERD/C/36/D/1/1984 "Yilmaz-Dogan vs. The Netherlands". Vgl. IELL/*Fennelly* ICERD Rn. 13.
872 CERD, CERD/C/36/D/1/1984 Rn. 9.3. "Yilmaz-Dogan vs. The Neatherlands"

und sonstigen staatlichen Einrichtungen gegen alle rassistisch diskriminierenden Handlungen gewährleisten. Insbesondere gilt es, das Recht zu garantieren, bei den Gerichten eine gerechte und angemessene Entschädigung oder Genugtuung für jeden infolge einer Rassendiskriminierung erlittenen Schaden zu verlangen (Art. 6 AntirassismusK).

Allgemein lässt sich eine horizontale, unmittelbare Wirkung hinsichtlich des internationalen Übereinkommens zur Beseitigung jeder Form von Rassendiskriminierung nicht herleiten.[873] Die Antirassismuskonvention legt den ratifizierenden Vertragsstaaten allerdings die Pflicht auf, ihr Vertragsrecht in diskriminierungsfreier Weise auszuformulieren (Art. 5 AntirassismusK).[874] Einbezogen sind das Arbeitsleben sowie die Gewährung von Gütern und Dienstleistungen (Art. 5, I, e AntirassismusK).[875]

c) Durchsetzungsmechanismen

Für die Gewährleistung der Konventionsrechten sieht die Antirassismuskonvention ein Staatenberichts- und Staatenbeschwerdeverfahren (Art. 8 ff. und Art. 11 ff AntirassismusK), eine Verfahrensmöglichkeit beim Internationalen Gerichtshof (Art. 22 AntirassismusK) sowie der Ausschuss für die Beseitigung der Rassendiskriminierung kann die Individualbeschwerden entgegennehmen (Art. 14 ff. AntirassismusK). Den Personen oder auch den Personengruppen, die behaupten, Opfer einer rassistischen Diskriminierung zu sein, steht das Recht zu, sich an den Ausschuss zu wenden (Art. 14 AntirassismusK).[876] Nur 58 Vertragsstaaten haben bislang die Zuständigkeit des Ausschusses für die Individualbeschwerden anerkannt.[877] Die notwendige Einverständniserklärung zum Individualbeschwerdeverfahren vor dem Ausschuss gab die Bundesrepublik Deutschland am 30.08.2001 unterm Vorbehalt.[878] Bis jetzt wurden zwei Individualbeschwerden gegen Deutschland geführt; beide haben Personengruppen eingereicht.[879] Die Republik Türkei erkannte bis jetzt nicht die Zuständigkeit des Ausschusses für das Entgegennehmen oder das Erörtern von Individualbeschwerden an.

---

873 Vgl. Schiek/*Schiek, AGG,* Einl. Rn. 22.

874 Vgl. Däubler/Bertzbach AGG/*Däubler/Bertzbach* Einl. Rn. 157.

875 Vgl. Däubler/Bertzbach AGG/*Däubler/Bertzbachr* Einl. Rn. 157.

876 Vgl. Däubler/Bertzbach AGG/*Däublerr/Bertzbach* Einl. Rn. 157.

877 https://treaties.un.org/Pages/ViewDetails.aspx?src=TREATY&mtdsg_no=IV-2&chapter=4&lang=en (8.1.2019)

878 https://treaties.un.org/Pages/ViewDetails.aspx?src=TREATY&mtdsg_no=IV-2&chapter=4&clang=_en#EndDec (30.11.2018).

879 CERD, C/82/D/48/2010 "TBB-Turkish Union in Berlin/Brandenburg vs. Germany" und CERD, C/72/D/38/2006 "Zentralrat Deutscher Sinti und Roma et al. vs. Germany".

2. *Übereinkommen zur Beseitigung jeder Form von Diskriminierung der Frau*

Das Internationale Übereinkommen zur Beseitigung jeder Form von Diskriminierung der Frau vom 18.12.1979 ist seit 3.09.1981 in Kraft; mit 189 Staaten der Weltparteien des Übereinkommens, darunter Deutschland und die Türkei, gehört es zu den am meisten ratifizierten internationalen Verträgen.[880] Deutschland hat das Übereinkommen im Jahr 1980 unterschrieben und 1985 ratifiziert.[881] Gleichzeitig in 1985 unterzeichnete und ratifizierte die Türkei die Frauenrechtekonvention.[882]

Als ein Menschenrechtsübereinkommen, das der Beseitigung der Diskriminierung einer bestimmten Gruppe gewidmet ist, verfolgt die Frauenrechtekonvention einen ähnlichen Ansatz wie die frühere Antirassismuskonvention und geht den Weg, den die VN-Charta und die AEMR öffnete.[883] Auf der Grundlage der Kritik der Nichtanerkennung oder der nicht vollen Anerkennung des bedeutenden Beitrags der Frauen zum Wohlergehen der Familie und zur Entwicklung der Gesellschaft geht es um eine Umwandlung der Rolle des Mannes und der Frau in der Gesellschaft. Im Mittelpunkt steht das Verständnis, dass „... *die größtmögliche und gleichberechtigte Mitwirkung der Frau in allen Bereichen Voraussetzung für die vollständige Entwicklung eines Landes, für das Wohergehen der Welt*

---

880 VN, das Internationale Übereinkommen zur Beseitigung jeder Form von Diskriminierung der Frau vom 18. Dezember 1979 (Convention on the Elamination of all Forms of Discrimination against Women – CEDAW -) Inkrafttreten am 3.9.1981; Bunderepublik Deutschland: Unterzeichnung am 17.7.1980, Ratifizierung am 9.7.1985, Inkrafttreten am 9.8.1985 (BGBl. II 1985, 647; BGBl. II 1985, 1234); Türkische Republik: Unterzeichnung am 11.6.1985, Ratifizierung am 14.10.1985, Inkrafttreten am 19.1.1986 (RG 25.6.1985, 18792; RG 14.10.1985, 18898). Vgl. IELL/*Fennelly* CEDAW Rn. 1.

881 Bunderepublik Deutschland: Unterzeichnung am 17.7.1980, Ratifizierung am 9.7.1985, Inkrafttreten am 9.8.1985 (BGBl. II 1985, 647; BGBl. II 1985, 1234). Deutsche Demokratische Republik: Unterzeichnung am 23.3.1973 (https://treaties.un.org/Pages/ViewDetails.aspx?src=TREATY&mtdsg_no=IV-2&chapter=4&clang=_en#EndDec) (30.11.2018).

882 Türkische Republik: Unterzeichnung am 11.6.1985, Ratifizierung am 14.10.1985, Inkrafttreten am 19.1.1986 (RG 25.6.1985, 18792; RG 14.10.1985, 18898). Eigentlich hat die Türkei das Übereinkommen mit Vorbehälte betreffend den Artikeln Art. 9 I; Art. 15 II, IV; Art. 16 I c, d, f, g und Art. 29 I. unterzeichnet. Allerdings hat die Regierung der Republik Türkei beschlossen, im Jahr 1999 ihre Vorbehalt zu den Artikeln 15 II, IV und Art. 16 I c, d, f, g, sowie 2008 ihr Vorbehalt zum Art. 9, I zurückzuziehen. Zurzeit hat die Türkei nur ein Vorbehalt betreffend dem Artikel 29 I FrauenrechteK, über die Zuständigkeit des Internationalen Gerichtshofs über Streitigkeiten zwischen den Vertragsstaaten über die Auslegung oder Anwendung dieses Übereinkommens.

883 Vgl. IELL/*Fennelly* CEDAW Rn. 2.

und für die Sache des Friedens ist ..." (ErwG FrauenrechteK). Das Übereinkommen verbindet sich mit den auf der moralischen Gleichheit, der Chancengleichheit und der auf Verteilungsgerechtigkeit basierenden Ansätzen des Antidiskriminierungsrechts.[884] Das Übereinkommen verbindet sich mit den auf der moralischen Gleichheit, der Chancengleichheit und der auf Verteilungsgerechtigkeit basierenden Ansätzen des Antidiskriminierungsrechts. Betonung finden die Konzeptionen der Würde, der Rechtsgleichheit, der Chancengleichheit und vor allem die Unzulässigkeit der Diskriminierung.[885]

a) Begriff der Diskriminierung

Wie die Antirassismuskonvention benutzt auch die Frauenrechtekonvention direkt den Begriff der Diskriminierung. Der Ausdruck „Diskriminierung der Frau" bezeichnet nach dem internationalen Übereinkommen zur Beseitigung jeder Form von Diskriminierung der Frau „*[...] jede mit dem Geschlecht begründete Unterscheidung, Ausschließung oder Beschränkung, die zur Folge oder zum Ziel hat, dass die auf die Gleichberechtigung von Mann und Frau gegründete Anerkennung, Inanspruchnahme oder Ausübung der Menschenrechte und Grundfreiheiten durch die Frau – ungeachtet ihres Familienstands – im politischen, wirtschaftlichen, sozialen, kulturellen, staatsbürgerlichen oder jedem sonstigen Bereich beeinträchtigt oder vereitelt wird.*" (Art. 1 FrauenrechteK).

Die Definition der Diskriminierung umfasst Handlungsformen (Unterscheidung, Ausschließung oder Beschränkung), die eine Beeinträchtigung und eine Vereitelung des Genusses oder der Ausübung von Menschenrechten und Grundfreiheiten darstellen[886] Anders als bei der Antirassismuskonvention sind die Bevorzugungen nicht ausdrücklich aufgezählt. Ein Verbot der formalen, de-facto, unmittelbaren Diskriminierungen, aber auch, da eine Beeinträchtigung des gleichberechtigten Genusses der Menschenrechte und Grundfreiheiten genügt, die mittelbaren Diskriminierungen beinhalten das Diskriminierungsverbot.[887] Die Frauenrechtekonvention geht über das Konzept der Diskriminierung hinaus, das in vielen nationalen und internationalen Rechtsstandards und Normen verwendet wird, indem sie einen asymmetrischen Schutz für die Frauen gewährleistet mit der Betonung, Frauen hätten unter verschiedenen Formen der Diskriminierung gelitten und würden weiterhin leiden, weil

---

884 Siehe *diese Dissertationschrift* § 4, D.

885 Siehe *diese Dissertationschrift* § 4, D.

886 Vgl. Schiek/*Schiek*, *AGG*, Einl. Rn. 17.

887 Vgl. Schiek/*Schiek*, *AGG*, Einl. Rn. 17; Däubler/Bertzbach AGG/*Däubler/Bertzbach* Einl. Rn. 156; IELL/*Fennelly* CEDAW Rn. 3; Committee on Elimination of Discrimination agaist Women (Committee EDAW), General Recommendation No. 25, Rn. 4, 7.

sie Frauen sind.[888] Der Ausschuss versteht die Diskriminierung gegen Frauen in einem historischen Kontext und betont die ständige Weiterentwicklung des Diskriminierungsverständnisses.[889] Der Ausschuss verbindet sich mit den Ergebnisgleichheits- und Chancengleichheitsansätzen und erkennt die intersektionelle Diskriminierung an, die einige Gruppen von Frauen erleben.[890]

Anders als die Antirassismuskonvention ist die Frauenrechtekonvention nicht auf das öffentliche Leben begrenzt. Die Vertragsstaaten haben die Pflicht, dafür zu sorgen, dass Frauen vor Diskriminierung von Behörden, Justizbehörden, Organisationen, Unternehmen oder Privatpersonen in der Öffentlichkeit sowie im Privaten geschützt werden.[891]

Die Frauenrechtekonvention sieht wie die Antirassismuskonvention vielfältige Verpflichtungen der Staaten vor. Einleitend gelten die zeitweiligen Sondermaßnahmen zur beschleunigten Herbeiführung der Defacto-Gleichberechtigung von Mann und Frau nicht als Diskriminierung, mehr dazu erhalten die Vertragsstaaten dafür Unterstützung, sie zu ergreifen (Art. 4 I FrauenrechteK).[892] Weiterhin verpflichten sich die Vertragsstaaten, mit allen geeigneten Mitteln unverzüglich eine Politik zur Beseitigung der Diskriminierung der Frau zu verfolgen zu diesem Zweck, durch geeignete gesetzgeberische und sonstige Maßnahmen, gegebenenfalls auch mithilfe von Sanktionen, jede Diskriminierung der Frau zu verbieten und alle geeigneten Maßnahmen auf allen Gebieten, insbesondere auf politischem, sozialem, wirtschaftlichem und kulturellem Gebiet, zu treffen (Art. 2 und 3 FrauenrechteK). Auf diese Weise sehen sich die Vertragsstaaten in die Pflicht genommen, auch mittelbare und faktische Diskriminierungen zu bekämpfen.[893]

b) Diskriminierungsschutz im Arbeitsleben

Die Bekämpfung der Diskriminierungen gegen Frauen im Berufsleben arbeitet die Frauenrechtekonvention im Detail aus. Sie erkennt das Recht auf Arbeit als ein unveräußerliches Recht jedes Menschen und sichert die gleichberechtigte diskriminierungslose Ausübung vielfältiger Rechte hinsichtlich des Rechtes auf

---

888 Committee EDAW, General Recommendation, No. 25 Rn. 5. Vgl. BeckOGK/*Baumgärtner* AGG § 1 Rn. 88.

889 Committee EDAW, General Recommendation No. 25, Rn. 10.

890 Passim Committee EDAW, General Recommendation No. 25, Rn. 8, 12; Committee EDAW, General Recommendation No. 28, Rn. 18. Siehe auch *diese Dissertationsschrift* § 4, B, I. und § 4, D., III.

891 Committee EDAW, General Recommendation No. 25, Rn. 7; Committee EDAW, General Recommendation No. 28, Rn. 17, 25.

892 Art. 4, II FrauenrechteK verleiht die Sondermaßnahmen zum Schutz der Mutterschaft einen nicht vorübergehend Charakter.

893 Vgl. Däubler/Bertzbach AGG/*Däubler*/Bertzbach Einl. Rn. 161. Siehe auch *diese Dissertationschrift* Fn. 878.

dieselben Arbeitsmöglichkeiten einschließlich der Anwendung derselben Auswahlkriterien bei der Einstellung bis zum Recht auf Schutz der Gesundheit und auf Sicherheit am Arbeitsplatz (Art. 11 I a FrauenrechteK). Die Bestimmungen Artikel 11 Absatz 1 Buchstaben a, b und c sollen die Nichtdiskriminierung der Frauen bei der vollen und wirksamen Ausübung des Rechts auf Arbeit sicherstellen.[894] Artikel 11 Absatz 1 Buchstabe c FrauenrechteK verpflichtet die Verstragsstaaten zur diskriminierungslosen Gewährleistung des Rechts auf Arbeitsplatzsicherheit. Vor allem aber, und wichtig im Rahmen dieser Arbeit, erwähnt die Frauenrechtekonvention ausdrücklich den Kündigungsschutz. Um eine Diskriminierung der Frau wegen Eheschließung oder Mutterschaft zu verhindern und ihr ein wirksames Recht auf Arbeit zu gewährleisten, treffen die Vertragsstaaten geeignete Maßnahmen zum Verbot der Entlassung wegen Schwangerschaft oder Mutterschaftsurlaub sowie der Diskriminierung aufgrund des Familienstands bei Entlassungen (Art. 11 II a FrauenrechteK). Das Verbot soll mit Androhung von Sanktionen verbunden sein.

Artikel 2 Buchstabe e FrauenrechteK spricht insbesondere über private Diskriminierer und erstreckt die staatliche Handlungspflicht auf die Beseitigung von Diskriminierungen „ [...] durch Personen, Organisationen oder Unternehmen [...]“.[895] Privatpersonen können aber aus dem Übereinkommen keine unmittelbaren Ansprüche gegen andere Privatpersonen herleiten.[896]

c) *Durchsetzungsmechanismen*

Für die Gewährleistung der Konventionsrechte sieht das internationale Übereinkommen zur Beseitigung jeder Form von Diskriminierung der Frau ein Staatenberichtsverfahren vor (Art. 17 und Art.18 FrauenrechteK). Der Ausschuss für die Beseitigung der Diskriminierung der Frau kann nach dem Fakultativprotokoll zur Frauenrechtekonvention die Individualbeschwerden der einzelnen Personen oder Personengruppen entgegennehmen und prüfen (Art. 17 FrauenrechteK; Art. 1 und 2 ff. FakultativP FrauenrechteK).[897] Einzelnen Personen oder auch Personengruppen, die sich als Opfer einer Verletzung eines im Übereinkommen niederlegten Rechts durch diesen Vertragsstaat sehen, steht das Recht zu, sich an den Ausschuss zu wenden (Art. 2, 4 FakultativP FrauenrechteK). 109 Vertragsstaaten haben bislang das Fakultativprotokoll zur Frauenrechtekonvention

---

894 Vgl. IELL/*Fennelly* CEDAW Rn. 12.

895 Vgl. Däubler/Bertzbach AGG/*Däubler*/Bertzbach Einl. Rn. 164.

896 Vgl. Däubler/Bertzbach AGG/*Däubler*/Bertzbach Einl. Rn. 164.

897 VN, Fakultativprotokoll zum Übereinkommen zur Beseitigung jeder Form von Diskriminierung der Frau vom 6.10.1999 (Optional Protocol to the Convention on the Elimination of All Forms of Discrimination against Women 6.10.1999), Resolution A/RES/54/4, Inkrafttreten am 22.12.2000.

ratifiziert, darunter Deutschland und die Türkei.[898] Deutschland hat das Fakultativprotokoll im Jahr 1999 unterschrieben und nach der Ratifizierung im Jahr 2002 ist die Fakultativprotokoll seit 2002 in Kraft.[899] Nicht später als ein Jahr nach Beschluss hat die Türkei das Fakultativprotokoll auch unterschrieben und danach ratifiziert. Die Unterzeichnung des Fakultativprotokolls erfolgte im Jahr 2000, seine Ratifizierung datiert aus dem Jahr 2002 und seit 2003 ist es für die Türkei in Kraft.[900] Bis jetzt wurde nur eine Individualbeschwerde gegen Deutschland geführt und aufgrund der Nichtzuständigkeit zurückgewiesen.[901] Gegen die Türkei sind drei Individualbeschwerden eingereicht worden. Zwei von drei bis jetzt eingereichten Individualbeschwerden erklärte der Ausschuss auch als unzulässig.[902] Die andere Beschwerde, „R.K.B. vs Turkey", betrifft allerdings direkt das Thema dieser Doktorarbeit, einen Fall von diskriminierender Arbeitgeberkündigung.

Beim Fall R.K.B. vs Turkey handelt es sich um eine Kündigung einer Mitarbeiterin eines Ladens wegen einer angeblich sexuell orientierten Beziehung gegenüber einem Manager, welche ihre Arbeit angeblich beeinflusst haben soll. Während die weibliche Mitarbeiterin wegen der angeblichen Beziehung ihre Kündigung erhielt, ist der männliche Manager weiter im Laden beschäftigt. Der Vertrag der Arbeitnehmerin wurde gekündigt, mit der Begründung, dass es angeblich eine Beschwerde eines Kunden gegen sie gab. Weitere Informationen zu den Motiven für ihre Kündigung erhielt Arbeitnehmerin nicht.[903] Der Arbeitgeber behauptete wiederum, dass R.K.N. über eine gewöhnliche Freundschaft hinaus, scheinbar sexuell orientierte Beziehungen zu Personen des anderen Geschlechts am Arbeitsplatz gehabt habe und deswegen gekündigt wurde.[904] Das türkische Arbeitsgericht kam zum Schluss, die Beendigung des Arbeitsverhältnisses der Mitarbeiterin sei als nicht gerechtfertigt anzusehen.[905] Das Gericht stellte fest, dass der Arbeitgeber keine konkreten Beweise dafür vorlegte, dass die Beschwerdeführerin sexuell orientierte Beziehungen mit Personen des anderen Geschlechts einging.[906] Das Gericht akzeptierte, dass es nicht möglich gewesen sei, zu behaupten, dass Handlungen der Arbeitnehmerin, wie z.B. das gemeinsame

---

898 https://treaties.un.org/Pages/ViewDetails.aspx?src=TREATY&mtdsg_no=IV-8-b&chapter=4&clang=_en (30.11.2018).

899 Bundesrepublik Deutschland: Unterzeichnung am 10.12.1999, Ratifizierung am 15.1.2002, Inkrafttreten am 15.4.2002 (BGBl. II 2002, 1197).

900 Die Republik Türkei: Unterzeichnung am 8.9.2000, Ratifizierung am 18.9.2002, Inkrafttreten am 29.1.2003. (RG 2.8.2002, 24834; RG 18.9.2002, 24880).

901 http://juris.ohchr.org/search/results (30.11.2018).

902 Committee EDAW, CEDAW/C/34/D/8/2005 „Kayhan vs. Turkey"; CEDAW, CEDAW/C/70/D/92/2015, "N.M. vs. Turkey". http://juris.ohchr.org/search/results (30.11.2018)

903 Committee EDAW, C/51/D/28/2010 Rn. 2.1 ff. „R.K.B. vs. Turkey".

904 Committee EDAW, C/51/D/28/2010 Rn. 2.3 ff. „R.K.B. vs. Turkey".

905 Committee EDAW, C/51/D/28/2010 Rn. 2.7 ff. „R.K.B. vs. Turkey".

906 Committee EDAW, C/51/D/28/2010 Rn. 2.8 „R.K.B. vs. Turkey".

Essen und das gemeinsame Kommen und Gehen zur Arbeit mit anderem Mitarbeiter gegen die Geschäftsethik verstießen, was eine sofortige Beendigung des Arbeitsvertrages erforderte. In Bezug auf die Behauptung der Klägerin, ihr Arbeitsvertrag sei wegen geschlechtsbedingter Diskriminierung gekündigt worden und sie sei daher aufgrund geschlechtsspezifischer Diskriminierung gemäß Artikel 5 des Arbeitsgesetzes zu entschädigen, kam das Arbeitsgericht zu dem Schluss, die Behauptung der Klägerin, sie habe die Kündigung aufgrund ihres Geschlechtes erhalten, sei zurückzuweisen.[907] Es folgte eine Zurückweisung von Entschädigungsansprüchen aufgrund einer geschlechtsspezifischen Diskriminierung gegenüber der Klägerin. Der Kassationshof erklärte die Entscheidung des Arbeitsgerichts als rechtsgültig und wies das Rechtsmittel zurück, ohne dass es auf die von der Klägerin wegen Diskriminierung aufgrund des Geschlechts erhobenen Ansprüche der Klägerin Bezug nahm.[908] Nach der detaillierten Überprüfung des Falles teilte der Ausschuss die Ansicht, der Kassationshof habe zwar die Feststellung einer rechtswidrigen Kündigung und die Gewährung einer Dienstalterabfindung getroffen, die von der Klägerin geltend gemachte Behauptung einer geschlechtsbedingten Diskriminierung und die dafür zur Verfügung stehenden Beweise hätten jedoch nicht angemessen Berücksichtigung gefunden.[909] Der Ausschuss kritisierte die türkischen Gerichte mit „ *[...] lack of gender sensitivity.*"[910] Die Gerichtsverfahren und die Entscheidungen der türkischen Gerichte basiere auf der stereotypen Wahrnehmung der Geschlechterrolle.[911] „*The Committee is of the view that, in the present case, the court proceedings were based on the stereotyped perception of the gravity of extramarital affairs by women, that extramarital relationships were acceptable for men and not for women and that only women had the duty to,refrain from even the slightest offence against morality'.*"[912] Die vollständige Umsetzung des Übereinkommens, die Vertragsstaaten nicht nur dazu zwinge, Maßnahmen zu ergreifen, um direkte und indirekte Diskriminierung zu beseitigen und die De-facto-Position von Frauen zu verbessern, sondern auch Geschlechterstereotypen zu modifizieren und umzuwandeln, wie auch die unrechtmäßige Geschlechterstereotypisierung, die Ursache und Folge der Diskriminierung von Frauen sei, gelte es zu beseitigen.[913] Auf diese Weise hebt der Ausschuss Diskriminierungsverständnis der Frauenrechtekonvention, das über die rechtliche Gleichheit hinausgeht. Das Ziel ist nicht nur die Vermeidung künftiger Fehlentwicklungen und das Eliminieren in Bezug auf Diskriminierungen

907 Committee EDAW, C/51/D/28/2010 Rn. 2.8 ff. „R.K.B. vs. Turkey".
908 Committee EDAW, C/51/D/28/2010 Rn. 2.10 „R.K.B. vs. Turkey".
909 Committee EDAW, C/51/D/28/2010 Rn. 8.4 „R.K.B. vs. Turkey".
910 Committee EDAW, C/51/D/28/2010 Rn. 8.6 „R.K.B. vs. Turkey".
911 Committee EDAW, C/51/D/28/2010 Rn. 8.7 „R.K.B. vs. Turkey".
912 Committee EDAW, C/51/D/28/2010 Rn. 8.7 „R.K.B. vs. Turkey".
913 Committee EDAW, C/51/D/28/2010 Rn. 8.8 „R.K.B. vs. Turkey".

beim Prozess der Entscheidungsfindung, vielmehr geht es darum, bestehende Erscheinungsformen vergangenen Unrechts gegenüber Frauen zu beseitigen.

3. Übereinkommen über die Rechte von Menschen mit Behinderung

Das Internationale Übereinkommen über die Rechte von Menschen mit Behinderung vom 13.12.2006 ist seit dem 3.05.2008 völkerrechtlich in Kraft, zurzeit sind 182 Staaten der Welt Parteien des Übereinkommens, darunter Deutschland und die Türkei.[914] Deutschland hat das Übereinkommen im Jahr 2007, wie der Großteil der EU-Mitglieder, unterschrieben und 2009 ratifiziert.[915] Als Besonderheit der BRK ist auch die Europäische Union eine Partei des Übereinkommens. Im Namen der Gemeinschaft unterzeichnete die Europäische Union am 30. März 2007 erstmals in ihrer Geschichte einen menschenrechtlichen Vertrag.[916] Wie Deutschland unterschrieb die Türkei das Übereinkommen im Jahr 2007 und ratifizierte 2009.[917]

Auch die BRK folgt dem Weg, den ihre Vorgänger öffneten, und verweist auf die Charta der Vereinten Nationen, die AEMR und die Internationalen Menschenrechtspakte (IPBPR und IPWSKR) hin, ebenso wie die Antirassismuskonvention und die Frauenrechtekonvention. Das Bewusstsein um die Würde des Menschen und die Anerkennung des mencheninnenwohnenden, unveräußerlichen Wertes bilden die Basis des Verständnisses der BRK. Die Idee der Chancengleichheit, die Behindertenthematik als ein fester Bestandteil einer nachhaltigen Entwicklungsstrategie sowie die Bindung, die die BRK zwischen der Nichtdiskriminierung der Menschen mit Behinderungen und der menschlichen, sozialen und wirtschaftlichen Entwicklung der Gesellschaft knüpft, sind die Bewegungspunkte

---

914 VN, Das Internationale Übereinkommen über die Rechte von Menschen mit Behinderung vom 13. Dezember 2006 (Convention on the Rights of Persons with Disabilities – CRD -), Resolution A/RES/61/106, Inkrafttreten am 3.5.2008. https://treaties.un.org/Pages/ViewDetails.aspx?src=TREATY&mtdsg_no=IV-15&chapter=4&clang=_en (20.3.2021). Siehe *diese Dissertationsschrift* § 4 A. I.

915 Bundesrepublik Deutschland: Unterzeichnung am 30.3.2007, Ratifizierung am 24.2.2009, Inkraftreten am 26.3.2009(BGBl 2008 II, 1419). https://treaties.un.org/Pages/ViewDetails.aspx?src=TREATY&mtdsg_no=IV-15&chapter=4&clang=_en (30.11.2018).

916 Official Journal of the European Union, 27.1.2010 (L 23/35, 23/35); Beschlusses des Rates der Europäischen Union vom 20. März 2007 (7404/07). Im Namen der Gemeinschaft unterzeichnete die Europäische Union die BRK basierend auf einem Beschlusses des Rates der Europäischen Union. Am 23.12.2010 hat die EU das Übereinkommen bestätigt.

917 Republik Türkei: Unterzeichnung am 30.3.2007, Ratifizierung am 14.7.2009, Inkrafttreten am 28.10.2009 (RG 14.7.2009, 27288). https://treaties.un.org/Pages/ViewDetails.aspx?src=TREATY&mtdsg_no=IV-15&chapter=4&clang=_en (30.11.2018).

des Übereinkommens (Präambel und Art. 3 I e BRK). Nach dem Verständnis der BRK sind diese nicht zu erreichen ohne Vermeidung bzw. Überwindung der Diskriminierung gegen den Menschen mit Behinderungen. Allgemein besteht das Ziel der BRK nicht darin, neue Rechte für Menschen mit Behinderungen zu schaffen, sondern sicherzustellen, dass sie die uneingeschränkten und gleichen Rechte an bereits bestehenden universellen Menschenrechten genießen (Art. 1 BRK).[918]

Die BRK nähert sich aber auch oft der gruppenidentitätssensensiblen Analyse des Antidiskriminierungsrechts an. Das Übereinkommen versteht die Diskriminierung in einem sozialen Kontext und betont eine permanente Weiterentwicklung des Verständnisses von Behinderung (Präambel e, y BRK). Die Diskriminierung ist aus der Position der Betroffenen zu verstehen. Prinzipien wie die individuelle Autonomie und die Unabhängigkeit der Menschen mit Behinderungen und ihre Freiheit, ihre eigenen Entscheidungen zu treffen, werden hervorgehoben und auf die Achtung und die Wahrung der Identität wird besonderer Wert gelegt (Präambel n, o, Art. 3 a BRK). Die Unterschiedlichkeit und Vielfältigkeit von Menschen mit Behinderung kommen in der BRK zur Erkenntnis und die Besorgnis um schwierige Bedingungen der Menschen mit Behinderung stehend den mehrfachen, verschärften Formen der Diskriminierung gegenüber (Präambel p, Art. 3 d BRK).

a) Begriff der Diskriminierung

Wie die Antirassismuskonvention und die Frauenrechtekonvention benutzt auch die BRK direkt den Begriff Diskriminierung. Der Ausdruck *„Diskriminierung aufgrund von Behinderung“* bezeichnet nach dem internationalen Übereinkommen über die Rechte von Menschen mit Behinderung *„[...] jede Unterscheidung, Ausschließung oder Beschränkung aufgrund von Behinderung, die zum Ziel oder zur Folge hat, dass das auf die Gleichberechti- gung mit anderen gegründete Anerkennen, Genießen oder Ausüben aller Menschenrechte und Grundfreiheiten im politischen, wirtschaftlichen, sozialen, kulturellen, bürgerlichen oder jedem anderen Bereich beeinträchtigt oder vereitelt wird.“* (Art. 2 II BRK). Die Definition der Diskriminierung umfasst Handlungsformen (Unterscheidung, Ausschließung oder Beschränkung), die eine Beeinträchtigung und eine Vereitelung der Anerkennung, des Genusses oder der Ausübung von Menschenrechten und Grundfreiheiten darstellen. Bevorzugungen sind nicht ausdrücklich aufgezählt. Die BRK umfasst sämtliche Formen der Diskriminierung wie z. B. formale, substantive, mittelbare, unmittelbare, intersektionale, mehrfache Diskriminierung, einschließlich der Versagung angemessener Vorkehrungen als Diskriminierung (Art. 2 und Art. 5 I, II BRK). Die Pflicht, angemessene Vorkehrungen zu treffen, ist eine ex-nunc Pflicht der Staaten, sie ist ab dem Moment durchsetzbar, in dem eine Person mit

918 Vgl. IELL/*Fennelly* CRPD Rn.2.

einer Beeinträchtigung dies in einer bestimmten Situation benötigt.[919] Besondere Maßnahmen gelten nicht als Diskriminierung (Art. 5 IV BRK).

Wie die Frauenrechtekonvention und anders als die Antirassismuskonvention ist die BRK nicht allein auf das öffentliche Leben begrenzt.

Die BRK sieht vielfältige Verpflichtungen der Staaten vor. Im Allgemeinen verpflichten sich die Vertragsstaaten, die volle Verwirklichung aller Menschenrechte und Grundfreiheiten für alle Menschen mit Behinderungen, ohne jede Diskriminierung aufgrund von Behinderung zu gewährleisten und zu fördern (Art. 4 I BRK). Zu diesem Zweck garantieren die Vertragsstaaten, alle geeigneten Gesetzgebungs-, Verwaltungs- und sonstigen Maßnahmen zur Umsetzung der in diesem Übereinkommen anerkannten Rechte zu treffen; alle geeigneten Maßnahmen einschließlich gesetzgeberischer Maßnahmen zur Änderung oder Aufhebung bestehender Gesetze, Verordnungen, aber auch die Gepflogenheiten und Praktiken zu treffen, die eine Diskriminierung von Menschen mit Behinderungen darstellen, wie auch die Handlungen und Praktiken, die mit diesem Übereinkommen unvereinbar sind, zu unterlassen (Art. 4 I b, d BRK). Dies bedeutet nicht nur einen rechtlichen Schutz gegen Diskriminierungen, vielmehr auch einen Schutz gegen diskriminierende Gepflogenheiten, Handlungen, Praktiken zu schaffen, wie auch Stereotypen, Vorurteile und schädliche Praktiken zu bekämpfen, aber ebenfalls eine aktive Rolle bei der Forschung und Entwicklung neuer Technologien sowie bei der Schulung zu spielen, stehen im Aufgabengebiet der Vertragsstaaten (Art. 4 I b, d, f, g; Art. 8 I b BRK).

b) Diskriminierungsschutz im Arbeitsleben

Die Verpflichtung der Vertragsstaaten der wirtschaftlichen, sozialen und kulturellen Rechte der Menschen mit Behinderungen zu gewährleisten, findet im Übereinkommen häufiger seinen Platz. Die Anerkennung der Fertigkeiten, Verdienste und Fähigkeiten von Menschen mit Behinderungen und ihres Beitrags zur Arbeitswelt und zum Arbeitsmarkt zu fördern, stellt sich als einer der Grundgedanken dar (Art. 8 II a iii BRK). Die Vertragsstaaten sichern und fördern die Verwirklichung des Rechts auf Arbeit der Menschen mit Behinderungen durch geeignete Schritte, einschließlich des Erlasses von Rechtsvorschriften, um unter anderem Diskriminierung aufgrund von Behinderung in allen Angelegenheiten im Zusammenhang mit einer Beschäftigung – gleich welcher Art – einschließlich der Auswahl-, Einstellungs- und Beschäftigungsbedingungen, der Weiterbeschäftigung, des beruflichen Aufstiegs sowie sicherer und gesunder Arbeitsbedingungen, zu verbieten (Art. 27 BRK). Die Hauptaufgabe der Staaten besteht in der Schaffung eines offenen, inklusiven und zugänglichen Arbeitsmarktes, auf dem Menschen mit Behinderungen das Recht auf Arbeit gleichberechtigt mit anderen

---

919 Vgl. Committee on the Rights of Persons with Disabilities, General Comment No. 2 (2014) Rn. 26; IELL/*Fennelly* CRPD Rn. 3.

genießen.[920] Der Schlüssel dazu sind die Nichtdiskriminierung und die Zugänglichkeit.[921] Auch die Beibehaltung eines Arbeitsplatzes findet Thematisierung, ein direkter Hinweis auf Kündigungsschutz unterbleibt jedoch in der BRK (Art 27 BRK).

Die BRK spricht insbesondere über private Diskriminierer, wobei sich die staatliche Handlungspflicht auf die Beseitigung von Diskriminierungen aufgrund von Behinderung durch Personen, Organisationen oder private Unternehmen erstreckt (Art. 4 e BRK). Privatpersonen können aber aus dem Übereinkommen keine unmittelbaren Ansprüche gegen andere Privatpersonen herleiten.[922]

c) *Durchsetzungsmechanismen*

Für die Gewährleistung der Konventionsrechte sieht das internationale Übereinkommen über die Rechte von Menschen mit Behinderung ein Staatenberichtsverfahren vor (Art. 35 ff BRK). Demnach kann der Ausschuss für die Rechte von Menschen mit Behinderungen nach dem Fakultativprotokoll zur BRK Individualbeschwerden einzelner Personen oder Personengruppen entgegennehmen und prüfen (Art. 1 ff Fakultativprotokoll BRK).[923] Einzelnen Personen oder auch Personengruppen, die sich als Opfer einer Verletzung eines im Übereinkommen niederlegten Rechts durch diesen Vertragsstaat sehen, steht das Recht zu, sich an den Ausschuss zu wenden (Art. 1, 2 FakultativP BRK). 94 Vertragsstaaten haben bislang das Fakultativprotokoll zur BRK ratifiziert, darunter Deutschland und die Türkei.[924] Deutschland hat das Fakultativprotokoll gleichzeitig wie die BRK im Jahr 2007 unterschrieben; nach der Ratifizierung (2009) ist das Fakultativprotokoll seit 2009 in Kraft.[925] Obwohl die Türkei das Fakultativprotokoll im Jahr 2009 unterschrieben hat, ist die Ratifizierung und das Inkrafttreten des Protokolls erst sechs Jahre später im Jahr 2015 erfolgt.[926] Bis jetzt kam es lediglich zu einer Individualbeschwerde gegen Deutschland. Beim Fall Gröninger vs. Germany über die fehlende Eingliederung eines Menschen mit Behinderung in den Arbeitsmarkt war der Ausschuss der Meinung, Deutschland habe seine

920 Vgl. IELL/*Fennelly* CRPD Rn. 11.

921 Vgl. IELL/*Fennelly* CRPD Rn. 11.

922 Vgl. Däubler/Bertzbach AGG/*Däubler/Bertzbach* Einl. Rn. 169.

923 VN, Fakultativprotokol zum Übereinkommen über die Rechte von Menschen mit Behinderungen vom 13.12.2006 (Optional Protocol to the Convention on the Rights of Persons with Disabilities), Resolution A/RES/61/106, Inkrafttreten am 3.5.2008.

924 https://treaties.un.org/Pages/ViewDetails.aspx?src=TREATY&mtdsg_no=IV-15-a&chapter=4&clang=_en (30.11.2018).

925 Bundesrepublik Deutschland: Unterzeichnung am 30.03.2007; Hinterlegung der Ratifizierungsurkunde am 24.02.2009; Inkrafttreten am 26.03.2009 (BGBl 2008 II, 1419).

926 Republik Türkei: Unterzeichnung am 28.9.2009; Ratifizierung am 10.2.2015; Inkrafttreten am 26.3.2015 (RG 10.2.2015, 29263).

Verpflichtungen aus der BRK nicht erfüllt.[927] Die Arbeit behandelt die Einzelheiten des Falles nicht weiter, weil der Fall keiner direkten Verbindung mit dem Kündigungsschutz hat.[928] Eine Individualbeschwerde gegen die Türkei wurde bis jetzt nicht geführt.

V. Zwischenergebnis

Als Besonderheit des nationalen Rechts gilt: Obwohl Deutschland wegen der historischen Erlebnisse 28 Jahre später Mitglied der Vereinten Nationen geworden ist, unterzeichnete und ratifizierte es aber es schon 32 Jahre früher als die Türkei den IPBPR und den IPWSKR. Die Ratifizierung des IPBPR und des IPWSKR erfolgte während der Internationalisierungswelle in der Republik Türkei, wobei nicht nur der IPBPR und der IPWSKR, sondern auch die bereits 30 Jahre vorher unterschriebene Antirassismuskonvention Ratifizierung fand. Das Unterschreiben und Ratifizieren der Frauenrechtekonvention und BRK vollzog sich gleichzeitig in beiden Staaten. (Vgl. Anh. II)

Über einen rechtlichen Schutz vor Diskriminierungen – sogar relativ häufig über einen De-facto-Schutz vor Diskriminierungen – herrscht Einigkeit in den völkerrechtlichen Normen der Vereinten Nationen.[929] Die Diskriminierungsverbote gestalten sich als ein bevorzugter Weg zur Gewährleistung der Gleichheit im Völkerrecht.[930] VN-Charta, AEMR, IPBPR, IPWSKR bekennen sich schon in den Präambeln zur Anerkennung der angeborenen, menschlichen innewohnenden Würde, der gleichen und unveräußerlichen Rechte der Menschen und dem Wert der menschlichen Persönlichkeit (Präambel VN-Charta; Präambel AEMR; Präambel IPBPR; Präambel IPWSKR). Nach dem IPWSKR zählt die Nichtdiskriminierung zu einer unmittelbaren und bereichsübergreifenden Verpflichtung der Staaten. Das Recht auf Nichtdiskriminierung – als autonomes oder als akzessorisches Recht – ist nach VN-Charta, AEMR, IPBPR, IPWSKR anerkanntes Menschenrecht. Dies verleiht dem Diskriminierungsschutz einen menschenrechtlichen Charakter. Darüber hinaus widmen sich die speziellen Übereinkommen der Vereinten Nationen, Antirassismuskonvention, Frauenrechtskonvention und BRK, direkt nur der Bekämpfung und Beseitigung der Diskriminierung einer bestimmten Gruppe, Rasse/Ethnie, Frauen, Menschen mit Behinderung. Der Diskriminierungsschutz genießt mithin einen prominenten Rang im Vergleich zu anderen anerkannten Rechten und Freiheiten. Der IPBPR garantiert sogar einen Schutz gegen Diskriminierung für vier Merkmale, die Rasse, die Hautfarbe, das Geschlecht und die Sprache, auch im Falle eines öffentlichen Notstands, in dem

---

927 Görninger vs. Germany CRPD/C/D/2/2010.

928 Siehe *diese Dissertationsschrift* § 2.

929 Siehe auch *diese Dissertationsschrift* § 7, B., I., II., III. Vgl. *Rudolf/Mahlmann* in: Rudolf/Mahlmann, GleichbehandlungsR, Vorwort S. 6.

930 Vgl. Schiek/*Schiek*, AGG, Einl. Rn. 9.

die Vertragsstaaten ihre Verpflichtungen aus diesem Pakt außer Kraft setzen können (Art. 4 IPBPR).

Theoretisch legen die VN-Menschenrechtsverträge den Diskriminierungsschutz vor allem auf die Würde der basierenden Ansätze des Antidiskriminierungsrechts. Sie sehen den Respekt der menschlichen Würde als Basis und beschreiben den Schutz der Würde des Menschen als das Ziel. Die Anerkennung des dem Menschen innewohnenden, unveräußerlichen Wertes bildet die Grundlage des Verständnisses. Die Frauenrechtskonvention verbindet sich ferner mit der Chancengleichheit und der auf Verteilungsgerechtigkeit basierenden Ansätze des Antidiskriminierungsrechts. Sie erkennt außerdem die Frauen als eine Gruppe an und geht über das in vielen nationalen und internationalen Rechtsstandards und Normen verwendete Konzept der Diskriminierung hinaus, indem sie einen asymmetrischen Schutz für die Frauen gewährleistet mit der Betonung, Frauen hätten unter verschiedenen Formen der Diskriminierung gelitten und würden weiterhin leiden, nur weil sie Frauen sind. In dem Sinne nähert sie sich der gruppensensiblen Analyse des Antidiskriminierungsrechts. Die BRK verwendet ebenfalls eine gruppenidentitätssensible Analyse des Antidiskriminierungsrechts und versteht das Phänomen der Diskriminierung aus der Position der Betroffenen. Sie legt einen besonderen Wert auf die Achtung und die Wahrung der Identität (Präambel n, o, Art. 3 a BRK). Darüber hinaus nimmt die Idee der Chancengleichheit, der Behindertenthematik als ein fester Bestandteil einer nachhaltigen Entwicklungsstrategie sowie die Bindung, die die BRK zwischen der Nichtdiskriminierung der Menschen mit Behinderungen und der menschlichen, sozialen und wirtschaftlichen Entwicklung der Gesellschaft knüpft, als Bewegungspunkte (Präambel und Art. 3 I e BRK) Gestalt an. Die Diskriminierung ist aus der Position der Betroffenen zu verstehen. Prinzipien wie die individuelle Autonomie und die Unabhängigkeit der Menschen mit Behinderungen und ihre Freiheit, ihre eigenen Entscheidungen zu treffen, finden Hervorhebung.

Eine Definition der Diskriminierung ist weder in der VN-Charta oder AEMR noch in den beiden internationalen Menschenrechtspakten (IPBPR und IPWSKR) zu finden. Die spezifische Antirassismuskonvention, Frauenrechtskonvention und BRK bieten allerdings eine umfassende Definition der Diskriminierung. Die Definition der Diskriminierung umfasst demnach Handlungsformen (Unterscheidung, Ausschließung, Beschränkung – nach der Antirassismuskonvention plus der Bevorzugungen –), die eine Beeinträchtigung oder eine Vereitelung des Genusses oder der Ausübung von Menschenrechten und Grundfreiheiten darstellen. Darauffolgend beinhaltet das Diskriminierungsverbot nach diesen Übereinkommen ein Verbot der formalen, de facto, unmittelbaren und mittelbaren Diskriminierung. Die BRK verlangt darüber hinaus nicht nur einen rechtlichen Schutz gegen Diskriminierungen, sondern auch einen Schutz gegen diskriminierende Gepflogenheiten, Handlungen, Praktiken.

Die Diskriminierungsmerkmale Rasse, Geschlecht, Sprache und Religion genießen einen Schutz in allen Bereichen, VN-Charta, AEMR sowie IPBPR und

IPWSKR. IPBPR und IPWSKR gewähren außerdem einen Schutz gegen weitere Diskriminierungsmerkmale, Hautfarbe, politische oder sonstige Anschauung, nationale oder soziale Herkunft, Vermögen, Geburt oder sonstiger Status (Vgl. Anh. I). Außerdem setzen IPBPR und IPWSKR mit der Öffnungsklausel, die es dem Diskriminierungsschutz erlaubt, weitere Diskriminierungsmerkmale zu verbreiten, ein Beispiel für nationale Gesetzgebungen. Somit setzen sie auch ein Zeichnen dafür, dass die sich je nach historischem Kontext ändernde Natur des Diskriminierungsverständnisses wie Frauenrechtskonvention Berücksichtigung findet. BRK betont daneben den sozialen Kontext der Diskriminierung. Die BRK erkennt die Unterschiedlichkeit und Vielfältigkeit von Menschen mit Behinderung an und teilt die Besorgnis um schwierige Bedingungen der Menschen mit Behinderung im Hinblick auf mehrfache, verschärfte Formen der Diskriminierung (Präambel p, Art. 3 d BRK).

In Bezug auf den Schutz gegen Diskriminierungen im Arbeitsleben enthalten völkerrechtliche Verträge verschiedene Regelungen und wichtige arbeitsrechtliche Bezüge. Insbesondere stehen Antirassismuskonvention, Frauenrechtskonvention und BRK für einen umfassenden Schutz zur Bekämpfung der Diskriminierung im Arbeitsleben.

Der Kündigungsschutz dagegen genießt keinen menschenrechtlichen Schutz in Verbindung mit den Normen der Vereinten Nationen. Die Vertragsausschüsse erkennen zwar das Recht auf Arbeit an, sehen auch eine Kündigung als eine Beeinträchtigung des Rechtes auf Arbeit; aber nur die Frauenrechtskonvention erwähnt ausdrücklich einen (begrenzten) Kündigungsschutz. Der Ausschuss für die Beseitigung der Rassendiskriminierung bestätigte z. B., ein grundlegendes Element des Artikels 5 Antirassismuskonvention gestalte das Erfordernis eines nicht diskriminierenden Zugangs zum Arbeitsmarkt. Darauffolgend sollen die Rechte nach Artikel 5 Antirassismuskonvention für alle Stufen des Beschäftigungsprozesses vom Zugang zur Beschäftigung, den Beschäftigungsbedingungen und auch bis zur Kündigung gelten; eine ungerechte Kündigung beeinträchtigt das Recht auf Arbeit, welches Artikel 5 Buchstabe e Nr. i Antirassismuskonvention schützt.[931] Die Frauenrechtskonvention auf der anderen Seite erwähnt zwar ausdrücklich ein Verbot der Entlassung und ein Verbot der Diskriminierung bei der Entlassung, der vorgesehene Kündigungsschutz betrifft aber nur ein Verbot der Entlassung wegen Schwangerschaft oder Mutterschaftsurlaubs sowie der Diskriminierung aufgrund des Familienstands bei Entlassungen (Art. 11 II a FrauenrechteK).

C. Internationale Arbeitsorganisation

Die Internationale Arbeitsorganisation als eine Sonderorganisation der Vereinten Nationen mit 187 Mitgliedstaaten verfügt über eine einzigartige Struktur

931 Vgl. CERD, CERD/C/36/D/1/1984 Rn. 9.3. „Yilmaz-Dogan vs. The Neatherlands“

innerhalb des VN-Systems mit ihrem dreigliedrigen System. Seit ihrer Gründung spielt sie eine Vorreiterrolle bei der Entwicklung und der Internationalisierung der arbeits- und sozialrechtlichen Normen.[932] Bis jetzt verabschiedete die IAO 190 Übereinkommen.[933] Heute enthalten allerdings nur weniger als die Hälfte, 77, Übereinkommen aktuelle Regulierungen.[934] Sie befassen sich aber mit einer Vielzahl an Themen von Arbeitsbedingungen über die soziale Sicherheit bis hin zu den besonderen Bedürfnissen bestimmter Berufsgruppen.[935] IAO-Übereinkommen erzielen allerdings direkt nach ihrer Verabschiedung noch keine Wirkung, wie es bei anderen völkerrechtlichen Verträgen üblich ist.[936] Ungeachtet des Votums der Delegierten des Landes bei der Verabschiedung der IAO-Norm ist die Verbindung eines Mitgliedsstaates mit einem Übereinkommen erst nach deren Ratifizierung möglich.[937]

Sowohl Deutschland als auch die Türkei sind Mitgliedstaaten der IAO. Deutschland war erst zwischen 1919 und 1935 Mitglied und seit dem 12.6.1951 hat die Bundesrepublik Deutschland IAO-Mitgliedstatus. 85 IAO Übereinkommen und zwei IAO Protokolle, darunter alle acht Übereinkommen zu den IAO-Kernarbeitsnormen, hat Deutschland ratifiziert.[938] Zurzeit sind 60 Übereinkommen, darunter alle Kernübereinkommen, im deutschen Hoheitsgebiet in Kraft, die anderen wurden entweder automatisch gekündigt aufgrund von neueren Übereinkommen der IAO zum gleichen Thema oder aus anderen Gründen gekündigt.[939] Die Republik Türkei ist erst seit dem 18.7.1932 IAO-Mitgliedstaat.[940] 59 IAO Übereinkommen, darunter alle acht Übereinkommen zu den IAO-Kernarbeitsnormen, hat die Türkei ratifiziert, 55 davon, inbegriffen alle Kernübereinkommen, sind in der Türkei in Kraft.[941]

Eine Darstellung finden nachstehend zuerst der Diskriminierungsschutz – Übereinkommen Nr. 111, als Nächstes der Kündigungsschutz – Übereinkommen Nr. 158 und schließlich IAO – Durchsetzungsmechanismen.

---

932 Gründung der IAO bei der Treaty of Versailles vom 1919. *International Labour Office, The Labour Provisions of the Peace Treaties, Geneva 1920.*

933 https://www.ilo.org/dyn/normlex/en/f?p=1000:12000:::NO::: (20.3.2021).

934 https://www.ilo.org/dyn/normlex/en/f?p=1000:12020:::NO::: (20.3.2021).

935 https://www.ilo.org/dyn/normlex/en/f?p=1000:12020:::NO::: (20.01.2019).

936 Vgl. *Zimmer*, FS-Lörcher, S. 29 (30).

937 Vgl. *Zimmer*, FS-Lörcher, S. 29 (30).

938 http://www.ilo.ch/dyn/normlex/en/f?p=1000:11200:0::NO:11200:P11200_COUNTRY_ID:102643 (30.11.2018).

939 http://www.ilo.ch/dyn/normlex/en/f?p=1000:11200:0::NO:11200:P11200_COUNTRY_ID:102643 (30.11.2018).

940 http://www.ilo.ch/dyn/normlex/en/f?p=1000:11110:0::NO:11110:P11110_COUNTRY_ID:102893 (30.11.2018).

941 http://www.ilo.ch/dyn/normlex/en/f?p=1000:11200:0::NO:11200:P11200_COUNTRY_ID:102893 (20.3.2021)

I. Diskriminierungsschutz und Übereinkommen Nr. 111

Laut der Verfassung der Internationalen Arbeitsorganisation ist Schaffung eines universellen und dauerhaften Friedens nur möglich, wenn er auf sozialer Gerechtigkeit basiert (Präambel IAO-Verf.). Dieses Verständnis der sozialen Gerechtigkeit im Zusammenhang mit der Diskriminierungsschutz spiegelt sich erst in der einstimmig angenommenen Erklärung über die Ziele und Zwecke der Internationalen Arbeitsorganisation vom 10.5.1944 in der später in die Präambel der Verfassung der IAO eingefügten Erklärung von Philadelphia wider.[942] Die Erklärung von Philadelphia betont und bekräftigt, alle Menschen, ungeachtet ihrer Rasse, ihres Glaubens und ihres Geschlechts hätten das Recht, materiellen Wohlstand und geistige Entwicklung in Freiheit und Würde, in wirtschaftlicher Sicherheit und unter gleich günstigen Bedingungen zu erstreben. Sie stellt die erste internationale Erklärung der Rechte mit internationaler Berufung dar, die auf alle Menschen überall anwendbar ist, welche die Reproduktion demokratischer Freiheit und gleichzeitig soziale Rechte garantiert; auf diese Weise stellt sie sich als das erste völkerrechtliche Dokument dar, das sich auf die Menschenrechte konzentriert, später eingefügt in die Allgemeine Erklärung der Menschenrechte von 1948 und in der Charta der Vereinten Nationen von 1951.[943] Die Erklärung ist ein verbindliches Dokument für alle 187 Mitgliedstaaten der IAO, da sie ein grundlegender und wesentlicher Bestandteil der Verfassung der Organisation ist.[944] Das bedeutet, die Länder sind gehalten, den Inhalt der Erklärung bei der Ausarbeitung ihrer Sozial-, Wirtschafts- und Finanzpolitik zu berücksichtigen.[945] Die zweite bedeutende Erklärung der Prinzipien und Grundsätze der IAO, die Erklärung der IAO über Grundlegende Prinzipien und Rechte bei der Arbeit und ihre Folgemaßnahmen von 1998, legte die Beseitigung der Diskriminierung in Beschäftigung und Beruf als eine der Verpflichtungen der IAO-Mitgliedstaaten fest.[946] Die dritte, bedeutende Erklärung der Prinzipien und Grundsätze der IAO von 2008 bekräftigte noch mal die Erklärung der IAO über soziale Gerechtigkeit für eine faire Globalisierung.[947]

---

942 IAO, The Declaration concerning the Aims and Purposes of the International Labour Organisation (Declaration of Philadelphia) Allgemeine Konferenz der Internationalen Arbeitorganisation vom 10.5.1944 und wurde im Jahr 1946 in der IAO Verfasssung eingefügt, welche im Vergleich zu den in der vorangegangenen Präambel enthaltenen Zielen umfangreichere Ziele setzt. IELL/*Perulli* DoP Rn. 1, 2; *Evju*, FS-Lörcher, S. 146 (146). https://www.ilo.org/dyn/normlex/en/f?p=1000:62:0::NO:62:P62_LIST_ENTRIE_ID:2453907:NO (30.11.2018).

943 Vgl. IELL/*Perulli* DoP Rn.1, 4; *Kasım*, in: Perulli/Treu, S. 275 (280).

944 Vgl. IELL/*Perulli* DoP Rn. 34; *Kasım*, in: Perulli/Treu, S. 275 (280).

945 Vgl. IELL/*Perulli* DoP Rn. 34; *Kasım*, in: Perulli/Treu, S. 275 (280).

946 Vgl. *Kasım*, in: Perulli/Treu, S. 275 (280).

947 IAO, Erklärung der IAO über Grundlegende Prinzipien und Rechte bei der Arbeit und ihre Folgemaßnahmen vom 18.6.1998, angenommen von der Internationalen Arbeitskonferenz auf Ihrer 86. Tagung. IAO, Erklärung der IAO über soziale

Von nun gilt es, das IAO Übereinkommen Nr. 111 über die Diskriminierung in Beschäftigung und Beruf den Schutz gegen Diskriminierung, zu untersuchen. Ein Abhandeln der weiteren Übereinkommen z. B. Übereinkommen Nr. 100 über die Entgeltgleichheit oder Übereinkommen Nr. 118 über die soziale Sicherheit, die gleichfalls den Diskriminierungsschutz thematisieren aber im Kontext dieser Arbeit nicht relevant sind, unterbleibt.[948]

Übereinkommen Nr. 111 über die Diskriminierung in Beschäftigung und Beruf vom 4.6.1958 ist seit dem 15.6.1960 völkerrechtlich in Kraft.[949] Die gleichzeitig beschlossene Empfehlung Nr. 111 betreffend die Diskriminierung in Beschäftigung und Beruf ergänzt es. Übereinkommen Nr. 111 ist eines der Kernübereinkommen der Internationalen Arbeitsorganisation. 175 von 187 IAO-Mitgliedstaaten haben das Übereinkommen Nr. 111 ratifiziert.[950] Nur zwölf IAO-Mitgliedstaaten, darunter Japan und die USA, unterzeichneten das Übereinkommen Nr. 111 nicht. Mit dieser Anzahl an Ratifizierungen ist das Übereinkommen eines der am meisten ratifizierten IAO-Übereinkommen.[951] Seit dem 15.6.1961 in Deutschland und seit dem 19.7.1967 in der Türkei ist das Übereinkommen über die Diskriminierung in Beschäftigung und Beruf in Kraft.[952]

Übereinkommen Nr. 111 beschränkt sich auf den Bereich der Beschäftigung und Beruf. Es ist das erste globale Übereinkommen der Vereinten Nationen und ihrer Organe, das ausdrücklich dem arbeitsrechtlichen Diskriminierungsschutz gewidmet ist; es bleibt nach wie vor das wichtigste internationale Instrument, das sich speziell mit dem Recht auf Gleichheit und Nichtdiskriminierung in der Arbeitswelt befasst.[953] Vor allem hat es sich als lebendiges Dokument erwiesen, das auf das sich entwickelnde Verständnis von Arbeit, Diskriminierung und Gleichstellung reagieren kann.[954]

Gerechtigkeit für eine faire Globalisierung vom 10.6.2008, angenommen von der Internationalen Arbeitskonferenz auf ihrer 97. Tagung. Vgl. *Kasım*, in: Perulli/Treu, S. 275 (280).

948 Siehe *diese Dissertationsschrift* § 2.

949 Siehe *diese Dissertationsschrift* § 4 A. II.

950 https://www.ilo.org/dyn/normlex/en/f?p=1000:11300:0::NO:11300:P11300_INSTRUMENT_ID:312256 (16.1.2019).

951 Meist ratifizierte Übereinkommen ist das Übk. Nr. 182 mit 182 Ratifizierungen. Übk. Nr. 29 wurde durch 178 und Übk. Nr. 105 wie Übk. Nr. 111 wurden durch 175 IAO-Mitgliedstaaten ratifiziert. https://www.ilo.org/dyn/normlex/en/f?p=NORMLEXPUB:12001:0::NO::: (16.1.2019) Vgl. *Kasım*, in: Perulli/Treu, S. 275 (282).

952 Bundesrepublik Deutschland: Ratifizierung am 8.4.1961, Inkrafttreten am 15.6.1961 (BGBl 1961 II, 97). Republik Türkei: Unterzeichnung am 13.12.1966, Entscheidung des Ministerrates am 2.9.1967, Inkrafttreten am 19.7.1967 (RG 22.12.1966, 12484; RG 21.9.1967, 12705). Vgl. *Kasım*, in: Perulli/Treu, S. 275 (282).

953 Vgl. IELL/*Teklè* C 111 Rn. 1; *Kasım*, in: Perulli/Treu, S. 275 (282).

954 Vgl. IELL/*Teklè* C 111 Rn. 1; *Kasım*, in: Perulli/Treu, S. 275 (282).

1. *Begriffsbestimmung und Diskriminierungsmerkmale*

Eine Definition der Diskriminierung findet sich in dem ersten Artikel des Übereinkommens, das als Referenz für die nachfolgenden internationalen Menschenrechtsverträge und nationalen Rechtsvorschriften im Bereich der Diskriminierung dient.[955] Im Sinne des Übereinkommens gilt als Diskriminierung jede, aufgrund der aufgezählten Diskriminierungsmerkmale vorgenommen Unterscheidung, Ausschließung oder Bevorzugung, die dazu führt, die Chancengleichheit oder die Gleichbehandlung in Beschäftigung oder Beruf zu vereiteln oder zu beeinträchtigen (Art. 1 I a Übk Nr. 111). Demnach entscheidend für das Vorliegen einer Diskriminierung nach dem Übereinkommen Nr. 111 ist die Auswirkung einer Unterscheidung, Ausschließung oder Bevorzugung bei Beschäftigung und Beruf.[956] In dem Sinne umfasst das Übereinkommen Nr. 111 alle Diskriminierungen, die die Chancengleichheit und Gleichbehandlung beeinträchtigen können.[957] Jede Diskriminierung, formale oder substantive, unmittelbare oder mittelbare, fällt in den Geltungsbereich des Übereinkommens.[958] Ein Motiv ist kein konstitutives Element der Diskriminierung.[959] Beschäftigung und Beruf im Sinne des Übereinkommens Nr. 111 umfasst die Zulassung zur Berufsbildung, zur Beschäftigung, zu den einzelnen Berufen sowie die Beschäftigungsbedingungen (Art. 1 III Übk. Nr. 111). Die Beschäftigung umfasst sowohl die Beschäftigung im öffentlichen Bereich, inbegriffen sind Beamtenverhältnisse, als auch im privaten Sektor, sowie sowohl Lohn- als auch Nichtlohnarbeit.[960] Dazu gehören selbstständige Arbeit und unbezahlte Familienarbeit.[961] Das Übereinkommen gilt somit für jede Art von Arbeit, auch für jene, nicht vom Arbeitsrecht erfasste.[962] Vor allem beinhaltet es die Beschäftigungsbedingungen (Art. 1 III Übk. Nr. 111; Art. 2 b iv Empf. Nr. 111).[963]

Die Rasse, die Hautfarbe, das Geschlecht, die Religion, die politische Anschauung, die nationale Abstammung und die soziale Herkunft sind nach dem Übereinkommen Nr. 111 geschützte Diskriminierungsmerkmale. Anders als bei AEMR, IPBPR und IPWSKR sind die Merkmale Sprache, Vermögen oder Geburt im

955 Vgl. IELL/*Teklè* C 111 Rn. 1; *Kasım*, in: Perulli/Treu, S. 275 (282).
956 Vgl. Schiek/*Schiek*, AGG, Einl. Rn. 16; *Kasım*, in: Perulli/Treu, S. 275 (282).
957 Vgl. ILO, Giving Globalization a Human Face, Rn. 743; *Kasım*, in: Perulli/Treu, S. 275 (282).
958 Vgl. ILO, Giving Globalization a Human Face, Rn. 743 ff.; *Kasım*, in: Perulli/Treu, S. 275 (282).
959 Vgl. IELL/*Teklè* C 111 Rn. 6; *Kasım*, in: Perulli/Treu, S. 275 (282).
960 Vgl. IELL/*Teklè* C 111 Rn. 27; *Seifert*, FS-Lörcher, S. 42 (48); *Kasım*, in: Perulli/Treu, S. 275 (283).
961 Vgl. IELL/*Teklè* C 111 Rn. 27.
962 Vgl. IELL/*Teklè* C 111 Rn. 27; *Kasım*, in: Perulli/Treu, S. 275 (283).
963 ILO, Empfehlung Nr. 111, Empfehlung betreffend die Diskriminierung in Beschäftigung und Beruf vom 1958.

dem Schutzbereich des im Übereinkommen gewährleisteten Diskriminierungsschutzes nicht aufgezählt (Vgl. Anh. I).[964] Allerdings sind die Diskriminierungsgründe nach dem Übereinkommen Nr. 111 als ein sich entwickelndes Gebiet zu verstehen.[965] In Übereinstimmung damit sieht Artikel 1 Absatz 1 Buchstabe b Übereinkommen Nr. 111 eine Möglichkeit, Diskriminierungen aus zusätzlichen Gründen, durch die Mitgliedstaaten mit Zustimmung der sozialen Partner als Diskriminierungsgründe anzuerkennen (Art. 1 I b Übk. Nr. 111). Obwohl nicht durch das Übereinkommen direkt reguliert, kommt es des Öfteren zur Adressierung der intersektionalen Natur des Diskriminierungskonzepts, insbesondere durch den Sachverständigenausschuss für die Anwendung von Übereinkommen und Empfehlungen.[966]

Berufliche Erfordernisse sowie Sondermaßnahmen gelten aber nicht als Diskriminierung im Rahmen des IAO Übereinkommens Nr. 111 (Art. 1 II und Art. 5 Übk. Nr. 111). Es gilt jedoch, die beruflichen Erfordernisse nicht zu weit zu interpretieren; jeder Ausschluss muss in einem angemessenen Verhältnis zu der auszuführenden Aufgabe stehen.[967] Maßnahmen, die benachteiligte Gruppen schützen sollten, können bei Sondermaßnahmen umgekehrt diskriminierend wirken (z. B. Nachtarbeitsverbot für Frauen).[968]

2. *Anwendungsbereich*

In Anbetracht der menschenrechtlichen Natur des Rechts der Nichtdiskriminierung ist Übereinkommen Nr. 111 für jedermann eingerichtet.[969] Nach dem Überkommen Nr. 111 verpflichten sich die Vertragsstaaten, eine innerstaatliche nationale Politik festzulegen und zu verfolgen, um die Chancengleichheit und Gleichbehandlung in Bezug auf Beschäftigung und Beruf zu fördern mit dem Ziel, jegliche Diskriminierung auf diesem Gebiet zu beseitigen (Art. 2 Übk. Nr. 111). Es ist allerdings zulässig, die Methoden den innerstaatlichen Verhältnissen und Gepflogenheiten anzupassen (Art. 2 Übk. Nr. 111). Das Verbot der Diskriminierung soll jedoch nicht nur eine präventive Funktion haben, sondern auch die Auswirkungen der Diskriminierung beseitigen.[970] Im Zusammenhang mit

---

964 Vgl. *Kasım*, in: Perulli/Treu, S. 275 (283).
965 Vgl. ILO, Giving Globalization a Human Face, Rn. 761; *Kasım*, in: Perulli/Treu, S. 275 (283).
966 ILO Committee of Experts on the Application of Conventions and Recommendations (CEACR) (IAO Sachverständigenausschuss für die Anwendung von Übereinkommen und Empfehlungen). Vgl. ILO, Giving Globalization a Human Face, Rn. 764; IELL/*Teklè* C 111 Rn. 22; *Kasım*, in: Perulli/Treu, S. 275 (283).
967 Vgl. IELL/*Teklè* C 111 Rn. 24; *Kasım*, in: Perulli/Treu, S. 275 (283).
968 Vgl. IELL/*Teklè* C 111 Rn. 36; *Kasım*, in: Perulli/Treu, S. 275 (283).
969 Vgl. *Kasım*, in: Perulli/Treu, S. 275 (284).
970 Vgl. IELL/*Teklè* C 111 Rn. 32; Constitutional Court of South Africa, Jacques Charl Hoffman v. South Africa Airways, 28.9.2000, Case No. CCT 17/00, Rn. 50; *Kasım*, in: Perulli/Treu, S. 275 (284).

der Beschäftigung bedeutet es auf der einen Seite die Beseitigung der diskriminierenden Beschäftigungspraxis, auf der anderen Seite verlangt es aber auch eine Wiedergutmachung für die Person, die infolge einer rechtswidrigen Diskriminierung ein Unrecht erlitten hat, die die Situation schafft, die bestanden hätte, wenn das diskriminierende Verhalten nicht stattgefunden hätte.[971] In dem Zusammenhang reicht z. B. im Falle einer diskriminierenden Kündigung nicht die Zahlung einer Abfindung, vielmehr ist eine Weiterbeschäftigung anzuraten.[972] Der umfassenden Handlungsauftrag an den einzelnen Staat, der sofortige Obligationen – wie Aufhebung diskriminierender gesetzlicher Bestimmungen oder Modifizieren der Verwaltungspraxis – und mittelfristige Obligationen – wie Rechtsvorschriften, Bildungsmaßnahmen oder Zusammenarbeit mit geeigneten Stellen – enthält, umfasst auch die Bekämpfung gegen mittelbare Diskriminierungen und De-facto-Hindernisse, die einer effektiven Gleichbehandlung entgegenstehen (Art. 3 Übk. Nr. 111).[973]

Die Verpflichtung zur Nichtdiskriminierung nach dem IAO-Übereinkommen Nr. 111 besteht allerdings nicht allein für den Staat, sondern nach der Empfehlung Nr. 111 auch für private Arbeitgeber*innen und Sozialpartner*innen, sowohl bei Tarifverhandlungen und Arbeitsbeziehungen als auch bei der Aufnahme, der Mitgliedschaft oder der Teilnahme an ihren Angelegenheiten (Abschnitt II 2. IAO Empf. Nr. 111).[974] Auf diese Weise wird die vertikale Anwendbarkeit des Übereinkommens und seine Berechtigung auch in Fällen von Diskriminierung durch private Einrichtungen in der IAO Empfehlung Nr. 111 explizit dargelegt.[975] Eine Unsicherheit über Übereinkommen Nr. 111 IAO besteht aber immer noch bei der Frage, inwieweit Übereinkommen Nr. 111 dem Einzelnen subjektive Rechte verleiht oder mindestens zu einer entsprechenden völkerrechtskonformen Auslegung nationaler Arbeitsrechtsnormen führt.[976] Umstritten ist es insbesondere im Hinblick auf das Merkmal einer politischen Meinung nach deutschem Recht.[977]

---

971 Vgl. IELL/*Teklè* C 111 Rn. 32; Constitutional Court of South Africa, Jacques Charl Hoffman v. South Africa Airways, 28.09.2000, Case No. CCT 17/00, Rn. 50; *Kasım*, in: Perulli/Treu, S. 275 (284).

972 Vgl. *Kasım*, in: Perulli/Treu, S. 275 (284).

973 Vgl. Däubler/Bertzbach AGG/*Däubler/Bertzbach* Einl. Rn. 191; IELL/*Teklè* C 111 Rn. 33; *Kasım*, in: Perulli/Treu, S. 275 (284).

974 Vgl. IELL/*Teklè* C 111 Rn. 33; *Kasım*, in: Perulli/Treu, S. 275 (284).

975 Vgl. IELL/*Teklè* C 111 Rn. 33; *Kasım*, in: Perulli/Treu, S. 275 (284).

976 Vgl. Däubler/Bertzbach AGG/*Däubler/Bertzbach* Einl. Rn. 192.

977 Vgl. Däubler/Bertzbach AGG/ *Däubler/Bertzbach* Einl. Rn. 192; *Seifert*, FS-Lörcher, S. 42 (42 ff.); ILO, Complaint (Art. 26) – 1985 – Federal Republic of Germany – C111. Ausführlich siehe *diese Dissertationschrift* § 7, C, III.

II. Kündigungsschutz und Übereinkommen Nr. 158

Obwohl auch in einigen anderen IAO-Übereinkommen spezielle kündigungsschutzrechtliche Bestimmungen zu finden sind, wie z. B. Übereinkommen Nr. 98 über die Anwendung der Grundsätze des Vereinigungsrechtes und des Rechtes zu Kollektivverhandlungen von 1949, bildet das IAO-Übereinkommen Nr. 158 über die Beendigung des Arbeitsverhältnisses durch den Arbeitgeber vom 2.6.1982 mit der IAO-Empfehlung Nr. 166 betreffend die Beendigung des Arbeitsverhältnisses durch den Arbeitgeber vom 22.6.1982 den zentralen Teil der kündigungsschutzrechtlichen Regelungen des IAO Systems.[978] Das Übereinkommen Nr. 158 ist seit dem 23.11.1985 völkerrechtlich in Kraft, es ist der Nachfolger der Empfehlung Nr. 119 aus dem Jahr 1963, das erste internationale Arbeitsorganisation Instrument, das sich speziell mit der Beendigung des Arbeitsverhältnisses befasste.[979]

Da das Übereinkommen Nr. 158 nicht zu den Kernarbeitsnormen der IAO gehört, ist es nur verbindlich für die Staaten, die das Übereinkommen ratifiziert haben.[980] Es muss aber hervorgehoben werden, dass das Verbot der Kündigungen aus diskriminierenden Gründen anders betrachtet werden muss. Das Verbot der Kündigungen aus diskriminierenden Gründen ist in der Erklärung der IAO über Grundlegende Prinzipien und Rechte bei der Arbeit und ihre Folgemassnahmen von 1998 enthalten. Somit genießt es für die Kernarbeitsnormen geltende Schutz.[981] Der Staat, der das Übereinkommen ratifiziert hat, ist aber nach der Ratifizierung verpflichtet, alle erforderlichen Maßnahmen zu ergreifen, um seinen Inhalt umzusetzen und seine Bestimmungen durchzusetzen.[982] Die Wahl zwischen den verschiedenen Umsetzungsmethoden entsprechend ihrem Rechtssystem gemäß der nationalen Praxis unter Berücksichtigung nationaler Unterschiede überlässt das Übereinkommen Nr. 158 den Vertragsstaaten (Art. 1 Übk. Nr. 158).[983] Es gibt des Öfteren Ratifizierungen mit Vorbehalt, außer denjenigen, die ausdrücklich im Übereinkommen vorgesehen sind; dies ist allerdings nicht gestattet.[984] Die Anzahl der Ratifizierungen im Vergleich zum Übereinkommen Nr. 111 ist allerdings ziemlich gering. Bis jetzt haben nur 36 Staaten das Übereinkommen Nr. 158 ratifiziert, ein Staat hat es schon wieder gekündigt.[985] Bei der begrenzten Anzahl an Ratifizierungen spielt auf der einen Seite die Behauptung

---

978 Vgl. *Kasım*, in: Perulli/Treu, S. 275 (285).
979 Vgl. IELL/*Carinci* C 158 Rn. 1; *Kasım*, in: Perulli/Treu, S. 275 (285).
980 Vgl. IELL/*Carinci* C 158 Rn. 2, 3; *Kasım*, in: Perulli/Treu, S. 275 (285).
981 Vgl. IELL/*Carinci* C 158 Rn. 2.
982 Vgl. IELL/*Carinci* C 158 Rn. 2.
983 Vgl. ILO, Protection against Unjustified Dismissal, Rn. 24; *Kasım*, in: Perulli/Treu, S. 275 (285).
984 Vgl. IELL/*Carinci* C 158 Rn. 2.
985 https://www.ilo.org/dyn/normlex/en/f?p=1000:11300:0::NO:11300:P11300_INSTRUMENT_ID:312303 (21.1.2019). Brazil hat am 20.11.1996 das Übereinkommen Nr. 158 gekündigt.

eine Rolle, dass einige Länder die Standards des Übereinkommens bereits erfüllen oder überfüllen, die Prinzipien des Übereinkommens bereits Teil ihrer gemeinsamen Rechtstraditionen sind – wie Deutschland.[986] Auf der anderen Seite aber fordert die strenge Struktur des Übereinkommens die Mitgliedstaaten dazu auf, gleich nach der Ratifizierung ihre nationalen Klauseln den detaillierten Regulierungen des Übereinkommens anzupassen.[987] Allerdings gehören zum entscheidenden Punkt der Konflikt zwischen Grundprinzipien der liberalen Marktwirtschaft wie Unternehmensfreiheit, Flexibilität oder der Vorrang der wirtschaftlichen Anforderungen, und der Schutz der Arbeitnehmer*innen vor Kündigung.[988] Der Einfluss des Übereinkommens ist aber nicht auf die Ratifikationsstaaten begrenzt. Die grundlegenden Prinzipien des Übereinkommens finden durch mehr Länder Anwendung als allein durch die Ratifikationsstaaten.[989] Außerdem richten sich die internationalen Menschenrechtskataloge nach Übereinkommen aus.[990] Außerdem hat es Wirkung auf Europäische Sozialcharta (revidiert).[991] Die wird aber in dem nächsten Abschnitt behandelt.

Die Republik Türkei ist einer der IAO-Mitgliedsstaaten, die das Übereinkommen Nr. 158 ratifiziert haben. Dagegen unterzeichnete die Bundesrepublik Deutschland das Übereinkommen Nr. 158 nicht. Die Ratifizierung des Übereinkommens Nr. 158 durch die Türkei erfolgte am 12.10.1994 und ist seit dem 4.1.1995 in Kraft.[992] Geltende kündigungsschutzrechtliche Vorschriften des türkischen Arbeitsgesetzes betreffen sie Umsetzung des Übereinkommens ins nationale türkische Recht.[993]

1. Begriffsbestimmung und Anwendungsbereich

Der Begriff der Kündigung und die Beendigung des Arbeitsverhältnisses sind in Artikel 3 Übereinkommen Nr. 158 definiert. Im Sinne von Übereinkommen Nr. 158 enthält eine Kündigung nur die infolge der Initiative des*der Arbeitgebers*in erfolgte Beendigung des Arbeitsverhältnisses (Art. 3 Übk. Nr. 158).[994] Unabhängig von der Branche der wirtschaftlichen Tätigkeit, z. B. sind auch

---

986 Vgl. IELL/*Carinci* C 158 Rn. 5; *Schubert/Buschmann*, S. 31; *Kasım*, in: Perulli/Treu, S. 275 (285).

987 Vgl. IELL/*Carinci* C 158 Rn. 5; *Kasım*, in: Perulli/Treu, S. 275 (285).

988 Vgl. IELL/*Carinci* C 158 Rn. 5. Siehe auch diese Dissertationsschrift § 5, F, insbesondere § 5 F II und IV und für die Kritik dieser Ideen § 5, F., V und auch § 5, G.

989 Vgl. *Buschmann*, FS-Lörcher, S. 257 (269).

990 Vgl. *Buschmann*, FS-Lörcher, S 257 (270); *Kasım*, in: Perulli/Treu, S. 275 (286).

991 Vgl. *Kasım*, in: Perulli/Treu, S. 275 (286).

992 Das Gesetz Nr. 3999 vom 9.6.1994 (RG 18.6.1994, 21964); Parlamententschluss 10.8.1994, Nr. 94–5971 (RG 12.10.1994), in Kraft seit 4.01.1995.

993 Vgl. *Kasım*, in: Perulli/Treu, S. 275 (286).

994 Vgl. ILO, Protection against unjustified dismissal, Rn. 20; *Kasım*, in: Perulli/Treu, S. 275 (286).

Beamte inbegriffen, oder der Staatsangehörigkeit des*der Arbeitnehmers*in, soll der durch das Übereinkommen Nr. 158 regulierte Schutz Anwendung finden.[995] Prinzipiell sind auch befristete Arbeitsverhältnisse inbegriffen.[996] Allerdings sind die Mitgliedstaaten berechtigt, die Anwendung aller oder einiger Bestimmungen des Übereinkommens auf bestimmte Kategorien von Arbeitnehmern*innen auszuschließen, die auf dem Arbeitsvertrag, z. B. für eine bestimmte Zeit oder eine bestimmte Aufgabe eingestellte, auf Probe eingestellte oder eine Wartezeit zurücklegende oder der Gruppe des*der betroffenen Arbeitnehmers*in basieren (Art. 2 II, IV, V Übk. Nr. 158). Die Ausschließung bestimmter Gruppen von Arbeitnehmern*innen von den kündigungsschutzrechtlichen Regulierungen darf erst dann erfolgen, wenn der unterzeichnete Vertragsstaat in Betracht kommende Arbeitgeber- und Arbeitnehmerverbände anhört und der Vertragsstaat in seinem ersten Bericht nach Artikel 22 IAO-Verfassung die ausgeschlossene Gruppen angibt (Art. 2 IV, V, VI Übk. Nr. 158 und Art. 22 IAO Verf.). Dieses Verfahren wird sehr streng wahrgenommen und diese Bestimmung ist sehr eng ausgelegt, sodass die Mitgliedstaaten keine weiteren Ausnahmen einführen dürfen, die nicht im ersten Bericht aufgeführt sind.[997]

Vor einiger Zeit thematisierte der IAO-Sachverständigenausschuss für die Anwendung von Übereinkommen und Empfehlungen in seiner Beobachtung aus dem Jahr 2015 über die Türkei die vom Kündigungsschutz ausgeschlossenen Arbeitnehmerkategorien.[998] Der Sachverständigenausschuss monierte, die Türkei hätte kleinere und mittlere Unternehmen vom den kündigungschutzrechtlichen Verpflichtungen befreit durch einen Ausschluss von Betrieben mit weniger als 30 Arbeitnehmern*innen vom Anwendungsbereich des Kündigungsschutzes (Art. 18, I ArG Nr. 4857). Für diese Arbeitnehmer*innen gibt es die Möglichkeit, einen Missbrauch-Schadenersatz zu verlangen, allerdings besteht keine Wiedereinstellungsmöglichkeit. Die große Mehrheit der Unternehmen in der Türkei besteht aus kleinen und mittleren Unternehmen. Darüber hinaus steigt die Zahl der Betriebe mit weniger als 30 Arbeitnehmern*innen, um die Ausnahmeregelung zu nutzen. Daher genießt eine relativ große Anzahl von Arbeitnehmern*innen keine Arbeitsplatzsicherheit. Aus diesen Gründen forderte der Sachverständigenausschuss die Regierung auf, aktualisierte Informationen über alle Entwicklungen in Bezug auf die Anwendung des Übereinkommens in kleinen und mittleren Unternehmen bereitzustellen, die von den Kündigungsschutzbestimmungen ausgeschlossen sein können, einschließlich der Daten über die Zunahme von Betrieben mit weniger als 30 beschäftigten

995 Vgl. IELL/*Carinci* C 158 Rn. 9, Fn. 22; CEACR – adopted 205, published 105th ILC session 2016 – Slovakia: *Kasım*, in: Perulli/Treu, S. 275 (286).

996 Vgl. *Buschmann*, FS-Lörcher, S. 257 (266); *Kasım*, in: Perulli/Treu, S. 275 (286).

997 Vgl. IELL/*Carinci* C 158 Rn. 15; *Kasım*, in: Perulli/Treu, S. 275 (286).

998 Vgl. CEACR -adopted 2015, published 105th ILC session (2016)- C 158 Turkey; *Kasım*, in: Perulli/Treu, S. 275 (287).

Arbeitnehmern*innen im Vergleich zu anderen Einrichtungen. Vom Kündigungsschutz ausgeschlossene Arbeitnehmerkategorien in der Türkei fanden in der Beobachtung des Sachverständigenausschusses des Jahres 2016 weiter einen Platz mit einer erneuten Forderung nach Bereitstellen der detaillierten statischen Daten über das Thema.[999]

2. *Triftiger Grund*

Die Beendigung des Arbeitsverhältnisses muss sich auf einem triftigen Grund stützen; dies bildet den Eckpfeiler der Bestimmungen des Übereinkommens Nr. 158.[1000] Entsprechend dem Grundsatz der Rechtfertigung der Beschäftigung des*der Arbeitnehmers*in darf es nur zur Beendigung des Arbeitsverhältnisses eines*r Arbeitnehmers*in nur infolge eines hierfür triftigen vorliegenden Grundes kommen (Art. 4 Übk. 158).[1001] Die Verpflichtung, die Beendigung des Arbeitsverhältnisses mit einem triftigen Grund zu rechtfertigen, gilt nur für den*die Arbeitgeber*in.[1002] Darüber hinaus unterscheidet sich die Frage der Beendigung des Arbeitsverhältnisses aus einem triftigen Grund von dem Recht des*der Arbeitnehmers*in auf eine Kündigungsfrist und/oder eine Abfindung.[1003] Unabhängig davon, ob der*die Arbeitgeber*in nach Angabe einer Kündigungsfrist kündigt oder nicht, wird das Vorliegen eines triftigen Grundes für die Beendigung des Arbeitsverhältnisses verlangt.[1004]

Ein triftiger Grund muss entweder mit der Fähigkeit oder dem Verhalten des*der Arbeitnehmers*in zusammenhängen, nämlich subjektiv sein, oder sich auf die Erfordernisse der Tätigkeit des Unternehmens, Betriebs oder Dienstes stützen, nämlich objektiv sein (Art. 4 Übk. 158).[1005] Eine zusätzliche Reihe von Gründen, die nicht im Zusammenhang mit den subjektiven oder objektiven triftigen Gründen stehen, aber trotzdem die Kündigung nicht rechtfertigen können, enthalten die Artikel 5 und 6 Übereinkommen Nr. 158.[1006] Umfasst sind unter anderem die Gründe im Zusammenhang mit den Personenmerkmalen des*der Arbeitnehmers*in und die Gründe im Zusammenhang mit der legitimen Ausübung eines Grundrechts durch den*die Arbeitnehmer*in, wie z. B. die Zugehörigkeit zu einer Gewerkschaft, Arbeitnehmervertreterfunktion oder Klagerhebung gegen den*die

---

999 Vgl. CEACR -adopted 2016, published 106th ILC session 2017– C 158 Turkey; *Kasım*, in: Perulli/Treu, S. 275 (287).

1000 Vgl. ILO, Protection against Unjustified Dismissal, Abs. 76; IELL/*Carinci* C 158 Rn. 16; *Buschmann*, FS-Lörcher, S. 257 (268); *Kasım*, in: Perulli/Treu, S. 275 (287).

1001 Vgl. *Buschmann*, FS-Lörcher, S. 257 (268).

1002 Vgl. ILO, Protection against Unjustified Dismissal, Rn. 77.

1003 Vgl. ILO, Protection against Unjustified Dismissal, Rn. 76; *Kasım*, in: Perulli/Treu, S. 275 (287).

1004 Vgl. ILO, Protection against Unjustified Dismissal, Rn. 76.

1005 Vgl. IELL/*Carinci* C 158 Rn. 16.

1006 Vgl. IELL/*Carinci* C 158 Rn. 20; *Kasım*, in: Perulli/Treu, S. 275 (287).

Arbeitgeber*in (Art. 5 a, d Übk. Nr. 158).[1007] In Artikel 5 Übereinkommen Nr. 158 aufgezählte personenbezogene Diskriminierungsmerkmale, die keinen triftigen Grund für eine Kündigung darstellen, sind Rasse, Hautfarbe, Geschlecht, Familienstand, Familienpflichten, Schwangerschaft, Glaubensbekenntnis, politische Meinung, nationale Abstammung oder soziale Herkunft. Die IAO-Empfehlung Nr. 166 ergänzt diese Diskriminierungsmerkmale zum Merkmal Alter. Eine ähnliche Klausel des türkischen Arbeitsgesetzes enthält zusätzlich das Merkmal Geburt, berücksichtigt aber nicht die Merkmale nationale Abstammung oder soziale Herkunft. Allerdings ist eine Öffnungsklausel enthalten (Art. 18 III d ArbG Nr. 4857). Hervorzuheben sind in vielen Fällen die in Artikel 5 Übereinkommen Nr. 158 aufgeführten unzulässigen Kündigungsgründe, die auch nach anderen IAO-Übereinkommen diskriminierend sind.[1008]

Die praktische Anwendung der Artikel 4 und 5 Übereinkommen Nr. 158 hinsichtlich triftiger Kündigungsgründe beschäftigte den Sachverständigenausschuss in seiner Beobachtung über die Türkei aus dem Jahr 2016.[1009] Eine massive Entlassungswelle, *„massive wave of dismissals“*, der türkischen Regierung nach dem Putschversuch im Juli 2016, vor allem im öffentlichen Sektor, erregte Besorgnis.[1010] Der Ausschuss machte darauf aufmerksam, dass die Beschäftigung eines*r Arbeitnehmers*in nicht gekündigt werden darf, es sei denn, es liegt ein triftiger Grund vor. Diesbezüglich verlangte er von der türkischen Regierung eine Zurverfügungstellung an ausführlichen Informationen über die praktische Anwendung der Artikel 4 und 5 des Übereinkommen Nr. 158 in Bezug auf die massive Kündigungswelle.[1011] Die Beobachtung des Sachverständigenausschusses zu dem Thema wurde jedoch nach 2016 nicht mehr in Bezug auf das Übereinkommen Nr. 158 verfolgt. Stattdessen wurde die Frage der massiven Entlassungswelle aufgrund des im Land verhängten Ausnahmezustands in den Beobachtungen 2019 und 202 des Sachverständigenausschusses gemäß Übereinkommen Nr. 111 untersucht.[1012] Der Ausschuss wies darauf hin, dass die Diskriminierung aus Gründen der politischen Überzeugung in Beschäftigung und Beruf nach Artikel 1 Absatz 1 Buchstabe a des Übereinkommens Nr. 111 verboten ist, und forderte eine Überprüfung

---

1007 Vgl. IELL/*Carinci* C 158 Rn. 21; *Kasım*, in: Perulli/Treu, S. 275 (287).

1008 Z.B. IAO Übk. Nr. 98; IAO-Übk. Nr. 135; IAO-Übk. Nr. 111. Vgl. IELL/*Carinci* C 158 Rn. 21; *Kasım*, in: Perulli/Treu, S. 275 (288).

1009 Observation (CEACR) – adopted 2016, published 106th ILC session (2017) – C 158 Türkiye. Vgl. *Kasım*, in: Perulli/Treu, S. 275 (288).

1010 Observation (CEACR) – adopted 2016, published 106th ILC session (2017) – C 158 Türkiye. Vgl. *Kasım*, in: Perulli/Treu, S. 275 (288).

1011 Observation (CEACR) – adopted 2016 published 106th ILC session (2017) – C 158 Türkiye. Vgl. *Kasım*, in: Perulli/Treu, S. 275 (288).

1012 Observation (CEACR) – adopted 2019, published 109th ILC session (2021) – C 111 Türkiye; Observation (CEACR) – adopted 2020, published 109th ILC session (2021) – C 111 Türkiye.

der Entlassungen im Hinblick auf das Diskriminierungsverbot.[1013] Damit gestaltet sich der Fall ein Beispiel darauf, wie der der Schutz vor Diskriminierung und Kündigungsschutz im IAO-Recht zusammenwirken können.

3. Verfahrenserfordernisse

Das Übereinkommen Nr. 158 sieht sehr detaillierte Verfahrenerfordernisse vor, welche vor dem oder zum Zeitpunkt der Kündigung, aber auch die Zeit nach einer ungerechtfertigten Kündigung umfassen. Unter anderem sind die Anhörung des*der Arbeitnehmers*in vor einer verhaltens- oder leistungsbedingten Kündigung (Art. 7 Übk. Nr. 158), Kündigungsfristen (Art. 11 Übk. Nr. 158), die Beweislast, welche prinzipiell der*die Arbeitgeber*in trägt (Art. 9 II Übk. Nr. 158), aber auch die Anhörung der Arbeitnehmervertreter vor Kündigungen aus wirtschaftlichen, technologischen, strukturellen oder ähnlichen Gründen (Art. 13 Übk. Nr. 158) reguliert. Das Recht des*der Arbeitnehmers*in, die Beendigung seines Arbeitsverhältnisses bei einer unparteiischen Stelle anzufechten, ist gewährleistet (Art. 8 Übk. Nr. 158). Die Stelle muss außerdem befugt sein, die für die Beendigung des Arbeitsverhältnisses geltend gemachten Gründe und die sonstigen Umstände des betreffenden Falles zu prüfen und über ihre Rechtfertigung zu entscheiden (Art. 8 Übk. Nr. 158). Im Falle einer Kündigung basierend auf den betrieblichen Anforderungen des Unternehmens darf die unparteiische Stelle allerdings über die Rechtfertigung der Kündigung nur dann entscheiden, wenn die internen Vorschriften des Mitgliedstaats die Überprüfung einer solchen Rechtfertigung zulassen (Art. 9 III Übk. Nr. 158).[1014] Rechtsfolgen bei einer nicht gerechtfertigten Kündigung sind die Unwirksamkeit, Wiedereinstellung, eine angemessene Entschädigung oder ein als zweckmäßig angesehener Ausgleich (Art. 10 Übk. Nr. 158).

III. Durchsetzungsmechanismen

Ratifiziert ein IAO-Mitgliedstaat ein Übereinkommen, verpflichtet er sich, in regelmäßigen Abständen Berichte über seine Anwendung des Übereinkommens vorzulegen.[1015] Der Sachverständigenausschuss untersucht die Regierungsberichte.[1016] Bei der Prüfung der Anwendung internationaler Arbeitsnormen macht der Sachverständigenausschuss zwei Arten von Bemerkungen: Beobachtungen

---

1013 Observation (CEACR) – adopted 2019, published 109th ILC session (2021) – C 111 Türkiye; Observation (CEACR) – adopted 2020, published 109th ILC session (2021) – C 111 Türkiye.

1014 Vgl. IELL/*Carinci* C 158 Rn. 27.

1015 Vgl. ILO, Rules of the Game, S. 102 ff; *Zimmer*, FS-Lörcher, S. 29 (29); Wendeling-Schröder/Stein/*Wendeling-Schröder, AGG*, Einl. Rn. 25; *Süzek*, S. 86; *Kasım*, in: Perulli/Treu, S. 275 (289).

1016 Vgl. ILO, Rules of the Game, S. 102; *Süzek*, S. 106.

(observations) und direkte Anfragen (direct requests).[1017] Außerdem bereitet er jährlich einen Jahresabschlussbericht vor, bei dem er vom Konferenzausschuss für die Anwendung von Normen geprüft wird.[1018] Der Konferenzausschuss für die Anwendung von Normen prüft den Bericht in einer dreigliedrigen Umgebung und wählt daraus eine Reihe von Beobachtungen zur Diskussion aus.[1019] Die beobachteten Regierungen erhalten die Aufforderung, vor dem Konferenzausschuss zu antworten und Informationen über die betreffende Situation bereitzustellen.[1020]

Zwischen 1986 und 2018 erging an Deutschland vier Mal die Aufforderung, vor dem Konferenzausschuss die Kommentare zu beantworten.[1021] Im Gegensatz zu der geringen Anzahl von deutschen Fällen musste die Republik Türkei zwischen den Jahren 1986 und 2018, demnach innerhalb von 32 Jahren, 26 Mal vor dem Konferenzausschuss aussagen, um die Fragen betreffend die Beobachtungen zu beantworten.[1022] Eine massive Entlassungswelle nach dem 1980 Putsch war das Thema der Beobachtungen für einige Jahre gegen Ende der 1980er.[1023] Dies geschah damals in Verbindung mit dem Übereinkommen Nr. 111. Nach dem Putsch im Jahr 1980 und dem danach erklärten Ausnahmezustand kam es zur Entlassung von 4 530 Beamten.[1024] Von einer Versetzung waren rund 8 500 Personen, darunter Hochschullehrer, Lehrer, Beamte, Arbeitnehmer in öffentlichen Unternehmen und Beschäftigte des öffentlichen Dienstes betroffen.[1025] Die

1017 Vgl. *Kasım*, in: Perulli/Treu, S. 275 (289).

1018 Vgl. ILO, Rules of the Game, S. 102, 103, *Süzek*, S. 106.

1019 Vgl. ILO, Rules of the Game, S. 103; *Süzek*, S. 86; *Kasım*, in: Perulli/Treu, S. 275 (289).

1020 Vgl. ILO, Rules of the Game, S. 103; *Kasım*, in: Perulli/Treu, S. 275 (290).

1021 https://www.ilo.org/dyn/normlex/en/f?p=1000:11110:0::NO:11110:P11110_COUNTRY_ID:102643 (29.1.2019) Vgl. *Kasım*, in: Perulli/Treu, S. 275 (290).

1022 https://www.ilo.org/dyn/normlex/en/f?p=1000:11110:0::NO:11110:P11110_COUNTRY_ID:102893 (29.1.2019) Vgl. *Kasım*, in: Perulli/Treu, S. 275 (290).

1023 Sıkıyönetim Kanunu No: 1402 Kabul Tarihi: 13.05.1971. Individual Case (CAS) – Discussion: 1987, Publication: 73rd ILC session (1987) Discrimination (Employment and Occupation) Convention, 1958 (No. 111) – Turkey; Individual Case (CAS) – Discussion: 1989, Publication: 76th ILC session (1989) Discrimination (Employment and Occupation) Convention, 1958 (No. 111) – Turkey; Individual Case (CAS) – Discussion: 1990, Publication: 77th ILC session (1990) Discrimination (Employment and Occupation) Convention, 1958 (No. 111) – Turkey; Individual Case (CAS) – Discussion: 1991, Publication: 78th ILC session (1991) Discrimination (Employment and Occupation) Convention, 1958 (No. 111) – Turkey. Vgl. *Kasım*, in: Perulli/Treu, S. 275 (290).

1024 Individual Case (CAS) – Discussion: 1987, Publication: 73rd ILC session (1987) Discrimination (Employment and Occupation) Convention, 1958 (No. 111) – Turkey.

1025 Individual Case (CAS) – Discussion: 1989, Publication: 76th ILC session (1989) Discrimination (Employment and Occupation) Convention, 1958 (No. 111) – Turkey. Vgl. *Kasım*, in: Perulli/Treu, S. 275 (290).

höchstwahrscheinlich diskriminierende Natur der Kündigungen aufgrund von politischen Meinungsäußerungen erregte die Besorgnis der IAO.[1026] Von 1987 bis 1991 musste sich die Regierung der Republik Türkei jedes Jahr vor dem Konferenzausschuss verantworten, um Fragen betreffend dieses Thema zu beantworten. Nach dem Reinstatement der Entlassenen gemäß der Entscheidung des Staatsrats und der Aufhebung des Gesetzes Nr. 1402 deeskalierte die Situation.[1027] Am Rande dieser Arbeit ist insbesondere 2001 von Bedeutung, in dem die Regierung die Fragen betreffend die Umsetzung des Übereinkommens 158 beantworten musste, welche eine wichtige Rolle bei der Gestaltung der heutigen türkischen kündigungsschutzrechtlichen Regelungen spielte.[1028]

Der regelmäßige Aufsichtsmechanismus basierend auf dem Staatenberichtsverfahren erfährt eine Ergänzung durch einen besonderen Überwachungsmechanismus.[1029] Ein besonderer Überwachungsmechanismus sieht ein spezielles Beschwerdeverfahren für Arbeitnehmer- und Arbeitgeberorganisationen und für den Verwaltungsrat vor (Art. 24 und Art. 25 IAO-Verf). Gegen Deutschland kam es bis jetzt zur Erhebung von zehn Beschwerden über die Vereinigungsfreiheit und vier Beschwerden über andere Themen.[1030] Gegen die Republik Türkei erfolgte bis jetzt eine Erhebung von 38 Beschwerden über die Vereinigungsfreiheit und acht Beschwerden über andere Themen.[1031] Außerdem existiert ein besonderer Überwachungsmechanismus der Mitgliedstaaten, der Delegierten der Internationalen Arbeitskonferenz und des IAO- Verwaltungsrats und die Möglichkeit einer Klageerhebung gegen einen Mitgliedstaat (Art. 26 IAO-Verf). Unter Berücksichtigung der relativ niedrigen Anzahl ab bisher erhobenen Klagen, von 1919 bis 2019 32 Fälle, ist von einer relativ eingeschränkten praktischen Bedeutung dieses Überwachungsmechanismus auszugehen.[1032]

Hier stellt sich die Frage nach dem Rechtscharakter der Empfehlungen der IAO nach der Umsetzung in nationales Recht. Die Empfehlungen der IAO sind keine unverbindlichen Vorschläge, vielmehr verbindliche Handlungsanweisungen, die die Streitbeteiligten in nationales Recht umzusetzen haben.[1033] Das betroffene

---

1026 Individual Case (CAS) – Discussion: 1987, Publication: 73rd ILC session (1987) Discrimination (Employment and Occupation) Convention, 1958 (No. 111) – Turkey. Vgl. *Kasım*, in: Perulli/Treu, S. 275 (291).

1027 Vgl. *Kasım*, in: Perulli/Treu, S. 275 (291).

1028 Individual Case (CAS) – Discussion: 2001, Publication: 89th ILC session (2001) Termination of Employment Convention, 1982 (No. 158) – Turkey.

1029 Vgl. ILO, Rules of the Game, S. 106 ff. Vgl. *Kasım*, in: Perulli/Treu, S. 275 (291).

1030 https://www.ilo.org/dyn/normlex/en/f?p=1000:11110:0::NO:11110:P11110_COUNTRY_ID:102643 (28.1.2019). Vgl. *Kasım*, in: Perulli/Treu, S. 275 (291).

1031 https://www.ilo.org/dyn/normlex/en/f?p=1000:11110:0::NO:11110:P11110_COUNTRY_ID:102893 (28.1.2019). Vgl. *Kasım*, in: Perulli/Treu, S. 275 (291).

1032 Vgl. *Seifert*, FS-Lörcher, S. 42 (47).

1033 Vgl. *Seifert*, FS-Lörcher, S. 42 (50), *Kasım*, in: Perulli/Treu, S. 275 (292).

Land kann jedoch entscheiden, auf welche Art und Weise die Umsetzung dieser völkerrechtlich bindenden Empfehlung in nationales Recht erfolgen soll.[1034]

Darüber hinaus ist eine individuelle Beschwerdemöglichkeit nicht vorgesehen.

IV. Zwischenergebnis

Die IAO-Übereinkommen befassen sich sowohl mit antidiskriminierungsrechtlichen als auch kündigungsschutzrechtlichen Bestimmungen. Während allerdings antidiskriminierungsrechtliche Normen als Kernarbeitsnorm anerkannt sind und aufgrund dessen auch in den IAO-Mitgliedstaaten, die das Übereinkommen Nr. 111 nicht ratifiziert haben, Anwendung finden, genießt das spezielle, den Kündigungsschutz regelnde Übereinkommen Nr. 158 nicht den Status einer Kernarbeitsnorm. Während bei 175 von 187 Ratifizierungen der IAO-Mitgliedstaaten das Übereinkommen Nr. 111 eines der am meisten ratifizierten IAO-Übereinkommen ist, ist das Übereinkommen Nr. 158 dagegen mit nur 36 Ratifikationen eines der am geringsten ratifizierten Übereinkommen. Während in Bezug auf den Diskriminierungsschutz eine weitgehende Einigkeit zwischen den IAO-Mitgliedstaaten herrscht, weichen die IAO-Mitgliedstaaten lieber aus, sich durch Unterzeichnung des IAO-Übereinkommens Nr. 158 hinsichtlich eines allgemeinen Kündigungsschutzes festzulegen. Bei der begrenzten Anzahl an Ratifizierungen spielen sowohl die Behauptung eine Rolle, dass einige Länder die Standards des Übereinkommens bereits erfüllen oder überfüllen, als auch die strenge Struktur des Übereinkommens. Der entscheidende Punkt ist aber der Konflikt zwischen Grundprinzipien der liberalen Marktwirtschaft und der Schutz der Arbeitnehmer*innen vor Kündigung. Somit spiegeln sich die Grundkonfliktpunkte hinsichtlich des Verhältnisses von Antidiskriminierungsrecht und Kündigungsschutzrecht auch hier in den Ratifikationszahlen der IAO-Übereinkommen wider.

Fundamental basiert das IAO-System auf dem Streben nach sozialer Gerechtigkeit (vgl. Präambel IAO-Verf.). Bereits die Erklärung von Philadelphia betont und bekräftigt, alle Menschen, ungeachtet ihrer Rasse, ihres Glaubens und ihres Geschlechts hätten das Recht, materiellen Wohlstand und geistige Entwicklung in Freiheit und Würde, in wirtschaftlicher Sicherheit und unter gleich günstigen Bedingungen zu erstreben. Diese Ideen spiegeln sich ebenfalls in dem Diskriminierungsschutz nach dem Übereinkommen Nr. 111 wider und das Übereinkommen definiert den Begriff der Diskriminierung in Verbindung mit Chancengleichheit und Gleichbehandlung (Art. 1 I a Übk. Nr. 111). Die bahnbrechende Definition der Diskriminierung in Übereinkommen Nr. 111 diente als Referenz für die nachfolgenden internationalen Menschenrechtsverträge und nationalen Rechtsvorschriften, wonach jede Diskriminierung, formal oder substantiv, unmittelbar oder mittelbar, in den Geltungsbereich fällt. Wenn es um das Thema

1034 Vgl. *Seifert*, FS-Lörcher, S. 42 (50), *Kasım*, in: Perulli/Treu, S. 275 (292).

der Diskriminierungsmerkmale geht, zählt zwar das IAO-Übereinkommen Nr. 111 einige der in den anderen völkerrechtlichen Verträgen aufgezählten Merkmale nicht auf, aber das Übereinkommen Nr. 111 versteht die Diskriminierungsgründe als ein sich entwickelndes Gebiet, welches sich auch durch die häufige Adressierung der intersektionalen Natur des Diskriminierungskonzepts zeigt. In Verbindung zu diskriminierenden Kündigungen ist noch zu erwähnen, dass das Diskriminierungsverbot nach dem Übereinkommen nicht nur eine präventive Funktion hat, sondern auch die Auswirkungen der Diskriminierung beseitigen soll. Im Zusammenhang mit der Beschäftigung und der diskriminierenden Kündigung bedeutet es auf der einen Seite die Beseitigung der diskriminierenden Beschäftigungspraxis, auf der anderen Seite verlangt es aber auch eine Wiedergutmachung für die Person, die infolge einer rechtswidrigen Diskriminierung ein Unrecht erlitten hat, die die Situation schafft, die bestanden hätte, wenn das diskriminierende Verhalten nicht stattgefunden hätte. Demzufolge reicht die Zahlung einer Abfindung nicht, vielmehr ist eine Weiterbeschäftigung anzuraten.

Das Übereinkommen Nr. 158 auf der anderen Seite, das nicht zu den Kernarbeitsnormen der IAO gehört, verlangt das Stützen der Beendigung des Arbeitsverhältnisses auf einen triftigen Grund, welcher den Eckpfeiler der Bestimmungen des Übereinkommens Nr. 158 bildet. Das Verbot der Kündigung aus diskriminierenden Gründen ist aber in der Erklärung der IAO über grundlegende Prinzipien und Rechte bei der Arbeit und ihre Folgemaßnahmen von 1998 enthalten und genießt somit den geltenden Schutz für die Kernarbeitsnormen. In seinem fünften Artikel verbindet das Übereinkommen Nr. 158 den Kündigungsschutz mit dem Diskriminierungsschutz, in dem es eine zusätzliche Reihe von Gründen, die nicht im Zusammenhang mit den subjektiven oder objektiven triftigen Gründen stehen, aber trotzdem die Kündigung nicht rechtfertigen können, feststellt und eine Reihe von personenbezogenen Diskriminierungsmerkmalen, die keinen triftigen Grund für eine Kündigung darstellen, aufzählt.

Das IAO-System basiert auf der Verantwortung der einzelnen Staaten. Nicht nur im Hinblick auf die Normfestsetzungstätigkeit oder die niedrige Ratifikationsrate, sondern auch angesichts der Schwäche des Überwachungssystems oder des Fehlens wirksamer Sanktionsmöglichkeiten ist es begrenzt in seinen Limits. Aus der Perspektive der türkischen Arbeitsbeziehungen und des Rechtssystems finden allerdings diese limited Überwachungsmechanismen des Öfteren Anwendung. Das dreigliedrige System der IAO erlaubt es den sozialen Parteien, die IAO-Mechanismen um Unterstützung zu bitten, auch wenn diese lediglich über eine geringe Durchsetzungsfähigkeit verfügen. Trotz einer geringen Durchsetzungsfähigkeit verfügen IAO-Normen aufgrund eines dreigliedrigen Entscheidungsablaufes über eine hohe Konsensfähigkeit.[1035] Bei einer Einigung der Vertreter der Regierungen, Arbeitgeber*innen und

1035 Vgl. *Buschmann*, FS-Lörcher, S. 257 (265).

Arbeitnehmer*innen auf Formulierungen liegt es nahe, diese Formulierungen bei der Ausfüllung unbestimmter Rechtsbegriffe in internationales Recht durch völkerrechtliche Ausschüsse, aber auch in nationales Recht durch nationale Gerichte zu gebrauchen.[1036]

D. Europarat

Das Europäische Menschenrechtssystem gestaltet sich als das am weitesten fortgeschrittene regionale Menschenrechtschutzsystem.[1037] Der am 5. Mai 1949 gegründeter Europarat teilt die gemeinsamen Gründungsväter mit der Europäischen Wirtschaftsgemeinschaft, die ein Jahr nach der Gründung des Europarats die Europäische Gemeinschaft für Kohle und Stahl und acht Jahre später die Europäische Wirtschaftsgemeinschaft gründeten.[1038] Im Hintergrund der Institution stehen vor allem die vergangenen beiden Weltkriege.

Im Abstand von elf Jahren verabschiedete der Europarat zwei separate Verträge. Während die Europäische Menschenrechtskonvention die bürgerlichen und politischen Rechte garantiert, garantiert die Europäische Sozialcharta soziale und wirtschaftliche Rechte. Allgemein ergänzen und verstärken sie sich gegenseitig vor dem Hintergrund des besonderen Wertes, die in den Grundsätzen der Unteilbarkeit, der Universalität und der gegenseitigen Abhängigkeit der Menschenrechte liegen.[1039]

Im europäischen Kontext haben sowohl die Europäische Menschenrechtskonvention als auch die Europäische Sozialcharta eine zunehmende Bedeutung bei der Bekämpfung von Diskriminierung in der Beschäftigung angenommen.[1040] Die revidierte Europäische Sozialcharta widmet auf einen Artikel dem allgemeinen Kündigungsschutz. In diesem Abschnitt erfolgt zuerst eine Untersuchung der Konvention zum Schutz der Menschenrechte und Grundfreiheiten und danach der europäischen Sozialcharta. Als Letztes steht Zwischenergebnis an.

I. Konvention zum Schutz der Menschenrechte und Grundfreiheiten

Die europäische Konvention zum Schutz der Menschenrechte und Grundfreiheiten (Europäische Menschenrechtskonvention) (EMRK) vom Europarat, unterzeichnet am 4. November 1950 und seit dem 3. September 1953 als das erste völkerrechtliche Instrument, das einige der in der Allgemeinen Erklärung der

---

1036 Vgl. *Buschmann*, FS-Lörcher, S. 257 (265); *Kasım*, in: Perulli/Treu, S. 275 (293).
1037 Vgl. *Gözler*, S. 310.
1038 Vgl. https://www.coe.int/en/web/about-us/founding-fathers (9.2.2019).
1039 Vgl. *Samuel*, FS-Lörcher, S. 137 (137).
1040 Vgl. IELL/*Bell* Part 2 Equality Int Rn. 5.

Menschenrechte verankerten Rechte verbindlich machte, in Kraft.[1041] Zurzeit ist die Europäische Menschenrechtskonvention in 47 Staaten in Kraft.[1042] Die Unterzeichnung der Erklärung durch die beiden Staaten, Deutschland und die Türkei, erfolgte gleich am 4. November 1950. Die Ratifizierung fand in Deutschland im Jahr 1952 und in der Türkei im Jahr 1954 statt.[1043]

Die Grundrechte, wie sie in der Europäischen Menschenrechtskonvention gewährleistet sind, gelten darüber hinaus als allgemeine Grundsätze Teil des Unionsrechts (Art. 6 III EUV) und haben die in ihr enthaltenen Rechte, die den durch die EMRK garantierten Rechten entsprechen, die gleiche Bedeutung und Tragweite, wie sie ihnen in der EMRK verliehen werden (Art. 52 III GRC).[1044] Im Rahmen des deutschen Rechts steht die Europäische Menschenrechtskonvention nach der durch BVerG klargestellten Leitsätze zur Bedeutung der EMRK für die Auslegung des GG zwar innerstaatlich im Rang unter dem deutschen Grundgesetz, die Bestimmungen des Grundgesetzes sind jedoch völkerrechtsfreundlich auszulegen.[1045] Der Konventionstext und die Rechtsprechung des Europäischen Gerichtshofs für Menschenrechte dienen auf der Ebene des Verfassungsrechts als Auslegungshilfen für die Bestimmung von Inhalt und Reichweite von Grundrechten und rechtsstaatlichen Grundsätzen des Grundgesetzes.[1046]

Eine Erläuterung erfolgt erst im Hinblick auf dem Diskriminierungsschutz und danach auf dem Kündigungsschutz. Abschließend folgt die Darstellung der Durchsetzungsmechanismen.

1. Diskriminierungsschutz

In Betracht ziehen sind demnach das akzessorische Diskriminierungsverbot und das eigenständige Diskriminierungsverbot.

a) Akzessorisches Diskriminierungsverbot

In ihrem 14. Artikel sieht die Europäische Menschenrechtskonvention ein akzessorisches Diskriminierungsverbot vor und gewährleistet damit den Genuss der

---

1041 Vgl. https://www.echr.coe.int/Pages/home.aspx?p=basictexts&c=#n1359128122487_pointer (17.2.2019); *Samuel*, FS-Lörcher, S. 137 (137).

1042 https://www.coe.int/en/web/conventions/full-list/-/conventions/treaty/005/signatures?p_auth=DPo5fkp1 (17.2.2019)

1043 Bundesrepublik Deutschland: Unterzeichnung am 4.11.1950, Ratifizierung am 5.12.1952, Inkraft 3.9.1953 (BGBl. II 1952, 685). Republik Türkei Unterzeichnung am 4.11.1950, Ratifizierung am 18.5.1954.

1044 EuGH 20.3.2018, Rs. C-524/15, Rn. 22 „Menci". Vgl. EuArbRK/*Schubert* EUV Art. 6 Rn. 63.

1045 BVerfGE 128, 326 (326 ff., 366ff.). Vgl. Hömig/Wollf/*Antoni* Vorbemerkungen Rn. 25.

1046 BVerfGE 128, 326.

in der Konvention anerkannten Rechte und Freiheiten ohne Diskriminierung der in der Hoheitsgewalt unterstehenden Personen. Diese allgemeine Nichtdiskriminierungspflicht der Staaten wirkt nur hinsichtlich der in der Europäischen Menschenrechtskonvention gewährleisteten Rechte und steht nur in der Hoheitsgewalt der Vertragsstaaten unterstehenden Personen zu.[1047] Da aber die Konvention keine Regulierungen über zahlreiche Bereiche innehat, zum Beispiel keine Garantie der Berufsfreiheit enthält, lässt sich auch die Bedeutung der EMRK insbesondere im Sinne der arbeitsrechtlichen Beziehungen als beschränkt einschätzen.[1048] In den letzten Jahren zeigt aber der Europäische Gerichtshof für Menschenrechte (EGMR) eine größere Bereitschaft, Artikel 14 über das Recht auf Nichtdiskriminierung auf Rechtsstreitigkeiten im Zusammenhang mit Diskriminierung in der Beschäftigung anzuwenden.[1049]

Gewährleistet ist durch Artikel 14 EMRK ein Schutz gegen Diskriminierungen aufgrund von Geschlecht, Rasse, Hautfarbe, Sprache, Religion, politische oder sonstige Anschauung, nationale oder soziale Herkunft, Zugehörigkeit zu einer nationalen Minderheit, Vermögen, Geburt oder eines sonstigen Status. Auf diese Weise finden die gleichen Diskriminierungsmerkmale, die der Vorgänger der EMRK, die Allgemeine Erklärung der Menschenrechte, aufzählt, ihre Auflistung. Zusätzlich jedoch belegt im Text des Artikels 14 EMRK die Zugehörigkeit zu einer nationalen Minderheit, *„association with a national minority“*, einen Platz. (Vgl. Anh. I) Die Aufzählung ist nicht abgeschlossen und lässt sich durch eine Öffnungsklausel, *„... insbesondere ...“*, weiterentwickeln. Der Europäische Gerichthof für Menschenrechte bewertet beispielweise eine Diskriminierung wegen der sexuellen Orientierung ebenfalls innerhalb des im Artikel 14 vorgesehenen Schutzes.[1050]

Artikel 14 EMRK enthält ein Verbot der beiden unmittelbaren und mittelbare Diskriminierung.[1051] Allerdings stellt nicht jede differenzierende Behandlung eine Diskriminierung im Sinne von Artikel 14 EMRK nach der Rechtsprechung des EGMR dar, sondern nur diejenigen, die nicht auf objektiven und zu rechtfertigenden Kriterien beruhen, demnach keine Rechtfertigung haben, oder die nicht die Erreichung eines legitimen Zweckes verfolgen.[1052] Außerdem gilt eine

1047 EGMR 28.11.1984, Rs. 8777/79, Rn. 29 „Rasmussen vs. Dänemark“; EGMR 23.11.1983, Rs. 8919/80, Rn. 43 „Van der Mussele vs. Belgien“. Vgl. Däubler/Bertzbach AGG/*Däubler/Bertzbach* Einl. Rn. 195.

1048 Vgl. Däubler/Bertzbach AGG/*Däubler/Bertzbach* Einl. Rn. 195.

1049 Vgl. IELL/Bell Part 2 Equality Int. Rn. 5.

1050 EGMR 21.12.1999, Rs. 33290/96, Rn. m.w.N. 26 „da Silva Mouta v. Portugal“. Vgl. Wendeling-Schröder/Stein/*Wendeling-Schröder* AGG Einl. Rn. 28.

1051 EGMR 24.5.2016, Rs-38590/10, Rn. 103 „Biao gegen Dänemark“; EGMR 13.11.2007, Rs- 57325/00, Rn. 184. „D.H. und andere gegen Tschechische Republik [GK]“.

1052 EGMR 13.6.1979, Rs. 6833/74, Rn. 23 „Marckx vs. Belgien“; EGMR 28.11.1984, Rs. 8777/79, Rn. 38 „Rasmussen vs. Dänemark“. Vgl. Wendeling-Schröder/Stein/*Wendeling-Schröder/Stein* AGG Einl. Rn. 28.

unterschiedliche Behandlung beim Bestehen einer Verhältnismäßigkeit nicht als Diskriminierung.[1053] Es heißt also nach der ständigen Rechtsprechung des EGMR: *„Im Rahmen von Artikel 14 ist eine unterschiedliche Behandlung diskriminierend, wenn es ihr `an einer objektiven und angemessenen Rechtfertigung fehlt´, d.h. wenn sie keinem `rechtmäßigen Zweck` dient oder wenn „die eingesetzten Mittel in keinem angemessenen Verhältnis zu dem angestrebten Zweck stehen."*[1054]

b) Eigenständiges Diskriminierungsverbot

Mit dem Protokoll Nr. 12 schaffte der Europarat im Jahr 2000 eine eigenständige Gleichheitsgarantie, welche am 1. April 2005 völkerrechtlich in Kraft getreten, aber sowohl durch Deutschland als auch durch Türkei noch nicht ratifiziert worden ist, und zwar haben Deutschland im Jahr 2000 und die Türkei im Jahr 2001 das Protokoll unterschrieben.[1055] Deutschland und die Türkei bilden hier allerdings keine Ausnahme, sondern spiegeln eine europäische Tendenz wider. 18 Europarat-Mitgliedstaaten haben bis heute das Protokoll Nr. 12 unterschrieben, aber nicht ratifiziert wie Deutschland und die Türkei. Zurzeit liegt die Anzahl der Ratifizierungen nur bei 20, demzufolge weniger als die Hälfte der Mitgliedstaaten.[1056]

Anders als der in Artikel 14 EMRK gewährleistete Schutz der nur in der Konvention anerkannten Rechte und Freiheiten stellt das Protokoll Nr. 12 den Genuss eines jeden gesetzlich niedergelegten Rechts ohne Diskriminierung sicher. Die Formulierung des Artikeltextes ist verwandt mit Artikel 14 EMRK, wobei die aufgezählten Diskriminierungsmerkmale übereinstimmen.[1057] (Vgl. Anh. I) Auch das Protokoll Nr. 12 enthält eine Öffnungsklausel, die für die Anerkennung anderer eventueller Diskriminierungsmerkmale eine offene Tür lässt.

Artikel 1 Absatz 2 Protokoll Nr. 12 richtet sich an Behörden. Laut Absatz 2 ist das Diskriminieren einer natürlichen Person einer Behörde untersagt, vor allem nicht zulässig aus einem der in Absatz 1 genannten Gründe.

Privatpersonen können jedoch aus Protokoll Nr. 12 keine unmittelbaren Ansprüche gegen andere Privatpersonen ableiten. Das Protokoll Nr. 12

1053 EGMR 13.6.1979, Rs. 6833/74, Rn. 23 „Marckx vs. Belgien"; EGMR 28.11.1984, Rs. 8777/79, Ziff. 38 „Rasmussen vs. Dänemark"; Vgl. Wendeling-Schröder/Stein/ *Wendeling-Schröder/Stein* AGG Einl. Rn. 28.

1054 EGMR 28.11.1984, Rs. 8777/79, Rn. 38 „Rasmussen vs. Dänemark".

1055 Council of Europe, Protocol No. 12 to the Convention for the Protection of Human Rights and fundamental Freedoms, 4.11.2000. Bundesrepublik Deutschland, Unterzeichnung des Protokolls Nr. 12 am 4.11.2000. Die Republik Türkei: Unterzeichnung des Protokolls Nr. 12: am 18.4.2001.

1056 https://www.coe.int/en/web/conventions/full-list/-/conventions/treaty/177/signatures?p_auth=vW2Z03nE (17.2.2019).

1057 Vgl. Wendeling-Schröder/Stein/ *Wendeling-Schröder AGG* Einl. Rn. 27.

verpflichtet die Mitgliedstaaten nicht zur Gewährleistung eines Schutzes vor Diskriminierungen im Verhältnis von Bürgern untereinander.[1058]

Das Thema findet ebenfalls in dem § 11 „Schutz vor Diskriminierung nach dem allgemeinen Diskriminierungsschutz am Beispiel einer Kündigung" im Rahmen eines Vergleichs des deutschen und türkischen Rechts eine nähere Untersuchung.[1059]

2. Kündigungsschutz

Die Europäische Menschenrechtskonvention erkennt die bekanntesten bürgerlichen und politischen Rechte an, welche hauptsächlich in den Rechten enthalten sind, die als die ersten Generationen der Menschenrechte genannt sind..[1060] Eine Garantie der zweiten Generation der Menschenrechte, wie soziale und kulturelle Rechte, oder der dritten Generationen der Menschenrechte – kollektive Rechte – wie das Recht auf Umwelt gewährt die Europäische Menschenrechtskonvention nicht.[1061] Darauffolgend findet sich kein Hinweis auf den Kündigungsschutz im Konventionstext. Nach dem EGMR bilden allerdings EMRK, Europäische Union Grundrechtecharta, staatliche Grundrechte der einzelnen Mitgliedstaaten einen europäisierten Grundrechtsverbund, in denen auch die kündigungsschutzrechtlichen Bestimmungen zu zählen sind.[1062] Darauffolgend entschied der EGMR im Dezember 2020 zur Kündigung eines Arbeitnehmers per Gesetzdekret nach dem Putschversuch 2016, dessen Arbeitsverhältnis in Normalfall unter den allgemeinen Kündigungsschutz fällt, dass die Abweichungserklärung der türkischen Regierung für den Ausnahmezustand nach Artikel 15 EMRK keine Auswirkungen auf das Grundprinzip der Rechtsstatlichkeit hat.[1063] In diesem Zusammenhang erklärt EGMR, dass die Kündigung eines Arbeitsvertrags nicht mit einer gesetzlichen Strafe verwechselt werden kann, da es sich um eine Maßnahme handelt, die typischerweise in einem gewönlichen Arbeitskonflikt angewendet wird.[1064] Der EGMR stellt ferner unter Bezugnahme auf den Artikel 24 RESC und auf das IAO-Übereinkommen Nr. 158 dabei fest, dass die türkischen Gerichte es versäumt haben, die tatsächlichen Gründe für die Beendigung des Arbeitsvertrags zu ermitteln.[1065]

1058 Schiek/*Schiek, AGG,* Einl. Rn. 14.
1059 Siehe *diese Dissertationsschrift* § 11.
1060 Vgl. *Gözler,* S. 325, Europäische Sozial Charta vom 18.10.1961 Präambel.
1061 Vgl. *Gözler,* S. 325.
1062 Vgl. *Kingreen,* SR 2/2020, 68 (70).
1063 EGMR (2. Sektion) 15.12.2020, Nr. 33399/18 Rn. 153 „Pişkin v Turkey", AuR 7–8/2021, 324 (325).
1064 EGMR (2. Sektion) 15.12.2020, Nr. 33399/18 Rn. 107 „Pişkin v Turkey", AuR 7–8/2021, 324 (325).
1065 EGMR (2. Sektion) 15.12.2020, Nr. 33399/18 Rn. 228„Pişkin v Turkey", AuR 7–8/2021, 324 (326).

3. *Durchsetzungsmechanismen*

Nach dem zwischenstaatlichen Berschwerdeverfahren kann jede Vertragspartei den Europäischen Gerichtshof für Menschenrechte wegen jeder behaupteten Verletzung dieser Konvention und der Protokolle dazu durch eine andere Vertragspartei anrufen (Art. 33 EMRK).[1066]

Vor allem sieht die europäische Konvention zum Schutz der Menschenrechte und Grundfreiheiten die Möglichkeit einer Individualbeschwerde bei dem Europäischen Gerichtshof für jede natürliche Person vor, aber auch für jede nicht-staatliche Organisation oder Personengruppe, die glaubhaft versichern, ihre in der EMRK oder in den Protokollen anerkannten Rechte sei durch einen der Vertragsstaaten verletzt worden (Art. 34 EMRK). Dies setzt allerdings die Erschöpfung aller innerstaatlichen Rechtsbehelfe voraus (Art. 35 I EMRK). Stellt der Gerichtshof eine Verletzung der EMRK oder der Protokolle fest, und wenn das innerstaatliche Recht der Hohen Vertragspartei nur eine unvollkommene Wiedergutmachung für die Folgen dieser Verletzung gestattet, so kann der Gerichtshof der verletzten Partei eine gerechte Entschädigung zusprechen, wenn dies notwendig ist (Art. 41 EMRK). Als Gewährleistungsinstrument obliegt den Vertragsparteien in allen Rechtssachen, in denen sie Partei sind, das Befolgen des endgültigen Urteils des Gerichtshofes laut Art. 46 EMRK und Art. 46 I EMRK.[1067] Jede Vertragsstaat verpflichtet sich in allen Rechtssachen, in denen sie Partei sind, das endgültige Urteil des Gerichtshofs zu befolgen (Art. 46 I EMRK). Für die Überwachung der Durchführung der endgültigen Urteile des Gerichtshofs ist das Ministerkomitee verantwortlich (Art. 46 II EMRK).

Die Gesamtanzahl der Urteile des EGMR über Deutschland zwischen 1958 und 2018 beträgt 340.[1068] 195 stellte der EGMR ein Verstoß eines Konventionsrechts fest.[1069] Gesamtanzahl der Urteile des EGMR über Türkei zwischen 1958 und 2018 beträgt hingegen 3532. In 3128 von diesen Urteilen entschied der EGMR, dass mindestens ein Verstoß gegen die in der EMRK anerkannten Rechte vorliegt. Somit ist die Republik Türkei nach der Gesamtanzahl der Urteile des Gerichtshofs vom 1958 bis 2018 der erste von Mitgliedstaaten, gegen den ein Verfahren durchgeführt wurde.[1070] Dieses Rechtssystem findet in der Türkei trotz der Voraussetzung der erschöpfenden Nutzung sämtlicher innerstaatlichen Rechtsbehelfe des

---

1066 Vgl. *Gözler*, S. 328.

1067 BVerfG 14.10.2004, NJW 2004, 3467.

1068 Vgl. https://www.echr.coe.int/Documents/Stats_violation_1959_2018_ENG.pdf (17.2.2019).

1069 Vgl. https://www.echr.coe.int/Documents/Stats_violation_1959_2018_ENG.pdf (17.2.2019).

1070 Vgl. https://www.echr.coe.int/Documents/Stats_violation_1959_2018_ENG.pdf (17.2.2019); *Gözler*, S. 352.

Öfteren Anwendung. Es gibt auch Urteile des Gerichtshofes, die Art. 14 thematisieren (insgesamt 19 Urteile innerhalb von 60 Jahre).[1071]

II. Europäische Sozialcharta und Revidierte Europäische Sozialcharta

Die im Jahr 1961 unterzeichnete Europäische Sozialcharta (ESC) trat am 26. Februar 1965 völkerrechtlich in Kraft.[1072] Sowohl Deutschland als auch die Türkei haben sie unterschrieben und ratifiziert (Vgl. Anh. II).[1073] Die Unterzeichnung der ESC durch die Republik Deutschland erfolgte im Jahr 1961, die Ratifizierung fand 1965 statt und seit diesem Jahr ist die ESC in Deutschland in Kraft.[1074] In der Türkei erfolgte die Unterzeichnung der ESC ebenfalls im Jahr 1961, die Türkei ratifizierte die ESC jedoch erst im Jahr 1989. Im selben Jahr trat die ESC im Land in Kraft.[1075]

Die ESC erlaubt den Vertragsstaaten die Wahl der Rechte, an die sie sich binden, und auch einen Ermessensspielraum in der Art und Weise, in der sie ihre Verpflichtungen umsetzen (Art. 33 ESC lässt Raum für die verbandliche Autonomie).[1076] Übereinstimmend mit Artikel 20 ESC, der diese Wahlrechte verteilt, erklärte die Republik Türkei unter anderem folgende Artikel als für sich nicht bindend: Artikel 2 (Recht auf gerechte Arbeitsbedingungen), Artikel 3 (Recht auf sichere und gesunde Arbeitsbedingungen), Artikel 8 (Recht der Arbeitnehmerinnen auf Schutz) und Artikel 15 (Recht der körperlich, geistig oder seelisch Behinderten auf berufliche Ausbildung sowie auf berufliche und soziale Eingliederung oder Wiedereingliederung).[1077]

1071 Vgl. https://www.echr.coe.int/Documents/Stats_violation_1959_2018_ENG.pdf (17.2.2019).

1072 Council of Europe, European Social Charter, Turin 18.10.1961, European Treaty Series – No. 35.

1073 Council of Europe, European Social Charter, 18. 10.1961. https://www.coe.int/en/web/conventions/full-list/-/conventions/treaty/035 (12.2.2019).

1074 Die Bundesrepublik Deutschland: Unterzeichnung am 18.10.1961, Ratifizierung am 19.9.1964 (BGBl. II 1964, 1262), Inkrafttreten am 26.02.1965 (BGBl. II 1965, 1122).

1075 Die Republik Türkei: Unterzeichnung: Am 18.10.1961, Zustimmungsgesetz vom 16.6.1989 Nr. 3581 (RG 04.07.1989, 20215), Ratifizierung Entschied des Ministerrates am 07.8.1989 Nr. 89/14434 (RG 14.10.1989, 20312), Inkrafttreten am 24.12.1989 .

1076 Vgl. *Samuel*, FS-Lörcher, S. 137 (138); *Schubert/Buschman*, S. 95.

1077 https://www.coe.int/en/web/conventions/full-list/-/conventions/treaty/035/declarations?p_auth=Hc50gOiW&_coeconventions_WAR_coeconventionsportlet_enVigueur=false&_coeconventions_WAR_coeconventionsportlet_searchBy=state&_coeconventions_WAR_coeconventionsportlet_codePays=TUR&_coeconventions_WAR_coeconventionsportlet_codeNature=10 (12.2.2019).

35 Jahre nach ihrer Unterzeichnung wurde die ESC im Jahr 1996 revidiert und die revidierte Fassung ist im Jahr 1999 völkerrechtlich in Kraft getreten.[1078] Der revidierte Text aktualisierte einige der ursprünglichen Rechte der Charta von 1961 und fügte eine Reihe neuer Grundrechte hinzu.[1079] Die Unterzeichnung der RESC durch die Republik Deutschland erfolgte im Jahr 2007, die Ratifizierung fand erst im März 2021 statt und seit Mai 2021 ist die RESC in Deutschland in Kraft.[1080] Unterzeichnung der RESC erfolgte im Jahr 2004 in der Türkei, die Ratifizierung fand 2007 statt und seit dem gleichen Jahr ist die RESC in der Türkei in Kraft.[1081]

Die Besonderheit der Europäischen Sozialcharta, welche vor allem in Bezug auf das deutsche Recht bedeutend ist, ist ihre Erwähnung in dem Vertrag über die Arbeitsweise der Europäischen Union (AEUV). Nach Artikel 151 AEUV (früher Art. 136 EGV) verfolgen die Union und die Mitgliedstaaten eingedenk der sozialen Grundrechte einige Ziele, von der Förderung der Beschäftigung über einen angemessenen sozialen Schutz bis hin zur Entwicklung des Arbeitskräftepotenzials im Hinblick auf ein dauerhaft hohes Beschäftigungsniveau. Welche sozialen Grundrechte gemeint sind, ist in Verbindung mit dem ESC und der Gemeinschaftscharta der sozialen Grundrechte der Arbeitnehmer festgesetzt. Die soziale Grundrechte im Sinne von Artikel 151 AEUV sind die, die „ ... *in der am 18. Oktober 1961 in Turin unterzeichneten Europäischen Sozialcharta und in der Gemeinschaftscharta der sozialen Grundrechte der Arbeitnehmer von 1989 festgelegt sind* ...“ (Art. 151 AEUV). Umstritten ist aber, ob die RESC auch inbegriffen ist. Ein direkter Hinweis auf die RESC findet sich andererseits in der der Präambel der Charta der Grundrechte der Europäischen Union. Die Präambel der GRC spricht ausdrücklich von „... *[von] ... dem Europarat beschlossenen Sozialchartas* ...“ als eine Auslegungsquelle bei der Auslegung der in der Charta festgelegten Rechte (Präambel GRC). Demgemäß ist die ESC ein Bezugsobjekt für das Europäische Unionsrecht.[1082] In diesem Zusammenhang ist sie auch in der Rechtsprechung des EuGH in Betracht zu ziehen.[1083] In Betracht ziehen sind demnach der Diskriminierungsschutz und der Kündigungsschutz nach der ESC/RESC. Schließlich kommt es zur Darstellung der Durchsetzungsmechanismen.

1078 Council of Europe, European Social Charter (Revised), 3.5.1996.

1079 Vgl. *Samuel*, FS-Lörcher, S. 137 (141).

1080 https://www.coe.int/en/web/conventions/full-list/-/conventions/treaty/163/signatures?p_auth=Hc50gOiW (19.8.2022).

1081 Republik Türkei: Unterzeichnung am 6.10.2004, Zustimmungsgesetz vom 27.9.2006 Nr. 5547 (RG 3.10.2006, 26308), Entschied des Ministerrates am 22.3.2007 Nr. 2007/11907 (RG 9.4.2007, 26488), Inkrafttreten am 1.8.2007 .

1082 Vgl. *Schubert/Buschmann*, S. 97.

1083 EuGH 15.6.1978, Rs. 149/77, Rn. 26/29 „Defrenne-III“. Vgl. Däubler/Bertzbach AGG/*Däubler/Bertzbach* Einl. Rn. 203.

1. *Diskriminierungsschutz*

Nach der Charta verpflichtet sich jeder Vertragsstaat, die Gewährleistung der tatsächlichen Ausübung der in der Charta vorgesehenen Rechte und Grundsätze zum Ziel zu setzen und dieses Ziel mit allen geeigneten Mitteln zu verfolgen (Teil I ESC). Als ihr Ziel bezeichnet die Europäische Sozialcharta insbesondere in der Präambel die Sicherstellung der Ausübung der sozialen Rechte. Dies soll zwar ohne Diskriminierung aus Gründen der Rasse, der Hautfarbe, des Geschlechts, der Religion, der politischen Meinung, der nationalen Abstammung oder der sozialen Herkunft gewährleistet werden (Präambel ESC). Die in diesem Programmsatz der Präambel aufgezählten Merkmale stimmen nicht mit denen überein, die in der EMRK und im darauffolgenden EMRK Zusatzprotokoll Nr. 12 aufgezählt wurden. Merkmale wie die Zugehörigkeit zu einer Minderheit, die Sprache, die Weltanschauung, das Vermögen, die Geburt oder sonstige Status sind in Präambel ESC nicht erhalten.

Darüber hinaus befassen sich verschiedene Normen der ESC mit der Gleichbehandlung am Arbeitsplatz wie zum Beispiel Artikel 15 ESC über die Rechte der Menschen mit Behinderung.[1084] Die revidierte ESC enthält außerdem weitere Artikel hinsichtlich der Chancengleichheit und Gleichbehandlung am Arbeitsplatz wie zum Beispiel Artikel 20 RESC, welche das Recht auf Chancengleichheit und Gleichbehandlung in Beschäftigung und Beruf ohne Diskriminierung aufgrund des Geschlechts thematisieren, oder Artikel 27 RESC, der das Recht der Arbeitnehmer*innen mit Familienpflichten auf Chancengleichheit und Gleichbehandlung beinhaltet.[1085] Auf dieser Weise nähert sich ESC an auf der Verteilungsgerechtigkeit und der Chancengleichheit basierenden Verständnisses des Antidiskriminierungsrechts.[1086] In Übereinstimmung mit dem Teil III Artikel A RESC erklärten sich beide Bundesrepublik Deutschland und die Republik Türkei mit den Artikeln 20 und 27 verbunden.[1087]

Zusätzlich dazu befindet sich eine spezielle Norm über das Diskriminierungsverbot in der revidierten Europäische Sozialcharta. Artikel E RESC schreibt eine Nichtdiskriminierungspflicht vor für die Vertragsstaaten bei der Ausübung der durch die Charta anerkannten Rechte (Art. E RESC). Geschützt sind die Diskriminierungsmerkmale Rasse, Hautfarbe, Geschlecht, Sprache, Religion, politische oder sonstige Anschauung, der nationalen oder sozialen Herkunft, der Zugehörigkeit zu einer nationalen Minderheit, Geburt. Neu bei Artikel E RESC ist das

---

1084 Vgl. IELL/*Bell* Part 2 Equality Int Rn. 5.

1085 Im Anhang der RESC wurde bestätigt, dass der Artikel 27 RESC auf männliche und weibliche Arbeitnehmer Anwendung findet.

1086 Siehe auch *diese Dissertationsschrift* § 4 D. III. 3.

1087 *https://www.coe.int/en/web/conventions/full-list?module=declarations-by-treaty&numSte=163&codeNature=1&codePays=GER und* https://www.coe.int/en/web/conventions/full-list?module=declarations-by-treaty&numSte=163&codeNature=1&codePays=TUR (19.8.2022).

Merkmal *„Gesundheit“*, bisher in keiner der bis jetzt untersuchten völkerrechtlichen Verträge aufgelistet. Darüber hinaus ist die Aufzählung nicht abgeschlossen. Der Wortlaut von Artikel E RESC stimmt überwiegend mit dem Wortlaut von Artikel 14 EMRK.[1088] Nicht innerhalb des Diskriminierungsbegriffes zu verstehen ist allerdings eine sachlich und sinnvoll begründete unterschiedliche Behandlung.[1089] Sie gilt nicht als diskriminierend.[1090] Der akzessorische Charakter von Artikel E RESC sowie die Tatsache, dass die RESC bereits in dem von EGMR geschaffenen europäischen Verbund von Grundrechten einfügt, lässt in der deutschen Literatur Schluss zu, dass die Ratifizierung der RESC das derzeitige Modell des Diskrimninierungsschutzes nach dem deutschen Recht nicht verändern wird.[1091] Die Auswirkung der Benennung des anderen Status als Diskriminierungsmerkmal, die die Möglichkeit eröffnet, den Schutz vor Diskriminierung auf andere Merkmale auszudehnen, wird jedoch im Laufe der Zeit durch die Spruchpraxis des Ausschusses geklärt werden.[1092] Das türkische Recht wiederum regelt den Schutz vor Diskriminierung in Artikel 5 Arbeitsgesetz und den Schutz vor diskriminierter Kündigungen in Artikel 18 Absatz III Arbeitsgesetz in sehr ähnlicher Weise mit einer Öffnungsklausel.[1093]

2. *Kündigungsschutz*

Während die europäische Konvention zum Schutz der Menschenrechte und Grundfreiheiten dem gewidmet ist, die bürgerlichen und politischen Rechte und Freiheiten der Völker des Europarats zu gewähren, garantiert die Europäische Sozialcharta die Ausübung sozialer Rechte (Präambel ESC). Die Regulierungen von ESC und auch RESC befassen sich mit einer Vielzahl an Rechten der sog. zweiten Generationen, dem Recht auf Arbeit über das Vereinigungsrecht bis hin zum Recht auf soziale Sicherheit.[1094] Verbunden mit dem Recht auf Arbeit ist nicht das Recht auf eine konkrete Arbeitsstelle, sondern die Ermöglichung der Chancengleichheit beim Arbeitsvertragsschluss.[1095] In diesem Rahmen finden kündigungsschutzrechliche Themen auch Erwähnung in der Charta. Beispielsweise enthalten Artikel 4 ESC Artikel und 8 ESC Bestimmungen über die Kündigungsfrist (Art. 4 und 8 ESC). Von Bedeutung im Rahmen dieser Arbeit ist Artikel 20 RESC, der einen Schutz gegen Kündigungen aufgrund des Geschlechts gewährt. Nach dem Artikel 20 Absatz 1 Buchstabe a RESC verpflichten sich die Verstagsstaaten das Recht auf Chancengleichheit und Gleichbehandlung in Beschäftigung

1088 Vgl. *Kingree*, Soziales Recht, April 2020, 68 (70).
1089 Vgl. Anhang der RESC Teil V Artikel E.
1090 Vgl. Anhang der RESC Teil V Artikel E. Siehe *diese Dissertationsschrift* § 11 D.
1091 Vgl. *Kingree*, Soziales Recht, April 2020, 68 (u.a. 70, 73, 82).
1092 Anders denkend *Kingree*, Soziales Recht, April 2020, 68 (75 ff.)
1093 Siehe diese Dissertationschrift § 11 und § 12.
1094 Über die Generationentheorie der Menschenrechte passim *Vasak*; *Gözler*.
1095 Vgl. *Schubert/Buschmann*, S. 95.

und Beruf ohne Diskriminierung aufgrund des Geschlechts anzuerkennen und geeignete Maßnahmen zu ergreifen, um dessen Anwendung im Bereich des Kündigungsschutzes zu gewährleisten und fördern.

Vor allem zu erwähnen ist Artikel 24 RESC, der auch den Namen *„Recht auf Schutz bei Kündigung“* trägt. Artikel 24 RESC hat einen ähnlichen Wortlaut mit dem IAO-Übereinkommen Nr. 158 und setzt das Bestehen eines triftigen Grundes für Kündigungen voraus, der mit der Fähigkeit oder dem Verhalten des*der Gekündigten zusammenhängt oder auf den Erfordernissen der Tätigkeit des Unternehmens, des Betriebs oder des Dienstes beruht. Im Anhang der RESC wird das Recht auf Schutz bei Kündigung präzisiert. Mit der Kündigung muss die Beendigung des Arbeitsverhältnisses durch den*die Arbeitgeber*in gemeint sein. Außerdem gibt es eine Bestimmung über die Reichweite der Bestimmung auf alle Arbeitnehmer*innen mit ganzer oder teilweiser Ausnahme bestimmter Arbeitsvertragsarten (befristet Beschäftigte, auf Probe-Wartezeit eingestellte, vorübergehend eingestellte Aushilfen). Darüber hinaus existiert ein Hinweis auf die Gründe, die vor allem nicht als triftige Gründe anzuerkennen sind. Unter Berücksichtigung auf die Bestimmungen des Artikels 24 RESC in Verbindung mit den Bestimmungen über Artikel 24 RESC im Anhang ist die Bestimmung RESC über den Kündigungsschutz nahezu identisch mit dem IAO-Übereinkommen Nr. 158. Nach dem Artikel N RESC ist der Anhang der Charta ein Bestandteil derselben. Demzufolge sind die Vertragsparteien der RESC auch mit den detaillierten Bestimmungen des Anhangs als eingebunden anzusehen. Die Republik Türkei erklärte sich in Übereinstimmung mit dem Teil III Artikel A RESC mit dem Artikel 24 verbunden.[1096] Da aber das Kündigungsschutzrecht eine Umsetzung des IAO-Übereinkommen Nr. 158 darstellt, gilt es wenig neues für das türkische Recht.[1097] Wohingegen, die Bundesrepublik Deutschland hat bei der Ratifizierung der RESC den Artikel 24 RESC nicht anerkannt.[1098]

3. Durchsetzungsmechanismen

Die Europäische Sozialcharta sieht erstens ein Berichtssystem für die Überwachung der in der Charta anerkannten Rechte vor. Die Vertragsstaaten übersenden Berichte über die Anwendung der von ihnen angenommenen Bestimmungen, aber auch über die weder im Zeitpunkt ihrer Ratifizierung oder Genehmigung noch durch spätere Notifikation nicht angenommenen Bestimmung (Art. 21 und 22 ESC). Auf dieses Berichtsystem haben auch Arbeitnehmer- und Arbeitgeberorganisationen Einfluss. die Arbeitnehmer- und Arbeitgeberorganisationen

---

1096 https://www.coe.int/en/web/conventions/full-list?module=declarations-by-treaty&numSte=163&codeNature=1&codePays=TUR (21.8.2022).

1097 Siehe *diese Disserationschrift* u.A. § 9 B.

1098 https://www.coe.int/en/web/conventions/full-list?module=declarations-by-treaty&numSte=163&codeNature=1&codePays=GER (21.8.2022)

sind eingeladen eine Stellungnahme zu den Berichten zu verfassen (Art. 23 ESC). Diese Berichte erfahren danach ihre Weiterleitung an den Europäischen Ausschuss für soziale Rechte zur Überprüfung (Art. 23 und 24 ESC). Ein Kollektivbeschwerdeverfahren ist darüber hinaus im Zusa tzprotokoll von 1995 vorgesehen, welches weder Deutschland noch die Türkei unterschrieben hat.[1099] Hervorzuheben ist außerdem die in Artikel 26 ESC vorgesehene Zusammenarbeitspflicht mit der IAO (Art. 26 ESC). Ein individuelles Beschwerdeverfahren ist in der ESC nicht vorgesehen. Darüber hinaus enthält die ESC eine Notstandsklausel, die Vertragsstaaten erlaubt, in Kriegszeiten oder bei einem anderen öffentlichen Notstand Maßnahmen zu treffen, die von ihren Verpflichtungen aus dieser Charta abzuweichen (Art. 30 ESC).

III. Zwischenergebnis

Die Europäische Menschenrechtskonvention garantiert die bürgerlichen und politischen Rechte allen in der Hoheitsgewalt der Vertragsparteien unterstehenden Personen. In Artikel 14 sieht die Europäische Menschenrechtskonvention ein akzessorisches Diskriminierungsverbot vor und gewährleistet damit den Genuss der in der Konvention anerkannten Rechte und Freiheiten ohne Diskriminierung den in der Hoheitsgewalt unterstehenden Personen. In Artikel 14 EMRK finden die gleichen Diskriminierungsmerkmale wie in der VN – Allgemeine Erklärung der Menschenrechte – ihre Aufzählung. Zusätzlich jedoch belegt der Text des Artikels 14 EMRK die Zugehörigkeit zu einer nationalen Minderheit als einen Diskriminierungsgrund.

Anders als in Artikel 14 EMRK stellt das Protokoll Nr. 12 den Genuss eines jeden gesetzlich niedergelegten Rechts ohne Diskriminierung sicher. Der Diskriminierungsschutz, gewährleistet in Protokoll Nr. 12, hat keine direkte Wirkung, weder auf deutsches noch türkisches Recht, weil beide Staaten das Protokoll Nr. 12, trotz der bereits vergangenen 22 Jahre, noch nicht ratifiziert haben. Dies kennzeichnet allerdings keine spezifische Situation der beiden Länder, vielmehr spiegelt dies eine generelle Tendenz wider.

Die Europäische Sozialcharta garantiert die sozialen und wirtschaftlichen Rechte. Sowohl Deutschland als auch die Türkei haben die ESC und die RESC ratifiziert. Die ESC wählte einen innovativen Weg in Bezug auf die Vertragsgestaltung, indem die Vertragsstaaten ein Wahlrecht für das Auswählen von für sie verbindlichen Rechten aus einem Katalog erhalten. Artikel E RESC legt eine Nichtdiskriminierungspflicht für die Vertragstaaten bei der Ausübung der durch die Charta anerkannten Rechte fest. Neu bei Artikel 20 RESC ist das Merkmal *„Gesundheit“*, welches bisher in keinem der von bis jetzt untersuchten völkerrechtlichen Verträge aufgelistet war. Artikel 24 RESC in Verbindung mit dem

---

1099 Council of Europe, Additional Protocol to the European Social Charter Providing for as System of Collective Complaints, 9. 11.1995.

Anhang der RESC legt Bestimmungen über den Schutz der Arbeitnehmer*innen gegen ungerechte Kündigungen in nahezu ähnlichen Definitionen mit dem Übereinkommen Nr. 158 fest. Laut Artikel N RESC ist der Anhang der Charta ein Bestandteil derselben. Daher gelten die Vertragsparteien der RESC auch mit den detaillierten Bestimmungen des Anhangs als eingebunden.

E. Ergebnis

Die völkerrechtlichen Verträge fordern von den Vertragsstaaten die Gewährleistung eines Schutzes gegen Diskriminierung. Sie stellen sich gegen die Diskriminierung, auch wenn der durch einen Vertrag geforderten Schutz akzessorischen oder eigenständigen Charakter hat. Es besteht im Allgemeinen ein Konsens hinsichtlich der Menschenrechte verachtenden Natur der Diskriminierungen.

Die verbotenen Diskriminierungsgründe sind wiederum verschiedenartig. Eine Einigkeit besteht hingegen seit Bestehen der VN-Charta auf vier Merkmalen, Rasse, Sprache, Geschlecht und Religion. Zusätzlich zu diesen gewähren AEMR, IPBPR, IPWSKR, EMRK, EMRK Zusatzprotokoll Nr. 12 und RESC einen Schutz gegen Diskriminierungen aufgrund der Hautfarbe, der nationalen Herkunft, der sozialen Herkunft, der politischen und sonstigen Anschauung und der Geburt. Außer in der RESC befindet sich in diesen erwähnten Verträgen zusätzlich ein Verbot der Diskriminierung aufgrund des Vermögens. Die RESC demgegenüber enthält anders als die anderen Verträge die Gesundheit als ein Differenzierungsmerkmal. Das IAO-Übereinkommen Nr. 111 stellt keinen Schutz gegen Diskriminierungen aufgrund von Sprache, sonstiger Anschauung, Vermögen oder Geburt dar. Die Aufzählungen sind nicht erschöpfend aufgelistet. Die Verträge haben Öffnungsklauseln. (Vgl. Anh. I)

Diskriminierungsverbote in den völkerrechtlichen Verträgen haben entweder akzessorischen oder eigenständigen Charakter. Manche Verträge enthalten beide Diskriminierungsverbote (IPBPR). Auf der anderen Seite: Der allgemeine Kündigungsschutz findet nur einen Platz in dem IAO-Übereinkommen Nr. 158, welches eines der am wenigsten, auch von Deutschland nicht ratifizierten IAO-Übereinkommen ist; ebenso dazu gehört die Revidierte Europäische Sozialcharta, welche auch durch Deutschland noch nicht ratifiziert wurde. Die Bestimmung der RESC über den allgemeinen Kündigungsschutz und die Bestimmungen des IAO-Übereinkommen Nr. 158 sind nahezu wortgleich.

Unübersehbare Ähnlichkeiten, aber auch Unterschiede weisen Deutschland und die Türkei in Bezug auf die Mitgliedschaften in internationalen Organisation hinsichtlich der Vereinten Staaten, der internationalen Arbeitsorganisation und des Europarats auf. Hinsichtlich der im Rahmen dieser Arbeit untersuchten völkerrechtlichen Verträge sind beide Staaten, ausgenommen das IAO-Übereinkommen Nr. 158 und die Revidierte Europäische Sozialcharta des Europarats, Parteien der erwähnten völkerrechtlichen Verträge. Eine der wesentlichen Verschiedenheiten zwischen Deutschland und der Türkei besteht hingegen im Hinblick auf ihr Verhältnis zur ESC. Beide Länder unterzeichneten die ESC im Jahr 1961. Allerdings: Die Türkei unterzeichnete die von 1996 datierte revidierte Fassung der Europäischen Sozial Charta im Jahr 2004 und ratifizierte sie 2007 ebenfalls. Die Unterzeichnung der RESC durch Deutschland erfolgte im Jahr 2007, die Ratifizierung und das Inkrafttreten fand erst 2021 statt. Wobei erklärte sich Deutschland mit dem Artikel 24 RESC über den Kündigungsschutz nicht verbunden. Deutschland unterzeichnete auch nicht das IAO-Übereinkommen Nr. 158, dessen Unterzeichnung und Ratifizierung in der Türkei 1994 stattfand, ebenso ist es Ursprung der heutigen türkischen kündigungsschutzrechtlichen Bestimmungen.

Noch zu erwähnen ist der aussagekräftige Unterschied der Häufigkeit der Inanspruchnahme der Durchsetzungsmechanismen der untersuchten Abkommen in Deutschland und in der Türkei. Aus der Perspektive der türkischen Arbeitsbeziehungen und des Rechtssystems finden allerdings die Überwachungsmechanismen der völkerrechtlichen Verträge des Öfteren Anwendung als deutsche.

Aus alledem ergibt sich: Der traditionelle Konflikt zwischen den bürgerlichen, politischen Rechten und den sozialen und kulturellen Rechten spiegelt auch das Verhältnis zwischen dem Antidiskriminierungs- und Kündigungsschutzrecht wider. Der Diskriminierungsschutz genießt dabei einen besonderen Stellenwert und ein menschenrechtlichen Charakter in der völkerrechtlichen Rechtsordnung, während die kündigungsschutzrechtliche Bestimmungen des IAO Übereinkommen Nr. 158 und der RESC eine begrenzte Reichweite haben. Die Besonderheit der diskriminierenden Kündigung ist es aber, auch wenn die Staaten zurückhaltend sind, Verpflichtungen über Gewährleistung der sozialen und kulturellen Rechte zu übernehmen; hinsichtlich des antidiskriminierungsrechtlichen Aspekts der diskriminierenden Kündigung existiert das Problem eines menschenrechtlichen, nicht zu leugnenden Charakters.

§ 8 Europarechtliche Grundlagen des Antidiskriminierungsrechts und des Kündigungsschutzrechts

Dieser Teil beinhaltet die europarechtlichen normativen Grundlagen des Antidiskriminierungsrechts und des Kündigungsschutzrechts, welche für deutsches und teilweise für türkisches nationales Recht von Bedeutung sind. Zunächst findet einen kurzen Überblick über das europäische Recht statt. Nach einer Darstellung der antidiskriminierungsrechtlichen Bestimmungen des Europarechts geschieht eine Schilderung der kündigungsschutzrechtlichen Bestimmungen des europäischen Arbeitsrechts. Abschließend folgt ein Ergebnis zum Thema der europarechtlichen Grundlagen des Antidiskriminierungsrechts und Kündigungsschutzrechts.

A. Kurzer Überblick

Dieser Abschnitt befasst sich mit einem kurzen Überblick über das supranationale, europäische Recht. Eine Beschreibung findet das Thema zuerst im Allgemeinen. Als Nächstes folgt eine Schilderung der Bedeutung des europäischen Arbeitsrechts für das deutsche und türkische nationale Recht.

I. Allgemeines

Die arbeitsrechtlichen Regelungen des primären und sekundären Rechts der Europäischen Union, welche ergänzend neben das nationale Arbeitsrecht der Unionsmitglieder treten, bilden die europarechtlichen Ressourcen des Arbeitsrechts.[1100] Anders als das Arbeitsvölkerrecht, das zwischenstaatlich Geltung findet, gelten die Normen des europäischen Arbeitsrechts wegen seines supranationalen Rechts-Charakters überstaatlich und unterscheiden sich somit von nationalen Arbeitsrechten der einzelnen europäischen Staaten.[1101] Allerdings nimmt das nationale Arbeitsrecht der Mitgliedstaaten bei der Entstehung und der Ausformung des europäischen Arbeitsrechts eine prägende Rolle ein.[1102]

Die Europäische Union (EU) ist eine supranationale Organisation, die 27 europäische Mitgliedstaaten vor allem auf wirtschaftliche und politische Art vereint.[1103] Basis der Gründung der Vorläuferorganisation der EU war die politische

1100 Vgl. *Thüsing*, Europäisches Arbeitsrecht, S. 3 Rn. 4.
1101 Vgl. *Schubert/Buschmann*, S. 35; *Thüsing*, Europäisches Arbeitsrecht, S. 1 Rn. 1
1102 Vgl. *Thüsing*, Europäisches Arbeitsrecht, S. 3 Rn. 5 ff.
1103 Vgl. https://europa.eu/european-union/about-eu/eu-in-brief_de#von-wirtschaftlicher-zu-politischer-union (21.3.2021)

und wirtschaftliche Atmosphäre der Zeit nach dem Zweiten Weltkrieg kennzeichnend.[1104] Das Ziel war ein lang herrschender Frieden durch die Förderung der zwischenstaatlichen wirtschaftlichen Zusammenarbeit.[1105] 1951 haben sechs Gründungsstaaten, darunter die Bundesrepublik Deutschland, den Gründungsvertrag der Europäischen Gemeinschaft für Kohle und Stahl (EGKS), unterschrieben.[1106] Bis zur Integrierung in die Europäische Gemeinschaft im Jahr 2002 bestand dieser Bund 50 Jahre.[1107] Einige Jahre nach der Gründung der EGKS bildeten dieselben sechs Staaten, darunter die Bundesrepublik Deutschland, die Europäische Wirtschaftsgemeinschaft (EWG).[1108] Eine neue Entwicklungsphase bei der Verwirklichung einer politischen europäischen Einigung beginnt mit der Gründung der Europäischen Union im Jahr 1992.[1109] Im Jahr 2000 wurde ein Grundrechtekatalog verkündet, Charta der Grundrechte der Europäischen Union.[1110] Sie trat am 1. Dezember 2009 in Kraft.[1111] 2009 wurde den Namen „Gemeinschaft" durch „Union" ersetzt und die Europäische Gemeinschaft mit der bisherigen Europäischen Union zusammengelegt.[1112] Seitdem besteht sie *„als ein alleiniges Rechtssubjekt unter dem Namen Europäische Union"* weiter.[1113]

Die Rechtsetzungskompetenz der Europäischen Union gilt allerdings nicht uneingeschränkt. Die Europäische Union verfügt nur dort über das Gesetzgebungsrecht, wo ihr Gesetzgebungsbefugnis ausdrücklich verliehen wurde.[1114] Der Grundsatz der begrenzten Einzelermächtigung definiert die Möglichkeiten einer europäisch rechtlichen Regelung (Art. 5 I EUV).

In Bezug auf das europäische Arbeitsrecht gestaltet Artikel 153 AEUV die Generalnorm zur Rechtsetzung.[1115] Die Union unterstützt und ergänzt die Tätigkeit

---

1104 Vgl. https://europa.eu/european-union/about-eu/eu-in-brief_de#von-wirtschaftlicher-zu-politischer-union (1.7.2019)

1105 Vgl. https://europa.eu/european-union/about-eu/eu-in-brief_de#von-wirtschaftlicher-zu-politischer-union (1.7.2019)

1106 Pariser Vertrag, den Gründungsvertrag der Europäischen Gemeinschaft für Kohle und Stahl (EGKS). Vgl. *Borchardt*, S. 12.

1107 Vgl. *Borchardt*, S. 12.

1108 Duch die Verträge von Rom: Römische Verträge vom 25. März 1957. Vgl. *Borchardt*, S. 12.

1109 Durch den Vertrag von Maastricht vom 7. Februar 1992. Vgl. *Borchardt*, S. 12.

1110 Dem Vertrag von Maastricht folgten die Verträge von Amsterdam und Nizza, der verkündete auch einen Grundrechtekatalog (EU-GRC). Vertrag von Amsterdam vom 2. Oktober 1997 und Vertrag von Nizza vom 26. Februar 2001. EU, Charta der Grundrechte der Europäischen Union, 2000/C 364/01.

1111 EU, Charta der Grundrechte der Europäischen Union vom 18.12.2000 ABl. 2000/C 364/01. Sie trat am 1. Dezember 2009 mit dem Vertrag von Lissabon in Kraft. Vgl. IELL/*Bell* Part 2 Equality Int Rn. 6.

1112 Vertrag von Lissabon vom 1. Dezember 2009. Vgl. *Borchardt*, S. 15.

1113 Wendeling-Schröder/Stein/*Wendeling-Schröder/Stein, AGG*, Einl. Rn. 37.

1114 Vgl. *Thüsing*, Europäisches Arbeitsrecht, S. 22 Rn. 51.

1115 Vgl. *Thüsing*, Europäisches Arbeitsrecht, S. 23 Rn. 56.

der Mitgliedstaaten auf aufgezählten Gebieten, unter anderem den Schutz der Arbeitnehmer*innen bei Beendigung des Arbeitsvertrages, die Chancengleichheit von Männern und Frauen auf dem Arbeitsmarkt und die Gleichbehandlung am Arbeitsplatz, die Bekämpfung der sozialen Ausgrenzung, die Verwirklichung der Ziele der Union (Art. 153 I d, i, j AEUV). Zu diesem Zweck ermächtigt sie das Europäischen Parlament und den Rat zum Erlass der Beschlüsse und Richtlinien durch Artikel 153 Absatz 2 AEUV. Die Gesetzgebung beabsichtigt aber keineswegs eine totale Harmonisierung. Nach Artikel 151 AEUV ist das Ziel des europäischen Rechts die Angleichung auf dem Wege des Fortschritts. Außer Artikel 153 AEUV gibt es eine weitere besondere Kompetenzvorschrift, Artikel 19 AEUV, der eine Ermächtigungsgrundlage im Bereich der Bekämpfung gegen Diskriminierung beinhalten.[1116]

Die durch die Mitgliedstaaten der Europäischen Union geschaffenen und zur Konstituierung und Ausgestaltung der Union dienenden Rechtsvorschriften bezeichnen das primäre Unionsrecht.[1117] Das primäre Unionsrecht umfasst insbesondere die Gründungsverträge der Europäischen Union (AEUV und EUV und nach Art. 6 I EUV auch die GRC).[1118] Das primäre europäische Recht ist das Recht, *„aus dem die Europäische Union geschaffen ist, nicht dasjenige, welches sie schafft."*[1119] Vor allem zu erwähnen sind der Vertrag über die Europäische Union (EUV), der Vertrag über die Arbeitsweise der Europäischen Union (AEUV) und die Charta der Grundrechte der Europäischen Union. Der Vertrag über die Europäische Union gestaltet sich mit dem Vertrag über die Arbeitsweise der Europäischen Union hinsichtlich der Gründungsverträge der Union. Bei dem EUV handelt es sich um den Vertrag, der zu einer politischen Union zwischen den Mitgliedstaaten führte.[1120] AEUV ist Nachfolger der Verträge der EWG und EVG (Art. 1 II AEUV).[1121] Er enthält unter anderem Bestimmungen über die demokratischen Grundsätze der EU, des europäischen Binnenmarktes, sowie einer engen justiziellen Zusammenarbeit.[1122] Der EUV und der AEUV sind rechtlich gleichrangig (Art. 1 II AEUV). Die EU Grundrechtecharta soll wiederum dazu dienen, einen

---

1116 Außer Artikel 153 AEUV gibt es zwei besondere Kompetenzvorschriften, Artikel 46 AEUV und Art. 19 AEUV. AEUV handelt sich um das Thema der Freizügigkeit der Arbeitnehmer*innen. Es wird nicht weiteruntersucht. Siehe *diese Dissertationsschrift* §2.

1117 Vgl. *Thüsing*, Europäisches Arbeitsrecht, S. 12 Rn. 25.

1118 Vgl. *Thüsing*, Europäisches Arbeitsrecht, S. 13 Rn. 25.

1119 *Thüsing*, Europäisches Arbeitsrecht, S. 13 Rn. 25.

1120 Konsolidierte Fassung des Vertrags über die Europäische Union vom 7.2.1992, Inkrafttreten am 1.11.1993. Vgl. https://www.bpb.de/nachschlagen/gesetze/eu-vertrag/ (1.7.2019)

1121 Vgl. https://www.bpb.de/politik/innenpolitik/gesundheitspolitik/72853/komp etenzen (1.7.2019) Auf AEUV einigten sich die Mitgliedstaaten auf dem Lissabon Gipfel im Jahr 2007 und seit dem 1.12.2009 ist er in Kraft.

1122 Vgl. *Borchardt*, S. 17.

Grundrechtsschutz in einem einheitlichen und maßgebenden Gesetzestext systematisch und gemeinschaftlich zusammenzufassen, was vorher der Europäische Gerichtshof (EuGH) richterrechtlich zu gewährleisten versuchte.[1123]

Das ungeschriebene europäische Primärrecht gestaltet sich aus dem Unionsgewohnheitsrecht sowie den gemeinsamen allgemeinen Rechtsgrundsätzen der Rechtsordnungen der Mitgliedstaaten.[1124] Zu den gemeinsamen allgemeinen Rechtsgrundsätzen der Rechtsordnungen der Mitgliedstaaten zu zählen sind vor allem die gemeinsamen Verfassungsüberlieferungen der Mitgliedstaaten (Art. 6 III EUV).[1125] Darüber hinaus stützt der EuGH das ungeschriebene europäische Primärrecht auf internationale Verträge über den Schutz der Grund- und Menschenrechte, an die die Mitgliedstaaten gebunden sind.[1126] Zu den gemeinsamen allgemeinen Rechtsgrundsätzen zu zählen sind danach im Rahmen des Arbeitsrechts etwa die Vereinbarungen im Rahmen der IAO.[1127] Eine besondere Bedeutung hat hierbei die EMRK.[1128] Die Union erkennt keine Maßnahmen als rechtens an, die mit der Beachtung der anerkannten und gewährleisteten Menschenrechte unvereinbar sind.[1129] Ihre besondere Bedeutung zeigt sich auch in Artikel 6 Absatz 3 EUV, der die Rolle der EMKR bei der Entwicklung eines ius commune des europäischen Grundrechtsschutzes bekräftigt.[1130]

Das Sekundärrecht leitet sich ab aus dem europäischen Primärrecht.[1131] Die Verordnungen, Richtlinien, Entscheidungen, Empfehlungen und Stellungnahmen bilden die Rechtsformen der europäischen sekundärrechtlichen Rechtsquellen. Näher zu erwähnen sind die Richtlinien, weil das europäische Arbeitsrecht fast ausschließlich in Form von Richtlinien auf der Ebene des Sekundärrechts geregelt ist.[1132] Die Richtlinien sind hinsichtlich des zu erreichenden Zieles verbindlich für die Mitgliedstaat, an die sie gerichtet ist (Art. 288 III AEUV).[1133] Die

---

1123 Charta der Grundrechte der Europäischen Union vom 18.12.2000 Nr. 2000/C 364/01. Sie erhielt einen rechtsverbindlichen Status als europäische primärrechtliche Norm erst im Jahr 2009 durch den Vertrag von Lissabon. Vgl. IELL/*Bell* Part 2 Equality Int Rn. 6; Wendeling-Schröder/Stein/*Wendeling-Schröder/Stein, AGG,* Einl. Rn. 39; *Stenslik,* S. 23.

1124 Vgl. *Thüsing*, Europäisches Arbeitsrecht, S. 13 Rn. 26.

1125 EuGH 14.5.1974, Rs. 4/73, S. 507 „Nold". Vgl. *Pötters* in: Preis/Sagan § 3 Rn. 3.1.

1126 EuGH 14.5.1974, Rs. 4/73, S. 507 „Nold". Vgl. *Pötters* in: Preis/Sagan § 3 Rn. 3.1.

1127 Vgl. *Pötters* in: Preis/Sagan § 3 Rn. 3.1.

1128 EuGH 18.6.1991, Rs. C-260/89, Rn. 41 "Etairia"; EuGH 18.12.1997, Rs. C-309/96, Rn. 12 "Annibaldi". Vgl. *Pötters* in: Preis/Sagan § 3 Rn. 3.1. Siehe auch *diese Dissertationschrift* § 7 D. I.

1129 EuGH 18.6.1991, Rs. C-260/89, Rn. 41 "Etairia"; EuGH 18.12.1997, Rs. C-309/96, Rn. 12 "Annibaldi".

1130 Vgl. *Pötters* in: Preis/Sagan § 3 Rn. 3.1.

1131 Vgl. *Thüsing*, Europäisches Arbeitsrecht, S. 13 Rn. 25.

1132 Vgl. *Sagan* in: Preis/Sagan § 1 Rn. 1.115.

1133 Die durch die Organe der Europäischen Union erlassenen Rechtsnormen nach Artikel 288 AEUV für die Ausübung der Zuständigkeit sind als Richtlinien

Wahl der Form und der Mittel ist den innerstaatlichen Stellen überlassen (Art. 288 III AEUV). An dieser Stelle hervorzuheben ist der Vorrang des europäischen Primärrechts vor dem Sekundärrecht.[1134]

II. Bedeutung des europäischen Arbeitsrechts für das deutsche und türkische nationale Recht

Eine Erläuterung der Bedeutung des europäischen Arbeitsrechts für das deutsche und türkische nationale Recht erfolgt erst im Hinblick auf das deutsche Recht und danach auf das türkische Recht.

1. Deutsches Recht

Die Bundesrepublik Deutschland ist einer der sechs Gründungsstaaten der EGKS sowie der EWG und Euratom. Seit dem 1. Januar 1958, demzufolge seit Beginn, ist sie ein Mitgliedstaat der Europäischen Union, damals bekannt als Europäische Gemeinschaft. Nationale Mitgliedstaaten der EU überlassen der Europäischen Union das Hoheitsrecht im nach dem EUV und AEUV festgelegten Kompetenzbereich der Union, z. B. auch Deutschland.[1135] Die durch den EUV und den AEUV geschaffene eigenständige supranationale Rechtsordnung ist getrennt von allgemeinen völkerrechtlichen Kriterien; stattdessen gestaltet sie sich ihre eigenen besonderen Anforderungen.[1136] Danach hat das europäische Recht Vorrang gegenüber dem Recht der Mitgliedstaaten und verdrängt das nationale Recht; wenn es unmittelbar anwendbar ist.[1137] Es sei denn, die Essentialia des Verfassungsrechts sind betroffen.[1138] Unter diesen Umständen sind bei der Auslegung des europäischen Rechts unter anderem der Wortlaut der Norm, der Entstehungskontext, systematische Argumente, die Verpflichtung zur primärrechtskonformen Auslegung zu berücksichtigen.[1139]

---

genannt (Art. 288, I AEUV). Vgl. *Bauer/Göpfert/Krieger,* AGG, Einl. Rn. 15; *Sagan* in: Preis/Sagan § 1 Rn. 1.113.

1134 Vgl. *Thüsing,* Europäisches Arbeitsrecht, S. 13 Rn. 25.

1135 Vgl. Wendeling-Schröder/Stein/*Wendeling-Schröder,* Einl. Rn. 35.

1136 Vgl. Wendeling-Schröder/Stein/*Wendeling-Schröder,* Einl. Rn. 35.

1137 EuGH 5.2.1963, Rs. 26/62 „van Gend & Loos". Vgl. Wendeling-Schröder/Stein/*Wendeling-Schröder,* Einl. Rn. 35; *Dienst,* S. 27.

1138 Vgl. Wendeling-Schröder/Stein/*Wendeling-Schröder,* Einl. Rn. 35. BVerfGE 73, 339 (376 ff.); Maunz/Dürig/Herdegen, Grundgesetz, Rn. 85 ff. zu Art. 1 Abs. 3 GG

1139 EuGH 15.4.2010, Rs. C-511/08, Rn. 51 „Heinrich Heine"; EuGH 11.3.2004, Rs. C-240/02, Rn. 22 „Asempre"; EuGH 11.7.2006, Rs. C-13/05 „Navas". Vgl. *Thüsing,* Europäisches Arbeitsrecht, S. 19 Rn. 43, S. 20 Rn. 45, S. 21 Rn. 47, S. 21 Rn. 49, S. 21 Rn. 50.

2. Türkisches Recht

Verbunden sind die Türkische Republik und die Europäische Union im Grunde genommen schon mehr als ein halbes Jahrhundert, fast genauso lang wie die Geschichte der Europäischen Union. Der Anfang der Beziehungen lässt sich auf das Jahr 1963 datieren. 1963 kam es zum Abschluss eines Abkommens zur Gründung einer Assoziation zwischen der EWG und der Türkei.[1140] *„[...] in dem festen Willen, immer engere Bande zwischen dem türkischen Volk und den in der Europäischen Wirtschaftsgemeinschaft vereinten Völkern zu schaffen [...]"* (Präambel Assoziationsabkommen). Auch schon damals gab es eine zukünftige Beitrittsperspektive in dem Abkommen.[1141] Die Türkei stellte 20 Jahre später, im Jahr 1987, ihren Beitrittsantrag.[1142] Den offiziellen Status eines Beitrittskandidaten erhielt die Türkei allerdings erst im Jahr 1999 durch den Europäischen Rat nach der Gründung einer Zollunion im Jahr 1995.[1143]

Das Nationale Programm zur Übernahme des Besitzstands nahm die damalige türkische Regierung 2001 an und widerspiegelte den Willen zum Beitritt in die Partnerschaft.[1144] Trotz des Kabinettwechsels nach den ökonomischen Krisen des Jahres 2001 hatte die Übernahme des Besitzstands Wirkungen auf die Vorbereitung eines neuen Arbeitsgesetzes, das seinen Einfluss ausdrücklich in der Gesetzesbegründung des heute geltenden Arbeitsgesetzes, 2003 verabschiedet, zeigte.[1145]

Im Jahr 2005 kam es zur Eröffnung von Beitrittsverhandlungen zwischen der Türkei und der EU nach einer Empfehlung der Kommission.[1146] Das Endziel dieser Verhandlungen war und ist der Beitritt.[1147] Allerdings auch schon damals wurde

---

1140 EU, Abkommen zur Gründung einer Assoziation zwischen der Europäischen Wirtschaftsgemeinschaft und der Republik Türkei (64/733/EWG) Amtsblatt Nr. 217 vom 29/12/1964 S. 3687 – 3688.

1141 „[...] in der Erkenntnis, daß die Hilfe, [...] später den Beitritt der Türkei zur Gemeinschaft erleichtern wird, [...]" Assoziationsabkommen Präambel.

1142 Vgl. *Borchardt,* S. 18.

1143 Vgl. *Borchardt,* S. 18; *European Commision,* Turkey 2019 Report, S. 3.

1144 Damalige 57. Kabinett Ecevit V (28.5.1999 – 18.11.2002) bestand aus DSP (Demokratische Linkspartei), MHP (Partei der Nationalistischen Bewegung) und ANAP (Vaterland Partei), verlier seine Macht gegen AKP (Partei für Gerchtigkeit und Aufschwung) nach den 2000 und 2001 Ökonomische Krisen. Vgl. https://www.avrupa.info.tr/en/eu-and-turkeys-history-711 (1.7.2019).

1145 Damalige 59. Kabinett Erdoğan I (14.3.2003 – 29.8.2007) bestand aus AKP (Partei für Gerechtigkeit und Aufschwung). AKP übernahm im 2002 Wahlen die Macht von der 57. Kabinett Ecevit V, bildete 58. Kabinett und seit dem (seit 17 Jahren) ist sie die regierende Partei der Republik Türkei. vgl. 4857 Sayılı Kanun Gerekçesi, İş Kanunu Tasarısı ve Sağlık, Aile, Çalışma ve Sosyal İşler Komisyonu Raporu (1/534), vom 7.3.2003.

1146 Vgl. *Borchardt,* S. 18; *European Commision,* Turkey 2019 Report, S. 3.

1147 Vgl. *Borchardt,* S. 18.

hervorgehoben, ein möglicher Beitritt könne nicht vor dem Jahr 2014 stattfinden.[1148] Im Rahmen der Beitrittsverhandlungen wurden bisher 16 Kapitel eröffnet und nur einer davon, Wissenschaft und Forschung, vorläufig geschlossen.[1149] 2013 kam es zur Einleitung eines Dialogs zur Visaliberalisierung.[1150]

Einen Wendepunkt in der neueren Geschichte der Republik Türkei öffneten die Proteste in der Türkei im Jahr 2013, die zunehmende Anzahl von Flüchtlingen aus Syrien sowie der 2016 stattgefundene Putschversuch im Land; diese Gegebenheiten hatten zugleich Wirkung auf die Beziehungen mit der EU. Basierend auf ermittelte Daten aus dem Jahr 2019 sind mehr als 3,6 Millionen (von insgesamt 3,9 Millionen) registrierte Flüchtlinge aus Syrien und rund 370 000 registrierte Flüchtlinge aus anderen Ländern in der Türkei angesiedelt; das bildet die größte Flüchtlingsgemeinschaft der Welt.[1151] Die Türkei und die Europäische Union vereinbarten im Jahr 2015 mittels eines gemeinsamen Aktionsplans die Beendigung der irregulären Migration aus der Türkei in die EU, das In-Ordnung-Bringen der Migrationsströme sowie das Eindämmen des Zustroms irregulärer Migration.[1152] Ein Dialog zwischen der Türkei und der EU wurde nicht nur über die Flüchtlingspolitik, sondern auch über Außen- und Sicherheitspolitik weitergeführt.[1153] In den Bereichen Energie, Verkehr, Wirtschaft und Handel arbeiten die EU und die Türkei ebenfalls weiter zusammen.[1154]

Im Kontrast zu dem weiterführenden Dialog in vielen verschiedenen Bereichen kam es vonseiten der EU im Juni 2018 zum effektiven Einfrieren der Beitrittsverhandlungen mit der Türkei.[1155] Begründung fand die Entscheidung insbesondere in Verbindung mit den Ereignissen in der Türkei nach dem Putschversuch 2016. Während des nach dem Putschversuch eingeleiteten Ausnahmezustands schränkten erlassene Dekrete bestimmte bürgerliche und politische Rechte ein, unter anderem handelte es sich um die Erweiterung der Befugnisse

---

1148 Vgl. *Borchardt,* S. 18.

1149 Vgl. *European Commision,* Turkey 2019 Report, S. 3; https://ec.europa.eu/neighbourhood-enlargement/countries/detailed-country-information/turkey_en (1.7.2019).

1150 Vgl. https://ec.europa.eu/neighbourhood-enlargement/countries/detailed-country-information/turkey_en (1.7.2019).

1151 Vgl. *European Commision,* Turkey 2019 Report, S. 3, 6, 7; https://ec.europa.eu/neighbourhood-enlargement/countries/detailed-country-information/turkey_en (1.7.2019).

1152 Vgl. *European Commision,* Turkey 2019 Report, S. 6, 7; https://ec.europa.eu/neighbourhood-enlargement/countries/detailed-country-information/turkey_en (1.7.2019)

1153 Vgl. *European Commision,* Turkey 2019 Report, S. 3.

1154 Vgl. *European Commision,* Turkey 2019 Report, S. 3.

1155 Vgl. *European Commision,* Turkey 2019 Report, S. 3; https://ec.europa.eu/neighbourhood-enlargement/countries/detailed-country-information/turkey_en (1.7.2019)

der Polizei und der Ermittlungsbeamten, sanktionierte Massenentlassungen von Beamten und Schließungen von Unternehmen sowie die Liquidation ihres Vermögens durch den Staat.[1156] Das Verfassungsgericht hat entschieden, es sei nicht befugt, die Rechtmäßigkeit von Dekreten mittels der im Ausnahmezustand erteilten rechtlichen Befugnisse zu überprüfen.[1157] Im Juli 2018 endete der Ausnahmezustand, als seine letzte Verlängerung auslief.[1158] Unmittelbar danach verabschiedete das türkische Parlament ein Gesetz, das viele Elemente der Ausnahmeregelung für weitere drei Jahre beibehielt.[1159] Basierend auf diesen Ereignissen erklärte die Europäische Union: Aufseiten der EU können keine weiteren Kapitel für die Eröffnung oder den Abschluss in Betracht gezogen werden und es seien keine weiteren Arbeiten zur Modernisierung der Zollunion als möglich vorauszusehen.[1160] Trotzdem erkennt die EU die Türkei immer noch als einen wichtigen strategischen Partner.[1161]

Zusammengefasst lässt sich im Hinblick auf die Bedeutung des europäischen Arbeitsrechts für das türkische Recht Folgendes herausstellen: Als Nicht-EU Mitgliedstaat steht die Türkei nicht unter der Pflicht, europäisches Recht vorrangig anzuwenden. Das Land erklärte sich schon im Jahr 2001 bereit, sein Recht dem europäischen Besitzstand anzunähern. Außerdem steht schon in der Gesetzesbegründung des geltenden Arbeitsgesetzes: „*AB'ne tam üyelik sürecinde Türk mevzuatında henüz bulunmayan, buna karşılık AB ülkelerini kendiliğinden bağlayan normların da Türk iş hukukuna kazandırılması gerekmektedir.*“ [Im Zuge der Vollmitgliedschaft in der EU sollten auch die Normen, die noch nicht in der türkischen Gesetzgebung enthalten sind, die jedoch die EU-Länder automatisch binden, in das türkische Arbeitsrecht aufgenommen werden.][1162] Demgemäß, in Anbetracht der historischen, teleologischen sowie grammatischen Interpretation, soll das europäische Recht bei der Auslegung des türkischen Rechts, vor allem in Bezug auf das Arbeitsgesetz, Beachtung finden.

Basierend auf diesen Informationen über das Verhältnis von europäischem Recht und innerstaatlichem deutschen und türkischen Recht ist eine Untersuchung des europäischen rechtlichen Diskriminierungsschutzes und Kündigungsschutzes anzustreben.

1156 Vgl. *European Commision*, Turkey 2019 Report, S. 9.

1157 Vgl. *European Commision*, Turkey 2019 Report, S. 9.

1158 Vgl. *European Commision*, Turkey 2019 Report, S. 3, 9.

1159 Bazı Kanun ve Kanun Hükmünde Kararnamelerde Değişiklik Yapılmasına Dair Kanun No. 7145 Kabul Tarihi 25.7.2018, Resmi Gazete Yayınlanma: 31.7.2018. Vgl. *European Commision*, Turkey 2019 Report, S. 3.

1160 Vgl. *European Commision*, Turkey 2019 Report, S. 3.

1161 Vgl.https://ec.europa.eu/neighbourhood-enlargement/countries/detailed-country-information/turkey_en (1.7.2019)

1162 4857 Sayılı Kanun Gerekçesi, İş Kanunu Tasarısı ve Sağlık, Aile, Çalışma ve Sosyal İşler Komisyonu Raporu (1/534) 7.3.2003, Genel Gerekçe. (Übersetzt ins deutsche durch die Verfasserin.); *Doğan Yenisey*, Kamu-İş 2002/4 (6), 1 (2).

B. Diskriminierungsschutz

Das europäische Antidiskriminierungsrecht gestaltet sich als ein wesentlicher Bestandteil der europäischen Rechtsordnung, außerdem ist der Diskriminierungsschutz eine charakteristische Komponente des europäischen Arbeitsrechts.[1163] Das europäische Antidiskriminierungsrecht folgt dem Beispiel des US-amerikanischen Antidiskriminierungsrechts; geht noch darüber hinaus und beweist sich als eine sehr detaillierte Antidiskriminierungsrechtsordnung.[1164] Vornehmlich gilt es, die besondere Stellung des allgemeinen Diskriminierungsverbots betreffend die Diskriminierungen aus Gründen der Staatsangehörigkeit innerhalb der Rechtsordnung der Europäischen Union und in der europäischen Integration zu berücksichtigen.[1165] Es existieren zahlreiche europäische rechtliche Diskriminierungsverbote; dazu gehören welche, die sich außerhalb des Arbeitsrechts befinden.[1166] Daneben, im Europäischen Arbeitsrecht, gliedern sich die Diskriminierungsverbote in zwei Gruppen, der Diskriminierungsschutz für besondere Arbeitsverhältnisse und der Schutz vor Diskriminierungen aus personenbezogenen Diskriminierungen.[1167] Diese Arbeit befasst sich mit dem Schutz vor Diskriminierungen aus personenbezogenen Diskriminierungen.[1168]

Dieser Abschnitt befasst sich mit dem Thema des europäischen Diskriminierungsschutzes. Den Anfang bildet die Darstellung der Ziele des europäischen Antidiskriminierungsrechts. Danach folgt die Erläuterung der Rechtsgrundlagen des Diskriminierungsschutzes. Der Abschluss enthält eine Beschreibung des europäischen arbeitsrechtlichen Diskriminierungsschutzes nach den Antidiskriminierungsrichtlinien.

1163 Siehe *diese Dissertationsschrift* § 4 A. IV. Vgl. *Kocher* in Schlachter/Heinig (Hrs.), EnzEuR Bd. 7, § 5 Rn. 13.

1164 Vgl. *Thüsing*, Europäisches Arbeitsrecht, S. 3 Rn. 7 ff. Siehe *diese Dissertationsschrift* §4, A., IV.

1165 Vgl. *Kocher* in Schlachter/Heinig (Hrs.), EnzEuR Bd. 7, § 5 Rn. 13. Siehe *diese Dissertationsschrift* § 4 A. IV.

1166 Z.B. das Verbot der Diskriminierung wegen der Staatsangehörigkeit oder Diskriminierungsverbote in Bezug auf die Warenverkehrsfreiheit (Art. 36 AEUV), die Freiheit des Kapitalverkehrs (Art. 65 III AEUV) und die Dienstleistungsfreiheit (Art. 45 AEUV). Vgl. *Thüsing*, Europäisches Arbeitsrecht, S. 73 Rn. 4.

1167 Vgl. *Thüsing*, Europäisches Arbeitsrecht, S. 76 Rn. 12; *Kocher* in Schlachter/Heinig (Hrs.), EnzEuR Bd. 7, § 5 Rn. 13. Siehe auch *diese Dissertationsschrift* § 4 A. IV.

1168 Siehe *diese Dissertationsschrift* § 2.

I. Ziele des europäischen Antidiskriminierungsrechts

Das europäische Antidiskriminierungsrecht hat seinen Ursprung in geschichtlichen, wirtschaftlichen und kulturellen Besonderheiten der Europäischen Union und verfolgt vielfältige Ziele. Vor dem Hintergrund des europäischen Antidiskriminierungskonzeptes steht vor allem die Förderung der Wertschätzung und der Achtung der Individualität jedes Menschen.[1169] Aus dieser Perspektive ist das europäische Antidiskriminierungsrecht auf das Ideal des Individuums gerichtet.[1170] In dem Sinne nähert es sich im Hinblick auf personenbezogene Diskriminierungsverbote dem individualistischen Verständnis des Antidiskriminierungsrechts (Art. 157 AEUV; RL 2000/43/EG; RL 2000/78/EG; RL 2006/54/EG).[1171] Gezielt steht dahin gehend die Bewältigung der Komplexität der kulturellen, ethnischen und religiösen Vielfalt und des breiten Spektrums der Lebensmodelle in der Europäischen Union durch die Gewährleistung der Wahlfreiheit für verschiedene Lebensformen und Persönlichkeiten allen Menschen offen.[1172] Nach den gesellschaftlichen Machtverhältnissen, die durch gesellschaftliche Rollenverteilungen und Erwartungshaltungen auf die Verteilung der Freiheiten, Ressourcen und die Möglichkeiten bewirken und auf diese Weise die Wahlfreiheit der Menschen fördern bzw. verhindern, nehmen personenbezogene Diskriminierungsverbote Bezug auf das europäische Antidiskriminierungsrecht.[1173] Diskriminierungsverbote dienen dem Integritätsschutz.[1174] In diesem Zusammenhang erregt die menschenrechtliche Dimension des europäischen Antidiskriminierungsrechts Aufmerksamkeit.[1175] Als Zielsetzung kristallisiert sich vor allem eine auf der Würde basierende Analyse der menschenrechtlichen Herangehensweise an das Antidiskriminierungsrecht heraus.[1176] Es steht im Einklang mit dem Menschenrechtsprofil der EU, welches schon im Vertrag von Maastricht einen Ausdruck gefunden hat und es gleichfalls stärkt (Art. F Vertrag von Maastricht und Art. 6 III EUV).[1177] Der EuGH versteht die

---

1169 Vgl. *Rudolf/Mahlmann* in: Rudolf/Mahlmann, GleichbehandlungsR, Vorwort S. 6. Siehe auch *diese Dissertationschrift* § 4 A. IV.

1170 Vgl. Däubler/Bertzbach AGG/*Blanke/Graue* Einl. Rn. 240.

1171 Siehe *diese Dissertationsschrift* § 4 D. II.

1172 BVerfGE 85, 191 (207). Vgl. *Rudolf/Mahlmann* in: Rudolf/Mahlmann, GleichbehandlungsR, Vorwort S. 6; *Kocher* in Schlachter/Heinig (Hrs.), EnzEuR Bd. 7, § 5 Rn.1.

1173 Vgl. *Kocher* in: Schlachter/Heinig (Hrsg.), EnzEuR Bd. 7, § 5 Rn.1.

1174 Vgl. *Krause*, Arbeitsrecht, S. 105 Rn. 20. Siehe auch *diese Dissertationsschrift* § 4 D. II.

1175 Siehe auch *diese Dissertationschrift* § 7.

1176 Siehe *diese Dissertationsschrift* § 4 D. II. und § 4 A. IV.

1177 EuGH 8.4.1976, Rs. 43/75, Rn. 8/11 „Defrenne II"; EuGH 17.2.1998, Rs. C-249/96 Rn. 33 ff. „Grant". Vgl. *Rudolf/Mahlmann* in: Rudolf/Mahlmann, GleichbehandlungsR., Vorwort S. 5; Schiek/*Schiek, AGG,* Einl. Rn. 28.

Diskriminierungsverbote der EU-Antidiskriminierungsrichtlinien insgesamt als Normen von menschenrechtlicher Qualität und ordnet sie als allgemeine Rechtsgrundsätze des Unionsrechts ein.[1178] Antidiskriminierungsrichtlinien erkennen auch den Schutz vor Diskriminierung und die Gleichheit vor dem Gesetz als ein allgemeines Menschenrecht an (ErwG 3 RL/2000/43/EG, ErwG 4 RL/2000/78/EG, ErwG 2 RL/2002/73/EG).[1179]

Das europäische Antidiskriminierungsrecht hat zudem auch wirtschaftliche und sozialpolitische Facetten.[1180] Die wirtschaftlichen Ziele des EU-Antidiskriminierungsrechts zeigen sich insbesondere in Bezug auf den europäischen Binnenmarkt und die Wettbewerbsgleichheit. Die Schaffung eines transnationalen europäischen Binnenmarkts gestaltet sich als eines der primären Ziele der Europäischen Union (Art. 3 EUV bzw. Art. 26 AEUV).[1181] Die Diskriminierungsverbote tragen auch dazu bei, indem sie der Herstellung eines einheitlichen Wirtschaftsraumes dienen.[1182] Das verleiht dem Verbot der Diskriminierung wegen der Staatsangehörigkeit eine hervorgehobene Position als Teil aller europäischen Grundfreiheiten (Art. 18 AEUV).[1183] Ebenso gehört die Unionsbürgerfreizügigkeit eng mit einem entsprechenden Diskriminierungsverbot zusammen.[1184] Außerdem tragen Diskriminierungsverbote dazu bei, Wettbewerbsgleichheit zwischen den Mitgliedstaaten herzustellen.[1185] Der EuGH hat am Beispiel der Entgeltgleichheit entschieden: Die europäischen Diskriminierungsverbote sollen verhindern, ansässige Unternehmen in denjenigen Mitgliedstaaten, die den Grundsatz der Gleichheit bereits verwirklicht haben, im innergemeinschaftlichen Wettbewerb gegenüber Unternehmen zu benachteiligen, die in Staaten ansässig sind, welche die Diskriminierung noch nicht beseitigt haben.[1186]

Ein anderer wichtiger Aspekt des EU-Antidiskriminierungsrechts ist seine Verbindung mit der europäischen *Sozial- und Beschäftigungspolitik*. Der europäische

---

1178 EuGH 14.5.1974, Rs. C-4/73, S. 507 „Nold"; EuGH 22. 11. 2005, Rs. C-144/04, Rn. 74–76 „Mangold". 19. EuGH 1. 2010, Rs. C-555/07, „Kücükdevici". Siehe also ErwG. 3 RL/2000/43/EG, ErwG. 4 RL/2000/78/EG. Vgl. *Pötters* in: Preis/Sagan § 3 Rn. 3.1; Schiek/*Schiek*, *AGG*, Einl. Rn. 14, 30, 76 – 78; Däubler/Bertzbach AGG/*Däubler* § 1 Rn. 5. Siehe auch *diese Dissertationschrift* §8 A. III.

1179 Siehe auch *diese Dissertationschrift* § 4 A. IV.

1180 Siehe auch *diese Dissertationschrift* § 4 E, II.

1181 Vgl. *Thüsing*, Europäisches Arbeitsrecht, S. 34 Rn. 1; *Kocher* in Schlachter/Heinig (Hrsg.), EnzEuR Bd. 7, § 5 Rn. 13.

1182 Vgl. *Kocher* in Schlachter/Heinig (Hrsg.), EnzEuR Bd. 7, § 5 Rn. 13.

1183 Vgl. *Kocher* in Schlachter/Heinig (Hrsg.), EnzEuR Bd. 7, § 5 Rn. 13.

1184 Vgl. *Kocher* in Schlachter/Heinig (Hrsg.), EnzEuR Bd. 7, § 5 Rn. 13.

1185 EuGH 8.4.1976, Rs. C-43/75 Slg 1976, 455, Rn. 8/11 „Defrenne II". Vgl. *Kocher* in Schlachter/Heinig (Hrs.), EnzEuR Bd. 7, § 5 Rn. 4.

1186 EuGH 8.4.1976, Rs. C-43/75 Slg 1976, 455, Rn. 8/11 „Defrenne II". Vgl. *Kocher* in Schlachter/Heinig (Hrs.), EnzEuR Bd. 7, § 5 Rn. 4.

Diskriminierungsschutz ist nicht nur als wirtschaftspolitischer Zweck zu verstehen, sondern auch an sozialpolitische Ziele gebunden. Der EuGH benennt diese zweiteilige Zielsetzung des europäischen Antidiskriminierungsrechts als *"doppelten Zweck"*.[1187] Die Diskriminierungsverbote verstehen die Diskriminierungen, einschließlich der Belästigungen, als ein Hindernis für eine vollständige, erfolgreiche Eingliederung von diskriminierten Gruppen in das wirtschaftliche und soziale Leben (ErwG 9 RL/113/EG). Demgemäß ist die Bekämpfung jeder Art von Diskriminierung für eine soziale, wirtschaftliche Arbeitsmarktintegration der diskriminierten gesellschaftlichen Gruppe von Bedeutung.[1188] Außerdem unterminieren Diskriminierungen die Verwirklichung der im EUV festgelegten Ziele, insbesondere die Erreichung eines hohen Beschäftigungsniveaus und eines hohen Maßes an sozialem Schutz, die Hebung des Lebensstandards und der Lebensqualität, den wirtschaftlichen und sozialen Zusammenhalt sowie die Solidarität (ErwG 9 RL 2000/43/EG, ErwG 11 RL 2000/78/EG). Um durch gemeinsames Vorgehen den sozialen Fortschritt zu sichern, ständig die Lebens- und Beschäftigungsbedingungen der europäischen Völker zu verbessern, bekämpft das Antidiskriminierungsrecht die Diskriminierungen.[1189] Es gilt, günstigere Bedingungen für die Entstehung eines Arbeitsmarktes zu schaffen, der soziale Integration fördert; es ist gegen Diskriminierungen bestimmter gesellschaftlicher Gruppen vorzugehen (ErwG 8 RL 2000/43/EG, ErwG 8 RL 2000/78/EG, ErwG 9 RL/2004/113/EG).[1190] Für Gewährleistung gleicher Chancen für alle und für Erreichung eine volle Teilhabe der Bürger am wirtschaftlichen, kulturellen und sozialen Leben sowie für die individuelle Entfaltung ist Befreiung des Beschäftigungs- und Berufslebens von Diskriminierungen von entscheidender Bedeutung (ErwG 9 RL/2000/78/EG, ErwG 9 RL/2000/43/EG).[1191] Gefolgt ist dabei eine sozial egalitäre Perspektive zum Antidiskriminierungrecht.[1192] Außerdem trägt Diskriminierungsschutz auch zur Erhöhung des Anteils der diskriminierten Gruppen an der Erwerbsbevölkerung bei (ErwG 8 RL 2000/78/EG). Im Allgemeinen ergänzen die wirtschaftlichen und sozialpolitischen Ziele des europäischen Antidiskriminierungsrechts einander.[1193]

1187 EuGH 8.4.1976, Rs. C-43/75 Slg 1976, 455, Rn. 8/11 „Defrenne II".

1188 ErwG. 8 und 9 RL 2000/43/EG; ErwG. 6, 7 und 8 RL 2000/78/EG. EuGH, 8.4.1976, Rs. C-43/75, Rn 8–11 „Defrenne II"; EuGH 10.2.2000, Rs. C-270/97 und C-271/97 Rn 53 ff. „Sievers und Schrage". Vgl. Wendeling-Schröder/Stein/*Wendeling-Schröder, AGG*, Einl. Rn. 4; *Kocher* in Schlachter/Heinig (Hrs.), EnzEuR Bd. 7, § 5 Rn. 4.

1189 EuGH 8.4.1976, Rs. C-43/75 Slg 1976, 455, Rn. 8/11 „Defrenne II"; EuGH 10.2.2000, Rs. C-270/97 und C-271/97 Rn 55 „Sievers und Schrage".

1190 EuGH 8.4.1976, Rs. C-43/75 Slg 1976, 455, Rn. 8/11 „Defrenne II"; EuGH 10.2.2000, Rs. C-270/97 und C-271/97 Rn 53 ff. „Sievers und Schrage". Vgl. *Kocher* in Schlachter/Heinig (Hrs.), EnzEuR Bd. 7, § 5 Rn. 4.

1191 Siehe *diese Dissertationsschrift* § 4 D. III. 3.

1192 Siehe *diese Dissertationsschrift* § 4 D. III. 3.

1193 Vgl. *Kocher* in Schlachter/Heinig (Hrs.), EnzEuR Bd. 7, § 5 Rn. 5.

Auf diesen Grundlagen basierend, reguliert das europäische Recht den Diskriminierungsschutz in verschiedenen Normen von der Charta der Grundrechte der EU über die AEUV bis hin zu Richtlinien, welche nachstehend eine Untersuchung finden.

II. Rechtsgrundlagen

Die Rechtsgrundlagen des europäischen Antidiskriminierungsrechts unter der Charta der Grundrechte der Europäischen Union, allgemein ungeschriebener Gleichheitsgrundsatz, Vertrag über die Arbeitsweise der Europäischen Union und Richtlinien, zu untersuchen.

1. Charta der Grundrechte der Europäischen Union

Die Charta der Grundrechte der Europäischen Union proklamiert in einem rechtsverbindlichen Katalog die bürgerlichen, politischen, wirtschaftlichen sowie sozialen Rechte, Freiheiten und Grundsätze der europäischen Bürger*innen wie auch jene aller im Hoheitsgebiet der Union lebenden Personen. Bereits die Charta beginnt mit der Anerkennung der Unantastbarkeit der Würde der Menschen (Art. 1 GRC). Sie hebt auch die Achtung der Vielfalt der Kulturen, Religionen und Sprachen hervor (Art. 22 GRC). Das dritte Kapitel der GRC widmet sich insbesondere den Rechten und Grundsätzen der Gleichheit (Kapitel III GRC).[1194]

Die Charta der Grundrechte der Europäischen Union enthält ebenfalls Artikel 21, betitelt „*Nichtdiskriminierung*" (Art. 21 GRC), deren erster Absatz Diskriminierungen insbesondere aufgrund des Geschlechts, der Rasse, der Hautfarbe, der ethnischen oder sozialen Herkunft, genetischer Merkmale, der Sprache, der Religion oder der Weltanschauung, der politischen oder sonstigen Anschauung, der Zugehörigkeit zu einer nationalen Minderheit, des Vermögens, der Geburt, einer Behinderung, des Alters oder der sexuellen Ausrichtung, beinhaltend eins der Öffnungsklausel, verbietet (Art. 21 I GRC). (Vgl. Anh. I) Im Vergleich zu den völkerrechtlichen Verträgen geht die GRC viel weiter im Bereich der Antidiskriminierung. Ebenfalls geht die GRC bezüglich der geschützten Merkmale über die in den Richtlinien vorgesehenen Merkmale hinaus.[1195] Die Aufzählung von genetischen Merkmalen zum Beispiel lässt sich in keinen anderen Verträgen finden, was die die Aktualität und die Gegenwartsnähe der Charta beweist.[1196]

Artikel 21 Absatz 1 GRC verpflichtet die Mitgliedstaaten ausschließlich bei der Durchführung des Unionsrechts (Art. 51 I 1 GRC).[1197] Die Richtlinien, die die

---

1194 Vgl. IELL/*Bell* Part 2 Equality Int. Rn. 5.
1195 Vgl. ErfK/*Schlachter* AGG Vorbemerkung Rn. 3.
1196 Vgl. Schiek/*Schiek, AGG,* Einl. Rn. 30.
1197 Vgl. ErfK/*Schlachter* AGG Vorbemerkung Rn. 3; *Jarass*, Art. 21 Rn. 3.

Rechte der GRC konkretisieren, sind entsprechend Artikel 21 Absatz 1 GRC auszulegen.[1198] Artikel 21 Absatz 1 GRC verleiht eine Bindungswirkung unter Privatpersonen und entfaltet ein individuelles Recht, das auch in einem Rechtsstreit unter Privaten unmittelbar geltend gemacht werden kann.[1199] Verstoßen die Normen des nationalen Rechts den Bestimmungen des Artikel 21 Absatz 1 GRC entgegen, ist das Gericht jede entgegenstehende nationale Vorschrift aufgrund des Anwendungsvorrangs des Unionsrechts unangewendet zu lassen.[1200]

Im Einzelnen schützt Artikel 23 der GRC die Gleichheit von Männern und Frauen. Nach diesem Artikel ist die Gleichheit von Männern und Frauen in den Bereichen der Beschäftigung, der Arbeit und des Arbeitsentgelts sicherzustellen (Art. 23 I GRC). Dieser Artikel ist verantwortlich für das Legitimieren von positiven Maßnahmen (Art. 23 II GRC). Die Union erkennt laut Artikel 25 der GRC das Recht älterer Menschen auf ein würdiges und unabhängiges Leben und achtet auf Teilnahme dieser Bevölkerungsschicht am sozialen und kulturellen Leben (Art. 25 GRC). Der 26. Artikel der GRC heißt Integration von Menschen mit Behinderung und er gewährleistet die Eigenständigkeit der Menschen mit Behinderung und deren soziale und berufliche Eingliederung.

2. *Allgemeiner ungeschriebener Gleichbehandlungsgrundsatz*

Einen allgemeinen ungeschriebenen Gleichbehandlungsgrundsatz hat der Europäische Gerichtshof (EuGH) bereits Ende der Fünfzigerjahre als Bestandteil der allgemeinen Grundsätze des Gemeinschaftsrechts nach seiner ständigen Rechtsprechung anerkannt.[1201] Damals beinhaltete der allgemeine Gleichbehandlungsgrundsatz das Verbot, vergleichbare Sachverhalte ungleich zu behandeln, solange eine Differenzierung nicht objektiv gerechtfertigt ist.[1202] Die Gleichbehandlung gleicher Sachverhalte wird geboten.[1203] Mit der Entscheidung über die Entgeltgleichheit von Männern und Frauen erhielt dieser allgemein

1198 EuGH 21.12.2016, Rs. C-539/15 „Bowman". Vgl. ErfK/*Schlachter* AGG Vorbemerkung Rn. 3.

1199 EuGH 17.4.2018, Rs. C-414/16 „Egenberger". Vgl. ErfK/*Schlachter* AGG Vorbemerkung Rn. 3; *Jarass*, Art. 21 Rn. 4.

1200 EuGH 17.4.2018, Rs. C-414/16 „Egenberger"; EuGH 1.3.2011, Rs. C-236/09 Rn. 32 ff. „Test Achats". Vgl. ErfK/*Schlachter* AGG Vorbemerkung Rn. 3; EuArbRK/*Mohr* GRCh Art. 21 Rn. 117; *Jarass*, Art. 21 Rn. 4.

1201 EuGH 10.1.1992, Rs. C-177/90, Rn. 18 „Kühn"; EuGH 25.10.1978, Rs. 125/77, Rn. 25, 27 „Koninklijke Scholten-Honig"; EuGH 19.10.1977, Rs. 117/76 und 16/77, Rn. 7 „Ruckdeschel". Vgl. *Stenslik*, S. 22; *Diest*, S. 29, 30; IELL/*Bell* Part 2 Equality Int Rn. 6; EuArbRK/*Mohr* GRCh Art. 21 Rn. 42.

1202 EuGH 10.1.1992, Rs. C-177/90 Rn. 18 „Kühn"; EuGH 25.10.1978, Rs. 125/77, Rn. 25/27 „Koninklijke Scholten-Honig"; EuGH 19.10.1977, Rs. 117/76 und 16/77, Rn. 7 „Ruckdeschel". Vgl. *Diest*, S. 30; *Stenslik*, S. 22.

1203 Vgl. *Thüsing*, Europäisches Arbeitsrecht, S. 13, Rn. 26.

ungeschriebene Gleichheitsgrundsatz zum ersten Mal zusätzlich einen sozialen Aspekt.[1204] Mit der Mangold-Entscheidung aus dem Jahr 2005 kam es zur Einstufung des Verbotes der Altersdiskriminierung als allgemein ungeschriebener Rechtsgrundsatz des Unionsrechts.[1205] Bei der Anerkennung des Verbots der Altersdiskriminierung als allgemein ungeschriebener Gleichheitsgrundsatz spielte der menschenrechtliche Charakter der Diskriminierungsverbote der EU- Antidiskriminierungsrichtlinien und die Zuweisung des Vertrags der Europäischen Union auf der Grundlage der Freiheit, der Demokratie, der Rechtsstaatlichkeit sowie der Achtung der Menschenrechte und Grundfreiheiten wie auch der europäischen Konvention zum Schutze der Menschenrechte und Grundfreiheiten eine Rolle (Art. 6 EUV).[1206] Die Anerkennung des Verbots der Altersdiskriminierung als Allgemeiner Rechtsgrundsatz der Union mit der Mangold-Entscheidung ermöglichte die Geltung dessen in den Mitgliedstaaten unabhängig von der Umsetzung der Richtlinien.[1207] Die Anwendung dieses Grundsatzes forderte auch der EuGH von nationalen Gerichten vor dem Umsetzen einer diesbezüglichen Richtlinie.[1208] Das allgemein ungeschriebene Gleichbehandlungsgebot gestaltet sich als eine primärrechtliche Quelle.[1209] Allerdings ist es nur für den europäischen Gesetzgeber und die Gesetzgeber der nationalen Staaten verbindlich, nicht aber im privaten Bereich.[1210]

3. *Vertrag über die Arbeitsweise der Europäischen Union*

Der Nichtdiskriminierung und der Unionsbürgerschaft widmet sich der zweite Teil des AEUV.[1211] Innerhalb der vorliegenden Arbeit sind insbesondere zwei

---

1204 EuGH 8.4.1976, Rs. 43/75 „Defrenne". Vgl. *Diest*, S. 30; EuArbRK/*Mohr* GRCh Art. 21 Rn. 43.

1205 EuGH 22.11.2005, Rs. C-144/04 Rn. 74–76 „Mangold". Vgl. Schiek/*Schiek, AGG*, Einl. Rn. 30; EuArbRK/*Mohr* GRCh Art. 21 Rn. 42.

1206 EuGH 22.11.2005, Rs. C-144/04 Rn. 74–76 „Mangold". Vgl. *Bauer/Göpfert/Krieger*, AGG, Einl. Rn. 14; Schiek/*Schiek*, AGG, Einl. Rn. 30. Siehe *diese Disserationsschrift* § 7 D.; § 8 A. III.

1207 EuGH 22.11.2005, Rs. C-144/04 „Mangold"; EuGH 19. 1. 2010, Rs. C-555/07 „Kücükdevici". Vgl. ErfK/*Schlachter*, § 1 AGG Rn. 14; EuArbRK/*Mohr* GRCh Art. 21 Rn. 44.

1208 BAG 11. 4. 2006 NZA 2006, 1217, Rn. 12 ff. Vgl. ErfK/*Schlachter*, § 1 AGG Rn. 14.

1209 EuGH 10.1.1992, Rs. C-177/90„ Rn. 18 „Kühn"; EuGH 25.10.1978, Rs. 125/77, Rn. 25/27 „Koninklijke Scholten-Honig"; EuGH 19.10.1977, Rs. 117/76 und 16/77, Rn. 7 „Ruckdeschel". Vgl. *Thüsing*, Europäisches Arbeitsrecht, S. 13, Rn. 26; *Stenslik*, S. 22.

1210 Vgl. *Thüsing*, Europäisches Arbeitsrecht, S. 13, Rn. 26.

1211 Für Eingrenzung der Untersuchungsgegenstands dieser Dissertation und die Ausschließung des Themas der Diskriminierung aus Gründen der Staatsangehörigkeit siehe *diese Dissertationsschrift* § 2.

AEUV-Artikel, nämlich der Artikel 19 AEUV (ex-Art. 13 EGV) und der Artikel 157 AEUV (ex-Art. 141 EGV, ex-Art. 119 EWG), von Bedeutung.

a) Artikel 19 AEUV

Bei Artikel 19 AEUV handelt es sich um den Diskriminierungsschutz. Artikel 19 AEUV gibt dem Rat die Möglichkeit, im Rahmen der durch den Vertrag auf die Union übertragenen Zuständigkeiten geeignete Maßnahmen zu treffen, um Diskriminierungen aufgrund des Geschlechts, der Rasse, der ethnischen Herkunft, der Religion, der Weltanschauung, der Behinderung, des Alters und der sexuellen Ausrichtung zu bekämpfen (Art. 19 I AEUV). Erfasst ist aber nicht nur das Arbeitsrecht, sondern das gesamte (Zivil-)Recht.[1212] Im Vergleich zu den völkerrechtlichen Diskriminierungsverboten (wie diejenige in der AEMR, in der EMRK oder im IPBPR usw.) enthält Artikel 19 Absatz 1 des AEUV schon einige allgemein geschützte, in den völkerrechtlichen Normen nicht aufgezählte Merkmale (wie das Alter und die sexuelle Ausrichtung).[1213] Allerdings finden andere Eigenschaften wie das Vermögen, die Geburt, politische oder sonstige Anschauung, die soziale Herkunft, die Hautfarbe und die Sprache, die bereits im Rahmen der völkerrechtlichen Diskriminierungsverbote einen Schutz finden, keinen Platz in Artikel 19 Absatz 1 AEUV. Auch im Vergleich zu der Charta der Grundrechte der Europäischen Union gestaltet sich der Inhalt des in Artikel 19 Absatz 1 AEUV vorgesehenen Diskriminierungsverbots beschränkter. Artikel 21 der Charta der Grundrechte der EU enthält neben den schon in Artikel 19 Absatz 1 AEUV aufgezählten Merkmalen weitere Merkmale: die soziale Herkunft, die Hautfarbe, das Vermögen, die Geburt, die politische oder sonstige Anschauung, die genetischen Merkmale, die Sprache und die Zugehörigkeit zu einer nationalen Minderheit.[1214] (Vgl. Anh. I) Außerdem sind die Aufzählung der Diskriminierungsgründe im Gegensatz zu sowohl klassischen internationalen Menschenrechtsübereinkommen als auch die EU-GRC abschließend.[1215] Anders als diese Vorschriften beinhaltet Artikel 19 Absatz 1 AEUV keine Öffnungsklauseln.[1216] Die Aufzählung der Diskriminierungsmerkmale ist erschöpfend.

Einige unmittelbar anwendbare subjektiven Rechte lassen sich nicht aus Artikel 19 AEUV ableiten. Artikel 19 AEUV umfasst kein eigenständiges

---

1212 Vgl. *Thüsing*, Europäisches Arbeitsrecht, S. 22 Rn. 52.

1213 In den völkerrechtliche Diskriminierungsverbote steht die Behinderung nicht ausdrücklich als ein geschütztes Merkmale. Ein besonderheit ist aber BRK. Siehe diese Dissertationsschrift § 7 B.

1214 Vgl. Schiek/*Schiek*, AGG, Einl. Rn. 34.

1215 Schlussanträge Geelhoed EuGH 11.7.2006, Rs. C-13/05 „Navas“. Vgl. Däubler/Bertzbach AGG/*Däubler*, § 1 Rn. 6.

1216 Schlussanträge Geelhoed EuGH 11.7.2006, Rs. C-13/05 „Navas“. Vgl. Däubler/Bertzbach AGG/*Däubler*, § 1 Rn. 6.

Diskriminierungsverbot. Er beinhaltet eine Ermächtigungsgrundlage zum Erlass hinsichtlich eines sekundären Unionssrechts, einschließlich einer Norm, die den europäischen Rat ermächtigt, einstimmig geeignete Maßnahmen zu erlassen, um Diskriminierungen zu bekämpfen.[1217] Basierend auf Artikel 19 AEUV (ex-Art. 13 EGV) wurden die Richtlinien RL 2000/43/EG (Antirassismus Richtlinie), RL 2000/78/EG (Rahmen Richtlinie) und RL 2004/113/EG (Gender-Richtlinie – Zivilrecht) erlassen.[1218]

b) Artikel 157 AEUV

Demgegenüber findet Artikel 157 AEUV (ex-Art. 141 EGV ≈ ex-Art. 119 EGV ≈ ex-Art. 119 EWG) unmittelbare Anwendung zwischen privaten Bürgern.[1219] Im Artikel 157 AEUV handelt es sich um die Gleichbehandlung von Frauen und Männern und gewährleistet das gleiche Entgelt für gleiche oder gleichwertige Arbeit (Art. 157 AEUV). Einzelne Arbeitnehmer*innen können sich beim subjektiven Recht auf gleiches Entgelt bei gleicher und gleichwertiger Arbeit vor den innerstaatlichen Gerichten berufen.[1220] Der dritte Absatz ermächtigt zum Erlass von Maßnahmen zur Gewährleistung der Anwendung des Grundsatzes der Chancengleichheit und der Gleichbehandlung von Männern und Frauen in Arbeits- und Beschäftigungsfragen, einschließlich des Grundsatzes des gleichen Entgelts bei gleicher oder gleichwertiger Arbeit (Art. 157 III AEUV). Auf Artikel 157 Absatz 3 AEUV beruft sich die Richtlinie 2002/73/EG zur Änderung der Richtlinie 76/207/EWG.[1221]

4. Europäische Antidiskriminierungsrichtlinien

Geregelt ist der europäische Diskriminierungsschutz nach dem geltenden Unionsrecht in den Richtlinien RL 2000/43/EG (Antirassismusrichtlinie), RL 2000/78/EG (Rahmenrichtlinie) und RL 2006/54/EG (Gleichbehandlungsrichtlinie), genannt als *Antidiskriminierungsrichtlinien,* die zugleich die Grundrechte der

---

1217 Vgl. Wendeling-Schröder/Stein/*Wendeling-Schröder, AGG,* Einl. Rn. 44; *Stenslik,* S. 22.

1218 Vgl. Wendeling-Schröder/Stein/*Wendeling-Schröder,* AGG, Einl. Rn. 37; EuArbRK (3.Aufl.)/*Mohr* RL 2000/78/Eg Art. 1 Rn. 59.

1219 EuGH 31.3.1981, Rs. C-96/80 „Jenkins"; EuGH 8.4.1976, Rs. 43/75, Rn. 38, 39 „Defrenne II". Vgl. Wendeling-Schröder/Stein/*Wendeling-Schröder, AGG,* Ein. Rn. 44; *Kocher* in Schlachter/Heinig (Hrsg.), EnzEuR Bd. 7, § 5 Rn. 72; *Stenslik,* S. 22; EuArbRK/*Franzen* AEUV Art. 157 Rn. 4, 8.

1220 Vgl. *Kocher* in Schlachter/Heinig (Hrsg.), EnzEuR Bd. 7, § 5 Rn. 70; Wendeling-Schröder/Stein/*Wendeling-Schröder AGG,* Einl. Rn. 44; EuArbRK/*Franzen* AEUV Art. 157 Rn. 4.

1221 Vgl. *Stenslik,* S. 22; Wendeling-Schröder/Stein/*Wendeling-Schröder AGG,* Einl. 37 Rn. 37.

Artikel 21 und 23 der Grundrechtecharta und Artikel 157 AEUV konkretisieren.[1222] Die Europäischen Antidiskriminierungsrichtlinien über Diskriminierungsverbote wegen bestimmter Merkmale einer Person beschäftigen sich alle mit unterschiedlichen Themen.[1223] Die Wurzeln der Richtlinien über das Verbot der Geschlechtsdiskriminierung reichen zurück zu Artikel 119 EWG über die Entgeltgleichheit für Männer und Frauen bei gleicher Arbeit (ex-Art. 119 EGV ≈ ex-Art. 141 EGV – auch gleichwertiger Arbeit – ≈ jetzt Art. 157 AEUV). Zur Effektiveren des Gebots der Entgeltgleichheit kam es zunächst zum Erlass der Richtlinie 75/117/EWG (aufgegangen in Richtlinie 2006/54/EG), die die Angleichung der Rechtsvorschriften der Mitgliedstaaten über die Anwendung des Grundsatzes des gleichen Entgelts für Männer und Frauen anstrebt.[1224] Es schloss sich die Richtlinie 76/207/EWG (geändert durch Richtlinie 2002/73/EG und danach ersetzt durch RL 2006/54/EG) an, die „Die Gleichbehandlung von Männern und Frauen beim Zugang zur Beschäftigung zur Berufsbildung und zum beruflichen Aufstieg sowie in Bezug auf die Arbeitsbedingungen" heißt.[1225] Es folgte die Regulierung über das Entgelt hinaus von arbeitsrechtlichen Themen und setzte sich fort mit der Richtlinie 2002/73/EG (Revidierte Gender-Richtlinie).[1226] Die Revidierte Gender-Richtlinie gilt für alle Personen in öffentlichen und privaten Bereichen, einschließlich öffentlicher Stellen. Vor allem findet sie in den Bereichen Beschäftigung und Beruf Anwendung. Der Anwendungsbereich der Richtlinie umfasst insbesondere die Entlassungsbedingungen (Art. 3 I c RL 2002/73/EG). Beide mittelbare und unmittelbare Diskriminierungen sind in der

1222 Vgl. *Kocher* in Schlachter/Heinig (Hrsg.), EnzEuR Bd. 7, § 5 Rn. 35–38.

1223 Siehe auch *diese Dissertationsschrift* § 4 A. IV.

1224 Richtlinie 75/117/EWG des Rates vom 10.2.1975 zur Angleichung der Rechtsvorschriften der Mitgliedstaaten über die Anwendung des Grundsatzes des gleichen Entgelts für Männer und Frauen

1225 Richtlinie 76/207/EWG des Rates vom 9.2.1976 zur Verwirklichung des Grundsatzes der Gleichbehandlung von Männern und Frauen hinsichtlich des Zugangs zur Beschäftigung und zum beruflichen Aufstieg sowie in Bezug auf die Arbeitsbedingungen, Amtsblatt der Europäischen Gemeinschaft 1976/L 39/40 14.2.76.

1226 RL 75/117/EWG zur Angleichung der Rechtsvorschriften über Anwendung des Grundsatzes des gleichen Entgelts für Männer und Frauen. RL 76/207/EWG des Rates zur Verwirklichung des Grundsatzes der Gleichbehandlung von Männern und Frauen hinsichtlich des Zugangs zur Beschäftigung, zur Berufsbildung und zum beruflichen Aufstieg sowie in Bezug auf die Arbeitsbedingungen vom 9.2.1976. Richtlinie 2002/73/EG „Revidierte Gender-Richtlinie" des Europäischen Parlaments und des Rates vom 23. September 2002 zur Änderung der Richtlinie 76/207/EWG des Rates zur Verwirklichung des Grundsatzes der Gleichbehandlung von Männern und Frauen hinsichtlich des Zugangs zur Beschäftigung, zur Berufsbildung und zum beruflichen Aufstieg sowie in Bezug auf die Arbeitsbedingungen. Vgl. *Thüsing*, Europäisches Arbeitsrecht, S. 76 Rn. 12, 37.

Rahmen-Richtlinie erfasst (Art. 2 I und Art. 3 I RL 2000/78/EG). RL 76/207/EWG enthielt erstmals in der europäischen Antidiskriminierungsrechtsgeschichte positive Maßnahmen, welche später durch Artikel 141 Absatz 4 EGV – neu nummeriert – im Primärrecht Anerkennung fand.[1227] Mit den Beweislastthemen beschäftigte sich die Richtlinie 97/80/EG und erfasste mittelbare und unmittelbare Diskriminierungen.[1228] Auf der Basis der Ermächtigungsgrundlage nach Artikel 19 AEUV (damaliger Art. 13 EGV) kam es zum Erlass der Richtlinie 2004/113/EG (Gender Richtlinie Zivilrecht) im Jahr 2004.[1229] Sie regelt Fragen des Zugangs zu Gütern und Dienstleistungen sowie die Anwendung des Gleichbehandlungsgrundsatzes im Privatversicherungsrecht und beinhaltet mittelbare und unmittelbare Diskriminierung und erfasst das Kündigungsrecht. Darauf folgt die Richtlinie 2006/54/EG, welche die RL 75/117/EWG, RL 76/207/EWG, RL 86/378/EG RL 97/80/EG ersetzte.[1230]

Dem Verbot der Diskriminierung wegen der Rasse und der ethnischen Zugehörigkeit widmete sich die Richtlinie 2000/43/EG (Antirassismus-Richtlinie) des Rates zur Anwendung des Gleichbehandlungsgrundsatzes ohne Unterschied der Rasse oder der ethnischen Herkunft, erlassen im Jahr 2000 auf der Grundlage von Artikel 19 AEUV.[1231] Die Richtlinie 2000/78/EG (Rahmen-Richtlinie) aus dem Jahr 2000 beschäftigt sich mit der Festlegung eines allgemeinen Rahmens für die Verwirklichung der Gleichbehandlung in Beschäftigung und Beruf. Das deutsche Allgemeine Gleichbehandlungsgesetz dient der Umsetzung der Richtlinien RL 2000/43/EG, RL 2000/78/EG, RL 2002/73/EG und RL 2004/113/EG.[1232]

Gerichtet sind die Richtlinien nur an die Mitgliedstaaten (Art. 288 III AEUV).[1233] Die Mitgliedstaaten, als alleinige Adressaten der Richtlinie, sind verpflichtet, die Ziele der Richtlinien unionrechtskonform nach nationalem Recht

---

1227 Vgl. *Thüsing*, Europäisches Arbeitsrecht, S. 89 Rn. 37.

1228 Vgl. *Thüsing*, Europäisches Arbeitsrecht, S. 90 Rn. 37.

1229 Richtlinie 2004/113/EG des Rates vom 13. Dezember 2004 zur Verwirklichung des Grundsatzes der Gleichbehandlung von Männern und Frauen beim Zugang zu und bei der Versorgung mit Gütern und Dienstleistungen (ABl. EG Nr. L 373 S. 37). Vgl. Wendeling-Schröder/Stein/*Wendeling-Schröder AGG*, Einl. Rn. 37.

1230 Richtlinie 2006/54/EG ABl. L 204 vom 26.7.2006. RL 75/117/EWG zur Angleichung der Rechtsvorschriften der Mitgliedstaaten über die Anwendung des Grundsatzes des gleichen Entgelts für Männer und Frauen (ABl. L 45 vom 19.2.1975 S. 19). Die RL 86/378/EG zur Verwirklichung des Grundsatzes der Gleichbehandlung von Männern und Frauen bei den betrieblichen Systemen der sozialen Sicherheit (ABl. L 225 vom 12.8.1986).

1231 ABl. EG Nr. L 180/22

1232 Vgl. *Thüsing*, Europäisches Arbeitsrecht, S. 76 Rn. 12. Siehe diese Dissertationsschrift § 9, § 10, § 11, § 13, § 14.

1233 Vgl. Schulze/Janssen/Kadelbach/*Schulze/Kadelbach*, Einführung Rn. 11; *Thüsing*, Europäisches Arbeitsrecht, S. 14 Rn. 29; Schulze/Janssen/Kadelbach/*König/Kleinlein*, § 2 Rn. 57.

umzusetzen.[1234] Eine unmittelbare Wirkung kann eine Richtlinie nur in Ausnahmefällen erhalten.[1235] Setzt ein Mitgliedstaat die Richtlinie nach Ablauf der Umsetzungsfrist gar nicht, nicht fristgerecht oder nicht ordnungsgemäß um, können einzelnen Bestimmungen der Richtlinie eine unmittelbare Wirkung zukommen, vorausgesetzt, die zwingenden einzelnen Richtlinienbestimmungen hinreichend klar, genau und inhaltlich unbedingt bestimmt sind, Rechtsfolgen zu erzeugen; so dass sie von einem nationalen Gericht angewandt werden können.[1236] Die genannte unmittelbare Wirkung der Richtlinie ist aber nicht horizontal zu sehen, sondern als eine vertikale unmittelbare Wirkung zu verstehen.[1237] Die unmittelbare Wirkung von Richtlinienbestimmungen ist von allen staatlichen Stellen von Amts wegen zu beachten und die richtlinienwidrig erlassenen innerstaatliche Normen sind unangewendet zu lassen.[1238] Lässt sich aber die Richtlinie nicht unmittelbar anwenden, bleibt das Gebot einer richtlinienkonformen Auslegung der nationalen Rechtsvorschriften bestehen.[1239] Die richtlinienkonforme Auslegung hat allerdings Auswirkung auf alle Rechtsbeziehungen.[1240]

Auf Grundlage dieser schildert der weitere Abschnitt den europäischen arbeitsrechtlichen Diskriminierungsschutz nach den Antidiskriminierungsrichtlinien.

1234 Vgl. Schulze/Janssen/Kadelbach/*Schulze/Kadelbach*, Einführung Rn. 11; *Thüsing*, Europäisches Arbeitsrecht, S. 14 Rn. 29, S. 15 Rn. 33. Schulze/Janssen/Kadelbach/*König/Kleinlein*, § 2 Rn. 57; *Wendeling-Schröder/Stein*/ *Wendeling-Schröder/Stein, AGG*, Einl. Rn. 35.

1235 Vgl. Schulze/Janssen/Kadelbach/*Schulze/Kadelbach*, Einführung Rn. 11; *Thüsing*, Europäisches Arbeitsrecht, S. 14 Rn. 29; Schulze/Janssen/Kadelbach/*König/Kleinlein*, § 2 Rn. 58.

1236 EuGH 19.11.1991, Rs. C-6/90 u. C-9/90 "Frankovich u. a."; EuGH 11.6.2002, Rs. C-62/00 "Marks & Spencer"; EuGH 19.1.1982, Rs. 8/81 „Becker". Vgl. Schulze/Janssen/Kadelbach/*König/Kleinlein*, § 2 Rn. 58 f.; *Thüsing*, Europäisches Arbeitsrecht, S. 14 Rn. 29; S. 17 Rn. 37 f.; ErfK/*Schlachter* AGG Vorbemerkung Rn. 4; *Kocher* in Schlachter/Heinig (Hrsg.), EnzEuR Bd. 7, § 5 Rn. 71.

1237 EuGH v. 14.7.1994 – Rs. C-91/92, Slig. 1994, I, 3325; EuGH v. 19.1.2010 – C-555/07, NJW 2010, 427 Tz. 48f. – Kücükdevecci Vgl. *Thüsing*, Europäisches Arbeitsrecht, S. 14 Rn. 29; ErfK/*Schlachter* AGG Vorbemerkung Rn. 4.

1238 EuGH 4.12.2018, Rs. C-378/17 „Boyle"; EuGH 22.11.2005, Rs. C-144/07 „Mangold"; EuGH 19.1.2010, Rs. C-555/07 „Kücükdeveci"; EuGH 19.4.2016, Rs. C-441/14 „Dansk Industri". Vgl. ErfK/*Schlachter* AGG Vorbemerkung Rn. 4; Schulze/Janssen/Kadelbach/*König/Kleinlein*, § 2 Rn. 61.

1239 EuGH 26.9.2013, C-476/11 „HK Danmark"; EuGH 22.1.2019, Rs. C-193/17 „Cresco Investigation". Vgl. *Thüsing*, Europäisches Arbeitsrecht, S. 18, Rn. 41, 42. ErfK/*Schlachter* AGG Vorbemerkung Rn. 4.

1240 Vgl. *Thüsing*, Europäisches Arbeitsrecht, S. 18, Rn. 41, 42.

III. Europäischer arbeitsrechtlicher Diskriminierungsschutz nach den Antidiskriminierungsrichtlinien

Dieser Abschnitt befasst sich mit dem Thema des europäischen arbeitsrechtlichen Diskriminierungsschutzes im Hinblick auf die europäischen Antidiskriminierungsrichtlinien. Zuerst kommt es zur Beschreibung der Anwendungsbereiche der Richtlinien. Es folgt eine Darstellung der geschützten Diskriminierungsmerkmale nach den Richtlinien. Als Nächstes entwickelt sich eine Schilderung der Tatbestände des Diskriminierungsschutzes. Darauffolgend schließt sich die Erläuterung der Rechtfertigung an. Als Letztes steht eine Betrachtung der Rechtsfolgen.

1. Anwendungsbereiche

Der persönliche Anwendungsbereich der Antidiskriminierungsrichtlinien in Bezug auf Beschäftigung und Beruf ist auf alle Personen in öffentlichen und privaten Bereichen (Art. 3 I RL 2000/43/EG, Art. 3 I RL 2000/78/EG und Art. 14, I RL 2006/54/EG) festgelegt.[1241] Da dies nicht an ein bestimmtes Vertragsverhältnis geknüpft ist, gilt es nicht allein für Personen in Arbeitsverhältnissen, vielmehr sind auch selbstständig Erwerbstätige eingeschlossen.[1242] Eine besondere Bereichsausnahme beinhaltet lediglich die Rahmenrichtlinie im Hinblick auf Diskriminierungen aufgrund von Behinderung und Alter für die Streitkräfte (Art. 3 IV RL 2000/78/EG).[1243] Gültig sind sie auch für Drittstaatenangehörige (ErwG. 13 RL 2000/43/EG; ErwG. 12 RL 2000/78/EG).[1244]

Der sachliche Anwendungsbereich der Antidiskriminierungsrichtlinien für Beschäftigung und Beruf bezieht sich allgemein auf die Bedingungen für den Zugang zu unselbstständiger und selbstständiger Erwerbstätigkeit (Art. 3 I a, b, d RL 2000/43/EG; Art. 3 I a, b, d RL 2000/78/EG; Art. 14 I a, b, d RL 2006/54/EG). Die vorliegende Arbeit betont den sachlichen Anwendungsbereich der Antidiskriminierungsrichtlinien, welche die Beschäftigungs- und Arbeitsbedingungen mitsamt dem Arbeitsentgelt sowie aber vor allem den Entlassungsbedingungen umfasst (Art. 3, I, c RL 2000/43/EG; Art. 3, I, c RL 2000/78/EG; Art. 14, I, c RL 2006/54/EG). Inbegriffen sind in den Entlassungsbedingungen vor allem das Kündigungsrecht, daneben ebenfalls die Voraussetzungen einer Abfindung für den Verlust des Arbeitsplatzes, die Bedingungen für die Nichterneuerung eines

---

1241 Vgl. *Kocher* in Schlachter/Heinig (Hrsg.), EnzEuR Bd. 7, § 5 Rn. 58.
1242 Vgl. *Kocher* in Schlachter/Heinig (Hrsg.), EnzEuR Bd. 7, § 5 Rn. 58.
1243 Vgl. *Kocher* in Schlachter/Heinig (Hrsg.), EnzEuR Bd. 7, § 5 Rn. 59.
1244 Vgl. *Kocher* in Schlachter/Heinig (Hrsg.), EnzEuR Bd. 7, § 5 Rn. 60. Vgl. Art. 15, III EU-GRC: *„die Staatsangehörigen dritter Länder, die im Hoheitsgebiet der Mitgliedstaaten arbeiten dürfen, [...] Anspruch auf Arbeitsbedingungen [haben], die denen der Unionsbürgerinnen und Unionsbürger entsprechen."*

befristeten Arbeitsverhältnisses oder die Beendigung des Arbeitsverhältnisses von selbst durch Erreichen einer Altersgrenze.[1245]

Die Voraussetzungen einer unmittelbaren vertikalen Anwendung erfüllen die Normen Artikel 14 Absatz 1 Buchstabe c RL 2006/54/EG (Diskriminierungsverbot – Entlassungsbedingungen), Artikel 2 Absatz 2 RL 2000/43/EG und Artikel 2 Absatz 2 2000/78/EG; indem sie hinreichend und unbedingt formuliert sind, um Rechtsfolgen zu erzeugen, sodass sie jedes Gericht anwenden kann.[1246]

Die Antidiskriminierungsrichtlinien verpflichten Mitgliedstaaten, einen Rechtsschutz sowohl gegen Diskriminierungen durch den Staat als auch durch Private in Bezug auf das Arbeitsleben, insbesondere durch Arbeitgeber*innen, zu gewährleisten.[1247] Legt das Unionsrecht den Arbeitgebern*innen keine unmittelbare Verpflichtung auf, ist es Aufgabe des Mitgliedstaates, die Arbeitgeber*innen in die Pflicht zu nehmen.[1248] Kommt eine Drittbeteiligung infrage, können beide, der Dritte und der*die Arbeitgeber*in, Verursacher der Diskriminierung sein, vorausgesetzt, die Handlungen sind ihm*ihr zuzurechnen.[1249]

2. Geschützte Diskriminierungsmerkmale

Die Antidiskriminierungsrichtlinien verbieten Diskriminierungen aus Gründen des Geschlechts, der Rasse, der ethnischen Herkunft, der Religion, der Weltanschauung, der Behinderung, des Alters, der sexuellen Ausrichtung. Eine Erläuterung erfolgt erst im Hinblick auf die Rasse und die ethnische Herkunft. Es schließt sich die Darstellung der Merkmale des Geschlechts und der sexuellen Ausrichtung an. Anschließend findet eine Beschreibung der Behinderung und des Alters statt. Als Letztes steht eine Schilderung der geschützten Merkmale der Religion und der Weltanschauung.

a) Rasse und ethnische Herkunft

Die Antirassismusrichtlinie verbietet Diskriminierungen aufgrund der Rasse und der ethnischen Herkunft und bezieht "die Schaffung eines Rahmens zur Bekämpfung der Diskriminierung aufgrund der Rasse oder der ethnischen Herkunft im Hinblick auf die Verwirklichung des Grundsatzes der Gleichbehandlung in den

---

1245 EuGH, 11.7.2006, Rs. C-13/05, Rn. 36, 37 „Navas"; EuGH, 6.12.2012, Rs. C-152/11 Rn 33. "Odar"; EuGH, 12.9.2013, Rs. C-614/11, Rn 35 ff. "Kuso". Vgl. *Kocher* in Schlachter/Heinig (Hrsg.), EnzEuR Bd. 7, § 5 Rn. 66.

1246 EuGH 19.11.1991, Rs. C-6/90 und C-9/90, Rn. 11 ff. "Frankovich u. a.". Vgl. *Thüsing*, Europäisches Arbeitsrecht, S. 14 Rn. 29, S. 17 Rn. 37; *Kocher* in Schlachter/Heinig (Hrsg.), EnzEuR Bd. 7, § 5 Rn. 70 – 73.

1247 *Bauer/Göpfert/Krieger* AGG, Ein. Rn. 19.

1248 EuGH, 8.11.1990, Rs. C-177/88, Rn 23 ff. „Dekker". Vgl. *Kocher* in Schlachter/Heinig (Hrsg.), EnzEuR Bd. 7, § 5 Rn. 75.

1249 Vgl. *Kocher* in Schlachter/Heinig (Hrsg.), EnzEuR Bd. 7, § 5 Rn. 76.

Mitgliedstaaten" ein (Art. 1 RL 2000/43/EG). Eine positive Umschreibung des Begriffs Rasse findet sich nicht in der Antirassismusrichtlinie. Die Bedeutung des Begriffs *Rasse* und vor allem die Verwendung dieses Begriffs an sich gestaltet sich schwierig und etwas fragwürdig. Der sechste Erwähnungsgrund der Antirassismusrichtlinie beinhaltet Theorien, die die Existenz verschiedener menschlicher Rassen belegen sollen, was mit Entschiedenheit zurückgewiesen wird (ErwG 6 RL 2000/43/EG). Die Verwendung des Begriffs „Rasse" in der Antirassismusrichtlinie bezieht nicht die Akzeptanz solcher Theorien ein (ErwG 6 RL 2000/43/EG). Diesbezüglich geht es nicht um ein *„tatsächliches Merkmal"* bei dem Begriff der Rasse im Sinne der Antirassismusrichtlinie.[1250] Der Begriff *`Rasse`* ist verwendet, um die Anknüpfung an den Begriff des Rassismus und die Tatsache, dass die Vertretung solcher Theorien zu Unterscheidung, Ausschließung, Beschränkung und Benachteiligungen führen kann, zu verdeutlichen sowie die Signalwirkung des Begriffs beizubehalten.[1251] In dem Kontext *„Die öffentliche Äußerung eines Arbeitgebers, er werde keine Arbeitnehmer einer bestimmten ethnischen Herkunft oder Rasse einstellen, [...]"* begründet eine unmittelbare Diskriminierung nach der Antirassismusrichtlinie.[1252]

Auf der anderen Seite: Auch wenn der Begriff der ethnischen Herkunft auf den ersten Blick unproblematischer erscheint, können aus diesem genauso Schwierigkeiten wie aus dem Begriff der Rasse erwachsen.[1253] Eine positive Umschreibung des Begriffs der ethnischen Herkunft findet sich ebenfalls nicht in der Antirassismusrichtlinie. Allerdings ist mit einer Diskriminierung aufgrund der ethnischen Herkunft zu rechnen, wenn mit der Herkunft kulturell negative Merkmale der Person verbunden sind, die andere Person damit unterstellte ethnische Merkmale verbindet, die Personengruppen wegen der Kategorisierung in einer Gruppe als *„kulturell fremd"* benachteiligt.[1254] Bei einer Diskriminierung aufgrund der ethnischen Herkunft geht es nicht um die Angehörigkeit einer Person zu einer `ethnischen Herkunft`, vielmehr darum, worin die jeweilige Benachteiligung ihren Ursprung hat.[1255] Zu beachten sind bei einem Diskriminierungsverbot die Ungleichbehandlungen aufgrund der Staatsangehörigkeit, wobei Vorschriften über Einreise und Aufenthalt hier keine Rolle spielen; allerdings gilt das auch für

---

1250 *Thüsing*, Europäisches Arbeitsrecht, S. 99, Rn. 54.

1251 Vgl. *Thüsing*, Europäisches Arbeitsrecht, S. 98, Rn. 54; *Kocher* in Schlachter/Heinig (Hrsg.), EnzEuR Bd. 7, § 5 Rn. 87

1252 EuGH 10.7.2008, Rs. C-54/07, Rn. 28 „Feryn".

1253 Vgl. Thüsing, europäisches Arbeitsrecht, S. 99 Rn. 55; *Kocher* in Schlachter/Heinig (Hrsg.), EnzEuR Bd. 7, § 5 Rn. 88.

1254 *Kocher* in: Schlachter/Heinig (Hrsg.), EnzEuR Bd. 7, § 5 Rn. 88. Europäische Kommission, KOM(2014) 2 (Fn 10) S. 14; Greiner, Stefan, Putativ-Diskriminierung wegen Ethnie oder Rasse – der Fall „Minus: Ossi", DB 2010, 1940 „Putativ-Diskriminierung" s. Rn 105.

1255 Vgl. *Kocher* in Schlachter/Heinig (Hrsg.), EnzEuR Bd. 7, § 5 Rn. 88.

Drittstaatangehörige (ErwG. Nr. 13 und Art. 3 II RL 2000/43/EG).[1256] Das Verbot der Diskriminierungen aufgrund der ethnischen Herkunft erstreckt sich nicht auf die Diskriminierung aufgrund der Nationalität, Religion oder Sprache, es sei denn, eine unterschiedliche Behandlung auf der Grundlage von Nationalität, Religion oder Sprache erweist sich als mittelbare Diskriminierung wegen der ethnischen Herkunft.[1257] Geschützt ist im Rahmen des Diskriminierungsverbotes wegen der ethnischen Herkunft beispielsweise die Benachteiligung von Roma.[1258]

b) Geschlecht und sexuelle Ausrichtung

Die Gleichbehandlungsrichtlinie verbietet Diskriminierungen aufgrund des Geschlechts und befiehlt *„die Verwirklichung des Grundsatzes der Chancengleichheit und Gleichbehandlung von Männern und Frauen in Arbeits- und Beschäftigungsfragen sicherzustellen."* (Art. 1 I RL 2006/54/EG). Verboten sind Diskriminierungen aufgrund der Zugehörigkeit zum weiblichen oder männlichen biologischen Geschlecht einer Person (Art. 1 RL 2006/54/EG und ErwG 3 RL 2006/54/EG).[1259] Damit einbezogen sind auch Geschlechtsumwandlungen (ErwG 3 RL 2006/54/EG).[1260] Aus dieser Weise gewährleistet die Gleichbehandlungsrichtlinie, anders als Frauenrechtekonvention, einen symmetrischen Schutz sowohl für Frauen als auch für Männer.[1261] Zweifel über die Einordnung von Diskriminierungen wegen der Intersexualität einer Person sowie hinsichtlich Transgender Personen wurden bis jetzt nicht beseitigt.[1262] Klar ist nach der Rechtsprechung des EuGH allerdings die Nichterfassung der sexuellen Ausrichtung.[1263]

Geschützt ist die sexuelle Ausrichtung wiederum nach den europäischen Antidiskriminierungsrichtlinien laut der Richtlinie 2000/78/EG. Auch wenn die Rahmen-Richtlinie zur Konkretisierung dieses Differenzierungsmerkmals nicht

---

1256 Vgl. *Thüsing*, Europäisches Arbeitsrecht, S. 99 Rn. 55; *Kocher* in: Schlachter/Heinig (Hrsg.), EnzEuR Bd. 7, § 5 Rn. 90; EU COM(2014) 2, S. 12, 13. EuGH 11.7.1985, Rs- C-137/84, Mutsch.

1257 Vgl. EU COM(2014) 2, S. 13.

1258 Vgl. EU COM(2014) 2, S. 14; *Kocher* in Schlachter/Heinig (Hrsg.), EnzEuR Bd. 7, § 5 Rn. 88.

1259 Vgl. *Kocher* in Schlachter/Heinig (Hrsg.), EnzEuR Bd. 7, § 5 Rn. 81; EuArbRK/*Mohr* RL 2006/54/EG Art. 1 Rn. 13.

1260 EuGH, 30. 4. 1996, Rs. C-13/94 Rn. 20 „P./S."; EuGH 27.4.2006, Rs. C-423/04 Rn. 20 ff. "Richards". Vgl. *Kocher* in Schlachter/Heinig (Hrsg.), EnzEuR Bd. 7, § 5 Rn. 82; EuArbRK/*Mohr* RL 2006/54/EG Art. 1 Rn. 15.

1261 Siehe *diese Dissertationsschrift* § 7 B. IV. 2. Diskriminierung von Männern: EuGH 17.7.2014, Rs. C-173/13 „Leone, Leone". Vgl. EuArRK/*Mohr* RL 2006/54/EG Art. 1 Rn. 13.

1262 Vgl. *Kocher* in Schlachter/Heinig (Hrsg.), EnzEuR Bd. 7, § 5 Rn. 84, 85; Schiek/*Schiek* AGG, § 1, Rn 32; EuArbRK/*Mohr* RL 2006/54/EG Art. 1 Rn. 15.

1263 EuGH, 17.2.1998, Rs. C-249/96, Rn. m.w.N. 47 „Grant". Vgl. *Kocher* in Schlachter/Heinig (Hrsg.), EnzEuR Bd. 7, § 5 Rn. 83.

beigetragen hat, enthält sie auch keine Einschränkung.[1264] In dem Sinne ist vom Diskriminierungsverbot jede sexuelle Ausrichtung erfasst, beispielhaft Heterosexualität, Homosexualität oder Bisexualität.[1265] Falls die Diskriminierungen wegen Intersexualität, Transsexualität, oder Genderidentität nicht unter dem Verbot der Geschlechtsdiskriminierung zugeordnet sind, sind sie als Diskriminierungen wegen der sexuellen Ausrichtung einzuordnen.[1266]

c) Behinderung und Alter

Diskriminierungen aufgrund einer Behinderung verbietet die Rahmenrichtlinie RL 2000/78/EG, allerdings ohne den Begriff der Behinderung selbst zu definieren.[1267] Dabei hat der EuGH schon einige Grundsatzurteile zum Diskriminierungsverbot aufgrund der Behinderung erlassen.[1268] Aus den Erfordernissen der einheitlichen Anwendung des Gemeinschaftsrechts wie auch des Gleichheitsgrundsatzes ergebe sich, dass den Begriffen einer Vorschrift des Gemeinschaftsrechts, die für die Bestimmung ihres Sinnes und ihrer Tragweite nicht ausdrücklich auf das Recht der Mitgliedstaaten verweise, normalerweise in der gesamten Gemeinschaft eine autonome und einheitliche Auslegung zu geben sei, die unter Berücksichtigung des Zusammenhangs der Vorschrift und des mit der betreffenden Regelung verfolgten Zieles zu ermitteln sei.[1269] Damit stellte er fest, dass im Zusammenhang der Antidiskriminierungsrichtlinie der Begriff der Behinderung *„eine Einschränkung erfasst, die insbesondere auf physische, geistige oder psychische Beeinträchtigungen zurückzuführen ist und die ein Hindernis für die Teilhabe des Betreffenden am Berufsleben bildet."*[1270]

Darüber hinaus hilft bei der Auslegung des Begriffs insbesondere das Internationale Übereinkommen über die Rechte von Menschen mit Behinderung (BRK) als das erste rechtsverbindliche völkerrechtliche Menschenrechtsinstrument,

---

1264 Vgl. Thüsing, Europäisches Arbeitsrecht, S. 111 Rn. 81.

1265 Vgl. *Thüsing*, Europäisches Arbeitsrecht, S. 111 Rn. 81; *Kocher* in Schlachter/Heinig (Hrsg.), EnzEuR Bd. 7, § 5 Rn. 101; EuArbRK/*Mohr* RL 2000/78/EG Art. 1 Rn. 60.

1266 Vgl. *Kocher* in Schlachter/Heinig (Hrsg.), EnzEuR Bd. 7, § 5 Rn. 101. Von der sexuellen Ausrichtung sind Intersexualität, Transsexualität erfasst: EuArbRK/*Mohr* RL 2000/78/EG Art. 1 Rn. 60; MHdB ArbR/Oetker § 16 Rn. 13. Von der sexuellen Ausrichtung sind Intersexualität, Transsexualität nicht erfasst: EuGH, 30. 4. 1996, Rs. C-13/94 Rn. 20 "P./S."; EuGH 27.4.2006, Rs. C-423/04 Rn. 20 ff. "Richards".

1267 EuGH v. 11.7.2006, Rs. C-13/05, Rn. 39 „Navas"; Vgl. *Thüsing*, Europäisches Arbeitsrecht, S. 102 Rn. 65.

1268 Vgl. EU COM (2014) 2, S. 17.

1269 EuGH 11.7.2006, Rs. C-13/05, Rn. 40 „Navas".

1270 EuGH 11.7.2006, Rs. C-13/05, Rn. 43 „Navas". Vgl. EU COM(2014) 2, S. 17.

dem die Europäische Union beigetreten ist.[1271] Die Bezugnahme der BRK bringt mit sich ein Verständnis des Begriffs der Behinderung in *einem sozialen Kontext.*[1272] Diese Deutung geht weiter als die Beurteilung einer Schädigung oder einer Funktionsbeeinträchtigung als Folge körperlicher, geistiger oder psychischer Probleme als eine Behinderung zu bezeichnen und interpretiert den Begriff der Behinderung *in einem dynamischen gesellschaftlichen Kontext*, während bestimmte Einschränkungen in einer bestimmten Zeit in einem bestimmten sozialen Kontext den Charakter einer Behinderung haben können, in einem anderen Kontext wiederum nicht.[1273] Darauffolgend ist *in jedem Einzelfall neu zu betrachten*, ob eine Behinderung vorliegt oder nicht.[1274] Mit der Unterzeichnung der BRK und der Akzeptanz der BRK als eine Auslegungsquelle nähert sich das europäische Antidiskriminierungsrecht im Zusammenhang mit dem geschützten Diskriminierungsmerkmal der Behinderung der gruppenidentitätssensiblen Analyse des Antidiskriminierungsrechts.[1275] Damit stellte er fest, dass im Zusammenhang der Antidiskriminierungsrichtlinie der Begriff der Behinderung so zu verstehen, dass *„[...] er eine Einschränkung von Fähigkeiten erfasst, die u. a. auf langfristige physische, geistige oder psychische Beeinträchtigungen zurückzuführen ist, die den Betreffenden in Wechselwirkung mit verschiedenen Barrieren an der vollen und wirksamen Teilhabe am Berufsleben unter Gleichstellung mit den übrigen Arbeitnehmern hindern können.“*[1276]

Ein anderes, in der Rahmenrichtlinie geschütztes Diskriminierungsmerkmal ist das Alter. Im Zusammenhang mit dem Verbot der Diskriminierung wegen des Alters folgt das europäische Recht seinem Vorbild, dem US-amerikanischen Recht.[1277] Anders als dieses bildet allerdings das europäische Antidiskriminierungsrecht einen symmetrischen Rechtsschutz.[1278] Dahin gehend kennt dieses

1271 Siehe *diese Dissertationsschrift* §7 B. IV. 3. Vgl. EuGH 11.7.2006, Rs. C-13/05, Rn. 39 „Navas“; EGH 11.4.2013, Rs. C-335/11 und C-337/11 „Ring und Skouboe Werge“; EU COM(2014) 2, S. 17; *Kocher* in Schlachter/Heinig (Hrsg.), EnzEuR Bd. 7, § 5 Rn. 93.

1272 Siehe auch *diese Dissertationsschrift* §7 B. IV. 3. Vgl. Schlussanträge Geelhoed EuGH 11.7.2006, Rs. C-13/05, Rn. 62 „Navas“; EuGH, 18.3.2014, Rs. C-363/12 Rn. 80 “Z./A Government Department”; *Kocher* in Schlachter/Heinig (Hrsg.), EnzEuR Bd. 7, § 5 Rn. 95.

1273 Vgl. Schlussanträge Geelhoed EuGH 11.7.2006, Rs. C-13/05, Rn. 58, 62, 66, 76 „Navas“; EuGH, 18.3.2014, Rs. C-363/12 Rn. 80 „Z./A Government Department“; *Kocher* in Schlachter/Heinig (Hrsg.), EnzEuR Bd. 7, § 5 Rn. 94, 95; EuArRK/*Mohr* RL 2000/78/EG Art. 1 Rn. 35.

1274 EuGH, 18.12.2014, Rs. C-354/13 Rn. 58 ff. „Kaltoft“. Vgl. *Kocher* in Schlachter/Heinig (Hrsg.), EnzEuR Bd. 7, § 5 Rn. 95.

1275 Siehe auch *diese Dissertationsschrift* § 4 D. IV und §7 B. IV. 3.

1276 EuGH 18.1.2018, Rs. C-270/16, Rn. 28 „Conejero“; EuGH 9.3.2017, C-406/15, Rn. 36 „Milkova“. Vgl. EuArRK/*Mohr* RL 2000/78/EG Art. 1 Rn. 37.

1277 Vgl. *Kocher* in Schlachter/Heinig (Hrsg.), EnzEuR Bd. 7, § 5 Rn. 100.

1278 Vgl. *Kocher* in Schlachter/Heinig (Hrsg.), EnzEuR Bd. 7, § 5 Rn. 100.

Diskriminierungsverbot keine spezifisch geschützte Gruppe, vielmehr finden sowohl Ältere als auch Jüngere Schutz gegen Diskriminierungen wegen ihres Alters.[1279] Verankert ist der Schutz gegen Altersdiskriminierung in völkerrechtlichen Vorschriften in Öffnungsklauseln unter dem sonstigen Status.[1280]

d) Religion und Weltanschauung

Wie bei den Begriffen der Rasse und der ethnischen Herkunft findet sich keine Definition der Begriffe der Religion und Weltanschauung in der Rahmenrichtlinie, es ist den Mitgliedstaaten überlassen, den Begriff in ihrem nationalen Recht zu definieren.[1281] Allgemein fallen unter den Begriff der Religion beispielsweise Protestantismus, Katholizismus, Judentum und Islam; bei der Einordnung der Scientology gibt es noch Diskussionsbedarf.[1282] Im Unterschied zur Religion will die Weltanschauung keine transzendentale Stellungnahme über das menschliche Leben machen.[1283] Buddhismus oder Hinduismus zum Beispiel fallen unter den Begriff der Weltanschauung.[1284] Die der menschlichen Würde und dem Wertesystem demokratischer Gesellschaften widersprechenden Weltanschauungen (wie rassistische Weltanschauungen) genießen nicht den gleichen Schutz wie andere, somit ist eine Rechtfertigung einer Ungleichbehandlung möglich.[1285] In Einzelheiten ist das Thema im § 12 B I diskutiert.[1286]

3. Tatbestände des Diskriminierungsschutzes

Antidiskriminierungsrichtlinien verwenden als Rechtsbegriff das Wort Diskriminierung und benutzen es auch als Verbotstatbestand, nämlich Diskriminierungsverbot.[1287] Sie bieten Schutz sowohl gegen unmittelbare als auch gegen mittelbare Diskriminierungen und sie beinhalten auch das Kündigungsrecht (Art. 2 I RL 2000/43/EG; Art. 2 I RL 2000/78/EG; Art. 2, I 2006/54/EG).

1279 Vgl. *Kocher* in Schlachter/Heinig (Hrsg.), EnzEuR Bd. 7, § 5 Rn. 100.

1280 Vgl. *Kocher* in Schlachter/Heinig (Hrsg.), EnzEuR Bd. 7, § 5 Rn. 100.

1281 Siehe *diese Dissertationsschrift* § 11 B. III.

1282 Vgl. *Kocher* in Schlachter/Heinig (Hrsg.), EnzEuR Bd. 7, § 5 Rn. 91; *Thüsing*, Europäisches Arbeitsrecht, S. 109 Rn. 75; Schiek/*Schiek*, AGG, § 1, Rn 20; EuArRK/*Mohr* RL 2000/78/EG Art. 1 Rn. 19.

1283 Vgl. *Kocher* in Schlachter/Heinig (Hrsg.), EnzEuR Bd. 7, § 5 Rn. 91; Schiek/*Schiek*, AGG, § 1 Rn. 20.

1284 Vgl. *Kocher* in Schlachter/Heinig (Hrsg.), EnzEuR Bd. 7, § 5 Rn. 91; Schiek/*Schiek*, AGG, § 1 Rn. 20.

1285 Vgl. *Kocher* in Schlachter/Heinig (Hrsg.), EnzEuR Bd. 7, § 5 Rn. 92; EuArRK/*Mohr* RL 2000/78/EG Art. 1 Rn. 18.

1286 Siehe *diese Dissertationsschrift* § 12 B. I.

1287 Vgl. *Lingscheid*, S. 8.

a) Unmittelbare Diskriminierung

Eine unmittelbare Diskriminierung im Sinne der Antidiskriminierungsrichtlinien ist demnach eine Situation, in der eine Person aufgrund eines Diskriminierungsmerkmals eine weniger günstige Behandlung erfährt, als eine andere Person in einer vergleichbaren Situation erfährt, erfahren hat oder erfahren würde (Art. 2 II a RL 2000/43/EG; Art. 2 II a RL 2000/78/EG; Art. 2 I a RL 2006/54/EG).[1288] Demzufolge ist eine Diskriminierung aufgrund eines in den Antdiskriminierungsrichtlinien geschützten Merkmals, nämlich aufgrund des Geschlechts, der Rasse, der ethnischen Herkunft, der Religion oder Weltanschauung, einer Behinderung, des Alters, der sexuellen Ausrichtung zustande gekommen.[1289]

Am Beispiel des Merkmales des Geschlechts ist es auch eine unmittelbare Diskriminierung, wenn die Benachteiligung anstatt direkt an dem Geschlecht, sondern an einem Merkmal, das von vornherein nur für Frauen oder Männer zutreffen kann, anknüpft.[1290] Weiterhin stellt eine jegliche ungünstigere Behandlung einer Frau im Zusammenhang mit Schwangerschaft oder Mutterschaftsurlaub eine unmittelbare Diskriminierung wegen des Geschlechts dar (ErwG. 23 und Art. 2 II c RL 2006/54/EG).[1291] Entsprechend der diskriminierenden Kündigung ist der EuGH der Meinung, die Kündigung einer Arbeitnehmerin, weil sie sich im vorgerückten Behandlungsstadium einer In-vitro-Fertilisation befand, bedeute eine unmittelbare Geschlechtsdiskriminierung.[1292] *„Maßnahmen wie eine Follikelpunktion und die Einsetzung der daraus hervorgegangenen Eizellen sofort nach ihrer Befruchtung in die Gebärmutter der Frau [könnten] unmittelbar nur Frauen betreffen“*.[1293] Für Diskriminierungen aufgrund der biologischen Mutterschaft sowie der besonderen damit im Zusammenhang stehenden Rechte gilt dasselbe.[1294] Eine Arbeitnehmerin sei in ihrem Arbeitsverhältnis vor jeder Benachteiligung geschützt, die auf der Tatsache beruht, dass sie im Mutterschaftsurlaub ist oder war.[1295]

1288 Vgl. *Kocher* in: Schlachter/Heinig (Hrsg.), EnzEuR Bd. 7, § 5 Rn. 124.

1289 Vgl. *Kocher* in: Schlachter/Heinig (Hrsg.), EnzEuR Bd. 7, § 5 Rn. 125.

1290 Vgl. *Kocher* in: Schlachter/Heinig (Hrsg.), EnzEuR Bd. 7, § 5 Rn. 125.

1291 EuGH, 8.11.1990, Rs. C-177/88 „Dekker“.

1292 EuGH, 26.2.2008, Rs. C-506/06 „Mayr“. Vgl. *Kocher* in Schlachter/Heinig (Hrsg.), EnzEuR Bd. 7, § 5 Rn. 127.

1293 EuGH, 26.2.2008, Rs. C-506/06 „Mayr“. Vgl. *Kocher* in: Schlachter/Heinig (Hrsg.), EnzEuR Bd. 7, § 5 Rn. 127.

1294 EuGH 18.11.2004, Rs. C-284/02, Rn. 35 „Sass“. Vgl. *Kocher* in: Schlachter/Heinig (Hrsg.), EnzEuR Bd. 7, § 5 Rn. 128.

1295 EuGH 18.11.2004, Rs. C-284/02, Rn. 35 „Sass“. Vgl. *Kocher* in Schlachter/Heinig (Hrsg.), EnzEuR Bd. 7, § 5 Rn. 128.

Im Vergleich dazu gestalten sich Familienstand und Elternschaft wie auch die Elternrechte als neutrale Kriterien.[1296] In dem Zusammenhang, auch wenn das Recht der Mitgliedstaaten unberührt bleibt, Adoptionsurlaub zu gewähren oder eigene Rechte auf Vaterschaftsurlaub anzuerkennen, sind die Mitgliedstaaten, die derartige Rechte anerkennen, verpflichtet, erforderliche Maßnahmen zu treffen, um die betroffenen Arbeitnehmer*innen vor Entlassung infolge der Inanspruchnahme dieser Rechte zu schützen (Art. 16 2006/54/EG).[1297]

Darüber hinaus ist zu gewährleisten, dass sie nach Ablauf des Urlaubs Anspruch darauf haben, an ihren früheren Arbeitsplatz zurückzukehren oder einen gleichwertigen Arbeitsplatz zu besetzen (Art. 16 2006/54/EG). Das Europäische Antidiskriminierungsrecht lässt einzelstaatliche Rechtsvorschriften über den Familienstand und davon abhängige Leistungen unberührt (ErwG 22 RL 2000/78/EG).[1298] Entscheidet sich der Mitgliedstaat grundsätzlich allerdings für eine rechtliche Gleichstellung bestimmter Formen der gleichgeschlechtlichen Lebensgemeinschaft an der Ehe, stellt eine Benachteiligung der funktional gleichwertigen gleichgeschlechtlichen Partnerschaft gegenüber Eheleuten eine unmittelbare Diskriminierung wegen der sexuellen Identität dar.[1299]

Des Weiteren ist für das Bestehen einer unmittelbaren Diskriminierung eine weniger günstige Behandlung vorausgesetzt. Eine weniger günstige Behandlung kann *"Jede unterschiedliche Belastung aufgrund eines Diskriminierungsmerkmals"* sein.[1300] Auch die Versagung einer Möglichkeit kann eine weniger günstige Behandlung darstellen.[1301] Es ist es auch eine nachteilige Behandlung, wenn an einen*e älteren*e Arbeitnehmer*in, anders als an jüngere, kein Aufhebungsvertrag angeboten wird.[1302] Eine eventuelle Entschädigung durch Erhalt des Arbeitsplatzes ändert nichts an der ungünstigeren Behandlung.[1303]

Außerdem ist zur Feststellung einer weniger günstigen Behandlung ein Vergleich mit einer anderen Person, die in einer vergleichbaren Situation ist, vorausgesetzt. Als Vergleichsperson kann grundsätzlich jede/r andere (momentane oder frühere) Beschäftigte, Amtsvorgänger*in, Personen, die für denselben/dieselbe oder einen/eine anderen/andere Arbeitgeber*in tätig sind, gewählt werden,

---

1296 EuGH 17.7.2014, Rs. C-173/13 „Leone und Leone“; EuGH 30.9.2010, Rs. C-104/09 „Alvarez“. Vgl. *Kocher* in: Schlachter/Heinig (Hrsg.), EnzEuR Bd. 7, § 5 Rn. 130, 131.

1297 Vgl. *Kocher* in: Schlachter/Heinig (Hrsg.), EnzEuR Bd. 7, § 5 Rn. 131.

1298 EuGH 1.4.2008, Rs. C-267/06, „Maruko“. Vgl. *Kocher* in: Schlachter/Heinig (Hrsg.), EnzEuR Bd. 7 § 5 Rn. Rn. 132; *Thüsing*, Europäisches Arbeitsrecht, S. 113 Rn. 84.

1299 EuGH 1.4.2008, Rs. C-267/06, „Maruko“. Vgl. *Thüsing*, Europäisches Arbeitsrecht, S. 113 Rn. 84; *Kocher* in: Schlachter/Heinig (Hrsg.), EnzEuR Bd. 7, § 5 Rn. 132.

1300 Vgl. Kocher in: Schlachter/Heinig (Hrsg.), EnzEuR Bd. 7, § 5 Rn. 140.

1301 Vgl. Kocher in: Schlachter/Heinig (Hrsg.), EnzEuR Bd. 7, § 5 Rn. 141.

1302 Vgl. Kocher in: Schlachter/Heinig (Hrsg.), EnzEuR Bd. 7, § 5 Rn. 141.

1303 EuGH 22.11.2012, Rs- 385/11 „Moreno“. Vgl. *Kocher* in Schlachter/Heinig (Hrsg.), EnzEuR Bd. 7, § 5 Rn. 141.

solange die Behandlung der Vergleichspersonen sich auf für beide gemeinsame (Rechts-)Vorschriften, Anforderungen oder Verfahren stützen.[1304] Andere Menschen mit Behinderungen, die eine andere Form der Behinderung haben, können ebenfalls als Vergleichspersonen herangezogen werden.[1305] Ein Vergleich mit einer hypothetischen Person ist entsprechend dem Wortlaut, *„erfahren würde"*, auch möglich.[1306] Vorhanden sein muss wiederum die Vergleichbarkeit *„spezifisch und konkret"* bezüglich der benachteiligenden Leistung oder des angegriffenen Kriteriums.[1307]

b) Mittelbare Diskriminierung

Eine mittelbare Diskriminierung im Sinne der Antidiskriminierungsrichtlinien liegt vor, wenn dem Anschein nach neutralen Vorschriften, Kriterien oder Verfahren Personen mit einem bestimmten Merkmal gegenüber anderen Personen in besonderer Weise benachteiligen und diese Vorschriften, Kriterien oder Verfahren nicht durch ein rechtmäßiges Ziel angemessen und erforderlich sind (Art. 2 II b RL 2000/43/EG; Art. 2 II b RL 2000/78/EG; Art. 2 I b RL 2006/54/EG).[1308]

Entscheidend ist bei der Festsetzung einer unmittelbaren Diskriminierung erstens die Frage, ob die betreffenden neutralen Vorschriften, Kriterien oder Verfahren für eine Gruppe in besonderer Weise benachteiligend wirken (Art. 2 II b RL 2000/43/EG; Art. 2 II b RL 2000/78/EG; Art. 2 I b RL 2006/54/EG).[1309] Dabei hilft die Anwendung einer statistischen Betrachtung, die überprüft, ob aussagekräftige Unterschiede vorliegen.[1310] Als Beispiele zu nennen ist die Betriebszugehörigkeit, welche anscheinend nach neutralen Kriterien in besonderer Weise sich nachteilig für jüngere Beschäftigte auswirkt.[1311]

Zweitens ist eine Prüfung der objektiven Rechtfertigung einer mittelbaren Diskriminierung vorausgesetzt. In dem Zusammenhang reichen rein ökonomische Gründe, wie zum Beispiel Kosten eines*r Arbeitgebers*in oder die

---

1304 EuGH 10.3.2005, Rs. C-196/02 Rn. 27 „Nikoloudi"; EuGH 10.7.2008, Rs. C-54/07 „Feryn". Vgl. *Kocher* in Schlachter/Heinig (Hrsg.), EnzEuR Bd. 7, § 5 Rn. 143.

1305 EuGH 26.1.2021, C-16/19.

1306 EuGH 10.3.2005, Rs. C-196/02 Rn. 27 „Nikoloudi". Vgl. *Kocher* in: Schlachter/Heinig (Hrsg.), EnzEuR Bd. 7, § 5 Rn. 144.

1307 EuGH 12.12.2013, Rs. C-267/12, Rn 33 „Hay". Vgl. *Kocher* in: Schlachter/Heinig (Hrsg.), EnzEuR Bd. 7, § 5 Rn. 145.

1308 EuGH 12.2.1974, Rs. 152/73, „Sotgiu"; EuGH 7.5.1998, Rs. C-350/96 "Clean Auto Service". Vgl. *Thüsing*, europäisches Arbeitsrecht, S. 73 Rn. 5.

1309 Vgl. *Kocher* in: Schlachter/Heinig (Hrsg.), EnzEuR Bd. 7, § 5 Rn. 149; *Agentur der Europäischen Union*, S. 61; *Ünal*, S. 126.

1310 Vgl. *Kocher* in: Schlachter/Heinig (Hrsg.), EnzEuR Bd. 7, § 5 Rn. 150, 151.

1311 Vgl. *Kocher* in: Schlachter/Heinig (Hrsg.), EnzEuR Bd. 7, § 5 Rn. 153.

Haushaltserwägungen eines Mitgliedstaates nicht als Rechtfertigung.[1312] Falls die nachteilig wirkende Regelung allerdings einem Mitgliedstaat zuzurechnen ist, sind dann vor allem sozialpolitische Ziele als legitime Gründe zu erwähnen.[1313] Und wenn die Ungleichbehandlung einem*einer Arbeitgeber*in zuzurechnen ist, ist ein Grund nur dann legitim, falls er dem tatsächlichen Bedarf des Unternehmens entspricht sowie die Mittel für die Erreichung dieses Zieles angemessen und erforderlich sind (Art. 2, b RL 2000/43/EG; Art. 2 b i RL 2000/78/EG; Art. 1 b RL 2006/54/EG).[1314] Darüber hinaus sieht Artikel 2 Absatz 2 Buchstabe b Nummer ii RL 2000/78/EG für den*die Arbeitgeber*in (oder jede Person oder Organisation) eine Möglichkeit vor, die Annahme einer mittelbaren Diskriminierung wegen einer Behinderung entgegenzuhalten; im Falle von Personen mit einer bestimmten Behinderung aufgrund des einzelstaatlichen Rechts besteht die Verpflichtung, geeignete Maßnahmen nach dem Artikel 5 RL 2000/78/EG enthaltene Grundsätze vorzusehen, um die sich durch diese Vorschrift, dieses Kriterium oder dieses Verfahren ergebenden Nachteile zu beseitigen.

4. *Rechtfertigung*

Eine Rechtfertigung stellt sich als ein Teil des Tatbestands einer mittelbaren Diskriminierung dar.[1315] Die Rechtfertigung einer unmittelbaren Diskriminierung ist allerdings nur in den Richtlinien ausdrücklich festgeschrieben; es handelt sich um eng auszulegende, spezielle Ausnahmefälle.[1316]

Eine Rechtfertigung einer unmittelbaren Diskriminierung aufgrund der wesentlichen und entscheidenden beruflichen Anforderungen ist nach der Antidiskriminierungsrichtlinie für alle Diskriminierungsgründe vorgesehen. Eine Diskriminierung besteht angesichts eines mit den Diskriminierungsgründen zusammenhängenden Merkmales laut sämtlichen Richtlinien für Mitgliedstaaten nicht, wenn das betreffende Merkmal aufgrund der Art einer bestimmten beruflichen Tätigkeit oder der Rahmenbedingungen ihrer Ausübung eine wesentliche und entscheidende berufliche Anforderung darstellt, sofern es sich um einen rechtmäßigen Zweck und eine angemessene Anforderung handelt (Art. 4 RL 2000/43/EG; Art. 4 I RL 2000/78/EG; Art. 14 II RL 2006/54/EG). Im gesamten Anwendungsbereich des Diskriminierungsschutzes nach der Antirassismusrichtlinie

---

1312 EuGH 10.3.2005, Rs. C-196/02 Rn 51 ff. „Nikoloudi"; EuGH 23.10.2003, Rs. C-4/02 u. C-5/02 Rn. 84 f. „Schönheit und Becker". Vgl. *Kocher* in: Schlachter/Heinig (Hrsg.), EnzEuR Bd. 7, § 5 Rn. 160.

1313 Vgl. *Kocher* in: Schlachter/Heinig (Hrsg.), EnzEuR Bd. 7, § 5 Rn. 161.

1314 EuGH, 13.5.1986, Rs. C-170/84 Rn. 36 „Bilka"; EuGH 13.7.1989, Rs. C-171/88, Rn 14 „Rinner-Kühn". Vgl. *Kocher* in: Schlachter/Heinig (Hrsg.), EnzEuR Bd. 7, § 5 Rn. 163.

1315 Vgl. *Kocher* in: Schlachter/Heinig (Hrsg.), EnzEuR Bd. 7, § 5 Rn. 180; EuArRK (3. Aufl.)/*Mohr* RL 2000/78/EG Art. 1 Rn. 1.

1316 Vgl. *Kocher* in: Schlachter/Heinig (Hrsg.), EnzEuR Bd. 7, § 5 Rn. 180.

und der Rahmenrichtlinie sowie im Hinblick auf den Zugang zur Beschäftigung nach der Genderrichtlinie kommt eine Rechtfertigung einer Ungleichbehandlung in Betracht (Art. 4 RL 2000/43/EG, Art. 4, I RL 2000/78/EG; Art. 14, II RL 2006/54/EG). In dem Zusammenhang unterscheidet sich das europäische Antidiskriminierungsrecht von seinem Vorbild, dem US-amerikanischen Recht, welches überhaupt keine Möglichkeit der Rechtfertigung einer Ungleichbehandlung aufgrund eines mit der Rasse zusammenhängenden Merkmales kennt.[1317]

Voraussetzung der Rechtfertigung einer unmittelbaren Diskriminierung aufgrund wesentlicher und entscheidender beruflicher Anforderungen sind ein rechtmäßiger Zweck und eine angemessene Anforderung. Vor allem stellt das betreffende Merkmal eine berufliche Anforderung dar, die für die Art der Tätigkeit oder für die Bedingungen ihrer Ausübung wesentlich und entscheidend ist. Darüber hinaus ist ein rechtmäßiger Zweck zu verfolgen. Ein rechtmäßiger Zweck darf nicht gegen eine Verbotsnorm verstoßen.[1318] Die Verfolgung jedes zulässigen Gemeinwohlzieles ist demgegenüber dem mitgliedstaatlichen Gesetzgeber gestattet.[1319] Die Sicherung der Einsatzbereitschaft und des ordnungsmäßigen Funktionierens der Berufsfeuerwehr sowie die Sicherheit des Flugverkehrs sind z. B. als rechtmäßiger Zweck anerkannt.[1320] Darüber hinaus ist nur unter sehr eingeschränkten Bedingungen eine unterschiedliche Behandlung gerechtfertigt, selbst wenn ein Merkmal eine wesentliche und entscheidende berufliche Anforderung darstellt; dementsprechend empfiehlt sich eine enge Auslegung.[1321]

Ein geschütztes Merkmal ist nur für den Fall der Erforderlichkeit zur ordnungsgemäßen Durchführung der Aufgabe als Anforderung zu verwenden.[1322] Zum Beispiel ist eine generelle Pauschalisierung des Alters mit einer geringeren körperlichen oder psychischen Belastbarkeit nicht legitim gehalten.[1323] In Besonderheit der Altersgrenzen bei Beendigung des Arbeitsvertrages kann allerdings das Argument der Fürsorge überzeugend sein.[1324] Außerdem, solange unmittelbare sachliche Voraussetzung der Tätigkeit das jeweilige Diskriminierungsmerkmal selbst ist, können spezifische unternehmerische, pädagogische, künstlerische oder sonstige Konzepte Gründe der Erforderlichkeit der

---

1317 Vgl. *Thüsing*, Europäisches Arbeitsrecht, S. 100 Rn. 58.

1318 EuArRK (3. Aufl.)/*Mohr* RL 2000/78/EG Art. 4 Rn. 5.

1319 EuArRK (3. Aufl.)/*Mohr* RL 2000/78/EG Art. 4 Rn. 5.

1320 EuGH 12.1.2010, Rs. C-229/08 Rn. 39 „Wolf" (Berufsfeuerwehr); EuGH 15.11.2016, Rs. C-258/15 Rn. 34 ff. „Sorondo". Vgl. EuArRK (3. Aufl.)/*Mohr* RL 2000/78/EG Art. 4 Rn. 5.

1321 EuGH, 13.9.2011, Rs. C-447/09 Rn. 71, 72 „Prigge u.a.". Vgl. EuArRK (3. Aufl.)/*Mohr* RL 2000/78/EG Art. 4 Rn. 11.

1322 Vgl. *Kocher* in Schlachter/Heinig (Hrsg.), EnzEuR Bd. 7, § 5 Rn. 185.

1323 EuGH, 13.9.2011, Rs. C-447/09 „Prigge u.a.". Vgl. *Kocher* in Schlachter/Heinig (Hrsg.), EnzEuR Bd. 7, § 5 Rn. 186.

1324 Vgl. *Kocher* in: Schlachter/Heinig (Hrsg.), EnzEuR Bd. 7, § 5 Rn. 186.

Anforderungen sein.[1325] Die Diskriminierungsmerkmale können nur in begrenzten Gruppen von Fällen Relevanz besitzen, wie wenn eine Tätigkeit im Konzept eine bestimmte Form der Authentizität verlangt oder aufgrund des Intimsphäreschutzes, der persönlichen Sicherheit der Persönlichkeit sowie pädagogischer Konzepte.[1326] Ähnlich wie dieses können Kundenwünsche eine Benachteiligung nur dann rechtfertigen, wenn sie zum Beispiel aufgrund des Schutzes der Intimsphäre oder der persönlichen Sicherheit sachlich gerechtfertigt sind.[1327]

Darüber hinaus, wie es beim Beruf des Priesters, Rabbis oder des Imams der Fall ist, kann auch die Religion oder Weltanschauung allgemein eine wesentliche und entscheidende Anforderung für eine bestimmte berufliche Tätigkeit darstellen.[1328] Einen besonderen Rechtsfertigungsgrund sieht allerdings Artikel 4 Absatz 2 RL 2000/78/EG angesichts der Merkmale Religion und Weltanschauung. Er berechtigt die Mitgliedstaaten in Bezug auf berufliche Tätigkeiten innerhalb von Kirchen und anderen öffentlichen oder privaten Organisationen, deren Ethos auf religiösen Grundsätzen oder Weltanschauungen beruht, Ungleichbehandlungen wegen der Religion oder Weltanschauung einer Person zu erlauben, wenn die Religion oder die Weltanschauung dieser Person nach der Art dieser Tätigkeiten oder der Umstände ihrer Ausübung eine wesentliche, rechtmäßige und gerechtfertigte berufliche Anforderung angesichts des Ethos der Organisation darstellt (ErwG 24 der RL 2000/78/EG; Art. 4 II RL 2000/78/EG).[1329] Die beruflichen Anforderungen müssen wesentlich, rechtmäßig und gerechtfertigt sein und dem Grundsatz der Verhältnismäßigkeit entsprechen.[1330] Die Rechtmäßigkeit einer Ungleichbehandlung wegen der Religion oder der Weltanschauung hängt vom Vorliegen eines direkten Zusammenhangs zwischen der vom*von der Arbeitgeber*in aufgestellten beruflichen Anforderung und der fraglichen Tätigkeit ab.[1331] Ein solcher Zusammenhang kann sich entweder aus der Art dieser Tätigkeit ergeben oder aus den Umständen ihrer Ausübung.[1332] Ist allerdings zum Beispiel die Akzeptanz des Eheverständnisses für die Bekundung des Ethos der Kirche für die ausgeübten beruflichen Tätigkeiten nicht notwendig, rechtfertigt dies keine Kündigung.[1333] Ansonsten ist die Rechtfertigung einer Diskriminierung aus einem anderen Grund wie zum Beispiel der sexuellen Ausrichtung eines*r

---

1325 Vgl. *Kocher* in: Schlachter/Heinig (Hrsg.), EnzEuR Bd. 7, § 5 Rn. 187; EuArRK (3. Aufl.)/*Mohr* RL 2000/78/EG Art. 4 Rn. 5.

1326 Vgl. *Kocher* in: Schlachter/Heinig (Hrsg.), EnzEuR Bd. 7, § 5 Rn. 187.

1327 Vgl. *Kocher* in: Schlachter/Heinig (Hrsg.), EnzEuR Bd. 7, § 5 Rn. 188.

1328 Vgl. *Kocher* in: Schlachter/Heinig (Hrsg.), EnzEuR Bd. 7, § 5 Rn. 190.

1329 Vgl. EuGH 11.9.2018, Rs. C-68/17 Rn. 50 „IR gegen JQ".

1330 Vgl. EuGH 11.9.2018, Rs. C-68/17 Rn. 61 „IR gegen JQ".

1331 Vgl. EuGH 11.9.2018, Rs. C-68/17 Rn. 61 „IR gegen JQ".

1332 Vgl. EuGH 11.9.2018, Rs. C-68/17 Rn. 61 „IR gegen JQ".

1333 Vgl. EuGH 11.9.2018, Rs. C-68/17 Rn. 57–58 „IR gegen JQ".

Arbeitnehmers*in nach Artikel 4 Absatz 2 RL 2000/78/EG nicht zulässig (Art. 4 II 2 RL 2000/78/EG).[1334]

Besondere Rechte für Frauen sind aufgrund von Schwangerschaft und Mutterschaft nach dem Unionsrecht erlaubt, diese Personen befinden sich in einer mit anderen Arbeitnehmern*innen nicht vergleichbaren Situation.[1335] Positive "spezifische" Maßnahmen, die die Mitgliedstaaten zur Gewährleistung der völligen Gleichstellung im Berufsleben beschließen und beibehalten und mit denen Benachteiligungen aufgrund der geschützten Diskriminierungsmerkmale verhindert oder ausgeglichen werden sollen, bleiben von den Antidiskriminierungsrichtlinien unberührt (Art. 5 RL 2000/43/EG; Art. 7 I RL 2000/78/EG; Art. 3 RL 2006/54/EG). Diese Maßnahmen gestalten sich als Ausnahmen von der formalen Gleichbehandlung.[1336] Demzufolge sind (positive) Maßnahmen erlaubt, die ohne diese Erlaubnis gegen das (formale) Gleichbehandlungsgebot verstoßen würden.[1337]

5. *Rechtsfolgen*

Sanktionen, die bei einem Verstoß gegen die einzelstaatlichen Vorschriften zur Anwendung dieser Richtlinie zu verhängen sind, legen die Mitgliedstaaten fest (Art. 15 RL 2000/43/EG; Art. 17 RL 2000/78/EG; Art. 18 RL 2006/54/EG). Die Mitgliedstaaten sind auch dazu verpflichtet, alle geeigneten Maßnahmen zu treffen, um deren Durchsetzung zu gewährleisten (Art. 15 RL 2000/43/EG; Art. 17 RL 2000/78/EG; Art. 18 RL 2006/54/EG). Vorausgesetzt ist, dass die Sanktionen, wie in Form von Schadenersatz- und Entschädigungsleistungen an die Opfer wirksam, verhältnismäßig und abschreckend sein (Art. 15 RL 2000/43/EG; Art. 17 RL 2000/78/EG; Art. 18 RL 2006/54/EG). Nach dem Artikel 18 der Gleichbehandlungsrichtlinie müssen sie auch dem erlittenen Schaden angemessene Art und Weise zu geschehen (Art. 18 RL 2006/54/EG). Daraus folgert, dass im Fallen von der tatsächlich entstandene Vermögensschaden muss ein Ausgleich in vollem Umfang stattfinden.[1338] Weiter heißt es in Artikel 18 RL 2006/54/EG, ein solcher Ausgleich oder eine solche Entschädigung dürfe nur in den Fällen durch eine im Voraus festgelegte Höchstgrenze Begrenzung erfahren, in denen der*die Arbeitgeber*in nachweisen kann, dass der einem Bewerber durch die Diskriminierung im Sinne dieser Richtlinie entstandene Schaden allein in der Verweigerung der Berücksichtigung seiner Bewerbung besteht (Art. 18 S. 2 RL 2006/54/EG). Die Sanktionen

---

1334 Vgl. *Kocher* in Schlachter/Heinig (Hrsg.), EnzEuR Bd. 7, § 5 Rn. 190. Art.; Europäische Kommission, KOM(2014) 2 (Fn 10), S. 18.

1335 EuGH 16.9.1999, Rs. C-218/98, Rn 18, 20, 22 „Abdoulaye". Vgl. *Kocher* in Schlachter/Heinig (Hrsg.), EnzEuR Bd. 7, § 5 Rn. 192.

1336 Vgl. *Kocher* in Schlachter/Heinig (Hrsg.), EnzEuR Bd. 7, § 5 Rn. 197.

1337 Vgl. *Kocher* in Schlachter/Heinig (Hrsg.), EnzEuR Bd. 7, § 5 Rn. 197.

1338 EuGH, 2.8.1993, Rs. C-271/91 Marshall II". Vgl. *Kocher* in Schlachter/Heinig (Hrsg.), EnzEuR Bd. 7, § 5 Rn. 251.

können zivil-, straf- oder öffentlich-rechtlich in verschiedenen Formen durchgesetzt werden.[1339] Sie müssen einen tatsächlichen und wirksamen Rechtsschutz gewährleisten und eine wirklich abschreckende Wirkung gegenüber dem*der Arbeitgeber*in haben.[1340]

Darüber hinaus haben die Mitgliedstaaten sicherzustellen, dass alle Personen, die sich für diskriminiert halten, ihre Ansprüche aus der Antidiskriminierungsrichtlinien gerichtlich und/oder auf dem Verwaltungsweg geltend machen können (Art. 7 RL 2000/43/EG). Einen Schutz gegen Viktimisierung soll auch gewährleistet werden. Die Mitgliedstaaten treffen im Rahmen ihrer nationalen Rechtsordnungen die erforderlichen Maßnahmen, um die Arbeitnehmer*innen vor Entlassung oder anderen Benachteiligungen durch den*die Arbeitgeber*in zu schützen, die als Reaktion auf eine Beschwerde innerhalb des betreffenden Unternehmens oder auf die Einleitung eines Verfahrens zur Durchsetzung des Gleichbehandlungsgrundsatzes erfolgen (Art. 11 RL 2000/78/EG; Art. 24 RL 2006/54/EG; ErwG 20 und Art. 9 RL 2000/43/EG).

C. Kündigungsschutz

Anders als europäisches Antidiskriminierungsrecht, welche ein wesentlicher Bestandteil der europäischen Rechtsordnung ist, finden sich kündigungsschutzrechtliche Bestimmungen in wenigen seltenen Stellen einen Platz für sich im europäischen Arbeitsrecht.[1341] In der Charta über Grundrechte Charta und AEUV befindet sich einige Bestimmungen über den Kündigungsschutz (Art. 30 EU-Charta, Artikel 153 AEUV), eine spezielle Richtlinie über dem Thema des allgemeinen Bestandschutzes gegenüber Arbeitgeberkündigungen wurde aber bisher nicht erlassen.[1342] Daraus spielt insbesondere die unterschiedliche Rechtslage der verschiedenen europäischen Rechtsordnungen eine wichtige Rolle. Der allgemeine Kündigungsschutz ist in den einzelnen europäischen Mitgliedstaaten komplett verschieden geregelt.[1343] Die Verfassungen der europäischen Mitgliedstaaten enthalten keine mit der Regelung der GRC vergleichbare Normen.[1344] Es spricht sich keine gemeinsame verfassungsrechtliche europäische Regelungstradition, vielmehr ist der Schutz vor Entlassungen durch das einfache Recht der europäischen Mitgliedstaaten geregelt.[1345] Unter diesen Umständen überlässt die Europäischen Union diesen Bereich an den einzelnen europäischen

1339 Vgl. *Kocher* in Schlachter/Heinig (Hrsg.), EnzEuR Bd. 7, § 5 Rn. 270.
1340 EuGH 8.11.1990, C-177/88 Rn. 23 „Dekker"; EuGH 2.8.1993, Rs. C-271/91 Rn. 24 „Marshall II".
1341 Siehe auch diese *Dissertationsschrift* § 8 B.
1342 Vgl. vHH/L/K/*Krause*, § 1 Rn. 16.
1343 Vgl. *Thüsing*, Europäisches Arbeitsrecht, S. 1 Rn. 2, S. 12 Rn. 24.
1344 Vgl. EuArbR/*Schubert* GRC Art. 30 Rn. 4. NK-GRC/Rudolf Rn. 4
1345 Vgl. EuArbR/*Schubert* GRC Art. 30 Rn. 4.

Mitgliedstaaten, anstatt ein einheitlicher europäischer allgemeiner Kündigungsschutz zu gestalten, welche auf Grund der Heterogenität der Lage allzu schwierig erscheint, übereinstimmend zu regulieren.[1346]

In Betracht zu ziehen sind demnach die kündigungsschutzrechtlichen Bestimmungen des europäischen Arbeitsrechts. Eine Darstellung findet nachstehend zuerst die Charta der Grundrechte der Europäischen Union. Es folgt eine Schilderung des Vertrages über die Arbeitsweise der Europäischen Union. Abschließend steht eine Betrachtung der Richtlinien.

I. Charta der Grundrechte der Europäischen Union

Artikel 30 der Charta der Grundrechte der Europäischen Union, betitelt als *„Schutz bei ungerechtfertigter Entlassung"*, erkennt einen Anspruch des*der jeden Arbeitnehmer*in auf Schutz vor ungerechtfertigter Entlassung nach dem Unionsrecht und den einzelstaatlichen Rechtsvorschriften und Gepflogenheiten (Art. 30 GRC). Damit erweist er sich als die wichtigste Norm über den Schutz vor der ungerechtfertigten Entlassung im europäischen Arbeitsrecht zu sein. Sein Ursprung hat der Artikel 30 der Charta der Grundrechte der Europäischen Union vom Artikel 24 Revidierte Europäische Sozialcharta, welche das Deutschland noch nicht ratifiziert hat, allerdings die Türkei schon.[1347] (Vgl. Anh. II) Das IAO-Übereinkommen Nr. 158 hat Artikel 24 RESC und den Anhang zu Artikel 24 RESC inspiriert.[1348] Somit verbindet sich Artikel 30 GRC mit der völkerrechtlichen Tradition des arbeitsrechtlichen allgemeinen Kündigungsschutzes. Vor seinem Inkrafttreten hat aber der EuGH dem Schutz bei ungerechtfertigten Entlassungen keine Grundrechtsqualität in seiner Rechtsprechung zugebilligt, wie es normalerweise bei einem allgemeinen ungeschriebenen Gleichbehandlungsgrundsatz der Fall ist.[1349]

Artikel 30 GRC ist schon in seinem eigenen Wortlaut und Konzept begrenzt. Aus dem Artikel ergibt sich ein subjektives Abwehrrecht.[1350] Dennoch beschränkt er sich auf eine Norm mit Symbolcharakter, da er weder die Form des Anspruchs noch dessen Ausgestaltung oder dessen Rechtsfolgen konkretisiert.[1351] Des Weiteren besitzt er auch keine unmittelbare Drittwirkung.[1352] Artikel 30 der GRC

1346 Vgl. EuArbR/*Schubert* GRC Art. 30 Rn. 4, 25; *Thüsing*, Europäisches Arbeitsrecht, S. 12 Rn. 24.

1347 Vgl. EuArbR/*Schubert* GRC Art. 30 Rn. 3. Siehe auch *diese Dissertationsschrift* § 7 D. II. 2.

1348 Siehe *diese Dissertationsschrift* § 7 D. II. 2.

1349 Vgl. EuArbR/*Schubert* GRC Art. 30 Rn. 5. Siehe *diese Dissertationsschrift* § 8 B. II. 2.

1350 Vgl. EuArbR/*Schubert* GRC Art. 30 Rn. 2.

1351 Vgl. EuArbR/*Schubert* GRC Art. 30 Rn. 1–2.

1352 Vgl. EuArbR/*Schubert* GRC Art. 30 Rn. 2; Wendeling-Schröder/Stein/*Wendeling-Schröder, AGG*, Einl. Rn. 39.

ermächtigt lediglich dem Grundrechtsträger einen Anspruch auf die bloße Existenz eines Kündigungsschutzes.[1353]

Artikel 30 GRC ist lex specialis zur Artikel 15 Absatz I Charta der Grundrechte der Europäischen Union über die Berufsfreiheit des*der Arbeitnehmers*in.[1354] Allerdings für die diskriminierende Entlassungen Artikel 21 und 23 GRC, solange die Ungleichbehandlung vom Gesetz ausgeht, sind als lex specialis einschlägig.[1355]

In dem persönlichen Schutzbereich des Artikels 30 GRC sind alle natürlichen Personen enthalten.[1356] Alle Arbeitnehmer*innen sind ohne Ausnahme gleichermaßen erfasst.[1357] Entlassungen fallen, gleichgesetzt mit oder ohne Beschränkung auf eine bestimmte Art aller Kündigungen, in den sachlichen Schutzbereich des Artikels 30 GRC.[1358] Der Anspruch auf Schutz bei ungerechtfertigter Entlassung betrifft willkürliche sowie ungerechtfertigte Entlassungen.[1359] Insbesondere sind diskriminierende Kündigungen als ungerechtfertigt eingeordnet.[1360] Allerdings ist Artikel 21 GRC als lex specialis einschlägig, wenn die diskriminierende Kündigung aufgrund eines in Artikel 21 GRC aufgezählten Merkmals erfolgt.[1361] Ein formeller – ebenso wie ein materieller – Kündigungsschutz ist miteinbezogen.[1362] Die Ausgestaltung des Schutzes vor Entlassungen wie auch die Beschaffenheit der Rechtsfolgen ergeben sich allerdings nicht aus Artikel 30 GRC.[1363] Diese sind dem Gesetzgeber in der Union oder in den Mitgliedstaaten überlassen.[1364]

Tatsächlich ist die Wirkung des Artikels 30 der Charta der Grundrechte der Europäischen Union allzu beschränkt. Vor allem enthält der Artikel einen Vorbehalt zugunsten des europäischen Rechts und Rechtsvorschriften sowie Gepflogenheiten, welche der Schutz, den der Artikel anbietet, eng begrenzt (Art. 30 GRC).[1365] Zudem beschränkt Artikel 51 Absatz 1 GRC die Anwendbarkeit der Normen der GRC für die Mitgliedstaaten nur auf die Durchführung des Rechts der Union.[1366] Die GRC hat nur für die Handlungen der EU-Organe und für die

---

1353 Vgl. EuArbR/*Schubert* GRC Art. 30 Rn. 2.
1354 Vgl. EuArbR/*Schubert* GRC Art. 30 Rn. 6.
1355 Vgl. EuArbR/*Schubert* GRC Art. 30 Rn. 6; *Jarass*, Art. 30 Rn. 4.
1356 Vgl. EuArbR/*Schubert* GRC Art. 30 Rn. 7.
1357 Vgl. EuArbR/*Schubert* GRC Art. 30 Rn. 3, 7 -8. Siehe auch EuArbR/*Schubert* GRC Art. 30 Rn. 7 über die Diskussion der Reichweite der Norm über die Beschäftigten aufgrund des Wortlauts der EU-GRC in der englischen Fassung „worker“.
1358 Vgl. EuArbR/*Schubert* GRC Art. 30 Rn. 9.
1359 Vgl. EuArbR/*Schubert* GRC Art. 30 Rn. 12.
1360 Vgl. EuArbR/*Schubert* GRC Art. 30 Rn. 12 f.
1361 Vgl. EuArbR/*Schubert* GRC Art. 30 Rn. 12 f.
1362 Vgl. EuArbR/*Schubert* GRC Art. 30 Rn. 14.
1363 Vgl. EuArbR/*Schubert* GRC Art. 30 Rn. 14.
1364 Vgl. EuArbR/*Schubert* GRC Art. 30 Rn. 15; A/P/S/*Moll* KSchG § 23 Rn. 73.
1365 Vgl. vHH/L/K/Krause, § 1 Rn. 16; EuArbR/*Schubert* GRC Art. 30 Rn. 17.
1366 Vgl. vHH/L/K/Krause, § 1 Rn. 16; A/P/S/*Preis* 1. Teil A Rn. 45.

getroffenen Maßnahmen der Mitgliedstaaten bei der Durchführung des EU-Rechts Gültigkeit.[1367] Darüber hinaus hat die Europäische Union bisher keinen allgemeinen Kündigungsschutz festgelegt, vielmehr überlässt sie dieses den Mitgliedstaaten.[1368] Im Falle der nationalen Ausnahmeregelungen hinsichtlich des allgemeinen Kündigungsschutzes für Arbeitnehmer*innen wie zum Beispiel bei der Regelung für Rechtsfragen – etwa im Zusammenhang mit der Wartezeit oder Kleinbetriebsklauseln – kommt es in dem Zusammenhang nicht zur Eröffnung des Anwendungsbereiches der Norm der GRC, solange es bei diesen Bestimmungen des nationalen Kündigungsschutzes nicht um die Durchführung europarechtlicher Vorschriften geht.[1369] Ein europarechtlicher Anknüpfungspunkt würde aber vornehmlich aus dem Anwendungsbereich der Antidiskriminierungsrichtlinien resultieren, die inter alia die kündigungsschutzrechtlichen Regulierungen gegen diskriminierende Kündigungen bestimmen.[1370]

II. Vertrag über die Arbeitsweise der Europäischen Union

Die Förderung der Beschäftigung, die Verbesserung der Lebens- und Arbeitsbedingungen, um dadurch auf dem Wege des Fortschritts ihre Angleichung zu ermöglichen, einen angemessenen sozialen Schutz, den sozialen Dialog, die Entwicklung des Arbeitskräftepotenzials im Hinblick auf ein dauerhaft hohes Beschäftigungsniveau und die Bekämpfung von Ausgrenzungen nennt der AEUV als Ziele der Europäischen Union (Art. 151 AEUV). In Artikel 153 AEUV (ex.-Art. 137 EGV) garantiert der AEUV in Artikel 151 AEUV aufgezählte Ziele der Union bei der Unterstützung und der Ergänzung der Tätigkeit der Mitgliedstaaten auf unterschiedlichen Gebieten. Artikel 153 AEUV präsentiert sich als die wesentliche Kompetenzvorschrift der Europäischen Union auf dem Gebiet der Sozialpolitik.[1371] Dazu gehört u. a. der Schutz der Arbeitnehmer*innen bei Beendigung des Arbeitsvertrages.

Um diesen zu ermöglichen können das Europäische Parlament und der Rat – unbenommen jeglicher Harmonisierung – sich der Maßnahmen der Mitgliedstaaten hinsichtlich der Rechts- und Verwaltungsvorschriften annehmen (Art. 153 II b AEUV). Außerdem können sie mithilfe von Richtlinien Mindestvorschriften erlassen unter der Bedingung, dass einzelne Mitgliedstaaten bestehende Bedingungen und technische Regelungen berücksichtigen und ein Vorschreiben hinsichtlich der Gründung und Entwicklung von kleinen und mittleren Unternehmen von entgegenstehenden verwaltungsmäßigen, finanziellen oder

---

1367 Vgl. ErfK/*Schlachter* § 1 AGG Rn. 14.

1368 Vgl. EuArbR/*Schubert* GRC Art. 30 Rn. 25.

1369 BAG 8.12.2011, NZA 2012, 286. Vgl. EuArbR/*Schubert* GRC Art. 30 Rn. 12, 25; vHH/L/K/Krause, § 1 Rn. 16; A/P/S/*Preis* 1. Teil A Rn. 45.

1370 Vgl. EuArbR/*Schubert* GRC Art. 30 Rn. 26.

1371 Vgl. EuArbR/*Franzen* AEUV Art. 153 Rn. 1.

rechtlichen Auflagen in den Richtlinien unterbleibt (Art. 153 II b AEUV). Auf diese Weise gestaltet sich Artikel 153 AEUV als europäische Kompetenzvorschrift für Regelungen eines Schutzes bei der Beendigung des Arbeitsvertrages und ermächtigt die Union, Maßnahmen über den Schutz der Arbeitnehmer*innen bei Beendigung des Arbeitsvertrages zu treffen.[1372] Einbezogen sind alle Beendigungsgründe eines Arbeitsvertrages bei der Beendigung durch den*die Arbeitnehmer*in.[1373] Artikel 153 Absatz 1 Buchstabe d AEUV erlaubt der Europäischen Union, innerhalb der Grenzen des Artikels 153 Absatz 2 und Absatz 4 AEUV den allgemeinen Kündigungsschutz im Großen und Ganzen zu harmonisieren; dazu gehören Themen wie Standards zu Kündigungsgründen, Kündigungsfristen wie auch Kündigungsarten, ebenso wie Abfindungsregelungen oder Verfahrensregelungen.[1374]

III. Richtlinien

Trotz der Ermächtigungsgrundlage des Artikels 153 Absatz 1 Buchstabe d AUEV gibt es im Unionsrecht bis jetzt keine Regulierung zum allgemeinen Kündigungsschutz und es erfolgte bisher kein Erlass hinsichtlich einer speziellen Richtlinie zu dem Thema.[1375] Innerhalb des Artikels 153 Absatz 1 Buchstabe d AEUV besteht im Rahmen der bisher verordneten europäischen Richtlinien lediglich einen rein verfahrensrechtlichen Schutz vor Kündigungen mittels der Massenentlassungsrichtlinie RL 98/59/EG (Art. 2, 3, 4 RL 98/59/EG).[1376] Außerdem existiert eine Reihe von Richtlinien hinsichtlich einzelner Vorschriften über den Schutz vor Kündigungen.[1377]

Des Weiteren finden sich in einer Reihe von Richtlinienbestimmungen verschiedene besondere Kündigungsverbote; z. B. Art. 10 RL 92/85/EG (Schwangerschaft); Art. 5 Nr. 4 RL 2010/18/EU (Elternurlaub).[1378] Zu den besonderen Kündigungsverboten zu zählen ist ebenfalls das Verbot von diskriminierenden Kündigungen.[1379] Einen Schutz gegen diskriminierende Kündigungen regeln die Antidiskriminierungsrichtlinien (Art. 3 I c RL 2000/43/EG; Art. 3 I c RL 2000/78/EG; Art. 14 I c 2006/54/EG).[1380] Darauffolgend gewährleisten die Antirassismusrichtlinie, die

---

1372 Vgl. vHH/L/K/*Krause*, § 1 Rn. 16; EuArbR/*Schubert* GRC Art. 30 Rn. 4.
1373 Vgl. EuArbR/*Franzen* AEUV Art. 153 Rn. 28.
1374 Vgl. EuArbR/*Franzen* AEUV Art. 153 Rn. 28.
1375 Vgl. vHH/L/K/*Krause*, § 1 Rn. 16; A/P/S/*Preis* 1. Teil A Rn. 36.
1376 Vgl. vHH/L/K/*Krause*, § 1 Rn. 16; EuArbR/*Schubert* GRC Art. 30 Rn. 4; A/P/S/*Preis* 1. Teil A Rn. 36.
1377 Vgl. EuArbR/*Schubert* GRC Art. 30 Rn. 4; A/P/S/*Preis* 1. Teil A Rn. 36.
1378 Vgl. vHH/L/K/*Krause*, § 1 Rn. 16; A/P/S/*Preis* Grundlagen A Rn. 37; EuArbR/*Schubert* GRC Art. 30 Rn. 4.
1379 Vgl. vHH/L/K/*Krause*, § 1 Rn. 16; EuArbR/*Schubert* GRC Art. 30 Rn. 4; A/P/S/*Preis* 1. Teil A Rn. 38.
1380 Vgl. vHH/L/K/*Krause*, § 1 Rn. 16; EuArbR/*Schubert* GRC Art. 30 Rn. 4; A/P/S/*Preis* 1. Teil A Rn. 38.

Rahmenrichtlinie und die Gleichbehandlungsrichtlinie einen Schutz gegen diskriminierende Kündigungen aufgrund des Geschlechts (Art. 14 I c 2006/54/EG), aufgrund der Rasse oder der ethnischen Herkunft (Art. 3 I c RL 2000/78/EG) sowie aufgrund der Religion, der Weltanschauung, einer Behinderung, des Alters oder der sexuellen Ausrichtung (Art. 3 I c RL 2000/78/EG).[1381]

D. Ergebnis

Die Europäische Union ist eine einzigartige supranationale Organisation, deren primär- und sekundärrechtliche Normen über das Arbeitsrecht ergänzend neben das nationale Arbeitsrecht der Unionsmitglieder treten. Als ein Mitgliedstaat der Europäischen Union überlässt die Bundesrepublik Deutschland der Europäischen Union das Hoheitsrecht im ausschließlich nach dem EUV und AEUV festgelegten Kompetenzbereich der Union. Als ein Nicht-EU Mitgliedstaat steht die Türkei zwar nicht unter der Pflicht, europäisches Recht vorrangig anzuwenden. Das Land erklärte sich aber bereit, sein Recht dem europäischen Besitzstand anzunähern und die Gesetzesbegründung des geltenden Arbeitsgesetzes ist ebenfalls an das europäische Recht angelehnt. Demgemäß, in Anbetracht der historischen, teleologischen sowie grammatischen Interpretation, soll das europäische Recht bei der Auslegung des türkischen Rechts, vor allem in Bezug auf das Arbeitsgesetz, Beachtung finden.

In Bezug auf das Verhältnis von Antidiskriminierungsrecht und Kündigungsschutzrecht nach dem europäischen Recht sind folgende Schlüsse zu ziehen:

Das europäische Antidiskriminierungsrecht gestaltet sich als ein wesentlicher Bestandteil der europäischen Rechtsordnung, außerdem ist der Diskriminierungsschutz eine charakteristische Komponente des europäischen Arbeitsrechts.[1382] Das europäische Antidiskriminierungsrecht verfolgt vielfältige Ziele, welche im Groben im Hinblick auf drei Zielsetzungen zu ordnen sind: Sie sollen erstens die Wertschätzung und die Achtung der Individualität gegenüber jedem Menschen und so die Bewältigung der Komplexität der kulturellen, ethnischen und religiösen Vielfalt aller Menschen der Wahlfreiheit für verschiedene Lebensformen und Persönlichkeiten gewährleisten. Zweitens gibt es wirtschaftliche Ziele, insbesondere in Bezug auf die Schaffung eines transnationalen europäischen Binnenmarkts und die Wettbewerbsgleichheit. Letztlich ist von sozialpolitischen Zielen in Verbindung mit der europäischen Sozial- und Beschäftigungspolitik zu sprechen. Außerdem erregt die menschenrechtliche Dimension des europäischen Antidiskriminierungsrechts Aufmerksamkeit. Darüber hinaus: Mit der Unterzeichnung der BRK und der Akzeptanz der BRK als eine Auslegungsquelle sowie mit der Auslegung des Begriffs der Behinderung

---

1381 Vgl. vHH/L/K/*Krause*, § 1 Rn. 16; A/P/S/*Preis* 1. Teil A Rn. 38.

1382 Siehe *diese Dissertationsschrift* § 8 B. Vgl. *Kocher* in Schlachter/Heinig (Hrsg.), EnzEuR Bd. 7, § 5 Rn. 13.

in einem dynamischen gesellschaftlichen Kontext nähert sich das europäische Antidiskriminierungsrecht im Zusammenhang mit dem geschützten Diskriminierungsmerkmal der Behinderung der gruppenidentitätssensiblen Analyse des Antidiskriminierungsrechts an.

Eine Gewährleistung findet der Diskriminierungsschutz nach der GRC (Art. 21 GRC), welche im Vergleich zu den völkerrechtlichen Verträgen viel weiter im Bereich der Antidiskriminierung geht. Des Weiteren ist der allgemeine ungeschriebene Gleichbehandlungsgrundsatz schon vor Proklamierung der GRC als Bestandteil der allgemeinen Grundsätze des Gemeinschaftsrechts anerkannt. Hinsichtlich des AEUV finden die Diskriminierungsverbote sowohl in Artikel 19 AEUV als auch in Artikel 157 AEUV einen Platz. Artikel 19 AEUV gibt dem Rat die Möglichkeit, im Rahmen der durch den Vertrag auf die Union übertragenen Zuständigkeiten geeignete Maßnahmen zu treffen, um Diskriminierungen zu bekämpfen. Artikel 153 AEUV thematisiert die Chancengleichheit von Männern und Frauen auf dem Arbeitsmarkt und die Gleichbehandlung am Arbeitsplatz. Geregelt ist der europäische Diskriminierungsschutz vor allem nach dem geltenden Unionsrecht in den Antidiskriminierungsrichtlinien. Hervorzuheben ist der sachliche Anwendungsbereich der Antidiskriminierungsrichtlinien, der die Beschäftigungs- und Arbeitsbedingungen sowie aber vor allem die Entlassungsbedingungen umfasst (Art. 3 I c RL 2000/43/EG; Art. 3 I c RL 2000/78/EG; Art. 14 I c RL 2006/54/EG). Inbegriffen sind das Kündigungsrecht, daneben ebenfalls die Voraussetzungen einer Abfindung für den Verlust des Arbeitsplatzes.

Anders als das europäische Antidiskriminierungsrecht finden kündigungsschutzrechtliche Bestimmungen an wenigen, seltenen Stellen einen Platz im europäischen Arbeitsrecht. Artikel 30 GRC erkennt zwar einen Anspruch eines*einer jeden Arbeitnehmers*in auf Schutz vor ungerechtfertigter Entlassung nach dem Unionsrecht und den einzelstaatlichen Rechtsvorschriften und Gepflogenheiten an. Er beschränkt sich aber auf eine Norm mit Symbolcharakter, da er weder die Form des Anspruchs noch dessen Ausgestaltung oder dessen Rechtsfolgen konkretisiert und somit lediglich dem Grundrechtsträger einen Anspruch auf die bloße Existenz eines Kündigungsschutzes zubilligt.[1383] Dennoch hat Artikel 30 GRC seinen Ursprung in Artikel 24 RESC. Das IAO-Übereinkommen Nr. 158 hat diesen Artikel und seinen Anhang inspiriert. Somit verbindet sich Artikel 30 GRC mit der völkerrechtlichen Tradition des arbeitsrechtlichen allgemeinen Kündigungsschutzes. Artikel 153 Absatz 1 Buchstabe d AEUV erlaubt andererseits der Europäischen Union, innerhalb der Grenzen von Artikel 153 Absatz 2 AUEV und Artikel 153 Absatz 4 AEUV, den allgemeinen Kündigungsschutz zu harmonisieren. Trotzdem gibt es im Unionsrecht bis jetzt keine Regulierung zum allgemeinen Kündigungsschutz und es erfolgte bisher kein Erlass hinsichtlich einer speziellen Richtlinie zu dem Thema. Die Europäische Union überlässt den Bereich des allgemeinen Kündigungsschutzes den einzelnen europäischen

1383 Siehe diese *Dissertationsschrift* § 8 C. I. Vgl. EuArbR/*Schubert* GRC Art. 30 Rn. 2.

Mitgliedstaaten, anstatt einen einheitlichen europäischen allgemeinen Kündigungsschutz zu gestalten.

Aus alledem ergibt sich: Während der Diskriminierungsschutz einen besonderen Stellenwert in der europäischen supranationalen Rechtsordnung genießt, hat der allgemeine Kündigungsschutz hingegen einen sehr begrenzten Wirkungsbereich, indem die allgemeinen kündigungsschutzrechtlichen Bestimmungen an wenigen seltenen Stellen einen Platz finden. Der sachliche Anwendungsbereich der Antidiskriminierungsrichtlinien umfasst allerdings die Beschäftigungs- und Arbeitsbedingungen mitsamt dem Arbeitsentgelt sowie aber vor allem den Entlassungsbedingungen. Inbegriffen sind vor allem das Kündigungsrecht, daneben ebenfalls die Voraussetzungen einer Abfindung für den Verlust des Arbeitsplatzes (Art. 3 I c RL 2000/43/EG; Art. 3 I c RL 2000/78/EG; Art. 14 I c RL 2006/54/EG). Das europäische Recht löst demnach das Problem der diskriminierenden Kündigungen unter dem Aspekt des Fehlens von einheitlichen europäischen allgemeinen kündigungsschutzrechtlichen Normen mithilfe von Vorschriften der europäischen antidiskriminierungsrechtlichen Richtlinien.

Dritter Teil. Nationales Recht. Schutz des*der Arbeitnehmers*in vor der diskriminierenden Kündigung des*der Arbeitgebers*in nach deutschem und türkischem Recht

Der folgende Teil beschäftigt sich mit dem Thema des Schutzes des*der Arbeitnehmers*in vor der diskriminierenden Kündigung des*der Arbeitgebers*in nach deutschem und türkischem Recht. Der Teil gliedert sich in sechs Kapitel. Den Beginn bildet das Thema der nationalen rechtlichen Grundlagen des arbeitsrechtlichen Antidiskriminierungsrechts und des allgemeinen Kündigungsschutzrechts. Es folgt eine Diskussion zum Thema Anwendungsbereiche des arbeitsrechtlichen Antidiskriminierungsrechts und des allgemeinen Kündigungsschutzrechts nach deutschem und türkischem Recht. Es schließt sich eine Auseinandersetzung mit dem Thema Schutz vor diskriminierender Kündigung nach dem allgemeinen Diskriminierungsschutz am Beispiel einer Kündigung nach den nationalen Rechtsnormen an. Der Schutz vor Kündigung nach dem Kündigungsschutzrecht am Beispiel einer diskriminierenden Kündigung nach deutschem und türkischem Recht ist dabei inbegriffen. Darauf folgt eine Darstellung des Rechtsschutzes im Hinblick auf eine diskriminierende Kündigung gemäß den Normen des deutschen und des türkischen Rechtssystems. Außerdem kommt es zum Beleuchten der Rechtsfolgen einer diskriminierenden Kündigung.

§ 9 Nationale rechtliche Grundlagen des arbeitsrechtlichen Antidiskriminierungsrechts und des allgemeinen Kündigungsschutzrechts

Dieses Kapitel beinhaltet eine Erläuterung der nationale rechtlichen Grundlagen des arbeitsrechtlichen Antidiskriminierungsrechts und des allgemeinen Kündigungsschutzrechts. Nach einer Darstellung der rechtlichen Grundlagen nach deutschem Recht findet eine Beschreibung der rechtlichen Grundlagen nach türkischem Recht statt. Abschließend folgt eine rechtsvergleichende Analyse von dem Thema der nationale rechtlichen Grundlagen des arbeitsrechtlichen Antidiskriminierungsrechts und des allgemeinen Kündigungsschutzrechts.

A. Deutsche rechtliche Grundlagen des arbeitsrechtlichen Antidiskriminierungsrechts und des allgemeinen Kündigungsschutzrechts

Dieser Abschnitt befasst sich mit dem Thema der deutschen rechtlichen Grundlagen des allgemeinen arbeitsrechtlichen Antidiskriminierungsrechts und des allgemeinen Kündigungsschutzrechts. Zu Beginn steht eine Beschreibung des Themas nach dem deutschen Grundgesetz. Als Nächstes steht eine Schilderung der gesetzlichen Grundlagen mit einer kurzen Abhandlung ihrer Geschichte.

I. Verfassungsrechtliche Grundlagen

Die Verabschiedung des Grundgesetzes der Bundesrepublik Deutschland datiert aus dem Jahre 1949, 30 Jahre nach der Verabschiedung ihres Vorgängers, der Weimarer Reichsverfassung, und vier Monate vor der Verabschiedung der – später aufgelösten – Verfassung der Deutschen Demokratischen Republik.[1384] Trotz der Änderungen im Laufe der Zeit ist es seit 71 Jahren in Kraft; es bildet die geltende Verfassung der Bundesrepublik Deutschland und ist somit die rechtliche Grundordnung des Staates und das zentrale Rechtsdokument. Eine Darstellung finden nachstehend zuerst die verfassungsrechtlichen Grundlagen des Antidiskriminierungsrechts und als Nächstes des Kündigungsschutzrechts.

1384 Grundgesetz für die Bundesrepublik Deutschland, Ausfertigungsdatum: 23.5.1949; in der im Bundesgesetzblatt Teil III, Gliederungsnummer 100–1, veröffentlichten bereinigten Fassung, das zuletzt durch Artikel 1 des Gesetzes vom 15. November 2019 (BGBl. I S. 1546) geändert worden ist.

1. *Verfassungsrechtliche Grundlagen des Antidiskriminierungsrechts*

Positiviert formuliert ist die verfassungsrechtliche Grundlage des Antidiskriminierungsrechts in Artikel 3 des deutschen Grundgesetzes, welcher auch die wichtigste deutsche verfassungsrechtliche Norm des allgemeinen Gleichheitsgedankens gestaltet.[1385] Er positiviert die Gleichheit aller Menschen vor dem Gesetz als ein in der Bundesrepublik Deutschland anerkanntes Menschenrecht (Art. 3 GG).

a) Allgemeiner Gleichheitssatz

Der allgemeine Gleichheitssatz „*Alle Menschen sind vor dem Gesetz gleich.*" erweist sich als eine programmatische Statuierung des deutschen verfassungsrechtlichen Gleichheitsideals; es ermöglicht allen Menschen, die Ungleichheit mit dem Unrecht zu verbinden (Art. 3 I GG).[1386] Allerdings ist mit Artikel 3 Absatz 1 GG nur ein Verbot rein rechtlicher Ungleichbehandlungen verhängt.[1387] Ein Ausgleich der nur faktischen Ungleichheiten, die ihren Ursprung nicht in einer gesetzlichen Maßnahme haben, muss nach dem Artikel nicht gelingen.[1388] Geboten ist es demnach, gleiche Sachverhalte gleich und ungleiche ungleich zu behandeln.[1389] Auf diese Weise ist ein Anspruch auf Chancengleichheit gewährleistet, nicht aber auf Gleichstellung oder Ergebnisgleichheit.[1390] Als Grundrecht auf Gleichbehandlung entwickelt sich Artikel 3 Absatz 1 GG primär als ein Abwehrrecht der Grundrechtsträger gegenüber dem Staat.[1391]

b) Besondere Gleichheitssätze

In Artikel 3 Absätze 2 und 3 GG finden die besonderen Gleichheitssätze eine verfassungsrechtliche Regelung.[1392] Artikel 3 Absatz 2 Satz 1 GG hebt die

---

1385 Vgl. *Gubelt*, in: von Münch/Kunig, GGK I, Rn. 1 zu Art. 3.

1386 Vgl. Wendeling-Schröder/Stein/*Wendeling-Schröder, AGG*, § 1 Rn. 6; *Gubelt*, in: von Münch/Kunig, GGK I, Rn. 1 zu Art. 3; *Gröpl*/Windthost/v. Coelln, StuKo GG, Art. 3 Rn. 1.

1387 Vgl. *Gröpl*/Windthost/v. Coelln, StuKo GG, Art. 3 Rn. 11.

1388 Vgl. *Gröpl*/Windthost/v. Coelln, StuKo GG, Art. 3 Rn. 11.

1389 Vgl. Bauer/Göpfert/Krieger, AGG, Einl. Rn. 10; Wendeling-Schröder/Stein/*Wendeling-Schröder, AGG*, § 1 Rn. 6.

1390 Vgl. *Gröpl*/Windthost/v. Coelln, StuKo GG, Art. 3 Rn. 11. Siehe *diese Dissertationsschrift* § 4 D.

1391 Vgl. *Bauer/Göpfert/Krieger*, AGG, Ein. Rn. 26; *Thüsing*, Diskriminierungsschutz, S. 25; *Gröpl*/Windthost/v. Coelln, StuKo GG, Art. 3 Rn. 18a; Schiek/*Schiek*, AGG, Einl. Rn. 38; *Gubelt*, in: von Münch/Kunig, GGK I, Rn. 2, 8, 10 zu Art. 3.

1392 Für die Unterscheidung zwischen „besondere/spezielle Gleichheitssätze" und „besondere Diskriminierungsverbote" siehe auch *Gröpl*/Windthost/v. Coelln, StuKo GG, Art. 3 Rn. 83.

Gleichberechtigung von Frauen und Männern hervor, indem er Frauen und Männern die gleichen Rechte zubilligt. Durch die Änderung des im Jahr 1994 eingeführten Satzes 2 ergänzt das staatliche Förderungsgebot die tatsächliche Durchsetzung der Gleichberechtigung von Frauen und Männern und gebietet dem Staat die Beseitigung bestehender Nachteile; außerdem dient es dazu, das Gleichberechtigungsgebot im Zusammenhang mit der Geschlechtergleichheit auf die gesellschaftliche Wirklichkeit auszubreiten (Art. 3 II 2 GG).[1393] Mit diesem expliziten Gebot zur Gleichstellung stellt das Grundgesetz die Gleichheit der Frauen und Männer vor alle anderen Gleichheiten (Art. 3 II GG).[1394]

Artikel 3 Absatz 3 Satz 1 GG geht weiter über das Gleichberechtigungs- und Förderungsgebot und das Gebot zur Nachteilbeseitigung von Frauen und Männern hinaus und verbietet Ungleichbehandlungen durch als Benachteiligung oder auch als Bevorzugung charakterisiertes Verhalten hinsichtlich der Merkmale Geschlecht, Abstammung, Rasse, Sprache, Heimat und Herkunft, Glauben, religiöse oder politische Anschauungen (Art. 3 III1 GG).[1395] Der ebenfalls im Jahr 1994 in Artikel 3 beigefügte Absatz 3 Satz 2 akzentuiert ein Benachteiligungsverbot aufgrund einer Behinderung (Art. 3 III 2 GG). Artikel 3 Absatz 3 Satz 2 GG beinhaltet zudem eine leichte Verstärkung des Verbotes der Benachteiligung wegen einer Behinderung vor anderen Diskriminierungsverboten in Absatz 3, indem er nur ein Verbot der Benachteiligungen wegen einer Behinderung, nicht aber ein Verbot der Bevorzugungen verhängt.[1396] Trotzdem ist das Verbot der Benachteiligung wegen einer Behinderung in Artikel 3 Absatz 3 Satz 2 GG schwächer als Artikel 3 Absatz 2 GG, da Artikel 3 Absatz 3 Satz 2 GG kein Gleichstellungsgebot enthält.[1397]

Der Inhalt der Diskriminierungsverbote nach Artikel 3 Absatz 3 GG unterscheidet sich im Hinblick auf die geschützten Merkmale von den völker- und auch europarechtlichen, vor allem aber von türkischen verfassungsrechtlichen Diskriminierungsverboten. In erster Linie enthält Artikel 3 Absatz 3 GG keine Öffnungsklausel wie AEMR, IPBPR, IPWSKR, IAO Übereinkommen Nr. 111, EMRK, RESC und auch GRC; die Aufzählung der Diskriminierungsmerkmale im Grundgesetz ist abschließend.[1398] Darüber hinaus gilt: Umfasst ist in Artikel 3 Absatz 3 GG im Vergleich zu völkerrechtlichen Normen eine begrenzte Anzahl

---

1393 Vgl. *Krause*, Arbeitsrecht, S. 99, Rn. 9; *Gubelt*, in: von Münch/Kunig, GGK I, Rn. 80 zu Art. 3.

1394 Vgl. Schiek/*Schiek*, AGG, Einl. Rn. 39.

1395 Vgl. *Gubelt*, in: von Münch/Kunig, GGK I, Rn. 10, 103 zu Art. 3; *Krause*, Arbeitsrecht, S. 99, Rn. 9.

1396 BVerfGE 96, 288. Vgl. Schiek/*Schiek*, AGG, Einl. Rn. 39; *Gubelt*, in: von Münch/Kunig, GGK I, Rn. 4 zu Art. 3.

1397 BVerfGE 96, 288. Vgl. Schiek/ *Schiek*, AGG, Einl. Rn. 39.

1398 Siehe *diese Dissertationsschrift* § 7 B. I.; § 7 B. II.; § 7 B. III.; § 7 C. I.; § 7 D. I.; § 7 D. II.

von Diskriminierungsmerkmalen. (Vgl. Anh. I) Die sexuelle Ausrichtung oder die Geburt z. B. sind im Grundgesetz nicht als geschützte Diskriminierungsmerkmale aufgezählt. Anstelle der ethnischen Herkunft in den völkerrechtlichen Normen kommen die Sprache, die Abstammung sowie Heimat und Herkunft hinzu.[1399] § 1 AGG deckt darüber hinaus alle in Artikel 3 GG erfassten Merkmale zuzüglich der sexuellen Identität und des Alters.[1400] Einige Diskriminierungsmerkmale wiederum, beispielsweise die Religion, gestalten sich nebenher als Gegenstand eines Freiheitsrechts.[1401]

Im Vergleich mit dem allgemeinen Gleichheitssatz in Artikel 3 Absatz 1 GG haben die besonderen Gleichheitssätze in den Absätzen 2 und 3 des Artikels 3 GG eine stärkere Geltungskraft.[1402] Immerhin ordnet das in Artikel 3 Absatz 2 GG verankerte Gebot der Gleichstellung dem Staat die Schaffung der auch privatrechtlich wirksamen Diskriminierungsverbote zu.[1403] Weiterhin erfasst die Formulierung des Artikel 3 Absatz 2 GG – *„Niemand darf [...] benachteiligt (oder bevorzugt) werden“* – auch die nicht staatlichen Akteure.[1404] Allerdings ist von einer unmittelbaren Horizontalwirkung der verfassungsrechtlichen Diskriminierungsverbote in Artikel 3 Absatz 2 GG und Artikel 3 Absatz 3 GG nicht die Rede; vielmehr entfalten Artikel 3 Absätze 2 und 3GG unter Berücksichtigung des Artikels 1 Absatz 3 GG eine mittelbare Drittwirkung zwischen Privatpersonen.[1405]

2. Verfassungsrechtliche Grundlagen des Kündigungsschutzrechts

Ein direkter Hinweis auf ein Recht auf Kündigungsschutz befindet sich – anders als in der Charta der Grundrechte der Europäischen Union oder in der RESC – nicht im deutschen Grundgesetz.[1406] In Betracht zu ziehen sind demnach verschiedene grundrechtliche Positionen aus Sicht der Arbeitnehmer*innen und der Arbeitgeber*innen. Schließlich kommt es zur Darstellung der Auffassung des Bundesverfassungsgerichts.

1399 Vgl. Schiek/*Schiek*, AGG, Einl. Rn. 39

1400 Vgl. Wendeling-Schröder/Stein/*Wendeling-Schröder, AGG,* § 1 Rn. 6

1401 Vgl. Däubler/Bertzbach AGG/*Däubler/Bertzbach* Einl. Rn. 53.

1402 Vgl. *Gubelt,* in: von Münch/Kunig, GGK I, Rn. 2 zu Art. 3.

1403 BVerfGE 57, 335; BVerfGE 109, 64, 89. Vgl. Schiek/*Schiek*, AGG, Einl. Rn. 39.

1404 Vgl. Schiek/ *Schiek*, AGG, Einl. Rn. 38; *Gubelt*, in: von Münch/Kunig, GGK I, Rn. 2, 8, 10 zu Art. 3.

1405 Vgl. *Gröpl*/Windthost/v. Coelln, StuKo GG, Art. 3 Rn. 83; *Gubelt*, in: von Münch/Kunig, GGK I, Rn. 2, 8, 10 zu Art. 3; Schiek/*Schiek*, AGG, Einl. Rn. 38.

1406 Siehe *diese Dissertationsschrift* § 7, D., II., 2 und § 8, C., I.

a) *Verfassungsrechtliche Grundlagen des Rechts des*der Arbeitsnehmers*in auf Kündigungsschutz*

Verfassungsrechtliche Grundlagen des Rechts des*der Arbeitnehmers*in auf Kündigungsschutz ergeben sich aus dem Schutz der Menschenwürde, dem Recht auf Betätigung der Arbeitskraft, dem Recht auf Berufsfreiheit, Sozialstaatsprinzip und dem Recht auf Arbeit.

aa) Schutz der Menschenwürde

Verbunden ist das Recht des*der Arbeitnehmers*in auf Kündigungsschutz vor allem mit dem obersten Gut der deutschen Verfassung – der Würde des Menschen (Art. 1 I GG). In Anbetracht dessen dient der Kündigungsschutz der Sicherung der Menschenwürde des*r Arbeitnehmers*in, da es gilt, die wirtschaftliche Existenz eines Individuums zu sichern und die Freiheit dessen zu garantieren, um die wesentlichen Teile der Menschenwürde zu gestalten.[1407] Der Kündigungsschutz ermöglicht *„humane Arbeitsbedingungen"* in der Gesellschaft, welche ein menschenwürdiges Dasein ermöglichen sollen.[1408]

bb) Recht auf Betätigung der Arbeitskraft

Des Weiteren ist das Recht des*der Arbeitnehmers*in auf Kündigungsschutz mit dem Recht auf freie Entfaltung der Persönlichkeit verbunden. Demzufolge beinhaltet das in Artikel 2 Absatz 1 GG regulierte Recht auf freie Entfaltung der Persönlichkeit auch das Recht auf Betätigung der Arbeitskraft, das durch das Recht auf Kündigungsschutz geschützt ist. Die Arbeitskraft, die der*die Arbeitnehmer*in besitzt, gestaltet sich als 'Hauptkapital' des*der Arbeitnehmers*in; sie dient dem Aufbau der Existenz des Einzelnen.[1409] Für viele ist die Arbeitskraft die einzige Möglichkeit in Bezug auf die Teilnahme am gesellschaftlichen Leben und auf die *„kulturschöpferische Aufgabe der Menschheit"*.[1410] Als ein derart fundamentaler Wert ist die Arbeitskraft an sich auch ein durch den Staat zu schützendes Rechtsgut.[1411]

1407 Vgl. KSchR/*Deinert* (8. Aufl. 2011), Einl. 45 Rn. 11; *Falkenberg*, DB 1991, 2486 (2486); *Rühle*, DB 1991, 1378 (1378); *Dirschmied*, AuR 1972, 257 (267).

1408 KSchR/*Däubler* Einl. 177 Rn. 536.

1409 Vgl. *Carolsfeld*, Arbeitsrecht, § 1 C 20; *Hubmann*, S. 185. Siehe *diese Dissertationsschrift* § 5 C. I

1410 Vgl. *Hubmann*, S. 185; *Coen*, Recht auf Arbeit, 57, 59, 60; *Leipold*, AuR 1971, 165. Siehe *diese Dissertationschrift* § 5 D. I.

1411 Vgl. *Carolsfeld*, Arbeitsrecht, § 1 C 20.

cc) Recht auf Berufsfreiheit

Das Recht des*der Arbeitnehmers*in auf Kündigungsschutz verbindet sich vor allem mit dem Recht auf Berufsfreiheit, verbürgt in Artikel 12 Absatz 1 GG. Die in der deutschen Verfassung geschützte Berufsfreiheit umfasst nicht nur die Entscheidung für oder gegen eine bestimmte Beschäftigung, sondern auch das Beibehalten und das Aufgeben dieser Beschäftigung.[1412] Ein Bestandsschutzinteresse des*der Arbeitnehmers*in, einen einmal erhaltenen Arbeitsplatz zu behalten, leitet sich aus dem verfassungsrechtlich geschützten Recht auf Berufsfreiheit des*der Arbeitnehmers*in nach Artikel 12 Absatz 1 GG ab und erfährt eine Absicherung durch den Kündigungsschutz.[1413]

Die Besonderheit des Bereichs der abhängigen Arbeit im Vergleich zur selbstständigen Berufsausübung liegt vor allem im grundsätzlich nicht vorhandenen Einfluss der Beschäftigten auf die Zahl der Arbeitsplätze.[1414] Hier geht es, anders als im Bereich der selbstständigen Berufstätigkeit, nicht darum, wer neben anderen den Beruf an einem Arbeitsplatz ausüben kann, sondern wer anstelle eines anderen den bestimmten Arbeitsplatz erhält, besetzt, dort seinen Beruf ausübt und behält.[1415] Darüber hinaus gestaltet sich der Arbeitsplatz für den abhängigen Beschäftigten insbesondere als Grundlage der sozialen und wirtschaftlichen Existenz.[1416] Das Recht auf Berufsfreiheit verpflichtet den Staat zur Sicherstellung der Möglichkeit, den Verlust des Arbeitsplatzes nur im Falle von hinreichend gewichtigen Gründen zuzulassen.[1417] Darüber hinaus kann der*die Arbeitnehmer*in sein*ihr Recht auf Berufsfreiheit nur dann ausüben, wenn ein Arbeitsverhältnis schon vorhanden ist. Der*Die Arbeitgeber*in muss zunächst autonom ein Arbeitsverhältnis eingehen, damit der*die Arbeitnehmer*in sein*ihr Grundrecht auf freie Wahl des Arbeitsplatzes ausüben kann.[1418] Es besteht durchaus die Möglichkeit, die Grundrechte vor der Aufhebung dieser Entscheidung zu schützen.[1419] Hat der*die Arbeitgeber*in durch seine*ihre privatautonome Entscheidung eine wirtschaftliche und soziale Grundlage geschaffen, schafft dies demnach auch den berufsbezogenen Freiheitsraum, der aus Sicht der Grundrechte nicht mehr der willkürlichen Disposition des*der Arbeitgebers*in unterliegt.[1420]

1412 BVerfGE 84, 133 (146); BVerfGE 85, 360 (373).

1413 BVerfGE 97, 169; BVerfG 22.10.2004, NZA 2005, 41, 42. Vgl. KSchR/*Deinert* (8. Aufl. 2011), Einl. 45 Rn. 11; *Falkenberg*, DB 1991, 2486; *Rühle*, DB 1981, 1378; *Wolter*, NZA 2003, 1070. Siehe diese *Disserationsschrift* diese Abschnitt d.

1414 Vgl. *Waltermann*, DVBl. 1989, 699 (702).

1415 BAGE 44, 141 = AP Nr. 1 zu § 1 TVG Tarifverträge Druckinsutrie. Vgl. *Waltermann*, DVBl. 1989, 699 (703).

1416 Vgl. *Waltermann*, DVBl. 1989, 699 (702); vHH/L/*Krause*, § 1 Rn. 13. Siehe *diese Dissertationsschrift* § 5 D. I.

1417 Vgl. vHH/L/*Krause*, § 1 Rn. 13.

1418 Vgl. vHH/L/*Krause*, § 1 Rn. 13.

1419 Vgl. vHH/L/*Krause*, § 1 Rn. 13. Siehe *diese Dissertationsschrift* § 5 D. III.

1420 Vgl. vHH/L/*Krause*, § 1 Rn. 13.

dd) Sozialstaatsprinzip

Das Recht des*der Arbeitnehmers*in auf Kündigungsschutz ist darüber hinaus mit dem im Grundgesetz verankerten Sozialstaatsprinzip verbunden. Dies fordert den Schutz der Schwächeren; es fordert den Staat auf, ungleiche Positionen der Bürger zu neutralisieren. Somit erteilt es dem sozialen Staat die Aufgabe, das Gleichgewicht im Arbeitsmarkt zu gewähren, zu erhalten und zu sichern (Art. 20 I GG und Art. 28 I GG).[1421] Ein freiwilliger Tausch der Güter ist nur möglich bei einer (nahezu) gleichen Machtfülle der Parteien.[1422] Der soziale Staat hat die Aufgabe, sich in das Arbeitsvertragsverhältnis einzumischen, wenn zwischen den Parteien des Arbeitsvertrages eine Machtasymmetrie besteht. Der soziale Staat hat die Pflicht, die Arbeitnehmer*innen als schwächere Vertragspartner im Arbeitsvertrag gegenüber der Vertragsbeendigungsfreiheit des*r Arbeitgebers*in zu schützen.[1423] *„[....] soziale Gerechtigkeit [....] verbietet die Diskriminierung des sozial Schwächeren, zugleich jede Ausnutzung sozialer Überlegenheit zum Nachteil des Sozialpartners.“*[1424] Resultierend daraus fordert das im Grundgesetz anerkannte Sozialstaatsprinzip den gesetzlichen Kündigungsschutz.[1425]

ee) Recht auf Arbeit

Zu begreifen ist der Kündigungsschutz auch als die Verwirklichung des Rechts auf Arbeit. Das Recht auf Arbeit zielt auf die Sicherung eines Arbeitsplatzes, der Kündigungsschutz will den Verlust dieses Arbeitsplatzes vermeiden.[1426] Das Recht auf Arbeit ist das Recht der Bürger, vom Staat eine Zuweisung von Arbeit in Anspruch zu nehmen.[1427] Es ist die Erwartung, der Staat möge Arbeitsmöglichkeiten schaffen und eine Eingliederung in das Arbeitsleben ermöglichen.[1428] Artikel 23 Absatz 1 AEMR diene als ein Beispiel in dieser Richtung. Danach sei das Recht auf Arbeit als ein subjektives öffentliches Recht zu sehen.[1429] Andererseits

---

1421 BVerfGE 21, 245 (251). Vgl. KSchrR*Deinert*, Einl. S. 45 Rn. 11; *Rüthers*, NJW 2002, 1601 (1601 ff.); *Reuter*, RdA 2004, 161 (165) (Reuter äußerts sich allerdings ausdrücklich gegen die Bindung des Sozialstaatsprinzips an den Kündigungen.)

1422 Vgl. *Jahn*, S. 112. Siehe *diese Dissertationsschrift* § 5 F. V.

1423 BVerfG 22.10.2004, NZA 2005, 41 (42); BVerfGE 97, 169 (175); BVerfGE 59, 231 (266). Vgl. KSchr/*Deinert*, Einl. S. 45 Rn. 11; *Falkenberg*, DB 1991, 2486 (2486); *Lindner*, RdA 2005, 166 (166 ff., 169, 170); *Rüthers*, NJW 2002, 1601 (1601 ff.); *Reuter*, RdA 2004, 161 (165).

1424 Vgl. *Achterberg*, JZ 1975, 720.

1425 Vgl. KSchR/*Deinert*, Einl. S. 45 Rn. 11; *Falkenberg*, DB 1991, 2486 (2486 ff.); *Rühle*, DB 1981, 1378 (1378 ff.); *Rüthers*, NJW 2002, 1601 (1601).

1426 Vgl. *Coen*, S. 2. Siehe *diese Dissertationsschrift* § 5 C. I.

1427 Vgl. *Coen*, S. 50; *Dirschmied*, AuR 1972, 257 (260); *Hubmann*, S. 185, 186; *Molitor*, S. 3; *Nikisch*, Arbeitsrecht I, § 5 IV 43; *Rath*, S. 1, 79ff.

1428 Vgl. *Nikisch*, Arbeitsrecht I, § 5 IV 43, 44; *Martens*, S. 29; *Molitor*, S. 3; *Wiedemann*, RdA 1961, 1 (1).

1429 *Nikisch*, Arbeitsrecht I, § 5 IV 43; *Wiedemann*, RdA 1961, 1.

gelte das Recht auf Arbeit als ein Recht auf Verwendung seiner*ihrer eigenen persönlichen Fähigkeiten, um seinen*ihren Lebensunterhalt zu verdienen.[1430] Dies Verständnis auf Recht auf Arbeit beschäftigt sich vielmehr hinsichtlich der zivilrechtlichen Reflexion des Rechts auf Arbeit.[1431] Diese Auslegung ist in der ESC (Art. 1 ESC) oder IPKWRS (Art. 6 IPKWRS) zu finden.[1432] Artikel 63 Absatz 2 Weimarer Reichsverfassung gewährt ebenfalls jedem Deutschen die Möglichkeit, durch wirtschaftliche Arbeit seinen Unterhalt zu erwerben. Im Gegensatz dazu enthält das GG kein solches Recht. Das Recht auf Arbeit im Sinne des deutschen Grundgesetzes ist demnach kein subjektiv einklagbares Recht, kann auch keine verfassungsrechtliche Grundlage des Kündigungsschutzes ausmachen.[1433]

*b) Verfassungsrechtliche Grundlagen des grundrechtlich geschützten Interesses des*der Arbeitgebers*in zur Kündigung*

In Bezug auf die verfassungsrechtlichen Grundlagen des Rechts des*der Arbeitgebers*in zur Kündigung kommen das Persönlichkeitsrecht und die Berufsfreiheit in Betracht.

aa) Persönlichkeitsrecht

Zu verbinden ist das Recht des*der Arbeitgebers*in auf Kündigung mit dem Recht auf freie Entfaltung der Persönlichkeit (Art. 2 I GG). Das in Artikel 2 Absatz 1 GG verbürgte Persönlichkeitsrecht schließt unter anderem wirtschaftliche Betätigungen in sich ein, somit schützt es die Freiheit im wirtschaftlichen Verkehr, die Vertragsfreiheit sowie einen angemessenen Spielraum zur Entfaltung der Unternehmensinitiative.[1434] Das Recht des*der Arbeitgebers*in, in seinem*ihrem Unternehmen nur Mitarbeiter zu beschäftigen, die seinen*ihren Vorstellungen entsprechen, und ihre Zahl auf das von ihm*ihr bestimmte Maß zu beschränken, ist die Ausübung der wirtschaftlichen Betätigungsfreiheit und geschützt durch Artikel 2 Absatz 1 GG.[1435] Das Recht des*der Arbeitgebers*in zur Kündigung kristallisiert sich aus Artikel 2 Absatz 1 GG, das Recht auf freie Entfaltung der Persönlichkeit, heraus.[1436]

1430 *Coen*, S. 52; *Leipold*, AuR 1971, 164.

1431 *Coen*, S. 54; *Leipold*, AuR 1971, 165.

1432 Siehe *diese Dissertationsschrift* § 7 D. II.; § 7 B. III. 2.

1433 Vgl. KSchR/*Deinert*, Einl. 45 Rn. 11.

1434 BVerGE 50, 290 (366); BVerGE 65, 196 (210); BVerfGE 29, 260 (266 ff.); BVerfGE 12, 341 (347). Vgl. *Kunig*, in: von Münch/Kunig, GGK I, Rn. 16, zu Art. 2.

1435 BVerfGE 97, 169 (175).

1436 BVerfGE 97, 169 (175).

bb) Berufsfreiheit

Das Recht des*der Arbeitgebers*in auf Kündigung verbindet sich vor allem mit dem in Artikel 12 Absatz 1 GG verbürgten Recht auf Berufsfreiheit. Aus der verfassungsrechtlich geschützten Berufsfreiheit stammt auch die Vertragsfreiheit, welche die Abschluss-, Inhalts- und Beendigungsfreiheit eines Vertrages umfasst.[1437] Daraus schlussfolgernd ermächtigt die Berufsfreiheit des*der Arbeitgebers*in ihn*sie auch zur Kündigung des Arbeitsvertrages.[1438] Der*Die Arbeitgeber*in ist unter Beachtung der gesetzlichen Vorschriften berechtigt, den Arbeitsvertrag einseitig zu lösen.[1439] Die gesetzlichen Regulierungen des Staates, welche dem*der Arbeitgeber*in die Befugnis erteilen, ein Arbeitsverhältnis außerordentlich oder ordentlich zu kündigen, müssen allerdings mit der Garantie der freien Wahl des Arbeitsplatzes für die Arbeitnehmer*innen harmonieren.[1440]

c) Auffassung des Bundesverfassungsgerichts

Die verfassungsrechtliche Grundlage des Kündigungsschutzrechts sieht das Bundesverfassungsgericht in Artikel 12 Absatz 1 GG. Demzufolge hebt das Bundesverfassungsgericht hervor, in Artikel 12 Absatz 1 Satz 1 GG sei unter anderem eine verfassungsrechtliche Garantie der freien Wahl des Arbeitsplatzes gewährleistet.[1441] Diese freie Arbeitsplatzwahl umfasst neben der Entscheidung für eine konkrete Beschäftigung – auch im Hinblick auf den Willen des Einzelnen – die Aufgabe des Arbeitsplatzes oder aber auch die Beibehaltung desselben.[1442] Allerdings folgt aus der Gewährleistung der freien Wahl des Arbeitsplatzes weder ein Anspruch auf Bereitstellung eines Arbeitsplatzes eigener Wahl noch eine Bestandsgarantie für den einmal gewählten Arbeitsplatz.[1443] Ebenso wenig verleihe das Grundrecht unmittelbaren Schutz gegen den Verlust eines Arbeitsplatzes aufgrund privater Dispositionen.[1444] Dem Staat obliegt diesbezüglich lediglich

---

1437 BAG, NZA 1995, 269 (271). Vgl. *Papier*, DVBl. 1984, 801ff.; *Papier*, RdA 1989, 139 ff.; KSchR/*Deinert*, Einl. 45 Rn. 11; *Boemke*, NZA, 1993, 533, 534., 537; *Boemke*, NZA, 1993, 532 ff.; *Oetker*, Bestandschutz, 20.

1438 BAG, NZA 1995, 269 (271). Vgl. *Papier*, DVBl. 1984, 801 ff.; *Papier*, RdA 1989, 139 ff.; KSchR/*Deinert*, Einl. 45 Rn. 11; *Boemke*, NZA, 1993, 533, 534., 537.

1439 BAG 31. 7. 2002, NZA 2002, 1155. Vgl. *Boemke*, NZA, 1993, 537..

1440 BAG, NZA 1995, 269 (271). Vgl. *Oetker*, Bestandschutz, 27, 28. Hierzu: „... *aufgrund der personalen Verengung in Art. 12 Abs. 1 GG nicht, den arbeitsrechtlichen Bestandsschutz für Nicht-Deutsche Arbeitnehmer zu rechtfertigen.*" *Oetker*, Bestandschutz, 28.

1441 BVerfGE 92, 140 (150); BVerfGE 84, 133 (146); BVerfGE 97, 169 (175). Siehe *diese Dissertationsschrift* § 5 D. II.

1442 BVerfGE 84, 133 (146); BVerfGE 92, 140 (150); BVerfGE 97, 169 (175); BVerfGE 84, 133 (146).

1443 BVerfGE 92, 140 (150); BVerfGE 85, 360 (373). Vgl. vHH/L/*Krause*, § 1 Rn. 13.

1444 BVerfGE 84, 133 (146); BVerfGE 92, 140 (150).

eine aus Artikel 12 Absatz 1 GG folgende Schutzpflicht, der – laut Bundesverfassungsgericht – die geltenden Kündigungsvorschriften hinreichend Rechnung tragen.[1445] Direkte staatliche Eingriffe in bestehende Arbeitsverhältnisse müssen sich aber stets an dem Grundrecht auf freie Wahl des Arbeitsplatzes messen lassen.[1446] Dem durch Artikel 12 Absatz 1 GG geschützten Interesse des*der Arbeitnehmers*in an der Erhaltung seines*ihres Arbeitsplatzes stehe das Interesse des*der Arbeitgebers*in gegenüber, in seinem*ihrem Unternehmen nur Mitarbeiter zu beschäftigen, die seinen*ihren Vorstellungen entsprechen, und ihre Zahl auf das von ihm*ihr bestimmte Maß zu beschränken.[1447] Die kollidierenden Grundrechtspositionen seien in ihrer Wechselwirkung zu erfassen und so zu begrenzen, damit sie für alle Beteiligten möglichst weitgehend wirksam werden.[1448] Demzufolge gewährt Artikel 12 Absatz 1 GG keinen unmittelbaren Schutz vor Kündigungen; der Staat ist lediglich verantwortlich für eine aus Artikel 12 Absatz 1 GG resultierende Schutzpflicht und hat aufgrund dieser einen Mindeststandard an Kündigungsschutz zu gewähren.[1449] Der Verfassungsgeber versucht die aus einer Kündigung resultierende Not durch das Kündigungsschutzgesetz zu lindern, welche aber immer unter Berücksichtigung der kollidierenden Grundrechtspositionen der Arbeitnehmer*innen und der Arbeitgeber*innen erfolgen soll.[1450]

II. Gesetzliche Grundlagen

Als gesetzliche Grundlage eines allgemeinen arbeitsrechtlichen Diskriminierungsverbots gestaltet sich das Allgemeine Gleichbehandlungsgesetz, in dem Kündigungsschutzgesetz ist der allgemeine arbeitsrechtliche Schutz gegen Kündigung verankert. In diesem Abschnitt erfolgt zuerst eine Untersuchung des allgemeinen Gleichbehandlungsgesetzes und danach des Kündigungsschutzgesetzes.

1445 BVerfGE 84, 133 (146); BVerfG 24.4.1991 AP Nr. 70 zu Art. 12 GG; BVerfGE 92, 140 (150).

1446 BVerfGE 84, 133 (146); BVerfGE 92, 140 (150).

1447 BVerfG NZA 2005, 41; BVerfGE 97, 169 (176). Siehe *diese Dissertationsschrift* § 5 C. I. und § 5 F. II.

1448 BVerfG NZA 2005, 41; BVerfGE 97, 169 (176).

1449 BVerfG 24.4.1991 AP Nr. 70 zu Art. 12 GG; BVerfGE 97, 169 (175, 178). Vgl. *Krause*, Arbeitsrecht, S. 277, Rn. 21; vHH/L/*Krause*, § 1 Rn. 13; *Gubelt*, in: von Münch/Kunig, GGK I, Rn. 25, zu Art. 767; A/P/S/*Preis* 1. Teil A. Rn. 26; KSchR/*Däubler*, Einl. 176 Rn. 532, Einl. 182 Rn. 557.

1450 Vgl. *Gubelt*, in: von Münch/Kunig, GGK I, Rn. 25, zu Art. 767.

1. *Allgemeines Gleichbehandlungsgesetz*

Als elementare gesetzliche Grundlage eines arbeitsrechtlichen Diskriminierungsschutzes nach deutschem Arbeitsrecht gestaltet sich das Allgemeine Gleichbehandlungsgesetz (AGG) aus dem Jahre 2006.[1451] Es handelt sich um Artikel 1 des *„Gesetzes zur Umsetzung europäischer Richtlinien zur Verwirklichung des Grundsatzes der Gleichbehandlung“* und setzt auf Grundlage von Artikel 19 AEUV erlassene vier europäische Antidiskriminierungsrichtlinien um: Antirassismus-Richtlinie, Rahmen-Richtlinie, Gleichbehandlungsrichtlinie und Gender-Richtlinie Zivilrecht.[1452]

Das AGG bildet das erste Gesetz zum ausführlichen Diskriminierungsschutz in der Bundesrepublik Deutschland und bezieht unter anderem Regelungen zum Schutz vor Benachteiligungen für die arbeitsrechtliche Praxis ein.[1453] Es handelt sich aber anscheinend nicht um die ersten Regelungen hinsichtlich des arbeitsrechtlichen Diskriminierungsschutzes. Bestimmungen wie § 611a BGB, § 81 Absatz 2 SGB IX oder § 75 BetrVG sowie das Gleichbehandlungsgebot unter Verweis auf Artikel 3 GG in der ständigen Rechtsprechung des BAG leisteten den Arbeitnehmern*innen bereits vor Inkrafttreten des AGG Schutz vor Ungleichbehandlungen.[1454] Vor allem zu erwähnen ist der im Jahr 1980 im deutschen BGB eingeführte, danach im Jahr 2006 aufgehobene § 611a BGB, der den Arbeitgebern*innen schon vor Inkrafttreten des AGG untersagt, Arbeitnehmer*innen – unter anderem insbesondere bei einer Kündigung – wegen des jeweiligen Geschlechts zu benachteiligen.[1455] Das in § 611a BGB geregelte Verbot der Geschlechterdiskriminierung hatte somit gegenüber anderen Diskriminierungsverboten im deutschen Recht eine Vorreiterfunktion, vor allem in Bezug auf eine diskriminierende Kündigung.[1456] Die Effektivität dessen ist aber umstritten,

---

1451 Allgemeines Gleichbehandlungsgesetz vom 14. August 2006 (BGBl. I S. 1897) Inkrafttreten 18. August 2006; zuletzt geändert durch Art. 8 SEPA-BegleitG vom 3. April 2013 (BGBl. I S. 610).

1452 Gesetzes zur Umsetzung europäischer Richtlinien Gesetzes zur Umsetzung europäischer Richtlinien zur Verwirklichung des Grundsatzes der Gleichbehandlung vom 14. August 2006 (BGBl. I S. 1897). Artikel 2: „Gesetz über die Gleichbehandlung der Soldatinnen und Soldaten – SoldGG“; Artikel 3: Änderungen einzelner Gesetze; Artikel 4: Regelungen über das Inkrafttreten und das Aufheben des Beschäftigtenschutzgesetzes. Für die Einzelheiten siehe diese *Dissertationsschrift* § 8, B., II. Vgl. Däubler/Bertzbach AGG/*Däubler* Einl. Rn. 3; ErfK/*Schlachter* AGG Vorbemerkung Rn. 1; StichwortKomm ArbR/*Littig* Diskriminierung Rn. 1; BeckOK ArbR/*Roloff* AGG § 1; NK-ArbR/*von Steinau-Steinrück/Schneider* AGG § 1 Rn. 1. Siehe *diese Dissertationsschrift* § 8 B. 4.

1453 Vgl. *Willemsen/Schweibert,* NJW 2006, 2583 (2583).

1454 Vgl. *Willemsen/Schweibert,* NJW 2006, 2583 (2583).

1455 Vgl. *Adomeit/Mohr,* Vorwort S. VII; Däubler/Bertzbach AGG/*Däubler/Bertzbach* Einl. Rn. 33.

1456 Vgl. Däubler/Bertzbach AGG/*Däubler/Bertzbach* Einl. Rn. 33.

berechtigte Entschädigungsansprüche erfassten nicht die Benachteiligung bei der Beendigung.[1457] Es stützten sich außerdem innerhalb einer knapp 25-jährigen Geltung lediglich 112 Klagen auf § 611a BGB.[1458]

Die Entstehungsgeschichte des AGG lässt sich bis zu den ersten Vorentwürfen eines deutschen Gesetzes gegen mehrere Formen der Diskriminierung zurückverfolgen, entstanden im Gefolge des Europäischen Jahres gegen Rassismus 1997.[1459] Eine Dynamik gewannen die ersten Versuche erst nach der Verabschiedung der europäischen Antidiskriminierungsrichtlinien.[1460] In dem Zusammenhang kam es zur Vorlage des Entwurfes eines Artikelgesetzes mit einem separaten *„arbeitsrechtlichen Antidiskriminierungsgesetz"*.[1461] Trotzdem scheiterten in der Bundesrepublik Deutschland die festgesetzten Umsetzungsfristen der unionsrechtlichen Antidiskriminierungsrichtlinien infolge des politischen Widerstandes, aber auch wegen mangelnder schlüssiger Entwürfe.[1462] Dies führte zu zwei Vertragsverletzungsklagen der EU-Kommission gegen Deutschland wegen Nichtumsetzung vor dem EuGH.[1463] In den beiden Klagen wurde die Bundesrepublik Deutschland mit der Begründung verurteilt, sie verletze ihre Pflichten aus der Antirassismus- bzw. der Rahmenrichtlinie infolge einer nicht fristgemäßen Umsetzung.[1464] Nach der Vertragsverletzungsklage präsentierte die Bundesregierung einen Regierungsentwurf, dem folgte eine kontroverse wissenschaftliche und politische Diskussion.[1465] Eine endgültige Verabschiedung des Entwurfs kam nicht zustande aufgrund des Grundsatzes der Diskontinuität wegen der Auflösung des Bundestages infolge von Neuwahlen.[1466] Allerdings brachte die neue Bundesregierung nach der Bundestagswahl in nahezu vollkommener Übereinstimmung mit der

1457 Vgl. Däubler/Bertzbach AGG/ *Däubler/Bertzbach* Einl. Rn. 33 ff.; *Schlachter,* in: § 1 AGG Rn. 6.

1458 Vgl. Däubler/Bertzbach AGG//*Bertzbach* Einl. Rn. 33.

1459 Für die Einzelheiten: Schiek/*Schiek* AGG § 1 Rn. 1. Proklamiert durch die Entschließung des Rates und der im Rat vereinigten Vertreter der Regierung der Mitgliedstaaten vom 23.7.1996 betreffend das Europäische Jahr gegen Rassismus – Abl. C 237 vom 15.8.1996. Siehe auch *diese Dissertationsschrift* § 4 A., insbesondere § 4 A., IV.

1460 Vgl. Däubler/Bertzbach AGG/*Däubler* Einl. Rn. 6 ff.; Schiek/*Schiek* AGG § 1 Rn. 3.

1461 Vgl. Däubler/Bertzbach AGG/*Däubler* Einl. Rn. 8 ff.; Schiek/*Schiek* AGG § 1 Rn. 3.

1462 Vgl. Däubler/Bertzbach AGG/*Däubler* Einl. Rn. 6 ff.; Schiek/*Schiek* AGG § 1 Rn. 3 ff.

1463 Vgl. Däubler/Bertzbach AGG/*Däubler* Einl. Rn. 6; Schiek/*Schiek* AGG § 1 Rn. 4. EuGH 28.4.2005, Rs. C-329/04 „Kommision vs. Deutschland"; EuGH 23.2.2006, Rs. C-43/05 „Kommission vs. Deutschland".

1464 Vgl. Däubler/Bertzbach AGG/*Däubler* Einl. Rn. 6; Schiek/*Schiek* AGG § 1 Rn. 4. EuGH 28.4.2005, Rs. C-329/04 „Kommission vs. Deutschland"; EuGH 23.2.2006, Rs. C-43/05 „Kommission vs. Deutschland".

1465 Vgl. Däubler/Bertzbach AGG/*Däubler* Einl. Rn. 9; Schiek/*Schiek* AGG § 1 Rn. 4.

1466 Vgl. Däubler/Bertzbach AGG/*Däubler* Einl. Rn. 9; Schiek/*Schiek* AGG § 1 Rn. 4.

Endfassung dieses Entwurfs einen Gesetzentwurf ein, dessen Inhalt später mit der Wirkung der EuGH-Entscheidung Mangold und nach Eröffnung des Zwangsgeldverfahrens nach Artikel 228 EG (geltende Art. 260 AEUV) mit einer Reihe wichtiger Änderungen als *„Allgemeines Gleichbehandlungsgesetz"* verkündet wurde.[1467]

Das Ziel des AGG ist es, das Verhindern und die Beseitigung der *„Benachteiligungen"* aus Gründen der in seinem ersten Paragraf aufgezählten acht Diskriminierungsmerkmale Rasse, ethnische Herkunft, Geschlecht, Religion, Weltanschauung, Behinderung, Alter und sexuelle Identität anzubieten (§ 1 AGG).[1468] Gleichwie das AGG zur Umsetzung der europäischen Richtlinien bestimmt ist, dient es gleichzeitig auch der Konkretisierung des verfassungsrechtlichen Gleichberechtigungsgebots (Art. 3 II GG) sowie der Diskriminierungsverbote (Art. 3 III GG) und ergänzt sie.[1469] Das Gesetz ist bestrebt, sowohl eine Präventivfunktion – Verhinderung von Benachteiligungen – als auch eine kompensierende Funktion – einen Anspruch, bereits eingetretene Benachteiligungen zu beseitigen – zu verwirklichen; somit verfolgt es eine doppelte Zielsetzung.[1470] Auf diese Weise bemüht sich das AGG um den Schutz des Betroffenen, aber auch um die Veränderung der Gesellschaft.[1471] Theoretische Grundlagen des AGG schaffen einen auf der Würde des Menschen basierenden Ansatz zum Antidiskriminierungsrecht – die Förderung der Wertschätzung und der Achtung der Individualität jedes Menschen und eine daraus sich herauskristallisierende Annahme der Würde als Schutzgut des Gesetzes – sowie die sozial egalitäre Perspektive des Antidiskriminierungsrechts – Chancengleichheit und Verteilungsgerechtigkeit – mittels einer gerechten Sozial- und Beschäftigungspolitik – und eine sich herauskristallisierende Annahme der Bewahrung der Gleichheit als Schutzgut des Gesetzes.[1472] Die Aufzählung der unter den Schutz des AGG (§ 1 AGG) fallenden Diskriminierungsmerkmale ist

---

1467 EuGH Rs. C-144/04 „Mangold". Vgl. Däubler/Bertzbach AGG/*Däubler* Einl. Rn. 10; Schiek/*Schiek* AGG § 1 Rn. 5.

1468 Vgl. Däubler/Bertzbach AGG/*Däubler*, Einl. Rn. 1; *Wendeling-Schröder*, NZA 2004, 1320 (1320 ff.); BeckOK ArbR/*Roloff* AGG §1 Rn. 1.

1469 BAG 24.4.2008 NZA 2008, 1351. Vgl. ErfK/*Schlachter* AGG Vorbemerkung Rn. 5; Däubler/Bertzbach AGG/*Däubler S. 5.*

1470 Vgl. ErfK/*Schlachter* AGG § 1 Rn. 2; Wendeling-Schröder/Stein/*Wendeling-Schröder AGG* § 1 Rn. 1; Däubler/Bertzbach AGG/*Däubler* § 1 Rn. 1; HK-ArbR/*Braun* AGG § 1 Rn. 3; NK-ArbR/*Steinau-Steinrück/Schneider* AGG § 1 Rn. 5; BeckOGK/*Baumgärtner* AGG § 1 Rn. 1.

1471 Vgl. Wendeling-Schröder/Stein/*Wendeling-Schröder AGG* § 1 Rn. 3 und § 1 Fn. 3. Siehe auch diese Dissertationsschrift § 4 D. III.; § 8 B. II. 4.

1472 Für die Einzelheiten siehe *diese Dissertationsschrift* § 4, D., I., II. und III. Außerdem siehe auch für die Grundlagen des europäischen Antidiskriminierungsrechts *diese Dissertationsschrift* § 8, B.

abschließend.[1473] Des Weiteren finden im AGG nur personenbezogene Diskriminierungsmerkmale einen Schutz, nicht aber an den Arbeitsvertrag anknüpfende Diskriminierungsmerkmale.

2. *Kündigungsschutzgesetz*

Als gesetzliche Grundlage eines arbeitsrechtlichen allgemeinen Kündigungsschutzes nach deutschem Arbeitsrecht gestaltet sich das Kündigungsschutzgesetz (KSchG) von 1951.[1474] Der allgemeine Kündigungsschutz hat eine lange Tradition in der Bundesrepublik Deutschland.[1475] Das Kündigungsschutzgesetz ist genau 55 Jahre älter als das AGG.

Das Kündigungsschutzgesetz erklärt Kündigungen gegenüber Arbeitnehmern*innen, deren Arbeitsverhältnis innerhalb des Anwendungsbereiches des KSchG fallen, als rechtsunwirksam, wenn sie sozial ungerechtfertigt sind (§ 1 I KSchG). Eine sozial ungerechtfertigte Kündigung ist zu beschreiben als eine Kündigung, die nicht durch Gründe, die in der Person oder in dem Verhalten des*der Arbeitnehmers*in liegen, oder durch dringende betriebliche Erfordernisse, die einer Weiterbeschäftigung des*der Arbeitnehmers*in in diesem Betrieb entgegenstehen, bedingt ist (§ 1 II KSchG). Das Gesetz will eine Bestandsschutzfunktion erfüllen, beabsichtigt aber nicht die Übernahme einer Rolle als ein Abfindungsgesetz.[1476] Trotzdem finden seit der Änderung von 2004 neue fremde Mechanismen gegenüber dem früheren Stand des Gesetzes in dem Kündigungsschutzgesetz ihren Platz.[1477] Demgemäß sieht § 1a KSchG einen Abfindungsanspruch bei betriebsbedingter Kündigung vor (§ 1a KSchG). Die höhere Anzahl von Kündigungsschutzverfahren mit einer Abfindungszahlung im Falle einer Auflösung beinhaltet darüber hinaus auch eine Hinterfragung der Funktion des Gesetzes als Bestandsschutz.[1478] Trotzdem besteht das Kündigungsschutzgesetz weiterhin als Bestandsschutzgesetz.[1479]

1473 Vgl. NK-ArbR/*Steinau-Steinrück/Schneider* AGG § 1 Rn. 4. Siehe *diese Dissertationsschrift* § 7 B. I. 1.; § 7 B. II. 1.; § 7. B. III. 1.; § 7, B. III. 2.; § 7 C. I. 1.; § 7 D. I. 1.; § 7 D. II. 1.; § 11 B.; Anhang I.

1474 Kündigungsschutzgesetz vom 10. August 1951, in der Fassung der Bekanntmachung vom 25. August 1969 (BGBl. I S. 1317), das zuletzt durch Artikel 4 des Gesetzes vom 17. Juli 2017 (BGBl. I S. 2509) geändert worden ist.

1475 Siehe *diese Dissertationsschrift* § 5, A.; insbesondere § 5, A., III. Vgl. *Krause*, Arbeitsrecht, S. 276 Rn. 18.

1476 BVerfG, NZA 2005, 41 (42); BAG, NZA 2003, 261 (262). Vgl. *Krause*, Arbeitsrecht, S. 276, Rn. 19. Siehe *diese Dissertationsschrift* § 5 E.

1477 Vgl. *Krause*, Arbeitsrecht, S. 276, Rn. 19.

1478 Vgl. *Krause*, Arbeitsrecht, S. 276, Rn. 19.

1479 Vgl. *Krause*, Arbeitsrecht, S. 276, Rn. 19.

B. Türkische rechtliche Grundlagen des arbeitsrechtlichen Antidiskriminierungsrechts und des allgemeinen Kündigungsschutzrechts

Dieser Abschnitt befasst sich mit dem Thema der türkischen rechtlichen Grundlagen des arbeitsrechtlichen Antidiskriminierungsrechts und des allgemeinen Kündigungsschutzrechts. Eine Beschreibung findet zuerst die verfassungsrechtlichen Grundlagen des arbeitsrechtlichen Antidiskriminierungsrechts und des allgemeinen Kündigungsschutzrechts nach den Verfassungen von den Jahren 1924, 1961 und 1982. Als nächstes entwickelt sich eine Schilderung der gesetzlichen Grundlagen und deren kurze Geschichte, gliedert in drei Teil unter den Titeln Obligationengesetz, Arbeitsgesetz und Gesetz über Mesnchenrechte und Gleichheitsinstitution der Türkei.

I. Verfassungsrechtliche Grundlagen und deren kurze Geschichte

Eine Darstellung der verfassungsrechtlichen Grundlagen des arbeitsrechtlichen Antidiskriminierungsrechts und Kündigungsschutzrechts nach türkischem Recht geschieht in diesem Abschnitt anhand einer geschichtlichen Betrachtungsweise nach der 1924er-Verfassung, 1961er-Verfassung und 1982er-Verfassung.

1. 1924er-Verfassung

Kurz nach der Verabschiedung der Verfassung aus dem Jahr 1921 (1921er-Verfassung – erste Verfassung der Republik Türkei) kommt die fast 40 Jahre geltende Verfassung aus dem Jahr 1924 der Republik Türkei (1924er-Verfassung). Die 1924er-Verfassung erkennt die Gleichheit jedes *Türken* vor dem Gesetz, indem sie die Türken (auf Türkisch *Türk*) als alle Staatsbürger ohne Unterschied auf Religion oder Rasse definierte. (Art. 69 Verf. 1924 und Art. 88 Verf. 1924).[1480]

Eine *Nichtdiskriminierungspflicht* enthält die 1924er-Verfassung nicht. Allerdings kündigt sie an, alle Arten von Privilegien aufgrund der Gruppe, Klasse, Familien oder individuellen Privilegien seien aufgehoben und verboten (Art. 69 Verf. 1924). Dieses Verbot ist im türkischen Schrifttum als Vorrechtsverbot genannt.[1481] Angesichts einer auf diskriminierende Merkmale beruhende Erstellung, Begründung und Rechtfertigung einer sozial unerwünschten Bevorzugung

1480 1921 Verfassung, die vor der Ankündigung der Republik verabschiedet wurde, legt Islam als die Staatsreligion fest (Art. 2 Verf. 1921). Nach der Ankündigung der Republik und der Abschaffung des Kalifats verabschiedete 1924 Verfassung wiederum bezeichnet die Türkische Republik als republikanisch, nationalistisch, demokratisch (populistisch), etatistisch, laizistisch und revolutionär.

1481 Vgl. *Gülmez*, ÇvT 2010/2, S. (236).

mit dem Ziel oder der Folge einer gesellschaftlichen Benachteiligung, auch zu nennen unter den Begriff der Diskriminierung, ist in dem Fall das Verbot von individuellen Privilegien und Vorrechten aufgrund einer Gruppe, Klasse, Familie in Artikel 69 der 1924-er Verfassung als Diskriminierungsverbot einzustufen.[1482] Mit der Bestimmung in Artikel 69 distanziert sich die 1924er-Verfassung noch mal von dem früheren Regime. Darüber hinaus schreibt sie fest, niemand dürfe aufgrund seiner Weltanschauung, Religion oder Konfession einen Tadel erhalten (Art. 75 Verf. 1924). Auf diese Weise stellt die 1924er-Verfassung diese eventuellen Diskriminierungsmerkmale unter einen besonderen Schutz, auch wenn sie keine ausdrückliche Nichtdiskriminierungspflicht beinhaltet.

Von den *sozialen und wirtschaftlichen Rechten und von den Rechten, die in direkter Verbindung mit dem Arbeitsrecht stehen,* erkennt die 1924er-Verfassung nur das Vereinigungsrecht an, es enthält allerdings keine weiteren Regulierungen in Bezug auf andere soziale und wirtschaftliche Rechte (Art. 70 Verf. 1924). Deshalb ist von einer verfassungsrechtlichen Grundlage eines Kündigungsschutzes für die damalige Zeit nicht die Rede.

2. 1961er-Verfassung

Obwohl die Verfassung aus dem Jahr 1924 einige klassische Menschenrechte vorsah, enthielt sie keine sozialen und wirtschaftlichen Menschenrechte. Die wirtschaftliche und soziale Entwicklung des Landes hat jedoch im Laufe der Zeit das Bedürfnis und die Sehnsucht nach diesen Rechten erhöht.[1483] Die Verankerung der sozialen und wirtschaftlichen Rechte in der Verfassung verdankt die Türkische Republik der Verfassung vom 20. Juli 1961 (1961er-Verfassung).[1484] Viele Menschenrechte, einschließlich derjenigen mit sozialer und wirtschaftlicher Natur, erkannte die nach dem 27. Mai 1960 nach der Militärischen Intervention erlassene 1961er-Verfassung erstmals in der Geschichte des Landes an.

Im Hinblick auf das Antidiskriminierungsrecht sind die Vorschriften über die Gleichheit und das Gleichheitsverständnis der Verfassung aus dem Jahr 1961 von Bedeutung. Die 1961er-Verfassung reguliert das Prinzip der Gleichheit unter ihrem zweiten Teil unter dem Titel *„Grundrechte und -pflichten“* (Zweiter Teil Verf. 1961). Der Artikel 12 der 1961er-Verfassung namens *„Gleichheit“* legt in seinem ersten Absatz fest: Jedermann ist ohne Rücksicht auf Unterschiede aufgrund von Sprache, Rasse, Geschlecht, politischer Anschauung, Weltanschauung, Religion und Konfession vor dem Gesetz gleich (Art. 12 I Verf. 1961). Darüber hinaus folgt Artikel 12 dem Weg, den die 1924er-Verfassung öffnete, und beschließt in seinem zweiten Absatz, weder einer Person noch eine Familie, Gruppe oder Klasse dürfe ein Vorrecht eingeräumt bekommen (Art. 12 II Verf. 1961 und

1482 Für die Einzelheiten über den Diskriminerungsbegriff siehe auch *diese Dissertationsschrift* § 4, B.

1483 Vgl. *Süzek*, İş Hukuku, S. 12.

1484 Türkiye Cumhuriyeti Anayasası, Kabul Tarihi: 9.7.1961, RG. 20.7.1961/10859.

Art. 69 Verf. 1924).[1485] Der Verfassungsausschuss versteht das Prinzip der Gleichheit als einen axiomatischen Grundsatz, der keine Begründung oder deduktive Ableitung erfordert. Das Prinzip der Gleichheit brauche keine Begründung.[1486] Es befinde sich in der Allgemeinen Erklärung der Menschenrechte, in den Verfassungen der anderen Länder sowie auch in der 1924er-Verfassung der Republik Türkei.[1487] Es hat also auch einen Platz in der Verfassung der Republik Türkei aus dem Jahr 1961.

Unter dem Gesichtspunkt der kündigungsschutzrechtlichen Bestimmungen sind vor allem die erstmals in einer türkischen Verfassung verankerten sozialen und wirtschaftlichen Menschenrechte relevant. Die 1961er-Verfassung reguliert die Freiheit der Arbeit und der Vertragsfreiheit in einem Artikel (Art. 40 Verf. 1961). Jedermann genieße die Freiheit, in einem beliebigen Bereich Arbeit aufzunehmen und Verträge zu schließen (Art. 40 Verf. 1961).[1488] Darüber hinaus enthält die 1961er-Verfassung Vorschriften über Arbeitsbedingungen (Art. 43 Verf. 1961), Recht auf Erholung (Art. 44 Verf. 1961) und weitere kollektiv arbeitsrechtliche Bestimmungen wie Recht auf Gründung von Arbeitnehmer- und Arbeitgeberverbänden (Art. 51 Verf. 1961). Der Artikel 42 der 1961er-Verfassung erkennt ein Recht, aber auch gleichzeitig eine Pflicht zur Arbeit (Art. 41 I Verf. 1961). *„Die Arbeit ist jedermanns Recht und Pflicht“* (Art. 41 I Verf. 1961). Daraus folgend befiehlt der Staat den Schutz der Arbeitenden sowie das Unterstützen des Arbeitens mithilfe von sozialen, wirtschaftlichen und finanziellen Maßnahmen, um den Arbeitenden ein menschenwürdiges Leben zu sichern und das Entfalten des Arbeitslebens sicherzustellen (Art. 42 II Verf. 1961). Der Staat soll dazu noch Maßnahmen zur Verhinderung von Arbeitslosigkeit ergreifen (Art. 42 II Verf. 1961). In der Begründung des 42. Artikels betont der Verfassungsausschuss den moralischen Charakter der Bestimmung.[1489] Er erkennt aber auch das Prinzip der Aufgabe des Staates, Maßnahmen zu ergreifen, damit möglichst alle Arbeit finden können.[1490]

3. *1982er-Verfassung*

Vom 12. September 1980 datiert die Durchführung der Operation der türkischen Streitkräfte mit der Folge der Ergreifung der staatlichen Verwaltung, gezielt auf die (Wieder-)Herstellung der sozialen Ordnung in der Republik.[1491] Im Hinblick

1485 Die Übersetzung der Verfassung: Die Verfassung der Republik Türkei Stand 1.1.2011 Überstezung von Rechtsanwalt Prof. Dr. Christian Rumpf.
1486 Vgl. *Aydoğdu*, S. 56, Madde 12, Gerekçe.
1487 Vgl. *Aydoğdu*, S. 56, Madde 12, Gerekçe.
1488 Die Übersetzung der Verfassung: Die Verfassung der Republik Türkei Stand 1.1.2011 Überstezung von Rechtsanwalt Prof. Dr. Christian Rumpf.
1489 Vgl. *Aydoğdu*, S. 89, Madde 42, Gerekçe.
1490 Vgl. *Aydoğdu*, S. 89, Madde 42, Gerekçe.
1491 Vgl. *Çelik/Caniklioğlu/Canbolat*, S. 14. Der Akzent auf Wiederherstellung *die Verfasserin.*

auf die Geschichte der Türkischen Republik gestaltet diese einen bedeutenden Einschnitt, resultierend aus der neueren Positionierung des Staates in der gesellschaftlichen Ordnung und im rechtlichen Hinblick auf eine neue Verfassung sowie neue Gesetze. Die Verfassung der Republik Türkei vom 7. November 1982 (1982er-Verfassung/Verfassung), vorbereitet durch einen nach dem 1980er-Putsch eingesetzten Verfassungsausschuss – mit den letzten Änderungen durch das Verfassungsreferendum im Jahr 2017 – bildet die geltende Verfassung der Republik Türkei und ist somit die rechtliche Grundordnung des Staates und das zentrale Rechtsdokument.

a) Verfassungsrechtliche Grundlage des Antidiskriminierungsrechts

Eine Darstellung der verfassungsrechtlichen Grundlagen des türkischen arbeitsrechtlichen Antidiskriminierungsrechts vollzieht sich nach den Titeln „Gleichheit vor dem Gesetz" und „Diskriminierungsverbot und Gleichbehandlungsgrundsatz oder nur Diskriminierungsverbot?".

aa) „Gleichheit vor dem Gesetz"

Nach der 1982-er Verfassung gestaltet sich das Prinzip der Gleichheit ein unabänderliches Grundprinzip der Republik Türkei (Präambel Verf i.V.m. Art. 2 Verf, Art. 4 Verf. und Art. 176 I Verf.).[1492] Selbst schon das Einbringen eines Änderungsvorschlages ist unzulässig (Präambel Verf i.V.m. Art. 2 Verf, Art. 4 Verf. und Art. 176 I Verf).[1493] Nach der Präambel genieße *"[...] jeder türkische Staatsbürger gemäß den Erfordernissen der Gleichheit und der sozialen Gerechtigkeit die Grundrechte und -freiheiten dieser Verfassung [...] und von seiner Geburt an das Recht und die Möglichkeit habe, [...] ein würdiges Leben zu führen und seine materielle und ideelle Existenz in diesem Sinne zu entfalten [...]"*[1494] Auf diese Weise verbindet sich die Verfassung das Prinzip der Gleichheit mit den Konzepten der Grundrechte und -freiheiten sowie assoziiert das Gleichheitsprinzip mit der Würde ebenso wie materielle und ideelle Existenz der Menschen.[1495]

Die verfassungsrechtliche Grundlage des Antidiskrimininierungsrechts reguliert in dem Artikel 10 der 1982er-Verfassung, betitelt als *„Gleichheit vor dem Gesetz"*. Der Artikel enthält Bestimmungen über der Grundsatz der Gleichheit vor dem Gesetz, Diskriminierungsverbot, Verbot der Einräumung der Privileigien und Grundsatz der gleichen Wahrnehmung der verfassungsrechtliche Rechte und Freiheiten.[1496] Entsprechend Artikel 10 Absatz 1 der

---

1492 Vgl. *Gülmez*, ÇT 2010/2, 217 (231); *Ünal*, S. 88; *Sur*, Sicil 2017/37, 33 (35).

1493 Vgl. *Gülmez*, ÇT 2010/2, 217 (231); *Ünal*, S. 88.

1494 Die Übersetzung der Verfassung: Die Verfassung der Republik Türkei Stand 1.1.2011 Überstezung von Rechtsanwalt Prof. Dr. Christian Rumpf.

1495 Vgl. *Gülmez*, ÇT 2010/2, 217 (231); *Ünal*, S. 88; *Öden*, S. 199. Siehe diese Dissertationsschrift § 4 A. I.; § 4 D. I.; § 4 D. I. II.

1496 Vgl. *Ünal*, S. 88; *Öden*, S. 131; *Yıldız*, S. 54.

1982er-Verfassung: *„Jedermann ist ohne Rücksicht auf Unterschiede aufgrund von Sprache, Rasse, Hautfarbe, Geschlecht, politischer Ansicht, Weltanschauung, Religion, Konfession und Ähnlichem vor dem Gesetz gleich.“*[1497] Darüber hinaus bestimmt Absatz 4: *„Weder einer Person noch einer Familie, Gruppe oder Klasse darf ein Vorrecht eingeräumt werden.“*[1498] Im Zusammenhang mit den Absätzen 1 und 4 des 10. Artikels folgt die 1982er-Verfassung der Tradition der früheren Verfassungen, indem er Artikel 10 (fast) wortgleich mit den früheren Artikeln 12 der 1962er-Verfassung und anscheinend auch Artikel 69 der 1924er-Verfassung formuliert. An einigen Stellen bestehen allerdings Unterschiede. Als Erstes weicht die Regulierung der 1982er-Verfassung systematisch von der 1962er-Verfassung ab. Artikel 12 der 1962er-Verfassung befindet sich unter dem zweiten Teil, im ersten Kapitel der Verfassung, der allgemeine Grundsätze der Grundrechte und Pflichten reguliert. Artikel 10 der 1982er-Verfassung befindet sich dagegen im ersten Teil, namens *„Allgemeine Grundsätze“*. Als Nächstes unterscheidet sich Artikel 10 der 1982er-Verfassung von Artikel 12 der 1961-Verfassung durch seinen Titel. Artikel 12 der 1961er-Verfassung heißt *„Gleichheit“*, dagegen trägt Artikel 10 der 1982er-Verfassung einen spezifischen Titel, *„Gleichheit vor dem Gesetz“*. Des Weiteren erkennt die 1982er-Verfassung das Diskriminierungsmerkmal *„Hautfarbe“* und eröffnet den Weg zur Erweiterung der Diskriminierungsmerkmale mit einer Öffnungsklausel durch die Beifügung der Formulierung *„und Ähnlichem“* im Artikeltext. Weiterhin bewertet der Verfassungsausschuss Artikel 10 der 1982er-Verfassung eines der unabdingbaren Prinzipien der Demokratie.[1499] Der Ausschuss betont außerdem den Begriff der Würde und das unabdingbare Recht auf Schutz der betreffenden Personen, allerdings ohne ihn wörtlich zu nennen. Der Verfassungsausschuss schreibt: *„İnsan insan olması dolayısıyla doğuştan bir değeri ve haysiyeti vardır. Bu onun tabii bir hakkıdır. Bu hak dolayısla herhangi bir niteliğe veya ölçüye dayanılarak insanlar arasında ayırım yapılamaz. [...] İnsanlar arasındaki eşitliğin temellerinden birini de böylece kanunlar önündeki eşitlik ilkesi sağlar.“*[1500] (Dem Menschen angeboren – allein aufgrund seines Menschseins – sind sein Wert und seine Würde. Das ist sein natürliches Recht. Aufgrund dessen darf keine Diskriminierung zwischen Personen basierend auf einer Qualifikation oder Maßnahme vorgenommen werden. [...] Demgemäß gestaltet sich der

---

1497 Die Übersetzung der Verfassung: Die Verfassung der Republik Türkei Stand 1.1.2011 Überstezung von Rechtsanwalt Prof. Dr. Christian Rumpf. Das Wort „mezhep“ wird von Prof. Dr. Christian Rumpf mit „Bekenntnis“ ins Deutsche übersetz. In dieser Dissertationsschrift wird jedoch stattdessen ds Wort „Konfession“ verwendet. Türkisches Wort „ayrım“ auf Deutsch „Unterschied“; Türksiche „ayrım yasağı“ auf Deutsch „Diskriminierungsverbot“.

1498 Die Übersetzung der Verfassung: Die Verfassung der Republik Türkei Stand 1.1.2011 Überstezung von Rechtsanwalt Prof. Dr. Christian Rumpf.

1499 Vgl. *Aydoğdu*, S. 257 Madde 10 Gerekçe.

1500 Vgl. *Aydoğdu*, S. 257 Madde 10 Gerekçe.

Grundsatz der Gleichheit vor dem Gesetz als das Fundament für die Gleichheit der Menschen.)[1501] Auf diese Weise nähert sich der Verfassungsgeber dem auf Würde basierenden Ansatz des Antidiskriminierungsrechts an.[1502]

Der im Jahr 2004 beigefügte Absatz 2 des 10. Artikels der 1982er-Verfassung hebt die Gleichberechtigung von Frauen und Männern hervor, indem er Frauen und Männern die gleichen Rechte zubilligt und die Betonung der Verpflichtung des Staates bei der Verwirklichung der Gleichheit hervorhebt (Art. 10 II 1982er-Verf.). Seit 2010 dürfen positive, zur Gewährleistung der Gleichberechtigung von Frauen und Männern ergriffene Maßnahmen nach Artikel 10 Absatz 2 Satz 2 der 1982er-Verfassung nicht als Verstoß gegen den Gleichheitsgrundsatz ausgelegt werden (Art. 10 II 2 1982-Verf.). In dem Begründungstext erklärt der Verfassungsausschuss, im Einklang mit der Beitrittspartnerschaftserklärung der Europäischen Union von 2003 mit der Türkei und den einschlägigen völkerrechtlichen ratifizierten Übereinkommen bestehe die Erwartung, die rechtliche und tatsächliche Gewährleistung der einzelnen aller Menschenrechte und Grundfreiheiten ohne Diskriminierung aufgrund des Geschlechts zu sichern.[1503] Darüber hinaus lag die Betonung auf der Ratifizierung der Europäischen Konvention zum Schutze der Menschenrechte und Grundfreiheiten sowie der Charta der Grundrechte der Europäischen Union, die Gleichheit von Männern und Frauen in allen Bereichen, einschließlich der Beschäftigung, der Arbeit und des Arbeitsentgelts sicherzustellen.[1504] Alle diese europäischen und völkerrechtlichen Quellen bewegten den Verfassungsausschuss, die Gleichberechtigung von Frauen und Männern verfassungsrechtlich ausdrücklich anzuerkennen.

Ebenfalls im Jahr 2010 akzentuiert in Artikel 10 der 1982er-Verfassung der beigefügte Absatz 3 die positiven Maßnahmen zum Schutz von Kindern, Alten, Behinderten, Witwen und Waisen von Gefallenen oder im Dienst Verstorbenen sowie von Invaliden und Veteranen und beschließt, diese positiven Maßnahmen gelten zugunsten der aufgezählten Personenkreise nicht als Verstoß gegen den Gleichheitsgrundsatz (Art. 10 III 1982-Verf.).

1501 Übersetzung aus dem Türkischen ins Deutsche durch *die Verfasserin.*

1502 Siehe *diese Dissertationsschrift* § 4 D. II.

1503 Vgl. *Aydoğdu*, S. 258, Madde 10, Gerekçe; EU, Beschluss des Rates vom 19.5.2003 über die Grundsätze, Prioritäten, Zwischenziele und Bedingungen der Beitrittspartnerschaft mit der Türkei (2003/398/EG) Ambl. 12.6.2003, L 145/40, S. 42, 43, 47, 49, 52. Siehe auch *diese Dissertationsschrift* Zweiter Teil, § 8, A. II.

1504 Vgl. *Aydoğdu*, S. 258, Madde 10, Gerekçe; EU, Beschluss des Rates vom 19.5.2003 über die Grundsätze, Prioritäten, Zwischenziele und Bedingungen der Beitrittspartnerschaft mit der Türkei (2003/398/EG) Ambl. 12.6.2003, L 145/40, S. 42, 43, 47, 49, 52. Siehe auch *diese Dissertationsschrift* § 7 D.; § 8, A., IV.

bb) Diskriminierungsverbot und Gleichbehandlungsgrundsatz oder nur Diskriminierungsverbot?

Im Hinblick auf Artikel 10 der 1982er-Verfassung bestehen aber Zweifel daran, ob dieser Artikel nur ein Verbot der Diskriminierung oder generell eine Verpflichtung zur Gleichbehandlung beinhaltet.[1505] In dem Schrifttum besteht eine Meinungsverschiedenheit hinsichtlich des Themas. Nach unterschiedlichen Standpunkten wertet Artikel 10 Absatz 1 der 1982er-Verfassung als alleiniges Diskriminierungsverbot, als ein grammatisches Zusammenbinden von Diskriminierungsverbot und Gleichbehandlungsgebot in einer Form von Haupt- und Nebensatz oder als ein besonderes *„eklektisches"* Recht namentlich die Gleichbehandlungspflicht mit Diskriminierungsverbot.[1506]

In seinen früheren Entscheidungen vertrat das Verfassungsgericht die Meinung, Artikel 12 Absatz 1 der 1961er-Verfassung (Art. 12 I 1961-er-Verf ≈ Art. 10 I 1982er-Verf.) enthalte ausschließlich ein Diskriminierungsverbot aufgrund der in dem Artikel abschließend aufgezählten Merkmale.[1507] Ansonsten könne die Gleichheit vor dem Gesetz nur die Gesetzeskonformität der Regulierungen bedeuten.[1508] Später entschied das Verfassungsgericht, Absatz 1 und der damalige Absatz 2 (≈ jetzt Artikel 10 Absatz 3 1982er-Verf.) komplettierten und vervollständigten sich genau genommen und ergäben ein Ganzes.[1509] Die Gleichheit vor dem Gesetz bedeutete nicht, jeder*jede Bürger*in unterliege in jeder Hinsicht den gleichen Bestimmungen.[1510] Unterschiedliche Behandlungen – basierend auf berechtigte Gründe – stehen nicht dem Prinzip der Gleichheit vor dem Gesetz entgegen.[1511] In seiner Rechtsprechung bemerkt das Verfassungsgericht auch nachdrücklich, das Prinzip der Gleichheit befinde sich auch in völkerrechtlichen Verträgen und Übereinkommen, die die Republik Türkei unterschrieben oder ratifiziert habe.[1512] Viele verschiedene völkerrechtliche Verträge, die die Republik Türkei unterschrieben hat – darunter die Allgemeine Erklärung der

---

1505 Vgl. *Süzek*, İş Hukuku, S. 459.

1506 Vgl. Diskriminierungsverbot: *Özbudun*, S. 154 ff. Grammatisches Zusammenbinden vom Diskriminierungsverbot und Gleichbehandlungsgebot: *Öden*, S. 129, 130; *Süzek*, Sicil 2008, 24 (25); *Süzek*, İş Hukuku, S. 460. Diskriminierungsverbot und Gleichbehandlungsgebot: *Ünal*, S. VII; *Sur*, Sicil 2017/37, 33 (35). Eklektische Gleichbehandlungspflicht mit Diskriminierungsverbot: *Gülmez*, ÇvT, 217 (221).

1507 AYM 19.6.1969, E. 1969/8, K. 1969/37, RG. 18.5.1970/13497; S. 11.

1508 AYM 19.6.1969, E. 1969/8, K. 1969/37, RG. 18.5.1970/13497; S. 11.

1509 AYM 29.11.1966, E. 1966/11 K. 1966/44, RG. 27.11.1967/12787, S. 4.

1510 AYM, 29.11.1966, E. 1966/11 K. 1966/44, RG. 27.11.1967/12787, S. 4; AYM 19.6.1969, E. 1969/8, K.1969/37, RG. 18.5.1970/13497, S. 11.

1511 AYM 29.11.1966, E. 1966/11, K. 1966/44, RG. 27.11.1967/12787, S. 4; AYM 28.4.1983, E. 1981/13, K. 1983/8, RG. S. 9.4.1984/18367.

1512 AYM 27.11.1977, E. 1976/43, K. 1977/4, RG. 21.4.1977/15916, S. 10. Vgl. *Süzek*, İş Hukuku, S. 460. Siehe *diese Dissertationsschrift* § 7. Vgl. Anh. II.

Menschenrechte, die Konvention zum Schutz der Menschenrechte und Grundfreiheiten des Europarats – enthalten Vorschriften, die Diskriminierungen verboten, aber auch die Gleichbehandlung geboten haben.[1513] Zusätzlich verbindet das Verfassungsgericht das Prinzip der Gleichheit mit dem Verständnis eines Rechtsstaates. In Artikel 2 der 1982er-Verfassung erklärt die Republik Türkei sich als ein *„die Menschenrechte achtender"* Rechtsstaat (Art. 2 1982er-Verf.). Entsprechend der Rechtsprechung des Verfassungsgerichts heißt es: *„Ein Rechsstaat heißt ein Staat, der die Menschenrechte achtet und schützt, der eine Rechtsordnung in der Gesellschaft im Einklang mit Gerechtigkeit und Gleichheit schafft, der sich zur Aufrechterhaltung dieser Ordnung verpflichtet [...]"*[1514] In dem Zusammenhang versteht das Verfassungsgericht die Gleichheit, insbesondere die Gleichheit vor dem Gesetz, als eines der Grundprinzipien der Rechtsstaatlichkeit.[1515] Die Verfassung stellt entschieden fest, aufgrund der aufgezählten Merkmale dürften keine Ungleichheiten entstehen, weil diese Merkmale einige der gewichtigsten und vorherrschenden Ursachen der Ungleichheit in der Geschichte des gesellschaftlichen Lebens seien.[1516] Des Weiteren seien aber auch irgendwelche Privilegien aufgrund von Personen, Familien, Gruppen oder Klassen verboten, weil sie mit dem Grundsatz der Gleichheit aller vor dem Gesetz unvereinbar seien (Art. 1924er-Verf. Art. 12 II 1961er-Verf. Art. 10 III 1982er-Verf.).[1517] Überdies ist es seit Langem ständige Rechtsprechung des Verfassungsgerichts, dass das in Artikel 10 der 1982er-Verfassung verankerte Prinzip der Gleichheit vor dem Gesetz, welches zu unterschiedlichen Behandlungen basierend auf triftige Gründe berechtigt, keine materielle Gleichheit, sondern lediglich eine Gleichheit im rechtlichen Sinne beinhalte.[1518] Demzufolge versteht das Verfassungsgericht Artikel 10 der 1982er-Verfassung sowohl als eine Nichtdiskriminierungspflicht als auch als ein Gleichbehandlungsgebot. Allerdings erkennt der Artikel keine Pflicht des Staates zur Verwirklichung einer materiellen Gleichheit.

Artikel 10 Absatz 1 der 1982er-Verfassung enthält grammatisch zu Recht sowohl ein Diskriminierungsverbot als auch ein Gleichbehandlungsgebot. Die Nebensatzform der türkischen Sprache erlaubt es den Verfassungsgebenden, beide in einem Satz zu verbinden. Der Titel des Artikels belegt auch die Intention des Gesetzgebers, am Gleichbehandlungsgebot festzuhalten, da Artikel

---

1513 Für die Einzelheiten siehe auch *diese Dissertationsschrift* § 7 A. D.

1514 AYM 27.11.1977, E. 1976/43, K. 1977/4, RG. 21.4.1977/15916, S. 10. Übersetzung aus dem Türkischen ins Deutsche durch *die Verfassserin.*

1515 AYM, 27.11.1977, E. 1976/43, K. 1977/4, RG. 21.4.1977/15916, S. 10; AYM, 19.4.1966, E. 1966/1, K. 1966/21, RG. 26.7.1966/12358, S. 2.

1516 AYM, 19.4.1966, E. 1966/1, K. 1966/21, RG. 26.7.1966/12358, S. 2.

1517 AYM, 19.4.1966, E. 1966/1, K. 1966/21, RG. 26.7.1966/12358, S. 2.

1518 AYM, 12.1.1989, E. 1988/4, K. 1989/3, RG. 10.1.1990/20398; AYM 29.11.1990, E. 1990/30, K. 1990/31, RG. 2.7.1992/21272; AYM 19.10.2005, E. 2003/66, K. 2005/72, RG. 24.11.2007/26710; AYM 15.12.2006, E. 2006/111, K. 2006/112, RG. 20.12.2006/26392.

12 der 1961er-Verfassung die Überschrift *„Gleichheit"* trägt, während Artikel 10 der 1982er-Verfassung den Titel die *„Gleichheit vor dem Gesetz"* trägt (Art. 12 1961er-Verf. und Art. 10 1982er-Verf.). Die Überschriften der Artikel nach der 1982er-Verfassung kennzeichnen den Gegenstand der betreffenden Artikel, auch wenn sie nicht zum Verfassungstext gehören (Art. 176 1982er-Verf.). Demzufolge beinhaltet der Gegenstand des Artikels 10 der 1982er-Verfassung sowohl ein Diskriminierungsverbot als auch ein Gleichbehandlungsgebot. Darüber hinaus sprechen beide Begründungen des Artikels 12 der 1961er-Verfassung sowie des Artikels 10 der 1982er-Verfassung nicht nur für die Beinhaltung eines Verbotes gegen Diskriminierungen, sondern involvieren auch ein Gebot der Gleichbehandlung im Verfassungstext. Sowohl das Verständnis des Verfassungsausschusses der 1961er-Verfassung des Gleichheitsprinzips als ein axiomatischer Grundsatz als auch ein auf die Würde und den Wert der Menschen basierendes Verständnis des Verfassungsausschusses der 1982er-Verfassung belegen, dass der Verfassungsgeber eine vielseitige Verwirklichung der Gleichheit mit Gleichbehandlungsgebot und ein Diskriminierungsverbot bezweckt. Völkerrechtliche Verträge, auf die sich beide Artikel – Artikel 10 der 1982er-Verfassung und Artikel 12 der 1961er-Verfassung – stützen, sprechen ebenfalls dafür.

Demzufolge kommt in der türkischen Verfassungsgeschichte dem Staat eine Nichtdiskriminierungspflicht vor einem allgemeinen Gleichbehandlungsgrundsatz mit dem Ziel der Gleichheit vor dem Gesetz zu. Die Akzeptanz des Artikels 10 der 1982-Verfassung (früher fast wortgleicher Artikel 12 der 1961er-Verfassung) als ein das Diskriminierungsverbot und Gleichbehandlungsgebot regulierender Artikel der Verfassung entwickelte sich mit der Zeit mittels der Entscheidungen des Verfassungsgerichts wie auch des Schriftums.

b) Verfassungsrechtliche Grundlage des Kündigungsschutzrechts

Verfassungsrechtliche Grundlage für das Recht auf Kündigung eines unbefristeten Arbeitsvertrages findet sich in dem verfassungsrechtlich geschützten Persönlichkeitsrecht und in dem Prinzip der Freiheit der Menschen. Die Anerkennung der Möglichkeit einer Kündigung auf für unbestimmte Zeit abgeschlossene Arbeitsverträge basiert auf dem Grundsatz des Schutzes der Persönlichkeitsrechte der Parteien des Arbeitsvertrages.[1519] Fünfte Artikel der 1982er-Verfassung zählt der Schutz des Persönlichkeitsrechts der Einzelnen eine von den Grundziele und -aufgaben des Staates in dem er den Staat dazu verpflichtet, Grundrechte und -freiheiten der Personen zu schützen (Art. 5 I Verf). Darüber hinaus widmet sich der Zweite Teil der 1982er-Verfassung, namentlich *„Zweiter Teil: Grundrechte- und pflichten"*, auf die Rechte der Personen

1519 YHGK 29.5.1963, E. 4/39 K. 4/59, Adalet Dergisi Yıl: 55 Mart-Nisan 1964, S. 362 ff. Vgl. *Süzek*, S. 520.

(Zweiter Teil Verf.) Artikel 12 der 1982er-Verfassung besitzt jedermann mit seiner Persönlichkeit verbundene, unantastbare, unübertragbare, unverzichtbare Grundrechte und – freiheiten (Art. 12 I Verf.). Von dem Persönlichkeitsrecht der einzelnen folgert sich der Kassationshof, dass es von den Parteien des Arbeitsvertrages nicht zu erwarten ist, für ewig mit einem Vertrag verbunden zu sein.[1520] Das würde auch nicht mit dem Prinzip der Freiheit der Menschen übereinstimmen.[1521] Aus diesem Grund sind die Parteien eines unbefristeten Arbeitsvertrages das Recht auf Kündigung durch die gesetzlichen Bestimmungen gegeben.[1522]

Verfassungsrechtliche Grundlage für das Recht auf Kündigungsschutz eines unbefristeten Arbeitsvertrages findet sich auf der anderen Seite in mehreren Artikeln der Verfassung. Bereits zu Beginn ihres zweiten Artikels benennt die Verfassung von 1982 – wie auch zuvor in der Verfassung von 1961 darauf hingewiesen – die Republik Türkei als einen sozialen Rechtsstaat und stellt die Freiheit der Arbeit und die Vertragsfreiheit in seinem 48. Artikel unter Schutz (Art. 2 Verf. und Art. 48 Verf.).[1523] Unter einem *sozialen Rechtsstaat* versteht der Verfassungsausschuss einen Staat, der sich selbst an die Rechtsvorschriften hält und der Helfer der Menschen ist, die arbeiten, aber trotzdem materielle und moralische Werte nicht in ausreichendem Maße besitzen, um zufrieden sein zu können.[1524] Eine detaillierte Erklärung des sozialen Staates befindet sich in Artikel 5 der 1982er-Verfassung. Artikel 5 der 1982er-Verfassung lautet: *„Die Grundziele und -aufgaben des Staates sind es, [...], die politischen, wirtschaftlichen und sozialen Hindernisse zu beseitigen, welche die Grundrechte und -freiheiten der Person in einer mit den Prinzipien des sozialen Rechtsstaates und der Gerechtigkeit nicht vereinbarten Weise beschränken, sowie sich um die Schaffung der für die Entwicklung der materiellen und ideellen Existenz des Menschen notwendigen Bedingungen zu bemühen.“*[1525] Es sei die Pflicht des Sozialstaates, die Gründe zu beseitigen, die den Einzelnen daran hindern, seine Grundrechte und -freiheiten wahrzunehmen.[1526] Somit nähert sich die Verfassung an die Ansätze, die den Schutz der materiellen und/oder sozialen Existenzgrundlage des*der Arbeitnehmers*in als Grund für den Kündigungsschutz sehen.[1527] Nach der Rechtsprechung des Verfassungsgerichts ist ein sozialer Rechtsstaat ein Staat, der auf Menschenrechten beruht und den Menschen ein

1520 YHGK 29.5.1963, E. 4/39 K. 4/59, Adalet Dergisi Yıl: 55 Mart-Nisan 1964, S. 362 ff.

1521 YHGK 29.5.1963, E. 4/39 K. 4/59, Adalet Dergisi Yıl: 55 Mart-Nisan 1964, S. 364.

1522 YHGK 29.5.1963, E. 4/39 K. 4/59, Adalet Dergisi Yıl: 55 Mart-Nisan 1964, S. 362 ff.

1523 Vgl. *Süzek*, S. 520.

1524 Vgl. *Aydoğdu*, S. 253, Madde 2, Gerekçe.

1525 Die Übersetzung der Verfassung: Die Verfassung der Republik Türkei Stand 1.1.2011 Überstezung von Rechtsanwalt Prof. Dr. Christian Rumpf.

1526 Vgl. *Aydoğdu*, S. 253, Madde 2, Gerekçe.

1527 Siehe auch *diese Dissertationsschrift* § 5, D., I.

Leben in Frieden, Wohlstand und Glück sichert, im Hinblick auf das Arbeitsrecht aber vor allem die Arbeitenden durch Verbesserung ihres Arbeitslebens und wirtschaftliche Vorsichtsmaßnahmen schützt.[1528] Es ist ein Staat, der durch das Beschützen der Schwachen gegen die Starken die soziale Gerechtigkeit und soziale Balance bewahrt.[1529] Dadurch verleiht das Verfassungsgericht dem Staat als einem sozialen Staat die Rolle eines Beschützers, der aktiv die Konflikte bewältigen hilft.

In einem direkten Zusammenhang mit dem Arbeitsrecht enthält die 1982er-Verfassung ein besonderes Kapitel unter ihrem dritten Abschnitt namens „Soziale und wirtschaftliche Rechte und Pflichten", welches den Titel „Vorschriften zur Arbeit" trägt und dem Arbeitsleben gewidmet ist. Artikel 49 der Verfassung von 1982 versteht die Arbeit als Jedermannsrecht und -pflicht wie ihre Vorgänger der 1961er-Verfassung (Art. 42 I 1961er Verf. und Art. 49 II 1982er Verf.). *„Der Staat trifft die notwendigen Maßnahmen zur Erhöhung des Lebensstandards der Arbeitenden, um zur Entfaltung des Arbeitslebens die Arbeitenden und Arbeitslosen zu schützen, zur Förderung der Arbeit, zur Schaffung von wirtschaftlichen Bedingungen, welche Arbeitslosigkeit verhindern, und zur Sicherung des Arbeitsfriedens."* lautet Artikel 49 Absatz 2 der 1982er-Verfassung.[1530] Vor allem, anders als die 1962er-Verfassung, spricht die 1982er-Verfassung nicht von einem menschenwürdigen Leben der Arbeitenden, sondern von der *„Erhöhung des Lebensstandards der Arbeitenden"* (Art. 42 II 1961er Verf. und Art. 49 II 1982er Verf.). Auch die *„notwendigen Maßnahmen"* übernehmen die Stelle der *„sozialen, wirtschaftlichen und finanziellen Maßnahmen"* von Artikel 42 Absatz 2 der Verfassung von 1961. Auf diese Weise befreit der Verfassungsausschuss den Staat von den vielfältigen notwendigen Maßnahmen und beschränkt sie auf soziale, wirtschaftliche und finanzielle Maßnahmen. Die verfassungsgebende Versammlung versetzt den Staat in eine Rolle als Stabilisator des Verhältnisses zwischen Arbeitnehmern*innen und Arbeitgebern*innen. Der Staat nimmt nicht die Rolle eines Zuschauers ein.[1531] Er ist dazu da, um Maßnahmen zum Schutz des Arbeitsfriedens zu ergreifen.[1532] Somit positioniert sie den Staat in eine positive Rolle. Es reicht nicht aus, dass die Arbeitnehmer*innen einen geeigneten Arbeitsplatz erhalten, sie sollten auch daran gehindert werden, ihren Arbeitsplatz nach der Einstellung leicht zu verlieren.[1533] Sie sollten mit Kündigungsschutz ausgestattet werden.[1534] Die verfassungsgebende Versammlung versteht die Arbeit an sich als eine moralische Pflicht.[1535]

1528 AYM, 19.6.2008, E. 2006/101, K. 2008/126, RG. 19.11.2008/27059.

1529 AYM, 19.6.2008, E. 2006/101, K. 2008/126, RG. 19.11.2008/27059.

1530 Die Übersetzung der Verfassung: Die Verfassung der Republik Türkei Stand 1.1.2011 Überstezung von Rechtsanwalt Prof. Dr. Christian Rumpf.

1531 Vgl. *Aydoğdu*, S. 337 Madde 49 Gerekçe.

1532 Vgl. *Aydoğdu*, S. 337 Madde 49 Gerekçe.

1533 Vgl. *Ertürk*, S. 169. Siehe *diese Dissertationsschrift* § 5 C. III.

1534 Vgl. *Ertürk*, S. 169.

1535 Vgl. *Aydoğdu*, S. 337 Madde 49 Gerekçe.

Sie gilt als das Ergebnis des Respekts des Einzelnen gegenüber sich selbst und der Gesellschaft.[1536] Nur mittels der eigenen Arbeit ist es demzufolge möglich, sich davon zu befreien, selbst und anderen Mitgliedern der Gesellschaft und der Gesellschaft im Allgemeinen zur Last zu fallen.[1537] Demnach ist das Arbeiten nicht nur ein individuelles Phänomen, sondern auch ein gesellschaftliches.

Artikel 49 Absatz 2 der 1982er-Verfassung schützt übrigens ausdrücklich nicht nur die Arbeitenden, sondern auch die Arbeitslosen (Art. 49 II Verf.). Auf diese Weise kommt der Staat – insbesondere in Verbindung mit dem Kündigungsschutzrecht – nicht nur der Aufgabe nach, die Arbeitenden zu schützen, sondern auch die Arbeitsuchenden.

In diesem Zusammenhang ist der Staat verpflichtet, die gegensätzlichen Interessen in Einklang zu bringen.[1538]

II. Gesetzliche Grundlagen und deren kurze Geschichte

Das türkische individuelle Arbeitsrecht ist in unterschiedlichen, nach der Art der Arbeit systematisierten Gesetzen kodifiziert.[1539] Im Mittelpunkt dieser Gesetze steht aber das Arbeitsgesetz vom 22.05.2003 mit der Gesetznummer 4857 (Arbeitsgesetz). Die Arbeitsverhältnisse sind durch das Arbeitsgesetz geregelt, es sei denn, sie sind ausdrücklich vom Anwendungsbereich des Gesetzes ausgenommen. Nach dem ersten Artikel des Arbeitsgesetzes ist das Ziel des Gesetzes, die Rechte und Pflichten der Arbeitnehmer*innen, die unter Arbeitsvertrag arbeiten, und der Arbeitgeber*innen zu regeln (Art. 1 ArbG). Darüber hinaus zählt Artikel 4 Arbeitsgesetz ausdrücklich die Arbeitsverhältnisse, welche außerhalb des Anwendungsbereiches dieses Gesetzes fallen wie Haus- und Handarbeiten, Haushaltsdienste und ähnliche auf (Art. 4 ArbG).[1540]

1536 Vgl. *Aydoğdu*, S. 337 Madde 49 Gerekçe.

1537 Vgl. *Aydoğdu*, S. 337 Madde 49 Gerekçe.

1538 YHGK 29.5.1963, E. 4/39 K. 4/59, Adalet Dergisi Yıl: 55 Mart-Nisan 1964, S. 364.

1539 Einschlägig sind vor allem: Obligationengesetz Nr. 6098: Türk Borçlar Kanunu, Kanun Nr.: 6098, Kabul Tarihi: 11.1.2011, RG. 4.2.2011; Arbeitsgesetz Nr. 4857: İş Kanunu, Kanun Nr.: 4857, Kabul Tarihi: 22.5.2003, RG. 10.6.2003; Seearbeitsgesetz Nr. 854: Deniz İş Kanunu, Kanun Nr.: 854, Kabul Tarihi: 20.4.1967, RG. 29.4.1967; Pressearbeitsgeetz Nr. 5953: Basın Mesleğinde Çalışanlarla Çalıştıranlar Arasındaki Münasebetlerin Tanzimi Hakkında Kanun, Kanun Nr.: 5953, Kabul Tarihi: 13.6.1952, RG. 20.6.1952.

1540 See- und Lufttransportarbeiten, alle landwirtschaftlichen, im Rahmen der Familienwirtschaft ausgeübten Bauarbeiten, Kleingewerbebetriebe, die höchstens drei Arbeitnehmer beschäftigen, Haus- und Handarbeiten, Haushaltsdienste, Sportler und ähnliche fallen nicht unter dem Anwendungsbereich des Arbeitsgesetzes. Ansonsten sind alle anderen Arten von Arbeiten, die außerhalb des Anwendungsbereiches des Arbeitsgesetzes Nr. 4857, Seearbeitsgesetz Nr. 854 oder Pressearbeitsgesetz Nr. 5953 fallen, durch das Obligationengesetz Nr. 6098 geregelt.

Im Hinblick auf das türkische arbeitsrechtliche Antidiskriminierungsrecht gestaltet sich außerdem das Gesetz über Menschenrechts- und Gleichheitsinstitution der Türkei Nr. 6701 als gesetzliche Grundlage, welche unter anderem die Gewährleistung des Rechts auf Gleichbehandlung von Personen und die Verhinderung von Diskriminierung bei der Ausübung gesetzlich anerkannter Rechte und Freiheiten bezweckt.[1541]

In diesem Teil finden die gesetzlichen Grundlagen des arbeitsrechtlichen Antidiskriminierungsrechts und Kündigungsschutzrechts nach türkischem Recht unter dem Titel des Obligationengesetzes, des Arbeitsgesetzes und des Gesetzes über Menschenrechts- und Gleichheitsinstitution der Türkei Erläuterung.

1. Obligationengesetz

Im Jahr 1926 verabschiedete die erst drei Jahre alte Türkische Republik ihr erstes Zivilgesetzbuch, Gesetz Nr. 743, sowie kurz danach das Obligationengesetzbuch, Gesetz Nr. 818, durch Übersetzung der schweizerischen Zivil- und Obligationengesetzbücher ins Türkische. Das war auch der Anfang einer Rechtsrevolution, welche das gesamte juristische System in dem neu gegründeten Staat im Vergleich zum Osmanischen Reich geändert hat.[1542] Als ein allgemeines Gesetz, das zur Regulierung aller Schuldenbeziehungen in dem Land dienen sollte, enthielt das Obligationengesetz Nr. 818 ebenfalls Bestimmungen zum Arbeitsvertrag zwischen seinen 313. und 354. Artikeln.[1543] Dieses, auf dem Grundsatz der Vertragsfreiheit beruhende Gesetz hielt auch in seinen Bestimmungen zum Arbeitsvertrag an der liberalen individualistischen Auffassung fest.[1544] Darüber hinaus führte der den Arbeitsvertrag regelnde Teil zwar sehr detaillierte Regeln ein, das Schaffen eines rechtlichen Rahmens mit dem Abdecken sämtlicher Aspekte der individuellen Arbeitsbeziehungen war allerdings nicht möglich.[1545] Trotzdem war das Obligationengesetz Nr. 818 fast 90 Jahre in Kraft und regulierte die arbeitsvertraglichen Beziehungen von 1926 bis zum Inkrafttreten des ersten türkischen Arbeitsgesetztes Nr. 3008 im Jahr 1936 allein und ab 1936 die außerhalb des jeweiligen Arbeitsgesetzes befindlichen arbeitsvertraglichen Beziehungen.

1541 Gesetz über Menschenrechts- und Gleichheitsinstitution der Türkei Nr. 6701: Türkiye Insan Hakları ve Eşitlik Kurumu Kanunu, Kanun Nr. 6701, Kabul Tarihi: 6.4.2016, RG. 20.4.2016.

1542 Zivilgesetzbuch: Türk Medeni Kanunu, Kanun Nr. 743, Kabul Tarihi: 17.2.1926, RG. 4.10.1926; Obligationengesetzbuch: Türk Borçlar Kanunu, Kanun Nr. 818, Kabul Tarihi: 22.4.1926, RG. 29.4.1926.

1543 Vgl. *Güzel*, Sosyal Siyaset K. D. 1986, 165 (173); *Süzek*, İş Hukuku, S. 11.

1544 Vgl. *Güzel*, Sosyal Siyaset K. D. 1986, 165 (173); *Çelik/Caniklioğlu/Canpolat*, İş Hukuku, S. 10.

1545 Vgl. *Süzek*, İş Hukuku, S. 11.

Außer Kraft gesetzt wurde das Obligationengesetz Nr. 818 aus dem Jahr 1926 im Jahr 2011 durch das Obligationengesetz Nr. 6098.[1546] Seit seinem Inkrafttreten reguliert das Obligationsgesetz Nr. 6098 in der Türkei die außerhalb des Arbeits-, Pressearbeits- und Seearbeitsgesetzes befindlichen Arbeitsbeziehungen. In seinem sechsten Kapitel, das unter dem Teil namens „Private Schuldbeziehungen" steht, überarbeitete das geltende Obligationengesetz Nr. 6098 zwischen seinen 393. und 447. Artikeln die Bestimmungen des Obligationengesetzes Nr. 818 neu und erweiterte sie.[1547]

Das Obligationengesetz Nr. 6098, als geltende allgemeine Norm für Schuldverhältnisse, verpflichtet die Arbeitgeber*innen im Arbeitsverhältnis die Persönlichkeit der Arbeitnehmer*innen zu achten und zu schützen und für die Wahrung der Sittlichkeit zu sorgen (Art. 417 I OG Nr. 6098). Den Arbeitgebern*innen obliegt die Aufgabe, die Gefahr einer sexuellen Belästigung möglichst auszuschließen und den Opfern von sexuellen Belästigungen weitere Nachteile zu ersparen suchen (Art. 417 I OG Nr. 6098). Artikel 417 Obligationengesetz Nr. 6098 gestaltet sich als einzige Norm, die in einer direkten Verbindung mit dem arbeitsrechtlichen Antidiskriminierungsrecht steht. Somit, falls ein*e Arbeitnehmer*in, dessen*deren Arbeitsverhältnis innerhalb des Obligationengesetzes fällt, eine Diskriminierung erfährt, besteht keine spezielle Bestimmung über dieses Thema. Der Schutz des*der Arbeitnehmers*in kann nur nach allgemeinen Regeln erfolgen.

Darüber hinaus enthält das Obligationengesetz unter anderem Vorschriften über die Beendigung des Arbeitsvertrages (Art. 430 ff. OG Nr. 6098), die Kündigung eines befristeten und unbefristeten Arbeitsvertrages (Art. 430 und 431 OG Nr. 6098) sowie einen Schutz gegen missbräuchliche Kündigung eines Arbeitsverhältnisses durch den*die Arbeitgeber*in (Art. 434 OG Nr. 6098). Für den*die Arbeitnehmer*in, dessen*deren Arbeitsverhältnis unter das Obligationengesetz fällt, dessen*deren Arbeitsvertrag aus diskriminierenden Gründen gekündigt wird, ist Artikel 434 des Obligationengesetzes Nr. 6098 die einschlägige Norm.

2. *Arbeitsgesetz*

a) *Arbeitsgesetz Nr. 3008 aus dem Jahr 1936*

Bis zum Jahr 1936 fehlte in der neu gegründeten Republik Türkei ein allgemeiner rechtlicher Rahmen für die Arbeitsbeziehungen. Bei der Bestimmung der Arbeitsbedingungen herrschte der Grundsatz der Vertragsfreiheit.[1548] Fehlende

---

1546 Obligationengesetz Nr. 6098: Türk Borçlar Kanunu, Kanun Nr.: 6098, Kabul Tarihi: 11.1.2011, RG. 4.2.2011.

1547 Vgl. *Süzek*, İş Hukuku, S. 14.

1548 Vgl. *Güzel*, Sosyal Siyaset K. D. 1986, 165 (170), siehe auch *diese Dissertationsschrift* Dritter Teil, § 9, B., I., 1.

allgemeine Regeln zur Regelung der Arbeitsbeziehungen zum Schutz der Arbeitnehmer*innen mit allen Dimensionen und zur Einschränkung der Vertragsfreiheit waren das charakteristische Merkmal der Zeiten vor der Republik, aber auch in den ersten Jahren der Republik.[1549] 1936 war der Drehpunkt im Zusammenhang mit dem Arbeitsrecht der Republik Türkei. Im Jahr 1936 kam es zur Verabschiedung des ersten Arbeitsgesetzes der Republik Türkei, des Arbeitsgesetzes Nr. 3008, mit dem eine neue Ära der Arbeitsbeziehungen begann, welche auch die Zukunft dieser Beziehungen bestimmen dürfte.[1550]

Mit der Verabschiedung des Arbeitsgesetzes Nr. 3008, das die allgemeinen Bestimmungen des Arbeitslebens regelt und eine Arbeitsordnung nach den Grundsätzen einer intensiven Umsetzung des Etatismus schafft, kam es zum ersten Mal zur Schaffung eines allgemeinen und umfassenden rechtlichen Rahmens für das Verhältnis zwischen dem*der Arbeitgeber*in und dem*der Arbeitnehmer*in.[1551] Mit Ausnahme der Gewerkschaften brachte das Arbeitsgesetz Nr. 3008 alle individuellen und kollektiven Beziehungen, Konzepte und Institutionen des zeitgenössischen Arbeitsrechts zum Ausdruck.[1552] Im Gegensatz zum Obligationenrecht galten die Arbeitgeber*innen und die Arbeitnehmer*innen nicht als gleichberechtigt.[1553] In Bezug auf die individuellen Arbeitsbeziehungen hat der Gedanke des Arbeitnehmerschutzes das Gesetz dominiert.[1554] Das Gesetz Nr. 3008 umfasste allerdings einen sehr engen Anwendungsbereich. Lediglich Betriebe mit mindestens zehn vollzeitig arbeitenden Arbeitnehmern*innen und deren Arbeitgeber*innen zählen zum Anwendungsbereich des Gesetzes (Art. 2 ArbG Nr. 3008).

Im Hinblick auf das *Antidiskriminierungsrecht* finden sich im Arbeitsgesetz Nr. 3008 einige Schutzvorschriften zugunsten von Frauen und Kindern. Der Ausdruck eines Gleichbehandlungsgrundsatzes oder Diskriminierungsverbots existiert dort nicht.

Einen *allgemeinen Kündigungsschutz* sieht das Gesetz auch nicht vor. Die Partei, die nicht rechtzeitig die Kündigung des Arbeitsvertrages ankündigt, muss der anderen Partei eine Entschädigung zahlen (Ankündigungsentschädigung) (Art. 13 V ArbG Nr. 3008). Der Anspruch auf den Ersatz des immateriellen und materiellen Schadens nach den allgemeinen Regeln bleibt unberührt (Art. 13 V ArbG Nr. 3008). Darüber hinaus kam es mittels des Arbeitsgesetzes Nr. 3008

1549 Vgl. *Güzel*, Sosyal Siyaset K. D. 1986, 165 (171). Für die Einzelheiten und einige speziell Vorschriften bezüglich der damaligen Arbeitsbeziehungen vgl. *Güzel*, Sosyal Siyaset K. D. 1986, 165 (171 ff.)

1550 Vgl. *Güzel*, Sosyal Siyaset K. D. 1986, 165 (170).

1551 Vgl. *Güzel*, Sosyal Siyaset K. D. 1986, 165 (176, 174); *Çelik/Caniklioğlu/Canpolat*, İş Hukuku, S. 10.

1552 Vgl. *Güzel*, Sosyal Siyaset K. D. 1986, 165 (177).

1553 Vgl. *Güzel*, Sosyal Siyaset K. D. 1986, 165 (177).

1554 Vgl. *Güzel*, Sosyal Siyaset K. D. 1986, 165 (177).

erstmals in der Arbeitsrechtgeschichte der Republik Türkei zur Umsetzung der Dienstalterabfindung, welche trotz erheblicher Änderungen durch die mit den zahlreichen später verabschiedeten Gesetzen bis heute geblieben ist und immer noch intensive Diskussionen auslöst (Art. 13 ArbG Nr. 3008).[1555]

Obwohl dessen Anwendungsbereich durch die Unterscheidung hinsichtlich der körperlichen und der geistigen Arbeit und des Ausschlusses von Arbeitnehmern*innen bei geistigen Arbeiten und von Arbeitsplätzen in Betrieben mit weniger als zehn Arbeitnehmern*innen begrenzt war, blieb das Arbeitsgesetz Nr. 3008 mehr als dreißig Jahren in Kraft; allerdings mit einigen nachfolgenden Änderungen.[1556]

b) Arbeitsgesetz aus dem Jahr 1967 und Arbeitsgesetz aus dem Jahr 1971

Dem Arbeitsgesetz Nr. 3008 folgte das Arbeitsgesetz Nr. 931 aus dem Jahr 1967, das hingegen – kurze Zeit nach seiner Verabschiedung durch das Verfassungsgericht – aufgrund einer von der Türkischen Kommunistischen Partei angebrachten Beschwerde aus formeller Hinsicht als verfassungswidrig erklärt wurde.[1557] Einige Jahre später nach Feststellung der formellen Unvereinbarkeit des Arbeitsgesetzes Nr. 931 mit dem Grundgesetz, im Jahr 1971, kam es zur Verabschiedung des Arbeitsgesetzes Nr. 1475, genau genommen durch Änderungen nur einiger Bestimmungen des Arbeitsgesetzes Nr. 931 zustande gekommen.[1558]

Der Beitritt der Republik Türkei zu den Vereinten Nationen nach dem Zweiten Weltkrieg sowie die Einführung des demokratischen Mehrparteisystems hatten auch umfassende Innovationen in Bezug auf die Arbeit in der Republik Türkei zur Folge.[1559] Nach den Grundprinzipien der Verfassung von 1961 begann auf dem sozialen und wirtschaftlichen Gebiet eine neue Ära.[1560] Entsprechend dem Wunsch der gesetzlichen Situation und der sozialen Anpassung kam es zur Verabschiedung des neuen Arbeitsgesetzes Nr. 1475 bzw. des Arbeitsgesetzes Nr. 931.

Im Zusammenhang mit dem Diskriminierungsschutz und dem Gleichbehandlungsgebot brachte das Arbeitsgesetz Nr. 931 nicht viel Neues, außer den Schutzvorschriften für Menschen mit Behinderung oder Ex-Inhaftierte. Das Arbeitsgesetz Nr. 931 stellte jedoch eine neue Abfindung, außer der Ankündigungsentschädigung und der Dienstalterabfindung, vor, die in Fällen der Kündigungen aus gewerkschaftlichen Gründen, des Maßregelungsverbotes stoßenden Kündigungen und der rechtsmissbräuchlichen Kündigungen zu zahlen

---

1555 Vgl. *Güzel*, Sosyal Siyaset K. D. 1986, 165 (194).
1556 Vgl. *Süzek*, İş Hukuku, S. 11.
1557 Vgl. AYM 14.5.1970, E. 1967/40, K. 1970/26, RG, 11.5.1971, S. 13833.
1558 Vgl. *Çelik/Caniklioğlu/Canpolat*, İş Hukuku, S. S. 14; *Süzek*, İş Hukuku, S. 13.
1559 Vgl. *Çelik/Caniklioğlu/Canpolat*, İş Hukuku, S. S. 11.
1560 Vgl. *Çelik/Caniklioğlu/Canpolat*, İş Hukuku, S. S. 11.

sind (Art. 13 V ArbG Nr. 931). Das Arbeitsgesetz Nr. 1475 regulierte diese Themen.

c) Arbeitsgesetz aus dem Jahr 2003

Mit vielen Änderungen blieb das Arbeitsgesetz Nr. 1475 ungefähr 32 Jahre in Kraft. Trotz der zahlreichen Änderungen büßte das Arbeitsgesetz Nr. 1475 mit der Zeit aufgrund seiner strengen Vorschriften seine Anpassungsfähigkeit im Hinblick auf den wachsenden Wunsch nach Flexibilisierung in bestimmten Bereichen des Arbeitsrechts ein; es galt, neue (atypische) Arten der Arbeit (Beschäftigung) in der Praxis an die Verpflichtung, den Schutz der Arbeitnehmer*innen neu zu organisieren sowie auch allgemein die sich auf das Arbeitsleben auswirkenden wirtschaftlichen, technologischen und sozialen Bedingungen.[1561] Neue, unterzeichnete IAO-Übereinkommen wie auch neuere enge Beziehungen mit der Europäischen Union erforderten ebenfalls neue Regelungen. Die Gesetzesbegründung des Arbeitsgesetzes Nr. 4857 bemerkte nachdrücklich wiederholend, im Zuge der gewünschten Vollmitgliedschaft in der EU sollten die noch nicht in der türkischen Gesetzgebung enthaltenen Normen Aufnahme in das türkische Arbeitsrecht finden.[1562] Diese Forderung bedeutet, viele Gesetze, insbesondere das Arbeitsrecht, wären während des Harmonisierungsprozesses zu ändern gewesen. *„Die Angleichung des Arbeitsrechts an die europäischen Normen erfolgt in der Zeit bis zur Vollmitgliedschaft. Gegenwärtig wird es jedoch am zweckmäßigsten sein, die Grundregeln des europäischen Sozialrechts zu übernehmen und die widersprüchlichen Bestimmungen schrittweise aus der türkischen Gesetzgebung zu streichen."*[1563]

Dies hat zum Erfordernis der Ausarbeitung eines neuen Gesetzes geführt, das die wirtschaftlichen, technologischen und sozialen sowie politischen Bedingungen anpasst, die Probleme in der Praxis beantwortet, der Flexibilitätsanforderung entspricht, die Normen der Europäischen Union und der Internationalen Arbeitsorganisation beinhaltet.[1564] Nach langen Diskussionen in einem dreigliedrigen Ausschuss kam es zur Vorbereitung des neuen Arbeitsgesetzes, zur Annahme und zur Verabschiedung durch das Parlament, ebenso zur Veröffentlichung im Amtsblatt als Arbeitsgesetz Nr. 4857, das am 10. Juni 2003 in Kraft getreten ist.[1565] Das Arbeitsgesetz, welches auch zurzeit das geltende Arbeitsgesetz ist, enthält

---

1561 Vgl. *Çelik/Caniklioğlu/Canbolat*, İş Hukuku, S. 15; *Süzek*, İş Hukuku, S. 13; 4857 Sayılı Kanun Gerekçesi, 16.9.2011.

1562 4857 Sayılı Kanun Gerekçesi, 16.9.2011, Genel Gerekçe. Siehe *diese Dissertationsschrift* §8, A., II.

1563 4857 Sayılı Kanun Gerekçesi, 16.9.2011, Genel Gerekçe. Übersetzung aus dem Türkischen ins Deutsche durch *die Verfasserin.*

1564 Vgl. *Çelik/Caniklioğlu/Canpolat*, İş Hukuku, S. S. 15; *Süzek*, İş Hukuku, S. 13; 4857 Sayılı Kanun Gerekçesi, 16.9.2011, Genel Gerekçe.

1565 Vgl. *Süzek*, İş Hukuku, S. 14.

neue und erweiterte Bestimmungen zum Schutz der Löhne, hinsichtlich des Gesundheitsschutzes und der Arbeitssicherheit der Arbeitnehmer*innen sowie eines Kündigungsschutzes, die nicht unter das Gesetz Nr. 1475 fallen.[1566]

aa) Diskriminierungsschutz

Ein Schutz gegen diskriminierende Handlungen der Arbeitgeber*innen gewährleisten insbesondere zwei Artikel des türkischen Arbeitsgesetzes.[1567] Darunter bildet Artikel 5 des Arbeitsgesetzes die Hauptquelle eines arbeitsrechtlichen Diskriminierungsschutzes. Außerdem sind die Buchstaben a, b und d des dritten Absatzes von Artikel 18 des Arbeitsgesetzes im Sinne dieser Arbeit von besonderer Bedeutung, da sie Bestimmungen über diskriminierende Kündigungen enthalten.

(1) Arbeitsrechtlicher allgemeiner Diskriminierungsschutz

Die elementare gesetzliche Grundlage eines arbeitsrechtlichen Diskriminierungsverbotes nach türkischem Arbeitsrecht gestaltet der fünfte Artikel des Arbeitsgesetzes (Art. 5 ArbG). Unter dem Titel *„Gleichbehandlungsgrundsatz"* reguliert Artikel 5 Arbeitsgesetz unter anderem das Diskriminierungsverbot.

Nach der Gesetzesbegründung gestaltet Artikel 10 der 1982er-Verfassung die verfassungsrechtliche Grundlage des 5. Artikels des Arbeitsgesetzes.[1568] Außerdem findet der Gleichbehandlungsgrundsatz in zahlreichen nationalen und internationalen Quellen einen Platz, darunter vor allem in der VN-Frauenrechtskonvention und im IAO Übereinkommen Nr. 100, welches die Türkei schon unterschrieben hat.[1569] Darüber hinaus bezieht sich der Gesetzesbegründungstext insbesondere auf die angestrebte Mitgliedschaft der Republik Türkei in der Europäischen Union und auf das von der Türkei vorbereitete Nationale Programm, um den Prozess der EU Kandidatur abzuschließen.[1570] Die Harmonisierung des türkischen Rechts mit dem Unionrecht setzt voraus, das türkische Recht mit dem primären europäischen Recht, aber auch mit den Verordnungen und Richtlinien zu vereinheitlichen.[1571] Weiterhin kam es zur Nennung von RL 75/117/EWG, RL 76/207/EWG, RL 79/7/EWG, RL 86/613, RL 86/378/EWG

1566 Vgl. *Süzek*, İş Hukuku, S. 14.

1567 Es sei denn, in der Dissertationsschrift anders hingewiesen ist, verweist der Begriff Arbeitsgesetz geltende Arbeitsgesetz der Republik Türkei Nr. 4857.

1568 Vgl. 4857 Sayılı Kanun Gerekçesi, 16.11.2011, İş Kanunu Tasarısı ve Sağlık, Aile, Çalışma ve Sosyal İşler Komisyonu Raporu (1/534), Madde 5.

1569 Vgl. 4857 Sayılı Kanun Gerekçesi, 16.11.2011, İş Kanunu Tasarısı ve Sağlık, Aile, Çalışma ve Sosyal İşler Komisyonu Raporu (1/534), Madde 5.

1570 Vgl. 4857 Sayılı Kanun Gerekçesi, 16.11.2011, İş Kanunu Tasarısı ve Sağlık, Aile, Çalışma ve Sosyal İşler Komisyonu Raporu (1/534), Madde 5.

1571 Vgl. 4857 Sayılı Kanun Gerekçesi, 16.11.2011, İş Kanunu Tasarısı ve Sağlık, Aile, Çalışma ve Sosyal İşler Komisyonu Raporu (1/534), Madde 5.

als Beispiele, die das nationale Recht harmonisieren sollen, mit einer ausdrücklichen Beschreibung von Artikel 5 Absatz 7 Arbeitsgesetz als eine direkte Umsetzung der Richtlinie 97/80 in das türkische Recht.[1572] Bemerkenswert ist die später erfolgte Aufhebung und Änderung der vielen als Beispiele erwähnten europäischen Richtlinien durch die Richtlinie 2006/54/EG.

Der Titel des Artikels 5 des Arbeitsgesetzes, *„Gleichbehandlungsgrundsatz"*, ebenso wie die Verwendung des Gesetzgebers der Begriffe wie Gleichbehandlung und Gleichbehandlungspflicht bei der Gesetzesbegründung, löste eine Diskussion in der Literatur über die Reichweite des fünften Artikels des Arbeitsgesetzes aus. Laut dem Schrifttum ist ohnehin trotz der Wortwahl des Gesetzgebers nicht eine allgemeine Gleichbehandlungspflicht aus Artikel 5 des Arbeitsgesetzes zu folgern.[1573] Selbst wenn der Artikel 5 des Arbeitsgesetzes den Titel *„Gleichbehandlungsgrundsatz"* trägt, enthält der Artikel keinen Hinweis auf das Gebot einer Gleichbehandlung. Reguliert sind in dem Artikel, Gebote an sich nicht gleich zugeordneter Sachverhalte dennoch gleich zu behandeln, das ist es im Grunde genommen, was ein Diskriminierungsverbot ausmacht. Der Gesetzgeber verwendete die Festlegung des Begriffes Gleichbehandlung wie sein Vorbild mit der Festlegung der Diskriminierungsverbote anhand der europäischen Antidiskriminierungsrichtlinien, welche Richtlinien die Diskriminierung als Gegenstück zum Gleichbehandlungsgrundsatz definiert.[1574] Die Rechtsprechung des Kassationshofes hat sich aber in eine andere Richtung entwickelt. Dementsprechend umfasst Artikel 5 ArbG sowohl die Gleichbehandlungspflicht als auch das Diskriminierungsverbot.[1575] Das türkische Recht versteht unter der Gleichbehandlungspflicht sowohl den allgemeinen Gleichstellungsgrundsatz als auch das Diskriminierungsverbot. Darauffolgend kommt es zur Nennung des allgemeinen Gleichstellungsgrundsatzes als relatives Diskriminierungsverbot und des Diskriminierungsverbotes als absolutes Diskriminierungsverbot.[1576]

Laut Artikel 5 Absatz 1 des Arbeitsgesetzes ist im Arbeitsverhältnis keine Diskriminierung aufgrund der Sprache, der Rasse, der Hautfarbe, des Geschlechts, einer Behinderung, der politischen Ansicht, der Weltanschauung, der Religion

---

1572 Vgl. 4857 Sayılı Kanun Gerekçesi, 16.11.2011, İş Kanunu Tasarısı ve Sağlık, Aile, Çalışma ve Sosyal İşler Komisyonu Raporu (1/534), Madde 5.

1573 Vgl. *Süzek*, İş Hukuku, S. 461; *Ünal*, S. 101, 103; *Doğan Yenisey*, ÇT 2006/4 (11), 63 (66 ff); *Doğan Yenisey*, Legal İHSGHD 2005/ (978). Anders denkend: *Çelik/Caniklioğlu/Canbolat*, S. 287 ff.

1574 Vgl. *Lingscheid*, S. 7. „Im Sinne dieser Richtlinie bedeutet Gleichbehandlungsgrundsatz, dass es keine unmittelbare oder mittelbare Diskriminierung wegen eines [...]" bzw. „aus Gründen der [...] geben darf."

1575 YHGK 23.12.2009, E. 2009/9–485 K. 2009/598 (Kazanci); Y9.HD 25.4.2005 E. 2005/11204 K. 2005/14365 (Kazanci); Y9.HD 10.4.2006 E. 2006/7385 K. 2006/9027 (Kazanci). Vgl. *Sur*, Sicil 2017/37, 33 (36).

1576 Vgl. *Sur*, Sicil 2017/37, 33 (39).

und der Konfession oder ähnlichen Gründen zulässig. Die Merkmale „Hautfarbe" und *„Behinderung"* wurden im Jahr 2014 in den Gesetzestext eingefügt.[1577] Wie im Gesetztext ausdrücklich formuliert, sind diese Diskriminierungsmerkmale nicht erschöpfend behandelt. *„Ähnliche Gründe"* sind auch als Diskriminierungsmerkmale im Sinne des Artikels 5 Absatz 1 des Arbeitsgesetzes zu bezeichnen. Somit ist Artikel 5 Absatz 1 Arbeitsgesetz in Bezug auf die Aufzählung der Diskriminierungsmerkmale wortgleich mit Artikel 10 Absatz 1 der 1982er-Verfassung geformt.

Artikel 5 Arbeitsgesetz enthält allerdings nicht nur ein Verbot der Diskriminierungen aufgrund der in seinem ersten Absatz aufgezählten personenbezogenen Merkmale, dem Bespiel des Europäischen arbeitsrechtlichen Antidiskriminierungsrechts folgend beinhaltet er auch an den Arbeitsvertrag anknüpfende Diskriminierungsmerkmale – z.B. Vollzeitbeschäftigung, Teilzeitbeschäftigung (Art. 5 II ArbG).[1578]

Durch die Absätze 3 und 4 des 5. Artikels des Arbeitsgesetzes hebt der Gesetzgeber die Gleichberechtigung der Geschlechter hervor (Art. 5 III und IV ArbG). Der*die Arbeitgeber*in darf einen*eine Arbeitnehmer*in beim Abschluss des Arbeitsvertrages, bei der Gestaltung und Umsetzung von Arbeitsbedingungen und bei der Beendigung des Arbeitsvertrages wegen des Geschlechts oder einer Schwangerschaft mittelbar oder unmittelbar nicht ungleich behandeln (Art. 5 III ArbG). Artikel 5 Absatz 5 Arbeitsgesetz wiederum richtet seinen Fokus auf die Schutzvorschriften und somit auch auf die positive Diskriminierung und beschreibt, die Anwendung besonderer Schutzvorschriften wegen des Geschlechts des*der Arbeitnehmers*in könne eine geringere Bezahlung nicht rechtfertigen (Art. 5 V ArbG). Dieser Absatz ist die einzige Bestimmung des Artikel 5 Arbeitsgesetzes, der eine Regulierung über die positive Diskriminierung beinhalt. Die allerdings nur mit dem Diskriminierungsmerkmal Geschlecht limitiert ist.[1579]

(2) Diskriminierungsmerkmale, die vor allem keinen triftigen Kündigungsgrund darstellen

Außer Artikel 5 des Arbeitsgesetzes wertet die Literatur Artikel 18 Absatz 3 Buchstaben a, b und d des Arbeitsgesetzes zurecht auch innerhalb des Diskriminierungsverbotes aus. Artikel 18 Arbeitsgesetz ist im Zusammenhang dieser Arbeit besonders wichtig, da er den türkischen Kündigungsschutz reguliert und in seinem dritten Absatz die Fälle aufzählt, die vor allem keinen triftigen Kündigungsgrund darstellen (Art. 18 III ArbG). Gemäß Artikel 18 Absatz 3 Buchstabe d

1577 Gesetz Nr. 6518, 6.2.2014, Madde 57. Siehe *diese Dissertationsschrift* § 11 B.

1578 Siehe *diese Dissertationsschrift* § 2 § 4 A IV. Vgl. *Ünal*, S. 102; *Doğan Yenisey*, Legal İHSGHD 2005/7 (978).

1579 Vgl. *Ünal*, S. 105; *Doğan Yenisey*, Legal İHSGHD 2005/7 (978).

Arbeitsgesetz stellen insbesondere Rasse, Hautfarbe, Geschlecht, Familienstand, Familienpflichten, Schwangerschaft, Geburt, Religion, politische Anschauung und ähnliche Gründe vor allem keinen triftigen Grund für eine Kündigung dar.

bb) Kündigungsschutz

Nach türkischem Recht besteht die Möglichkeit, einen Arbeitsvertrag durch einen Aufhebungsvertrag (wie bei jedem Vertrag), bei Ablauf der Vertragsfrist oder bei Tod des Arbeitnehmers zu beenden. Des Weiteren besteht sowohl für den*die Arbeitgeber*in als auch für den*die Arbeitnehmer*in die Option, basierend auf ein Kündigungsrecht das Arbeitsverhältnis einseitig zu beenden, bezeichnet als Kündigung, erfolgend mittels einer Kündigungserklärung. Nach türkischem Arbeitsrecht ist die Kündigung eine einseitige Ausübung eines Gestaltungsrechts und bezweckt die Beendigung des bestehenden Arbeitsverhältnisses.

Bis 2002 kannte das türkische Arbeitsrecht den Kündigungsschutz nicht. Bis dahin galt die Beendigungsfreiheit des Arbeitsvertrages nach dem türkischen Arbeitsrecht auch für arbeitsvertragliche Beziehungen. Unter Einhaltung der Kündigungsfristen konnten die Parteien des Arbeitsverhältnisses den Arbeitsvertrag jederzeit beliebig kündigen. Der Gesetzgeber wollte wiederum die Rechtslage an die Bestimmungen des IAO Übereinkommens Nr. 158 anpassen, welches die Türkei schon unterschrieben hatte, und dafür verabschiedete er neue Gesetze.[1580] Seit Gesetznummer 4773 vom August 2002 und dem danach folgenden Inkrafttreten des geltenden Arbeitsgesetzes Nr. 4857 vom Mai 2003 genießen die Arbeitnehmer*innen in der Türkei den Kündigungsschutz.[1581] Das Arbeitsgesetz aus dem Jahre 2003 führte das Kündigungsschutzsystem in das türkische Arbeitsrecht ein und schaffte das System der Kündigungsfreiheit in Bezug auf die Rechtsbeziehungen im Anwendungsbereich des Kündigungsschutzes ab.[1582] In der Gesetzesbegründung schilderte der Gesetzgeber ausdrücklich, der Grund der Annahme des Kündigungsschutzes sei das IAO-Übereinkommen 158.[1583] Die türkische Literatur nennt den Kündigungsschutz „iş güvencesi". Genau übersetzt heißt es aber nicht, der Schutz gegen Kündigung, sondern „die Arbeitsgarantie". Demnach gilt nach der türkischen Literatur der Kündigungsschutz unter anderem als ein das Arbeiten zusichernder Faktor.

1580 Vgl. *Çelik/Caniklioğlu/Canbolat*, İş Hukuku, S. 15.

1581 Gesetznummer 4773 vom Jahr 2002: İş Kanunu, Sendikalar Kanunu İle Basın Mesleğinde Çalışanlarla Çalıştıranlar Arasındaki Münasebetlerin Tanzimi Hakkında Kanunda Değişiklik Yapılmasi Hakkında Kanun, Kanun No. 47773, Kabul Tarihi: 9.8.2002.

1582 Vgl. *Süzek*, İş Hukuku, S. 555.

1583 Vgl. 4857 Sayılı Kanun Gerekçesi, 16.11.2011, İş Kanunu Tasarısı ve Sağlık, Aile, Çalışma ve Sosyal İşler Komisyonu Raporu (1/534), Madde 19.

Das Kündigungsschutzsystem führte die Entstehung des Kündigungsrechts mit Frist auf die im Gesetz geregelten triftigen Gründe zurück.[1584] Sollten diese Gründe nicht eintreten, sieht das Kündigungsschutzsystem die Wiedereinstellung des*der Arbeitnehmers*in zur Arbeit oder die Zahlung einer besonderen Entschädigung und weitere arbeitsrechtliche Zuzahlungen vor.[1585] Für Arbeitnehmer*innen, die nicht unter die Bestimmungen zum Kündigungsschutz fallen, gilt das Kündigungsfreiheitssystem weiterhin.[1586]

Somit besteht die Möglichkeit, ein Arbeitsverhältnis entsprechend dem Arbeitsgesetz beim Bestehen von wichtigen Gründen fristlos (fristlose Kündigung = *süresiz fesih*) (außerordentliche Kündigung) oder unter Einhaltung einer Kündigungsfrist (Kündigung mit Frist = *süreli fesih*) (ordentliche Kündigung), zu kündigen. Beide Arten der Kündigung sind im Arbeitsgesetz reguliert.

Das geltende Arbeitsgesetz reguliert den türkischen Kündigungsschutz in seinem 18. und in den folgenden Artikeln. Artikel 18 Arbeitsgesetz, genannt als *„Begründung der Kündigung mit einem triftigen Grund"*, beinhaltet fast die gleichen Regelungen wie das Gesetz Nr. 4773. Immerhin erhöhte Artikel 18 Arbeitsgesetz die Anzahl der im Betrieb beschäftigten Arbeitnehmer*innen von zehn oder mehr Arbeitnehmern*innen auf dreißig oder mehr Arbeitnehmer*innen. Nach Artikel 18 Absatz 1 Arbeitsgesetz muss ein*eine Arbeitgeber*in, der*die einen*eine tätigen*tätige Arbeitnehmer*in kündigen will, der*die einen unbefristeten Arbeitsvertrag mit einer Beschäftigungsdauer von mindestens sechs Monaten im Betrieb mit dreißig oder mehr beschäftigten Arbeitnehmern aufweist, sich auf einen triftigen Grund stützen, der sich aus der Fähigkeit oder dem Verhalten des*der Arbeitnehmers*in oder auf die Anforderungen des Unternehmens, des Betriebs oder der Arbeit ergibt (Art 18 I ArbG Nr. 4857). Artikel 18 Absatz 3 Arbeitsgesetz schreibt einige Sachlagen fest, die vor allem keinen triftigen Grund für die Kündigung darstellen (Art. 18 III ArbG Nr. 4857). In der Gesetzesbegründung erklärt der Gesetzgeber, es gäbe triftige, im Laufe der Zeit bei gerichtlichen Entscheidungen sich bemerkbar machende Gründe; es gab auch Versuche, mithilfe von vielen Fallbeispielen Klarheit zu schaffen.[1587]

3. Gesetz über Menschenrechte und Gleichheitsinstitution der Türkei

Im Jahr 2016 verabschiedete das Parlament der Türkei, die Nationalversammlung der Türkei, ein neues Gesetz namens Gesetz über Menschenrechte und Gleichheitsinstitution der Türkei Nr. 6701 (GMRGI), welches Nachfolger einer langjährigen Tradition einer Institutionalisierung der Menschenrechte in der

---

1584 Vgl. *Süzek*, İş Hukuku, S. 555.
1585 Vgl. *Süzek*, İş Hukuku, S. 555.
1586 Vgl. *Süzek*, İş Hukuku, S. 555.
1587 Vgl. 4857 Sayılı Kanun Gerekçesi, 16.11.2011, İş Kanunu Tasarısı ve Sağlık, Aile, Çalışma ve Sosyal İşler Komisyonu Raporu (1/534), Madde 19.

Republik Türkei ist. Vorfahren menschenrechtlicher Institutionen der Republik Türkei lassen sich bis in die 1990er-Jahre zurückverfolgen. Bereits im Jahr 1990 kam es zur Gründung einer Untersuchungskommission für Menschenrechte als parlamentarisches Gremium, welches immer noch eine aktive Kommission der Nationalversammlung der Türkei ist, die von Anfang an darauf abzielte, auf parlamentarischer Ebene Menschenrechtsverletzungen wie Folter und Misshandlung festzustellen und ggf. vor Gericht zu bezeugen.[1588] Die Gründung des Nationalen Komitees für die Dekade der Menschenrechtserziehung datiert aus dem Jahr 1998 und fungierte zwischen 1995 und 2004 als beratendes Gremium (Art. 1 Verordnung über das Nationale Komitee für die Dekade der Menschenrechtserziehung), das Studien zur Menschenrechtserziehung durchgeführt hat.[1589] Dieser Entwicklung folgte die Einrichtung eines Premierministerium-Menschenrechtepräsidiums im Jahr 2001, zudem gleichzeitig die Oberste Menschenrechtsbehörde.[1590] Weiterhin kam es zur Gründung vieler neuer verschiedener Beirate und Komitees bis zur Schaffung der Menschenrechtsinstitution der Türkei durch das Gesetz über Menschenrechtsinstitution der Türkei Nr. 6332.[1591] Es handelte sich nicht um eine klassische öffentliche Einrichtung, eine Nichtregierungsorganisation oder eine Justizbehörde, sondern um eine öffentliche Einrichtung, die sich aus der Vertretung verschiedener Gruppen zusammensetzte.[1592] Die Entscheidungen der Institution, die sowohl für den Schutz als auch für die Verbesserung der Menschenrechte zuständig war, waren keine endgültigen Urteile, vielmehr lediglich Empfehlungen.[1593] Das heute geltende Gesetz über Menschenrechts- und Gleichheitsinstitution der Türkei Nr. 6701 hob das Gesetz über Menschenrechtsinstitution der Türkei Nr. 6332 mit einem neuen, zusätzlichen Titel und zusätzlichen Aufgaben auf. Somit erfuhr der Diskriminierungsschutz seine Eingliederung in ein bestehendes Menschenrechtsschutzsystem.

Durch das Gesetz über Menschenrechte- und Gleichheitsinstitution der Türkei ist die eingerichtete Menschenrechte- und Gleichheitsinstitution der Türkei eine Organisation mit vielfältigen Zielen. Sie stützt sich zunächst auf die Pariser Grundsätze der Vereinten Nationen, die die internationalen Benchmarks lieferten, anhand derer nationale Menschenrechtsinstitutionen von der Global Alliance of National Human Rights Institutions akkreditiert werden können, danach

1588 İnsan Hakları İnceleme Komisyonu Kanunu, Kanun No. 3686, Kabul Tarihi: 5.12.1990. Vgl. *Kayaalp*, S. 37; *Odyakmaz/Keskin/Deniz*, S. 731.

1589 İnsan Hakları Eğitimi On Yılı Ulusal Komitesi Yönetmeliği, Kabul Tarihi: 04.06.1998, R.G. 4.6.1998/23362. Vgl. *Kayaalp*, S. 38; *Odyakmaz/Keskin/Deniz*, S. 731.

1590 Vgl. *Kayaalp*, S. 38; *Odyakmaz/Keskin/Deniz*, S. 731.

1591 Türkiye İnsan Hakları Kurumu Kanunu, Kanun No. 6332, Kabul Tarihi: 21.6.2012. Siehe für die detallierte Entwicklung der Gremien: *Kayaalp*, S. 37 ff.; *Odyakmaz/Keskin/Deniz*, S. 730 ff.

1592 Vgl. *Kayaalp*, S. 39.

1593 Vgl. *Kayaalp*, S. 39; *Odyakmaz/Keskin/Deniz*, S. 731.

auf die UN-Antifolterkonvention und deren Fakultativprotokoll; somit spielt sie die Rolle des Kontrollorgans wie die vorherige Menschenrechtsinstitution der Türkei, einzusetzen nach dem Fakultativprotokoll der Antifolterkonvention; und weiterhin auf nationales türkisches Recht und den Besitzstand der EU.[1594] Drei Hauptsäulen des GMRGI gestalten sich erstens demgemäß als Schutz der Menschenrechte; zweitens als nationaler Präventionsmechanismus gegen Folter und Misshandlung und schließlich als Diskriminierungsbekämpfung.[1595] Das Ziel der Diskriminierungsbekämpfung, der Diskriminierungsschutz, basiert auf dem nationalen türkischen Recht, spezifisch Artikel 10 der 1980er-Verfassung, und vor allem dem Besitzstand der EU, spezifisch den Antidiskriminierungsrichtlinien.[1596]

a) Zweck des Gesetzes

Gemäß dem ersten Artikel des GMRGI ist unter anderem der Zweck dieses Gesetzes, den Schutz und die Förderung der Menschenrechte auf der Grundlage der Menschenwürde, das Recht der Menschen auf Gleichbehandlung zu gewährleisten bei der Prävention hinsichtlich der Diskriminierung infolge der Wahrnehmung gesetzlich anerkannter Rechte und Freiheiten (Art. 1 GMRGI). Ausdrücklich von der Wortwahl des Gesetzes her zu erkennen ist bei GMRGI die Würde im Mittelpunkt seines Verständnisses und sowohl die Sicherung der Gleichbehandlung als auch der Nichtdiskriminierung.

Dazu gehören der Gleichbehandlungsgrundsatz ebenso wie das Diskriminierungsverbot im dritten Artikel des GMRGI, der *„Gleichbehandlungsgrundsatz und Diskriminierungsverbot“* lautet. Artikel 3 Absatz 1 GMRGI thematisiert den Gleichbehandlungsgrundsatz und stellt fest, jeder genieße gleichermaßen die gesetzlich anerkannten Rechte und Freiheiten (Art. 3 I GMRGI). Laut Artikel 3 Absatz 2 GMRGI: *„Nach diesem Gesetz sind Diskriminierungen aufgrund von Geschlecht, Rasse, Hautfarbe, Sprache, Religion, Glaube, Konfession, philosophischer und politischer Anschauung, ethnische Herkunft, Vermögen, Geburt, Familienstand, Gesundheitszustand, Behinderung und Alter verboten.“*[1597] Aufgezählt sind in dem Artikel 3

1594 VN, Pariser Grundsätze: Grundsätze zum Status der Nationalen Institutionen, Annahme durch die Resolution 48/134 der Generalversammlung vom 20.12.1993; UN-Antifolterkonvention, Übereinkommen der Vereinten Nationen gegen Folter und andere grausame, unmenschliche oder erniedrigende Behandlung oder Strafe (United Nations Convention against Torture and Other Cruel, Inhuman or Degrading Treatment or Punishment), vom 10.12.1984;

1595 Vgl. Türkiye İnsan Hakları ve Eşitlik Kurumu Kanunu Tasarısı (1/596) ile Kadın Erkek Fırsat Eşitliği Komisyonu ve İnsan Haklarını İnceleme Komisyonu Raporları, TBMM, Yasama Dönemi: 26, Yasama Yılı 1, S. 6, 7.

1596 Vgl. Türkiye İnsan Hakları ve Eşitlik Kurumu Kanunu Tasarısı (1/596) ile Kadın Erkek Fırsat Eşitliği Komisyonu ve İnsan Haklarını İnceleme Komisyonu Raporları, TBMM, Yasama Dönemi: 26, Yasama Yılı 1, S. 4, 5, 6; *Ünal*, S. 11.

1597 Übersetzung aus dem Türkischen ins Deutsche durch die Verfasserin.

Absatz 3 GMRGI viele Diskriminierungsmerkmale, die weder in der türkischen Verfassung aus dem Jahr 1982 noch im Arbeitsgesetz Nr. 4857 einen Platz gefunden haben. Die ethnische Herkunft zum Beispiel findet erstmals in einer türkischen antidiskriminierungsrechtlichen Bestimmung Platz. Das gilt auch für Gesundheit, Alter und Vermögen, welche außer den völkerrechtlichen Normen selten ausdrücklich als Diskriminierungsmerkmal zur Sprache kommen. Auf diese Weise nähert sich der türkische Gesetzgeber mit dem türkischen Antidiskriminierungsrecht den europäischen Antidiskriminierungsrichtlinien an. Allerdings enthält Artikel 3 Absatz 2 GMRGI keine Öffnungsklausel mit der Möglichkeit, andere, anders als die in dem Artikel aufgezählten Merkmale als Diskriminierungsmerkmale als Schutz zu nehmen. Das stellt sowohl insbesondere die Europakonformität als auch die Anpassungsfähigkeit des Gesetzes an die gesellschaftliche Wandlung sowie auch die Modernität des Gesetzes infrage, weil Artikel 3 Absatz 2 GMRGI mit seiner Form den Weg erschließt, andere, in dem Gesetzestext nicht aufgezählte Diskriminierungsmerkmale wie sexuelle Ausrichtung, genetische Merkmale gegen Diskriminierung in Schutz zu nehmen.

b) Definitionen

Im zweiten Artikel des GMRGI zu finden sind die Definitionen einiger antidiskriminierungsrechtlicher Begriffe. Definiert sind unter anderem Begriffe wie Diskriminierung, Mehrfachdiskriminierung, Direkte Diskriminierung, Indirekte Diskriminierung (Art. 2 GMRGI). Auf diese Weise – anders als das Arbeitsgesetz – schafft das GMRGI Klarheit über die verwendeten antidiskriminierungsrechtlichen Begriffe. Außerdem beschreibt Artikel 4 Absatz 1 GMRGI die Arten von Diskriminierung, die unter das GMRGI fallen, beispielsweise hinsichtlich der Unterscheidung einer Mehrfachdiskriminierung, einer Direkten und Indirekten Diskriminierung (Art. 5 I GMRGI). Artikel 7 beschreibt Ausnahmen von dem Diskriminierungsverbot und zulässige unterschiedliche Behandlungen. Dementsprechend kommt es beispielshalber zur Aufzählung von Situationen, die die Beschäftigung eines bestimmten Geschlechts erfordern, die Festlegung und Anwendung von Altersgrenzen aufgrund der Erfordernisse des Dienstes während des Rekrutierungs- und Beschäftigungsprozesses oder eine unterschiedliche, notwendige, angemessene und verhältnismäßige Behandlung zur Beseitigung von Ungleichheiten (Art. 7 I GMRGI).

c) Arbeitsrechtliche Nichtdiskriminierung

Das Gesetz über Menschenrechte- und Gleichheitsinstitution der Türkei Nr. 6701 deckt in Bezug auf die arbeitsrechtliche Nichtdiskriminierung drei Hauptkategorien, jeweils Beschäftigung, Zugang zu Gütern und Dienstleistungen ebenso wie den Zugang zu sozialen Dienstleistungen, auf.[1598] Es findet eine Regelung der

---

1598 Vgl. Türkiye İnsan Hakları ve Eşitlik Kurumu Kanunu Tasarısı (1/596) ile

Fragen im Zusammenhang mit dem Arbeitsmarkt in einem separaten Artikel, Artikel 6 GMRGI, statt; weiterhin sind alle Einstellungs-, Arbeits- und Kündigungsverfahren nach dem GMRGI durch das Diskriminierungsverbot abgedeckt (Art. 6 I GMRGI). Somit enthält das GMRGI Bestimmungen, die direkt dem Thema der diskriminierenden Kündigungen gewidmet sind.

C. Rechtsvergleich

Die rechtlichen Grundlagen des arbeitsrechtlichen Antidiskriminierungsrechts und des allgemeinen Kündigungsschutzrechts nach den nationalen deutschen und türkischen Rechtssystemen zeigen Ähnlichkeiten und Unterschiede auf.

Verfassungsrechtliche Grundlagen des Antidiskriminierungsrechts:

Die Nichtdiskriminierungspflicht des Staates ist verfassungsrechtlich als ein eigenständiges und unabdingbares Recht des Schutzes vor Diskriminierungen nach den beiden Rechtssystemen gewährleistet. Das deutsche Grundgesetz positiviert die Gleichheit aller Menschen vor dem Gesetz sowie besondere Gleichheitssätze, die einen Schutz gegen Diskriminierungen gewährleisten, als ein in der Bundesrepublik Deutschland anerkanntes Menschenrecht unter Artikel 3 GG; somit genießt es ein höheres Schutzniveau als andere grundrechtlich anerkannte Rechte. Die türkische Verfassung verbindet das Prinzip der Gleichheit mit den Konzepten der Grundrechte und -freiheiten und assoziiert das Gleichheitsprinzip mit der Würde ebenso wie die materielle und ideelle Existenz des Menschen. Das Prinzip der Gleichheit gestaltet sich als ein unabänderliches Grundprinzip und gewährleistet einen Schutz gegen Diskriminierungen gemäß Artikel 10 der Verfassung namens *„Gleichheit vor dem Gesetz"*. Auf diese Weise kommt dem Recht auf Nichtdiskriminierung in der Werteskala der beiden Verfassungen eine hohe Bedeutung zu.

Beide Verfassungen leiten die Nichtdiskriminierungspflicht des Staates von dem Prinzip der „Gleichheit vor dem Gesetz" ab. Der allgemeine Gleichheitssatz in Artikel 3 Absatz 1 GG sieht sich als eine programmatische Statuierung des deutschen verfassungsrechtlichen Gleichheitsideals. Artikel 3 Absatz 2 und 3 GG regulieren die besonderen Gleichheitssätze mit einer stärkeren Geltungskraft im Vergleich zum allgemeinen Gleichheitssatz. Die türkische Verfassung enthält anders als die deutsche keinen Artikel 3 Absatz 1 GG entsprechenden allgemeinen Gleichheitssatz. Die Verfassung verbindet sowohl den allgemeinen Gleichheitssatz als auch das Diskriminierungsverbot in einem Satz des Artikels 10 der Verfassung. Diskriminierungsverbote haben ihren Ursprung bereits in der ersten Verfassung der Republik Türkei, die 1924er-Verfassung, die einigen Diskriminierungsmerkmalen einen besonderen Schutz einräumt, auch wenn sie keine ausdrückliche Nichtdiskriminierungspflicht beinhaltet.

Kadın Erkek Fırsat Eşitliği Komisyonu ve İnsan Haklarını İnceleme Komisyonu Raporları, S. 6.

Die verfassungsrechtlich geschützten Diskriminierungsmerkmale unterscheiden sich leicht voneinander. Die nach dem GG geschützten Diskriminierungsmerkmale Herkunft, Abstammung, Heimat finden keine ausdrückliche Erwähnung in Artikel 10 der Verfassung. Die türkische Verfassung erkennt allerdings die Hautfarbe als einen geschützten Diskriminierungsgrund. Während das deutsche GG von Glauben, religiösen oder politischen Anschauungen spricht, ist die Rede in der türkischen Verfassung von Religion, Konfession, philosophischem Glauben und politischer Meinung. Der bemerkenswerteste Unterschied ist die Öffnungsklausel. Während die Aufzählung der Diskriminierungsmerkmale im Grundgesetz abschließend ist, wählt die türkische Verfassung, anders als die deutsche, den Weg der völkerrechtlichen Verträge, indem sie die Aufzählung der geschützten Diskriminierungsmerkmale mit der Beschreibung *„[...] und ähnlichem [...]“* offen lässt.

Dem Thema der Geschlechterdiskriminierung und des Schutzes haben beide Länder eine besondere verfassungsrechtliche Bedeutung beigemessen. Die verfassungsrechtliche Gewährleistung der der Geschlechtergleichheit dienende Artikel des deutschen Grundgesetzes und der türkischen Verfassung erlebten beide Änderungen – 1994 Deutschland – im Jahr 2010 die Türkei. Die Änderung des im Jahr 1994 eingeführten Satzes 2 ergänzt das staatliche Förderungsgebot zur tatsächlichen Durchsetzung der Gleichberechtigung von Frauen und Männern; es gebietet dem Staat, bestehende Nachteile zu beseitigen. Somit dient es dazu, das Gleichberechtigungsgebot im Zusammenhang mit der Geschlechtergleichheit auf die gesellschaftliche Realität zu verwirklichen. Nach türkischem Recht ist es seit dem Jahr 2010 unzulässig, positive, zur Gewährleistung der Gleichberechtigung von Frauen und Männern ergriffene Maßnahmen nach Artikel 10 Absatz 2 Satz 2 der 1982er-Verfassung als Verstoß gegen den Gleichheitsgrundsatz auszulegen.

In Bezug auf das Merkmal Behinderung beinhaltet das GG eine leichte Verstärkung des Verbots der Benachteiligung wegen einer Behinderung gegenüber anderen Diskriminierungsverboten, indem es kein Verbot der Bevorzugungen verhängt (Art. 3 III 2 GG). Ebenfalls akzentuiert die Verfassung die positiven Maßnahmen zum Schutz der Menschen mit Behinderungen und beschließt, diese positiven Maßnahmen dürften nicht als Verstoß gegen den Gleichheitsgrundsatz (Art. 10 III Verf.) gelten. Darüber hinaus – auch wenn die Verfassung das Alter als ein Diskriminierungsmerkmal nicht ausdrücklich nennt, sind auch positive Maßnahmen zugunsten älterer Menschen verfassungsmäßig (Art. 10 III Verf.).

Verfassungsrechtliche Grundlagen des Kündigungsschutzrechts:

Ein direkter Hinweis auf ein Recht auf Kündigungsschutz befindet sich anders als in der Charta der Grundrechte der Europäischen Union oder der RESC weder im deutschen Grundgesetz noch in der türkischen Verfassung. Anders als das Recht auf Nichtdiskriminierung ist ein Recht auf Kündigungsschutz nur bedingt in den nationalen Verfassungen der Bundesrepublik Deutschland und der Republik Türkei erwähnt.

In Bezug auf das deutsche Recht kommen verschiedene Interessen der Arbeitnehmer*innen, der Arbeitgeber*innen und sogar manchmal auch der Arbeitsuchenden in Verbindung mit den verfassungsrechtlich anerkannten und geschützten Rechten in Betracht. Herzuleiten sind von den Verfassungen nur Mindeststandards. Zu erfassen sind kollidierende Grundrechtspositionen des*der Arbeitnehmers*in durch ein gemäß Artikel 12 Absatz 1 GG geschütztes Interesse an der Erhaltung seines*ihres Arbeitsplatzes sowie des*der Arbeitgebers*in durch ein gemäß Artikel 12 Absatz 1 GG geschütztes Interesse, in seinem*ihrem Unternehmen nur Mitarbeiter zu beschäftigen, die seinen*ihren Vorstellungen entsprechen, und ihre Zahl auf das von ihm*ihr bestimmte Maß bestimmen. Außer dem Recht auf Berufsfreiheit kommen auch der Schutz der Menschenwürde, das Sozialstaatsprinzip, das Persönlichkeitsrecht in Betracht. Eine derartige Interessenabwägung ist im Zusammenhang mit der Nichtdiskriminierungspflicht des Staates undenkbar.

Auch wenn die Verankerung der sozialen und wirtschaftlichen Rechte erst später durch die 1961-er Verfassung geschehen ist, sieht die türkische Verfassung den Staat als einen Sozialstaat verpflichtet, für die Entwicklung der materiellen und ideellen Existenz des Menschen erforderliche Bedingungen zu schaffen, notwendige Maßnahmen zur Erhöhung des Lebensstandards der Arbeitenden zu ergreifen, um hinsichtlich der Entfaltung des Arbeitslebens die Arbeitenden und Arbeitslosen zu schützen (Art. 5 und Art. 49 II Verf. 1982). Es ist die Pflicht des Sozialstaates, die Gründe zu beseitigen, die den Einzelnen daran hindern, seine Grundrechte und -freiheiten wahrzunehmen. Die Verfassung versteht das Arbeiten nicht nur als ein individuelles Phänomen, sondern auch als ein gesellschaftliches. Nur durch Arbeit bestehe die Möglichkeit, sich davon zu befreien, selbst und anderen Mitgliedern der Gesellschaft und der Gesellschaft im Allgemeinen zur Last zu fallen. Anders als nach dem GG ist der Staat nach der türkischen Verfassung in den kündigungsrechtlichen Fragen verpflichtet, nicht nur eine Interessenabwägung zu gewährleisten, sondern auch Maßnahmen zum Schutz des Arbeitsfriedens zu ergreifen und sich aktiv am Konflikt zwischen den Arbeitsvertragsparteien, nach der ausdrücklichen Erwähnung der Verfassung, auch unter Berücksichtigung der Arbeitsuchenden, zu beteiligen. Somit nähert sich die türkische Verfassung dem Grundgedanken des Diskriminierungsschutzes. Allerdings ist auch das grundrechtlich nach dem Persönlichkeitsrecht (Art. 5 Verf.) geschützte Recht auf Kündigung in Betracht zu ziehen.

Gesetzliche Grundlagen des Antidiskriminierungsrechts:

Die gesetzliche Grundlage des deutschen allgemeinen arbeitsrechtlichen Antidiskriminierungsrechts gestaltet das AGG, das zur Umsetzung der europarechtlichen Antidiskriminierungsrichtlinien und gleichzeitig auch zur Konkretisierung des verfassungsrechtlichen Gleichberechtigungsgebots (Art. 3 II GG) und der Diskriminierungsverbote (Art. 3 III GG) dient. Die gesetzliche Grundlage des türkischen allgemeinen arbeitsrechtlichen Antidiskriminierungsrechts findet in dem Arbeitsgesetz und dem GMRGI eine Erläuterung. Artikel 5 ArbG, die elementare gesetzliche Grundlage des arbeitsrechtlichen Diskriminierungsverbotes nach türkischem Arbeitsrecht, dient der Konkretisierung des Artikel 10 Verfassung, der Umsetzung der völkerrechtlichen Verträge, insbesondere der VN Frauenrechtekonvention, der IAO Übereinkommen, vor allem dem IAO Übereinkommen Nr. 100, sowie der Vereinheitlichung des türkischen Rechts in Verbindung mit dem Recht der Europäischen Union. Antidiskriminierungsrechtlich basiert das GMRGI vor allem auf Artikel 10 der Verfassung und dem Besitzstand der EU, spezifisch auf den Antidiskriminierungsrichtlinien. Folglich haben beide – das deutsche AGG und das türkische GMRGI – ihre Grundlagen in den eigenen nationalen verfassungsrechtlichen Fundamenten wie auch im Recht der Europäischen Union. Antidiskriminierungsrechtliche Teile des türkischen Arbeitsgesetzes stützen sich zusätzlich wiederum auf völkerrechtliche Verträge.

Theoretische Grundlagen des deutschen AGG schaffen einen auf der Würde des Menschen basierenden Ansatz zum Antidiskriminierungsrecht sowie die sozial egalitäre Perspektive des Antidiskriminierungsrechts – Chancengleichheit und Verteilungsgerechtigkeit, Sozial- und Beschäftigungspolitik und eine sich daraus herauskristallisierende Annahme der Bewahrung der Gleichheit als Schutzgut des Gesetzes.[1599] Sowohl die Präventivfunktion als auch die kompensierende Funktion ist bezweckt.[1600] Auf diese Weise bemüht sich das AGG um den Schutz des Betroffenen, aber auch um die Veränderung der Gesellschaft.[1601] Bei dem türkischen GMRGI steht ebenfalls die Würde des Menschen im Mittelpunkt des antidiskriminierungsrechtlichen Verständnisses. Der Schutz und die Förderung der Menschenrechte auf der Grundlage der Menschenwürde, die Gewährleistung des Rechts der Menschen auf Gleichbehandlung bei der Prävention hinsichtlich der Diskriminierung infolge der Wahrnehmung gesetzlich anerkannter Rechte und Freiheiten sind bezweckt.

Die geschützten Diskriminierungsmerkmale sind nach AGG folgend dem europäischen Beispiel abschließend aufgezählt. Das Gleiche gilt für das türkische GMRGI. Das Arbeitsgesetz sieht wiederum wie die völkerrechtlichen Verträge eine Öffnungsklausel vor.

Während die sexuelle Identität als Diskriminierungsmerkmal nur in dem AGG Erwähnung findet, nennt das GMRGI lediglich die Merkmale Vermögen, Geburt, Gesundheit und Familienstand ausdrücklich als geschützte Diskriminierungsgründe. Die nicht im Arbeitsgesetz ausdrücklich erwähnte ethnische

1599 Für die Einzelheiten siehe *diese Dissertationsschrift* § 4, D., I., II. und III. Außerdem siehe auch für die Grundlagen des europäischen Antidiskriminierungsrechts *diese Dissertationsschrift* § 8, B.

1600 Vgl. ErfK/*Schlachter* AGG § 1 Rn. 2; Wendeling-Schröder/Stein/*Wendeling-Schröder* AGG § 1 Rn. 1; Däubler/Bertzbach AGG/*Däubler* § 1 Rn. 1; HK-ArbR/*Braun* AGG § 1 Rn. 3; NK-ArbR/*Steinau-Steinrück/Schneider* AGG § 1 Rn. 5; BeckOGK/*Baumgärtner* AGG § 1 Rn. 1.

1601 Vgl. Wendeling-Schröder/Stein/*Wendeling-Schröder AGG* § 1 Rn. 3 und § 1 Fn. 3

Herkunft wiederum findet sowohl nach dem AGG als auch nach dem GMRGI Berücksichtigung.

Im AGG finden nur personenbezogene Diskriminierungsmerkmale Schutz, nicht aber an den Arbeitsvertrag anknüpfende Diskriminierungsmerkmale. Artikel 5 Arbeitsgesetz der Republik der Türkei enthält allerdings nicht nur ein Verbot an Diskriminierungen aufgrund personenbezogener Merkmale, dem Beispiel des europäischen arbeitsrechtlichen Antidiskriminierungsrechts folgend beinhaltet es auch an den Arbeitsvertrag anknüpfende Diskriminierungsmerkmale.

Gesetzliche Grundlagen des Kündigungsschutzrechts:
Die gesetzliche Grundlage des deutschen arbeitsrechtlichen allgemeinen Kündigungsschutzrechts gestaltet das KSchG. Die gesetzliche Grundlage des türkischen allgemeinen arbeitsrechtlichen Kündigungsschutzrechts findet in dem Arbeitsgesetz eine Erläuterung.

Anders als der allgemeine Diskriminierungsschutz hat der allgemeine Kündigungsschutz eine lange Tradition in der Bundesrepublik Deutschland. Das Kündigungsschutzgesetz ist 55 Jahre älter als das AGG. Das Kündigungsschutzgesetz hat seine eigene Geschichte und dient nicht dazu, irgendwelche völkerrechtlichen Verträge oder europarechtlichen Vorgaben umzusetzen. Ein arbeitsgesetzlicher Schutz gegen Kündigungen nach türkischem Recht entwickelte sich wiederum allmählich mit der Zeit. Fast zeitnah wie der arbeitsrechtliche Diskriminierungsschutz genießen Arbeitnehmer*innen in der Türkei erst seit 2002 den Kündigungsschutz. Die kündigungsschutzrechtlichen Regelungen des Arbeitsgesetzes dienen der Anpassung des türkischen Rechts in Bezug auf das IAO Übereinkommen Nr. 158.

Das deutsche Kündigungsschutzgesetz ist bestrebt, eine Bestandsschutzfunktion zu erfüllen, beabsichtigt aber nicht die Übernahme einer Rolle als Abfindungsgesetz. Kündigungsschutzrechtliche Regelungen des türkischen Arbeitsgesetzes übernehmen wiederum unter anderem einen das Arbeiten zusichernden Faktor.

Anders als das deutsche Kündigungsschutzgesetz enthalten die türkischen kündigungsschutzrechtlichen Regelungen eine spezielle Norm über diskriminierende Kündigungen, in der sie auf diskriminierende Gründe basierende Kündigungsentscheidungen als nicht triftige Kündigungsgründe erklären. Ebenfalls sind alle Kündigungsverfahren nach dem türkischen GMRGI durch das Diskriminierungsverbot abgedeckt.

§ 10 Anwendungsbereiche des arbeitsrechtlichen Antidiskriminierungsrechts und des allgemeinen Kündigungsschutzrechts nach deutschem und türkischem Recht

Dieses Kapitel beinhaltet eine Erläuterung der Anwendungsbereiche des arbeitsrechtlichen Antidiskriminierungsrechts und des allgemeinen Kündigungsschutzrechts nach deutschem und türkischem Recht. Nach einer Darstellung der Anwendungsbereiche des Allgemeinen Gleichbehandlungsgesetzes und des Kündigungsschutzgesetzes im Rahmen des deutschen nationalen Rechts findet eine Beschreibung der Geltungsbereiche des arbeitsrechtlichen Antidiskriminierungsrechts und des allgemeinen Kündigungsschutzrechts im Rahmen des türkischen Rechts statt. Abschließend folgt ein Rechtsvergleich.

A. Anwendungsbereiche der arbeitsrechtlichen antidiskriminierungsrechtlichen Normen und der allgemeinen kündigungsschutzrechtlichen Normen nach deutschem Recht

Dieser Abschnitt befasst sich mit dem Thema der Anwendungsbereiche der Normen des deutschen arbeitsrechtlichen Antidiskriminierungsrechts und des deutschen allgemeinen Kündigungsschutzrechts. Zunächst geht es um eine Beschreibung des Anwendungsbereiches des Allgemeinen Gleichbehandlungsgesetzes. Als Nächstes steht eine Schilderung des Anwendungsbereiches des Kündigungsschutzgesetzes an.

I. Anwendungsbereich des Allgemeinen Gleichbehandlungsgesetzes

Das Allgemeine Gleichbehandlungsgesetz verfügt über einen weitverbreiteten Anwendungsbereich. Dieser Abschnitt enthält wiederum in Anbetracht der Reichweite dieser Dissertationsschrift nur für diskriminierende Arbeitgeberkündigungen bedeutende Normen hinsichtlich des Schutzes der Beschäftigten vor Benachteiligungen – insbesondere vor diskriminierenden Kündigungen – des AGG. Eine Erläuterung erfolgt erst im Hinblick auf den persönlichen und danach auf den sachlichen Anwendungsbereich des Gesetzes.

1. Persönlicher Anwendungsbereich

Das AGG beschreibt den Schutz vor einer Benachteiligung aus den in § 1 AGG aufgezählten Diskriminierungsmerkmalen; den damit verbundenen persönlichen Anwendungsbereich des im Gesetz festgelegten arbeitsrechtlichen Diskriminierungsverbotes bezieht das AGG auf die *„Beschäftigten"* (§ 6 I AGG i. V. m. § 7 I AGG).[1602] Der Oberbegriff der Beschäftigten umfasst über den klassischen arbeitsrechtlichen Begriff des *„Arbeitnehmers"* eine weit hinausgehende Definition, unter dem Arbeitnehmer*innen, aber auch andere Gruppen, denen ein komparables Schutzbedürfnis zugebilligt wird, wie zum Beispiel in einer Berufsbildung Beschäftigte, arbeitnehmerähnliche Personen, in Heimarbeit Beschäftigte, Bewerber*innen, Personen, deren Beschäftigungsverhältnis beendet ist, aber auch Selbstständige und Organmitglieder und Ähnliche erfasst sind (§ 6 I 1., 2. und 3. AGG und § 6 III AGG).[1603] Erfasst sind alle Beschäftigten in der Privatwirtschaft und im öffentlichen Dienst.[1604]

Neben der Nennung des geschützten Personenkreises und somit der möglichen Anspruchsteller erfolgt durch § 6 AGG ebenfalls die Aufführung der möglichen Anspruchsgegner, der zum Schutz verpflichteten Arbeitgeber*innen.[1605] Danach sind Arbeitgeber*innen natürliche und juristische Personen sowie rechtsfähige Personengesellschaften, die Personen gemäß § 6 Absatz 1 AGG beschäftigen (§ 6 II AGG).[1606]

2. Sachlicher Anwendungsbereich

Der sachliche Anwendungsbereich des AGG in Bezug auf Kündigungen war lange Zeit ein umstrittener Diskussionspunkt im Schrifttum und in der Rechtsprechung.

1602 Vgl. MHdB ArbR/*Oetker* § 16 Rn. 25. *Schlachter* sieht der Begriff „Beschäftigte" als „im ArbR ungebräuchlich" (ErfK/*Schlachter* AGG § 6 Rn. 8). Ähnlich HK-ARbR/*Berg* AGG § 6 Rn. 1. *Oetker* legt wiederum fest: „[...] die personelle Reichweite des Benachteiligungsverbots [...] erstreckt [...] auf „Beschäftigte" und übernimmt damit einen in der neueren arbeitsrechtlichen Gesetzgebung wiederholt anzutreffenden Oberbegriff [...]" (MHdB ArbR/*Oetker* § 16 Rn. 25). Ähnlich: Beck OGK/*Benecke* AGG § 6 Rn, 3.

1603 Vgl. Däubler/Bertbach AGG/*Däubler* § 2 Rn. 10 ff.; Däubler/Bertbach AGG/*Schrader/Schubert* § 6 Rn. 4; HK-ARbR/*Berg* AGG § 6 Rn. 1, 5; NK-ArbR/*Steinau-Steinrück/Schneider* AGG § 6 Rn. 2; Beck OK ArbR/*Roloff* AGG § 6 Rn. 1; BeckOGK/*Baumgärtner* AGG § 2 Rn. 20 ff.

1604 BVerwG 15.11.2007, NJW 2008, 868. Vgl. BT-Drucks. 16/1780, 34; ErfK/*Schlachter* AGG § 6 Rn. 1; Däubler/Bertbach AGG/*Schrader/Schubert* § 6 Rn. 1; HK-ARbR/*Berg* AGG § 6 Rn. 1; NK-ArbR/*Steinau-Steinrück/Schneider* AGG § 6 Rn. 2; MHdB ArbR/*Oetker* § 16 Rn. 42.

1605 Vgl. Däubler/Bertbach AGG/*Schrader/Schubert* § 6 Rn. 3; NK-ArbR/*Steinau-Steinrück/Schneider* AGG § 6 Rn. 1; Beck OGK/*Benecke* AGG § 6 Rn. 1.

1606 BAG 19.8.2010, NZA 2011, 200.

Darauffolgend schließt sich im Allgemeinen eine einleitende Darstellung des sachlichen Anwendungsbereiches des AGG an. Es folgt die Schilderung der Ausnahme des Rechts des Kündigungsschutzes aus dem Anwendungsbereich des AGG. Anschließend kommt es zu einer Ausschließung der Kündigung aus dem Anwendungsbereich des AGG aus der Sicht des europäischen Rechts. Als Letztes steht eine Betrachtung der Auffassung des BAG über § 2 Absatz 4 AGG an.

a) Im Allgemeinen

§ 2 AGG beschließt den sachlichen Anwendungsbereich des AGG, festgelegt im Hinblick auf Beschäftigung und Beruf, wonach der Zugang zur Erwerbstätigkeit sowie unter anderem der berufliche Aufstieg, Arbeitsbedingungen und Berufsbildung innerhalb des Anwendungsbereiches umfasst sind. Die Nummern 1 bis 4 von § 2 Absatz 1 AGG sind sehr eng mit dem Wortlaut der europäischen Antidiskriminierungsrichtlinien verwandt und stehen grundsätzlich im Mittelpunkt der selbstständigen und unselbstständigen Erwerbstätigkeit.[1607] Unter anderem sind Benachteiligungen hinsichtlich der Beschäftigungs- und Arbeitsbedingungen einschließlich der Entlassungsbedingungen – gemeint sind unter solchen Bedingungen alle Umstände, aufgrund derer und unter denen Arbeitsleistung zu erbringen ist – im bestehenden Beschäftigungsverhältnis entsprechend § 2 Absatz 1 Nummer 2 AGG als unzulässig erklärt.[1608] Eine Konkretisierung findet die Bestimmung im zweiten Halbsatz des § 2 Absatz 1 Nummer 2 AGG mit einer nicht abschließenden Aufzählung der Regelbeispiele – inbegriffen die Beendigung eines Beschäftigungsverhältnisses.[1609]

b) Verbot der Diskriminierung bei der Beendigung des Arbeitsvertrages und Ausnahme des Rechts des Kündigungsschutzes aus dem Anwendungsbereich

Der Begriff der *„Entlassungsbedingungen“* in § 2 Absatz 1 Nummer 2 AGG ist entsprechend den Richtlinien und europarechtgerecht auszulegen.[1610] Sie beziehen

1607 Art. 3 I a – d Antirassismus-RL; Art. 3, I, a – d Rahmen-RL; Art. 14 I a – d Gleichbehandlungs-RL. Vgl. BeckOGK/*Baumgärtner* AGG § 2 Rn. 18, 34; Däubler/Bertbach AGG/*Däubler* § 2 Rn. 1, 3, 10. Kritisch: *Adomeit/Mohr,* § 2 Rn. 1; *Kamanabrou,* RdA 2006, 321 (323).

1608 BAG 20.3.2012, NZA 2012, 803 Rn. 12.

1609 Vgl. ArbR-HdB/*Ahrendt* § 36 Rn. 22; BeckOGK/*Baumgärtner* AGG § 2 Rn. 34; Däubler/Bertbach AGG/*Däubler* § 2 Rn. 3. Kritisch: *Kamanabrou,* RdA 2006, 321 (323).

1610 EuGH 16.2.1982, Rs. C-19/81, Rn. 9 „Arthur Burton vs. British Railways Board“; EuGH 21.7.2005, Rs. C-207/04, Rn. 27 „Vergani vs. Agenzia delle Entrate, Ufficio di Arona“; EuGH 26.2.1986, Rs. 152/84, Rn. 34 „Marshall vs. Southampton and South-West Hampshire Area Health Authority“; EuGH 12. 9. 2013, Rs. C-614/11, Rn. 36 ff. „Niederösterreichische Landes-Landwirtschaftskammer vs. Kuso“ Vgl. ArbR-HdB/*Ahrendt* § 36 Rn. 22; BeckOGK/*Baumgärtner* AGG § 2 Rn. 42, 75.

sich sowohl auf das „Ob“ als auch auf das „Wie“ der Beendigung.[1611] Unter dem Begriff der Entlassungsbedingungen sind demnach alle rechtlichen und tatsächlichen Maßnahmen zu verstehen, die das bestehende Beschäftigungsverhältnis beenden.[1612] Somit sind Entlassungsbedingungen im Sinne von § 2 Absatz 1 Nummer 2 AGG insbesondere ordentliche oder außerordentliche Kündigungen des Arbeitsverhältnisses durch den*die Arbeitgeber*in.[1613] Darunter fallen die Regelungen und Vereinbarungen über eine automatische oder vom*von der Arbeitgeber*in herbeigeführte Beendigung des Arbeitsverhältnisses mit Erreichen einer Altersgrenze, die Nichtigkeitserklärung oder die Anfechtung des Arbeitsvertrages oder der Eintritt der Beendigung eines vertraglich vereinbarten Befristungszeitraums.[1614] Hierzu zählen darüber hinaus ebenfalls alle Leistungen, die einen direkten Bezug zur Entlassung aus dem Beschäftigungsverhältnis haben, zum Beispiel die im Zusammenhang mit der Beendigung des Arbeitsverhältnisses zu zahlenden Abfindungen, betriebliche Sozialpläne oder sonstige finanzielle Anreize zur Beendigung des Arbeitsverhältnisses.[1615]

1611 BAG 6.4.2011, NZA 2011, 970, Rn. 14; BAG 17.3.2016, BeckRS 2016, 67630. Vgl. BeckOGK/*Baumgärtner* AGG § 2 Rn. 42.

1612 BeckOGK/*Baumgärtner* AGG § 2 Rn. 42.

1613 BGH 26.3.2019, NZA 2019, 706 Rn. 15; BAG 6.4.2011, NZA 2011, 970, Rn. 14; BAG 6.11.2008, NZA 2009, 361, Rn. 36. Vgl. BeckOGK/*Baumgärtner* AGG § 2 Rn. 42.

1614 Altersgrenzen: EuGH 26.2.1986, Rs. 152/84 Rn. 34 „Marshall vs. Southampton and South-West Hampshire Area Health Authority“; EuGH 16.10.2007, Rs. C-411/05 Rn. 45 ff. „Palacios de la Villa vs. Cortefiel Servicios SA“; EuGH 5.3.2009, Rs. C-388/07 Rn. 27 f. „Age Concern England vs. England“; EuGH 12.1.2010, Rs. C-341/08, Rn. 33 „Petersen“; EuGH 18.11.2010, Rs. C-250/09 Rn. 29 f. „Georgiev vs. Tehnicheski universitet Sofia“; EuGH 12. 9. 2013, Rs. C-614/11, Rn. 36 ff. „Niederösterreichische Landes-Landwirtschaftskammer vs. Kuso“; BGH 26.3.2019, NZA 2019, 706 Rn. 15 (Vereinbarung der Möglichkeit, mit Eintritt in das 61. Lebensjahr das Dienstverhältnis durch eine einseitige Erklärung zu beenden). Nichtigkeitserklärung und Anfechtung des Arbeitsvertrages: EuGH 5.5.1994, Rs. C-421/92 Rn. 13 ff. „Habermann-Beltermann vs. Arbeiterwohlfahrt“. Eintritt eines Befristungszeitraums: EuGH 22.11.2005, Rs. C-144/04 „Mangold“; BAG NZA 2011, 970 Rn. 14; BAG 17.3.2016 NZA 2016, 695. Aufhebungsvertrag: BAG 25.2.2010 NZA 2010, 561 Rn. 23. Vgl. *Adomeit/Mohr,* § 2 Rn. 78; Wendeling-Schröder/Stein, § 2 Rn. 16.

1615 Abfindungen: EuGH 12.10.2010, Rs. C-499/08 Rn. 21 „Ingeniørforeningen i Danmark vs. Syddanmark“. Betriebliche Sozialpläne: EuGH 6.12.2012 Rs. C-152/11 Rn. 33 „Odar vs. Baxter Deutschland GmbH“; EuGH 16.2.1982, Rs. C-19/81, Rn. 9 „Arthur Burton vs. British Railways Board“. Sonstige finanzielle Anreize -Steuervergünstigung-: EuGH 21.7.2005, Rs. C-207/04, Rn. 25 ff. “Vergani vs. Agenzia delle Entrate, Ufficio di Arona“. Vgl. ArbR-HdB/*Ahrendt* § 36 Rn. 22; BeckOGK/*Baumgärtner* AGG § 2 Rn. 42; Däubler/Bertzbach AGG/*Däubler* § 2 Rn. 3.

Allerdings sieht § 2 Absatz 4 AGG eine Regelungsausnahme hinsichtlich der Kündigung vor. Demzufolge gelten für Kündigungen *„ausschließlich die Bestimmungen zum allgemeinen und besonderen Kündigungsschutz“* (§ 2 IV AGG). Somit gestaltet sich § 2 Absatz 4 AGG wahrscheinlich als die am stärksten diskutierte Bestimmung des AGG.[1616] Die Formulierung des Gesetzesentwurfes der Bundesregierung vom 8.6.2006 bestimmte entsprechend den in der vorherigen Legislaturperiode erreichten Kompromiss:[1617] *„Für Kündigungen gelten vorrangig die Bestimmungen des Kündigungsschutzgesetzes.“*[1618] Die Norm sollte nach der Begründung der Regierung die Unantastbarkeit der Vorschriften des Kündigungsschutzgesetzes klar herausstellen.[1619] Rechtsstreitigkeiten seien in der Praxis bei Kündigungen auch in Zukunft vorwiegend nach dem Kündigungsschutzgesetz zu entscheiden.[1620] Diese Formulierung erhielt jedoch Kritik, es sei ungeeignet, juristische Probleme hinsichtlich denkbarer Diskriminierungsprobleme im deutschen Kündigungsrecht – der damalige § 14 Absatz 3 TzBfG oder die damalige Altersgrenze in § 622 Absatz 2 Satz 2 BGB – zu lösen.[1621] In seiner Stellungnahme vom 19.6.2006 forderte der Bundesrat eine Klarstellung in Bezug auf die Ausschließlichkeit der geltenden Bestimmungen des Kündigungsschutzgesetzes im Falle einer Benachteiligung aufgrund einer Kündigung (§ 2 AGG).[1622] Als Folge dessen erhielt § 2 Absatz 4 AGG seine geltende Fassung auf der Grundlage des Berichts des Rechtsausschusses.[1623] Der Rechtsausschuss begründet seine Auffassung: Für Kündigungen sollten – nach einer dahin gehenden Präzisierung beider Gesetze zueinander – ausschließlich die Bestimmungen zum allgemeinen und besonderen Kündigungsschutz Anwendung finden.[1624] Dies erscheine sachgerechter, weil diese Regelungen speziell auf Kündigungen zugeschnitten seien.[1625] Darüber hinaus finden verschiedene kündigungsschutzrechtliche Rechtsquellen in der Erklärung des Rechtsausschusses Erwähnung. Warum aber *„speziell auf Kündigungen zugeschnittene“* Regelungen für die Fälle diskriminierender Kündigungen sachgerechter erscheinen, nicht aber speziell auf Diskriminierungen zugeschnittene Normen der AGG, dafür gibt es keine Erklärung. Offen bleibt auch die Frage, ob die Regelung unionsrechtskonform ist oder nicht. Unzweifelhaft hat aber der Gesetzgeber mit § 2 Absatz 4 AGG Kündigungen aus dem AGG ausgeschlossen.[1626]

1616 HK-ArbR/*Braun* AGG § 2 Rn. 14.
1617 BT-Drs. 16/1780, 7. Vgl. Däubler/Bertzbach AGG/*Däubler* § 2 Rn. 3.
1618 BT-Drs. 16/1780, 7.
1619 BT-Drs. 16/1780, 32.
1620 BT-Drs. 16/1780, 32.
1621 Vgl. *Preis*, NZA 2006, 401 (408 f.).
1622 BT-Drs. 16/1852, 2.
1623 BT-Drs. 16/2022, 8.
1624 BT-Drs. 16/2022, 12.
1625 BT-Drs. 16/2022, 12.
1626 Vgl. Däubler/Bertzbach AGG/*Däubler* § 2 Rn. 290; HK-ArbR/*Braun* AGG § 2 Rn. 14.

Trotz der Ausnahme der Kündigungen des Anwendungsbereiches des AGG durch § 2 Absatz 4 AGG bleibt allerdings § 2 Absatz 1 Nummer 2 AGG weiterhin gültig, welcher unter dem sachlichen Anwendungsbereich des Allgemeinen Gleichbehandlungsgesetzes weiterhin auf die *„Entlassungsbedingungen“* verweist. Auf einer Seite sind die Entlassungsbedingungen und damit verbunden die Kündigung durch § 2 Absatz 1 Nummer 2 AGG in den sachlichen Anwendungsbereich des AGG einbezogen, auf der anderen Seite sind die Kündigungen durch § 2 Absatz 4 AGG des Anwendungsbereiches des AGG ausgeschlossen; mithin stehen beide Normen in einem offenen Widerspruch zueinander.[1627] Einige im Schrifttum sehen allerdings in § 2 Absatz 4 AGG eine lex specialis zu § 2 Absatz 1 Satz 2 AGG.[1628] Es befinden sich weitere Inkonsistenzen im Gesetzestext. § 6 Absatz 1 Satz 2 AGG bezieht alle Personen, deren Beschäftigungsverhältnis beendet ist – somit auch jenes der gekündigten Arbeitnehmer*innen – in den Geltungsbereich des Gesetzes ein.[1629] Genauso enthält § 10 Satz 3 Nummer 6 AGG Regelungen zu Sozialplanleistungen, die sich auch auf Kündigungen beziehen.[1630] Weitere systematische Inkonsistenzen haben sich nach Inkrafttreten des AGG durch Gesetzesänderungen ergeben, trotzdem gelten § 2 Absatz 1 Nummer 2 AGG, § 6 Absatz 1 Satz 2 AGG und § 10 Satz 3 Nummer 6 AGG weiter.[1631] Diese offenen Unstimmigkeiten und Widersprüche haben jedoch keinen Einfluss auf die Gültigkeit von § 2 Absatz 4 AGG.[1632] Nach seinem klaren Wortlaut schließt § 2 Absatz 4 AGG das ganze Phänomen der *„Kündigung“* von Arbeitsverhältnissen, einen zentralen Aspekt des Arbeitsrechts, aus dem Anwendungsbereich des AGG aus.[1633]

1627 BAG 6.11.2008, NZA 2009, 361 Rn. 36. Vgl. MHdB ArbR/*Oetker* § 16 Rn. 56; Däubler/Bertzbach AGG/*Däubler* § 2 Rn. 291; HK-ArbR/*Braun* AGG § 2 Rn. 14, *Sagan*, NZA 1257 (1257); BeckOK ArbR/*Roloff* AGG § 2 Rn. 23.

1628 Vgl. *Stenslik*, S. 25; *Adomeit/Mohr* § 2 Rn. 200.

1629 BAG 6.11.2008, NZA 2009, 361 Rn. 36. Vgl. Däubler/Bertzbach AGG/*Däubler* § 2 Rn. 291.

1630 BAG 6.11.2008, NZA 2009, 361 Rn. 36. Vgl. Däubler/Bertzbach AGG/*Däubler* § 2 Rn. 291.

1631 Vgl. Däubler/Bertzbach AGG/*Däubler* § 2 Rn. 291. Verändert wurde § 10 Satz 3 Nummer 6 in der Fassung des Gesetzes vom 14.8.2006 bezüglich der Grundsätze über die soziale Auswahl bei der betriebsbedingten Kündigung und § 10 Satz 3 Nummer 7 in der Fassung des Gesetzes vom 14.8.2006 bezüglich der Rechtsfolgen einer individual- oder kollektivrechtlich vereinbarten Unkündbarkeit.

1632 Vgl. Däubler/Bertzbach AGG/*Däubler* § 2 Rn. 291.

1633 Vgl. Däubler/Bertzbach AGG/*Däubler* § 2 Rn. 291; Schiek/*Schiek* AGG § 2 Rn. 12; MHdB ArbR/*Oetker* § 16 Rn. 56; *Bauer/Krieger*, NZA 2016, 1041 (1043). Siehe auch: BAG 6.11.2008, NZA 2009, 361 Rn. 36.

c) EU Recht und Bereichsausnahme der Kündigung aus dem Anwendungsbereich des AGG

Die Bereichsausnahme des allgemeinen und besonderen Kündigungsschutzes durch § 2 Absatz 4 AGG löste im Schrifttum und in der Rechtsprechung eine lebhafte Diskussion aus. Laut einem geringen Teil des Schrifttums sind durch das vor Inkrafttreten des AGG geltende Kündigungsschutzrecht die Diskriminierungsverbote bereits richtlinienkonform umgesetzt gewesen; daher sei das Tätigwerden des Gesetzgebers nicht erforderlich gewesen.[1634] Tatsächlich richtete die Literatur bereits vor Inkrafttreten des Allgemeinen Gleichbehandlungsgesetzes die Aufmerksamkeit auf die Unionsrechtswidrigkeit von § 2 Absatz 4 AGG.[1635] Das Schrifttum ist sich weitgehend einig – außer weniger Stimmen – die Norm stehe nicht im Einklang mit dem Unionsrecht; diese Ansicht ist auch in der Kommentarliteratur weitverbreitet.[1636] Allerdings finden sich unter den Stimmen, die § 2 Absatz 4 AGG als eine gegen das europäische Recht verstoßende Bestimmung bewerten, im Hinblick auf die Folgerung hinsichtlich der Rechtsverletzung im Wesentlichen drei Meinungspositionen.[1637] Diese drei Meinungen – „Anwendungsvorrang des europäischen Rechts", „Richtlinienkonforme Auslegung des § 2 Absatz 4 AGG" und „§ 2 Absatz 4 AGG als Beweislastregelung" – finden unter diesem Abschnitt jeweils Erläuterung.

aa) Anwendungsvorrang des europäischen Rechts

Nach einigen Autoren*innen im Schrifttum schließt § 2 Absatz 4 AGG mit seinem klaren Wortlaut die Anwendung des AGG im Falle von Kündigungen vollständig aus; somit sei für sie eine Auslegung im Einklang mit dem europäischen Recht nicht möglich und verstoße daher gegen das Unionsrecht. Die Norm gelte als vollständige Bereichsausnahme für den Kündigungsschutz, auf diese Weise sei es angesagt, einen *„absoluten Vorrang"* dieser Bestimmungen vor dem AGG zu

1634 Vgl. *Löwisch*, BB 2006, 2189 (2189 ff.).

1635 Vgl. Däubler/Bertzbach AGG/*Däubler* § 2 Rn. 292. Z.B.: Bauer/Thüsing/Schunder/*Thüsing*, NZA 2006, 774 (777).

1636 Vgl. Däubler/Bertzbach AGG/*Däubler* § 2 Rn. 292; HK-ArbR/*Braun* AGG § 2 Rn. 14. Europarechtswidrig: Bauer/Thüsing/Schunder/*Thüsing*, NZA 2006, 774 (777). Partielle Europarechtswidrigkeit: *Diller/Krieger/Arnold*, NZA 2006, 887 (887, 889). Deutliche Bedenken: *Bauer*, NZA 2006, 776. Kommentare: Vgl. Däubler/Bertzbach AGG/*Däubler*, § 2 Rn. 262 m.w.N.; *Thüsing*, Arbeitsrechtlicher Diskriminierungsschutz, Rn. m.w.N. 108 ff.; ErfK/*Schlachter* AGG § 2 Rn. 17; Schiek/*Schiek* § 2 Rn. 13; MüKoBGB/*Thüsing* AGG § 2 Rn. 17; im Prinzip auch Adomeit/Mohr, § 2 Rn. 226 ff.; für die Wirksamkeit eines – eng interpretierten – § 2 Abs. 4 AGG trotz Diskriminierung wirksamer Kündigung einen Entschädigungsanspruch nach § 15 Abs. 2 zusprechen: *Bauer/Göpfert/Krieger* AGG § 2 Rn. 59, 59 a.

1637 Vgl. HK-ArbR/*Braun* AGG § 2 Rn. 14; BeckOGK/*Baumgärtner* AGG § 2 Rn. 76.

bewerten.[1638] Unter Berücksichtigung des primärrechtlichen Charakters des Diskriminierungsverbotes und unter Bezugnahme auf den Anwendungsvorrang des primären Unionsrechts sollte in dem Fall § 2 Absatz 4 AGG nicht anwendbar sein, das AGG solle daher ungehindert Anwendung finden.[1639]

Seit dem 1.12.2009 gilt die EU-Grundrechtecharta, die in ihrem Artikel 21 u. a. auch die in den Richtlinien und im AGG genannten Diskriminierungen erfasst.[1640] Zugleich verdeutlicht sie in Artikel 53 deutlich die Unberührtheit der bisher als allgemeine Grundsätze des Unionsrechts anerkannten Grundrechte mit dem Schutz derselben gegen eine Verschlechterung.[1641] In ständiger Rechtsprechung habe der EuGH längst vor Inkrafttreten der Grundrechtecharta ein allgemeines Grundrecht auf Gleichbehandlung angenommen.[1642] Die Mangold-Entscheidung setze diese Entwicklungslinie fort und erstrecke sich auf das Verbot der Diskriminierung wegen des Alters.[1643] Auch dieses sei Teil des primären Unionsrechts.[1644] In seiner Kücükdeveci-Entscheidung habe der EuGH seine früheren Feststellungen bestätigt und betone, das Verbot der Diskriminierung wegen Alters sei ein allgemeiner, durch die Rahmenrichtlinie konkretisierter Grundsatz des Unionsrechts.[1645] Außerdem habe er auf Artikel 21 GR – Charta verwiesen.[1646] Laut der Rahmenrichtlinie fielen die Entlassungsbedingungen des nationalen Rechts in den Anwendungsbereich des Unionsrechts und seien deshalb an diesem zu messen.[1647] Dadurch bleibe § 622 Absatz 2 Satz 2 BGB in Zukunft außer

---

1638 BeckOK ArbR/*Roloff* AGG § 2 Rn. 23. Vgl. BeckOGK/*Baumgärtner* AGG § 2 Rn. 76.1.

1639 Vgl. HK-ArbR/*Braun* AGG § 2 Rn. 14; ArbR-HdB/*Ahrendt* § 36 AGG Rn. 25; BeckOGK/*Baumgärtner* AGG § 2 Rn. 76.1. Befürwörter des Anwendungsvorgangs des Unionrechts: Däubler/Bertzbach AGG/Däubler, § 2 Rn. m.w.N. 293; *Sagan*, NZA 2006, 1257 (m.w.N. 1257); *Thüsing*, Arbeitsrechtlicher Diskriminierungsschutz, Rn. 106 ff., 115; MüKoBGB/*Thüsing* § 2 Rn. 17 ff.; *Wenckebach*, AuR 2008, 69 (71).

1640 Vgl. Däubler/Bertzbach AGG/*Däubler/Bertzbach* Einl. Rn. 105. Siehe *diese Dissertationsschrift* § 8 B. II.

1641 Vgl. Däubler/Bertzbach AGG/*Däubler/Bertzbach* Einl. Rn. 105.

1642 Vgl. Däubler/Bertzbach AGG/*Däubler/Bertzbach* Einl. Rn. 106. Siehe *diese Dissertationsschrift* § 8 B. II.

1643 EuGH 22.11.2005, Rs. C-144/04 „Mangold". Vgl. Däubler/Bertzbach AGG/*Däubler/Bertzbach* Einl. Rn. 107. Siehe *diese Dissertationsschrift* § 8 B. II.

1644 Vgl. Däubler/Bertzbach AGG/*Däubler/Bertzbach* Einl. Rn. 107. Siehe *diese Dissertationsschrift* § 8 B. II.

1645 EuGH 19.1.2010, Rs. C-555/07 „Kücükdeveci". Vgl. Däubler/Bertzbach AGG/*Däubler/Bertzbach* Einl. Rn. 107. Siehe *diese Dissertationsschrift* § 8 B. II.

1646 EuGH 19.1.2010, Rs. C-555/07 „Kücükdeveci". Vgl. Däubler/Bertzbach AGG/*Däubler/Bertzbach* Einl. Rn. 107.

1647 EuGH 19.1.2010, Rs. C-555/07 „Kücükdeveci". Vgl. Däubler/Bertzbach AGG/*Däubler/Bertzbach* Einl. Rn. 107.

Anwendung, da es eine unmittelbare Diskriminierung wegen Alters darstelle.[1648] Was für die Diskriminierung wegen Alters gelte, müsse auch für die anderen Diskriminierungsgründe der Richtlinien und des AGG gelten.[1649] Auch insoweit bestehen primärrechtliche Garantien, was nicht zuletzt Artikel 21 GR – Charta verdeutliche.[1650] Außerdem sei der Unionsgesetzgeber in den Begründungen zu den vier Antidiskriminierungsrichtlinien davon ausgegangen, menschenrechtliche Prinzipien zu konkretisieren, was eine unterschiedliche Behandlung der einzelnen Merkmale ausschließe.[1651] Von daher bestehe kein Anlass, die Rechtsprechung des EuGH auf das *„Alter"* zu beschränken; sie gelte auch für die übrigen Merkmale.[1652] Für den Diskriminierungsgrund des Geschlechts und den der Behinderung habe dies die Rechtsprechung ausdrücklich angenommen.[1653]

Nach dieser Ansicht liege ein Verstoß gegen die Antidiskriminierungsrichtlinien nicht nur dann vor, wenn der Gesetzgeber über die Ermächtigung der Richtlinie hinaus an ein verpöntes Merkmal anknüpfe.[1654] Eine sehr viel weitergehende Missachtung sei vielmehr bei einer Ausnahme von ganzen Sachbereichen von vornherein aus dem Antidiskriminierungsrecht gegeben.[1655] Dem nationalen Gesetzgeber sei es nicht erlaubt, eine große Gruppe potenzieller Benachteiligungen [in dem Fall von Kündigungen] von vornherein aus dem Antidiskriminierungsrecht auszuklammern, die Richtlinien demnach von ihrem Gegenstand her nur zu 60 oder 70 % umzusetzen.[1656] In Anbetracht dieser Tatsache widerspricht die Herausnahme der Kündigung aus dem Anwendungsbereich des Allgemeinen Gleichbehandlungsgesetzes durch § 2 Absatz 4 AGG nicht nur den Antidiskriminierungsrichtlinien, sondern sie ist ein klarer Verstoß gegen das europäische primärrechtliche Diskriminierungsverbot.[1657] Hält der Gesetzgeber sich nicht an primäres Unionsrecht, während er im Anwendungsbereich des Unionsrechts tätig ist, welches beim AGG schon unstreitig gegeben ist, besitzt das EU-Recht

1648 Vgl. Däubler/Bertzbach AGG/*Däubler/Bertzbach* Einl. Rn. 107. Vgl. EuGH 19.1.2010, Rs. C-555/07 „Kücükdeveci".

1649 Vgl. Däubler/Bertzbach AGG/*Däubler/Bertzbach* Einl. Rn. 108.

1650 Vgl. Däubler/Bertzbach AGG/*Däubler/Bertzbach* Einl. Rn. 108.

1651 Vgl. Däubler/Bertzbach AGG/*Däubler/Bertzbach* Einl. Rn. 108; *Schiek*, AuR 2006, 145 (149). Siehe *diese Dissertationsschrift* § 8 B. II.

1652 Vgl. Däubler/Bertzbach AGG/*Däubler/Bertzbach* Einl. Rn. 108; *Schiek*, AuR 2006, 145 (145, 147).

1653 Vgl. Däubler/Bertzbach AGG/*Däubler/Bertzbach* Einl. Rn. 108. Vgl. Geschlecht: EuGH 15.6.1978, Rs. 149/77 „Defrenne III" Behinderung: EuGH 11.7.2006, Rs. C-13/05 „Navas". Siehe *diese Dissertationsschrift* § 8 B. II.

1654 Vgl. Däubler/Bertzbach AGG/*Däubler* § 2 Rn. 294.

1655 Vgl. Däubler/Bertzbach AGG/*Däubler* § 2 Rn. 294.

1656 Vgl. Däubler/Bertzbach AGG/*Däubler* § 2 Rn. 292.

1657 EuGH 22.11.2005, Rs. C-144/04 Rn. 74 „Mangold"; EuGH 11.7.2006, Rs. C-13/05, Rn. 56 "Navas". Vgl. Däubler/Bertzbach AGG/*Däubler/Bertzbach* Einl. Rn. 108; Däubler/Bertzbach AGG/*Däubler* § 2 Rn. 294; *Schiek*, AuR 2006, 145 (147).

insoweit Anwendungsvorrang.[1658] Darauffolgend muss § 2 Absatz 4 AGG außer Anwendung bleiben, das AGG soll durch *„Streichung“* dieser Bereichsausnahme voll zur Anwendung kommen.[1659] Diese Auffassung vertraten ebenfalls das Arbeitsgericht Osnabrück sowie das Arbeitsgericht Bielefeld in ihren Entscheidungen aus dem Jahr 2007.[1660]

Kritik erhielt diese Auffassung allerdings dadurch, sie stehe im klaren Widerspruch zum eindeutigen und durch den Willen des Gesetzgebers gestützten Wortlaut des Gesetzes und führe zu einem Vorrang des Unionsrechts in dem Sinne, die Anwendung des § 2 Absatz 4 AGG müsse unterbleiben.[1661] Ein derartiges Verständnis führe das Gesetz zu einem (partiellen) Selbstwiderspruch und unterstelle eine Auslegung, die zur Unionsrechtswidrigkeit führe.[1662] § 2 Absatz 4 AGG sei aber nicht als Anwendungsausschluss von Kündigungen zu verstehen.[1663] § 2 Absatz 1 Nummer 2 AGG umfasst Entlassungsbedingungen, darunter auch Kündigungen.[1664] § 2 Absatz 1 Nummer 1 AGG bekräftigt die Absicht der Richtlinien, diskriminierende Kündigungen zu bekämpfen.[1665] § 2 Absatz 4 AGG diene vielmehr der Sicherstellung der Vermeidung eines *„zweiten Kündigungsrechts“* durch das AGG neben dem bisherigen.[1666]

bb) Richtlinienkonforme Auslegung des § 2 Absatz 4 AGG

Verschiedene Variationen der meist vertretenen Perspektive im Schrifttum positionieren sich für eine richtlinienkonforme Auslegung. § 2 Absatz 4 AGG stehe in einem offenen Widerspruch zu den europäischen Antidiskriminierungsrichtlinien hinsichtlich der Regelungen jeweils wörtlich übereinstimmender

---

1658 EuGH 22.11.2005, Rs. C-144/04 Rn. 75 „Mangold“; EuGH 11.7.2006, Rs. C-13/05, Rn. 56 „Navas“; EuGH 20.3.2003, Rs. C-187/00 „Kutz-Bauer”; EuGH 19.4.2016, Rs. C-441/14 „Dansk Industri“. Vgl. Vgl. Däubler/Bertzbach AGG/*Däubler/Bertzbach* Einl. Rn. 105; Däubler/Bertzbach AGG/*Däubler* § 2 Rn. 296; *Thüsing*, Arbeitsrechtlicher Diskriminierungsschutz, Rn. 106 ff.; *Sagan*, NZA 2006, 1257 (1259); Schiek/*Schiek* AGG § 2 Rn. 13.

1659 EuGH 20.3.2003, Rs. C-187/00 „Kutz-Bauer“; EuGH 19.4.2016, Rs. C-441/14 „Dansk Industri“. Vgl. Däubler/Bertzbach AGG/*Däubler/Bertzbach* Ein. Rn. 105; Däubler/Bertzbach AGG/*Däubler* § 2 Rn. 296; *Thüsing*, Arbeitsrechtlicher Diskriminierungsschutz, Rn. 106 ff.; *Sagan*, NZA 2006, 1257 (1259); Schiek/*Schiek* AGG § 2 Rn. 13. Vgl. Däubler/Bertzbach AGG/*Däubler/Bertzbach* Einl. Rn. 105.

1660 ArbG Osnabrück 5.2.2007, BeckRS 2007, 44073 Rn. 39 ff.; *Krieger*, FD-ArbR 2007, 225337; ArbG Bielefeld 25.4.2007 NZA-RR 2007, 466.

1661 BAG 6. 11. 2008, NZA 2009, 361, Rn. m.w.N. 37. Vgl. MHdB ArbR/*Oetker* § 16 Rn. 57.

1662 BAG 19. 12. 2013, NZA 2014, 372; BAG 6. 11. 2008, NZA 2009, 361, Rn. m.w.N. 36. Vgl. MHdB ArbR/*Oetker* § 16 Rn. 57.

1663 BAG 6. 11. 2008, NZA 2009, Rn. m.w.N. 37.

1664 BAG 6. 11. 2008, NZA 2009, 361, Rn. 36.

1665 BAG 6. 11. 2008, NZA 2009, 361, Rn. 37.

1666 BAG 6. 11. 2008, NZA 2009, 361, Rn. 37.

Äußerungen laut Artikel 3 Absatz 1 Buchstabe c der Antirassismus Richtlinie, der Rahmenrichtlinie sowie Artikel 14 Absatz 1 Buchstabe c der Gleichbehandlungsrichtlinie, nach denen sich der sachliche Anwendungsbereich klar und deutlich auf *„Entlassungsbedingungen“* erstrecke.[1667] Der EuGH hat ebenfalls unter dem Begriff der Entlassungsbedingungen in den Richtlinien neben anderen Beendigungstatbeständen auch, gerade und vor allem die Kündigung einbezogen.[1668] Es kam ferner zur Ansprache des Themas in einem Schreiben vom 31.01.2008 der EU-Kommission, die Bundesrepublik Deutschland sei ihren Verpflichtungen zur Umsetzung der Richtlinie nicht in vollem Umfang nachgekommen.[1669]

Eine Auffassung befürwortet eine *einschränkende Interpretation* des § 2 Absatz 4 AGG mit einer verdrängenden, ausschließlichen Anwendbarkeit der Bestimmungen zum allgemeinen und besonderen Kündigungsschutz.[1670] Nach den Grundsätzen des EuGH sei die Rechtsprechung der Mitgliedstaaten verpflichtet, die Grundwertungen der Richtlinien möglichst durch Auslegung des nationalen Rechts zur Geltung zu bringen.[1671] Somit sei die Wirksamkeit einer Kündigung allein nach den Vorschriften des allgemeinen oder besonderen Kündigungsschutzes zu beurteilen, gleichzeitig aber unterliegen Kündigungsvereinbarungen über Fristen oder die ordentliche Unkündbarkeit, insbesondere die spezifischen Sanktionsregelungen, dem AGG.[1672] Umstritten bleibt es aber nach dieser Ansicht, inwiefern das AGG für Kündigungen außerhalb des sachlichen Anwendungsbereiches des Kündigungsschutzgesetzes Geltung findet sowie die Frage, ob Schadenersatzansprüche nach § 15 Absatz 2 AGG für diskriminierende Kündigungen neben der Sanktion der Unwirksamkeit Anwendung finden.[1673]

Andere Befürworter der richtlinienkonformen Auslegung von § 2 Absatz 4 AGG *differenzieren zwischen der kündigungsrechtlichen Frage der Wirksamkeit der Beendigung des Arbeitsverhältnisses und der Sanktionierung der*

1667 ArbG Osnabrück 5.2.2007, BeckRS 2007, 44073, Rn. 39; ArbG Osnabrück 5.2.2007, NZA 2007, 626, Rn. 39 ff. Vgl. MHdB ArbR/*Oetker* § 16 Rn. 57; HK-ArbR/*Braun* AGG § 2 Rn. 14; Däubler/Bertzbach AGG/*Däubler* § 2 Rn. 292; Schiek/*Schiek* AGG § 2 Rn. 12; ErfK/*Schlachter* AGG § 2 Rn. 18.

1668 EuGH 11.7.2006, Rs. C-13/05, Rn. m.w.N 35 ff. „Navas“. *Siehe diese Dissertationschrift* § 8, B., 1.

1669 Schreiben der EU-Kommission v. 31.1.2008, AuR 2008, 145. Vgl. HK-ArbR/*Braun* AGG § 2 Rn. 14

1670 Vgl. ErfK/*Schlachter* AGG § 2 Rn. 17; BeckOGK/*Baumgärtner* AGG § 2 Rn. 76.1; *Benecke*, AuR 2016, 9.

1671 EuGH 5.10.2004, Rs. C-397/01 „Pfeiffer“. Vgl. ErfK/*Schlachter* AGG § 2 Rn. 18.

1672 Vgl. ErfK/*Schlachter* AGG § 2 Rn. 18; *Willemsen/Schweibert*, NJW 2006, 2583 (2584 f.); BeckOGK/*Baumgärtner* AGG § 2 Rn. 76.1.

1673 BAG 19.12.2013 NZA 2014, 372 Rn. 18. Vgl. BeckOGK/*Baumgärtner* AGG § 2 Rn. 76.1.

diskriminierenden Motive durch Entschädigung.[1674] Nach dieser Ansicht dient § 2 Absatz 4 AGG dazu, einen durch die verschiedenen Funktionsweisen des Kündigungsschutzes in Deutschland und anderen Ländern entstehenden doppelten Kündigungsschutz zu vermeiden.[1675] Das deutsche Kündigungsschutzgesetz mache die Wirksamkeit einer ordentlichen Kündigung davon abhängig, ob ausreichende Kündigungsgründe vorliegen.[1676] Nach dem Kündigungsschutzrecht vieler anderer Länder sei wiederum die Kündigung grundsätzlich wirksam, es sei denn, der*die Arbeitgeber*in handele aus verwerflichen Motiven.[1677] Der „Positivliste" des deutschen KSchG stehe in anderen Ländern demzufolge eine „Negativliste" unzulässiger Kündigungsmotive gegenüber, wobei es meist um Diskriminierungsverbote gehe.[1678] Würde das AGG auch auf Kündigungen ohne Einschränkungen Anwendung finden, käme es zu einer Ergänzung der „Positivliste" des Kündigungsschutzes um eben eine solche „Negativliste".[1679] Kündigungen, die ausschließlich auf einem diskriminierenden Motiv beruhen, seien unwirksam, weil ausreichende Kündigungsgründe nach § 1 KSchG oder nach § 626 BGB fehlen oder wegen eines Verstoßes gegen Treu und Glauben und nach § 242 BGB; deshalb würden sie allgemeine Rechtsfolgen auslösen.[1680] Liege jedoch nicht nur ein Kündigungsgrund nach § 242 BGB, § 1 Absatz 2 KSchG oder § 626 BGB vor, sondern auch ein diskriminierendes Motiv, ändere dies nichts an der Wirksamkeit der Kündigung; doch es bestehe die Möglichkeit einer Geltendmachung von Entschädigungsansprüchen bei richtlinienkonformer Auslegung nach § 15 Absatz 2 AGG.[1681] Umstritten bleibt es aber nach dieser Ansicht aufgrund dessen, wenn es bei diskriminierenden Kündigungen ausschließlich aus diskriminierenden Motiven keinen Anspruch auf Entschädigung gibt; ist das diskriminierende Motiv allerdings nur eines unter mehreren Motiven, ist ein Entschädigungsanspruch zu gewähren.[1682]

Eine andere Auffassung begrüßt eine richtlinienkonforme Auslegung des nationalen deutschen Kündigungsschutzrechts, indem die *unionsrechtliche Vorgabe der Diskriminierungsverbote nach dem AGG bei der Auslegung der unbestimmten*

1674 Vgl. NK ArbR/*Steinau/Schneider* AGG § 2 Rn. 21. Befürwörter: *Diller/Krieger/Arnold* NZA 2006, 887; *Bauer/Göpfert/Krieger* AGG § 2 Rn 69.
1675 Vgl. *Diller/Krieger/Arnold* NZA 2006, 887 (888).
1676 Vgl. *Diller/Krieger/Arnold* NZA 2006, 887 (888).
1677 Vgl. *Diller/Krieger/Arnold* NZA 2006, 887 (888).
1678 Vgl. *Diller/Krieger/Arnold* NZA 2006, 887 (888).
1679 *Diller/Krieger/Arnold,* NZA 2006, 887 (888).
1680 Vgl. *Diller/Krieger/Arnold,* NZA 2006, 887 (m. w. N. 888, 890).
1681 Vgl. *Diller/Krieger/Arnold,* NZA 2006, 887 (890).
1682 Vgl. Däubler/Bertzbach AGG/ *Däubler* § 2 Rn. 297.

Rechtsbegriffe dem allgemeinen und besonderen Kündigungsschutzrecht Rechnung zu tragen sei, was im Ergebnis die diskriminierende Kündigung verbieten würde.[1683]

Im Gegensatz zu diesen Auffassungen verneinen einige Autoren des Schrifttums allerdings im Allgemeinen komplett eine richtlinienkonforme Auslegung des § 2 Absatz 4 AGG.[1684] Unter Berücksichtigung der bewussten und offenbaren Entscheidung des Gesetzgebers, diskriminierende Kündigungen ausschließlich aufgrund deren Unwirksamkeit nach den allgemeinen und besonderen Kündigungsschutzbestimmungen zu sanktionieren, sei eine richtlinienkonforme Auslegung des AGG in diesem Aspekt nicht zulässig.[1685] Darüber hinaus sei das Transparenzgebot im Falle einer richtlinienkonformen Auslegung nicht zu beachten, da der Einzelne nicht klar erkennen könne, wie seine Rechte beschaffen seien.[1686] Mit § 2 Absatz 4 AGG sei definitiv gegenüber dem vorher bestehenden Zustand ein Rechtsabbau verbunden, da § 611a BGB a. F. und § 81 Absatz 2 SGB IX a. F. in Fällen der Diskriminierung wegen des Geschlechts bzw. einer Behinderung die Kündigung einbezogen – und im Falle eines Verstoßes ihre Unwirksamkeit – angeordnet haben, welche durch Antirassismus-, Rahmen- und Gender-Richtlinien verboten sei.[1687] Des Weiteren führe eine Richtlinie zu Verstößen gegen den unionsrechtlichen Gleichbehandlungsgrundsatz, weil kein sachlicher Grund erkennbar sei, weshalb Versetzungen und Abmahnungen dem AGG aufgrund seines § 15 AGG unterliegen, nicht aber die Kündigung.[1688] Die richtlinienkonforme Auslegung sei unter diesen Umständen kein Mittel, das die Nichtanwendung des AGG ausgleichen könne.[1689]

cc) § 2 Absatz 4 AGG als Beweislastregelung

Einige im Schrifttum sehen wiederum in § 2 Absatz 4 AGG eine spezielle Regel der Beweislast und schlagen daher eine Auslegung des § 2 Absatz 4 AGG als

---

1683 Vgl. MHdB ArbR/*Oetker* § 16 Rn. 57; BeckOGK/*Baumgärtner* AGG § 2 Rn. 76.1. Befürwörter: *Hanau* ZIP 2006, 2189 (2192); *Kamanabrou* RdA 2006, 321 (323); *Kamanabrou* RdA 2007, 199 (m. w. N. 201).

1684 Siehe *Domröse*, NZA 2006, 1320 (1323 f.); Däubler/Bertzbach AGG/*Däubler* § 2 Rn. 295 ff.; Däubler/Bertzbach AGG/*Däubler* Einl. Rn. 11.

1685 Vgl. *Domröse*, NZA 2006, 1320 (1323 f.).

1686 EuGH 19.9.1996, Rs. C-236/95, Rn. 12 ff. „Kommision der Europäischen Gemeinschaften vs. Griechische Republik"; EuGH 10.5.2001, Rs. C-144/99, Rn. 17 „Kommision der Europäischen Gemeinschaften vs. Königreich der Niederlande". Vgl. Däubler/Bertzbach AGG/*Däubler* § 2 Rn. 295; *Thüsing*, Arbeitsrechtlicher Diskriminierungsschutz, Rn. 115.

1687 Vgl. Däubler/Bertzbach AGG/*Däubler* § 2 Rn. 295; *Diller/Krieger/Arnold*, NZA 2006, 887 (889). Siehe: Art. 6, II RL 2000/43/EG; Art. 8, II RL 2000/78/EG und Art. 8e, II RL 2004/113/EG.

1688 Vgl. Däubler/Bertzbach AGG/*Däubler* § 2 Rn. 295.

1689 Vgl. Däubler/Bertzbach AGG/*Däubler* § 2 Rn. 295. Ähnlich auch: *Bauer/Krieger*, NZA 2016, 1041 (1043).

eine Beweislastregelung vor, die zur Präzisierung der allgemeinen Beweislastregelung des § 22 AGG für kündigungsrechtliche Sachverhalte dienen soll.[1690] Umstritten bleibt allerdings die Reichweite dieser Auslegung, die zweifeln lässt, ob die Norm den die Richtlinie entsprechenden Zustand erschaffen kann.[1691] Darüber hinaus sei dies auch nicht entsprechend dem Wortlaut dieser Auslegungsweise als unterstützend anzusehen.[1692]

d) Die Auffassung des BAG über § 2 Absatz 4 AGG

Das BAG weiß um das Problem der wahrscheinlichen Europarechtswidrigkeit des § 2 Absatz 4 AGG und nimmt dazu Stellung, indem es § 2 Absatz 4 AGG als keinen vollständigen Anwendungsausschluss des AGG auf Kündigungen festlegt.[1693] Als nationales Gericht im europäischen Unions-Rechtssystem erkennt es damit seine Aufgabe, die Grundwerte der Richtlinien möglichst durch Auslegung des nationalen Rechts zur Geltung zu bringen und im Falle von § 2 Absatz 4 AGG die fehlende ausdrückliche Umsetzung im Kündigungsbereich so weit wie möglich zu kompensieren.[1694] Das BAG trennt den Wortlaut des § 2 Absatz 4 AGG von seinem Sinn – Normzweck – und mit Verwendung einer restriktiven Interpretation der Entstehungsgeschichte rekonstruiert es diese vollständig im Hinblick auf die Norm in einem systematischen Kontext.[1695] Nach dem BAG dient § 2 Absatz 4 AGG demzufolge der Sicherstellung, dass durch das AGG nicht neben das bisherige ein *„zweites Kündigungsrecht"*, eine besondere *„Diskriminierungsklage"* neben die Kündigungsschutzklage treten soll.[1696] Hier handelt es sich demnach um die Herstellung einer Kohärenz zwischen beiden gleichrangigen Regelungsregimen.[1697] Nach der Auffassung des BAG sind somit durch § 2 Absatz 4 AGG Kündigungen nicht komplett ausgeschlossen; es gilt, die im AGG normierten Diskriminierungsverbote bei der Rechtswirksamkeit der Kündigung zu prüfen.[1698]

1690 Vgl. Däubler/Bertzbach AGG/ *Däubler* § 2 Rn. 297; NK ArbR/*Steinau/Schneider* AGG § 2 Rn. 21.

1691 Vgl. Däubler/Bertzbach AGG/ *Däubler* § 2 Rn. 297.

1692 Vgl. *Stenslik*, S. 31.

1693 BAG 6.11.2008, NZA 2009, 361 Rn. 34 ff. Vgl. BeckOGK/*Baumgärtner* AGG § 2 Rn. 78.

1694 EuGH 5.10.2004, Rs. C-397/01 „Pfeiffer". Vgl. MüKoArbR/*Thüsing* AGG § 2 Rn. 17; ErfK/*Schlachter* AGG § 2 Rn. 18. *Kamanabrou* RdA 2007, 199 (205).

1695 BAG 6.11.2008, NZA 2009 361, Rn. 36 ff. Vgl. BeckOGK/*Baumgärtner* AGG § 2 Rn. 78; MHdB ArbR/*Oetker* § 16 Rn. 58.

1696 BAG 6.11.2008, NZA 2009, 361 Rn. 37.

1697 BAG 6.11.2008, NZA 2009, 361, Rn. 40; BAG 19.12.2013, NZA 2014, 372, Rn. 30. Vgl. BeckOGK/*Baumgärtner* AGG § 2 Rn. 78; *Thüsing*, Arbeitsrechtlicher Diskriminierungsschutz, Rn. 115.

1698 BAG 6. 11. 2008, NZA 2009, 361, Rn. m.w.N. 40. Vgl. MHdB ArbR/*Oetker* § 16 Rn. 58.

Außerdem setzt sich das BAG für ein engeres Verständnis des Begriffes des *„allgemeinen und besonderen"* Kündigungsschutzes ein.[1699] Der Grund dafür liegt im Verständnis des § 2 Absatz 4 AGG als ein Mittel zur Vermeidung eines eventuellen zweiten Kündigungsschutzes.[1700] Aus diesem Grund sind allein solche Vorschriften zu erfassen, die ausschließlich die Regelung der Kündigungssachverhalte bezwecken.[1701] Demzufolge beschränkt das BAG den „allgemeinen" Kündigungsschutz auf das Kündigungsschutzgesetz – entsprechend der Überschrift zum ersten Abschnitt des KSchG – und auf speziell auf Kündigungen zugeschnittene arbeitsrechtliche Vorschriften, die spezifisch die Rahmenbedingungen für die Kündigung des Arbeitsverhältnisses konkretisieren; es handelt sich um den „besonderen" Kündigungsschutz des auf einzelne Arbeitnehmergruppen zugeschnittenen Kündigungsschutzes.[1702] Zivilrechtliche Generalklauseln wie §§ 138 und 242 BGB, deren Relevanz für das Kündigungsrecht erst durch eine verfassungs- oder europarechtskonforme Auslegung resultiert, sind dagegen von § 2 Absatz 4 AGG nicht erfasst.[1703] Darauffolgend überprüft das BAG diskriminierende Kündigungen, unterscheidet darüber, ob sie sich im Anwendungsbereich des Kündigungsschutzgesetzes befinden oder nicht, auf folgende Weise.

aa) Geltende Normen

Für ordentliche, außerhalb des Anwendungsbereiches liegende Kündigungen des Kündigungsschutzgesetzes findet das AGG nach dem BAG eine direkte Anwendung.[1704] In dem Fall: Gewährleistet das Kündigungsschutzgesetz keinen Schutz für das konkrete Arbeitsverhältnis, steht § 2 Absatz 4 AGG der zur Nichtigkeit der Kündigung nach § 7 Absatz 1 AGG führenden Anwendung der Diskriminierungsverbote nicht entgegen.[1705] Für Kündigungen im Kleinbetrieb, in dem das Kündigungsschutzgesetz mangels ausreichender Betriebsgröße nach § 23 Absatz 1 KSchG für das gekündigte Arbeitsverhältnis nicht gilt, oder in der Wartezeit nach § 1 Absatz 1 KSchG finden die Diskriminierungsverbote des AGG

1699 BAG 19.12.2013 NZA 2014, 372, Rn. 30, 34; BAG 6.11.2008, NZA 2009, 361.Vgl. MHdB ArbR/*Oetker* § 16 Rn. 59.

1700 Vgl. MüKoArbR/*Thüsing* AGG § 2 Rn. 17.

1701 Vgl. MüKoArbR/*Thüsing* AGG § 2 Rn. 17.

1702 BAG 19.12.2013, NZA 2014, 372, Rn. 20, 30, 34; BAG 6.11.2008, NZA 2009, 361.Vgl. MHdB ArbR/*Oetker* § 16 Rn. 59.

1703 BAG 19.12.2013, NZA 2014, 372, Rn. 20, 30, 34; BAG 6.11.2008, NZA 2009, 361. Vgl. MHdB ArbR/*Oetker* § 16 Rn. 59; MüKoArbR/*Thüsing* AGG § 2 Rn. 17.

1704 BAG 23.7.2015, NZA 2015, 1380; BAG 26.3.2015, NZA 2015, 734; BAG 19.12.2013 NZA 2014, 372. Vgl. ArR A-Z/*Koch* AGG I; ErfK/*Schlachter* AGG § 2 Rn. 17.

1705 BAG 19.12.2013, NZA 2014, 372. Vgl. MHdB ArbR/*Oetker* § 16 Rn. 60; ErfK/*Schlachter* AGG § 2 Rn. 19.

nach dieser Auslegung entsprechend einer unmittelbaren Anwendung.[1706] Eine ordentliche Kündigung, die einen*eine Arbeitnehmer*in, auf den*die das Kündigungsschutzgesetz (noch) keine Anwendung findet, aus einem der in § 1 AGG genannten Gründe diskriminiert, ist nach § 134 BGB i. V. m. §§ 7 I 1, 3 AGG unwirksam, ist aber innerhalb der Frist des § 4 KSchG geltend zu machen.[1707]

Für ordentliche, im Anwendungsbereich des Kündigungsschutzgesetzes liegende Kündigungen sind wiederum materielle Diskriminierungsverbote des AGG – einschließlich der im AGG vorgesehenen Rechtfertigungsgründe der §§ 1 bis 10 AGG für unterschiedliche Behandlungen – bei der Auslegung der unbestimmten Rechtsbegriffe des Kündigungsschutzgesetzes, insbesondere bei der Konkretisierung der Sozialwidrigkeit einer Kündigung nach § 1 Absatz 1 KSchG, zu beachten.[1708] Auch die Sozialauswahl ist nach den Wertungen des AGG zu interpretieren.[1709] Demgemäß genießen speziell auf Kündigungen zugeschnittene Regelungen Anwendungsvorrang; somit verbleibt das AGG nur als subsidiär anwendbar.[1710] Dieser Auslegungsweg gilt für außerordentliche Kündigungen aus wichtigem Grund nach § 626 Absatz 1 BGB entsprechend.[1711]

Es bleibt jedoch die Frage nach dem Anwendungsbereich von § 2 Absatz 4 AGG in Bezug auf etwaige Ausgleichsansprüche nach § 15 Absätze 1 und 2 AGG im Falle einer gegen das Diskriminierungsverbot des AGG verstoßenden Arbeitgeberkündigung.[1712] Vor allem aber ergeben sich grundsätzlich keine Ansprüche aus § 15 Absatz 1 AGG aufgrund des eventuellen Anspruchs auf Annahmeverzugslohn, welcher einen ausgleichsfähigen Vermögensschaden nach § 15 Absatz 1 AGG durch die Unwirksamkeit der Kündigung verhindert.[1713] Gleiches gilt, wenn der*die Arbeitgeber*in den*die gekündigten*e Arbeitnehmer*in während des gerichtlichen Verfahrens weiterbeschäftigt.[1714] Zur Diskussion steht in diesem

---

1706 BAG 19.12.2013, NZA 2014, 372; BAG 23.7.2015, NZA 2015, 1380. Vgl. MHdB ArbR/*Oetker* § 16 Rn. 60; ArR A-Z/*Koch* AGG I; ErfK/*Schlachter* AGG § 2 Rn. 17.

1707 BAG 19.12.2013 NZA 2014, 372, Rn. 14, 30. Vgl. ErfK/*Schlachter* AGG § 2 Rn. 17. a.A.: *Bertelsmann* NZA 2016, 855 (858).

1708 BAG 6.11.2008, NZA 2009, 361 Rn. 34; BAG 22.10.2009, NZA 2010, 280 Rn. 15; BAG 8.11.2011, NZA 2012, 443; BAG 15.12.2011, NZA 2012, 1044; BAG 19.12.2013, NZA 2014, 372; BAG 20.11.2014, NZA 2015, 931 Rn. m. w. N. 57. Vgl. MüKoArbR/*Thüsing* AGG § 2 Rn. 17; ErfK/Schlachter AGG § 2 Rn. 18; MHdB ArbR/*Oetker* § 16 Rn. 58; ArR A-Z/*Koch* AGG I; BeckOGK/*Baumgärtner* AGG § 2 Rn. 78 f.; *Bauer/Krieger* NZA 2016, 1041 (1043).

1709 EuGH 19.7.2017, Rs. C-143/16 „Abercrombie&Fitch". Vgl. ErfK/*Schlachter* AGG § 2 Rn. 18.

1710 BAG 19.12.2013, NZA 2014 372 Rn. 30. Vgl. BeckOGK/*Baumgärtner* AGG § 2 Rn. 79.

1711 Vgl. MHdB ArbR/*Oetker* § 16 Rn. 58; ErfK/*Schlachter* AGG § 2 Rn. 18.

1712 Vgl. MHdB ArbR/*Oetker* § 16 Rn. 61; MüKoBGB/*Thüsing* AGG § 2 Rn. 18. Siehe *diese Dissertationsschrift* § 14 A.

1713 BAG 12.12.2013, NZA 2014, 722. Vgl. ErfK/*Schlachter* AGG § 2 Rn. 18; MHdB ArbR/*Oetker* § 16 Rn. 61.

1714 Vgl. Däubler/Bertzbach AGG/*Däubler* § 2 Rn. 295.

Zusammenhang demnach nur die Geltendmachung eines Entschädigungsanspruchs nach § 15 Absatz 2 AGG.[1715] Aus dem Verständnis des § 2 Absatz 4 AGG als eine Materie für die Beurteilung der Rechtswirksamkeit der Kündigung neben dem *„allgemeinen und besonderen Kündigungsschutz"* mithilfe von AGG sind nach § 2 Absatz 4 AGG andere Ersatzansprüche nicht auszuschließen, auf die der*die Arbeitnehmer*in aufgrund eines Verstoßes gegen das Diskriminierungsverbot Anspruch hat.[1716] Daraus folgend bleibt § 15 Absatz 2 AGG bei der diskriminierenden Kündigung anwendbar; dabei besteht ein Entschädigungsanspruch – außer für Vermögensschäden – wenn es eine Verletzung der Persönlichkeitsrechte des*der gekündigten Arbeitnehmers*in gibt.[1717] Bestätigung fand dies für die Arbeitsverhältnisse außerhalb des Anwendungsbereiches des Kündigungsschutzgesetzes vom BAG, welche nach dessen Auffassung nicht durch die Schließung des § 2 Absatz 4 AGG erfasst sind.[1718] Für Arbeitsverhältnisse, die dem allgemeinen und/oder besonderen Kündigungsschutz unterfallen, erstreckt sich der Anspruch auf Entschädigung nach § 15 Absatz 2 AGG auch über diese Arbeitsverhältnisse, da sonst die vom Kündigungsschutz geschützten Arbeitsverhältnisse schlechter gestellt würden als andere.[1719] Es heißt demzufolge: Die vorliegende Persönlichkeitsrechtsverletzung sei als solche unabhängig von der Frage zu sanktionieren, ob nach einer unwirksamen Kündigung das Arbeitsverhältnis fortbestehe.[1720]

Das Verständnis des BAG in Bezug auf § 2 Absatz 4 AGG ist konfrontiert mit Kritiken im Schrifttum als eine Rückkehr zum ersten Regierungsentwurf, der beinhaltet, für Kündigungen gelten vorrangig die Bestimmungen des Kündigungsschutzgesetzes.[1721] Somit ersetze das BAG in der Sache das Wort *„ausschließlich"* in § 2 Absatz 4 AGG durch das Wort *„vorrangig"*.[1722] Das lasse aber sich nicht mehr mit dem Wortlaut und der Entstehungsgeschichte begründen.[1723] Das BAG schafft ein allgemeines Nichtdiskriminierungsrecht, allerdings außerhalb des an sich dafür vorgesehenen Spezialgesetzes.[1724] Dies gestaltet sich als

---

1715 Vgl. MHdB ArbR/*Oetker* § 16 Rn. 61

1716 BAG 19.12.2013 NZA 2014, 372; BAG 22.10.2009 NZA 2010, 280. Vgl. MHdB ArbR/*Oetker* § 16 Rn. 61; *Jacobs* RdA 2009, 193 (196); ErfK/*Schlachter* AGG § 2 Rn. 18. a.A.: *Bauer/Göpfert/Krieger* AGG § 2 Rn. 59; *Sagan* NZA 2006, 1257 (1258).

1717 BAG 19.12.2013 NZA 2014, 372; BAG 12.12.2013 NZA 2014, 722; LAG Berlin-Brandenburg 10.8.2018, BecksRS 2018, 27504, Rn. 47, 49. LAG B 16.9.2015 BeckRS 2015, 71755. Vgl. ErfK/*Schlachter* AGG § 2 Rn. 18; *Richardi* NZA 2006, 881 (886 f.); *Wenckebach*, AuR 2010, 499 (501 f.).

1718 BAG 19.12.2013, NZA 2014, 372. Vgl. MHdB ArbR/*Oetker* § 16 Rn. 61.

1719 BAG 19.12.2013, NZA 2014, 372. Vgl. MHdB ArbR/*Oetker* § 16 Rn. 61.

1720 BAG 19.12.2013, NZA 2014, 372.

1721 BAG 19.12.2013, NZA 2014, 372, Rn. 24 ff. Vgl. BeckOGK/*Baumgärtner* AGG § 2 Rn. 80 Vgl. BeckOGK/*Baumgärtner* AGG § 2 Rn. 80.

1722 Vgl. BeckOGK/*Baumgärtner* AGG § 2 Rn. 80.

1723 Vgl. BeckOGK/*Baumgärtner* AGG § 2 Rn. 80.

1724 Vgl. BeckOGK/*Baumgärtner* AGG § 2 Rn. 78.1

ein Beispiel der unionsrechtlich gebotenen richtlinienkonformen Rechtsfortbildung bei irrtümlich fehlerhafter Richtlinienumsetzung.[1725] Darüber hinaus folge umgekehrt aus diesem Ansatz, die soziale Rechtfertigung einer ordentlichen Kündigung im Sinne von § 1 Absatz 1 KSchG könne sich nicht auf Gründe stützen, durch die der*die Arbeitgeber*in gegen ein Diskriminierungsverbot des AGG verstoße.[1726] Dementsprechend sei eine gegen Benachteiligungsverbote des AGG verstoßende Kündigung (insbesondere im Falle eines Motiv-Bündels) nicht sozial gerechtfertigt mit der Folge einer als unwirksam anzusehenden Kündigung.[1727] Nach dieser Rechtsprechung werde eine normalerweise wirksame Kündigung unwirksam, wenn ein diskriminierendes Motiv hinzutrete.[1728] Laut der Auslegung des BAG seien auch Kündigungen, die eine (unmittelbare oder mittelbare) Diskriminierung darstellen, unwirksam, aber nur bei einer rechtzeitig erhobenen Klage.[1729] Es sichere aber keinen Ersatz des immateriellen Schadens nach § 15 Absatz 2 AGG in Bezug auf Richtlinienkonformität, da die Richtlinien nur *„wirksame, verhältnismäßige und abschreckende"* Sanktionen verlangen, aber keinen Schadensersatz vorschreiben.[1730] Im Hinblick auf eine geschlechtsbezogene Diskriminierung sehe Artikel 18 RL 2006/54/EG allerdings einen obligatorischen Schadensersatz vor.[1731]

bb) Bewertung

Das BAG erkennt das Problem der Europarechtswidrigkeit der Norm § 2 Absatz 4 AGG und versucht es durch eine hybride Lösung zu bewältigen, wonach die Prinzipien und Normen des AGG innerhalb des Systems des Kündigungsschutzes nach KSchG eingebettet sind. Das durch § 2 Absatz 4 AGG ausgelöste Problem gilt vor allem als ein Konflikt zwischen gleichen hierarchischen Gesetzesebenen – AGG und KSchG – in Verbindung mit dem Recht der Europäischen Union und dient mithin der Herstellung einer Kohärenz zwischen beiden gleichrangigen Regelungsregimen.[1732] Speziell auf Kündigungen zugeschnittene

---

1725 BGH 26.11.2008, NJW 2009, 427, Rn. m.w.N. 21; BGH 21.12.2011, NJW 2012, 1073, Rn. 30.Vgl. BeckOGK/*Baumgärtner* AGG § 2 Rn. 80.

1726 Vgl. MHdB ArbR/*Oetker* § 16 Rn. 58

1727 BAG 5.11.2009 NZA 2010, 457; BAG 22.10.2009, NZA 2010, 280; BAG 22.1.2009, NZA 2009, 361. Vgl. *Bauer/Krieger* NZA 2016, 1041 (1043).

1728 Vgl. *Bauer/Krieger* NZA 2016, 1041 (1043).

1729 Vgl. Däubler/Bertzbach AGG/*Däubler* § 2 Rn. 295. Siehe *diese Dissertationsschrift* § 13 A.

1730 Vgl. Däubler/Bertzbach AGG/*Däubler* § 2 Rn. 295.

1731 Vgl. Däubler/Bertzbach AGG/*Däubler* § 2 Rn. 295.

1732 BAG 6.11.2008, NZA 2009, 361, Rn. 40; BAG 19.12.2013, NZA 2014, 372, Rn. 30. Vgl. BeckOGK/*Baumgärtner* AGG § 2 Rn. 78.

Regelungen erhalten mithin das Einräumen eines Vorrangs.[1733] Mit der Begründung, der deutsche Kündigungsschutz sei im internationalen Vergleich weitaus umfassender als die anderen Rechtssysteme, wobei es einen zweiten Kündigungsschutz durch das AGG zu vermeiden gilt.[1734] Damit verbleibt den speziell auf Diskriminierungen zugeschnitten Regelungen des AGGs nur die Rolle der subsidiären Anwendbarkeit.[1735]

Fraglich ist dabei hingegen, inwieweit die unterschiedlichen theoretischen und verfassungsrechtlichen Fundamente der beiden Rechtssysteme zu beachten sind. Das AGG dient nicht nur der Umsetzung der europäischen Antidiskriminierungsrichtlinien, vielmehr betrifft es auf der einen Seite auch die Umsetzung des Artikels 3 GG, welcher mit seiner menschenrechtlichen Natur den Bürgern ein unabdingbares Recht auf Diskriminierungsschutz verschafft. Auf der anderen Seite ist der Staat nach Artikel 12 GG lediglich verantwortlich, einen Mindeststandard an Kündigungsschutz zu gewähren, wobei eine Abwägung der kollidierenden Interessen der Arbeitnehmer*innen und Arbeitgeber*innen geboten ist, welche im Zusammenhang mit der Nichtdiskriminierungspflicht des Staates als undenkbar gilt. Während der Diskriminierungsschutz von den*der Arbeitgebern*in verlangt, die Arbeitnehmer*innen auch vor eigenen wirtschaftlich motivierten Entscheidungen des*der Arbeitgebers*in zu schützen; findet bei dem Kündigungsschutzrecht eine Gleichstellung der wirtschaftlichen Interessen des*der Arbeitgebers*in mit den Interessen des Arbeitnehmers*in statt.

Darüber hinaus ist es manchmal nur für Rechtsgelehrte möglich, die anwendbaren Normen des hergestellten komplexen Anwendungsbereichs der Normen des AGG und des KSchG in Bezug auf die Fälle der diskriminierenden Kündigungen festzustellen; somit ist die Gefährdung des Transparenzgebotes einer Norm gegeben.

II. Anwendungsbereich des Kündigungsschutzgesetzes

Arbeitnehmer mit einem Arbeitsverhältnis länger als sechs Monate in einem Betrieb mit zehn oder mehr Beschäftigten genießen bei einer ordentlichen

1733 BT-Drs. 16/2022, 12. BAG 19.12.2013, NZA 2014 372 Rn. 30. Vgl. BeckOGK/*Baumgärtner* AGG § 2 Rn. 79. Im internationalen Vergleich weitgehenden deutschen Kündigungsschutz: *Thüsing*, Arbeitsrechtlicher Diskriminierungsschutz, Rn. 115.

1734 BT-Drs. 16/2022, 12. BAG 19.12.2013, NZA 2014 372 Rn. 30. Vgl. BeckOGK/*Baumgärtner* AGG § 2 Rn. 79. Im internationalen Vergleich weitgehenden deutschen Kündigungsschutz: *Thüsing*, Arbeitsrechtlicher Diskriminierungsschutz, Rn. 115.

1735 BT-Drs. 16/2022, 12. BAG 19.12.2013, NZA 2014 372 Rn. 30. Vgl. BeckOGK/*Baumgärtner* AGG § 2 Rn. 79. Im internationalen Vergleich weitgehenden deutschen Kündigungsschutz: *Thüsing*, Arbeitsrechtlicher Diskriminierungsschutz, Rn. 115.

Kündigung vonseiten des*der Arbeitgebers*in Kündigungsschutz nach dem deutschen Kündigungsschutzgesetz. Eine Darstellung findet der Anwendungsbereich des deutschen Kündigungsschutzgesetzes zuerst nach dem persönlichen, danach nach dem betrieblichen und zuletzt nach dem sachlichen Anwendungsbereich.

1. Persönlicher Anwendungsbereich

Der persönliche Anwendungsbereich des allgemeinen Kündigungsschutzes nach dem deutschen Kündigungsschutzgesetz umfasst vor allem Arbeitnehmer*innen mit einem dauerhaften Arbeitsverhältnis.[1736] Darüber hinaus soll das Arbeitsverhältnis im Betrieb oder Unternehmen länger als sechs Monate bestanden haben (§ 1 I KSchG). Auf Organmitglieder und auf freie Mitarbeiter findet der allgemeine Kündigungsschutz keine Anwendung (§ 14 I KSchG).[1737] Leitende Angestellte sind in den Schutz miteinbezogen (§ 14 II KSchG).[1738] Auf andere Beendigungstatbestände – wie durch Befristung – ist das KSchG nicht anwendbar.[1739]

2. Betrieblicher Anwendungsbereich

Der allgemeine Kündigungsschutz gilt für sämtliche Betriebe und Verwaltungen des privaten und des öffentlichen Rechts (§ 23 I 1 KSchG). Ausgenommen sind Kleinbetriebe, in denen in der Regel zehn oder weniger Arbeitnehmer*innen (ohne Auszubildende) beschäftigt sind (§ 23 I 3 KschG).[1740] Der Schwellenwert lag bis zum 31.12.2003 bei fünf oder weniger Arbeitnehmern*innen.[1741] Teilzeitbeschäftigte Arbeitnehmer*innen sind übereinstimmend angesichts ihrer regelmäßigen wöchentlichen Arbeitszeit mit 0,5 bzw. 0,75 berücksichtigt (§ 23 I 4 KSchG).[1742] Mitgezählt sind im Betrieb eingesetzte Leiharbeitnehmer*innen, soweit ihr Einsatz auf einem regelmäßigen Beschäftigungsbedarf beruht.[1743]

Begründung findet die Ausnahme der Kleinbetriebe mit der geringeren Beschäftigungszahl in Bezug auf den Geltungsbereich des Kündigungsschutzgesetzes im Schrifttum und in der Rechtsprechung insbesondere durch das intensivere, persönliche Vertrauensverhältnis zwischen dem*der Arbeitgeber*in und den Mitarbeitern*innen in Kleinbetrieben gegenüber größeren Betrieben; durch die begrenzten finanziellen Ressourcen der Kleinbetriebe, wobei der

---

1736 Vgl. *Krause*, Arbeitsrecht, S. 280, Rn. 27.
1737 Vgl. *Krause*, Arbeitsrecht, S. 280, Rn. 27.
1738 Vgl. *Krause*, Arbeitsrecht, S. 280, Rn. 27.
1739 Vgl. *Krause*, Arbeitsrecht, S. 278, Rn. 24.
1740 Vgl. *Krause*, Arbeitsrecht, S. 278, Rn. 25.
1741 Vgl. *Krause*, Arbeitsrecht, S. 278, Rn. 25. Für die Einzelheiten über die Schwellenwert siehe *Krause*, Arbeitsrecht, S. 278, Rn. 25.
1742 Vgl. *Krause*, Arbeitsrecht, S. 278, Rn. 25.
1743 BAG 24.1.2013, NZA 2013, 726. Vgl. *Krause*, Arbeitsrecht, S. 278, Rn. 25.

Kündigungsschutz die Betriebe überfordern würde; durch den Verwaltungsaufwand des Kündigungsschutzprozesses, den die Kleinbetriebe meistens nicht imstande zu tragen sind.[1744] Die Norm berücksichtigt somit die widerstreitenden Interessen der Arbeitnehmer*innen und der Arbeitgeber*innen und verletzt keine grundrechtlichen Schutzpflichten gegenüber Arbeitnehmern*innen oder Arbeitgebern*innen.[1745]

3. Sachlicher Anwendungsbereich

Das Kündigungsschutzgesetz gewährleistet lediglich einen Schutz gegen ordentliche Kündigungen des*der Arbeitnehmers*in durch den*die Arbeitgeber*in.[1746] Das Kündigungsschutzgesetz berührt nicht die Vorschriften über das Recht zur außerordentlichen Kündigung eines Arbeitsverhältnisses (§ 13 I 1 KSchG).

B. Anwendungsbereiche der arbeitsrechtlichen antidiskriminierungsrechtlichen Normen und der allgemeinen kündigungsschutzrechtlichen Normen nach türkischem Recht

Dieser Abschnitt befasst sich mit dem Thema der Anwendungsbereiche des türkischen arbeitsrechtlichen Antidiskriminierungsrechts und des türkischen allgemeinen Kündigungsschutzrechts. Eine Beschreibung findet zuerst der Anwendungsbereich des türkischen allgemeinen arbeitsrechtlichen Diskriminierungsschutzes nach dem Arbeitsgesetz. Als nächstes schließt sich die Darstellung des Anwendungsbereichs des arbeitsrechtlichen Diskriminierungsschutzes nach dem Gesetz über Menschenrechte und Gleichheitsinstitution der Türkei. Abschließend entwickelt sich eine Schilderung des Anwendungsbereichs des türkischen allgemeinen Kündigungsschutzes nach dem Arbeitsgesetz.

I. Anwendungsbereich des allgemeinen arbeitsrechtlichen Diskriminierungsschutzes nach dem Arbeitsgesetz

Der Anwendungsbereich des allgemeinen arbeitsrechtlichen Diskriminierungsschutzes nach dem Arbeitsgesetz umfasst alle Arbeitnehmer*innen, deren Arbeitsverhältnis innerhalb des Arbeitsgesetzes fallen; es bezieht auf diskriminierende Handlungen der Arbeitgeber*innen, findet Geltung in Bezug auf Diskriminierungen bei dem Arbeitsverhältnis oder bei der Beendigung des

---

1744 BAG 24.1.2013 NZA 2013, 726. Vgl. *Krause*, Arbeitsrecht, S. 278, Rn. 25.
1745 BVerfGE 97, 169, 176 f.
1746 BVerfGE 97, 169, 177 ff. Vgl. *Krause*, Arbeitsrecht, S. 279 ff, Rn. 26 ff.

Arbeitsvertrages. Es folgt zunächst eine Erklärung des persönlichen und danach des sachlichen Anwendungsbereiches.

1. *Persönlicher Anwendungsbereich*

Das allgemeine Diskriminierungsverbot nach Artikel 5 Absatz 1 Arbeitsgesetz findet Anwendung auf *alle Arbeitnehmer*innen, deren Arbeitsverhältnis innerhalb des Arbeitsgesetzes fallen.* Das Arbeitsgesetz, als türkisches Kerngesetz für individuale Arbeitsverhältnisse, bezweckt die Regulierung der Rechte und Pflichten zwischen Arbeitgebern*innen und den im Rahmen eines Arbeitsvertrages beschäftigten Arbeitnehmern*innen im Zusammenhang mit den Arbeitsbedingungen und dem Arbeitsplatz (Art. 1 I ArbG). Die Arbeitsverhältnisse sind durch das Arbeitsgesetz von 2003 geregelt, es sei denn, sie seien ausdrücklich vom Anwendungsbereich des Arbeitsgesetzes ausgenommen.

Artikel 4 Absatz 1 des Arbeitsgesetzes zählt die Vielfalt von Arbeiten, wie zum Beispiel Sportler, Betriebe wie Handwerkerbetriebe oder oder Flugverkehr, und Arbeitsverhältnisse, wie zum Beispiel Auszubildende, für die die Vorschriften des Gesetzes nicht anwendbar sind (Art. 4 I ArbG). Ausgenommen vom Anwendungsbereich des Arbeitsgesetzes sind des Weiteren Schiffsleute und geistig und künstlerisch tätige Arbeitnehmer*innen bei der Presse (Seearbeitsgesetz Nr. 854 und Pressearbeitsgesetz Nr. 5953). Weder im Pressearbeitsgesetz und Seearbeitsgesetz noch im Obligationengesetz, welche für alle hinsichtlich des Anwendungsbereiches des Arbeitsgesetzes, Pressearbeitsgesetzes und Seearbeitsgesetzes ausgenommenen Arbeiten gilt, befindet sich ein allgemeines Diskriminierungsverbot; somit genießen diese Arbeitnehmer*innen keinen arbeitsrechtlichen Diskriminierungsschutz. Diese umfassenden Ausnahmebereiche erscheinen unter Berücksichtigung des IAO Übereinkommens Nr. 111, gerichtet an jedermann, als sehr problematisch.

Im Zusammenhang mit dem arbeitsrechtlichen Antidiskriminierungsrecht ist die Herausnahme der Haushaltsdienste aus dem Anwendungsbereich des Arbeitsgesetzes bedenklich, ob dies eine mittelbare Diskriminierung aufgrund des Geschlechts darstellen könnte (Art. 4 I e ArbG).[1747] Im Jahr 2011 betrug die Zahl der bezahlten Gelegenheitsangestellten im Bereich der Haushaltsdienstleistungen in der Türkei 121 000.[1748] Die Anzahl der Arbeitnehmer*innen im Haushaltsdienst im Laufe der Jahre hat zugenommen und erhöhte sich von 82000 im Jahr 2004 auf 121 000 im Jahr 2011.[1749] Mehr als 90 % der Haushaltsarbeitnehmer*innen, im Jahr 2011 113 000 von insgesamt 121 000 Haushaltsarbeitnehmer*innen, sind Frauen.[1750]

1747 Vgl. ähnliche Gedanken in Kontext von Kündigungsschutz *Scheiwe*, AuR 2019, 446 (451).

1748 Vgl. *Erdoğdu/Toksöz*, S. 14.

1749 Vgl. *Erdoğdu/Toksöz*, S. 14.

1750 Vgl. *Erdoğdu/Toksöz*, S. 14.

Von der Ausnahme des Haushaltsdienste sind unverhältnismäßig mehr Frauen als Männer betroffen.[1751] Demzufolge ist die Ausschließung der Haushaltsdienste vom Anwendungsbereich des Arbeitsgesetzes durch den dem Anschein nach neutralen Artikel Art. 4 Absatz 1 Buchstabe e ArbG tatsächlich als Benachteiligung einer Geschlechtergruppe, der Frauen – als Merkmalsträger – zu sehen; somit gestaltet sich eine mittelbare Diskriminierung.[1752]

2. *Sachlicher Anwendungsbereich*

Der sachliche Anwendungsbereich des durch das Arbeitsgesetz gewährten allgemeinen arbeitsrechtlichen Diskriminierungsschutzes bezieht sich in einem ersten Schritt auf diskriminierende Handlungen der Arbeitgeber*innen.[1753] Eine Darstellung des sachlichen Anwendungsbereiches erfolgt nach Diskriminierungsverbot bei der Begründung des Arbeitsvertrages, während des Arbeitsverhältnisses und bei der Beendigung des Arbeitsvertrages.

a) Diskriminierungsverbot bei der Begründung des Arbeitsvertrages

Artikel 5 Absatz 1 des Arbeitsgesetzes verbietet im Arbeitsverhältnis aufgrund der Sprache, der Rasse, des Geschlechts, der politischen Meinung, der Weltanschauung, der Religion und der Konfession oder ähnlicher Gründe eine Diskriminierung. Problematisch ist es aber, ob dieses Diskriminierungsverbot auch bei der Begründung des Arbeitsvertrages Anwendbarkeit finden würde. Nach der herrschenden Meinung in der türkischen Arbeitsrechtslehre ist keine Nichtdiskriminierungspflicht des*der Arbeitgebers*in in der Einstellungsphase vorhanden.[1754] Auf einer Seite existiert es die Behauptung, vor der Einstellung bestünden keine vertraglichen Beziehungen zwischen dem*der Arbeitgeber*in und dem*der Arbeitnehmer*in.[1755] Aufgrund der verfassungsrechtlich geschützten Vertragsfreiheit (in Artikel 48 der Verfassung handelt es sich um die Vertragsfreiheit) sei es die Autorität des*der Arbeitgebers*in, bei der Begründung des Arbeitsvertrages zu bestimmen, mit welchem*r Arbeitnehmer*in die Ausführung der Arbeit auf die effizienteste und harmonischste Weise vonstattengehen könne.[1756] Allerdings sei grundlegend im Gedanken zu behalten, dass eines der hauptsächlichen Ziele des arbeitsrechtlichen Antidiskriminierungsrechts die Begrenzung der Vertragsfreiheit der

---

1751 Siehe auch EUGH 13.5.1986, Rs. 170/84, „Bilka", Rn. 8.

1752 Siehe auch die Jenkins Entscheidung über mittelbare Diskriminierung vom Jahr 1981, EUGH 31.3.1981, Rs. 96/80, „Jenkins".

1753 Vgl. *Süzek*, İş Hukuku, S. 464 ff.; *Kayaalp*, S. 221, 222.

1754 Vgl. *Süzek*, İş Hukuku, S. 464. a.A.: *Yuvalı*, S. 198 ff.; *Doğan Yenisey*, ÇT 2006/4, 63 (67).

1755 Vgl. *Süzek*, İş Hukuku, S. 464; *Ertürk*, S. 64, 81; *Baysal*, LİHSGHD 2010/25, 59 (65).

1756 Vgl. *Süzek*, İş Hukuku, S. 464; *Ertürk*, S. 64, 81; *Baysal*, LİHSGHD 2010/25, 59 (65).

Arbeitsvertragsparteien – insbesondere des*der Arbeitgebers*in – ist. Mittels einer Begrenzung der Vertragsfreiheit des*der Arbeitgebers*in soll eine Karriere für alle zu leistungsentsprechenden, fairen Bedingungen offenstehen, gilt es, künftige Fehlentwicklungen zu verhindern und bestehende Erscheinungsformen vergangenen Unrechts gegenüber Mitgliedern der benachteiligten gesellschaftlichen Gruppen zu beseitigen.[1757] Eine diskriminierungsfreie Einstellungsphase ist für die Gewährleistung einer Chancengleichheit und für die Sicherung einer Verteilungsgerechtigkeit in der Gesellschaft von erheblicher Bedeutung.[1758] Auch wenn keine gesetzlich vorgeschriebenen offenen Bestimmungen bestehen, haben die Parteien des Arbeitsvertrages in Anbetracht der allgemeinen Rechtsgrundsätze und des Prinzips des Handelns nach Treue und Glauben vorvertragliche Pflichten der Arbeitsvertragsparteien zu beachten.[1759] Eine Nichtdiskriminierungspflicht des*der Arbeitgebers*in in den gesamten Geschäftsbeziehungen, somit auch während der Einstellungsphase des Arbeitsvertrages, beruht auf den völkerrechtlichen Normen und der Verfassung der Republik Türkei (Art. 10 Verf. i. V. m. Art. 11 Verf.).[1760]

Auf der Anderen Seite weist das Schrifttum jedoch zu Recht auf den Wortlaut des Artikels 5 Absatz 1 Arbeitsgesetz hin; hier besteht für den*die Arbeitgeber*in nach herrschender Meinung in der türkischen Arbeitsrechtslehre in der Anstellungsphase keine Nichtdiskriminierungspflicht.[1761] Die Gesetzesbegründung und der Gesetzentwurf betonen zwar das Benachteiligungsverbot und die Gleichbehandlung des*der Arbeitnehmers*in durch den*die Arbeitgeber*in ab der Einstellungsphase; trotzdem ist, im Gesetzestext nur vom *„im Arbeitsverhältnis“* und *„dessen Beendigung“* die Rede. Die Gesetzesbegründung des Artikels 5 Arbeitsgesetz verdeutlicht die Verpflichtung des*der Arbeitgebers*in hinsichtlich der Verpflichtung, in Bezug auf alle Arbeitsbedingungen *ab der Einstellung* seine Arbeitnehmer*innen gleich zu behandeln.[1762] Trotz dieses ausdrücklichen Verweises auf die Begründungsphase des Arbeitsverhältnisses befindet sich im Gesetzestext keine die Einstellungsphase des Arbeitsverhältnisses kennzeichnende Wortwahl. Artikel 5 Absatz 1 Arbeitsgesetz bezieht sich nur auf *„im Arbeitsverhältnis“* (Art. 5 I ArbG), im sechsten Absatz ist nur *„im Arbeitsverhältnis“* und von der *„Beendigung“* des Arbeitsverhältnisses die Rede (Art. 5 VI ArbG.). Hingegen bezieht der dritte Absatz des fünften Artikels die *„Schließung des Arbeitsvertrages“* hinsichtlich des Diskriminierungsverbotes aufgrund des Geschlechts und der Schwangerschaft deutlich in den Gesetzestext ein (Art. 5 III ArbG). Ein

---

1757 Siehe *diese Dissertationschrift* § 4. D.

1758 Siehe *diese Dissertationschrift* § 4. D.

1759 Vgl. *Junker*, Grundkurs Arbeitsrecht, Rn. 159 S. 91; *Oğuzman*, Borçlar Hukuku – 1, S. 488.

1760 Siehe *diese Dissertationsschrift* § 7; § 9 B.

1761 Vgl. *Süzek*, İş Hukuku, S. 464, *Taşkent/Kurt*, ÇT 2014/1, 29 (38); *Yıldız*, S. 198.

1762 Vgl. TİSK, S. 84 Gerekçe Madde 5.

vorvertragliches Diskriminierungsverbot ist für die Merkmale *„Geschlecht"* und *„Schwangerschaft"* ausdrücklich im Gesetzestext festgeschrieben (Art. 5 III ArbG). Gemäß Artikel 5 Absatz 3 Arbeitsgesetz darf ein*e Arbeitgeber*in einen*eine Arbeitnehmer*in beim Abschluss des Arbeitsvertrages wegen des Geschlechts oder der Schwangerschaft mittelbar oder unmittelbar nicht ungleich behandeln. Ebenso ist laut den Gewerkschaften und dem Tarifvertrag Gesetz Nr. 6356 und Gesetz über die Behinderten Nr. 5378 Diskriminierung bei der Begründung des Arbeitsvertrages ausdrücklich verboten (Art. 25 I Gewerkschaften und Tarifvertrag Gesetz Nr. 6536 und Art. 14 I und II Gesetz über die Behinderten Nr. 5378). Hinsichtlich der gezielten Nichteinbeziehung der Arbeitsvertragsschließungsphase in Artikel 5 Absatz 1 Arbeitsgesetz besteht nach türkischem Arbeitsrecht bei der Begründung des Arbeitsvertrages keine Nichtdiskriminierungspflicht des*der Arbeitgebers*in. Artikel 5 Arbeitsgesetz soll dazu dienen, das türkische Arbeitsrecht mit der europäischen Antidiskriminierungsrichtlinie zu harmonisieren. Die Inkludierung der Auswahlkriterien und Einstellungsbedingungen in den Schutzbereich durch die Antidiskriminierungsrichtlinien des europäischen Rechts gestaltet die Nichteinbeziehung der Arbeitsvertragsschließungphase in Artikel 5 Absatz 1 Arbeitsgesetz im Sinne der Zielkonformität des Artikels problematisch.

b) Diskriminierungsverbot während des Arbeitsverhältnisses

Bei dem Arbeitsverhältnis ist aufgrund der Sprache, der Rasse, des Geschlechts, der politischen Meinung, der Weltanschauung, der Religion und der Konfession oder ähnlichen Gründen keine Diskriminierung zulässig (Art. 5 I und III, VI ArbG). Der Begriff des Arbeitsverhältnisses beinhaltet unter anderem die Ausarbeitung und Anwendung sämtlicher Arbeitsbedingungen, die Ausübung des Weisungsrechts oder die Verhängung von Disziplinarmaßnahmen.[1763]

c) Diskriminierungsverbot bei der Beendigung des Arbeitsvertrages

Unter den Anwendungsbereich des allgemeinen Diskriminierungsverbotes fällt vor allem die Kündigung eines Arbeitsvertrages nach Artikel 5 Absatz I Arbeitsgesetz i. V. m. Artikel 10 Verfassung, Artikel 5 Absatz 3, 6, 7 Arbeitsgesetz und Artikel 18 Absatz 3 Buchstabe a, b und d Arbeitsgesetz.[1764] Unter Berücksichtigung dieser Bestimmung darf bei der Beendigung eines Arbeitsvertrages keine Diskriminierung aufgrund der Sprache, der Rasse, der Hautfarbe, des Geschlechts, der politischen Meinung, der Weltanschauung, der Religion, der Konfession, des Familienstandes, familiärer Verpflichtungen, einer Schwangerschaft, Geburt,

1763 Y9HD 1.10.2007, E. 2007/14259, K. 2007/28745 (Kazanci). Vgl. *Süzek*, İş Hukuku, S. 466, 467; *Yıldız*, S. 207 ff.

1764 Vgl. *Süzek*, İş Hukuku, S. 469; *Çelik/Caniklioğlu/Canbolat*, İş Hukuku, S. 288, 291; *Baysal*, İHSGHD 2010/25, 59 (82).

von gewerkschaftlichen Gründen oder ähnlichen Gründen erfolgen (Art. 10 I Verf.; Art. 5 I, III und VI ArbG; Art. 18 III a, b, d ArbG).

II. Anwendungsbereich des arbeitsrechtlichen Diskriminierungsschutzes nach dem Gesetz über Menschenrechte und Gleichheitsinstitution der Türkei

Unter dem dreisäuligen System, das das Gesetz über Menschenrechte und Gleichheitsinstitution der Türkei erschafft, widmen sich die Menschenrechte und die Gleichheitsinstitution der Türkei dem Schutz der Menschenrechte, der Prävention gegen Folter und Misshandlung und der Bekämpfung gegen Diskriminierung. Der Schutz gegen Diskriminierungen im arbeitsrechtlichen Kontext findet Anwendung für die im Gesetz aufgezählten diskriminierenden Handlungen des*der Arbeitgebers*in oder Arbeitgebervertreters*in gegen die Beschäftigten des*der Arbeitgebers*in und die Personen, die sich zu diesem Zweck bewerben; die Personen, die sich an einem Arbeitsplatz befinden, um praktische Berufserfahrung zu sammeln, oder die Personen, die sich zu diesem Zweck bewerben; die Personen, die Informationen über den Arbeitsplatz oder die Arbeit erhalten möchten, um in irgendeiner Funktion zu arbeiten oder praktische Berufserfahrung zu sammeln. Es folgt zunächst eine Erklärung des persönlichen und danach des sachlichen Anwendungsbereiches hinsichtlich des arbeitsrechtlichen Diskriminierungsschutzes nach dem GMRGI.

1. Persönlicher Anwendungsbereich

Der persönliche Anwendungsbereich des durch das GMRGI gewährten arbeitsrechtlichen Diskriminierungsschutzes umfasst drei verschiedene Kategorien der Personen. Vor allem beinhaltet er Beschäftigte des*der Arbeitgebers*in und Personen, die sich zu diesem Zweck bewerben (Art. 6 I GMRGI). Der Begriff des Beschäftigten ist weitaus umfassender als der Begriff des Arbeitnehmers.[1765] Der Begriff der Beschäftigten umfasst nicht nur den*die Arbeitnehmer*in, der*die dem Arbeitsgesetz unterliegt, sondern auch den*die, der*die nicht unter das Arbeitsgesetz fällt und dem türkischen Obligationengesetz Nr. 6098 unterliegt, sowie Beamte und Vertragspersonal, die dem Beamtengesetz unterliegen.[1766] Der Anwendungsbereich des arbeitsrechtlichen Diskriminierungsschutzes nach dem GMRGI deckt daher einen viel größeren Bereich ab als die Nichtdiskriminierungspflicht des*der Arbeitgebers*in nach Artikel 5 Arbeitsgesetz.[1767] Die Regulierung des GMRGI ermöglicht es auch Arbeitnehmern*innen, die nicht in

1765 Vgl. *Kayaalp*, S. 226.
1766 Vgl. *Kayaalp*, S. 225.
1767 Vgl. *Kayaalp*, S. 225.

den Geltungsbereich des Arbeitsgesetzes fallen, von den Rechten des GMRGI zu profitieren.[1768]

Darüber hinaus gelten die Bestimmungen des durch das GMRGI gewährten arbeitsrechtlichen Diskriminierungsschutzes für Personen, die sich an einem Arbeitsplatz befinden, um praktische Berufserfahrung zu sammeln, oder Personen, die sich zu diesem Zweck bewerben (Art. 6 I GMRGI). Mit dieser Bestimmung gemeint sind Lehrlinge und Auszubildende.[1769] Somit genießen Lehrlinge und Auszbildende, die normalerweise aufgrund der fehlenden Nichtdiskriminierungspflicht keinen Schutz gegen Diskriminierungen nach dem Berufsbildungsgesetz Nr. 3308 und nach dem Obligationengesetz Nr. 6098 genießen können, den durch das GMRGI gewährten arbeitsrechtlichen Diskriminierungsschutz.[1770]

Erfasst sind letztendlich die Personen, die Informationen über den Arbeitsplatz oder die Arbeit erhalten möchten, um in irgendeiner Funktion zu arbeiten oder praktische Berufserfahrung zu sammeln (Art. 6 I GMRGI). Informationen einholen: bezieht sich auf einen Prozess vor der Bewerbung als Arbeitnehmer*in am Arbeitsplatz oder vor der Bewerbung, um praktische Berufserfahrung zu sammeln.[1771] In diesem Prozess versucht die Person Unterstützung vom Arbeitsplatz zu erhalten, beispielsweise in Bezug auf den Umfang des Auftrags, die Arbeitsbedingungen, den Gegenstand der Anzeige oder das Angebot.[1772]

2. *Sachlicher Anwendungsbereich*

Erörterung findet der sachliche Anwendungsbereich des GMRGI nach den Titeln Arbeitgeber*in und Arbeitgebervertreter*in und nach den aufgezählten diskriminierenden Handlungen.

*a) Arbeitgeber*in oder Arbeitgebervertreter*in*

Nach seinem sachlichen Anwendungsbereich bezieht sich der durch das GMRGI gewährte arbeitsrechtliche Diskriminierungsschutz auf diskriminierende Handlungen der Arbeitgeber*innen, der vom Arbeitgeber ermächtigten Personen bei allen arbeitsbezogenen Prozessen (Art. 6 I GMRGI). Demgemäß ist der Schutz nicht nur an juristische Personen des öffentlichen Rechts, sondern auch an juristische Personen des privaten Rechts sowie natürliche Personen gerichtet.[1773] Eine Definition des Begriffs des*der Arbeitgeber*in befindet sich in dem GMRGI nicht. Demzufolge ist bei der Feststellung des*der Arbeitgebers*in nach dem GMRGI auf

1768 Vgl. *Kayaalp*, S. 226; *Sur*, Sicil 2017/37, 33 (37).
1769 Vgl. *Kayaalp*, S. 227.
1770 Vgl. *Kayaalp*, S. 227.
1771 Vgl. *Kayaalp*, S. 228.
1772 Vgl. *Kayaalp*, S. 228.
1773 Vgl. *Düğmeci*, S. 229.

die Definitionen des*der Arbeitgebers*in in den anderen Gesetzen zu achten. Eine Definition des*der Arbeitgebers*in befindet sich in Artikel 2 Absatz 1 Arbeitsgesetz als natürliche oder juristische Person oder Einrichtung und Organisation, die keine Rechtspersönlichkeit besitzen, die Arbeitnehmer*innen beschäftigt; in Artikel 3 Absatz 1 Buchstabe ğ Arbeitsschutzgesetz Nr. 6331 als natürliche oder juristische Person oder Einrichtung und Organisation, die keine Rechtspersönlichkeit besitzen, die Beschäftigte beschäftigt; in Artikel 2 Buchstabe A Seearbeitsgesetz Nr. 854 als Schiffseigner oder ein Schiff, das nicht sein Eigen ist; in Artikel 1 und Artikel 3 Pressearbeitsgesetz Nr. 5953 als natürliche oder juristische Person, die ein Unternehmen betreibt; in Artikel 2 Absatz 3 Gewerkschaften und Tarifvertragsgesetz Nr. 6356 als der*die Arbeitgeber*in nach dem Arbeitsgesetz Nr. 4857 als ein Arbeitgeber*in gilt.[1774] Obwohl beide Gesetze – GMRGI und Arbeitsgesetz – den*die Arbeitgeber*in als diskriminierendes Rechtssubjekt feststellen, ist die Definition des*der Arbeitgebers*in nach dem GMRGI unter Berücksichtigung der Definitionen des*der Arbeitsgebers*in in den verschiedenen Gesetzen außerhalb des Arbeitsgesetzes auszulegen, die Reichweite des Arbeitgeberbegriffs nach dem GMRGI ist weiter gefasst als die des Arbeitsgesetzes.

Anders als das Arbeitsgesetz bezieht sich der durch das GMRGI gewährte arbeitsrechtliche Diskriminierungsschutz nach seinem sachlichen Anwendungsbereich auch diskriminierende Handlungen der vom*von der Arbeitgeber*in ermächtigten Personen bei allen arbeitsbezogenen Prozessen; auf diverse Weise kommt es zum sichergestellten Schutz gegen Diskriminierungen (Art. 6 I GMRGI). Die vom*von der Arbeitgeber*in ermächtigte Person kann anhand der Anweisung des*der Arbeitgebers*in oder selbstständig handeln.[1775]

b) Aufgezählte diskriminierende Handlungen

Einbezogen in arbeitsbezogene Prozesse sind unter anderem Information, Bewerbung, Auswahlkriterien, Einstellungsvoraussetzungen, der Arbeitsprozess sowie die Beendigung des Arbeitsverhältnisses (Art. 6 I GMRGI). Demnach fallen die Arbeitgeberkündigungen ausdrücklich unter den Anwendungsbereich des Gesetzes.

III. Anwendungsbereich des allgemeinen Kündigungsschutzes nach dem Arbeitsgesetz

Der*Die Arbeitnehmer*in, dessen*deren Arbeitsverhältnis innerhalb des Anwendungsbereichs des Arbeitsgesetzes oder des Pressearbeitsgesetzes fällt, und der mindestens sechs Monate in einem Betrieb mit 30 oder mehr Beschäftigten unter

1774 Vgl. *Kayaalp*, S. 221.
1775 Vgl. *Kayaalp*, S. 222.

einem unbefristeten Arbeitsvertrag arbeitet, genießt Kündigungsschutz nach dem türkischen Arbeitsrecht nach den Artikeln 18, 20, 21 ArbG. Es folgt eine Erklärung in Bezug auf das Thema unter den Abschnitten persönlicher Anwendungsbereich, betrieblicher Anwendungsbereich und sachlicher Anwendungsbereich.

1. Persönlicher Anwendungsbereich

Eine Darstellung findet sich unter dem Thema des persönlichen Anwendungsbereiches des allgemeinen Kündigungsschutzes, zuerst das „Arbeitsverhältnis innerhalb des Anwendungsbereiches des Arbeitsgesetzes", danach „Minimum sechs Monate Beschäftigungszeit" und zuletzt „Keine Anwendung auf die Arbeitgebervertreter*in".

a) Arbeitsverhältnis innerhalb des Anwendungsbereiches des Arbeitsgesetzes

Der persönliche Anwendungsbereich des allgemeinen Kündigungsschutzes nach dem türkischen Arbeitsrecht umfasst vor allem Arbeitnehmer*innen mit einem Arbeitsverhältnis innerhalb des Anwendungsbereiches des Arbeitsgesetzes (Art. 18, 20, 21 ArbG).[1776] In diesem Fall findet der allgemeine Kündigungsschutz keine Anwendung bei den Arbeitnehmern*innen, deren Arbeitsverhältnis nach Artikel 4 Arbeitsgesetz von dem Anwendungsbereich des Arbeitsgesetzes ausgeschlossen ist. Erhebliche Bedenken bestehen in erster Linie über die Korrespondierbarkeit der Ausnahmen der wesentlichen Arten von Arbeiten und Arbeitnehmern*innen vom Anwendungsbereich des türkischen allgemeinen Kündigungsschutzes anhand des IAO Übereinkommens Nr. 158. Der türkische allgemeine Kündigungsschutz dient der Umsetzung dieses Übereinkommens, des IAO Übereinkommens Nr. 158.[1777] Das IAO Übereinkommen Nr. 158 definiert seinen Geltungsbereich *„für alle Wirtschaftszweige und für alle Arbeitnehmer"* (Art. 2 I IAO Übk Nr. 158), sprich die Beschränkung des Kündigungsschutzes gegen die korrekte Umsetzung des Übereinkommens.[1778]

Außerdem gilt es, hier die gleiche Kritik wie im persönlichen Anwendungsbereich des arbeitsrechtlichen Antidiskriminierungsrechts über den Artikel 5 Arbeitsgesetz über die Herausnahme der Haushaltsdienste aus dem Anwendungsbereich des Arbeitsgesetzes und somit aus dem Anwendungsbereich des allgemeinen Kündigungsschutzes zu äußern. Die Ausschließung der Haushaltsdienste vom Anwendungsbereich des Arbeitsgesetzes durch den dem Anschein

1776 Für die Anwendungsbereich des türkischen Arbeitsgesetzes Nr. 4857 siehe *diese Dissertationschrift* § 10, B., I., 1. Die Vorschriften des Pressearbeitsgesetezes fallen nicht under Untersuchunggegenstandes dieser Dissertationschrift, ausführlicher siehe *diese Dissertationschrift* § 2.

1777 Siehe auch *diese Dissertationschrift* § 7 C. II; § 9 B. II.

1778 Vgl. *Süzek*, S. 562.

nach neutralen Artikel 4 Absatz 1 Buchstabe e ArbG und somit die Ausnahme der Hausangestellten vom Anwendungsbereich des Kündigungsschutzes kann sich als Benachteiligung einer Geschlechtsgruppe, Frauen als Merkmalsträger, erweisen und sich somit als eine mittelbare Diskriminierung gestalten.[1779]

b) Minimum sechs Monate Beschäftigungszeit

Der persönliche Anwendungsbereich des allgemeinen Kündigungsschutzes beinhaltet außerdem die Arbeitnehmer*innen, deren Arbeitsverhältnis im Betrieb mindestens sechs Monate bestanden hat (Art. 18 I ArbG). Bei der Berechnung der sechs Monate Minimum an Beschäftigungszeit des*der Arbeitnehmers*in sind die Arbeitszeiten des*der Arbeitnehmers*in nicht nur in einem, sondern auch in mehreren verschiedenen Betrieben desselben*derselben Arbeitgebers*in zu berücksichtigen (Art. 18 IV ArbG).[1780] Frühere Arbeitsplätze müssen nicht zwingend in derselben Branche angesiedelt sein.[1781] Sollten frühere Arbeitsplätze aufgrund der Anzahl der Beschäftigten nicht zum Anwendungsbereich des Kündigungsschutzes gehören, bedeutet dies nicht zwangsläufig eine Nichtberücksichtigung der dort verbrachten Zeiträume.[1782] Zeiten von Leiharbeitnehmern*innen bei einem Entleiher oder im Falle eines Betriebsübergangs die Zeiten vor der Übernahme finden auch Berechnung für die sechs Monate Beschäftigungszeit.[1783] Auch die unterbrochene Zeit findet übrigens bei der Berechnung der sechsmonatigen Beschäftigungszeit Beachtung.[1784]

*c) Keine Anwendung auf die Arbeitgebervertreter*innen*

Auf die Arbeitgebervertreter*innen und seine*ihre Gehilfen*innen, die das gesamte Unternehmen führen und verwalten, und auf die Arbeitgebervertreter*innen, die den gesamten Betrieb führen und verwalten und zur selbstständigen Einstellung und Entlassung von Arbeitnehmern*innen berechtigt sind, findet der allgemeine Kündigungsschutz nach den Artikeln 18, 19, 21 und Artikel 25 Absatz 4 Arbeitsgesetzes keine Anwendung (§ 18 I ArbG). Bei der Feststellung ist die tatsächliche Ausübung dieser Rolle im Unternehmen oder Betrieb ausschlaggebend.[1785]

1779 Siehe *diese Dissertationschrft* § 10 B. I.

1780 Y9HD 10.4.2006, E. 2006/5885 K. 2006/9361 (LegalBank).

1781 Vgl. *Süzek*, İş Hukuku, S. 568.

1782 Y9HD 6.5.2010, E. 2008/22787 K. 2010/12440 (LegalBank); Y9HD 15.10.2010, E. 2010/30688 K. 2010/29172 (LegalBank). Vgl. *Süzek*, İş Hukuku, S. 567.

1783 Y9HD 6.5.2010, E. 2008/22787 K. 2010/12440 (LegalBank); Y9HD 15.10.2010, E. 2010/30688 K. 2010/29172 (LegalBank). Vgl. *Süzek*, İş Hukuku, S. 567.

1784 Vgl. *Süzek*, İş Hukuku, S. 568; Y9HD, E. 12.1.2005, K. 28186/562.

1785 Y9HD 1.2.2010, E. 2009/13573 K. 2010/1817 (LegalBank); Y9HD 20.9.2010, E. 2009/25316 K. 2010/24186 (LegalBank); Y9HD 2.3.2009, E. 2008/16621 K. 2009/5561 (LegalBank).

2. *Betrieblicher Anwendungsbereich*

Der allgemeine Kündigungsschutz nach den Artikeln 18 ff. des Arbeitsgesetzes gilt für Betriebe, in denen 30 oder mehr Arbeitnehmer*innen Beschäftigung finden (Art. 18 I ArbG). Hat der*die Arbeitgeber*in mehr als einen Betrieb im selben Wirtschaftszweig, kommt es zur Ermittlung der Anzahl der Arbeitnehmer*innen auf der Grundlage der Gesamtanzahl der Arbeitnehmer*innen in diesen Betrieben in denselben Wirtschaftszweigen (Art. 18 IV ArbG).[1786] Solange sich die Betriebe in denselben Wirtschaftszweigen befinden, spielt der geografische Standort der Betriebe keine Rolle.[1787] Selbst wenn die Betriebe in der gleichen Stadt sein sollten, sind sie nicht Teil der Berechnung des Schwellenwertes von 30 oder mehr Arbeitnehmern*innen, wenn sie in verschiedenen Wirtschaftszweigen sind.[1788]

Genau genommen stand es im ersten Gesetzesentwurf, das Kriterium der Anzahl der Arbeitnehmer*innen solle wie im Arbeitsgesetz Nr. 4773 (Vorgänger des Arbeitsgesetzes Nr. 4857 im Zusammenhang mit den kündigungsschutzrechtlichen Bestimmungen) weiter bei zehn oder mehr bleiben.[1789] Es kam jedoch zur Erhöhung der Anzahl mittels eines Änderungsvorschlages während des Gesetzvorbereitungsprozesses von zehn oder mehr auf dreißig oder mehr Arbeitnehmer*innen.[1790] Während bereits zuvor hinsichtlich des Kriteriums des Gesetzes Nr. 4773 von zehn oder mehr Arbeitnehmern*innen in der Doktrin Kritik aufkam, löste die Übernahme der Bestimmung von 30 oder mehr im Betrieb beschäftigten Arbeitnehmern*innen für die Anwendbarkeit der kündigungsschutzrechtlichen Vorschriften erhebliche Diskussion in der Lehre aus.[1791]

Im Übrigen kam es zur Antragstellung gegen die Regelung, über die Geltung des Kündigungsschutzes nur in Betrieben mit 30 oder mehr Arbeitnehmern*innen, gleich nach der Verabschiedung des Arbeitsgesetzes Nr. 4857, auf Prüfung der Vereinbarkeit der Norm mit der Verfassung. Begründung fand der Antrag unter anderem mit der Unvereinbarkeit der Norm mit dem verfassungsrechtlich geschützten Gleichbehandlungsgrundsatz, dem Recht auf Arbeit und dem sozialen Rechtsstaat.[1792] Die Begründung des Verfassungswidrigkeitsantrags lautete, diese Regelung schütze Arbeitnehmer*innen in Betrieben mit weniger als 30 Arbeitnehmern*innen nicht vor ungerechtfertigter Kündigung.

1786 Y9HD 10.11.2003, E. 2003/18919 K. 2003/18913 (LegalBank); Y9HD 11.12.2003, E. 2003/19269 K. 2003/20526 (LegalBank); Y9HD 29.1.2007 E. 2006/29945 K. 2007/1216 (LegalBank); Y9HD 20.3.2006, 3816/7013 (LegalBank).

1787 Y9HD 3.7.2006, E. 2006/9818 K. 2006/19560 (LegalBank); Y9HD 12.2.2007, E. 2006/32297 K. 2007/3272 (LegalBank).

1788 Y9HD 24.3.2008, E. 2007/27699 K. 2008/6006 (LegalBank).

1789 Vgl. TİSK, S. 98. YHGK 11.7.2007, E. 9–549 K. 2007/543 (LegalBank).

1790 Vgl. TİSK, S. 98.

1791 Vgl. *Süzek*, İş Hukuku, S. 563; *Alp*, DEÜHFD 2003/1, 1 (7).

1792 AYM. 19.10.2005, E. 2003/66, K. 2005/72, RG. 24.11.2007/26710.

Der Kündigungsschutz, der ein Grundrecht darstelle, betreffe allerdings nicht die Betriebe, sondern die Arbeitnehmer*innen. Die Gleichheit im Hinblick auf den Betrieb führe zu einer Ungleichbehandlung bei der Diskriminierung der Arbeitnehmer*innen in Bezug auf die Zahl der in den Betrieben beschäftigten Arbeitnehmer*innen. Die Feststellung des Zustands des Kündigungsschutzes der Personen, die über die gleiche Eigenschaft eines*einer Arbeitnehmers*in verfügen und deren Status in dieser Hinsicht dieselben seien unter Berücksichtigung einer äußeren Bedingung wie etwa der Anzahl der Arbeitnehmer*innen in dem Betrieb, in dem sie arbeiten, verstoße gegen den in Artikel 10 der Verfassung anerkannten Grundsatz der Gleichheit vor dem Gesetz. Nicht nur der Grundsatz der Gleichheit vor dem Gesetz, sondern auch das Recht auf Arbeit sei beeinträchtigt. Das in Artikel 49 der Verfassung anerkannte Recht auf Arbeit verletze ebenfalls das Recht des*der Arbeitnehmers*in, ohne triftigen Grund gekündigt zu werden. Der Entzug des Kündigungsschutzes in Betrieben mit weniger als 30 Arbeitnehmern*innen schränke das Recht auf Arbeit ein. Darüber hinaus verstoße die Grenzregelung gegen die Artikel 2 und 5 der Verfassung und gestalte es unmöglich, soziale Gerechtigkeit und soziales Gleichgewicht zu erreichen. In der heutigen Welt, in der die Arbeitslosigkeit große Ausmaße angenommen habe, wirke sich die unzureichende Anwendung des Kündigungsschutzes auf der Grundlage der Gleichstellung auf die gesamten Arbeitsbeziehungen aus und beeinträchtige den Arbeitsfrieden. Außerdem fand Bemängelung, die Regelung entspreche nicht den Bestimmungen der IAO-Konvention Nr. 158 über den Kündigungsschutz, an dem der türkische Staat beteiligt ist.[1793]

Die Entscheidung des Verfassungsgerichts war allerdings für die Verfassungsmäßigkeit des Schwellenwertes auf 30 oder mehr Arbeitnehmer*innen im Betrieb mit einer Positionierung seiner Ansicht auf die ökonomische Last, die einer Änderung des Gesetzes auf die Arbeitgeber*innen verursachen würde, und auf die Vermeidung einer Ungleichbehandlung gegenüber den Arbeitgebern*innen verbunden.[1794] Bei der Festlegung der Kündigungsschutzkriterien berücksichtige jedes Land seine eigenen Daten und Arbeitsbedingungen. Das öffentliche Interesse sei für die Festlegung der Regeln des Arbeitslebens von wesentlicher Bedeutung. Darüber hinaus gehe es darum, das Gleichgewicht zwischen Arbeitnehmern*innen und Arbeitgebern*innen zu berücksichtigen. Sollten die Bedingungen für die Beschäftigung von 30 oder mehr Arbeitnehmern*innen gemäß Artikel 18 Arbeitsgesetz Nr. 4857 gegenüber den Arbeitgebern*innen eine Änderung erfahren, entstünden zusätzliche finanzielle Belastungen für die Arbeitgeber*innen. Dies könne die Arbeitgeber*innen zur Anwendung der informellen Wirtschaft führen. Des Weiteren bestehe kein Ungleichgewicht zwischen einem*einer Arbeitnehmer*in und einem*einer Arbeitgeber*in, wenn der Zweck darin bestehe, kleine Unternehmen von der hohen finanziellen Belastung

1793 AYM. 19.10.2005, E. 2003/66, K. 2005/72, RG. 24.11.2007/26710.

1794 AYM. 19.10.2005, E. 2003/66, K. 2005/72, RG. 24.11.2007/26710.

abzuhalten, die mit dem Kündigungsschutz verbunden sein können, und zwar unter den in der Vorschrift festgelegten Bedingungen.

Sachgerecht kritisiert das Schrifttum die Entscheidung des Verfassungsgerichts hinsichtlich vieler Aspekte. Vor allem fallen Betriebe mit 30 oder mehr Arbeitnehmern*innen nicht unter den Begriff des Kleinbetriebes. Die Herausnahme der Kleinbetriebe vom allgemeinen Kündigungsschutz beruhe auf dem Gedanken, Kleinbetriebe könnten im Vergleich zu finanziell stärkeren Mittel- und Großbetrieben mit den Bestimmungen des Kündigungsschutzes überfordert sein.[1795] Daneben herrschen persönliche Vertrauensverhältnisse in den Kleinbetrieben, deswegen liege der Erfolg der Betriebe auch an einem harmonischen Arbeitsklima.[1796] Allerdings fallen Betriebe mit zehn bis 20 Arbeitnehmern*innen nicht unter den Begriff des Kleinbetriebs, vielmehr besteht die Möglichkeit, sie als Mittelbetrieb zu bezeichnen. Aus diesem Grund sei die Begründung des Verfassungsgerichts mit seiner Entscheidung hinsichtlich der entstehenden finanziellen Lasten nicht sachgerecht. Wegen des Schwellenwertes von 30 oder mehr Arbeitnehmern*innen im Betrieb befindet sich ca. die Hälfte der Arbeitnehmer*innen in der Republik Türkei außerhalb des allgemeinen Kündigungsschutzes.[1797] Dies stelle wiederum einen Verstoß gegen das verfassungsrechtlich geschützte Gleichbehandlungsprinzip dar.[1798]

Darüber hinaus war es viele Male erneut Gegenstand der Thematisierung durch die Internationale Arbeits-Organisation und den IAO-Sachverständigenausschuss mit dem Hinweis auf die Gefahr der Ausnutzung der Ausnahmeregelung, um den Kündigungsschutz zu umgehen.[1799] Vor einiger Zeit thematisierte der IAO-Sachverständigenausschuss über die Anwendung von Übereinkommen und Empfehlungen in seiner Beobachtung des Jahres 2015 im Bereich der Türkei die vom Kündigungsschutz ausgeschlossenen Arbeitnehmerkategorien.[1800] Der Sachverständigenausschuss debattierte die Befreiung der kleineren und mittleren Unternehmen in der Türkei von kündigungsschutzrechtlichen Verpflichtungen bei Betrieben mit weniger als 30 Arbeitnehmern*innen vom Anwendungsbereich des Kündigungsschutzes (Art. 18 I ArbG). Für diese Arbeitnehmer*innen gebe es die Möglichkeit, einen Missbrauch-Schadenersatz zu verlangen, allerdings bestehe keine Wiedereinstellungsmöglichkeit. Die große Mehrheit der Unternehmen in der Türkei umfasse kleine und mittlere Unternehmen. Darüber hinaus steige die Zahl der Betriebe mit weniger als 30 Arbeitnehmern*innen, um die Ausnahmeregelung zu nutzen. Daher genieße eine relativ große Anzahl von

---

1795 Vgl. *Süzek*, İş Hukuku, S. 563; *Krause*, Arbeitsrecht, S. 278 Rn. 25; *Junker*, Grundkurs ArbR, Rn. 358, S. 204.

1796 Vgl. *Süzek*, İş Hukuku, S. 563; *Krause*, Arbeitsrecht, S. 278 Rn. 25.

1797 Vgl. *Süzek*, İş Hukuku, 564.

1798 Vgl. *Süzek*, İş Hukuku, 564

1799 Ausführliche siehe *diese Dissertationsschrift* § 7, C., II.

1800 Vgl. CEACR -adopted 2015, published 105th ILC session (2016)- C 158 Turkey.

Arbeitnehmern*innen keine Arbeitsplatzsicherheit. Aus diesen Gründen forderte der Sachverständigenausschuss die Regierung auf, aktualisierte Informationen über sämtliche Entwicklungen in Bezug auf die Anwendung des Übereinkommens in kleinen und mittleren Unternehmen bereitzustellen, bei denen die Möglichkeit des Ausschlusses von den Kündigungsschutzbestimmungen besteht einschließlich der Daten über die Zunahme von Betrieben mit weniger als 30 beschäftigten Arbeitnehmern*innen im Vergleich zu anderen Einrichtungen. Vom Kündigungsschutz ausgeschlossene Arbeitnehmerkategorien in der Türkei fand in der Beobachtung des Sachverständigenausschusses vom Jahr 2016 weiter einen Platz mit einer erneuten Forderung nach Bereitstellen der detaillierten statistischen Daten über das Thema.[1801]

Trotz all der Kritik vonseiten des Schrifttums und der internationalen Diskussion über das Thema ist der Schwellenwert in Bezug auf die Anwendbarkeit für den Kündigungsschutz seit mehr als 16 Jahren gleich geblieben, wie es schon von Anfang an war.

3. Sachlicher Anwendungsbereich

Unter dem sachlichen Anwendungsbereich des allgemeinen Kündigungsschutzrechts fallen unbefristeter Arbeitsverträge, Kündigungen durch den Arbeitgeber*in sowie ordentliche und außerordentliche Kündigungen, welche jeweils eine Erklärung finden.

a) Unbefristeter Arbeitsvertrag

Die Bestimmungen zum Kündigungsschutz gelten nur für unbefristete Arbeitsverträge nach Artikel 18 Absatz 1 Arbeitsgesetz (Art. 18 I ArbG). In diesem Fall gelten die Bestimmungen zum Kündigungsschutz nicht für mit einem befristeten Arbeitsvertrag arbeitende Arbeitnehmer*innen.[1802] Um die Ausnutzung der befristeten Arbeitsverträge als Umgehungsweg von kündigungsschutzrechtlichen Bestimmungen zu vermeiden, erfolgt in jedem Einzelfall nach Artikel 11 des Arbeitsgesetzes eine Prüfung, ob die Bedingungen für die Begründung eines befristeten Arbeitsvertrags erfüllt sind, mit besonderer Achtung auf die Kettenarbeitsverträge.[1803]

1801 Vgl. CEACR -adopted 2016, published 106th ILC session 2017– C 158 Turkey.

1802 Y9HD 20.11.2003, E. 2003/19338 K. 2003/19593; Y9HD 23.10.2003, E. 2003/18234 K. 2003/17604, (LegalBank); Y9HD 5.2.2007, E. 2006/30127 K. 2007/2013 (LegalBank).

1803 Vgl. *Süzek*, İş Hukuku, S. 572.

*b) Kündigung durch den*die Arbeitgeber*in*

Nur wenn der*die Arbeitgeber*in einen unbefristeten Arbeitsvertrag kündigt, gelangt der allgemeine Kündigungsschutz nach Artikel 18 ff. Arbeitsgesetz zur Anwendung. Im Falle der Beendigung des Arbeitsvertrages mittels eines Aufhebungsvertrages finden die kündigungsschutzrechtlichen Vorschriften keine Anwendung.[1804] Ein vom*von der Arbeitgeber*in ausgefülltes Blatt Papier, unterschrieben bei Vertragsabschluss vom Arbeitnehmer, gilt nicht als Arbeitnehmerkündigung.

c) Ordentliche (Kündigung mit Frist) oder außerordentliche Kündigung (Kündigung ohne Frist)

Die Kündigung des*der Arbeitgebers*in kann mit Frist (ordentlich) oder ohne Frist (außerordentlich) erfolgen (Art. 18 I ArbG). Beide Arten von Arbeitgeberkündigungen fallen in den Geltungsbereich der türkischen allgemeinen kündigungsschutzrechtlichen Bestimmungen. (Vgl. Art. 19 II ArbG)

C. Rechtsvergleich

Die Anwendungsbereiche der Normen des arbeitsrechtlichen Antidiskriminierungsrechts und des allgemeinen Kündigungsschutzrechts nach den nationalen Rechtssystemen Deutschlands und der Türkei weisen in der Grundannahme viele Gemeinsamkeiten auf, es sind jedoch grundlegende Unterschiede bei diskriminierenden Kündigungen zu entdecken.

Im Zusammenhang mit diskriminierenden Arbeitgeberkündigungen finden nach deutschem Recht folgende gesetzliche Vorschriften Anwendung:

Diskriminierende außerordentliche Arbeitgeberkündigungen gegenüber Arbeitnehmern*innen fallen unter den Anwendungsbereich des § 626 Absatz 1 BGB, die materiellen Diskriminierungsverbote des AGG gelten ausschließlich bei der Auslegung der unbestimmten Rechtsbegriffe.

Diskriminierende ordentliche Arbeitgeberkündigungen gegenüber Arbeitnehmern*innen, die außerhalb des Anwendungsbereichs des Kündigungsschutzgesetzes liegen, sind im Anwendungsbereich des AGG inbegriffen.

Diskriminierende ordentliche Arbeitgeberkündigungen gegenüber Arbeitnehmern*innen, die innerhalb des Anwendungsbereiches des Kündigungsschutzgesetzes fallen, umfassen den Anwendungsbereich des Kündigungsschutzgesetzes. Materielle Diskriminierungsverbote des AGG – einschließlich der im AGG vorgesehenen Rechtfertigungsgründe – gelten ausschließlich bei der Auslegung der unbestimmten Rechtsbegriffe des Kündigungsschutzgesetzes, insbesondere bei der Konkretisierung der Sozialwidrigkeit und auch bei der Interpretierung der Sozialauswahl. Darüber hinaus bleibt § 15 Absatz 2 AGG ebenfalls anwendbar.

1804 Vgl. *Süzek*, İş Hukuku, S. 572.

Im Zusammenhang mit diskriminierenden Arbeitgeberkündigungen finden nach türkischem Recht folgende Vorschriften Anwendung:

Diskriminierende Arbeitgeberkündigungen gegenüber Arbeitnehmern*innen, die außerhalb des Anwendungsbereiches des Arbeitsgesetzes fallen, sind nur in den Anwendungsbereich des arbeitsrechtlichen Diskriminierungsschutzes nach dem GMRGI einbezogen.

Diskriminierende Arbeitgeberkündigungen gegenüber Arbeitnehmern*innen, die innerhalb des Anwendungsbereiches des Arbeitsgesetzes fallen, aber außerhalb des Anwendungsbereiches des allgemeinen Kündigungsschutzes sind, sind unter dem Anwendungsbereich des allgemeinen arbeitsrechtlichen Diskriminierungsschutzes nach den Bestimmungen des Artikels 5 Arbeitsgesetz und dem Anwendungsbereich des arbeitsrechtlichen Diskriminierungsschutzes nach GMRGI erfasst.

Diskriminierende Arbeitgeberkündigungen gegenüber Arbeitnehmern*innen, die innerhalb des Anwendungsbereiches des Arbeitsgesetzes und des Anwendungsbereichs des allgemeinen Kündigungsschutzes fallen, sind durch den Anwendungsbereich des allgemeinen arbeitsrechtlichen Diskriminierungsschutzes nach den Bestimmungen des Artikels 5 Arbeitsgesetz, den Anwendungsbereich des Kündigungsschutzes nach dem türkischen Arbeitsrecht nach den Artikeln 18, 20 und 21 des Arbeitsgesetzes und den Anwendungsbereich des arbeitsrechtlichen Diskriminierungsschutzes nach dem GMRGI umfasst.

Unter Berücksichtigung dessen sind darüber hinaus folgende Unterschiede und Gemeinsamkeiten zwischen den beiden nationalen Rechtssystemen hinsichtlich des Anwendungsbereichs der Rechtsnormen auf diskriminierende Arbeitgeberkündigungen festzustellen. Der persönliche Anwendungsbereich des im AGG festgelegten arbeitsrechtlichen Diskriminierungsverbotes umfasst Beschäftigte und geht über den klassischen arbeitsrechtlichen Begriff des „Arbeitnehmers“ weit hinaus. Anders als im deutschen Recht ist der persönliche Anwendungsbereich des im türkischen Arbeitsgesetz festgelegten arbeitsrechtlichen Diskriminierungsverbotes sehr eng geregelt. Nur Arbeitnehmer*innen, deren Arbeitsverhältnis innerhalb des Arbeitsgesetzes fallen, genießen Diskriminierungsschutz nach dem Arbeitsgesetz, welches viele Arbeiten und Betriebe nicht deckt. Der persönliche Anwendungsbereich des arbeitsrechtlichen Diskriminierungsschutzes nach dem türkischen GMRGI deckt wiederum einen viel größeren Bereich ab als das Arbeitsgesetz und umfasst vor allem, wie das deutsche AGG, Beschäftigte des*der Arbeitgebers*in. Der sachliche Anwendungsbereich des AGG umfasst keine Kündigungen. Durch § 2 Absatz 4 AGG hat das AGG eine Regelungsausnahme in Bezug auf die Kündigung geschaffen, wonach für Kündigungen ausschließlich Bestimmungen zum allgemeinen und besonderen Kündigungsschutz gelten. Anders als im deutschen Recht beinhaltet der sachliche Anwendungsbereich des im Arbeitsgesetz festgelegten arbeitsrechtlichen Diskriminierungsschutzes Diskriminierungen bei der Beendigung des Arbeitsverhältnisses, vor allem die Kündigung. Der sachliche Anwendungsbereich des GMRGI erstreckt sich ebenfalls auf Arbeitgeberkündigungen.

Der persönliche Anwendungsbereich des allgemeinen Kündigungsschutzes nach dem deutschen Kündigungsschutzgesetz umfasst vor allem Arbeitnehmer*innen mit einem Arbeitsverhältnis, das im Betrieb oder Unternehmen länger als sechs Monate bestanden hat. Der persönliche Anwendungsbereich des allgemeinen Kündigungsschutzes nach dem türkischen Arbeitsrecht umfasst ebenfalls Arbeitnehmer*innen mit einem Arbeitsverhältnis, das im Betrieb oder Unternehmen länger als sechs Monate bestanden hat, aber nur diejenigen, die innerhalb des Anwendungsbereiches des Arbeitsgesetzes arbeiten. Der betriebliche Anwendungsbereich des allgemeinen Kündigungsschutzes nach dem deutschen Kündigungsschutzgesetz gilt für sämtliche Betriebe und Verwaltungen des privaten und des öffentlichen Rechts. Ausgenommen sind Kleinbetriebe mit einer Beschäftigung von zehn oder weniger Arbeitnehmern*innen. Der türkische allgemeine Kündigungsschutz gilt wiederum nur für Betriebe, in denen 30 oder mehr Arbeitnehmer*innen Beschäftigung finden. Somit gestaltet sich der betriebliche Anwendungsbereich als bedeutendster Unterschied zwischen den Rechtssystemen. Der sachliche Anwendungsbereich des allgemeinen Kündigungsschutzes nach dem deutschen Kündigungsschutzgesetz gewährleistet lediglich einen Schutz gegen ordentliche Kündigungen des*der Arbeitnehmers*in durch den*die Arbeitgeber*in. Unter den sachlichen Arbeitsbereich des allgemeinen Kündigungsschutzrechts des türkischen Rechts fallen ordentliche Kündigungen unbefristeter Arbeitsverträge des*der Arbeitnehmers*in durch den*die Arbeitgeber*in.

Außerdem unterscheiden sich anwendbare Normen bei einer diskriminierenden Kündigung für Arbeitsverhältnisse innerhalb des Kündigungsschutzes nach den nationalen Rechtssystemen voneinander in entscheidendem Maße. Das deutsche Recht sieht darin einen Konflikt zwischen den Normen des allgemeinen Diskriminierungsschutzes und des allgemeinen Kündigungsschutzes. Für das türkische Recht ist es eine Schnittmenge in Bezug auf den allgemeinen Diskriminierungsschutz und den allgemeinen Kündigungsschutz, die sowohl den allgemeinen Diskriminierungsschutz als auch den allgemeinen Kündigungsschutz beinhalten. Darauffolgend gibt es in deutscher Rechtsordnung ein Mix-System im Hinblick auf die diskriminierende Kündigung, wobei die Normen über den allgemeinen arbeitsrechtlichen Diskriminierungsschutz des AGG in die Normen des Kündigungsschutzgesetzes eingebettet sind. In der türkischen Rechtsordnung existieren hingegen zwei arbeitsrechtliche Diskriminierungsschutzsysteme nach dem GMRGI nach dem Arbeitsgesetz und ein allgemeines Kündigungsschutzsystem nach dem Arbeitsgesetz gleichzeitig parallel zueinander. Während nach deutschem Recht für diskriminierende ordentliche Arbeitgeberkündigungen gegenüber Arbeitnehmern*innen, die innerhalb des Anwendungsbereiches des Kündigungsschutzgesetzes fallen, ausschließlich die Normen des Kündigungsschutzes mit Verwendung der materiellen Diskriminierungsverbote des AGG bei der Auslegung der unbestimmten Rechtsbegriffe des Kündigungsschutzgesetzes und die Entschädigung und Schadenersatzansprüche nach den Normen des AGG gelten; gelten nach türkischem Recht für diskriminierende

Arbeitgeberkündigungen gegenüber Arbeitnehmern*innen, die innerhalb des Anwendungsbereiches des Arbeitsgesetzes und des Anwendungsbereiches des allgemeinen Kündigungsschutzes fallen, sowohl Bestimmungen des Artikels 5 Arbeitsgesetz als auch die Normen des türkischen allgemeinen arbeitsrechtlichen Kündigungsschutzes, ebenso wie GMRGI.

§ 11 Schutz vor Diskriminierung nach dem allgemeinen Diskriminierungsschutz am Beispiel einer Kündigung

Dieser Teil thematisiert den Schutz vor Diskriminierung am Beispiel einer Kündigung nach deutschem und türkischem Recht. Nach der Darstellung der Definition der Diskriminierung gemäß den nationalen Rechtsnormen kommt es zur Untersuchung der Diskriminierungsmerkmale hinsichtlich ihres Verbotes, ihrer Häufigkeit und der Besonderheiten einiger im deutsch-türkischen Vergleich. Es schließt sich die Beschreibung der unmittelbaren und danach der mittelbaren Diskriminierung mit der Schilderung der Einzelheiten über die Definition und Tatbestandsmerkmale in Bezug auf das deutsche und türkische Recht an. Nach einer Erläuterung der Rechtfertigung einer Diskriminierung folgt die Erwähnung der anderen Formen der Diskriminierung entsprechend dem nationalen deutschen und türkischen Recht. Es schließt es sich ein Rechtsvergleich hinsichtlich der in dem Teil diskutierten Themen an.

A. Definition der Diskriminierung

Es folgt zunächst eine Darstellung der Definition der Diskriminierung nach deutschem und danach nach türkischem Recht.

I. Deutsches Recht

Das Allgemeine Gleichbehandlungsgesetz enthält keine allgemeine Definition des Begriffs der Diskriminierung im Allgemeinen – oder nach dem Sprachgebrauch des Gesetzes den Begriff der Benachteiligung.[1805] Vielmehr befinden sich legale Begriffsbestimmungen der unmittelbaren und mittelbaren Benachteiligung sowie der Belästigung, der sexuellen Belästigung und der Anweisung zur Benachteiligung im dritten Paragrafen des Gesetzes (§ 3 AGG). Diese Definitionen sind weitgehend wörtlich aus den europäischen Antidiskriminierungsrichtlinien übernommen.[1806]

II. Türkisches Recht

Eine Definition der Diskriminierung befindet sich weder im Arbeitsgesetz noch im Gesetz über Menschenrechte und Gleichheitsinstitution der Türkei, obwohl

1805 Über den Begriff der Benachteiligung siehe diese *Dissertationsschrift* § 4 B. II.
1806 Vgl. *Thüsing*, Arbeitsrechtlicher Diskriminierungsschutz, S. 93, Rn. 228.

das GMRGI schon viele verschiedene Arten von Diskriminierung wie unmittelbare und mittelbare Diskriminierung, Trennung oder mehrfache Diskriminierung aufzählt mit einer Festsetzung ihrer Definitionen. Das türkische Recht beinhaltet eine Definition der Diskriminierung nur spezifisch für das Thema der Behinderung in Verbindung mit den Menschenrechten und den Grundfreiheiten.[1807] So lautet der dritte Artikel des Gesetzes über die *„Diskriminierung aufgrund von Behinderung: Unterscheidung, Ausschließung oder Beschränkung aufgrund einer Behinderung bei der uneingeschränkten und gleichberechtigten Ausübung oder das Nutzen der Menschenrechte und Grundfreiheiten in politischem, wirtschaftlichem, sozialem, kulturellem, zivilem oder anderem Bereich.“* (Art. 3 I d Gesetz über die Behinderten Nr. 5378).[1808] Diese Definition bewertet die Literatur angesichts der spezifischen Richtung nur in Bezug auf die Diskriminierung aufgrund der Behinderung und weniger hinsichtlich der Nützlichkeit für die Rechtspraxis nicht funktional bei der Beurteilung der praktischen Frage, ob das Diskriminierungsverbot verletzt wurde oder nicht.[1809] Die Literatur schlägt die Verwendung der Definition der Diskriminierung nach der Rechtsprechung des EGMR vor. Somit ist eine Diskriminierung eine unterschiedliche Behandlung, weil es ihr an einer objektiven und angemessenen Rechtfertigung fehlt.[1810] Das heißt, diese unterschiedliche Behandlung dient keinem rechtmäßigen Zweck oder die eingesetzten Mittel stehen in keinem angemessenen Verhältnis zu dem angestrebten Zweck.[1811] Nach dem türkischen Recht sind allerdings die antidiskriminierungsrechtlichen Normen der verfahrensgemäß in Kraft gesetzten völkerrechtlichen Verträge sowie die in Kraft gesetzten völkerrechtlichen Verträge über den Diskriminierungsschutz als völkerrechtliche Verträge über Grundrechte und -freiheiten einzustufen; somit genießen sie unmittelbare Anwendung im nationalen türkischen Recht. Aus diesem Grund sollen vorrangig die Definitionen der Diskriminierung nach der Antirassismuskonvention, der Frauenrechtekonvention und der BRK im arbeitsrechtlichen Kontext, vor allem aber im arbeitsrechtlichen Kontext die Definition der Diskriminierung nach dem IAO Übereinkommen Nr. 111 ausschlaggebend für türkische Gerichte

1807 Gesetz über die Behinderten: Engelliler Hakkında Kanun 1.7.2005, Kanun Nr. 5378, R.G. 7.7.2005/25868; Değişik: 6.2.2014 – 6518/63 madde.

1808 Übersetzung aus den Türkischen ins Deutsche durch *die Verfasserin.*

1809 Vgl. *Karan*, S. 133; *Ünal*, S. 49.

1810 Unter anderem EGMR 13.6.1979, Rs. 6833/74, Rn. 23 „Marckx vs. Belgien“; EGMR 28.11.1984, Rs. 8777/79, Rn. 38 „Rasmussen vs. Dänemark“; EGMR 24.2.1995, Rs. 164242/90, Rn. 97 „McMichael vs. Vereinten Königreich“. Siehe auch *diese Dissertationschrift* § 7 D. I. 1.

1811 Unter anderem EGMR 13.6.1979, Rs. 6833/74, Rn. 23 „Marckx vs. Belgien“; EGMR 28.11.1984, Rs. 8777/79, Rn. 38 „Rasmussen vs. Dänemark“; EGMR 24.2.1995, Rs. 164242/90, Rn. 97 „McMichael vs. Vereinten Königreich“. Siehe auch *diese Dissertationschrift* § 7 D. I. 1.

sein.[1812] An der Stelle, um noch mal daran zu erinnern, gilt im Sinne des IAO Übereinkommens Nr. 111 als *Diskriminierung* jede aufgrund der aufgezählten Diskriminierungsmerkmale vorgenommene *Unterscheidung*, *Ausschließung* oder *Bevorzugung*, die dazu führt, die Chancengleichheit oder die Gleichbehandlung in Beschäftigung oder Beruf zu vereiteln oder zu beeinträchtigen (Art. 1 I a Übk. Nr. 111).[1813]

B. Diskriminierungsmerkmale

Eine Untersuchung der Diskriminierungsmerkmale geschieht einleitend im Allgemeinen unter dem Abschnitt „Verbotene Diskriminierungsmerkmale". Darauffolgend ist die Häufigkeit von Diskriminierungserfahrungen nach Merkmalen im Ländervergleich dargestellt. Zum Schluss befindet sich eine Erläuterung der Besonderheiten einiger Diskriminierungsmerkmale.

I. Verbotene Diskriminierungsmerkmale

Die Frage, welche Arten von Unterscheidung das Gesetz als unzulässig und inakzeptabel verbieten sollte, geht gesetzgebungstechnisch im Kontext des Antidiskriminierungsrechts mit der Frage einher, inwieweit Gerichte erkennen müssten, dass zusätzliche Kategorien in den Geltungsbereich des bestehenden Antidiskriminierungsschutzes fallen im Gegensatz zu dem Umfang, in dem Gesetzgeber tätig sind.[1814] Es gibt drei Arten, um dieses Problem in der Gesetzgebung anzugehen.[1815] Eine besteht darin, eine breite, offen strukturierte Antidiskriminierungsgarantie aufzustellen, die einfach besagt, alle Personen seien vor dem Gesetz gleich ohne Angabe eines bestimmten Grundes.[1816] Nach diesem Ansatz, die Entscheidung, welche Gruppen zu schützen sind, obliegt dies der Justiz, somit verbleibt die Entscheidung den Richtern*innen, wann eine Eingruppierung verboten ist.[1817]

Ein zweiter Ansatz besteht darin, Rechtsvorschriften zu formulieren, die eine erschöpfende Liste von Gründen enthalten.[1818] Der zweite Ansatz steht im Gegensatz zum ersten Ansatz, bei dem die Wahl des Grundes den Richtern*innen keinen Ermessensspielraum lässt.[1819] Das Hinzufügen oder Entfernen von

---

1812 Ausführliche siehe *diese Dissertationsschrift* § 7.

1813 Siehe *diese Dissertationsschrift* § 7 C. I.

1814 Vgl. *Fredman*, S. 112 ff.; *Bamforth*, 693 (701, 702);

1815 Vgl. *Fredman*, S. 112; *Bamforth*, 693 (702); *Weiwei*, S. 12.

1816 Vgl. *Fredman*, S. 118; *Bamforth*, 693 (702); *Weiwei*, S. 12.

1817 Vgl. *Fredman*, S. 118; *Bamforth*, 693 (702); *Weiwei*, S. 12. Als Beispiel dazu dient die vierzehnten Amendement der US-Amerikanischer Verfassung. *Fredman*, S. 118; *Bamforth*, 693 (702); *Weiwei*, S. 12.

1818 Vgl. *Fredman*, S. 113; *Bamforth*, 693 (702); *Weiwei*, S. 12.

1819 Vgl. *Fredman*, S. 113; *Bamforth*, 693 (702); *Weiwei*, S. 12.

Diskriminierungsgründen ist allein dem Gesetz vorbehalten.[1820] Dieser Ansatz der festen Kategorien findet sich vor allem im Recht der Europäischen Union.[1821] Folgend dem europäischen Beispiel ist es auch die Art und Weise, wie das deutsche Grundgesetz mit dem Thema umgeht und wie der deutsche Gesetzgeber das Allgemeine Gleichbehandlungsgesetz vorbereitet hat. Das Grundgesetz besagt, niemand dürfe wegen seines Geschlechts, seiner Abstammung, seiner Rasse, seiner Sprache, seiner Heimat und Herkunft, seines Glaubens, seiner religiösen oder politischen Anschauungen Benachteiligung oder Bevorzugung erfahren (Art. 3 III GG). Niemand dürfe wegen seiner Behinderung benachteiligt werden (Art. 3 III GG). Das Deutsche Allgemeine Gleichbehandlungsgesetz gewährleistet einen Schutz gegen Diskriminierungen nur aufgrund einer ausdrücklich festgelegten, begrenzten Zahl von Diskriminierungsgründen in dem Gesetzestext. Diese acht Diskriminierungskategorien sind Rasse, ethnische Herkunft, Geschlecht, Religion, Weltanschauung, Behinderung, Alter und sexuelle Identität (§ 1 AGG). Außerdem bietet das deutsche Allgemeine Gleichbehandlungsgesetz keinen umfassenden, allgemein auf jegliche Ungleichbehandlungen ausgerichteten Schutz vor Diskriminierung. Es folgt die Guideline des europäischen Richtliniengebers, die allein vor Benachteiligungen aufgrund bestimmter, in § 1 AGG aufgezählter acht Merkmale schützt.[1822] Der Gesetzestext enthält keine Öffnungsklausel, die Aufzählung der Diskriminierungsmerkmale ist abschließend und deshalb fallen keine anderen Merkmale außer den aufgezählten unter den Schutz des AGG.[1823] Die geschützten Diskriminierungsmerkmale nach dem AGG sind identisch mit denen nach Artikel 19 Absatz 3 AEUV. § 1 AGG deckt jedoch nicht alle in Artikel 3 Absatz 2 und 3 GG aufgezählten Diskriminierungsmerkmale, vor allem fehlen Herkunft, Abstammung, Heimat und Sprache. Glaube und religiöse Anschauung finden sich unter dem Begriff Religion, politische Anschauung unter dem Begriff Weltanschauung als geschützt im AGG. Des Weiteren stellt das AGG weitere, nicht in Artikel 3 Absatz 2 und 3 GG erwähnte Merkmale vor, Alter und sexuelle Identität (§ 1 AGG). Das türkische Gesetz über Menschenrechte- und Gleichheitsinstitution der Türkei geht mit dem Problem in gleicher Weise um und limitiert den angebotenen Schutz für eine ausdrücklich festgestellte begrenzte Anzahl von 16 Diskriminierungsgründen; nämlich Rasse, ethnische Herkunft, Hautfarbe, Sprache, Geschlecht, Religion, Glauben, Konfession, philosophische oder politische Anschauung, Vermögen, Geburt, Familienstand, gesundheitlicher Zustand, Behinderung, Alter – (Art. 3 II GMRGI). (Vgl. Anh. I)

1820 Vgl. *Bamforth*, 693 (702); *Weiwei*, S. 12.

1821 Vgl. *Bamforth*, 693 (702); *Weiwei*, S. 12.

1822 Vgl. *Bauer/Göpfert/Krieger, AGG,* Rn. V; EfK/*Schlachter* AGG § 1 Rn. 2; HK-ArbR/*Braun* AGG § 1 Rn. 1; Arbeitsrecht-Handbuch/*Ahrendt* § 36 AGG Rn. 3. BAG 23.11.2017 NZA-RR 2018, 287.

1823 Vgl. NK-ArbR/*Steinau-Steinrück/Schneider* AGG § 1 Rn. 4.

Der letzte Ansatz allerdings gibt eine Liste von Diskriminierungsgründen an, weist jedoch auf die nicht erschöpfende Liste hin.[1824] In dem Fall enthalten antidiskriminierungsrechtliche Vorschriften eine Aufzählung von Diskriminierungsgründen, abgeschlossen mit dem Verweis auf einen *„anderen Status"*.[1825] Die Definition dessen, was Diskriminierung im Kontext dieser Artikel genau ist, bleibt den Gerichten überlassen.[1826] Dieser Ansatz lässt den Richtern*innen einen gewissen Ermessensspielraum bei der Annahme variabler Standards und erweitert die Liste nach einer Reihe von Grundsätzen, aufgestellt von den Gerichten.[1827] Das gerichtliche Ermessen ist jedoch an die Existenz von Gründen gebunden.[1828] Dieser Ansatz ermöglicht es, die Diskriminierungsmerkmale dynamisch sowie passend zum Zeitgeist und dem zeitgemäßen Diskriminierungsverständnis weiterzuentwickeln. Diesen Ansatz verfolgen zum Beispiel viele internationale Menschenrechtsinstrumente wie AEMR, IPBPR und auch EMRK und RESC sowie auf der europäischen Ebene die GRC. Verfolger dieses Ansatzes sind auch die türkische Verfassung mit Artikel 10 (Art. 10 I Verf) und das türkische Arbeitsgesetz mit seiner Bestimmung über den arbeitsrechtlichen allgemeinen Diskriminierungsschutz in Artikel 5 (Art. 5 I ArbG Nr. 4857). Artikel 10 Absatz 1 der Verfassung der Republik Türkei verbietet die Diskriminierung aus Gründen der Rasse, Hautfarbe, Sprache, des Geschlechts, der politischen Meinung, des philosophischen Glaubens, der Religion, Konfession und ähnlicher Gründe vor dem Gesetz (Art. 10 I Verf). Artikel 5 Absatz 1 Arbeitsgesetz wiederum sieht ein Diskriminierungsverbot für die Diskriminierungsmerkmale Sprache, Rasse, Geschlecht, Behinderung, politische Meinung, philosophischer Glaube, Religion und Konfession (acht Merkmale) und auch für Diskriminierung aufgrund ähnlicher Gründe (Art. 5 I ArbG) vor. Die Öffnungsklausel *„ähnliche Gründe"* in Artikel 5 Absatz 1 Arbeitsgesetz ermöglicht analog die Gewährung eines Diskriminierungsschutzes der nicht in dem Artikel aufgezählten anderen Diskriminierungskategorien. Somit ist Artikel 5 Absatz 1 Arbeitsgesetz in Bezug auf die Aufzählung der Diskriminierungsmerkmale wortgleich mit Artikel 10 Absatz 1 der 1982er-Verfassung geformt und folgte den Beispiel der völkerrechtliche Verträge.[1829] Darüber hinaus endet auch die Aufzählung der Diskriminierungsmerkmale innerhalb der türkischen kündigungsschutzrechtlichen Bestimmungen, die vor allem keine triftigen Kündigungsgründe darstellen, auch mit einem Verweis auf ähnliche Gründe, und setzt somit fest, dass Rasse, Hautfarbe, Geschlecht, Familienstand, familiäre Verpflichtungen, Schwangerschaft, Geburt, Religion, politische Meinung und ähnliche Gründe vor allem keinen triftigen Grund für

---

1824 Vgl. *Fredman*, S. 112; *Bamforth*, 693 (702); *Weiwei*, S 12.
1825 Vgl. *Fredman*, S. 112; *Bamforth*, 693 (702); Weiwei, S 12.
1826 Vgl. *Bamforth*, 693 (702); *Weiwei*, S 12.
1827 Vgl. *Fredman*, S. 112; *Bamforth*, 693 (702); *Weiwei*, S 12.
1828 Vgl. *Fredman*, S. 112.
1829 Siehe *diese Dissertationsschrift* § 4 B. 1.; § 9 B. I.; § 11 B.

eine Kündigung darstellen (Art. 18 III d ArbG). Die Erweiterung der Reichweite des Diskriminierungsschutzes durch die Inanspruchnahme der weiteren, nicht im Gesetzestext aufgezählten Gründe ist aber an die Existenz von im Gesetzestext aufgezählten Gründen gebunden. Alle im Gesetz aufgezählten Merkmale sind personenbedingt und unabdingbar, es erlaubt die Ausweitung der Diskriminierungsmerkmale in analogen oder hinreichend vergleichbaren Situationen wie Alter oder sexuelle Ausrichtung.[1830]

II. Häufigkeit von Diskriminierungserfahrungen nach Merkmalen

Laut der Sechsten Europäischen Studie über Arbeitsbedingungen von Eurofound aus dem Jahr 2017, welche 35 europäische Länder, darunter damalige 28 EU-Mitgliedstaaten – auch Deutschland – und weitere sieben Kandidatenländer für die EU-Mitgliedschaft – inbegriffen die Türkei – abdeckt, sahen sich rund 7 % der Arbeitnehmer*innen in den letzten zwölf Monaten aufgrund von Geschlecht, Rasse, Religion, Alter, Nationalität, Behinderung oder sexueller Orientierung diskriminiert.[1831] Insgesamt handelt es sich bei den Gruppen, die einen höheren Grad an Diskriminierung melden, um jüngere Arbeitnehmer*innen, Arbeitnehmer*innen mit befristeten Verträgen, Frauen im mittleren Management (die weniger als zehn Mitarbeiter beaufsichtigen) und Arbeitnehmer*innen, die Umstrukturierungen oder einen Personalabbau in ihren Unternehmen erleben.[1832] Diskriminierung aufgrund des Alters ist die häufigste Form, gefolgt von Diskriminierung aufgrund des Geschlechts, der Nationalität und der Rasse (einschließlich ethnischer Herkunft und Hautfarbe).[1833] 3 % der Arbeitnehmer*innen geben Altersdiskriminierung an.[1834] Diskriminierung aufgrund des Geschlechts (2 %) geben mehr Frauen (3 %) als Männer (1 %) an.[1835] Diskriminierung aufgrund von Rasse, ethnischem Hintergrund, von Hautfarbe und Nationalität melden 2 % der Arbeitnehmer*innen (für jede Form der Diskriminierung).[1836] Schließlich gibt 1 % der Arbeitnehmer*innen an, aufgrund ihrer Religion, Behinderung oder sexuellen Ausrichtung diskriminiert worden zu sein.[1837]

Nach einem Bericht des Landesarbeitsgerichts Baden-Württemberg war bereits im Jahr 2007, ein Jahr nach dem Inkrafttreten des AGG, das häufigste

1830 Vgl. *Ünal*, S. 10 ff.
1831 Vgl. *Eurofound*, S. 12, 70.
1832 Vgl. *Eurofound*, S. 70.
1833 Vgl. *Eurofound*, S. 70.
1834 Vgl. *Eurofound*, S. 70.
1835 Vgl. *Eurofound*, S. 70.
1836 Vgl. *Eurofound*, S. 70.
1837 Vgl. *Eurofound*, S. 70.

thematisierte Diskriminierungsmerkmal bei Rechtstreitigkeiten in Deutschland das Alter (36 %), gefolgt von Geschlecht (28 %), Behinderung (18 %), ethnischer Herkunft (11 %).[1838] Zudem verteilten sich 36 % der geltend gemachten Diskriminierungen auf den Bereich der Kündigungen.[1839] Eine neuere, allgemeine, nicht arbeitsgerichtsspezifische Studie von Antidiskriminierungsstellen, Bundesregierung und Bundestag, Dritter Gemeinsamer Bericht, der wie die Studie des Eurofound aus dem Jahr 2017 datiert, stellt spezifisch für Deutschland fest, nahezu ein Drittel (31,4 %) der Befragten fühlte sich in den 24 Monaten vor der Befragung aufgrund eines oder mehrerer der im AGG geschützten Merkmale diskriminiert.[1840] Beim Einbeziehen der Diskriminierungserfahrungen aufgrund anderer, gesetzlich nicht geschützter Merkmale nimmt der Anteil der Personen mit Diskriminierungserfahrungen auf 35,6 Prozent zu.[1841] Eine Diskriminierung aufgrund des Alters ist die häufigste Form, gefolgt von einer Diskriminierung aufgrund des Geschlechts, der Religion oder Weltanschauung und aus rassistischen Gründen.[1842] Altersdiskriminierung geben insgesamt 14,8 % der Befragten an.[1843] Somit gestaltet sich das Alter, wie in den Ergebnissen der Europäischen Länderstudie des Eurofound, als das häufigste genannte Diskriminierungsmerkmal. Dabei haben 5,8 % der Befragten erzählt, aufgrund eines zu jungen Lebensalters diskriminiert worden zu sein, und 9,9 % aufgrund eines zu hohen Lebensalters, wobei einige Personen von beidem berichtet haben.[1844] Diskriminierung aufgrund des Geschlechts bzw. der Geschlechtsidentität meldeten 9,2% der Befragten.[1845] Laut der europäischen Studie steht demnach das Geschlecht bzw. die Geschlechtsidentität an zweiter Stelle. Diskriminierung wegen der Religion oder Weltanschauung haben 8,8 % der Befragten, aus rassistischen Gründen bzw. wegen der (ethnischen) Herkunft 8,4 % oder wegen einer Behinderung oder Beeinträchtigung 7,9 % gemeldet.[1846] Dadurch unterscheiden sich die Ergebnisse spezifisch aus Deutschland und der europäischen Studie. Deutlich geringer ist der Anteil der Befragten mit nur 2,4 %, die berichteten, aufgrund der sexuellen Orientierung eine Benachteiligung erfahren zu haben.[1847]

1838 Landesarbeitsgericht Baden-Württemberg, Pressemitteilung, Erste Erfahrungen in der Rechtsprechung mit dem Allgemeinen Gleichbehandlungsgesetz (AGG), 27.6.2007.

1839 Landesarbeitsgericht Baden-Württemberg, Pressemitteilung, Erste Erfahrungen in der Rechtsprechung mit dem Allgemeinen Gleichbehandlungsgesetz (AGG), 27.6.2007.

1840 Vgl. *Diskiminierung in Deutschland*, S. 215.

1841 Vgl. *Diskiminierung in Deutschland*, S. 215.

1842 Vgl. *Diskiminierung in Deutschland*, S. 215.

1843 Vgl. *Diskiminierung in Deutschland*, S. 215.

1844 Vgl. *Diskiminierung in Deutschland*, S. 215.

1845 Vgl. *Diskiminierung in Deutschland*, S. 216.

1846 Vgl. *Diskiminierung in Deutschland*, S. 216.

1847 Vgl. *Diskiminierung in Deutschland*, S. 216.

Einer neueren Studie aus dem Jahr 2018 über die Wahrnehmung der Diskriminierung in der Türkei zufolge vermuten 23,1 % der Befragten eine Diskriminierung aufgrund der politischen Meinung, sexuellen Identität, des Flüchtlings- oder Migrantenstatus, Geschlechts, der Religion oder Weltanschauung, ethnischen Herkunft, geistigen Behinderung, einer körperlichen Behinderung, eines zu jungen Lebensalters und eines zu hohen Lebensalters in der Türkei.[1848] Diskriminierung aufgrund der politischen Meinung ist die häufigste Form, gefolgt von Diskriminierung aufgrund der sexuellen Identität, Flüchtlings- oder Migrantenstatus, Geschlecht.[1849] Diskriminierung wegen der politischen Meinung geben 42,2 % der Befragten an.[1850] Eine Diskriminierung wegen der sexuellen Identität melden 36,28 % der Befragten.[1851] Diskriminierung wegen Flüchtlings- oder Migrantenstatus nennen 36,28 % der Befragten, wegen des Geschlechts 33,08 % und wegen der Religion oder Weltanschauung (einschließlich Unglaube) 26,59 %.[1852] Weiterhin melden 25,38 % der Befragten Diskriminierung wegen der ethnischen Herkunft an.[1853] Es folgt das Merkmal Behinderung, getrennt nach der geistigen und körperlichen Form. Somit reden ca. 18 % der Befragten von geistiger Behinderung und ca. 16 % von körperlicher Behinderung hinsichtlich von in der Türkei erlebten Diskriminierungen.[1854] Schließlich sprechen ca. 13 % der Befragten von in der Türkei weitverbreiteten Diskriminierungen aufgrund eines jungen Lebensalters und ca. weitere 13 % aufgrund eines hohen Lebensalters.[1855] Dementsprechend entsteht eine ganz andere Tabelle als die allgemein europäische und spezifisch die deutsche. In den Ergebnissen der allgemeinen europäischen und deutschen Studien sind fast keine Nennungen in Bezug auf die politische Meinung zu verzeichnen, in der Türkei ist sie das am häufigsten genannte Diskriminierungsmerkmal. In gleicher Weise zu nennen ist die sexuelle Identität, welche in der allgemeinen europäischen Studie und in der deutschen unauffällig ist, in der Türkei nimmt sie den zweiten Platz ein.

Weiterhin existiert eine Untersuchung der häufigsten und in den Gesetzen aufgezählten Diskriminierungsmerkmale nach deutschem und türkischem Arbeitsrecht, insbesondere in Verbindung mit der Kündigung.

1848 Vgl. *Özatalay/Doğuç*, S. 12.
1849 Vgl. *Özatalay/Doğuç*, S. 32.
1850 Vgl. *Özatalay/Doğuç*, S. 24, 32.
1851 Vgl. *Özatalay/Doğuç*, S. 22, 32.
1852 Vgl. *Özatalay/Doğuç*, S. 20, 23, 19, 32.
1853 Vgl. *Özatalay/Doğuç*, S. 19, 32.
1854 Vgl. *Özatalay/Doğuç*, S. 32.
1855 Vgl. *Özatalay/Doğuç*, S. 32.

III. Besonderheit einiger Diskriminierungskategorien

Im deutschen und türkischen arbeitsrechtlichen Antidiskriminierungsrecht genießen verschiedene Diskriminierungskategorien einen legalen Schutz gegenüber Diskriminierungen im arbeitsrechtlichen Umfeld (Vgl. Anh. I). Diesbezügliche gesetzliche Definitionen fehlen jedoch in beiden nationalen Rechtssystemen. Ausschlaggebend ist eine völker- – und insbesondere in Bezug auf das deutsche Recht – unionsrechtskonforme Auslegung.[1856]

Dieser Abschnitt beinhaltet einige nach dem deutschen und türkischen Recht geschützte Diskriminierungskategorien hinsichtlich einer Konkretisierung in Bezug auf ihre Definitionen. Zuerst steht eine Schilderung der Merkmale Rasse, Hautfarbe, ethnische Herkunft, Sprache nach dem deutschen und türkischen Recht; gefolgt von der Präzisierung Geschlecht, sexuelle Identität als Diskriminierungsmerkmale nach beiden Rechtssystemen. Weiterhin enthalten ist die Erläuterung des Merkmals Alter und der Behinderung laut deutschem und türkischem Recht. Es folgt eine Darstellung der Merkmale Religion, Weltanschauung, philosophischer Glaube, politische Meinung im deutsch-türkischen rechtlichen Vergleich. Es schließt sich eine Beschreibung der Merkmale Vermögen, Geburt, Familienstand, gesundheitlicher Zustand an.

1. Rasse, Hautfarbe, ethnische Herkunft, Sprache

Als Erstes steht eine Erläuterung der geschützten Diskriminierungsmerkmale Rasse und ethnische Herkunft nach deutschem Recht, als Nächstes folgt eine Schilderung der geschützten Diskriminierungsmerkmale Rasse, Hautfarbe, ethnische Herkunft und Sprache nach türkischem Recht.

a) Deutsches Recht: „Rasse, ethnische Herkunft“

In § 1 AGG schützt das AGG die Diskriminierungsmerkmale Rasse und ethnische Herkunft. Die Definitionen der Begriffe sind allerdings weder im AGG noch im AEUV noch in der Antirassismusrichtlinie oder im GRC zu finden. Eine Entscheidung des EuGHs in Bezug auf die Präzisierung der Begriffe fehlt ebenfalls.[1857] Dabei sind die Begriffe unter Berücksichtigung des EU Rechts und der völkerrechtlichen Normen – insbesondere der Antirassismuskonvention und

---

1856 Vgl. BeckOK ArbR/*Roloff* AGG § 1 Rn. 1; BeckOGK/*Baumgärtner* AGG § 1 Rn. 1; Däubler/Bertzbach AGG/*Däubler* § 1 Rn. 28. a.A. *Domröse*, NZA 2006, 1320 (1320).

1857 Siehe: EuGH 6.10.2005, Rs. C 328/04 „Vajnai“ (Verbot, einen fünfzackigen roten Stern zu tragen verstößt nicht gegen das Verbot der Diskriminierung aufgrund Rasse oder ethnische Herkunft); EuGH 10.7.2008, Rs. C-54/07 „Feryn“ (Diskriminierung von „Menschen fremder Herkunft” ist eine Diskriminierung aufgrund Rasse oder ethnische Herkunf); EuGH 16.7.2015, Rs. C-83/14 „CHEZ” (Roma). Vgl. Däubler/Bertzbach AGG/*Däubler* § 1 Rn 27.

auch der EMRK (Art. 14 EMRK) – unter dem Oberbegriff ethnische Herkunft weit auszulegen, um einen Schutz vor ethnisch motivierten Benachteiligungen möglichst lückenlos zu gewährleisten.[1858]

Vor allem ist unter dem Begriff der *Rasse* nicht die Zugehörigkeit zu einer angeblich ‚echten' Rasse, sondern eine Vorstellung über Rassen und deren spezifische Eigenschaften – meistens geprägt durch gesellschaftliche Vorurteile – zu verstehen, einhergehend mit einem individuellen Verhalten infolge von stabilen, vererbbaren Wurzeln.[1859] Die Antirassismus-RL verdeutlicht gleichwohl, folgend der VN-Antirassismuskonvention, in ihren Erwägungsgründen entschlossen ein Zurückweisen von Theorien, die versuchen die Existenz verschiedener menschlicher Rassen zu belegen (ErwG. 6 RL 2000/43/EG). Wiederholt findet sich dieser Gedanke in der Gesetzesbegründung zum AGG.[1860] Um den Begriff der Rasse zu verdeutlichen, hat das deutsche Schrifttum äußerliche körperliche Merkmale oder andere Merkmale von Menschen, die vermeintlich als lebenslänglich und vererblich wahrgenommen sind, mit der Vorstellung über Rasse in Verbindung gebracht.[1861] Dies ist allerdings unter Berücksichtigung der sozialen Konstruktion der Rasse als äußerst kritisch zu betrachten. *„Die vermeintlich deskriptiven äußerlichen Merkmale werden als solche nur deshalb wahrgenommen, weil unsere soziale Prägung diese Merkmale erst sichtbar macht."*[1862] Es geht demzufolge nicht darum, was eine Rasse ist, sondern um rassistische Ideen.

Die Feststellung der *ethnischen Herkunft* nimmt die gemeinsame Kultur als kennzeichnendes Kriterium im deutschen Schrifttum und in der Rechtsprechung zum Ausgangspunkt.[1863] Es handelt sich demnach um die Wahrnehmung einer Gruppe von Menschen als eine Ethnie, abgegrenzt von Anderen durch ihre gemeinsame Geschichte, ihre eigene kulturelle Tradition sowie familiäre

---

1858 BT-Dr 16/1780, S. 31. BAG 21. 6. 2012, NZA 2012, 1345. Vgl. Däubler/Bertzbach AGG/*Däubler* § 1 Rn. 26, 29; *Thüsing*, NJW 2003, 3441 (3443); ErfK/Schlachter AGG § 1 Rn. 4; MHdB ArbR/*Oetker* § 16 Rn. 5; BeckOK ArbR/*Roloff* AGG § 1 Rn. 1, 3; BeckOGK/*Baumgärtner* AGG § 1 Rn. 63.

1859 EuGH 16.7.2015, Rs. C-83/14 „CHEZ". Vgl. Däubler/Bertzbach AGG/*Däubler* § 1 Rn. 23, 24; *Kocher* in Schlachter/Heinig (Hrs.), EnzEuR Bd. 7, § 5 Rn. 87; *Adomeit/Mohr*, § 1 Rn. 27, 28; ErfK/*Schlachter* AGG § 1 Rn. 4; *Bauer/Göpfert/Krieger*, § 1 Rn. 15.

1860 BT-Dr 16/1780, S. 31.

1861 LAG Sachsen 17.9.2010, NZA-RR 2011, 72. Vgl. Däubler/Bertzbach AGG/*Däubler* § 1 Rn. 25; *Kocher*, in Schlachter/Heinig (Hrsg.), EnzEuR Bd. 7, § 5 Rn. 87; *Adomeit/Mohr*, § 1 Rn. 28, 32; HK-ArbR/*Braun* AGG § 1 Rn. 1; BeckOK ArbR/*Roloff* AGG § 1 Rn. 1; BeckOGK/*Baumgärtner* AGG § 1 Rn. 67; *Voggenreiter*, in: Rudolf/Mahlmann, § 8 Rn. 23; *Bauer/Göpfert/Krieger*, § 1 Rn. 17.

1862 BeckOGK/*Baumgärtner* AGG § 1 Rn. 67 ff.

1863 Vgl. *Adomeit/Mohr* § 1 Rn. 32 ff..

und soziale Gebräuche und Sitten.[1864] Weitere Elemente wie Sprache, Literatur, äußeres Erscheinungsbild – wie Kleidung und/oder Religion sowie ein gemeinsames Siedlungsgebiet – können die Zugehörigkeit einer ethnischen Gruppe indizieren.[1865] Maßgebend ist vor allem die Selbsteinschätzung der Gruppe und die Wahrnehmung von außen als besondere, distinkte Gruppe.[1866]

Nicht erfasst vom Begriff der *ethnischen Herkunft* ist die Staatsangehörigkeit, die aber eng und zweckmäßig (EU-Einwanderungspolitik) auszulegen ist.[1867] Allerdings kann in besonderen Fällen die Staatsangehörigkeit eine unmittelbare Diskriminierung wegen einer ethnischen Herkunft darstellen, wenn bei der Differenzierung durch Privatpersonen in einer Maßnahme in Bezug auf die ausländische Staatsangehörigkeit – wie z. B. Türke – als Maßstab genommen ist.[1868] Allerdings liegt bei einer anscheinend allein auf die Staatsangehörigkeit abgestellten Differenzierung eine Benachteiligung wegen der ethnischen Herkunft vor, wenn tatsächlich die Zugehörigkeit zur Volks- und Kulturgemeinschaft für die Zurückstellung tragend ist.[1869] Ebenfalls fallen die Gruppen nach der regionalen Herkunft innerhalb des Staates der Bundesrepublik Deutschland – wie *„Wessi/Ossi"* oder *„Schwabe/Badener"* – nicht unter den Begriff der ethnischen Herkunft.[1870] Einen Schutz finden könnten diese nach dem Merkmal *„Heimat"*, das aber nicht durch das AGG geschützt ist.[1871]

Anders als das deutsche Grundgesetz und das türkische Recht gestaltet sich das Merkmal *Sprache* als ein nicht durch das AGG geschütztes Diskriminierungsmerkmal. Eine gute Beherrschung der deutschen Sprache kann aber eine

1864 LAG Sachsen 17.9.2010, NZA-RR 2011, 72. Vgl. *Adomeit/Mohr* § 1 Rn. 32 ff., 34; Däubler/Bertzbach AGG/*Däubler* § 1 Rn. 30; ErfK/*Schlachter* AGG § 1 Rn. 4a; *Bauer/Göpfert/Krieger,* § 1 Rn. 19–21.

1865 LAG Sachsen 17.9.2010, NZA-RR 2011, 72. Vgl. *Adomeit/Mohr* § 1 Rn. 32 ff.; ErfK/*Schlachter* AGG § 1 Rn. 4a; MHdB ArbR/*Oetker* § 16 Rn. 8; BeckOK ArbR/*Roloff* AGG § 1 Rn. 3; *Bauer/Göpfert/Krieger,* § 1 Rn. 19 – 21.

1866 LAG Sachsen 17.9.2010, NZA-RR 2011, 72. Vgl. *Adomeit/Mohr* § 1 Rn. 32 ff.; ErfK/*Schlachter* AGG § 1 Rn. 4a; *Bauer/Göpfert/Krieger,* § 1 Rn. 19 – 21.

1867 BAG 23.11.2017, NZA-RR 2018, 287; LAG Sachsen 17.9.2010, NZA-RR 2011, 72. Siehe: Art. 3, II RL 2000/43/EG; Art. 3, II RL 2000/78/EG. Vgl. *Adomeit/Mohr* § 1 Rn. 37; Däubler/Bertzbach AGG/*Däubler* § 1 Rn. 33 ff.; *Schiek*, NZA 2003, 873 (876).

1868 BAG 21. 6. 2012, NZA 2012, 1345. Vgl. Däubler/Bertzbach AGG/*Däubler* § 1 Rn. 36; BeckOK ArbR/*Roloff* AGG § 1 Rn. 2; BeckOGK/*Baumgärtner* AGG § 1 Rn. 82.1. Als mittelbare Diskriminierung: *Schiek*, NZA 2004, 873 (876).

1869 BAG 21.6.2012, NZA 2012, 1345 Rn. 31. Vgl. ErfK/*Schlachter* AGG § 1 Rn. 4a; BeckOK ArbR/*Roloff* AGG § 1 Rn. 4; BeckOGK/*Baumgärtner* AGG § 1 Rn. 82.1.

1870 LAG Sachsen 17.9.2010, NZA-RR 2011, 72; ArbG Stuttgart 15. 4. 2010 NZA-RR 2010, 344. Siehe auch Art. 3, II RL 2000/43/EG. Vgl. *Adomeit/Mohr* § 1 Rn. 37; MHdB ArbR/*Oetker* § 16 Rn. 8. Anders denkend: BeckOK ArbR/Roloff AGG § 1 Rn. 3; *Thüsing* Diskriminierungsschutz Rn. 181.

1871 Vgl. *Adomeit/Mohr* § 1 Rn. 37.

mittelbare Benachteiligung wegen der ethnischen Herkunft sein, wenn eine sachliche Rechtfertigung fehlt.[1872] Das LAG Bremen bewertete die Kündigung eines Arbeitsverhältnisses außerhalb des Anwendungsbereiches des KSchG aufgrund des Sprechens der deutschen Sprache mit einem hörbaren Akzent als eine unmittelbare Diskriminierung.[1873] Die Entscheidung ist aber anzuzweifeln, da die Sprache kein nach dem AGG geschütztes Merkmal ist.[1874]

b) Türkisches Recht: „Rasse, Hautfarbe, ethnische Herkunft, Sprache"

Ein Verbot der Diskriminierung aufgrund der Rasse, Hautfarbe und Sprache legt der arbeitsrechtliche allgemeine Diskriminierungsschutz in Artikel 5 Absatz 1 Arbeitsgesetz fest. Dieses Verbot ist auch verfassungsrechtlich verankert (Art. 10 Verf.). Das GMRGI aus dem Jahr 2016 fügt die ethnische Herkunft zu dieser Kategorie der Diskriminierungsmerkmale hinzu (Art. 3 II GMRGI), somit ist es die einzige türkische Norm, die Diskriminierung aufgrund der ethnischen Herkunft für rechtswidrig erklärt. Eine Darstellung finden hier jeweils die Merkmale Rasse, ethnische Herkunft, Hautfarbe und Sprache.

aa) Diskriminierung aufgrund der Rasse

Eine Definition der Rasse ist im türkischen Recht nicht zu finden. Diesem Umstand zufolge versucht das Schrifttum, den Begriff der Rasse selbst zu definieren, allerdings neigt es dazu, die Rasse mittels der angeblich geerbten gemeinsamen genetischen, physikalischen und physiologischen Eigenschaften begrifflich genau zu bestimmen.[1875] Schon in der Präambel der Antirassismuskonvention aus dem Jahr 1966 bemerkten die Vertragsstaaten der Konvention nachdrücklich, jede Lehre von einer auf Rassenunterschiede gegründete Überlegenheit sei wissenschaftlich falsch, moralisch verwerflich sowie sozial ungerecht und gefährlich (Präambel AntirassismusK). Wie schon vorher im deutschen Recht erwähnt wurde: Die Europäische Union weist ebenfalls in der Antirassismus-Richtlinie Theorien, die dazu dienen, die Existenz verschiedener menschlicher Rassen zu belegen, zurück (ErwG. 6 Antirassismus-RL). Basierend auf den Erkenntnissen in Genetik, Biologie und in der physikalischen Anthropologie gibt es keine wissenschaftlich unterschiedlichen Rassen innerhalb der menschlichen Spezies.[1876] Rassistische Einstellungen und Verhaltensweisen beruhen nicht auf wissenschaftlichen

---

1872 BAG 28.1.2010 NZA 2010, 625; BAG 22.6.2011 NZA 2011, 1226; LAG HE 12.6.2015 BeckRS 2016, 65651; Vgl. ErfK/*Schlachter* AGG § 1 Rn. 5; MHdB ArbR/*Oetker* § 16 Rn. 8.

1873 LAG Bremen 29.6.2010, NZA-RR 2019, 510.

1874 Vgl. ErfK/*Schlachter* AGG § 1 Rn. 5.

1875 Vgl. *Manav*, DEÜHFD 2013(15), S. 731 (759); *Yuvalı*, TÜHİS 2012/2013(24). a.A.: *Kayaalp*, S. 179.

1876 Vgl. *Somersan*, S. 1–2, 5, 6.

Erkenntnissen, sondern auf dem historisch-sozialen Background von Individuen und Völkern sowie auf der Art und Weise, wie Individuen als Teil des politischen Alltags diese annehmen.[1877] Darüber hinaus ist bei der Diskussion über Rassismus immer auf die Wirtschaft, den wirtschaftlichen Prozess und die Variablen sowie ihre politischen Implikationen zu achten.[1878] Rassenindikatoren in der Welt belegen eine enge Verbundenheit des Rassismus mit Wirtschaftszyklen und politischen Krisen bis hin zu Kriegen.[1879] Wirtschaftliche Prozesse führen zu einem langsamen Erwachen von Gedanken, Vorurteilen und Stereotypen, die unter den Menschen in der Gesellschaft bereits existieren (aber tief schlafend sind), zu ihrer Konzentration, zu individuellem Verhalten und zu Demonstrationen.[1880] Typologien können von Sündenböcken, Diskriminierung, Beleidigung und Belästigung über rechtliche Diskriminierung bis hin zu Massengewalt reichen.[1881] Während dieses Prozesses bestimmen die *„Starken“* die Antwort auf die Frage, wer das Ziel des Rassismus ist, in der Regel im Lichte gesellschaftspolitischer und wirtschaftlicher Positionen.[1882] Demnach ist es ausschlaggebend für das türkische Recht, anstatt die Rasse mit genetischen, physikalischen und physiologischen Eigenschaften erklären zu versuchen, ein historisches, gesellschaftsübergreifendes Verständnis von Rassendiskriminierung zu entwickeln.

bb) Diskriminierung aufgrund der ethnischen Herkunft

Obwohl in Artikel 5 Absatz 1 Arbeitsgesetz sowie auch in Artikel 10 Verfassung und Artikel 18 Arbeitsgesetz nicht aufgezählt, geht das Schrifttum von einer Miteinberechnung der ethnischen Herkunft als einem ähnlichen Grund innerhalb des allgemeinen arbeitsrechtlichen Diskriminierungsschutzes aus. Es wäre vor allem unlogisch, die ethnische Herkunft unter Berücksichtigung der logischen Verbindung zwischen den Merkmalen Rasse und ethnische Herkunft nicht miteinzubeziehen.[1883] Außerdem soll GMRGI auch als Beispiel dienen, bei einer systematischen Auslegung ähnlicher Gründe nach Artikel 5 Absatz 1 Arbeitsgesetz und somit die ethnische Herkunft als logischer Bestandteil der Öffnungsklausel „ähnliche Gründe“ in Artikel 5 Absatz 1 Arbeitsgesetz zu gelten.[1884] Die Definition der Rassendiskriminierung in der VN Antirassismuskonvention, welche auf der Rasse, der Hautfarbe, der Abstammung, der nationalen, aber auch ethnischen Herkunft beruhende Unterscheidung, Ausschließung, Beschränkung oder Bevorzugung beruht und als Rassendiskriminierung zu verstehen ist, spricht ebenfalls

1877 Vgl. *Somersan*, S. 1–2.
1878 Vgl. *Somersan*, S. 9.
1879 Vgl. *Somersan*, S. 9.
1880 Vgl. *Somersan*, S. 9.
1881 Vgl. *Somersan*, S. 9.
1882 Vgl. *Somersan*, S. 2.
1883 Vgl. *Yuvalı*, 163; *Mollamahmutoğlu/Astarlı/Baysal*, İş Hukuku Ders, S. 194.
1884 Vgl. *Yuvalı*, 163; *Mollamahmutoğlu/Astarlı/Baysal*, İş Hukuku Ders, S. 194.

dafür.[1885] Außerdem bestätigt auch die europäische Antirassismus-Richtlinie diese Verbindung zwischen dem Begriff der Rasse und der ethnischen Herkunft und bezweckt die Schaffung eines Rahmens zur Bekämpfung der Diskriminierung aufgrund der Rasse und auch der ethnischen Herkunft.

Soziologische Untersuchungen über die Diskriminierung aufgrund der ethnischen Herkunft im untersuchten Bereich der Republik der Türkei belegen bei Menschen aus der ethnischen Gruppe der Roma, Kurden, Griechen, Armenier und Tschetschenen meistens Diskriminierungen aufgrund ihrer ethnischen Herkunft im Bereich der Beschäftigung.[1886] Eine andere Studie über ethnische Diskriminierung gegen Kurden auf dem türkischen Beschäftigungsmarkt belegt, fast alle Opfer der diskriminierenden Kündigungen aufgrund der ethnischen Herkunft waren Arbeitnehmer*innen von ‚Klein'unternehmen außerhalb des Kündigungsschutzes.[1887] Dieser Fakt belegt auf der einen Seite erneut die Schutzbedürftigkeit der Arbeitnehmer*innen in den Unternehmen mit weniger als 30 Arbeitnehmern*innen gegenüber diskriminierenden Kündigungen. Auf der anderen Seite macht es unter Berücksichtigung des Falles *Yilmaz-Dogan vs. The Netherlands* über Antirassismuskonvention, in dem der Ausschuss zur Beseitigung der Rassendiskriminierung (ICERD) die Gewährleistungspflicht der Vertragsstaaten einen wirksamen Schutz und wirksamen Rechtsbehelf durch die zuständigen nationalen Gerichte und sonstigen staatlichen Einrichtungen gegen alle rassistische diskriminierende Kündigungen bestätigt, fraglich, ob die türkischen Normen über den Schutz gegen diskriminierende Kündigungen aufgrund der ethnischen Herkunft der Arbeitnehmer*innen hinsichtlich der Arbeit ein völkerrechtlich vorgesehenes Schutzniveau erreichen könnten.[1888]

Darüber hinaus sind nach der Literatur diskriminierende Handlungen wegen lokaler und regionaler Gründe in der Regel nicht als Diskriminierung aufgrund der ethnischen Herkunft einzustufen.[1889] Kam es demnach nur zur Diskriminierung, weil jemand aus dem Gebiet der Schwarzmeerregion der Türkei stammt, kann er den Schutz gegen Diskriminierung aufgrund der ethnischen Herkunft nicht genießen.[1890] Wenn diese Person jedoch als von dem Schwarzmeerregion stammende Tscherkesse diskriminiert wäre, schützt dann das Verbot der Diskriminierung aus ethnischen Gründen die Person.[1891]

1885 Siehe *diese Dissertationschrift*, § 7, IV., 1.

1886 Vgl. *Alp/Taştan*, S. 23–29.

1887 Vgl. *Lordoğlu/Aslan*, ÇT 2012/2, S. 117 (138).

1888 Siehe *diese Dissertationschrift* § 7, IV., 1.

1889 Vgl. *Düğmeci*, S. 292.

1890 Vgl. *Düğmeci*, S. 292.

1891 Vgl. *Düğmeci*, S. 292. Die Tscherkessen in der Türkei stammen meistens von der Schwarzmeerregion.

cc) Diskriminierung aufgrund der Hautfarbe

Diskriminierung aufgrund der Hautfarbe bezeichnet eine Diskriminierung im Hinblick auf das körperliche Erscheinungsbild der Person.[1892] Sie betrifft eine aufgrund eines ererbten Zustands oder aufgrund der biologischen und physischen Eigenschaften einer Person verursachte Diskriminierung.[1893] Diskriminierung aufgrund einer dunklen Hautfarbe lässt sich unter dieses Merkmal rechnen.

dd) Diskriminierung aufgrund der Sprache

Unter der Kategorie des Diskriminierungsverbotes aufgrund der Sprache ist im türkischen Schrifttum ein arbeitsrechtliches Diskriminierungsverbot zu verstehen, nach dem der*die Arbeitgeber*in verpflichtet ist, allein aufgrund der Muttersprache der Arbeitnehmer*innen nicht zu diskriminieren.[1894] Das Schrifttum legt Wert darauf, dass die Republik Türkei eine offizielle Sprache hat.[1895] Sie ist in Artikel 3 Absatz 1 der Verfassung festgeschrieben und ist Türkisch (Art. 3 I Verf.). Nach der Literatur sind alle offiziellen Arbeiten in türkischer Sprache auszuführen, alle offiziellen Dokumente sind in türkischer Sprache aufzubewahren und die gesamte offizielle Korrespondenz muss in türkischer Sprache erfolgen.[1896] Auch wenn die Amtssprache des Landes Türkisch ist, muss nicht jeder immer nur Türkisch sprechen.[1897] Somit gilt eine Kündigung aufgrund der Muttersprache des*der Arbeitnehmers*in als eine diskriminierende Kündigung.

Weil aber die Amtssprache Türkisch ist, ist jede einzelne Person gehalten, bei ihrer Korrespondenz mit offiziellen Behörden Türkisch zu sprechen.[1898] Hat eine nicht ausreichende Fähigkeit in Bezug auf das Sprechen der türkischen Sprache negative Auswirkungen auf die Arbeit, ist das Aussprechen einer Kündigung wegen der Störung des Arbeitsverhältnisses aufgrund mangelnder türkischer Sprachkenntnisse möglich; diese Kündigung gilt nicht als eine diskriminierende Kündigung.[1899]

Außerdem sind hinsichtlich des Sprachbegriffes, der die Grundlage der Diskriminierung aufgrund der Sprache darstellt, auch die Begriffe Dialekt, Mundart und Akzent zu verstehen, die die Unterzweige einer Sprache bilden.[1900] Somit ist es eine Diskriminierung aufgrund der Sprache, wenn eine Person infolge ihres Dialekts, ihrer Mundart oder ihres Akzents die Kündigung erhält.[1901]

1892 Vgl. *Kayaalp*, S. 180.
1893 Vgl. *Kayaalp*, S. 180.
1894 Vgl. *Yuvalı*, TÜHİS 2012–2013/24, S. 71 (81); *Kayaalp*, S. 180.
1895 Vgl. *Yuvalı*, TÜHİS 2012–2013/24, S. 71 (81, Fußnote 46).
1896 Vgl. *Yuvalı*, TÜHİS 2012–2013/24, S. 71 (81, Fußnote 46).
1897 Vgl. *Yuvalı*, TÜHİS 2012–2013/24, S. 71 (81, Fußnote 46).
1898 Vgl. *Yuvalı*, TÜHİS 2012–2013/24, S. 71 (81, Fußnote 46).
1899 Vgl. *Yuvalı*, TÜHİS 2012–2013/24, S. 71 (81); *Kayaalp*, S. 180.
1900 Vgl. *Düğmeci*, S. 293.
1901 Vgl. *Düğmeci*, S. 293.

2. Geschlecht, sexuelle Identität

Unter diesem Abschnitt kommt es als Erstes zur Schilderung der geschützten Diskriminierungsmerkmale Geschlecht und sexuelle Identität nach deutschem Recht und danach Geschlecht als Diskriminierungsmerkmal nach türkischem Recht.

a) Deutsches Recht: „Geschlecht, sexuelle Identität"

Als Erstes steht eine Beschreibung des Merkmales Geschlecht nach deutschem Recht. Es folgt die Darstellung der sexuellen Identität als Diskriminierungsmerkmal.

aa) Geschlecht

Der Begriff des Geschlechts in Bezug auf das AGG gewährleistet einen Schutz gegen Benachteiligungen aufgrund einer biologischen Zuordnung einer Person zu einer vorgegebenen Geschlechtskategorie durch die Geschlechtschromosomen, männliches und weibliches Geschlecht oder Intersexualität.[1902] Häufig verwenden europäische rechtliche Normen (vgl. Art. 157 II 2 AEUV) sowie das deutsche Grundgesetz (vgl. Art. 3 II und Art. 3 III GG) *„Geschlecht"* als einen Oberbegriff für das Wortpaar Mann/Frau.[1903] Das zeigt sich auch im biologisch orientierten Verständnis des Konzeptes im europäischen und deutschen nationalen Recht. Das AGG – gleichwie GRC und AEUV – verwendet den Begriff Geschlecht im Sinne des englischen Wortes *„sex"*, aber nicht *„gender"*, und orientiert sich an den biologischen und genetischen Eigenschaften; allerdings nicht direkt an der soziologischen Konstruktion der Weiblichkeit, Männlichkeit (und Dritt-Geschlechtlichkeit) innerhalb der gesellschaftlichen Realitäten, was als kritisch zu betrachten ist.[1904]

In Bezug auf diese Konzeption gestaltet sich ebenfalls die rechtliche Zuordnung der Trans*sexualität, welche nicht auf der körperlichen, sondern auf der psychischen Konstitution eines Menschen beruht, als problematisch.[1905] Nach der amtlichen Begründung des AGG gestaltet sich eine Diskriminierung aufgrund einer Trans*sexualität als eine Diskriminierung nach dem Merkmal sexuelle Orientierung.[1906] Der EuGH sieht dies anders und ordnet es unter

---

1902 Vgl. MHdB ArbR/*Oetker* § 16 Rn. 11; ErfK/*Schlachter* AGG § 1 Rn. 6; MüKoBGB/*Thüsing* AGG § 1 Rn. 22; BeckOGK/*Baumgärtner* AGG § 1 Rn. 91; ArR A-z/*Koch* AGG; Däubler/Bertzbach AGG/*Däubler* § 1 Rn. 48; *Kocher* in Schlachter/Heinig, EurArbeits- und Sozialrecht, § 5 Rn. 84; Schiek/*Schiek,* AGG § 1 Rn. 25; *Voggenreiter,* in: Rudolf/Mahlmann, § 8 Rn. 25.

1903 Vgl. BeckOGK/*Baumgärtner* AGG § 1 Rn. 85, 86.

1904 Ebenfalls: BeckOGK/*Baumgärtner* AGG § 1 Rn. 91.

1905 Vgl. BeckOGK/*Baumgärtner* AGG § 1 Rn. 105.

1906 BT-Drs. 16/1780, S. 31; BT-Drs. 15/4538 S. 28.

die Terminierung Geschlechterdiskriminierung ein.[1907] Jüngst erkannte das BVerfG auch an, Menschen, die sich dauerhaft weder dem männlichen noch dem weiblichen Geschlecht zuordnen lassen, seien vor einer Diskriminierung wegen ihres Geschlechts nach Artikel 3 Absatz 3 Satz 1 GG geschützt.[1908] Das BAG wiederum wählte schon vorher einen Zwischenweg und legte fest, es sei zulässig, die Zuordnung zu beiden Merkmalen – Geschlecht oder sexuelle Identität – vorzunehmen.[1909] Einige Stimmen im Schrifttum vertreten zu Recht aber die Ansicht, nach dem BVerfG gelte die Entscheidung hinsichtlich der Anerkennung eines dritten Geschlechts auch für das AGG.[1910] In diesem Fall gilt der Schutz vor Geschlechterdiskriminierung aufgrund der Trans*sexualität eines Menschen unabhängig davon, ob lediglich der Wunsch besteht, sich dem empfundenen Geschlecht auch biologisch anzupassen, oder ob der Vorname und die biologischen Merkmale eine Abänderung erfahren haben.[1911] Die Entlassung eines*einer Arbeitnehmers*in aufgrund seines*ihres Wunsches nach Geschlechtsangleichung stellt ebenfalls eine unzulässige Diskriminierung aufgrund des Geschlechts dar.[1912]

§ 3 Absatz 1 Satz 2 AGG erweitert den Schutz gegen Diskriminierungen wegen des Geschlechts auf Schwangerschaft und Mutterschaft. Eine Kündigung infolge einer Schwangerschaft stellt demnach eine unerlaubte Diskriminierung aufgrund des Geschlechts dar.[1913] Gleiches gilt auch, wenn eine Frau eine Kündigung erhält wegen ihres dem*der Arbeitgeber*in bekannt gewordenen Wunsches nach Schwangerschaft.[1914] In ihrer Entscheidung vorm Inkrafttreten des AGG sahen dies das Arbeitsgericht Elmshorn und das LAG Schleswig-Holstein allerdings anders und konstatierten, die Kündigung einer Arbeitnehmerin, die sich künstlich befruchten lassen wollte, stelle keine Diskriminierung dar.[1915] Die Kündigung

---

1907 EuGH 30.4.1996, Rs. C-13/94 „P. vs. S. & Cornwall County". Siehe *diese Dissertationsschrift* § 8, B., II., 2., a).

1908 BVerfG 10.10.2017, NJW 2017, 3643, Rn. 58.

1909 BAG 17.12.2015, NZA 2016, 888.

1910 Vgl. *Körlings*, NZA 2018, 282 (282); ErfK/*Schlachter* AGG § 1, Rn. 6.

1911 Vgl. Däubler/Bertzbach AGG/*Däubler* § 1 Rn. 51; BeckOGK/*Baumgärtner* AGG § 1 Rn. 106; MüKo BGB/*Thüsing* AGG § 1 Rn. 22; HK-ArbR/*Braun* AGG § 1 Rn. 7; ArbR-HdB/*Ahrendt* § 36 AGG Rn. 7; NK-ArbR/*von Steinau-Steinrück/Schneider* AGG § 1 Rn. 12. Anders denkend: MHdB ArbR/*Oetker* § 16 Rn. 11 (In den Fällen einer Geschlechtsumwandlung kommt eine Benachteiligung wegen des Geschlechts deshalb erst mit Vollendung der personenstandsrechtlichen Änderung in Betracht.); BeckOK ArbR/*Roloff* AGG § 1 Rn. 5 (Transsexualität unterfällt dem Merkmal der sexuellen Identität.)

1912 EuGH 30.4.1996, Rs. C- 13/94, „P. vs. S. & Cornwall County".

1913 EuGH 14.7.1994, Rs. C-32/93 „Webb". Vgl. BeckOGK/*Baumgärtner* AGG § 1 Rn 93.

1914 Vgl. Däubler/Bertzbach AGG/*Däubler* § 1 Rn. 50.

1915 ArbG Elmshorn 29.1.1997 – 1 e Ca 1902/96 FHArbSozR 43 Nr. 2670; LAG Schleswig-Holstein 17.11.1997 – 5 Sa 184/97, BeckRS 1997, 30818666.

einer Arbeitnehmerin, die hauptsächlich aus dem Grund erfolgt, dass sie sich einer In-vitro-Fertilisation unterzieht, sei ebenfalls eine unerlaubte unmittelbare Diskriminierung aufgrund des Geschlechts, wenn die Befruchtung der Eizellen stattgefunden hat, der Embryo aber noch nicht eingesetzt wurde; auch wenn diese Kombination aus Gründen der Rechtssicherheit nicht als Schwangerschaft im Sinne der Mutterschutzrichtlinie zu zählen sei, da keine tatbestandsmäßige Schwangerschaft vorliege.[1916]

Das Geschlecht als ein Diskriminierungsmerkmal ist nach AGG symmetrisch konzipiert. Der Schutz, den das AGG vor geschlechtsbezogener Diskriminierung bietet, schützt sowohl Männer als auch Frauen gleichermaßen; auf diese Weise nähert sich das individualistische Verständnis dem Antidiskriminierungsrecht und der formalen Gleichheit an.[1917] Beachtung verdienen tatsächliche oder vermeintliche Genderunterschiede in diesem Konzept erst im Rechtfertigungsdiskurs.[1918] Kritisch zu betrachten ist aber die gesellschaftliche Realität der Diskriminierungserlebnisse, die *„Frauen"* mehr als *„Männer"* betreffen; genauer gesagt *„Frauen"*, *„Intersexuelle"* und *„Transsexuelle"* mehr als *„Männer"*.[1919]

bb) Sexuelle Identität

Das Merkmal sexuelle Identität im Sinne des AGG erfasst die identitätsprägende sexuelle Ausrichtung eines Menschen, welche auf die Präferenz bei der Wahl eines Sexualpartners hinweist.[1920] Die Wortwahl des Gesetzes, ein übernommener, verwendeter Begriff in § 75 Absatz 1 BetrVG zur Umsetzung des RL 200/78/EG, unterscheidet sich von der GRC (Art. 21 GRC), dem AEUV (Art. 19 I AEUV; früher Art. 13 I EG) und auch von der Rahmenrichtlinie (Art. 1 RL 2000/78/EG), welche die sexuelle Ausrichtung als geschütztes Diskriminierungsmerkmal nennt.[1921] Auch wenn nach dem deutschen Gesetzgeber und nach der Mehrheit der deutschen Literatur diese beiden Begriffe identisch sind, ist die sexuelle Identität umfassender auszulegen.[1922] Heterosexualität, Bisexualität, Homosexualität,

---

1916 EuGH 26.2.2008, Rs. C-506/06 „Mayr". Vgl. BeckOGK/*Baumgärtner* AGG § 1 Rn 97.

1917 Vgl. BeckOGK/*Baumgärtner* AGG § 1 Rn. 89. Siehe *diese Dissertationschrift* § 4, D.

1918 EuGH 30.9.2010, Rs. C-104/09, Rn. m.W.N. 26 "Álvarez vs. ETT SA"; EuGH 19.3.2002, Rs. C-476/99, Rn. m.w.N. 30, 32 "Lommers vs. Minister van Landbouw, Natuurbeheer en Visserij"; EuGH 17.10.1995, Rs. C-450/93, Rn. 16 ff. "Kalanke vs Freie und Hansestadt Bremen". Vgl. BeckOGK/*Baumgärtner* AGG § 1 Rn. 89.

1919 Vgl. BeckOGK/*Baumgärtner* AGG § 1 Rn. 88.

1920 Vgl. ArR A-Z/*Koch* AGG; Däubler/Bertzbach AGG/*Däubler* § 1 Rn. 100; ErfK/*Schlachter* AGG § 1 Rn. 14; MüKo BGB/*Thüsing* AGG § 1 Rn. 54; HK-ArbR/*Braun* AGG § 1 Rn. 16.

1921 BT-Drs. 16/1780, S. 31.

1922 Identisch sehen: BT-Drs. 14/5741, S. 45; BT-Drs. 15/4538, S. 28; Richardi BVerfG/*Maschmann* BetrVG § 75 Rn. 31; *Thüsing*, Arbeitsrechtlicher Diskriminierungsschutz, Rn. 215.

aber nach dem BAG und der Mehrheit der Literatur ist auch Transsexualität vom Begriff *„sexuelle Identität"* erfasst.[1923] Dementsprechend ist zum Beispiel das Entfernen eines homosexuellen Soldaten aus dem Dienst in der Regel eine unzulässige Diskriminierung.[1924] Offen bleibt noch die Frage, ob eine mittelbare Benachteiligung bei der Kündigung einer HIV-infizierten Person nach der Kenntniserlangung zu bejahen sei, weil die Mehrzahl der Neuinfizierten homosexuelle Männer seien.[1925]

Da der Wortlaut des AGG keine Einschränkung enthält, ist theoretisch jede sexuelle Identität erfasst.[1926] Sexuelle Identität, die strafbare Ausdrucksformen findet, ist nach dem Schrifttum durch das AGG nicht geschützt.[1927] Problematisch sind daher sozial wenig angesehene, aber nicht strafbare sexuelle Praktiken. Eine Lösung fand diese Problematik bis jetzt in der deutschen Rechtsprechung durch die das Arbeitsverhältnis nicht berührende Privatsphäre.[1928] Laut dem Arbeitsgericht Passau ist eine ausgesprochene fristlose Kündigung gemäß § 626 Absatz 1 BGB nicht gerechtfertigt, da die Mitwirkung einer Umschülerin in ihrer Freizeit an Softporno-Aufnahmen keine Pflichtverletzung darstelle.[1929]

b) Türkisches Recht: „Geschlecht"

Das Merkmal Geschlecht befindet sich als ein verbotener Diskriminierungsgrund der Verfassung über das Arbeitsgesetz bis hin zu GMRGI. Auch wenn keine

---

1923 BT-Drs. 16/1780, S. 31. Vgl. ErfK/*Schlachter* AGG § 1 Rn. 14; ArR A-Z/*Koch* AGG; MHdB ArbR/*Oetker* § 16 Rn. 13; ArbR HdB/*Ahrendt* § 36 Rn. 13; BeckOK ArbR/*Roloff* AGG § 1 Rn. 9; NK-ArbR/*Steinau-Steinrück/Schneider* AGG § 1 Rn. 16. Anders denkend: Däubler/Bertzbach AGG/*Däubler* § 1 Rn. 100 f.; MüKo BGB/*Thüsing* AGG § 1 Rn. 54.

1924 Vgl. ErfK/*Schlachter* AGG § 1 Rn. 14. Zustimmend: EGMR 27.9.1999, Rs. 33985/96 und 33986/96 „Smith/Grady" *"Vorurteile der heterosexuellen Mehrheit gegenüber einer homosexuellen Minderheit sind keine ausreichende Rechtfertigung für Eingriffe in das Privatleben [...]".* a.A.: BVerwG 23.2.1999, NVwZ-RR 1999, 770.

1925 LAG SH 12.4.2018, NZA-RR 2018, 466. Vgl. ErfK/*Schlachter* AGG § 1 Rn. 14.

1926 Vgl. NK-ArbR/*Steinau-Steinrück/Schneider* AGG § 1 Rn. 16; MüKo BGB/*Thüsing* AGG § 1 Rn. 54.

1927 Vgl. Däubler/Bertzbach AGG/*Däubler* § 1 Rn. 105; NK-ArbR/*Steinau-Steinrück/Schneider* AGG § 1 Rn. 17; *Bauer/Göpfert/Krieger* AGG § 1 Rn 53. Über die Gefahr der Nicht-Einschränkung bestimmte Formen der sexuellen Identität: Vgl. MüKo BGB/*Thüsing* AGG § 1 Rn. 54. *Roloff* geht weiter und vertritt die Meinung, dass die krankhafte, mit der Würde des Menschen und der verfassungsmäßigen Ordnung nicht in Einklang stehende sexuelle Ausrichtung ist nicht geschützt sei. BeckOK ArbR/*Roloff* AGG § 1 Rn. 9.

1928 Vgl. Däubler/Bertzbach AGG/*Däubler* § 1 Rn. 104.

1929 ArbG Passau 11.12.1997, NZA 1998, 427; LAG Hamm 19.1.2001 BeckRS 2001, 30789281(GrundschullehrerinSwingerclub); ArbG Berlin 7.7.1999, NZA-RR 2000, 244 (Krankenpfleger sado-masochistischen Praktiken).

Definition des Begriffs in den erwähnten Normen zu finden ist, definiert das Verfassungsgericht das Geschlecht als *„[...] ein Konzept, das die physiologischen, biologischen und genetischen Eigenschaften des Individuums ausdrückt, und das biologische Geschlecht soll unter Berücksichtigung der angeborenen Fortpflanzungsorgane und -systeme des Individuums als `weiblich` oder `männlich` definiert werden.“*[1930] Demgemäß verbindet das Verfassungsgericht den Begriff des Geschlechts mit dem biologischen Geschlecht, aber nicht dem sozialen Geschlecht – Gender. Kompatibel mit der Einsicht des Verfassungsgerichts ist nach türkischem Recht eine Person nach der Geburt im Personenstandsregister nach dem biologischen Geschlecht als männlich oder weiblich einzutragen.[1931] Somit ist eine Diskriminierung aufgrund des Geschlechts nach dem türkischen Recht eine willkürliche Benachteiligung oder ungerechte Behandlung einer Person im Vergleich zu einer Person des anderen Geschlechts in der gleichen Position, infolge ihres Geschlechts oder aufgrund von geschlechtsspezifischen Merkmalen (wie Schwangerschaft, Mutterschaft) zu verstehen.[1932] Infolgedessen ist das Merkmal Geschlecht nach dem türkischen Recht als ein symmetrisches Diskriminierungsmerkmal anzunehmen.

Die Situation der Frauen im Beschäftigungsleben in der Türkei ist allgemein problematisch und diskriminierend. Im Jahr 2015 lag die Beschäftigungsquote in der Bevölkerung ab 15 Jahren in der Türkei bei 46 % im Verhältnis von 65 % männlich und 27,5 % weiblich.[1933] Die horizontale Segregation bezieht sich auf die Aufteilung der Arbeit von Männern und Frauen in verschiedenen Sektoren und Berufen.[1934] Beispielsweise arbeiten Frauen in der Türkei mehr im Dienstleistungs- und Textilsektor als Männer.[1935] Dagegen liegt der Anteil an beschäftigten Frauen im maritimen Sektor lediglich bei 17 %.[1936] Der Anteil der Arbeitnehmerinnen beträgt in den Berufen Richter 36,3 %, Professur 28,1 % und Sicherheitskraft 5,5 %.[1937] Die vertikale Segregation bezieht sich auf die Konzentration von Männern und Frauen in derselben Branche oder bei der Arbeit auf verschiedenen Ebenen.[1938] Männer sind z. B. in Führungspositionen in der Türkei wesentlich häufiger anzufinden als Frauen.[1939] Der Anteil der Frauen im öffentlichen Sektor,

---

1930 AYM 29.11.2017, E. 2015/79, K. 2017/164, R.G. 20.03.2018/30366, Rn. 15. Übersetzung aus den Türkischen ins Deutsche durch *die Verfasserin*.

1931 5490 Sayılı 25.4.2006 Tarihli Nüfus Hizmetleri Kanunu; 57075 Sayılı Nüfus Hizmetleri Kanunun Uygulanmasına İlişkin Yönetmelik, RG. 23.11.2006/26355. Vgl. *Alçık*, DEÜHFD 2019 (21), 1875 (1877).

1932 Vgl. *Yuvalı*, S. 119.

1933 Vgl. *Gökçeoğlu Balcı*, ÇT 2017/3, 1263 (1264).

1934 Vgl. *Yuvalı*, S. 119.

1935 Vgl. *Yuvalı*, S. 119 Fn. 409.

1936 Vgl. *Nemlioğlu Koca*, ÇT 2015/1, 151 (159 ff.)

1937 Vgl. *Nemlioğlu Koca*, ÇT 2015/1, 151 (153).

1938 Vgl. *Yuvalı*, S. 119.

1939 Vgl. *Yuvalı*, S. 119 Fn. 410.

die als leitende Managerin arbeiten, betrug im Jahr 2013 9,3 %.[1940] Infolge der vertikalen Segregation sind Frauen in der Türkei mehr mit Teilzeitverträgen ausgestattet, während Männer eher mit Vollzeitverträgen arbeiten.[1941]

Sowohl die Verfassung als auch das Arbeitsgesetz und die GMRGI nennen sexuelle Identität, sexuelle Orientierung oder Transgeschlechtlichkeit nicht ausdrücklich als geschützte Diskriminierungsgründe nach dem Diskriminierungsschutz. Allerdings sollte nach der allgemeinen Auffassung des türkischen Rechts das Verbot der Diskriminierung infolge des Geschlechts nicht nur auf die Diskriminierung aufgrund der Zugehörigkeit zu zwei Geschlechtern, Frau oder Mann, beschränkt sein, vielmehr sollten auch Diskriminierungen aufgrund der sexuellen Identität, der sexuellen Orientierung und Transgeschlechtlichkeit im Rahmen dieses Verbotes Berücksichtigung finden.[1942] Andere in dem Schrifttum vertreten wiederum die Ansicht, sexuelle Identität, sexuelle Orientierung und Transgeschlechtlichkeit seien unter *„ähnliche Gründe"* nach dem Arbeitsgesetz einzuordnen.[1943] Obwohl es nicht möglich ist, den Anwendungsbereich des Diskriminierungsschutzes nach GMRGI zu erweitern, kann es dennoch mittels der Öffnungsklauseln einen allgemeinen arbeitsrechtlichen Diskriminierungsschutz gemäß Artikel 5 Arbeitsgesetz (aber auch einen kündigungsschutzrechtlichen Diskriminierungsschutz nach Artikel 18 Arbeitsgesetz) geben.[1944] Nach Ansicht des Verfassungsgerichts sind Diskriminierungsmerkmale wie sexuelle Identität, sexuelle Orientierung, Transgeschlechtlichkeit im Rahmen des Rechts auf Schutz und Entfaltung der materiellen und ideellen Existenz der Person zu schützen.[1945] Das Recht auf Schutz und Entfaltung der materiellen und ideellen Existenz eines Menschen (Art. 17 Verf.) und das Recht auf Achtung des Privatlebens (Art. 5 Verf. i. V. m. Art. 20 Verf.) setzen es für ihn*sie das Freistellen eines Lebensstiles voraus, der der Orientierung und den Wünschen entspricht, die von den tiefsten Punkten seines*ihres Selbst ausgehen, und in Übereinstimmung mit dem von ihm*ihr gewählten Lebensstil sowohl in der Gesellschaft als auch privat zu handeln und Rücksichtnahme gegenüber seinem*ihrem Privatleben zu verlangen.[1946] Nach dem Schrifttum ist das Privatleben ein grundlegender Verfassungswert; dies ist

1940 Vgl. *Nemlioğlu Koca*, ÇT 2015/1, 151 (153).

1941 Vgl. *Yuvalı*, S. 119; *Yüksel*, S. 126 ff.

1942 Vgl. *Yıldız*, S. 120; *Mollamahmutoğlu/Astarlı/Baysal*, S. 192, 195; *Alçık*, DEÜHFD 2019/21, 1875 (1879); *Sözer*, Sicil 2006/2, 184 (201 ff); *Doğan Yenisey*, Legal İHSGHD 2005/7, (980).

1943 Vgl. *Yuvalı*, S. 155; *Sözer*, Sicil 2006/2, 184 (201 ff).

1944 Vgl. über GMRGI: *Odyakmaz/Keskin/Deniz*, Uyuşmazlık Mahkemesi Dergisi 2016, 721 (751).

1945 Vgl. *Alçık*, DEÜHFD 2019/21, 1875 (1879).

1946 AYM 29.11.2017, E. 2015/79, K. 2017/164, R.G. 20.3.2018/3066; AYM 29.11.2017, E. 2017/130, K. 2017/165, R.G. 20.3.2018/30366; AYM 12.6.2018, B.No. 2015/13077, R.G. 26.7.2018/30490 „M. K.". *Alçık*, DEÜHFD 2019/21, 1875 (1879); *Zevkliler*, TBBD 1988/1--2, 258 (272); *Sözer*, Sicil 2006/2, 184 (201 ff).

selbstverständlich auch in den Beziehungen zwischen Arbeitnehmern*innen und Arbeitgebern*innen zu berücksichtigen.[1947] Das Sexualleben des*der Arbeitnehmers*in gilt als ein wesentlicher Teil seines*ihres Privatlebens und ist vielleicht der verborgenste Bereich.[1948]

Menschen, die sich mit dem anderen Geschlecht identifizieren, gelten als *„Transsexuelle“*[1949]. Geschlechtsänderungen sind unter bestimmten Bedingungen nach geschlechtsumwandelnden Operationen akzeptiert (Art. 40 türkisches Zivil-Gesetzbuch).[1950] Aufgrund der Perspektive, die dem biologischen Geschlecht Vorrang einräumt, dürfen sich Transgender-Personen, die sich nicht einer Geschlechtsumwandlungsoperation unterziehen möchten, nicht im Personenstandsregister nach dem biologischen Geschlecht, zu dem sie sich zugehörig fühlen, registrieren lassen.[1951] Die sexuelle Orientierung hingegen ist als Anziehungskraft der Wünsche, Gefühle und Verhaltensweisen einer Person auf ein bestimmtes Geschlecht bezeichnet.[1952] Sie ist bestimmt durch das Geschlecht des Partners, ausgewählt vom Individuum für den emotionalen und/oder sexuellen Verkehr.[1953] Die Selbstdefinition eines Individuums in Bezug auf seine sexuelle Orientierung macht seine sexuelle Identität aus.[1954] Somit deckt der Begriff sexuelle Orientierung nach dem Schrifttum sowohl Heterosexualität und Homosexualität als auch Bisexualität ab.[1955]

In seiner ständigen Rechtsprechung stellt der Kassationshof fest, Diskriminierung aufgrund der sexuellen Ausrichtung sei auch arbeitsrechtlich gesetzlich verboten, und verwendet die folgenden Aussagen: *„[...] Die in Artikel 5 und Artikel 18 Absatz 3 des Arbeitsgesetzes aufgeführten Fälle sind nicht beschränkt. Das Diskriminierungsverbot aufgrund der sexuellen Präferenz des*der Arbeitnehmers*in kann auch hinzugefügt werden, solange es nicht zu negativen Auswirkungen am*

1947 Vgl. *Yuvalı*, S. 154.
1948 Vgl. *Yuvalı*, S. 151; *Sevimli*, S. 18 ff..
1949 Vgl. *Alçık*, DEÜHFD 2019/21, 1875 (1878). KaosGL Sözlük, http://www.kaosglderne gi.org/belge.php?id=sozluk (13.4.2020).
1950 Vgl. *Alçık*, DEÜHFD 2019/21, 1875 (1879). Darüber außerdem die Entscheidung des EGMR über die Verletzung von Art. 8 EMRK: EGMR 10.3.2015, Rs. 14793/08, „Y.Y. vs. Turkey“. Außerdem die Entscheidungen des Verfassungsgerichts nach der EGMR-Entscheidung: AYM 29.11.2017, E. 2015/79, K. 2017/164, R.G. 20.3.2018/ 3066; AYM 29.11.2017, E. 2017/130, K. 2017/165, R.G. 20.3.2018/30366; AYM 12.6.2018, B.No. 2015/13077, R.G. 26.7.2018/30490 „M. K.“.
1951 Vgl. *Alçık*, DEÜHFD 2019/21, 1875 (1901).
1952 Vgl. *Alçık*, DEÜHFD 2019/21, 1875 (1878). KaosGLSözlük, http://www.kaosglderne gi.org/belge.php?id=sozluk (13.4.2020).
1953 Vgl. *Alçık*, DEÜHFD 2019/21, 1875 (1878).
1954 Vgl. *Alçık*, DEÜHFD 2019/21, 1875 (1878).
1955 Vgl. *Yuvalı*, S. 154; *Sözer*, 2006/2, 184 (201 ff); *Doğan Yenisey*, Legal İHSGHD 2005/ 7, 973 (980).

Arbeitsplatz führt."[1956] Wie in den Entscheidungen des Kassationshofs zu merken, benötigen das Schrifttum und die Rechtsprechung oftmals die Hervorhebung, es sei nicht derart auszulegen, Personen mit unterschiedlichen sexuellen Vorlieben einen Vorteil zu gewähren.[1957] Diese sexuellen Neigungen und Unterschiede sollten die Arbeitsweise, die Ordnung und den Frieden der Arbeit nicht stören.[1958] Ein solches Verhalten könne der anderen Partei das Recht einräumen, den Arbeitsvertrag mit sofortiger Wirkung zu kündigen.[1959]

3. Alter

Dieser Abschnitt beinhaltet eine Darstellung des Diskriminierungsmerkmals Alter zunächst nach deutschem und danach nach türkischem Recht.

a) Deutsches Recht: „Alter"

Das Diskriminierungsmerkmal Alter bezieht sich nach der Gesetzesbegründung und nach weitgehend einstimmiger Meinung im Schrifttum für sich genommen neutral auf das biologische Lebensalter eines Menschen.[1960] Somit gewährt es einen Schutz gegenüber Diskriminierung sowohl in Bezug auf ein höheres als auch geringeres Lebensalter, auch wenn die Integration älterer Arbeitnehmer*innen sowohl in den Rahmenrichtlinien als auch in der Gesetzesbegründung besondere Beachtung fand.[1961] Es scheint eine Besonderheit des europäischen und

1956 Y9HD 20.11.2018, E. 2015/23998, K. 2018/21039 (Yargıtay İçtihat Bankası), Übersetzung durch aus den Türkischen ins Deutsche durch *die Verfasserin*. Ähnlich: Y9HD 19.3.2009, E. 2007/36977, K. 2009/7401 (Kazancı); Y9HD 19.10.2010, E. 2010/802, K. 2010/29784 (Kazancı).

1957 Vgl. *Yuvalı*, S. 154; *Yıldız*, S. 120.

1958 Y9HD 19.9.2005, E. 2005/654, K. 2005/30275 (Kazancı).

1959 Y9HD 19.9.2005, E. 2005/654, K. 2005/30275 (Kazancı).

1960 BAG 13. 10. 2009, NZA 2010, 327, Rn. 49. BT-Drs. 16/1780, 31. Vgl. MüKo BGB/*Thüsing* AGG § 1 Rn. 52; BeckOK ArbR/*Roloff* AGG § 1 Rn. 8; ArbR A-Z/*Koch* AGG; Däubler/Bertzbach AGG/*Däubler* § 1 Rn. 95 f.; *Adomeit/Mohr*, § 1 Rn. 118; *Bauer*, NJW 2001, 2672 (2673); *Hanau*, ZIP 2006, 2189 (2190); *Leuchten*, NZA 2002, 1254 (1257); BeckOGK/*Baumgärtner* AGG § 1 Rn. 151; ErfK/*Schlachter* AGG § 1 Rn. 12; *Wiedemann*, RdA 2017, 333 (334); MHdB ArbR/*Oetker* § 16 Rn. 24; NK-ArbR/*Steinau-Steinrück/Schneider* AGG § 1 Rn. 15; ArbR HdB/*Ahrendt* § 36 Rn. 15; MAH ArbR/*Melms* § 10 Rn. 73.

1961 Geringeres Lebensalter: EuGH 19.1.2010, Rs. C-555/07 „Kücükdeveci". BAG 26.5.2009, NZA 2009, 849; BAG 5.11.2009, NZA 2010, 457 Rn. 25. BT-Drs. 16/1780, 31. Vgl. MüKo BGB/*Thüsing* AGG § 1 Rn. 52; BeckOK ArbR/*Roloff* AGG § 1 Rn. 8; ArbR A-Z/*Koch* AGG; Däubler/Bertzbach AGG/*Däubler* § 1 Rn. 95 ff.; *Adomeit/Mohr*, § 1 Rn. 118, 119; *Bauer*, NJW 2001, 2672 (2673); *Hanau*, ZIP 2006, 2189 (2190); *Leuchten*, NZA 2002, 1254 (1257); ErfK/*Schlachter* AGG § 1 Rn. 12; MHdB ArbR/*Oetker* § 16 Rn. 24; BeckOGK/*Baumgärtner* AGG § 1 Rn. 151; NK-ArbR/*Steinau-Steinrück/Schneider* AGG § 1 Rn. 15; MAH ArbR/*Melms* § 10 Rn. 73.

deutschen Antidiskriminierungsrechts zu sein, da ihr Vorgänger und Vorbild – die USA – im Gegensatz dazu nur Personen ab 40 Jahre gegen Altersdiskriminierung schützt.[1962] Unter anderem kann die Zwangsbeendigung eines Arbeitsvertrags bei Erreichung eines bestimmten Lebensalters, die Vereinbarung der Möglichkeit, mit Eintritt in das 61. Lebensjahr das Dienstverhältnis durch einseitige Erklärung zu beenden, eine Kündigung wegen der Möglichkeit des Rentenbezuges und auch die Versagung einer Entlassungsabfindung bei Anspruch auf Altersrente eine Altersdiskriminierung sein.[1963]

b) Türkisches Recht: „Alter"

Zum ersten Mal in einem nationalen türkischen Gesetz hat die ausdrückliche Regelung des Verbots der Diskriminierung aufgrund des Alters mit dem Inkrafttreten der GMRGI Gültigkeit erlangt. Das GMRGI hat die aufgezählten geschützten Diskriminierungsmerkmale mit dem Merkmal Alter weiterverbreitet. Das Alter ist in keinen anderen türkischen Rechtsnormen – einschließlich der Verfassung – ausdrücklich als ein verbotener Diskriminierungsgrund aufgezählt worden. Anlässlich der Öffnungsklauseln in den Artikeln 10 Verfassung und Artikel 5 und Artikel 18 Arbeitsgesetz ist das Alter allerdings nach der Auffassung des Schrifttums als ein ähnlicher Grund zu rechnen und somit die Reichweite des arbeitsrechtlichen Diskriminierungsschutzes auszubauen (Art. 10 Verf., Art. 5 ArbG, Art. 18 III d ArbG).[1964] Allerdings hat der Kassationshof bis jetzt keine Entscheidung hinsichtlich des arbeitsrechtlichen Altersdiskriminierungsverbotes getroffen.[1965]

Intergration der älterer Arbeitnehmer*innen: Erwähnungsgründe 6 und 8 Rahmen-RL; BT-Drs. 16/1780, 31; BAG 25. 2. 2010, NZA 2010, 561 Rn. 32. Vgl. ErfK/*Schlachter* AGG § 1 Rn. 12; MHdB ArbR/*Oetker* § 16 Rn. 24; BeckOGK/*Baumgärtner* AGG § 1 Rn. 151.

1962 Vgl. *Hanau*, ZIP 2006, 2189 (2190); Däubler/Bertzbach AGG/*Däubler* § 1 Rn. 95;

1963 EuGH 16.10.2007, Rs. C-411/05, Rn. 51 „Palacios de la Villa"; EuGH 6.3.2009, Rs. C-388/07, Rn. 34 „Age Concern"; EuGH 12.10.2010, Rs. C-45/09, Rn. 37 „Rosenbladt"; EuGH 5.7.2012, Rs. C-141/11, Rn. 20 „Hörnfeldt". Altersgrenze bei Piloten: EuGH 13.9.2011, Rs. C-447/09, Rn. 43 f. „Prigge"; EuGH 7.11.2019, Rs. C-396/18 Rn. 53 f. „Gennaro Cafaro". Altersgrenze bei Vertragsärzten EuGH 12.1.2010, Rs. C-341/08, Rn. 35 „Petersen". Zwangspensionierung v. Richtern u. Staatsanwälten: EuGH 6.11.2012, Rs. C-286/12, Rn. 51 „EU Kommission vs. Ungarn". Altersgrenzen bei Professoren: EuGH 18.11.2010, Rs. C-250/09 Rn. 32 „Georgiev". Versagung einer Entlassungsabfindung bei Anspruch auf Altersrente: EuGH 12. 10. 2010, Rs. C-499/08 „Ingeniørforeningen". Deutsches Recht: BAG 13.10.2015, NZA 2016, 54 Rn. 16 (Altersgrenze in Betriebsvereinbarung); BAG 15.2.2012, NZA 2012, 866 Rn. 24 (Altersdiskriminierungs bei Piloten); BAG 23.7.2015, NZA 2015, 1380; BAG 9.12.2015, NZA 2016, 695. Siehe auch *diese Dissertationschrift* § 12, I., 1., b).

1964 Vgl. *Ünal*, S. 1 ff, 10; *Sarıbay Öztürk*, Sicil 2017/37, 114 (122).

1965 Vgl. *Ünal*, S. 10.

Alter: Nach der wörterbuchlichen Definition der türkischen Sprache bezieht sich auf die Zeit, die seit der Geburt der Person vergangen ist und gemessen nach Jahren; nach einer anderen Definition bezieht sich das Alter auf jeden der verschiedenen Lebensabschnitte.[1966] Diskriminierung aufgrund des Alters bezieht sich demnach auf die unterschiedliche Behandlung einer Person aufgrund ihres Alters, die nur eine negative Qualität aufweist.[1967] Obwohl Diskriminierung aufgrund des Alters meistens eine Diskriminierung älterer Menschen ist, betrifft diese Art der Diskriminierung nicht nur ältere Menschen.[1968] Wie im deutschen Recht betrifft das Altersdiskriminierungsverbot sowohl ältere als auch jüngere Lebensalter.[1969] Das türkische Recht sieht Regelungen vor, die altersbedingte Verbote und Einschränkungen zum Schutz von Kindern und zur Verhinderung der Ausbeutung von Kinderarbeit enthalten, welche im Schrifttum als rechtmäßig angesehen sind.[1970] Auch wenn im türkischen Recht Mindestaltervorschriften eingeführt sind, besteht kein Arbeitsverbot wegen der Höchstaltergrenze.[1971] In Bezug auf die Beendigung des Arbeitsvertrages akzeptiert das Schrifttum das im Einklang mit dem Gesetz Stehen der Vorschriften in Bezug auf das Rentenalter, das für Beamte im öffentlichen Dienst vorgesehen ist, um für junge Menschen Platz zu schaffen.[1972]

4. *Behinderung*

Unter dem Titel Behinderung folgt die Erklärung des Begriffs Behinderung als ein Diskriminierungsmerkmal erst nach deutschem, danach nach türkischem Recht.

a) Deutsches Recht: „Behinderung“

Ausschlaggebend für eine Definition des Begriffs der Behinderung nach deutschem Recht laut der Gesetzesbegründung und der vorherrschenden Auffassung im Schrifttum ist in § 2 Absatz 1 SGB IX (neue Fassung 2018) der folgende verwendete Begriff.[1973] Es heißt hier: *„Menschen mit Behinderungen sind Menschen, die*

1966 Vgl. TDK https://sozluk.gov.tr (12.1.2020).

1967 Vgl. *Kayaalp*, S. 200; *Sarıbay Öztürk*, Sicil 2017/37, 114 (116); *Baybora*. ÇT 2010/I. 33 (37).

1968 Vgl. *Kayaalp*, S. 200; *Düğmeci*, S. 332.

1969 Vgl. *Ünal*, S. 44; *Sarıbay Öztürk*, Sicil 2017/37, 114 (116).

1970 Vgl. *Ünal*, S. 17.

1971 Vgl. *Kayaalp*, S. 264.

1972 Vgl. *Kayaalp*, S. 201. Siehe diese Dissertationsschrift § 12

1973 Vgl. Däubler/Bertzbach AGG/*Däubler* § 1 Rn. 82; *Adomeit/Mohr*, § 1 Rn. 98 ff.; *Bauer/Göpfert/Krieger*, § 1 Rn. 38 ff.; MHdB ArbR/*Oetker*, § 16 Rn. 18; *Reichold/Hahn/Heinrich*, NZA 2005, 1270 (1275); *Schiek*, NZA 2004, 873 (881); Staudinger-Richardi, BGB Vor § 611 Rn. 85; *Voggenreiter*, in: Rudolf/Mahlmann, § 8 Rn. 26; Wendeling-Schröder/Stein § 1 Rn. 47 ff.; einschränkend ErfK/*Schlachter* § 1 Rn. 9 f.; BeckOK ArbR/*Roloff* AGG § 1 Rn. 7; *Thüsing*, Arbeitsrechtlicher Diskriminierungsschutz, Rn. 204.

körperliche, seelische, geistige oder Sinnesbeeinträchtigungen haben, die sie in Wechselwirkung mit einstellungs- und umweltbedingten Barrieren an der gleichberechtigten Teilhabe an der Gesellschaft mit hoher Wahrscheinlichkeit länger als sechs Monate hindern können. Eine Beeinträchtigung nach Satz 1 liegt vor, wenn der Körper- und Gesundheitszustand von dem für das Lebensalter typischen Zustand abweicht. Menschen sind von Behinderung bedroht, wenn eine Beeinträchtigung nach Satz 1 zu erwarten ist."[1974] Im Vergleich zur alten Fassung nähert sich die Definition in § 2 Absatz 1 SGB IX (neue Fassung 2018) an die Definition der BRK und die durch den EuGH verwendete Definition an.[1975] Wesentlich ist in dem Sinne die arbeitsvölkerrechtliche Auslegung des Begriffs im Sinne von Artikel 1 Absatz 2 BRK, welche die Behinderung als langfristige körperliche, seelische, geistige Beeinträchtigung oder Sinnesbeeinträchtigung in Wechselwirkung mit verschiedenen Barrieren hinsichtlich der vollen, wirksamen und gleichberechtigten Teilhabe an der Gesellschaft beschreibt.[1976] Bei der Begriffsbestimmung sind darüber hinaus unionsrechtliche Angaben zu berücksichtigen.[1977] Der EuGH versteht Behinderung als eine auf physische, geistige oder psychische Beeinträchtigungen zurückzuführende Einschränkung von langer Dauer und in Wechselwirkung mit verschiedenen Barrieren, die den Betreffenden an der vollen und wirksamen Teilhabe am Berufsleben, gleichberechtigt mit anderen Arbeitnehmern*innen, hindert.[1978] Das BAG verbindet auch völker-, unions- und deutsche rechtliche Verständnisse mit einem dynamischen Behinderungsbegriff.[1979]

Der Schwerpunkt der Begriffsbestimmung der Behinderung gestaltet sich in Wechselwirkung mit einstellungs- und umweltbedingten Barrieren an der

---

1974 Nach dem Gesetzesbegründung entspreche der Begriff der *„Behinderung"* den gesetzlichen Definitionen in § 2 Abs. 1 Satz 1 des Neunten Buches Sozialgesetzbuch. BTDrucks 16/1780, S. 31. Vgl. MAH ArbR/*Melms* § 10 Rn. 67.

1975 Siehe *diese Dissertationsschrift* § 7 B. IV. 3.; § 8 B. III. 2. Vgl. Däubler/Bertzbach AGG/*Däubler* § 1 Rn. 79.

1976 Vgl. ErfK/*Schlachter* AGG § 1 Rn. 9; BeckOK ArbR/*Roloff* AGG § 1 Rn. 7; MHdB ArbR/*Oetker*, § 16 Rn. 19. Siehe auch *diese Dissertationsschrift* § 7, B., IV., 3. und § 8, B., II., 2., d).

1977 Vgl. MAH ArbR/*Melms* § 10 Rn. 67; BeckOK ArbR/*Roloff* AGG § 1 Rn. 7; HK-ArbR/*Braun* AGG § 1 RN. 14; MHdB ArbR/*Oetker*, § 16 Rn. 18. Siehe *diese Dissertationsschrift* §7, B., IV., 3. und §8, B., II., 2., d). Siehe auch: EuGH 11. 7. 2006, Rs. C-13/05 „Navas".

1978 EuGH 11. 4. 2013, Rs. C-335/11 und C-337/11 „HK Danmark/Dansk almennyttigt Boligselskab [C-335/11] und HK Danmark/Dansk Arbejdsgiverforening, [C-337/11]"; EuGH 1.12.2006, Rs. C-395/15 „Daouidi vs. Bootes"; EuGH 18.1.2018, Rs. C-270/16 „Conejero"; EuGH 11.9.2019, Rs. C- 397/18 „DW". Siehe *diese Dissertationsschrift* § 8 B. III. 2.

1979 BAG 19.12.2013, NZA 2014, 372. Vgl. ErfK/*Schlachter* AGG § 1 Rn. 9, 9a; BeckOK ArbR/*Roloff* AGG § 1 Rn. 7; MHdB ArbR/*Oetker*, § 16 Rn. 19.

gleichberechtigten Teilhabe am Leben in der Gesellschaft.[1980] Diese Voraussetzung verleiht dem Begriff die dynamische Komponente. Eine Änderung der Kontextbedingungen kann die Beeinträchtigung der Teilhabe am gesellschaftlichen Leben in der Gesellschaft mildern oder aufheben.[1981] Ist aufgrund der Nutzung von Präventions- und Kompensationsmaßnahmen die soziale Teilhabe nicht mehr beeinträchtigt, ist die Person nicht mehr unter dem Begriff der Behinderung i. S. d. AGG zu erfassen.[1982] Der Behinderungsbegriff ist weiter als der Begriff *„Schwerbehinderung"* nach § 2 Absatz 2 SGB IX gefasst und gewährleistet unter dem AGG nicht nur einen Schutz der Menschen mit Schwerbehinderungen, sondern den aller Menschen mit Behinderungen.[1983]

Ein anderer Punkt betrifft die Dauer der Beeinträchtigung. Während das nationale Recht von einer sechsmonatigen Dauer spricht, ist in der BRK und nach der Definition der EuGH von einer *"langen Dauer"* die Rede.[1984] In dem Fall ist die Definition der Behinderung des deutschen Rechts nur dann maßgeblich, soweit nationales deutsches Recht von einem weiteren Behindertenbegriff als das supranationale europäische Recht ausgeht.[1985] Demzufolge hat die Sechs-Monats-Grenze nur im konkreten Fall Bestand, solange eine *"lange Dauer"* länger als sechs Monate auszulegen ist.[1986] Ist aber im Zeitpunkt des diskriminierenden Geschehens ein kurzfristiges Ende der Einschränkung nicht genau absehbar, kann auch eine kürzere Dauer als sechs Monate ausschlaggebend sein.[1987]

Darüber hinaus legt der BAG dem EuGH folgend den Fokus auf Einschränkungen der Wettbewerbsfähigkeit und der Vermittlungsmöglichkeiten auf dem Arbeitsmarkt.[1988] Es genüge aber die Beeinträchtigung der gesellschaftlichen Teilhabe wie in der BRK, dabei zum Beispiel auch die Kündigung aufgrund einer symptomlosen HIV-Infektion infolge einer sozialen Stigmatisierung.[1989]

1980 BAG 19.12.2013, NZA 2014, 372. Vgl. ErfK/*Schlachter* AGG § 1 Rn. 9a; BeckOK ArbR/*Roloff* AGG § 1 Rn. 7; Däubler/Bertzbach AGG/*Däubler* § 1 Rn. 80.

1981 Vgl. Däubler/Bertzbach AGG/*Däubler* § 1 Rn. 80.

1982 VG Hannover, Urteil vom 5.5.2011–2 A 5743/08, BeckRS 2011, 56436.

1983 BAG 3.4.2007 NZA 2007, 1098; BAG 27.1.2011 NZA 2011, 737; BAG 13.10.2011 BeckRS 2012, 65090. Vgl. MAH ArbR/*Melms* § 10 Rn. 67; ErfK/*Schlachter* AGG § 1 Rn. 11; BeckOK ArbR/*Roloff* AGG § 1 Rn. 7; HK ArbR/*Braun* AGG § 1 Rn. 14; Däubler/Bertzbach AGG/*Däubler* § 1 Rn. 78; MHdB ArbR/*Oetker*, § 16 Rn. 18. *Bauer/Göpfert/Krieger* AGG § 1 Rn. 39; *Lingscheid*, S. 188 f.; *Thüsing*, Arbeitsrechtlicher Diskriminierungsschutz, Rn. 203.

1984 Siehe *diese Dissertationsschrift* § 7 B. IV. 3.; § 8 B. III. 2.

1985 BAG 19.12.2013 NZA 2014, 372, Rn. 63. Vgl. ErfK/*Schlachter* AGG § 1 Rn. 9; Däubler/Bertzbach AGG/*Däubler* § 1 Rn. 83; MHdB ArbR/*Oetker*, § 16 Rn. 20.

1986 Anders denkend: Däubler/Bertzbach AGG/*Däubler* § 1 Rn. 83;

1987 Vgl. MHdB ArbR/*Oetker*, § 16 Rn. 22.

1988 BAG 22.10.2009, NZA 2010, 280. Vgl. ErfK/*Schlachter* AGG § 1 Rn. 9a.

1989 BAG 19.12.2013, NZA 2014, 372. Vgl. ErfK/*Schlachter* AGG § 1 Rn. 9a; BeckOK ArbR/*Roloff* AGG § 1 Rn. 7.

Eine Krankheit ist aber nicht automatisch mit einer Behinderung gleichzusetzen und eine krankheitsbedingte Kündigung ist prinzipiell nach dem AGG nicht verboten.[1990] Vorausgesetzt ist für den Begriff der Behinderung eine mit höherer Wahrscheinlichkeit lang andauernde Beschränkung der Teilhabe am (Berufs-) Leben.[1991] Eine nur auf häufige, wiederkehrende und wieder zu erwartende krankheitsbedingte Arbeitsunfähigkeitszeiten begründete Kündigung stellt in der Regel keine Benachteiligung wegen einer Behinderung dar.[1992] Die Kündigung einer Person mit Behinderung aufgrund krankheitsbedingter Fehlzeiten kann allerdings eine mittelbare Benachteiligung darstellen; es sei denn, der*die Arbeitgeber*in versucht vor der Kündigung durch angemessene Vorkehrungen ein auf der Behinderung beruhendes Beschäftigungshindernis zu beseitigen.[1993]

b) Türkisches Recht: „Behinderung"

Sowohl Arbeitsgesetz als auch GMRGI enthalten Behinderung als ein geschütztes Diskriminierungsmerkmal nach dem türkischen Arbeitsrecht. Eine Definition des Begriffs der Behinderung befindet sich im türkischen Recht in einem besonderen Gesetz Namens Gesetz über die Behinderten mit der Gesetzesnummer 5378.[1994] Das Gesetz über die Behinderten definiert Menschen mit Behinderungen als Personen, die von Einstellungen und Umweltbedingungen betroffen sind, die ihre uneingeschränkte und wirksame Teilnahme unter den gleichen Bedingungen wie andere Personen aufgrund des Verlustes von körperlichen, mentalen, psychischen und sensorischen Fähigkeiten auf verschiedenen Ebenen einschränken (Art. 3 I c GüBehinderten). Die gleiche Definition des Begriffs der Behinderung ist ebenfalls in dem GMRGI zu finden. (Art. 2 I f GMRGI). Im Allgemeinen verstehen somit einschlägige Normen die Behinderung in einem körperlichen und genetischen Zusammenhang.[1995] Zwar ist eine Akzeptanz einer dynamischen Begriffsbestimmung der Behinderung in einem sozialen Kontext passend zur BRK berechtigterweise im Schrifttum vertreten.[1996] Aber die gesetzliche Lage widerspiegelt zurzeit nicht diese Ansichten.

1990 BAG 20.11.2014, NZA 2015, 931.Vgl. BeckOK ArbR/*Roloff* AGG § 1 Rn. 7; HK ArbR/*Braun* AGG § 1 Rn. 14.

1991 OVG NI 31.7.2012 BeckRS 2012, 56683. Vgl. ErfK/*Schlachter* AGG § 1 Rn. 9a; BeckOK ArbR/*Roloff* AGG § 1 Rn. 7; HK ArbR/*Braun* AGG § 1 Rn. 14.

1992 BAG 22.10.2009, NZA 2010, 280; BAG 28.4.2011, NJW 2011, 2458. Siehe *diese Dissertationsschrift* § 12.

1993 EuGH 18.1.2018, Rs. C-270/16 „Conejero". BAG 21.4.2016 NZA 2016, 1131. LAG B 5.6.2014 NZA-RR 2015, 74. Vgl. ErfK/Schlachter AGG § 1 Rn. 9a; BeckOK ArbR/*Roloff* AGG § 1 Rn. 7.

1994 Gesetz über die Behinderten: Engelliler Hakkında Kanun 1.7.2005, Kanun Nr. 5378, R.G. 7.7.2005/25868; Değişik: 6.2.2014 – 6518/63 madde.

1995 Vgl. *Dulay Yangın/Doğan*, Sicil 2019/42, 110 (112). Siehe auch Ordnung vom 20.2.2019 „Erişkinler İçin Engellilik Değerlendirmesi Hakkında Yönetmelik".

1996 Vgl. *Dulay Yangın/Doğan*, Sicil 2019/42, 110 (112 ff.).

5. *Religion, Weltanschauung, philosophischer Glauben, politische Meinung*

Die Diskriminierungsmerkmale *„Religion oder Weltanschauung"* nach deutschem Recht und die Merkmale *„Religion, Konfession, Glauben, Philosophischer Glaube, Philosophische Anschauung, Politische Meinung, Politische Anschauung"* nach türkischem Recht finden jeweils eine Erklärung unter diesem Abschnitt.

a) Deutsches Recht: „Religion oder Weltanschauung"

Eine Definition der Begriffe der Religion und Weltanschauung finden keinen Platz in den Normtexten und es stellt sich auch nicht als einfach dar, die Begriffe Religion bzw. Weltanschauung abstrakt zu definieren.[1997] Unter Religion oder Weltanschauung ist eine mit der Person des Menschen verbundene Gewissheit über bestimmte Aussagen zum globalen Ganzen der Welt sowie zur Herkunft und zum Ziel des menschlichen Lebens zu verstehen.[1998] In diesem Kontext charakterisiert sich die Religion mit einer den Menschen überschreitende und umgreifende transzendente Wirklichkeit.[1999] Die Weltanschauung wiederum deutet auf innerweltliche immanente Bezüge hin.[2000]

Unproblematisch ist die Anerkennung der großen Glaubensrichtungen und deren Untergliederungen sowie solche Religionen, deren Gemeinschaften mit dem Status einer Körperschaft des öffentlichen Rechts anerkannt sind *unter dem Begriff der Religion* im Sinne des Antidiskriminierungsrechts.[2001] Bei kleinen oder

---

1997 Vgl. Däubler/Bertzbach AGG/*Däubler* § 1 Rn. 55; HK-ArbR/*Braun* AGG § 1 Rn. 10; ErfK/*Schlachter* AGG §1 Rn. 7; MüKo BGB/*Thüsing* AGG § 1 Rn. 24 schlägt "intuitiv wissen" vor.

1998 BVerfG 19.10.1971, NJW 1972, 327; BAG 22.3.1995, NZA 1995, 823; BVerwG 14.11.1980, NJW 1981, 1460; BVerwG 27.3.1992, NJW 1992, 2496.

1999 BAG 22.3.1995, NZA 1995, 823. Vgl. Däubler/Bertzbach AGG/*Däubler* § 1 Rn. 58; HK-ArbR/*Braun* AGG § 1 Rn. 10; MHdB ArbR/*Oetker* § 16 Rn. 14, 16; NK-ArbR/*Steinau-Steinrück/Schneider* AGG § 1 Rn. 9; EuArbR/*Mohr* RL 2000/78/EG Art. 1 Rn. 25; ArbR-HdB/*Ahrendt* § 36 AGG Rn. 8; Schiek/*Schiek*, § 1 Rn. 20, 21; *Thüsing*, Arbeitsrechtlicher Diskriminierungsschutz, Rn. 187 ff.; *Adomeit/Mohr* AGG Rn. 68.

2000 BAG 22.3.1995, NZA 1995, 823. Vgl. HK-ArbR/*Braun* AGG § 1 Rn. 10; EuArbR/*Mohr* RL 2000/78/EG Art. 1 Rn. 25; NK-ArbR/*Steinau-Steinrück/Schneider* AGG § 1 Rn. 10; ArbR-HdB/*Ahrendt* § 36 AGG Rn. 8.

2001 Vgl. Däubler/Bertzbach AGG/*Däubler* § 1 Rn. 56, 57. HK-ArbR/*Braun* AGG § 1 Rn. 11; BeckOGK/*Baumgärtner* AGG § 1 Rn. 116; ErfK/*Schlachter* AGG § 1 Rn. 7; MHdB ArbR/*Oetker* § 16 Rn. 14; ArbR-HdB/*Ahrendt* § 36 AGG Rn. 8; *Adomeit/Mohr* AGG Rn. 67; *Lingscheid*, S. 132 ff. Beispiel großen Glaubensrichtungen: Christentum, Judentum, Islam, Buddhismus, Hinduismus und Shintoismus. Beispiel deren Untergliederungen: Katholiken und Protestanten oder Sunniten und Schiiten. Z.B. Zeugen Jehovas, Mormonen, die Neuapostolische Kirche (BverfGE 102,

neu gegründeten Gruppierungen ist dies komplizierter.[2002] Voraussetzung ist dabei der Glaube des Einzelnen im Grundsatz an die Aussagen der Religionsgemeinschaft, indem er ihre Verhaltensregeln als für sich verbindlich ansieht beim Bestehen eines organisatorischen Zusammenhangs.[2003] Auf die zahlenmäßige Stärke oder soziale Relevanz der religiösen Gemeinschaft kommt es nicht an; aber ein bloßes individuelles Glaubensbekenntnis des Betroffenen oder die Behauptung, eine Religionsgemeinschaft zu sein, reicht nicht aus.[2004] Geschützt ist unter Religion ebenfalls der Glaube an keine Religion wie z. B. Atheismus.[2005]

Unter der Religion geschützt ist auf der einen Seite die eigene Überzeugung der Person – forum internum – aber auch die Bekundung des religiösen Glaubens mit dem Recht, die eigene Lebensführung an den Lehren seines Glaubens auszurichten – forum externum.[2006] Somit entstehen Konfliktfälle, in denen die Handlungen des*der Arbeitnehmers*in durch Offenbarung seiner*ihrer religiösen Überzeugung oder durch ihre Verwendung sie als Maßstab für seine*ihre Handlungen die Religion der Person sichtbar machen.[2007] Das Tragen einer

370 (19.12.2000 – 2 BvR 1500/97) und Bahai (BVerfG 5.2.1991, NJW 1991, 2623) und weitere.

2002 Vgl. Däubler/Bertzbach AGG/*Däubler* § 1 Rn. 57; HK-ArbR/*Braun* AGG § 1 Rn. 11; ErfK/*Schlachter* AGG § 1 Rn. 7. Detailliert und für eine interessante Denkweise siehe *Kriele*, ZRP 2001, 495.

2003 Vgl. Däubler/Bertzbach AGG/*Däubler* § 1 Rn. 58.

2004 BVerfG 19.10.1971–1 BvR 387/65– BVerGE 32,98, 106; BVerfG 5.2.1991, NJW 1991, 2623; BVerfG 5.2.1991, NJW 1991, 2623. Vgl. HK-ArbR/*Braun* AGG § 1 Rn. 10, 11; ArbR-HdB/*Ahrendt* § 36 AGG Rn. 8; Däubler/Bertzbach AGG/*Däubler* § 1 Rn. 55; BeckOGK/*Baumgärtner* AGG § 1 Rn. 120 f. Wenn es behaupten lässt, dass die religiösen oder weltanschaulichen Lehren nur als Vorwand für die Verfolgung wirtschaftlicher Ziele dienen, ist eine Gemeinschaft nicht als eine Religion einstufen: BAG 22.3.1995, NZA 1995, 823 (Scientology-Kirche). Der Status der Scientology-Kirche ist allerdings immer noch nicht geklärt. Siehe auch: EGMR 5.4.2007, Rs. 18147/02 „Church of Scientology Moscow". Vgl. HK-ArbR/*Braun* AGG § 1 Rn. 10.

2005 EGMR 15.6.2010, Rs. 7710/02, Rn. 85 „Grzelak vs. Poland". Vgl. BeckOGK/*Baumgärtner* AGG § 1 Rn. 118; HK-ArbR/*Braun* AGG § 1 Rn. 12; Däubler/Bertzbach AGG/*Däubler* § 1 Rn. 61; MHdB ArbR/*Oetker* § 16 Rn. 14; ArbR-HdB/*Ahrendt* § 36 AGG Rn. 8.

2006 EGMR 26.10.2000, Rs. 30985/96, Rn. 60 „Hasan and Chaush"; EGMR 25.5.1993; Rs. 14307/88, Rn. 31 „Kokkinakis". EuGH 14.3.2017, Rs. C-157/15, Rn. 25 ff. "G4S Secure Solutions"; EuGH 14.3.2017, Rs. C-188/15 Rn. 27 ff. „Bougnaoui and ADDH". BVerfG 8. 11. 1960, NJW 1961, 211; BVerfG 19.10.1971, BVerfGE 32, 98, 106; BAG 10.10.2002, NZA 2003, 483. Vgl. BeckOGK/*Baumgärtner* AGG § 1 Rn. 122; Däubler/Bertzbach AGG/*Däubler* § 1 Rn. 59; ErfK/*Schlachter* AGG § 1 Rn. 7; *Schlachter*, EuZA 2018, 173 (174 ff.); MHdB ArbR/*Oetker* § 16 Rn. 14; ArbR-HdB/*Ahrendt* § 36 AGG Rn. 8.

2007 Vgl. BeckOGK/*Baumgärtner* AGG § 1 Rn. 122.

religiös motivierten Kleidung ist das bekannteste Beispiel dafür und grundsätzlich akzeptiert, solange es die betrieblichen Abläufe nicht grundsätzlich stört.[2008]

Die Weltanschauung beweist sich in einer qualitativ über die in Artikel 1 Absatz 3 GG hinausgehenden politischen Anschauung, indem sie durch ein entwickeltes konzeptionelles System die Weltereignisse in großen Kontexten bewertet.[2009] Dazu gehören beispielsweise der Marxismus-Leninismus oder die Anthroposophie von Rudolf Steiner, nicht aber die Parteien und politische Überzeugungen.[2010] Das BAG hat bereits beschlossen, die Sympathie zugunsten eines Staates (VR China) oder einer das Staatssystem beherrschenden Partei (KP China) rechtfertige nicht die Annahme einer *„Weltanschauung"*.[2011] Ob von einer *„kommunistischen Weltanschauung"* die Rede sein kann, lässt das BAG offen.[2012]

Die Einbeziehung von Weltanschauungen, die der freien demokratischen Grundordnung widersprechen oder sogar strafrechtliche Verfolgung nach sich ziehen wie das Engagement für den Nationalsozialismus, ist fraglich.[2013] Auf der einen Seite spricht es dagegen, Weltanschauungen in den Schutz des Gesetzes einzubeziehen, was der Gesetzgeber oder die Verfassung an anderer Stelle der Legitimität verweigert.[2014] Kündigung eines Lehrers mit rechtsextremen Tätowierungen ist somit als wirksam anzusehen.[2015] Auf der anderen Seite schützt aber § 1 AGG Aktivitäten nicht zugunsten einer bestimmten Weltanschauung, sondern verbietet lediglich eine unterschiedliche Behandlung, weil eine Person eine bestimmte Weltanschauung hat.[2016] Die Befürwortung einer Religion oder Weltanschauung zur Rechtfertigung von Verhalten (Piercing oder Drogenkonsum) ist nicht geschützt.[2017] Dieses engere Verständnis des Begriffs der Weltanschauung

---

2008 ArbG Hamburg 3.1.1996, BeckRS 1996, 30939242 (Turban für Sikh). Vgl. Däubler/Bertzbach AGG/*Däubler/Bertzbach* Ein. Rn. 54. Siehe für das Tragen des Kopftuchs: diese *Dissertationschrift* § 12 B. I.

2009 Vgl. MHdB ArbR/*Oetker* § 16 Rn. 16; *Adomeit/Mohr* AGG § 1 Rn. 78; ErfK/*Schlachter* AGG § 1 Rn. 8; EuArbR/*Mohr* RL 2000/78/EG Art. 1 Rn. 25. Dazu gehört beispielsweise der Marxismus-Leninismus oder die Anthroposophie von Rudolf Steiner, aber nicht die Parteien und politische Überzeugungen.

2010 ArbG Berlin 30.7.2009, NZA-RR 2010, 70. Vgl. ArbR-HdB/*Ahrendt* § 36 AGG Rn. 10; *Adomeit/Mohr* AGG § 1 Rn. 81. Parteien und politische Überzeugung: Vgl. MHdB ArbR/*Oetker* § 16 Rn. 16 Bejahend: *Wisskirchen/Bissels*, NZA 2007, 169 (172 f.). Verneinend: BVerwG, NJW 2005, 85 [zu 3 c ee]. Ungeklärt bleibt: BAG 6. 9. 2012, NZA-RR 2013, 441, Rn. 34.

2011 BAG 20.6.2013, NZA 2014, 21, Rn. 38.

2012 BAG 20.6.2013, NZA 2014, 21, Rn. 39.

2013 Vgl. MHdB ArbR/*Oetker* § 16 Rn. 17.

2014 Vgl. MHdB ArbR/*Oetker* § 16 Rn. 17. Verneinen: ArbR-HdB/*Ahrendt* § 36 AGG Rn. 10; *Bauer/Göpfert/Krieger* AGG § 1 Rn. 31.

2015 LAG Berlin-Brandenburg 11.5.2021, 8 Sa 1655/20, AuR 7–8/2021, 336.

2016 Vgl. MHdB ArbR/*Oetker* § 16 Rn. 17. Verneinen: ArbR-HdB/*Ahrendt* § 36 AGG Rn. 10; *Bauer/Göpfert/Krieger* AGG § 1 Rn. 31.

2017 Vgl. ArbR-HdB/*Ahrendt* § 36 AGG Rn. 10.

nach AGG zweifelt die Richtlinienkonformität der Umsetzung der unionsrechtlichen Vorgaben im Schrifttum an, welche den extensiveren Begriff *„Belief“* (auf Deutsch *Überzeugung*) als Weltanschauung verwenden.[2018] Einige Stimmen im Schrifttum vertreten die Ansicht, der Begriff richtlinienkonform sei weiter zu verstehen und umfasse auch sonstige feste Überzeugungen.[2019] Klärung fand die Frage durch den EuGH bislang noch nicht.[2020]

b) Türkisches Recht: „Religion, Konfession, Glauben, philosophischer Glauben, philosophische Anschauung, politische Meinung, politische Anschauung“

Dieser Abschnitt enthält zunächst eine Beschreibung der Diskriminierungsmerkmale Religion, Konfession, Glaube, danach die Merkmale Philosophischer Glaube und Anschauung und Politische Meinung und Anschauung nach dem türkischen Recht.

aa) Religion, Konfession, Glauben

In dem türkischen Recht ist irgendeinen Unterschied aufgrund von Religion oder Konfession verfassungsrechtlich untersagt (Art. 10 I Verf.). Ebenso gewährleistet Artikel 5 Arbeitsgesetz einen Schutz vor Diskriminierungen aufgrund von Religion und Konfession (Art. 5 I ArbG). Weiterhin gestaltet sich die Religion laut Artikel 18 Arbeitsgesetz in keiner Weise als ein triftiger Grund für die Kündigung eines Arbeitsverhältnisses (Art. 18 I d ArbG). Das Gesetz über Menschenrechte- und Gleichheitsinstitution untersagt eine Diskriminierung aus Gründen eines Glaubens (Art. 3 I GMRGI). Während die Religion als eine soziale Institution, die den Glauben an Gott und die Anbetung Gottes, der übernatürlichen Kräfte und der verschiedenen göttlichen Wesen systematisiert, zu definieren ist, weist die Konfession auf jeden der Zweige einer Religion, die sich aus Meinungs-, Interpretations- und Verständnisunterschieden ergibt, hin.[2021] Glauben auf der anderen Seite deutet auf etwas, was geglaubt wird, eine Meinung oder eine Lehre hin.[2022] In dem Zusammenhang existiert nicht nur ein Schutz des Glaubens, sondern auch des Unglaubens, z. B. hinsichtlich des Atheismus.[2023]

Verfassungsrechtlich geschützt ist die Religions- und Gewissensfreiheit in Artikel 24 der Verfassung, welche das Recht erkennt, dass jedermann die Freiheit

---

2018 Vgl. Däubler/Bertzbach AGG/*Däubler* § 1 Rn. 65 ff.; *Däubler*, NJW 2006, 2608; MHdB ArbR/*Oetker* § 16 Rn. 16; Andere Ansicht: EuArbR/*Mohr* RL 2000/78/EG Art. 1 Rn. 25.

2019 Vgl. Däubler/Bertzbach AGG/*Däubler* § 1 Rn. 61 ff.

2020 Vgl. Däubler/Bertzbach AGG/*Däubler* § 1 Rn. 73; MHdB ArbR/*Oetker* § 16 Rn. 16.

2021 Vgl. TDK https://sozluk.gov.tr (25.12.2019).

2022 Vgl. TDK https://sozluk.gov.tr (25.12.2019).

2023 Vgl. *Düğmeci*, S. 294.

des Gewissens, des religiösen Glaubens und der Überzeugung genießt.[2024] Laut dem Schrifttum besteht die Möglichkeit der Konfrontation der verfassungsrechtlich zugesicherten Ausübung der Religionsfreiheit in einigen Fällen mit der pflichtgemäßen Erfüllung der Arbeitspflicht des*der Arbeitnehmers*in gemäß dem Arbeitsvertrag.[2025] Die externe Reflexion der Religions- und Gewissensfreiheit kann in einigen Fällen die Leistung des*der Arbeitnehmers*in beeinträchtigen.[2026] Dadurch kann die Religions- und Gewissensfreiheit des*der Arbeitnehmers*in im Widerspruch zu den Weisungen des*der Arbeitgebers*in im Rahmen des Direktionsrechts des*der Arbeitgebers*in nach dem Arbeitsvertrag stehen.[2027] Somit konfrontiert die sich aus der Verfassung ergebende Religionsfreiheit des*der Arbeitnehmers*in mit seiner*ihrer Treuepflicht.[2028] Das Schrifttum konstatiert daraus die Notwendigkeit, diese unterschiedlichen Interessensituationen auszugleichen.[2029] Es gilt, diese Situationen auf der Grundlage der Treuepflicht des*der Arbeitnehmers*in zu behandeln und unter Berücksichtigung der Eigenschaften jedes konkrete Ereignis zu bewerten.[2030]

Behindert die Ausübung der Religionsfreiheit des*der Arbeitnehmers*in in einer Weise die Erfüllung seiner*ihrer Arbeitspflicht, steht sie nach dem

---

2024 Artikel 24 der Verfassung, Die Verfassung der Republik Türkei Stand 1.1.2011 Überstezung von Rechtsanwalt Prof. Dr. Christian Rumpf:
„VI. Religions- und Gewissensfreiheit
Artikel 24 – Jedermann genießt die Freiheit des Gewissens, der religiösen [Glauben] und Überzeugung.
Soweit nicht gegen die Vorschriften des Arti- kels 14 verstoßen wird, sind Gottesdienste, religiöse Zeremonien und Feiern frei.
Niemand darf gezwungen werden, an Gottesdiensten, religiösen Zeremonien und Feiern teilzunehmen, seine religiöse Anschauung und seine religiösenÜberzeugungen zu offenbaren; niemand darf wegen seiner religiösen Anschauungen und Überzeugungengerügt oder einem Schuldvorwurf ausgesetzt werden.
Die Religions- und Sittenerziehung und -lehre wird unter der Aufsicht und Kontrolle des Staates durchgeführt. Religiöse Kultur und Sittenlehre gehören in den Primar- und Se- kundarschulanstalten zu den Pflichtfächern. Darüber hinaus ist religiöse Erziehung und Lehre vom eigenen Wunsch der Bürger, bei Minderjährigen vom Verlangen der gesetzlichen Vertreter abhängig.
Niemand darf, um die soziale, wirtschaftliche, politische oder rechtliche Ordnung des Staates auch nur zum Teil auf religiöse Regeln zu stüt- zen oder politischen oder persönlichen Gewinn oder Nutzen zu erzielen, in welcher Weise auch immer, Religion oder religiöseGefühle oder einer Religion als heilig geltende Gegenstände ausnutzen oder missbrauchen."

2025 Vgl. *Dulay*, ÇT 2016/1 (48), 263 (263, 271).

2026 Vgl. *Yuvalı*, S. 186.

2027 Vgl. *Yuvalı*, S. 186; *Dulay*, ÇT 2016/1 (48) S. 263 (273); *Sevimli*, S. 273 ff.

2028 Vgl. *Dulay*, ÇT 2016/1 (48) S. 263 (273).

2029 Vgl. *Yuvalı*, S. 186.

2030 Vgl. *Dulay*, ÇT 2016/1 (48) S. 263 (263, 271).

Schrifttum im Widerspruch zur Treuepflicht.[2031] Daraus folgend ist das Verhalten des*der Arbeitgebers*in als Reaktion dagegen nicht als diskriminierend anzusehen. Beispiele dafür sind: die Weigerung eines*r Arbeitnehmers*in, der*die in einer Apotheke arbeitet, der Verkauf von Abtreibungswerkzeugen; oder wenn der*die Arbeitnehmer*in während der Arbeitszeit Salāt-Gebete verrichten möchte oder freitags das Freitagsgebet in der Moschee besuchen möchte.[2032] In einigen Fällen spricht aber der Kassationshof für den Besuch der Freitagsgebete, wenn der Besuch der Freitagsgebetsstunden des Arbeitnehmers nach langjähriger Wiederholung das Niveau einer betrieblichen Übung erreicht hat.[2033]

In einer seiner Entscheidungen aus dem Jahr 2014 positioniert sich allerdings der Kassationshof gegen eine Kündigung eines Arbeitnehmers, obwohl die Religionsfreiheitsausübung des Arbeitnehmers die Erfüllung seiner Arbeitspflicht beeinträchtigt hatte.[2034] Dementsprechend wies der Kassationshof die Entscheidung der Vorinstanz zurück, die von der Unwirksamkeit einer Kündigung des Arbeitsvertrages aufgrund des Fehlens des Arbeitnehmers von der Arbeit wegen einer Haddsch-Pilgerfahrt gesprochen hat.[2035] Der klagende Arbeitnehmer war ein Lehrer und hatte ein Dienstalter von 15 Jahren an seinem Arbeitsplatz.[2036] Der Arbeitnehmer nutzte die Möglichkeit, eine Pilgerreise – Haddsch – zu unternehmen und beanspruchte Beurlaubung.[2037] Da die Schulen während dieser Zeit geöffnet waren und da es sicher war, dass der Arbeitnehmer während der Haddsch-Zeit nicht in der Lage sein würde, die Arbeit für einen langen Zeitraum, circa einen Monat, auszuführen, genehmigte der beklagte Arbeitgeber den Urlaubsanspruch des Arbeitnehmers nicht. Der Kläger allerdings hat sich krankschreiben lassen und ging pilgern. Der Beklagte hingegen forderte den klagenden Arbeitnehmer daraufhin auf, seine Abwesenheit zu begründen, was der Arbeitnehmer unterlassen hat. Aufgrund dessen hat der Arbeitgeber die Kündigung aus außerordentlichen Gründen ausgesprochen. Das Arbeitsgericht bestätigte die Wirksamkeit der Kündigung. Der Kassationshof sah es allerdings anders. Nach seiner Einschätzung erfordere es die allgemeine Fürsorgepflicht des*der Arbeitgebers*in, die Persönlichkeit, das private Leben, die Gesundheit,

---

2031 Vgl. *Dulay*, ÇT 2016/1 (48) S. 263 (273).

2032 Vgl. *Ertürk*, S. 140; *Yuvalı*, S. 186; *Yıldız*, S. 131; *Sözer*, Sicil 2006/2 S. 184 (190).

2033 Y9HD 12.7.2011, E. 2009/13474, K. 2011/23572 (Kazancı).

2034 Y9HD 12.2.2014, E. 2014/664, K. 2014/4313 (ÇT 2016/1, 48).

2035 Y9HD 12.2.2014, E. 2014/664, K. 2014/4313 (ÇT 2016/1, 48).

2036 Ein Semester in der Schulen in der Türkei dauerte damals ca. drei bis vier Monaten.

2037 Haddsch ist die islamische Pilgerfahrt nach Mekka, welche nur während bestimmter Tage durchgeführt werden kann. Insgesamt würde es ein Hadsch-Besuch mit circa eine monatige Abwesenheit berechnen. Heutzutage, um nach Pilgern zu dürfen, braucht jeder ein Visum vom Saudi-Arabien, die je nach Einwohnerzahlen den Staaten zugesprochen wird. Es gibt jahrelangen Wartezeiten.

körperliche und seelische Unversehrtheit, aber auch die 'moralischen Werte' des*der Arbeitnehmers*in zu schützen. Jahrelang warten Menschen auf Wartelisten, um auf den Haddsch gehen zu dürfen. Für den Kläger, den Arbeitnehmer, könnte es eine einmalige Chance sein, seine religiöse Hauptpflicht nach dem Islam zu leisten. Basierend auf der Fürsorgepflicht des*der Arbeitgebers*in, die moralischen Werte des Arbeitnehmers zu schützen, sollte der*die Arbeitgeber*in den Urlaubsanspruch des*der Arbeitnehmers*in genehmigen.[2038] Das Schrifttum kritisierte diese Entscheidung des Kassationshofs vor allem wegen des Verbindens eines subjektiven Begriffes wie Moral mit der Fürsorgepflicht des*der Arbeitgebers*in.[2039] Der Begriff Moral sei ein System von Urteilen und Prinzipien, die bestimmen, ob das subjektive Verhalten einer Person richtig oder falsch ist.[2040] Obwohl der*die Arbeitgeber*in verpflichtet sei, die körperliche und geistige Unversehrtheit des*der Arbeitnehmers*in zu schützen und eine Ordnung nach den Grundsätzen von Treu und Glauben am Arbeitsplatz zu schaffen, sei es nicht möglich, die subjektiven und individuellen Werte der inneren Welt des Einzelnen und die daraus resultierenden Werte im Rahmen der Fürsorgepflicht des*der Arbeitnehmers*in zu bewerten.[2041]

Das Schrifttum betont: Wenn die Ausübung der Religionsfreiheit durch den*die Arbeitnehmer*in die Erfüllung seiner*ihrer Arbeitspflicht nicht verhindert, steht sie nicht im Widerspruch zur Treuepflicht des*der Arbeitnehmers*in.[2042] Die Verhinderung der Ausübung der religiösen Anbetung, aber auch die Kündigung wegen des Rauchens während der Ramadanzeit ist demzufolge als Diskriminierung einzustufen.[2043] In ähnlicher Weise verletze die Kündigung eines Arbeitsvertrages aufgrund einer neuen Überzeugung das Diskriminierungsverbot, solange es die Leistung des*der Arbeitnehmers*in nicht behindert.[2044] Kann aber der*die Arbeitnehmer*in nicht mehr effizient arbeiten und verhindert ein effektives Arbeiten seiner*ihrer Kollegen*innen, weil er*sie seinen*ihren Kollegen*innen ständig mitteilt, er*sie habe eine neue Überzeugung angenommen, wobei er*sie permanent mit Untersuchungen zu seiner*ihrer Überzeugung am Arbeitsplatz beschäftigt ist, führt dies zu einer Störung der Arbeit am Arbeitsplatz; somit ist die Kündigung auf diesem Grund kein Verstoß gegen das Diskriminierungsverbot.[2045]

2038 Y9HD 12.2.2014, E. 2014/664, K. 2014/4313 (ÇT 2016/1, 48).
2039 Vgl. *Dulay*, ÇT 2016/1 (48) S. 263 (266).
2040 Vgl. *Dulay*, ÇT 2016/1 (48) S. 263 (266).
2041 Vgl. *Dulay*, ÇT 2016/1 (48) S. 263 (273).
2042 Vgl. *Dulay*, ÇT 2016/1 (48) S. 263 (273).
2043 Vgl. *Yuvalı*, S. 187; *Düğmeci*, S. 294; *Lordoğlu/Aslan*, ÇT 2012/2, S. 117 (138).
2044 Vgl. *Kayaalp*, S. 220.
2045 Vgl. *Kayaalp*, S. 220.

bb) Philosophischer Glauben und Anschauung, politische Meinung und Anschauung

Die Verfassung der Republik Türkei gewährleistet den Schutz jeder Person vor Diskriminierungen aufgrund der politischen Meinung und des philosophischen Glaubens (Art. 10 I Verf.). Nach der Aufzählung des fünften Artikels des Arbeitsgesetzes sind politische Meinung und philosophischer Glauben geschützte Diskriminierungsmerkmale. Die politische Meinung als ein verbotener Diskriminierungsgrund findet ebenfalls ihre Aufzählung in Artikel 18 Absatz 3 Buchstabe d Arbeitsgesetz. Der Kassationshof bestätigt übrigens im Allgemeinen die Anerkennung der Weltanschauung innerhalb des Artikels 18 Absatz 3 Buchstabe d Arbeitsgesetz.[2046] Nach GMRGI sind Diskriminierungen wegen politischer und philosophischer Anschauung verboten (Art. 3 II GMRGI).

Nach dem türkischen Recht ist das Recht aller auf Gedanken- und Meinungsfreiheit ein verfassungsrechtlich geschütztes Grundrecht.[2047] In Artikel 25 der Verfassung heißt es: *„Jedermann genießt Meinungs- und Überzeugungsfreiheit. Niemand darf, aus welchem Grund und zu welchem Zweck auch immer, zur Äußerung seiner Meinungen und Überzeugungen gezwungen werden; er darf wegen seiner Meinungen und Überzeugungen nicht gerügt oder einem Schuldvorwurf ausgesetzt werden.“* (Art. 25 Verf.).[2048] Wieder heißt es in Übereinstimmung mit Artikel 26 Absatz 1 der Verfassung *„Jedermann hat das Recht, seine Meinungen und Überzeugungen in Wort, Schrift, Bild oder auf anderem Wege allein oder gemeinschaftlich zu äußern und zu verbreiten.“* (Art. 26 Verf.) Somit ist es laut Verfassung nicht einmal zulässig, die Verurteilung und Anklage von Personen wegen ihrer unterschiedlichen Überzeugungen zu diskutieren.[2049]

Die Entstehung eines Konflikts zwischen der von dem*der Arbeitnehmer*in geschuldeten Arbeitsleistung und der Weltanschauung des*der Arbeitnehmers*in gibt dem*der Arbeitnehmer*in nach dem Schrifttum nicht das Recht, seine*ihre Arbeitspflicht nicht zu erfüllen.[2050] Denn wenn ein*e Arbeitnehmer*in einen Job annimmt, dessen Inhalt mehr oder weniger bestimmt ist, muss er*sie auch berücksichtigen, dass er*sie manchmal eine Aufgabe bekommen kann, die mit seiner*ihrer Weltanschauung unvereinbar ist.[2051] Das Schrifttum nennt als Beispiel dazu die Weigerung eines umweltaktiven Hafenarbeiters, Abfälle auf das Schiff zu laden.[2052] Das Schrifttum ist der Meinung, der*die Arbeitgeber*in

---

2046 Y9HD 19.10.2010, E. 2010/802 K. 2010/29784 (Kazancı); Y9HD 20.11.2018, E. 2015/23998, K. 2018/21039 (Yargıtay İçtihat Bankası). Vgl. *Yuvalı*, S. 189; *Sözer*, Sicil 2006/2 S. 184 (195).

2047 Vgl. *Yuvalı*, S. 189; *Tuncay*, S. 126.; *Ertürk*, S. 140.

2048 Die Übersetzung der Verfassung: Die Verfassung der Republik Türkei Stand 1.1.2011 Überstezung von Rechtsanwalt Prof. Dr. Christian Rumpf.

2049 Vgl. *Yuvalı*, S. 189; *Tuncay*, S. 126.; *Ertürk*, S. 140.

2050 Vgl. *Yuvalı*, S. 189; *Ertürk*, S. 141.

2051 Vgl. *Yuvalı*, S. 189; *Ertürk*, S. 140.

2052 Vgl. *Yuvalı*, S. 189; *Ertürk*, S. 140.

könne den Arbeitsvertrag aus wichtigem Grund außerordentlich kündigen (Art. 25 II h ArbG), wenn der*die Arbeitnehmer*in während der Vertragsabschlussphase verschwiegen hat, dass er*sie die Vertragserfüllung aufgrund seiner*ihrer politischen, religiösen oder spirituellen Überzeugung nicht erfüllen kann.[2053]

Auf der anderen Seite stelle die politische, philosophische oder religiöse Einstellung des*der Arbeitnehmers*in keinen triftigen Grund für eine Kündigung dar, es sei denn, dies schade dem*der Arbeitgeber*in oder dem Arbeitsplatz.[2054] Infolgedessen kann der*die Arbeitgeber*in einen*eine Arbeitnehmer*in, welche er*sie wegen seiner*ihrer gleichen politischen und philosophischen Sichtweise, mit der er*sie eingestellt hat, aufgrund seiner*ihrer unterschiedlichen politischen und philosophischen Anschauung nicht entlassen.[2055] Der*Die Arbeitgeber*in kann auch nicht behaupten, er*sie habe sich in der politischen, philosophischen oder religiösen Anschauung des*der Arbeitnehmers*in getäuscht oder sei irregeführt worden oder der*die Arbeitnehmer*in habe anscheinend danach seine*ihre Meinung geändert.[2056] Im Rahmen der Bestimmungen der Verfassung besteht keine Verpflichtung, die politischen, philosophischen oder religiösen Gedanken des*der Arbeitnehmers*in zum Ausdruck zu bringen.[2057] Gibt der*die Arbeitnehmer*in keine Erklärung zu diesem Thema ab, ist dies kein Missbrauch des Rechts, da er*sie die Freiheit hat, seine*ihre politische, philosophische oder religiöse Meinung nicht zu äußern.[2058] Aus diesem Grund verstößt die Kündigung dieses Vertrages gegen das Diskriminierungsverbot im Sinne des Artikels 5 Absatz 1 Arbeitsrecht.[2059]

Darüber hinaus gestaltet sich die Erklärung der politischen Meinung des*der Arbeitnehmers*in im Rahmen der durch Artikel 25 der Verfassung gewährleisteten Meinungsfreiheit nicht als Grund für die Beendigung des Vertrages.[2060] Verfolgt der*die Arbeitnehmer*in allerdings eine andere Ideologie als der*die Arbeitgeber*in und gibt er*sie zugunsten der Befürworter seines eigenen politischen Denkens gegen den*die Arbeitgeber*in Geheimnisse preisgibt, die er*sie nicht weitergeben sollte, und handelt in einer Weise, die den Ideen des*der Arbeitgebers*in schadet, d. h., verstößt er*sie gegen seine*ihre Treuepflicht, ist eine Kündigung seines*ihres Vertrages aus diesem Grund möglich.[2061]

Nach einer Entscheidung des Kassationshofs kam jedoch zur wirksamen Aussprechung der Entlassung eines Klägers aufgrund einer Erklärung seiner

---

2053 Vgl. *Yuvalı*, S. 190.
2054 Vgl. *Manav*, DEÜHFD 2013/15, 731 (758)
2055 Vgl. *Manav*, DEÜHFD 2013/15, 731 (758).
2056 Vgl. *Manav*, DEÜHFD 2013/15, 731 (758).
2057 Vgl. *Manav*, DEÜHFD 2013/15, 731 (758).
2058 Vgl. *Manav*, DEÜHFD 2013/15, 731 (758).
2059 Vgl. *Manav*, DEÜHFD 2013/15, 731 (758).
2060 Vgl. *Manav*, DEÜHFD 2013/15, 731 (757).
2061 Vgl. *Manav*, DEÜHFD 2013/15, 731 (758).

politischen Meinung, obwohl eine Schädigung des*der Arbeitgebers*in oder des Arbeitsplatzes nicht vorlag.[2062] Der in einer öffentlichen Einrichtung tätige Kläger, der Arbeitnehmer, sah sich beschuldigt, Mitglied einer Organisation zu sein, der eine Begehung von Straftaten gegen den Staat zur Last gelegt worden war.[2063] Der Arbeitnehmer bestätigte diese Beziehung und im Organisationsgebäude befanden sich Dokumente, die den Kläger betrafen.[2064] Die Entlassung des Klägers aufgrund dieser Aktionen befand der Kassationshof als eine rechtmäßige Kündigung.[2065] Der Kassationshof erklärte ebenfalls die Kündigung einer Arbeitnehmerin nach dem Putschversuch 2016 rechtmäßig, die gekündigt wurde, weil sie bei einer Reihe von Artikeln, die von Dritten auf Facebook gepostet worden waren, auf die Schaltfläche „like" geklickt hatte.[2066] Nach der Entscheidung des Arbeitsgerichts, die Inhalte, die die Arbeitnehmerin gefallen hatten, nicht als durch Meinungsfreiheit geschützt angesehen werden kann, weil sie den Frieden und die Ruhe am Arbeitsplatz stören.[2067] Die Facebook- Inhalte handelten sich um heftige politische Kritik an angeblich repressiven Praktiken der Behörden, Aufrufe und Ermunterungen zu Demonstrationen gegen diese Praktiken, Äußerungen der Empörung über die Ermordung des Präsidenten einer Anwaltskammer, Anprangerung des angeblichen Missbrauchs von Schülern in von den Behörden kontrollierten Einrichtungen und eine scharfe Reaktion auf eine als sexistisch empfundene Äußerung einer bekannten religiösen Persönlichkeit.[2068] Der Fall landete jedoch im EGMR und der EGMR entschied einstimmig, dass eine Verletzung von Art. 10 der Konvention vorliegt.[2069]

Darüber hinaus hat der Kassationshof die Teilnahme an kollektiven Verhandlungen wie Arbeitsstilllegung, die Teilnahme an illegalen Streiks und die Forderung nach illegalen Lohnerhöhungen nicht durch politische Anschauung und philosophischen Glauben geschützt.[2070]

6. *Vermögen, Geburt, Familienstand, gesundheitlicher Zustand*

Die Diskriminierungsmerkmale Vermögen, Geburt, Familienstand, gesundheitlicher Zustand genießen einen Schutz nur nach dem türkischen arbeitsrechtlichen

2062 Y9HD 26.1.2005, E.2004/33501, K.2005/1542 (*Manav*, DEÜHFD 2013/15, 731 (757)).
2063 Y9HD 26.1.2005, E.2004/33501, K.2005/1542 (*Manav*, DEÜHFD 2013/15, 731 (757)).
2064 Y9HD 26.1.2005, E.2004/33501, K.2005/1542 (*Manav*, DEÜHFD 2013/15, 731 (757)).
2065 Y9HD 26.1.2005, E.2004/33501, K.2005/1542 (*Manav*, DEÜHFD 2013/15, 731 (757)).
2066 EGMR, 2. Sektion, 15.6.2021, 35786/19, Melike v. Turkey, AuR 5/2022, 227.
2067 EGMR, 2. Sektion, 15.6.2021, 35786/19, Melike v. Turkey, AuR 5/2022, 227.
2068 EGMR, 2. Sektion, 15.6.2021, 35786/19, Melike v. Turkey, AuR 5/2022, 227.
2069 EGMR, 2. Sektion, 15.6.2021, 35786/19, Melike v. Turkey, AuR 5/2022, 227.
2070 YHGK 23.12.2009, E. 2009/9–485 K. 2009/598 (Kazancı). Vgl. *Sur*, Sicil 2017 -37, 33 (45), *Kasım*, in: Perulli / Bellomo (Hrsg.), S. 105 (113–114, 115–117); *Centel*, Sicil 2016–36, 9 (10 ff).

Antidiskriminierungsrecht. Dieser Abschnitt beinhaltet eine Darstellung dieser Merkmale nach türkischem Recht.

a) *Deutsches Recht*

Im nationalen deutschen Recht ist ein Diskriminierungsschutz aufgrund der Merkmale Geburt, gesundheitlicher Zustand, Familienstand und Vermögen nicht gewährleistet.

b) *Türkisches Recht: „Vermögen, Geburt, Familienstand, gesundheitlicher Zustand"*

Das Gesetz über Menschenrechte und die Gleichheitsinstitution der Türkei erweitern die aufgezählten geschützten Diskriminierungsmerkmale weiter durch die Merkmale Geburt, gesundheitlicher Zustand, Vermögen und Familienstand. Das Vermögen und der gesundheitliche Zustand gelangen vor dem Inkrafttreten des GMRGI in keinen anderen türkischen Rechtsnormen als ein verbotener Diskriminierungsgrund einschließlich der Verfassung zur Aufzählung. Die Aufzählung der Geburt und des Familienstandes folgt hingegen außer im GMRGI in Artikel 18 Absatz 3 Buchstabe d Arbeitsgesetz. Anlässlich der Öffnungsklauseln sind diese Merkmale als ein ähnlicher Grund zu sehen, somit gelten sie als Verbreitung der Reichweite des arbeitsrechtlichen Diskriminierungsschutzes (Art. 10 Verf, Art. 5 ArbG, Art. 18 III d ArbG).

Fraglich ist allerdings, was diese neu im nationalen türkischen Recht vorgestellten Merkmale bedeuten. Keines dieser Merkmale ist gesetzlich definiert. In den völkerrechtlichen Normen gestaltet sich ein Erwähnen des Vermögens und der Geburt seit der Erklärung der AEMR – von IPBPR und IPWSKR über EMRK bis hin zu EMRK Zusatzprotokoll 12. Vermögen und Geburt finden ebenso einen Platz in der GRC. Es besteht durchaus ein Zusammenhang der Aufzählung der Merkmale Geburt sowie Gesundheit im Zusammenhang mit dem Diskriminierungsverbot in der RESC (Art. E RESC). Im Zusammenhang von Vermögen und Geburt empfiehlt sich dementsprechend vor allem eine völkerrechtskonforme Auslegung der Begriffe, da in keiner türkischen Norm eine Erwähnung der Merkmale zu finden ist, völkerrechtlich haben sie aber bereits eine langjährige Anerkennungsgeschichte.[2071] Darauffolgend finden hier jeweils die Merkmale Vermögen, Geburt, Familienstand und gesundheitlicher Zustand eine Erklärung.

aa) Vermögen

Vermögen bedeutet in der türkischen Sprache Wohlstand, Reichtum, Besitztum. In seiner allgemeinen Bemerkung Nummer 20 verbindet der Ausschuss

2071 Siehe auch *diese Dissertationsschrift* § 7 A. II.

für wirtschaftliche, soziale und kulturelle Rechte auch das Diskriminierungsmerkmal Vermögen mit Wohlstand, Besitztum. Laut der allgemeinen Bemerkung Nummer 20 des Ausschusses für wirtschaftliche, soziale und kulturelle Rechte ist der Eigentumsstatus als verbotener Diskriminierungsgrund ein weit gefasster Begriff und umfasst Immobilien (z. B. Grundeigentum oder Grundbesitz) und persönliches Eigentum (z. B. geistiges Eigentum, Waren und Gegenstände sowie Einkommen) oder aber auch das Fehlen von Eigentum.[2072] Der symmetrische Charakter des Merkmals erlaubt es, sowohl reiche als auch weniger begüterte Arbeitnehmer*innen gleicherweise zu schützen.[2073]

bb) Geburt

Zweifelhafter erscheint allerdings in der türkischen Literatur die Definition des Merkmals Geburt. Der Ausschuss für wirtschaftliche, soziale und kulturelle Rechte versteht die Geburt als Diskriminierungsmerkmal auf der einen Seite als Diskriminierungsverbot aus Gründen der Abstammung.[2074] Es ist daher nicht zulässig, eine Unterscheidung zwischen Personen zu treffen, die unehelich geboren, von staatenlosen Eltern geboren oder adoptiert wurden.[2075] Zum Diskriminierungsmerkmal Geburt gehört nach dem Ausschuss auf der anderen Seite auch die Abstammung, insbesondere auf der Grundlage von Kastensystemen und analogen Systemen mit ererbtem Status – abstammungsbasierte – Gemeinschaften.[2076] Obwohl dieses Verständnis des Merkmals Geburt mit dem in der türkischen Verfassung anerkannten Verbot der Einräumung von Priviligien (Art. 10 II Verf) übereinstimmt, welche den Weg eröffnen würde, soziale Ungleichheiten wegen der Großbesitzsysteme in der Türkei zu adressieren, geht das türkische Schrifttum aber trotzdem davon aus, das Merkmal Geburt nur mit der familiären Abstammung zu verbinden.[2077]

cc) Familienstand

Der Familienstand findet eine Erwähnung hinsichtlich der Diskriminierung der Frau in der Frauenrechtekonvention (Art. 1 FrauenrechteK), insbesondere im Zusammenhang mit dem Kündigungsschutz – wie Artikel 18 Arbeitsgesetz – bei der Aufzählung der Merkmale, die keinen triftigen Grund darstellen, in der Frauenrechtekonvention (Art. 11 II a FrauenrechteK), aber auch in der RESC (Art. 24 III d RESC). Das Schrifttum versteht das Verbot der Diskriminierung aufgrund des Familienstandes des*der Arbeitnehmers*in, Diskriminierungen basierend

2072 Vgl. Committee ESCR, General Comment No. 20 Abs. 25.
2073 Vgl. Committee ESCR, General Comment No. 20 Abs. 25.
2074 Vgl. Committee ESCR, General Comment No. 20 Abs. 26.
2075 Vgl. Committee ESCR, General Comment No. 20 Abs. 26.
2076 Vgl. Committee ESCR, General Comment No. 20 Abs. 26.
2077 Vgl. *Kayaalp*, S. 189; *Düğmeci*, S. 329.

auf dem privaten Rechtsstatus einer Person, detailliert ausgedrückt, ob eine Person verheiratet, ledig, verwitwet oder geschieden ist, ob deren Ehe annulliert ist oder ob eine Trennungsentscheidung vorliegt.[2078] Menschen in unehelichen Lebensgemeinschaften und die, die nur nach inoffizieller religiös islamischer Ehe verheiratet sind, gelten als ledig.[2079]

dd) Gesundheitlicher Zustand

Vor dem Begriff *„gesundheitlicher Zustand“* versteht das Schrifttum, die Chavas-Entscheidung des EuGH als Beispiel nehmend, einen langfristig oder kurzfristig mental, körperlich, seelisch oder sozial negativen Zustand einer Person, der keinen Behinderungszustand erkennen lässt.[2080] Während bei einer Behinderung Nichtheilung und Dauerhaftigkeit auf dem Spiel stehen, sind bei einer Krankheit in der Regel die Notwendigkeit der Behandlung sowie die Heilung am Ende des Behandlungsprozesses von wesentlicher Bedeutung.[2081] Im Hinblick auf das Arbeitsrecht hindert eine Krankheit einen*e Arbeitnehmer*in an der Erfüllung seiner*ihrer Arbeitspflicht.[2082] Dementsprechend gilt ein solcher Zustand, im Sinne des Sozialversicherungsrechts als Krankheit angesehen, im Rahmen des Arbeitsrechts nicht als Krankheit.[2083] Beispielsweise ist eine außerhalb der Arbeitszeit behandelte, keine Arbeitsunfähigkeit verursachende Krankheit nicht als Krankheit im Sinne des Arbeitsrechts anzusehen; es kann jedoch eine Krankheit im Sinne Sozialversicherungsrechts vorliegen.[2084] In seiner Entscheidung aus dem Jahr 2017 in Bezug auf einen Rechtsstreit über die Beendigung eines Arbeitsvertrages aufgrund einer HIV-positiv Erkrankung eines Arbeitnehmers erklärte das Verfassungsgericht, der gesundheitliche Zustand eines Individuums sei als ein Teil seines Privatlebens entsprechend ähnlichen Diskriminierungsgründen nach Artikel 5 Arbeitsgesetz zu werten.[2085]

C. Unmittelbare Diskriminierung

Eine *unmittelbare Diskriminierung* liegt vor, wenn eine Person aufgrund der Diskriminierungsmerkmale eine weniger günstige Behandlung erfährt, erfahren hat oder erfahren könnte.[2086] In dem arbeitsvölkerrechtlichen Kontext definiert

2078 Vgl. *Kayaalp*, S. 192; *Düğmeci*, S. 239.
2079 Vgl. *Kayaalp*, S. 194.
2080 Vgl. *Kayaalp*, S. 197; *Düğmeci*, S. 331.
2081 Vgl. *Yuvalı*, S. 176.
2082 Vgl. *Yuvalı*, S. 176 Fn 618.
2083 Vgl. *Yuvalı*, S. 176 Fn 618.
2084 Vgl. *Yuvalı*, S. 176 Fn 618.
2085 AYM 1.2.2017, R.G. 10.3.2017/30003 „T.A.A.“. Siehe auch *Yıldız*, Sicil 2008/10, 80 (81); *Ünal*, S. 41; *DoğanYenisey*, ÇT 2006/4, 63 (68). Siehe auch *diese Dissertationsschrift* § 12 B. II. 1.
2086 Siehe *diese Dissertationschrift* § 3., B., IV., 1.

der EGMR gemäß EMRK eine unmittelbare Diskriminierung als eine Ungleichbehandlung von Personen in analogen oder hinreichend vergleichbaren Situationen, die auf einem bestimmten erkennbaren Merkmal basieren.[2087] Das europäische Arbeitsrecht enthält eine Definition der unmittelbaren Diskriminierung in den Richtlinien 2000/43/EG, 2000/78/EG und 2006/54/EG (Art. 2 II b RL 2000/43/EG; Art. 2 II b RL 2000/78/EG; Art. 2 I b RL 2006/54/EG).[2088] Somit ist eine unmittelbare Diskriminierung eine Situation, in der eine Person aufgrund eines Diskriminierungsmerkmals eine weniger günstige Behandlung widerfährt, als eine andere Person in einer vergleichbaren Situation erfährt, erfahren hat oder erfahren würde (Art. 2 II a RL 2000/43/EG; Art. 2 II a RL 2000/78/EG; Art. 2 I a RL 2006/54/EG).[2089] Dadurch gestaltet sich die unmittelbare Diskriminierung als die schärfste und direkteste Form der Diskriminierung, deren Rechtfertigung an strenge Anforderungen geknüpft ist.[2090] Eine unmittelbare Diskriminierung ist sowohl in Deutschland als auch in der Türkei verboten. Die Definition der unmittelbaren Diskriminierung und danach der Tatbestandsmerkmale derselben enthalten folgend eine Erklärung nach deutschem und türkischem Recht.

I. Definition der unmittelbaren Diskriminierung

Dieser Abschnitt schildert zuerst die Definition der unmittelbaren Diskriminierung nach deutschem Recht und danach nach türkischem Recht.

1. Deutsches Recht

Eine Definition der unmittelbaren Diskriminierung nach dem deutschen arbeitsrechtlichen Antidiskriminierungsrecht ist in § 3 AGG zu finden. § 3 AGG zufolge liegt eine unmittelbare Benachteiligung vor, *„wenn eine Person wegen eines in § 1 genannten Grundes eine weniger günstige Behandlung erfährt, als eine andere Person in einer vergleichbaren Situation erfährt, erfahren hat oder erfahren würde."*

2. Türkisches Recht

Eine Definition der unmittelbaren Diskriminierung ist nicht im türkischen Arbeitsgesetz verankert. Ein direkter Hinweis auf die unmittelbare Diskriminierung ist nur in Artikel 5 Absatz 3 Arbeitsgesetz in Verbindung mit der

---

2087 EGMR 24.5.2016, Rs. 38590/10, Rn. 89–93 „Biao"; EGMR 16.3.2010, Rs. 42184/05, Rn. 61 „Carson"; EGMR 13.11.2007, Rs. 57325/00, Rn. 175 „D.H. and others "; EGMR 29.4.2008, Rs. 13378/05, Rn. 60, „Burden and Burde". Siehe *diese Dissertationsschrift* § 7 D.

2088 Siehe *diese Disserationschrift* § 4 B. IV.; § 8, B., II., 3., b).

2089 Vgl. *Kocher* in: Schlachter/Heinig (Hrsg.), EnzEuR Bd. 7, § 5 Rn. 124. Siehe *diese Disserationschrift* § 8, B., II., 3.

2090 Vgl. BeckOK ArbR/*Roloff* AGG § 3 Rn. 1.

Diskriminierung aufgrund des Geschlechts oder einer Schwangerschaft zu finden, welcher eine unmittelbare oder mittelbare unterschiedliche Behandlung aufgrund des Geschlechts oder einer Schwangerschaft untersagt (Art. 5 III ArbG). Infolge der Aufnahme des Begriffes der unmittelbaren Diskriminierung auf diese Weise in das Arbeitsgesetz stellt sich die Frage, ob sie nur in Fällen von Diskriminierung aufgrund des Geschlechts oder der Schwangerschaft Anwendung findet oder ob auch andere Gründe infrage kommen.[2091] Auch wenn die grammatische Auslegung nicht dafür spräche, ist das Schrifttum der Meinung, die teleologische Auslegung des Gesetzestextes erlaube die Anerkennung des Verbotes der sowohl unmittelbaren als auch mittelbaren Diskriminierung aus allen nach der allgemeinen arbeitsrechtlichen Diskriminierungsverbotsnorm, Artikel 5 Absatz 1 Arbeitsgesetz beschriebenen Gründen der Diskriminierung.[2092]

Allerdings ist eine Definition der unmittelbaren Diskriminierung in zwei verschiedenen Gesetzen im türkischen Rechtssystem zu finden. Im Jahr 2014 mit einer Änderung des Gesetzes über Behinderte fand eine Definition der unmittelbaren Diskriminierung erstmals einen Platz im türkischen Rechtssystem. Laut dem geänderten dritten Artikel des Gesetzes über Behinderte heißt es: Jede unterschiedliche Behandlung, die auf einer Diskriminierung aufgrund einer Behinderung basiert und die es verhindert, einschränkt oder erschwert, dass Behinderte die gleichen Rechte und Freiheiten genießen im Vergleich zu anderen in einer vergleichbaren Situation, ist eine unmittelbare Diskriminierung aufgrund von Behinderung (Art. 3 I a GüBehinderten). Zwei Jahre später stellte das Gesetz über Menschenrechte und Gleichheitsinstitution eine breitere Definition der unmittelbaren Diskriminierung vor, welche nicht nur auf das Merkmal Behinderung spezifisch, sondern generell auf alle in dem GMRGI aufgezählten Merkmale anwendbar ist. Laut dem Gesetz über Menschenrechte und Gleichheitsinstitution heißt es: Jede unterschiedliche Behandlung, die einer natürlichen oder juristischen Person aufgrund der in diesem Gesetz vorgesehenen Diskriminierungsmerkmale den gleichen Zugang zu gesetzlich anerkannten Rechten und Freiheiten im Vergleich zu anderen in einer vergleichbaren Situation verhindert oder erschwert, ist eine unmittelbare Diskriminierung (Art. 2 I d GMRGI).[2093] Diese Definitionen sind auch bei der Umsetzung des Arbeitsgesetzes neben den arbeitsvölkerrechtlichen Normen ausschlaggebend.[2094]

2091 Vgl. *Kayaalp*, S. 132.
2092 Vgl. *Ünal*, S. 122; *Gülmez*, ÇT 2010, (241); *Ünal*, S. 122; *Doğan Yenisey*, ÇT 2006/4, 63 (71); *Mollamahmutoğlu/Astarlı/Baysal*, İş Hukuku, S. 723; *Kayaalp*, S. 132.
2093 Übersetzung aus dem Türkischen ins Deutsche durch *die Verfasserin*.
2094 Ähnlich denkend: *Kayaalp*, S. 132.

II. Tatbestandsmerkmale einer unmittelbaren Diskriminierung

Entsprechend der Definition der unmittelbaren Diskriminierung lassen sich die Tatbestandsmerkmale einer unmittelbaren Diskriminierung, wie nachfolgend untersucht, als weniger günstige Behandlung / unterschiedliche Behandlung, im Vergleich mit einer anderen Person und wegen / aufgrund eines Diskriminierungsmerkmales als kausaler Zusammenhang gliedern.

1. Weniger günstige Behandlung / Unterschiedliche Behandlung

Eine weniger günstige Behandlung / eine unterschiedliche Behandlung aufgrund eines Diskriminierungsmerkmals ist für das Bestehen einer unmittelbaren Diskriminierung Voraussetzung; sie erfährt ihre Schilderung nach deutschem und nach türkischem Recht.

a) Deutsches Recht

Die Erfahrung eines*einer Betroffenen angesichts einer weniger günstigen Behandlung als eine andere Person beinhaltet die Voraussetzung einer unmittelbaren Benachteiligung im Sinne des AGG.[2095] Das setzt eine vergleichende Auswertung voraus, die eine günstigere Behandlung einer anderen Person erfordert.[2096] Zuerst ist allerdings *eine Behandlung* erforderlich. Eine Behandlung liegt vor in einem im menschlichen Verhalten ausgehenden Tun oder Unterlassen, selbst bei einer Herstellung mithilfe von Algorithmen durch mechanische Prozesse.[2097] Die *weniger günstige Behandlung* wiederum muss sich zum eindeutigen Nachteil der betroffenen Person als ein qualitativer, auf eine Ungleichbehandlung zurückzuführender Unterschied ergeben, die beispielsweise grundsätzlich bei einer Kündigung auftreten kann.[2098] Der Nachteil besteht in einer Zurücksetzung.[2099] Sie tritt in Form einer Handlung, z. B. einem materiellen Nachteil, oder Unterlassen, z. B. in einer diskriminierenden Nichtverlängerung eines Arbeitsverhältnisses, auf.[2100] Allerdings kann auch das Unterlassen angemessener Vorkehrungen zu

---

2095 Vgl. BeckOK ArbR/*Roloff* AGG § 3 Rn. 2.

2096 Vgl. MHdB ArbR/*Oetker* § 16 Rn. 71.

2097 BAG 17.3.2016, BeckRS 2016, 67630. Vgl. BeckOK ArbR/*Roloff* AGG § 3 Rn. 2; ErfK/*Schlachter* AGG § 3 Rn. 2; HK ArbR/*Braun* AGG § 3 Rn. 5; Däubler/Bertzbach AGG/*Schrader/Schubert* § 3 Rn. 17. Über die Algorithmen und Diskrimmierung: *von Lewinski/de Barros Fritz*, NZA 2018, 620 (621).

2098 BAG 6.11.2008, NZA 2009, 361; BAG 25.2.2010, NZA 2010, 561, Rn. 25. Vgl. StichwortKomm ArbR/*Littig/Esskandari/Groß* Diskriminierung Rn. 15; Däubler/Bertzbach AGG/*Schrader/Schubert* § 3 Rn. 21.

2099 BTDrucks 16/1780 S. 32. Vgl MüKom BGB/*Thüsing* AGG § 3 Rn. 10.

2100 BTDrucks 16/1780 S. 32. BAG 21.6.2012 NZA 2012, 1345, Rn. 25. Vgl. ErfK/*Schlachter* AGG § 3 Rn. 2; MHdB ArbR/*Oetker* § 16 Rn. 71; MüKom BGB/*Thüsing* AGG § 3

einer weniger günstigen Behandlung führen.[2101] Indes erfährt der*die Arbeitnehmer*in nur dann eine *weniger günstige Behandlung* im Sinne des AGG, wenn der*die Betroffene objektiv aus der Sicht eines verständigen Dritten nach objektiven Maßstäben eine andere Behandlung erfährt als eine andere Person.[2102]

Fraglich ist aus diskriminierungsrechtlicher Hinsicht allerdings die Auslegung, eine weniger günstige Behandlung im Sinne von § 3 Absatz 1 Satz 1 AGG liege dagegen nicht vor, wenn der*die Arbeitnehmer*in von seinem*r/ihrem*ihrer Arbeitgeber*in ein Angebot zur vorzeitigen Beendigung des Arbeitsverhältnisses vor Ablauf eines bestimmten Alters gegen Zahlung einer Kapitalleistung erhält.[2103] Hier handelt es sich nicht um das Einräumen eines Wahlrechts, sondern um eine Ausnutzung der gesellschaftlichen Position eines*einer älteren Arbeitnehmers*in.

b) Türkisches Recht

Das türkische Arbeitsgesetz spricht beim Untersagen einer unmittelbaren und mittelbaren Diskriminierung aufgrund des Geschlechts und einer Schwangerschaft von einer unterschiedlichen Behandlung (Art. 5 III ArbG). Bei der Definition der unmittelbaren Diskriminierung im GMRGI handelt es sich gleicherweise um eine unterschiedliche Behandlung (Art. 3 I a GMRGI). Das türkische Recht untersagt demnach eine unterschiedliche Behandlung, allerdings fehlt ein Hinweis auf eine weniger günstige Behandlung. Fragwürdig ist, ob diese unterschiedliche Behandlung tatsächlich auch weniger günstig sein muss. Die Gesetzestexte deuten zwar nicht auf eine weniger günstige Behandlung hin; dennoch vermutet das Schrifttum, unter Berücksichtigung des europäischen Beispiels – das sowohl für Artikel 5 Arbeitsgesetz als auch für die antidiskriminierungsrechtlichen Normen des GMRGI diente – allein eine unterschiedliche Behandlung reiche nicht aus, vielmehr sei auch eine weniger günstige Behandlung bei der Feststellung der unmittelbaren Diskriminierung anzunehmen.[2104] Das Verfassungsgericht formuliert es als eine *„unterschiedliche Behandlung im negativen Sinne“*.[2105] Es versteht z. B. die Nichtbeschäftigung eines*einer Arbeitnehmers*in mit weiterer

---

Rn. 10, 12; NK-ArbR/*Steinau-Steinrück/Schneider* AGG § 3 Rn. 4; HK-ArbR/*Braun* AGG § 3 Rn. 3; *Adomeit/Mohr* AGG § 3 Rn. 31.

2101 BAG 21.4.2016, NZA 2016, 1131. Vgl. ErfK/*Schlachter* AGG § 3 Rn. 2; BeckOK ArbR/*Roloff* AGG § 3 Rn. 5; HK ArbR/*Braun* AGG § 3 Rn. 5.

2102 BAG 25.2.2010, NZA 2010, 561, Rn. 25, 33; BAG 16.2.2012, NZA 2012, 555, Rn. 20. Vgl. BeckOK ArbR/*Roloff* AGG § 3 Rn. 3; StichwortKomm ArbR/*Littig/Esskandari/Groß* Diskriminierung Rn. 15.

2103 Stimmend: BAG 17.3.2016, BeckRS 2016, 67630. Vgl. BeckOK ArbR/*Roloff* AGG § 3 Rn. 3; ArbR/*Littig/Esskandari/Groß* Diskriminierung Rn. 15. Kritisch: BeckOGK/*Baumgärtner* AGG § 3 Rn. 25.

2104 Vgl. *Ünal*, 114; *Kayaalp*, S. 125; *Yıldız*, 75.

2105 AYM 1.2.2017, Başvuru No: 2014/19081, R.G. 10.3.2017/30003, „T.A.A.“, Rn. 94.

Lohnzahlung als *„negative unterschiedliche Behandlung"*, demzufolge eine weniger günstige Behandlung, somit nimmt es an, diese Tatbestandsvoraussetzung der unmittelbaren Diskriminierung sei erfüllt.[2106] Auf diese Weise nähert sich das Gericht dem theoretischen Ansatz, der Wert des Arbeitsplatzes sei für den*die Arbeitnehmer*in nicht allein aus dem Besitz desselben zu verstehen, sondern auch aus dem sich daraus ergebenden Nutzen.[2107]

Auf der anderen Seite gestaltet sich die Formulierung der türkischen Gesetzestexte *„unterschiedliche Behandlung"*, aber nicht *„weniger günstige Behandlung"*, auch problematisch, ob eine gleichermaßen schlechte Behandlung des*der Arbeitgebers*in für einen*e bestimmten*e Arbeitnehmer*in oder eine bestimmte Arbeitnehmergruppe in der Organisation nicht als unterschiedliche Behandlung zu betrachten sei und ob somit die Behandlung als keine unmittelbare Diskriminierung anzurechnen sei. Das Schrifttum verneint diese Auslegung entschieden und macht darauf aufmerksam, eine Auslegung nur aus der Formulierung des Gesetzes sei nicht ausreichend, die konkrete Bedeutung der Gesetzesbegriffe zu ermitteln und somit die unterschiedliche Behandlung als gerechtfertigt zu betrachten.[2108] Die antidiskriminierungsrechtlichen Normen bezwecken nicht eine rein formale Gleichheit, sondern gezielt das Erreichen der materiellen Gleichheit.[2109] Der Grundsatz der Gleichheit zielt auf Gleichheit unter günstigen Bedingungen ab, nicht unter schlechten.[2110] Bei der Auslegung des Wortlautes *„unterschiedliche Behandlung"* ist eine teleologische Auslegung als Maßstab anzulegen, folglich ist die *„unterschiedliche Behandlung"* als weniger günstige unterschiedliche Behandlung zu verstehen.[2111] Innerhalb dieser Dissertationsarbeit ist die Kündigung eines*einer Arbeitnehmers*in aufgrund eines in dem Gesetzestext aufgezählten Diskriminierungsmerkmals vor allem als eine weniger günstige unterschiedliche Behandlung zu betrachten.

2. Vergleich mit einer anderen Person

Voraussetzung zur Feststellung einer unmittelbaren Diskriminierung ist zweitens das Vorhandensein einer vergleichbaren Situation und demzufolge ein Vergleich mit einer anderen Person, die sich in einer vergleichbaren Situation

---

2106 AYM 1.2.2017, Başvuru No: 2014/19081, R.G. 10.3.2017/30003, „T.A.A.", Rn. 89, 93, 94.

2107 Vgl. *Coen*, S. 64.

2108 Vgl. *Ünal*, S. 117; *Doğan Yenisey*, Legal İHSGHD 2005/7 973 (982); *Yıldız*, S. 186.

2109 Vgl. *Ünal*, S. 117; *Doğan Yenisey*, Legal İHSGHD 2005/7 973 (982); *Yıldız*, S. 186; *Kayaalp*, S. 126.

2110 Vgl. *Ünal*, S. 117; *Doğan Yenisey*, Legal İHSGHD 2005/7 973 (982); *Yıldız*, S. 186; *Karan*, S. 251.

2111 Vgl. *Ünal*, S. 117; *Doğan Yenisey*, Legal İHSGHD 2005/7 973 (982); *Yıldız*, S. 186; *Kayaalp*, S. 126; *Karan*, S. 251.

befindet.[2112] Eine Vergleichsperson bezieht sich auf eine Person oder Gruppe, die die gleichen oder ähnliche Merkmale aufweist wie die Person oder Gruppe, die Opfer der unmittelbaren Diskriminierung ist, die jedoch eine für sie günstigere und vorteilhaftere Behandlung erfährt als das Opfer.[2113] Die Schilderung des Tatbestandsmerkmals Vergleich mit einer anderen Person geschieht zuerst nach deutschem und danach nach türkischem Recht.

a) Deutsches Recht

Vorausgesetzt ist das Erfahren einer weniger günstigen Behandlung, als eine andere (*Vergleichs-)person* in einer vergleichbaren Situation erfährt, erfahren hat oder erfahren würde. Eine*Ein geeignete*r vergleichbare*r Arbeitnehmerin*Arbeitnehmer im bereits bestehenden Arbeitsverhältnis ist diejenige*derjenige, die*der identische oder gleichartige Tätigkeiten wie der Antragsteller ausübt; die auf der Grundlage eines Gesamtvergleichs aller vertraglich geschuldeten Tätigkeiten zu ermitteln sind.[2114] Ein aktuelles Existieren der Vergleichsperson ist jedoch nicht verlangt.[2115] Eine frühere, günstigere Behandlung einer Person in einer vergleichbaren Situation in der Vergangenheit (*„erfahren hat“*) reicht aus.[2116] Dies gilt aber nur dann, wenn sich die Personen in einer vergleichbaren Situation befinden, obwohl die Arbeitsverhältnisse nicht gleichzeitig bestehen.[2117] Weiter ist es auch möglich, eine hypothetische Betrachtungsweise heranzuziehen, da § 3 Absatz 1 AGG ebenfalls auf der Behandlung basiert, die eine andere Person in einer vergleichbaren Situation *„erfahren würde“*.[2118] Die Vergleichsperson kann demnach auch eine fiktive/hypothetische sein.[2119] Hier handelt es sich aber um eine hinreichend konkrete Gefahr einer Benachteiligung, welche auf konkreten Feststellungen – vor allem anhand statistischer Aussagen – beruht; nicht aber nur um eine abstrakte Gefahr oder um eine

---

2112 Vgl. *Ünal*, S. 110; *Doğan Yenisey*, Legal İHSGHD 2005/7 973 (984–985); *Kayaalp*, S. 129; *Alpagut*, FS-Güzel, S. 25 (31 ff).

2113 Vgl. *Karan*, S. 248.

2114 BAG 23.8.1995, NZA 1996, 579; BAG 11.4.2006, NZA 2006, 1217, Rn. 28; BAG 14.8.2007, NZA 2008, 99. Vgl. ErfK/*Schlachter* AGG § 3 Rn. 4; Däubler/Bertzbach AGG/*Schrader/Schubert* § 3 Rn. 25.

2115 Vgl. ErfK/*Schlachter* AGG § 3 Rn. 4; BeckOK ArbR/*Roloff* AGG § 3 Rn. 9.

2116 Vgl. ErfK/*Schlachter* AGG § 3 Rn. 4; BeckOK ArbR/*Roloff* AGG § 3 Rn. 9; Däubler/Bertzbach AGG/*Schrader/Schubert* § 3 Rn. 28; BeckOGK/*Baumgärtner* AGG § 3 Rn. 40.

2117 BAG 29.4.2015, NZA 2015, 1204, Rn. 25. Vgl. ErfK/*Schlachter* AGG § 3 Rn. 4.

2118 Vgl. ErfK/*Schlachter* AGG § 3 Rn. 5; BeckOK ArbR/*Roloff* AGG § 3 Rn. 7, 10; BeckOGK/*Baumgärtner* AGG § 3 Rn. 41.

2119 Vgl. BeckOK ArbR/*Roloff* AGG § 3 Rn. 10.

reine Spekulation.[2120] Diese besonderen Schutzmechanismen des Antidiskriminierungsrechts bezwecken vor allem die Einbeziehung von Betätigungsfeldern in den Vergleich, die traditionell überwiegend von Angehörigen mit einem bestimmten Merkmal besetzt sind wie ein geschlechtsspezifischer Arbeitsmarkt oder ein Migrantenbetrieb.[2121] Der hypothetische Vergleich ermöglicht es, in solchen Berufsfeldern einen Vergleich mit einer Behandlung zuzulassen, die einer nicht zur geschützten Gruppe gehörenden Person gewährt würde, falls sie in diesem Beruf und in diesem Betrieb beschäftigt wäre.[2122] Es ist jedoch immer notwendig, konkrete Anhaltspunkte dafür zu haben, wie eine solche Vergleichsperson tatsächlich behandelt würde.[2123] Es sind konkrete Anhaltspunkte erforderlich, reine Spekulationen – in Form einer hypothetischen Betrachtung – reichen nicht aus.[2124]

Entsprechend der konkreten festgelegten Rangfolge in § 3 Absatz 1 AGG ist die Vergleichsperson beim Vorliegen einer aktuellen Vergleichsperson nur im Verhältnis zu einer vorhandenen Person festzustellen.[2125] Fehlt diese allerdings, ist ein Zurückgreifen auf eine*einen eine frühere*n Beschäftigte*n als Vergleichsperson gestattet.[2126] Erst danach ist eine hypothetische Betrachtung zulässig.[2127]

Nach dem AGG und nach deutscher Rechtsprechung muss die weniger günstige Behandlung in einer *vergleichbaren Situation* erfolgen, sich demzufolge auf die nachteilige Situation beziehen.[2128] Nicht alle Arbeitnehmer*innen, die ihren

---

2120 BTDrucks 16/1780, S. 32. LAG Köln 8.5.2009, BeckRS 2009, 66752. Vgl. BeckOK ArbR/*Roloff* AGG § 3 Rn. 7; ErfK/*Schlachter* AGG § 3 Rn. 5; Däubler/Bertzbach AGG/*Schrader/Schubert* § 3 Rn. 33.

2121 Vgl. ErfK/*Schlachter* AGG § 3 Rn. 5; BeckOK ArbR/*Roloff* AGG § 3 Rn. 9; Däubler/Bertzbach AGG/*Schrader/Schubert* § 3 Rn. 30; *Schiek* NZA 2004, 873 (874); BeckOGK/*Baumgärtner* AGG § 3 Rn. 41.

2122 Vgl. ErfK/*Schlachter* AGG § 3 Rn. 5.

2123 Vgl. ErfK/*Schlachter* AGG § 3 Rn. 5; BeckOK ArbR/*Roloff* AGG § 3 Rn. 9; Däubler/Bertzbach AGG/*Schrader/Schubert* § 3 Rn. 30.

2124 LAG Köln 8.5.2009, BeckRS 2009, 66752. Vgl. ErfK/*Schlachter* AGG § 3 Rn. 5; BeckOK ArbR/*Roloff* AGG § 3 Rn. 9.

2125 Vgl. *Diller/Krieger/Arnold* NZA 2006, 887 (892); ErfK/*Schlachter* AGG § 3 Rn. 5; BeckOK ArbR/*Roloff* AGG § 3 Rn. 9; Däubler/Bertzbach AGG/*Schrader/Schubert* § 3 Rn. 34.

2126 Vgl. *Diller/Krieger/Arnold* NZA 2006, 887 (892); ErfK/*Schlachter* AGG § 3 Rn. 5; BeckOK ArbR/*Roloff* AGG § 3 Rn. 9; Däubler/Bertzbach AGG/*Schrader/Schubert* § 3 Rn. 34.

2127 Vgl. *Diller/Krieger/Arnold* NZA 2006, 887 (892); ErfK/*Schlachter* AGG § 3 Rn. 5; BeckOK ArbR/*Roloff* AGG § 3 Rn. 9; Däubler/Bertzbach AGG/*Schrader/Schubert* § 3 Rn. 34.

2128 EuGH7.2.2018, Rs. C-142/17, C-143/17, Rn. 33 ff. “dell`Opera die Roma”. BAG 18.3.2010, NZA 2010, 1129; BAG 7.6.2011, NZA 2011, 1370. LAG Hamm 8.9.2015, BeckRS 2015, 72311; LAG SH 2.12.2014, NZA-RR 2015, 185. Vgl. ErfK/*Schlachter* AGG § 3 Rn. 3; BeckOK ArbR/*Roloff* AGG § 3 Rn. 7; HK-ArbR/*Braun* AGG § 3 Rn. 3.

Arbeitsplatz aufgrund einer betriebsbedingten Kündigung verloren haben, befinden sich bereits aus diesem Grund in einer vergleichbaren Situation.[2129] Es kommt darauf an, ob sich der*die betroffene Arbeitnehmer*in und die vom Sozialplan begünstigten Arbeitnehmer*innen in Bezug auf ihre durch eine Betriebsstilllegung verursachten wirtschaftlichen Nachteile in einer vergleichbaren Situation befinden.[2130] Die Bestimmung des Vorliegens einer vergleichbaren Situation ergibt sich aus einer Gesamtschau aller maßgeblichen Faktoren wie aller vertraglich geschuldeter Tätigkeiten – der Art der Arbeit, der Ausbildungsanforderungen und der Arbeitsbedingungen.[2131] Erforderlich ist die Ähnlichkeit der Situationen, es muss sich aber nicht unbedingt um identische Situationen handeln.[2132]

b) Türkisches Recht

In GüBehinderten und GMRGI ist dieses Tatbestandsmerkmal mit den Worten *„im Vergleich zu anderen in einer vergleichbaren Situation"* zum Ausdruck gebracht (Art. 2 I d GMRGI). Im arbeitsrechtlichen Kontext ist diese andere Vergleichsperson i. V. m. dem Artikel 12 Arbeitsgesetz, der die Einschränkungen bei der unterschiedlichen Behandlung zwischen befristeten und unbefristeten Arbeitnehmern*innen reguliert, und Artikel 13 Arbeitsgesetz, der Teilzeit- und Vollzeitarbeitsverträge reguliert, als ein*e vergleichbare Arbeitnehmer*in angesehen.[2133] Daraus folgend ist ein*e vergleichbarer*e Arbeitnehmer*in als derjenige*diejenige anzusehen, der*die im Rahmen eines Arbeitsvertrages dieselbe oder eine ähnliche Arbeit im Betrieb verrichtet (i. V. m. Art. 12 III ArbG und Art. 13 III ArbG). Befindet sich kein*e solcher*e Arbeitnehmer*in im Betrieb, ist ein*e Arbeitnehmer*in, der*die dieselbe oder eine ähnliche Arbeit in einem unter vergleichbaren Bedingungen laufenden Betrieb in demselben Wirtschaftszweig ausübt, als vergleichbarer*e Arbeitnehmer*in anzusehen (i. V. m. Art. 12 III ArbG und Art. 13 III ArbG).[2134] Demzufolge ist ein Vergleich mit einem früheren Beschäftigten oder mit einer hypothetischen Person anders als das europäische Recht, das einen Vergleich mit einer hypothetischen Person entsprechend dem Wortlaut, *„erfahren würde"* ermöglicht, nicht gestattet.[2135] Darüber hinaus liegt die Feststellung

---

2129 BAG 7.6.2011, NZA 2011, 1370, Rn. 32.

2130 BAG 7.6.2011, NZA 2011, 1370, Rn. 32.

2131 EuGH 31.5.1995, Rs. C-400/93 „EWG-Vertrag Art. 119 Nr. 68". Vgl. BeckOK ArbR/*Roloff* AGG § 3 Rn. 7; StichwortKomm ArbR/*Littig/Esskandari/Groß* Diskriminierung Rn. 15; Däubler/Bertzbach AGG/*Schrader/Schubert* § 3 Rn. 23; BeckOGK/*Baumgärtner* AGG § 3 Rn. 33.1. Siehe *diese Dissertationsschrift* § 12 I.

2132 Vgl. BeckOGK/*Baumgärtner* AGG § 3 Rn. 36.

2133 Vgl. *Alpagut*, FS-Güzel, S. 25 (31 ff.); *Ünal*, S. 111 Fußnote 411; *Kayaalp*, S. 129.

2134 Vgl. *Alpagut*, FS-Güzel, S. 25 (34); *Yıldız*, S. 233; *Kayaalp*, S. 130; *Yuvalı*, S. 55; *DoğanYenisey*, Legal İHSGHD 2005/7 973 (986).

2135 EuGH, 10.3.2005, Rs. C-196/02, Rn 26–29 „Nikoloudi". Vgl. *Kocher* in: Schlachter/Heinig (Hrsg.), EnzEuR Bd. 7, § 5 Rn. 144. Siehe *diese Dissertationschrift* §8 B. 3. a).

dieselbe oder eine ähnliche Arbeit im Ermessen des Gerichts für jeden konkreten Fall.[2136] In dieser Hinsicht dienen nach der ständigen Rechtsprechung des Kassationshofes die für die geleistete Arbeit erforderlichen Schulungen, die Art der Arbeit, die Verantwortlichkeiten und die erforderlichen Befugnisse bei der Festlegung als Maßstab.[2137]

3. „Wegen" / „Aufgrund" eines Diskriminierungsmerkmals – Kausale Zusammenhang -

Zustande kommen soll eine unmittelbare Diskriminierung vor allem aufgrund eines in den Gesetzestexten aufgezählten geschützten Diskriminierungsmerkmals. Die Verwendung dieser Diskriminierungsmerkmale verursacht Ungleichbehandlungen, begründet oder rechtfertigt sie.[2138] Der EuGH erklärte, eine allgemeine Entlassungspolitik, wonach eine Frau nur aufgrund ihres Geschlechts entlassen wird, weil sie ein bestimmtes Alter erreicht oder überschritten hat, in dem sie einen Anspruch auf eine staatliche Rente erwirbt, der nach den nationalen Rechtsvorschriften für Männer und Frauen unterschiedlich ist, stellt eine durch diese Richtlinie verbotene Diskriminierung aufgrund des Geschlechts dar.[2139] Der kausale Zusammenhang in Bezug auf *„wegen"* oder *„aufgrund"* eines Diskriminierungsmerkmales findet eine Konkretisierung zuerst nach deutschem und des Weiteren nach türkischem Recht.

a) Deutsches Recht

Vorausgesetzt für das Vorliegen einer unmittelbaren Diskriminierung ist vor allem ein kausaler Zusammenhang zwischen der diskriminierenden Handlung in Form einer wenigen günstigen Behandlung und der in § 1 AGG aufgezählten Diskriminierungsmerkmale. Erfolgen muss demzufolge die weniger günstige Behandlung *„wegen"* eines Diskriminierungsmerkmals nach dem AGG. Eine ungünstigere Behandlung einer Frau wegen Schwangerschaft oder Mutterschaft gilt als unmittelbare Benachteiligung wegen des Geschlechts (§ 3 I 2 AGG).

Der Kausalzusammenhang zwischen nachteiliger Behandlung und Diskriminierungsmerkmal ist gegeben, wenn die Benachteiligung an ein Merkmal nach § 1 AGG anknüpft oder durch sie motiviert ist, wobei eine bloße Mitursächlichkeit genügt.[2140] Eine Kausalität kann auch dann vorliegen, wenn neben einem Diskriminierungsmerkmal auch noch andere Gründe für die weniger günstige

---

2136 Vgl. *Kayaalp*, S. 130; *DoğanYenisey*, Legal İHSGHD 2005/7, 973 (986–987).

2137 Y22HD 13.7.2018, E. 2016/28921, K. 2018/17592 (Kazancı). Vgl. *Kayaalp*, S. 130; *DoğanYenisey*, Legal İHSGHD 2005/7, 973 (986–987).

2138 Vgl. *Scherr*, APUZ 9/2016, 3 (3, 7).

2139 EuGH 26.2.1986, Rs. 152/84, Rn. 38 „M. H. Marschall".

2140 BAG 17.8.2010, NZA 2011, 153; BAG 17.3.2016, BeckRS 2016, 67630. Vgl. BTDrucks 16/1780, S. 32; Däubler/Bertzbach AGG/*Schrader/Schubert* § 3 Rn. 45.

Behandlung maßgeblich waren.[2141] Dabei reicht es aus, wenn in einem Motivbündel, das die Entscheidung des*der Arbeitgebers*in beeinflusst hat, ein in § 1 AGG genannter Diskriminierungsmerkmal oder Merkmale als Kriterium enthalten gewesen ist und die Entscheidung des*der Arbeitgebers*in beeinflusst haben.[2142] Der*die Arbeitgeber*in darf ein in § 1 AGG aufgezähltes Merkmal überhaupt nicht berücksichtigen.[2143]

Ein Verbot der unmittelbaren Diskriminierung ist demzufolge nicht auf Personen beschränkt, die selbst Merkmalsträger sind, vielmehr kann sich z. B. die Kündigung eines*einer Arbeitnehmers*in auf die Behinderung seines*ihres Kindes beziehen, obwohl der Merkmalsträger nicht selbst Adressat der diskriminierenden Behandlung ist.[2144] Ein anderes Beispiel kann auch die Kündigung eines*einer Beschäftigten sein, weil er*sie mit „Schwulen" befreundet ist und in „Schwulenbars" verkehrt; es läge hier eine Benachteiligung wegen der sexuellen Identität vor, auch wenn der*die Beschäftigte tatsächlich überhaupt keinen oder nur einen losen Kontakt zu homosexuellen Mitbürgern haben sollte.[2145]

Darüber hinaus muss das Merkmal nicht objektiv in der Person des Betroffenen begründet sein, eine ungerechtfertigte Benachteiligung eines*einer Beschäftigten ist auch dann untersagt, wenn der*die Benachteiligende das Vorliegen eines Diskriminierungsmerkmals nach § 1 AGG nur annimmt (Art. 7 I HS. 2 AGG).[2146] Nicht erforderlich ist eine Benachteiligungsabsicht oder ein Benachteiligungsvorsatz.[2147]

Auf ein Verschulden der handelnden Personen kommt es ebenfalls nicht an und die unterlassene Kenntniserlangung der in seinem Einflussbereich eingesetzten Personen wird dem*der Arbeitgeber*in als objektive Pflichtverletzung zugerechnet.[2148] Ein Handeln in Unkenntnis des Merkmals könnte jedoch nicht ausreichend sein.[2149] Die Entlassung einer Arbeitnehmerin aufgrund ihrer

---

2141 BVerfG 16.11.1993, NZA 1994, 745 (746); BAG 5.2.2004, NZA 2004, 540 (544). Vgl. HK ArbR/*Braun* AGG § 3 Rn. 6; BeckOK ArbR/*Roloff* AGG § 3 Rn. 12.

2142 BVerfG 16.11.1993, NZA 1994, 745 (746). BAG 26.6.2014, AP AGG § 22 Nr. 10; BAG 5.2.2004, NZA 2004, 540 (544). Vgl. BeckOK ArbR/*Roloff* AGG § 3 Rn. 16; MüKom BGB/*Thüsing* AGG § 3 Rn. 10; *Wenckebach*, AuR 2010, 499 (499).

2143 Vgl. BeckOK ArbR/*Roloff* AGG § 3 Rn. 16.

2144 EuGH 17.7.2008, Rs. C-303/06 „Coleman vs. Attridge Law". Vgl. BeckOK ArbR/*Roloff* AGG § 3 Rn. 12; HK ArbR/*Braun* AGG § 3 Rn. 6.

2145 Vgl. HK ArbR/*Braun* AGG § 3 Rn. 8.

2146 BAG 17.12.2009, NZA 2010, 383; BAG 20.6.2013 NZA 2014, 21. Vgl. BeckOK ArbR/*Roloff* AGG § 3 Rn. 12.

2147 BAG 16.9.2008, NZA 2009, 79; BAG 17.8.2010, NZA 2011, 153. Vgl. BeckOK ArbR/*Roloff* AGG § 3 Rn. 12; HK ArbR/*Braun* AGG § 3 Rn. 6; ErfK/Schlachter AGG § 3 Rn. 2; Däubler/Bertzbach AGG/*Schrader/Schubert* § 3 Rn. 46; *Kamanabrou*, RdA 2006, 321 (325).

2148 BAG 16.9.2008, NZA 2009, 79.Vgl. BeckOK ArbR/*Roloff* AGG § 3 Rn. 12.

2149 Vgl. BeckOK ArbR/*Roloff* AGG § 3 Rn. 12.

Schwangerschaft stellt eine unmittelbare Diskriminierung dar, auch im Falle einer Einstellung der Arbeitnehmerin auf bestimmte Zeit, auch wenn sie aufgrund ihrer Schwangerschaft während eines wesentlichen Teiles der Vertragszeit nicht würde arbeiten können.[2150] Die Kündigung einer schwangeren Arbeitnehmerin in Unkenntnis ihrer Schwangerschaft ist aber dann nicht diskriminierend, weil sie nicht im Zusammenhang mit der Schwangerschaft stehen kann; zwar ist die Kündigung nach § 17 Mutterschutzgesetz unwirksam, die Kündigung ist aber nicht diskriminierend.[2151] Ein *„Festhalten"* an der Kündigung, nachdem die Tatsache der Schwangerschaft bekannt geworden ist, kann allerdings nach § 3 Absatz 1 Satz 2 AGG aufgrund des Geschlechts eine Benachteiligung darstellen.[2152]

b) Türkisches Recht

Die unterschiedliche Behandlung und das durch das Gesetz geschützte Diskriminierungsmerkmal stehen in einem kausalen Zusammenhang.[2153] Der Kassationshof erklärte z. B., die Kündigung aufgrund der politischen Meinung, die Kündigung lediglich von Arbeitnehmerinnen im Betrieb aufgrund des Geschlechts, die Kündigung von Schwangeren aufgrund des Geschlechts stellten eine ungleiche Behandlung dar.[2154]

D. Mittelbare Diskriminierung

Eine mittelbare Diskriminierung liegt dagegen vor, wenn dem Anschein nach neutralen Vorschriften, Kriterien, Vorgaben oder Verfahren in Wirklichkeit zur Benachteiligung von Personen oder Personengruppen als Merkmalsträger führen.[2155] In dem völkerrechtlichen Kontext definiert der EGMR gemäß EMRK in einigen seiner Urteile die mittelbare Diskriminierung als eine unterschiedliche Behandlung, die in Form von unverhältnismäßig nachteiligen Auswirkungen einer allgemeinen Politik oder Maßnahme besteht, die zwar neutral formuliert ist, aber trotzdem eine bestimmte Gruppe diskriminiert.[2156] Europäische Ausschuss für soziale Rechte thematisierte ebenfalls die mittelbare Diskriminierung bei der Auslegung der ESC mehrfach und fand, es könne zu einer mittelbaren

---

2150 EuGH 4.10.2001, Rs. C-109/00, Rn. 25 ff. „Tele Danmark".

2151 BAG 17.10.2013, NZA 2014, 303. Für die Einzelheiten über die Zusammenhangseigenschaft: Däubler/Bertzbach AGG/*Schrader/Schubert* § 3 Rn. 41.

2152 Vgl. BeckOK ArbR/*Roloff* AGG § 3 Rn. 12.

2153 Vgl. *Ünal*, S. 118; *Doğan Yenisey*, Legal İHSGHD 2005/7 973 (983, 991).

2154 Y9HD 12.9.2005, E. 2005/24415, K. 2005/29357 (Kazancı).

2155 Siehe *diese Dissertationschrift* § 4 B. IV. 1.

2156 EGMR 24.5.2016, Nr. 38590/10, Rn. 103 „Biao v. Denmark"; EGMR 13.11.2007, Nr. 57325/00, Rn. 184 „D.H. and others v. the Czech Republic" . Siehe *diese Dissertationschrift* § 7 D. I.

Diskriminierung kommen im Falle einer nicht gebührenden, positiven Berücksichtigung aller relevanten Unterschiede zwischen Personen in einer vergleichbaren Situation oder bei Ausbleiben der Ergreifung angemessener Schritte, um alle offenstehenden Rechte und kollektiven Vorteile von und für alle tatsächlich zugänglich zu machen.[2157] In dem europäischen Arbeitsrecht ist eine Definition der mittelbaren Diskriminierung in den Richtlinien 2000/43/EG, 2000/78/EG und 2006/54/EG zu finden (Art. 2 II b RL 2000/43/EG, Art. 2 II b RL 2000/78/EG, Art. 2 I b RL 2006/54/EG).[2158] Somit beinhaltet eine mittelbare Diskriminierung dem Anschein nach neutrale Vorschriften, Kriterien oder Verfahren, die Personen mit einem bestimmten Merkmal gegenüber anderen Personen in besonderer Weise benachteiligen, es sei denn, die betreffende Vorschriften, Kriterien oder Verfahren sind durch ein rechtmäßiges Ziel sachlich gerechtfertigt und die Mittel sind zur Erreichung dieses Ziels angemessen und erforderlich (Art. 2 II b RL 2000/43/EG, Art. 2 II b RL 2000/78/EG, Art. 2 I b RL 2006/54/EG).[2159] Dadurch bestimmt eine mittelbare Diskriminierung die Ursache der Diskriminierung anhand des Ergebnisses, das sie erzeugt, und nicht anhand der Praktiken, der Vorschriften oder der Kriterien, die der Diskriminierung zugrunde liegen.[2160]

Eine mittelbare Diskriminierung ist sowohl in Deutschland als auch in der Türkei verboten. Allerdings ist diese Rechtsinstitution ziemlich neu nach türkischem Recht und die Rechtsprechung über diese ist immer noch in der Entwicklung. Es schließt sich die Behandlung des Themas der Definition der mittelbaren Diskriminierung und der Tatbestandsmerkmale einer mittelbaren Diskriminierung in Form einer Konkretisierung nach deutschem und nach türkischem Recht an.

I. Definition der mittelbaren Diskriminierung

Dieser Abschnitt enthält eine Beschreibung der Definition der mittelbaren Diskriminierung nach deutschem und nach türkischem Recht.

2157 ECSR 12.10.2015, Complaint Nr. 91/2013, Rn. 237 „ConfederazioneGeneraleItaliana del Lavoro vs. Italien"; ECSR 4.11.2003, Complaint Nr. 13/2002, Rn. 52 „International Association Autism-Europe vs. Frankreich". Siehe *diese Dissertationsschrift* § 7 D. II.

2158 Siehe *diese Disserationschrift* § 8, B., II., 3., b).

2159 Siehe diese Disserationschrift Zweiter Teil., § 8, B., II., 3., b). Vgl. *Thüsing*, europäisches Arbeitsrecht, S. 73 Rn. 5. EuGH 12.2.1974, Rs. C-152/73, Rn. 11 „Sotgiu"; EuGH 7.5.1998, Rs. C-350/96, Rn. 27 "Clean Autoservice"; EuGH 31.3.1981, Rs. C-96/80, Rn. 14, 15 „Jenkins".

2160 Vgl. *Kayaalp*, S. 136; *Doğan Yenisey*, Legal İHSGHD 2005/7 973 (992).

1. Deutsches Recht

§ 3 AGG enthält eine Definition der mittelbaren Diskriminierung nach dem deutschen arbeitsrechtlichen Antidiskriminierungsrecht. § 3 Absatz 2 AGG zufolge liegt eine mittelbare Benachteiligung vor: *„ [...] wenn dem Anschein nach neutrale Vorschriften, Kriterien oder Verfahren Personen wegen eines in § 1 genannten Grundes gegenüber anderen Personen in besonderer Weise benachteiligen können, es sei denn, die betreffenden Vorschriften, Kriterien oder Verfahren sind durch ein rechtmäßiges Ziel sachlich gerechtfertigt und die Mittel sind zur Erreichung dieses Ziels angemessen und erforderlich.“* (§ 3 II AGG)

2. Türkisches Recht

Die Verabschiedung des türkischen Arbeitsrechts brachte in dessen fünften Artikel das Verbot des mittelbaren Diskriminierungsrechts als einen Wendepunkt im Verständnis des Antidiskriminierungsrechts.[2161] Auch wenn kein direkter Hinweis auf die mittelbare Diskriminierung außer in der Verbindung mit den Diskriminierungsmerkmalen Geschlecht oder Schwangerschaft zu finden ist, laut dem Schrifttum verbietet auch die allgemeine arbeitsrechtliche Diskriminierungsverbotsnorm – Artikel 5 Absatz 1 Arbeitsgesetz – die mittelbare Diskriminierung.[2162] Dies hat eine jüngere Entscheidung des Kassationsgerichtes gestützt, indem es die Notwendigkeit einer Entschädigungszahlung für Diskriminierung bei Vorliegen einer mittelbaren Diskriminierung festgestellt hat.[2163]

Eine Definition der mittelbaren Diskriminierung – ähnlich der unmittelbaren – ist in zwei verschiedenen Gesetzen im türkischen Rechtssystem zu finden. Laut dem geänderten dritten Artikel des Gesetzes über Behinderten ist eine mittelbare Diskriminierung der Versetzung von Behinderten im Zusammenhang mit dem Diskriminierungsgrund Behinderung als Ergebnis aller Arten dem Anschein nach als nichtdiskriminierend in Bezug auf Handlung, Behandlung oder Verfahren in eine nachteilige Position im Hinblick auf die Wahrnehmung der Rechte und Freiheiten objektiv nicht zu rechtfertigen (Art. 3 I b GüBehinderten). Eine breitere Definition der mittelbaren Diskriminierung, welche nicht nur spezifisch auf das Merkmal Behinderung, sondern generell auf alle in dem Gesetz über Menschenrechte und Gleichheitsinstitution aufgezählten Merkmale Anwendung finden kann, beinhaltet GMRGI. Nach dem Gesetz über Menschenrechte und Gleichheitsinstitution gestaltet sich die Versetzung einer natürlichen oder juristischen Person im Zusammenhang mit den in diesem Gesetz

---

2161 Vgl. *Gülmez*, ÇT 2010, (241); *Ünal*, S. 122; *Doğan Yenisey*, ÇT 2006/4, 63 (71); *Ünal*, S. 122.

2162 Vgl. Ünal, S. 122; *Gülmez*, ÇT 2010, (241); *Ünal*, S. 122; *Doğan Yenisey*, ÇT 2006/4, 63 (71); *Kayaalp*, S. 132.

2163 Y22HD 15.3.2018, E. 2015/28627, K. 2018/6793 (Kazancı).

verankerten Diskriminierungsgründen als Ergebnis aller Arten dem Anschein nach als nichtdiskriminierend in Bezug auf Handlung, Behandlung und Verfahren in eine nachteilige Position im Hinblick auf die Wahrnehmung gesetzlich anerkannter Rechte und Freiheiten, die objektiv nicht zu rechtfertigen ist, vielmehr als mittelbare Diskriminierung.

Genau genommen schon im Jahr 2016, vor der Verabschiedung des Gesetzes über Menschenrechte und Gleichheitsinstitution der Türkei, verwandte der Kassationshof den Begriff der mittelbaren Diskriminierung in einer seiner Entscheidungen in einer Kündigungsschutzklage und verwies die Sache zur neuen Entscheidung an die Vorinstanz zurück; es ging um die Feststellung, ob der Arbeitgeber im Widerspruch zur mittelbaren Diskriminierung steht und ob er das Kündigungsrecht missbraucht hat oder nicht.[2164] Auch in einer Entscheidung von 2018 verwandte der Kassationshof den Begriff der mittelbaren Diskriminierung in einer Klage über die Dienstalterabfindung und die Ankündigungsentschädigung.[2165] Die beiden Entscheidungen des Kassationshofes sind nach dem Schrifttum deswegen zu begrüßen, weil der Hof das Konzept der mittelbaren Diskriminierung berücksichtigt und auf diese Art von Diskriminierung aufmerksam gemacht hat.[2166] Allerdings war die Sachgerechtigkeit der Entscheidung des Kassationshofes fragwürdig, da es in den Fällen keine geschützte, in einer besonderen Weise benachteiligte Gruppe gab. In beiden Fällen ging es um einen Verstoß gegen den Gleichbehandlungsgrundsatz, nicht aber um eine mittelbare Diskriminierung.[2167]

II. Tatbestandsmerkmale einer mittelbaren Diskriminierung

Tatbestandsmerkmale einer mittelbaren Diskriminierung beruhen erstens auf dem Vorliegen des Anscheins nach neutralen Vorschriften, Kriterien oder Verfahren / des Anscheins nach nichtdiskriminierenden Handlungen, Behandlungen oder Verfahren, zweitens in besonderer Weise in einer benachteiligenden

2164 Y7HD 11.2.2016, E. 2015/35713, K. 2016/2659 (Yargıtay İçtihat Bankası). In dem Fall ging es um die Kündigung eines Call-Center Arbeitnehmers aufgrund viele Fehlanrufe. Der klagende Arbeitnehmer wies während des Prozesses daraufhin, dass es auch andere Arbeitnehmer in dem Unternehmen gibt, die auch so viele Fehlanrufe hatten wie er, da aber nur er nicht die anderen gekündigt wurde, behauptet er, dass die Kündigung diskriminierend und unwirksam war.

2165 Y22HD 15.3.2018, E. 2015/28627, K. 2018/6793 (Yargıtay İçtihat Bankası). In dem Fall ging es um die Kündigung eines Arbeitnehmers aufgrund rechtswidrige Nutzung eines POS-Terminal. Der klagende Arbeitnehmer wies während des Prozesses daraufhin, dass es auch andere Arbeitnehmer in dem Unternehmen gibt, die auch den POS-Terminalrechtswidrig wie er, da aber nur er nicht die anderen gekündigt wurde, behauptet er, dass die Kündigung unberechtigt war.

2166 Vgl. *Ünal*, S. 127; *Kayaalp*, S. 140.

2167 Gleich denkend: *Ünal*, S. 127. Anders denkend: *Kayaalp*, S. 140.

Wirkung in Bezug auf die zu schützende Gruppe gegenüber einer Vergleichsperson und drittens in einer objektiven Rechtfertigung. Sie sind unter diesem Abschnitt jeweils nach deutschem und türkischem Recht dargestellt.

1. *Dem Anschein nach neutralen Vorschriften, Kriterien oder Verfahren / Dem Anschein nach nichtdiskriminierenden Handlungen, Behandlungen oder Verfahren*

Die erste Voraussetzung einer mittelbaren Diskriminierung beinhaltet definitionsmäßig vor allem das Vorliegen des Anscheins nach neutrale Vorschriften, Kriterien oder Verfahren – nach deutschem Recht – oder aller Arten nach nichtdiskriminierenden Handlungen, Behandlungen oder Verfahren – nach türkischem Recht. Es muss somit eine Art Regelung bestehen, die entsprechend den beiden Rechtsordnungen auf alle anwendbar sowie nach deutschem Recht neutral und nach türkischem Recht nichtdiskriminierend formuliert ist.[2168] Gemeint ist mit *„neutral"* nach deutschem Recht ein nicht direktes Anknüpfen eines Differenzierungsmerkmals an ein verbotenes Diskriminierungsmerkmal.[2169] Erfüllung finden können die von den Vorschriften, Kriterien oder Verfahren der Handlungen, Behandlungen oder Verfahren vorausgesetzten Kriterien nach den beiden Rechtsordnungen sowohl durch Nicht-Merkmalsträger als auch durch Merkmalsträger.[2170] Ist aber das scheinbar neutrale, nichtdiskriminierende Kriterium untrennbar mit einem Diskriminierungsgrund verbunden und gilt somit kategorisch nur für Träger des diskriminierenden Merkmals, handelt es sich um eine verdeckte unmittelbare Diskriminierung, nicht aber um eine mittelbare Diskriminierung.[2171] Der Hinweis auf *„alle Arten"* im türkischen Recht ermöglicht die Beinhaltung nicht nur der in dem Gesetzestext aufgezählten Handlungen, Behandlungen oder Verfahren, sondern auch anderer Mittel.

Als Beispiel für neutrale / nichtdiskriminierend formulierte aber trotzdem verdächtige Kriterien dienen vor allem Merkmale wie Betriebszugehörigkeit, die sich für jüngere Beschäftigte und öfter für Frauen und Minderheiten benachteiligend auswirken; Krankheit, welche für Menschen mit Behinderung aufgrund eines erhöhten Krankheitsrisikos in besonderer Weise eine benachteiligende Wirkung haben kann; Flexibilität, die insbesondere für weibliche Beschäftigte aufgrund von familiären Betreuungsaufgaben mittelbar eine Diskriminierung bedeuten kann; Elternschaft oder bestimmte Kriterien für die

2168 Vgl. *Agentur der Europäischen Union*, S. 61; *Kocher* in: Schlachter/Heinig (Hrsg.), EnzEuR Bd. 7, § 5 Rn. 151; MHdB ArbR/*Oetker* § 16 Rn. 76; *Kayaalp*, S. 138; *Ünal*, S.123; *Düğmeci*, S. 310; *Gül/Karan*, S. 10.

2169 Vgl. BeckOGK/*Baumgärtner* AGG § 3 Rn. 70; MHdB ArbR/*Oetker* § 16 Rn. 76.

2170 EuGH 16.7.2015, Rs. C-83/14 „CHEZ". Vgl. ErfK/*Schlachter* AGG § 3 Rn. 9.

2171 Vgl. MHdB ArbR/*Oetker* § 16 Rn. 76.

Leistungsbemessung wie durchschnittliche Körpergröße, die Frauen mehr als Männer betreffen.[2172]

2. *In besonderer Weise eine benachteiligende Wirkung in Bezug auf die zu schützende Gruppe gegenüber einer Vergleichsperson*

Der Unterschied einer mittelbaren Diskriminierung zu einer unmittelbaren besteht in der zweiten Voraussetzung der mittelbaren Diskriminierung, den dem Anschein nach neutrale Vorschriften, Kriterien oder Verfahren, welche hinsichtlich einer zu schützenden Gruppe eine in einer besonderen Weise benachteiligende Wirkung bedeuten.[2173] Hierbei unterscheidet sich nicht die Behandlung, wie dies bei der unmittelbaren Diskriminierung der Fall ist, vielmehr sind es die Auswirkungen dieser Behandlung, die Menschen mit unterschiedlichen Merkmalen unterschiedlich empfinden.[2174]

Anwendbar ist bei der Beurteilung in besonderer Weise eine statische Betrachtung einer benachteiligenden Wirkung hinsichtlich einer zu schützenden Gruppe.[2175] In dem arbeitsvölkerrechtlichen Kontext stützte sich der EGMR auf Statistiken, um eine unterschiedliche Behandlung zwischen zwei Gruppen in ähnlichen Situationen festzustellen, ob es als Ergebnis des Vorliegens einer bestimmtenRegel – obwohl neutral formuliert – bei Mitgliedern einer Gruppe tatsächlich einen deutlich höheren Prozentsatz gibt als bei einer anderen Gruppe.[2176] In dem Kontext des europäischen Arbeitsrechts prüft der EuGH im Einzelnen in seiner ständigen Rechtsprechung im Zusammenhang mit dem Begriff der Diskriminierung aus Gründen des Geschlechts, ob wesentlich mehr Frauen als Männer betroffen sind.[2177] Beim Vergleich der Statistiken hilft insbesondere die Gruppenbildung und somit der Vergleich der Gruppen, die zum Beispiel hinsichtlich der

2172 Teilzeitbeschäftigung: EuGH 31.3.1981, Rs. 96/80 „Jenkins". Betriebszugehörigkeit: EuGH 17.10.1989, Rs. C-109/88, Rn. 24 „Danfoss"; BAG 26.5.2009, NZA 2009, 849 (852). Flexibilität: EuGH 17.10.1989, Rs. C-109/88 Rn. 20 ff. „Danfoss". Elternschaft: EuGH 17.7.2014, Rs. C-173/13, Rn. 45 ff. „Leone und Leone". Leistungbemessung: EuGH 1.7.1986, Rs. C-237/85, Rn. 15 „Rummler".

2173 Vgl. *Agentur der Europäischen Union*, S. 63; *Ünal*, S. 126; *Kayaalp*, S. 139; *Düğmeci*, S. 310; *Gül/Karan*, S. 15; *Yüksel*, S. 116.

2174 Vgl. *Agentur der Europäischen Union*, S. 63; *Ünal*, S. 126; *Kayaalp*, S. 139; *Gül/Karan*, S. 15.

2175 Vgl. *Kocher* in: Schlachter/Heinig (Hrsg.), EnzEuR Bd. 7, § 5 Rn. 150; *Agentur der Europäischen Union*, S. 64.

2176 EGMR 2.2.2016, Rs. 7186/09, Rn. 66, 88, 89, 90 „Di Trizio v. Switzerland"; EGMR 13.11.2007, Rs. 57325/00, Rn. 134, 180 „D.H. and others v. the Czech Republic".

2177 EuGH 31.5.1995, Rs. C-317/93, Schlussanträge Rn. 57 „Nolte"; EuGH 13.7.1989, Rs. C-171/88, Rn. m. w. N. 16 „Rinner-Kühn"; EuGH 7.2.1991, Rs. C-184/89, Rn. 12 ff. „Nimz"; EuGH 27.6.1990, Rs. C-33/89, Rn. 13 ff. „Kowalska"; EuGH 24.2.1994, Rs. C-343/92 Rn. 33 ff. „M. A. Roks".

Geschlechterdiskriminierung aus einem Vergleich der Gruppe der männlichen mit jener der weiblichen Arbeitskräfte besteht.[2178] Somit geht es darum, wie hoch in jeder Gruppe der Anteil der Personen ist, die die nach der streitigen Vorschrift erforderliche Voraussetzung erfüllen, und derjenigen, die diese Voraussetzung nicht erfüllen.

Dieser Abschnitt beinhaltet eine Schilderung der Thematik erst nach deutschem und danach nach türkischem Recht.

a) Deutsches Recht

Eine mittelbare Diskriminierung kann nach AGG vorliegen, wenn dem Anschein nach neutrale Vorschriften, Kriterien oder Verfahren, die zwar nicht unmittelbar auf einer Mitgliedschaft in einer geschützten Gruppe beruhen, in der Tat im Wesentlichen oder überwiegend Personen betreffen, die eines der Diskriminierungsmerkmale gemäß § 1 AGG erfüllen.[2179] Dies kann erstens entstehen, wenn Vorschriften, Kriterien oder Verfahren mit Voraussetzungen verbunden sind, die Personen, die nicht unter § 1 AGG fallen, leichter erfüllen.[2180] Oder zweitens; wenn die Tatbestandsvoraussetzungen einer Norm für Personen, für die ein Merkmal des § 1 AGG gilt, besonders zum Nachteil sind.[2181]

Für das Feststellen, ob sich bestimmte, dem Anschein nach neutrale Vorschriften, Kriterien oder Verfahren auf die geschützte Gruppe erheblich negativer auswirken als auf andere Personen in einer ähnlichen Situation, sind Vergleichsgruppen zu bilden.[2182] Bei der Bildung der Vergleichsgruppen müssen sich die Personen in der betroffenen Gruppe hinsichtlich ihrer Situation in einer vergleichbaren Lage wie Personen einer anderen Gruppe befinden.[2183] Die vergleichbaren Situationen müssen nicht identisch, sondern lediglich vergleichbar

2178 EuGH 9.2.1999, Rs. C-167/97, Rn. 59 „Regina".

2179 EuGH 16.7.2015, Rs. C-83/14 „CHEZ". BAG 30.1.2019, NZA 2019, 693, Rn. 56 ff.; BAG 22.4.2010, NZA 2010, 947. LAG Berlin-Brandenburg 10.8.20018, BecksRS 2018, 27504, Rn. 60. Vgl. Stichwort Komm/*Littig/Esskandari/Groß* Diskriminierung Rn. 17; ErfK/*Schlachter* AGG § 3 Rn. 9.

2180 BAG 22.4.2010, NZA 2010, 947, Rn. 21. Vgl. StichwortKomm/*Littig/Esskandari/Groß* Diskriminierung Rn. 17.

2181 BAG 22.4.2010, NZA 2010, 947, Rn. 21. Vgl. StichwortKomm/*Littig/Esskandari/Groß* Diskriminierung Rn. 17.

2182 BAG 16. 10. 2014, BeckRS 2014, 74116. Vgl. HK-ArbR/*Braun* AGG § 3 Rn. 10; *Kocher* in: Schlachter/Heinig (Hrsg.), EnzEuR Bd. 7, § 5 Rn. 150; *Agentur der Europäischen Union*, S. 65.

2183 EuGH, 28.2.2013, Rs. C-427/11, Rn. 27 „Kenny u.a."; EuGH 13.1.2004, Rs. C-256/01, Rn. 75 „Allonby"; EuGH 30.11.1993, Rs. C-189/91, Rn. 26 ff. „Kirsammer-Hack". BAG 9.12.2015, NZA 2016, 897, Rn. 27; BAG 27.1.2011, NZA 2011, 1361, Rn. 33. LAG Berlin-Brandenburg 10.8.20018, BecksRS 2018, 27504, Rn. 61. Vgl. ErfK/*Schlachter* AGG § 3 Rn. 10; *Kocher* in: Schlachter/Heinig (Hrsg.), EnzEuR Bd. 7, § 5 Rn. 150; BeckOGK/*Baumgärtner* AGG § 3 Rn. 72.

sein.[2184] Benachteiligte und begünstigte Gruppen sollten einem Vergleich sachlogisch zugänglich sein.[2185] Die Vergleichsgruppen sind nach dem persönlichen Geltungsbereich der Differenzierungsregel entsprechend zusammenzusetzen; sie müssen sämtliche Arbeitnehmer*innen umfassen, die als in einer vergleichbaren Situation befindlich anzusehen sind, und die Gesamtheit derjenigen Beschäftigten berücksichtigen, für die die jeweilige Regelung oder das entsprechende Kriterium gilt.[2186] Für Entlassungsbedingungen kann die Belegschaft des*der Arbeitgebers*in in Betracht kommen.[2187]

Laut der Definition der mittelbaren Diskriminierung nach § 3 Absatz 2 AGG sind danach die betroffenen Personen lediglich mit *„anderen Personen"* zu vergleichen.[2188] Dadurch ist die Gruppe der schlechter behandelten Gruppe der besser behandelten Gruppe gegenüberzustellen.[2189] Vor allem geht es aber darum, aus ihrer unterschiedlichen intensiven Bevorzugung oder Benachteiligung eine Schlussfolgerung zu ziehen, dass Vorschriften, Kriterien oder Verfahren insbesondere diejenigen, die diese in § 1 AGG aufgezählten Merkmale tragen, gegenüber Anderen in besonderer Weise benachteiligt sind.[2190] Für einen besonderen Nachteil ist es ausreichend, wenn die Maßnahme insbesondere Träger von Diskriminierungsmerkmalen beeinträchtigt.[2191] Ein statistischer Nachweis, bei dem nicht die absoluten Zahlen der betroffenen Personen, sondern das prozentuale Verhältnis in den beiden Gruppen maßgeblich ist, dient als Hilfstatsache; ist nicht aber zwingend erforderlich.[2192] Mittelbare Diskriminierungen können sich auch aus allen anderen Umständen beweisen lassen.[2193] In seiner Entscheidung in

---

2184 EuGH 7.2.2019, Rs. C-49/18, Rn. 46ff., 50 „Escribano Vindel".

2185 BAG 9.12.2015, NZA 2016, 897, Rn. 27; BAG 27.1.2011 NZA 2011, 1361, Rn. 33. LAG Berlin-Brandenburg 10.8.2018, BeckRS 2018, 27504, Rn. 61. Vgl. Däubler/Bertzbach AGG/ *Schrader/Schubert* § 3 Rn. 53.

2186 EuGH 6.12.2007, Rs. C-300/06, Rn. 40 „Voß"; EuGH 13.1.2004, Rs. C-256/01, Rn. 73, 75 „Allonby"; EuGH 30.11.1993, Rs. C-189/91, Rn. 26 ff. „Kirsammer-Hack". BAG 16.10.2014, BeckRS 2014, 74116; BAG 27.1.2011 NZA 2011, 1361. Vgl. ErfK/*Schlachter* AGG § 3 Rn. 10; *Kocher* in: Schlachter/Heinig (Hrsg.), EnzEuR Bd. 7, § 5 Rn. 150; BeckOGK/*Baumgärtner* AGG § 3 Rn. 79.

2187 EuGH 30.11.1993, Rs. C-189/91 „Kirsammer-Hack". Vgl. ErfK/*Schlachter* AGG § 3 Rn. 10.

2188 Vgl. BeckOGK/*Baumgärtner* AGG § 3 Rn. 73.

2189 BAG 16.10.2014, BeckRS 2014, 74116; Rn. 44. Vgl. HK-ArbR/*Braun* AGG § 3 Rn. 10.

2190 EuGH 20.10.2011, Rs. C-123/10, Rn. 58 ff. „Brachner". BAG 9.12.2015 NZA 2016, 897, Rn. 27. Vgl. ErfK/*Schlachter* AGG § 3 Rn. 10.

2191 Vgl. BeckOGK/*Baumgärtner* AGG § 3 Rn. 77.

2192 BAG 9.12.2015, NZA 2016, 897, Rn. 27; BAG 16.10.2014, BeckRS 2014, 74116, Rn. 44; BAG 27.1.2011, NZA 2011, 1362. Vgl. HK-ArbR/*Braun* AGG § 3 Rn. 10; BeckOGK/*Baumgärtner* AGG § 3 Rn. 78 ff.

2193 BAG 9.12.2015, NZA 2016, 897, Rn. 27; BAG 16.10.2014, BeckRS 2014, 74116, Rn. 44. Vgl. BeckOGK/*Baumgärtner* AGG § 3 Rn. 78.

Bezug auf eine ungerechtfertigte Kündigung stellte das LAG Berlin-Brandenburg fest, ob es um eine merkmalsabhängige Benachteiligung gehe, hänge davon ab, ob es Merkmale gibt, die Gruppenmitglieder erheblich häufiger erfüllen als andere Personen.[2194] Eine Weisung des*der Arbeitnehmers*in, ohne auffällig großflächige religiöse, politische und sonstige weltanschauliche Zeichen am Arbeitsplatz zu erscheinen, hält das BAG für eine neutral formulierte Maßnahme, die wesentlich mehr Innehabende der geschützten persönlichen Eigenschaft, in dem Fall eine Kopftuch tragende Muslima, benachteiligt seien, als Personen, die diese Eigenschaft nicht besitzen.[2195]

b) Türkisches Recht

Zwar ist im Arbeitsgesetz in Bezug auf die mittelbare Diskriminierung nur von einer unterschiedlichen Behandlung die Rede, der Wortlaut des Artikels 5 Absatz 3 Arbeitsgesetz gibt keinen Hinweis auf eine in einer besonderen Weise benachteiligende Wirkung als Voraussetzung einer mittelbaren Diskriminierung; es handelt sich aber in dem Gesetz über Behinderte sowie in dem GMRGI um eine benachteiligte Position (Art. 5 III ArbG; Art. 3 I a GüBehinderten; Art 2 I e GMRGI). Dadurch korrigieren das Gesetz über Behinderte und GMRGI das Arbeitsgesetz und sie gestalten sich als Wegweiser für die Gerichte bei der Feststellung einer mittelbaren Diskriminierung.

Hinsichtlich der Ermittlung der negativen Auswirkungen der geschützten Gruppe im Vergleich zu solchen in ähnlichen Situationen auf der Grundlage der statistischen Daten besteht im türkischen Recht kein auf statistischen Daten regulierender basierender Beweis.[2196] Es gibt aber auch kein rechtliches Hindernis in Bezug auf die Verwendung solcher Daten als Beweis.[2197] Tatsächlich ist dem Kassationshof die Anwendung der statistischen Methode nicht fremd.[2198] Auch in Fällen von Diskriminierung aus gewerkschaftlichen Gründen wendet der Kassationshof eine ähnliche Methode an.[2199] Laut dem Kassationshof sollen die Gerichte bei Diskriminierungen aus gewerkschaftlichen Gründen einige Tatsachen, wie Anzahl der Arbeitnehmer*innen, kurz vor dem Kündigungstermin untersuchen.[2200] Dazu gehören die Anzahl der Arbeitnehmer*innen am Arbeitsplatz; die Anzahl der Arbeitnehmer*innen, die Gewerkschaftsmitglieder sind und der Termin des Beginns ihrer Mitgliedschaft; ob es Arbeitnehmer*innen gibt, die ihre Mitgliedschaft beendet haben und ob die aus der Gewerkschaft

---

2194 LAG Berlin-Brandenburg 10.8.20018, BecksRS 2018, 27504, Rn. 60.
2195 BAG 30.1.2019, NZA 2019, 693, Rn. 56 ff.
2196 Vgl. *Kayaalp*, S. 140; *Yüksel*, S.119.
2197 Vgl. *Kayaalp*, S. 140; *Yüksel*, S.119.
2198 Vgl. *Yuvalı*, S. 124; *Kasım*, in: Perulli/Bellomo (Hrsg.), S. 105 (115).
2199 Vgl. *Yuvalı*, S. 124; *Kasım*, in: Perulli/Bellomo (Hrsg.), S. 105 (115).
2200 Y9HD 5.10.2004, E. 2004/13246, K. 2004/21982 (Kazancı). Vgl. *Yuvalı*, S. 124; *Kasım*, in: Perulli/Bellomo (Hrsg.), S. 105 (115).

Ausgetretenen weiterhin am Arbeitsplatz beschäftigt sind; die Anzahl der entlassenen Arbeitnehmer*innen; die Anzahl der in den vorangegangenen Zeiten geschlossenen Tarifverträge; ob neue Arbeitnehmer*innen eingestellt sind und ob sich neue Arbeitnehmer*innen gewerkschaftlich organisiert haben.[2201]

Die Definition der unmittelbaren Diskriminierung nach dem Gesetz über Behinderte sowie das Gesetz über Menschenrechte und Gleichheitsinstitution nach türkischem Recht enthält als eine Voraussetzung eine unterschiedliche Behandlung im Vergleich mit einer anderen Person (Art. 3 I a GüBehinderten; Art. 2 I d GMRGI). Demgegenüber bezieht sich die Definition der mittelbaren Diskriminierung nicht auf einen Vergleich. Definiert GMRGI – und auch GüBehinderten- eine mittelbare Diskriminierung als die Versetzung einer natürlichen oder juristischen Person in eine nachteilige Position im Hinblick auf die Wahrnehmung gesetzlich anerkannter Rechte und Freiheiten im Zusammenhang mit den im Gesetz verankerten Diskriminierungsgründen als Ergebnis aller Arten der dem Anschein nach nichtdiskriminierende Handlung, Behandlung oder Verfahren; es sei denn, sie ist objektiv nicht zu rechtfertigen. (Art. 2 I d GMRGI; Art. 3 I a GüBehinderten). Also befindet sich in der Definition der mittelbaren Diskriminierung nach dem GMRGI – und auch nach dem GüBehinderten- anders als deutsches Recht und kein Hinweis auf eine Vergleichsperson. Unter Berücksichtigung der Entstehungsgeschichte des GMRGI sollte aber das Gesetz trotzdem dazu dienen, eine Harmonisierung des türkischen Rechts mit dem europäischen Recht anzustreben. In diesem Fall: unter Berücksichtigung des europäischen Rechts hinsichtlich der Auslegung feststellen, ob sich bestimmte Handlungen, Behandlungen oder Verfahren auf eine geschützte Gruppe in besonderer Weise benachteiligend auswirken; dazu ist eine Vergleichsperson auszumachen. Die Erläuterungen zum Thema Vergleich mit einer anderen Person im Zusammenhang mit der unmittelbaren Diskriminierung gelten hier ebenfalls.[2202]

3. *Objektive Rechtfertigung*

Die objektive Rechtfertigung sieht die Definition der mittelbaren Diskriminierung als einen gegebenen Tatbestand vor. Dem Anschein nach führen neutrale Vorschriften, Kriterien oder Verfahren / dem Anschein nichtdiskriminierend nach Handlungen, Behandlungen oder Verfahren, die in besonderer Weise in einer benachteiligenden Wirkung hinsichtlich der zu schützenden Gruppe einwirken, nicht immer zu einer mittelbaren Benachteiligung, vielmehr liefert die Definition der mittelbaren Diskriminierung dem*der Arbeitgeber*in eine Rechtfertigung, wenn die verwendeten neutralen Kriterien objektiv durch ein legitimes Ziel gerechtfertigt und im Hinblick auf die Zielerreichung angemessen und

2201 Y9HD 5.10.2004, E. 2004/13246, K. 2004/21982 (Kazancı). Vgl. *Yuvalı*, S. 124; *Kasım*, in: Perulli/Bellomo (Hrsg.), S. 105 (115).

2202 Ausführlich siehe *diese Dissertationsschrift* § 11., C., 3.

erforderlich sind.[2203] Dieser Abschnitt beinhaltet die Schilderung einer objektiven Rechtfertigungsmöglichkeit erst nach deutschem und danach nach türkischem Recht.

a) Deutsches Recht

Dem Anschein nach neutrale Vorschriften, Kriterien oder Verfahren, die Personen wegen eines in § 1 AGG genannten Grundes gegenüber anderen Personen in besonderer Weise benachteiligen, führen nach deutschem Recht, dem europäischen Recht folgend, nur dann zu einer mittelbaren Benachteiligung, wenn ein derartiges Verhalten nicht gerechtfertigt ist (§ 3 II AGG i. V. m. § 1 AGG).[2204] Von einer Rechtfertigung der mittelbaren Benachteiligung ist dann auszugehen, wenn dem Anschein nach neutrale Kriterien durch ein rechtmäßiges Ziel sachlich gerechtfertigt sind und die Mittel im Hinblick auf die Erreichung dieses Ziels angemessen und erforderlich sind (§ 3 II AGG).[2205] Anders als eine unmittelbare Diskriminierung enthält demzufolge die Definition der mittelbaren Diskriminierung von sich aus ein negatives Tatbestandsmerkmal; somit erfordert das Vorliegen sachlich zu rechtfertigender Gründe tatbestandlich auf der zweiten Stufe der Prüfung die Untersuchung einer mittelbaren Benachteiligung, darauffolgend finden weitere spezielle Rechtfertigungsgründe in den §§ 5, 8 bis 10 AGG keine direkte Anwendung mehr.[2206]

Das mit dem Anschein mittels neutraler Vorschriften, Kriterien oder Verfahren verfolgte rechtmäßige Ziel, woran sich das Vorliegen einer mittelbaren Diskriminierung entscheidet, ist zwar *„kein `legitimes` Ziel i. S. v. § 10 Satz 1 AGG sowie von Artikel 6 Absatz 1 RL 2000/78/EG“*; vielmehr schließt es andere von der Rechtsordnung anerkannte Gründe für die Verwendung des neutralen Kriteriums ein.[2207] Es muss aber ein objektives Ziel sein, das nichts mit einer Diskriminierung aufgrund eines nach § 1 AGG verbotenen Merkmals zu tun hat.[2208] Darauffolgend ist die Auffassung des BAG, die Kündigung eines Arbeitnehmers, der sich aus

---

2203 Vgl. MHdB ArbR/*Oetker* § 16 Rn. 75.

2204 BTDrucks. 16/1780, S. 33. BAG 15.12.2016, NZA 2017, 715. Vgl. MHdB ArbR/*Oetker* § 16 Rn. 75; BeckOK ArbR/*Roloff* AGG § 3 Rn. 18.

2205 BAG 13.10.2016 BeckRS 2016, 110282, Rn. 65.Vgl. MHdB ArbR/*Oetker* § 16 Rn. 75; BeckOK ArbR/*Roloff* AGG § 3 Rn. 18.

2206 BTDrucks. 16/1780, S. 33. BAG 16.10.2014, BeckRS 2014, 74116. Vgl. MHdB ArbR/*Oetker* § 16 Rn. 75; BeckOK ArbR/*Roloff* AGG § 3 Rn. 18; StichwortKomm ArbR/*Littig/Esskandari/Groß* Diskriminierung Rn. 18; ErfK/*Schlachter* AGG § 3 Rn. 13.

2207 BeckOK ArbR/*Roloff* AGG § 3 Rn. 19. BAG 26.1.2017, BeckRS 2017, 112923, Rn. 73 ff.

2208 EuGH 6.12.2012, Rs. C-152/11, Rn. 67 „Odar v. Baxter“; EuGH 12.10.2004, Rs. C-313/02, Rn. 43 „Wippel“; EuGH 26.6.2001, Rs. C-381/99, Rn. 66 „Brunnhofer“; EuGH 13.5.1986, Rs. 170/84, Rn. 30 „Bilka“. BAG 26.1.2017, BeckRS 2017, 112923, Rn. 73 ff.; BAG 16.10.2014, BeckRS 2014, 74116, Rn. 50; BAG 28.1.2010, NZA 2010, 625, Rn. 19. Vgl. MHdB ArbR/*Oetker* § 16 Rn. 79; BeckOGK/*Baumgärtner* AGG § 3 Rn. 90; BeckOK ArbR/*Roloff* AGG § 3 Rn. 19.

Glaubensgründen weigert, eine vom arbeitsvertraglich vereinbarten Leistungsspektrum umfasste Arbeitsleistung zu erbringen, nach § 3 Absatz 2 AGG sachlich gerechtfertigt zu bewerten, kritisch zu betrachten. Das BAG begründete seine Sichtweise damit, der Arbeitnehmer sei wegen seiner Glaubensüberzeugungen subjektiv nicht in der Lage, die vertraglich übernommenen Aufgaben zu verrichten.[2209] Das Schrifttum kritisiert sie jedoch zu Recht in dem Punkt, eine Rechtfertigung scheide aus, wenn der Arbeitgeber eine für sich genommen *„neutrale"* Maßnahme mit einem Ziel erkläre, das seinerseits an ein geschütztes Merkmal anknüpfe wie in dem Fall des Arbeitgebers, der seine Kündigung an das verbotene Merkmal anknüpft.[2210]

Ein rechtmäßiges Ziel im Sinne von § 3 Absatz 2 AGG kann jedes legale, von der Rechtsordnung anerkannte, von einem berechtigten Interesse getragene Ziel sein.[2211] Geeignet ist die Differenzierung im Falle der Möglichkeit des Erreichens des angestrebten Zieles.[2212] Über das Ausmaß der Rechtfertigungsbedürftigkeit und der Kontrolldichte entscheidet die konkrete Fallkonstellation.[2213] Außerdem müssen die Mittel zur Erreichung dieses Ziels angemessen und erforderlich sein (§ 3 II AGG). Erforderlich sind sie, wenn es bei gleicher Erfolgsgeeignetheit kein milderes, aber ein gleich wirksames Mittel gibt.[2214] Angemessen sind sie, wenn ein weniger belastendes Mittel nicht ersichtlich ist.[2215] Die Nichtberücksichtigung von Beschäftigungszeiten vor Vollendung des 25. Lebensjahres bei der Berechnung der Kündigungsfristen nach §622 Absatz 2 Satz 2 BGB fand der EuGH zum Beispiel weder für geeignet noch für angemessen, das damit verfolgte Ziel zu erreichen.[2216]

2209 BAG 24.12.2011, NZA 2011, 1087, Rn. 45.

2210 Vgl. BeckOGK/*Baumgärtner* AGG § 3 Rn. 91.2.

2211 BAG 13.10.2016, BeckRS 2016, 110282, Rn. 65; BAG 16.10.2014, BeckRS 2014, 74116, Rn. 50; BAG 28.1.2010, NZA 2010, 625, Rn. 19. Vgl. BeckOK ArbR/*Roloff* AGG § 3 Rn. 19; ErfK/*Schlachter* AGG § 3 Rn. 13; BeckOGK/*Baumgärtner* AGG § 3 Rn. 91.

2212 BAG 13.10.2016, BeckRS 2016, 110282, Rn. 65. Vgl. BeckOGK/*Baumgärtner* AGG § 3 Rn. 90.

2213 BAG 9.12.2015, NZA 2016, 897, Rn. 48. Vgl. BeckOK ArbR/*Roloff* AGG § 3 Rn. 19.

2214 BAG 15.12.2016, NZA 2017, 715, Rn. 39; BAG 13.10.2016 BeckRS 2016, 110282, Rn. 65; BAG 28.1.2010, NZA 2010, 625, Rn. 22. Vgl. BeckOK ArbR/*Roloff* AGG § 3 Rn. 21; HK-ArbR/*Braun* AGG § 3 Rn. 15.

2215 BAG 28.1.2010, NZA 2010, 625, Rn. 23; BAG 13.10.2016 BeckRS 2016, 110282, Rn. 65; BAG 16.10.2014, BeckRS 2014, 74116, Rn. 50. Vgl. BeckOK ArbR/*Roloff* AGG § 3 Rn. 21; MHdB ArbR/*Oetker* § 16 Rn. 79; HK-ArbR/*Braun* AGG § 3 Rn. 15.

2216 EuGH 19.1.2010, Rs. C-555/07, NZA 2010, 85 „Kücükdeveci". Vgl. HK-ArbR/*Braun* AGG § 3 Rn. 14

b) Türkisches Recht

Nach dem türkischen Recht gilt die Versetzung einer Person in eine nachteilige Position im Hinblick auf die Wahrnehmung gesetzlich anerkannter Rechte und Freiheiten im Zusammenhang mit den im Gesetz über Menschenrechte und Gleichheitsinstitution verankerten Diskriminierungsgründen als Ergebnis aller Arten der dem Anschein nach nichtdiskriminierende Handlung, Behandlung oder Verfahren als mittelbare Diskriminierung; vorausgesetzt, sie ist objektiv nicht zu rechtfertigen (Art. 3 I b GüBehinderten und Art. 2 I e GMRGI). Laut dem Gesetz müssen aber – anders als im deutschen und europäischen Recht – die Mittel zur Erreichung dieses Zieles nicht unbedingt angemessen und erforderlich sein. Die dadurch entstehenden enormen Lücken haben die Gerichte zu füllen.

E. Rechtfertigung

Unter bestimmten Umständen besteht die Möglichkeit der Anerkennung einer stattgefundenen zulässigen Ungleichbehandlung durch die Gerichte.[2217] In diesem Aspekt unterscheiden sich die Ansätze der EMRK und des Unionsrechts in einigen Aspekten voneinander, obwohl sie sich allgemein sehr ähneln. Nach der EMRK besteht der Ansatz des EGMR darin, eine allgemein formulierte Rechtfertigung sowohl im Kontext der unmittelbaren als auch der mittelbaren Diskriminierung zu verwenden.[2218] Nach der EMRK unterliegt die unterschiedliche Behandlung bei der vermeintlich unmittelbaren und mittelbaren Diskriminierung einer objektiven Rechtfertigung.[2219] Demzufolge ist eine Ungleichbehandlung unter Umständen gerechtfertigt, wenn es eine objektive Rechtfertigung mit einem angemessenen Grund gibt, mit anderen Worten, wenn die Ungleichbehandlung ein rechtmäßiges Ziel verfolgt und die eingesetzten Mittel in einem angemessenen Verhältnis zu dem angestrebten Ziel stehen.[2220] Dementsprechend stellt eine gerechtfertigte unterschiedliche Behandlung keine Diskriminierung dar.[2221] Im Gegensatz dazu sind nach EU-Recht nur bestimmte begrenzte Ausnahmen von unmittelbarer Diskriminierung vorgesehen, eine allgemeine Rechtfertigung unterliegt allein einer Prüfung im Zusammenhang mit einer mittelbaren

---

2217 Vgl. *Agentur der Europäischen Union*, S. 107.

2218 Vgl. *Agentur der Europäischen Union*, S. 107. Siehe *diese Dissetationsschrift* § 7 D. I. 1.

2219 Vgl. *Agentur der Europäischen Union*, S. 107.

2220 EGMR 29.4.2008, Rs. 13378/05, Rn. 60 „Burden v. the United Kingdom"; EGMR 22.3.2016, Rs. 23682/13, Rn. 69 „Guberina v. Croatia"; EGMR 28.11.1984, Rs. 8777/79, Rn. 38 „Rasmussen vs. Dänemark"; EGMR 13.6.1979, Rs. 6833/74, Rn. 33 „Marckx vs. Belgien". Siehe auch *diese Dissetationsschrift* § 7 D. I. 1.

2221 Vgl. *Agentur der Europäischen Union*, S. 108.

Diskriminierung.[2222] Daraufhin sind gemäß dem Unionsrecht objektive Rechtfertigungsgründe in Bezug auf die mittelbare Diskriminierung vorgesehen, welche einen Teil ihres Tatbestandes darstellt.[2223] Bei der Rechtfertigung einer unmittelbaren Diskriminierung handelt es sich um eng auszulegende, spezielle Ausnahmefälle, ausdrücklich festgeschrieben in den Richtlinien.[2224] Während das deutsche arbeitsrechtliche Antidiskriminierungsrecht dem Thema der Rechtfertigung innerhalb des europarechtlichen Ansatzes zuzurechnen ist, zeigt sich das türkische als eine leichte Mischung von beiden. Dieser Abschnitt schildert das Thema der Rechtfertigung einer Diskriminierung erst nach deutschen rechtlichen und danach nach türkischen rechtlichen Angaben.

I. Deutsches Recht

Die Rechtfertigung einer Benachteiligung in Form einer Kündigung kann sich nach deutschem Recht nach den §§ 8 bis 10 AGG ergeben. Der Hauptanwendungsbereich der Rechtfertigungsmöglichkeiten nach den §§ 8 bis 10 AGG liegt bei den Fällen der unmittelbaren Benachteiligung.[2225] Das Verhältnis zur mittelbaren Benachteiligung lässt wiederum der Normtext von sich aus offen.[2226] Laut Gesetzgeber zählt allerdings bei der mittelbaren Benachteiligung die Rechtfertigung durch einen sachlichen Grund bereits zu den tatbestandlichen Voraussetzungen.[2227] Deswegen sind mittelbare Benachteiligungen am Rechtfertigungsmaßstab des § 3 Absatz 2 AGG zu messen.[2228] In den Fällen treten die §§ 8 bis 10 AGG zurück.[2229] Eine Erklärung der Rechtfertigungsmöglichkeiten einer Benachteiligung nach deutschem Recht ergibt sich anhand von drei Punkten. Erst kommt eine Darstellung der wesentlichen und entscheidenden beruflichen Anforderungen, danach schließt sich eine Schilderung der Rechtfertigungsmöglichkeiten wegen der Religion oder der Weltanschauung und wegen des Alters an.

2222 EuGH 12.9.2013, Rs. C-614/11 Rn. 43, 50, 51 „Kuso"; EuGH 12.12.2013, Rs. C-267/12, Rn. 45 „Hay". Vgl. *Agentur der Europäischen Union*, S. 108; *Kocher* in: Schlachter/Heinig (Hrsg.), EnzEuR Bd. 7, § 5 Rn.180.

2223 Vgl. *Kocher* in: Schlachter/Heinig (Hrsg.), EnzEuR Bd. 7, § 5 Rn. 180; *Agentur der Europäischen Union*, S. 109.

2224 Vgl. *Kocher* in: Schlachter/Heinig (Hrsg.), EnzEuR Bd. 7, § 5 Rn. 180.Siehe *diese Dissertationsschrift* § 8, B., 4.

2225 BT-Drucks 16/1780, 35. Vgl. BeckOK ArbR/*Roloff* AGG § 8 Rn. 1.

2226 Vgl. BeckOK ArbR/*Roloff* AGG § 8 Rn. 1.

2227 BT-Drucks 16/1780, 35. Vgl. BeckOK ArbR/*Roloff* AGG § 8 Rn. 1.

2228 Vgl. BeckOK ArbR/*Roloff* AGG § 8 Rn. 1.

2229 Vgl. BeckOK ArbR/*Roloff* AGG § 8 Rn. 1.

1. Wesentliche und entscheidende berufliche Anforderung

Eine unterschiedliche Behandlung wegen eines in § 1 AGG genannten Grundes ist entsprechend § 8 Absatz 1 AGG zulässig, wenn dieser Grund wegen der Art der auszuübenden Tätigkeit oder der Bedingungen ihrer Ausübung eine wesentliche und entscheidende berufliche Anforderung darstellt, sofern der Zweck rechtmäßig und die Anforderung angemessen ist (§ 8 I AGG). § 8 Absatz 1 AGG legt einen neben den speziellen Rechtfertigungsgründen (§§ 9 und 10 AGG) anwendbaren allgemeinen Rechtfertigungsstandard für alle Diskriminierungsverbote fest.[2230] Ein Merkmal im Sinne des § 1 AGG gestaltet eine wesentliche und entscheidende berufliche Anforderung, wenn die Tätigkeit ohne dieses Merkmal bzw. ohne das Fehlen des Merkmals entweder gar nicht oder nicht ordnungsgemäß durchführbar ist.[2231] Wesentlich ist sie, wenn sie sich auf einen erheblichen Teil der Gesamtanforderungen des Arbeitsplatzes bezieht; entscheidend ist sie, wenn sie für die vertragsgemäße Ausführung der Arbeitsleistung zwingend notwendig ist.[2232] Als eine wesentliche und entscheidende berufliche Anforderung gilt eine deutliche Überschreitung der Geringfügigkeitsgrenze.[2233]

Bei der Feststellung liegt der Schwerpunkt auf der konkret auszuübenden Tätigkeit.[2234] Sind die Bedingungen für das Bestehen einer wesentlichen und entscheidenden beruflichen Anforderung erfüllt, handelt es sich in der Regel um einen inhaltlich rechtmäßigen Zweck.[2235] Angemessen ist die gestellte Anforderung, wenn sie geeignet und erforderlich ist, um den verfolgten rechtmäßigen Zweck zu erreichen, und dem Grundsatz der Verhältnismäßigkeit zwischen Zweck und Diskriminierungsschutz standhält.[2236] In Betracht kommen können objektive Anforderungen sowie subjektive Gründe.[2237] Laut BAG war bereits zur Zeit des § 611a BGB a. F. eine diskriminierende Kündigung eines*einer

---

2230 BT-Drucks 16/1780, 35. Vgl. StichwortKomm ArbR/*Littig/Esskandri/Groß*, Diskriminierung Rn. 23; ErfK/*Schlachter* AGG § 8 Rn. 1; Däubler/Bertzbach AGG/*Brors* § 8 Rn. 1, 2.

2231 BAG 18.3.2010, NZA 2010, 872, Rn. 26; BAG 28.5.2009, NZA 2009, 1016, Rn. 39. Vgl. StichwortKomm ArbR/*Littig/Esskandri/Groß*, Diskriminierung Rn. 23; BeckOK ArbR/*Roloff* AGG § 8 Rn. 4; Däubler/Bertzbach AGG/*Brors* AGG § 8 Rn. 3.

2232 Vgl. ErfK/*Schlachter* AGG § 8 Rn. 6; HK-ArbR/*Berg* AGG § 8 Rn. 5.

2233 Vgl. ErfK/*Schlachter* AGG § 8 Rn. 6.

2234 BAG 18.3.2010, NZA 2010, 872, Rn. 26; BAG 28.5.2009, NZA 2009, 1016, Rn. 39. ArbG Berlin 13.7.2005, NZA-RR 2005, 608. Vgl. StichwortKomm ArbR/*Littig/Esskandri/Groß*, Diskriminierung Rn. 23; ErfK/*Schlachter* AGG § 8 Rn. 3. Kritisch auch: Däubler/Bertzbach/*Brors* AGG § 8 Rn. 4ff.

2235 Vgl. ErfK/*Schlachter* AGG § 8 Rn. 8; HK-ArbR/*Berg* AGG § 8 Rn. 8.

2236 BT-Drucks 16/1780, 35. BAG 18.3.2010 NZA 2010, 872, Rn. 26; BAG 28.5.2009 NZA 2009, 1016, Rn. 39. Vgl. StichwortKomm ArbR/*Littig/Esskandri/Groß*, Diskriminierung Rn. 23; ErfK/*Schlachter* AGG § 8 Rn. 8; BeckOK ArbR/*Roloff* AGG § 8 Rn. 4.

2237 Vgl. ErfK/*Schlachter* AGG § 8 Rn. 2.

Arbeitgebers*in aufgrund der biologischen Zugehörigkeit eines Transsexuellen zum männlichen Geschlecht gerechtfertigt, weil es mit den Anforderungen des Arbeitsplatzes einer Arzthelferin unvereinbar sei.[2238] Eine Rechtfertigung der Kündigung bestimmter Altersgruppen, basierend auf dem Zweck der Vermittlung eines jugendlichen Images des Betriebs nach § 8 AGG, wäre wiederum nicht möglich.[2239]

2. *Wegen der Religion oder der Weltanschauung*

§ 9 Absatz 1 AGG sieht eine besondere Rechtfertigungsmöglichkeit für Religions- und Weltanschauungsgemeinschaften als Arbeitgeber. Eine unterschiedliche Behandlung wegen der Religion oder der Weltanschauung bei der Beschäftigung ist zu rechtfertigen, wenn eine bestimmte Religion oder Weltanschauung unter Beachtung des Selbstverständnisses der jeweiligen Religionsgemeinschaft oder Vereinigung im Hinblick auf ihr Selbstbestimmungsrecht (erste Alternative) oder nach der Art der Tätigkeit (zweite Alternative) eine gerechtfertigte berufliche Anforderung darstellt (§ 9 I AGG). Nach der jüngsten Rechtsprechung des BAG und der *„Egenberger“* Entscheidung des EuGH muss § 9 Absatz 1 Alternative 1 AGG aufgrund der Unvereinbarkeit mit dem Unionsrecht und der Unmöglichkeit einer unionsrechtskonformen Auslegung unangewendet bleiben.[2240] § 9 Absatz 1 Alternative 2 AGG ist weiterhin zu Recht unionsrechtskonform dahin gehend auszulegen, wenn eine bestimmte Religion oder Weltanschauung unter Beachtung des Selbstverständnisses der jeweiligen Religionsgemeinschaft oder Vereinigung nach der Art der Tätigkeiten oder den Umständen ihrer Ausübung eine wesentliche, rechtmäßige und gerechtfertigte berufliche Anforderung darstellt und mit dem Grundsatz der Verhältnismäßigkeit im Einklang steht.[2241]

§ 9 Absatz 2 AGG, der allein kirchlichen Arbeitgebern bestimmte Benachteiligungen zubilligt, erfuhr kürzlich ebenfalls nach der jüngsten Rechtsprechung des BAG aufgrund der unionsrechtlichen Vorgaben, insbesondere von Artikel 4 Absatz 2 RL 2000/78/EG, seine unionrechtskonforme Auslegung, somit ist die Rechtfertigung einer Ungleichbehandlung wegen der Religion auch für Religionsgemeinschaften als Arbeitgeber trotz der Ansicht der BVerfG an tätigkeitsbezogene Voraussetzungen geknüpft.[2242] Deshalb ist eine Benachteiligung beim

---

2238 BAG 21.2.1991 NZA 1991, 719 zu § 611a BGB aF. Vgl. ErfK/*Schlachter* AGG § 8 Rn. 2.

2239 Däubler/Bertzbach AGG/*Brors* AGG § 8 Rn. 26.

2240 Siehe „Egenberger Fall“: BAG 25.10.2018, NZA 2019, 455; EuGH 17.4.2018, Rs. C-414/16 „Egenberger“; BAG 17.3.2016, BeckRS 2016, 71139; LAG Berlin-Brandenburg 28.5.2014, BeckRS 2014, 71446; ArbG Berlin 18.12.2013, BeckRS 2014, 64182. Siehe *diese Dissertationsschrift* § 8 B. III.; § 7 C. I.; § 12 B. I. 2.

2241 EuGH 11.9.2018, Rs. C-68/17 Rn. 51 ff. „IR vs. JQ“; BAG 25.10.2018, NZA 2019, 455, Rn. 62.

2242 Siehe „Chefartz Fall“: BAG 20.2.2019, NZA 2019, 901; EuGH 11.9.2018, Rs. C-68/17 „IR vs. JQ“; BAG Vorlagebeschluss 28.7.2016, – 2 AZR 746/14 (B), BeckRS 2016,

Verlangen hinsichtlich des loyalen und aufrichtigen Verhaltens nach § 9 Absatz 2 AGG nur gerechtfertigt, wenn die Religion oder die Weltanschauung im Hinblick auf die Art der betreffenden beruflichen Tätigkeiten oder die Umstände ihrer Ausübung eine berufliche Anforderung beinhaltet.[2243] Der Auslöser der Rechtsprechung betrifft einen Fall über die Kündigung eines Chefarztes wegen Wiederheirat bei einem der römisch-katholischen Kirche angehörenden Arbeitgeber, deren diskriminierende Kündigung nicht gemäß § 9 Absatz 2 AGG gerechtfertigt und i. S. d. § 1 Absatz 2 KSchG sozial ungerechtfertigt erklärt wurde.[2244] Eine weitere Untersuchung findet das Thema in dem zwölften Abschnitt dieser Arbeit.[2245]

§ 9 AGG rechtfertigt keine anderen Ungleichbehandlungen aufgrund anderer Gründe außer der Merkmale Religion und Weltanschauung.[2246] Trotz einiger anderer Ansichten im Schrifttum und in der Rechtsprechung lässt sich eine Kündigung eines*einer Arbeitnehmer*in aufgrund seiner*ihrer Homosexualität bei einer der katholischen Kirche angehörenden Arbeitgeber nicht nach § 9 AGG rechtfertigen.[2247] Darüber hinaus kommt Mehrfachdiskriminierung nach § 4 AGG in Betracht, wonach eine unterschiedliche Behandlung wegen mehrerer der in § 1 genannten Gründe nur dann nach den §§ 8 bis 10 zu rechtfertigen ist, wenn sich die Rechtfertigung auf alle diese Gründe erstreckt, deretwegen die unterschiedliche Behandlung erfolgt.[2248]

3. *Wegen des Alters*

Einen weiteren speziellen Rechtfertigungsgrund reguliert § 10 AGG, der eine unterschiedliche Behandlung wegen des Alters ungeachtet des § 8 AGG auch als zulässig erklärt, wenn sie objektiv, angemessen und durch ein legitimes Ziel gerechtfertigt ist (§ 10 Satz 1 AGG). Als ein legitimes Ziel dienen vor allem die Zielrichtungen des AGG wie der Schutz und die Integration der älteren

---

112860; BAG Vorlagebeschluss 28.7.2016, – 2 AZR 746/14 (A), NZA 2017, 388; BVerfG 22.10.2014, NZA 2014, 1387; BAG 8.9.2011, RdA 2012, 373; LAG Düsseldorf 1.7.2010 BeckRS 2010, 70725; ArbG Düsseldorf, 30.7.2009, BeckRS 2012, 66906. Siehe auch: EGMR 23.9.2010, Rs. 1620/03 „Schüth vs. Germany". Vgl. BeckOK ArbR/*Roloff* AGG § 9 Rn. 4. Siehe *diese Dissertationsschrift* § 8 B. III.; § 7 C. I.; § 12 B. I. 2.

2243 BAG 20.2.2019, NZA 2019, 901, Rn. 17.

2244 BAG 20.2.2019, NZA 2019, 901. Für die Einzelheiten siehe *diese Dissertationsschrift* § 12 B. I. 2.

2245 Siehe *diese Dissertationsschrift* § 12 B. I. 2.

2246 Vgl. HK-ArbR/*Berg* AGG § 9 Rn. 4; ErfK/*Schlachter* AGG § 9 Rn. 5; Däubler/Bertzbach AGG/*Wedde* § 9 Rn. 1, 2.

2247 Vgl. ErfK/*Schlachter* AGG § 9 Rn. 5; HK-ArbR/*Berg* AGG § 9 Rn. 4. a.A.: BAG 30.6.1983 NJW 1984, 1917; ArbG S 28.4.2010 BeckRS 2011, 73237. a.A. *Kamanabrou* RdA 2006, 321 (328).

2248 Vgl. ErfK/*Schlachter* AGG § 9 Rn. 5; HK-ArbR/*Berg* AGG § 9 Rn. 4.

Arbeitnehmer*innen in der Arbeitsmarkt-, Beschäftigungspolitik, der beruflichen Bildungspolitik sowie die sozialpolitischen Ziele.[2249] Der Gesetzgeber betont, die Legitimität eines Zieles sei unter Berücksichtigung der fachlich-beruflichen Zusammenhänge aus Sicht des*der Arbeitgebers*in zu beurteilen.[2250] Nach dem EuGH gelten aber rein individuelle Beweggründe wie Kostenreduzierung oder Verbesserung der Wettbewerbsfähigkeit allein nicht als rechtmäßige Ziele.[2251] Das BAG sah bei einem Streit über die Wirksamkeit einer betriebsbedingten Kündigung die Sanierung eines insolventen Unternehmens wiederum als ein legitimes Ziel.[2252]

Darüber hinaus müssen die Mittel zur Erreichung dieses Zieles erforderlich und angemessen sein (§ 10 Satz 2 AGG). Das Mittel ist erforderlich, wenn es keine milderen, aber ebenso wirksamen Mittel gibt, um das legitime Ziel zu erreichen, und ist angemessen, wenn es nach einer umfassenden Abwägung der Vor- und Nachteile für die benachteiligte Partei hinzunehmen ist.[2253] Ferner ist eine umfassende Verhältnismäßigkeitsprüfung vorzunehmen.[2254]

Die nicht abschließende Aufzählung von Anwendungsfällen in § 10 Satz 3 AGG enthält unter anderem die Festlegung besonderer Entlassungsbedingungen, um die berufliche Eingliederung von Jugendlichen, älteren Beschäftigten in das Arbeitsleben voranzutreiben (§ 10 Satz 3 Nr. 1 AGG).[2255] In Betracht kommt sowohl eine erschwerte Beendigung eines Arbeitsverhältnisses als auch längere Kündigungsfristen.[2256] § 10 Satz 3 Nr. 6 AGG konzentriert sich auf die Differenzierungen von Leistungen in den Sozialplänen. So gelten Altersstufen für die Bemessung der Abfindungshöhe im Sozialplan als gerechtfertigt.[2257]

2249 BT-Drucks 16/1780, 36. EuGH 5.3.2009, Rs. C-388/07, Rn. 52 „Age Concern". BAG 25.2.2010, NZA 2010, 561. Vgl. StichwortKomm ArbR/*Littig/Esskandri/Groß*, Diskriminierung Rn. 26; BeckOK ArbR/*Roloff* AGG § 10 Rn. 2, 6. Siehe *diese Dissertationsschrift* § 4. D.; § 8 B. I.; § 9 A. II.

2250 BT-Drucks 16/1780, 36. Betriebs- und unternehmensbezogene Interessen als legitimes Ziel: BAG 22.1.2009, NZA 2009, 945.

2251 EuGH 5.3.2009, Rs. C-388/07 „Age Concern". BAG 23.7.2015, NZA 2015, 1380, Rn. 36; BAG 22.10.2015, NZA 2016, 1081.

2252 BAG 19.12.2013, NZA-RR 2014, 185.

2253 Vgl. BeckOK ArbR/*Roloff* AGG § 10 Rn. 8.

2254 BAG 22.1.2009, NZA 2009, 945, Rn. 55.

2255 BAG 26.4.2018 NZA 2018, 1006; BAG 22.1.2009, NZA 2009, 945. Vgl. ErfK/*Schlachter* AGG § 10 Rn. 1, 5; *Kamanabrou*, RdA 2006, 321 [330]; BeckOK ArbR/*Roloff* AGG § 10 Rn. 1.

2256 Längere Kündigungsfriste: LAG München 29.4.2008, BeckRS 2009, 67791. Staffelung der Kündigungsfristen nach Beschäftigungsdauer: BAG 18.9.2014, NZA 2014, 1400. Vgl. BeckOK ArbR/*Roloff* AGG § 10 Rn. 13.

2257 EuGH 6.12.2012, Rs. C-152/11 „Odar/Baxter". BVerfG 25.3.2015, NZA 2015, 1248. BAG 23.3.2010, NZA 2010, 774; BAG 12.4.2011, NZA 2011, 985.

Bei Kündigungen bewertet das BAG in einer Bevorzugung Älterer durch § 1 Absatz 3 Satz 1 KSchG, die in der Tendenz zu einer gleichzeitigen Benachteiligung jüngerer Arbeitnehmer*in führen, die Umsetzung eines besonderen Sozialschutzes; somit ist eine eventuelle gleichzeitige Benachteiligung Jüngerer gerechtfertigt.[2258] Im Gegensatz dazu ist ein Anspruch auf Regelaltersrente bei der Sozialauswahl zulasten des*der älteren Arbeitnehmers*in in Betracht zu ziehen.[2259] Die Bildung von Altersgruppen für eine Sozialauswahl ist zulässig und dient dazu, die Interessen verschiedener Altersgruppen auszugleichen, sie ist jedoch nicht unbegrenzt durchführbar.[2260]

II. Türkisches Recht

Das türkische arbeitsrechtliche Antidiskriminierungsrecht gestaltet sich wie ein Mix der beiden Ansätze der EMRK und des europäischen Rechts. Das Arbeitsgesetz legt keine Gründe fest, die unterschiedliche Behandlungen aufgrund der Diskriminierungsmerkmale nach dem allgemeinen arbeitsrechtlichen Diskriminierungsverbot im Zusammenhang mit dem im ersten Absatz des Artikels 5 des Arbeitsgesetzes geschützten personenbedingten Gründen rechtfertigen könnten. Ausgenommen sind Regelungen über Rechtfertigung hinsichtlich arbeitsvertragsbezogener Diskriminierungsmerkmale, Vollzeit- und Teilzeitbeschäftigung und befristete und unbefristete Arbeitsverträge, die in besonderer Weise reguliert sind, sowie der besondere Diskriminierungsschutz in Bezug auf Geschlecht und Schwangerschaft (Art. 5 I, II, III ArbG). Laut dem Verständnis des Schrifttums und des Kassationshofes hinsichtlich des Ansatzes des EGMR in Bezug auf das Diskriminierungsverbot nach EMRK verfolgt der*die Arbeitgeber*in einen berechtigten Zweck nach dem Grundsatz der Verhältnismäßigkeit; dies kann demzufolge sein*ihr Verhalten rechtfertigen; ist dieser gerechtfertigte Zweck als verhältnismäßig anzusehen, gilt in dem Fall das Diskriminierungsverbot als nicht verletzt.[2261]

Mit dem 2016 in Kraft getretenen Gesetz über Menschenrechte und Gleichheitsinstitution war erstmals, außer in den besonderen Regelungen von Artikel 5 Arbeitsgesetz über Vollzeit-/Teilzeitbeschäftigung, befristete/unbefristete Arbeitsverträge und Geschlecht/ Schwangerschaft, eine detaillierte Regelung

2258 BAG 15.12.2011, NZA 2012, 1044, Rn. 48; BAG 25.2.2010, NZA 2010, 561; BAG 5.11.2009, NZA 2010, 457, Rn. m. w. N. 25. Vgl. ErfK/*Schlachter* AGG § 10 Rn. 4. Siehe auch *diese Dissertationsschrift* § 12 B.

2259 BAG 27.4.2017, NZA 2017, 902. a. A. BAG 23.7.2015, NZA 2015, 1380. Vgl. ErfK/*Schlachter* AGG § 10 Rn. 4.

2260 BAG 19.7.2012, NZA 2013, 86; BAG 22.3.2012, NZA 2012, 1040; BAG 24.10.2013, NZA 2014, 46. Vgl. ErfK/*Schlachter* AGG § 10 Rn. 4.

2261 Y9HD 15.5.2019, E. 2016/1423, K. 2019/11167. Vgl. *Süzek*, İş Hukuku, S. 463; Manav, DEÜHFD 2013/15, 731 (737); *Öden*, S. 317; *Gül/Karan*, S. 9–10; *Doğan Yenisey*, Legal İHSGHD 2005/7, 973 (996 ff. und 1001 ff.).

zur Rechtfertigung unterschiedlicher Behandlungen im türkischen Recht vorgesehen. Das GMRGI stellt dar, welche ungleiche Behandlungen trotzdem nicht rechtswidrig sein sollen, ohne irgendeinen Hinweis auf unmittelbare und mittelbare Diskriminierung, somit gültig für beide. Artikel 7 GRMGI beinhaltet Fälle und Ausnahmen hinsichtlich der Festlegung und Anwendung von Altersgrenzen bis hin zu religiösen Einrichtungen sowie einen allgemeinen Rechtfertigungsgrund – bei unterschiedlicher Behandlung in den Bereichen Beschäftigung und Selbstständigkeit, wenn zwingende berufliche Anforderungen bestehen – in denen das Vortragen von Diskriminierungsvorwürfen nicht zulässig ist.

1. *Zwingende berufliche Anforderung*

Schon vor Inkrafttreten des GMRGI hat das Schrifttum die Rechtfertigung einer unterschiedlichen Behandlung – je nach Art der Arbeit und nach Bedarf – vertreten.[2262] Das GMRGI wertet hingegen die beruflichen Anforderungen eindeutig als einen Rechtfertigungsgrund.

Nach GMRGI besteht bei der Kündigung eines Arbeitsverhältnisses im Bereich der Beschäftigung bei einer zielgerichteten und verhältnismäßig unterschiedlichen Behandlung keine Diskriminierung im Falle von zwingenden beruflichen Anforderungen (Art. 7 I a GMRGI). Die Suche umfasst nach dem GMRGI drei Bedingungen. Die erste Bedingung: Es soll eine zwingende berufliche Anforderung geben. Die unterschiedliche Behandlung soll auf einer beruflichen Anforderung beruhen und diese Situation soll eine Verpflichtung erfordern, demzufolge zwingend sein. Nach einem abstrakten Normenkontrollverfahren erklärte das Verfassungsgericht die Vereinbarkeit der Norm mit der Verfassung. Eine entsprechende Begründung fand der Antrag unter anderem mit der Mehrdeutigkeit des Ausdrucks *„zwingende berufliche Anforderung"* und dessen unklarem Umfang sowie mit der Möglichkeit der Abdeckung jeder Situation unter dem Ausdruck *„zwingende berufliche Anforderung"* durch die Arbeitgeber*innen.[2263] Das Verfassungsgericht erklärte wiederum die Vereinbarkeit der Rechtsnorm mit der Verfassung. Darüber hinaus nannte es Gründe für die besondere Befähigung im Hinblick auf eine berufliche Tätigkeit, körperliche Beschaffenheit, einen Abschluss bestimmter Schulen, den Besitz einiger Dokumente und Informationen als Beispiele zur zwingenden beruflichen Anforderung.[2264] Über den gewünschten Zweck für die Ausübung einer beruflichen Tätigkeit hinausgehende Bedingungen sowie ungünstige und unnötige Bedingungen rechtfertigen keine unterschiedliche Behandlung.[2265] Laut Verfassungsgericht kommt es in

2262 AYM 15.11.2017, E. 2016/132, K. 2017/154, RG. 26.12.2017/30282. Vgl. *Ulucan*, DEÜHFD 2013/15, 369 (382).

2263 AYM 15.11.2017, E. 2016/132, K. 2017/154, RG. 26.12.2017/30282.

2264 AYM 15.11.2017, E. 2016/132, K. 2017/154, RG. 26.12.2017/30282.

2265 AYM 15.11.2017, E. 2016/132, K. 2017/154, RG. 26.12.2017/30282.

jedem konkreten Fall hinsichtlich der Anwesenheit der Gründe – unter Berücksichtigung der Grundsätze „*Zweckmäßigkeit*", „*Notwendigkeit*" und „*Verhältnismäßigkeit*" zur Neubewertung.[2266]

Die zweite Bedingung: Die unterschiedliche Behandlung soll zweckmäßig sein. Mit anderen Worten, es sollte ein Kausalzusammenhang zwischen der zwingenden beruflichen Notwendigkeit und der unterschiedlichen Behandlung bestehen.[2267] Das Konzept der Zweckmäßigkeit in Verbindung mit der Bedingung der Notwendigkeit und der Verhältnismäßigkeit gewährleistet jedoch das Entsprechen der unterschiedlichen Behandlung gemäß dem Grundsatz der Verhältnismäßigkeit.[2268]

Die dritte Bedingung: Die unterschiedliche Behandlung soll verhältnismäßig sein. Die Verhältnismäßigkeitsbedingung bezieht sich auf das Vorhandensein einer Nähe zwischen der unterschiedlichen Behandlung und dem Grund, der diese Behandlung verursacht, die die Willkürgrenze nicht erreicht.[2269] Als Beispiel dazu nennt das Schrifttum die Kündigung eines Models aufgrund einer Schwangerschaft. Im Falle einer Durchführung von Modellstudien an einem Arbeitsplatz kann ein schwanger gewordenes Model diese Tätigkeit während der Schwangerschaft angesichts der beruflichen Erfordernisse nicht ausüben.[2270] Anstatt dieser Person Zeit zu geben, nach der Geburt zurückzukehren und zu arbeiten, stellt die Beendigung des Arbeitsvertrages der Person keine angemessene Behandlung dar.[2271] In diesem Fall ist die Kündigung des Arbeitsvertrages der Person durch Diskriminierung aufgrund des Geschlechts zu akzeptieren.[2272] Es ist zu bewerten, wie sich die vom GMRGI geregelten Ausnahmezustände auf das Arbeitsrecht auswirken. Das GMRGI ist im Vergleich zum Arbeitsgesetz detaillierter gestaltet und somit in der Lage, den*die Arbeitnehmer*in durch seine ausgewogenere Regelung gegenüber dem*der Arbeitgeber*in umfassender zu schützen; das Schrifttum geht deshalb von einer arbeitsrechtlichen Anwendung dieser Regelung aus.[2273]

2. Bezugnahme auf Religion und Weltanschauung

Eine spezielle Regulierung über die Rechtfertigung der unterschiedlichen Behandlungen in Bezug auf die Religion oder Weltanschauung sieht das Arbeitsgesetz nicht vor. Laut der vorherrschenden Meinung in der Doktrin sind in den Fällen, in denen Institutionen wie religiöse Einrichtungen, Moscheen,

---

2266 AYM 15.11.2017, E. 2016/132, K. 2017/154, RG. 26.12.2017/30282.
2267 Vgl. *Kayaalp*, S. 237.
2268 Vgl. *Kayaalp*, S. 237.
2269 Vgl. *Kayaalp*, S. 238.
2270 Vgl. *Kayaalp*, S. 238.
2271 Vgl. *Kayaalp*, S. 238.
2272 Vgl. *Kayaalp*, S. 238.
2273 Vgl. *Kayaalp*, S. 239.

Synagogen oder Kirchen, eine politische Partei oder eine Vereinigung – wie zum Beispiel von Homosexuellen oder sich für den Umweltschutz einsetzend – Kandidaten betroffen, die sich für die Stelle beworben haben, Fragen zu religiösen Überzeugungen, politischer Meinung oder sexueller Präferenz zu stellen.[2274] Nach dem Schrifttum ist es nicht als Diskriminierung zu bezeichnen, Menschen, die innerhalb einer heiligen Stätte, einer politischen Partei oder mit Vereinigungsarbeiten betraut sind, somit bestimmte religiöse, politische oder philosophische Ansichten verfolgen, aufzufordern, dies entweder zu unterlassen oder aber sich von ihnen zu trennen.[2275] Auch wenn der*die in einer Einrichtung arbeitende Arbeitnehmer*in in einer Einrichtung arbeitet, die einer bestimmten religiösen Tendenz dient, darf der*die Arbeitgeber*in – in Bezug auf das Diskriminierungsmerkmal Religion – auch wenn er die Mitgliedschaft des*der Arbeitnehmers*in in dieser religiösen Tendenz annimmt, gemäß Artikel 24 Absatz 2 der Verfassung den*die Gläubigen*e nicht auffordern, Gebete lediglich innerhalb dieser religiösen Tendenz zu verrichten beziehungsweise Zeremonien nur innerhalb dieser religiösen Tendenz beizuwohnen.[2276] Die Rechtfertigung einer diskriminierenden Kündigung aufgrund religiöser oder weltanschaulicher Gründe diskutiert wiederum die Literatur in Verbindung mit der Kündigung wegen einer Unfähigkeit des*der Arbeitnehmers*in in Bezug auf seine*ihre berufliche Tätigkeit. Deshalb folgt in den nachstehenden Kapiteln eine Untersuchung der Thematik.[2277]

Noch zu erwähnen ist die Regulierung des GMRGI hinsichtlich der religiösen Einrichtungen. Nach Artikel 7 Absatz 1 Buchstabe d GMRGI gilt die Beschäftigung von Personen, die Mitglieder einer religiösen Einrichtung sind, in einer Einrichtung, die zu einer Religion gehört, um religiösen Dienst, Erziehung und Ausbildung im Zusammenhang mit dieser Religion zu leisten, als eine der Fälle und Ausnahmen, in denen es nicht möglich ist, den Anspruch auf das Unterbleiben einer Diskriminierung nicht unter dieses Gesetz zu stellen. Die erste Bedingung dieser Regulierung in Artikel 7 Absatz 1 Buchstabe d GMRGI ist das Erfolgen einer unterschiedlichen Behandlung in einer religiösen Einrichtung.[2278] Hervorzuheben ist: Selbst wenn das Gymnasium das Imam-Hatip-Gymnasium und die Abteilung der Universität die Theologische Fakultät ist, fällt die Bereitstellung von Religionsunterricht und -ausbildung in diesen Einrichtungen nicht in den Geltungsbereich der Regulierung von GMRGI, da es sich bei diesen Einrichtungen um Bildungseinrichtungen und

2274 Vgl. *Yıldız*, S. 131; *Yuvalı*, S. 188; *Tuncay*, S. 126; *Ertürk*, S. 74; *Sevimli*, S.185; *Sözer*, Sicil 2006 -2, 184 (191).
2275 Vgl. *Yıldız*, S. 131.
2276 Vgl. *Dulay*, ÇT 2016/1 (48) S. 263 (272).
2277 Siehe *diese Dissertationsschrift* § 12 B. II.
2278 Vgl. *Kayaalp*, S. 256.

nicht um religiöse Einrichtungen handelt.[2279] Die zweite Bedingung betrifft die Aufgabe eines jeden, anders Behandelten.[2280] Dementsprechend sollte sich eine andersgeartete Behandlung einer Person in einer religiösen Einrichtung – entweder aus der Pflicht zur Erbringung religiöser Dienstleistungen oder aus der Pflicht zur Bereitstellung von Bildung und Ausbildung im Zusammenhang mit dieser Religion – ergeben.[2281] Als dritte Bedingung ergibt sich eine unterschiedliche Behandlung einer bereits an dieser religiösen Einrichtung beschäftigten oder in der Zukunft zu beschäftigenden Person, die nicht zu dieser Religion gehört.[2282] Somit nimmt die Literatur als Beispiel die Fälle in Verbindung mit der Konversion oder Distanzierung vom Glauben oder dem Aufgeben des Glaubens, Atheismus genannt.[2283] Setzt ein Imam seinen Beruf fort, obwohl er Atheist geworden ist, und erfahren andere davon und kündigen ihn, gilt diese Kündigung als eine unterschiedliche Behandlung, die aber in Bezug auf GMRGI keine Diskriminierung darstellt.[2284]

Es ist aber zu betonnen, nach Artikel 15 der Verfassung ist niemand zur Offenbarung seiner Religion, seines Gewissens und seiner Ansichten gezwungen. Darüber hinaus bereitet die Regelung weiter folgende Schwierigkeiten. Weil es in der Türkei kein Kanonisches Recht gibt und weil der Staat nach der Verfassung ein laizistischer Staat ist, besteht Unklarheit, welche Einrichtungen als Einrichtung, zu einer Religion gehörend, zuzuordnen sind. Eine andere, offen gebliebene Frage ist, ob die Einrichtungen, zu einer Religion gehörend, aber eigenwirtschaftliche Zwecke ausübend, unter die im Artikel erwähnten Einrichtungen fallen oder nicht. Zusätzlich bleibt offen, was ein aufrichtiges und loyales Verhalten im Sinne dieser Religion darstellt und ob es zulässig ist, Arbeitnehmer*innen zu zwingen, gegen die Bestimmung der Verfassung in Artikel 24 Absatz 2 – innerhalb dieser religiösen Tendenz – zu beten oder an den Zeremonien dieser religiösen Tendenz teilzunehmen.[2285] Zu Recht kritisiert die Literatur außerdem die Regulierung aufgrund des Fehlens des Hinweises auf Verhältnismäßigkeitsprüfung in der Bestimmung zwischen dem in der Bestimmung verfolgten Zweck und der Regulierung.[2286]

2279 Vgl. *Kayaalp*, S. 257. Imam-Hatip-Gymnasium: Berufsfachgymnasien für die Ausbildung zum Imam und Prediger.

2280 Vgl. *Kayaalp*, S. 257.

2281 Vgl. *Kayaalp*, S. 257.

2282 Vgl. *Kayaalp*, S. 257.

2283 Vgl. *Kayaalp*, S. 257.

2284 Vgl. *Kayaalp*, S. 257.

2285 Siehe auch EuGH 11.9.2008, Rs. C-68/17 "IR v JQ". Vgl. *Dulay*, ÇT 2016/1 (48) S. 263 (272). Siehe *diese Dissertationsschrift* § 8 B. III; § 11 E. I. 2.

2286 Vgl. *Odyakmaz/Keskin/Deniz*, UMD 2016, 721 (754).

3. *Bezugnahme auf das Alter*

Angesichts des Arbeitsalters bestehen gewisse Einschränkungen nach dem Arbeitsgesetz. Mit der Regelung des Arbeitsgesetzes in Artikel 71 kam es zu einer Einführung hinsichtlich einer Regelung zum Erwerbsalter und zum Verbot der Beschäftigung von Kindern. Dementsprechend ist es in der Regel verboten, Personen unter fünfzehn Jahren zu beschäftigen, darüber hinaus kann es für Arbeitnehmer*innen unter 18 Jahren und unter besonderen Bedingungen für die Arbeitsbedingungen zum Einsatz gelangen (Art. 71 ArbG). Die Regelung gilt während des Erwerbsalters sozialen Zwecken und dem Schutz von Kindern; daher gilt die Einstufung des Verbotes der Beschäftigung von Personen unter der Altersgrenze nicht als Verstoß gegen das Diskriminierungsverbot. Irgendeine Regelung über ein maximales Arbeitsalter befindet sich im Arbeitsgesetz nicht.

In seinem siebten Artikel über die Rechtsfertigungsmöglichkeiten einer Diskriminierung stellt das GMRGI fest, eine Festlegung und Anwendung von Altersgrenzen aufgrund der Erfordernisse der Arbeit können bei der Einstellung und Beschäftigung eine unterschiedliche altersabhängige Behandlung aufgrund des Alters rechtfertigen, sofern dies in einem angemessenen Verhältnis zu den Anforderungen und dem Zweck steht (Art. 7 I c GMRGI). In Artikel 7 GMRGI ist nur der Einstellungs- und Beschäftigungsprozess geregelt, ein Hinweis auf die Beendigung des Arbeitsvertrages besteht nicht. Artikel 7 Absatz 1 Buchstabe a GRMGI regelt den ersten Ausnahmefall, zwingende berufliche Anforderungen, mit der Feststellung von ähnlichen Bedingungen, wobei das Alter eine gesonderte Regelung erfährt. Das Problem der altersbedingten Ungleichbehandlung lässt sich deswegen im Hinblick auf die Beendigung der Arbeitsbeziehung nicht hinsichtlich des ersten Ausnahmefalles bewerten.[2287] Das Schrifttum zieht den Schluss, eine Diskriminierung aufgrund des Alters in Bezug auf die Beendigung des Arbeitsverhältnisses sei absolut. Angesichts des Erfordernisses der Arbeit kommt es nicht zur Erfassung der Ausnahme, eine unterschiedliche Behandlung aufgrund des Alters bei Beendigung der Arbeitsbeziehung, auch wenn dies für den Zweck erforderlich und angemessen ist; vielmehr gilt sie als Verstoß gegen das Diskriminierungsverbot.[2288]

4. *Bezugnahme auf das Geschlecht*

Artikel 10 Absatz 2 der Verfassung regelt die gleichen Rechte für Frauen und Männer, wobei der Staat verpflichtet ist, diese Gleichstellung zu verwirklichen. Somit positioniert die Verfassung den Staat sehr stark hinsichtlich der Schaffung der Gleichberechtigung der Frauen und Männer. Mit ihrem 50. Artikel nimmt die Verfassung wiederum eine schützende Rolle für die Frauen ein. Laut dem 50.

2287 Vgl. *Sarıbay Öztürk*, Sicil 2017/37, 114 (123); *Kayaalp*, S. 246.
2288 Vgl. *Sarıbay Öztürk*, Sicil 2017/37, 114 (123); *Kayaalp*, S. 246

Artikel der Verfassung ist es unzulässig, jemanden für Arbeiten zu beschäftigen, die nicht entsprechend dem Alter, dem Geschlecht und der Kraft entsprechen (Art. 50 I Verf.). Darüber hinaus gilt es, Minderjährige und Frauen sowie Menschen mit körperlichen und geistigen Behinderungen in Bezug auf die Arbeitsbedingungen besonders zu schützen (Art. 50 II Verf.). In der Begründung des Artikels 50 Verfassung betont der verfassungsgebende Ausschuss die Schutzbedürftigkeit der Frauen als Beweggrund der Regulierung.[2289] Sein Vorgänger, Artikel 43 der 1961er-Verfassung, betitelt als Arbeitsbedingungen, hebt wiederum die Rückständigkeit des Arbeitsrechts in der (damaligen) Republik Türkei hervor und beschreibt, in einem Land, in dem die Bestimmungen auf dem Gebiet des Arbeitsrechts nicht ernst genug genommen wurden, zeige sich die Notwendigkeit dieser Bestimmung in der Verfassung.[2290] Eine leise zu vernehmende Stimme in der Literatur bewertet diese Regulierung allerdings zurecht als diskriminierend.[2291] Es bestand eine Gleichbehandlung von Frauen zu gleichen Bestimmungen wie Minderjährige und Menschen mit geistigen Behinderungen, die keine Deliktsfähigkeit besitzen; Frauen galten nicht als gleichberechtigte Individuen, sondern sahen sich in die Position begrenzter, hilfloser, schwacher und bedürftiger Wesen versetzt.[2292] Als Folge dessen sei die erwähnte Norm in dieser Hinsicht diskriminierend.[2293]

Das Arbeitsgesetz enthält besondere Rechtfertigungsgründe in Bezug auf das Geschlecht des*der Arbeitsnehmers*in bei der Kündigung. Artikel 5 Absatz 3 Arbeitsgesetz betont, der*die Arbeitgeber*in dürfe bei der Beendigung des Arbeitsvertrages einen*e Arbeitnehmer*in aufgrund des Geschlechts oder einer Schwangerschaft weder unmittelbar noch mittelbar unterschiedlich behandeln; es sei denn, es lägen biologische oder zwingende Gründe im Zusammenhang mit der Art der Arbeit vor (Art. 5 III ArbG). Das Schrifttum schließt daraus, es bestehe die Möglichkeit, aufgrund des Geschlechts des*der Arbeitnehmers*in zu unterscheiden, wenn das Geschlecht des*der Arbeitnehmers*in aufgrund der Art der Arbeit in den Vordergrund trete, könne eine Reihe objektiver Kriterien die Auswahl eines bestimmten Geschlechts rechtfertigen, sodass es einige gesetzliche Arbeitsverbote zum Schutz eines bestimmten Geschlechts geben könne.[2294] Manche im Schrifttum gehen weiter und vertreten die Ansicht, nicht allein die sich aus der Art der Arbeit ergebenden Gründe, sondern auch die sozialen, traditionellen und religiösen Überzeugungen in der Gesellschaft bestimmten das primäre Ausüben der Art von Arbeit von Personen des jeweiligen Geschlechts.[2295] Aufgrund

2289 Vgl. *Aydoğdu*, S. 339.
2290 Vgl. *Aydoğdu*, S. 90.
2291 Vgl. *Bakırcı*, S. 61; *Gökçeoğlu Balcı*, ÇT 2017/3, 1263 (1270).
2292 Vgl. *Bakırcı*, S. 61; *Gökçeoğlu Balcı*, ÇT 2017/3, 1263 (1270).
2293 Vgl. *Bakırcı*, S. 61; *Gökçeoğlu Balcı*, ÇT 2017/3, 1263 (1270).
2294 Vgl. *Yuvalı*, S. 192.
2295 Vgl. *Yuvalı*, S. 196.

dieser sozialen, traditionellen und religiösen Überzeugungen – unter Berücksichtigung der wirtschaftlichen Interessen eines Unternehmens – bestünde für einen*e Arbeitgeber*in in einem Betrieb ein objektiver, berechtigter Grund für die Beschäftigung lediglich von Menschen eines bestimmten Geschlechts.[2296] Arbeitgeber*innen seien gehalten – um die Zukunft ihres Unternehmens nicht zu gefährden – Kundenwünsche zu berücksichtigen, auch um den Preis der Diskriminierung eines bestimmten Geschlechts.[2297] Die Einsetzung der sexuellen Anziehungskraft von Frauen in eine Handelsware, die das Thema der erbrachten Dienstleistung überschreitet, sei jedoch nicht mit dem Diskriminierungsverbot vereinbar, da es eine Haltung sei, die die Persönlichkeitsrechte von Frauen verletze.[2298]

Das GMRGI sieht auch einen Rechtsfertigungsgrund für unterschiedliche Behandlungen aufgrund des Geschlechts, indem es die Situationen, die nur die Beschäftigung eines bestimmten Geschlechts erfordern, als einen Fall erklären, der die Geltendmachung von Diskriminierungsansprüchen nach diesem Gesetz nicht zulässt (Art. 7 I b GMRGI). Laut Verfassungsgericht liegt eine Ausnahme vom Diskriminierungsverbot, wie in Artikel 7 Absatz 1 Buchstabe b GMRGI, im öffentlichen Interesse, wenn die unterschiedliche Behandlung in zwingenden Situationen auf die Art der Arbeit und biologische Gründe zurückzuführen ist, wenn die mit dieser beruflichen Tätigkeit verbundenen Arbeitsbedingungen dies erforderlich machen und auch Personen schützen, die von dieser Art von Arbeit ausgeschlossen sind.[2299] In seiner Entscheidung aus dem Jahr 2017 betont das Verfassungsgericht außerdem, der 50. Artikel der Verfassung gebe dem Staat sowieso die Aufgabe, Frauen in besonderer Weise zu schützen.[2300] Diese Entscheidung ist wichtig, indem sie den neuesten Verständnisstand des Verfassungsgerichts über das Thema Diskriminierung aufgrund des Geschlechts aufzeigt. Der Gegenstand der Verfassungsbeschwerde des Artikels 7 Absatz 1 Buchstabe b GMRGI gilt allerdings nur für die Einstellungsphase, nicht aber für die Beendigung des Arbeitsverhältnisses; deshalb unterbleibt an dieser Stelle ein näheres Eingehen darauf.

F. Andere Formen der Diskriminierung

Gesetzlich verboten sind neben der unmittelbaren und mittelbaren Diskriminierung auch andere Arten von Diskriminierung; einige davon, die hinsichtlich der diskriminierenden Kündigung von Bedeutung sind, finden hier erst nach deutschem und danach nach türkischem Recht eine kurze Darstellung.

2296 Vgl. *Yuvalı*, S. 196.
2297 Vgl. *Yuvalı*, S. 196.
2298 Vgl. *Yuvalı*, S. 196.
2299 AYM 15.11.2017, E. 2016/132, K. 2017/154 15.11.2017 RG 26.12.2017/30282.
2300 AYM 15.11.2017, E. 2016/132, K. 2017/154 15.11.2017 RG 26.12.2017/30282.

I. Deutsches Recht

Außer der unmittelbaren und mittelbaren Diskriminierung erfasst das AGG auch andere Formen von Diskriminierung und verbietet sie im Sinne dieses Gesetzes. Außer der Belästigung (§ 3 III AGG) oder der sexuellen Belästigung (§ 3 IV AGG) finden auch einige andere Arten von Diskriminierungen in dem Gesetz Platz, die im Zusammenhang mit dem Thema der diskriminierenden Kündigung nicht unerwähnt bleiben sollen. Vor allem gilt laut AGG in § 3 Absatz 5 AGG eine Anweisung zur Benachteiligung einer Person aus einem in § 1 AGG genannten Grund als Benachteiligung (§ 3 V AGG). Nach § 4 AGG erfolgt eine unterschiedliche Behandlung wegen mehrerer der in § 1 AGG genannten Gründe, so ist diese unterschiedliche Behandlung nach den §§ 8 bis 10 AGG nur gerechtfertigt, wenn sich die Rechtfertigung auf alle diese Gründe erstreckt, deretwegen die unterschiedliche Behandlung erfolgt (§ 4 AGG). Es reicht aus, wenn die Benachteiligung objektiv auf mehrere Gründe zurückzuführen ist.[2301] Außerdem ist eine unterschiedliche Behandlung ungeachtet der in den §§ 8 bis 10 AGG benannten Gründe auch zulässig, wenn durch geeignete und angemessene Maßnahmen bestehende Nachteile wegen eines in § 1 AGG genannten Grundes verhindert oder ausgeglichen werden sollen (§ 5 AGG). Somit eröffnet das AGG den Weg, positive Maßnahmen, die zu einer unterschiedlichen Behandlung führen, zu ergreifen, um bestehende Nachteile für Personen zu verhindern und auszugleichen.[2302]

II. Türkisches Recht

Außer der unmittelbaren und mittelbaren Diskriminierung erfasst das GMRGI auch andere Formen von Diskriminierung und verbietet sie im Sinne dieses Gesetzes. Außer dem Mobbing (Art. 2 I g GMRGI i. V. m. Art. 4 I e GMRGI) oder der Belästigung (Art. 2 I j GMRGI) finden auch andere einige Arten von Diskriminierungen in dem Gesetz Platz, die im Zusammenhang mit dem Thema der diskriminierenden Kündigung nicht unerwähnt bleiben sollen. Das GMRGI betrachtet die Trennung, auf Englisch *segregation*, als eine Form der Diskriminierung (Art. 4 I a GMRGI i. V. m. Art. 2 I a GMRGI). Dies meint das Getrennthalten von Personen von anderen aufgrund eines Anlasses oder mehrerer der in diesem Gesetz aufgeführten Gründe infolge einer Handlung oder Untätigkeit (Art. 2 I a GMRGI). Ein direkter Hinweis auf eine Trennung nach europäischem Recht befindet sich auch im elften Erwähnungsgrund der Richtlinie 2006/54/EG auf der Grundlage des Diskriminierungsmerkmals Geschlecht, die die Mitgliedstaaten dahin gehend ermutigt, der Geschlechtertrennung auf dem Arbeitsmarkt entgegenzuwirken. Das Verbot der Trennung nach türkischem

---

2301 Vgl. BeckOK ArbR/*Roloff* AGG § 4 Rn. 3.
2302 Vgl. BeckOK ArbR/*Roloff* AGG § 5 Rn. 1–5. Siehe diese *Dissertationsschrift* § 4 B. IV. 3.

Recht beschränkt sich hingegen nicht auf das Geschlecht, deckt aber alle aufgrund der im Gesetz geschützten Gründe ab. Im deutschen Recht befindet sich kein direkter Hinweis auf das Verbot einer Diskriminierung in Form einer Trennung.

Des Weiteren beinhaltet das GMRGI ein Verbot der mehrfachen Diskriminierung, die es als ein diskriminierendes Verfahren, das mit mehr als einem Diskriminierungsgrund verbunden ist, definiert (Art. 4 I c GMRGI, Art. 2 I ç GMRGI). Sowohl Artikel 10 der Verfassung als auch Artikel 5 des Arbeitsgesetzes behandeln die einzelnen Diskriminierungsgründe getrennt (*single ground approach*) und berücksichtigen nicht die Fälle, in denen mehrere Diskriminierungsmerkmale zusammenwirken.[2303] Ein Hinweis auf mehrfache Diskriminierung ist – außer im GMRGI – nur in dem Gesetz über Behinderte zu finden, berücksichtigt aber lediglich die Schnittmenge des Diskriminierungsgrundes Geschlecht und des Diskriminierungsgrundes Behinderung, in Artikel 6 GüBehinderten den Schutz der Frauen und Mädchen mit Behinderungen, insbesondere hinsichtlich der mehrfach geschützten Diskriminierung (Art. 6 GüBehinderten). GüBehinderten folgt im Grunde genommen dem Beispiel des Übereinkommens über die Rechte von Menschen mit Behinderung, das als Erstes im völkerrechtlichen Arbeitsrecht mehrfache Diskriminierung erwähnt und verbietet (Präambel p BRK; Art. 2 BRK; Art. 5 I, II BRK).[2304] Somit gestaltet sich das GMRGI als einziges allgemeines türkisches Gesetz, das hinsichtlich des Verständnisses der getrennten Behandlung der einzelnen Diskriminierungsgründe weiter geht und die mehrfache Diskriminierung in Verbindung mit allen aufgezählten Diskriminierungsgründen verbietet. Übrigens ermöglicht die Definition der mehrfachen Diskriminierung im GMRGI neben der mehrfachen Diskriminierung (*multiple discrimination*) auch andere Arten von Diskriminierung der intersektionellen Diskriminierung (*intersectional discrimination*) bis hin zur Verbreitung der kombinierten Diskriminierung (*compund discrimination*).[2305] Hierbei handelt es sich um eine große Bereicherung für das türkische arbeitsrechtliche Antidiskriminierungsrecht.

Darüber hinaus reguliert das GMRGI die Anweisung zur Diskriminierung und das Befolgen dieser Anweisungen als eine andere Art von Diskriminierung, die verboten ist (Art. 4 I b GMRGI, Art. 2 I b GMRGI). In dem Sinne ähnelt das GMRGI dem AGG (§ 3 V AGG), geht aber weiter und erklärt nicht nur die Anweisung zur Diskriminierung, sondern auch das Befolgen dieser Anweisung als rechtswidrig. Als Letztes zu erwähnen ist das Verbot einer Diskriminierung wegen Annahme des Vorliegens eines Diskriminierungsgrundes. Damit gemeint sind die Fälle, in denen eine natürliche oder juristische Person eine diskriminierende Behandlung in Bezug auf die Wahrnehmung gesetzlich anerkannter

2303 Vgl. *Ünal*, 137; *Karan*, 278.
2304 Siehe *diese Disserationschrift* § 7, B., IV., 3.
2305 Vgl. *Ünal*, 139; *Karan*, 284 ff.

Rechte und Freiheiten erlebt aufgrund der Annahme, sie beinhalteten einen der Diskriminierungsgründe, obwohl sie mit keinem der in diesem Gesetz aufgeführten Diskriminierungsgründe im Zusammenhang stehen (Art. 4 I ğ GMRGI; Art. 2 I m GMRGI).

Diese Diskriminierungsarten sind alle in dem Gesetz über Menschenrechte und die Gleichheitsinstitution geregelt, sie finden allerdings keinen Platz im Arbeitsgesetz. Es sind Erkenntnisse über den Inhalt einer Norm im Zusammenhang dieser mit anderen Normen zu gewinnen, wobei sowohl Artikel 5 Arbeitsgesetz als auch die antidiskriminierungsrechtlichen Normen des GMRGI die Harmonisierung des türkischen Rechts mit dem europäischen Recht beabsichtigen; diesbezüglich ist von einer Anwendung angesichts der Auslegung auszugehen.

G. Rechtsvergleich

Der Schutz vor Diskriminierung nach dem allgemeinen Diskriminierungsschutz am Beispiel einer Kündigung aus der Perspektive des deutschen und des türkischen Rechts ähnelt sich im Wesentlichen zutiefst. Es zeigen sich vor allem aber Unterschiede in einigen Bereichen wie die Rechtfertigung aufgrund dessen, dass der türkische arbeitsrechtliche Diskriminierungsschutz in erster Linie dem Beispiel und der Tradition des Arbeitsvölkerrechts nebst dem supranationalen Europarecht folgt. Mit der Verabschiedung des GMRGI, das der Harmonisierung des türkischen Rechts mit dem europäischen Recht dient, verringern sich die Unterschiede ebenfalls.

In Bezug auf die Definition der Diskriminierung enthalten beide nationalen Rechtssysteme keine allgemeinen Definitionen der Diskriminierung im Sinne einer arbeitsrechtlichen Antidiskriminierung. Sowohl im deutschen AGG als auch im türkischen GMRI sind jedoch detaillierte Begriffsbestimmungen verschiedener Formen der Diskriminierung wie unmittelbare und mittelbare Diskriminierung enthalten. Im türkischen Arbeitsgesetz hingegen fehlen diese Definitionen. Für türkische Arbeitsgerichte sind zusätzlich neben der Definition der Diskriminierungsarten im GMRGI die Definitionen der Diskriminierung nach der Antirassismuskonvention, der Frauenrechtekonvention und der BRK im arbeitsrechtlichen Kontext, insbesondere aber die Definition der Diskriminierung nach dem IAO Übereinkommen Nr. 111, ausschlaggebend.

In Bezug auf die Frage, ob zusätzliche Kategorien in den Geltungsbereich des bestehenden Antidiskriminierungsschutzes fallen – im Gegensatz zum Umfang, in dem Gesetzgeber tätig sind – verwenden sowohl das deutsche Grundgesetz und das Allgemeine Gleichbehandlungsgesetz als auch das türkische GMRGI den Ansatz, nach dem die Rechtsvorschriften so zu formulieren sind, dass sie eine erschöpfende Liste von Gründen enthalten. Damit unterscheiden sich GG, AGG und GMRGI von der völkerrechtlichen Tradition, wie sie bei AEMR, IPBPR, EMRK, aber auch bei GRC üblich ist, und ähneln den EU-Antidiskriminierungsrichtlinien (Vgl. Anh. I). Die türkische Verfassung und das Arbeitsgesetz – beide Artikel 5

ArbG und Artikel 18 ArbG – wiederum öffnen den Weg für weitere als in dem Gesetz aufgezählte Kategorien, den Schutz mittels einer Öffnungsklausel auszudehnen. Die Erweiterung der Reichweite des Diskriminierungsschutzes durch die Inanspruchnahme weiterer, nicht im Gesetzestext aufgezählter Gründe ist aber an die Existenz von im Gesetzestext aufgezählten Gründen gebunden.

Aufgezählt sind die Diskriminierungsmerkmale Rasse, Geschlecht, Religion – oder ähnliche Merkmale wie Religion, bspw. Glaube, religiöse Anschauung – in GG, AGG, Verfassung, Arbeitsgesetz und GMRGI. Die ethnische Herkunft findet im AGG und im GMRGI einen Platz. Verfassung, Arbeitsgesetz und GMRGI nennen Hautfarbe insbesondere als ein Diskriminierungsmerkmal. Das Grundgesetz verwendet die Begriffe Herkunft, Abstammung, Heimat. Sprache ist außer im AGG ein geschütztes Merkmal nach GG, Verfassung, Arbeitsgesetz und GMRGI. Das Merkmal sexuelle Identität ist wiederum nur im AGG, die Merkmale Vermögen, Geburt und Gesundheit und Familienstand sind nur in GMRGI ausdrücklich aufgezählt. Somit beinhaltet das AGG genau die gleichen Diskriminierungsmerkmale, die durch die AEUV abgedeckt sind. Von diesen – durch die nationalen antidiskriminierungsrechtlichen Normen – geschützten Diskriminierungskategorien gestalten sich das Alter in Deutschland und wiederum die politische Meinung in der Türkei als häufigste genannte Diskriminierungsmerkmale.

Gesetzliche Definitionen der gesetzlich geschützten Diskriminierungsmerkmale fehlen jedoch in beiden nationalen Rechtssystemen. In Bezug auf das Merkmal Rasse nennt das deutsche Schrifttum den Begriff der Rasse mit einer Vorstellung über Rassen und deren spezifische Eigenschaften, geprägt durch gesellschaftliche Vorurteile. Allerdings neigt es auch dazu, äußerliche körperliche Merkmale oder andere Merkmale von Menschen, die vermeintlich als lebenslänglich präsent und vererblich wahrgenommen sind, mit der Vorstellung über Rasse in Verbindung zu bringen.[2306] Währenddessen versucht das türkische Schrifttum wiederum immer noch den Begriff der Rasse mittels der angeblich geerbten gemeinsamen genetischen, physikalischen und physiologischen Eigenschaften begrifflich genau zu bestimmen. Der Begriff des Geschlechts verbindet sich in beiden Rechtsordnungen mit dem biologischen Geschlecht, nicht aber mit dem sozialen Geschlecht, und konzipiert dies als ein symmetrisches Diskriminierungsmerkmal, obwohl sowohl Deutschland als auch die Türkei die VN-Frauenrechtekonvention unterschrieben haben, der ein asymmetrisches Verständnis der Geschlechterdiskriminierung innewohnt. Die aktuellen Begriffsdefinitionen der Behinderung der beiden Rechtssysteme verleihen dem Begriff einen dynamischen Zug, was zu einer Milderung oder Aufhebung der

2306 LAG Sachsen 17.9.2010, NZA-RR 2011, 72. Vgl. Däubler/Bertzbach AGG/*Däubler* § 1 Rn. 25; *Kocher*, in Schlachter/Heinig (Hrs.), EnzEuR Bd. 7, § 5 Rn. 87; *Adomeit/Mohr*, § 1 Rn. 28, 32; HK-ArbR/*Braun* AGG § 1 Rn. 1; BeckOK ArbR/*Roloff* AGG § 1 Rn. 1; BeckOGK/*Baumgärtner* AGG § 1 Rn. 67; *Voggenreiter*, in: Rudolf/Mahlmann, § 8 Rn. 23; Bauer/Göpfert/Krieger, § 1 Rn. 17.

Änderungen der Kontextbedingungen führen kann. In Bezug auf Religion, Weltanschauung gewährleistet das türkische Recht einen breiteren Schutz als das deutsche, da nach türkischem arbeitsrechtlichen Antidiskriminierungsrecht auch philosophische und politische Anschauung ausdrücklich aufgezählt sind.

Im Zusammenhang mit der unmittelbaren Diskriminierung ähneln sich die Definitionen und somit auch die Tatbestandsmerkmale der unmittelbaren Diskriminierung in den beiden Rechtssystemen grundsätzlich stark. Allerdings fehlt ein Hinweis auf eine weniger günstige Behandlung nach türkischem Recht, was es fragwürdig macht, ob diese unterschiedliche Behandlung tatsächlich auch weniger günstig sein muss. Darüber hinaus erkennt das Verfassungsgericht es als eine weitere unterschiedliche Behandlung, die nach seiner Formulierung „unterschiedliche Behandlung im negativen Sinne" heißt.[2307] Es versteht z. B. die Nichtbeschäftigung eines*einer Arbeitnehmers*in mit Lohnfortzahlung als „negative unterschiedliche Behandlung", demzufolge eine weniger günstige Behandlung, somit nimmt es an, diese Tatbestandsvoraussetzung der unmittelbaren Diskriminierung sei erfüllt.[2308] Weiterhin versteht das türkische arbeitsrechtliche Antidiskriminierungsrecht einen*e vergleichbarer*e Arbeitnehmer*in als denjenigen*diejenige, der*die im Rahmen eines Arbeitsvertrages dieselbe oder eine ähnliche Arbeit im Betrieb verrichtet (i. V. m. Art. 12 III ArbG und Art. 13 III ArbG). Ein Vergleich mit einem früheren Beschäftigten oder mit einer hypothetischen Person, anders als das deutsche Recht, ist nicht gestattet.

Im Zusammenhang mit der mittelbaren Diskriminierung existiert ein Verbot einer mittelbaren Diskriminierung sowohl in Deutschland als auch in der Türkei. Allerdings ist diese Rechtsinstitution ziemlich neu nach türkischem Recht und die Rechtsprechung über diese befindet sich immer noch in der Entwicklung. Auch wenn die Definition der mittelbaren Diskriminierung und ihrer Tatbestandsmerkmale fast identisch ist, gibt es einige entscheidende Unterschiede zwischen dem deutschen und dem türkischen Recht. Während nach deutschem Recht das Vorliegen des Anscheins nach neutralen Vorschriften, Kriterien oder Verfahren für das Bestehen einer mittelbaren Diskriminierung vorausgesetzt ist, sieht das türkische Recht das Vorliegen aller Arten der dem Anschein nach nichtdiskriminierenden Handlungen, Behandlungen und Verfahren als erste Voraussetzung. Somit verbindet das deutsche arbeitsrechtliche Antidiskriminierungsrecht die mittelbare Diskriminierung mit neutral formulierten und das türkische arbeitsrechtliche Antidiskriminierungsrecht mit nichtdiskriminierend formulierten Kriterien.[2309] Darüber hinaus liegt eine mittelbare Diskriminierung

2307 AYM 1.2.2017, Başvuru No: 2014/19081, R.G. 10.3.2017/30003, „T.A.A.", Rn. 94.

2308 AYM 1.2.2017, Başvuru No: 2014/19081, R.G. 10.3.2017/30003, „T.A.A.", Rn. 89, 93, 94.

2309 Vgl. *Agentur der Europäischen Union*, S. 61; *Kocher* in: Schlachter/Heinig (Hrsg.), EnzEuR Bd. 7, § 5 Rn. 151; MHdB ArbR/*Oetker* § 16 Rn. 76; *Kayaalp*, S. 138; *Ünal*, S.123; *Düğmeci*, S. 310; *Gül/Karan*, S. 10.

nach dem deutschen AGG nur dann vor, wenn dem Anschein nach neutrale Vorschriften, Kriterien oder Verfahren, die zwar nicht unmittelbar auf der Mitgliedschaft in einer geschützten Gruppe beruhen, in der Tat aber im Wesentlichen oder überwiegend Personen, die eines der Diskriminierungsmerkmale gemäß § 1 AGG erfüllen, gegenüber anderen Personen betreffen (§ 3 II AGG)[2310]. Zwar ist im türkischen Arbeitsgesetz aufgrund des Wortlauts des Gesetzestextes als unterschiedliche Behandlung der fehlende Bezug auf benachteiligende Wirkung durch GMRGI korrigiert, findet sich immer noch auch in der Definition der mittelbaren Diskriminierung nach dem GMRGI – und auch nach dem GüBehinderten – anders als im deutschen Recht – kein Hinweis auf eine Vergleichsperson (Art. 5 III ArbG; Art. 3 I a GüBehinderten; Art 2 I e GMRGI). Abgesehen davon gestaltet sich eine objektive Rechtfertigung des benachteiligenden Handelns des*der Arbeitgebers*in als ein Tatbestand der mittelbaren Diskriminierung nach den beiden Rechtsordnungen. Es fehlt aber im türkischen Recht – anders als im deutschen und europäischen Recht – ein Hinweis auf die nicht unbedingt angemessenen und erforderlichen Mittel zur Erreichung dieses Zieles.

In Bezug auf die Rechtfertigung einer Diskriminierung unterscheiden sich die beiden arbeitsrechtlichen Diskriminierungsschutzsystemen wesentlich, indem das deutsche Recht dem europäischen und das türkische wiederum eine Mischung von Ansätzen des EGMR ist und dem europäischen Recht folgt. Nach der EMRK besteht der Ansatz des EGMR darin, eine allgemein formulierte Rechtfertigung, die sowohl im Kontext der unmittelbaren als auch der mittelbaren Diskriminierung gilt, zu verwenden.[2311] Im Gegensatz dazu sind nach EU-Recht nur bestimmte begrenzte Ausnahmen einer unmittelbaren Diskriminierung vorgesehen, eine allgemeine Rechtfertigung unterliegt allein einer Prüfung im Zusammenhang mit einer mittelbaren Diskriminierung.[2312] Daraufhin sind gemäß dem Unionsrecht objektive Rechtfertigungsgründe in Bezug auf die mittelbare Diskriminierung vorgesehen, welche einen Teil ihres Tatbestandes darstellt.[2313] In dem Zusammenhang sieht das deutsche Recht, folgend dem Beispiel des europäischen Rechts, drei Fälle, in denen eine Diskriminierung gerechtfertigt erscheint. Das türkische Arbeitsgesetz legt wiederum zwar keine Gründe fest, die unterschiedliche Behandlungen aufgrund der Diskriminierungsmerkmale nach dem

2310 EuGH 16.7.2015, Rs. C-83/14 „CHEZ". BAG 30.1.2019, NZA 2019, 693, Rn. 56 ff.; BAG 22.4.2010, NZA 2010, 947. LAG Berlin-Brandenburg 10.8.20018, BecksRS 2018, 27504, Rn. 60. Vgl. Stichwort Komm/*Littig/Esskandari/Groß* Diskriminierung Rn. 17; ErfK/*Schlachter* AGG § 3 Rn. 9; BeckOGK/*Baumgärtner* AGG § 3 Rn. 73.

2311 Vgl. *Agentur der Europäischen Union*, S. 107. Siehe auch *diese Dissertationsschrift* § 7, D., I., 1.

2312 EuGH 12.9.2013, Rs. C-614/11 Rn 43, 50, 51 „Kuso"; EuGH 12.12.2013, Rs. C-267/12, Rn. 45 „Hay". Vgl. *Agentur der Europäischen Union*, S. 108; *Kocher* in: Schlachter/Heinig (Hrsg.), EnzEuR Bd. 7, § 5 Rn.180.

2313 Vgl. *Kocher* in: Schlachter/Heinig (Hrsg.), EnzEuR Bd. 7, § 5 Rn. 180; *Agentur der Europäischen Union*, S. 109.

allgemeinen arbeitsrechtlichen Diskriminierungsverbot rechtfertigen könnten, laut dem Verständnis des Schrifttums und des Kassationshofes hinsichtlich des Ansatzes des EGMR in Bezug auf das Diskriminierungsverbot nach EMRK verfolgt der*die Arbeitgeber*in einen berechtigten Zweck nach dem Grundsatz der Verhältnismäßigkeit; dies kann demzufolge sein*ihr Verhalten rechtfertigen; ist dieser gerechtfertigte Zweck als verhältnismäßig anzusehen, gilt in dem Fall das Diskriminierungsverbot als nicht verletzt.[2314] Erst nach dem Inkrafttreten des GMRGI befindet sich nach dem türkischen arbeitsrechtlichen Antidiskriminierungsrecht eine unionsrechtmäßige Aufzählung der bestimmten Beispiele, bei der die Rechtfertigungsgründe gelten.

Aufgezählte Rechtfertigungsmöglichkeiten nach dem deutschem AGG und dem türkischen GMRGI unterscheiden sich leicht voneinander. Das AGG spricht von wesentlichen und entscheidenden beruflichen Anforderungen, während nach türkischem Recht von zwingenden Anforderungen die Rede ist. Darüber hinaus sehen aber beide Rechtsordnungen Rechtfertigungsgründe wegen der Religion, Weltanschauung und des Alters. Nach türkischem Recht kann jedoch auch das Geschlecht einen Rechtfertigungsgrund darstellen.

2314 Y9HD 15.5.2019, E. 2016/1423, K. 2019/11167. Vgl. *Süzek*, İş Hukuku, S. 463; Manav, DEÜHFD 2013/15, 731 (737); *Öden*, S. 317; *Gül/Karan*, S. 9–10; *Doğan Yenisey*, Legal İHSGHD 2005/7, 973 (996 ff und 1001 ff).

§ 12 Schutz vor Kündigung nach dem Kündigungsschutzrecht am Beispiel einer diskriminierenden Kündigung

Dieser Teil thematisiert den Schutz vor Kündigung nach dem Kündigungsschutz am Beispiel einer diskriminierenden Kündigung nach dem deutschen und türkischen Recht. Den Anfang macht eine Darstellung der Bedeutung einer sozial gerechtfertigten Kündigung nach dem deutschen und einer wirksamen Kündigung nach dem türkischen Recht. Es folgt eine Untersuchung des an sich geeigneten Kündigungsgrundes – nach deutschem Recht, unterteilt in die Gründe, die in der Person des*der Arbeitnehmers*in, im Verhalten des*der Arbeitnehmers*in liegen, und des dringenden betrieblichen Erfordernisses und des triftigen Kündigungsgrundes – nach dem türkischen Recht, unterteilt in die Unfähigkeit oder das Verhalten des*der Arbeitnehmers*in, die Erfordernisse des Unternehmens, des Betriebes oder des Dienstes und des Kataloges von Gründen, die vor allem keine triftigen Gründe darstellen. Eine Schilderung des Themas des Ultima-Ratio-Prinzips knüpft daran an. Nach einer Erwähnung der Interessenabwägung und der sozialen Auswahl nach deutschem Recht sowie der objektiven Auswahl nach türkischem Recht folgt die Erläuterung der negativen Prognose nach deutschem Recht. Den Abschluss bildet ein Rechtsvergleich hinsichtlich der in dem Teil diskutierten Themen.

A. Sozial gerechtfertigte Kündigung / Wirksame Kündigung

Die Grundlagen des allgemeinen Kündigungsschutzes nach dem deutschen Kündigungsschutzgesetz zeichnet § 1 Absatz 1 KSchG, der die Kündigung eines Arbeitsverhältnisses gegenüber einem*einer Arbeitnehmer*in für rechtsunwirksam erklärt, wenn sie sozial ungerechtfertigt ist. Die Bedingungen der sozialen Rechtfertigung einer Kündigung sind in den Absätzen 2 bis 5 des § 1 KSchG im Einzelnen konkretisiert.[2315] Vor allem ist eine Kündigung sozial ungerechtfertigt, wenn sie nicht durch drei *„positive"* Kündigungsgründe bedingt ist, die erstens in der Person oder zweitens in dem Verhalten des*der Arbeitnehmers*in liegen oder drittens durch dringende betriebliche Erfordernisse, die einer Weiterbeschäftigung des*der Arbeitnehmers*in in diesem Betrieb entgegenstehen (§ 1 II KSchG).[2316] Demnach führt eine ordentliche Kündigung nur zur Beendigung

2315 Vgl. *Krause*, Arbeitsrecht, S. 281, Rn. 28; *Junker*, Grundkurs ArbR, S. 199 Rn. 361.
2316 *Krause*, Arbeitsrecht, S. 281, Rn. 28. Vgl. *Krause*, Arbeitsrecht, S. 281, Rn. 28; *Junker*, Grundkurs ArbR, S. 199 Rn. 361.

des Arbeitsverhältnisses, wenn die in § 1 Absatz 2 KSchG genannten Gründe innerhalb des Kündigungsschutzgesetzes gegeben sind.[2317] Zu ergänzen sind die positiven Gründe durch die *„negativen"* Gründe, die eine *„an sich"* gerechtfertigte Kündigung trotzdem sozial ungerechtfertigt erscheinen lassen.[2318] Bei den negativen Gründen in § 1 Absatz 2 Satz 2 und 3 KSchG geht es um den Verstoß gegen eine Auswahlrichtlinie nach § 95 BetrVG, insbesondere um Weiterbeschäftigungsmöglichkeiten eines*einer Arbeitnehmers*in an einem Arbeitsplatz.[2319] § 1 Absätze 3 bis 5 KSchG betreffen nur die betriebsbedingten Kündigungen. Bei § 1 Absatz 3 KSchG geht es um eine fehlerhafte Sozialauswahl.[2320] Erfolgt eine Kündigung aufgrund dringender betrieblicher Erfordernisse, ist eine betriebsbedingte Kündigung trotzdem nach § 1 Absatz 3 KSchG sozial ungerechtfertigt, wenn bei der Auswahl des*der zu kündigenden Arbeitnehmers*in bestimmte soziale Gesichtspunkte nicht oder nicht ausreichend berücksichtigt sind. Allerdings ist die Überprüfung der Auswahlentscheidung des*der Arbeitgebers*in nach § 1 Absatz 4 KSchG anhand der vorhandenen bestimmten Voraussetzungen beschränkt.[2321] Eine weitere Beschränkung des Kündigungsschutzes ist in § 1 Absatz 5 KSchG festgelegt mit der Vermutung, die Kündigung sei durch dringende betriebliche Erfordernisse bedingt.[2322]

Neben positiven und negativen Kündigungsgründen gelten für alle Kündigungsgründe übergreifende allgemeine Prinzipien.[2323] Laut dem Prognoseprinzip besteht bei Kündigungen aus personen- und betriebsbedingten Gründen eine negative Prognose hauptsächlich in Bezug auf das Datum des Zugangs der Kündigungserklärung im Hinblick auf die weitere Durchführung des Arbeitsverhältnisses, bei betriebsbedingten Kündigungen existiert zu einem späteren Beendigungstermin des Arbeitsverhältnisses keine Beschäftigungsmöglichkeit mehr.[2324] Nach dem Ultima-Ratio-Prinzip ist eine Beendigungskündigung dann rechtmäßig, wenn vor dem Aussprechen der Kündigung alle anderen geeigneten Maßnahmen ergriffen worden sind und unter den gegebenen Umständen mildere Mittel ausgeschöpft wurden, um die Kündigung des*der Arbeitnehmers*in zu vermeiden.[2325] Das Prinzip der Interessenabwägung, als integraler Teil der

---

2317 Vgl. A/P/S/*Vossen* KSchG § 1 Rn. 1.

2318 *Krause*, Arbeitsrecht, S. 281, Rn. 28. Vgl. *Krause*, Arbeitsrecht, S. 281, Rn. 28; *Junker*, Grundkurs ArbR, S. 200 Rn. 362.

2319 Vgl. *Krause*, Arbeitsrecht, S. 281, Rn. 28; *Junker*, Grundkurs ArbR, S. 200 Rn. 362.

2320 Vgl. *Junker*, Grundkurs ArbR, S. 200 Rn. 362.

2321 Vgl. *Krause*, Arbeitsrecht, S. 281, Rn. 28.

2322 Vgl. *Krause*, Arbeitsrecht, S. 281, Rn. 28.

2323 Vgl. *Krause*, Arbeitsrecht, S. 282, Rn. 29 ff.; *Junker*, Grundkurs ArbR, S. 200 Rn. 362 ff.

2324 BAG 5.7.1990, NZA 1991, 185, 186. Vgl. *Krause*, Arbeitsrecht, S. 282, Rn. 29; *Junker*, Grundkurs ArbR, S. 200 Rn. 363; ErfK/*Oetker* § 1 KSchG Rn. 78, 79, 91.

2325 BAG 22.2.1980, NJW 1981, 298. Vgl. *Krause*, Arbeitsrecht, S. 282, Rn. 32 f.; *Junker*, Grundkurs ArbR, S. 200 Rn. 364; ErfK/*Oetker* § 1 KSchG Rn. 74 ff.

Verhältnismäßigkeitsprüfung, verlangt bei personen- und verhaltensbedingten Kündigungsgründen eine Abwägung zwischen den Interessen des*der Arbeitnehmers*in, z. B. in Bezug auf den Bestandsschutz, und des*der Arbeitgebers*in, z. B. hinsichtlich der Auslösung.[2326] Bei betriebsbedingten Kündigungen ist eine Interessenabwägung bereits bei der Prüfung der Dringlichkeit der Kündigung erfasst.[2327]

Die Grundlagen des allgemeinen Kündigungsschutzes nach dem türkischen Arbeitsrecht zeichnen Artikel 18 Absatz 1 Arbeitsgesetz bis Artikel 21 Absatz 1 Arbeitsgesetz, die die Kündigung eines Arbeitsverhältnisses gegenüber einem*einer Arbeitnehmer*in für rechtsunwirksam erklären, wenn sie sich nicht auf triftige Kündigungsgründe stützt. Der Nachweis einer sozialen Ungerechtfertigkeit ist im türkischen Kündigungsschutzrecht nicht zu finden. Artikel 18 Absatz 1 und 3 Arbeitsgesetz konkretisiert die Bedingungen eines triftigen Kündigungsgrundes, wobei drei triftige Kündigungsgründe und sechs Gründe, die keinen triftigen Grund enthalten, genannt sind. Entsprechend ist eine Kündigung wirksam, die sich auf einen triftigen Grund stützt, der sich aus der Fähigkeit oder dem Verhalten des*der Arbeitnehmers*in oder anhand der Anforderungen des Unternehmens, des Betriebes oder der Arbeit ergibt. Die triftigen, auf Artikel 4 IAO Übereinkommen Nr. 158 beruhenden Kündigungsgründe nach dem türkischen Recht ähneln stark den sozial gerechtfertigten Kündigungsgründen des deutschen Kündigungsschutzrechts. Zwei der Kündigungsgründe ergeben sich aus der Sphäre des*der Arbeitnehmers*in wie der deutschen. Sie stammen entweder aus der Fähigkeit/Unfähigkeit oder aus dem Verhalten des*der Arbeitnehmers*in. Der dritte Kündigungsgrund ergibt sich aus der Sphäre des*der Arbeitgebers*in wie der deutschen. Er entstammt den Anforderungen des Unternehmens, des Betriebes oder der Arbeit. Abweichend vom deutschen Kündigungsschutzrecht nennt das türkische Arbeitsrecht sechs Kündigungsgründe von der Tätigkeit als Gewerkschaftsvertreter des Betriebes über die Einreichung einer Beschwerde bei Behörden bis hin zu einer vorübergehenden Abwesenheit von der Arbeit unter bestimmten Wartezeiten, die vor allem keinen triftigen Grund einer Kündigung nach dem Kündigungsschutz darstellen, darunter diskriminierende Gründe wie Rasse, Geschlecht oder Religion. Keine negativen Kündigungsgründe, aus denen eine an sich gerechtfertigte Kündigung dennoch sozial ungerechtfertigt sein kann, befinden sich in den türkischen kündigungsschutzrechtlichen Bestimmungen, anders als im deutschen Recht. Das Gesetz konzentriert sich auf die triftigen Gründe und definiert sie durch Aufzählung von Gründen, die sie als

---

2326 BAG 15.2.1984, NZA 1984, 86, 87; BAG 20.10.1954, NJW 1954, 1949. Vgl. *Krause*, Arbeitsrecht, S. 283, Rn. 33; *Junker*, Grundkurs ArbR, S. 201 Rn. 364; ErfK/*Oetker* § 1 KSchG Rn. 82 ff.

2327 BAG 20.6.2013, NZA 2014, 139, Rn. 20; BAG 30.4.1987, NZA 1987, 776, 778. Vgl. *Krause*, Arbeitsrecht, S. 283, Rn. 33; *Junker*, Grundkurs ArbR, S. 201 Rn. 364; ErfK/*Oetker* § 1 KSchG Rn. 82.

triftige Gründe kennzeichnen. In den Fällen, in denen eine Kündigung sich nicht auf einen triftigen Grund stützt, ist sie unwirksam. Nach der Rechtsprechung sind bei der Feststellung der Wirksamkeit einer Kündigung das Ultima-Ratio-Prinzip und das Prinzip der objektiven Auswahl zu achten.

B. Vorliegen eines an sich geeigneten Kündigungsgrundes / Vorliegen eines triftigen Grundes

Nach deutschem Recht ist einer Kündigung sozial ungerechtfertigt, wenn sie nicht durch Gründe, die in der Person oder in dem Verhalten des Arbeitnehmers liegen, oder durchdringende betriebliche Erfordernisse, die einer Weiterbeschäftigung des Arbeitnehmers in diesem Betrieb entgegenstehen, bedingt ist. Nach dem türkischen Recht ist eine Kündigung wirksam, die sich auf einen triftigen Grund stützt, der sich aus der Fähigkeit oder dem Verhalten des*der Arbeitnehmers*in oder anhand der Anforderungen des Unternehmens, des Betriebes oder der Arbeit ergibt. Diese Kündigungsgründe erfahren in diesem Abschnitt jeweils nach deutschem und nach türkischem Recht Erklärung.

I. Deutsches Recht

Eine Kündigung kann nach dem deutschen Kündigungsschutzgesetz durch Gründe gerechtfertigt sein, die in der Person des*der Arbeitnehmers*in liegen – eine personenbedingte Kündigung – im Verhalten des*der Arbeitnehmers*in liegen – eine verhaltensbedingte Kündigung – oder durch dringende betriebliche Erfordernisse – bedingte Gründe (§ 1 II 1 KSchG). Diese Kündigungsgründe erfahren im aktuellen Abschnitt jeweils ihre Untersuchung.

*1. In der Person des*der Arbeitnehmers*in*

Der erste Kündigungstatbestand des § 1 Absatz 1 Satz 1 KSchG gestaltet die Kündigungsgründe in der Person des*der Arbeitnehmers*in, die sich aus der Sphäre des*der Arbeitnehmers*in ergeben. Auf Gründen, die in der Person des*der Arbeitnehmers*in liegen, beruht nach deutschem Kündigungsschutzgesetz eine personenbedingte Kündigung (§ 1 II 1 KSchG). Kündigungsgründe in der Person des*der Arbeitnehmers*in sind solche, die auf persönlichen Fähigkeiten und Eigenschaften des*der Arbeitnehmers*in beruhen.[2328] Der Grund beruht auf der der persönlichen Sphäre des*der Arbeitnehmers*in innewohnenden *„Störungsquelle“*.[2329] Besitzt der*die Arbeitnehmer*in erforderliche Fähigkeiten und

---

2328 BAG 20.6.2013, NZA 2013, 1345 Rn. 14; BAG 8.9.2011, NZA 2012, 444 Rn. 17; BAG 18.1.2007, NZA 2007, 680 Rn. 15. Vgl. *Krause*, Arbeitsrecht, S. 284, Rn. 34; *Junker*, Grundkurs ArbR, S. 201 Rn. 365.

2329 ErfK/*Oetker* KSchG § 1 Rn. 99. Vgl. BAG 24.3.2011, NZA 2011, 1084 Rn. 13; BAG 24.2.2005, NZA 2005, 759, 760.

Eigenschaften nicht oder nicht mehr, ohne dass ihm*ihr das vorwerfbar wäre, um zukünftig seine*ihre geschuldete Arbeitsleistung ganz oder teilweise arbeitsvertragsgerecht zu erfüllen, eröffnet die personenbedingte Kündigung dem*der Arbeitgeber*in die Möglichkeit, das Arbeitsverhältnis aufzulösen.[2330] Die personenbedingte Kündigung umfasst im Gegensatz zu den verhaltensbedingten Kündigungsgründen die Fälle, in denen den*die Arbeitnehmer*in kein Verschulden im Sinne einer negativen Vorwerfbarkeit trifft.[2331] Vorausgesetzt ist aber eine Nicht- oder Schlechterfüllung der geschuldeten Arbeitsleistung, die zu einer erheblichen Beeinträchtigung der betrieblichen Interessen führt.[2332]

a) Prüfungsstufen

Eine personenbedingte Kündigung setzt vor allem das Vorliegen eines in der Person des*der Arbeitnehmers*in liegenden Grundes voraus.[2333] Gründe, die in der Person des*der Arbeitnehmers*in liegen, können z. B. Krankheit oder der Entzug der für seine*ihre Tätigkeit erforderlichen Erlaubnis sein.[2334] Voraussetzung ist jedoch, der*die Arbeitnehmer*in kann seine*ihre Verpflichtungen aus dem Arbeitsvertrag aufgrund der persönlichen Fähigkeiten und Eigenschaften nicht mehr erfüllen.[2335] Dabei handelt es sich aber nicht um die Vergangenheit, vielmehr aufgrund des auf die künftigen Belastungen gerichteten Charakteristikums der personenbedingten Kündigung um die vertragsgemäße Erfüllung der Arbeitspflicht in der Zukunft ohne erhebliche Störungen für eine erhebliche Zeit (sogenannte negative Prognose).[2336] Maßgebend ist der Zeitpunkt des Zugangs der Kündigungserklärung.[2337] Beschäftigung des*der Arbeitnehmers*in an einem anderen freien Arbeitsplatz (sogenanntes Ultima-Ratio-Prinzip) (§ 1 II 2 und 3

2330 BAG 10.4.2014, NZA 2014, 653 Rn. 26; BAG 20.6.2013, NZA 2013, 1345 Rn. 14; BAG 8.9.2011, NZA 2012, 444 Rn. 17; BAG 18.1.2007, NZA 2007, 680 Rn. 15. Vgl. *Krause*, Arbeitsrecht, S. 284, Rn. 34; *Junker*, Grundkurs ArbR, S. 201 Rn. 365; ErfK/*Oetker* KSchG § 1 Rn. 99; MHdB ArbR/*Kiel* § 113 Rn. 3.

2331 BAG 8.9.2011, NZA 2012, 444 Rn. 17. Vgl. ErfK/*Oetker* KSchG § 1 Rn. 99, 104; MHdB ArbR/*Kiel* § 113 Rn. 2.

2332 BAG 8.9.2011, NZA 2012, 444 Rn. 17; BAG 18.1.2007, NZA 2007, 680 Rn. 15. BAG 26.9.1991, NZA 1992, 1073, 1076. Vgl. ErfK/*Oetker* KSchG § 1 Rn. 103; MHdB ArbR/*Kiel* § 113 Rn. 3.

2333 Vgl. *Krause*, Arbeitsrecht, S. 284, Rn. 35.

2334 Vgl. *Krause*, Arbeitsrecht, S. 284, Rn. 35.

2335 BAG 10.4.2014, NZA 2014, 653 Rn. 26; BAG 23.5.2013, NZA 2013, 1211; BAG 20.6.2013, NZA 2013, 1345 Rn. 14; BAG 8.9.2011, NZA 2012, 444 Rn. 17; BAG 18.1.2007, NZA 2007, 680 Rn. 15. Vgl. *Krause*, Arbeitsrecht, S. 284, Rn. 35.

2336 BAG 23.5.2013, NZA 2013, 1211. Vgl. *Krause*, Arbeitsrecht, S. 284, Rn. 35; *Junker*, Grundkurs ArbR, S. 202, Rn. 366; MHdB ArbR/*Kiel* § 113 Rn. 3; ErfK/*Oetker* KSchG § 1 Rn. 105.

2337 Vgl. ErfK/*Oetker* KSchG § 1 Rn. 105.

KSchG).[2338] Bei einem freien Arbeitsplatz geht es um einen gleich- oder geringer wertigen Arbeitsplatz.[2339] Abschließend hat eine Abwägung des Schutzinteresses des*der Arbeitnehmers*in, seinen*ihren Arbeitsplatz zu behalten – sogenanntes Bestandsinteresse – gegen die betrieblichen und wirtschaftlichen Interessen des*der Arbeitgebers*in – sogenanntes Beendigungsinteresse – zu erfolgen (sogenannte Interessenabwägung).[2340] Gezielt geht es dabei um die Ermittlung der einzelfallbezogenen Angemessenheit und Billigkeit der Kündigung.[2341] Eine Berücksichtigung erhalten die Umstände im Zusammenhang mit dem Arbeitsverhältnis wie die Dauer der Betriebszugehörigkeit oder der bisherige Verlauf der Beschäftigung.[2342] Dazu gehören aber auch die Arbeitnehmerinteressen ohne direkten Bezug zum Arbeitsverhältnis wie gesundheitliche Einschränkungen, Abzahlungs- oder Unterhaltspflichten sowie schlechte Vermittlungschancen auf dem Arbeitsmarkt aufgrund eines höheren Alters.[2343]

b) Fallgruppen in Verbindung mit dem Antidiskriminierungsrecht – beispielhaft –

In Verbindung mit der diskriminierenden Kündigung erfahren einige Fallgruppen der personenbedingten Kündigung eine nähere Untersuchung:

aa) Krankheit

Eine krankheitsbedingte Kündigung gilt nach deutschem Kündigungsschutzrecht als zulässig, wenn eine bestehende Krankheit mindestens Auswirkungen auf das Arbeitsverhältnis hat und insbesondere die weitere Erfüllung der arbeitsvertraglichen Verpflichtungen unmöglich macht.[2344] Sie gestaltet sich als die wichtigste Fallgruppe der personenbedingten Kündigung und tritt in verschiedenen Formen auf wie dauerhafte Arbeitsunfähigkeit, Langzeiterkrankung,

---

2338 BAG 21.11.2018, NZA 2019, 309 Rn. 36; BAG 20.11.2014, NZA 2015, 612 Rn. 24; BAG 19.4.2007, NZA 2007, 1041 Rn. 24 f. Vgl. *Krause*, Arbeitsrecht, S. 284, Rn. 35; *Junker*, Grundkurs ArbR, S. 202 Rn. 366; ErfK/*Oetker* KSchG § 1 Rn. 106; MHdB ArbR/*Kiel* § 113 Rn. 23.

2339 BAG 19.4.2007, NZA 2007, 1041 Rn. 25. Vgl. *Junker*, Grundkurs ArbR, S. 202 Rn. 366; MHdB ArbR/*Kiel* § 113 Rn. 23; ErfK/*Oetker* KSchG § 1 Rn. 106.

2340 BAG 23.5.2013, NZA 2013, 1211; BAG 26.9.1991, NZA 1992, 1073, 1076; BAG 5.7.1990, NZA 1991, 185, 187 f. Vgl. *Krause*, Arbeitsrecht, S. 285, Rn. 35; *Junker*, Grundkurs ArbR, S. 202 Rn. 367; MHdB ArbR/*Kiel* § 113 Rn. 3; ErfK/*Oetker* KSchG § 1 Rn. 108.

2341 Vgl. *Junker*, Grundkurs ArbR, S. 202 Rn. 367; MHdB ArbR/*Kiel* § 113 Rn. 3.

2342 BAG 15.2.1984, NZA 1984, 86, 87. Vgl. *Junker*, Grundkurs ArbR, S. 202 Rn. 367; *Krause*, Arbeitsrecht, S. 285, Rn. 35; ErfK/*Oetker* KSchG § 1 Rn. 109.

2343 BAG 5.7.1990, NZA 1991, 185, 187 f. Vgl. *Junker*, Grundkurs ArbR, S. 202 Rn. 367.

2344 Vgl. *Junker*, Grundkurs ArbR, S. 202 Rn. 367; *Krause*, Arbeitsrecht, S. 285, Rn. 36; BeckOK ArbR/*Rolfs* KSchG § 1 Rn. 158.

häufige Kurzerkrankungen, krankheitsbedingte Minderung der Leistungsfähigkeit.[2345] Die deutsche Rechtsprechung prüft eine krankheitsbedingte Kündigung anhand eines dreistufigen Systems, wonach zunächst eine negative Prognose in Bezug auf den gesundheitlichen Zustand des*der Arbeitnehmers*in, zweitens zu erwartende Auswirkungen des Gesundheitszustands hinsichtlich der Führung zur erheblichen Beeinträchtigung der betrieblichen Interessen und schließlich eine Interessenabwägung zu prüfen ist.[2346]

Im deutschen Recht gestaltet sich allerdings die Krankheit, anders als im türkischen Recht *„gesundheitlicher Zustand“*, nicht als ein durch das AGG geschütztes Diskriminierungsmerkmal. Infrage kommen kann allerdings in Bezug auf Krankheit vor allem eine mittelbare Diskriminierung wegen einer Behinderung. Auch wenn eine Krankheit nicht automatisch mit einer Behinderung gleichzusetzen ist und eine nur auf häufige, wiederkehrende und wieder zu erwartende krankheitsbedingte Arbeitsunfähigkeitszeiten begründete Kündigung in der Regel keine Benachteiligung wegen einer Behinderung darstellt, kann dennoch die Kündigung einer Person mit Behinderung aufgrund krankheitsbedingter Fehlzeiten trotzdem eine mittelbare Benachteiligung darstellen, wenn vor der Kündigung kein Versuch unternommen wurde, mithilfe von angemessenen Vorkehrungen auf der Behinderung beruhende Beschäftigungshindernisse zu beseitigen.[2347]

Eine Besonderheit bilden ebenfalls die Fälle der HIV-Infektionen. Meistens bewertet das deutsche Schrifttum eine eventuelle Kündigung eines*einer Arbeitnehmers*in wegen einer bloßen Infektion mit dem HIV-Virus als eine krankheitsbedingte Kündigung und verlangt die Verwendung der für krankheitsbedingte Kündigungen entwickelten Regeln.[2348] Laut einer Entscheidung aus dem Jahr 2013 erkannte aber zurecht das BAG anhand einiger Stimmen im Schrifttum, eine symptomlose HIV-Infektion gelte wiederum trotz anderer Ansichten im Schrifttum und in der Rechtsprechung als eine Behinderung, da eine solche Infektion zu einer chronischen Erkrankung führe, die sich auf die Teilhabe des*der Arbeitnehmers*in an der Gesellschaft auswirkt bzw.

2345 Vgl. *Junker*, Grundkurs ArbR, S. 202 Rn. 367; BeckOK ArbR/*Rolfs* KSchG § 1 Rn. 158.

2346 Vgl. *Junker*, Grundkurs ArbR, S. 203 Rn. 367; *Krause*, Arbeitsrecht, S. 285, Rn. 36; BeckOK ArbR/*Rolfs* KSchG § 1 Rn. 153.

2347 Siehe *diese Dissertationschrift* § 11 B. 4. a).; § 7 B. IV. 3. EuGH 18.1.2018, Rs. C-270/16 „Conejero“; EuGH 11.7.2006, Rs. C-13/05 „Navas“. BAG 21.4.2016, NZA 2016, 1131; BAG 20.11.2014, NZA 2015, 931; BAG 28.4.2011, NJW 20; BAG 22.10.2009, NZA 2010, 280. LAG B 5.6.2014, NZA-RR 2015, 74. Vgl. ErfK/*Schlachter* AGG § 1 Rn. 9a; BeckOK ArbR/*Roloff* AGG § 1 Rn. 7; HK ArbR/*Braun* AGG § 1 Rn. 14; BeckOK ArbR/*Rolfs* KSchG § 1 Rn. 158; ErfK/*Oetker* § 1 Rn. 110.

2348 LAG SH 12.4.2018, NZA-RR 2018, 466. Vgl. BeckOK ArbR/*Rolfs* KSchG § 1 Rn. 152; ErfK/*Oetker* § 1 Rn. 152.

auswirken könne.[2349] Somit könne eine Kündigung wegen einer HIV-Infektion des*der Arbeitnehmers*in als eine Benachteiligung wegen Behinderung gelten.

Fraglich ist, ob die Kündigung einer dem weiblichen Geschlecht zuzuordnenden Arbeitnehmerin wegen häufiger kurzer Fehlzeiten von der Arbeit infolge der PMS als Geschlechterdiskriminierung anzurechnen und wegen der diskriminierenden Natur der Kündigung als sozialwidrig einzustufen sein könnte, auch wenn die auf häufige, wiederkehrende und wieder zu erwartende krankheitsbedingte Arbeitsunfähigkeitszeiten begründete Kündigung in der Regel nach dem Kündigungsschutz als rechtmäßig einzuordnen ist und ein Nachweis der negativen Prognose nicht schwer zu erbringen ist.[2350]

bb) Alter

Das Alter ist nach deutschem Recht ein durch das AGG geschütztes Diskriminierungsmerkmal und als ein symmetrisches Merkmal sowohl für Jüngere als auch für Ältere geschützt.[2351] Für sich allein gestaltet das Alter keinen in der Person des*der Arbeitnehmers*in liegenden Kündigungsgrund, weil bei einer personenbedingten Kündigung eine Leistungsstörung vorausgesetzt ist, das Alter selbst aber keine Vermutung eine der ordnungsgemäßen Vertragserfüllung entgegenstehende Minderung der Leistungsfähigkeit begründet.[2352] In Bezug auf diskriminierende Kündigungen sind allerdings Altersgrenzen, als ein viel diskutiertes Thema des Arbeitsrechts, von Bedeutung.[2353] Vor allem bestehen nach deutschem Recht keine gesetzlich vorgesehenen Altersgrenzen über die Beendigung der Arbeitsverhältnisse.[2354] Im Hinblick auf eine Kündigung ist deshalb die Legitimierung einer personenbedingten Kündigung allein durch das Erreichen eines bestimmten Lebensalters nicht möglich.[2355] Der Anspruch auf eine gesetzliche Rente wegen Alters und eine darauf basierende soziale Absicherung ist ebenfalls nicht als ein Kündigungsgrund anzusehen (§ 41 S. 1 SGBVI).[2356] Die Möglichkeit eines*r Arbeitnehmers*in zur Inanspruchnahme von Altersteilzeitarbeit gilt ebenfalls nicht als Kündigungsgrund nach dem KSchG (§ 8 I AltersteilzeitG).[2357]

2349 Siehe *diese Dissertationschrift* § 11, B., 4., a). BAG 19.12.2013, NZA 2014, 372. Vgl. ErfK/*Schlachter* AGG § 1 Rn. 9a; BeckOK ArbR/*Roloff* AGG § 1 Rn. 7.

2350 PMS: Prämenstruelles Syndrom. Vgl. BAG 22.10.2009, NZA 2010, 280; BAG 28.4.2011, NJW 2011, 2458.

2351 Siehe *diese Dissertationschrift* § 4 B. I.; § 11 B. I. und § 11 B. III. 3.

2352 BAG 20.11.1987, NZA 1988, 617, 619. Vgl. ErfK/*Oetker* § 1 Rn. 154.

2353 Vgl. *Krause*, Arbeitsrecht, S. 334, Rn. 21.

2354 Vgl. *Krause*, Arbeitsrecht, S. 334, Rn. 21.

2355 Vgl. *Krause*, Arbeitsrecht, S. 286, Rn. 38; ErfK/*Oetker* § 1 Rn. 154; BeckOK ArbR/*Rolfs* KSchG § 1 Rn. 129.

2356 Vgl. *Krause*, Arbeitsrecht, S. 286, Rn. 38; ErfK/*Oetker* § 1 Rn. 154; BeckOK ArbR/*Rolfs* KSchG § 1 Rn. 129.

2357 Vgl. *Krause*, Arbeitsrecht, S. 286, Rn. 38; BeckOK ArbR/*Rolfs* KSchG § 1 Rn. 129.

Problematisch ist in der Praxis des deutschen Arbeitsrechts die Altersgrenze in einzelnen Arbeitsverträgen und in Tarifverträgen, die Klauseln enthalten, die die Kündigung der Arbeitsverträge der Arbeitnehmer*innen erlauben, die ein bestimmtes Alter erreichen und/oder das Recht auf Altersrente erhalten.[2358] Das BAG sieht allgemeine Altersgrenzen in Betriebsvereinbarungen und in Tarifverträgen in der Regel sachlich gerechtfertigt, solange der*die Arbeitnehmer*in eine Altersversorgung in der gesetzlichen Rentenversicherung erhalten kann.[2359] Auf die Höhe der konkreten Altersrente kommt es nicht an.[2360] Ebenfalls steht laut dem BAG das Verbot der Altersdiskriminierung nach § 7 Absatz 1 AGG und § 1 AGG der tariflichen Altersgrenze nicht entgegen.[2361] Mit der Altersgrenze ist zwar eine unmittelbare Benachteiligung wegen des Alters verbunden.[2362] Diese ist aber durch § 10 Satz 3 Nummer 5 AGG als zulässig anzusehen.[2363] Geregelt sind niedrigere Altersgrenzen, die mit der Möglichkeit des*der Arbeitnehmers*in verbunden sind, eine Altersrente vorzeitig in Anspruch zu nehmen, in § 41 Satz 2 SGB-VI, welche dem*der Arbeitnehmer*in letztlich die Wahlfreiheit gibt, ob er*sie bis zum Erreichen der Regelaltersgrenze eine Weiterbeschäftigung anstrebt.[2364]

Ein problematisches Thema waren besondere Altersgrenzen für bestimmte Beschäftigungsgruppen wie Piloten im Flugverkehr vor dem Erreichen des gesetzlich festgelegten Rentenalters. Das BAG sah eine Altersgrenze von 60 Jahren für Kabinenpersonal wegen Fehlens eines rechtfertigenden Sachgrundes als unwirksam an.[2365] Eine Altersgrenze von 60 Lebensjahren bei Piloten ohne eine Übergangsversorgung galt allerdings nach der früheren Rechtsprechung des BAGs lange Zeit als wirksam, begründet mit dem besonderen Interesse an der Gewährleistung der Sicherheit des Luftverkehrs sowie mit einem altersbedingten höheren Risiko infolge plötzlicher Ausfallerscheinungen und unerwarteter Fehlreaktionen aufgrund eines höheren Alters.[2366] Der EuGH bewertete wiederum: Eine Altersgrenze, ab der Piloten ihrer beruflichen

2358 Vgl. *Krause*, Arbeitsrecht, S. 286, Rn. 38.

2359 EuGH 16.10.2007, Rs. C-411/05 „Palacios de la Villa". BAG 18.6.2008, NZA 2008, 1302; BAG 8.12.2010, NZA 2011, 586; BAG 21.9.2011, NZA 2012, 271; BAG 5.3.2013, NZA 2013, 916. Vgl. *Krause*, Arbeitsrecht, S. 335, Rn. 22; BeckOK ArbR/*Rolfs* KSchG § 1 Rn. 132.

2360 EuGH 5.7.2012, Rs. C-141/11 „Hörnfeldt". BAG 18.6.2008, NZA 2008, 1302; BAG 8.12.2010, NZA 2011, 586; BAG 21.9.2011, NZA 2012, 271; BAG 5.3.2013, NZA 2013, 916. Vgl. *Krause*, Arbeitsrecht, S. 335, Rn. 22; BeckOK ArbR/*Rolfs* KSchG § 1 Rn. 132.

2361 BAG 21.9.2011, NZA 2012, 271, Rn. 24.

2362 BAG 21.9.2011, NZA 2012, 271, Rn. 24.

2363 BAG 21.9.2011, NZA 2012, 271, Rn. 24. Siehe *diese Dissertationschrift* § 11 F. I. 3.

2364 Vgl. *Krause*, Arbeitsrecht, S. 335, Rn. 22.

2365 BAG 16.10.2008, NZA 2009, 378.

2366 BAG 20.2.2002, NZA 2002, 789; BAG 27.11.2002, NZA 2003, 812. Vgl. BeckOK ArbR/*Rolfs* KSchG § 1 Rn. 134.1.

Tätigkeit nicht mehr nachgehen dürfen, auf 60 Jahre festzulegen, während die nationale und die internationale Regelung dieses Alter auf 65 Jahre festlegt, sei keine für die öffentliche Sicherheit und den Schutz der Gesundheit notwendige Maßnahme.[2367] Das BAG folgte dem EuGH und entschied, die tarifliche, mit der Vollendung des 60. Lebensjahres eintretende Altersgrenze, vor dem Erreichen des gesetzlichen Rentenalters, verletze das Benachteiligungsverbot wegen des Alters in § 7 Absatz 1 AGG i. V. m. § 1 AGG und sei nach § 7 Absatz 2 AGG unwirksam.[2368]

cc) Fachliche und persönliche Eignung

Die fehlende fachliche oder persönliche Eignung des*der Arbeitnehmers*in kann ebenfalls einen Kündigungsgrund in der Person des*der Arbeitnehmers*in ausmachen. Fälle einer fehlenden Berufsausübungserlaubnis zählen zu einer fehlenden fachlichen Eignung. Bedarf der*die Arbeitnehmer*in im kirchlichen Dienst einer Arbeitserlaubnis wie einer Lehrbefugnis oder einer spezifischen kirchenrechtlichen Berufsausübungserlaubnis, kann deren Entzug, das Fehlen oder ihr späterer Fortfall die personenbedingte Kündigung aufgrund der fehlenden fachlichen Eignung rechtfertigen.[2369] Fehlen kann z. B. in diesem Sinne einer Arbeitnehmerin nach dem Entzug ihrer kanonischen Beauftragung die Eignung für die vertraglich vereinbarte Tätigkeit als Gemeindereferentin.[2370]

Darüber hinaus kann eine fehlende persönliche Eignung einen persönlichen Kündigungsgrund bedeuten. Unzulässige Übergriffe in das Privatleben des*der Arbeitnehmers*in sind zu vermeiden.[2371] Sexuelle Vorlieben, Homosexualität oder Transsexualität stellen nicht die persönliche Eignung infrage und rechtfertigen auf keinen Fall eine personenbedingte Kündigung.[2372] Bei einer Kündigung aufgrund der Homosexualität oder Transsexualität des*der Arbeitnehmers*in ist ebenfalls eine Überprüfung anhand der Regelungen des AGG erforderlich.[2373]

2. *Im Verhalten des*der Arbeitnehmers*in*

Laut dem zweiten Kündigungstatbestand des § 1 Absatz 1 Satz 1 KSchG gestalten sich die Kündigungsgründe im Verhalten des*der Arbeitnehmers*in, die sich ebenfalls wie die in der Person liegende Kündigungsgründe aus der Sphäre

2367 EuGH 13.9.2011, Rs. C-447/09 Rn. m. w. N. 64 „Prigge".
2368 BAG 18.1.2012, NZA 2012, 575.
2369 BAG 10.4.2014, NZA 2014, 653. Vgl. BeckOK ArbR/*Rolfs* KSchG § 1 Rn. 135.1
2370 BAG 10.4.2014, NZA 2014, 653. Siehe auch *diese Dissertationschrift* § 12, B., I., 2. b).
2371 Vgl. BeckOK ArbR/*Rolfs* KSchG § 1 Rn. 141.
2372 EuGH 30.4.1996, Rs. C-13/94 „Cornwall County" (Transsexualität). ArbG Bln 7.7.1999, NZA-RR 2000, 244 (Kündigung sado-masochistischen Praktiken). Vgl. BeckOK ArbR/*Rolfs* KSchG § 1 Rn. 142; HK-ArbR/*Roos/Bufalica* KSchG § 1 Rn. 181.
2373 HK-ArbR/*Roos/Bufalica* KSchG § 1 Rn. 181.

des*der Arbeitnehmers*in ergeben. Auf Gründe, die im Verhalten des*der Arbeitnehmers*in liegen, beruht nach deutschem Kündigungsschutzgesetz eine verhaltensbedingte Kündigung (§ 1 II S. 1 KSchG). Kündigungsgründe im Verhalten des*der Arbeitnehmers*in sind solche, die auf vom Willen des*der Arbeitnehmers*in beeinflussbaren Verletzungen der arbeitsvertraglichen Pflichten beruhen.[2374] Verletzt der*die Arbeitnehmer*in eine vertragliche Haupt- oder Nebenpflicht erheblich und in der Regel schuldhaft und ist eine dauerhaft störungsfreie Vertragserfüllung in der Zukunft nicht mehr zu erwarten, eröffnet die verhaltensbedingte Kündigung dem*der Arbeitgeber*in die Möglichkeit, das Arbeitsverhältnis aufzulösen.[2375] Verhaltensbedingte Kündigungsgründe – von ihm*ihr steuerbar – sind prinzipiell dem*der Arbeitnehmer*in vorwerfbar – im Gegensatz zu personenbedingten Kündigungsgründen.[2376] In der Regel ist die Verletzung schuldhaft, sie ist aber nicht immer unbedingt erforderlich.[2377] In Ausnahmefällen kann das Verhalten des*der Arbeitnehmers*in auch ohne Verschulden eine verhaltensbedingte Kündigung sozial rechtfertigen.[2378] Zu diskutieren sind bei verhaltensbedingten Kündigungen regelmäßig Gründe, die nicht derart gravierend sind, eine außerordentliche Kündigung zu rechtfertigen.[2379]

a) Prüfungsstufen

Eine verhaltensbedingte Kündigung setzt vor allem das Vorliegen eines vertragswidrigen Verhaltens des*der Arbeitnehmers*in voraus.[2380] Gründe für das Verhalten des*der Arbeitnehmers*in können z. B. wiederholtes unentschuldigtes Fehlen, genesungswidrige Aktivitäten des*der krankgeschriebenen Arbeitnehmers*in sein.[2381] Es bedarf des vertragswidrigen Handelns des*der Arbeitnehmers*in,

---

2374 BAG 3.11.2011, NZA 2012, 607. Vgl. *Krause*, Arbeitsrecht, S. 287, Rn. 39; ErfK/*Oetker* KSchG § 1 Rn. 188; MHdB ArbR/*Kiel* § 113 Rn. 2; MHdB ArbR/*Zimmermann* § 114 Rn. 1.

2375 BAG 15.12.2016, NZA 2017, 703, Rn. 11; BAG 19.11.2015, NZA 2016, 540, Rn. 24; BAG 3.11.2011, NZA 2012, 607, Rn. 20. Vgl. *Junker*, Grundkurs ArbR, S. 203 Rn. 368; MHdB ArbR/*Zimmermann* § 114 Rn. 1.

2376 BAG 3.11.2011, NZA 2012, 607. Vgl. ErfK/Oetker KSchG § 1 Rn. 188; MHdB ArbR/*Kiel* § 113 Rn. 2. a. A. *Junker*, Grundkurs ArbR, S. 203 Rn. 368 (Die Abgrenzung liegt an Verschulden). MHdB ArbR/*Zimmermann* § 114 Rn. 3 (Schuldhaftes oder steuer-oder zurechenbares Verhalten)

2377 Vgl. MHdB ArbR/*Zimmermann* § 114 Rn. 1; *Krause*, Arbeitsrecht, S. 287, Rn. 39.

2378 BAG 21.1.1999, NZA 1999, 863. Vgl. *Junker*, Grundkurs ArbR, S. 203 Rn. 368; *Krause*, Arbeitsrecht, S. 287, Rn. 39.

2379 BAG 13.3.1987, NZA 1987, 518, 519. Vgl. *Krause*, Arbeitsrecht, S. 287, Rn. 39; ErfK/*Oetker* KSchG § 1 Rn. 201.

2380 Vgl. *Junker*, Grundkurs ArbR, S. 203 Rn. 368; *Krause*, Arbeitsrecht, S. 287, Rn. 39.

2381 BAG 17.1.1991, NZA 1991, 557 (Wiederholtes unentschuldigtes Fehlen); BAG 16.8.1991, NZA 1993, 17 (Verletzung der Pflich zur unverzüglichen Anzeige der Arbeisunfähigkeit); BAG 31.5.2007, NZA 2007, 922 (vorwiegend zur

das zu Störungen der Vertragsbeziehungen durch erhebliche Verletzung von haupt- oder vertraglichen Nebenpflichten geführt hat.[2382] Dabei handelt es sich aber nicht um Bestrafung des vergangenen Fehlverhaltens des*der Arbeitnehmers*in – keine Sanktionsfunktion – vielmehr um die Ausschließung künftiger Vertragsverletzungen (sogenannte negative Prognose).[2383] Maßgebend ist die Wiederholungsgefahr von weiteren Vertragsverletzungen oder die Zerstörung der Vertrauensbasis des Arbeitsverhältnisses aufgrund einer schwerwiegenden eingetretenen Vertragsstörung im Zeitpunkt des Zugangs der Kündigung.[2384] Erforderlich ist aber eine vorherige Überprüfung der zur Verfügung stehenden milderen und geeigneten Mittel zur Beseitigung künftiger Störungen (sogenanntes Ultima-Ratio-Prinzip).[2385] In Betracht kommt in Bezug auf eine ordentliche verhaltensbedingte Kündigung eine Abmahnung – insbesondere bei kleineren Pflichtverletzungen – mit der der*die Arbeitgeber*in sich über die Pflichtwidrigkeit des Fehlverhaltens des*der Arbeitnehmers*in beschwert und ihn*sie ermutigt, künftig vertragsgemäß zu handeln, und dabei deutlich macht, dass bei Wiederholungen das Risiko arbeitsrechtlicher Konsequenzen im Sinne einer Kündigung besteht.[2386] In exzessiven Fällen einer schweren Pflichtverletzung des Arbeitsvertrages können diese den*die Arbeitgeber*in ohne vorangegangene Abmahnung zu einer fristgemäßen Kündigung des Arbeitsverhältnisses aus verhaltensbedingten Gründen berechtigen.[2387] Darüber hinaus ist zu überprüfen, ob eine Weiterbeschäftigung auf einem anderen freien Arbeitsplatz, unter denen sich die eingetretene Vertragsstörung nicht mehr – zumindest nicht mehr in erheblicher Weise – auswirken könnte, möglich und auch zu erwarten ist (§ 1 II S. 2 und 3 KSchG).[2388] Abschließend hat eine umfassende Abwägung des

---

außerordentlichen Kündigung). (Unerlaubte private Nutzung des Internets). Vgl. *Junker*, Grundkurs ArbR, S. 203 Rn. 368; *Krause*, Arbeitsrecht, S. 287, Rn. 39.

2382 BAG 20.6.2013, NZA 2013, 1345 Rn. 24; BAG 11.7.2013, NZA 2014, 250 Rn. 20; BAG 7.5.2020, NZA 2020, 1022 Rn. 15; BAG 10.4.2014, NZA 2014, 1197 Rn. 13. Vgl. ErfK/*Oetker* KSchG § 1 Rn. 189; MHdB ArbR/*Zimmermann* § 114 Rn. 3, 7.

2383 Vgl. *Junker*, Grundkurs ArbR, S. 204 Rn. 369; ErfK/*Oetker* KSchG § 1 Rn. 196; MHdB ArbR/*Zimmermann* § 114 Rn. 2.

2384 Vgl. *Junker*, Grundkurs ArbR, S. 204 Rn. 369; *Krause*, Arbeitsrecht, S. 288, Rn. 39; ErfK/*Oetker* KSchG § 1 Rn. 196 ff.; MHdB ArbR/*Zimmermann* § 114 Rn. 2, 18, 20.

2385 BAG 15.12.2016, NZA 2017, 703, Rn. 11; BAG 19.11.2015, NZA 2016, 540, Rn. 24. Vgl. *Junker*, Grundkurs ArbR, S. 204 Rn. 369; *Krause*, Arbeitsrecht, S. 288, Rn. 39.

2386 BAG 15.12.2016, NZA 2017, 703, Rn. 11; BAG 19.11.2015, NZA 2016, 540, Rn. 24; BAG 18.11.1986, NZA 1987, 418 (Abmahnung hat trotz des seitdem verstrichenen Zeitraums bis zur erneuten Pflichtverletzung ihre Wirkung nicht verloren); BAG 10.11.1998, NZA 1989, 633. Vgl. *Junker*, Grundkurs ArbR, S. 204 Rn. 369; *Krause*, Arbeitsrecht, S. 288, Rn. 39.

2387 BAG 31.5.2007, NZA 2007, 922.

2388 BAG 23.1.2014, NZA 2014, 965 Rn. 23. Vgl. *Junker*, Grundkurs ArbR, S. 204 Rn. 369; *Krause*, Arbeitsrecht, S. 289, Rn. 39; ErfK/*Oetker* KSchG § 1 Rn. 195.

Schutzinteresses des*der Arbeitnehmers*in, seinen*ihren Arbeitsplatz zu behalten – Bestandsinteresse – gegen die betrieblichen und wirtschaftlichen Interessen des*der Arbeitgebers*in – Beendigungsinteresse – zu erfolgen (sogenannte Interessenabwägung).[2389] Dabei sind die Anforderungen im Vergleich zu der personenbedingten Kündigung weniger streng, weil das vertragsgerechte Verhalten durch den*die Arbeitnehmer*in selbst steuerbar ist.[2390] Eine Berücksichtigung erhalten bei der Interessenabwägung z. B. der Grad des Verschuldens, die Bedeutung der verletzten Arbeitsvertragspflicht und die bisherige Dauer der betreffenden Vertragsverhältnisse.[2391] Eine totale Ausschließung der Berücksichtigung von personenbezogenen Umständen des*der Arbeitnehmers*in ist nicht zu erwarten.[2392] Hierbei kommt das Kriterium des Lebensalters des*der Arbeitnehmers*in infrage, wie in der jüngeren Rechtsprechung des BAG bei Durchführung der Interessenabwägung erwähnt.[2393] Mit der Auswirkung des arbeitsrechtlichen Antidiskriminierungsrechts auf das Kündigungsschutzrecht ist allerdings solche pauschale Berücksichtigung des Lebensalters als eine unzulässige Benachteiligung jüngerer Arbeitnehmer wegen des Alters zu bewerten.[2394]

b) Fallgruppen in Verbindung mit dem Antidiskriminierungsrecht – beispielhaft –

In Verbindung mit der diskriminierenden Kündigung kommt es zur näheren Untersuchung einiger Fallgruppen hinsichtlich der verhaltensbedingten Kündigung:

aa) Gewissenskonflikt

Ein Gewissenskonflikt kann nach dem deutschen Recht eine verhaltens- oder personenbedingte Kündigung den Umständen nach rechtfertigen. Zu einem personenbedingten Kündigungsgrund nach dem deutschen Kündigungsschutzrecht

---

2389 Vgl. *Junker*, Grundkurs ArbR, S. 205 Rn. 370; ErfK/*Oetker* KSchG § 1 Rn. 201 ff.

2390 BAG 3.11.2011, NZA 2012, 607. Vgl. *Junker*, Grundkurs ArbR, S. 205 Rn. 370; *Krause*, Arbeitsrecht, S. 289, Rn. 39.

2391 BAG 12.1.2006, NZA 2006, 917 Rn. 38. Vgl. *Junker*, Grundkurs ArbR, S. 205 Rn. 370; *Krause*, Arbeitsrecht, S. 289, Rn. 39; ErfK/*Oetker* KSchG § 1 Rn. 202; MHdB ArbR/*Zimmermann* § 114 Rn. 59.

2392 Vgl. ErfK/*Oetker* KSchG § 1 Rn. 203; MHdB ArbR/*Zimmermann* § 114 Rn. 59.

2393 BAG 26.3.2015, NZA 2015, 1180 Rn. 43; BAG 26.3.2009, NZA-RR 2010, 516 Rn. 28 und aber auch BAG 9.6.2011, NZA 2011, 1342 Rn. 40 (Außerordentliche Kündigung wegen sexueller Belästigung:„Trotz seiner langjährigen Betriebszugehörigkeit und des relativ hohen Alters des Kl. überwog damit das Interesse der Bekl. an einer sofortigen Beendigung des Arbeitsverhältnisses dessen Interesse an einer Fortsetzung zumindest für die Dauer der Kündigungsfrist“). Vgl. MHdB ArbR/*Zimmermann* § 114 Rn. 59.

2394 Vgl. MHdB ArbR/*Zimmermann* § 114 Rn. 59.

zählt vor allem, wenn sich ein*eine Arbeitnehmer*in aufgrund eines Glaubens- oder Gewissenskonflikts außerstande sieht, die vertraglich geschuldete Leistung zu erbringen.[2395] Die Weigerung des*der Arbeitnehmers*in aufgrund eines Glaubens- oder Gewissenskonflikts, eine vertraglich geschuldete, rechtmäßig und damit wirksam zugewiesene Arbeit zu erbringen, kann aber auch an sich regelmäßig geeignet sein, eine verhaltensbedingte ordentliche Kündigung des Arbeitsverhältnisses sozial zu rechtfertigen.[2396]

Dazu zählen vielfältige Fallbeispiele wie die Weigerung einer Apothekenhelferin, aus Gründen der Sittlichkeit Verhütungsmittel zu verkaufen, die Ablehnung eines Druckers, an der Herstellung von kriegsverherrlichenden Büchern mitzuwirken, oder die Ablehnung einer muslimischen Ladenhilfe, in einem Supermarkt aus religiösen Gründen an der Verbreitung von alkoholischen Getränken teilzunehmen.[2397] In der Regel erkennt das deutsche Recht kein Recht auf Leistungsverweigerung für den*die Arbeitnehmer*in, der*die schon bei Vertragsabschluss wusste, welche Tätigkeiten er*sie zu erbringen hat.[2398] Eine beharrliche Weigerung des*der Arbeitnehmers*in, eine vertraglich geschuldete, rechtmäßig und damit wirksam zugewiesene Arbeit zu leisten, kann darüber hinaus eine erhebliche Pflichtverletzung darstellen und ist in der Regel geeignet, eine verhaltensbedingte ordentliche Kündigung des Arbeitsverhältnisses sozial zu rechtfertigen.[2399]

Allerdings ist es dem*der Arbeitgeber*in bei der Ausübung seines*ihres Weisungsrechts in gewissem Maße zuzumuten, einen ihm*ihr offenbarten Glaubenskonflikt zu berücksichtigen.[2400] Bei einer verfassungskonformen Auslegung und Anwendung des § 106 GewO darf der*die Arbeitgeber*in dem*der Arbeitnehmer*in keine Arbeit zuweisen, die diesen*e in einen unvermeidbaren Gewissenskonflikt bringt oder bringen könnte.[2401] Vielmehr hat er*sie einen Gewissenskonflikt zu berücksichtigen; vorausgesetzt, der Gewissenskonflikt des*der Arbeitnehmers*in

---

2395 BAG 24.2.2011, NZA 2011, 1087; BAG 24.5.1989, NZA 1990, 144. Vgl. *Krause*, Arbeitsrecht, S. 284, Rn. 35; *Junker*, Grundkurs ArbR, S. 201 Rn. 365; ErfK/*Oetker* KSchG § 1 Rn. 165.

2396 BAG 24.2.2011, NZA 2011, 1087 Rn. 14; BAG, 13.3.2008, BeckRS 2008, 54095, Rn. 36; BAG 24.5.1989, NZA 1990, 144.

2397 BAG 20.12.1984, NZA 1986, 21 (Ablehnung eines Druckers zur Herstellung der kriegsverherrlichender Bücher mitzuwirken. Fall wurde nach dem Maßstab des Direktionsrechts des*der Arbeitgebers*in und die Glaubens, des Gewissensfreiheit des*der Arbeitnehmers*in gelöst); BAG 24.2.2011 NZA 2011, 1087 (Arbeitnehmer weigerte wegen eines Glaubenskonflikts den Umgang mit alkoholischer Getränke.) Vgl. *Junker*, Grundkurs ArbR, S. 26, Rn. 56.

2398 BAG 24.2.2011, NZA 2011, 1087 Rn. 29. Vgl. ErfK/*Oetker* KSchG § 1 Rn. 165.

2399 BAG 24.2.2011, NZA 2011, 1087 Rn. 14; BAG, 13.3.2008, BeckRS 2008, 54095, Rn. 36.

2400 BAG 24.2.2011, NZA 2011, 1087 Rn. 22.

2401 Vgl. MHdB ArbR/*Zimmermann* § 14 Rn. 11.

ist ihm offenbar.[2402] Beruft sich der*die Arbeitnehmer*in darauf, es sei ihm*ihr aus Glaubensgründen nicht möglich, eine an sich vertraglich geschuldete Tätigkeit auszuführen, hat er*sie auf Nachfrage des*der Arbeitgebers*in aufzuzeigen, worin die religiösen Bedenken bestehen und welche vom Arbeitsvertrag umfassten Tätigkeiten ihm*ihr seine*ihre religiöse Überzeugung verbietet, um verbleibende Einsatzmöglichkeiten prüfen zu können.[2403] Dem*Der sich auf einen Glaubenskonflikt berufenden Arbeitnehmer*in ist zumindest in Grundzügen aufzuzeigen, wie er*sie sich eine mit seinen*ihren Glaubensüberzeugungen in Einklang stehende Beschäftigung im Rahmen der vom*von der Arbeitgeber*in vorgegebenen Betriebsorganisation vorstellt.[2404] Fehlt allerdings eine Weiterbeschäftigungsmöglichkeit auf einem anderen Arbeitsplatz, auch wenn die begründete Leistungsverweigerung des*der Arbeitnehmers*in keine vorwerfbare Pflichtverletzung darstellt, kann dies durchaus eine personenbedingte Kündigung rechtfertigen.[2405]

Das deutsche Recht versteht das Gewissen eines Menschen als eines seiner persönlichen Eigenschaften.[2406] Eine Weigerung des*der Arbeitnehmers*in, seine*ihre arbeitsvertraglich geschuldeten Leistungen aufgrund eines Konflikts des Gewissens zu erbringen, ist demnach *„an sich"* als ein Kündigungsgrund für die Person des*der Arbeitnehmers*in anzunehmen, denn die Arbeitsverweigerung beeinträchtigt das Leistungsinteresse des*der Arbeitgebers*in.[2407] Hierfür reicht ein subjektiver Gewissenskonflikt, auf die zahlenmäßige Stärke oder Relevanz einer bestimmten Glaubenshaltung kommt es nicht an.[2408] Ein solcher Gewissenskonflikt kann es dem*der Arbeitgeber*in ermöglichen, das Arbeitsverhältnis aus einem personenbedingten Kündigungsgrund zu kündigen, wenn bei der Respektierung der Überzeugung des*der Arbeitnehmers*in eine andere Beschäftigungsmöglichkeit für den*die Arbeitnehmer*in nicht besteht.[2409]

In Bezug auf diskriminierende Kündigungen ist das Thema der Kündigung angesichts des innewohnenden Glaubens- und Gewissenskonflikts des*der Arbeitnehmers*in nach den freiheitsrechtlichen Grundsätzen – insbesondere der Glaubens- und Bekenntnisfreiheit – des*der Arbeitnehmers*in nach Artikel

---

2402 BAG 24. 2. 2011, NZA 2011, 1087 Rn. 22; BAG 24. 5. 1989, NZA 1990, 144. Vgl. MHdB ArbR/*Zimmermann* § 14 Rn. 11.

2403 BAG 24. 2. 2011, NZA 2011, 1087 Rn. 47. Vgl. MHdB ArbR/*Zimmermann* § 14 Rn. 11.

2404 BAG 24. 2. 2011, NZA 2011, 1087 Rn. 47. Vgl. MHdB ArbR/*Zimmermann* § 14 Rn. 11.

2405 BAG 24. 2. 2011, NZA 2011, 1087 Rn. 41; BAG 24. 5. 1989, NZA 1990, 144. Vgl. MHdB ArbR/*Zimmermann* § 14 Rn. 11.

2406 Vgl. *Junker*, Grundkurs ArbR, S. 28, Rn. 60.

2407 BAG 24.5.1989, NZA 1990, 144; BAG 24.2.2011, NZA 2011, 1087. Vgl. *Junker*, Grundkurs ArbR, S. 28, Rn. 60.

2408 BAG 24.2.2011, NZA 2011, 1087 Rn. 34; BAG 24.5.1989, NZA 1990, 144. Vgl. ErfK/*Oetker* KSchG § 1 Rn. 165.

2409 BAG 24.2.2011, NZA 2011, 1087 Rn. 16 ff, 42; BAG 24.5.1989, NZA 1990, 144, 147. Vgl. ErfK/*Oetker* KSchG § 1 Rn. 165.

4 Absatz 1 GG und der unternehmerischen Betätigungsfreiheit des*der Arbeitgebers*in nach Artikel 12 Absatz 1 Satz 2 GG untersucht.[2410] Es fehlt aber eine antidiskriminierungsrechtliche Untersuchung der Fälle. Ist die den Konflikt verursachende Gewissensrichtung ebenfalls eine Religion oder Weltanschauung im Sinne des AGG, ist angesichts der antidiskriminierungsrechtlichen Normen festzustellen, ob die Kündigung aufgrund der Religion oder Weltanschauung eine Benachteiligung darstellt und vor allem, ob eine Rechtfertigungsmöglichkeit nach AGG besteht. Die Auslegung des BAG – § 2 Absatz 4 AGG – steht ebenfalls nicht einer solchen Untersuchung entgegen.

bb) Tragen eines Kopftuches

Das Tragen eines Kopftuches am Arbeitsplatz rechtfertigt allein weder einen personenbedingten noch einen verhaltensbedingten Kündigungsgrund nach § 1 Absatz 2 KSchG. Das BAG entschied in einem Fall aus dem Jahre 2002, das Tragen eines islamischen Kopftuchs allein rechtfertige nicht eine ordentliche Kündigung einer Verkäuferin in einem Kaufhaus aus personen- oder verhaltensbedingten Gründen nach § 1 Absatz 2 KSchG.[2411] Ob ein verhaltensbedingter Kündigungsgrund nach § 1 Absatz 2 KSchG vorliege, sei unter Abwägung der kollidierenden Grundrechtspositionen zu ermitteln.[2412] Dabei steht grundrechtlich eine geschützte unternehmerische Betätigungsfreiheit des Arbeitgebers (Art. 12 I GG) gegenüber grundrechtlich geschützter Glaubens- und Bekenntnisfreiheit der Arbeitnehmerin (Art. 4 I und II GG). Das BVerfG verlangte ebenfalls einen schonenden Ausgleich der verschiedenen Grundrechtspositionen.[2413] Somit analysieren die deutschen Gerichte das Tragen der religiös motivierten Kleidung am Arbeitsplatz in einem freiheitsrechtlichen Kontext und sehen dabei den Bedarf eines Ausgleichs der verschiedenen grundrechtlichen Positionen des*der Arbeitnehmers*in und des*der Arbeitgebers*in. Das Recht auf Nichtdiskriminierung des*der Arbeitnehmers*in, demnach der gleichheitsrechtliche Bezug des Konflikts, findet aber nur gelegentlich Erwähnung.[2414] Aus der gleichheitsrechtlichen Ansicht ergibt sich aber: Solange keine gesundheitlichen Schäden bestehen oder nicht von einer Gefährdung der Arbeitssicherheit auszugehen ist, kann ein Verbot des*der Arbeitgebers*in das Tragen einer religiös geprägten Kleidung am Arbeitsplatz eine Offenlegung unbewusst verinnerlichter gesellschaftlicher Vorurteile und eines Stigmas darstellen. Zu Recht machte der EuGH darauf aufmerksam: Interne Regeln eines*einer Arbeitgebers*in, die das sichtbare Tragen jedes politischen, philosophischen oder religiösen Zeichens

---

2410 BAG 24.2.2011, NZA 2011, 1087 Rn. 23.

2411 BAG 10.10.2002, NZA 2003, 483. Siehe *diese Dissertationsschrift* § 12 B.

2412 BAG 10.10.2002, NZA 2003, 483. Siehe *diese Dissertationsschrift* § 12 B.

2413 BVerfG 30.7.2003, NZA 2003, 959.

2414 EGMR 11.7. 2017, Rs. 37798/13, Rn. 69 „Belcacemi und Oussar". BAG 12.8. 2010, NZA-RR 2011, 162, 166. Vgl. *Schlachter,* EuZA 2018, 173 (174).

am Arbeitsplatz verbieten, könne eine mittelbare Diskriminierung darstellen, wenn die dem Anschein nach enthaltene neutrale Verpflichtung tatsächlich Personen mit einer bestimmten Religion oder Weltanschauung in besonderer Weise benachteiligt.[2415] Allerdings hat EuGH in seiner Entscheidung der verbundenen Rechtssachen WABE und MH Müller Handel vom Juli 2021, die Arbeitnehmer*innen den Freiraum geschafft, das Tragens jedes sichtbaren Zeichens politischer, weltanschaulicher oder religiöser Überzeugungen am Arbeitsplatz zu verbieten.[2416] Somit kann das Verbot mit dem Willen des*der Arbeitgebers*in gerechtfertigt werden, eine betriebliche Neutralitätspolitik zu verfolgen.[2417] Vorausgesetzt, dass die Politik die wirkliche Bedürfnisse des*der Arbeitnehmers*in entspricht und tatsächlich in kohärenter und systematischer Weise verfolgt.[2418] Darüber hinaus ist es erwartet, dass im Hinblick auf die nachteiligen Konsequenzen, denen der*die Arbeitgeber*in durch ein solches Verbot zu entgehen sucht, unbedingt erforderlich ist.[2419]

cc) Kirchliche Arbeitgeber und kirchenspezifische Loyalitätsobliegenheiten

Die Kündigung bei Verletzung kirchenspezifischer Loyalitätspflichten ist je nach dem Einzelfall als verhaltensbedingte oder personenbedingte Kündigung einzustufen.[2420] Kündigungsschutzrechtliche Streitigkeiten hinsichtlich kirchenspezifischer Loyalitätsobliegenheiten bei kirchlichen Arbeitgebern belegen vielfältige Konfliktpunkte in Bezug auf eine Kündigung wegen eines Kirchenaustritts über Kündigung wegen Eheschließung mit einem geschiedenen Mann bis hin zu einer öffentlichen Stellungnahme eines Arztes für einen legalen Schwangerschaftsabbruch.[2421]

Nach der bisher herrschenden Meinung ist im Hinblick auf die eigene Zuständigkeit einer Kirche zu entscheiden, ob ein bestimmtes Verhalten ihre Glaubwürdigkeit, ihren Verkündigungsauftrag beeinträchtigt und was konkret auf diese Bereiche zurückzuführen ist.[2422] Eine Gestaltungsfreiheit, die Angelegenheiten,

---

2415 EuGH 14.3.2017, Rs. C-157/15 „G4S Secure Solutions NV".

2416 EuGH 15.7.2021, verb Rs. C-804/18, C-341/19 „WABE und MH Müller Handel". Dazu Anm. Seeland, Anmerkung zu EuGH 15.7.2021, verb Rs. C-804/18, C-341/19, AuR 2/2022, S. 75–81.

2417 Seeland, AuR 2/2022, 75 (75).

2418 EuGH 15.7.2021, verb Rs. C-804/18, C-341/19, Rn. 60, 63, 64, 76, 77 „WABE und MH Müller Handel".

2419 EuGH 15.7.2021, verb Rs. C-804/18, C-341/19, Rn. 69, 76 „WABE und MH Müller Handel".

2420 Vgl. NK-ArbR/*Kerwer* KSchG § 1 Rn. 963.

2421 Beispielhaft: BAG 25.4.2013, NZA 2013, 1131 (Kirchenaustritt); BAG 31.10.1984, NZA 1985, 215 (Heirat mit einem Geschiedenen); BAG 21.10.1982, NJW 1984, 826 (öffentliche Stelllungnahme eines Artzes für den legalen Schwangerschaftsabbruch).

2422 Vgl. ErfK/*Oetker* KSchG § 1 Rn. 175.

die die Inanspruchnahme und Verwirklichung der Glaubens- und Bekenntnisfreiheit betreffen, zu ordnen und zu verwalten, gewähren Artikel 140 GG und Artikel 137 Absatz 3 Satz 1 WRV den kirchlichen Arbeitgebern*innen innerhalb der Grenzen des für alle geltenden Gesetzes.[2423] Zu den *„für alle geltenden Gesetze“* gehört ebenfalls das staatliche Kündigungsschutzrecht und so gelten die Regelungen des allgemeinen Kündigungsschutzes und auch § 626 BGB ebenfalls für kirchliche Einrichtungen.[2424] Die kirchlichen Arbeitgeber*innen sind aber berechtigt, im nach ihrem Selbstverständnis ausgestalteten Arbeitsvertrag ihren Arbeitnehmern*innen besondere Obliegenheiten einer kirchlichen Lebensführung aufzuerlegen.[2425] In diesem Zusammenhang ist die Berechtigung der Kündigung nach kündigungsschutzrechtlichen Bestimmungen zu beurteilen; das Gericht beschränkt sich jedoch darauf, zu prüfen, ob die Kirche ihre eigenen Vorgaben eingehalten und nicht unverhältnismäßig gehandelt hat.[2426]

Einen Durchbruch hinsichtlich des Verständnisses der eingeschränkten gerichtlichen Kontrolle der Entscheidungen der kirchlichen Arbeitgeber betraf die Egenberger Entscheidung des EuGH von 2018, in der es um eine unterschiedliche Behandlung der Bewerber*innen ging, und danach die darauffolgende IR gegen JQ (bekannt als Chefarzt) Entscheidung des EuGH, ebenfalls aus dem Jahr 2018, welche direkt einen diskriminierenden Kündigungsfall betraf.[2427]

Die Egenberger Entscheidung öffnete den Weg der gerichtlichen Überprüfbarkeit der Vorgaben der Religion als wesentliche berufliche Anforderung durch kirchliche Arbeitgeber. Macht eine Kirche oder eine andere Organisation, deren Ethos auf religiösen Grundsätzen oder Weltanschauungen beruht, zur Begründung einer Handlung oder Entscheidung geltend, die Religion sei nach der Art der betreffenden Tätigkeiten oder den vorgesehenen Umständen ihrer Ausübung eine wesentliche, rechtmäßige und gerechtfertigte berufliche Anforderung angesichts des Ethos dieser Kirche oder Organisation, kann ein solches Vorbringen gegebenenfalls Gegenstand einer wirksamen gerichtlichen Kontrolle sein.[2428] Die

---

2423 BAG 25.4.2013 NZA 2013, 1131 Rn. 22. A/P/S/*Vossen* KSchG § 1, Rn. 861.

2424 BVerfG 22.10.2014, NZA 2014, 1387, Rn. 108. BAG 25.4.2013, NZA 2013, 1131 Rn. 22. A/P/S/*Vossen* KSchG § 1, Rn. 861a.

2425 Vgl. A/P/S/*Vossen* KSchG § 1, Rn. 861a.

2426 BVerfG 4.6.1985, NJW 1986, 367; BAG 24.4.1997, NZA 1998, 145. Vgl. ErfK/*Oetker* KSchG § 1 Rn. 175.

2427 Siehe „Egenberger Fall“: BAG 25.10.2018, NZA 2019, 455, EuGH 17.4.2018, Rs. C-414/16 „Egenberger“; BAG 17.3.2016, BeckRS 2016, 71139; LAG Berlin-Brandenburg 28.5.2014, BeckRS 2014, 71446; ArbG Berlin 18.12.2013, BeckRS 2014, 64182.
Siehe „Chefartz Fall“: BAG 20.2.2019, NZA 2019, 901; EuGH 11.9.2018, Rs. C-68/17 „IR vs. JQ“; BAG Vorlagebeschluss 28.7.2016, – 2 AZR 746/14 (B), BeckRS 2016, 112860; BAG Vorlagebeschluss 28.7.2016, – 2 AZR 746/14 (A), NZA 2017, 388; BVerfG 22.10.2014, NZA 2014, 1387; BAG 8.9.2011, RdA 2012, 373; LAG Düsseldorf 1.7.2010 BeckRS 2010, 70725; ArbG Düsseldorf, 30.7.2009, BeckRS 2012, 66906. Vgl. ErfK/*Oetker* KSchG § 1 Rn. 175. Siehe *diese Dissertationsschrift* § 11 B. III. 5. und § 11 E. I. 2.

2428 EuGH 17.4.2018, Rs. C-414/16, Rn. 55, 59 „Egenberger“.

Rechtmäßigkeit einer Ungleichbehandlung wegen der Religion oder der Weltanschauung nach Maßgabe dieser Vorschrift hängt vom objektiv überprüfbaren Vorliegen eines direkten Zusammenhangs zwischen der vom Arbeitgeber aufgestellten beruflichen Anforderung und der fraglichen Tätigkeit ab.[2429]

Bei dem Rechtsstreit IR vs. JQ, der Chefarzt-Fall, geht es um eine Kündigung, begründet mit einem Verstoß gegen die Pflicht zu loyalem und aufrichtigem Verhalten im Sinne des Ethos des kirchlichen Arbeitgebers IR, weil der Arbeitnehmer JQ nach der Scheidung seiner nach dem katholischen Ritus geschlossenen Ehe standesamtlich seine neue Lebensgefährtin geheiratet hat.[2430] Der Fall wurde vorerst verfassungsrechtlich untersucht Der EuGH stellte in der Entscheidung fest, unter Berücksichtigung der von JQ ausgeübten beruflichen Tätigkeiten, die Beratung und medizinische Pflege in einem Krankenhaus und die Leitung der Abteilung *„Innere Medizin"* als Chefarzt, erscheine die Akzeptanz dieses Eheverständnisses für die Bekundung des Ethos von IR jedoch nicht als notwendig.[2431] Das BAG folgte der Entscheidung des EuGH und bestätigte, die Kündigung sei weder durch Gründe im Verhalten noch in der Person i. S. v. § 1 Absatz 2 KSchG bedingt.[2432] Es fehle an einem kündigungsrelevanten Verstoß gegen eine vertragliche Loyalitätspflicht.[2433] Die Loyalitätserwartung – ungeachtet herzuleiten aus einem schriftlichen Vertrag oder aus ungeschriebenen nebenvertraglichen Pflichten – den heiligen und unauflöslichen Charakter der kirchlichen Eheschließung zu achten, stelle keine berechtigte Anforderung an die persönliche Eignung des*der Arbeitnehmers*in dar.[2434] Die Einrichtung habe nicht das Recht, bei einem Verlangen in Bezug auf das loyale und aufrichtige Verhalten im Sinne ihres jeweiligen Selbstverständnisses Beschäftigte in leitender Stellung je nach deren Konfession oder Konfessionslosigkeit unterschiedlich zu behandeln, wenn nicht die Religion oder die Weltanschauung im Hinblick auf die Art der betreffenden beruflichen Tätigkeiten oder die Umstände ihrer Ausübung eine berufliche Anforderung sei, die angesichts des Ethos der in Rede stehenden Einrichtung wesentlich, rechtmäßig und gerechtfertigt sei und dem Grundsatz der Verhältnismäßigkeit entspreche.[2435]

Die Egenberger Entscheidung ergeht zu einer Entscheidung des erstinstanzlichen Gerichts aus dem Jahr 2013 – IR gegen JQ bereits aus dem Jahr 2009 – drei Jahre nach Inkrafttreten des AGG. Mit diesem Rechtsstreit und den

2429 EuGH 17.4.2018, Rs. C-414/16, Rn. 63 „Egenberger". Siehe *diese Dissertationsschrift* § 11 B. III. 5. und § 11 E. I. 2.

2430 EuGH 11.9.2018, Rs. C-68/17 „IR vs. JQ". Siehe *diese Dissertationsschrift* § 11 B. III. 5. und § 11 E. I. 2.

2431 BAG 20.2.2019, NZA 2019, 901, Rn. 58.

2432 BAG 20.2.2019, NZA 2019, 901, Rn. 12.

2433 BAG 20.2.2019, NZA 2019, 901, Rn. 12.

2434 BAG 20.2.2019, NZA 2019, 901, Rn. 12.

2435 BAG 20.2.2019, NZA 2019, 901, Rn. 17.

Entscheidungen von 2018 bewegten sich die antidiskriminierungsrechtlichen Rechtsgrundsätze der langjährigen traditionellen kündigungsschutzrechtlichen Grundsätze irreversibel. Seit diesem Zeitpunkt ist für die Zukunft ein Paradigmenwechsel hinsichtlich der kündigungsschutzrechtlichen Rechtsstreitigkeiten im Hinblick auf die kirchlichen Loyalitätsobliegenheiten zu erwarten. Wie das LAG Baden-Württemberg im Februar 2021 entschied, ist eine ordentliche Kündigung eines Kochs in einer evangelischen Kita aus personenbedingten Gründen nicht möglich ist. Begründet wird die Entscheidung zurecht damit, dass der Verbleib in der christlichen Religionsgemeinschaft im Hinblick auf die Bedeutung der beruflichen Tätigkeit -Koch- für die Bekundung des Ethos nicht notwendig und damit nicht wesentlich ist.[2436]

dd) Tendenzunternehmen

Ein Verstoß des*der Tendenzträgerarbeitnehmers*in gegen die aus dem Arbeitsverhältnis sich ergebenden Pflichten kann bei Tendenzunternehmen sowohl eine verhaltensbedingte als auch eine personenbedingte Kündigung wegen tendenzbezogener Leistungsmängel sozial rechtfertigen.[2437] Nicht das Kündigungsschutzgesetz und auch nicht § 626 BGB enthalten eine Bereichsausnahme zugunsten eines Tendenzunternehmens in Bezug auf eine Kündigung, die Tendenzeigenschaft eines Unternehmens beeinflusst aber die Anwendung der Kündigungsschutzvorschriften, und aufgrund der grundrechtlich geschützten Positionen dieser Unternehmen findet eine Überprüfung der kündigungsschutzrechtlichen Streitigkeiten unter strengeren Maßnahmen statt.[2438] Vor allem gilt das Kündigungsschutzgesetz auch in Tendenzbetrieben gleichermaßen.[2439] Tendenzbetriebe sind Betriebe, die unmittelbar oder überwiegend politischen, koalitionspolitischen, konfessionellen, karitativen, erzieherischen, wissenschaftlichen oder künstlerischen Bestimmungen oder Zwecken der Berichterstattung oder Meinungsäußerung dienen (§ 118 I BetrVG).[2440] Wenn die von dem*der Tendenzträger*in erbrachte Arbeitsleistung oder seine*ihre persönliche Eignung dem Tendenzzweck, über den der Rechtsträger des Tendenzbetriebs entscheidet, entgegensteht, liegt hier ein tendenzbezogener Mangel vor.[2441] Bei Tendenzbetrieben verlangt der*die Arbeitgeber*in vom*von der Arbeitnehmer*in, seine*ihre Lebensführung auf die Betriebszwecke einzustellen und sowohl weder mittels seines*ihres dienstlichen noch außerdienstlichen Verhaltens die Interessen

---

2436 LAG Baden-Württemberg 10.2.2021, 4 Sa 27/20, AuR 6/2021, 281.

2437 Vgl. NK-ArbR/*Kerwer* KSchG § 1 Rn. 699.

2438 Vgl. BeckOK ArbR/*Rolfs* KSchG § 1 Rn. 145; MHdB ArbR/*Mestwerdt* § 116 Rn. 70.

2439 Vgl. ErfK/*Oetker* KSchG § 1 Rn. 174.

2440 Vgl. ErfK/*Oetker* KSchG § 1 Rn. 174.

2441 BAG 3.11.1982, NJW 1983, 1221; BAG 6.12.1979, BeckRS 9998, 180044 (Kommunistische Betätigung eines Gewerkschaftssekretärs); Vgl. ErfK/*Oetker* KSchG § 1 Rn. 174; NK-ArbR/*Kerwer* KSchG § 1 Rn. 699, 700.

des Arbeitgebers nicht übermäßig zu beeinträchtigen.[2442] Somit kann auch ein außerdienstliches Verhalten des*der Arbeitnehmers*in einen Kündigungsgrund darstellen.[2443]

Ist der*die Arbeitnehmer*in außerstande, die erhöhten Anforderungen an die persönliche Eignung zu erfüllen, ist die Möglichkeit einer personenbedingten Kündigung gegeben.[2444] Dazu zu zählen sind die Inkompatibilität der politischen oder religiösen Einstellungen mit der Tendenz des Unternehmens oder der Unvereinbarkeit der außerdienstlichen Verhaltensweisen mit der gebotenen Rücksicht auf das Tendenzunternehmen, ohne dass ein steuerbares, vertragswidriges Verhalten vorliegt bzw. vorliegen muss.[2445] Verstößt aber der*die Arbeitnehmer*in durch ein steuerbares und vertragswidriges Verhalten gegen die gesteigerte Rücksichtnahmepflicht, besteht die Möglichkeit einer verhaltensbedingten Kündigung.[2446]

Dabei sind auf jeden Fall die Regelungen des § 9 AGG zu berücksichtigen, wenn die Tendenzbetriebe als Religions- oder Weltanschauungsgemeinschaften gelten. Des Weiteren ist ebenfalls zu überprüfen, ob es zulässig ist, eine Kündigung aufgrund einer unterschiedlichen Behandlung wegen eines in § 1 AGG genannten Grundes entsprechend § 8 Absatz 1 AGG auszusprechen, wenn dieser Grund wegen der Art der auszuübenden Tätigkeit oder der Bedingungen ihrer Ausübung eine wesentliche und entscheidende berufliche Anforderung darstellt, sofern der Zweck rechtmäßig und die Anforderung angemessen ist.

3. Dringendes betriebliches Erfordernis

Den dritten Kündigungstatbestand des § 1 Absatz 1 Satz 1 KSchG gestalten die Kündigungsgründe angesichts der dringenden, sich aus der Sphäre des*der Arbeitgebers*in ergebenden betrieblichen Erfordernisse. Auf betrieblich gerechtfertigten Gründen beruht nach dem deutschen Kündigungsschutzgesetz eine betriebsbedingte Kündigung (§ 1 II 1 KSchG). Betriebsbedingte Kündigungsgründe sind solche, die sich auf innerbetrieblichen oder außerbetrieblichen Umständen stützen.[2447] Im Wesentlichen aber beruht der Wegfall von Beschäftigungsmöglichkeiten bei einer auf betriebliche Gründe gestützte Kündigung ausschließlich auf einer unternehmerischen Entscheidung.[2448] Die Freiheit der

---

2442 Vgl. ErfK/*Oetker* KSchG § 1 Rn. 174; *Krause*, Arbeitsrecht, S. 288, Rn. 39.

2443 BAG 28.8.2003, NZA 2004, 501, 506. Vgl. *Krause*, Arbeitsrecht, S. 288, Rn. 39.

2444 BAG 6.12.1979, BeckRS 9998, 180044. Vgl. NK-ArbR/*Kerwer* KSchG § 1 Rn. 699.

2445 BAG 6.12.1979, BeckRS 9998, 180044. Vgl. NK-ArbR/*Kerwer* KSchG § 1 Rn. 699.

2446 BAG 23.10.2008, NJW 2009, 1897, Rn36, 59; BAG 28.8.2003, NZA 2004, 501, 506. Vgl. NK-ArbR/*Kerwer* KSchG § 1 Rn. 700.

2447 BAG 12.4.2002, BeckRS 2002, 41158; Rn. 19. Vgl. *Junker*, Grundkurs ArbR, S. 205 Rn. 371; ErfK/*Oetker* KSchG § 1 Rn. 211.

2448 BAG 7.7.2011, NJW 2012, 475 Rn. 41. Vgl. ErfK/*Oetker* KSchG § 1 Rn. 212, 213. HHL/Krause Rn. 718.

Unternehmerentscheidung ist durch Artikel 12 Absatz 1 GG geschützt und ermöglicht den*die Unternehmer*in unternehmenspolitisch frei zu entscheiden.[2449] Eine unternehmerische Entscheidung sei darauffolgend gerichtlich nicht auf ihre sachliche Rechtfertigung oder ihre Zweckmäßigkeit hin, sondern nur darauf hin zu überprüfen, ob sie offensichtlich unsachlich, unvernünftig oder willkürlich sei.[2450] Betriebsbedingte Kündigungen, unter anderem personen- und verhaltensbedingte Kündigungen, manifestieren sich äußerst eindrucksvoll als Grundgedanke des Arbeitsrechts und des Kündigungsschutzrechts: Das Kündigungsschutzrecht kann *„auf Dauer keine unrentablen Arbeitsplätze"* sichern.[2451] Hinsichtlich der Beziehung des Kündigungsschutzrechts mit dem Antidiskriminierungsrecht kristallisiert sich allerdings ein klarer Konflikt zwischen den beiden Rechtsgebieten heraus. Das Kündigungsschutzrecht kann bei Unrentabilität eines Arbeitsplatzes diesen nicht auf Dauer sichern, während wiederum bloße Unrentabilität nach antidiskriminierungsrechtlichen Grundgedanken keine Diskriminierung rechtfertigt.[2452] Das Antidiskriminierungsrecht sieht sich sogar berechtigt, unternehmerische Entscheidungen zu begrenzen und zu kontrollieren. Allerdings unterliegt auch die unternehmerische Entscheidung einer Rechtskontrolle, weil die Unternehmerentscheidung, die sich konkret nachteilig auf die Einsatzmöglichkeit des gekündigten Arbeitnehmers*in auswirken, gesetzeskonform sein müssen.[2453] Das Ziel dabei ist aber allein die Verhinderung von Missbrauch.[2454] Eine Missbrauchskontrolle kommt inhaltlich einer echten Rechtskontrolle gleich.[2455] Verstöße gegen gesetzliche und tarifliche Normen sollen dabei genauso verhindert, wie Diskriminierung und Umgehungsfälle vermieden werden.[2456] Dies betrifft jedoch nicht das Zustandekommen der Entscheidung, es geht vielmehr um den Inhalt und ob sie gegen gesetzliche Vorschriften verstößt.[2457] In dem Fall ist eine unternehmerische Entscheidung, die zu einer mittelbaren Diskriminierung des*der Arbeitnehmers*in führt, nach § 7 Absatz 1 AGG i. V. m. § 2 Absatz 1 Nummer 2 AGG unwirksam und kann eine betriebsbedingte Kündigung nicht sozial rechtfertigen, solange die mittelbare Diskriminierung nicht durch rechtmäßige Ziele gerechtfertigt ist.[2458] Zum Beispiel: Geändert habe der Unternehmer das Anforderungsprofil einer Tätigkeit in der Weise, dass die

---

2449 Vgl. ErfK/Oetker KSchG § 1 Rn. 239.

2450 BAG 7.7.2011, NJW 2012, 475 Rn. 41; BAG 16.12.2010, NZA 2011, 505, Rn. 13; BAG 12.4.2002, BeckRS 2002, 41158, Rn. 20; BAG 4.5.2006, NZA 2006, 1096 Rn. 20.

2451 *Krause*, Arbeitsrecht, S. 290 Rn. 40.

2452 Siehe *diese Dissertationsschrift* § 4, E.

2453 Vgl. ErfK/*Oetker* KschG § 1 Rn. 240.

2454 BAG 21.9.2006, NZA 2007, 431 Rn. 31; BAG 16.5.2019, NZA 2019, 1198 Rn. 44.

2455 BAG 16.5.2019, NZA 2019, 1198 Rn. 44. Vgl. ErfK/*Oetker* KschG § 1 Rn. 240.

2456 BAG 21.9.2006, NZA 2007, 431 Rn. 31; BAG 4.5.2006, NZA 2006, 1096 Rn. 20; BAG 16.5.2019, NZA 2019, 1198 Rn. 44.

2457 Vgl. ErfK/*Oetker* KschG § 1 Rn. 240.

2458 LAG Hamm 17.7.2008, NZA-RR 2009, 13. Vgl. ErfK/*Oetker* KschG § 1 Rn. 240.

Beherrschung der deutschen Sprache in Wort und Schrift verlangt werde, und sei ein seit langem beschäftigter Arbeitnehmer ausländischer Herkunft nicht in der Lage, die deutsche Sprache so zu erlernen, dass er Arbeitsanweisungen lesen könne, so liege eine mittelbare Diskriminierung des Arbeitnehmers vor, wenn die Arbeit so organisiert werden könne, dass die schriftliche Sprachbeherrschung nicht erforderlich sei.[2459] Die unternehmerische Entscheidung sei wegen Verstoßes gegen § 2 Absatz 1 Nummer 2 AGG unwirksam.[2460] Eine hierauf gestützte betriebsbedingte Kündigung erweise sich als sozialwidrig.[2461] Dem stehe § 2 Absatz 4 AGG nicht entgegen.[2462]

Im Allgemeinen geht es bei betriebsbedingten Kündigungen um eine Unstimmigkeit zwischen dem aktuellen Bestand des Personals und dem zukünftigen Bedarf an Personal.[2463] In dem Sinne handelt es hier um einen Interessenausgleich zwischen den Interessen des*der Arbeitnehmers*in am Bestandsschutz und der unternehmerischen Freiheit des*der Arbeitgebers*in, aber auch um einen Ausgleich zwischen dem Sozialschutz und den betriebswirtschaftlichen Notwendigkeiten.[2464]

a) *Prüfungsstufen*

Eine betriebsbedingte Kündigung setzt vor allem das Vorliegen eines betriebsbedingten Kündigungsgrundes, basierend auf den betrieblichen Erfordernissen, voraus.[2465] Gründe in den betrieblichen Erfordernissen können sich aus innerbetrieblichen Umständen, z. B. Rationalisierungsmaßnahmen, Betriebsstilllegungen, oder außerbetrieblichen Gründen, z. B. Auftragsmangel, Absatzrückgang, ergeben.[2466] Eine unternehmerische Entscheidung liegt in den beiden innen- oder außerbetrieblichen Umständen als Auslöser der Kündigung vor.[2467] Während die innerbetrieblichen Umstände in der Regel selbst eine unternehmerische Entscheidung beinhalten, trifft bei den außerbetrieblichen Gründen

---

2459 LAG Hamm 17.7.2008, NZA-RR 2009, 13.

2460 LAG Hamm 17.7.2008, NZA-RR 2009, 13.

2461 LAG Hamm 17.7.2008, NZA-RR 2009, 13.

2462 LAG Hamm 17.7.2008, NZA-RR 2009, 13.

2463 Vgl. *Krause*, Arbeitsrecht, S. 290 Rn. 40.

2464 Vgl. *Krause*, Arbeitsrecht, S. 290 Rn. 40; *Junker*, Grundkurs ArbR, S. 205 Rn. 371.

2465 Vgl. *Krause*, Arbeitsrecht, S. 290 Rn. 41; *Junker*, Grundkurs ArbR, S. 205 Rn. 371.

2466 BAG 29.3.1990, NZA 1991, 181; BAG 17.6.1999, NZA 1999, 1098 (Rationalisierungsmaßnahmen); BAG 12.4.2002 NZA 2002, 1205 (Außerbetriebliche – Auftragsmangel); BAG 13.2.2008, NZA 2008, 821 (Außerbetriebliche – Auftragsmangel); BAG 18. 1. 2001, NZA 2001, 719 (Betribestillegung); BAG 20.6.2013, NZA 2014, 208 (Innerbetriebliche). Vgl. *Krause*, Arbeitsrecht, S. 290 Rn. 42; *Junker*, Grundkurs ArbR, S. 205 Rn. 371.

2467 BAG 12.4.2002, BeckRS 2002, 41158, Rn. 19. Vgl. *Krause*, Arbeitsrecht, S. 291 Rn. 42; *Junker*, Grundkurs ArbR, S. 205 Rn. 371; ErfK/*Oetker* KSchG § 1 Rn. 212, 213.

der*die Arbeitgeber*in eine unternehmerische Entscheidung, um den Betrieb an die neueren Umstände anzupassen.[2468] Die Arbeitsgerichte haben allerdings nicht unternehmerische Entscheidungen hinsichtlich ihrer betriebswirtschaftlichen Notwendigkeit und ihrer Zweckmäßigkeit zu prüfen.[2469] Die Gerichte sind nicht berechtigt, dem*der Arbeitgeber*in eine richtigere/bessere Unternehmenspolitik oder betriebliche Organisation vorzuschreiben.[2470] Die gerichtliche Überprüfung beinhaltet nur die Untersuchung, ob die unternehmerischen Entscheidungen offenbar unsachlich, unvernünftig oder willkürlich sind.[2471] Es findet eine Überprüfung hinsichtlich der tatsächlichen Existenz inner- oder außerbetrieblicher Umstände statt.[2472] Erforderlich ist bei einer Kündigung aus dringenden betrieblichen Erfordernissen der Wegfall der Beschäftigungsmöglichkeit. Eine Beschäftigungsmöglichkeit besteht nicht, wenn der*die Abreitnehmer*in aufgrund betrieblicher Erfordernisse nicht mehr vertragsgemäß weiterbeschäftigt werden kann und der*die Arbeitgeber*in diese Gegebenheit umsetzt.[2473] Mithin haben die Arbeitsgerichte nachzuprüfen, ob die unternehmerische Entscheidung tatsächlich zum Wegfall eines Arbeitsplatzes führt.[2474] Erforderlich ist dabei bei Organisationsentscheidungen aufgrund innerbetrieblicher Umstände eine konkrete Darlegung durch den*die Arbeitgeber*in, in welchem Umfang welche Tätigkeiten wegfallen.[2475] Ein Wegfall des konkreten Arbeitsplatzes des*der Arbeitnehmers*in ist jedoch keine Voraussetzung.[2476] Eine Kündigung mit dem Ziel, an die Stelle des*der Arbeitnehmers*in einen*e anderen*e Arbeitnehmer*in zu günstigeren Bedingungen einzustellen, erfüllt jedoch nicht die Tatbestandsvoraussetzung des Wegfalls der Beschäftigungsmöglichkeit (sogenannte Austauschkündigung).[2477]

2468 Vgl. *Krause*, Arbeitsrecht, S. 291 Rn. 42; *Junker*, Grundkurs ArbR, S. 205 Rn. 371.

2469 BAG 29.3.1990, NZA 1991, 181; BAG 5.10.1995, NZA 1996, 524; BAG 12.4.2002, BeckRS 2002, 41158, Rn. 22. Vgl. *Krause*, Arbeitsrecht, S. 292 Rn. 42; *Junker*, Grundkurs ArbR, S. 205 Rn. 371.

2470 Vgl. *Krause*, Arbeitsrecht, S. 292 Rn. 42; *Junker*, Grundkurs ArbR, S. 206 Rn. 371.

2471 BAG 7.7.2011, NJW 2012, 475 Rn. 41; BAG 16.12.2010, NZA 2011, 505, Rn. 13; BAG 29.3.1990, NZA 1991, 181; BAG 5.10.1995, NZA 1996, 524; BAG 10.7.2008, NZA 2009, 312 Rn. 24. Vgl. *Krause*, Arbeitsrecht, S. 292 Rn. 42; *Junker*, Grundkurs ArbR, S. 205 Rn. 371.

2472 Vgl. *Krause*, Arbeitsrecht, S. 292 Rn. 42; *Junker*, Grundkurs ArbR, S. 205 Rn. 371.

2473 BAG 12.4.2002, BeckRS 2002, 41158; Rn. 25. Vgl. ErfK/*Oetker* KSchG § 1 Rn. 215.

2474 Vgl. *Krause*, Arbeitsrecht, S. 292 Rn. 43; *Junker*, Grundkurs ArbR, S. 206 Rn. 371; ErfK/*Oetker* KSchG § 1 Rn. 215.

2475 BAG 27. 4. 2017, NZA 2017, 902 Rn. 34. Vgl. *Junker*, Grundkurs ArbR, S. 206 Rn. 371.

2476 Vgl. *Junker*, Grundkurs ArbR, S. 206 Rn. 371.

2477 BAG 27. 4. 2017, NZA 2017, 902 Rn. 34. Austauschkündigung: BAG 26.9.1996, NZA 1997, 202; BAG 16.12.2004, NZA 2005, 761. Keine Austauschkündigung: BAG 2.3.2017, NZA 2017, 905 Rn. 23. Vgl. *Junker*, Grundkurs ArbR, S. 206 Rn. 371; *Krause*, Arbeitsrecht, S. 293 Rn. 43.

Maßgebend ist bei der Beurteilung der Wirksamkeit der Kündigung der Zeitpunkt des Zugangs der Kündigungserklärung (sogenanntes Prognoseprinzip).[2478] Dabei sind zu diesem Zeitpunkt genügend Hinweise darzulegen, die annehmen lassen, dass nach dem Ablauf der Kündigungsfrist keine Beschäftigungsmöglichkeiten bestehen und der Wegfall des Arbeitsplatzes dauerhaft ist.[2479] Sei im Zeitpunkt des Ausspruchs der Kündigung die auf objektive Tatsachen gestützte, vernünftige betriebswirtschaftliche Prognose gerechtfertigt, mit Ablauf der Kündigungsfrist werde mit einiger Sicherheit ein die Entlassung erforderlich machender betrieblicher Grund vorliegen.[2480] Allerdings müsse eine der entsprechenden Prognose zu Grunde liegende eigene unternehmerische Entscheidung des Arbeitgebers bereits im Kündigungszeitpunkt endgültig getroffen worden sein.[2481]

Die Dringlichkeit der betrieblichen Erfordernisse weist auf das Prinzip des Ultima-Ratio-Prinzips hin und erfordert das Greifen nach der Kündigung als letztes und geeignetes Mittel, um die unternehmerische Entscheidung des*der Arbeitgebers*in durch Ausspruch einer Kündigung zu realisieren.[2482] Vorausgesetzt ist dabei die Unvermeidbarkeit der Kündigung wegen der betrieblichen Lage.[2483] Benötigt ist daher eine vorherige Überprüfung der zur Verfügung stehenden milderen Mittel zur Verhinderung des Wegfalls von Beschäftigungsmöglichkeiten – demzufolge der Kündigung.[2484] Als ein milderes Mittel zählt z. B. der Abbau von Überstunden.[2485]

Dringende betriebliche Erfordernisse müssen außerdem einer Weiterbeschäftigung des*der Arbeitnehmers*in auf einem anderen Arbeitsplatz in demselben Betrieb oder in einem anderen Betrieb des Unternehmens – im Inland – entgegenstehen (§ 1 II S. 1 und S. 2 Nr. 1b KSchG).[2486] In dem Sinne ist der Kündigungsschutz betriebsbezogen.[2487] Auch wenn § 1 Absatz 2 Satz 2 Nummer 1 KSchG

2478 BAG 16.2.2012, NZA-RR 2012, 465 Rn. 40; BAG 12.4.2002, NZA 2002, 1205. Vgl. *Krause*, Arbeitsrecht, S. 293 Rn. 43; *Junker*, Grundkurs ArbR, S. 206 Rn. 372; ErfK/*Oetker* KSchG § 1 Rn. 226, 243.

2479 BAG 29.8.2013, NZA 2014, 730 Rn. 14; BAG 7.7.2005, NZA 2006, 266 Rn. 38; BAG 12.4.2002, NZA 2002, 1205. Vgl. *Krause*, Arbeitsrecht, S. 293 Rn. 43; ErfK/*Oetker* KSchG § 1 Rn. 226.

2480 BAG 29.8.2013, NZA 2014, 730 Rn. 14.

2481 BAG 29.8.2013, NZA 2014, 730 Rn. 14.

2482 Vgl. *Krause*, Arbeitsrecht, S. 293 Rn. 44; *Junker*, Grundkurs ArbR, S. 207 Rn. 373; ErfK/*Oetker* KSchG § 1 Rn. 234.

2483 BAG 23.7.2012, NZA 2012, 852 Rn. 22; BAG 23.2.2012, NZA 2012, 852 Rn. 22. Vgl. ErfK/*Oetker* KSchG § 1 Rn. 234. LKB/Krause Rn. 725, 762

2484 Vgl. *Krause*, Arbeitsrecht, S. 293 Rn. 44.

2485 Vgl. *Krause*, Arbeitsrecht, S. 293 Rn. 44.

2486 BAG 29. 8. 2013, NZA 2014, 730 Rn. 28; BAG 24.9.2015, NZA 2015, 1457 Rn. 18. Vgl. *Krause*, Arbeitsrecht, S. 294 Rn. 44; *Junker*, Grundkurs ArbR, S. 207 Rn. 373.

2487 BAG 11.10.1989, NZA 1990, 607, 608. Vgl. ErfK/*Oetker* KSchG § 1 Rn. 216; MHdB ArbR/*Kreft* § 115 Rn. 29ff.

einen zusätzlichen Widerspruch des Betriebsrats erfordert, beschränkt sich das BAG nicht auf die Regelung und sieht auch dann eine Weiterbeschäftigungsmöglichkeit vor, wenn im Betrieb kein Betriebsrat besteht oder dieser der Kündigung nicht widersprochen hat.[2488] Als Besonderheit ist der*die Arbeitgeber*in nicht verpflichtet, einen neuen Arbeitsplatz zu schaffen oder einen anderen Arbeitsplatz frei zu kündigen.[2489] Der*die Arbeitnehmer*in hat wiederum das für den freien Arbeitsplatz festgelegte Anforderungsprofil zu erfüllen.[2490] Ist aber eine Weiterbeschäftigung nach angemessenen Umschulungs- oder Fortbildungsmaßnahmen oder unter veränderten Arbeitsbedingungen gegeben, ist diese Möglichkeit zu nutzen, vorausgesetzt, der*die Arbeitnehmer*in stimmt dem zu (§ 1 II 3 KSchG).[2491]

b) Sozialauswahl

Bestehen dringende betriebliche Erfordernisse, ist aber keine Weiterbeschäftigungsmöglichkeit für den*die Arbeitnehmer*in vorhanden, kann die Kündigung trotzdem sozial ungerechtfertigt sein, wenn der*die Arbeitgeber*in bei der Auswahl des*der Arbeitnehmers*in soziale Aspekte nicht oder nicht ausreichend berücksichtigt hat (§ 1 III 1 KSchG). Es gilt, eine ausgewogene Sozialauswahl aus einer Gruppe von vergleichbaren und auch austauschbaren Arbeitnehmern*innen, die aus sozialer Sicht am ehesten eine Kündigung verkraften können, vorzunehmen.[2492]

aa) Bestimmung der auswahlrelevanten Arbeitnehmer*innen

Die Sozialauswahl erfordert zuerst eine Bestimmung des auswahlrelevanten Personenkreises.[2493] Einbezogen sind in die Sozialwahl in demselben Betrieb tätige Arbeitnehmer*innen.[2494] Die Sozialauswahl erfolgt demnach vor allem betriebsbezogen.[2495] In die Sozialwahl einbezogene Arbeitnehmer*innen müssen weiterhin austauschbar sein. Es ist auf eine qualifikationsmäßige Einsetzbarkeit aufgrund der Kenntnisse und Fähigkeiten des*der Arbeitnehmers*in und arbeitsvertragsmäßig auf eine Austauschbarkeit durch die im Arbeitsvertrag

---

2488 BAG 13.9.1973, BeckRS 9998, 152886. Vgl. *Krause*, Arbeitsrecht, S. 294 Rn. 44; *Junker*, Grundkurs ArbR, S. 207 Rn. 373.
2489 BAG 24.6.2004, NZA 2004, 1268. Vgl. *Krause*, Arbeitsrecht, S. 294 Rn. 44.
2490 BAG 24.6.2004, NZA 2004, 1268. Vgl. *Krause*, Arbeitsrecht, S. 294 Rn. 44.
2491 Vgl. *Krause*, Arbeitsrecht, S. 294 Rn. 44.
2492 Vgl. *Junker*, Grundkurs ArbR, S. 207 Rn. 374; *Krause*, Arbeitsrecht, S. 295 Rn. 45.
2493 Vgl. *Krause*, Arbeitsrecht, S. 294 Rn. 46.
2494 BAG 22. 10. 2015, NZA 2016, 33 Rn. 23. Vgl. *Junker*, Grundkurs ArbR, S. 208 Rn. 374; *Krause*, Arbeitsrecht, S. 295 Rn. 46.
2495 Vgl. *Junker*, Grundkurs ArbR, S. 208 Rn. 374; *Krause*, Arbeitsrecht, S. 295 Rn. 46.

festgelegten Einsatzfelder zu achten.[2496] Darüber hinaus erfolgt ein Vergleich auf der horizontalen Ebene – auf der gleichen Ebene der Betriebshierarchie – aber kein Vergleich mit weniger qualifizierten Arbeitnehmern*innen.[2497] Während Arbeitnehmer*innen, die einen Sonderkündigungsschutz genießen – wie Betriebsratsmitglieder – aus der Sozialauswahl von Anfang an herausgenommen sind, sind Arbeitnehmer*innen, die noch keinen Kündigungsschutz genießen – wie Arbeitnehmer*innen in der Wartezeit – vorrangig zu kündigen.[2498]

bb) Auswahlentscheidung und Kriterien der Sozialauswahl

Nach der Festlegung des auswahlrelevanten Personenkreises folgt das Treffen einer Auswahlentscheidung.[2499] Zur Sozialauswahl sind dabei nach dem seit dem 1.1.2004 geltenden § 1 Absatz 3 Satz 1 KSchG abschließend aufgezählte Kriterien einschlägig.[2500] Somit gelten drei traditionelle soziale Grunddaten, die Dauer der Betriebszugehörigkeit, das Lebensalter und die Unterhaltspflichten, dazu eine Schwerbehinderung des*der Arbeitnehmers*in als Kriterien der Sozialauswahl.[2501] Keine der genannten Kriterien genießt einen Vorrang vor den anderen.[2502] Es geht um eine Abwägung der individuellen Unterschiede der betroffenen Arbeitnehmer*innen hinsichtlich der Sozialdaten.[2503] Ein einheitlicher Standard dafür besteht aber nicht.[2504] Dem*Der Arbeitgeber*in kommt demgemäß bei der Abwägung ein gewisser, gerichtlich nicht voll überprüfbarer Wertungsspielraum zu, wonach die Fehlerhaftigkeit einer Sozialauswahl nur dann gegeben ist, wenn soziale Gesichtspunkte nach dem KSchG nicht oder nicht ausreichend Berücksichtigung erfahren haben.[2505]

In Bezug auf das Verhältnis von Antidiskriminierungsrecht und Kündigungsschutzrecht verdient dabei das Sozialauswahl-Kriterium Alter besondere Aufmerksamkeit. Das Alter, als verbotener Diskriminierungsgrund sowohl

---

2496 BAG 17.9.1998, NZA 1998, 1332; BAG 10.6.2010, NZA 2010, 1352, Rn. 31. Vgl. *Junker*, Grundkurs ArbR, S. 208 Rn. 374; *Krause*, Arbeitsrecht, S. 295, 296 Rn. 46.

2497 BAG 29. 3. 1990, NZA 1991, 181; BAG 7.2.1985, NZA 1986, 260.Vgl. *Junker*, Grundkurs ArbR, S. 208 Rn. 374; *Krause*, Arbeitsrecht, S. 296 Rn. 46.

2498 Sonderkündigungschutz: BAG 20.6.2013, NZA 2014, 208 (Taarifliche Unkündbarkeit). Noch nicht im Kündigungschutz: BAG 25.4.1985, NZA 1986, 64. Vgl. *Krause*, Arbeitsrecht, S. 296, 297 Rn. 46.

2499 Vgl. *Krause*, Arbeitsrecht, S. 297 Rn. 47.

2500 Vgl. *Junker*, Grundkurs ArbR, S. 208 Rn. 375; *Krause*, Arbeitsrecht, S. 297 Rn. 47.

2501 Vgl. *Junker*, Grundkurs ArbR, S. 208 Rn. 375; *Krause*, Arbeitsrecht, S. 297 Rn. 47.

2502 Vgl. *Junker*, Grundkurs ArbR, S. 208 Rn. 375

2503 BAG 29.1.2015, NZA 2015, 426 Rn. 11. Vgl. *Junker*, Grundkurs ArbR, S. 208 Rn. 375; *Krause*, Arbeitsrecht, S. 297 Rn. 47.

2504 Vgl. *Krause*, Arbeitsrecht, S. 297 Rn. 47.

2505 BAG 29.1.2015, NZA 2015, 426 Rn. 11; BAG 22.3.2012, NZA 2012, 1040. Vgl. *Junker*, Grundkurs ArbR, S. 208 Rn. 375; *Krause*, Arbeitsrecht, S. 297 Rn. 47.

nach deutschem als auch nach europäischem Recht, gilt im deutschen sowie im europäischen Antidiskriminierungsrecht als ein symmetrisches Merkmal und weitet den Schutz gegen Altersdiskriminierung nicht nur auf den Schutz älterer, sondern auch jüngerer Arbeitnehmer*innen aus.[2506] Die Berücksichtigung des Lebensalters als Kriterium der Sozialauswahl nach § 1 Absatz 3 Satz 1 KSchG führt aber in der Tendenz zu einer Bevorzugung älterer und somit zur unmittelbaren Benachteiligung jüngerer Arbeitnehmer*innen.[2507] Begründet ist diese Vorgehensweise wiederum mit schlechteren Chancen älterer Arbeitnehmer*innen auf dem Arbeitsmarkt im Falle einer Kündigung.[2508] Nach § 1 Absatz 3 Satz 1 KSchG solle grundsätzlich dem*der Arbeitnehmer*in gekündigt werden, der*die auf das Arbeitsverhältnis am wenigsten angewiesen sei.[2509] Folgend dieser Gedankenweise ist aber ein*e Arbeitnehmer*in, der*die bereits eine reguläre Altersrente beziehen kann, hinter Jüngeren zurückzustellen, die sich noch nicht zur Ruhe setzen können.[2510]

cc) Ausklammerung bestimmter Arbeitnehmer*innen aus der Sozialauswahl

Letztlich besteht nach der Auswahlentscheidung zudem die Möglichkeit entsprechend § 1 Absatz 2 Satz 2 KSchG, bestimmte Arbeitnehmer*innen nicht in die Sozialauswahl einzubeziehen.[2511] Arbeitnehmer*innen, deren Weiterbeschäftigung, insbesondere aufgrund ihrer Kenntnisse, Fähigkeiten und Leistungen oder des Erfordernisses zur Sicherung einer ausgewogenen Personalstruktur des Betriebes im berechtigten betrieblichen Interesse liegt, sind von der Sozialauswahl auszunehmen (§ 1 II 2 KSchG). Beabsichtigt ist mit der Ausklammerung der Arbeitnehmer*innen wegen ihrer Kenntnisse, Fähigkeiten und Leistungen vor allem eine Herausnahme der *„Leistungsträger"* aus der Sozialauswahl (§ 1 III 2 Alt. 1 KSchG).[2512] Es empfiehlt sich jedoch eine zurückhaltende Anwendung dieser Klausel und ein Abwägen zwischen dem berechtigten betrieblichen Interesse an der Nichtberücksichtigung des Leistungsträgers und dem Interesse des*der sozial schwächeren Arbeitnehmers*in, damit eine Vermeidung der Verlagerung der Konsequenzen einer verfehlten Personalpolitik auf sozial schwächere Arbeitnehmer*innen möglich ist.[2513] Je schwerer bei der Interessenabwägung das soziale

---

2506 Siehe auch *diese Dissertationschrift* § 8, B., II., 2., d); § 11, B., III., 3.

2507 BAG 20.6.2013, NZA 2014, 208 Rn. 46; BAG 28.6.2012, NZA 2012, 1090 Rn. 28; BAG 15.12.2011, NZA 2012, 1044 Rn. 48. Vgl. BeckOGK/*Baumgärtner*, AGG § 1 Rn. 151–155; *Krause*, Arbeitsrecht, S. 297 Rn. 47; S. 301 Rn. 53.

2508 Vgl. *Krause*, Arbeitsrecht, S. 301 Rn. 53; *Junker*, Grundkurs ArbR, S. 208 Rn. 375.

2509 BAG 27. 4. 2017, NZA 2017, 902 Rn. 15.

2510 BAG 27. 4. 2017, NZA 2017, 902 Rn. 15. Vgl. *Junker*, Grundkurs ArbR, S. 208 Rn. 375.

2511 Vgl. *Junker*, Grundkurs ArbR, S. 208 Rn. 376; *Krause*, Arbeitsrecht, S. 297 Rn. 48.

2512 *Junker*, Grundkurs ArbR, S. 208 Rn. 376. *Krause*, Arbeitsrecht, S. 297 Rn. 48.

2513 BAG 22.3.2012, NZA 2012, 1040 Rn. 25; BAG, NZA 2003, 42; BAG NZA 2012, 1040. Vgl. *Junker*, Grundkurs ArbR, S. 208 Rn. 376; *Krause*, Arbeitsrecht, S. 298 Rn. 48.

Interesse wiege, desto gewichtiger müssen die Gründe für die Ausklammerung des Leistungsträgers sein.[2514]

Außerdem berechtigt die Sicherung einer ausgewogenen Personalstruktur des Betriebes ebenfalls die Ausklammerung einiger Arbeitnehmer*innen in Bezug auf einen auswahlrelevanten Personenkreis (§ 1 III 2 Alt. 2 KSchG). Beabsichtigt ist das Aufrechterhalten einer ausgewogenen Altersstruktur der Belegschaft gegen das Risiko einer möglichen vorrangigen Kündigung jüngerer Arbeitnehmer*innen wegen geringerer sozialer Schutzbedürftigkeit.[2515] Verbreitet ist somit bei Massenentlassungen die Altersgruppeneinteilung der Belegschaft mit der gleichmäßigen Teilung der Kündigungen in den jeweiligen Gruppen mit dem Einführen einer lediglich gruppenbezogenen Sozialauswahl.[2516] Problematisch ist diese Regelung daher, wie das Alter als Sozialauswahlkriterium, in Bezug auf ihre benachteiligende Wirkung auf die jüngere Belegschaft aufgrund des Alters. Trotzdem ist diese Regelung als gerechtfertigt anzusehen, weil es sich um Generationengerechtigkeit handelt, gewährleistet durch einen angemessenen Ausgleich zwischen dem Schutz älterer Arbeitnehmer*innen und der Eingliederung jüngerer Arbeitnehmer*innen in das Erwerbsleben.[2517] Einerseits besteht ein nach Artikel 12 Absatz 1 GG und Artikel 16 GRC gewährleistetes, schutzwürdiges Interesse des*der Arbeitgebers*in, eine altersgemischte Belegschaft zu erhalten.[2518] Andererseits hätte eine ungeprüfte soziale Auswahl eine alternde Belegschaft und den weitgehenden Verlust des Erfahrungsaustausches zwischen jüngeren und älteren Arbeitnehmern*innen zur Folge.[2519]

c) Namensliste in einem Interessenausgleich

Namenslisten in einem Interessenausgleich zwischen Arbeitgeber*in und Betriebsrat bei einer Kündigung aufgrund einer Betriebsänderung nach § 111 BetrVG lassen nach § 1 Absatz 5 KSchG eine durch dringende betriebliche Erfordernisse bedingte Kündigung vermuten (§ 1 V 1 KSchG). Auch in diesen Fällen ist die Prüfung der sozialen Auswahl der Arbeitnehmer*innen auf grobe Fehlerhaftigkeit beschränkt (§ 1 V 2 KSchG).[2520] Eine von dem*der Arbeitgeber*in – zusammen mit dem Betriebsrat –getroffene Auswahl sei in der Regel nur dann grob fehlerhaft i. S. v. § 1 V 2 KSchG, wenn sich ihr Ergebnis als grob fehlerhaft erweise.[2521]

2514 BAG 22.3.2012, NZA 2012, 1040 Rn. 25.
2515 Vgl. *Krause*, Arbeitsrecht, S. 298 Rn. 48.
2516 Vgl. *Krause*, Arbeitsrecht, S. 298 Rn. 48.
2517 BAG 6.11.2008, NZA 2009, 361; BAG 12.3.2009, NZA 2009, 1023, Rn. 39 ff.; BAG 15.12.2011, NZA 2012, 1044. Vgl. *Krause*, Arbeitsrecht, S. 301 Rn. 53.
2518 Vgl. *Krause*, Arbeitsrecht, S. 301 Rn. 53.
2519 Vgl. *Krause*, Arbeitsrecht, S. 301 Rn. 53.
2520 BAG 10.6.2010, NZA 2010, 1352.
2521 BAG 10.6.2010, NZA 2010, 1352.

d) Richtlinien für die Sozialauswahl

Die Bewertung der sozialen Gesichtspunkte nach § 1 Absatz 3 Satz 1 KSchG im Verhältnis zueinander, festgelegt in einem Kollektivvertrag (Tarifvertrag oder Betriebsvereinbarung nach § 95 BetrVG) oder in einer entsprechenden Richtlinie nach den Personalvertretungsgesetzen, ist laut Kündigungsschutzgesetz eine Erleichterung, demnach ist eine Überprüfung der Bewertung, wie die sozialen Kriterien des § 1 Absatz 3 Satz 1 KSchG sich zueinander verhalten, nur auf grobe Fehlerhaftigkeit hin möglich (§ 1 IV KSchG).[2522] In dem Fall sind die gesetzlichen Mindestanforderungen an die Sozialauswahl nicht verdrängt, aber die Überprüfung der Gerichte beschränkt sich hinsichtlich der Auswahl und Gewichtung der einzelnen Sozialkriterien auf grobe Fehlerhaftigkeit.[2523] Eine derartige grobe Fehlerhaftigkeit existiert nur im Falle einer nicht ausgewogenen Bewertung mit einer äußerst geringen Bewertung eines Auswahlkriteriums, sodass es fast nie ausschlaggebend sein kann oder das Gegenteil der Fall ist.[2524]

II. Türkisches Recht

Für die Wirksamkeit einer Kündigung nach dem Kündigungsschutzrecht ist vor allem das Vorliegen eines triftigen Grundes nach dem Arbeitsgesetz vonnöten. In Fällen, in denen die Aufrechterhaltung der Geschäftsbeziehung für den*die Arbeitgeber*in nicht zumutbar ist, besteht die Möglichkeit der Akzeptanz einer Kündigung aus triftigen Gründen.[2525] Was ein triftiger Grund ist, regelt Artikel 18 Arbeitsgesetz. Der*die Arbeitgeber*in, der*die den Arbeitsvertrag kündigt, soll sich auf einen triftigen Grund stützen, der sich aus der Fähigkeit oder dem Verhalten des*der Arbeitnehmers*in oder auf die Anforderungen des Unternehmens, des Betriebes oder der Arbeit ergibt (Art. 18 I ArbG). Die Konkretisierung des triftigen Grundes überlässt der Gesetzgeber aber dem*der Richter*in.[2526] Dieser Abschnitt enthält zunächst eine Untersuchung in Bezug auf die Unfähigkeit oder das Verhalten des*der Arbeitnehmers*in. Es schließt sich eine Darstellung der Erfordernisse des Unternehmens, des Betriebes oder des Dienstes an. Es folgt eine Erläuterung des Kataloges von Gründen, die vor allem nicht als triftig anzusehen sind. Nach der Schilderung des Ultima-Ratio-Prinzips nach dem türkischen Recht folgt schließlich eine Beschreibung der objektiven Auswahl.

2522 Vgl. *Krause*, Arbeitsrecht, S. 298 Rn. 49.

2523 Vgl. *Junker*, Grundkurs ArbR, S. 209 Rn. 376.

2524 BAG 18.10.2006, NZA 2007, 504; BAG 24.10.2013, NZA 2014, 46 Rn. 25. Vgl. *Krause*, Arbeitsrecht, S. 298 Rn. 49. ErfK/Oetker, § 1 KSchG Rn. 358.

2525 Vgl. TİSK, İş Kanunu Gerekçesi, S. 95.

2526 Vgl. TİSK, İş Kanunu Gerekçesi, S. 95.

1. Unfähigkeit oder das Verhalten des*der Arbeitnehmers*in

Die Kündigungsgründe, die sich aus der Sphäre des*der Arbeitnehmers*in ergeben, gestalten die Unfähigkeit bzw. das Verhalten des*der Arbeitnehmers*Arbeitnehmerin. Die Unfähigkeit oder das Verhalten des*der Arbeitnehmers*in stellt aber triftige Kündigungsgründe nur dar, wenn sie*es das normale Funktionieren des Arbeitsplatzes unterbricht oder die normale Erfüllung der Arbeitspflicht verhindert oder die Harmonie im Betrieb beeinträchtigt.[2527] Außerdem reicht das nicht aus für das Niveau eines außerordentlichen Kündigungsgrundes.[2528] In dem Zusammenhang kommt es zunächst zu einer Darstellung hinsichtlich der Unfähigkeit des*der Arbeitnehmers*in und danach des Verhaltens des*der Arbeitnehmers*in.

a) Unfähigkeit des*der Arbeitnehmers*in

Die erste Gruppe der triftigen Kündigungsgründe bilden die Gründe wegen Unfähigkeit des*der Arbeitnehmers*in. Der Gesetzgeber hat bereits in der Gesetzesbegründung Beispiele genannt, die als triftige Kündigungsgründe aus Unfähigkeit des*der Arbeitnehmers*in gelten können. Die zugrunde liegende Tatsache für den*die Arbeitgeber*in, auf eine Kündigung zurückzugreifen, gestaltet sich in der Unfähigkeit des*der Arbeitnehmers*in für die auszuführende Arbeit.[2529] Entscheidend sind die unzureichenden Fähigkeiten und Eigenschaften des*der Arbeitnehmers*in hinsichtlich der nach dem Arbeitsvertrag zu leistenden Ausführung der Arbeit.[2530] Der Verlust von Fähigkeiten und Eigenschaften, die für den*die Arbeitnehmer*in wichtig sind, um seine*ihre Arbeit kontinuierlich oder über einen längeren Zeitraum auszuführen, stellt die Unfähigkeit des*der Arbeitnehmers*in dar.[2531] Dies kann bedeuten, durchschnittlich weniger effizient zu arbeiten als diejenigen, die ähnliche Arbeiten ausführen; eine geringere Leistung zu erbringen als qualitativ erforderlich; eine schleichende Verringerung der Arbeitskonzentration; nicht geschickt für die Arbeit zu sein; ein Mangel an Lernen und Selbstbildung; häufige Krankheit; Krankheit, die die Fähigkeit der Erbringung der gewünschten Leistung nicht unmöglich macht, aber permanent beeinträchtigt, die Art und Weise der Ausübung der Tätigkeit des*der Arbeitnehmers*in; mangelnde Anpassungsfähigkeit – dies sind vom Gesetzgeber genannte Beispiele.[2532] Somit teilen sich die Kündigungsgründe aus Unfähigkeit

---

2527 Y9HD 1.7.2010, E. 2009/24402, K. 2010/21299 (Kazancı). Vgl. TİSK, İş Kanunu Gerekçesi, S. 96; *Süzek*, İş Hukuku, S. 575, 576; *Tuncay*, Çimento İşveren 2003/Ocak, 3 (6).

2528 Vgl. TİSK, İş Kanunu Gerekçesi, S. 96; *Süzek*, İş Hukuku, S. 575.

2529 Vgl. *Mollamahmutoğlu/Astarlı/Baysal*, İş Hukuku Ders, S. 281; *Baysal*, S. 34–35.

2530 Vgl. *Mollamahmutoğlu/Astarlı/Baysal*, İş Hukuku Ders, S. 281.

2531 Vgl. *Mollamahmutoğlu/Astarlı/Baysal*, İş Hukuku Ders, S. 281; *Baysal*, S. 33.

2532 Vgl. TİSK, İş Kanunu Gerekçesi, S. 96.

des*der Arbeitnehmers*in als körperliche und berufliche Kündigungsgründe auf. Bei körperlicher und/oder beruflicher Unfähigkeit ist nach dem Schrifttum das Vorhandensein des Verschuldens des*der Arbeitnehmers*in für das Entstehen des Rechts auf ordentliche Kündigung mit triftigem Grund als nicht erforderlich anzusehen.[2533] Zuerst findet die körperliche Unfähigkeit des*der Arbeitnehmers*in Erwähnung, danach die berufliche Unfähigkeit (Leistung).

aa) Körperliche Unfähigkeit des*der Arbeitnehmers*in

Die größte Fallgruppe unter der Unfähigkeit des*der Arbeitnehmers*in bildet die körperliche Unfähigkeit des*der Arbeitnehmers*in. Die körperliche Unfähigkeit des*der Arbeitnehmers*in allein weist noch auf keinen triftigen Grund hin. Stört sie aber das normale Funktionieren des Arbeitsablaufes und verhindert die normale Erfüllung der Arbeitspflicht, steht die körperliche Unfähigkeit des*der Arbeitnehmers*in mit der zu leistenden Arbeit in einem kausalen Zusammenhang, kann sie einen triftigen Kündigungsgrund darstellen.[2534] Als Erstes geht es um eine Darstellung der Krankheit des*der Arbeitnehmers*in, es schließt sich eine Betrachtung des Alters und der Rente des*der Arbeitnehmers*in als Fallgruppe an.

(1) Krankheit des*der Arbeitnehmer*in

Eine Abwesenheit von der Arbeit aufgrund einer Krankheit oder eines Unfalls, die die Arbeitspflicht des*der Arbeitnehmers*in beeinträchtigt, gestaltet sich in der Regel als ein triftiger Grund für die Kündigung, welcher aber angesichts der Bestimmungen über Kündigungsschutz und Diskriminierungsschutz seine Grenzen hat.[2535] Artikel 18 Absatz 3 Buchstabe f Arbeitsgesetz zufolge stellt vorübergehende Abwesenheit von der Arbeit wegen Krankheit oder Unfall innerhalb der gesetzlich vorgesehenen Wartezeit vor allem keinen triftigen Kündigungsgrund nach dem Kündigungsschutz dar. Die Wartezeiten sind parallel zu Kündigungsfristen bestimmt und betragen sechs Wochen mehr als für die Beschäftigungszeit vorgesehene Kündigungsfrist (Art 18 III f ArbG i. V. m. Art 25 I b ArbG und Art. 17 ArbG). Ist die Krankheit oder der Unfall durch vorsätzliches Verhalten oder durch einen unangemessenen Lebensstil oder Alkoholismus des*der Arbeitnehmers*in verursacht, gibt das Arbeitsgesetz dem*der Arbeitgeber*in das Recht, den Arbeitsvertrag außerordentlich zu kündigen (Art. 18 III f ArbG i. V. m. Art. 17 ArbG i. V. m. Art. 25 I ArbG).

2533 Vgl. *Süzek*, İş Hukuku, S. 576; *Akı*, DEÜHFD 2007/9, S. 3 (6); *Baysal*, 47 ff.; *Kar*, Sicil 2008/29, 34 (34).

2534 Y9HD 1.7.2010, E.2009/24402, K. 2010//21299. Vgl. *Süzek*, İş Hukuku, S. 575, 576; *Mollamahmutoğlu/Astarlı/Baysal*, İş Hukuku Ders, S. 282.

2535 Vgl. *Mollamahmutoğlu/Astarlı/Baysal*, İş Hukuku Ders, S. 282.

Als Streitpunkt im Hinblick auf den Kündigungsschutz und neuerlich in der Gesetzgebung durch das GMRGI hinzugefügte Diskriminierungsverbot aufgrund des gesundheitlichen Zustands gestalten sich Langzeiterkrankungen.[2536] Die Bedeutung von Langzeiterkrankungen ist im türkischen Recht nur im Beamtengesetz speziell für die Beamten*innen geregelt. Nach Artikel 105 Beamtengesetz Nummer 657 kann der*die Beamte*in im Falle einer Krankheit, die eine Langzeitbehandlung erfordert, bis zu achtzehn Monate Urlaub nehmen, in anderen Krankheitsfällen bis zu zwölf Monate (Art. 105 I Beamtengesetz Nr. 657). Dieses Gesetz stellt das Konzept der Krankheit, die eine Langzeitbehandlung erfordert, beispielhaft dar, Krebs, Tuberkulose und psychische Erkrankungen sind in diesen Bereich einbezogen (Art. 105 I Beamtengesetz Nr. 657). Basierend darauf konstatiert das Schrifttum zurecht Kündigungen aufgrund von Langzeiterkrankungen wie Krebs, Tuberkulose und psychische Erkrankungen als diskriminierende Kündigung.[2537] Dies ist allerdings nicht als ein unbegrenztes Recht auszulegen.[2538] Handelt es sich bei einer Krankheit, an der ein*e Arbeitnehmer*in erkrankt ist, um eine unheilbare Krankheit und ist der*die Arbeitnehmer*in laut der Gesundheitsbehörde nicht in der Lage, am Arbeitsplatz zu arbeiten, hat der*die Arbeitgeber*in das Recht, aus wichtigem Grund außerordentlich zu kündigen (Art. 25 I b ArbG).[2539]

Ein anderes Diskussionthema betrifft häufige Kurzerkrankungen. Eine gesetzliche Bestimmung über häufige Kurzerkrankungen enthält das türkische Recht nicht. Darauffolgend können häufige Kurzerkrankungen einen triftigen Kündigungsgrund darstellen, wenn sie die Arbeitsleistung permanent negativ beeinflussen.[2540] Nach dem Kassationshof bildet während der ganzen Zeit, in der der*die Arbeitnehmer*in gearbeitet hat, 368 Tage Abwesenheit wegen Krankschreibung und 164 Tage Arbeiten einen triftigen Grund infolge einer fehlenden Produktivität.[2541] In einem Rechtsstreit über die Unwirksamkeit einer Kündigung aufgrund diskriminierender Gründe und die Wiedereinstellung stellte der Kassationshof fest, der Arbeitnehmer habe sich im angegebenen Zeitraum 300 Tage krankschreiben lassen und habe weiterhin nacheinander Krankschreibungen erhalten; deshalb sei die Kündigung des Arbeitsvertrages aufgrund der häufigen Kurzerkrankungen des Arbeitnehmers wirksam gewesen.[2542]

2536 Siehe auch diese *Dissertationsschrift* § 11, III., 6., b).
2537 Vgl. *Kayaalp*, S. 197.
2538 Vgl. *Kayaalp*, S. 197.
2539 Vgl. *Kayaalp*, S. 197.
2540 Vgl. *Süzek*, İş Hukuku, S. 577; *Ekonomi*, Çimento İşveren 2013/Mart-Özel Ek, 1(9); Yıldız, Sicil 2008/10, 80 (83); *Kar*, Sicil/2009–15, 60 (65); *Odaman*, Çimento İşveren 2003/Mayıs, 20 (30).
2541 Y9HD 28.4.2005, E. 2004/31892, K. 2005/14992 (Kazancı).
2542 Y22HD 21.10.2011, E. 2011/1041 K. 2011/3192 (Kazancı). Vgl. *Sur*, Sicil 2017/37, 33 (44).

(2) Alter oder Rente des*der Arbeitnehmers*in

Nach dem Kassationshof und nach dem Schrifttum sind – wie bei anderen körperlichen Unfähigkeiten eines*einer Arbeitnehmers*in – allein hohes Alter oder der Erhalt des Rechts auf Rente keine triftigen Gründe.[2543] Vor allem variieren die Auswirkungen des Alters von Person zu Person.[2544] Darüber hinaus hindert das Altern des*der Arbeitnehmers*in ihn*sie rechtlich nicht daran, zu arbeiten.[2545] In den arbeitsrechtlichen Gesetzen und im türkischen Obligationenrecht ist eine Obergrenze des Arbeitsalters des*der Arbeitnehmers*in nicht vorgesehen – abgesehen vom öffentlichen Sektor gibt es kein obligatorisches Rentenalter.[2546] Nachdem der*die Arbeitnehmer*in die erforderlichen Bedingungen erfüllt hat, entscheidet er*sie, ob er*sie in den Ruhestand geht oder nicht.[2547] In Bezug auf das Sozialversicherungsrecht gibt es kein Hindernis für den*die Arbeitnehmer*in, der*die legal arbeiten möchte.[2548] Die Möglichkeit in der Sozialversicherungsgesetzgebung, nach der Rente durch Zahlung einer Sozialversicherungsprämie zu arbeiten, unterstützt ebenfalls diese Ansicht.[2549] In der Regel kann dann das Erreichen eines bestimmte Alters oder der Anspruch auf Rente des*der Arbeitnehmers*in nicht als ein triftiger Grund für eine Kündigung gelten.[2550] Lediglich bei einem direkten Zusammenhang mit der Fähigkeit oder dem Verhalten eines*r Arbeitnehmers*in gemäß dem Arbeitsgesetz oder den Anforderungen des Unternehmens, des Betriebes oder der Arbeit kann das Alter ein triftiger Grund für eine Kündigung sein.[2551] Voraussetzung ist vor allem eine ernsthafte

---

2543 Y9HD 11.12.2003, E. 2003/20222, K. 2003/20604 (Kazancı); Y9HD 19.1.2004, E. 2003/22196, K. *2004/261* (Kazancı); Y9HD 20.3.2006, E. 2006/1991; K. 2006/6982, (Kazancı). *Vgl. Sarıbay Öztürk*, Sicil 2017/37, 114 (124); *Süzek*, İş Hukuku, S. 577; *Ekonomi*, Çimento İşveren 2013/Mart-Özel Ek, 1 (9).

2544 Vgl. *Sarıbay Öztürk*, Sicil 2017/37, 114 (124); *Süzek*, İş Hukuku, S. 577; *Kayaalp*, S. 264; *Ertürk*, S. 183–184; *Akı,* DEÜHFD/2007–9, (8); *Yıldız*, S. 157; *Baysal*, S. 151–152; *Yuvalı*, S. 154.

2545 Vgl. *Sarıbay Öztürk*, Sicil 2017/37, 114 (123); *Kayaalp*, S. 264; *Baysal*, Sicil/2012–28, 146 (148).

2546 Vgl. *Sarıbay Öztürk*, Sicil 2017/37, 114 (123); *Baysal*, Sicil/2012–28, 146 (148); *Kocabıyık*, Sicil/2009–13, 227 (231).

2547 Vgl. *Sarıbay Öztürk*, Sicil 2017/37, 114 (123).

2548 Vgl. *Sarıbay Öztürk*, Sicil 2017/37, 114 (123).

2549 *Vgl. Sarıbay Öztürk*, Sicil 2017/37, 114 (123, 124); *Süzek*, İş Hukuku, S. 577; *Baysal*, Sicil/2012–28, 146 (148); *Akı*, DEÜHFD/2007–9, Özel Sayı, 3 (7 ff); *Ekonomi*, Çimento İşveren 2013/Mart-Özel Ek, 1 (9).

2550 Y9HD 11.12.2003, E. 2003/2022, K. 2003/20604 (Kazancı); Y9HD 19.1.2004, E. 2003/22196, K. 2004/261 (Kazancı); Y9HD 20.3.2006, E. 2006/1991, K. 2006/6982 (Kazancı). Vgl. *Sarıbay Öztürk*, Sicil 2017/37, 114 (124); *Ertürk*, S. 183–184; *Akı,* DEÜHFD 2007/9-Özel Sayı, 3 (8); *Yıldız*, 157; *Baysal*, S. 151–152; *Yuvalı*, S. 154.

2551 Vgl. *Sarıbay Öztürk*, Sicil 2017/37, 114 (124); *Süzek*, İş Hukuku, S. 577; *Ertürk*, S. 183–184; *Akı* DEÜHFD 2007/-Özel Sayı, 3 (8); *Yıldız*, 157; *Baysal*, S. 151–152; *Yuvalı*, S. 154.

Beeinträchtigung der Leistungskapazität des*der Arbeitnehmers*in, die eine ordnungsgemäße Erfüllung der Arbeitspflicht verhindert.[2552] Allein wenn Alter und Ruhestand eine Minderleistung zur Folge haben und zum Produktivitätsverlust führen, können sie einen triftigen Grund darstellen.[2553] In dem Fall gestaltet sich dann der Grund für die Kündigung nicht direkt nach dem Alter oder Ruhestand, sondern infolge einer Verminderung der Leistung und der Produktivität des*der Arbeitnehmers*in aufgrund des Vorhandenseins einer dieser Gegebenheiten.[2554] Die geringe Leistung in diesem Beispiel hängt nicht vom eigenen Willen oder Mangel des*der Arbeitnehmers*in ab, sondern tritt aufgrund eines natürlichen Ereignisses wie dem Alter auf.[2555] Auch in diesem Fall empfiehlt es sich nach dem Schrifttum, das Recht auf Kündigung des Vertrages des*der Arbeitnehmers*in in Übereinstimmung mit der Pflicht des*der Arbeitgebers*in der Wahrung der Interessen des*der Arbeitnehmers*in und nach dem Grundsatz von Treu und Glauben zu nutzen.[2556] Somit ist die Abnahme der Arbeitseffizienz infolge des Alters eines*einer Arbeitnehmers*in, der*die jahrelang im Unternehmen gearbeitet hat, nicht als triftiger Grund zu akzeptieren und bis zum Erreichen des Rentenalters zu warten.[2557]

Problematisch ist im türkischen Arbeitsrecht die Altersgrenze in betrieblichen Richtlinien und in einigen Tarifverträgen, die Klauseln enthalten, die die Kündigung der Arbeitsverträge der Arbeitnehmer*innen erlauben, die ein bestimmtes Alter (meistens 60) erreichen und/oder das Recht auf Altersrente erhalten. Nach einer Stellungnahme in der Arbeitsrechtslehre – erster Ansatz – können solche Klauseln in betrieblichen Richtlinien und in Tarifverträgen wirksame Aufnahme finden. Aufgrund einer rationalen Personalpolitik sowie einer Alters- und Karriereplanung habe der*die Arbeitgeber*in ein allgemeines Programm für die Entlassung von Personen, die am Arbeitsplatz oder in einem Unternehmen ein bestimmtes Alter erreichen, beispielsweise aus Gründen der Einrichtung eines rationalen Alterssystems und der Möglichkeit für Arbeitnehmer*innen, hochrangige Behörden zu erreichen, festgelegt, diese sei als eine unternehmerische Entscheidung anzunehmen, somit seien solche Bestimmungen als wirksam einzustufen.[2558] Die vorgenannte Akzeptanz könne als wirksamer Grund für die Kündigung im Tarifvertrag oder in den den Arbeitsvertrag ergänzenden betrieblichen Richtlinien im Zusammenhang mit Alter und Ruhestand gelten.[2559]

2552 Vgl. *Sarıbay Öztürk*, Sicil 2017/37, 114 (124); *Süzek*, İş Hukuku, S. 577; *Ertürk*, S. 183–184; *Akı* DEÜHFD 2007/9-Özel Sayı, 3 (8); *Yıldız*, 157; *Baysal*, S. 151–152; *Yuvalı*, S. 154.

2553 Vgl. *Akı*, DEÜHFD 2007/9, S. 3 (6).

2554 Vgl. *Akı*, DEÜHFD 2007/9, S. 3 (6).

2555 Vgl. *Akı*, DEÜHFD 2007/9, S. 3 (6).

2556 Vgl. *Süzek*, İş Hukuku, S. 577; *Sarıbay Öztürk*, Sicil 2017/37, 114 (124); *Baysal*, S.152.

2557 Vgl. *Süzek*, İş Hukuku, S. 577; *Sarıbay Öztürk*, Sicil 2017/37, 114 (124); *Baysal*, S.152.

2558 Vgl. *Kocabıyık*, Sicil 2009/13, 227 (231).

2559 Vgl. *Sarıbay Öztürk*, Sicil 2017/37, 114 (125).

Andere Autoren der Literatur sind sachgerecht der Ansicht – zweiter Ansatz – solche vertraglichen Aufzeichnungen seien in der Regel als unwirksam anzusehen.[2560] Die türkische Gesetzgebung enthalte keine Vorschriften, die Altersgrenzen in Verträgen erlauben.[2561] Bestimmungen über triftige Kündigungsgründe in Artikel 18 Absatz 1 Arbeitsgesetz seien zwingend und ließen keine Änderung zum Nachteil der Arbeitnehmer*innen zu.[2562] Auch wenn der*die Arbeitnehmer*in Anspruch auf Rente habe oder ein bestimmtes Alter erreicht habe, lasse dies keine allgemeine Schlussfolgerung zu, der*die Arbeitnehmer*in sei unfähig; aus diesem Grund entsprächen diese Klauseln nicht den Regelungen des Artikels 18 Arbeitsgesetz.[2563] Dementsprechend seien diese Bestimmungen der betrieblichen Richtlinien und der Tarifverträge in dieser Richtung wegen Verstoßes gegen die zwingenden Bestimmungen des Artikels 18 Absatz 1 Arbeitsgesetz als nicht zulässig anzusehen.[2564] Solche Regelungen verstießen gegen die Grundrechte, insbesondere das Recht auf Arbeit und das Recht auf freie Entfaltung der Persönlichkeit.[2565] Die Arbeitsplatzsuche gestalte sich sehr schwierig für einen*eine Arbeitnehmer*in, der*die ein bestimmtes Alter erreicht hat, nach einer Kündigung.[2566] Auf der anderen Seite verstoße die Kündigung von Arbeitnehmern*innen ohne Unfähigkeit auf Grundlage dieser Klauseln, die das Erreichen eines bestimmten Alters und einen Anspruch auf Ruhestand als einen gültigen Kündigungsgrund erklären, sowohl gegen den Grundsatz der Gleichheit der Verfassung als auch gegen Artikel 5 des Arbeitsgesetzes, der das Verbot der Diskriminierung regelt.[2567] Da diese Klauseln im Hinblick auf die Altersgrenze gegen den Grundsatz der Nichtdiskriminierung in Bezug auf die Diskriminierung älterer Menschen verstießen, seien die aufgrund dieser Klauseln vorgenommenen Kündigungen als ungültig anzusehen.[2568]

Diese Autoren, die die Ansicht der Ungültigkeit dieser Klauseln vertreten, machen aber einen Unterschied hinsichtlich von bestimmten Arbeiten oder von Klauseln entsprechender Berufe. Das Erreichen eines bestimmten Alters in einigen Arbeiten und Berufen könne unter Umständen durchaus zu einem Kompetenzverlust führen.[2569] Z. B. sei es akzeptabel, Piloten, Athleten, Models, Sicherheitspersonal und Personen, die in schweren und gefährlichen Berufen arbeiten, Klauseln über Altersbeschränkungen angemessen zur Arbeit, die sie

---

2560 Vgl. *Süzek*, İş Hukuku, S. 578; *Sarıbay Öztürk*, Sicil 2017/37, 114 (125); *Ünal*, S. 291–334; *Ertürk*, S. 184; *Baysal*, S. 159.
2561 Vgl. *Süzek*, İş Hukuku, S. 579.
2562 Vgl. *Süzek*, İş Hukuku, S. 579.
2563 Vgl. *Süzek*, İş Hukuku, S. 579.
2564 Vgl. *Süzek*, İş Hukuku, S. 579.
2565 Vgl. *Ertürk*, S. 184.
2566 Vgl. *Ertürk*, S. 184.
2567 Vgl. *Süzek*, İş Hukuku, S. 579.
2568 Vgl. *Süzek*, İş Hukuku, S. 579.
2569 Vgl. *Süzek*, İş Hukuku, S. 580.

leisten, zu verfassen.[2570] In bestimmten Fällen bringe das Erreichen eines höheren Alters durchaus eine Unfähigkeit mit sich. Diese Ansicht stimmt mit der EuGH Entscheidung *Fries* überein.[2571] Empfehlenswert ist es aber – ebenfalls unter Berücksichtigung der Entscheidung des EuGH – auch in solchen Fällen, in denen ein altersbedingter Kompetenzverlust und damit eine verbundene Unfähigkeit aufgrund der Besonderheiten der Arbeit und des Berufes zu erwarten ist, eine die persönlichen Fähigkeiten berücksichtigende Einsicht vorauszusetzen. Anstatt eine Altersgrenze festzusetzen, sei es empfehlenswert – auch vor dem Erreichen eines bestimmten Alters – regelmäßige Gesundheitskontrollen hinsichtlich der Kompetenzfähigkeit der Arbeitnehmer*innen durchzuführen. Es sei nicht möglich, mit einer hundertprozentigen Sicherheit sicherzustellen, wann ein*e Arbeitnehmer*in seine*ihre Kompetenz verliert; dies könne vor oder nach dem Erreichen eines bestimmten Alters passieren.

Eine andere Stellungnahme in der Arbeitsrechtslehre – dritter Ansatz – macht darauf aufmerksam, die Frage der Gültigkeit der Bestimmungen, die die Altersbeschränkungen für betriebliche Richtlinien oder Tarifverträge festlegen und die genau genommen auch dazu dienen, triftige Kündigungsgründe zu vermehren, Artikel 18 Arbeitsgesetz mit Artikel 7 Absatz 1 Buchstabe c GMRGI zu konfrontieren.[2572] Die Vorschriften der Tarifverträge oder der betrieblichen Richtlinien, wonach der*die Arbeitnehmer*in, der*die Anspruch auf Ruhestand hat und ein bestimmtes Alter erreicht, gekündigt wird, stellten keine unterschiedliche Behandlung dar, sofern sie dem GMRGI entsprechen.[2573] Artikel 7 Absatz 1 Buchstabe c GMRGI erklärt die unterschiedliche Behandlung aufgrund des Alters in der Festlegung und Anwendung von Altersgrenzen aufgrund der Erfordernisse des Dienstes bei der Einstellung und Beschäftigung als rechtmäßig, sofern dies in einem angemessenen Verhältnis zu den Anforderungen und dem Zweck stehe. Weil das GMRGI eine Ausnahme des Diskriminierungsverbots aufgrund des Alters nur für die Einstellungs- und Beschäftigungsprozesse sieht, aber keinen Hinweis auf die Beendigung des Arbeitsvertrages enthält, stellen diese Vorschriften der Tarifverträge oder der betrieblichen Richtlinien, die Altersgrenzen bei der Beendigung des Arbeitsvertrages festlegen, unter anderem auch eine unterschiedliche Behandlung nach dem GMRGI dar.[2574]

Der Kassationshof ist auf der anderen Seite der Meinung, solche Klauseln in betrieblichen Richtlinien und in Tarifverträgen seien wirksam, solange sie objektiv und allgemein seien.[2575] Laut Kassationshof ist es – auch wenn das Erreichen

2570 Vgl. *Süzek*, İş Hukuku, S. 580.
2571 EuGH 5.7.2017, Rs. C-190/16 „Fries".
2572 Vgl. *Sarıbay Öztürk*, Sicil 2017/37, 114 (128).
2573 Vgl. *Sarıbay Öztürk*, Sicil 2017/37, 114 (127–128).
2574 Siehe *diese Dissertationsschrift* § 11., F., II., 2.
2575 Y22HD 5.6.2012, E. 2011/12567, K. 2012/12533 (Sicil/2012–28, 146); Y9HD 10.4.2006, E. 2006/5883, K. 2006/9359 (Kazancı); Y9HD 21.7.2008, E. 2008/21499, K. 2008/2666 (Kazancı); Y9HD 20.10.2008, E. 2008/11058, K. 2008//27690 (Kazancı); Y9HD

des Rentenalters von sich aus keinen triftigen Grund darstelle, rechtmäßig, mithilfe von Tarifverträgen oder betrieblichen Richtlinien die Kündigung der Arbeitsverträge der Arbeitnehmer*innen zu erlauben, die ein bestimmtes Alter erreichen und/oder das Recht auf Bezug einer Altersrente erhalten.[2576] Es müsse allerdings im betreffenden Unternehmen ein Personalüberschuss bestehen.[2577] Die Stellungnahme des Kassationshofes scheint allerdings in Anbetracht des zweiten Ansatzes in der Literatur und unter Beachtung der Nichtdiskriminierungspflicht des*der Arbeitgebers*in nach Artikel 5 Arbeitsgesetz und angesichts dessen zwingender Natur sowie des Verbotes diskriminierender Kündigungen nach Artikel 18 Absatz 3 Buchstabe d Arbeitsgesetz – unter Beachtung der im Artikel aufgezählten, nicht abschließenden Merkmale – nicht sachgerecht zu sein.

bb) Berufliche Unfähigkeit (Leistung)

Eine berufliche Unfähigkeit des*der Arbeitnehmers*in stellt in der Regel einen wirksamen Kündigungsgrund nach dem türkischen Kündigungsschutzrecht dar. Als ein triftiger Grund für berufliche Unfähigkeit gilt es nach der Gesetzesbegründung, wenn der*die Arbeitnehmer*in im Vergleich mit einem*r eine gleiche oder ähnliche Arbeit verrichtenden*e Arbeitnehmer*in durchschnittlich weniger produktiv ist oder eine niedrigere Leistung erbringt in Bezug auf die Qualitäten, die jener*e Arbeitnehmer*in zeigt.[2578] Im Hinblick auf die Leistung sind dann die Qualität und das Niveau der Arbeit, die der*die Arbeitnehmer*in im Arbeitsprozess erbringt und zur Produktion der Arbeit beiträgt, zu verstehen.[2579] Die Produktivität des*der Arbeitnehmers*in ist wiederum als das Niveau oder die Menge der Produktion, die sich aus dem Aufwand pro Zeiteinheit ergibt, wahrzunehmen.[2580]

Weniger arbeiten, als es sein sollte; ein Mangel an Dynamik, die Weigerung, Initiative zu übernehmen oder Entscheidungen zu treffen; verminderte Aufmerksamkeit und Konzentration; die Unfähigkeit im Hinblick auf ein vorgegebenes Arbeitstempo; das Scheitern beim Lernen und sich Verbessern oder Scheitern an Adaptation an die neue Technologie zählen nach dem Schrifttum zu Beispielen für einen triftigen Kündigungsgrund aus beruflicher Unfähigkeit.[2581] Auf eine

---

6.11.2006, E. 2006/20021, K. 2006/29320 (Kazancı); *Y9HD 27.3.2006, E. 2006/5584, K. 2006/7867* (Kazancı).

2576 Y22HD 5.6.2012, E. 2011/12567, K. 2012/12533 (Sicil/2012–28, 146); Y9HD 10.4.2006, E. 2006/5883, K. 2006/9359 (Kazancı); Y9HD 21.7.2008, E. 2008/21499, K. 2008/2666 (Kazancı); Y9HD 20.10.2008, E. 2008/11058, K. 2008//27690 (Kazancı).

2577 *Y9HD 27.3.2006, E. 2006/5584, K. 2006/7867* (Kazancı).

2578 Vgl. TİSK, İş Kanunu Gerekçesi, S. 96.

2579 Vgl. *Süzek*, İş Hukuku, S. 580; *Kar*, Sicil 2008/11, 34 (34 ff.); *Baysal*, S. 82 ff.

2580 Vgl. *Süzek*, İş Hukuku, S. 580; *Kar*, Sicil 2008/11, 34 (34 ff.); *Baysal*, S. 82 ff.

2581 Vgl. *Süzek*, İş Hukuku, S. 580; *Mollamahmutoğlu/Astarlı/Baysal*, İş Hukuku Ders (2019), S. 283; *Ekonomi*, Çimento İşveren 2013/Mart-Özel Ek, 1 (9).

ähnliche Weise bewertet das Schrifttum die Kündigung des Arbeitsvertrags eines*einer Arbeitnehmers*in, der*die nicht in der Lage ist, sich an wissenschaftliche und technologische Veränderungen und neue Methoden am Arbeitsplatz anzupassen, als rechtlich zulässig.[2582] Zu den triftigen Gründen der Kündigung des Arbeitsvertrags aufgrund beruflicher Unfähigkeit ist auch der Verlust der erforderlichen Erlaubnisse zu zählen.[2583] Somit nennt das Schrifttum beispielweise das Versäumnis der Verlängerung der Arbeitserlaubnis des*der ausländischen Arbeitnehmers*in, der Verlust des Führerscheins für ein*e Fahrer*in oder des Flugscheins eines*einer Pilot*in, ein sechsmonatiges Fahrverbot aufgrund des Verschuldens des*der Arbeitnehmers*in, der*die als Pharmareferent*in tätig ist, als triftige Kündigungsgründe.[2584] Selbst der Besitz der erforderlichen Ausbildung oder der Erlaubnisse reiche nicht, der*die Arbeitnehmer*in müsse beim Arbeiten eine seiner*ihrer Ausbildung entsprechende Produktivität und Leistung zeigen.[2585]

Nach dem Kassationshof reiche eine vorübergehende Produktivität- oder Leistungsminderung des*der Arbeitnehmers*in nicht aus, vielmehr müsse sie dauerhaft sein; nur dann könne die Leistungsminderung ein triftiger Grund nach dem Kündigungsschutz sein.[2586] Leistungs- und Effizienzergebnisse eines*einer Arbeitnehmers*in, die je nach den Bedingungen variieren und nicht kontinuierlich sind, gelten möglicherweise nicht als ausreichender triftiger Grund.[2587] Darüber hinaus dürfen die für die Ausführung der Arbeit erforderlichen Fähigkeiten und Eignungen des*der Arbeitnehmers*in im Hinblick auf den Beruf zum Zeitpunkt der Kündigung nicht ausreichen.[2588]

Es gilt zunächst, objektive Kriterien nach Angaben des Kassationshofes festzulegen, damit die Leistungs- und Produktivitätsergebnisse des*der Arbeitnehmers*in als Grundlage für eine gültige Kündigung dienen können.[2589] Im Voraus festgelegte Leistungsbewertungskriterien sind dem*der Arbeitnehmer*in

---

2582 Vgl. *Süzek*, İş Hukuku, S. 581; *Ekonomi*, Çimento İşveren 2013/Mart-Özel Ek, 1 (9).

2583 Vgl. *Süzek*, İş Hukuku, S. 582, *Ekonomi*, Çimento İşveren 2013/Mart-Özel Ek, 1 (10).

2584 Y22HD 1.2.2013, E. 2012/30430, K. 2013/1629. Vgl. *Süzek*, İş Hukuku, S. 582; *Ekonomi*, Çimento İşveren 2013/Mart-Özel Ek, 1 (10).

2585 Vgl. *Süzek*, İş Hukuku, S. 580, *Kar*, Sicil 2008/11, 34 (36).

2586 Y9HD 18.3.2008, E. 2007/27584, K. 2008/5327 (Kazancı); Y9HD 24.6.2004, E. 2003/3740, K. 2004/15625 (Kazancı).

2587 Y9HD 18.3.2008, E. 2007/27584, K. 2008/5327 (Kazancı); Y9HD 24.6.2004, E. 2003/3740, K. 2004/15625 (Kazancı).

2588 Vgl. *Mollamahmutoğlu/Astarlı/Baysal*, İş Hukuku Ders, S. 283.

2589 Y9HD 9.3.2009, E. 2008/20570, K. 2009/6142 (Kazancı); Y9HD 8.4.2008, E. 2007/27829, K. 2008/7831 (Kazancı); Y9HD 18.3.2008, E. 2007/27584, K. 2008/5327 (Kazancı); Y9HD 12.4.2010, E. 2010/7476, K. 2010/10020 (Kazancı); Y9HD 18.12.2006, E. 2006/26514, K. 2006/33393 (Kazancı). Vgl. *Süzek*, İş Hukuku, S. 581; *Kar*, Sicil 2008/11, 34 (36); *Ekonomi*, Çimento İşveren 2013/Mart-Özel Ek, 1 (8).

mitzuteilen.[2590] Die gleichen Regeln sind für diejenigen anzuwenden, die den gleichen Job machen.[2591] Ansonsten sind arbeitsplatzspezifische Leistungs- und Effizienzstandards in Übereinstimmung mit der Unternehmensstruktur festzulegen.[2592]

Andererseits sollten Standards realistisch und angemessen sein.[2593] Hohe Standards, die die menschliche Gesundheit und den Körperbau nicht berücksichtigen, können nicht Grundlage für eine Leistungsbewertung sein.[2594] Der Kassationshof verlangt mehrmals in Rechtsstreitigkeiten über die Entlassung eines*r behinderten Arbeitnehmers*in wegen schlechter Leistungen, der*die Arbeitgeber*in solle die Leistung entsprechend der besonderen Situation des*der Arbeitnehmers*in bewerten.[2595] In einer Wiedereinstellungsklage aus dem Jahr 2005 sprach z. B. der Kassationshof davon, eine Leistungsminderung könne nicht als ein triftiger Grund gelten, wenn die Leistung nicht entsprechend der persönlichen Situation des Arbeitnehmers bewertet würde.[2596] In dem Fall ging es um einen behinderten Arbeitnehmer, der in einer Firma mit einer Behindertenquote arbeitete. Der Arbeitnehmer litt an einer Behinderung seiner Füße mit einem Behinderungsgrad von 45 %, sodass er nur am Schreibtisch arbeiten konnte. Der Arbeitnehmer musste aber am Arbeitsplatz acht Stunden lang stehen. Laut einer Feststellung könne die Leistung des Arbeitnehmers im Vergleich zu anderen lediglich 50 % betragen und es sei eine Leistungsbewertung entsprechend der Situation des Arbeitnehmers vorzunehmen. Daher existiere kein wirksamer Grund für die Kündigung.[2597] Somit verstoße die Kündigung infolge einer diskriminierenden

---

2590 Y9HD 9.3.2009, E. 2008/20570, K. 2009/6142 (Kazancı); Y9HD 8.4.2008, E. 2007/27829, K. 2008/7831 (Kazancı); Y9HD 18.3.2008, E. 2007/27584, K. 2008/5327 (Kazancı); Y9HD 12.4.2010, E. 2010/7476, K. 2010/10020 (Kazancı). Vgl. *Kar*, Sicil 2008/11, 34 (37); *Ekonomi*, Çimento İşveren 2013/Mart-Özel Ek, 1 (8).

2591 Y9HD 18.12.2006, E. 2006/26514, K. 2006/33393 (Kazancı); Y9HD 9.3.2009, E. 2008/20570, K. 2009/6142 (Kazancı); Y9HD 8.4.2008, E. 2007/27829, K. 2008/7831 (Kazancı); Y9HD 18.3.2008, E. 2007/27584, K. 2008/5327 (Kazancı); Y9HD 12.4.2010, E. 2010/7476, K. 2010/10020 (Kazancı). Vgl. *Süzek*, İş Hukuku, S. 581.

2592 Y9HD 9.3.2009, E. 2008/20570, K. 2009/6142 (Kazancı); Y9HD 8.4.2008, E. 2007/27829, K. 2008/7831 (Kazancı); Y9HD 18.3.2008, E. 2007/27584, K. 2008/5327 (Kazancı); Y9HD 12.4.2010, E. 2010/7476, K. 2010/10020 (Kazancı); Y9HD 18.12.2006, E. 2006/26514, K. 2006/33393 (Kazancı). Vgl. *Süzek*, İş Hukuku, S. 581; *Kar*, Sicil 2008/11, 34 (38).

2593 Y9HD 18.12.2006, E. 2006/26514, K. 2006/33393 (Kazancı). Vgl. *Kar*, Sicil 2008/11, 34 (38); *Süzek*, İş Hukuku, S. 582; *Kar*, Sicil 2008/11, 34 (38); *Ekonomi*, Çimento İşveren 2013/Mart-Özel Ek, 1 (8).

2594 Y9HD 18.12.2006, E. 2006/26514, K. 2006/33393 (Kazancı). Vgl. *Kar*, Sicil 2008/11, 34 (38); *Süzek*, İş Hukuku, S. 582.

2595 Y9HD 21.4.2005, E 2004/23961, K 2005/14007 (Kazancı); Y9HD 25.5.2009, E. 2008/34233, K. 2009/14264 (Kazancı).

2596 Y9HD 21.4.2005, E 2004/23961, K 2005/14007 (Kazancı).

2597 Y9HD 21.4.2005, E 2004/23961, K 2005/14007 (Kazancı).

Arbeitgeberkündigung aufgrund der Behinderung eines Arbeitnehmers gegen kündigungsschutzrechtliche Regelungen.

Darüber hinaus vertritt das Schrifttum die gleiche Richtung wie die „*Navas*“ der Entscheidung des EuGH die Ansicht, es läge eine Kündigung des Arbeitsvertrages des*der Arbeitnehmers*in wegen Unfähigkeit vor, da er*sie die Anforderungen seines*ihres Arbeitsplatzes nicht erfüllen konnte, wenn der Grund für die Unfähigkeit und Ineffizienz des*der Arbeitnehmers*in in den Gründen liegt, auf die der*die Arbeitnehmer*in mit Behinderung aufgrund des Fehlens konkreter Vorkehrungen am Arbeitsplatz konfrontiert ist. Insofern stelle die Kündigung eine diskriminierende Kündigung dar, sofern die am Arbeitsplatz zu treffenden Maßnahmen keine unverhältnismäßige Belastung für den*die Arbeitgeber*in darstellen.[2598]

*b) Verhalten des*der Arbeitnehmers*in*

Die zweite Gruppe bilden die Gründe wegen des Verhaltens des*der Arbeitnehmers*in. Der Gesetzgeber hat schon in der Gesetzesbegründung Beispiele genannt, die als triftige Kündigungsgründe anhand des Verhaltens des*der Arbeitnehmers*in gelten können: Eine Schädigung des*der Arbeitgebers*in oder das Erzeugen von Unbehagen, um den Schaden zu wiederholen; Provozieren der Kollegen gegen den*die Arbeitgeber*in; eine schlechte oder unzureichende Ausführung seiner*ihrer Arbeit trotz Warnungen; Tätigen von langen Telefonanrufen mit dem Stoppen des Arbeitsflusses; häufiges spätes Kommen zur Arbeit; Durchstreifen des Arbeitsplatzes mit einer Unterbrechung der Arbeit; Umgang mit anderen Menschen auf eine Weise, die sich negativ auf den Arbeitsablauf und das Arbeitsumfeld am Arbeitsplatz auswirkt; Kollegen um Geld bitten, was Unbehagen am Arbeitsplatz verursacht; Zeigen einer ernsthaften Unverträglichkeit mit Vorgesetzten oder Kollegen und das Führen von häufigen und unnötigen Diskussionen sind durch den Gesetzgeber genannte Beispiele.[2599] In dem Zusammenhang finden zuerst die Unterschiede zwischen den berechtigten und triftigen Gründen, danach Bedingungen einer Kündigung wegen des Verhaltens des*der Arbeitnehmers*in eine Darstellung, schließlich die Fallgruppen eine Erläuterung.

aa) Berechtigte vs. triftige verhaltensbedingte Gründe

Das Schrifttum und die Rechtsprechung beschreiben verhaltensbedingte triftige Kündigungsgründe mit Unterscheidungen von berechtigten Kündigungsgründen für die außerordentliche Kündigung. Verhaltensbedingte triftige Kündigungsgründe sind schuldhafte Widersprüche gegenüber dem Arbeitsvertrag, nicht

2598 EuGH 11.7.2006, Rs. C- 13/05 Rn. 49–52 „Navas“. Vgl. *Doğan Yenisey*, ÇT 2006/4, 63 (74).

2599 Vgl. TİSK, İş Kanunu Gerekçesi, S. 96.

gewichtig genug, um den Vertrag sofort zu kündigen; aber auch nicht bagatellhaft genug, um mit einer Verwarnung versehen zu werden; somit gelten sie als solche, die sich negativ auf die Arbeitsbeziehung auswirken und die Kündigung des Arbeitsvertrages wirksam erscheinen lassen.[2600]

Nach dem türkischen Arbeitsrecht ist eine fristlose Kündigung eines unbefristeten Arbeitsvertrages nur unter besonderen Umständen, die explizit im Arbeitsgesetz aufgezählt sind, möglich. Artikel 25 Arbeitsgesetz entsprechend ist ein*e Arbeitgeber*in berechtigt, einen Arbeitsvertrag aus gesundheitlichen Gründen, in den Fällen eines Vertrauensbruchs (gegen die guten Sitten und gegen den Grundsatz von Treu und Glauben verstoßende Situationen und Ähnliches) oder aus zwingenden Gründen fristlos zu kündigen. Das Gesetz nennt diese Gründe als *haklı nedenler*, auf Deutsch berechtigte Gründe, und zählt, anders als im deutschen Recht, kasuistisch Einzelfälle auf.[2601] Das Verhalten des*der Arbeitnehmers*in, das zu einer wirksamen Kündigung führen kann, unterscheidet sich von den berechtigten Gründen gemäß Artikel 25 des Arbeitsgesetzes, die das Recht auf außerordentliche Kündigung mit sofortiger Wirkung verleihen.[2602] Nach der Rechtsprechung und dem Schrifttum lässt sich der Unterschied zwischen triftigen Gründen und berechtigten Gründen damit erklären, indem das Vertrauensverhältnis, das zwischen den Parteien des Arbeitsvertrages bestehen sollte, Erschütterung erlebt oder die Vertrauensbasis zerbricht.[2603] Das gemeinsame Merkmal der Dauerschuldverhältnisse besteht im Herstellen eines engen persönlichen Vertrauensverhältnisses zwischen den Parteien.[2604] Dies gilt auch für den Arbeitsvertrag.[2605] Kommt es aufgrund des Verhaltens einer der Parteien zur Erschütterung oder zum Zusammenbruch dieser engen Vertrauensbeziehung, ist ein Fortsetzen der Arbeitsbeziehung durch die andere Partei nicht mehr zu erwarten.[2606] Das Recht, den Arbeitsvertrag sofort zu kündigen, entsteht

---

2600 Y9HD 18.6.2015, E. 2015/14396, K. 2015/22303 (Kazancı); Y9HD 21.12.2017, E. 2016/32606, K. 2017/21996 (ÇT, 2019/3, 2049); Y9HD E. 2009/24402, K. 2010/21299 (Kazancı). Vgl. *Mollamahmutoğlu/Astarlı/Baysal*, İş Hukuku Ders, S. 283; *Tuncay*, Çimento İşv 2003-Ocak, 3 (6).

2601 Vgl. *Alpagut*, Sicil 2006/1, 71 (73).

2602 Y9HD 18.6.2015, E. 2015/14396, K. 2015/22303 (Kazancı); Y9HD 8.4.2008, E. 2007/27789, K. 2008/7823 (Kazancı); Y9HD E. 2009/24402, K. 2010/21299 (Kazancı). Vgl. *Süzek*, İş Hukuku, S. 583; *Ekonomi*, Çimento İşveren 2013/Mart-Özel Ek, 1 (10).

2603 Y9HD 18.6.2015, E. 2015/14396, K. 2015/22303 (Kazancı); Y9HD 8.4.2008, E. 2007/27789, K. 2008/7823 (Kazancı); Y9HD E. 2009/24402, K. 2010/21299 (Kazancı). Vgl. *Süzek*, İş Hukuku, S. 583; *Ekonomi*, Çimento İşveren 2013/Mart-Özel Ek, 1 (10); *Alpagut*, Sicil 2006/1, 71 (77).

2604 Vgl. *Süzek*, İş Hukuku, S. 583.

2605 Vgl. *Süzek*, İş Hukuku, S. 583.

2606 Y9HD 18.6.2015, E. 2015/14396, K. 2015/22303 (Kazancı); Y9HD 8.4.2008, E. 2007/27789, K. 2008/7823 (Kazancı); Y9HD E. 2009/24402, K. 2010/21299 (Kazancı). Vgl. *Süzek*, İş Hukuku, S. 583; *Alpagut*, Sicil 2006/1, 71 (72).

in dem Fall, wenn infolge eines unethischen und nicht gutgläubigen Verhaltens einer Vertragspartei die Weiterführung des Arbeitsvertrages für die andere Partei nach dem Grundsatz von Treu und Glauben unerträglich geworden, d. h., die Vertrauensbasis zusammengebrochen ist.[2607] Andererseits ist das Verhalten des*der Arbeitnehmers*in nicht gravierend genug, die Vertrauensbasis zwischen den Parteien zusammenbrechen zu lassen, wobei die Fortsetzung der Geschäftsbeziehung nicht völlig unerträglich ist, aber das Verhalten das normale Funktionieren der Arbeit stört, die Harmonie am Arbeitsplatz negativ beeinflusst und daher die Fortsetzung der Arbeitsbeziehung vom*von der Arbeitgeber*in nicht mit angemessenen Maßnahmen zu erwarten ist, was das Verhalten eines triftigen Kündigungsgrundes darstellt.[2608] Ist die Vertrauensbasis zwischen den Parteien noch nicht gänzlich zerbrochen, hat der*die Arbeitnehmer*in mit seinem*ihrem Verhalten das hinsichtlich der Arbeitsbeziehung erforderliche Vertrauen aber erschüttert, besteht laut Kassationshof die Möglichkeit, das Kündigungsrecht des*der Arbeitgebers*in zu nutzen.[2609]

bb) Bedingungen

Das Verhalten des*der Arbeitnehmers*in hinsichtlich des Vorhandenseins seines*ihres Verschuldens für das Bestehen des Rechts auf ordentliche Kündigung mit triftigem Grund ist laut Schrifttum als erforderlich anzusehen. Es muss sich um ein fehlerhaftes Verhalten des*der Arbeitnehmers*in, allerdings um nicht eine rechtfertigende außerordentliche Kündigung handeln.[2610] Der Grad des Verschuldens spielt ebenfalls eine Rolle. Nach dem Schrifttum sollte das leicht fehlerhafte Verhalten des*der Arbeitnehmers*in, das nicht das Niveau erreicht, das Vertrauen des*der Arbeitgebers*in objektiv zu erschüttern, und die Funktionsweise und Einhaltung des Arbeitsplatzes nicht negativ beeinflusst, keine rechtmäßigen gültigen Kündigungsgründe darstellen.[2611]

2607 Y9HD 8.4.2008, E. 2007/27789, K. 2008/7823 (Kazancı); Y9HD E. 2009/24402, K. 2010/21299 (Kazancı). Vgl. *Süzek*, İş Hukuku, S. 583.

2608 Y9HD 8.4.2008, E. 2007/27789, K. 2008/7823 (Kazancı); Y9HD E. 2009/24402, K. 2010/21299 (Kazancı). Vgl. *Demir*, ÇT 2007/3, 157 (164); *Günay*, Sicil 2009/14, 60 (61); *Süzek*, İş Hukuku, S. 584; *Yıldız*, Sicil 2009/16, 110 (116).

2609 Y9HD 8.4.2008, E. 2007/27789, K. 2008/7823 (Kazancı); Y9HD E. 2009/24402, K. 2010/21299 (Kazancı); Y9HD 1.6.2011, E. 2010/3363, K. 2011/16270 (Kazancı); Y9HD 21.4.2008, E. 2007/30764, K. 2008/92212 (Kazancı). *Süzek*, İş Hukuku, S. 584; *Demir*, ÇT 2007/3, 157 (164, 169); *Günay*, Sicil 2009/14, 60 (61); *Yıldız*, Sicil 2009/16, 110 (116).

2610 Y9HD 21.12.2017, E. 2016/32606, K. 2017/21996 (ÇT, 2019/3, 2049). Vgl. *Demir*, ÇT 2007/3, 157 (164); *Süzek*, İş Hukuku, S. 585.

2611 Y9HD 18.6.2015, E. 2015/14396, K. 2015/22303 (Kazancı). Vgl. *Odaman*, Çimento İşveren, 20 (24 ff.); *Süzek*, İş Hukuku, S. 585; *Mollamahmutoğlu/Astarlı/Baysal*, İş Hukuku Ders, S. 283

Voraussetzung ist die Beeinträchtigung des Arbeitsplatzes und des Arbeitsprozesses durch das Verhalten des*der Arbeitnehmers*in.[2612] Solange das negative Sozialverhalten des*der Arbeitnehmers*in oder seine*ihre sozial und ethisch nicht korrekte Haltung keine negativen Auswirkungen auf den Produktions- und Arbeitsbeziehungsprozess am Arbeitsplatz haben, findet dies keine Berücksichtigung als triftiger Grund.[2613] Der Zweck der Kündigung aufgrund des Verhaltens des*der Arbeitnehmers*in besteht nicht darin, Verhaltensweisen zu bestrafen, die zuvor durch den*die Arbeitnehmer*in gegen den Arbeitsvertrag begangen worden sind.[2614] Das Ziel ist es, das Risiko eines erneuten Auftretens der Verletzung der vertraglichen Verpflichtungen durch die Arbeitnehmer*innen zu vermeiden.[2615]

Darüber hinaus will das Gericht bei der Untersuchung der Wirksamkeit der Kündigung in Übereinstimmung mit dem Grundsatz der Verhältnismäßigkeit feststellen, ob je nach Art des jeweiligen Ereignisses unter Berücksichtigung der Schwere des Verhaltens des*der Arbeitnehmers*in eine Disproportion zwischen dem Verhalten des*der Arbeitnehmers*in und der Art der Kündigung (außerordentlich mit sofortiger Wirkung oder ordentlich fristgerecht) des*der Arbeitgebers*in besteht.[2616] Die Verhältnismäßigkeitsprüfung ist außerdem zu verstehen als ein ausgewogenes Verhältnis zwischen der Vertragsfreiheit des*der Arbeitgebers*in und dem Unternehmertum, d. h. dem Interesse an der Kündigung des Arbeitsvertrags, und dem Recht des*der Arbeitnehmers*in auf Arbeit, d. h. dem Interesse an der Aufrechterhaltung der Kontinuität des Vertrags.[2617] In einer seiner Entscheidungen betonte der Kassationshof, obwohl Unterbrechungen des Arbeitsablaufs und Inkompatibilitäten im Arbeitssystem wirksame Gründe für die Beendigung des Arbeitsvertrages seien, sei die zehn Jahre währende Tätigkeit des Klägers (des Arbeitnehmers) zu berücksichtigen, demzufolge sei die Kündigung nach dem Grundsatz der Verhältnismäßigkeit als zu gravierend zu betrachten.[2618] Beim Entlassen eines*einer betagten, lange Zeit am Arbeitsplatz tätigen Arbeitnehmers*in mit einem Anspruch auf Altersrente in weniger als einem Jahr entsteht nach dem Schrifttum eine Unverhältnismäßigkeit zwischen den Interessen der Parteien des Arbeitsvertrages.[2619]

2612 Vgl. *Mollamahmutoğlu/Astarlı/Baysal*, İş Hukuku Ders (2019), S. 283; *Demir*, ÇT 2007/3, 157 (165); *Çelik/Caniklioğlu/Canbolat*, İş Hukuku, S. 345; *Baysal*, S. 122.

2613 Vgl. TİSK, İş Kanunu Gerekçesi, S. 96; *Mollamahmutoğlu/Astarlı/Baysal*, İş Hukuku Ders, S. 283; *Çelik/Caniklioğlu/Canbolat*, İş Hukuku, S. 345; *Baysal*, S. 121 ff.; *Demir*, ÇT 2007/3, 157 (165).

2614 Y9HD 21.12.2017, E. 2016/32606, K. 2017/21996 (ÇT, 2019/3, 2049).

2615 Y9HD 21.12.2017, E. 2016/32606, K. 2017/21996 (ÇT, 2019/3, 2049).

2616 Vgl. *Kar*, Sicil 2009/15, 60 (60 ff.); *Süzek*, İş Hukuku, S. 586.

2617 Vgl. *Günay*, Sicil 2009/14, 60 (72); *Süzek*, İş Hukuku, S. 586.

2618 Y9HD 2.7.2010, 20186/21596 (ÇT/28, 516).

2619 Vgl. *Süzek*, İş Hukuku, S. 586.

cc) Fallgruppen

Folgende Fallgruppen – Irreführung des*der Arbeitnehmers*in, rede oder Handlungen gegen die Ehre und der Ruf des*der Arbeitgebers*in, Unverträglichkeit, Mangel an Verbundheit und Unfähigkeit, die Aufgaben zu erfüllen- lassen sich als Beispiele für Kündigungsgründe aufgrund des Verhaltens des*der Arbeitnehmers*in nennen:

(1) Irreführung des*der Arbeitnehmers*in

Laut Artikel 25 Absatz 2 Buchstabe a Arbeitsgesetz ist es ein berechtigter Grund, den Arbeitsvertrag zu kündigen, wenn der*die Arbeitnehmer*in bei Vertragsabschluss fälschlicherweise behauptet, er*sie besäße die erforderlichen Eigenschaften oder erfülle die Anforderungen, die für die wesentlichen Bestandteile des Arbeitsvertrages vonnöten seien, oder mithilfe von ungenauen Informationen oder Worten den*die Arbeitgeber*in in die Irre führt. Hat der*die Arbeitnehmer*in den*die Arbeitgeber*in während der Vorstellungsgespräche in die Irre geführt und durch die dadurch entstandene Situation den Betrieb des Arbeitsplatzes negativ beeinflusst, kann dies einen triftigen Kündigungsgrund darstellen. Hat der*die Arbeitnehmer*in z. B. behauptet, er*sie beherrsche eine Fremdsprache sehr gut, war aber später nur eine Kenntnis auf mittlerem Niveau zu konstatieren, kann dies als ein berechtigter Kündigungsgrund an einem Arbeitsplatz, der fortgeschrittene Kenntnisse dieser Sprache erfordert, gelten; dies kann wiederum als triftiger Grund für die Kündigung an einem Arbeitsplatz, der keine fortgeschrittenen Kenntnisse dieser Sprache erfordert, aber den Betrieb des Arbeitsplatzes negativ beeinflusst, gelten.[2620]

Fraglich ist, ob unwahre Antworten des*der Arbeitnehmers*in auf diskriminierende Fragen wie über die Schwangerschaft, das Alter, Behinderung, ethnische Herkunft oder ähnliche bei den Vorstellungsgesprächen später zu einer wirksamen Kündigung führen können. Vor allem gilt das Diskriminierungsverbot nach Artikel 5 Arbeitsgesetz nur während des Arbeitsverhältnisses und bei der Beendigung des Arbeitsvertrages. Außer den Merkmalen Geschlecht und Schwangerschaft ist die Arbeitsvertragsgründungsphase nicht innerhalb des Anwendungsbereiches des allgemeinen Diskriminierungsverbots nach dem Arbeitsgesetz einbezogen (Art. 5 III ArbG Nr. 4857).[2621] Laut dem GMRGI ist eine Diskriminierung unter anderem bei arbeitsbezogenen Prozessen einschließlich der Informationen, Bewerbung, Auswahlkriterien und Einstellungsvoraussetzungen aufgrund des Geschlechts, der Rasse, Hautfarbe, Sprache, Religion, des Glaubens, der Konfession, philosophischer oder politischer Anschauung, ethnischer Zugehörigkeit, des Vermögens, der Geburt, des Familienstandes, gesundheitlichen Zustandes, der Behinderung und des Alters nicht zulässig. Des

2620 Vgl. *Süzek*, İş Hukuku, S. 587; *Savaş*, S. 68.
2621 Siehe *diese Dissertationsschrift* § 10, B., I., 2.

Weiteren ist die Verarbeitung personenbezogener Daten der Vertragsparteien nach dem Gesetz zum Schutz von personenbezogenen Daten mit der Gesetzesnummer 6698 nur dann erlaubt, wenn sie in einem direkten Zusammenhang mit dem Abschluss und der Erfüllung des Vertrages steht (Art. 5 II c Gesetz zum Schutz personenbezogener Daten).[2622] Ferner ist eine Person mit einer hasserfüllten Einstellung gegenüber einer Person aufgrund von Unterschieden wegen der Sprache, Rasse, Nationalität, Hautfarbe, des Geschlechts, einer Behinderung, einer politischen Anschauung, eines philosophischen Glaubens, einer Religion oder Konfession mit einer Freiheitsstrafe von einem Jahr bis zu drei Jahren zu bestrafen (Art. 122 Strafgesetz). Auch ohne Schutz durch das Arbeitsgesetz sind Diskriminierungen während der Einstellungsphase nach GMRGI verboten und finden sogar strafrechtliche Verfolgung. Demzufolge sind diskriminierende Fragen bei Vorstellungsgesprächen nicht zulässig. Deswegen ist es Bewerbern*innen auch gestattet, auf diese Fragen nicht korrekt zu antworten. Allerdings erfordert diese Sichtweise immer noch eine Klärung vonseiten der Rechtsprechung.

Auf der anderen Seite ist das Schrifttum der Meinung: In Fällen, in denen Institutionen wie eine religiöse Institution, eine politische Partei oder eine Vereinigung, die Homosexuelle vertritt, betroffen sind, ist es zulässig, dem*der Kandidaten*in, der*die sich für den Job bewirbt, Fragen zur religiösen Überzeugung, politischen Meinung oder sexuellen Präferenz zu stellen.[2623] Auch wenn es sich gemäß Gesetz um den Schutz von personenbezogenen Daten handelt bei religiösen, konfessionsbezogenen oder sonstigen Überzeugungen, ist die Möglichkeit – insbesondere bei der Auswahl von Personen, die als leitende Angestellte an Orten arbeiten, an denen politische Meinungen oder religiöse Überzeugungen vorherrschen – bei Vorstellungsgesprächen Fragen über religiöse, konfessionsbezogene oder sonstige Überzeugungen zu stellen, zu akzeptieren, vorausgesetzt, es erfolgt das Einholen der Zustimmung nach dem Gesetz zum Schutz personenbezogener Daten (Art. 6 I, II und III Gesetz zum Schutz von personenbezogenen Daten).[2624]

(2) Rede oder Handlungen gegen die Ehre und den Ruf des*der Arbeitgebers*in

Nach Artikel 25 Absatz 2 Buchstabe b Arbeitsgesetz besteht ein berechtigter Grund, den Arbeitsvertrag zu kündigen, wenn die Rede oder die Handlung des*der Arbeitnehmers*in gegen die Ehre oder die Würde des*der Arbeitgebers*in oder ein Mitglied seiner*ihrer Familie gerichtet ist oder wenn der*die Arbeitnehmer*in den*die Arbeitgeber*in in einer Art und Weise, die dessen*deren Ehre

2622 Gesetz über den Schutz der persönlichen Daten mit dem Gesetznummer 6698 vom 24.3.2016.

2623 Vgl. *Ertürk*, S. 74; *Sevimli*, S.185; *Sözer*, Sicil 2006/2, 184 (191).

2624 Vgl. *Dulay Yangın*, ÇT 2019/3, 2049 (2068).

und Würde verletzt, ungerechtfertigt angezeigt hat. Auch wenn das Verhalten des*der Arbeitnehmers*in nicht so gewichtig sein sollte, um einen berechtigten Kündigungsgrund zu rechtfertigen, wirken sich aber die Worte und Kritikpunkte gegen den*die Arbeitgeber*in negativ auf die am Arbeitsplatz geforderte Harmonie aus, ist somit die Aufrechterhaltung der Geschäftsbeziehung vernünftigerweise nicht von dem*der Arbeitgeber*in zu erwarten, könnte dies einen triftigen Kündigungsgrund darstellen.[2625]

In einem Rechtsstreit aus dem Jahre 2005 entschied sich der Kassationshof z. B. für die Wirksamkeit einer Kündigung aufgrund einer E-Mail. Der Arbeitnehmer schickte innerhalb der Arbeitszeit seinem Chef eine E-Mail mit unanständigen Worten über seinen Arbeitgeber. Danach löschte er sie vom Computer des Chefs, um das Lesen durch den Arbeitgeber zu vermeiden. Nach dem Kassationshof sei dies ein triftiger Grund für eine Kündigung gewesen, auch wenn nicht direkt das Niveau eines berechtigten Kündigungsgrundes gegeben sei; dennoch sei eine negative Beeinflussung des Arbeitsablaufes gegeben gewesen.[2626]

(3) Unverträglichkeit

Ein Angriff des*der Arbeitnehmers*in auf den*die Arbeitgeber*in oder ein Mitglied seiner*ihrer Familie oder einen*e anderen*e Arbeitnehmer*in des*der Arbeitgebers*in gestaltet sich als ein berechtigter Grund für eine außerordentliche Kündigung nach dem Arbeitsgesetz (Art. 25 II d ArbG). Streitet aber der*die Arbeitnehmer*in des Öfteren beleidigend mit seinen*ihren Arbeitskollegen oder mit seinem*ihrer Vorgesetzten oder sogar mit dem*der Arbeitgeber*in ohne körperlichen Kontakt, kann dies einen triftigen Grund für eine Kündigung nach dem Kündigungsschutz darstellen.[2627]

Der Grund der Unverträglichkeit soll aber der*die Arbeitnehmer*in selbst und seine*ihre nicht vorübergehende, sondern eine kontinuierliche Eigenschaft sein.[2628] Liegt der Grund der Unverträglichkeit zwischen den Arbeitnehmern*innen an den Anweisungen des*der Arbeitgebers*in oder zwischen dem*der Arbeitnehmer*in und dem*der Arbeitgeber*in an unmoralischen oder illegalen Forderungen des*der Arbeitgebers*in – z. B. hinsichtlich diskriminierender

---

2625 Vgl. *Savaş*, S. 74; *Okur*, Kamu-İş 2006/4, 41 (65); *Süzek*, İş Hukuku, S. 587; *Odaman*, Çimento İşveren 2003/Mayıs, 20 (29).

2626 Y9HD 10.2.2005, E. 2005/424, K. 2005/3763 (Kazancı).

2627 Y9HD 24.12.2007, E. 2007/23652, K. 2007/38315 (Kazancı); Y9HD 3.5.2010, E. 2009/19368, K. 2010/11949 (Kazancı); Y9HD 21.4.2008, E. 2007/30764, K. 2008/92212 (Kazancı). Vgl. TİSK, İş Kanunu Gerekçesi, S. 96; *Süzek*, İş Hukuku, S. 588; *Alpagut*, Sicil 2006/1, 71 (78); *Günay*, Sicil 2009/14, 60 (64).

2628 Y9HD 24.12.2007, E. 2007/23652, K. 2007/38315 (Kazancı). Vgl. *Süzek*, İş Hukuku, S. 588; *Savaş*, S. 89.

Überzeugungen – gilt die Kündigung aus verhaltensbedingten Gründen als unwirksam.[2629]

(4) Mangel an Verbundenheit

Unehrlichkeit und den Verpflichtungen nicht entsprechende Verhaltensweisen des*der Arbeitnehmers*in gegen den*die Arbeitgeber*in wie ein Vertrauensbruch, Diebstahl oder eine Offenlegung von Geschäftsgeheimnissen des*der Arbeitgebers*in ist ein berechtigter Grund für eine außerordentliche Kündigung nach dem Arbeitsgesetz (Art. 25 II e ArbG). Das Verhalten des*der Arbeitnehmers*in, das nicht das Maß an Untreue erreicht, aber trotzdem ein unzureichendes Maß an Loyalität darstellt, ohne dass die Vertrauensbasis zusammenbricht, die in einer Geschäftsbeziehung bestehen sollte, aber nach einer objektiven Bewertung das Vertrauen des*der Arbeitgebers*in erschüttern würde, kann einen triftigen Grund für eine Kündigung nach dem Kündigungsschutz darstellen.[2630]

In einem Rechtsstreit aus dem Jahr 2007 hat der Arbeitnehmer ohne Erlaubnis Unterlagen mit Verkaufstabellen am Arbeitsplatz, die genau genommen nicht vertraulich waren, an einem ehemaligen Arbeitnehmer des gleichen Arbeitgebers übergeben.[2631] Diese Dokumente fanden in der Klage Verwendung gegen den Arbeitgeber. Der Kassationshof entschied, dieses Verhalten des Arbeitnehmers habe Negativitäten am Arbeitsplatz verursacht; somit sei für den Arbeitgeber die Aufrechterhaltung der Arbeitsbeziehung nicht zumutbar gewesen.[2632]

(5) Unfähigkeit, die Aufgaben zu erfüllen

Ein berechtigter Grund für eine außerordentliche Kündigung nach dem Arbeitsgesetz (Art. 25 II h ArbG) liegt vor, wenn ein*e Arbeitnehmer*in sich weigert, die ihm*ihr auferlegten Aufgaben trotz Warnungen zu erfüllen. Erfüllt er*sie die Aufgaben trotz der Warnungen unvollständig, schlecht oder unzureichend, gilt dies nach der Gesetzesbegründung ebenfalls als triftiger Kündigungsgrund.[2633] Des Weiteren kann ein kontinuierliches Verhalten des*der Arbeitnehmers*in im Hinblick auf ein unzulängliches Interesse und mangelndes

---

2629 Vgl. *Odaman*, Çimento İşveren 2003/Mayıs, 20 (29); *Süzek*, İş Hukuku, S. 588 ff.

2630 Y9HD 24.9.2007, E. 2007/14009, K. 2007/27734 (Kazancı); Y9HD 10.7.2006, E. 2006/16181, K. 2006/20350 (Kazancı); Y9HD 18.1.2010, E. 2008/14601, K. 2010/156 (Kazancı). Vgl. *Süzek*, İş Hukuku, S. 589.

2631 Y9HD 24.9.2007, E. 2007/14009, K. 2007/27734 (Kazancı).

2632 Y9HD 24.9.2007, E. 2007/14009, K. 2007/27734 (Kazancı).

2633 Y9HD 16.10.2006, E.2006/19157, K.2006/27128 (Kazancı); Y9HD 3.3.2004, E. 2004/1389, K. 2004/4190 (Kazancı); Y9HD 21.5.2007, E. 2007/6468, K. 2007/16058 (Kazancı). Vgl. TİSK, İş Kanunu Gerekçesi, S. 96; *Savaş*, S. 117; *Odaman*, Çimento İşveren 2003/Mayıs, 20 (28 f.); *Süzek*, İş Hukuku, S. 591; *Yıldız*, Sicil 2009/16, 110 (116); *Demir*, ÇT 2007/3, 157 (171 f.).

Verantwortungsbewusstsein ein triftiger Kündigungsgrund sein.[2634] Lange persönliche Telefongespräche am Arbeitsplatz, die den Arbeitsfluss unterbrechen, oder das Nutzen des Internets für private Zwecke am Arbeitsplatz, auch wenn die Aufgaben pünktlich erfüllt sind, eine fortdauernde Abwesenheit vom Hauptarbeitsplatz oder das Herumstrolchen am Arbeitsplatz mit einer Störung der Arbeit können ebenfalls als triftige Kündigungsgründe aufgrund des Verhaltens des*der Arbeitnehmers*in gelten.[2635] Zunächst geht es um eine Erläuterung des Themas Religiöse Symbole am Arbeitsplatz, danach um das Thema Tendenzbetriebe/Unternehmen.

(a) Religiöse Symbole am Arbeitsplatz

Im Hinblick auf eine verhaltensbedingte Kündigung aufgrund der Unfähigkeit festgelegter Aufgaben trotz der Warnungen in Folge einer Nichterfüllung oder unvollständigen, schlechten oder unzureichenden Erfüllung befindet sich darüber hinaus das Thema der Verwendung von religiösen Symbolen am Arbeitsplatz als eines der stets an den häufigsten diskutierten Themen der türkischen Arbeitsrechtsliteratur auf der rechtlichen Agenda. Das Aussehen des*der Arbeitnehmers*in, der Kleidungsstil der Person; die Kleidung, die er*sie trägt; das Make-up, seine*ihre Haare, oder ob er*sie einen Bart oder einen Schnurrbart trägt, erfährt im Rahmen seiner*ihrer Persönlichkeitsrechte und seines*ihres privaten Lebensraumes Bewertung; die Entscheidung des*der Arbeitnehmers*in in dieser Angelegenheit liegt in seiner*ihrer persönlichen Freiheit.[2636] Möglicherweise muss der*die Arbeitgeber*in jedoch im Rahmen seines*ihres Weisungsrechtes über das Aussehen des*der Arbeitnehmers*in, das genau genommen zu den Persönlichkeitsrechten des*der Arbeitnehmers*in gehört, in Bezug auf die Ordnung am Arbeitsplatz oder die Arbeit Vorkehrungen treffen und Anweisungen geben.[2637] Die Anweisungen des*der Arbeitgebers*in in Bezug auf das äußere Erscheinungsbild, somit auf das Privatleben und auf die Verwendung religiöser und politischer Symbole des*der Arbeitnehmers*in dürfen nicht gegen die Grundrechte und -freiheiten wie den in der Verfassung geregelten Grundsatz der Gleichheit (Art. 10 Verf.), die Unverletzlichkeit der Person (Art. 12 und 17 Verf.), die Intimität des Privatlebens (Art. 20 Verf.), die Gedanken-, Religions- und Gewissensfreiheit (Art. 25 und 26 Verf.) verstoßen oder sie einschränken.[2638] Des Weiteren ist das Weisungsrecht entsprechend dem in Artikel 2 des türkischen Zivilgesetzbuches festgelegten Grundsatz von

---

2634 Y9HD 16.10.2006, E. 2006/19157, K. 2006/27128 (Kazancı). Vgl. *Süzek*, İş Hukuku, S. 591.

2635 Y9HD 4.5.2009, 36305/12393. Vgl. *Yıldız*, Sicil 2009/16, 110 (110 ff.).

2636 Vgl. *Dulay Yangın*, ÇT 2019/3, 2049 (2057).

2637 Vgl. *Dulay Yangın*, ÇT 2019/3, 2049 (2057), *Süzek*, İş Hukuku, S. 71.

2638 Y7HD 16.12.2013 E. 2013/19270, K. 2013/22249 (Kazancı). Vgl. *Dulay Yangın*, ÇT 2019/3, 2049 (2057); *Süzek*, İş Hukuku, S. 70, 73, 74; *Sevimli*, S 85.

Treu und Glauben zu nutzen.[2639] Allerdings ist der*die Arbeitgeber*in nach Artikel 399 des türkischen Obligationenrechts befugt, Anweisungen über den Arbeitsplatz oder die Arbeitsordnung zu erteilen; dazu gehört aber auch die Verpflichtung des*der Arbeitnehmers*in, diese in dem von den Regeln der Ehrlichkeit geforderten Umfang einzuhalten (Art. 399 Obligationengesetz).[2640] Auch in dieser Angelegenheit ist der Grundsatz der Verhältnismäßigkeit als Grundlage für die Ausübung des Weisungsrechts heranzuziehen.[2641] Die Bedingung der Rechtfertigung und Legitimation sowie des Messens auf der Grundlage der Anforderungen des Unternehmens und der Arbeit gilt es zu akzeptieren.[2642]

In Fällen, in denen ein äußerer Aspekt des*der Arbeitnehmers*in wie der Bart, auch nach dem Islam, ein religiöses Symbol ist, widerstreiten die Glaubensfreiheit des*der Arbeitnehmers*in und die Befugnis des*der Arbeitgebers*in, Anweisungen zu erteilen, und es lässt sich rechtswissenschaftlich untersuchen, wie dieser Konflikt zu lösen ist.[2643] Das türkische Schrifttum und die Rechtsprechung des Kassationshofes betrachten das Thema in vierfacher Hinsicht; somit kommt es zur Untersuchung der Verwendung der religiösen Symbole am Arbeitsplatz in Bezug auf zwingende Arbeitsschutzmaßnahmen, zwingende Maßnahmen zur Einhaltung der Hygiene und Gesundheit, ständigen menschlichen Kontakt aufgrund der Art der Arbeit und Motivation der anderen Arbeitnehmer*innen.

- Vor allem kann es in Situationen, die für den Schutz von Gesundheit und Sicherheit am Arbeitsplatz unerlässlich sind, zu legitimen Eingriffen in die Freiheit der Arbeitnehmer*innen kommen, die ihre Überzeugungen zum Ausdruck bringen.[2644] In diesem Zusammenhang kam es im Gesetz Nr. 6331 über Gesundheit und Sicherheit am Arbeitsplatz sowie in der Verordnung über die Verwendung persönlicher Schutzausrüstung am Arbeitsplatz zur Einführung verschiedener Vorschriften; danach kann der*die Arbeitgeber*in die Anweisungen sowohl zur Erfüllung seiner*ihrer Verpflichtungen als auch zum Schutz seiner*ihrer Arbeitnehmer*innen erteilen.[2645] Die derartigen Eingriffe rechtfertigende Grund ist die Ausübung der gesetzlich festgelegten Befugnisse.[2646] Um das Recht des*der Arbeitnehmers*in auf Leben und körperliche Unversehrtheit zu schützen, kann der*die Arbeitgeber*in für den*die Arbeitnehmer*in

2639 Y7HD 16.12.2013 E. 2013/19270, K. 2013/22249 (Kazancı). Vgl. *Dulay Yangın*, ÇT 2019/3 2049, (2058); *Süzek*, İş Hukuku, S. 75.

2640 Vgl. *Dulay Yangın*, ÇT 2019/3, 2049 (2058).

2641 Vgl. *Dulay Yangın*, ÇT 2019/3, 2049 (2058).

2642 Vgl. *Dulay Yangın*, ÇT 2019/3 2049 (2058).

2643 Vgl. *Dulay Yangın*, ÇT 2019/3 2049 (2058).

2644 Y9HD 16.10.2006, E.2006/19157, K.2006/27128 (Kazancı). EGMR 15.1.2013, Rs. 48420/10, 59842/10, 51671/10, 36516/10 (Final 27.5.2013), Rn. 99, 100 "Case of Eweida and Others v. the United Kingdom". Vgl. *Dulay Yangın*, ÇT 2019/3 2049 (2059).

2645 Vgl. *Dulay Yangın*, ÇT 2019/3 2049 (2059).

2646 Vgl. *Dulay Yangın*, ÇT 2019/3 2049 (2059 f.); *Süzek*, İş Hukuku, S. 73.

vorsehen, während der Arbeit zwecks des Vollzuges der Arbeit spezielle Kleidung zu tragen oder dem*der Arbeiternehmer*in verbieten, Symbole zu verwenden, die seinen*ihren Glauben offenbaren.[2647] Demzufolge kann der*die Arbeitgeber*in ihre Verwendung in Fällen untersagen, in denen Accessoires wie eine überaus verhüllende Kleidung, getragen aufgrund religiöser Überzeugungen, getragene Halsketten oder ein Rosenkranz den sicheren Betrieb der Arbeitsmaschine verhindern.[2648] Der Kassationshof erklärte basierend darauf ebenfalls in einer Wiedereinstellungsklage einer Arbeitnehmerin, die in einem Unternehmen arbeitet, das elektronische Karten herstellt, wobei ihr Arbeitsvertrag aufgrund des Kopftuchtragens am Arbeitsplatz Beendigung fand, es sei in erster Linie zu untersuchen, ob die Verwendung des Kopftuches die Gesundheit und Sicherheit am Arbeitsplatz gefährde.[2649]

- Neben dem Schutz von Gesundheit und Sicherheit am Arbeitsplatz kann es infolge der Notwendigkeit, Waren oder Dienstleistungen unter hygienischen Bedingungen herzustellen, zu legitimen Eingriffen in die Freiheit der Arbeitnehmer*innen kommen, die ihre Überzeugungen zum Ausdruck bringen wollen. Der Schutz der Hygiene und Gesundheit in Bezug auf die Arbeitsplätze, die der Herstellung und dem Verkauf von Lebensmitteln oder Arzneimitteln oder der Durchführung der Gesundheitsdienste oder der Herstellung elektronischer Materialien dienen, lässt sich mithilfe von Anweisungen des*der Arbeitnehmers*in zum Tragen von Hygienekleidung, von Handschuhen und Haarnetzen, dem Verzichten auf Bart und Schnurrbart gewährleisten.[2650] Ein solche Eingriffe rechtfertigender Grund ist das öffentliche Interesse, basierend auf der Gesundheit Dritter im Kundenstatus.[2651] In diesem Zusammenhang findet eine Diskussion statt, ob das für das hygienische Zwecke zu tragende Haarnetz durch von dem*der Arbeitnehmer*in für religiöse Zwecke getragenen Kopftuch oder einem Turban Ersatz bilden kann. Laut dem Schrifttum hängt dies vom Gebrauchszweck des Haarnetzes ab. Soll das Haarnetz nur durch Verhinderung von Haarausfall für Hygiene sorgen, besteht für den*die Arbeitnehmer*in die Möglichkeit, das*den eigene*n Kopftuch oder Turban zu verwenden.[2652] Es ist jedoch nicht möglich, dasselbe Ergebnis in Bezug auf Laboratorien usw. zu erzielen, die sogar eine Sterilität des Haarnetzes erwarten.[2653] In einer seiner Entscheidungen erklärte der Kassationshof die Kündigung des Arbeitsvertrages eines Kochs als wirksam, nachdem der Arbeitnehmer es ablehnte, seinen

2647 Vgl. *Dulay Yangın*, ÇT 2019/3 2049 (2059 f.).
2648 Vgl. *Dulay Yangın*, ÇT 2019/3 2049 (2059 f.).
2649 Y9HD 18.6.2015, E. 2015/14396, K. 2015/22303 (Kazancı).
2650 Y9HD 18.6.2015, E. 2015/14396, K. 2015/22303 (Kazancı). Vgl. *Dulay Yangın*, ÇT 2019/3 2049 (2060).
2651 Vgl. *Dulay Yangın*, ÇT 2019/3 2049 (2060).
2652 Vgl. *Dulay Yangın*, ÇT 2019/3 2049 (2060); *Sevimli*, S.275.
2653 Vgl. *Dulay Yangın*, ÇT 2019/3 2049 (2060); *Sevimli*, S.275.

Bart trotz Warnungen nicht zu schneiden.[2654] Das Barttragen eines Arbeitnehmers, der als Koch arbeite, sei nicht mit den gesundheitlichen Bedingungen und der Art seiner Arbeit vereinbar, begründete der Kassationshof seine Entscheidung.[2655]

- Die nächste Fallgruppe, bei der es zu legitimen Eingriffen in die Freiheit der Arbeitnehmer*innen kommt, die ihre Überzeugungen zum Ausdruck bringen, gestalten sich die Arbeiten, in denen aufgrund der Art der Arbeit ständig Menschen sich einander gegenüberstehen. Am Arbeitsplatz, als einem sozialen Umfeld, besteht die Befugnis, die Kleiderordnung am Arbeitsplatz, auch außer den zwingenden Anforderungen an Gesundheit und Sicherheit am Arbeitsplatz, festzulegen und diese zu überwachen, als ein Teil des Weisungsrechts des*der Arbeitgebers*in.[2656] In einer seiner Entscheidungen aus dem Jahr 2007 beschloss der Kassationshof die Rechtmäßigkeit einer Kündigung des Arbeitsvertrages eines Arbeitnehmers, der trotz Warnungen ohne Bartrasur – aus religiöser Überzeugung – ohne ein Namensschild und einen Zivilanzug anstelle seiner formellen Uniform an den Arbeitsplatz kam, aufgrund des verhaltensbedingten triftigen Kündigungsgrundes, weil der Arbeitnehmer aufgrund der Art seiner Arbeit in einem direkten Kontakt zu Menschen – zu Kunden – stehe.[2657]

In einer neueren Entscheidung des Kassationshofes aus dem Jahr 2017 ging es um die verhaltensbedingte Kündigung des Arbeitsvertrages einer Arbeitnehmerin aufgrund der Weigerung, der Kleidungsordnung des Arbeitgebers zu folgen, die bei der Aufnahme der Arbeit ihr Haar offen trug mit einem kurzarmigen T-Shirt mit dem Logo des Unternehmens darauf als Arbeitskleidung.[2658] Die Arbeiterin trug später wegen ihrer religiösen Überzeugung ein Kopftuch und kein T-Shirt mehr. Der Arbeitgeber warnte die Arbeitnehmerin mehrmals, die Arbeitskleidung zu tragen, aber die Arbeitnehmerin weigerte sich, das T-Shirt zu tragen. Der Arbeitgeber lenkte ein, die Arbeitnehmerin könne unter dem kurzärmeligen Arbeitskleid – das T-Shirt mit dem Logo des Unternehmens darauf – ein langärmeliges T-Shirt tragen. Die Arbeitnehmerin nahm jedoch dieses Angebot nicht an und weigerte sich weiter, das vom Arbeitgeber festgelegte Arbeitskleid zu tragen. Der Arbeitgeber gab an, während das gesamte Personal die betreffende Arbeitskleidung trage, wolle diese Arbeitnehmerin es nicht tragen; demzufolge könne es zu Irritationen der Kunden führen, ob die betreffende Arbeitnehmerin eine Ladenangestellte oder eine Kundin sei. Weiterhin erklärte der Arbeitgeber, während andere Mitarbeiter im Gegensatz zum Verhalten der Arbeitnehmerin

---

2654 Y9HD 21.9.1990, E.1990/5978, K.1990/9488 (Kazancı).
2655 Y9HD 21.9.1990, E.1990/5978, K.1990/9488 (Kazancı).
2656 Y7HD 16.12.2013, E. 2013/19270, K. 2013/22249 (Kazancı).
2657 Y9HD 29.6.2009, E. 2008/36431, K. 2009/18306 (Kazancı).
2658 Y9HD 2.3.2017, E.2016/5475, K.2017/2968 (ÇT 2017/4, 2249).

Arbeitskleidung tragen, könne es auch zu Unverträglichkeiten unter den Arbeitnehmern*innen kommen und somit eine Verschlechterung des Arbeitsfriedens verursachen. Der Kassationshof entschied daraufhin, die Kündigung beruhe auf einem triftigen Grund, da das Verhalten der Arbeitnehmerin Negativität am Arbeitsplatz verursache, da die Arbeitnehmerin die Kleidungsordnung am Arbeitsplatz nicht einhalten wolle.[2659] Das Schrifttum kritisierte daraufhin die Entscheidung des Kassationshofes allerdings, das Angebot des Arbeitgebers, ein langarmiges T-Shirt unter dem kurzarmigen Arbeitskleid zu tragen, reiche nicht aus.[2660] Der Arbeitgeber müsse auch untersuchen, ob es eine Option gebe, die Arbeitnehmerin in einer anderen Abteilung, die nicht mit Kunden in Kontakt stehe, weiterzubeschäftigen; nur wenn diese Option nicht bestehe, käme eine verhaltensbedingte Kündigung des Arbeitsvertrages aus triftigem Grund in Betracht.[2661]

- Zuletzt ist das Persönlichkeitsrecht der anderen im Betrieb tätigen Arbeitnehmer*innen zu erwähnen. Es bestehe das Argument, selbst wenn der*die Arbeitnehmer*in nicht in direktem Kontakt mit den Kunden stehe, wenn der*die Arbeitnehmer*in Symbole wie Kreuz, Turban, Rosenkranz und/oder Bart verwende, die seine*ihre religiösen Überzeugungen und/oder politischen Ansichten offenbarten, könne dies wahrscheinlich Druck auf andere Arbeitnehmer*innen am Arbeitsplatz ausüben.[2662] Es sei notwendig, die Persönlichkeitsrechte anderer Arbeitnehmer*innen, die solche Symbole nicht verwenden und deren Verwendung unangenehm finden, und die Persönlichkeitsrechte derjenigen, die sie verwenden, in Einklang zu bringen.[2663] Empfänden die anderen Arbeitnehmer*innen aufgrund der Verwendung solcher Symbole beim Arbeitsleben Unbehagen, bestehe für den*die Arbeitgeber*in die Möglichkeit, den Arbeitsvertrag des*der betreffenden Arbeitnehmers*in aus triftigem Grund zu kündigen.[2664] Andere im Schrifttum kritisieren allerdings diese Ansicht, dies sei sachlich nicht begründet, subjektive Gründe reichten nicht aus, Grundrechte anderer zu beschränken. Die Verwendung religiöser Symbole am Arbeitsplatz und das Verbot einer solchen Verwendung sei ein Problem hinsichtlich des Ausmaßes, in dem die Glaubensfreiheit des*der Arbeitnehmers*in durch das Weisungsrecht des*der Arbeitgebers*in Einschränkung erfahren könne.[2665] Eine solche Beschränkung sei nur in begründeten und aus objektiven Gründen zu akzeptieren, z. B. angesichts des Erfordernisses des Arbeitsschutzes, des häufigen Kontakts mit Kunden aufgrund der Art der

2659 Y9HD 2.3.2017, E.2016/5475, K.2017/2968 (ÇT 2017/4, 2249).
2660 Vgl. *Dulay Yangın*, ÇT 2019/3 2049 (2063 – 2064).
2661 Vgl. *Dulay Yangın*, ÇT 2019/3 2049 (2063 – 2064).
2662 Vgl. *Sevimli*, S. 277.
2663 Vgl. *Sevimli*, S. 277.
2664 Vgl. *Sevimli*, S. 277; *Ertürk*, S. 189 f.
2665 Vgl. *Dulay Yangın*, ÇT 2019/3 2049 (2064).

von dem*der Arbeitnehmer*in geleisteten Arbeit oder des neutralen Unternehmensimages des*der Arbeitgebers*in.[2666] Das Verbot der Verwendung religiöser Symbole am Arbeitsplatz aus subjektiven Gründen, z. B. weil die Verwendung dieser Symbole anderen Arbeitnehmern*innen unangenehm sei oder aufgrund der Anforderungen der Kunden, erweitere das Weisungsrecht des*der Arbeitgebers*in gegen die freie Entscheidung des*der Arbeitnehmers*in einem unangemessenen Umfang.[2667]

(b) Tendenz Betriebe/Unternehmen

Die türkische Literatur diskutiert die Rechtfertigung einer diskriminierenden Kündigung aufgrund der Religion oder Weltanschauung in Verbindung mit der verhaltensbedingten Kündigung wegen Unfähigkeit des*der Arbeitnehmers*in, die Pflichten zu erfüllen, mit Hinweis auf das deutsche Betriebsverfassungsgesetz und dessen 118. Paragraf in Verbindung mit dem Begriff der Tendenzbetriebe und Religionsgemeinschaften.[2668] Es kommt zur Übernahme der Definition der Tendenzbetriebe des Betriebsverfassungsgesetzes als Unternehmen und Betriebe, die unmittelbar und überwiegend politischen, koalitionspolitischen, konfessionellen, karitativen, erzieherischen, wissenschaftlichen oder künstlerischen Bestimmungen oder Zwecken der Berichterstattung oder Meinungsäußerung dienen (§ 118 BetrVG).[2669] In Tendenz-Unternehmen oder Betrieben könne der Zweck des Unternehmens im Widerspruch zu den persönlichen Merkmalen des*der Arbeitnehmers*in stehen, die sich in dessen Arbeit widerspiegeln, sehen die Befürworter dieser Ansicht im Schrifttum.[2670] Wichtig sei hier jedoch nicht der Konflikt zwischen der Tendenz des Unternehmens und der Arbeit irgendeines*irgendeiner Arbeitnehmers*in, vielmehr der Konflikt zwischen der Tendenz des Unternehmens und der Arbeitsleistung oder der persönlichen Merkmale des*der Arbeitnehmers*in, der*die die Tendenz des Unternehmens widerspiegele – genannt als Tendenzträger Arbeitnehmer.[2671] Eine Tendenz des Unternehmens, geschützt durch die verfassungsmäßige Ordnung, verhindere in der Regel nicht die Umsetzung arbeitsrechtlicher Normen dieses Unternehmens.[2672] Gleichzeitig dürfe ein Unternehmen die Gedanken- und Meinungsfreiheit der Person nicht einschränken.[2673] Allerdings habe ein*e Tendenzträger-Arbeitnehmer*in mit einem die Tendenz des Unternehmens widersprechenden Glauben oder Gedanken, der

2666 Vgl. *Dulay Yangın*, ÇT 2019/3 2049 (2064).
2667 Vgl. *Dulay Yangın*, ÇT 2019/3 2049 (2064)
2668 Vgl. *Baysal*, S. 112 ff.
2669 Vgl. *Baysal*, S. 112 ff.
2670 Vgl. *Baysal*, S. 113.
2671 Vgl. *Baysal*, S. 113.
2672 Vgl. *Baysal*, S. 113.
2673 Vgl. *Baysal*, S. 113.

diesen Glauben oder Gedanken tatsächlich demonstriere, für seinen*ihren Job nicht die erforderliche notwendige Glaubwürdigkeit.[2674] In dem Fall stimmen die Meinungen des*der Tendenzträger-Arbeitnehmers*in und seine*ihre Handlungen mit den Ansichten des Unternehmens nicht überein, vielmehr schaden sie der Tendenz des Unternehmens und damit dem Unternehmen.[2675] Daraus folgend entstehe eine Nichtübereinstimmung zwischen den Merkmalen der Arbeit und den Qualifikationen des*der Arbeitnehmers*in.[2676] Der Glaube bzw. die Meinung des*der Arbeitnehmers*in, den*die dieser*e zum Ausdruck bringe, sei kein fehlerhaftes Verhalten.[2677] Da aber der*die Arbeitnehmer*in aufgrund dessen nicht mit der Arbeit übereinstimme, für den er*sie sich qualifizieren solle, liege ein Zustand der Unfähigkeit vor.[2678] In Bezug auf den*die Arbeitgeber*in gehe hier aufgrund der Gegen-Tendenz des*der Arbeitnehmers*in das Vertrauen, der*die Arbeitnehmer*in kümmere sich sorgfältig um seine*ihre Arbeit, verloren.[2679] Es liege hier ein Zustand der Unfähigkeit hinsichtlich der Zuverlässigkeit des*der Arbeitnehmers*in vor.[2680] Dementsprechend sei eine Kündigung aufgrund der Religion oder Weltanschauung der Tendenz-Arbeitnehmer*innen im Tendenz-Betrieb/-Unternehmen trotz des Schutzes der antidiskriminierungsrechtlichen Normen sowohl im Arbeitsrecht als auch im GMRGI, der Arbeitnehmer*innen zustehe, als wirksam zu sehen, wenn der*die Arbeitgeber*in nachweisen könne, dass die Fortsetzung der Arbeitsbeziehung zukünftigen Schaden für den*die Arbeitgeber*in verursachen könne und es kein anderes Rechtsmittel als die Kündigung gebe.[2681]

Tendenz-Arbeitnehmer sind diejenigen Arbeitnehmer*innen, die in Zeitungen, welche ihre politischen Tendenzen ausdrücklich propagieren, als Kolumnisten, Schreiber von Zeitungsnachrichten oder als Editor und in ähnlichen Funktionen arbeiten und in ihrer Arbeit die Tendenz der Zeitung widerspiegeln.[2682] In diesem Zusammenhang könne der Arbeitsvertrag eines*einer Arbeitnehmers*in, der*die in einem Betrieb einer Atheismus-Vereinigung arbeitet und gleichzeitig Träger spiritueller Absichten ist, aufgrund der Gefahr einer ernsthaften Schädigung des spirituellen Zwecks des Arbeitgeber-Vereins mit einem triftigen Grund gekündigt werden, wenn der*die Arbeitnehmer*in aufgrund seiner*ihrer religiösen Überzeugung häufig Gotthäuser besuche und diese Situation der Öffentlichkeit bekannt sei oder wenn er*sie sichtbare religiöse Symbole verwende.[2683]

2674 Vgl. *Baysal*, S. 116.
2675 Vgl. *Baysal*, S. 113, 116.
2676 Vgl. *Baysal*, S. 116.
2677 Vgl. *Baysal*, S. 116.
2678 Vgl. *Baysal*, S. 116.
2679 Vgl. *Baysal*, S. 116.
2680 Vgl. *Baysal*, S. 116.
2681 Vgl. *Baysal*, S. 133 ff.
2682 Vgl. *Baysal*, S. 113.
2683 Vgl. *Dulay Yangın*, ÇT 2019/3 (2066).

In einer seiner neueren Entscheidungen aus dem Jahr 2017 beschloss der Kassationshof die Wirksamkeit der Kündigung aus verhaltensbedingten Gründen eines Bankangestellten aufgrund des Nicht-Rasierens des Bartes aus religiösen Gründen in einer sich als Partizipationsbank verstehenden Bank, die ihren Mitarbeitern*innen einen islamischen Lebensstil, unter anderem die Erfüllung der religiösen Pflichten, ermöglicht.[2684] Der Arbeitnehmer war fünf Jahre in dem Unternehmen tätig und beschrieb, er arbeite trotz finanzieller Nachteile infolge niedrigerer Lohnzahlungen im Vergleich zu anderen vergleichbaren Unternehmen in dieser Bank, da diese einen islamischen Lebensstil ermögliche. Der Kassationshof untersuchte aber den Fall nur in Bezug auf das Weisungsrecht des*der Arbeitgebers*in und damit verbundene eventuelle Verhaltensstörungen des*der Arbeitnehmers*in. Der Hof wies weder auf ein Diskriminierungsverbot noch auf den Begriff eines Tendenz-Unternehmens hin. Laut dem Kassationshof ist es möglich, mittels betrieblicher Richtlinien ein Bart-Verbot zu verhängen. Der Arbeitnehmer, der dieses Verbot trotz Abmahnungen nicht einhalte, müsse eine verhaltensbedingte Kündigung nach kündigungsschutzrechtlichen Bestimmungen in Kauf nehmen.[2685]

2. *Erfordernisse des Unternehmens, des Betriebes oder des Dienstes*

Eine andere Kündigungsgrund-Gruppe bilden die Umstände wegen der Erfordernisse des Unternehmens, des Betriebes oder des Dienstes. Eine Kündigung aufgrund der Anforderungen des Unternehmens, des Betriebes oder des Dienstes, die nicht mit der Persönlichkeit des*der Arbeitnehmers*in zusammenhängen, ist die Anpassung im Hinblick auf den Arbeitskräfteüberschuss, der sich aus dem Fehlen der Möglichkeit ergibt, die Arbeit am Arbeitsplatz aufgrund des Wegfalls des Arbeitsplatzes oder der Änderung der Qualifikationen am Arbeitsplatz des*der Arbeitnehmers*in fortzusetzen wegen wirtschaftlicher Schwierigkeiten oder Umstrukturierungsbedürfnisse (Reorganisation) oder technologischer Veränderungen.[2686] Betriebsbedingte Kündigungen basieren immer auf einer Entscheidung des*der Arbeitgebers*in.[2687] Der*die Arbeitgeber*in, der*die das Risiko der von ihm*ihr getroffenen unternehmerischen Entscheidung trägt, hat das Recht, zu entscheiden, was er*sie für seinen*ihren Geschäftserfolg und seine*ihre Zukunft als am besten geeignet erachtet.[2688] Die verfassungsrechtliche Grundlage für die Freiheit der unternehmerischen Entscheidungsfindung bildet die

2684 Y9HD 21.12.2017, E. 2016/32606, K. 2017/21996 (ÇT 2019/3, 2049 ff).

2685 Y9HD 21.12.2017, E. 2016/32606, K. 2017/21996 (ÇT 2019/3, 2049 ff).

2686 Vgl. *Süzek*, İş Hukuku, S. 593.

2687 Vgl. *Mollamahmutoğlu/Astarlı/Baysal*, İş Hukuku Ders, S. 285.

2688 Y9HD 16.12.2004, E. 2004/27003, K. 2004/27998 (Kazancı); Y9HD 4.12.2006, E. 2006/23819, K. 2006/31666 (Kazancı); Y9HD 27.11.2006, E. 2006/22752, K. 2006/31085 (Kazancı). Vgl. *Süzek*, İş Hukuku, S. 594.

durch Artikel 48 der Verfassung garantierte Freiheit der Arbeit und des Vertragsschlusses (Art. 48 Verf.).[2689] Die Arbeitgeber*innen dürfen ihre grundrechtliche Freiheit beliebig ausüben. Selbst wenn diese Entscheidungen im Hinblick auf die Geschäftsinteressen nicht korrekt sind, kann die Justiz den*die Arbeitgeber*in nicht zwingen, eine genauere Entscheidung im Hinblick auf das Unternehmen zu treffen.[2690] Von dem*der Arbeitgeber*in getroffene unternehmerische Entscheidungen sind in der Regel von der gerichtlichen Überprüfung ausgeschlossen.[2691] Sie unterliegen keiner Zweckmäßigkeitskontrolle.[2692]

Sollte die unternehmerische Entscheidung als triftiger Kündigungsgrund im Sinne von kündigungsschutzrechtlichen Vorschriften genannt worden sein, haben die Arbeitsgerichte die Befugnis, sie im Hinblick auf Wahrhaftigkeit, Objektivität und Willkür zu prüfen.[2693] Die Grenze der Freiheit des*der Arbeitgebers*in, unternehmerische Entscheidungen zu treffen, sind die gesetzlichen Bestimmungen zum Kündigungsschutz; es besteht demnach die Verpflichtung, einen triftigen Grund für eine Kündigung anzugeben.[2694] Das Arbeitsgesetz akzeptiert die Gründe wegen der Erfordernisse des Unternehmens, des Betriebes oder des Dienstes, aber nicht der unternehmerischen Entscheidungen des*der Arbeitgebers*in.[2695] Der*Die Arbeitgeber*in kann sich daraufhin nicht mit der Begründung verteidigen, es liege ein wirksamer betrieblicher Grund für eine Kündigung vor, indem er*sie seine*ihre eigene Entscheidung zitiert.[2696] Die zur Umsetzung der unternehmerischen Entscheidung ergriffenen Maßnahmen müssen die Kündigung objektiv erzwingen und die Kündigung, die aufgrund der unternehmerischen Entscheidung als unverzichtbare Maßnahme anzusehen ist, muss notwendig sein.[2697] Für eine wirksame Kündigung muss ein Kausalzusammenhang zwischen den angegebenen betrieblichen Erfordernissen und der Kündigung durch den*die Arbeitgeber*in bestehen; mit anderen Worten, die Kündigung muss allein aus diesen genannten Gründen erfolgen, andere Gründe dürfen nicht vorliegen.[2698] Zunächst

---

2689 Vgl. *Süzek*, İş Hukuku, S. 594; *Mollamahmutoğlu/Astarlı/Baysal*, İş Hukuku Ders, S. 285; *Çelik/Caniklioğlu/Canbolat*, İş Hukuku, S. 352.

2690 Vgl. *Süzek*, İş Hukuku, S. 594.

2691 Vgl. *Astarlı*, Sicil 2010/17, 74 (82, 83); *Süzek*, İş Hukuku, S. 594.

2692 Vgl. *Astarlı*, Sicil 2010/17, 74 (82, 83); *Süzek*, İş Hukuku, S. 594; *Mollamahmutoğlu/Astarlı/Baysal*, İş Hukuku Ders (2019), S. 285.

2693 Vgl. *Süzek*, İş Hukuku, S. 594; *Mollamahmutoğlu/Astarlı/Baysal*, İş Hukuku Ders (2019), S. 285; *Çelik/Caniklioğlu/Canbolat*, İş Hukuku Dersleri, S. 353.

2694 Vgl. *Süzek*, İş Hukuku, S. 594;

2695 Vgl. *Süzek*, İş Hukuku, S. 594;

2696 Vgl. *Süzek*, İş Hukuku, S. 594;

2697 Y9HD 4.12.2006, E. 2006/23819, K. 2006/31666 (Kazancı); Y9HD 16.12.2004, 2004/27003, K. 2004/27998 (Kazancı); Y9HD 27.11.2006, E. 2006/22752, K. 2006/31085 (Kazancı); Y9HD 27.4.2009, E. 2009/10026, K. 2009/11699 (Kazancı). Vgl. *Süzek*, İş Hukuku, S. 594; *Mollamahmutoğlu/Astarlı/Baysal*, İş Hukuku Ders (2019), S. 285

2698 Y9HD 16.12.2004, E. 2004/27003, K. 2004/27998 (Kazancı). Vgl. *Süzek*, İş Hukuku, S. 593.

steht eine Darstellung des Themas „Vorliegen eines Grundes, der die Notwendigkeit der Weiterbeschäftigung des*der Arbeitnehmers*in beseitigt“, danach des Themas „Arbeitsplatz Wegfall oder Arbeitskraft Überschuss“ an.

*a) Vorliegen eines Grundes, der die Notwendigkeit der Weiterbeschäftigung des*der Arbeitnehmers*in beseitigt*

Vorliegen müssen für eine wirksame Kündigung nach dem Kündigungsschutzrecht außer- oder innerbetriebliche Gründe, die sich aus den Erfordernissen des Unternehmens, des Betriebes oder des Dienstes ergeben, welche sich direkt auf die Arbeit des*der Arbeitnehmers*in auswirken und somit die Notwendigkeit beseitigen, den*die Arbeitnehmer*in weiterzubeschäftigen.[2699] Die Art der Gründe, die sich sich aus den Erfordernissen des Unternehmens, des Betriebes oder des Dienstes ergeben, stellt das Arbeitsgesetz nicht im Einzelnen dar. Als Beispiel für die außerbetrieblichen Umstände sind reduzierte Freigabe- und Verkaufschancen, Nachfrage- und Auftragsreduzierung, Energiemangel, eine Wirtschaftskrise im Land, allgemeine Marktstagnation, Verlust des Auslandsmarktes und Rohstoffknappheit genannt.[2700] Als Beispiel für innerbetriebliche Umstände dienen hingegen eine Implementierung neuer Arbeitsmethoden, eine Kontraktion des Arbeitsplatzes, die Anwendung neuer Technologien, die Stilllegung einiger Teile der Arbeitsplätze, die Entfernung einiger Arten an Arbeiten.[2701] Artikel 29 Absatz 1 Arbeitsgesetz, der im Allgemeinen Massenentlassungen reguliert, liefert Hinweise dafür, wie Kündigungsgründe aus Erfordernissen des Unternehmens, des Betriebes oder des Dienstes zu verstehen sind.[2702] Nach Artikel 29 Arbeitsgesetz *„Wenn der Arbeitgeber aufgrund der wirtschaftlichen, technologischen, strukturellen und ähnlichen Erfordernisse des Unternehmens, des Betriebes oder des Dienstes massenhaft Arbeitnehmer entlassen möchte; berichtet er [...]“* (Art. 29 I ArbG). Die wirtschaftliche, technologische, strukturelle (Reorganisation) und ähnliche Erfordernisse finden auch im sechsten Artikel Erwähnung: *„Das Recht des übergebenden oder übernommenen Arbeitgebers, aus wirtschaftlichen und technologischen Gründen oder arbeitsorganisatorische Gründen Kündigungen auszusprechen, sowie ordentliche und außerordentliche Kündigungsrechte von Arbeitnehmern und Arbeitgebern bleiben unberührt.“* [sic!] (Art. 6 V ArbG)[2703] Laut Schrifttum sind Erfordernisse des Unternehmens, des Betriebes oder des Dienstes als die wirtschaftliche, technologische, strukturelle (Reorganisation) und ähnliche Erfordernisse des Unternehmens, des Betriebes oder des Dienstes zu verstehen.[2704] Die vorliegende

---

2699 Vgl. *Çelik/Caniklioğlu/Canbolat*, İş Hukuku Dersleri, S. 351; *Astarlı*, Sicil 2010/17, 74 (77); TİSK, İş Kanunu Gerekçesi, S. 96; *Tuncay*, Çimento İşveren 2003/Ocak, 3 (6).
2700 Vgl. TİSK, İş Kanunu Gerekçesi, S. 96; *Tuncay*, Çimento İşveren 2003/Ocak, 3 (6).
2701 Vgl. TİSK, İş Kanunu Gerekçesi, S. 97; *Tuncay*, Çimento İşveren 2003/Ocak, 3 (6).
2702 Vgl. *Süzek*, İş Hukuku, S. 595.
2703 Vgl. Übersetzung vom *Köksal*, Türk İş Kanunu, 2000.
2704 Vgl. *Süzek*, İş Hukuku, S. 595; *Taşkent*, Sicil 2011/21, 15 (20).

Arbeit geht auf diese Aspekte lediglich am Rande ein, eine detaillierte Bearbeitung erfolgt nicht.[2705]

aa) Wirtschaftliche Schwierigkeiten

Als wirtschaftliche Schwierigkeiten lassen sich ein signifikanter und anhaltender Rückgang der Geschäftstätigkeit, ein stetiger Rückgang im Umsatz und Auftragseingang, in der Produktion oder Finanzierung und ein Haushaltsdefizit, der Verlust von Kunden oder eine Wirtschaftskrise, die Unternehmen direkt beeinflussen, aufzählen.[2706] Wirtschaftliche Schwierigkeiten als triftiger Grund für eine Kündigung dürfen nicht vorübergehender Natur sein und sie müssen die Kündigung erforderlich machen.[2707] Aus diesen Gründen ergibt sich ein Überangebot an Arbeitskräften bei einer Abnahme der zu erledigenden Arbeit für die Arbeitnehmer*innen.[2708] Deshalb ist eine Kündigung unvermeidbar.[2709] Der Kassationshof verlangt von den Gerichten eine Untersuchung, ob die Wirtschaftskrise für den Rückgang des Produktionsvolumens am Arbeitsplatz verantwortlich ist, ob der etwaige Rückgang der Produktionsmenge zu einer Überbeschäftigung führen würde, ob es zur Ergreifung von Maßnahmen gekommen ist, deren Anwendung eine Kündigung am Arbeitsplatz abwenden sollte, ob die Kündigung unvermeidlich ist, ob der*die Arbeitgeber*in neue Arbeitnehmer*innen für seine*ihre Arbeit rekrutiert hat.[2710]

2705 Siehe *diese Dissertationsschrift* § 2.

2706 Y9HD 7.2.2005, E. 2004/15527, K. 2005/3279 (Kazancı). Vgl. *Çelik/Caniklioğlu/Canbolat*, İş Hukuku Dersleri, S. 352; *Süzek*, İş Hukuku, S. 596.

2707 Y9HD 24.9.2007, E. 2007/13962, K. 2007/27955 (Kazancı); Y9HD 22.12.2008, E. 2008/44175, K. 2008/34718 (Kazancı); Y9HD 11.12.2006, E. 2006/25167, K. 2006/32359 (Kazancı); Y9HD 5.4.2010, E. 2010/10026, K. 2010/9226 (Kazancı); Y9HD 16.4.2007, E. 20077965, K. 2007/10625 (Kazancı); Y9HD 7.12.2009, E. 2009/10196, K. 2009/33825 (Kazancı). Vgl. *Çelik/Caniklioğlu/Canbolat*, İş Hukuku Dersleri, S. 352; *Süzek*, İş Hukuku, S. 596; *Astarlı*, Sicil 2010/17, 74 (77).

2708 Y9HD 24.9.2007, E. 2007/13962, K. 2007/27955 (Kazancı); Y9HD 22.12.2008, E. 2008/44175, K. 2008/34718 (Kazancı); Y9HD 11.12.2006, E. 2006/25167, K. 2006/32359 (Kazancı); Y9HD 5.4.2010, E. 2010/10026, K. 2010/9226 (Kazancı); Y9HD 16.4.2007, E. 20077965, K. 2007/10625 (Kazancı); Y9HD 7.12.2009, E. 2009/10196, K. 2009/33825 (Kazancı). Vgl. *Çelik/Caniklioğlu/Canbolat*, İş Hukuku, S. 352; *Süzek*, İş Hukuku, S. 596; *Astarlı*, Sicil 2010/17, 74 (77).

2709 Y9HD 7.12.2009, E. 2009/10196, K. 2009/33825 (Kazancı); Y9HD 5.4.2010, E. 2010/10026, K. 2010/9226 (Kazancı).

2710 Y9HD 7.12.2009, E. 2009/10196, K. 2009/33825 (Kazancı); Y9HD 5.4.2010, E. 2010/10026, K. 2010/9226 (Kazancı).

bb) Strukturelle Erfordernisse (Reorganisation)

Der*die Arbeitgeber*in hat die Befugnis, die Organisation seines*ihres Geschäftes hinsichtlich der Gewährleistung des effizientesten, wettbewerbsfähigsten und effektivsten Produktionsstiles zu gestalten; dafür kann er*sie sein*ihr Geschäft umstrukturieren, auch wenn es keine wirtschaftlichen Schwierigkeiten geben sollte.[2711] Infolge einer rationalen Unternehmensverwaltung kann ein Arbeitskräfteüberschuss entstanden sein, der es möglicherweise erfordert, einige Arbeitnehmer*innen zu entlassen.[2712] Bei strukturellen Erfordernissen handelt es sich nicht um eine bestehende wirtschaftliche Herausforderung, sondern um Maßnahmen für die Zukunft unter der Berücksichtigung möglicher, bislang noch nicht eingetretener Risiken.[2713] Der*die Arbeitgeber*in kann zu diesem Zweck Maßnahmen ergreifen. Sind infolge dieser Maßnahmen mehr Arbeitnehmer*innen mehr als erforderlich im Unternehmen beschäftigt, kann der*die Arbeitgeber*in als letztes Mittel Arbeitsverträge kündigen.[2714]

cc) Technologische Veränderungen

Technologische Veränderungen und technologische Innovationen wie die Einführung moderner Maschinen und Produktions-Tools, Computer, Telearbeit, Robotik und Automation akzeptiert der Kassationshof als triftigen Kündigungsgrund aufgrund der Erfordernisse des Unternehmens, Betriebes und Dienstes.[2715] Laut Kassationshof könne ein triftiger Kündigungsgrund bestehen im Falle der Benötigung von hochqualifiziertem Personal, wenn ein*e Arbeitnehmer*in infolge einer relativ geringen Bildung – z. B. lediglich Hauptschulabschluss – selbst bei einer Weiterqualifizierung für eine Weiterbeschäftigung nicht geeignet sei.[2716]

b) Arbeitsplatz-Wegfall oder Arbeitskraft-Überschuss

Nach dem türkischen Kündigungsschutzrecht ist das Ziel einer Kündigung aus betriebsbedingten Gründen die Anpassung der Anzahl an Arbeitnehmern*innen im Unternehmen an den Arbeitskraftbedarf.[2717] Somit kann der*die Arbeitgeber*in

2711 Vgl. *Süzek*, İş Hukuku, S. 599 ff.

2712 Vgl. *Süzek*, İş Hukuku, S. 599 ff.

2713 Vgl. *Süzek*, İş Hukuku, S. 599 ff.

2714 Vgl. *Süzek*, İş Hukuku, S. 599 ff.

2715 Y9HD 27.3.2006, E. 2006/6129, K. 2006/7500 (Kazancı); Y9HD 23.1.2006, E. 2006/39126, K. 2006/940 (Kazancı); Y9HD 1.11.2004, E. 2004/8628, K. 2004/24546 (Kazancı); Y9HD 7.7.2005, E. 2005/21085, K. 2005/24114 (Kazancı). Vgl. *Süzek*, İş Hukuku, S. 602 ff.

2716 Y9HD 7.7.2005, E. 2005/21085, K. 2005/24114 (Kazancı); Y9HD 23.1.2006, E. 2006/39126, K. 2006/940 (Kazancı).

2717 Vgl. *Süzek*, İş Hukuku, S. 603; *Çelik/Caniklioğlu/Canbolat*, İş Hukuku, S. 352.

den Arbeitsvertrag eines*einer Arbeitnehmers*in durch Kündigung nur dann wirksam beenden, wenn als Folge von inner- oder außerbetrieblichen Ursachen wie wirtschaftliche, strukturelle oder technologische Gründe der*die Arbeitnehmer*in keine Möglichkeit mehr hat, im Unternehmen weiterzuarbeiten infolge eines Arbeitswegfalles oder eines Überschusses an Arbeitskräften.[2718]

3. Katalog von Gründen, die vor allem keine triftigen Gründe darstellen

Laut dem türkischen Arbeitsgesetz muss sich ein triftiger Kündigungsgrund nicht allein auf die Fähigkeit oder das Verhalten des*der Arbeitnehmers*in oder auf die Anforderungen des Unternehmens, des Betriebes oder der Arbeit stützen – mit Überlassung der Konkretisierung des Grundes durch einen*e Richter*in – vielmehr existiert auch ein Katalog von einzeln und im Gesetzestext im Detail bearbeiteten Sachverhalten, die vor allem keine triftigen Gründe darstellen (Art. 18 III ArbG). Diese Sachverhalte sieht der Gesetzgeber als besonders schutzbedürftig und versucht bei der Auflistung dieser Gründe als unwirksame Kündigungsgründe für einige Rechte und Freiheiten, die genau genommen auch durch Arbeitsgesetzgebung an anderen Stellen garantiert sind, ohne Überlassung irgendeines Auslegungsspielraums eine starke Garantie zu schaffen.[2719] Einige Rechte und Freiheiten stellen demzufolge auf gar keinen Fall einen triftigen Grund für eine Kündigung dar. Eine entsprechende Auslegung ist somit ausgeschlossen.[2720]

Die Formulierung des Gesetzes ist eine fast wortgleiche Übersetzung der Artikel 5 und 6 IAO Übereinkommen Nr. 158. Anders als in Artikel 5 Absatz 1 Buchstabe d IAO Übereinkommen Nr. 158 sind die nationale Abstammung und soziale Herkunft nicht in den türkischen Gesetzestext einbezogen.[2721] Die türkische Norm enthält allerdings eine Öffnungsklausel, indem sie andere, im Gesetzestext nicht explizit erwähnte, ähnliche Diskriminierungsmerkmale auch unter den Schutz stellt; mithin geht sie weiter als die internationale Arbeitsrechtsnorm. Infolgedessen ist diese Norm ein direktes Produkt der Wirkung des völkerrechtlichen Arbeitsrechts, genauer gesagt des Rechtes der IAO, bezogen auf das nationale, türkische Arbeitsrecht; dies beweist sich als ein bedeutender Unterschied zwischen dem türkischen und dem deutschen Kündigungsschutzrecht.

Artikel 18 Absatz 3 Buchstabe d Arbeitsgesetz erklärt diskriminierende Kündigungsgründe wie Rasse, Hautfarbe, Geschlecht, Familienstand, familiäre

---

2718 Y9HD 4.12.2006, E. 2006/23819, K. 2006/31666 (Kazancı); Y9HD 27.11.2006, E. 2006/22752, K. 2006/31085 (Kazancı); Y9HD 5.12.2006, 2006/24004, K. 2006/31985 (Kazancı); Y9HD 27.11.2006, E. 2006/22752, K. 2006/31085 (Kazancı); Y9HD 1.3.2010, E. 2009/41740, K. 2010/5295 (Kazancı). Vgl. *Süzek*, İş Hukuku, S. 603; *Çelik/Caniklioğlu/Canbolat*, İş Hukuku Dersleri, S. 352.

2719 Vgl. TİSK, İş Kanunu Gerekçesi, S. 97.

2720 Siehe auch *diese Disserationsschirft* § 9, B., II., c).

2721 Siehe auch *diese Disserationsschirft* § 7 C. II. und III.

Verpflichtungen, Schwangerschaft, Geburt, Religion, politische Anschauung und ähnliche als unwirksam zu klassifizierende Kündigungsgründe, die keinen triftigen Grund für die Kündigung eines Arbeitsvertrages innerhalb des Kündigungsschutzes darstellen. Da die in Artikel 18 Arbeitsgesetz genannten Gründe mit den in Artikel 5 genannten Diskriminierungsgründen identisch oder diesen ähnlich sind, entsteht im Falle einer Kündigung aus diesen Gründen in Bezug auf die durch den Kündigungsschutz erfassten Arbeitnehmer*innen sowohl eine Verletzung der Nichtdiskriminierungspflicht als auch eine Kündigung des Arbeitsvertrages aus unwirksamen Gründen.[2722] Dadurch ist jede diskriminierende Kündigung innerhalb des Kündigungsschutzes, beruhend auf in Artikel 18 Absatz 3 Buchstabe d Arbeitsgesetz aufgezählte oder ähnliche Gründe, nach den Bestimmungen des türkischen Kündigungsschutzes eine sich auf keinen triftigen Grund stützende Kündigung. Deshalb ist die Frage, ob eine diskriminierende Kündigung aufgrund von geschützten Diskriminierungsmerkmalen gegen das Prinzip der Begründung der Kündigung aus triftigem Grund verstößt, nach dem türkischen Kündigungsschutzrecht bereits durch die Gesetzgebung beantwortet. Diskriminierende Gründe gestalten auf keinen Fall triftige Kündigungsgründe. Jede diskriminierende Kündigung ist nach dem Arbeitsgesetz eine Kündigung, die sich nicht auf einen triftigen Grund infolge der Fähigkeit oder des Verhaltens des*der Arbeitnehmers*in oder auf die Anforderungen des Unternehmens, des Betriebes oder der Arbeit stützt. Sind andere Voraussetzungen des Gesetzes erfüllt, kann dies zur Unwirksamkeit der Kündigung gemäß dem Kündigungsschutz führen. Demnach ist diese Norm ein wichtiger Unterschied zwischen den Systemen des Kündigungsschutzes nach dem deutschen und dem türkischen Recht.

4. Ultima-Ratio-Prinzip.

Nach der türkischen Rechtsprechung und nach dem Schrifttum – bei Feststellung des Vorhandenseins eines Kündigungsgrundes – ist auch zu prüfen, ob alle anderen milderen Mittel ausgeschöpft sind; somit gilt die Kündigung als das letzte Mittel. Damit der*die Arbeitgeber*in eine wirksame Kündigung nach dem Kündigungsschutz aussprechen kann, reicht es nicht aus, die angegebenen Bedingungen zu erfüllen.[2723] In den Arbeitsbeziehungen im Rahmen des Kündigungsschutzes sollte der*die Arbeitgeber*in gemäß dem Ultima-Ratio-Grundsatz einige leichtere Maßnahmen als die Kündigung ergreifen, die die Kündigung des*der Arbeitnehmers*in verhindern und die Fortsetzung des Arbeitsverhältnisses ermöglichen kann; erst wenn damit keine zufriedenstellenden Ergebnisse

---

2722 Vgl. *Baysal*, Legal *İHSGHD*, 2010/25, 59 (79ff.).

2723 Vgl. *Taşkent*, Sicil/2011, 15 (16); *Süzek*, İş Hukuku, S. 604. *Mollamahmutoğlu/Astarlı/Baysal*, İş Hukuku Ders, S. 287

zu erzielen sind, kommt als letztes Mittel (Ultima Ratio) die Kündigung des*der Arbeitnehmers*in in Betracht.[2724] Den Grund dafür sieht das Schrifttum in der Verhinderung einer willkürlichen Kündigung in Verbindung mit dem Schutz der Arbeit eines*einer Arbeitnehmers*in auf der Grundlage des Systems des Kündigungsschutzes.[2725] Aus diesem Grund ist zunächst zu prüfen, ob die Möglichkeit besteht, eine Kündigung zu vermeiden, während Auslegungen gemäß dem Konzept des triftigen Grundes abgegeben werden.[2726]

Im türkischen Arbeitsrecht hat das Prinzip, wonach die Kündigung immer das letzte Mittel sein sollte, allerdings keine direkte Rechtsgrundlage. Das Prinzip des letzten Mittels ist im 18. Artikel Arbeitsgesetz, betitelt als Begründung der Kündigung mit einem triftigen Grund und gestaltet als zentrale Norm des Kündigungsschutzrechts, weder enthalten noch gibt es einen Ausdruck in Artikel 18 Arbeitsgesetz oder in einem anderen Artikel des Arbeitsgesetzes, der dieses Prinzip betont. Trotzdem ist es vom Schrifttum und insbesondere von der Rechtsprechung anerkannt; in dieser Hinsicht sind sie weitgehend vom deutschen Recht inspiriert.[2727] Festzustellen ist außerdem in den Entscheidungen des Kassationshofes in den letzten Jahren, im Gegensatz zu vorherigen, eine Berücksichtigung der inländischen und ausländischen Lehre und internationalen Konventionen, darunter insbesondere der deutschen Lehre.[2728]

Die fehlende gesetzliche Grundlage veranlasst Rechtswissenschaftler*innen, die Geltung des Ultima-Ratio-Prinzips im türkischen Arbeitsrecht anhand verschiedener Quellen zu begründen. Rechtfertigung findet das Prinzip in der türkischen Literatur vor allem angesichts der Begründung des 18. Artikels des Arbeitsgesetzes.[2729] Die Begründung des Artikels lautet wie folgt: *„[Wenn sie den*die Arbeitgeber*in kündigen wollen,] ist von dem*der Arbeitgeber*in die Kündigung als letztes Mittel zu erwarten. Aus diesem Grund ist bei der Auslegung des Begriffs des triftigen Grundes zu prüfen, ob die Möglichkeit besteht, die Kündigung durchgehend zu vermeiden.“*[2730] Diese Erwartung in der Begründung des Gesetzes,

---

2724 Y9HD 1.3.2010, E. 2009/41740, K. 2010/5295 (Kazancı); Y9HD 27.04.2009, E. 2009/10026, K. 2009/11699 (Kazancı); Y9HD 12.6.2007, E. 8740, K. 18743 (Kazancı); Y9HD 11.12.2003, E. 20222, K. 20604 (Kazancı); Y9HD 14.12.2009, E. 11733, K. 34774 (Kazancı); Y9HD 2.11.2009, E. 1917, K. 29704 (Kazancı). Vgl. *Taşkent,* Sicil/2011, 15 (16); *Süzek,* İş Hukuku, S. 604. *Mollamahmutoğlu/Astarlı/Baysal,* İş Hukuku Ders, S. 287

2725 Vgl. *Taşkent,* Sicil 2011, 15 (16).

2726 Y9HD 4.12.2006, E. 2006/23819, K. 2006/31666 (Kazancı); Y9HD 1.3.2010, E. 2009/41740, K. 2010/5295 (Kazancı); Y9HD 27.04.2009, E. 2009/10026, K. 2009/11699 (Kazancı). Vgl. TİSK, İş Kanunu Gerekçesi, S. 97; *Taşkent,* Sicil 2011, 15 (16).

2727 Vgl. *Taşkent,* Sicil 2011, 15 (15, 17).

2728 Vgl. *Taşkent,* Sicil 2011, 15 (15).

2729 Vgl. *Mollamahmutoğlu/Astarlı/Baysal,* İş Hukuku Ders, S. 286 ff.

2730 TİSK, İş Kanunu Gerekçesi, S. 97. Übersetzung aus den Türkischen ins Deutsche durch *die Verfasserin.*

der Ausdruck, dass der*die Arbeitgeber*in die Kündigung als letztes Mittel sehen soll, spiegelt sich jedoch nicht im Gesetzestext wider.[2731] In diesem Fall, wie einige Autoren im Schrifttum zu Recht schon festgestellt haben, kann in Bezug auf das türkische Arbeitsrecht die Begründung im Gesetzesentwurf als Rechtfertigung der Anwendung des Prinzips nicht dienen, die Gesetzesbegründungen gelten nicht als Rechtsquellen des türkischen Arbeitsrechts.[2732]

Andere Autoren argumentieren wiederum die Ansicht, im Kern der gesetzlichen Regelung zum Kündigungsschutz diene die Wahrung des Bestehens der Arbeitsbeziehung und die Verwendung der Kündigung als letztes Mittel und Andere behaupten, das Prinzip des letzten Mittels beruhe auf dem Grundsatz der Verhältnismäßigkeit.[2733] Der im deutschen Kündigungsschutzrecht herrschende Grundsatz der Verhältnismäßigkeit ist gegliedert in drei Kriterien, die als Geeignetheit, Erforderlichkeit und Angemessenheit kategorisiert sind.[2734] Das Ultima-Ratio-Prinzip verbindet sich mit der Kategorie der Erforderlichkeit.[2735] Abzuleiten ist das Prinzip des letzten Mittels aber bereits im Gesetzestext mit dem Hinweis des Prinzips mit betrieblichen Erfordernissen hinsichtlich der Dringlichkeit („dringenden") und mit der Bedingtheit der Gründe, die in der Person oder im Verhalten des*der Arbeitnehmers*in liegen, („bedingt").[2736] Das türkische Arbeitsgesetz kennt laut dem Schrifttum jedoch keinen solchen Ausdruck.[2737]

Allerdings geben die Autoren, die das Prinzip des letzten Mittels als einen Bestandteil der Verhältnismäßigkeit akzeptieren, oder die Autoren, die die Frage des letzten Mittels direkt untersuchen, berechtigterweise an, die Rechtsgrundlage des Prinzips im türkischen Recht liege im zweiten Artikel des Zivilgesetzbuches.[2738] In Artikel 2 Zivilgesetzbuch heißt es: „*1. Jedermann hat in der Ausübung seiner Rechte und in der Erfüllung seiner Pflichten nach Treu und Glauben zu handeln. 2. Der offenbare Missbrauch eines Rechtes findet keinen Rechtsschutz.*" In Übereinstimmung mit dem Grundsatz von Treu und Glauben muss auch der*die Arbeitgeber*in den Grundsatz von Treu und Glauben einhalten, während er*sie sein*ihr Kündigungsrecht ausübt.[2739] Missbraucht der*die Arbeitgeber*in dies, wenn er*sie das Recht zur Kündigung erhält, gilt das Rechtsgeschäft als unwirksam, weil das Gesetz den ausdrücklichen Missbrauch eines Rechtes nicht schützt (Art. 2 Zivilgesetzbuch).[2740]

2731 Vgl. *Taşkent,* Sicil 2011, 15 (17).
2732 Vgl. *Taşkent,* Sicil 2011, 15 (18).
2733 Vgl. *Taşkent,* Sicil 2011, 15 (18).
2734 Vgl. *Junker,* Grundkurs ArbR, S. 207, Rn. 364.
2735 Vgl. *Junker,* Grundkurs ArbR, S. 207, Rn. 364.
2736 Vgl. *Junker,* Grundkurs Arbeitsrecht, S. 207, Rn. 364.
2737 Vgl. *Taşkent,* Sicil 2011, 15 (18).
2738 Vgl. *Taşkent,* Sicil 2011, 15 (18).
2739 Vgl. *Taşkent,* Sicil 2011, 15 (18).
2740 Vgl. *Taşkent,* Sicil 2011, 15 (18).

Im Allgemeinen gilt nach dem Schrifttum und nach der Rechtsprechung dieses Prinzip für Kündigungen, die sich aus den Anforderungen des Unternehmens, des Betriebes oder des Dienstes ergeben, sowie für Kündigungen, die aus Gründen wie der Fähigkeit oder dem Verhalten des*der Arbeitnehmers*in erfolgen.[2741] Der*Die Arbeitgeber*in sollte durch den Abbau von übermäßiger Arbeit, durch Änderung der Arbeitsbedingungen mit Zustimmung des*der Arbeitnehmers*in (z. B. flexible Arbeit) unter Versetzung in einen anderen Job oder auf einen anderen Arbeitsplatz oder durch eine neue Berufsausbildung des*der Arbeitnehmers*in eine Kündigung vermeiden helfen.[2742] Somit ist der nach dem Kassationshof und dem Schrifttum angenommenen Stellungnahme zu folgen, sollte der*die Richter*in bei der Überprüfung der Wirksamkeit der Kündigung in einem Streitfall (gegebenenfalls durch Augenschein am Arbeitsplatz) prüfen, ob der*die Arbeitgeber*in das Ultima-Ratio-Prinzip gemäß den aktuellen Bedingungen eingehalten hat.[2743] In einer Wiedereinstellungsklage ist der*die kündigende Arbeitgeber*in verpflichtet, nicht nur das Vorliegen des triftigen Grundes, sondern auch das Ergreifen der festgelegten Maßnahmen nachzuweisen mit der Beantragung der Kündigung als letztes Mittel.[2744]

Dadurch nimmt der Kassationshof die Anwendung des Ultima-Ratio-Prinzips, im deutschen Kündigungsschutzrecht ausdrücklich festgelegt, im türkischen Arbeitsgesetz hingegen nicht enthalten, im türkischen Recht an, obwohl die Wirksamkeitsvoraussetzungen einer Kündigung nach türkischem Arbeitsrecht anders geregelt sind als im deutschen.[2745] Behauptet der*die Arbeitnehmer*in, die Kündigung enthalte keinen oder keinen triftigen Grund, besteht die einzige für den*die Arbeitgeber*in vorgesehene Verpflichtung nach türkischem Arbeitsrecht entsprechend auf einem Nachweis der Kündigung aus einem triftigen Grund (Art. 20 II ArbG).[2746] Der*die Arbeitgeber*in muss nach der geltenden Rechtslage nicht nachweisen, er*sie habe in gutem Glauben die Kündigung als letztes Mittel betrachtet, wobei sie trotz aller von ihm*ihr ergriffenen Maßnahmen

---

2741 Vgl. *Mollamahmutoğlu/Astarlı/Baysal*, İş Hukuku Ders, S. 287; *Süzek*, İş Hukuku, 604 ff.; *Çelik/Caniklioğlu/Canbolat*, İş Hukuku Dersleri, S. 350–351; *Astarlı*, Sicil 2010/17, 74 (76 ff.); *Kar*, Sicil 2009/15, 60 (66 ff.).

2742 Y9HD 11.12.2003, E. 20222, K. 20604 (Kazancı); Y9HD 8.11.2004, E. 12698, K. 25058 (Kazancı); Y9HD 15.5.2006, E. 10807, K. 13509 (Kazancı); Y9HD 12.6.2007, E. 2007/8740, K. 2007/18743 (Kazancı); Y9HD 14.12.2009, E. 11733, K. 34774 (Kazancı). Vgl. *Taşkent*, Sicil 2011, 15 (16); *Mollamahmutoğlu/Astarlı/Baysal*, İş Hukuku Ders, S. 287.

2743 Y9HD 2.11.2009, E. 1917, K. 29704 (Kazancı); Y9HD 27.4.2009, E. 2009/10026, K. 2009/11699 (Kazancı). Vgl. *Mollamahmutoğlu/Astarlı/Baysal*, İş Hukuku Ders (2019), S. 287

2744 Vgl. *Mollamahmutoğlu/Astarlı/Baysal*, İş Hukuku Ders (2019), S. 287.

2745 Vgl. *Taşkent*, Sicil 2011, 15 (19)

2746 Vgl. *Taşkent*, Sicil 2011, 15 (19)

unvermeidlich sei.[2747] Dies gilt im Übrigen auch für den Sachverständigen oder die Gerichte.[2748]

Ferner umfassen die Entscheidungen des Kassationshofes alle Maßnahmen, die in Bezug auf den Rechtsstreit hinsichtlich der Kündigung zu ergreifen sind. Das Arbeitsgericht ist verpflichtet, alle diese Fragen detailliert und in Reihenfolge zu untersuchen und zu bewerten.[2749] Dementsprechend bewerten einige Autoren im Schrifttum zu Recht die Vorgehensweise des Kassationshofes als dem Gesetz entsprechend – denn das Prinzip ist nicht im Gesetzestext zu finden – und kritisieren es damit, sogar im deutschen Arbeitsrecht, mit der Annahme des Ultima-Ratio-Prinzips durch den Kassationshof, gebe keine solche Praxis.[2750]

5. Objektive Auswahl

Wie das Ultima-Ratio-Prinzip ist das Prinzip der sozialen Auswahl weder im türkischen Arbeitsgesetz vorgesehen noch findet sich ein Hinweis in der Gesetzesbegründung. Trotzdem führte die Rechtsprechung des Kassationshofes die sozialen Auswahlkriterien bei den betriebsbedingten Kündigungen im türkischen Arbeitsrecht ein.[2751] Dementsprechend ist das Prinzip der sozialen Auswahl zu verstehen als ein Prinzip, das angibt, welcher*e Arbeitnehmer*in des Arbeitsvertrags im Vergleich zu anderen Arbeitnehmern*innen zuerst die Kündigung erhält.[2752] Somit beziehen sich die sozialen Auswahlkriterien auf die Entscheidungstreffen bei Kündigungen aus betriebsbedingten Gründen, die Berücksichtigung des sozialen Status der Arbeitnehmer*innen durch objektive Beurteilung unter den Arbeitnehmern*innen, die unter einer großen Anzahl von Arbeitnehmern*innen in einer ähnlichen Position auszuwählen sind.[2753] In früheren Entscheidungen vertrat der Kassationshof die Ansicht, diese sozialen – mit anderen Worten – objektiven Wahlkriterien seien bei jeder Kündigung mit den betrieblichen Anforderungen zu berücksichtigen, unabhängig durch Arbeits- oder Tarifverträge oder interne Vorschriften vorgesehen.[2754] Während der Kassationshof seine Entscheidungen zu den sozialen Wahlkriterien einbezog, suchte er

---

2747 Y9HD 4.12.2006, E. 2006/23819, K. 2006/31666 (Kazancı). Vgl. *Taşkent,* Sicil 2011, 15 (19)

2748 Vgl. *Taşkent,* Sicil 2011, 15 (19).

2749 Vgl. *Taşkent,* Sicil 2011, 15 (19).

2750 Vgl. *Taşkent,* Sicil 2011, 15 (19).

2751 Vgl. *Kayaalp,* S. 219; *Süzek,* İş Hukuku, S. 610; *Gürkaynak/Karaoğlan/Uluay,* Sicil, 171 (171 ff.); *Yuvalı,* S. 190–191.

2752 Vgl. *Gürkaynak/Karaoğlan/Uluay,* Sicil, 171 (172).

2753 Vgl. *Kayaalp,* S. 219; *Süzek,* İş Hukuku, S. 610; *Gürkaynak/Karaoğlan/Uluay,* Sicil, 171 (171 ff.); *Yuvalı,* S. 190–191.

2754 Y9HD 6.3.2006, E. 2006/1999; K. 2006/5479; Y9HD 28.9.2009, E. 2008/41791, K. 2009/24389 (LegalBank). *Gürkaynak/Karaoğlan/Uluay,* Sicil, 171 (171, 172); *Süzek,* İş Hukuku, S. 610.

zunächst nach bestimmten Kriterien des deutschen Kündigungsschutzgesetzes und danach in bestimmten objektiven Kriterien.[2755] Das Schrifttum hat allerdings die Entscheidungen des Kassationshofes hinsichtlich der Kriterien für soziale Wahlen aus verschiedenen Gründen kritisiert wie z. B.: Die Kriterien entbehrten jeglicher Rechtsgrundlage; das Prioritätsverhältnis zwischen den Kriterien sei nicht festgelegt; die auferlegte Verpflichtung enthalte Unsicherheiten; die Kriterien seien nicht mit den Grundsätzen der Rechtssicherheit und der Offenheit vereinbar; es bestehe eine Verlagerung hinsichtlich der Aufmerksamkeit auf den Interessenkonflikt zwischen den zu entlassenden Arbeitnehmern*innen und denen, die nicht entlassen wurden, anstatt den Interessenkonflikt zwischen den Arbeitnehmern*innen und den Arbeitgebern*innen zu konstatieren oder sich ergebende Schwierigkeiten bei der Beweislast.[2756] Infolgedessen entschied der Kassationshof, ab dem Jahr 2006 sollten die sozialen Auswahlkriterien nur dann Anwendung finden, wenn diese im Arbeits- oder Tarifvertrag oder durch betriebliche Richtlinien und betriebliche Übungen, welche als Teil des Arbeitsvertrags gelten, vorgesehen sind.[2757] Als Erstes ist das Thema „Objektive Auswahl", danach das Thema „Rentenalter" geschildert.

a) Objektive Auswahl

In der Regel gilt demzufolge nach dem türkischen Arbeitsrecht der*die Arbeitgeber*in an dem Punkt als frei, welche Arbeitnehmer*innen er*sie kündigen darf; solange er*sie das Prinzip der Gleichheit, der Grundsätze der Nichtdiskriminierung und der Gleichbehandlung nach Artikel 5 Arbeitsgesetz beachtet, sofern keine arbeits- oder tarifvertragliche Vereinbarung über die Verwendung von sozialen Auswahlkriterien vorliegt.[2758] Der Bewegungsraum des*der Arbeitgebers*in ist dann grundsätzlich nur durch das Prinzip der Gleichheit nach Artikel 5 Arbeitsgesetz begrenzt. Besteht irgendein Diskriminierungsverbot auf der Grundlage der vorgenommenen Kündigung oder eine Verletzung des Gleichbehandlungsgrundsatzes und dies im Allgemeinen auch gleichermaßen gegen Gerechtigkeit und Billigkeit, gilt die Auswahl des*der Arbeitgebers*in und damit verbunden die Kündigung als unwirksam.[2759] Existiert allerdings keine Vereinbarung zwischen dem*der Arbeitgeber*in und dem*der Arbeitnehmer*in über

---

2755 Vgl. *Gürkaynak/Karaoğlan/Uluay*, Sicil, 171 (171 ff.).

2756 Vgl. *Gürkaynak/Karaoğlan/Uluay*, Sicil, 171 (171, 173, 176); *Süzek*, İş Hukuku, S. 610; *Kayaalp*, S. 219; *Yuvalı*, S. 194.

2757 Y22HD 20.10.2011, E. 2011/1304, K. 2011/3158 (LegalBank); Y9HD 27.4.2009, E. 2009/10026 K. 2009/11699 (LegalBank). Vgl. *Gürkaynak/Karaoğlan/Uluay*, Sicil, 171 (172, 173, 175); *Sur*, Sicil 2017/37, 33 (43); *Süzek*, İş Hukuku, S. 611, 612.

2758 Vgl. *Gürkaynak/Karaoğlan/Uluay*, Sicil, 171 (175); *Süzek*, İş Hukuku, S. 611; *Alpagut*, Sicil 2006/4, 95 (95-ff); *Çelik*, Sicil 2006/4, 5 (8–12); *Birben*, DEÜHFD 2006/2, 7 (18); *Süzek*, Sicil 2008/12, 24 (30 ff); *Yıldız*, S. 241 ff.

2759 Y9HD 27.4.2009, E. 2009/10026 K. 2009/11699 (LegalBank). Vgl. *Sur*, Sicil 2017/37, 33 (43); *Süzek*, İş Hukuku, S. 612

die soziale Auswahl, hat aber der*die Arbeitgeber*in angekündigt, einige Kriterien bei der Festlegung der zu kündigenden Arbeitnehmer*in zu erfüllen, ist er*sie verpflichtet, diese einzuhalten.[2760] Das Kriterium wiederum muss rechtlich geschützt, allgemein und konsequent angewendet sowie objektiv sein.[2761] Dadurch schränkt der Kassationshof den Ermessensspielraum des*der Arbeitgebers*in in der Hinsicht der Festlegung der zu kündigenden Arbeitnehmer*innen aufgrund der Voraussetzung der Verwendung eines rechtlich geschützten Kriteriums ein.[2762] Die Kriterien müssen den allgemeinen gesetzlichen Vorschriften und arbeitsrechtlichen Grundsätzen entsprechen.[2763] Darüber hinaus sind die Kriterien allgemein und konsequent am Arbeitsplatz anzuwenden.[2764] Die genannten Kriterien müssen zudem objektiver Natur sein.[2765] Kriterien wie schlechte Leistung, älterer eines bestimmten Alters werden, Anspruch auf Ruhestand, Dienstalter sind als objektive Kriterien zu bewerten.[2766] Demzufolge ergibt sich laut Schrifttum eine als objektive Auswahl genannte Institution aus dem Grundsatz der Gleichheit, geregelt in der Verfassung und im Arbeitsrecht, demnach aus dem Gleichbehandlungsgrundsatz und dem Nichtdiskriminierungsprinzip.[2767] Solange der*die Arbeitgeber*in ein objektives und rechtmäßiges Kriterium konsequent und allgemein anwendet, während er*sie Arbeitnehmern*innen den Arbeitsvertrag kündigt, besteht nicht die Möglichkeit, die Unwirksamkeit der Kündigung infolge einer Nichtberücksichtigung anderer Kriterien geltend zu machen.[2768] Dementsprechend ist der*die Arbeitgeber*in bei betriebsbedingten Kündigungen nach dem türkischen Arbeitsrecht durch das Ultima-Ratio-Prinzip und die Grundsätze der Nichtdiskriminierung und der Gleichbehandlung, nicht aber durch das Prinzip der Sozialauswahl verbunden.[2769] Anstatt dessen verlangt der Kassationshof die Beachtung des Prinzips der objektiven Auswahl; dieses beruht genau genommen auf dem Gleichbehandlungsgrundsatz und dem Nichtdiskriminierungsverbot.

2760 Vgl. *Sur*, Sicil 2017/37, 33 (43); *Gürkaynak/Karaoğlan/Uluay*, Sicil, 171 (178 ff.)

2761 Vgl. *Gürkaynak/Karaoğlan/Uluay*, Sicil, 171 (178 ff.)

2762 Vgl. *Gürkaynak/Karaoğlan/Uluay*, Sicil, 171 (179).

2763 Vgl. *Gürkaynak/Karaoğlan/Uluay*, Sicil, 171 (179); *Birben*, DEÜHFD 2006/2, 7 (22).

2764 Y9HD 6.7.2009, E. 2009/17950, K. 2009/19553 (LegalBank). Vgl. *Gürkaynak/Karaoğlan/Uluay*, Sicil, 171 (179); *Sur*, Sicil 2017/37, 33 (43).

2765 Vgl. *Gürkaynak/Karaoğlan/Uluay*, Sicil, 171 (178).

2766 Y9HD 6.7.2009, E. 2009/17950, K. 2009/19553, (LegalBank). Vgl. *Gürkaynak/Karaoğlan/Uluay*, Sicil, 171 (178); *Sur*, Sicil 2017/37, 33 (43).

2767 Vgl. *Gürkaynak/Karaoğlan/Uluay*, Sicil, 171 (179).

2768 Y9HD 11.12.2003, E. 20222, K. 20604 (Kazancı); Y9HD 11.12.2006, E. 2006/24963, K. 2006/32630; Y9HD 11.12.2006, E. 2006/25167, K. 2006/32359 (Kazancı). Vgl. *Gürkaynak/Karaoğlan/Uluay*, Sicil, 171 (179).

2769 Vgl. *Süzek*, İş Hukuku, S. 611; *Gürkaynak/Karaoğlan/Uluay*, Sicil, 171 (175); *Baysal*, Legal İHSGHD 2010/25, 59 (82).

b) Rentenalter

Während der den Kündigungsschutz regelnde Artikel 18 des Arbeitsgesetzes in der Begründung Beispiele für triftige Kündigungsgründe anführt, verursacht aufgrund von Unfähigkeiten des*der Arbeitnehmers*in, gilt „das Erreichen des Rentenalters für Kündigungen aus betriebsbedingten Gründen" als triftiger Kündigungsgrund.[2770] Das Schrifttum führt jedoch zu Recht aus: Hat der*die Arbeitnehmer*in das Rentenalter erreicht, stellt dies allein noch keinen triftigen Grund zur Kündigung vonseiten des Unternehmens, des Betriebes oder des Dienstes dar.[2771] In der Regel können Rentner*innen in der Türkei, die durch Einhaltung des spezifischen Alters, der Versicherungsdauer und der Anzahl der Tage der Prämienzahlung Rente (Erwerbsunfähigkeitsrente, Witwenrente usw.) oder Altersrente erhalten, ohne Unterbrechung der Altersrente im Rahmen eines Dienstvertrags weiterarbeiten.[2772] Darauf basierend möchten einige Rentner*innen lieber weiterarbeiten und müssen andere Rentner*innen aufgrund der niedrigen Rentenzahlungen länger im Arbeitsleben bleiben, obwohl sie Anspruch auf eine Rente haben.[2773] In diesem Fall konfrontieren die Bestimmungen über die wirksame Kündigung der Arbeitnehmer*innen, die das Rentenalter erreicht haben, grundrechtlich und auch europa- und arbeitsvölkerrechtlich mit dem geschützten Recht der Arbeitnehmer*innen zu arbeiten (Art. 49 Verf., Art. 15 GRC, Art. 6 IPWSKR).[2774] Aus diesen Gründen erachtet das Schrifttum die Akzeptanz des Rentenalters als triftigen Kündigungsgrund für betriebsbedingte Kündigungen aufgrund der Bestimmungen des Tarifvertrags oder anderer Vorschriften nicht als angemessen.[2775] Die Anwendung des Rentenalters als Auswahlkriterium bei betriebsbedingten Kündigungen gestaltet sich für das Schrifttum aber anders. Nach Beginn der Entlassung von Arbeitnehmern*innen aus betriebsbedingten Gründen könne es ein triftiger Grund sein, das Rentenalter bei Kündigungen als ein Auswahlkriterium zu verwenden und in erster Linie Personen, die das Rentenalter erreicht haben, zu entlassen.[2776] Der Kassationshof sieht dies ebenso. Ist es erforderlich, aus betrieblichen Gründen einige Arbeitnehmer*innen zu entlassen, ist es laut Kassationshof zulässig, diejenigen Arbeitnehmer*innen, die das Recht auf Altersrente haben, zu wählen.[2777] Diese Praxis scheint jedoch nicht eine

---

2770 Y9HD 5.12.2006, E. 2006/24004, K. 2006/31985 (Kazancı). Vgl. TİSK, İş Kanunu Gerekçesi, S. 96. (Für Altersrente: Renteneintrittsalter ist 60 für Männer und 58 für Frauen -bis 2046 auf einheitlich 65 Jahre angehoben werden-, und mindestens 7.200 Tage Beitragszahlung)

2771 Y9HD 2.11.2009, E. 2009/1917, K. 2009/29704 (Kazancı). Vgl. *Kayaalp*, S. 201.

2772 Vgl. *Sarıbay Öztürk*, Sicil 2017/37, 114 (117)

2773 Vgl. *Sarıbay Öztürk*, Sicil 2017/37, 114 (117).

2774 Vgl. *Sarıbay Öztürk*, Sicil 2017/37, 114 (117).

2775 Vgl. *Sarıbay Öztürk*, Sicil 2017/37, 114 (125).

2776 Vgl. *Sarıbay Öztürk*, Sicil 2017/37, 114 (125).

2777 Y9HD, 5.12.2006, 24004/31985

gleichberechtigte Lösung zu sein. Weist ein*e Rentner*in die gleiche Effizienz wie ein*e Nichtrentner*in auf, erfährt nur infolge seines Rentenbezuges seine Entlassung von der Arbeit, sieht er*sie sich aufgrund seines*ihres Ruhestandes gegenüber anderen Mitarbeitern*innen diskriminiert, was nach der Öffnungsklausel des Artikels 5 Absatz 1 Arbeitsgesetz unter das Diskriminierungsverbot fällt. Personen, die trotz Rentenbezugs weiterarbeiten, benötigen ihren Job nicht zwingend weniger als andere Arbeitnehmer*innen. Aus diesem Grund empfiehlt es sich, das Rentenalter weder allein als einen triftigen Kündigungsgrund bei betriebsbedingten Kündigungen noch als einen triftigen Grund bei der Auswahl anzuerkennen. Selbst wenn die Kündigung infolge der Erfordernisse des Unternehmens, des Betriebes oder des Dienstes erfolgt, ist eine Kündigung des*der Arbeitnehmers*in nur dann möglich, wenn er*sie aufgrund seines*ihres Rentenalters personen- und arbeitsbedingte Unfähigkeiten wie unterdurchschnittliches Arbeiten, mangelnde Anpassungsfähigkeiten an technologische Innovationen aufweist oder trotz der Absolvierung einer erforderlichen Ausbildung nicht in der Lage ist, die erlangten Kenntnisse umzusetzen.[2778] Eine Akzeptanz des Rentenalters allein als triftiger Kündigungsgrund oder als Auswahlkriterium erscheint nicht angemessen.

C. Rechtsvergleich

In Bezug auf den Schutz gegen Kündigungen nach kündigungsschutzrechtlichen Bestimmungen weisen die nationalen Rechtsordnungen Deutschlands und der Türkei im Allgemeinen sehr enge systematische Ähnlichkeiten auf, indem beide die Wirksamkeit der Kündigung auf Vorhandensein der in dem Gesetz aufgezählten Kündigungsgründe hervorheben. Im Detail wiederum gibt es vielfältige Unterschiede von Prinzipien des Kündigungsschutzrechts nach dem deutschen Recht bis hin zu Gründen nach dem türkischen Recht, die keinen triftigen Grund darstellen.

Das deutsche Recht erklärt eine sozial ungerechtfertigte Kündigung für rechtsunwirksam. Eine Kündigung ist sozial ungerechtfertigt, wenn sie nicht durch drei *„positive"* Kündigungsgründe bedingt ist, die in der Person oder in dem Verhalten des*der Arbeitnehmers*in liegen, oder durch dringende betriebliche Erfordernisse, die einer Weiterbeschäftigung des*der Arbeitnehmers*in in diesem Betrieb entgegenstehen (§ 1 II KSchG).[2779] Diese positiven Kündigungsgründe finden Ergänzung durch *„negative"* Gründe, die dazu führen, dass eine

2778 Vgl. *Kayaalp*, S. 201.

2779 *Krause*, Arbeitsrecht, S. 281, Rn. 28. Vgl. *Krause*, Arbeitsrecht, S. 281, Rn. 28; *Junker*, Grundkurs ArbR, S. 199 Rn. 361.

„an sich“ gerechtfertigte Kündigung trotzdem sozial ungerechtfertigt sein kann (§ 1 II 2 KSchG und § 1 III, IV und V KSchG).[2780]

Das türkische Recht wiederum verlangt – wie sein Vorbild IAO Übereinkommen Nr. 158 – von einer Kündigung das Stützen auf einen triftigen Kündigungsgrund (Art. 18 I und III ArbG). Aufgezählt sind in dem Gesetzestext drei triftige Gründe, die sich aus der Fähigkeit oder dem Verhalten des*der Arbeitnehmers*in oder anhand der Anforderungen des Unternehmens, des Betriebes oder der Arbeit ergeben; sie enthalten aber anders als das deutsche Recht ebenfalls sechs Gründe, die keine triftigen Gründe darstellen, darunter auch enthaltene diskriminierende Gründe (Art. 18 ArbG). Die im Gesetzestext aufgezählten nicht triftigen Gründe führen anders als die im deutschen Kündigungsschutzgesetz enthaltenen negativen Kündigungsgründe nicht zu einer *„an sich“* gerechtfertigten Kündigung, die trotzdem rechtsunwirksam ist; vielmehr beschreiben sie lediglich das Kriterium eines triftigen Grundes. Eine Kündigung, die sich nicht auf einen triftigen Grund stützt oder die sich auf einen nicht triftigen Grund stützt, ist unwirksam. Mit der Aufzählung der diskriminierenden Gründe innerhalb der keinen triftigen Grund darstellenden Gründe bezieht das türkische Kündigungsschutzrecht das Verbot der Diskriminierung bei der Kündigung eines Arbeitsverhältnisses von sich aus in das Kündigungsschutzsystem mit ein. Eine Verzahnung des arbeitsrechtlichen Antidiskriminierungs- und Kündigungsschutzrechts oder der Export der Regelungen des Antidiskriminierungsrechts ist in dem Sinne nicht erforderlich. Theoretisch muss die Kündigung eines Arbeitsverhältnisses sich auf einen triftigen Grund stützen. Diskriminierende Gründe sind keine triftigen Gründe. Kündigungen, die sich auf diskriminierende Gründe stützen, sind unwirksam. Es entsteht im Falle einer Kündigung aus diesen Gründen in Bezug auf die durch den Kündigungsschutz erfassten Arbeitnehmer*innen sowohl eine Verletzung der Nichtdiskriminierungspflicht als auch eine Kündigung des Arbeitsvertrages aus unwirksamen Gründen.[2781]

Kündigungsgründe, die sich aus der Sphäre des*der Arbeitnehmers*in ergeben, sind nach deutschem Recht Gründe in der Person oder im Verhalten des*der Arbeitnehmers*in, nach türkischem Recht sind sie in der Unfähigkeit oder im Verhalten des*der Arbeitnehmers*in begründet. Sowohl die deutschen Kündigungsgründe hinsichtlich der Person des*der Arbeitnehmers*in als auch die türkischen Kündigungsgründe wegen der Unfähigkeit des*der Arbeitnehmers*in beruhen auf persönlichen Fähigkeiten und Eigenschaften des*der Arbeitnehmers*in. Das deutsche Recht verlangt in den Fällen der personenbedingten Kündigung eine Störung für eine erhebliche Zeit, das türkische Recht spricht von

---

2780 *Krause*, Arbeitsrecht, S. 281, Rn. 28. Vgl. *Krause*, Arbeitsrecht, S. 281, Rn. 28; *Junker*, Grundkurs ArbR, S. 200 Rn. 362.

2781 Vgl. *Baysal*, Legal *İHSGHD*, 2010/25, 59 (79ff.).

einer permanenten Beeinträchtigung.[2782] In dem Zusammenhang sind einige Fallbeispiele der personenbedingten Kündigung bzw. Kündigung wegen persönlicher Fähigkeiten und Eigenschaften zu nennen, die in den beiden Rechtsordnungen verschiedenartig untersucht sind:

* Nach deutschem Kündigungsschutzrecht gilt eine krankheitsbedingte Kündigung als zulässig, wenn eine bestehende Krankheit die weitere Erfüllung der arbeitsvertraglichen Verpflichtungen unmöglich macht.[2783] Im deutschen Recht gestaltet sich die Krankheit/der gesundheitliche Zustand, anders als im türkischen Recht, als ein nicht durch das AGG geschütztes Diskriminierungsmerkmal. Die deutsche Rechtsprechung prüft eine krankheitsbedingte Kündigung nach einem dreistufigen System und entscheidet einzelfallbezogen.[2784] Allerdings ist eine Wirkung auf das arbeitsrechtliche Antidiskriminierungsrecht in den letzten Zeiten insbesondere auf das Verhältnis von Behinderung und Krankheit hin zu beobachten. Nach dem deutschen Recht kann eine Kündigung einer Person mit Behinderung aufgrund krankheitsbedingter Fehlzeiten eine mittelbare Benachteiligung darstellen; wenn vor der Kündigung kein Versuch erfolgt ist, mithilfe von angemessenen Vorkehrungen das auf der Behinderung beruhende Beschäftigungshindernis zu beseitigen.[2785] Nach einer jüngeren Entscheidung des BAGs ist eine symptomlose HIV-Infektion ebenfalls als eine Behinderung einzustufen.[2786] Nach türkischem Recht gestaltet sich in der Regel eine Abwesenheit von der Arbeit aufgrund einer Krankheit oder eines Unfalls, die*der die Arbeitspflicht des*der Arbeitnehmers*in beeinträchtigt, als ein triftiger Grund für die Kündigung.[2787] Allerdings zählt Artikel 18 Absatz 3 Buchstabe f ArbG eine vorübergehende Abwesenheit von der Arbeit wegen einer Krankheit oder eines Unfalls innerhalb der gesetzlich vorgesehenen Wartezeit als einen der Gründe, die vor allem keinen triftigen Kündigungsgrund darstellen. (Art. 18 III ArbG) Infolge des Verbots der Diskriminierung aufgrund des gesundheitlichen Zustandes nach dem GMRGI sind

---

2782 BAG 23.5.2013 NZA 2013, 1211. Vgl. *Krause*, Arbeitsrecht, S. 284, Rn. 35; *Junker*, Grundkurs ArbR, S. 202, Rn. 366; MHdB ArbR/*Kiel* § 113 Rn. 3; ErfK/*Oetker* KSchG § 1 Rn. 105; TİSK, İş Kanunu Gerekçesi, S. 96.

2783 Vgl. *Junker*, Grundkurs ArbR, S. 202 Rn. 367; *Krause*, Arbeitsrecht, S. 285, Rn. 36.

2784 Vgl. *Junker*, Grundkurs ArbR, S. 203 Rn. 367; *Krause*, Arbeitsrecht, S. 285, Rn. 36.

2785 Siehe *diese Dissertationschrift* § 11 B. 4. a). EuGH 18.1.2018, Rs. C-270/16 „Conejero"; EuGH 11.7.2006, Rs. C-13/05 „Navas". BAG 21.4.2016 NZA 2016, 1131; BAG 20.11.2014, NZA 2015, 931; BAG 28.4.2011 NJW 20; BAG 22.10.2009 NZA 2010, 280. LAG B 5.6.2014 NZA-RR 2015, 74. Vgl. ErfK/Schlachter AGG § 1 Rn. 9a; BeckOK ArbR/*Roloff* AGG § 1 Rn. 7; HK ArbR/*Braun* AGG § 1 Rn. 14; ErfK/*Oetker* § 1 Rn. 110.

2786 Siehe *diese Dissertationschrift* § 11, B., 4., a). BAG 19.12.2013 NZA 2014, 372. Vgl. ErfK/*Schlachter* AGG § 1 Rn. 9a; BeckOK ArbR/*Roloff* AGG § 1 Rn. 7.

2787 Vgl. *Mollamahmutoğlu/Astarlı/Baysal*, İş Hukuku Ders, S. 282.

Kündigungen wegen Langzeiterkrankungen als diskriminierende Kündigungen anzusehen.[2788] Häufige Kurzerkrankungen können wiederum einen triftigen Kündigungsgrund darstellen, wenn sie die Arbeitsleistung permanent negativ beeinflussen.[2789]

* Nach deutschem Recht ist das Alter der Person des*der Arbeitnehmers*in für sich allein kein Kündigungsgrund, weil bei einer personenbedingten Kündigung eine Leistungsstörung vorausgesetzt ist, das Alter selbst aber keine Vermutung eine der ordnungsgemäßen Vertragserfüllung entgegenstehende Minderung der Leistungsfähigkeit begründet.[2790] Das BAG sieht allgemeine Altersgrenzen in Betriebsvereinbarungen und in Tarifverträgen in der Regel als sachlich gerechtfertigt, solange der*die Arbeitnehmer*in eine Altersversorgung in der gesetzlichen Rentenversicherung erhalten kann.[2791] Nach türkischem Recht kann ebenfalls in der Regel das Erreichen eines bestimmten Alters oder der Anspruch auf Rente des*der Arbeitnehmers*in nicht als triftiger Grund für eine Kündigung gelten.[2792] Lediglich bei einem direkten Zusammenhang mit der Fähigkeit oder dem Verhalten eines*r Arbeitnehmers*in gemäß dem Arbeitsgesetz oder den Anforderungen des Unternehmens, des Betriebes oder der Arbeit kann das Alter, ähnlich wie im deutschen Recht, ein triftiger Grund für eine Kündigung sein.[2793] Klauseln in betrieblichen Richtlinien und in Tarifverträgen sind nach dem Kassationshof wirksam, solange sie objektiv und allgemein sind.[2794] Laut Kassationshof ist es ebenfalls rechtmäßig, mithilfe von Tarifverträgen oder betrieblichen Richtlinien die Kündigung

---

2788 Vgl. *Kayaalp*, S. 197.

2789 Vgl. *Süzek*, İş Hukuku, S. 577; *Ekonomi*, Çimento İşveren 2013/Mart-Özel Ek, 1(9); Yıldız, Sicil 2008/10, 80 (83); *Kar*, Sicil/2009–15, 60 (65); *Odaman*, Çimento İşveren 2003/Mayıs, 20 (30).

2790 BAG 20.11.1987 NZA 1988, 617, 619. Vgl. ErfK/*Oetker* § 1 Rn. 154. LKB/Krause Rn. 301

2791 EuGH 16.10.2007, Rs. C-411/05 „Palacios de la Villa". BAG 18.6.2008, NZA 2008, 1302; BAG 8.12.2010, NZA 2011, 586; BAG 21.9.2011, NZA 2012, 271; BAG 5.3.2013, NZA 2013, 916. Vgl. *Krause*, Arbeitsrecht, S. 335, Rn. 22; BeckOK ArbR/*Rolfs* KSchG § 1 Rn. 132.

2792 Y9HD 11.12.2003, E. 2003/2022, K. 2003/20604 (Kazancı); Y9HD 19.1.2004, E. 2003/22196, K. 2004/261 (Kazancı); Y9HD 20.3.2006, E. 2006/1991, K. 2006/6982 (Kazancı). Vgl. *Sarıbay Öztürk*, Sicil 2017/37, 114 (124); *Ertürk*, S. 183–184; *Akı* DEÜHFD 2007/9-Özel Sayı, 3 (8); *Yıldız*, 157; *Baysal*, S. 151–152; *Yuvalı*, S. 154.

2793 Vgl. *Sarıbay Öztürk*, Sicil 2017/37, 114 (124); *Süzek*, İş Hukuku, S. 577; *Ertürk*, S. 183–184; *Akı* DEÜHFD 2007/-Özel Sayı, 3 (8); *Yıldız*, 157; *Baysal*, S. 151–152; *Yuvalı*, S. 154.

2794 Y22HD 5.6.2012, E. 2011/12567, K. 2012/12533 (Sicil/2012–28, 146); Y9HD 10.4.2006, E. 2006/5883, K. 2006/9359 (Kazancı); Y9HD 21.7.2008, E. 2008/21499, K. 2008/2666 (Kazancı); Y9HD 20.10.2008, E. 2008/11058, K. 2008//27690 (Kazancı); Y9HD 6.11.2006, E. 2006/20021, K. 2006/29320 (Kazancı); *Y9HD 27.3.2006, E. 2006/5584, K. 2006/7867* (Kazancı).

der Arbeitsverträge der Arbeitnehmer*innen zu erlauben, die ein bestimmtes Alter erreichen und/oder das Recht auf Bezug einer Altersrente erhalten.[2795]

Weitere, sich aus der Sphäre des*der Arbeitnehmers*in ergebende Kündigungsgründe sind nach deutschem Recht Gründe im Verhalten des*der Arbeitnehmers*in, nach türkischem Recht betreffen sie das Verhalten des*der Arbeitnehmers*in. Verhaltensbedingte Kündigungsgründe in beiden Rechtsordnungen sind Gründe, die nicht ausreichend sind, um eine außerordentliche Kündigung zu rechtfertigen. Grundsätzlich beabsichtigen beide Rechtssysteme nicht das Bestrafen von Verhaltensweisen, vielmehr das Vermeiden des Risikos eines erneuten Auftretens der Verletzung vertraglicher Verpflichtungen durch Arbeitnehmer*innen.[2796] In dem Zusammenhang sind einige Fallbeispiele der verhaltensbedingten Kündigung zu nennen, die in beiden Rechtsordnungen verschiedenartig untersucht sind:

* Religiöse Symbole am Arbeitsplatz, insbesondere im türkischen Kontext das Tragen des Kopftuchs am Arbeitsplatz, sind in beiden Rechtssystemen eines der am häufigsten diskutierten Themen. Das BAG sieht hinsichtlich der Kündigung einer Verkäuferin wegen des Tragens eines Kopftuchs eine Arbeitnehmerin, die ihre Tätigkeit zukünftig nur mit einem – islamischen – Kopftuch ausüben will, weiterhin in der Lage, ihre vertraglich geschuldete Arbeitsleistung als Verkäuferin in einem Kaufhaus zu erbringen; deshalb sei ein personenbedingter Grund zur ordentlichen Kündigung nach § 1 Absatz 2 KSchG nicht gegeben.[2797] Ob ein verhaltensbedingter Kündigungsgrund nach § 1 Absatz 2 KSchG vorliege, sei unter Abwägung der kollidierenden Grundrechtspositionen zu ermitteln.[2798] Das türkische Recht erkennt einen detallierten Prüfungsschritt für unterschiedliche Fallkonstellationen; somit kommt es zur Untersuchung der Verwendung der religiösen Symbole am Arbeitsplatz in Bezug auf zwingende Arbeitsschutzmaßnahmen, zwingende Maßnahmen zur Einhaltung der Hygiene und Gesundheit, des ständigen menschlichen Kontaktes aufgrund der Art der Arbeit und Motivation der anderen Arbeitnehmer*innen.

2795 Y22HD 5.6.2012, E. 2011/12567, K. 2012/12533 (Sicil/2012–28, 146); Y9HD 10.4.2006, E. 2006/5883, K. 2006/9359 (Kazancı); Y9HD 21.7.2008, E. 2008/21499, K. 2008/2666 (Kazancı); Y9HD 20.10.2008, E. 2008/11058, K. 2008//27690 (Kazancı).

2796 BAG 15.12.2016, NZA 2017, 703, Rn. 11; BAG 19.11.2015 NZA 2016, 540, Rn. 24; BAG 18.11.1986, NZA 1987, 418 (Abmahnung hat trotz des seitdem verstrichenen Zeitraums bis zur erneuten Pflichtverletzung ihre Wirkung nicht verloren); BAG 10.11.1998, NZA 1989, 633. Y9HD 21.12.2017, E. 2016/32606, K. 2017/21996 (ÇT, 2019/3, 2049). Vgl. *Junker*, Grundkurs ArbR, S. 204 Rn. 369; *Krause*, Arbeitsrecht, S. 288, Rn. 39.

2797 BAG 10.10.2002 NZA 2003, 483.

2798 BAG 10.10.2002 NZA 2003, 483.

* In der Türkei genießen religiöse Institutionen in Bezug auf die Loyalitätsobliegenheiten keinerlei Sonderregelungen. Deswegen sind kirchenspezifische Loyalitätsobliegenheiten betreffende Fälle kein Thema in der türkischen Rechtsprechung. Ebenfalls gibt es keine gesetzlichen Regelungen im Hinblick auf Tendenzunternehmen nach dem türkischen Recht. Das Schrifttum folgt aber dem deutschen Beispiel und strebt eine Verankerung dieser Institution in das türkische Recht an. In den jüngsten Entscheidungen thematisiert der Kassationshof allerdings den Begriff Tendenzunternehmen nicht in seinen Entscheidungen, die vornehmlich besondere Loyalitätspflichten in den Tendenzunternehmen betreffen.

Sich aus der Sphäre des*der Arbeitgebers*in ergebende Kündigungsgründe sind nach deutschem Recht durch betriebliche Gründe gerechtfertigt; nach türkischem Recht existieren die Gründe wegen der Erfordernisse des Unternehmens, des Betriebes oder des Dienstes. In beiden Rechtssystemen genießen die Arbeitgeber*innen einen gewissen Entscheidungsspielraum. Eine Untersuchung der unternehmerischen Entscheidungen kann hinsichtlich ihrer betriebswirtschaftlichen Notwendigkeit und Zweckmäßigkeit durch die Arbeitsgerichte nicht erfolgen.[2799] Ein wichtiger Unterschied zwischen beiden Rechtssystemen im Hinblick auf eine betriebsbedingte Kündigung besteht in der Sozialauswahl. Liegen nach deutschem Recht dringende betriebliche Erfordernisse vor, ist aber keine Weiterbeschäftigungsmöglichkeit für den*die Arbeitnehmer*in vorhanden, kann die Kündigung trotzdem sozial ungerechtfertigt sein, wenn der*die Arbeitgeber*in bei der Auswahl des*der Arbeitnehmers*in soziale Aspekte nicht oder nicht ausreichend berücksichtigt hat (§ 1 III 1 KSchG). Bei Bestehen einer Möglichkeit der Auswahl verlangt die Sozialauswahl aus einer Gruppe vergleichbarer und auch austauschbarer Arbeitnehmer*innen diejenigen auszuwählen, die aus sozialer Sicht am ehesten in der Lage sind, eine Kündigung zu verkraften.[2800] Nach türkischem Recht ist die Sozialauswahl weder im türkischen Arbeitsgesetz vorgesehen noch findet sich ein Hinweis in der Gesetzesbegründung. Die türkische Rechtsprechung berücksichtigt objektive Auswahlkriterien bei betriebsbedingten Kündigungen. In der Regel gilt demzufolge nach dem türkischen Arbeitsrecht der*die Arbeitgeber*in an dem Punkt als frei, welche Arbeitnehmer*innen er*sie kündigen darf; solange er*sie das Prinzip der Gleichheit, der Grundsätze der Nichtdiskriminierung und der Gleichbehandlung nach Artikel 5 Arbeitsgesetz

2799 BAG 29.3.1990, NZA 1991, 181; BAG 5.10.1995, NZA 1996, 524; BAG 24.5.2012, NZA 2012, 1223. Vgl. *Krause*, Arbeitsrecht, S. 292 Rn. 42; *Junker*, Grundkurs ArbR, S. 205 Rn. 371. Vgl. *Astarlı*, Sicil 2010/17, 74 (82, 83); *Süzek*, İş Hukuku, S. 594; *Mollamahmutoğlu/Astarlı/Baysal*, İş Hukuku Ders, S. 285.

2800 Vgl. *Junker*, Grundkurs ArbR, S. 207 Rn. 374; *Krause*, Arbeitsrecht, S. 295 Rn. 45.

beachtet, sofern keine arbeits- oder tarifvertragliche Vereinbarung über die Verwendung von sozialen Auswahlkriterien vorliegt.[2801]

Neben positiven und negativen Kündigungsgründen gelten im deutschen Kündigungsschutzrecht für alle Kündigungsgründe übergreifende allgemeine Prinzipien wie Prognoseprinzip, Ultima-Ratio-Prinzip, Prinzip der Interessenabwägung.[2802] Keine dieser Rechtsprinzipien hat aber eine rechtliche Grundlage im türkischen Recht. Trotzdem ist z. B. das Ultima-Ratio-Prinzip vom Schrifttum und insbesondere von der Rechtsprechung anerkannt; in dieser Hinsicht sind diese Prinzipien weitgehend vom deutschen Recht inspiriert.[2803]

2801 Vgl. *Gürkaynak/Karaoğlan/Uluay*, Sicil, 171 (175); *Süzek*, İş Hukuku, S. 611; *Alpagut*, Sicil 2006/4, 95 (95-ff); *Çelik*, Sicil 2006/4, 5 (8–12); *Birben*, DEÜHFD 2006/2, 7 (18); *Süzek*, Sicil 2008/12, 24 (30 ff); *Yıldız*, S. 241 ff.

2802 Vgl. *Krause*, Arbeitsrecht, S. 282, Rn. 29 ff.; *Junker*, Grundkurs ArbR, S. 200 Rn. 362 ff.

2803 Vgl. *Taşkent*, Sicil 2011, 15 (15, 17).

§ 13 Rechtsschutz gegenüber einer diskriminierenden Kündigung

Dieser Teil thematisiert die Rechtsschutzmechanismen für Fälle einer diskriminierenden Kündigung nach dem deutschen und türkischen Recht. Zunächst findet eine Untersuchung des Themas im deutschen nationalen Kontext statt. Danach schließt sich eine Darstellung der türkischen nationalen Regulierungen über die Rechtsschutzmechanismen geltend für diskriminierende Kündigungsfälle an. Als Letztes folgt ein Rechtsvergleich hinsichtlich der in dem Teil diskutierten Themen.

A. Deutsches Recht

Rechtsschutzmechanismen für eine diskriminierende Kündigung ergeben sich hauptsätzlich aus den kündigungsschutzrechtlichen Vorgaben. Aufgrund des vom BAG vertretenen Mix-Ansatzes zu § 2 Absatz 4 AGG spielen jedoch auch antidiskriminierungsrechtliche Institutionen eine bedeutende Rolle. In dem Zusammenhang steht zuerst eine Erklärung des Themas Unterstützung durch Antidiskriminierungsverbände an. Darauf folgt eine Schilderung der Rolle des Betriebsrates bei einer diskriminierenden Kündigung. Es schließt sich die Darstellung des Weiterbeschäftigungsanspruches während des Kündigungsschutzprozesses an. Danach folgt eine Konkretisierung der Fristen zur Geltendmachung und Klageerhebung sowie zur Darlegungs- und Beweislast. Schließlich geht es um das Beschreiben der Dauer und der Kosten.

I. Unterstützung durch Antidiskriminierungsverbände

Das AGG ermöglicht Antidiskriminierungsverbänden, die nicht gewerbsmäßig und nicht vorübergehend die besonderen Interessen von benachteiligten Personen oder Personengruppen nach Maßgabe von § 1 AGG wahrzunehmender Personenzusammenschlüsse Diskriminierungsopfer bei der Durchsetzung ihrer Ansprüche unterstützen, indem sie im Rahmen ihres Satzungszwecks in gerichtlichen Verfahren als Beistände Benachteiligter in der Verhandlung auftreten (§ 23 AGG).[2804] Eine Vertretungsbefugnis besitzen die Antidiskriminierungsverbände nach § 23 AGG zwar nicht, die Regelung beweist sich aber als unionsrechtskonform, indem die Ermöglichung eines Prozessbeistandes und eine Rechtsberatung den Verbänden die Vorgaben der Richtlinien erfüllt, auch wenn es nicht ausreichend für den

2804 Vgl. Däubler/Bertzbach AGG/*Bertzbach/Beck* § 23 Rn. 1.

Schutz der Opfer ist.[2805] Eine Rechtsfähigkeit ist von den Verbänden nicht verlangt.[2806] Voraussetzung ist aber die Einwilligung der Benachteiligten.[2807] Eine Vertretung des potenziellen Diskriminierers ist nicht erlaubt.[2808]

II. Anhörung des Betriebsrats

§ 102 BetrVG räumt dem Betriebsrat ein Mitbestimmungsrecht bei einer Kündigung ein. Demnach ist der Betriebsrat vor jeder Kündigung zu hören (§ 102 BetrVG). Mit jeder Kündigung gemeint sind sämtliche Arbeitgeberkündigungen von einer ordentlichen bis zu einer außerordentlichen.[2809] Der*die Arbeitgeber*in muss die Initiative ergreifen und dem Betriebsrat bei dem vor der Kündigung durchgeführten Anhörungsverfahren die Gründe für die Kündigung mitteilen (§ 102 BetrVG).[2810] Es ist daher beabsichtigt, dem Betriebsrat vor einer Kündigung die Möglichkeit zu schaffen, auf den Entscheidungsprozess des*der Arbeitgebers*in Einfluss ausüben zu können, sodass idealerweise überhaupt keine Kündigung stattfindet.[2811] Somit hat die Vorschrift eine präventive Funktion und versucht anhand einer möglicherweise letzten Chance, die Kündigung zu vermeiden. Eine ohne Anhörung des Betriebsrats ausgesprochene Kündigung ist unwirksam (§ 102 I BetrVG). Der Betriebsrat kann der Kündigung ausdrücklich zustimmen, von einer Stellungnahme absehen, schriftlich Bedenken äußern oder widersprechen (§ 102 II 1, 2 und 3 BetrVG). Solange der dem Betriebsrat geltend gemachte Grund tatsächlich vorliegt, hat der Widerspruch des Betriebsrates nach § 1 Absatz 2 Satz 2 und 3 KSchG absoluten Sozialwidrigkeit einer Kündigung zur Folge.[2812]

III. Weiterbeschäftigung während des Kündigungsschutzprozesses

Ein beständiges Problem des am Bestandschutz orientierten Rechts auf Kündigungsschutz liegt an der Unsicherheit über das Schicksal der ausgesprochenen Kündigung während der langen Periode zwischen der Einreichung einer Kündigungsschutzklage durch den*die Arbeitnehmer*in und dem endgültigen, rechtskräftigen Urteil des Arbeitsgerichts.[2813] Erfolgt am Ende der Verhandlung

2805 Vgl. Däubler/Bertzbach AGG/*Bertzbach/Beck* § 23 Rn. 6, 7. a.A. Schiek/*Kocher*, AGG § 23 Rn. 17 ff.
2806 Vgl. Däubler/Bertzbach AGG/*Bertzbach/Beck* § 23 Rn. 11.
2807 Vgl. Däubler/Bertzbach AGG/*Bertzbach/Beck* § 23 Rn. 23.
2808 Vgl. Däubler/Bertzbach AGG/*Bertzbach/Beck* § 23 Rn. 18.
2809 Vgl. *Krause*, Arbeitsrecht, S. 311 Rn. 66.
2810 Vgl. *Krause*, Arbeitsrecht, S. 311 Rn. 67.
2811 BAG 3.4.2008, NZA 2008, 807; BAG 8.4.2003, NZA 2003, 961, 962; BAG 28.2.1974, BeckRS 9998, 149315. Vgl. *Krause*, Arbeitsrecht, S. 311 Rn. 65.
2812 Vgl. *Krause*, Arbeitsrecht, S. 314 Rn. 71; S. 319, Rn. 79.
2813 Vgl. *Krause*, Arbeitsrecht, S. 318 Rn. 78.

über die Kündigungsschutzklage die Feststellung, die Kündigung sei unwirksam, gelingt es aber den*die Arbeitnehmer*in trotzdem nicht, während des lang dauernden Kündigungsschutzprozesses im Betrieb beschäftigt zu bleiben, verliert der*die Arbeitnehmer*in letztendlich seine*ihre Chance auf die Integration im Betrieb trotz der Einstufung der Kündigung als unrechtmäßig.[2814] Der deutsche Gesetzgeber und die Rechtsprechung erkennen das Problem der die Kündigungsschutzklage begleitenden Unsicherheit und gewährleistet dem*der Arbeitnehmer*in einen Anspruch auf Weiterbeschäftigung während des Kündigungsschutzprozesses.[2815]

Auf der einen Seite hat der*die Arbeitnehmer*in einen betriebsverfassungsrechtlichen Weiterbeschäftigungsanspruch. Widerspricht der Betriebsrat einer ordentlichen Kündigung frist- und ordnungsgemäß aus einem der in § 102 Absatz 3 BetrVG genannten Gründe, und hat der*die Arbeitnehmer*in nach dem Kündigungsschutzgesetz fristgemäß eine Klage auf Feststellung erhoben, so ist der*die Arbeitgeber*in auf Verlangen des*der Arbeitnehmers*in diesen*e nach Ablauf der Kündigungsfrist bis zum rechtskräftigen Abschluss des Rechtsstreits bei unveränderten Arbeitsbedingungen weiter zu beschäftigen (§ 102 V BetrVG). Unter den in § 102 Absatz 3 BetrVG genannten Gründen findet sich unter anderem keine oder eine nicht ausreichende Berücksichtigung der sozialen Gesichtspunkte des*der zu kündigenden Arbeitnehmers*in bei der Auswahl (§ 102 III BetrVG). Dieser betriebsverfassungsrechtlich gewährleistete Bestandschutz setzt daher einerseits eine Weiterführung des aufgelösten bisherigen Arbeitsverhältnisses bedingt in vollem Umfang voraus, sodass sowohl eine tatsächliche Beschäftigung des*der Arbeitnehmers*in als auch eine Bezahlung dessen*derer zugesichert ist.[2816] Eine Entbindung von der Weiterbeschäftigungspflicht ist unter besonderen Umständen möglich (§ 102 V 2 BetrVG).

Andererseits gibt es einen allgemeinen Weiterbeschäftigungsanspruch. Auch wenn es sehr umstritten ist, gibt die deutsche Rechtsprechung dem*der Arbeitnehmer*in zusätzlich eine Möglichkeit, einen allgemeinen Weiterbeschäftigungsanspruch zu erheben, wenn der*die Arbeitnehmer*in sich aufgrund eines nicht vorhandenen Betriebsrates oder des nicht frist- und/der ordnungsmäßigen Widerspruches des Betriebsrates nicht auf § 102 Absatz 5 BetrVG

2814 Vgl. *Krause*, Arbeitsrecht, S. 318 Rn. 78.

2815 Vgl. *Krause*, Arbeitsrecht, S. 318 Rn. 78. In seiner Entscheidung vom 2021 (BAG 8.9.2021, 5 AZR 205/21) spricht BAG von einem „Weiterbeschfätigungstitel". „Hat der gekündigte Arbeitnehmer ein vorläufig vollstreckbares Weiterbeschäftigungsurteil erstritten, kommt ... die rein tatsächliche Beschfätigung aufgrund des im Weiterschäftigungsurteil titulierten Weiterbesschäftigungsanspruch in Betracht." BAG 8.9.2021, 5 AZR 205/21 Rn. 17. Ein Bedarf eines Weiterbeschäftigungstitels wurde aber im Schrifttum zu Recht verneint. Dazu: Andrej Wroblewski, „Recht auf Arbeit und ihr Wert – eine Aporie des Bundesarbeitsgerichts", AuR 7/ 2022, 299.

2816 Vgl. *Krause*, Arbeitsrecht, S. 314 Rn. 71; S. 319 Rn. 80.

stützen kann.[2817] Ist die Kündigung offensichtlich unwirksam oder im Falle der Verkündigung des Urteiles der Unwirksamkeit der Kündigung im Kündigungsschutzprozess hat der*die Arbeitnehmer*in einen allgemeinen Weiterbeschäftigungsanspruch, welcher sich nach der Rechtsprechung auf eine allgemeine Rücksichtnahmepflicht des*der Arbeitgebers*in und auf das Persönlichkeitsrecht des*der Arbeitnehmers*in zurückgeht.[2818] Im Allgemeinen dient somit die Weiterbeschäftigungsmöglichkeit, ob nach § 102 BetrVG oder entsprechend dem allgemeinen Weiterbeschäftigungsanspruch, zur Verwirklichung der Aufrechterhaltung der wirtschaftlichen und sozialen Existenz des*der Arbeitnehmers*in, der Beibehaltung des Arbeitsplatzes und der Betriebszugehörigkeit sowie dem Beschäftigungsinteresse des*der Arbeitnehmers*in.[2819]

IV. Fristen zur Geltendmachung und Klageerhebung

Die Fristen zur Geltendmachung und Klageerhebung sind zunächst Gegenstand einer Erklärung in Bezug auf die Kündigungsschutzklage und danach auf die Geltendmachung der Ansprüche nach § 15 AGG.

1. Kündigungsschutzklage

Für die Frist zur Geltendmachung von Ansprüchen im Falle einer diskriminierenden Kündigung fällt im Wesentlichen die Klage gegen die Wirksamkeit der Kündigung selbst unter § 4 Satz 1 KSchG.[2820] Nach § 4 Satz 1 KSchG: Will ein*eine Arbeitnehmer*in eine schriftliche Kündigung als sozial ungerechtfertigt oder aus anderen Gründen als rechtsunwirksam geltend machen, so ist innerhalb von drei Wochen nach Zugang der schriftlichen Kündigung Klage beim Arbeitsgericht auf Feststellung zu erheben, damit das Arbeitsverhältnis durch die Kündigung nicht als aufgelöst gilt (§ 4 1 KSchG). (Vgl. Anh. III) Die Vorschrift verleiht dem*der Arbeitnehmer*in eine *„prozessuale Angreiferrolle"* und nimmt die Rechtswirksamkeit einer in der Tat sozialwidrigen Kündigung in Kauf, wenn der*die Arbeitnehmer*in keine gerichtliche Klage erhebt.[2821]

Die dreiwöchige Frist gilt für alle schriftlichen Kündigungen – sowohl für ordentliche als auch außerordentliche, in Kleinbetrieben und in der Wartezeit – des*der Arbeitgebers*in (§ 4 1 KschG). Erfordert die Kündigung die Zustimmung einer Behörde – z. B. in den Fällen einer diskriminierenden Kündigung bei der Kündigung einer Schwangeren oder eines*einer Schwerbehinderten, beginnt die

---

2817 BAG (Großer Senat) 27.2.1985, NZA 1985, 702. Vgl. *Krause*, Arbeitsrecht, S. 320 Rn. 82 ff.

2818 BAG (Großer Senat) 27.2.1985, NZA 1985, 702. Vgl. *Krause*, Arbeitsrecht, S. 320 Rn. 82 ff.

2819 Siehe *diese Dissertationsschrift* § 5, D. und § 5, E.

2820 Vgl. ErfK/*Schlachter* AGG § 2 Rn. 19.

2821 *Krause*, Arbeitsrecht, S. 314 Rn. 72.

dreiwöchige Frist für die Einreichung der Kündigungsschutzklage erst, nachdem dem*der Arbeitnehmer*in die Entscheidung der Behörde mitgeteilt wurde.[2822] Bei Nichteinhaltung der Frist greift die Fiktionswirkung des § 7 KSchG, wobei die Kündigung als rechtswirksam gilt (§7 KSchG).[2823] Die Drei-Wochen-Frist dient dazu, innerhalb kurzer Zeit Rechtssicherheit zu schaffen; aber vor allem zum Schutz des*der Arbeitgeber*in.[2824] In dem Zusammenhang und im Hinblick auf die Forderung der EuGH nach Effizienz und Äquivalenz von Ausschlussfristen ist es aber unzulässig, Klagen wegen diskriminierender Kündigungen nahezu unmöglich zu machen.[2825]

2. Entschädigungsanspruch

Ein Anspruch nach § 15 AGG steht der Ausschließlichkeitsanordnung des § 2 Absatz 4 AGG nach der Rechtsprechung und nach der weitverbreiteten Auffassung im Schrifttum nicht entgegen.[2826] Die materiellen Schadenersatzansprüche nach § 15 Absatz 1 AGG beweisen sich in der Regel unter Berücksichtigung des Annahmeverzugslohns hinsichtlich der diskriminierenden Kündigung als unerheblich. Versäumt aber der*die Arbeitnehmer*in gemäß § 4 KSchG eine fristgerechte Einreichung der Kündigungsschutzklage, sodass die gesetzliche Wirksamkeitsfiktion des § 7 eintritt, beruht ein entstandener Schaden – verursacht durch einen eventuellen Minderverdienst nach Ablauf der Kündigungsfrist – in einem solchen Fall gerade nicht mehr auf einem etwaigen, bei Ausspruch der Kündigung erfolgten Verstoß gegen das Verbot der Diskriminierung, sondern auf dem Versäumnis des *der Arbeitnehmers*in, die Rechtswidrigkeit auf dem gesetzlich vorgesehenen Weg feststellen zu lassen.[2827]

Entschädigungsansprüche aus § 15 Absatz 2 AGG für immaterielle Schäden sind wiederum entweder zusätzlich zu einer Kündigungsschutzklage oder durch eine isolierte Klage auf Entschädigung geltend zu machen.[2828] Unproblematisch

---

2822 Vgl. StichwortK/*Ahrendt* Kündigungsschutzklage Rn. 15.

2823 Vgl. ErfK/*Schlachter* AGG § 2 Rn. 19.

2824 Vgl. StichwortK/*Ahrendt* Kündigungsschutzklage Rn. 8.

2825 EuGH 8.7.2010, Rs. C-246/09, NZA 2010, 869 „Bulicke". Vgl. ErfK/*Schlachter* AGG § 2 Rn. 19.

2826 BAG 12.12.2013, NZA 2014, 722. LAG Bremen 29.6.2010, NZA-RR 2010, 510. ArbG Stuttgart 16.3.2011, BeckRS 2011. Vgl. MüKo BGB/*Thüsing* AGG § 15 Rn. 34; *Wenckebach*, AuR 2010, 499 (499); *Richardi*, NZA 2006, 881, 886. a.A. *Sagan*, NZA 2006, 1257, 1260; *Adomeit/Mohr*, § 2 Rn. 216; *Kamanabrou*, RdA 2007, 199, 203 f. Siehe auch *diese Dissertationsschrift* § 10 A. I. 2. und § 14 A. III.

2827 LAG Köln 1.9.2009, BeckRS 2009, 72164.

2828 LAG Bremen 29.6.2010, NZA-RR 2010, 510. ArbG Stuttgart 16.3.2011, BeckRS 2011, 78478. a. A. LAG Köln 1.9.2009, BeckRS 2009, 72165: *„Eine Kündigung, die angeblich auf einer Altersdiskriminierung beruhen soll, könnte nicht zugleich nach § 1 Abs. 2, 3 KSchG sozial gerechtfertigt sein."*

ist, wenn der*die Arbeitnehmer*in innerhalb der dreiwöchigen Frist von § 4 KSchG sowohl Kündigungsschutzklage erhebt, als auch seine*ihre Ansprüche aus § 15 Absatz 2 AGG geltend macht. Problematisch ist wiederum die Frist für die Geltendmachung der Entschädigungsansprüche nach § 15 Absatz 2 AGG, wenn der*die betroffene Arbeitnehmer*in gegen die diskriminierende Kündigung vorgeht, aber die dreiwöchige Klagefrist des § 4 KSchG versäumt oder wenn er*sie nur eine isolierte Klage auf Entschädigung erhebt. In Fällen einer diskriminierenden Kündigung, wenn die Benachteiligung durch eine Kündigung erfolgt, ist die Erhebung einer Kündigungsschutzklage nicht Voraussetzung für den Anspruch aus § 15 Absatz 2 AGG.[2829] Beim Verstreichen der dreiwöchigen, mit Zugang der schriftlichen Kündigung beginnenden Klagefrist des § 4 KSchG, tritt die Wirksamkeitsfiktion des § 7 KSchG ein, nachdem die Kündigung von Anfang an als rechtswirksam gilt.[2830] Fraglich ist, ob die Ansprüche aus § 15 Absatz 2 AGG innerhalb des längeren Zeitraumes von § 15 Absatz 4 AGG geltend zu machen sind oder ob sie ebenfalls der kürzeren Frist von § 4 KSchG unterliegen.

Auf einer Seite wird es zu Recht vertreten: Der Normzweck des § 4 KSchG – eine dreiwöchige Frist – schließt nur Bestandsschutzstreitigkeiten, nicht aber Persönlichkeitsverletzungen in sich ein; deshalb sind Entschädigungsansprüche aus § 15 Absatz 2 AGG innerhalb der Frist des § 15 Absatz 4 AGG geltend zu machen.[2831] Auch die Fiktionswirkung aus § 7 KSchG stehe dem nicht entgegen, da sie lediglich die Wirksamkeit der Kündigung fingiere; das Nichtvorliegen mindestens eines Kündigungsmotives, das an ein Merkmal nach § 1 anknüpfe, werde nicht fingiert.[2832] Tatsächlich beruhen Entschädigungsansprüche in solchen Fällen nicht auf dem Versäumnis des*der Arbeitnehmers*in, die Rechtswidrigkeit der Kündigung auf dem gesetzlich vorgesehenen Wege feststellen zu lassen, sondern direkt auf der Diskriminierung des*der Arbeitgebers*in gegenüber dem*der Arbeitnehmer*in durch eine diskriminierende Kündigung. Mithin ist ein Anspruch nach § 15 Absatz 2 AGG innerhalb einer Frist – einer zweimonatigen Ausschlussfrist – schriftlich bei dem Anspruchsgegner – im Falle einer diskriminierenden Kündigung bei dem*der Arbeitgeber*in – geltend zu machen, es sei denn, die Tarifvertragsparteien haben etwas anderes vereinbart (§ 15 IV 1 AGG).[2833] Die Frist beginnt zu dem Zeitpunkt, in dem der*die Arbeitnehmer*in

2829 LAG Bremen 29.6.2010, NZA-RR 2010, 510. ArbG Stuttgart 16.3.2011, BeckRS 2011, 78478. a. A. LAG Köln 1.9.2009, BeckRS 2009, 72165. Vgl. MüKo BGB/*Thüsing* AGG § 15 Rn. 8; *Wenckebach*, AuR 2010, 499 (499).

2830 Vgl. MüKo BGB/*Thüsing* AGG § 15 Rn. 34; Däubler/Bertzbach AGG/*Deinert* § 15 Rn. 112; *Wenckebach*, AuR 2010, 499 (499).

2831 Vgl. ErfK/*Schlachter* AGG § 2 Rn. 19; *Jacobs*, RdA 2009, 193 (196).

2832 ErfK/*Schlachter* AGG § 2 Rn. 19.

2833 BAG 12.12.2013, NZA 2014, 722. LAG Düsseldorf 14.2.2008, BeckRS 2008, 55440. Vgl. ErfK/*Koch* ArbGG 3 61b Rn. 3; Beck OGK/*Benecke* AGG § 15 Rn. 49; Däubler/Bertzbach AGG/*Deinert* § 15 Rn. 112, 126, 128.

Kenntnis von der Kündigung erlangt (§ 15 IV 2 AGG). Die Geltendmachung gegenüber dem*der Arbeitgeber*in lässt sich durch Erhebung einer Klage ersetzen, indem der*die Arbeitnehmer*in direkt eine Klage erhebt.[2834] Sonst ist eine Klage auf Entschädigung nach § 15 Absatz 2 AGG jedoch innerhalb von drei Monaten – eine materiell-rechtliche Ausschlussfrist – nachdem der Anspruch schriftlich geltend gemacht worden ist, beim Arbeitsgericht zu erheben (§ 61b I ArbGG).[2835] Damit entsteht eine zweistufige materiell rechtliche Ausschlussfrist, deren Nichteinhaltung ein Erlöschen des Entschädigungsanspruchs zur Folge hat.[2836] Geschützt ist dadurch der*die Arbeitgeber*in durch die Verschaffung der Rechtssicherheit innerhalb eines absehbaren Zeitraum sowie durch die Ermöglichung der gemeinsamen gerichtlichen Behandlung aller Ansprüche wegen Benachteiligung nach den besonderen Verfahrensbestimmungen des § 61 b Absätze 2 und 3 ArbGG.[2837] Der Beginn der Frist ist der Zugang der schriftlichen Geltendmachung des*der Arbeitnehmers*in entsprechend § 15 Absatz 4 AGG bei dem*der Arbeitgeber*in.[2838] Vereinbart ist die Ausschlussfrist nach § 15 Absatz 4 AGG und die für die Entschädigungsansprüche nach § 15 Absatz 2 AGG maßgebliche Klagefrist des § 61b mit der Unionsrechtsordnung.[2839]

Auf der anderen Seite wird vertreten: Für die Geltendmachung der Entschädigungsansprüche nach § 15 Absatz 2 AGG sei die Einreichung einer Kündigungsschutzklage innerhalb der dreiwöchigen Klagefrist des § 4 KSchG wesentlich.[2840] Sonst trete die Wirksamkeitsfiktion des § 7 KSchG ein.[2841] Eine angeblich auf eine Diskriminierung aufgrund durch § 1 AGG geschützte Gründe beruhende Kündigung könne nicht zugleich nach § 1 Absatz 2 und 3 KSchG sozial gerechtfertigt sein.[2842] Demzufolge kann eine Kündigung, derer Rechtmäßigkeit nach

---

2834 EuGH 8.7.2010, Rs. C-246/09, NZA 2010, 869, „Bulicke". Vgl. ErfK/*Koch* ArbGG 3 61b Rn. 3; Beck OGK/*Benecke* AGG § 15 Rn. 100; Däubler/Bertzbach AGG/*Deinert* § 15 Rn. 141.

2835 BAG 12.12.2013, NZA 2014, 722; BAG 15.3.2012, NZA 2012, 910. Vgl. StichwortK/*Littig* Diskriminierung Rn. 85; ErfK/*Koch* ArbGG 3 61b Rn. 1; Beck OGK/*Benecke* AGG § 15 Rn. 98, 99; Däubler/Bertzbach AGG/*Deinert* § 15 Rn. 113, 114, 134, 135, 173. a.A. *Bauer/Göpfert/Krieger* AGG § 15 Rn. 57.

2836 Vgl. *Jacobs*, RdA 2009, 193 (200).

2837 Vgl. Däubler/Bertzbach AGG/*Deinert* § 15 Rn. 133.

2838 Vgl. StichwortK/*Littig* Diskriminierung Rn. 85; Beck OGK/*Benecke* AGG § 15 Rn. 100.

2839 EuGH 8.7.2010, Rs. C-246/09, NZA 2010, 869, „Bulicke". BAG 18.5.2017 NZA 2017, 1530; BAG 15.3.2012, NZA 2012, 910. Vgl. StichwortK/*Littig* Diskriminierung Rn. 85; ErfK/*Koch* ArbGG 3 61b Rn. 2; Beck OGK/*Benecke* AGG § 15 Rn. 99; Däubler/Bertzbach AGG/*Deinert* § 15 Rn. 115, 116, 117. a.A. Schiek/*Kocher* AGG § 15 Rn. 56.

2840 Vgl. MüKo BGB/*Thüsing* AGG § 15 Rn. 34; Däubler/Bertzbach AGG/*Deinert* § 15 Rn. 112.

2841 Vgl. MüKo BGB/*Thüsing* AGG § 15 Rn. 34; Däubler/Bertzbach AGG/*Deinert* § 15 Rn. 112.

2842 LAG Köln 1.9.2009, BeckRS 2009, 72164.

§ 7 KSchG fingiert ist, auch nicht diskriminierend sein.[2843] Die kurze Frist im KSchG dient daher zur Sicherstellung möglichst schneller Rechtssicherheit über den Bestand des Arbeitsverhältnisses.[2844] Es ist deshalb konsequent, die Überprüfung der Wirksamkeit diskriminierender Kündigungen an die Frist des § 4 KSchG zu binden.[2845] Darüber hinaus sind einzelstaatliche Vorschriften über die Fristen für die Rechtsverfolgung nach dem Europäischen Gerichtshof zulässig, sofern sie die Gewährung der Rechte nicht unmöglich machen oder nicht übermäßig erschweren.[2846]

Die Sache bedarf weiterhin der Klärung.

V. Klageart

Bei der Kündigungsschutzklage handelt es sich um eine Feststellungsklage.[2847] Die Feststellung bezweckt die Auflösung des Arbeitsverhältnisses nicht zu dem in der Kündigung vorgesehenen spezifischen Termin aufgrund einer spezifischen schriftlichen Kündigung durch den*die Arbeitgeber*in (§ 4 1 KSchG).[2848] Bei der Klage hinsichtlich der Entschädigungsansprüche aufgrund der diskriminierenden Kündigung nach § 15 Absatz 2 AGG handelt es sich wiederum um eine Leistungsklage.[2849]

VI. Darlegungs- und Beweislast

Laut den arbeits-antidiskriminierungsrechtlichen Angaben steht in § 22 AGG: Wenn im Streitfall die eine Partei Indizien beweist, die eine Benachteiligung wegen eines in § 1 AGG genannten Grundes vermuten lassen, trägt die andere Partei die Beweislast dafür, dass kein Verstoß gegen die Bestimmungen zum Schutz vor Benachteiligung vorgelegen hat. Somit sieht das AGG eine Darlegungslasterleichterung zugunsten der Personen vor, die sich für benachteiligt halten durch eine Art der Absenkung des Beweismaßes.[2850] Darin liegt der Gedanke, die Erbringung eines Nachweises der Diskriminierung, vor allem

---

2843 Vgl. MüKo BGB/*Thüsing* AGG § 15 Rn. 34.

2844 Vgl. *Wenckebach*, AuR 2010, 499 (499).

2845 Vgl. *Wenckebach*, AuR 2010, 499 (499).

2846 EuGH 8.7.2010, Rs. C-246/09 „Bulicke“. Vgl. *Wenckebach*, AuR 2010, 499 (499).

2847 BAG 27.2.1985, NZA 1985, 703. Vgl. StichwortK/*Ahrendt* Kündigungsschutzklage Rn. 16.

2848 Vgl. StichwortK/*Ahrendt* Kündigungsschutzklage Rn. 16.

2849 Vgl. Däubler/Bertzbach AGG/*Deinert* § 15 Rn. 140.

2850 BAG 18.5.2017, NZA 2017, 1530, Rn. 45. LAG Berlin-Brandenburg 10.8.20018, BecksRS 2018, 27504, Rn. 62. Vgl. HK-ArbR/*Braun* AGG § 22 Rn. 1; Däubler/Bertzbach AGG/*Bertzbach/Beck* § 22 Rn. 5; *Stein*, NZA 2016, 849 (m. w. N. 849); Bauer/Göpfert/ Krieger AGG § 22 Rn. 6. Gegen Beweislastumkehr: ErfK/*Schlachter* AGG § 22, Rn. 1.

infolge diskriminierender Motive des*der Arbeitgebers*in oder diskriminierender Entscheidungsvorgänge, welche häufig in der alleinigen Einflusssphäre des*der Arbeitgebers*in liegen und dem*der diskriminierten Arbeitnehmer*in meist gar nicht oder nur sehr eingeschränkt zugänglich sind, führe zu erheblichen Beweisschwierigkeiten und benachteilige aus diesem Grund eine Erleichterung der prozessualen Situation des Diskriminierungsopfers.[2851] Eine Europarechtskonformität des Paragraphen ist allerdings von sich aus problematisch, da § 22 AGG wie die Antidiskriminierungsrichtlinien nicht genügen, damit der*die Arbeitnehmer*in Tatsachen glaubhaft machen kann, vielmehr hat der*die Arbeitnehmer*in einen Beweis der Indizien anzutreten.[2852] Nach dem Schrifttum verzichtet das AGG aber bewusst auf den Begriff der Glaubhaftmachung, um eine Verwechslung mit dem in § 294 ZPO verwendeten Begriff der Glaubhaftmachung zu vermeiden.[2853] Danach genügt es dem*der Arbeitnehmer*in seiner*ihrer Darlegungslast bereits, wenn er*sie Indizien vorträgt, die mit überwiegender Wahrscheinlichkeit eine Benachteiligung wegen eines der in § 1 AGG genannten Gründe erkennen lässt.[2854]

In Bezug auf § 15 Absatz 1 AGG ist allerdings die Verteilung der Darlegungs- und Beweislast hinsichtlich der haftungsausfüllenden Kausalität durch § 22 AGG nicht abgeändert.[2855] Demnach ist der*die Anspruch stellende Arbeitnehmer*in darlegungs- und beweispflichtig.[2856] Im Gegensatz dazu liegt die Beweislast bei den Entschädigungsansprüchen nach § 15 Absatz 2 AGG bei dem*der Arbeitgeber*in.[2857]

Ob die Beweislastregeln des § 22 AGG auch bei den diskriminierenden Kündigungsfällen gelten, ist umstritten. Trotzdem dürfte aber § 22 AGG trotz anders lautender Formulierung in § 2 Absatz 4 AGG ebenfalls im Kündigungsschutzprozess gelten im Falle einer Geltendmachung der Unwirksamkeit einer Kündigung bei der Annahme einer Kündigung als diskriminierend.[2858] Dessen ungeachtet sind allerdings für den Beweis der Kündigungsgründe die allgemeinen Regeln

---

2851 Vgl. Däubler/Bertzbach AGG/*Bertzbach/Beck* § 22 Rn. 5; *Stein*, NZA 2016, 849 (m. w. N. 849); HK-ArbR/*Braun* AGG § 22 Rn. 2.

2852 Vgl. *Thüsing*, Arbeitsrechtlicher Diskriminierungsschutz, S. 46, Rn. 11; MHdB ArbR/*Oetker* § 17 Rn. 117.

2853 Vgl. HK-ArbR/*Braun* AGG § 22 Rn. 2; NK-ArbR/*Steinau-Steinrück/Schneider* AGG § 22 Rn. 1.

2854 BAG 18.5.2017, NZA 2017, 1530, Rn. 46. LAG Berlin-Brandenburg 10.8.20018, BecksRS 2018, 27504, Rn. 63.

2855 BAG 26.1.2017, NZA 2017, 854, Rn. 48; BAG 11.8.2016, NZA-RR 2017, 132 Rn. 105; BAG 20.6.2013, NZA 2014, 21 Rn. 52 f.; BAG 19.8.2010 NZA 2010, 1412, Rn. 78 f. Vgl. Däubler/Bertzbach AGG/*Bertzbach/Beck* § 22 Rn. 30.

2856 Vgl. Däubler/Bertzbach AGG/*Bertzbach/Beck* § 22 Rn. 30.

2857 Vgl. Däubler/Bertzbach AGG/*Bertzbach/Beck* § 22 Rn. 30; *Windel*, RdA 2011, 193 (195 f.).

2858 Vgl. HK-ArbR/*Braun* AGG § 22 Rn. 17; ErfK/*Schlachter*, § 22 Rn. 13; BeckOGK/*Benecke* AGG § 22 Rn. 4.

gültig.[2859] In dem Zusammenhang hat der*die Arbeitgeber*in nach § 1 Absatz 2 Satz 4 KSchG die Gründe für die ordentliche Kündigung gemäß § 1 Absatz 2 KSchG darzulegen und zu beweisen.[2860] Für krankheitsbedingte Kündigung besteht eine abgestufte Darlegungs- und Beweislast.[2861] In den verhaltensbedingten Kündigungen hat der*die Arbeitgeber*in das Vorliegen einer schuldhaften Vertragsverletzung durch den*die Arbeitnehmer*in und ihre betriebliche Auswirkung sowie das Vorliegen einer ordnungsgemäßen Abmahnung darzulegen und zu beweisen.[2862] Bei betriebsbedingten Kündigungen ist nach § 1 Absatz 4 AGG der*die Arbeitgeber*in darlegungs- und beweispflichtig, die tatsächlichen Voraussetzungen zur Annahme eines betrieblichen Erfordernisses sind nachzuweisen.[2863] Darüber hinaus trägt der*die Arbeitgeber*in die Darlegungs- und Beweislast für das Nichtvorhandensein einer anderweitigen Beschäftigungsmöglichkeit für den*die gekündigten*e Arbeitnehmer*in gemäß § 1 Absatz 2 Satz 4 KSchG.[2864] Eine soziale Ungerechtfertigkeit der Kündigung aufgrund einer fehlerhaften Sozialauswahl hat allerdings der*die Arbeitgeber*in zu beweisen (§ 1 III 3 KSchG).[2865] Der*die Arbeitgeber*in hat jedoch nach § 1 Absatz 3 Halbsatz 2 KSchG auf Verlangen des*der Arbeitnehmers*in die Gründe anzugeben, die zu der getroffenen Auswahl geführt haben.[2866] Der*die Arbeitgeber*in ist ebenfalls verpflichtet, die nach § 626 BGB erforderlichen Voraussetzungen einer fristlosen Kündigung zu beweisen.[2867]

VII. Dauer und Kosten

Die Dauer eines Kündigungsschutzprozesses kann drei Monate bis drei Jahre betragen.[2868] Der Streitwert bei einer Kündigungsschutzklage beträgt in der Regel maximal ein Vierteljahreseinkommen des*der gekündigten Arbeitnehmers*in (§ 42 II GKG).[2869] Die Kosten des Rechtsstreits richten sich nach dem Streitwert, den im Kündigungsschutzprozess die unterlegene Partei entweder allein zu tragen hat, außer es besteht eine Kostenteilung (§ 91 ZPO).[2870]

2859 Vgl. BeckOGK/*Benecke* AGG § 22 Rn. 4.

2860 Vgl. StichwortK ArbR/*Ahrendt* Kündigungsschutzklage Rn. 42.

2861 BAG 6.9.1989, NZA 1990, 307. Vgl. A/P/S/*Vossen* KSchG § 1 Rn. 203, 204.

2862 Vgl. A/P/S/*Vossen* KSchG § 1 Rn. 439, 440.

2863 Vgl. A/P/S/*Vossen* KSchG § 1 Rn. 471.

2864 Vgl. A/P/S/*Vossen* KSchG § 1 Rn. 111; ErfK/*Oetker* KSchG § 1 Rn. 391.

2865 Vgl. A/P/S/*Vossen* KSchG § 1 Rn. 703; StichwortK ArbR/*Ahrendt* Kündigungsschutzklage Rn. 42.

2866 Vgl. A/P/S/*Vossen* KSchG § 1 Rn. 703.

2867 Vgl. StichwortK ArbR/*Ahrendt* Kündigungsschutzklage Rn. 42.

2868 BMAS Ergebnisse der Statistik der Arbeitsgerichtbarkeit 2019. Statistische Landesamt Bremen, Pressemitteilung vom 25. Januar 2016. Vgl. *Krause*, Arbeitsrecht, S. 318, Rn. 78.

2869 Vgl. StichwortK ArbR/*Ahrendt* Kündigungsschutzklage Rn. 68.

2870 Vgl. StichwortK ArbR/*Ahrendt* Kündigungsschutzklage Rn. 68.

B. Türkisches Recht

Dieser Abschnitt beinhaltet eine Darstellung der im Falle einer diskriminierenden Kündigung anwendbaren Rechtsschutzmechanismen nach dem türkischen Recht. Zuerst findet das Thema eine Erläuterung in Bezug auf das Gesetz über Menschenrechte und Gleichheitsinstitution der Türkei und die Beschwerde. Danach folgt die Darstellung des Arbeitsgesetzes und der gerichtlichen Geltendmachung.

I. Gesetz über Menschenrechte- und Gleichheitsinstitution der Türkei und die Beschwerde

Das GMRGI gewährleistet Opfern von Diskriminierungen im Bereich der Beschäftigung im Falle eines Verstoßes der im GMRGI anerkannten Rechte einen nicht gerichtlichen, institutionellen Rechtsschutz innerhalb des GMRGI-Systems. Der Verwaltungsrat ist das Entscheidungsgremium der Menschenrechte- und Gleichheitsinstitution (Art. 10 I GMRGI). Er besteht aus elf, vom Präsidenten der Republik Türkei ernannten Mitgliedern (Art. 10 II GMRGI). Für jemand, der die Mitgliedschaft im Vorstand anstrebt, ist die Befähigung zum Beamtensein nach dem Beamtengesetz Nr. 657 – mindestens vier Jahre Hochschulausbildung – Voraussetzung, wobei keine Pflicht oder Ermächtigung hinsichtlich der Verwaltungs- und Kontrollorgane einer politischen Partei besteht (Art. 10 IV b, c, ç GMRGI). Daraufhin sind die Mitglieder des Verwaltungsrats nicht nach einem für Richter üblichen, hoch wettbewerbsfähigen Auswahlverfahren ausgewählt, sie müssen nicht einmal über einen Abschluss in Rechtswissenschaften verfügen. Auf diese Weise positioniert der Gesetzgeber die Institution viel näher an die exekutive Gewalt, anstatt an die Judikative. Dieser Abschnitt beinhaltet zunächst eine Darstellung der Prüfung der Menschenrechte und Gleichheitsinstitution von Amts wegen; danach folgt eine Schilderung des Beschwerdeverfahrens.

1. *Prüfung von Amts wegen*

Die Menschenrechte- und Gleichheitsinstitution der Türkei ist unaufgefordert von sich aus berechtigt zur Untersuchung, Aufklärung, Lösung und Nachverfolgung von Verstößen gegen das Diskriminierungsverbot (Art. 9 I g GMRGI, Art. 11 I b GMRGI). Lässt sich das Opfer des Verstoßes gegen das Diskriminierungsverbot nicht identifizieren, trifft der Verwaltungsrat eine Entscheidung auf der Grundlage der direkten Kenntnis des Täters des Verstoßes (Art. 17 VI GMRGI). Der Gesetzgeber versperrt aber dem Verwaltungsrat den Weg, ohne Zustimmung des Opfers zu handeln. Kommt es zur Identifizierung des Opfers des Verstoßes gegen das Diskriminierungsverbot, reichte der Wille des Verwaltungsrats, direkt zu handeln, nicht aus und die Zustimmung des Opfers oder seines gesetzlichen Vertreters, falls vorhanden, wäre einzuholen (Art. 17 VI GMRGI).

2. Beschwerde

Jede natürliche und juristische Person, die behauptet, Opfer einer Diskriminierungsverletzung zu sein, kann sich an die Institution wenden (Art. 17 I GMRGI). Der Verwaltungsrat der Institution dient zuerst als ein Beratungsgremium, indem er den Antragstellern, die sich für diskriminiert halten, bei der Institution Hilfestellung bei administrativen und rechtlichen Prozessen, die sie bei der Behebung ihrer Beschwerden verwenden können, und zur Weiterverfolgung ihrer Anträge leistet (Art. 9 I ğ GMRGI).

Für die Beschwerdeerhebung an die Institution ist Voraussetzung, durch die Verletzung des Diskriminierungsverbots eine Schädigung zu erfahren, die Berichtigung bei der betreffenden Partei anzufordern, entsprechende Beschwerdeverfahren zu befolgen und nicht Gegenstand eines gerichtlichen Verfahrens zu sein. Nur eine durch die Verletzung des Diskriminierungsverbotes geschädigte Person (der*die Arbeitnehmer*in) darf sich an die Institution wenden (Art. 17 I GMRGI). Gemäß dieser Vorschrift können Dritte, Gewerkschaften, Berufsverbände oder Nichtregierungsorganisationen, die nicht direkte Opfer von Verstößen sind, keinen Verstoßantrag im Namen des Opfers stellen.[2871] Dementsprechend steht diese Vorschrift in klarem Gegensatz zu den EU-Antidiskriminierungsrichtlinien, die Verbände, Organisationen oder andere juristische Personen, die ein rechtmäßiges Interesse daran haben, für die Einhaltung der Bestimmungen dieser Richtlinie zu sorgen, berechtigen, sich entweder im Namen der beschwerten Person oder zu deren Unterstützung und mit deren Einwilligung an den in dieser Richtlinie zur Durchsetzung der Ansprüche vorgesehenen Gerichts- und/oder Verwaltungsverfahren zu beteiligen (Art. 7 II RL 2000/43 EG; Art. 9 II RL 2000/78 EG; Art. 6 III RL 2002/73/ EG). Darüber hinaus, bevor der*die Arbeitnehmer*in, der*die behauptet, durch die Verletzung des Diskriminierungsverbotes geschädigt worden zu sein, sich an die Institution wendet, muss sie die Berichtigung bei der betreffenden Partei anfordern (Art. 17 II GMRGI). Im Falle einer Ablehnung oder Nichtbeantwortung dieser Anträge innerhalb von 30 Tagen besteht die Möglichkeit eines Antrages bei der Behörde (Art. 17 II GMRGI). Die Institution kann Anträge annehmen, ohne diese Bedingung in Anspruch zu nehmen bei Annahme der Wahrscheinlichkeit der Entstehung irreparabler Schäden (Art. 17 II GMRGI). Eine artikelähnliche Regelung ist im Arbeitsgesetz nicht enthalten.[2872] Überdies besteht eine Unklarheit über die betreffende Partei. Das Schrifttum nimmt

2871 Vgl. *Düğmeci*, S. 322; *Kayaalp*, S. 267.
2872 Vgl. *Kayaalp*, S. 268.

hinsichtlich der durch das Arbeitsgesetz regulierten Rechtsbeziehungen die betreffende Partei als Arbeitgeber*in an.[2873]

Ansonsten besteht die Möglichkeit, Anträge in Bezug auf Diskriminierungsansprüche, die in den Anwendungsbereich von Artikel 5 des Arbeitsgesetzes, der allgemeinen arbeitsrechtlichen Diskriminierungsschutznorm, fallen – demzufolge auch die diskriminierende Kündigung – nur in Fällen mit einer nicht getroffenen Sanktionsentscheidung nach dem Befolgen der im Arbeitsgesetz und in der entsprechenden Gesetzgebung festgelegten Beschwerdeverfahren zu stellen (Art. 17 V GMRGI). Unklar ist, was mit dem Beschwerdeverfahren gemeint ist. Laut Schrifttum ist von der Möglichkeit einer Beschwerde an das Ministerium für Familie, Arbeit und Sozialpolitik auszugehen.[2874] Infolgedessen soll der*die aus diskriminierenden Gründen gekündigte Arbeitnehmer*in – bevor er*sie sich an die Menschenrechte- und Gleichheitsinstitution wendet – die Berichtigung bei dem*der Arbeitgeber*in fordern, außerdem eine Beschwerde an das Ministerium für Familie, Arbeit und Sozialpolitik erheben. Lediglich im Falle einer Ablehnung der Berichtigungsforderung durch den*die Arbeitgeber*in und einer ausbleibenden Sanktionsentscheidung des Ministeriums für Familie, Arbeit und Sozialpolitik ist der*die Arbeitnehmer*in berechtigt sich an die Menschenrechte- und Gleichheitsinstitution zu wenden. Das Erheben eines Beschwerdeverfahrens bei der Institution gilt als sehr kompliziert, anstrengend und aufwendig. Des Weiteren ist eine Bearbeitung von Anträgen, die Gegenstand eines gerichtlichen Verfahrens waren, nicht möglich (Art. 45 I c GMRGI Verordnung).[2875]

a) Beweislast

Das GMRGI sieht eine Beweislasterleichterung für den*die Beschwerdeführer*in. Bei der Behauptung der Verletzung des Diskriminierungsverbots gegenüber der Institution muss die Gegenpartei einen Nichtverstoß gegen das Diskriminierungsverbot nachweisen, wenn der*die Beschwerdeführer*in das Vorhandensein von aussagekräftigen Anzeichen und das indizienbildende Phänomen offenbart (Art. 21 GMRGI). Somit ähnelt die Beweislastregelung nach dem GMRGI sehr der Beweislastregelung des Artikels 5 des Arbeitsgesetzes. Eine besondere Beweislastbestimmung für diskriminierende Kündigungsfälle sieht das GMRGI nicht.

2873 Vgl. *Kayaalp*, S. 268.

2874 Vgl. *Kayaalp*, S. 270 f.; *Ünal*, S. 505.

2875 Verordnung über die Grundsätze und Verfahren der Durchführung des Gesetzes über die Menschenrechte- und Gleichheitsinstitution der Türkei: Türkiye Insan Hakları ve Eşitlik Kurumu Kanununun Uygulamasına İlişkin Usul ve Esaslar Hakkında Yönetmelik, RG 24.11.2017/30250.

b) Dauer und Kosten

Im Übrigen sieht das GMRGI eine schnellere und günstigere Beschwerdedauer und geringere Kosten im Vergleich zu arbeitsgerichtlichen Verfahren. Beschwerden, die innerhalb der Klagefrist bei der Institution eingehen, hemmen eine bereits eingesetzte Klagefrist (Art. 17 III GMRGI). Die Institution schließt die Prüfung von Beschwerden und von sich aus begonnenen Untersuchungen innerhalb von drei Monaten ab (Art. 18 I GMRGI). Eine Verlängerung dieser Frist ist einmalig um höchstens drei Monate möglich (Art. 18 I GMRGI). Unter Berücksichtigung der längeren Verfahrensdauern in den Arbeitsgerichten und im Kassationshof erscheint diese Regelung vielversprechend.[2876] Als positives Kriterium zu nennen ist eine Gebührenfreiheit für die Beschwerden (Art. 17 I GMRGI).

II. Arbeitsgesetz und gerichtliche Geltendmachung

Erstmals kam es im Jahr 1950 zur Einrichtung von Arbeitsgerichten nach türkischem Recht.[2877] Das im Laufe der Zeit mehrfach geänderte Gesetz über Arbeitsgerichte fand zuletzt Ersetzung am 12.10.2017 durch das Gesetz über Arbeitsgerichte Nr. 7036, welche zahlreichen Novellierungen in der Arbeitsgerichtsbarkeit enthält.[2878] Arbeitsgerichte befassen sich somit mit den Rechtsstreitigkeiten, die sich aus Verträgen oder Gesetzen ergeben aufgrund einer Arbeitsbeziehung zwischen Arbeitnehmer*innen, die dem Arbeitsgesetz oder seit der Novellierung im 2017 den Dienstleistungsverträgen des Obligationengesetzes unterliegen, und Arbeitgeber*innen (Art. 5 I a GüArbeitsgerichte). Infolgedessen fallen Rechtsstreitigkeiten aufgrund von verbotenen Diskriminierungen nach dem allgemeinen arbeitsrechtlichen Diskriminierungsschutz gemäß Artikel 5 Arbeitsgesetz sowie diskriminierende Arbeitgeberkündigungen innerhalb des Anwendungsbereichs des Kündigungsschutzes nach Artikel 18 ff. Arbeitsgesetz unter die Zuständigkeit der Arbeitsgerichte. In Bezug auf die Rechtsschutzmechanismen nach dem Arbeitsgesetz kommt es zunächst zu einer Erklärung der Fristen zur Geltendmachung sowie der Verjährungsfristen. Daran schließt sich eine Schilderung der Klageart und des Verfahrensablaufes an. Es folgt eine Darstellung der Darlegungs- und Beweislast. Schließlich findet sich eine Beschreibung der Dauer und der Kosten.

2876 Über die Verfahrensdauer nach dem Arbeitsgesetz siehe *diese Dissertationsschrift* § 13, II, 3.

2877 Vgl. *Mollamahmutoğlu/Astarlı/Baysal*, İş Hukuku Ders, S. 393; *Süzek*, S. 95.

2878 Gesetz über Arbeitsgerichte vom 12.10.2017 mit der Gesetznummer 7036: 12.10.2017 tarihli 7036 sayılı İş Mahkemeleri Kanunu.

1. *Fristen zur Geltendmachung und Klageerhebung sowie Verjährungsfrist*

Eine Frist für die Geltendmachung einer Diskriminierungsklage kennt das Arbeitsgesetz nicht. Die Arbeitnehmer*innen, die sich diskriminiert fühlen, sind berechtigt, Ansprüche nach dem Arbeitsgesetz ohne Beachtung einer Klagefrist geltend zu machen. Somit räumt der Gesetzgeber diskriminierten Arbeitnehmern*innen einen sehr flexiblen Zeitraum hinsichtlich der Klageerhebungsfrist ein. Um eine Klage nach kündigungsschutzrechtlichen Normen zu erheben, hat der*die Arbeitnehmer*in wiederum sich innerhalb einer einmonatigen Frist nach der Kündigung bei Pflichtmediationsverfahren an einen*eine Mediator*in zu wenden, bevor er*sie eine Wiedereinstellungsklage nach kündigungsschutzrechtlichen Normen beim Arbeitsgericht erheben kann (Art. 20 I ArbG).

Seit dem im Jahr 2017 hinzugefügten Zusatz Artikel 3 des Arbeitsgesetzes gilt eine fünfjährige Verjährungsfrist für Diskriminierungsentschädigung und für Arbeitsgarantieabfindung (für Kündigungen innerhalb des Kündigungsschutzes) (Zusatz Art. 3 ArbG und Art. 15 GüArbeitsgerichte). Früher betrug die Verjährungsfrist für diese Fälle zehn Jahre (Art. 146 und 147 Obligationengesetz). Der Gesetzgeber begründete die Verkürzung der zehnjährigen Frist auf fünf Jahre vor allem mit einer hohen ökonomischen Belastung für Arbeitgeber*innen infolge einer zehnjährigen Verjährungsfrist. Nach dem Begründungstext seien die Arbeitgeber*innen aufgrund der Androhung einer Kündigungsschutzklage gehalten, neue Investitionen zu tätigen. Darüber hinaus ermöglichen neuere Kommunikationsmittel den Arbeitnehmern*innen, in kürzerer Zeit Ansprüche geltend zu machen. Die Achtlosigkeit des*der Arbeitnehmers*in in Bezug auf seine*ihre eigene Forderung für eine lange Zeit solle keinen Schutz durch die Rechtsordnung erfahren.[2879] Dies ist allerdings fraglich in dem Sinne, denn der menschenrechtliche Charakter des Diskriminierungsverbots soll Vorrang haben vor der ökonomischen Belastbarkeit der Arbeitgeber*innen. Aufgrund der eventuellen Stigmatisierung und des Embargos aufseiten der Arbeitgeberschaft angesichts des Erhebens einer Diskriminierungsklage der*die Arbeitnehmer*in wäre eine längere Verjährungsfrist hinsichtlich des Schutzes des*der Arbeitnehmers*in auf dem Arbeitsmarkt ratsam.

2. *Klageart und Verfahrensablauf*

Das türkische Recht billigt Arbeitnehmern*innen, die sich als diskriminiert sehen, und denen, deren Arbeitsverhältnis innerhalb des Kündigungsschutzes fällt, und die eine Kündigung erhalten haben, zu, ihre Ansprüche gerichtlich geltend zu machen. Nach dem türkischen Recht ist weder eine Gewerkschaft noch irgendeine Antidiskriminierungsstelle oder Organisation berechtigt, eine Klage

2879 7036 sayılı İş Mahkemeleri Kanunu Gerekçesi Madde 15.

gegen eine diskriminierende Kündigung zu erheben. Betriebsräte gibt es in der Türkei nicht. Das Thema findet zuerst hinsichtlich der Mediation und Wiedereinstellungsklage und als nächstes im Hinblick auf die Pflichtmeditation und Wiedereinstellungsklage eine Erklärung.

a) Mediation und Diskriminierungsklage

Seit 2017, demnach seit Inkrafttreten des geltenden Gesetzes über Arbeitsgerichte, ist die Mediation hinsichtlich der Rechtsstreitigkeiten über die Arbeitnehmer- und Arbeitgeberforderungen aus dem Arbeitsvertrag, über Abfindung und die Klage mit Anspruch auf Wiedereinstellung als eine Prozessvoraussetzung bei Arbeitsgerichten eingestuft (Art. 3 I GüArbeitsgerichte). Dies gilt ebenfalls für eine Diskriminierungsklage mit einem Anspruch auf Diskriminierungsentschädigung.

Im Allgemeinen läuft das Mediationsverfahren wie folgt: Der*Die Mediator*in schließt die Bewerbung eines*einer Arbeitnehmers*in innerhalb von drei Wochen ab dem Datum ihrer Bestellung ab (Art. 3 X GüArbeitsgerichte). Die Frist von drei Wochen ist einmal um eine Woche verlängerbar (Art. 3 X GüArbeitsgerichte). Die beteiligten Parteien legen am Ende der Mediationstätigkeit den Umfang der getroffenen Vereinbarung fest. Im Falle einer Vereinbarung unterzeichnen die Parteien sowie der*die Mediator*in dieses Dokument, das als eine vollstreckbare Urkunde gilt (Art. 18 I und IV Gesetz über Mediation in Rechtsstreitigkeiten).[2880] Existiert die Annahme, die Klage sei ohne Antrag an den*die Mediator*in eingereicht worden, erklärt das Arbeitsgericht das Verfahren aufgrund des Fehlens der prozessualen Voraussetzung ohne weitere Maßnahmen für unzulässig (Art. 3 II GüArbeitsgerichte).

Über die gerichtlichen Verfahren in den Arbeitsgerichten ist noch Folgendes zu erwähnen: Die Arbeitsgerichte wenden ein vereinfachtes Verfahren an (Art. 7 I GüArbeitsgerichte). Somit gibt es zum Beispiel keine Replik und kein Duplik-Schreiben und es liegt höchstens ein Monat zwischen beiden Anhörungen.

b) Pflichtmediation und Wiedereinstellungsklage

aa) Pflichtmediation

Verfahrensablauf und Klageart für die Arbeitsverhältnisse innerhalb des Kündigungsschutzes unterscheiden sich in Bezug auf den unterschiedlichen Verfahrensablauf und die andere Klageart außerhalb des Kündigungsschutzes. Der*die Arbeitnehmer*in, dessen*deren Arbeitsverhältnis innerhalb des Anwendungsbereichs des Kündigungsschutzes fällt und dessen*deren Arbeitsvertrag gekündigt wurde, der*die denkt, der Grund für die Kündigung sei nicht angegeben oder der angegebene Grund sei kein triftiger Grund, muss innerhalb eines Monats ab dem

---

2880 Gesetz über Mediation in Rechtsstreitigkeiten vom 7.6.2012 mit der Gesetznummer 6325: 7.6.202 tarihli 6325 sayılı Hukuk Uyuşmazlıklarında Arabuluculuk Kanunu.

Datum der Mitteilung der Kündigung beim*bei der Mediator*in Wiedereinstellung beanspruchen (Art. 20 I ArbG).

Als Anspruchsgrundlage einer Wiedereinstellung nennt Artikel 20 des Arbeitsgesetzes nur die Fälle, die einer Angabe eines Grundes für die Kündigung entbehren oder bei denen der angegebene Grund sich nicht als triftiger Grund herausgestellt hat (Art. 20 I ArbG). Nach dem Schrifttum lässt sich der Anspruch auf Wiedereinstellung auch mit der nicht existierenden schriftlichen Kündigungserklärung mit Benennung der Kündigungsgründe (Art. 19 I ArbG) oder der fehlenden Möglichkeit für den*die Arbeitnehmer*in zur Verteidigung begründen (Art. 19 II ArbG).[2881]

Eine Monatsfrist für die Inanspruchnahme der Pflichtmediation beginnt mit der Mitteilung des Kündigungsschreibens, verfasst nach Artikel 19 Arbeitsgesetz.[2882] Teilt der*die Arbeitgeber*in die Kündigung trotz der unabdingbaren Bestimmung des Gesetzes allerdings nicht schriftlich mit, beginnt die Frist mit dem Datum der mündlichen Kündigung.[2883] Eine Kündigung ohne schriftliche Mitteilung gilt aber ohne weitere Untersuchung von sich aus als unwirksam, weil die schriftliche Mitteilung der Kündigung als eine Wirksamkeitsvoraussetzung der Kündigung nach dem Kündigungsschutz anzusehen ist.[2884] Außerdem gestaltet sich eine Monatsfrist als eine Ausschlussfrist und somit setzen ein Krankschreiben, ein ruhender Zustand des Arbeitsvertrages oder Ähnliches die Frist nicht außer Kraft.[2885] Der*die Arbeitnehmer*in, der*die bei dem*der Mediator*in nicht innerhalb einer Frist von einem Monat die Unwirksamkeit der Kündigung beantragt hat, büßt sein*ihr Recht ein, ein Gerichtsverfahren einzuleiten.[2886] Somit hat die Kündigung durch den*die Arbeitgeber*in die Bedingungen und Konsequenzen einer wirksamen Kündigung.[2887]

Der Verlauf der Mediation ist der gleiche wie vorher unter dem Titel „Mediation und Diskriminierungsklage“ allgemein beschrieben. Die Parteien legen den Umfang der am Ende der Mediationstätigkeit getroffenen Vereinbarung fest; im Falle einer Vereinbarung unterzeichnen die Parteien und der Mediator dieses Dokument und es gilt als eine vollstreckbare Urkunde (Art. 18 I und IV Gesetz

2881 Vgl. *Mollamahmutoğlu/Astarlı/Baysal*, İş Hukuku Ders, S. 293.
2882 Vgl. *Mollamahmutoğlu/Astarlı/Baysal*, İş Hukuku Ders, S. 293; *Süzek*, İş Hukuku, S. 615.
2883 Vgl. *Mollamahmutoğlu/Astarlı/Baysal*, İş Hukuku Ders, S. 293.
2884 Y9HD 18.3.2008, E. 2007/26203, K. 2008/5305 (Kazancı). Vgl. *Süzek*, İş Hukuku, S. 615.
2885 Y9HD 28.11.2005, E. 2005/34667, K. 2005/37461 (Kazancı); Y9HD 20.2.2006, E. 2006/571, K. 2006/3912 (Kazancı). Vgl. *Mollamahmutoğlu/Astarlı/Baysal*, İş Hukuku Ders, S. 293.
2886 Vgl. *Mollamahmutoğlu/Astarlı/Baysal*, İş Hukuku Ders, S. 293.
2887 Vgl. *Mollamahmutoğlu/Astarlı/Baysal*, İş Hukuku Ders, S. 293.

über Mediation in Rechtsstreitigkeiten).[2888] Einigen sich die Parteien am Ende der Mediationstätigkeit auf die Wiedereinstellung des*der Arbeitnehmers*in, sind das Datum des Arbeitsbeginns, der genaue Geldbetrag des Entgelts und der Zuzahlungen, die an den*die Arbeitnehmer*in zu zahlen sind, zu nennen; sollte der*die Arbeitnehmer*in nicht erneut bei dem*der Arbeitgeber*in arbeiten, ist die Höhe der Arbeitsgarantieabfindung zu bestimmen (Art. 21 VII ArbG). Andernfalls gilt die Vereinbarung als nicht erfolgreich und es erfolgt eine entsprechende Erstellung des Abschlussberichts (Art. 21 VII ArbG). Beginnt der*die Arbeitnehmer*in nicht zum vereinbarten Termin mit der Arbeit, so tritt die Kündigung in Kraft und der*die Arbeitgeber*in haftet nur für die rechtlichen Folgen einer wirksamen Kündigung (Art. 21 VII ArbG).

bb) Wiedereinstellungsklage

Da die Mediation seit 2017 als eine Prozessvoraussetzung bei Arbeitsgerichten für Klagen mit Anspruch auf Wiedereinstellung zugeordnet ist, darf der*die Arbeitnehmer*in nur im Falle einer nicht getroffenen Vereinbarung am Ende der Mediation eine Wiedereinstellungsklage erheben (Art. 20 I ArbG und Art. 3 I GüArbeitsgerichte). Ist am Ende der Mediation keine Einigung zu erzielen, kann der*die Arbeitnehmer*in innerhalb von zwei Wochen ab dem Datum der letzten Protokolle der Mediation eine Klage einreichen (Art. 20 I ArbG). Sind die Parteien einverstanden, besteht auch die Möglichkeit der Übertragung des Streites anstelle des Arbeitsgerichts zur Schlichtung an einen privaten Schiedsrichter (Art. 20 I ArbG).

Der*die Arbeitnehmer*in ist als Kläger*in verpflichtet, die Protokolle der Mediation, die eine nicht erfolgte Einigung am Ende der Mediationstätigkeit bescheinigen, dem Klageantrag beizufügen. Andernfalls erklärt das Arbeitsgericht die Klage aufgrund des Fehlens der prozessualen Voraussetzung für unzulässig (Art. 3 II GüArbeitsgerichte). Erfolgt das Einreichen der Klage ohne Antrag an den*die Mediator*in, gilt die Klage beim Arbeitsgericht aufgrund des Fehlens der prozessualen Voraussetzung ebenfalls als unzulässig (Art. 3 II GüArbeitsgerichte).

Allerdings billigt das Arbeitsgesetz nur den Kündigungsschutzfällen eine zusätzliche Frist zu. Somit ist der*die Arbeitnehmer*in nach der Unzulässigkeitsentscheidung des Arbeitsgerichts aufgrund der fehlenden Inanspruchnahme der Mediation für Wiedereinstellunganspruche nach den kündigungsschutzrechtlichen Normen berechtigt, sich innerhalb einer Frist von zwei Wochen an einen*eine Mediator*in zu wenden (Art. 20 I ArbG). Im Zusammenhang mit diskriminierenden Kündigungen ergeben sich hinsichtlich dieser Bestimmung folgende Konsequenzen: Während antidiskriminierungsrechtliche Ansprüche

---

2888 Gesetz über Mediation in Rechtsstreitigkeiten vom 7.6.2012 mit der Gesetznummer 6325: 7.6.202 tarihli 6325 sayılı Hukuk Uyuşmazlıklarında Arabuluculuk Kanunu.

des*der Arbeitnehmers*in im Falle einer diskriminierenden Kündigung (wie zum Beispiel Diskriminierungsentschädigung nach Artikel 5 Arbeitsgesetz) aufgrund der fehlenden Inanspruchnahme der Mediation als unzulässig erklärt werden und er*sie sein*ihr Recht einbüßt, ein Gerichtsverfahren einzuleiten; erhält der*die Arbeitnehmer*in für kündigungsschutzrechtliche Ansprüche (Artikel 18 ArbG ff.) eine zusätzliche Frist für die Inanspruchnahme einer Mediation, welche im Endeffekt eine ganz normale Durchführung des Verfahrens ergibt. Der Gesetzgeber gibt somit dem*der Arbeitnehmer*in für kündigungsschutzrechtliche Rechtsstreitigkeiten die Chance, seine*ihre prozessualen Fehler zu korrigieren; währenddessen bedeutet die fehlende Inanspruchnahme der Mediation für antidiskriminierungsrechtliche Ansprüche des*der Arbeitnehmers*in den Verlust der Ansprüche. Es gibt anscheinend keine Frist für die Geltendmachung einer Diskriminierungsklage. Um eine Klage nach kündigungsschutzrechtlichen Normen zu erheben, hat der*die Arbeitnehmer*in wiederum sich innerhalb einer einmonatigen Frist nach der Kündigung bei einem Pflichtmediationsverfahren an einen*eine Mediator*in zu wenden. Die fehlende Möglichkeit der Gewährung für antidiskriminierungsrechtliche Ansprüche gibt allerdings zur Besorgnis Anlass.

Die Literatur nennt die Klage, die mit dem Kündigungsschutz in Verbindung steht, Wiedereinstellungsklage.[2889] Entsprechend der Regel in der türkischen Arbeitsgerichtbarkeit wenden die Arbeitsgerichte ein vereinfachtes Verfahren an (Art. 7 I GüArbeitsgerichte). Nach dem Schrifttum und der Rechtsprechung sind Streitgegenstand dieser Klage die Feststellung der Unwirksamkeit der Kündigung und damit verbundene rechtliche Folgen.[2890] Der*Die Arbeitnehmer*in kann laut Hinweis bei der Wiedereinstellungsklage nicht die Ansprüche geltend machen, die das Gesetz an die Beendigung des Arbeitsvertrages bindet wie die Ankündigungsentschädigung oder die Dienstalterabfindung.[2891] Ein solcher Anspruch widerspreche dem Gegenstand der Wiedereinstellungsklage und den Rechtsfolgen, die das Gesetz mit der Unwirksamkeit der Kündigung verbindet.[2892]

Die Klageart der Wiedereinstellungsklage wie in Deutschland war Gegenstand von Kontroversen. Eine weniger weitverbreitete Stellung im Schrifttum vertritt die Ansicht, die Wiedereinstellungsklage sei eine Leistungsklage. Dagegen bezeichnen die vorherrschende Meinung im Schrifttum und der Kassationshof die Wiedereinstellungsklage als eine Feststellungsklage.[2893]

2889 Vgl. *Mollamahmutoğlu/Astarlı/Baysal*, İş Hukuku Ders, S. 294; *Süzek*, İş Hukuku, S. 625 ff.

2890 Y9HD 11.9.2003, E. 14994/2003; K. 2003/14267 (Kazancı). Vgl. *Mollamahmutoğlu/Astarlı/Baysal*, İş Hukuku Ders, S. 295

2891 Vgl. *Mollamahmutoğlu/Astarlı/Baysal*, İş Hukuku Ders, S. 295.

2892 Vgl. *Mollamahmutoğlu/Astarlı/Baysal*, İş Hukuku Ders, S. 295.

2893 Y22HD 26.1.2015, E. 2014/36481, K. 2015/1130 (Kazancı). Vgl. *Yılmaz*, Sicil 2010/17, 45 (47 ff.); *Kar*, Ankara Barosu Dergisi 2008/66, 87 (93 ff.); *Manav*, Sicil 2010/17, 58 (58).

Eine Weiterbeschäftigungspflicht während der Wiedereinstellungsklage sieht das türkische Recht nicht vor.

Seit dem Inkrafttreten des Gesetzes über Arbeitsgerichte und der Vorstellung der Berufungsgerichte im Jahr 2017 ist die Revision von Kündigungsschutzklagen nicht mehr zugelassen (Art. 8 GüArbeitsgerichte). Somit ist das Einlegen einer Berufung gegen Entscheidungen der Arbeitsgerichte über einen Widerspruch gegen eine Kündigungserklärung des*der Arbeitgebers*in gegenüber einem*einer Arbeitnehmer*in, dessen*deren Arbeitsverhältnis innerhalb des Kündigungsschutzes fällt, nur innerhalb einer Woche zulässig; dadurch gestalten sich die Regionalen Arbeitsgerichte als letzte Instanz für die Wiedereinstellungsklagen. Eine ähnliche Regelung ist für Diskriminierungsschutzklagen nicht vorgesehen. Demnach ist es möglich, in einer Klage des*der Arbeitnehmers*in mit einem Anspruch auf Diskriminierungsentschädigung eine Revision einzulegen innerhalb der Grenze der Revision. Es bleibt demzufolge offen, wie es für Entscheidungen der Arbeitsgerichte über diskriminierende Kündigungen im Rahmen des Kündigungsschutzes sein wird.

3. *Darlegungs- und Beweislast*

Das Arbeitsgesetz sieht für Diskriminierungsfälle eine besondere Beweislastregelung vor. Der*die Arbeitnehmer*in, der*die behauptet, diskriminiert worden zu sein, muss den Verstoß des*der Arbeitgebers*in gegen die Bestimmungen des arbeitsrechtlichen Diskriminierungsverbots nach Artikel 5 Arbeitsgesetz beweisen (Art. 5 VII ArbG). Gelingt es dem*der Arbeitnehmer*in, eine Situation aufzuzeigen, die die Möglichkeit des Vorliegens eines Verstoßes glaubhaft macht, obliegt es dem*der Arbeitgeber*in zu beweisen, dass kein Verstoß vorliegt (Art. 5 VII ArbG). Die Beweislast verbleibt somit bei dem*der Arbeitnehmer*in. Gelingt es dem*der Arbeitnehmer*in allerdings, einen Verstoß gegen das Diskriminierungsverbot glaubhaft zu machen, muss der*die Arbeitgeber*in seinerseits versuchen diesen Vorwurf zu entkräften. Zu Recht konstatiert die Literatur diese Beweislastregelung für Diskriminierungsfälle entsprechend den Anforderungen des Europäischen Rechts und der modernen arbeitsrechtlichen Trends.[2894] Im Schrifttum gibt es zwei verschiedene Auffassungen, wonach die im Sinne der Regelung des Artikels 5 Arbeitsgesetz vorgesehene Beweislast als eine Beweislasterleichterung oder als eine Beweislastumkehr einzustufen ist.[2895] Nach der Beweislastregelung nach Artikel 5 Arbeitsgesetz obliegt es dem*der Arbeitnehmer*in – immer noch im ersten Stadium des Prozesses – Beweise für seine*ihre Behauptung zu liefern. Nach der Regelung reicht es aber, wenn er*sie

---

2894 Vgl. *Doğan Yenisey*, ÇT 2006/4, 63 (75).

2895 Als eine Beweislasterleichterung sehen: *Yıldız*, S. 300; *Sever*, Legal İHSGHD 2012/34, 33 (43). Als eine Beweislastumkehr siehen: *Kayaalp*, S. 273; *Albayrak/Yuvalı*, Legal İHSGHD 2012/34 73 (92).

die Tatsachen glaubhaft machen kann. Dann gibt die Regelung dem*der Arbeitgeber*in die Möglichkeit, diesen Vorwurf zu entkräften, indem er*sie beweist, dass kein Verstoß vorliegt. Dementsprechend ist die Beweislastregelung als eine Beweislasterleichterung anzusehen.

Jenseits all dessen bleiben kündigungsschutzrechtliche Beweislastregelungen nach ausdrücklicher Bestimmung des Artikels 5 Arbeitsgesetz auch in diskriminierenden Kündigungsfällen unberührt. Die genaue Übersetzung des Artikels 5 Absatz 7 Arbeitsgesetz lautet wie folgt: *„Der Arbeitnehmer muss den Verstoß des Arbeitgebers gegen die Bestimmungen der vorstehenden Abschnitte beweisen, Artikel 20 bleibt unberührt. Gelingt es dem Arbeitnehmer, eine Situation aufzuzeigen, die die Möglichkeit des Vorliegens eines Verstoßes glaubhaft macht, obliegt es dem Arbeitgeber, zu beweisen, dass kein Verstoß vorliegt.“*[2896] Artikel 20 Arbeitsgesetz reguliert den Widerspruch gegen eine Kündigungserklärung und deren Ablauf. Gemäß Artikel 20 Absatz 2 des Arbeitsgesetzes hat der*die Arbeitgeber*in das Beruhen der Kündigung auf einem triftigen Grund nachzuweisen (Art. 20 II ArbG). Somit sieht das Arbeitsgesetz eine Beweislastumkehr für kündigungsschutzrechtliche Wiedereinstellungsklagen. Die Beweislast trägt demnach der*die Arbeitnehmer*in hinsichtlich der Behauptung, der Kündigungsgrund unterscheide sich von der Präsentation des*der Arbeitgebers*in (Art. 20 II ArbG). Selbst wenn der*die Arbeitgeber*in das Vorliegen eines triftigen Kündigungsgrundes nachweist, kann die Kündigung unwirksam sein, wenn der*die Arbeitnehmer*in ein Beruhen der Kündigung auf einem anderen Grund belegt.[2897] Der Kassationshof erkennt trotz der Versäumnis des*der Arbeitnehmers*in, den Anspruch nachzuweisen, das Bestehen der Verpflichtung des*der Arbeitgebers*in, das Beruhen der Kündigung auf einem triftigen Grund aufzuzeigen.[2898]

Im Falle einer diskriminierenden Kündigung liegt dadurch die erste Beweislast beim*bei der Arbeitgeber*in. Der*die Arbeitgeber*in hat den Grund für die Kündigung zu liefern und nachzuweisen, dass es sich im Rahmen der Bestimmungen zum Kündigungsschutz nach Artikel 20 Arbeitsgesetz um einen triftigen Grund handelt.[2899] Nach dem Erbringen dieses Nachweises ist der*die Arbeitnehmer*in verpflichtet, die Diskriminierung entsprechend den üblichen Beweisregeln nachzuweisen.[2900]

2896 Übersetzung aus dem Türkischen ins Deutsche durch *die Verfasserin.*

2897 Y9HD 4.12.2006, E. 2006/23819, K. 2006/31666 (Kazancı); Y9HD 27.11.2006, E. 2006/22752, K. 2006/31085 (Kazancı); Vgl. *Mollamahmutoğlu/Astarlı/Baysal,* İş Hukuku Ders, S. 295.

2898 Y9HD 19.6.2006, E. 2006/14801, K. 2006/17539. Vgl. *Mollamahmutoğlu/Astarlı/Baysal,* İş Hukuku Ders, S. 295.

2899 Vgl. *Sur,* Sicil 2017/37, 33 (42); *Kayaalp,* S. 272; *Albayrak/Yuvalı,* Legal İSGHD 2012/34, 73 (93).

2900 Vgl. *Sur,* Sicil 2017/37, 33 (42); *Kayaalp,* S. 272; *Albayrak/Yuvalı,* Legal İSGHD 2012/34, 73 (93).

4. Dauer und Kosten

Die Dauer der gerichtlichen Verfahren in der Türkei, insbesondere in den arbeitsrechtlichen Streitigkeiten, ist ein allgemein bekanntes und viel diskutiertes Thema im Land. Genau genommen gibt die Verfassung die Aufgabe zur Rechtsprechung, die Verfahren mit möglichst geringem Aufwand und möglichst rasch zu Ende zu führen (Art. 141 IV Verf.).

Die Dauer der seit 2017 für arbeitsrechtliche Streitigkeiten vorgesehene Pflichtmediation beträgt maximal vier Wochen (Art. 3 X GüArbeitsgerichte). Darüber hinaus wenden die Arbeitsgerichte ein vereinfachtes Verfahren an (Art. 7 I GüArbeitsgerichte), welches sich von normalen Verfahren in verschiedenen Hinsichten unterscheidet. Zum Beispiel gibt es in einem vereinfachten Verfahren keine Replik und kein Duplik-Schreiben oder es liegt höchstens ein Monat zwischen beiden Anhörungen. Somit soll vereinfachtes Verfahren dafür sorgen, arbeitsrechtliche Streitigkeiten in kürzerer Zeit zu klären. Alle von Arbeitnehmern*innen aufgrund eines Dienst- oder Arbeitsvertrages erhobenen Klagen gelten als Feriensachen, somit findet eine Verhandlung auch während der Gerichtsferien statt (Art. 103 I ç türkische Zivilprozessordnung). Für beide – Berufungsfrist und Revisionsfrist – gilt die in der türkischen Zivilprozessordnung für alle Zivilgerichtbarkeiten angelegte Frist von zwei Wochen nach der Zustellung des Urteils (Art. 7 III und Art. 7 IV GüArbeitsgerichte i. V. m. Art. 345 und 361 türkische Zivilprozessordnung).[2901] Ein im Jahr 2004 erlassenes Gesetz hat Regionale Amtsgerichte, die in der allgemeinen Justiz über den Zivil- und Strafgerichten erster Instanz stehen und die als Berufungsinstanz der Arbeitsgerichte dienen, geschaffen; diese haben ihre Tätigkeit im Jahr 2016 aufgenommen.[2902] Der Kassationshof gestaltet sich als Revisionsinstanz. Die regionalen Amtsgerichte sowie die zuständigen Senate des Kassationshofes lösen vordringlich mittels Rechtsmittel eingelegte arbeitsrechtliche Rechtsstreitigkeiten; sie gelten als Feriensachen (Art. 7 V GüArbeitsgericht i. V. m. Art. 103 I h türkische Zivilprozessordnung).

In den vergangenen Jahren unternahm der Gesetzgeber verschiedene Vorkehrungen, um allgemein in der Justiz eine kürzere Prozessdauer zu ermöglichen. Im Jahr 2017 erließ das türkische Justizministerium eine Verordnung über die Prozessdauer und installierte ein neues Managementsystem in Bezug auf die gerichtliche Prozessdauer, welches unter anderem auch in den Arbeitsgerichten gelten soll. Der Ausgangspunkt dieser Novellierung geht zurück auf den Anfang der 2000er-Jahre. 2007 richtete die Europäische Kommission für die Effizienz der Justiz (CEPEJ), eine Kommission des Europarats, das Juristische

---

2901 Türkische Zivilprozessordnung vom 12.1.2011 mit der Gesetznummer 6100: 12.1.2011 tarihli 6100 sayılı Hukuk Muhakemeleri Kanunu.

2902 26.9.2004 tarihli 5235 sayılı Adli Yargı İlk Derece Mahkemeleri İle Bölge Adliye Mahkemlerinin Kuruluş, Görev ve Yetkileri Hakkında Kanun.

Time Management Zentrum, ein, um langwierige Gerichtsverfahren zu verhindern, wobei der Grundsatz des Abschlusses des Verfahrens innerhalb einer angemessenen Zeit wirksam zu berücksichtigen ist. Im Jahr 2016 hat die CEPEJ-Generalversammlung eine Umsetzungsrichtlinie verabschiedet, ausgearbeitet von der Juristischen Time Management Center-Arbeitsgruppe, um darauf vorbereitet zu sein, die gerichtlichen Prozesse innerhalb eines bestimmten Zeitraums abzuschließen.[2903] Nach den Daten des Juristischen Time Management Zentrums des Europarats unterscheidet sich die durchschnittliche Prozessdauer in Deutschland und in der Türkei signifikant voneinander. Eine durchschnittliche theoretische Zeit, die erforderlich ist, um einen anhängigen Fall vor Gericht zu lösen, für Zivil- und Handelsstreitigkeiten hat im Jahr 2016 in der Türkei in der ersten Instanz 399 Tage, in der zweiten Instanz (die zweite Instanz in der Türkei wurde erst im Juli 2016 eingerichtet) 109 Tage und im Kassationshof 437 Tage betragen.[2904] Währenddessen haben im selben Jahr die durchschnittlichen theoretischen Zeiten in Deutschland in der ersten Instanz 196 Tage, in der zweiten Instanz 245 Tage und im obersten Gerichtshof 176 Tage betragen.[2905] Durch die erlassene Verordnung des Justizministeriums in 2017 hinsichtlich des vorgestellten Prozessdauermanagementsystems bedeutet die Anwendung der Zieldauer in der Justiz und zielt darauf ab, Lösungen zu finden, um Fälle und Untersuchungen, deren Abschluss nicht innerhalb des Zielzeitraums möglich ist, zu beschleunigen mit der Vorhersage des Zielzeitraumes für jeden Fall und jede Untersuchung, um somit die Untersuchungszeiträume zu verkürzen.[2906] Die Anwendung der Zieldauer in der Justiz begann in den ersten Instanzgerichten im Herbst 2018 und seit dem 1. Januar 2019 sind die festgelegten Zielzeiträume den Parteien des Rechtsstreits mitzuteilen.[2907] Die für das Jahr 2019 festgelegte Zieldauer der Prozesse in den Arbeitsgerichten (erste Instanz) hat 540 Tage betragen. Die Dauer des Verfahrens in den Regionalen Amtsgerichten und im Kassationshof sind wiederum nicht inbegriffen. D. h., sogar die gewünschte verbesserte Prozessdauer gestaltet sich als relativ lange Zeit.

Die Kosten der Verfahren ändern sich nach der Pflichtmediation oder den gerichtlichen Verfahren. Ist die Erzielung bei einem Pflichtmediationsverfahren

---

2903 http///www.sgb.adalet.gov.tr/Duyurular/yargida-hedef-sure-uygulamasi-baslamistir (25.1.2020).

2904 Die Clearance-Rate zeigt, wie das Justizsystem mit den In-Flow-Fällen umgeht. Es ist ein Verhältnis zwischen der Anzahl der aufgelösten Fälle und der Anzahl der eingehenden Fälle, ausgedrückt in Prozent. https://public.tableau.com/profile/cepej#!/vizhome/CEPEJ-Overviewv5_0EN/Overview (25.1.2020).

2905 https://public.tableau.com/profile/cepej#!/vizhome/CEPEJ-Overviewv5_0EN/Overview (25.1.2020).

2906 Vgl. http///www.sgb.adalet.gov.tr/Duyurular/yargida-hedef-sure-uygulamasi-baslamistir (25.1.2020).

2907 Vgl. http///www.sgb.adalet.gov.tr/Duyurular/yargida-hedef-sure-uygulamasi-baslamistir (25.1.2020).

nicht möglich, haben die Parteien, demzufolge auch der*die aus diskriminierenden Gründen gekündigte Arbeitnehmer*in, keine Kosten zu tragen. Darüber hinaus ist im Falle einer Vereinbarung mit dem Mediator ein Beitrag gemäß dem Mediationskostentarif zu zahlen, welcher für das Jahr 2020 bei Rechtsstreitigkeiten zwischen dem*der Arbeitnehmer*in und dem*der Arbeitgeber*in, wenn zwei Parteien vorhanden sind, für eine Stunde pro Partei 170 TL beträgt.[2908] Außerdem ändert sich die Mediatorgebühr nach dem Wert der Streitigkeit von 1 % zu 9 % aufsteigend nach dem Wert.[2909] Für eine Rechtsstreitigkeit nimmt der*die Mediator*in z. B. bis zu einem Wert von 35.000 TL 6 %, für mehr als 3.000.000 TL 0,5 %.[2910] Das Einreichen einer Klage kostet in der Arbeitsgerichtsbarkeit durchschnittlich 800 TL, allerdings schon im Voraus zu zahlen.[2911] Dazu kommen später Anwaltskosten und weitere Gerichtskosten. Bei einem höheren Wert der Rechtsstreitigkeit erhöhen sich auch die Gerichtskosten. Somit sind bei Kündigungsschutzklagen höhere Gebühren zu erwarten als bei anderen arbeitsrechtlichen Streitigkeiten. Gerichtskosten sind außerdem mit dem gesetzlichen Mindestlohn, der monatlich netto 2.324 TL beträgt, zu vergleichen.[2912] Das Erheben einer kostenfreien Beschwerde bei der Menschenrechte- und Gleichheitsinstitution oder eine Einigung während der kostenpflichtigen Pflichtmediation – mit Zahlungsverpflichtung erst im Falle einer Einigung – ist eine kostengünstigere Alternative als ein gerichtliches Verfahren. Demzufolge ist auf der einen Seite von einer zurückgehenden Anzahl der Fälle in den Arbeitsgerichten auszugehen, was eine kürzere Prozessdauer zur Folge haben dürfte. Allerdings könnte es auf der anderen Seite die Arbeitnehmer*innen verleiten, eine außergerichtliche Streitbeilegung gegenüber gerichtlichen Verfahren zu bevorzugen, welche hingegen unter Berücksichtigung des menschenrechtlichen Charakters des Diskriminierungsverbotes kritisch zu betrachten ist. Die Entscheidungen der Gerichte über Diskriminierungsfälle setzen ein Zeichen für die gesamte Gesellschaft. In Diskriminierungsfällen geht es nicht allein um die diskriminierten Personen, vielmehr auch um die Diskriminierenden und die gesamte Gesellschaft.

2908 Mediationskostentarif vom 2020: Arabuluculuk Asgari Ücret Tarifesi (2020).

2909 Mediationskostentarif vom 2020: Arabuluculuk Asgari Ücret Tarifesi (2020).

2910 Mediationskostentarif vom 2020: Arabuluculuk Asgari Ücret Tarifesi (2020).

2911 Gerechnet nach 2020. 6100 Sayılı Hukuk Muhakemeleri Kanunu Hükmü Gereğince Yargılama Giderleri (Harç Ve Gider Avansı) Hesaplama (2020 YILI) https://www.kazanci.com/kho2/ortak/gideravansi.htm (25.1.2020).

2912 Daten vom Jahr 2019.

C. Rechtsvergleich

In Bezug auf die Rechtsschutzmechanismen hinsichtlich einer diskriminierenden Kündigung weisen zwei nationale Rechtssysteme erhebliche Unterschiede auf. Während eine Unterstützung durch die Antidiskriminierungsverbände, das totale Konzept des Betriebsrates sowie ein Weiterbeschäftigungsanspruch während des Kündigungsschutzprozesses dem türkischen Recht fremd ist, kennt das deutsche System Mechanismen keine Prüfung von Amts wegen und keine Pflichtmediation.

Die Betreffenden der Diskriminierungen dürfen nach türkischem Recht keine Unterstützung durch Verbände oder ähnliche Institutionen – weder als Beistände noch als Antragsteller – während der gerichtlichen Verfahren erhalten. Darüber hinaus gibt es in der Türkei keinen Betriebsrat. Außerdem besteht nach türkischem Recht kein Weiterbeschäftigungsanspruch während des Kündigungsschutzprozesses. Dies alle schwächen die Rechtsschutzmechanismen der diskriminierenden Kündigung in der Türkei gegenüber jeder im Vergleich zur deutschen.

Zahlreiche Novellierungen des Gesetzes über Arbeitsgerichte der Türkei und die Verabschiedung des Gesetzes über Menschenrechte und Gleichheitsinstitution brachten in den letzten Jahren wiederum Neuerungen im türkischen Recht hinsichtlich der Rechtsschutzmechanismen. Daraus folgend gibt es neue Mechanismen wie die Prüfung von Amts wegen nach GMRGI oder die Pflichtmediation. Diesbezüglich verfügt der Verwaltungsrat – der nicht in die Judikative eingegliedert ist – als innerhalb der türkischen Rechtsordnung wesentlich näher an der Exekutivgewalt positioniertes Entscheidungsgremium der Menschenrechte- und Gleichheitsinstitution der Türkei über die Befugnis, von Amts wegen sowohl diskriminierende Sachverhalte zu untersuchen als auch rechtswirksame Entscheidungen zu treffen. Eine schnellere und dadurch günstigere Beschwerdedauer nach dem GMRGI sowie geringere Kosten und Gebührenfreiheit für die Beschwerden, zusätzlich mit einer Beweislasterleichterung, erscheint vielversprechend für die Arbeitnehmer*innen. Allerdings könnte es auf der anderen Seite die Arbeitnehmer*innen verleiten, eine außergerichtliche Streitbeilegung gegenüber gerichtlichen Verfahren zu bevorzugen, welche hingegen unter Berücksichtigung des menschenrechtlichen Charakters des Diskriminierungsverbotes kritisch zu betrachten ist.

Seit 2017 besteht in der Türkei eine Mediationspflicht hinsichtlich der Rechtsstreitigkeiten über eine Diskriminierungsklage mit einem Anspruch auf Diskriminierungsentschädigung, über eine Abfindung und über die Klage mit Anspruch auf Wiedereinstellung, eingestuft als eine Prozessvoraussetzung bei Arbeitsgerichten (Art. 3 I GüArbeitsgerichte). Der Gesetzgeber gibt aber dem*der Arbeitnehmer*in für kündigungsschutzrechtliche Rechtsstreitigkeiten eine Chance, möglicherweise vorhandene prozessualen Fehler zu korrigieren, falls er*sie die Pflichtmediation nicht Anspruch genommen hat. Dagegen gibt diese Möglichkeit nicht für die Diskriminierungsklagen. Darauffolgend bedeutet die fehlende Inanspruchnahme der Mediation für antidiskriminierungsrechtliche Ansprüche des*der Arbeitnehmers*in den Verlust der Ansprüche. Darüber hinaus seit dem die Revision von Kündigungsschutzklagen nicht mehr zugelassen ist und die regionalen Amtsgerichte sich als letzte Instanz für Wiedereinstellungsklagen gelten. Eine ähnliche Regelung ist für Diskriminierungsschutzklagen nicht vorgesehen. Für die Diskriminierungsschutzklagen ist immer noch der Kassationshof der letzten Instanz. Im Allgemeinen ist also festzustellen, dass in dem türkischen Arbeitsrecht seit den Novellierungen in den letzten Jahren eine Neigung zu außergerichtliche Lösungswege der Rechtstreitigkeiten im Vergleich zu dem deutschen Recht gibt.

In Bezug auf die Fristen zur Geltendmachung und Klageerhebung weichen beide Rechtssysteme voneinander ab. In den Fällen der diskriminierenden Kündigungen fordert deutsches Recht, dass die Klagen gegenüber innerhalb einer Frist von drei Wochen nach § 4 Satz 1 KSchG erhebt werden müssen. Für die Geltendmachung der Ansprüche nach § 15 Absatz 2 AGG gilt wiederum entweder die Frist von drei Wochen nach § 4 Satz 1 KSchG oder eine Frist von zwei Monaten; eine Entschädigungsklage in Bezug auf § 15 Absatz 2 AGG ist jedoch innerhalb von drei Monaten zu erheben. Nach türkischem Recht muss der*die Arbeitnehmer*in wiederum sich innerhalb einer einmonatigen Frist, länger als nach deutschem Recht, nach der Kündigung bei dem Pflichtmediationsverfahren an einen*eine Mediator*in hinsichtlich kündigungsschutzrechtlicher Normen wenden. Das türkische Recht erkennt jedoch keine Frist für die Geltendmachung der Diskriminierungsklage. Somit räumt der türkische Gesetzgeber im Vergleich zum deutschen, diskriminierten Arbeitnehmern*innen einen sehr flexiblen Zeitraum hinsichtlich der Klageerhebungsfrist ein. Seit dem Jahr 2017 sieht aber das türkische Recht eine verkürzte, fünfjährige Verjährungsfrist für eine Diskriminierungsentschädigung und auch für eine Arbeitsgarantieabfindung für Kündigungen innerhalb des Kündigungsschutzes vor.

In Bezug auf die Klageart stufen sowohl das deutsche als auch das türkische Schrifttum die Kündigungsschutzklage – nach deutschem Recht – und Wiedereinstellungsklage – nach türkischem Recht – als Feststellungsklage ein.

Beide Systeme verzeichnen ebenfalls Beweislasterleichterungen für Diskriminierungsfälle und eine Beweislastumkehr für Kündigungen der Arbeitsverträge innerhalb des Kündigungsschutzes.

Zusammengefasst: Während das deutsche Rechtssystem für diskriminierende Kündigungsfälle einen Schutz innerhalb des Kündigungsschutzsystems vorsieht – ausgenommen sind Ansprüche nach § 15 Absatz 2 AGG – aufgrund der funktionierenden arbeitsrechtlichen Diskriminierungsschutzmechanismen nach GMRGI und dem Arbeitsrecht sowie das mit dem Diskriminierungsschutz synchronisch bestehende Kündigungsschutzrecht existieren im türkischen Recht verschiedene Rechtsschutzmechanismen unter verschiedene Komplexitäten und Herausforderungen, welche der*die Arbeitnehmer*in selbst aussuchen kann.

§ 14 Rechtsfolgen einer diskriminierenden Kündigung

Dieser Teil thematisiert die Rechtsfolgen einer diskriminierenden Kündigung des Arbeitsverhältnisses eines*einer Arbeitnehmers*in durch den*die Arbeitgeber*in nach dem deutschen und türkischen Recht. Zunächst steht eine Untersuchung in Bezug auf das Thema im deutschen nationalen Kontext an. Danach folgt eine Darstellung der türkischen nationalen Regulierungen über die Rechtsfolgen. Den Abschluss bildet ein Rechtsvergleich.

A. Deutsches Recht

Die rechtlichen Folgen einer diskriminierenden Kündigung nach deutschem Recht lassen sich anhand von drei Punkten untersuchen. Den Anfang bildet die Darstellung der Unwirksamkeit der Kündigung nach dem Kündigungsschutzgesetz. Danach folgt die Erläuterung des Themas Auflösung des Arbeitsverhältnisses anhand des Gestaltungsurteils des Arbeitsgerichts und der Abfindung. Der Abschluss enthält eine Beschreibung des Ersatzes eines immateriellen Schadens nach § 15 Absatz 2 AGG.

I. Soziale Ungerechtfertigkeit und Unwirksamkeit der Kündigung

Nachdem ein*eine Arbeitnehmer*in eine Kündigungsschutzklage auf Grundlage des Kündigungsschutzgesetzes gegen eine (angeblich) diskriminierende Kündigung erhoben hat, ist die Klage entweder abzuweisen oder es ist ihr stattzugeben.[2913] Erklärt ein Arbeitsgericht bei einer Kündigungsschutzklage eine Kündigung, die der*die Arbeitnehmer*in als diskriminierend bezeichnet, für sozial als gerechtfertigt – sowohl aus materiell rechtlichen als auch aus formal rechtlichen Gründen – und somit nach § 4 Satz 1 KSchG als rechtswirksam, weist es die Klage ab (§ 4 KschG).[2914] Somit ist das Arbeitsverhältnis am Ende der Kündigungsfrist aufgelöst, sobald das Urteil rechtskräftig ist.[2915]

Der Kündigungsschutzklage ist wiederum stattzugeben, wenn das Arbeitsgericht die diskriminierende Kündigung für sozial ungerechtfertigt hält oder aus anderen Gründen für rechtsunwirksam erklärt und eine Auflösung des Arbeitsverhältnisses durch die diskriminierende Kündigung verneint (§ 4 KSchG).[2916]

2913 Für die einzelheiten Rechtsschutzmechanismen siehe *diese Dissertationschrift* § 13.
2914 Vgl. *Junker*, Grundkurs ArbR, S. 215 Rn. 389.
2915 Vgl. *Junker*, Grundkurs ArbR, S. 215 Rn. 389.
2916 Vgl. *Junker*, Grundkurs ArbR, S. 215 Rn. 390.

Somit ist von einem bestehenden Arbeitsverhältnis zum Zeitpunkt des Kündigungszugangs auszugehen.[2917] Im Falle der Nicht-weiterbeschäftigung während des Kündigungsschutzprozesses hat der*die Arbeitgeber*in dem*der Arbeitnehmer*in die Vergütung für den gesamten Zeitraum nach den Regeln des Annahmeverzugs zu zahlen (§§ 615 Satz 1, 293 ff. BGB).[2918] Der*Die Arbeitnehmer*in wiederum ist nicht zur Erbringung zusätzlicher Dienstleistungen verpflichtet.[2919] Der*Die Arbeitnehmer*in muss sich aber das Arbeitsentgelt anrechnen lassen, das der*die Arbeitgeber*in ihm*ihr für die Zeit nach der Entlassung schuldet, was er*sie durch eine anderweitige Arbeit verdient hat, was er*sie hätte verdienen können, wenn er*sie nicht böswillig unterlassen hätte, eine ihm*ihr zumutbare Arbeit anzunehmen, und was ihm*ihr an öffentlich-rechtlichen Leistungen bezahlt wurde (§ 11 KSchG). Falls der*die Arbeitnehmer*in inzwischen ein neues Arbeitsverhältnis eingegangen ist, so kann er*sie innerhalb einer Woche nach Erlangung der Rechtskraft des Urteils durch Erklärung gegenüber dem*der alten Arbeitgeber*in die Fortsetzung des Arbeitsverhältnisses bei diesem*dieser verweigern (§ 12 Satz 1 KSchG). In diesem Fall erlischt das Arbeitsverhältnis mit dem Zugang der Verweigerungserklärung (§ 12 Satz 3 KSchG). Macht der*die Arbeitnehmer*in von seinem*ihrem Verweigerungsrecht Gebrauch, so ist ihm*ihr der entgangene Verdienst nur für die Zeit zwischen der Entlassung und dem Tag des Eintritts in das neue Arbeitsverhältnis zu gewähren (§ 12 Satz 4 KSchG).

II. Auflösung des Arbeitsverhältnisses durch Gestaltungsurteil des Arbeitsgerichts und die Abfindung

Nach dem Grundkonzept des Kündigungsschutzgesetzes führt eine sozialwidrige Kündigung zu ihrer rechtlichen Unwirksamkeit und zur Fortführung des Arbeitsverhältnisses.[2920] Das deutsche Kündigungsschutzgesetz ist in erster Linie ein Bestandsschutz-, aber kein Abfindungsgesetz; deswegen ist die Auflösung des Arbeitsverhältnisses durch eine Abfindungszahlung, wenn die Kündigung sozialwidrig ist, nur in Ausnahmefällen möglich.[2921] Dies ist sowohl eine Besonderheit des Kündigungsschutzgesetzes im Vergleich zum früheren Gesetz des Betriebsrätegesetzes von 1920 als auch des Gesetzes zur Ordnung der Nationalen Arbeit von 1934, welche beide dem*der im Prozess unterlegenen Arbeitgeber*in

---

2917 Vgl. *Junker*, Grundkurs ArbR, S. 215, Rn. 390.

2918 Vgl. *Junker*, Grundkurs ArbR, S. 216, Rn. 390.

2919 Vgl. *Junker*, Grundkurs ArbR, S. 216, Rn. 390.

2920 BAG 6.9.2007, NZA 2008, 636 Rn. 47.

2921 BVerfG 22.10.2004, NZA 2005, 41 Rn. 25. BAG 29.8.2013, NZA 2014, 660 Rn. 18; BAG 24.11.2011, NZA 2012, 610 Rn. 41; BAG 23.10.2008, NZA-RR 2009, 362 Rn. 71; BAG 6.9.2007, NZA 2008, 636 Rn. 47; BAG 25.10.1989, NZA 1990, 561 Rn. 47; BAG 18.12.1980, NJW 1981, 2316 Rn. 40; BAG 5.11.1964, NJW 1965, 787. Siehe *diese Dissertationsschrift* § 5 E.

die Wahl ließen, den*die Arbeitnehmer*in entweder weiter zu beschäftigen oder ihm*ihr stattdessen eine Abfindung zu zahlen.[2922] Konstatiert das Arbeitsgericht demzufolge ein Fortbestehen des Arbeitsverhältnisses trotz der Kündigung, kann in besonderen Ausnahmefällen auf Antrag mindestens eine der Prozessparteien das Arbeitsverhältnis auflösen, wobei der*die Arbeitgeber*in die Zahlung einer angemessenen Abfindung zu leisten hat (§ 9 I KSchG).[2923]

Erstens: Beantragt der*die Arbeitnehmer*in die Auflösung des Arbeitsvertrages durch Zahlung einer Abfindung, muss er*sie die Unzumutbarkeit der Fortsetzung des Arbeitsverhältnisses verdeutlichen (§ 9 I 1 KSchG). Die Unzumutbarkeit nach § 9 Absatz 1 Satz 1 KSchG ist umfassender dargelegt als die im Zusammenhang mit § 626 Absatz 1 BGB.[2924] Bei einer Kündigung aufgrund einer diskriminierenden Handlung vonseiten des*der Arbeitgebers*in ist eine Unzumutbarkeit der Fortsetzung des Arbeitsverhältnisses anzunehmen, wobei es einer Person nicht zuzumuten ist, in einem Unternehmen weiter zu arbeiten, das ihren Wert als Mensch nicht akzeptiert.

Beantragt der*die Arbeitgeber*in die Auflösung des Arbeitsvertrages verbunden mit der Zahlung einer Abfindung, muss er*sie Gründe darlegen, die eine den Betriebszwecken dienliche weitere Zusammenarbeit zwischen ihm*ihr und dem*der Arbeitnehmer*in nicht erwarten lassen (§ 9 I 2 KSchG). Das Arbeitsgericht untersucht dabei unter anderem durch Abwägung der Grundrechtspositionen des*der Arbeitnehmer*in und des*der Arbeitgeber*in, ob unter den gegebenen Umständen eine Zusammenarbeit möglich ist, die den betrieblichen Zwecken dient.[2925] Bei leitenden Angestellten bedarf der Antrag des*der Arbeitgebers*in auf Auflösung des Arbeitsverhältnisses keiner Begründung (§ 14 II 2 KSchG). Dabei hat der*die Arbeitgeber*in, der*die einen*eine leitenden*e Arbeitnehmer*in aus diskriminierenden Gründen gekündigt hat, trotz der Feststellung der diskriminierenden Natur der Kündigung die Möglichkeit, die Auflösung des Arbeitsvertrages durch Zahlung einer Abfindung in die Wege zu leiten.

§§ 9 und 10 KSchG mit darin festgehaltenen Auflösungsmöglichkeiten des Arbeitsvertrages durch eine Abfindung relativieren im Prinzip die grundlegende Bestandsschutzidee nur in bestimmten Bereichen. Das Kündigungsschutzgesetz lasse die Auflösung des Arbeitsverhältnisses bei Sozialwidrigkeit der Kündigung nur ausnahmsweise zu.[2926] Aufgrund ihrer Ausnahmestatus beinhalten sie strenge Anforderungen hinsichtlich der Auflösungsgründe.[2927] Erklärt das

2922 BAG 5.11.1964, NJW 1965, 787. Vgl. MHdB ArbR/*Greiner* § 111 Rn. 6; *Boecken/Topf* RdA 2004, 19 (20f.).
2923 Vgl. *Junker*, Grundkurs ArbR, S. 216 Rn. 391.
2924 BAG 26.11.1981, NJW 1982, 2015. Vgl. *Junker*, Grundkurs ArbR, S. 216 Rn. 391.
2925 BAG 23.6.2005, NZA 2006, 363; BAG 6.9.2007, NZA 2008, 636. Vgl. *Junker*, Grundkurs ArbR, S. 216 Rn. 391.
2926 BAG 29.8.2013, NZA 2014, 660 Rn. 18; BAG 24.11.2011, NZA 2012, 610 Rn. 41.
2927 BAG 29.8.2013, NZA 2014, 660 Rn. 18; BAG 24.11.2011, NZA 2012, 610 Rn. 41. Vgl. vH/H/L/*Krause* KSchG § 1 Rn. 4; MHdB ArbR/*Greiner* § 111 Rn. 6.

Arbeitsgericht die Auflösung des Arbeitsverhältnisses nach dem Antrag des*der Arbeitnehmers*in oder des*der Arbeitgebers, setzt es den Zeitpunkt, an dem das Arbeitsverhältnis bei sozial gerechtfertigter Kündigung geendet hätte, und eine Abfindung, die maximal zwölf Monatsverdienste beträgt, fest (§ 9 I 1 KSchG und § 9 I 2 KSchG i. V. m. § 10 I KSchG). Für ältere Arbeitnehmer*innen, die das fünfzigste Lebensjahr vollendet haben, sieht das Gesetz eine höhere Grenze von 15 Monatsverdiensten vor (§ 10 II KSchG).

Beruft sich der*die Arbeitgeber*in bei einer Kündigung in der Kündigungserklärung auf dringende betriebliche Erfordernisse und verweist er auf die Beanspruchung der Abfindung infolge des Verstreichenlassens der Klagefrist durch den*die Arbeitnehmer*in anstelle einer Kündigungsschutzklage, hat dieser*diese einen Anspruch auf eine Abfindung mit dem Ablauf der Kündigungsfrist (§ 1a KSchG). Die Höhe der Abfindung beträgt 0,5 Monatsverdienste für jedes Jahr des Bestehens des Arbeitsverhältnisses (§ 1a II KSchG). Mit dieser Regelung kommt § 1a KSchG einem echten Abfindungssystem viel näher als ein Bestandsschutzsystem im Vergleich zu § 9 und 10 KSchG.[2928]

Trotz des gesetzlichen Ausnahmestatus des Abfindungsvergleiches enden größtenteils Kündigungsrechtsstreitigkeiten mit einer Kündigungsvereinbarung, die eine Beendigung des Arbeitsverhältnisses gegen Zahlung einer Abfindung ermöglicht in Form eines Prozessvergleichs.[2929]

III. Ersatz eines immateriellen Schadens

§ 15 AGG gestaltet sich als zentrale Rechtsfolge einer unzulässigen Benachteiligung des*der Arbeitgebers*in nach dem arbeitsrechtlichen Abschnitt des AGG.[2930] Absatz 1 des § 15 AGG erfasst verschuldensabhängig alle materiellen, in Geld messbaren Schäden.[2931] Unter Berücksichtigung des Anspruchs auf Annahmeverzugslohn entsteht aber bei einer diskriminierenden Kündigung in der Regel kein Schadensersatzanspruch nach § 15 Absatz 1 AGG.[2932] Theoretisch lassen sich in einigen Fällen materielle Schadensersatzansprüche nach § 15 Absatz 1 AGG ableiten, wobei bei einer erfolgreichen Klage gegen die Wirksamkeit der Kündigung jedoch praktisch nicht von einem Vermögensschaden auszugehen ist.[2933] Bei einer als unwirksam empfundenen Kündigung erfolgt die Bereinigung

---

2928 Vgl. MHdB ArbR/*Greiner* § 111 Rn. 6.

2929 Vgl. *Boecken/Topf* RdA 2004, 19 (20). Siehe auch *diese Dissertationschrift* § 5, E.

2930 Vgl. BeckOK ArbR/*Roloff* AGG § 15; BeckOGK/*Benecke* AGG § 15 Rn. 1; *Sagan*, NZA 2006 1257 (1260).

2931 Vgl. BeckOK ArbR/*Roloff* AGG § 15; Schaub/Koch/Arbeitsrecht von A-Z/*Koch*, AGG.

2932 Vgl. ErfK/*Schlachter* AGG § 2 Rn. 18.

2933 Vgl. Wendeling-Schröder/Stein/*Stein* § 2 Rn. 61. Einige Autoren rechnen die Kosten zur Gegenwehr gegen eine Diskriminierung, wie bspw. Anwaltskosten, zur nach dem § 15 Absatz 1 AGG kompensierbaren Vermögensschaden mit. Diese

des materiellen Schadens, soweit er die Kündigung selbst betrifft, grundsätzlich als Ausgleich mittels einer Naturalrestitution; für weitere materielle Folgen der Kündigung stehen die Anspruchsgrundlagen des bürgerlichen Rechts, z. B. § 615 BGB, unabhängig von § 15 Absatz 1 AGG, zur Verfügung.[2934]

Für Schäden, die nicht Vermögensschäden sind, sieht wiederum § 15 Absatz 2 AGG aufgrund einer Benachteiligung – demnach auch aufgrund einer diskriminierenden Kündigung – des*der Arbeitgebers*in wegen eines in § 1 AGG genannten Grundes einen verschuldensunabhängigen Entschädigungsanspruch vor, die es Arbeitnehmern*innen ermöglicht, eine angemessene Entschädigung in Geld zu fordern (§ 15 II AGG).[2935] Die Anwendbarkeit des § 15 Absatz 2 AGG bei diskriminierenden Kündigungen ist trotz anderer Ansichten in der Literatur durch das BAG belegt.[2936] Ein Entschädigungsanspruch nach § 15 Absatz 2 AGG ist durch § 2 Absatz 4 AGG nicht gesperrt.[2937]

In § 15 Absatz 2 AGG hat der deutsche Gesetzgeber eine eigenständige Anspruchsgrundlage für eine Entschädigung der immateriellen Schäden bei Verstößen gegen das Benachteiligungsverbot aufgrund eines in § 1 AGG genannten Grundes geschaffen.[2938] Erforderlich ist als erste Tatbestandsvoraussetzung eine Benachteiligung wegen eines Merkmales nach AGG.[2939] Der Entschädigungsanspruch setzt aber weder eine besondere Herabwürdigung des*der Arbeitnehmers*in noch die Feststellung einer (schwerwiegenden) Persönlichkeitsverletzung voraus.[2940] Das Entstehen eines immateriellen Schadens bei dem*der Arbeitnehmer*in ist grundsätzlich bei einem Verstoß des*der Arbeitgebers*in gegen das Benachteiligungsverbot unwiderlegbar zu vermuten und benötigt keine

---

Ansicht ist aber durch *Wenckebach*, AuR 2010, 499 (499) kritisiert, mit dem Hinweis auf § 12 a ArbGG, welcher die Ansprüche auf Prozesskostenerstattung ausschließt.

2934 BAG 12.12.2013, NZA 2014, 722 Rn. 20.

2935 BT-Drucks 16/1780, 38. BAG 28.5.2020, BeckRS 2020, 19072; BAG 22.1.2009, NZA 2009, 945. Vgl. MAH ArbR/*Melms* AGG § 10 Rn. 90; Schaub/Koch/Arbeitsrecht von A-Z/*Koch*, AGG.

2936 BAG 19.12.2013, NZA 2014, 372; BAG 12.12.2013, NZA 2014, 722. Bejahend: *Benecke*, AuR 2016, 9 (13); *Wenckebach*, AuR 2010, 499 (499). MüKo BGB/*Thüsing* AGG § 15 Rn. 34; *Richardi*, NZA 2006, 881 (885 f.); *Kamanabrou*, RdA 2007, 199 (203 f.). Verneinend: *Günther/Frey*, NZA 2014, 584 (589); *Sagan*, NZA 2006, 1257, 1260; *Adomeit/Mohr*, § 2 Rn. 216. Siehe *diese Dissertationschrift* § 10, A., I., 2. und § 13, A., IV., V., VI.

2937 BAG 19.12.2013, NZA 2014, 372; BAG 12.12.2013, NZA 2014, 722. LAG Berlin-Brandenburg 16.9.2015, BeckRS 2015, 71755. Siehe *diese Dissertationschrift* § 10, A., I., 2. und § 13, A., IV., V., VI.

2938 BAG 22.1.2009, NZA 2009, 945 (952). Vgl. BeckOGK/*Benecke* AGG § 15 Rn. 46.

2939 Vgl. BeckOGK/*Benecke* AGG § 15 Rn. 47.

2940 BAG 22.1.2009, NZA 2009, 945. Vgl. MAH ArbR/*Melms* AGG § 10 Rn. 90; Schaub/Koch/Arbeitsrecht von A-Z/*Koch*, AGG.

gesonderte Feststellung.[2941] Bei dem Entschädigungsanspruch nach § 15 Absatz 2 AGG handelt es sich um einen verschuldensunabhängigen Anspruch.[2942] Verpflichtet zur Entschädigung ist der*die Arbeitgeber*in als Anspruchsgegner auch für Personen, deren Verhalten ihm*ihr zuzurechnen ist.[2943]

Die Entschädigung nach § 15 Absatz 2 AGG hat eine Doppelfunktion, indem sie einerseits zur vollständigen Kompensation des Schadens und andererseits zur Prävention dient.[2944] Die Höhe der Entschädigung steht somit in einem angemessenen Verhältnis zum erlittenen Schaden und hat eine durchaus abschreckende Wirkung gegenüber dem*der Arbeitgeber*in.[2945] Zu berücksichtigen sind z. B. die Schwere und die Art der Benachteiligung, ihre Dauer und Folgen, der Anlass und der Beweggrund des Handelns, der Grad der Verantwortlichkeit des*der Arbeitgebers*in, eine etwa geleistete Wiedergutmachung oder eine erhaltene Genugtuung und das Vorliegen eines Wiederholungsfalls.[2946] Darüber hinaus ist zur Erzielung einer abschreckenden Wirkung die Höhe der Entschädigung entsprechend beizumessen, um den*die Arbeitgeber*in von künftigen Diskriminierungen abzuhalten.[2947] In dem Zusammenhang ist eine erhöhte Entschädigung geboten, wenn ein*e Arbeitnehmer*in aus mehreren Gründen unzulässig benachteiligt ist.[2948] Folgemäßig ist z. B. eine intersektionelle Diskriminierung ebenfalls höher zu entschädigen. Desgleichen ist in Wiederholungsfällen, z. B. bei einer zweimaligen Kündigung des*der Arbeitnehmers*in durch den*die Arbeitgeber*in, damit dieser sicher sein kann, oder bei einer systematischen

---

2941 BGH 23.4.2012, NZA 2012, 797 Rn. 63. Vgl. MAH ArbR/*Melms* AGG § 10 Rn. 90; BeckOGK/*Benecke* AGG § 15 Rn. 50; *Wenckebach*, AuR 2010, 499 (499).

2942 BT-Drucks 16/1780, 38. BAG 28.10.2021, 8 AZR 371/20, AuR 4/2022, 186; BAG 28.5.2020, BeckRS 2020, 19072; BAG 22.1.2009, NZA 2009, 945 (951). Vgl. *Wenckebach*, AuR 2010, 499 (499); BeckOK ArbR/*Roloff* AGG § 15, Rn. 7; MAH ArbR/*Melms* AGG § 10 Rn. 90; Schaub/Koch/Arbeitsrecht von A-Z/*Koch*, AGG; *Walker*, NZA 2009, 5 (6); BeckOGK/*Benecke* AGG § 15 Rn. m. w. N. 46; MüKo BGB/*Thüsing* AGG § 15 Rn. 5.

2943 BAG 25.10.2007, NZA 2008, 223 (227). Vgl. BeckOK ArbR/*Roloff* AGG § 15, Rn. 7; *Walker*, NZA 2009, 5 (6). a. A.: *Diller*, NZA 2007, 649 (650); BeckOGK/*Benecke* AGG § 15 Rn. 49; MüKo BGB/*Thüsing* AGG § 15 Rn. 7.

2944 BAG 28.5.2020, BeckRS 2020, 19072. Vgl. BeckOGK/*Benecke* AGG § 15 Rn. m.w.N. 1.

2945 BT-Drucks 16/1780, 38. BAG 28.10.2021, 8 AZR 371/20, AuR 4/2022, 186; BAG 18.3.2010, NZA 2010, 1129 (1132); BAG 22.1.2009, NZA 2009, 945 (952). Vgl. BeckOK ArbR/*Roloff*, AGG § 15, Rn. 6; Schaub/Koch/Arbeitsrecht von A-Z/*Koch*, AGG; *Wenckebach*, AuR 2010, 499 (499); *Bauer/Göpfert/Krieger* AGG § 15 Rn. 36.

2946 BAG 18.3.2010, NZA 2010, 1129 (1132); BAG 22.1.2009, NZA 2009, 945 (952). Vgl. BeckOK ArbR/*Roloff*, AGG § 15, Rn. 8; Schaub/Koch/Arbeitsrecht von A-Z/*Koch*, AGG; BeckOGK/*Benecke* AGG § 15 Rn. 55 ff.

2947 BAG 18.3.2010, NZA 2010, 1129 (1132).

2948 BT-Drucks 16/1780, 38. BAG 16.2.2012, NZA 2012, 667. Vgl. BeckOK ArbR/*Roloff*, AGG § 15, Rn. 8; Schaub/Koch/Arbeitsrecht von A-Z/*Koch*, AGG.

Diskriminierung, die Entschädigung höher anzusetzen.[2949] Eine Obergrenze der Höhe der Entschädigung ist im Allgemeinen nicht festgeschrieben.[2950] Allerdings ist – anders als im US-amerikanischen üblich – nicht von extrem hohen Geldbeträgen (punitive damages) aufgrund der Einschränkung durch das Erfordernis der Angemessenheit der Entschädigung, die eine Grenze nach oben und nach unten setzt, auszugehen, weil das Ziel des § 15 Absatz 2 AGG nicht die Bestrafung, sondern Prävention ist.[2951] Ein Ausgleich oder eine Herabsetzung der Entschädigung wegen einer neuen Beschäftigung oder die Gewährung eines materiellen Schadensersatzes ist darüber hinaus nicht möglich.[2952] Somit ist die Entschädigungshöhe einzelfallbezogen mit einem erheblichen Ermessensspielraum durch das Tatsachengericht festzusetzen, wobei der Grundsatz der Verhältnismäßigkeit gewahrt sein muss.[2953] Das Gesetz privilegiert den*die Arbeitgeber*in, wenn die Benachteiligung aufgrund einer Regelung in einer Kollektivvereinbarung erfolgt. Bei der Anwendung kollektivrechtlicher Vereinbarungen ist der*die Arbeitgeber*in nur dann zur Entschädigung verpflichtet, wenn er*sie vorsätzlich oder grob fahrlässig handelt (§ 15 III AGG).[2954]

Nach § 15 Absatz 6 AGG begründet ein Verstoß des Arbeitgebers gegen das Benachteiligungsverbot des § 7 Absatz 1 AGG keinen Anspruch auf ein Beschäftigungsverhältnis, es sei denn, ein solcher ergibt sich aus einem anderen Rechtsgrund. Somit bricht die Regelung mit dem Prinzip der Naturalrestitution und unterscheidet sich vom Kündigungsschutzgesetz, welches hauptsächlich auf den Bestandsschutz zielt.[2955]

B. Türkisches Recht

Die rechtlichen Folgen einer diskriminierenden Kündigung nach türkischem Recht können sich nach GMRGI oder Arbeitsgesetz unterscheiden und von einer Geldbuße über eine Entschädigung bis hin zur Wiedereinstellung reichen. Dieser

---

2949 BAG 16.2.2012, NZA 2012, 667. Vgl. BeckOK ArbR/*Roloff*, AGG § 15, Rn. 8; Schaub/Koch/Arbeitsrecht von A-Z/*Koch*, AGG.

2950 Vgl. MAH ArbR/*Melms* AGG § 10 Rn. 91; BeckOK ArbR/*Roloff*, AGG § 15, Rn. 8. In bestimmten Fällen, wie Einstellung, ist einer Obergrenze gesetzt (§ 15, II, S. 2 AGG). Vgl. BeckOK ArbR/*Roloff*, AGG § 15, Rn. 8.

2951 Vgl. *Walker*, NZA 2009, 5 (6); BeckOGK/*Benecke* AGG § 15 Rn. 7.

2952 BGH 23.4.2012, NZA 2012, 797. BAG 21.6.2012, NZA 2012, 1345. Vgl. BeckOK ArbR/*Roloff*, AGG § 15, Rn. 8.

2953 BT-Drucks 16/1780, 38. BAG 28.5.2020, BeckRS 2020, 19072; BAG 16.2.2012, NZA 2012, 667; BAG 18.3.2010, NZA 2010, 1129 (1132). LAG Berlin-Brandenburg 16.9.2015, BEckRS 2015, 71755, Rn. 22. Vgl. BeckOK ArbR/*Roloff*, AGG § 15, Rn. 6, 8; Schaub/Koch/Arbeitsrecht von A-Z/*Koch*, AGG; BeckOGK/*Benecke* AGG § 15 Rn. 55.

2954 Vgl. Schaub/Koch/Arbeitsrecht von A-Z/*Koch*, AGG.

2955 Vgl. BeckOGK/*Benecke* AGG § 15 Rn. 9.

Abschnitt enthält Regulierungen nach dem GMRGI und anschließend eine Erklärung nach dem Arbeitsgesetz.

I. Nach dem Gesetz über Menschenrechte- und Gleichheitsinstitution

Angesichts der im Rahmen einer Beschwerde oder der Prüfung von Amts wegen über eine als diskriminierend zu bezeichnende Kündigung treffen die Menschenrechte- und Gleichheitsinstitution der Türkei nach durchgeführter Prüfung und Untersuchung des Falles eine Entscheidung darüber, ob es keinen Raum für die Prüfung gibt, eine begründete Entscheidung über die Unzulässigkeit, eine Entscheidung über die Übermittlung, über einen Verstoß, über eine Verwaltungssanktion, über eine mögliche Versöhnung, über eine Ablehnung oder eine Entscheidung hinsichtlich der Nichtexistenz eines Entscheidungsspielraumes (Art. 65 Verordnung über GMRGI).

Entsprechend der Verordnung über das Gesetz über Menschenrechte und Gleichheitsinstitution der Türkei kann eine Versöhnungsentscheidung des Verwaltungsrates die Beendigung der mutmaßlichen Diskriminierungsverletzung sowie eventuelle Lösungen für das Opfer oder eine Entschädigung des Opfers beinhalten (Art. 52 II Verordnung über GMRGI). Während der Versöhnungsverhandlungen abgegebene Entdeckungen und Erklärungen sind als Beweismittel für eine Untersuchung und Strafverfolgung oder innerhalb einer Klage rechtlich nicht zulässig (Art. 52 IV Verordnung über GMRGI). Außer dieser Regelung sieht das GMRGI oder die Verordnung über GMRGI keine Bestimmungen über den Erhalt einer Entschädigung für den*die Arbeitnehmer*in vor.

Bei einer Entscheidung über einen Verstoß kann der Verwaltungsrat auch eine Entscheidung über eine Verwaltungssanktion beschließen. Im Falle eines Verstoßes gegen das Diskriminierungsverbot kommt es gegen einen*eine diskriminierenden*diskriminierende Arbeitgeber*in, der*die für den Verstoß verantwortlich ist, zur Verhängung einer Verwaltungsstrafe in Form einer Geldbuße (Art. 25 I GMRGI; Art. 70 Verordnung über GMRGI). Bei der Festsetzung von Geldbußen geht es um die Schwere der Auswirkungen und die Folgen des Verstoßes des Diskriminierungsverbotes hinsichtlich der Verschärfung der Bestrafung, wenn das Diskriminierungsverbot aufgrund einer Mehrfachdiskriminierung erfolgt, sowie um die Berücksichtigung der wirtschaftlichen Situation des Täters (Art. 25 I GMRGI).

Die Berücksichtigung der Auswirkungen und die Folgen des Verstoßes bei der Festsetzung der Geldbußen billigen dem Verwaltungsrat der Institution einen Ermessensspielraum zu, wobei im Einklang mit der Billigkeit zu handeln ist.[2956] Die Geldbuße ist eine strafrechtliche, keinen Schadenersatz darstellende

2956 Vgl. *Kayaalp*, S. 274.

Sanktion, die nicht darauf abzielt, dem Opfer einen Ausgleich, einen Ersatz für den erlittenen Schaden zu leisten oder ihn*sie in finanzieller Hinsicht zufriedenzustellen.[2957] Schadenersatzansprüche, die das Opfer der Zuwiderhandlung befriedigen, sind bei den allgemeinen Gerichten zu beantragen.[2958] In diesem Zusammenhang gilt es, die wirtschaftliche Lage des Opfers nicht im Hinblick auf die Höhe der Geldbuße zu ermitteln.[2959] Demgegenüber zielen Verwaltungsstrafen darauf ab, die Diskriminierung zu bestrafen, den*die Täter*in zur Einsicht zu bringen und ein erneutes Auftreten von Diskriminierung zu verhindern.[2960] In diesem Zusammenhang ist auch die wirtschaftliche Situation des*der Täters*in zu beachten, eine Erschütterung des wirtschaftlichen Status des*der Täters*in, ihn*sie zum Opfer zu machen, gilt es zu vermeiden.[2961] Dementsprechend gibt das GMRGI dem Verwaltungsrat die Möglichkeit die von ihm*ihr verhängte Geldbuße nur einmal in eine Verwarnungsstrafe umzuwandeln (Art. 25 IV GMRGI). Im Falle einer Wiederholung der bereits gemaßregelten diskriminierenden Handlung der Person oder Institution erhöht sich die zu verhängende Strafe um fünfzig Prozent (Art. 25 IV GMRGI).

II. Nach dem Arbeitsgesetz

In Bezug auf die vom Kündigungsschutz erfassten Arbeitnehmer*innen entsteht im Falle einer Kündigung nach den in Artikel 18 Absatz 3 ArbG genannten Gründen, die keinen triftigen Grund für eine Kündigung für Arbeitsverträge innerhalb des Kündigungsschutzes darstellen, mit den in Artikel 5 Arbeitsgesetz genannten Diskriminierungsgründen identisch oder diesen ähnlich sind – demnach im Falle einer diskriminierenden Kündigung – sowohl eine Verletzung der Nichtdiskriminierungspflicht als auch eine Kündigung des Arbeitsvertrages aus unwirksamen Gründen.[2962] Dementsprechend treten durch das Arbeitsgesetz bestimmte Rechtsfolgen einer diskriminierenden Kündigung ein. Diese sind unter den Titeln Kündigungsschutzrechtliche Folgen, Antidiskriminierungsrechtliche Folgen und Arbeitsgarantieabfindung vs. Diskriminierungsentschädigung zu untersuchen.

1. Kündigungsschutzrechtliche Folgen

Als kündigungsschutzrechtliche Folgen einer diskriminierenden Kündigung nach dem Arbeitsgesetz kommt erst die Unwirksamkeit der Kündigung nach dem Arbeitsgesetz infrage. Danach gestalten sich weitere Rechtsfolgen der

2957 Vgl. *Kayaalp*, S. 274, 276.
2958 Vgl. *Kayaalp*, S. 274, 276.
2959 Vgl. *Kayaalp*, S. 274.
2960 Vgl. *Kayaalp*, S. 274.
2961 Vgl. *Kayaalp*, S. 274.
2962 Vgl. *Mollamahmutoğlu/Astarlı/Baysal*, S. 726 ff.; *Baysal*, Legal İHSGHD 2010/25, 59 (83). a.A. *Bakırcı*, Sicil 2006/1 2, 114 (116 ff.)

diskriminierenden Kündigung unter verschiedenen Kombinationen der Wiedereinstellung nach dem Arbeitsrecht. Somit kommen Ankündigungsentschädigung und Dienstalterabfindung in Betracht, wenn der*die Arbeitnehmer*in die Wiedereinstellung nicht beantragt. Wieder in Betracht zu ziehen sind Ankündigungsentschädigung und Dienstalterabfindung, wenn der*die Arbeitnehmer*in die Wiedereinstellung beantragt, aber er*sie trotz der Einladung des*der Arbeitgebers*in nicht wieder zu arbeiten beginnt. Beantragt der*die Arbeitnehmer*in die Wiedereinstellung und der*die Arbeitgeber*in stellt ihn*sie wieder ein und der*die Arbeitnehmer*in fängt an zu arbeiten, sind das Entgelt und sonstige Zuzahlungen für die Dauer der Nichtbeschäftigung sowie die Anrechnung des im Voraus gezahlten Lohnes und der Dienstalterabfindung zu zahlen. Beantragt allerdings der*die Arbeitnehmer*in die Wiedereinstellung, worauf der*die Arbeitgeber*in ihm*ihr die Wiedereinstellung verweigert, hat der*die Arbeitgeber*in dem*der Arbeitnehmer*in Ankündigungsentschädigung, Dienstalterabfindung, Entgelt und sonstige Zuzahlungen für die Dauer der Nichtbeschäftigung sowie eine Arbeitsgarantieabfindung zu zahlen. Dieser Abschnitt untersucht jeweils alle diese verschiedenen Möglichkeiten.

a) Unwirksamkeit

Stellt das Arbeitsgericht oder ein privater Schiedsrichter das Ausbleiben eines triftigen Grundes für die Kündigung fest oder handelt es sich bei dem angegebenen Grund um keinen triftigen Grund, kommt es zur Unwirksamkeitserklärung der Kündigung (Art. 21 I ArbG).[2963] Im Falle einer diskriminierenden Kündigung, wenn verbotene Gründe für eine Diskriminierung vorliegen und eine Verletzung der Nichtdiskriminierungspflicht des*der Arbeitnehmers*in vorhanden ist, ist die Kündigung des Arbeitsvertrages des*der Arbeitnehmers*in, dessen*deren Arbeitsverhältnis innerhalb des Anwendungsbereiches des Kündigungsschutzes fällt, als unwirksam einzustufen (Art. 5 ArbG i. V. m. Art. 18 III ArbG).[2964]

Auch bei einer Unwirksamkeitserklärung durch das Arbeitsgericht oder einen privaten Schiedsrichter gilt die Kündigung allerdings als wirksam, sollte der*die Arbeitnehmer*in innerhalb des im Arbeitsgesetz festgeschriebenen Zeitraumes von dem*der Arbeitgeber*in nicht die Weiterbeschäftigung verlangen (Art. 21 VI ArbG). Das Schrifttum diskutiert daher den Umfang und den Status der Unwirksamkeitsentscheidung. Manche im Schrifttum vertreten die Ansicht, es ginge hier es um eine schwebende Unwirksamkeit.[2965] Die Bestimmung der Unwirksamkeit befinde sich bis zur Beantragung des*der Arbeitnehmers*in der

2963 Vgl. *Mollamahmutoğlu/Astarlı/Baysal*, İş Hukuku Ders, S. 296; *Süzek*, İş Hukuku, S. 475.

2964 Vgl. *Sur*, Sicil 2017/37, 33 (41, 47), *Süzek*, İş Hukuku, S. 475; *Baysal*, Legal İHSGHD 2010/25, 59 (74 ff.).

2965 Vgl. *Mollamahmutoğlu/Astarlı/Baysal*, İş Hukuku Ders, S. 296; *Manav*, Sicil 2010/17, 58 (58 ff.); *Çankaya*, Sicil 2010/17, 199 (204).

Weiterbeschäftigung in einem schwebenden Zustand.[2966] Nur durch den Antrag des*der Arbeitnehmers*in auf Weiterbeschäftigung erlösche die durch die Entscheidung des Arbeitsgerichts oder eines privaten Schiedsrichters als unwirksam festgestellte Kündigung; infolgedessen entstehe eine Situation, als sei nie eine Kündigung des Arbeitsvertrages erfolgt.[2967] Sollte der*die Arbeitnehmer*in die Weiterbeschäftigung allerdings nicht oder nicht rechtzeitig verlangen, gelte die die als unwirksam festgestellte Kündigung als wirksam, somit sei der Arbeitsvertrag zum Zeitpunkt der Kündigung beendet.[2968] Sollte der*die Arbeitgeber*in den*die Arbeitnehmer*in trotz seines*ihres rechtzeitigen Weiterbeschäftigungsantrages nicht wiedereinstellen, sei die Kündigung als unwirksam und trotz der unwirksamen Kündigung die Nichtwiedereinstellung als eine erneute Kündigung einzustufen.[2969]

Andere im Schrifttum wiederum vertreten die Ansicht, es handle sich hier um eine Unwirksamkeit sui generis.[2970] Eine Unwirksamkeit nach den allgemeinen Bestimmungen zufolge ergäbe eine unwirksame Kündigung des*der Arbeitgebers*in, welche ein rechtsaufhebendes Gestaltungsrecht sei, keine Wirkung auf das Arbeitsverhältnis zwischen dem*der Arbeitgeber*in und dem*der Arbeitnehmer*in habe.[2971] Da das Arbeitsverhältnis in diesem Fall zwischen der Kündigung und der Feststellung der Unwirksamkeit fortbestanden hätte, müsste der*die Arbeitgeber*in mit Feststellung der Unwirksamkeit den*die Arbeitnehmer*in einstellen und ihm*ihr nicht eine Abfindung, sondern alle Entgelte und sonstige Zuzahlungen für die Ruhezeit zahlen.[2972] Als solches müsste der Richter oder der private Schiedsrichter aufgrund der Unwirksamkeit der Kündigung das Fortbestehen des Arbeitsverhältnisses konstatieren.[2973] Dahingegen beschreibt das Arbeitsgesetz, wenn der*die Arbeitnehmer*in innerhalb dieser Frist nicht die Weiterbeschäftigung verlange, gelte die Kündigung als wirksam (Art. 21 VI ArbG).[2974] Verlange darüber hinaus der*die Arbeitnehmer*in innerhalb dieser Frist nicht die Weiterbeschäftigung, gebe das Arbeitsgesetz dem*der Arbeitgeber*in ein Wahlrecht zwischen der Wiedereinstellung oder der Nicht-Wiedereinstellung mit Abfindungszahlung (Art. 21 I, III und V ArbG).[2975]

2966 Vgl. *Mollamahmutoğlu/Astarlı/Baysal*, İş Hukuku Ders, S. 296.

2967 Vgl. *Mollamahmutoğlu/Astarlı/Baysal*, İş Hukuku Ders, S. 296; *Doğan Yenisey*, ÇT 2006/4, 63 (78).

2968 Vgl. *Mollamahmutoğlu/Astarlı/Baysal*, İş Hukuku Ders, S. 296.

2969 Vgl. *Mollamahmutoğlu/Astarlı/Baysal*, İş Hukuku Ders, S. 296, 297.

2970 Vgl. *Süzek*, İş Hukuku, S. 639; *Çelik/Caniklioğlu/Canbolat*, S.373 f.; *Alp*, DEÜHF 2003/1, 1 (23); *Ekonomi*, Çimento İşveren 2003/Özel Ek, 1 (16).

2971 Vgl. *Süzek*, İş Hukuku, S. 639.

2972 Vgl. *Süzek*, İş Hukuku, S. 639.

2973 Vgl. *Süzek*, İş Hukuku, S. 639.

2974 Vgl. *Süzek*, İş Hukuku, S. 639.

2975 Vgl. *Süzek*, İş Hukuku, S. 639.

Im Falle einer Wiedereinstellung des*der Arbeitnehmers*in durch den*die Arbeitgeber*in müsse der*die Arbeitgeber*in höchstens vier Monatsverdienste und sonstige Zuzahlungen leisten, nicht aber ganze fällige Monatsverdienste und sonstige Zuzahlungen, wie es bei einem ruhenden Arbeitsverhältnis gewesen wäre (Art. 21 I, III und V ArbG).[2976] In Anbetracht der gesetzlichen Regelungen, insbesondere weil der*die Arbeitgeber*in bei einer Wiedereinstellung nur zu einer Zahlung von höchstens vier Monatsverdiensten und sonstigen Zuzahlungen verpflichtet ist, spricht dies gegen eine schwebende Unwirksamkeit.[2977] Darüber hinaus spricht das vom Gesetz zugunsten des*der Arbeitgebers*in aufgeräumte Wahlrecht für oder gegen eine Wiedereinstellung auch für ein einzigartiges Charakteristikum der Unwirksamkeit nach kündigungsschutzrechtlichen Normen.[2978] Somit dürfte es sich hier um eine sui generis Unwirksamkeit handeln.

Rechtsfolgen einer Unwirksamen Kündigung nach dem türkischen Kündigungsschutz hängen davon ab, ob der*die Arbeitnehmer*in eine Weiterbeschäftigung verlangt und ob der*die Arbeitgeber*in den*die Arbeitnehmer*in wieder einstellt.

*b) Wiedereinstellung oder? – Der*die Arbeitnehmer*in beantragt nicht die Wiedereinstellung –*

Die Feststellung der Unwirksamkeit der Kündigung führt nicht direkt zur Wiedereinstellung des*der Arbeitnehmers*in. Im Falle einer rechtskräftigen Feststellung der Unwirksamkeit der Kündigung – es hat keinen triftigen Grund gegeben oder der angegebene Grund ist kein triftiger Grund – muss der*die Arbeitnehmer*in innerhalb von zehn Werktagen nach der Zustellung des rechtskräftigen Urteils beim*bei der Arbeitgeber*in die Weiterbeschäftigung beantragen (Art. 21 VI ArbG). Verlangt der*die Arbeitnehmer*in trotz des rechtskräftigen Urteils über die Unwirksamkeit der Kündigung innerhalb der Ausschlussfrist vom*von der Arbeitgeber*in nicht die Weiterbeschäftigung, gilt die Kündigung von Anfang an als wirksam und der*die Arbeitgeber*in haftet lediglich für die rechtlichen Folgen dieser wirksamen Kündigung (Art. 21 VI ArbG). Mithin hat der*die Arbeitnehmer*in nur Anspruch auf Ankündigungsentschädigung und Dienstalterabfindung – als Folgen einer wirksamen Kündigung – sollten deren Voraussetzungen erfüllt sein.

2976 Vgl. *Süzek*, İş Hukuku, S. 639.

2977 Vgl. *Çelik/Caniklioğlu/Canbolat*, S. 373 ff.; *Alp*, DEÜHF 2003/1, 1 (23); *Ekonomi*, Çimento İşveren 2003/Özel Ek, 1 (16).

2978 Vgl. *Çelik/Caniklioğlu/Canbolat*, S. 373 ff.; *Alp*, DEÜHF 2003/1, 1 (23); *Ekonomi*, Çimento İşveren 2003/Özel Ek, 1 (16).

aa) Ankündigungsentschädigung

Nach türkischem Recht können beide Parteien, Arbeitgeber*in und/oder Arbeitnehmer*in, einen unbefristeten Arbeitsvertrag unter Einhaltung einer Frist kündigen (Art. 17 I und II ArbG). Dies nennt das Schrifttum eine Kündigung mit Frist, eine ordentliche Kündigung, im türkischen Arbeitsrecht der Regelfall der Kündigung. Sie erfordert eine schriftliche Kündigungserklärung (Art. 17 I und Art. 19 I ArbG i. V. m. 431 OG Nr. 6098). Der Grund der Kündigung ist nur dann anzugeben, wenn der*die Arbeitnehmer*in Kündigungsschutz genießt (Art. 19 I ArbG Nr. 4857). Die Kündigungsfristen sind für Arbeitgeber- und Arbeitnehmerkündigungen gleich wie folgt vorgesehen (Art. 17 II ArbG Nr. 4857): Bei einer Beschäftigungsdauer von weniger als sechs Monaten beträgt die Kündigungsfrist zwei Wochen, für sechs bis eineinhalb Jahre Beschäftigungsdauer vier Wochen, im Falle einer Beschäftigungsdauer zwischen eineinhalb Jahren und drei Jahren beträgt die Kündigungsfrist sechs Wochen und für mehr als drei Jahre Beschäftigungsdauer sind es acht Wochen. Es existiert kein bestimmter Kündigungstermin. (Vgl. Anh. III)

Hält eine kündigende Partei eines unbefristeten Arbeitsvertrages, egal ob Arbeitgeber*in oder Arbeitnehmer*in, bei der Kündigung die im Gesetz vorgesehene Kündigungsfrist nicht ein, handelt es sich um eine regelwidrige Kündigung (auf Türkisch *usulsüz fesih).* Der Kündigende hat in dem Fall dem anderen eine Entschädigung zu zahlen, die der Höhe des Entgelts des*der Arbeitnehmers*in für die Dauer der Kündigungsfrist entspricht (Art. 17 IV ArbG). Diese Entschädigung bezeichnet die Literatur als Ankündungsentschädigung (auf Türkisch *ihbar tazminatı*). Der*Die Arbeitgeber*in, nicht aber der*die Arbeitnehmer*in, hat außerdem die Möglichkeit, einen unbefristeten Arbeitsvertrag ohne Einhaltung der Kündigungsfrist zu kündigen unter der Bedingung der sofortigen Auszahlung des Entgeltes für die Kündigungsfrist (Art. 17 V ArbG Nr. 4857).

Somit: Gilt die Kündigung des*der Arbeitgebers*in nach kündigungsschutzrechtlichen Normen als wirksam, weil der*die Arbeitnehmer*in trotz des rechtskräftigen Urteils über die Unwirksamkeit der Kündigung innerhalb der Ausschlussfrist vom*von der Arbeitgeber*in nicht die Weiterbeschäftigung verlangt und, wenn der*die Arbeitgeber*in vorher beim Kündigen des Arbeitsvertrages die im Gesetz vorgesehene Kündigungsfrist nicht eingehalten hat oder das Entgelt für die Kündigungsfrist nicht sofort gezahlt hat, haftet der*die Arbeitgeber*in für die Zahlung der Ankündigungsentschädigung.

bb) Dienstalterabfindung

Die Dienstalterabfindung ist ein Geldbetrag, den der*die Arbeitgeber*in unter Berücksichtigung des Dienstalters und des Lohnes des*der Arbeitnehmers*in zu zahlen hat, dessen*deren Arbeitsvertrag aus einem der im Gesetz festgelegten Gründe endet, nachdem die im Gesetz festgelegte Mindestanstellungsdauer abgelaufen ist.[2979] Zu zahlen ist die Dienstalterabfindung gemäß dem immer noch in Kraft befindlichen Artikel 14 des alten Arbeitsgesetzes Nr. 1475 und gestaltet sich als ein viel diskutiertes Thema des Arbeitsrechts, dessen Abschaffung seit Jahren Gegenstand der Thematisierung in den Medien ist (Art. 120 ArbG i.V.m. Art. 14 ArbG Nr. 1475).[2980]

Der*die Arbeitnehmer*in hat einen Anspruch auf eine Dienstalterabfindung, wenn er*sie an dem Datum, an dem der Arbeitsvertrag ausläuft, ein Dienstalter von mindestens einem Jahr am Arbeitsplatz hat.[2981] Weiterhin entsteht ein Dienstalterabfindungsanspruch nur, wenn der*die Arbeitgeber*in oder der*die Arbeitnehmer*in den Arbeitsvertrag aus bestimmten, im Gesetz genannten Gründen kündigt oder wenn die Parteien während des Vertragsabschlusses sich darauf geeinigt haben.[2982] Zu den im Gesetz aufgezählten Gründen zählen die Kündigung des*der Arbeitnehmers*in aufgrund des aktiven Militärdienstes oder um von den gesetzlichen Institutionen Rente, Alters- oder Invaliditätsrente zu beanspruchen oder um eine Kapitalauszahlung zu empfangen (Art. 14 I Nr. 3, 4, 5 ArbG Nr. 1475).[2983] Die Beendigung des Arbeitsverhältnisses wegen des Todes des*der Arbeitnehmers*in kann auch zu einem Dienstalterabfindungsanspruch führen bei Erfüllung der anderen Voraussetzungen (Art. 14 I Nr. 5 ArbG Nr. 1475).

Darüber hinaus verleiht das Gesetz nur Arbeitnehmerinnen, die innerhalb eines Jahres nach ihrer Heirat auf ihren Wunsch ihren Arbeitsvertrag beenden, einen Anspruch auf Dienstalterabfindung (Art. 14 I Nr. 5 ArbG Nr. 1475). Somit unterstützt das Gesetz die Arbeitnehmerinnen, die heiraten, ihre Arbeitsverträge zu kündigen, obwohl es sich verfassungsrechtlich und völkerrechtlich verpflichtet, die Gleichberechtigung der Frauen zu gewährleisten und Diskriminierungen zu vermeiden. Die Frauenrechtekonvention setz z. B. die Vertragsstaaten unter Pflicht die geeigneten Maßnahmen zum Verbot der Diskriminierung aufgrund des Familienstands bei Entlassungen treffen, um Diskriminierungen der Frauen zu verhindern. Die diskriminierende Natur der Gesetzesbestimmung ist aber laut

---

2979 Vgl. *Süzek*, S. 745. 7

2980 Zum Beispiel: https://www.ahaber.com.tr/galeri/ekonomi/kidem-tazminati-reformu-son-durum-kidem-tazminati-fonu-nasil-olacak-kidem-tazminati-kalkacak-mi (1.5.2020); https://www.mynet.com/kidem-tazminati-kalkacak-mi-kidem-tazminati-fonu-duzenlemesinde-son-durum-190101149951 (1.5.2020); https://www.dunya.com/kose-yazisi/kidem-tazminati-hakkinda-her-sey/453011 (1.5.2020); https://www.birgun.net/haber/kidem-tazminati-fonu-aldatmacasi-289064 (1.5.2020); https://www.haberturk.com/kidem-tazminati-yasasi-nasil-olacak-kidem-tazminati-son-durum-2019-2431336-ekonomi (1.5.2020).

2981 Y9HD 3.4.1996, E. 1995/33940, K. 1996/7022 (Kazancı); Y9HD 2.3.1992, 1991/14330, K. 1992/2485 (Kazancı). Vgl. *Süzek*, S. 748.

2982 Vgl. *Süzek*, S. 748 ff.

2983 Die Türkei hat Wehrpflicht, welche mit Zahlung eines durch das Verteidigungsministerium bestimmte Gebührs freigekauft werden kann.

Verfassungsgericht nicht als benachteiligend zu empfinden.[2984] Da es aber außerhalb des Untersuchungsbereiches dieser Arbeit fällt, folgt hier kein näheres Eingehen auf diesen Aspekt.[2985]

Außerdem entsteht der Anspruch des*der Arbeitnehmers*in auf Dienstalterabfindung im Falle einer außerordentlichen Kündigung des Arbeitsvertrages durch den*die Arbeitnehmer*in. Sämtliche Arbeitgeberkündigungen – ordentlich oder außerordentlich – außer außerordentliche Kündigungen aufgrund der gegen die guten Sitten und den Grundsatz von Treu und Glauben verstoßenden Vorkommnisse des*der Arbeitnehmers*in haben einen Dienstalterabfindungsanspruch des*der Arbeitnehmer*in zur Folge (Art. 14 I Nr. 1 ArbG Nr. 1475).

Folglich: Verlangt der*die Arbeitnehmer*in trotz des rechtskräftigen Urteils über die Unwirksamkeit der Kündigung innerhalb der Ausschlussfrist von zehn Tagen vom*von der Arbeitgeber*in nicht die Weiterbeschäftigung und gilt deswegen die Kündigung als wirksam, kann der*die Arbeitnehmer*in einen Anspruch auf Dienstalterabfindung haben, wenn er*sie an dem Kündigungsdatum ein Dienstalter von mindestens einem Jahr am Arbeitsplatz hat (Art. 21 VI ArbG i. V. m. Art. 14 I Nr. 1 ArbG Nr. 1475).

*c) Wiedereinstellung oder? – Der*die Arbeitnehmer*in beantragt die Wiedereinstellung. Trotz der Einladung des*der Arbeitgebers*in fängt er*sie nicht an zu arbeiten. –*

Eine andere, sehr häufig in der Praxis auftauchende Konstellation ist das Verlangen des*der Arbeitnehmers*in nach einer Weiterbeschäftigung durch den*die Arbeitgeber*in nach dem rechtskräftigen Urteil über die Unwirksamkeit der Kündigung innerhalb der Ausschlussfrist von zehn Tagen; lädt der*die Arbeitgeber*in ihn*sie innerhalb eines Monats zur Wiedereinstellung ein, fängt der*die Arbeitnehmer*in nicht an zu arbeiten.[2986] Das einschlägige Schrifttum und der Kassationshof gehen in dem Fall von der Anwendung des Artikels 21 Absatz 6 (früherer Absatz 5) Arbeitsgesetz im Wege einer Analogie gemäß Artikel 1 Absatz 2 Zivilgesetzbuch aus.[2987] Artikel 1 Absatz 2 Zivilgesetzbuch legt fest: Ist dem Gesetz keine Vorschrift zu entnehmen, so soll der Richter nach Gewohnheitsrecht und, wo auch ein solches fehlt, nach der Regel entscheiden, die das Gericht als Gesetzgeber aufstellen würde. Die rechtlichen Folgen des Aufgebens

---

2984 Siehe für Diskussion über das Thema: AYM, 19.06.2008, E. 2006/156, K. 2008/125 (Kazancı). *Gökçeoğlu Balcı*, ÇT 2017/3, 1263 (1271); *Bakırcı*, Sicil 2007/8, 22 (35–36); Doğan Yenisey, Kamu İş 2002/4 (6), 1 (27); *Ulucan*, DEÜHFD 2013/15, 369 (374).

2985 Für die Eingrenzung des Untersuchungsstandes siehe *diese Dissertationsschrift* § 2.

2986 Vgl. *Süzek*, İş Hukuku, S. 640.

2987 Y9HD 11.7.2005, E. 2005/20810, K. 2005/24800 (Kazancı). Vgl. *Süzek*, İş Hukuku, S. 640 ff. a. A.: *Aktay*, Sicil 2006/3, 103 (106 ff.).

des*der Arbeitnehmers*in nach der Beantragung der Wiedereinstellung – trotz Einladung des*der Arbeitgebers*in – reguliert das Arbeitsgesetz nicht. Nach dem sechsten Absatz des 21. Artikels resultiert die Wirksamkeit der Kündigung des*der Arbeitgebers*in aus der nicht rechtzeitigen Verlangung bzw. Nichtverlangung der Weiterbeschäftigung des*der Arbeitnehmers*in (Art. 21 VI ArbG). Somit ist Artikel 21 Absatz 6 Arbeitsgesetz analog für diese Fälle anzuwenden. Hat der*die Arbeitnehmer*in nach dem rechtskräftigen Urteil über die Unwirksamkeit der Kündigung innerhalb der Ausschlussfrist von zehn Tagen vom*von der Arbeitgeber*in die Weiterbeschäftigung verlangt, fängt der*die Arbeitnehmer*in jedoch nicht an zu arbeiten, trotzdem der*die Arbeitgeber*in ihn*sie im Zeitraum eines Monats zur Wiedereinstellung einlädt, ist die Kündigung als wirksam anzusehen und der*die Arbeitgeber*in haftet lediglich für die Folgen einer wirksamen Kündigung.

aa) Ankündigungsentschädigung

Demzufolge hat der*die Arbeitnehmer*in Anspruch auf Ankündigungsentschädigung – als Folge einer wirksamen Kündigung – im Falle der erfüllten Voraussetzungen.

bb) Dienstalterabfindung

Zuzüglich hat der*die Arbeitnehmer*in Anspruch auf Dienstalterabfindung – als Folge einer wirksamen Kündigung – im Falle der erfüllten Voraussetzungen.

*d) Wiedereinstellung oder? – Der*die Arbeitnehmer*in beantragt die Wiedereinstellung. Der*die Arbeitgeber*in stellt ihn*sie wieder ein. Der*die Arbeitnehmer*in fängt an zu arbeiten. –*

Nachdem der*die Arbeitnehmer*in nach der Zustellung des rechtskräftigen Urteils vom*von der Arbeitgeber*in die Weiterbeschäftigung beantragt, sieht das Gesetz zwei Möglichkeiten vor. Entweder stellt der*die Arbeitgeber*in innerhalb eines Monats auf Antrag des*der Arbeitnehmers*in ihn*sie wieder ein oder nicht. Artikel 21 Absatz 1 und 2 Arbeitsgesetz lauten wie folgt: *„I. Stellt das Gericht oder der private Schiedsrichter eine Kündigung als unwirksam aufgrund einer nicht erfolgten Angabe eines triftigen Grundes oder einer Ungültigkeit des angeblichen Grundes fest, muss der Arbeitgeber den gekündigten Arbeitnehmer innerhalb eines Monats wieder einstellen. Unterbleibt im Laufe eines Monats auf Antrag des Arbeitnehmers die Wiedereinstellung, ist er dazu verpflichtet, dem Arbeitnehmer eine Abfindung zu zahlen, deren Höhe zwischen vier und acht Monatsgehältern des Arbeitnehmers liegt. II. Erklärt das Gericht oder der private Schiedsrichter die Unwirksamkeit der Kündigung* *in seinem Urteil, bezeichnet es auch die Höhe der Abfindung, die im Falle der Nichtwiedereinstellung des Arbeitnehmers zu zahlen ist.*"[2988]

Diese Regelung des Arbeitsgesetzes hat eine Diskussion im Schrifttum ausgelöst und bringt die Wissenschaftler*innen dazu, genauer darüber nachzudenken, ob es sich hier um eine Pflicht oder Wahl des*der Arbeitgebers*in handelt. Manche im Schrifttum vertreten die Ansicht, es ginge hier es um eine Pflicht des*der Arbeitgebers*in um Wiedereinstellung.[2989] Das Gesetz erwähne die Verpflichtung zur Wiedereinstellung des*der Arbeitnehmers*in.[2990] Es ließe sich nicht genau sagen, ob das Gesetz dem*der Arbeitgeber*in ein optionales gesetzliches Recht in Form einer Wiedereinstellung oder einer Abfindung einräume, sollte er*sie dies wünschen.[2991] Eine Abfindung sei als Sanktion dieser Verpflichtung zur Wiedereinstellung vorgesehen.[2992] Andere im Schrifttum halten sich wiederum an ein gesetzlich eingeräumtes Wahlrecht des*der Arbeitgebers*in.[2993] Nachdem das Gericht – entsprechend dem Arbeitsgesetz – beschlossen hat, die Kündigung für unwirksam zu erklären, erhielt der*die Arbeitgeber*in die Einräumung des Rechtes der Wahl hinsichtlich einer Option, um die Wiedereinstellung des*der Arbeitnehmer*in zu ermöglichen oder eine Abfindung zu zahlen.[2994] In diesem Fall messe das Gesetz der Abfindung ein Gewicht bei, da der*die Arbeitgeber*in das Zahlen einer Abfindung bevorzuge gegenüber der Wiedereinstellung des*der Arbeitnehmer*in.[2995] Die Regelung des Gesetzes funktioniert zurecht wie ein Wahlrecht zugunsten des*der Arbeitgebers*in. Schon bei der Unwirksamkeitsentscheidung bei der Wiedereinstellungsklage stellt das Gericht oder der private Schiedsrichter den weiteren Verlauf fest, sollte der*die Arbeitgeber*in den*die Arbeitnehmer*in nicht wiedereinstellen. Der*die Arbeitnehmer*in ist wiederum nicht berechtigt, anstatt der Wiedereinstellung eine Abfindung zu verlangen.[2996] Der*die Arbeitgeber*in kann jederzeit zwischen einer Wiedereinstellung und einer Abfindung wählen. Im Kontext der diskriminierenden Kündigungen könnte das mithin dem*der Arbeitnehmer*in signalisieren, er*sie könnte jederzeit seinen*ihren Arbeitsplatz aus personenbedingten diskriminierenden Gründen verlieren. In Anbetracht eines eventuellen Vertrauensbruches aufseiten des*der

---

2988 Übersetzung des Gesetzestextes aus den Türkischen ins Deutsche durch die Verfasserin.

2989 Vgl. *Mollamahmutoğlu/Astarlı/Baysal*, İş Hukuku Ders, S. 297; *Aktay*, Sicil 2006/3, 103 (106 ff.).

2990 Vgl. *Mollamahmutoğlu/Astarlı/Baysal*, İş Hukuku Ders, S. 297.

2991 Vgl. *Mollamahmutoğlu/Astarlı/Baysal*, İş Hukuku Ders, S. 297.

2992 Vgl. *Mollamahmutoğlu/Astarlı/Baysal*, İş Hukuku Ders, S. 297; *Aktay*, Sicil 2006/3, 103 (106 ff.).

2993 Vgl. *Süzek*, İş Hukuku, S. 638; *Çelik/Caniklioğlu/Canbolat*, İş Hukuku, S. 374; *Bakırcı*, Sicil 2006/2, 114 (116).

2994 Vgl. *Süzek*, İş Hukuku, S. 638.

2995 Vgl. *Süzek*, İş Hukuku, S. 638.

2996 Vgl. *Çelik/Caniklioğlu/Canbolat*, İş Hukuku, S. 374; *Bakırcı*, Sicil 2006/2, 114 (116).

Arbeitnehmers*in aufgrund der diskriminierenden Natur der Arbeitgeberkündigung scheint nur eine einseitige Anerkennung des Wahlrechts zugunsten des*der Arbeitgebers*in, wer tatsächlich der*die Verursacher*in der vom*von der Arbeitnehmer*in erlittenen Entwürdigung ist, wie eine Belohnung für den*die Arbeitgeber*in zu sein.[2997]

In der Konsequenz hat der*die Arbeitgeber*in ein Wahlrecht. Nachdem der*die Arbeitnehmer*in nach der Zustellung des rechtskräftigen Urteils vom*von der Arbeitgeber*in die Weiterbeschäftigung beantragt, stellt der*die Arbeitgeber*in ihn*sie entweder innerhalb eines Monats wieder ein oder auch nicht. Stellt der*die Arbeitgeber*in den*die Arbeitnehmer*in wieder ein, gilt die Kündigung als unwirksam; somit hat sie keine rechtlichen Konsequenzen für die Arbeitsbeziehung und es ist von einer Fortsetzung der Arbeitsbeziehung der Parteien auszugehen.[2998] Der*die Arbeitgeber*in hat den*die Arbeitnehmer*in in seiner*ihrer früheren Tätigkeit und unter den gleichen Bedingungen aufzunehmen, die Wiedereinstellung sollte nicht an irgendeine Bedingung geknüpft sein.[2999]

aa) Entgelt und sonstige Zuzahlungen für die Dauer der Nichtbeschäftigung

In dem Fall ist der*die Arbeitnehmer*in berechtigt, seine*ihre Entgelte und sonstigen Zuzahlungen während der Wartezeit geltend zu machen. Auch wenn die Dauer der Nichtbeschäftigung länger gedauert hätte, ist der*die Arbeitgeber*in nach dem Arbeitsgesetz nur verpflichtet, höchstens vier Entgelte und sonstige Zuzahlungen für den Zeitraum vom Entlassungsdatum bis zur Bekanntgabe der rechtskräftigen Unwirksamkeitsentscheidung des Arbeitsgerichts oder des privaten Schiedsrichters zu zahlen (Art. 21 III ArbG).

bb) Anrechnung des im Voraus gezahlten Lohnes und der Dienstalterabfindung

Erfolgt die Wiedereinstellung des*der Arbeitnehmers*in und hat der*die Arbeitgeber*in vorher mit der sofortigen Auszahlung des Entgelts für die Kündigungsfrist den Arbeitsvertrag ohne Einhaltung der Kündigungsfrist gekündigt und dem*der Arbeitnehmer*in eine Dienstalterabfindung gezahlt, sind für nicht eingehaltene Kündigungsfristen im Voraus gezahlter Lohn und für eine Dienstalterabfindung auf den für die Dauer der Nichtbeschäftigung zu zahlenden Betrag das Entgelt und sonstige Zuzahlungen anzurechnen (Art. 21 V ArbG).

2997 Siehe auch *diese Dissertationsschrift* § 5, E.

2998 Vgl. *Süzek*, İş Hukuku, S. 642; *Doğan Yenisey*, ÇT 2006/4, 63 (78).

2999 Y9HD 21.6.2004, E. 2004/3377, K. 2004/15404 (Kazancı); Y9HD 19.3.2012, E. 2012/10519, K. 2012/8818 (Kazancı). Vgl. *Süzek*, İş Hukuku, S. 642.

*e) Wiedereinstellung oder? – Der*die Arbeitnehmer*in beantragt die Wiedereinstellung. Der*die Arbeitgeber*in stellt ihn*sie nicht wieder ein. –*

Stellt der*die Arbeitgeber*in den*die Arbeitnehmer*in trotz der Feststellung der Unwirksamkeit der Kündigung durch das Arbeitsgericht oder den privaten Schiedsrichter innerhalb eines Monats nicht wieder ein, heißt das, der*die Arbeitgeber*in kündigt den Arbeitsvertrag.[3000] Der Arbeitsvertrag endet jedoch an dem Tag, an dem der*die Arbeitgeber*in den*die Arbeitnehmer*in trotz der Beantragung des*der Arbeitnehmers*in nicht wiedereinstellt.[3001] Der Arbeitsvertrag endet aber nicht an dem Tag, an dem die (erste) Kündigung, deren Unwirksamkeit das Arbeitsgericht festgestellt hat, erklärt wurde.[3002]

aa) Ankündigungsentschädigung

Erhielt der*die Arbeitnehmer*in keine Kündigungsfrist oder kam es für nicht eingehaltene Kündigungsfristen eines im Voraus zu zahlenden Entgelts nicht zur Zahlung, ist dem*der nicht wiedereingestellten Arbeitnehmer*in die Höhe des Entgelts für die Zeit der Kündigungsfrist gesondert zu zahlen (Art. 21 V 2 ArbG).

bb) Dienstalterabfindung

Im Falle einer nicht vorher gezahlten Dienstalterabfindung ist bei dafür erfüllten Voraussetzungen diese zuzüglich dem*der Arbeitnehmer*in zu zahlen.[3003]

cc) Entgelt und sonstige Zuzahlungen für die Dauer der Nichtbeschäftigung

Für den Zeitraum vom Entlassungsdatum bis zur Bekanntgabe der rechtskräftigen Entscheidung sind für die Dauer der Nichtbeschäftigung dem*der Arbeitnehmer*in Entgelte in Höhe von maximal vier Monatsverdiensten und sonstige Zuzahlungen zu leisten (Art. 21 III ArbG). Entsprechend der ausdrücklichen Festschreibung des Arbeitsgesetzes und der ständigen Rechtsprechung des Kassationshofes sind nicht Entgelte und sonstige Zuzahlungen für die gesamte Nichtbeschäftigungszeit, sondern lediglich maximal vier Monatsentgelte und sonstige Zuzahlungen dem*der Arbeitnehmer*in zu zahlen.[3004] Kritik erfuhr diese Regelung des Gesetzes des Öfteren mit der Begründung, die Auferlegung

---

3000 Vgl. *Çelik/Caniklioğlu/Canbolat*, İş Hukuku, S. 373; *Süzek*, İş Hukuku, S. 643.

3001 Y9HD 24.1.2007, E. 2006/21260, K. 2007/6898 (Kazancı); Y9HD 12.9.2006, E. 2006/16831, K. 2006/221217 (Kazancı); Y9HD 22.6.2006, E. 2005/38631, K. 2006/18287 (Kazancı).

3002 Y9HD 24.1.2007, E. 2006/21260, K. 2007/6898 (Kazancı); Y9HD 12.9.2006, E. 2006/16831, K. 2006/221217 (Kazancı); Y9HD 22.6.2006, E. 2005/38631, K. 2006/18287 (Kazancı).

3003 Vgl. *Süzek*, İş Hukuku, S. 644.

3004 Y9HD 5.6.2006, E. 2006/11727, K. 2006/16256 (Kazancı).

der Kosten für eine lange Dauer von Prozessen in den Arbeitsgerichten sollten im Allgemeinen nicht die Arbeitnehmer*innen tragen, die wirtschaftlich schwach sind und die während des Wiedereinstellungsverfahrens keine Entlohnung erhalten.[3005]

Es besteht keine Anspruchsverpflichtung, um die genannten Entgelte und sonstigen Zuzahlungen in Kraft zu setzen.[3006] Das Arbeitsgericht oder der private Schiedsrichter bestimmt bei der Unwirksamkeitsentscheidung die genau zu zahlenden Monatsverdienste und sonstigen Zuzahlungen auf der Grundlage des Lohnes zum Zeitpunkt des Verfahrens in Geld (Art. 21 IV ArbG).

dd) Arbeitsgarantieabfindung

Der*die Arbeitgeber*in, der*die die Feststellung einer gerichtlichen Entscheidung mit dem Aussprechen einer unwirksamen Kündigung zu tragen hat, zahlt dem*der Arbeitnehmer*in eine Abfindung, wenn er*sie den*die Arbeitnehmer*in innerhalb eines Monats nicht wiedereinstellt (Art. 21 I ArbG). Diese Abfindung, bezeichnet als Arbeitsgarantieabfindung, ist die rechtliche Folge für die Nichtwiedereinstellung des*der Arbeitnehmers*in durch den*die Arbeitgeber*in.[3007]

Ausreichend für die Gewährung der Arbeitsgarantieabfindung ist das Beantragen des*der Arbeitnehmers*in einer Wiedereinstellung; eine gesonderte Forderung der Zahlung der Arbeitsgarantieabfindung braucht es nicht.[3008] Die Höhe der Arbeitsgarantieabfindung liegt zwischen vier und acht Monatsgehältern des*der Arbeitnehmers*in (Art. 21 I ArbG). Das Arbeitsgericht oder der private Schiedsrichter bestimmt bei der Unwirksamkeitsentscheidung der Kündigung den Betrag der Arbeitsgarantieabfindung auf der Grundlage des Lohnes zum Zeitpunkt des Verfahrens in Geld (Art. 21 IV ArbG).

Das Gesetz regelt nicht, inwieweit das Arbeitsgericht und/oder der private Schiedsrichter ihre/seine Ermessensbefugnis bei der Festlegung der Entschädigung für die Arbeitsgarantieabfindung ausüben/ausübt.[3009] Zu diesem Thema gibt es unterschiedliche Meinungen; eine zieht das Dienstalter des*der Arbeitnehmers*in am Arbeitsplatz als Kriterium für die Berechnung der Abfindung heran.[3010] Der Kassationshof hat hingegen in vielen seiner Entscheidungen die Abfindung unter Berücksichtigung des Dienstalters des*der Arbeitnehmers*in

---

3005 Vgl. *Çelik/Caniklioğlu/Canbolat*, İş Hukuku, S. 374; *Süzek*, İş Hukuku, S. 648; *Süzek*, Sicil 2009/14, 5 (25).

3006 Y9HD 11.9.2003, E. 2003/14994, K. 2003/14267 (Kazancı).

3007 Vgl. *Doğan Yenisey*, ÇT 2006/4, 63 (78).

3008 Y9HD 11.9.2003, E. 2003/14994, K. 2003/14267 (Kazancı). Vgl. *Süzek*, İş Hukuku, S. 646; *Ekmekci*, Legal İHSGHD 2004/1, 165 (178).

3009 Vgl. *Süzek*, İş Hukuku, S. 646.

3010 Vgl. *Süzek*, İş Hukuku, S. 646; *Ekmekci*, LEGAL İHSGHD 2004/1, 165 (175 Fn. 12).

bestimmt.[3011] Des Weiteren sind die Schwere des rechtswidrigen Verhaltens des*der Arbeitgebers*in, der Grund und die Form der Kündigung bei der Kündigung des Arbeitsvertrages zu berücksichtigen.[3012] Die Gewährung der Arbeitsgarantieabfindung soll z. B. laut dem Kassationshof von der Untergrenze her geschehen im Falle der Erfüllung sämtlicher Formerfordernisse bei der Kündigung des Arbeitsvertrages und der Qualifizierung des*der Arbeitnehmers*in hinsichtlich des Erhaltens der Altersrente.[3013] Ansonsten hält der Kassationshof es nicht für angemessen, die Arbeitsgarantieabfindung ohne Grund über der Obergrenze zu bestimmen.[3014] Im Falle einer Bestimmung der Höhe der Arbeitsgarantieabfindung von der Obergrenze sind die Gründe dafür zu erläutern und zu begründen.[3015] Im Falle einer diskriminierenden Kündigung ist die Höhe der Arbeitsgarantieabfindung von der oberen Grenze her zu gewähren, da der Grund der Kündigung eine menschenrechtsverachtende, diskriminierende Natur hätte.

2. Antidiskriminierungsrechtliche Folgen

Im Hinblick auf antidiskriminierungsrechtliche Folgen einer diskriminierenden Kündigung nach dem Arbeitsgesetz bieten sich drei Möglichkeiten an. Vor allem ist dem*der Arbeitnehmer*in eine Diskriminierungsentschädigung zu gewähren. Des Weiteren ist der*die Arbeitnehmer*in befugt, ihm*ihr verwehrte Rechte geltend zu machen. Schließlich gibt es Bußgeldregelungen. Diese verschiedenen Möglichkeiten finden jeweils eine Schilderung unter diesem Abschnitt.

a) Diskriminierungsentschädigung

Laut Artikel 5 Absatz 6 Arbeitsgesetz führt ein Verstoß gegen das Diskriminierungsverbot zu einem Entschädigungsanspruch des*der Arbeitnehmers*in. Beim Verstoß gegen das Diskriminierungsverbot während des Arbeitsverhältnisses oder bei dessen Beendigung steht dem*der Arbeitnehmer*in eine Entschädigung bis zur Höhe von vier Monatsgehältern zu (Art. 5 VI ArbG). Nach dem eindeutigen Wortlaut des Gesetzes steht dem*der Arbeitnehmer*in diese Entschädigung zu, insbesondere im Falle einer Diskriminierung des*der Arbeitnehmers*in bei

3011 Y9HD 6.11.2003, E. 2003/18733, K. 2003/18729 (Kazancı); Y9HD 20.2.2007, E. 2006/33626, K. 2007/4743 (Kazancı); Y9HD 11.12.2003, E. 2003/20229, K. 2003/20605 (Kazancı).

3012 Vgl. *Süzek*, İş Hukuku, S. 646.

3013 Y9HD 20.2.2007, E. 2006/33626, K. 2007/4743 (Kazancı); Y9HD 10.11.2003, 2003/18919, K. 2003/18913 (Kazancı); Y9HD 30.4.2007, 2007/5646, 2007/13561 (Kazancı).

3014 Y9HD 19.1.2004, E. 2003/22196, K. 2004/261 (Kazancı); Y9HD, 20.11.2003, 2003/19348, K. 2003/19644 (Kazancı).

3015 Y9HD 19.1.2004, E. 2003/22196, K. 2004/261 (Kazancı); Y9HD, 20.11.2003, 2003/19348, K. 2003/19644 (Kazancı).

der Kündigung des Arbeitsvertrages. Diese Entschädigung, bezeichnet als Diskriminierungsentschädigung, ist die rechtliche Folge einer Ungleichbehandlung des*der Arbeitnehmers*in durch den*die Arbeitgeber*in während des Arbeitsverhältnisses oder bei dessen Beendigung.[3016]

Die in Artikel 5 genannte Entschädigung ist eine Sanktion für das diskriminierende Verhalten des*der Arbeitgebers*in.[3017] Diese Entschädigung hat hier einen pauschalen Charakter, wie dies im türkischen Arbeitsrecht häufig der Fall ist, und ist nicht an den Schaden geknüpft, den der*die Arbeitnehmer*in erleidet.[3018] Es ist keine Entschädigung im Sinne einer Leistung, die zum Ausgleich eines erlittenen Schadens zu leisten ist; ein Anspruch auf Diskriminierungsentschädigung entsteht auch dann, wenn der*die Arbeitnehmer*in nicht geschädigt ist und kein Schaden zustande gekommen ist.[3019]

Die Berechnung der Entschädigung, wie in der Begründung des Artikels angegeben, liegt über der Grundvergütung des*der Arbeitnehmers*in; Entgeltzuschläge wie Bonus, Prämien und Sozialleistungen in Bezug auf Geld sind bei der Berechnung nicht zu berücksichtigen.[3020] Die Höhe der Entschädigung errechnet sich unter Berücksichtigung von Faktoren wie dem Gewicht der Diskriminierung durch den*die Arbeitgeber*in und die Art und Weise, wie diese erfolgt; die Arbeit, der Titel, die Position des*der Arbeitnehmers*in im Betrieb und das Dienstalter des*der Arbeitnehmers*in, festgelegt durch das Arbeitsgericht.[3021] Aufgrund der einseitig zwingenden Eigenschaft der Bestimmung kann sich die Summe der Diskriminierungsentschädigung durch den Arbeitsvertrag oder die Tarifverträge zugunsten des*der Arbeitnehmers*in erhöhen.[3022]

Der Gesetzgeber hat die Höhe der Entschädigung hinsichtlich des Lohnbetrages des*der Arbeitnehmers*in auf vier Monate begrenzt (Art. 21 VI ArbG). Die Festlegung der Höhe der Diskriminierungsentschädigung in der Klausel durch Einführung einer Obergrenze von vier Monaten löste zu Recht viel Kritik im Schrifttum aus, welche aber trotz mehrerer Änderungen des Arbeitsgesetzes Nummer 4857 seit dessen Inkrafttreten im Jahr 2003 unverändert geblieben

---

3016 Vgl. *Sur*, Sicil 2017/37, 33 (41); *Doğan Yenisey*, ÇT 2006/4, 63 (77); *Bakırcı*, Sicil 2006/2, 114 (116 f.); *Süzek*, İş Hukuku, S. 475; *Çelik/Caniklioğlu/Canbolat*, İş Hukuku, S. 288; *Mollamahmutoğlu/Astarlı/Baysal*, İş Hukuku Ders, S. 197.

3017 Vgl. *Doğan Yenisey*, ÇT 2006/4, 63 (77).

3018 Vgl. *Doğan Yenisey*, ÇT 2006/4, 63 (76 f.).

3019 Vgl. *Doğan Yenisey*, ÇT 2006/4, 63 (77); *Süzek*, İş Hukuku, S. 476; *Mollamahmutoğlu/Astarlı/Baysal*, İş Hukuku Ders, S. 198.

3020 Vgl. *Doğan Yenisey*, ÇT 2006/4, 63 (77); *Süzek*, İş Hukuku, S. 476; *Mollamahmutoğlu/Astarlı/Baysal*, İş Hukuku Ders, S. 198; *Demir*, S. 157.

3021 Vgl. *Doğan Yenisey*, ÇT 2006/4, 63 (77); *Süzek*, İş Hukuku, S. 476; *Mollamahmutoğlu/Astarlı/Baysal*, İş Hukuku Ders, S. 198.

3022 Vgl. *Doğan Yenisey*, ÇT 2006/4, 63 (77); *Yıldız*, S. 329; *Mollamahmutoğlu/Astarlı/Baysal*, İş Hukuku Ders (2019), S. 198; *Süzek*, İş Hukuku, S. 476; *Odaman*, Legal İHSGHD 2010/25, 31 (34 ff.); *Baysal*, Legal İHSGHD 2010/25, 59 (74).

ist.[3023] Das Schrifttum macht auf die europäischen antidiskriminierungsrechtlichen Regelungen aufmerksam.[3024] Nach den EuGH-Entscheidungen soll eine Sanktion für Verstöße gegen das Diskriminierungsverbot geeignet sein, einen tatsächlichen und wirksamen Rechtsschutz zu gewährleisten.[3025] Eine tatsächlich abschreckende Wirkung gegenüber dem*der Arbeitgeber*in sei bei einer Sanktion zu erwarten.[3026] Bei einer Sanktion in Form einer Entschädigung für den Verstoß gegen das Diskriminierungsverbot solle diese jedenfalls in einem angemessenen Verhältnis zum erlittenen Schaden stehen.[3027] Darüber hinaus betont der EuGH im Falle einer diskriminierenden Kündigung, die Festlegung einer Obergrenze, die den Entschädigungsbetrag entsprechend dem Erfordernis von vornherein auf ein bestimmtes Niveau festsetze durch eine angemessene Wiedergutmachung, heile nicht den durch die diskriminierende Entlassung entstandenen Schaden in Bezug auf die Gewährleistung einer tatsächlichen Chancengleichheit.[3028] Unter Berücksichtigung der Entscheidungen des EuGH vertritt das Schrifttum die Meinung, die durch das Arbeitsgesetz festgelegte Obergrenze für den Entschädigungsbetrag gestalte sich unvereinbar mit den Bestimmungen des europäischen Rechts.[3029] Augenscheinlich ist von einer Sanktion in Form einer Entschädigung für den Verstoß gegen das Diskriminierungsverbot, dessen menschenrechtlicher Charakter in vielen rechtlichen Dokumenten bewiesen ist, zumindest ein Ausgleich des mindestens tatsächlich entstandenen Vermögensschadens in vollem Umfang zu erwarten, um eine abschreckende Wirkung gegenüber dem*der Arbeitgeber*in zu haben; ansonsten könnte es einen ermutigenden Effekt für Arbeitgeber*innen auf dem Arbeitsmarkt haben, die versucht sein könnten, sich ein Recht auf das Diskriminieren erkaufen zu können. Hinzuzufügen ist der Hinweis auf einen sogenannten Gewerkschaftsentschädigungsanspruch, dessen Obergrenze höher ist als der Diskriminierungsanspruch – siehe Gesetz über Gewerkschaften und Tarifvertrag mit dem Gesetz Nummer 6356 –; die vorliegende Arbeit geht allerdings nicht näher darauf ein (Art. 5 VI ArbG i. V. m. Art. 25 GTVG).[3030]

3023 Vgl. *Doğan Yenisey*, ÇT 2006/4, 63 (77); *Taşkent/Kurt*, ÇT 2014/1, 29 (38); *Yıldız*, 328 ff.; *Süral*, FS-Güzel, 675 (676 ff.).

3024 Vgl. *Doğan Yenisey*, ÇT 2006/4, 63 (77); *Taşkent/Kurt*, ÇT 2014/1, 29 (38); *Yıldız*, 328 ff.; *Dedeoğlu*, ÇT 2009/21, 41 (49).

3025 EuGH 10.4.1984, Rs. C-14/83 Rn. 23 „Colson“; EuGH 22.4.1997, Rs. C-180/95 Rn. 27 „Draehmpaehl v. Urania“. Siehe auch *diese Dissertationsschrift* § 8 B. II. 5.

3026 EuGH 10.4.1984, Rs. C-14/83 Rn. 23 „Colson“.

3027 EuGH 10.4.1984, Rs. C-14/83 Rn. 23 „Colson“; EuGH 22.4.1997, Rs. C-180/95 Rn. 27 „Draehmpaehl v. Urania“.

3028 EuGH 2.8.1993, Rs. C- 271/91 Rn. 30, 32 „Marshall”.

3029 Vgl. *Doğan Yenisey*, ÇT 2006/4, 63 (77); *Taşkent/Kurt*, ÇT 2014/1, 29 (38); *Dedeoğlu*, ÇT 2009/21, 41 (49).

3030 Siehe *diese Dissertationsschrift* § 2.

*b) Die Rechte geltend machen, die ihm*ihr verwehrt worden sind*

Kommt es bei Beendigung des Arbeitsverhältnisses laut Artikel 5 Absatz 6 Arbeitsgesetz zum Verstoß gegen das Diskriminierungsverbot, kann der*die Arbeitnehmer*in auch die ihm*ihr verwehrten Rechte, z. B. unbezahlten Lohn, Bonus oder Prämien, geltend machen.[3031] Innerhalb dieses Rahmens ist unter anderem die Nichtnutzung des Dienstalters aufgrund eines geringen Dienstalters wegen der diskriminierenden Kündigung in Betracht zu ziehen.[3032] Außerdem bleiben materielle und immaterielle Schadenersatzansprüche nach den allgemeinen Regeln unberührt.[3033]

c) Bußgeld

Das Arbeitsgesetz sanktioniert diskriminierende Kündigungen nicht nur mit der Diskriminierungsentschädigung, sondern es sieht ein Bußgeld vor. Ein*e Arbeitgeber*in oder ein*e Arbeitgebervertreter*in, der*die im Widerspruch zu den in Artikel 5 genannten Grundsätzen und Pflichten handelt, erhält für jeden*jede Arbeitnehmer*in in dieser Situation ein Bußgeld in Höhe von 150 türkische Lira (Art. 99 I a ArbG). Aufgrund des sehr geringen Betrages hat dieses Bußgeld allerdings lediglich einen symbolischen Charakter.

3. Arbeitsgarantieabfindung vs. Diskriminierungsentschädigung

Eines der umstrittensten Themen im türkischen Arbeitsrecht in Bezug auf die Kündigung eines Arbeitsvertrages durch den*die Arbeitgeber*in aus diskriminierenden Gründen gestaltet sich als zu zahlende Entschädigung/Abfindung an den*die diskriminierenderweise gekündigten*gekündigte Arbeitnehmer*in. Dieses Problem manifestiert sich in verschiedenen Formen hinsichtlich des Verhältnisses zwischen der Gewerkschaftsentschädigung und der Diskriminierungsentschädigung über das Verhältnis zwischen der Missbrauchsentschädigung und der Diskriminierungsentschädigung bis hin zu dem Verhältnis zwischen der Arbeitsgarantieabfindung und der Diskriminierungsentschädigung.

Im Falle einer Gewerkschaftsentschädigung ist bei einer Diskriminierung eines*einer Arbeitnehmers*in aus gewerkschaftlichen Gründen – darunter eine diskriminierende Kündigung aufgrund gewerkschaftlicher Gründe – (Art. 25 GTVG) eine Entschädigung zu zahlen. Nach Artikel 5 Absatz 6 Arbeitsgesetz bleibt Artikel 31 des Gewerkschaftsgesetzes mit der Nummer 2821 (= geltender Art. 25 GTVG) unberührt. Angesichts dieser offenen Bestimmung gehen die herrschende Meinung im Schrifttum und der Kassationshof von einer nicht gemeinsam zu regelnden Gewerkschaftsentschädigung

---

3031 Vgl. *Demir*, S. 157.
3032 Vgl. *Doğan Yenisey*, ÇT 2006/4, 63 (81); *Demir*, S. 158.
3033 Vgl. *Mollamahmutoğlu/Astarlı/Baysal*, İş Hukuku Ders, S. 197; *Demir*, S. 157.

und Diskriminierungsentschädigung aus.[3034] Im Falle einer Missbrauchsentschädigung ist die Entschädigung zu zahlen, im Falle einer missbräuchlichen Ausübung des Kündigungsrechtes – darunter eine diskriminierende Kündigung – durch den*die Arbeitgeber*in für unbefristete Arbeitsverträge, die außerhalb des Anwendungsbereichs der gesetzlichen allgemeinen kündigungsschutzrechtlichen Normen fallen (Art. 17 VI ArbG Nr. 4857). Eine nicht gemeinsam zu regelnde Missbrauchsentschädigung und Diskriminierungsentschädigung – eine Diskriminierungsentschädigung ist eine spezielle Form einer Missbrauchsentschädigung – ist die meistvertretene Meinung im Schrifttum.[3035] Nach einer anderen Ansicht regulieren Missbrauchsentschädigung und Diskriminierungsentschädigung verschiedene Sachlagen, deswegen können in dem gleichen Fall beide Ansprüche erheben und beide Zahlungen beanspruchen.[3036] Auf Fragen über die Verhältnisse dieser Entschädigungen mit der Diskriminierungsentschädigung geht diese Arbeit nicht weiter ein.[3037] Eine detaillierte Untersuchung erfolgt hier aber hinsichtlich des Verhältnisses zwischen der Arbeitsgarantieabfindung und der Diskriminierungsentschädigung nach dem türkischen Arbeitsrecht.

Der Gesetzgeber hat das Diskriminierungsverbot in den 18. Artikel aufgenommen, indem er diskriminierende Gründe als nicht triftige Gründe festgelegt hat. Auf diese Weise ist die Frage, ob eine Kündigung aus diskriminierenden Gründen gegen die Bestimmungen des Kündigungsschutzes verstößt, direkt durch das Gesetz beantwortet und löst somit keine Diskussion aus, wie dies im deutschen Arbeitsrecht der Fall ist. Hat der*die Arbeitgeber*in den Vertrag aus diskriminierenden Gründen gekündigt, gilt der Arbeitsvertrag ohne triftigen Grund gekündigt. Ferner bildet es eine Diskriminierung aufgrund der in Artikel 5 Arbeitsgesetz verbotenen Gründe. Auf der anderen Seite macht es das Fehlen einer Bestimmung wie Artikel 2 Absatz 4 deutsches Allgemeines Gleichbehandlungsgesetz kontroverser, welche Bestimmungen bei diskriminierender Kündigung im türkischen Arbeitsrecht anzuwenden sind; insbesondere hinsichtlich der Rechtsfolgen, genau vornehmlich, welche Entschädigung, Arbeitsgarantieabfindung und/oder Diskriminierungsentschädigung bei einer diskriminierenden Arbeitgeberkündigung zu zahlen ist. Nach einer Ansicht im Schrifttum und auch nach der ständigen Rechtsprechung des Kassationshofes ist es nicht zulässig, eine Zahlung von zwei gesonderten, verschiedenen

---

3034 Vgl. *Doğan Yenisey*, ÇT 2006/4, 63 (79); *Yıldız*, 341; *Süzek*, 476 ff.; *Demir*, 158 ff.; *Sözer*, Sicil 2006, 184 (190); *Çelik*, Legal İHSGHD 2007/14, 485 (490). a.A: *Çil*, Legal İHSGHD 2005/6, 665 (676 ff.).

3035 Vgl. *Doğan Yenisey*, ÇT 2006/4, 63 (81); *Demir*, 159; *Bakırcı*, Sicil 2006/2, 114 (118); *Alpagut*, FS-Güzel, 25 (43 FN. 30).

3036 Vgl. *Yıldız*, 331 ff.; *Mollamahmutoğlu/Astarlı/Baysal*, İş Hukuku Ders (2019), S. 199; *Süzek*, 477; *Yuvalı*, S. 235.

3037 Siehe *diese Dissertationsschrift* § 2.

Entschädigungen aufgrund des gleichen Verhaltens des*der Arbeitgebers*in zu veranlassen.[3038] Das Versäumnis des*der Arbeitgebers*in, den*die Arbeitnehmer*in trotz seines*ihres Antrags einzustellen, sei als eine neue Kündigung anzusehen, das Gericht oder der private Schiedsrichter habe die erste Kündigung bereits während der Wiedereinstellungsklage als unwirksam erklärt.[3039] Deren Sanktion sei nach Artikel 21 Arbeitsgesetz vorgesehen.[3040] Nach dem angegebenen Artikel sei der*die Arbeitgeber*in verpflichtet, dem*der Arbeitnehmer*in eine Abfindung von mindestens vier Monaten und höchstens acht Monaten (Arbeitsgarantieabfindung) zu zahlen, wenn er*sie den*die Arbeitnehmer*in trotz der Wiedereinstellungsentscheidung und des Antrages des*der Arbeitnehmers*in auf Aufnahme des Arbeitsplatzes nicht einstelle.[3041] Es liege im Ermessen des Richters, wie hoch diese Entschädigung innerhalb der festgelegten Grenzen sein kann.[3042] Ohne Zweifel hätte der*die Richter*in bei der Festlegung der Höhe der Arbeitsgarantieabfindung die Art des Ereignisses (den Grund für die Beendigung), demnach die diskriminierende Natur der Kündigungsgründe, berücksichtigt.[3043] In diesem Zusammenhang sei es deutlich erkennbar nicht angebracht, aufgrund desselben Vorfalls erneut eine Entschädigung, die Diskriminierungsentschädigung, zu gewähren.[3044]

Die ständige Rechtsprechung des Kassationshofes vertritt ebenfalls diese Position.[3045] In einer seiner Entscheidungen aus dem Jahre 2012 hat der Kassationshof beschlossen, eine dieser zwei Kompensationen im selben Fall sei nicht zu beurteilen.[3046] In dem Fall ging es um Kündigung des*der Arbeitgebers*in aus wirtschaftlichen Gründen. Die Arbeitnehmerin reichte eine Klage auf Wiedereinstellung ein, infolgedessen kam es zur Feststellung, die Kündigung sei aufgrund einer Schwangerschaft und gegen den Grundsatz Ultima Ratio erfolgt, es hätte die Entscheidung, die Arbeitnehmerin wieder einzustellen, erfolgen sollen. Eine Wiedereinstellung der Arbeitnehmerin sei jedoch für den Arbeitgeber aber trotz ihres Antrags nicht infrage gekommen. Der Arbeitgeber zahlte ihr eine Ankündigungsentschädigung, Dienstalterabfindung, Entgelt und Zuzahlungen für die Zeit der Nichtbeschäftigung, auch eine Arbeitsgarantieabfindung. Die Arbeitnehmerin reichte eine weitere getrennte Klage ein und beantragte eine Diskriminierungsentschädigung gemäß Artikel 5 mit der Begründung,

---

3038 Y9HD 6.6.2007, 30630/18174 (Sicil 2008/10, 105 ff.). *Taşkent/Kurt*, ÇT 2014/1, 29 (40); *Çelik*, Legal İHSGHD 2007/14, 485 (493).
3039 Vgl. *Taşkent/Kurt*, ÇT 2014/1, 29 (40).
3040 Vgl. *Taşkent/Kurt*, ÇT 2014/1, 29 (40).
3041 Vgl. *Taşkent/Kurt*, ÇT 2014/1, 29 (40).
3042 Vgl. *Taşkent/Kurt*, ÇT 2014/1, 29 (40).
3043 Vgl. *Taşkent/Kurt*, ÇT 2014/1, 29 (40).
3044 Vgl. *Taşkent/Kurt*, ÇT 2014/1, 29 (40).
3045 Y9HD 18.6.2012, E. 2010/13065, K. 2012/23353 (Kazancı).
3046 Y9HD 18.6.2012, E. 2010/13065, K. 2012/23353 (Kazancı).

die Kündigung sei aufgrund einer Schwangerschaft arglistig erfolgt. Der Kassationshof hat den Antrag der Arbeitnehmerin auf Entschädigung wegen Diskriminierung zurückgewiesen mit der Begründung: *„Die Ablehnung des Weiterbeschäftigungsantrags der Arbeitnehmerin [...] gilt als erneute Kündigung. Daher gibt es hier keine Diskriminierung, sondern es wird die Rechtsfolge des Gesetzes verwirklicht. Die Sanktion derer ist im 21. Artikel des Arbeitsgesetzes als Arbeitsgarantieabfindung geregelt. Daher ist es auch nicht möglich, das Diskriminierungsverbot in Artikel 5 zu erörtern."*[3047]

Nach einer anderen Ansicht im Schrifttum sei es zulässig, diese zwei gesonderten, verschiedenen Entschädigungen, Diskriminierungsentschädigung und Arbeitsgarantieabfindung, in dem gleichen Sachverhalt zu verlangen; diese seien zu zahlen.[3048] Hinter diesen beiden verschiedenen Entschädigungen stehen verschiedene Gedanken und Ziele.[3049] Laut dieser Position im Schrifttum regelt Artikel 21 Arbeitsgesetz allgemeine Folgen einer unwirksamen Kündigung, nach diesem Artikel ist eine Arbeitsgarantieabfindung, eine Sanktion für das Versäumnis des*der Arbeitgebers*in, den*die antragstellenden*antragstellende Arbeitnehmer*in trotz der Unwirksamkeit der Kündigung und der gerichtlichen Entscheidung der Wiedereinstellung zur Arbeit, zu leisten.[3050] Dem*der Arbeitgeber*in werde ein Wahlrecht zwischen der Wiedereinstellung des*der Arbeitnehmers*in oder die Zahlung einer Arbeitsgarantieabfindung eingeräumt.[3051] Der*die Arbeitgeber*in, der*die den*die Arbeitnehmer*in, dessen*deren Kündigung unwirksam erklärt wurde, nicht wieder einstelle, müsse eine Arbeitsgarantieabfindung zahlen, um den Anspruch auf diese Abfindung zu haben; der Grund für die Kündigung sei in dem Fall nicht von Bedeutung.[3052] Die Unwirksamkeit der Kündigung könne entschieden worden sein aufgrund einer nicht erfolgten Angabe eines triftigen Grundes, eines nicht als triftig befundenen angegebenen Grundes oder weil dem Formerfordernis einer Kündigung nicht Genüge getan worden sei.[3053] In jedem Fall müsse der*die Arbeitgeber*in, wenn er*sie den*die Arbeitnehmer*in nicht einstellt, eine Arbeitsgarantieabfindung in Höhe von zwischen vier und acht Monatslöhnen zahlen.[3054] Der Grund für die Unwirksamkeit

---

3047 Y9HD 18.6.2012, E. 2010/13065, K. 2012/23353 (Kazancı). Übersetzung aus den Türkischen ins Deutsche durch die Verfasserin.

3048 Vgl. *Doğan Yenisey*, ÇT 2006/4, 63 (77); *Doğan Yenisey*, Kamu İş 2002/6 (4), 31; *Süzek*, İş Hukuku, S. 478; *Süzek*, Sicil 2008/12, 24 (35); *Yuvalı*, S. 229; *Yıldız*, S. 335 ff. *Manav*, S. 239 ff.; *Taşyürek*, ÇT 2013/3, 415 (418 ff.); *Demir*, 164 165; *Mollamahmutoğlu/Astarlı/Baysal*, İş Hukuku Ders (2019), S. 199Ö *Çil*, Legal İHSGHD 2005/6, 665 (676 ff.).

3049 Vgl. *Taşyürek*, ÇT 2013/3, 415 (422); *Yıldız*, S. 335.

3050 Vgl. *Doğan Yenisey*, ÇT 2006/4, 63 (78); *Süzek*, İş Hukuku, S. 478.

3051 Vgl. *Doğan Yenisey*, ÇT 2006/4, 63 (78).

3052 Vgl. *Doğan Yenisey*, ÇT 2006/4, 63 (78).

3053 Vgl. *Doğan Yenisey*, ÇT 2006/4, 63 (78).

3054 Vgl. *Doğan Yenisey*, ÇT 2006/4, 63 (78).

der Kündigung sei nur bei der Festsetzung der Höhe der Abfindung zu berücksichtigen.[3055] Dann sei eine Arbeitsgarantieabfindung, die Sanktion für das Versäumnis des*der Arbeitgebers*in, den*die antragstellenden*antragstellende Arbeitnehmer*in trotz der Unwirksamkeit der Kündigung und der Entscheidung, zur Arbeit wieder einzustellen, zu zahlen.[3056] Sanktioniert sei hier die Nichtwiedereinstellung des*der Arbeitgebers*in den*die Arbeitnehmer*in.[3057] Eine Diskriminierungsentschädigung ist hingegen eine besondere Entschädigung, die der*die Arbeitnehmer*in im Falle einer Diskriminierung aus den in Artikel 5 Arbeitsgesetz festgesetzte Gründen während des Bestehen Arbeitsverhältnisses oder bei der Beendigung des Arbeitsvertrages verlangen kann.[3058] Hier sei das diskriminierende Verhalten des*der Arbeitgebers*in sanktioniert.[3059]

Die Normen in Bezug auf die Diskriminierungsentschädigung und Arbeitsgarantieabfindung regeln zwei verschiedene Handlungen.[3060] In einem Fall gehe es um ein diskriminierendes Verhalten des*der Arbeitgebers*in, in dem anderen Fall komme es zur Sanktionierung der Nichtwiedereinstellung des*der Arbeitnehmers*in trotz der Entscheidung, den*die Arbeitnehmer*in wieder einzustellen.[3061] Oder nach einer anderen Meinung: Mit einer Handlung verstoße der*die Arbeitgeber*in gegen zwei verschiedene Regelungen des Arbeitsrechts, das Verbot der Nichtdiskriminierung und das Gebot der Begründung der Kündigung aus einem triftigen Grund.[3062]

Darüber hinaus: Wollte der Gesetzgeber die gleichzeitige Zahlung der Arbeitsgarantieabfindung und der Diskriminierungsentschädigung in dem gleichen Sachverhalt verbieten, hätte er im Arbeitsgesetz eine Bestimmung wie Artikel 5 Absatz 6 Satz 2 Arbeitsgesetz – welche den gleichzeitigen Erhalt von zwei verschiedenen Entschädigungen, Gewerkschaftsentschädigung und Diskriminierungsentschädigung ausschließt – auch über die Fälle in Bezug auf die Arbeitsgarantieabfindung und Diskriminierungsentschädigung erlassen.[3063] Aus all diesen Gründen bestehe kein Hindernis, diese beiden Kompensationen

3055 Vgl. *Doğan Yenisey*, ÇT 2006/4, 63 (78).

3056 Vgl. *Doğan Yenisey*, ÇT 2006/4, 63 (78); *Süzek*, İş Hukuku, S. 478; *Mollamahmutoğlu/Astarlı/Baysal*, İş Hukuku Ders, S. 199; *Yıldız*, S. 335.

3057 Vgl. *Mollamahmutoğlu/Astarlı/Baysal*, İş Hukuku Ders, S. 199.

3058 Vgl. *Doğan Yenisey*, ÇT 2006/4, 63 (78); *Süzek*, İş Hukuku, S. 478; *Taşyürek*, ÇT 2013/3, 415 (423).

3059 Vgl. *Doğan Yenisey*, ÇT 2006/4, 63 (78); *Süzek*, İş Hukuku, S. 478; *Mollamahmutoğlu/Astarlı/Baysal*, İş Hukuku Ders (2019), S. 199; *Yıldız*, S. 335 ff.

3060 Vgl. *Doğan Yenisey*, ÇT 2006/4, 63 (79).

3061 Vgl. *Doğan Yenisey*, ÇT 2006/4, 63 (79); *Süzek*, İş Hukuku, S. 478.

3062 Vgl. *Taşyürek*, ÇT 2013/3, 415 (423).

3063 Vgl. *Süzek*, İş Hukuku, S. 478; *Taşyürek*, ÇT 2013/3, 415 (423 ff.). *Çil*, Legal İHSGHD 2005/6, 665 (676 ff.).

im selben Fall zu beurteilen.[3064] Auch wenn der*die Arbeitgeber*in die Arbeitsgarantieabfindung aufgrund einer Arbeitsaufnahme des*der Arbeitnehmers*in nicht zahle, könne er*sie trotzdem eine Entschädigung für Diskriminierung zahlen.[3065]

Hinter diesen beiden Entschädigungen – Arbeitsgarantieabfindung und Diskriminierungsentschädigung – stehen zwei verschiedene Philosophien. Eine Konzentration auf Wiedergutmachung würde dabei auch behilflich sein.[3066] Die Arbeitsgarantieabfindung im Falle einer diskriminierenden Kündigung sei nur dann zu zahlen, wenn der*die Arbeitgeber*in den*die Arbeitnehmer*in nach der Entscheidung über die Unwirksamkeit der Kündigung und trotz des Weiterbeschäftigungsantrags des*der Arbeitnehmers*in nicht wiedereinstelle. Stellt der*die Arbeitgeber*in nach dem rechtzeitigen Antrag der Weiterbeschäftigung den*die Arbeitnehmer*in wieder ein, steht dem*der Arbeitnehmer*in keine Arbeitsgarantieabfindung zu. Demnach geht es nicht um eine Entschädigung hinsichtlich des Verhaltens des*der Arbeitgebers*in angesichts einer diskriminierenden Kündigung. Die Entschädigung entsteht aufgrund des Verlustes des Arbeitsplatzes durch Nichtwiedereinstellung durch den*die Arbeitgeber*in durch Ausübung des eingeräumten Wahlrechts trotz der Unwirksamkeitsentscheidung. Eine Arbeitsgarantieabfindung, wie das Schrifttum in der türkischen Sprache mit dem verliehenen Namen auch darauf hinweist, kompensiert einen verloren gegangenen Arbeitsplatz. Die Arbeitsgarantieabfindung ist die Sanktion einer Nichtwiedereinstellung und soll dazu beitragen, den Verstoß gegen ein durch das Kündigungsschutzrecht anerkannte und geschützte Recht auf einen Arbeitsplatz wiedergutzumachen. Die Diskriminierungsentschädigung ist wiederum im Falle eines Verstoßes gegen das Diskriminierungsverbot bei einer diskriminierenden Kündigung zu zahlen. Dem*Der Arbeitnehmer*in steht diese Entschädigung im Falle einer Diskriminierung bei der Kündigung des Arbeitsvertrages. Demnach kommt es direkt zu einer Entschädigung wegen des diskriminierenden Verhaltens des*der Arbeitgebers*in bei einer diskriminierenden Kündigung. Die Diskriminierungsentschädigung ist die rechtliche Folge der Ungleichbehandlung des*der Arbeitsnehmers*in durch den*die Arbeitgeber*in bei einer Kündigung. Sie ist die Sanktion für das diskriminierende Verhalten des*der Arbeitgebers*in und soll dazu beitragen, den Verstoß gegen das Recht auf Nichtdiskriminierung wiedergutzumachen.

Der*Die Arbeitnehmer*in ist im Falle einer diskriminierenden Kündigung nicht verpflichtet, eine Wiedereinstellungsklage einzureichen, vielmehr kann

3064 Vgl. *Doğan Yenisey*, ÇT 2006/4, 63 (79); *Süzek*, İş Hukuku, S. 478; *Doğan Yenisey*, Kamu İş 2002/6 (4), 31; *Süzek*, Sicil 2008/12, 24 (35); *Yuvalı*, S. 229; *Yıldız*, S. 335 ff. *Manav*, S. 239 ff.; *Taşyürek*, ÇT 2013/3, 415 (418 ff.); *Demir*, 158 ff.; *Mollamahmutoğlu/Astarlı/Baysal*, İş Hukuku Ders, S. 197.

3065 Vgl. *Doğan Yenisey*, ÇT 2006/4, 63 (79); *Süzek*, İş Hukuku, S. 478; *Yıldız*, S. 336.

3066 Vgl. *Westen*, Har. L. Rev., 1982, 589, 590.

er*sie auch nur seinen*ihren Anspruch auf Diskriminierungsentschädigung geltend machen. Darüber hinaus besteht auch die Möglichkeit, den*die Arbeitgeber*in dafür verantwortlich zu machen, eine Diskriminierungsentschädigung zu zahlen, auch wenn er*sie keine Arbeitsplatzabfindung zahlen muss, weil der*die Arbeitnehmer*in keine Wiedereinstellungsklage erhoben hat oder weil die Wiedereinstellungsklage aufgrund des Fehlens der prozessualen Voraussetzungen als unzulässig erklärt wurde oder weil der*die Arbeitgeber*in den*die Arbeitnehmer*in nach einer Mediationsvereinbarung oder der Entscheidung des Gerichts oder Schiedsrichters wiedereingestellt hat.

Die hinter der Arbeitsgarantieabfindung und Diskriminierungsentschädigung stehenden verschiedenen historischen Hintergründe, die verschiedenen Philosophien sowie die verschiedenen Ziele erlauben es und setzen es im Grunde auch voraus, dies für denselben Sachverhalt sowohl auf der einen Seite zu verlangen und auf der anderen Seite zahlen zu müssen. Das Recht des*der Arbeitnehmers*in für diskriminierende Kündigungen einen Schutz gegen Kündigung und Diskriminierung zu genießen, ist einzuräumen.

C. Rechtsvergleich

In Bezug auf die Rechtsfolgen einer diskriminierenden Kündigung weisen die deutschen und türkischen Rechtssysteme erhebliche Unterschiede auf. Während auf der Grundlage von § 2 Absatz 4 AGG und der nachfolgenden Rechtsprechung nach dem deutschen Recht eine Verzahnung der beiden Rechtsgebiete – Antidiskriminierungsrecht und Kündigungsschutzrecht – im Hinblick auf eine diskriminierende Kündigung – ineinander vorausgesetzt ist und somit auf der Basis des Kündigungsschutzrechts ein Mix von Rechtsfolgen nach dem Kündigungsschutzgesetz und dem Allgemeinen Gleichbehandlungsgesetz in Betracht kommt, beinhaltet das türkische Recht aufgrund der parallel funktionierenden zwei arbeitsrechtlichen Systeme – Antidiskriminierungsrecht- und Kündigungsschutzrechtssystem – vielfältige Rechtsfolgen, die angefangen von der Unwirksamkeit der Kündigung über Geldbuße bis hin zu Abfindung und Entschädigung differieren.

Nach dem Grundkonzept des deutschen Kündigungsschutzgesetzes führt eine sozialwidrige Kündigung aufgrund ihrer sozialen Ungerechtfertigkeit oder aus anderen Gründen zu ihrer rechtlichen Unwirksamkeit.[3067] Demzufolge stellt das Arbeitsgericht aufgrund dessen ein weiterhin bestehendes Arbeitsverhältnis fest, das zum Zeitpunkt des Kündigungszugangs nach wie vor Bestand hat.[3068]

Ähnlich wie im deutschen Recht stellt das Arbeitsgericht oder ein privater Schiedsrichter nach dem türkischen Recht das Ausbleiben eines triftigen Grundes für die Kündigung fest oder es handelt sich bei dem angegebenen Sachverhalt

3067 Vgl. *Junker*, Grundkurs ArbR, S. 215, Rn. 390.
3068 Vgl. *Junker*, Grundkurs ArbR, S. 215, Rn. 390.

um keinen triftigen Grund; demzufolge kommt es zur Unwirksamkeitserklärung der Kündigung (Art. 21 I ArbG).[3069] Anders als im deutschen Recht handelt es sich hier um die Art einer sui generis Unwirksamkeit, nach der die Rechtsfolgen einer unwirksamen Kündigung nach dem türkischen Kündigungsschutz davon abhängen, ob der*die Arbeitnehmer*in eine Weiterbeschäftigung verlangt und ob der*die Arbeitgeber*in den*die Arbeitnehmer*in wieder einstellt. In Betracht kommen dabei Wiedereinstellung oder Nichtwiedereinstellung, Ankündigungsentschädigung (Art. 17 IV ArbG), Dienstalterabfindung (Art. 120 ArbG i. V. m. Art. 14 ArbG Nr. 1475), Arbeitsgarantieabfindung. Dienstalterabfindung. Z. B. gestaltet sich eine heute noch bestehende Besonderheit des türkischen Arbeitsrechts im Vergleich zum deutschen Recht, welche bereits im türkischen Recht geregelt war, bevor es nach türkischem Recht ein Kündigungsschutzrecht gegeben hat. Die Höhe der zu leistenden Zahlung ergibt sich aus der Multiplikation des Bruttolohnes der letzten 30 Tage des*der Arbeitnehmers*in mit der Anzahl der am Arbeitsplatz gearbeiteten Jahre (Art. 14 I 5 ArbG Nr. 1475).

Der Annahmeverzugslohn betrifft einen der bedeutendsten Unterschiede zwischen den beiden Rechtssystemen. Im Falle der Nichtweiterbeschäftigung während des Kündigungsschutzprozesses bekommt der*die Arbeitnehmer*in nach dem deutschen Recht die Zahlung der Vergütung für den gesamten Zeitraum zwischen der Kündigung und der Entscheidung nach den Regeln des Annahmeverzugs, während er*sie nicht zur Erbringung zusätzlicher Dienstleistungen verpflichtet ist (§§ 615 Satz 1 293 ff. BGB). Nach dem türkischen Recht sieht vor allem das Arbeitsgesetz keine Weiterbeschäftigungsmöglichkeit während des Kündigungsschutzprozesses vor. Ist der*die Arbeitnehmer*in einmal gekündigt, ist er*sie raus aus dem Betrieb. Außerdem bekommt er*sie im Falle einer Wiedereinstellung höchstens vier Monatsverdienste und sonstige Zuzahlungen, nicht aber ganze fällige Monatsverdienste und sonstige Zuzahlungen (Art. 21 I, III und V ArbG).

Da das deutsche Kündigungsschutzgesetz in erster Linie ein Bestandsschutz-, aber kein Abfindungsgesetz ist, ist die Auflösung des Arbeitsverhältnisses durch eine Abfindungszahlung nur in Ausnahmefällen möglich. In dem Kontext ermöglicht das Gesetz unter bestimmten Umständen die Beantragung der Auflösung des Arbeitsvertrages durch Zahlung einer Abfindung durch den*die Arbeitnehmer*in oder den*die Arbeitgeber*in (§ 9 I 1 KSchG und § 9 I 2 KSchG). Die letzte Entscheidung trifft das Arbeitsgericht. Darüber hinaus sind hinsichtlich der Auflösungsgründe strenge Anforderungen gesetzt. Eine weitere Möglichkeit sieht das Gesetz für Kündigungen wegen dringender betrieblicher Erfordernisse, indem der*die Arbeitgeber*in und der*die Arbeitnehmer*in eine Art von Kompromiss treffen können (§ 1a KSchG). Das türkische allgemeine Kündigungsschutzrecht räumt wiederum nur dem*der Arbeitgeber*in eine Art von

3069 Vgl. *Mollamahmutoğlu/Astarlı/Baysal*, İş Hukuku Ders (2019), S. 296; *Süzek*, İş Hukuku, S. 475.

Wahlrecht ein mit einem freien Gestaltungsraum in Bezug auf die Auflösung des Arbeitsverhältnisses durch eine Abfindungszahlung. Nachdem der*die Arbeitnehmer*in nach der Zustellung des rechtskräftigen Urteils vom*von der Arbeitgeber*in die Weiterbeschäftigung beantragt, stellt der*die Arbeitgeber*in ihn*sie entweder innerhalb eines Monats wieder ein oder auch nicht. Im negativen Fall hat er*sie eine Arbeitsgarantieabfindung zu zahlen (Art. 21 I ArbG). Diese Abfindung gestaltet sich als rechtliche Folge für die Nichtwiedereinstellung des*der Arbeitnehmers*in durch den*die Arbeitgeber*in.[3070] Somit ähnelt das türkische allgemeine Kündigungsschutzrecht zunehmend mehr einem Abfindungsgesetz als einem Bestandsschutzgesetz im Vergleich mit dem deutschen Kündigungsschutzgesetz. Darüber hinaus räumt das türkische Recht dem*der Arbeitgeber*in offensichtlich eine bessere Position durch Anerkennung des Rechts hinsichtlich der Auflösung des Arbeitsvertrages durch Zahlung einer Abfindung im Vergleich mit dem*der Arbeitnehmer*in ein. Die Höhe der Grenze der Abfindungszahlungen ist ebenfalls problematisch im Vergleich mit der deutschen. Die Höhe der Abfindungszahlung nach dem deutschen Recht ist auf zwölf Monatsverdienste begrenzt (§ 9 I 1 KSchG und § 9 I 2 KSchG i. V. m. § 10 I KSchG), die Höhe der Arbeitsgarantieabfindung nach türkischem Recht liegt zwischen vier und acht Monatsgehältern eines*einer Arbeitnehmers*in (Art. 21 I ArbG). Demzufolge trifft nach türkischem Recht der*die Arbeitgeber*in die Entscheidung, ob nach der Feststellung der Rechtswidrigkeit und der Unwirksamkeit der Kündigung der*die Arbeitnehmer*in in dem Betrieb, der ihn*sie aufgrund der fehlenden Weiterbeschäftigungsmöglichkeit durch die Kündigung freigestellt hatte, seine Wiedereinstellung erfährt oder nicht. Unter Berücksichtigung dessen, dass trotz der gesetzlichen Unterschiede in beiden Ländern im Endeffekt in der Praxis Abfindungszahlungen zu leisten sind, machen diese Unterschiede in Bezug auf das Behalten des Arbeitsplatzes keine größeren Wirkungen aus; es gilt aber, weiterhin eine arbeitssoziologische Untersuchung vorzunehmen, welche allerdings außerhalb des Untersuchungsbereiches dieser Dissertationsschrift liegt.

Die antidiskriminierungsrechtliche Folge einer diskriminierenden Kündigung nach dem deutschen Recht ist der Entschädigungsanspruch. Mit § 15 Absatz 2 AGG hat der deutsche Gesetzgeber eine eigenständige Anspruchsgrundlage für eine Entschädigung immaterieller Schäden bei Verstößen gegen das Benachteiligungsverbot aufgrund eines in § 1 AGG genannten Grundes geschaffen. Ein Entschädigungsanspruch nach § 15 Absatz 2 AGG ist durch § 2 Absatz 4 AGG nicht gesperrt. Da die Entschädigung nach § 15 Absatz 2 AGG eine Doppelfunktion hat, indem sie zum einen der vollständigen Kompensation des Schadens und zum anderen der Prävention dient, hat die Höhe der Entschädigung einem angemessenen Verhältnis zum erlittenen Schaden zu entsprechen und muss eine abschreckende Wirkung gegenüber dem*der Arbeitgeber*in besitzen. Eine

3070 Vgl. *Doğan Yenisey*, ÇT 2006/4, 63 (78).

Obergrenze der Höhe der Entschädigung schreibt das deutsche Recht im Allgemeinen nicht vor.

Nach dem türkischen Recht unterscheiden sich die antidiskriminierungsrechtlichen Rechtsfolgen einer diskriminierenden Kündigung. Das GMRGI sieht eine Verwaltungsstrafe in Form einer Geldbuße für diskriminierende Kündigungen vor (Art. 25 I GMRGI; Art. 70 Verordnung über GMRGI). Die Geldbuße ist eine strafrechtliche, keinen Schadensersatz darstellende Sanktion, die nicht darauf abzielt, dem Opfer einen Ausgleich, einen Ersatz für den erlittenen Schaden zu leisten oder ihn*sie in finanzieller Hinsicht zufriedenzustellen, vielmehr zielt sie darauf, die Diskriminierung zu bestrafen, den*die Täter*in zur Einsicht zu bringen und ein erneutes Auftreten von Diskriminierung zu verhindern.[3071] Bei der Festsetzung einer Geldbuße spielen die Schwere der Auswirkungen und die Folgen des Verstoßes gegen das Diskriminierungsverbot hinsichtlich der Verschärfung der Bestrafung eine Rolle (Art. 2 I GMRGI). Weitere antidiskriminierungsrechtliche Folgen einer diskriminierenden Kündigung nach dem türkischen Recht ergeben sich aus dem Arbeitsgesetz. Ein Verstoß gegen das Diskriminierungsverbot durch eine diskriminierende Kündigung führt zu einem Entschädigungsanspruch des*der Arbeitnehmers*in nach dem Arbeitsgesetz (Art. 5 VI ArbG). Diese Entschädigung gilt als eine Sanktion für das diskriminierende Verhalten des*der Arbeitgebers*in, hat aber einen pauschalen Charakter und ist nicht an den Schaden geknüpft, den der*die Arbeitnehmer*in erleidet.[3072] Die Höhe der Entschädigung ist aber anders als im deutschen Recht, welches keine Obergrenze hinsichtlich des Entschädigungsanspruchs kennt, auf bis zu vier Monatsgehältern begrenzt (Art. 5 VI ArbG). Der*die Arbeitnehmer*in hat auch das Recht, die ihm*ihr verwehrten Rechte, z. B. nicht gezahlten Lohn, entgangene Bonus- oder Prämienzahlungen, geltend zu machen (Art. 5 VI ArbG).[3073] Des Weiteren sanktioniert das Arbeitsgesetz diskriminierende Kündigungen nicht nur durch eine Diskriminierungsentschädigung, sondern es sieht auch ein Bußgeld vor, wobei es sich allerdings eher um einen symbolischen Betrag handelt (Art. 99 I a ArbG). Demzufolge sind die menschenrechtlichen und arbeitsrechtlichen Bezüge des Antidiskriminierungsrechts zusammen in den Fällen der diskriminierenden Kündigung in dem türkischen Arbeitsrecht verbunden. Das türkische Recht versteht im Allgemeinen das Sanktionieren der Diskriminierungen nicht als eine einzelpersönliche Sache, vielmehr liegt die Betonung auf dem strafrechtlichen Charakter der Geldbuße nach GMRGI oder auf dem Bußgeld nach dem Arbeitsgesetz oder auf dem pauschalen Charakter der Diskriminierungsentschädigung nach dem Arbeitsgesetz, welche nicht direkt an den durch den*die Arbeitnehmer*in erlittenen Schaden geknüpft ist; eher geht es darum,

---

3071 Vgl. *Kayaalp*, S. 274, 276. EREN, H., Türkiye İnsan Hakları ve Eşitlik Kurumu, Adalet, Ankara, 2016 S. 132.

3072 Vgl. *Doğan Yenisey*, ÇT 2006/4, 63 (76–77).

3073 Vgl. *Demir*, S. 157.

das Verhältnis des*der Arbeitgebers*in gegenüber dem*der Arbeitnehmer*in zu ändern und somit letztendlich ein Zeichen für die Gesellschaft zu setzen. Somit sieht das türkische Recht in Bezug auf antidiskriminierungsrechtliche Folgen einer diskriminierenden Kündigung vielfältigere Möglichkeiten im Vergleich mit dem deutschen Recht vor, welche auch gleichzeitig stattfinden können.

Das größte Diskussionsthema in Bezug auf das Verhältnis von Antidiskriminierungsrecht und Kündigungsschutzrecht hinsichtlich der diskriminierenden Kündigung bildet in dem türkischen Recht – anders als im deutschen – das Verhältnis von Arbeitsgarantieabfindung und Diskriminierungsentschädigung. Das türkische Recht kennt keine Regelungen wie § 2 Absatz 4 AGG, die Anwendbarkeit der Normen des arbeitsrechtlichen Antidiskriminierungsrechts ist auf diskriminierende Kündigungen begrenzt. Darüber hinaus gelten nach der klaren Formulierung des türkischen Arbeitsgesetzes hinsichtlich des Kündigungsschutzes diskriminierende Kündigungsgründe als nicht triftige Kündigungsgründe; somit ist eine diskriminierende Kündigung nach kündigungsschutzrechtlichen Normen unwirksam. Auf diese Weise ist die Frage, ob eine Kündigung aus diskriminierenden Gründen gegen die Bestimmungen des Kündigungsschutzes verstößt, direkt durch das Gesetz beantwortet, es löst somit diesbezüglich keine Diskussionen aus. Es stellt sich die Frage, welche Entschädigung, Arbeitsgarantieabfindung und/oder Diskriminierungsentschädigung bei einer diskriminierenden Arbeitgeberkündigung zu zahlen ist. Die theoretische Diskussion fragt nach den gleichen Zielen. Sie bildet das brisante Thema der wissenschaftlichen Auseinandersetzung. Auch die vorherrschende Meinung in der Literatur sieht eine Diskriminierungsentschädigung als eine besondere Entschädigung, die der*die Arbeitnehmer*in im Falle einer Diskriminierung aus den in Artikel 5 Arbeitsgesetz festgesetzten Gründen während des Bestehens von Arbeitsverhältnissen oder bei der Beendigung des Arbeitsvertrages verlangen kann.[3074] Hier ist das diskriminierende Verhalten des*der Arbeitgebers*in zu sanktionieren.[3075] Der*die Arbeitgeber*in wiederum, der*die den*die Arbeitnehmer*in, dessen*deren Kündigung als unwirksam erklärt wurde, nicht wieder einstellt, hat eine Arbeitsgarantieabfindung zu zahlen, um den Anspruch des*der Arbeitnehmers*in auf diese Abfindung zu befriedigen; der Grund für die Kündigung ist in dem Fall nicht von Bedeutung.[3076]

Während sich die kündigungsschutzrechtlichen Regelungen des türkischen Arbeitsrechts stark am Wunsch des*der Arbeitgebers*in – das Arbeitsverhältnis fortsetzen oder nicht – orientieren, belässt das deutsche Kündigungsschutzrecht dem*der Arbeitnehmer*in einen größeren Gestaltungsraum. Trotzdem enden

---

3074 Vgl. *Doğan Yenisey*, ÇT 2006/4, 63 (78); *Süzek*, İş Hukuku, S. 478; *Taşyürek*, ÇT 2013/3, 415 (423).

3075 Vgl. *Doğan Yenisey*, ÇT 2006/4, 63 (78); *Süzek*, İş Hukuku, S. 478; *Mollamahmutoğlu/Astarlı/Baysal*, İş Hukuku Ders (2019), S. 199; *Yıldız*, S. 335 ff..

3076 Vgl. *Doğan Yenisey*, ÇT 2006/4, 63 (78).

in den beiden Ländern in der Praxis die meisten der kündigungsschutzrechtlichen Streitigkeiten mit der Auflösung des Arbeitsvertrages durch Abfindungszahlung. Im Kontext mit den arbeits-antidiskriminierungsrechtlichen Folgen der diskriminierenden Kündigung sind die Rechtsfolgen einer diskriminierenden Kündigung nach dem türkischen Recht durch die Besonderheit des türkischen arbeitsrechtlichen Antidiskriminierungsrechts geprägt, geregelt durch zwei parallel funktionierende Systeme, vielmehr an der Gesellschaft orientiert statt am Ausgleich des erlittenen immateriellen Schadens durch den Betroffenen. Das deutsche Recht wiederum versteht den Entschädigungsanspruch im Falle einer diskriminierenden Kündigung eher als eine Kompensation des immateriellen Schadens, verursacht durch eine Persönlichkeitsverletzung, auch wenn daneben noch andere Ziele wie die Prävention stehen.

Zusammenfassung

Die vorliegende Arbeit hat sich zum Ziel gesetzt, einen Überblick über das Verhältnis von Antidiskriminierungsrecht und Kündigungsschutzrecht unter Berücksichtigung der fundamentalen Perspektive sowie des internationalen, supranationalen und deutschen – türkischen nationalen Arbeitsrechts zu geben. Dabei stand der Vergleich der Rechtssysteme der Bundesrepublik Deutschland und der Republik der Türkei in Bezug auf das Antidiskriminierungs- und Kündigungsschutzrecht und ihre Wechselbeziehung am Beispiel des Schutzes des*der Arbeitnehmers*in vor der diskriminierenden Kündigung im Mittelpunkt. Die Arbeit gestaltet sich damit die erste deutsch- türkische rechtvergleichende Untersuchung des Verhältnisses von Antidiskriminierungsrecht und Kündigungsschutzrecht mit dem Schwerpunkt auf der diskriminierenden Kündigung in der deutschen und türkischen Arbeitsrechtliteratur. Die wichtigsten Ergebnisse der Arbeit sind nunmehr zusammenfassend in Thesen dargestellt:

Antidiskriminierungsrecht

1. Eine Diskriminierung ist eine auf diskriminierende Merkmale beruhende Erstellung, Begründung und Rechtfertigung einer sozial unerwünschten Unterscheidung, Ausschließung, Beschränkung, Bevorzugung, eine allgemeine Ungleichbehandlung mit dem Ziel oder mit der Folge gesellschaftlicher Benachteiligung. (Vgl. § 4 B. I. und § 4 B. V.)
2. Das Antidiskriminierungsrecht fokussiert sich auf Diskriminierungen, entstanden aufgrund von rechtlich anerkannten Diskriminierungsmerkmalen unter Verweis auf Diskriminierungsverbote. Es schützt Menschen gegen Diskriminierungen im Verhältnis zwischen den Bürgern*innen und dem Staat oder zwischen den Bürgern*innen untereinander. (Vgl. § 4 B. I. und § 4 B. V.)
3. Trotz der Universalität des Anspruchs auf gleiche Berücksichtigung der inhärenten, moralischen Wertgleichheit jedes Menschen enthält das Antidiskriminierungsrecht relative Aspekte, insbesondere im Zusammenhang mit den gesetzlich geschützten Diskriminierungsmerkmalen. Die Auswahl der anerkannten normativen Diskriminierungsgründe hängt von der historischen Entwicklung, den wirtschaftlichen, sozialen und kulturellen Strukturen, dem kulturellen und gesellschaftlichen Kontext, den geltenden gesellschaftlichen Machtverhältnissen und auch von den politisch oder zukunftsorientierten Zielen der Gesellschaft ab und kann von Land zu Land unterschiedlich sein. Die Auswahl basiert aber auf langjährig stattgefundenen gesellschaftlichen Benachteiligungen. (Vgl. § 4 B. I.)

4. Die Auswahl der Diskriminierungsmerkmale, die in den Gesetzestexten Platz finden, ist letztendlich eine politische Entscheidung des Gesetzgebers, die er im Namen der Gesellschaft trifft. Diese Entscheidung legt auf der einen Seite die in der Gesellschaft diskriminierten Gruppen fest, auf der anderen Seite nimmt der Gesetzgeber mit seiner Entscheidung eine Stellung dazu ein, welche der existierenden Unterscheidungskategorien sozial in höherem Maße als unerwünscht gelten als andere, sodass sie das Niveau eines gesetzlich anerkannten Diskriminierungsmerkmals einnehmen. (Vgl. § 4 B. I.)
5. Die Entscheidung des Gesetzgebers über die gesetzlich anerkannten Diskriminierungsmerkmale ist keine unumstößliche finale Entscheidung, sondern mit der Zeit veränderbar. (Vgl. § 4 B. I.)
6. Die Entscheidung darüber, was sozial ungewünscht ist und was nicht, ist im Grunde genommen eine Wertentscheidung der Gesellschaft. Diese Wertentscheidung betrifft auch eine Entscheidung darüber, wer als ein gleichberechtigter Mensch gilt, die gleichen Rechte und Freiheiten wie andere hat, und wer nicht. (Vgl. § 4 B. I.)
7. Gebietet der Gleichbehandlungsgrundsatz, die Gleichen gleich und die Ungleichen nach ihrer Art der Ungleichheit ungleich zu behandeln, widerspricht die Nichtdiskriminierungspflicht einer Ungleichbehandlung von Ungleichen. Sie verlangt eine Gleichbehandlung von Ungleichen ungeachtet ihrer Ungleichheit. (Vgl. § 4 B. III.)
8. Ein Diskriminierungsverbot funktioniert wie eine Korrektur, die letztendlich Ungleichheit korrigieren kann. Reicht das Gleichbehandlungsgebot nicht, die wahre Gleichheit zu verwirklichen und die Gerechtigkeit zu realisieren, geht die Nichtdiskriminierungspflicht vor. (Vgl. § 4 B. III.)
9. Diskriminierungsverbote verlangen von Menschen, ihre eigenen Vorurteile zu überwinden, gesellschaftlich und historisch erfüllte Inhalte der anerkannten Diskriminierungsmerkmale zu vergessen, diese Merkmale bei der Entscheidungstreffung außer Acht zu lassen und die Merkmalsträger ohne ihre Merkmale wahrzunehmen. Der Grund dafür ist die gesellschaftliche Wertvorstellung. (Vgl. § 4 B. III.)
10. Das Antidiskriminierungsrecht als ein eigenständiges Rechtsgebiet, das regelt, welche vorvertraglichen und vertraglichen Beziehungen zwischen Privatpersonen gelten, entstand allmählich in der US-amerikanischen Rechtsprechung. Beeinflusst durch die Bürgerrechtsbewegung begann es sich mit der Rassendiskriminierung auseinanderzusetzen und weitete sich mit der Wirkung der Frauenbewegung hinsichtlich der Geschlechterdiskriminierung aus. (Vgl. § 4 A. III.)
11. Die europäische antidiskriminierungsrechtliche Gesetzgebung entstand etwas später als der US-amerikanische Vorläufer. Nach den 1990ern spielte das europäische Rechtsregime eine Vorreiterrolle bei der Entwicklung des Antidiskriminierungsrechts außerhalb der USA. Erste Forderungen nach Gleichbehandlung in Europa kamen von der Frauenbewegung. (Vgl. § 4 A. IV. und § 4 A. V.)

12. Die völkerrechtlichen Wurzeln des Antidiskriminierungsrechts gehen zurück auf die VN-Charta. Mit der Antirassismuskonvention begann die internationale Gemeinschaft mit dem gründlichen Befassen der einzelnen Diskriminierungsmerkmale. Zurzeit verbietet die überwiegende Mehrheit der Staaten der Welt die Diskriminierung durch verfassungsrechtliche oder gesetzliche Bestimmungen. (Vgl. § 4 A. I.)
13. Die komplexe Natur des Konzepts der Diskriminierung, welche auf der Geschichte, der Kultur, der gesellschaftlichen Ordnung, der Wirtschaft, der Politik, den sozialen Strukturen und vielen anderen Faktoren beruht, spiegelt sich auch bei der Diskussion über die Ziele des Antidiskriminierungsrechtes wider. Die Gemeinsamkeit aller dieser Perspektiven ist aber die Auseinandersetzung mit der Idee der Gleichheit und der Glaube an den gleichen inneren moralischen Wert des Menschen und darauf basierend der Glaube an das unverzichtbare Recht für jeden auf Schutz gegen Diskriminierung, mit anderen Worten: das Recht auf Schutz gegen die Überzeugung, einige seien weniger wert als andere. Unter Berücksichtigung dieser Aspekte und der komplexen Natur der Diskriminierung komplementieren und ergänzen sich die mit dem Antidiskriminierungsrecht verbundenen Ziele gegenseitig. (Vgl. § 4 C. und § 4 D.)
14. Gemäß einer auf der Idee der Würde basierenden Analyse des Antidiskriminierungsrechts ist der Respekt der menschlichen Würde als die Basis der Diskriminierungsverbote und der Schutz der Würde des Menschen als das Ziel des Diskriminierungsschutzes zu verstehen. Jede*r sollte in Übereinstimmung mit der Würde, die er*sie besitzt, in gleicher Weise, ohne Diskriminierung behandelt werden. Diskriminierungen enthalten entgegen in sich die Aussage, Diskriminierte seien weniger wert als Andere in der Gesellschaft, in dem Sinne verleugnen sie die Wertgleichheit aller Menschen und lehnen den gleichen moralischen Status jedes Menschen ab. Jemanden diskriminierend zu behandeln, bedeutet die Vermittlung der Botschaft, er*sie sei weniger wert als andere oder er*sie habe keine Würde, sei nicht wertig genug, um als Mensch Wertschätzung zu genießen. Deswegen sind Diskriminierungen moralisch verwerflich und sozial ungerecht. Die Wertgleichheit der Menschen setzt das Verbot der diskriminierenden Handlungen voraus. (Vgl. § 4. C; § 4 D. I. und § 4 D. II.)
15. Eine auf der Würde basierende Analyse des Antidiskriminierungsrechts ist individualistisch, aber gleichzeitig universal und berechtigt zum Empfang von Ansprüchen auf bereits bestehende Rechte und somit dient das Antidiskriminierungsrecht dem Integritätsschutz. Darüber hinaus messt es den unveränderlichen Merkmalen ein besonderes Gewicht bei und fordert insbesondere ein Verbot von unmittelbarer Diskriminierung. (Vgl. § 4. D. II.)
16. Diskriminierungsschutz als Schutz gegen Würdeverletzung könnte allerdings den Schutz des Antidiskriminierungsrechts begrenzen. Diese Konzeption des Antidiskriminierungsrechtes könnte die Gefahr mit sich bringen, die mittelbare Diskriminierung außer Betracht zu lassen; bewertet den

gruppenidentitätenbasierten und asymmetrischen Charakter des Diskriminierungsbegriffs als nicht ausreichend. Eine Diskriminierung besteht aber aus ungleichen Handlungen, Praktiken oder politischem Kalkül, Personen aufgrund ihrer Zugehörigkeit zu einer sozialen Gruppe gegenüber anderen relativ zu benachteiligen. Diejenigen, die gesellschaftlich eine bessere Behandlung erfahren, sind demzufolge nicht als Opfer von Diskriminierung anzusehen. (Vgl. § 4. D. II.)

17. Das Konzept der Würde verbindet das Antidiskriminierungsrecht mit den Menschenrechten, welche auch in den völkerrechtlichen Normen zu beobachten sind, in denen die Nichtdiskriminierungspflicht der Staaten verankert und das Recht auf Schutz gegen Diskriminierung anerkannt sind. (Vgl. § 4 A. und § 4 D. II)
18. Das auf der Verteilungsgerechtigkeit und der Chancengleichheit basierenden Verständnis des Antidiskriminierungsrechts untersucht hinsichtlich der Ursachen und der Folgen der Diskriminierung aus einer sozial egalitären Perspektive. Das Antidiskriminierungsrecht ist gerechtfertigt, weil es die Chancengleichheit gewährleistet und die Verteilungsgerechtigkeit in der Gesellschaft sichert. Das arbeitsrechtliche Antidiskriminierungsrecht dient dazu, Arbeitgebern*innen als Inhaber*innen sozialer Macht den Anreiz zu geben, sich bei ihren Entscheidungen hinsichtlich der Vergabe von vorteilhaften Positionen nicht an bestimmten Merkmalen der Betroffenen zu orientieren. Demzufolge beinhaltet das Antidiskriminierungsrecht nicht nur Ansprüche auf bereits bestehende Rechte, sondern zielt auch darauf, die Zuteilung neuer Rechtspositionen zu beeinflussen. (Vgl. § 4 D. III.)
19. Der Diskriminierungsschutz als Sicherung der Chancengleichheit und Verteilungsgerechtigkeit könnte allerdings zur Angleichung und Einförmigkeit der Individuen und Assimilation der gesellschaftlichen Gruppen führen. Die Inklusion als ein Zukunftsmodell bringt eine geringe bis keine Beachtung der Unterschiede zwischen den gesellschaftlichen Gruppen mit sich. Der Schutz gegen Diskriminierung, Marginalisierung und Dominanz der verschiedenen unterdrückten Gruppen in der Gesellschaft kann die Assimilation hinsichtlich einer vorbestehenden (und öfter problematischen) Norm bedeuten. Da aber der Unterschied genau genommen ein Wert an sich ist, ist es nicht (oder nicht immer) erforderlich, bestehende Unterschiede zwischen den Gruppen aufzugeben. Außerdem bringt die Zugehörigkeit zu jeder Gruppe von selbst historisch, sozial, kulturell entstandene Werte, Traditionen und Praktiken. Nicht nur die Werte der dominanten Gruppen, sondern auch diejenigen unterdrückter Gruppen sind wertvoll. Auch die Normen der dominanten Gruppen können problematisch sein. Darüber hinaus darf die Entscheidungsmöglichkeit, für sich die mit anderen Gruppen verbundenen Eigenschaften in Anspruch zu nehmen und die eigenen Werte nach den Werten der anderen zu richten, dem Individuum nicht geraubt werden. In Verbindung damit bewertet die Perspektive der Chancengleichheit das Verhältnis

zwischen der Anerkennung der Gruppenidentitäten und dem Begriff der Diskriminierung nicht ausreichend. (Vgl. § 4 D. III.)

20. Das auf die kulturelle und symbolische Anerkennung unterschiedlicher Identitäten basierende Verständnis des Antidiskriminierungsrechts untersucht die Ursachen und die Folgen der Diskriminierung aus einer gruppensensiblen Perspektive, ebenso schlägt es auch aus dieser Perspektive mögliche Maßnahmen zur Beseitigung der Diskriminierung vor. Nicht allein die Leugnung der Wertgleichheit der Menschen an sich, auch die Leugnung der Wertgleichheit der verschiedenen Identitäten führt zu Diskriminierungen. Nichtanerkennung der an sich wertvollen Identitäten der sozialen Gruppen; die Zugehörigkeit zu jeder von ihnen ist mit historischen, sozialen, kulturell sich ergebenden Werten, Traditionen und Praktiken verbunden; das Nichtakzeptieren der Unterschiede zwischen den sozialen Gruppen auf der Grundlage der Gleichheit führt auch zu Ungleichbehandlungen, was gesellschaftliche Benachteiligungen zur Folge haben kann. Auf der Grundlage der Grundannahme, auch der Unterschied sei ein Wert an sich, sind die Werte der unterdrückten Gruppen genauso wertvoll wie jene der dominierenden Gruppen. Nach dieser Lesart ist das Antidiskriminierungsrecht gerechtfertigt, weil es die Unterschiede zwischen den sozialen Gruppen anerkennt und akzeptiert, die Gruppenidentitäten schützt und mittels dieser die authentische Selbstdarstellung der Menschen, somit die menschliche Identität, verstärkt. Jede menschliche Identität ist in Übereinstimmung mit ihrem, ihnen innewohnenden kulturellen und sozialen Wert in gleicher Weise, ohne Diskriminierung, wertzuschätzen. Die Wertgleichheit der menschlichen Identitäten setzt das Verbot von diskriminierenden Handlungen voraus. (Vgl. § 4 D. IV.)
21. Eine identitätssensible Analyse des Antidiskriminierungsrechts orientiert sich an der Position der Betroffenen der Diskriminierung. Nach dieser Ansicht sollte Gegenstand der Diskussion sein, was die unterdrückte Gruppe über sich selbst glaubt, nicht mehr, über was über unterdrückte Gruppen geglaubt wird. Es kommt zur Anerkennung der Bedürfnisse der Mitglieder der unterdrückten Gruppen als eine Gruppe, die kollektive Gruppenidentitäten begrüßt, pflegt und fördert mit dem Ziel, einen neuen Status quo zu schaffen. Die Vergangenheit spielt beim Verstehen und Interpretieren der Gegenwart und bei der Zielsetzung des Antidiskriminierungsrechts eine wichtige Rolle. Die Schaffung eines Bruches mit der Vergangenheit würde die menschliche Wahrnehmung der gegenwärtigen Ungerechtigkeiten beeinträchtigen. Auch wenn jetzt in der Gesellschaft eine formale Gleichheit herrscht, sind einige Gruppen in der Gesellschaft unterdrückt und die gegenwärtige Unterdrückung bestimmter gesellschaftlicher Gruppen entstammt der Vergangenheit. (Vgl. § 4 D. IV. und § 4 D. V.)
22. Nach dem identitätssensiblen Standpunkt zum Antidiskriminierungsrecht sind Diskriminierungskategorien nicht naturgegeben, sondern sie wurden gesellschaftlich geschaffen (das gesellschaftliche Schaffen der

Diskriminierungsmerkmale). Diese Merkmale sind nicht nur ein Aussehen, eine Idee, eine Sprache usw. Sie sind das, was Menschen mit diesen Eigenschaften verbindet. Außerdem überscheiden sich verschiedene Diskriminierungsmerkmale miteinander in einer Person (Intersektionalität der Diskriminierungsmerkmale). Da es sich aber um geschaffene Kategorien handelt, sind sie auch änderbar. In dem Sinne beschäftigt sich das Antidiskriminierungsrecht nicht nur mit der Gegenwart, sondern stellt sich, basierend auf der Vergangenheit, als zukunftsorientiert dar und legt Wert auf positive Diskriminierung. (Vgl. § 4 D. IV.)

23. Das auf die kulturelle und symbolische Anerkennung unterschiedlicher Identitäten basierende Verständnis des Antidiskriminierungsrechts könnte die Identitätspolitik mit der Gruppe, deren Identität es zu schützen gilt, verbinden. Eine Gruppenidentität erfordert aber zu einem gewissen Grade die Ausblendung individueller Unterschiede, die wiederum Anknüpfungspunkte sozialer Diskriminierung sein können. Außerdem besteht die Gefahr, die Gruppenzugehörigkeit zu essentialisieren. Damit verbunden können Individuen eine solche Art von Gruppenidentität als eine gezwungene Identität wahrnehmen. Das würde das Individium, anstatt es zu befreien, in seine Gruppenidentität zwängen. (Vgl. § 4 D. IV.)
24. Ein an formaler Gleichheit orientiertes Antidiskriminierungsrecht richtet seinen Fokus im Sinne von prozeduraler Gerechtigkeit auf konsistentes Handeln ohne ausdrücklichen Bezug auf die verbotenen Diskriminierungsmerkmale. Die Verringerung der Diskriminierung ist zu sichern und es gilt, die Gleichheit als Prozess zu erreichen. Die Aufmerksamkeit des Antidiskriminierungsrechts richtet sich auf die Eliminierung des Prozesses der Entscheidungsfindung von den Diskriminierungen. Die Diskriminierungsverbote sind oft mit universalen und symmetrischen Begriffen formuliert. Das Hauptziel des Antidiskriminierungsrechts besteht darin, künftige Fehlentwicklungen zu verhindern. (Vgl. § 4 D. III.)
25. Ein Antidiskriminierungsrecht, das die Gleichheit als einen Prozess sieht und auf der Idee der formalen Gleichheit basiert, hat emanzipatorische Folgen. (Vgl. § 4 D. III.)
26. Die prozessbasierte Konzeption des Antidiskriminierungsrechts könnte allerdings die Assimilierung und Angleichung zur Voraussetzung des Anspruchs auf Gleichbehandlung bedeuten. Außerdem beschäftigt sich sie nicht oder nicht ausreichend mit der Frage, wie die gesellschaftlichen Ungleichheiten zustande gekommen sind. (Vgl. § 4 D. III.)
27. Ein an materielle Gleichheit orientiertes Antidiskriminierungsrecht richtet seinen Fokus auf reale Konsequenzen der Antidiskriminierungsnormen für benachteiligte Gruppen. Es besteht das Hauptziel des Antidiskriminierungsgesetzes darin, bestehende Erscheinungsformen vergangenen Unrechts gegenüber Mitgliedern der benachteiligten gesellschaftlichen Gruppen zu beseitigen. Das Konzept der Diskriminierung hat einen klaren Zusammenhang mit der Anerkennung von sozialen Gruppen und beschäftigt sich mit

diesen Gruppen statt mit den Einzelpersonen. Welche gesellschaftlichen Gruppen diskriminiert werden, hat eine Bedeutung, weil die Diskriminierung in der sozialen Realität mit Benachteiligungen einhergeht. Die Diskriminierungsverbote werden oft mithilfe von asymmetrischen Begriffen formuliert. Das Ziel des Antidiskriminierungsrechts ist die Beseitigung der materiellen Bedingungen der Unterdrückung der gesellschaftlichen Gruppen, um die gesellschaftliche Position der diskriminierten Gruppen zu verbessern, nicht aber das Schaffen eines symmetrischen Schutzes für die bevorzugte Gruppe. Eine asymmetrische Konzeption macht es möglich, die denjenigen Bevorzugungen zuzuerkennen, die durch Diskriminierung benachteiligt sind (positive Maßnahmen). (Vgl. § 4 D. III.)

28. Gesellschaften, in denen Diskriminierungsverbote angeblich zu einem Verlust der wirtschaftlichen Effizienz geführt haben, sind schließlich Gesellschaften mit praktizierten Diskriminierungen. In diesen Gesellschaften sind Vorurteile, Stereotypen, niedrige Chancengleichheit und auch eine niedrigere Bewertung einiger gesellschaftlichen Gruppen und ähnliche diskriminierende Mechanismen wegen struktureller Diskriminierungen normale Umstände. Weil das komplette gesellschaftliche System, kulturell, ökonomisch oder politisch, offen oder verdeckt, auf der Grundlage von verschiedenartigen Diskriminierungen basiert, könnten die Versuche, diskriminierungsfreie Umgebungen zu schaffen oder Handlungen den Diskriminierungen entgegenzusetzen, in solchen Gesellschaften zu Effizienzverlusten führen. Jegliche Änderungsversuche verursachen ineffiziente Ergebnisse solange sie innerhalb der immer noch nach den alten diskriminierenden Regeln der Ökonomie und Arbeitsverteilung funktionierenden Ordnung erfolgen. (Vgl. § 4 E. II.)

29. Indem das Antidiskriminierungsrecht das friedliche gesellschaftliche Zusammenleben fördert, die Möglichkeiten alle ihrer eigenen Potenziale, ohne diskriminierende Barrieren zu entfalten, eröffnet und durch eine gerechtere Verteilung der kulturellen und ökonomischen Güter, die den gesamtwirtschaftlichen Wohlstand verbessert, könnte das Antidiskriminierungsrecht eine effizienzsteigernde Rolle spielen (Vgl. § 4 E. II.)

30. Das Antidiskriminierungsrecht ermöglicht eine privatautonome Verwirklichung auch derer, die bisher in der Gesellschaft ausgeschlossen waren, bietet demnach gesamtgesellschaftlich sowohl mehr Gleichheit als auch mehr Freiheit. Im Hinblick auf das Arbeitsrecht beschränken die Diskriminierungsverbote vor allem die Entscheidungsfreiheit der Arbeitgeber*innen und das Prinzip der Vertragsfreiheit erfordert den Schutz derselben. Gleichzeitig aber kommt die Machtposition des Arbeitgebers*in zum Tragen, welche nicht zu vergessen ist. Insbesondere in einem liberal marktwirtschaftlichen ökonomischen System spielt der*die Arbeitgeber*in aufgrund seiner*ihrer Machtposition eine wichtige Rolle bei der Verteilung der gesellschaftlichen, ökonomischen und kulturellen Güter. Bei jeder Entscheidung über die Einstellung, Lohnklassenbestimmung, Entlassung und Ähnliches

wirken Arbeitgeber*innen wie ein Regulator des Marktes. Infolge ihrer Entscheidungen erfolgt die Güterverteilung und auf diese Weise bestimmen sie bewusst oder unbewusst, wem was zukommt. Die Forderung an diese Machtpositionsinhaber*innen, auf Diskriminierung zu verzichten, bedeutet ebenfalls den Wunsch nach einer gerechten und diskriminierungsfreien gesellschaftlichen Güterverteilung. (Vgl. § 4 E. II.)

31. Die Diskriminierungen beeinträchtigen die Selbstverwirklichung der Menschen, verletzen das Selbstwertgefühl des Individuums und beeinträchtigen das gesamte gemeinschaftliche friedliche Zusammenleben. Ohne Erkennung und Beseitigung der heutigen Erscheinungsformen des, möglicherweise historisch gewachsenen Unrechts ist es nicht möglich, künftige Fehlentwicklungen zu verhindern. In dem Sinne soll sich das Antidiskriminierungsrecht basierend auf der Vergangenheit mit der Gegenwart beschäftigen und als zukunftsorientiert darstellen. Es gilt, mittels des Antidiskriminierungsrechts die Transformierung eines eigenen Selbst- und Gemeinschaftsgefühls durch Bewusstseinsbildung gegen ein von einer dominanten Kultur aufgezwungenes Minderwertigkeitsgefühl zu erzielen. Allerdings ist stets darauf zu achten, eine Angleichung und Einförmigkeit der Individuen, eine Assimilation der gesellschaftlichen Gruppen, aber auch die Essentialisierung der Gruppenzugehörigkeit zu vermeiden. (Vgl. § 4 D. III. und § 4 D. V.)
32. Das Antidiskriminierungsrecht entstand aus dem Kampf darüber, wer als ein gleichberechtigter Mensch in der Gesellschaft gilt und wer nicht. Es ist vor allem ein Kampf um Anerkennung als gleichberechtigter Mensch. Gewünscht ist ein gesellschaftliches Leben, in dem alle Menschen – frei von abwertenden Diskriminierungen – ein freies und menschenwürdiges Leben führen können. Obwohl die Grenzen dieses Rechtsgebiets diskutierbar und immer noch strittig sind, sind die sich aus diesem Rechtsgebiet ergebenden universellen, aber gleichzeitig auch kulturellen Ansprüche unverzichtbar. (Vgl. § 4 F.)

Kündigungsschutzrecht

33. Die Kündigung ist eine einseitige, empfangsbedürftige Willenserklärung und eine einseitige Ausübung eines Gestaltungsrechts, welche die Aufhebung des Arbeitsverhältnisses bezweckt. Die ordentliche Kündigung, als eine Alternative zu anderen Beendigungsmöglichkeiten des Arbeitsvertrages als ein unbefristetes Dauerschulverhältnis, gibt es erst seit der ersten Hälfte des 19. Jahrhunderts in Europa. Immer noch ist die Kündigung die wichtigste einseitige Auflösungsmöglichkeit der Parteien, sich von unbefristeten Arbeitsverhältnissen zu befreien. (Vgl. § 5 B. I.)
34. Der Kündigungsschutz erschwert die Kündigung eines Vertrages oder schließt sie aus; das Kündigungsschutzrecht bestimmt wie, wann, unter welchen Umständen die Kündigung eines Arbeitsverhältnisses möglich ist,

wobei die kündigungsschutzrechtlichen Vorschriften vom*von der Arbeitgeber*in das Beachten von vorgeschriebenen Bedingungen bei der Beendigung des Arbeitsverhältnisses durch eine Kündigung fordern. (Vgl. § 5 B.)

35. Der Geburtsstunde des Kündigungsschutzes lag die Beobachtung der gleichen Rechte zugrunde, unter dem Oberbegriff der Gleichheit, ohne Beachtung der ungleichen Positionen der Arbeitsvertragsparteien, verursacht auf dem Arbeitsmarkt infolge der verschlechterten materiellen Ungleichheit zwischen diesen im Namen der Gleichheit. (Vgl. § 5 A.)
36. Die Idee, die Arbeitnehmer*innen vor Kündigungen zu schützen, entwickelte sich mit der Zeit Schritt für Schritt. Die Wurzeln des Kündigungsschutzrechts lassen sich bis zum Mittelalter zurückverfolgen. Das Kündigungsschutzrecht, als ein eigenständiger Rechtsbereich innerhalb des Arbeitsrechts, ein europäisches Phänomen. (Vgl. § 5 A. I.)
37. Erste Kündigungsbeschränkungen, im Sinne von Beendigungsschranken wie Vertragsfristen für Gesellenverträge im 16. Jahrhundert, dienten der Vorbereitung hinsichtlich möglicher Folgen einer Kündigung im europäischen Kontext. Nur nach den Zeiten des Absolutismus ist von einem Kündigungsschutz entsprechend dem heutigen Rechtsverständnis zu sprechen, welcher nicht nur eine Planungssicherheit als Ziel hatte, sondern sich mit dem Machtungleichgewicht der Arbeitsvertragsparteien und damit verbunden mit der traditionellen Symmetrie der Rechte und Pflichten des*der Arbeitnehmers*in und des*der Arbeitgebers*in in Bezug auf die Beendigung des Arbeitsvertrags beschäftigte. Erst Ende des 19. Jahrhunderts kam es zu ersten vereinbarten Regelungen für Kündigungsbeschränkungen. (Vgl. § 5 A.)
38. Im internationalen Kontext ist am Anfang des 20. Jahrhundert die erste rechtliche Erklärung zur Anforderung der Rechtfertigung einer Kündigung auf verfassungsrechtlicher Ebene zu finden. Das IAO Übereinkommen Nr. 158 über die Beendigung des Arbeitsverhältnisses durch den*die Arbeitgeber*in kam allerdings im Jahr 1982, knapp mehr als 30 Jahre später als das deutsche Kündigungsschutzgesetz, zustande. (Vgl. § 5 A. IV.)
39. Im Allgemeinen ist schon auf den ersten Blick an einen breiten Schutz gegen Kündigungen im Vergleich zu anfänglichen Zeiten festzustellen. Allerdings; trotz der Bemühungen der internationalen Arbeitsorganisationen gibt es immer noch keine einheitliche Regelung der kündigungsschutzrechtlichen Vorschriften in allen nationalen Rechtsordnungen der Welt. Darüber hinaus können sich die kündigungsschutzrechtlichen Normen von Zeit zu Zeit in hohem Maße ändern. Der Kündigungschutz gestaltet sich, den die Staaten ihren Arbeitnehmern*innen versprechen, sensibel hinsichtlich potenzieller ökonomischer Änderungen und politischer Situationen. Der Umfang des Kündigungsschutzes verengt sich oder weitet sich aus entsprechend den ökonomischen, regularischen Besonderheiten und der gesellschaftlichen Machtverteilung der Epochen. Insbesondere in Zeiten von ökonomischen Krisen

erfahren die kündigungsschutzrechtlichen Vorschriften die Bewertung als eine Last. (Vgl. § 5 A. und § 5 A. V.)

40. Viele Gründe sprechen für die Existenz eines Kündigungsschutzes. Aus historischer Sicht diente die Entwicklung des Kündigungsschutzes der Sicherung von gewerkschaftlichen, betrieblichen und bürgerlichen Rechten des*r Arbeitnehmers*in. Der Kündigungsschutz gestaltet die Vertragsdurchsetzung effektiv und hat einen positiven Effekt auf den Organisationsgrad der Arbeitnehmer*innen. Er gibt Arbeitnehmern*innen die Chance, ohne Angst vor Entlassung in Sicherheit mutiger zu handeln, ihnen zustehende Rechte furchtlos auszuüben. Er schütz die Arbeitnehmer*innen gegen die Kommodifizierung der menschlichen Arbeitskraft sowie vor sozialer Stigmatisierung. Ansonsten dient der Kündigungsschutz der Unabhängigkeit und dem Freiraum der Arbeitnehmer*innen, um neue Ideen zu entwickeln; daher dient er der Erhöhung der betrieblichen Innovation und fördert die Bereitschaft zum kreativen Handeln die und Erweiterung des Aufbaus firmenspezifischen Wissens. Durch den Kündigungsschutz erfährt die Kooperationsbereitschaft des Gegenübers, die firmeninterne Mobilität und die Flexibilität innerhalb des Betriebes eine Steigerung. Gleichzeitig bietet der staatliche Kündigungsschutz den Parteien des Arbeitsvertrages die von beiden Seiten des Arbeitsverhältnisses erwünschte Vorhersehbarkeit. Der Kündigungsschutz ist ein wichtiges Instrument für die Planbarkeit des Lebens und selbstbestimmte Lebensgestaltung für die Arbeitnehmer*innen. Vor allem ist der Kündigungsschutz ein Mittel, die Machtunterschiede zwischen den Parteien des Arbeitsvertrages auszugleichen und die unterschiedlichen Machtpositionen im Arbeitsmarkt zu neutralisieren. Angesichts eines fehlenden annähernden Gleichgewichts der Arbeitskräfte sind individuelle Vereinbarungen eher die Ausnahme, zumeist dominiert der stärkere Partner, hier der*die Arbeitgeber*in; deshalb ist der Kündigungsschutz genau genommen als ein Beschützer der Vertragsfreiheit anzusehen. Der Kündigungsschutz ist ein Empowerment Projekt für Arbeitnehmer*innen zur Überwindung des Kräfteungleichgewichts auf dem Arbeitsmarkt, um die wahre Gleichheit, die Verteilungsgerechtigkeit und tatsächliche Vertragsfreiheit zu erreichen. Durch die Normen des Kündigungsschutzrechts erzielte stabile Beschäftigungsverhältnisse fördern zudem die Bewahrung des sozialen Friedens; auf diese Weise dienen sie der Pflege des sozialen Gerechtigkeitsgefühls. (Vgl. § 5 A und § 5 C.; § 5 F.)

41. Bei der Feststellung des Schutzgutes oder der Schutzgüter des Kündigungsschutzes sind sowohl die Geschichte der kündigungsschutzrechtlichen Regulierungen als auch das heutige wirtschaftliche System sowie die Produktions- oder Arbeitsformen zu beachten. Der Kündigungsschutz ist ein wichtiges Rechtsinstrument, um die vertraglichen und außervertraglichen Rechte und Grundfreiheiten der Arbeitnehmer*innen zu schützen, wobei er die Sicherung ihrer materiellen und immateriellen Existenzgrundlage gewährleistet. Ohnehin ist das Vertragsdurchsetzungsinteresse des*der

Arbeitnehmers*in vom Interesse an der materiellen Existenzsicherung nicht komplett zu trennen. Der Sicherungsversuch irgendeines anderen Interesses liefe ohne Sicherung der materiellen Existenz der Arbeitnehmer*innen ins Leere, da ohne ökonomische Sicherheit das Minimum der humanitären Basis eines menschenwürdigen Lebens nicht zu erreichen ist. Die Sicherung der materiellen Existenzgrundlage ist u. a. abhängig vom Schutz des Arbeitsplatzes, der Betriebszugehörigkeit oder des Beschäftigungsinteresses; dies wiederum ist abhängig von anderen Variablen wie verschiedenen Produktions- und Arbeitsformen sowie Arbeitsmodellen. (Vgl. § 5 D. I.)

42. Der Kündigungsschutz in der heutigen Form mit allen seinen Instrumenten hinsichtlich der Kündigungsfristen, Abfindungen bis hin zum Bestandsschutz setzt sich aus dem rein liberalen Ideal der Symmetrie der Rechte und Pflichten des*der Arbeitnehmers*in und des*der Arbeitgebers*in in Bezug auf die Beendigung des Arbeitsvertrages zusammen aus Anlass einer herrschenden Machtungleichheit zwischen den Arbeitsvertragsparteien. Da die Arbeitgeberseite die ökonomisch und (des Öfteren) politisch stärkere Partei der arbeitsrechtlichen Beziehungen ist und da ein Arbeitsplatz für viele Arbeitnehmer*innen in den meisten Fällen die einzige oder hauptsächliche materielle Existenzgrundlage ist, sind die Durchsetzungsfähigkeit, der politische und wirtschaftliche Einfluss der Arbeitsvertragsparteien in erheblichem Umfang voneinander verschieden. Der Kündigungsschutz dient also vor allem dazu, diese Machtunterschiede auszugleichen und strebt eine Neutralisierung der unterschiedlichen Machtpositionen der Arbeitgeber*innen und der Arbeitnehmer*innen auf dem Arbeitsmarkt an. (Vgl. § 5 A.; § 5 C. und § 5 D.)
43. Die Vertragsdurchsetzung hat immer eine bedeutende Rolle in der Geschichte des Kündigungsschutzes eingenommen. Dies ist insbesondere im Fall des Schutzes gegen unberechtigte Kündigungen aus gewerkschaftlichen Gründen klar zu beobachten. Die schwächere wirtschaftliche, soziale und arbeitsmarktliche Position des*der Arbeitnehmers*in im Vergleich zum*zur Arbeitgeber*in ist die schwache Stelle der Beziehung zwischen den Arbeitsvertragsparteien und macht den*die Arbeitnehmer*in verletzlich in Bezug auf eine mögliche Ausbeutung seiner*ihrer Arbeitskraft. Arbeitgeber*innen können schnell dazu neigen, ihre mächtige Position zu nutzen, um ihre wirtschaftlichen und andere Interessen zu schützen, die aber naturgemäß nicht immer mit den vom Recht anerkannten Freiheiten und Rechten der Arbeitnehmer*innen übereinstimmen. Der Kündigungsschutz funktioniert wie ein Präventions-Mechanismus und setzt auf das rechtmäßige Nutzen der vertraglichen und außervertraglichen Rechte und Freiheiten der Arbeitnehmer*innen. (Vgl. § 5 D. III.)
44. Das Verständnis einer kündigungsschutzrechtlichen Bindung als eine Fremdbindung und die Argumente, der Kündigungsschutz existiere gegen den Willen der Arbeitnehmer*innen skeptisch zu betrachten. Die tatsächliche Selbstbestimmung ist eine Voraussetzung der Privatautonomie. Eine

faktische Selbstbestimmung des Vertragsabschlusses ist allerdings fraglich beim Fehlen eines annähernden Kräftegleichgewichts der Beteiligten. Jahrelang kam es infolge des Ungleichgewichts der Kräfte der Arbeitsvertragsparteien und der mächtigen Position der Arbeitgeber*innen zur Ausbeutung der Arbeitnehmerschaft. Individuelle Vereinbarungen angesichts eines fehlenden annähernden Gleichgewichts der Kräfte der Arbeitsvertragsparteien eher die große Ausnahme; vielmehr diktiert die dominierende Arbeitgeberschaft die Bedingungen. Von Anfang an war der Kündigungsschutz eine Reaktion gegen diese Tendenz als eine Art von Empowerment Projekt für die Arbeitnehmer*innen. Demzufolge ist der Kündigungsschutz eher als Beschützer der Vertragsfreiheit anzusehen, da die wichtigste Voraussetzung der Vertragsfreiheit der freie Wille der Vertragsparteien ist. (Vgl. § 5 F. V.)

45. Der heutige Kündigungsschutz ist als Kompromiss zu sehen zwischen den Vertragspartnern als Reflexion hinsichtlich der Infragestellung der langen Zeit herrschenden liberalistischen Laissez-faire Gedankens der Arbeitsverhältnisse und der damit verbundenen unbegrenzten Vertragsfreiheit der Arbeitsvertragsparteien. (Vgl. § 5 A.)
46. Der Kündigungsschutz entstand vor allem aus dem Kampf darüber, ungleichgewichtige Machtpositionen zwischen den Arbeitnehmern*innen und Arbeitgebern*innen im Arbeitsmarkt zugunsten der Arbeitnehmer*innen zu neutralisieren. Mit seiner Entscheidung für einen Kündigungsschutz bei der Feststellung des Umfangs des kündigungsrechtlichen Schutzes reflektiert der Gesetzgeber genau genommen den gesellschaftlichen Kompromiss zwischen der Arbeitnehmer- und der Arbeitgeberseite. Diese Entscheidung hängt allerdings entscheidend davon ab, welcher Arbeitsmarkt und welches ökonomische System in der Gesellschaft in dem gegebenen, relevanten Zeitraum gewollt und opportun sind. Mit seiner Entscheidung positioniert der Gesetzgeber sich im Namen der Gesellschaft dafür, wessen Rechte wie und in welchem Umfang er schützen möchte. (Vgl. § 5 F. V. und § 5 G.)

Antidiskriminierungsrecht vs. Kündigungsschutzrecht

47. Das Antidiskriminierungsrecht und das Kündigungsschutzrecht stammen aus verschiedenen Rechtssystemen, Kulturen und Geschichten. (Vgl. § 4 A. i.V.m. § 5 A. und § 6)
48. Die Ziele des Antidiskriminierungsrechts und das Kündigungsschutzrechts sind verschiedenartig. (Vgl. § 4 D. i.V.m. § 5 C., § 5 D. und § 6)
49. Während das Antidiskriminierungsrecht an alle Menschen gerichtet ist, liegt der Fokus des Kündigungsschutzrechts auf den Arbeitnehmern*innen. (Vgl. § 6)
50. Das Antidiskriminierungsrecht wählt einzelne Diskriminierungsmerkmale heraus und gewährt seinen Schutz in Bezug auf alle Rechtsbereiche. Der Kündigungsschutz, ein arbeitsrechtliches Phänomen, fokussiert währenddessen

auf die Institution der Kündigung selbst und verbreitet seinen Schutz in Bezug auf die Arbeitnehmerschaft für Kündigungsfälle, solange das Arbeitsverhältnis innerhalb des Anwendungsbereichs fällt. (Vgl. § 6)

51. Das Recht auf Nichtdiskriminierung ist ein im Kern völkerrechtliches Dokument anerkannter Menschenrechte. Es existiert ein globaler Konsens in Bezug auf das Antidiskriminierungsrecht. Das arbeitsrechtliche Kündigungsschutzrecht basiert auf den wirtschaftlichen, sozialen und kulturellen Menschenrechten. Außer im IAO Übereinkommen und in den RESC und einigen besonderen Bestimmungen in den völkerrechtlichen Verträgen gibt es aber keine völkerrechtliche Norm, welche die Einschränkung oder die Abschaffung des allgemeinen Kündigungsschutzes verbietet. (Vgl. § 4 A. und § 5 A i.V.m. § 7 und § 6)
52. Während beide Rechtsgebiete sich mit den gesellschaftlichen Ungleichheiten und der Gerechtigkeit beschäftigen, erfordert der Kündigungsschutz eine Interessenabwägung der Rechte und Interessen der Arbeitgeber*innen und Arbeitnehmer*innen sowie aber auch der Arbeitsuchenden. Somit gestaltet sich das Kündigungsschutzrecht als die Suche nach einem gesellschaftlichen Kompromiss zwischen Arbeitsvertragsparteien. Durch den gesetzlichen allgemeinen Kündigungsschutz versucht der Staat die soziale Balance zu bewahren. Unter Berücksichtigung der unabdingbaren Natur des Rechts auf Diskriminierungsschutz ist eine Interessenabwägung in Bezug auf das Antidiskriminierungsrecht undenkbar. (Vgl. § 6)
53. Beide Rechtsgebiete basieren in ihren Erkenntnissen vor allem auf den gesellschaftlich vorhandenen sozialen Machtunterschieden und beschäftigen sich damit. Von Anfang an wirken das Antidiskriminierungsrecht und das Kündigungsschutzrecht als eine Art von Empowerment Projekt für Unterdrückte bzw. für die Arbeitnehmer*innen. Sowohl das Antidiskriminierungsrecht als auch das Kündigungsschutzrecht gehen über die konzeptionellen Apparate der geltenden Rechtssysteme hinaus. Das Antidiskriminierungsrecht und das Kündigungsschutzrecht gestalten sich dabei im arbeitsrechtlichen Kontext als Grenzmarkierungen der ökonomischen Entscheidungsfreiheit der Arbeitgeber*innen. Gefordert ist ein Schutz der Schwächeren. Es existiert die Erkenntnis, eine reine rechtliche Gleichheit und Freiheit reiche nicht aus; es gelte eine tatsächliche Gleichheit und Freiheit zu erreichen. In dem Sinne entfalten sie ein emanzipatorisches Potenzial. (Vgl. § 6)

Völkerrechtliche Grundlagen des Antidiskriminierungsrechts und Kündigungsschutzrechts

54. Über einen rechtlichen Schutz vor Diskriminierungen herrscht Einigkeit in den völkerrechtlichen Normen der Vereinten Nationen. Die Nichtdiskriminierungspflicht der Staaten gegenüber den Bürgern findet zurzeit in den Kernmenschenrechtsnormen einen Platz. Dies verleiht dem

Diskriminierungsschutz einen menschenrechtlichen Charakter. Der Diskriminierungsschutz genießt mithin einen prominenten Rang im Vergleich zu anderen anerkannten Rechte und Freiheiten. (Vgl. § 7. A.)

55. Als ein Recht, dessen innerer Kern die Wertgleichheit der Menschen ist, ist das Recht auf Schutz gegen Diskriminierung unverzichtbar. (Vgl. § 7. A.)
56. Theoretisch legen die VN-Menschenrechtsverträge den Diskriminierungsschutz vor allem auf die Würde basierenden Ansätze des Antidiskriminierungsrechts. Darüber hinaus spielen auf die Chancengleichheit und der auf Verteilungsgerechtigkeit basierenden Ansätze und die gruppensensible und identitätssensible Analyse des Antidiskriminierungsrechts, die das Phänomen der Diskriminierung aus der Position der Betroffenen versteht, eine Rolle (Frauenrechtekonvention, BRK). (Vgl. § 4 D. und § 7 B. IV.)
57. Die verbotenen Diskriminierungsgründe sind verschiedenartig. Eine Einigkeit besteht hingegen seit Bestehen der VN-Charta auf vier Merkmalen, Rasse, Sprache, Geschlecht und Religion. (Vgl. Anh. I) Mit der Öffnungsklausel, die es dem Diskriminierungsschutz erlaubt, weitere Diskriminierungsmerkmale zu verbreiten, setzen völkerrechtliche Verträge ein Beispiel für nationale Gesetzgebungen. Somit setzen sie auch ein Zeichnen dafür, dass die sich je nach historischem Kontext ändernde Natur des Diskriminierungsverständnisses. (Vgl. § 7 B.)
58. Der allgemeine Kündigungsschutz genießt keinen menschenrechtlichen Schutz in Verbindung mit den untersuchten Normen der Vereinten Nationen – VN-Charta, AEMR, IPBKR, IPWSKR, Antirassismuskonvention, Frauenrechtekonvention, BRK. (Vgl. § 7 B.)
59. Die IAO-Übereinkommen befassen sich sowohl mit antidiskriminierungsrechtlichen als auch kündigungsschutzrechtlichen Bestimmungen. Während allerdings antidiskriminierungsrechtliche Normen als Kernarbeitsnorm anerkannt sind und aufgrund dessen auch in den IAO-Mitgliedstaaten, die das Übereinkommen Nr. 111 nicht ratifiziert haben, Anwendung finden, genießt das spezielle, den Kündigungsschutz regelnde Übereinkommen Nr. 158 nicht den Status einer Kernarbeitsnorm. Das Verbot der Kündigungen aus diskriminierenden Gründen muss aber anders betrachtet werden. Das Verbot der Kündigungen aus diskriminierenden Gründen ist in der Erklärung der IAO über Grundlegende Prinzipien und Rechte bei der Arbeit und ihre Folgemassnahmen von 1998 enthalten. Somit genießt es für die Kernarbeitsnormen geltende Schutz. (Vgl. § 7 C.)
60. Während in Bezug auf den Diskriminierungsschutz eine weitgehende Einigkeit zwischen den IAO-Mitgliedstaaten herrscht, weichen die IAO-Mitgliedstaaten lieber aus, sich durch Unterzeichnung des IAO-Übereinkommens Nr. 158 hinsichtlich eines allgemeinen Kündigungsschutzes festzulegen. Somit spiegeln sich die Grundkonfliktpunkte hinsichtlich des Verhältnisses von Antidiskriminierungsrecht und Kündigungsschutzrecht auch hier in den Ratifikationszahlen der IAO-Übereinkommen wider. (Vgl. § 7 C.)

61. Das IAO Übereinkommen Nr. 111 definiert den Begriff der Diskriminierung in Verbindung mit Chancengleichheit und Gleichbehandlung (Art. 1, I, a Übk Nr. 111). (Vgl. § 7 C.)
62. Das Übereinkommen Nr. 111 versteht die Diskriminierungsgründe als ein sich entwickelndes Gebiet, welches sich auch durch die häufige Adressierung der intersektionalen Natur des Diskriminierungskonzepts zeigt. (Vgl. § 7 C.)
63. Das Diskriminierungsverbot hat nach dem Übereinkommen Nr. 111 nicht nur eine präventive Funktion hat, sondern auch die Auswirkungen der Diskriminierung beseitigen soll. (Vgl. § 7 C.)
64. Das Übereinkommen Nr. 158 bildet den zentralen Teil der kündigungsschutzrechtlichen Regelungen des IAO-Systems. (Vgl. § 7 C.)
65. Das Übereinkommen Nr. 158 verlangt das Stützen der Beendigung des Arbeitsverhältnisses auf einen triftigen Grund. In seinem fünften Artikel verbindet das Übereinkommen Nr. 158 den Kündigungsschutz mit dem Diskriminierungsschutz, in dem es eine zusätzliche Reihe von Gründen, die nicht im Zusammenhang mit den subjektiven oder objektiven triftigen Gründen stehen, aber trotzdem die Kündigung nicht rechtfertigen können, feststellt und eine Reihe von personenbezogenen Diskriminierungsmerkmalen, die keinen triftigen Grund für eine Kündigung darstellen, aufzählt. (Vgl. § 7 C.)
66. Die Europäische Menschenrechtskonvention garantiert die bürgerlichen und politischen Rechte allen in der Hoheitsgewalt der Vertragsparteien unterstehenden Personen. In Artikel 14 sieht die Europäische Menschenrechtskonvention ein akzessorisches Diskriminierungsverbot vor. Das Protokoll Nr. 12 stellt den Genuss eines jeden gesetzlich niedergelegten Rechts ohne Diskriminierung sicher. (Vgl. § 7 D.)
67. Die Europäische Sozialcharta garantiert die sozialen und wirtschaftlichen Rechte. Artikel E RESC legt eine Nichtdiskriminierungspflicht für die Vertragsstaaten bei der Ausübung der durch die Charta anerkannten Rechte fest. Artikel 24 RESC in Verbindung mit dem Anhang der RESC legt Bestimmungen über den Schutz der Arbeitnehmer*innen gegen ungerechte Kündigungen fest. (Vgl. § 7 D.)
68. Der traditionelle Konflikt zwischen den bürgerlichen, politischen Rechten und den sozialen und kulturellen Rechte spiegelt auch das Verhältnis zwischen dem Antidiskriminierungs- und Kündigungsschutzrecht wider. Der Diskriminierungsschutz genießt dabei einen besonderen Stellenwert und ein meschenrechtlichen Charakter in der völkerrechtlichen Rechtsordnung, während die kündigungsschutzrechtliche Bestimmungen des IAO-Übereinkommen Nr. 158 und der RESC eine begrenzte Reichweite haben. Die Besonderheit der diskriminierenden Kündigung ist es aber, auch wenn die Staaten zurückhaltend sind, Verpflichtungen über Gewährleistung der sozialen und kulturellen Rechte zu übernehmen; hinsichtlich des

antidiskriminierungsrechtlichen Aspekts der diskriminierenden Kündigung existiert das Problem eines menschenrechtlichen, nicht zu leugnenden Charakters. (Vgl. § 7 E.)

Europarechtliche Grundlagen des Antidiskriminierungsrechts und Kündigungsschutzrechts

69. Das europäische Antidiskriminierungsrecht gestaltet sich als ein wesentlicher Bestandteil der europäischen Rechtsordnung. (Vgl. § 8 B.)
70. Das europäische Antidiskriminierungsrecht verfolgt vielfältige Ziele, welche im Groben im Hinblick auf drei Zielsetzungen zu ordnen sind: Sie sollen erstens die Wertschätzung und die Achtung der Individualität gegenüber jedem Menschen und so die Bewältigung der Komplexität der kulturellen, ethnischen und religiösen Vielfalt aller Menschen der Wahlfreiheit für verschiedene Lebensformen und Persönlichkeiten gewährleisten. Zweitens gibt es wirtschaftliche Ziele, insbesondere in Bezug auf die Schaffung eines transnationalen europäischen Binnenmarkts und die Wettbewerbsgleichheit. Letztlich ist von sozialpolitischen Zielen in Verbindung mit der europäischen Sozial- und Beschäftigungspolitik zu sprechen. (Vgl. § 8 B. I.)
71. Die menschenrechtliche Dimension des europäischen Antidiskriminierungsrechts erregt Aufmerksamkeit. Der Schutz aller Menschen vor Diskriminierung als ein allgemeines Menschenrecht ist in den Erwägungsgründen der europäischen Antidiskriminierungsrichtlinien ausdrücklich erwähnt. (Vgl. § 8 B. I.)
72. Mit der Unterzeichnung der BRK und der Akzeptanz der BRK als eine Auslegungsquelle sowie mit der Auslegung des Begriffs der Behinderung in einem dynamischen gesellschaftlichen Kontext nähert sich das europäische Antidiskriminierungsrecht im Zusammenhang mit dem geschützten Diskriminierungsmerkmal der Behinderung der gruppenidentitätssensiblen Analyse des Antidiskriminierungsrechts an. (Vgl. § 4 D. IV. i.V.m. § 8 B. I.)
73. Eine Gewährleistung findet der Diskriminierungsschutz nach der GRC (Art. 21 GRC), welche im Vergleich zu den völkerrechtlichen Verträgen viel weiter im Bereich der Antidiskriminierung geht. Der allgemeine ungeschriebene Gleichbehandlungsgrundsatz ist schon vor Proklamierung der GRC als Bestandteil der allgemeinen Grundsätze des Gemeinschaftsrechts anerkannt. Hinsichtlich des AEUV finden die Diskriminierungsverbote sowohl in Artikel 19 AEUV als auch in Artikel 157 AEUV einen Platz. Geregelt ist der europäische Diskriminierungsschutz vor allem nach dem geltenden Unionsrecht in den Antidiskriminierungsrichtlinien. (Vgl. § 8 B.)
74. Anders als das europäische Antidiskriminierungsrecht finden kündigungsschutzrechtliche Bestimmungen an wenigen, seltenen Stellen einen Platz im europäischen Arbeitsrecht. (Vgl. § 8 C.)

75. Artikel 30 GRC erkennt zwar einen Anspruch eines*einer jeden Arbeitnehmers*in auf Schutz vor ungerechtfertigter Entlassung nach dem Unionsrecht und den einzelstaatlichen Rechtsvorschriften und Gepflogenheiten an. Er ist aber in seinem eigenen Wortlaut und Konzept begrenzt. (Vgl. § 8 C.)
76. Artikel 30 GRC hat seinen Ursprung in Artikel 24 RESC. Das IAO-Übereinkommen Nr. 158 hat diesen Artikel und seinen Anhang inspiriert. Somit verbindet sich Artikel 30 GRC mit der völkerrechtlichen Tradition des arbeitsrechtlichen allgemeinen Kündigungsschutzes. (Vgl. § 8 C.)
77. Im Unionsrecht erfolgte bisher kein Erlass hinsichtlich einer speziellen Richtlinie zu dem Thema des allgemeinen Kündigungsschutzes. Die Europäische Union überlässt den Bereich des allgemeinen Kündigungsschutzes den einzelnen europäischen Mitgliedstaaten. (Vgl. § 8 C.)
78. Während der Diskriminierungsschutz einen besonderen Stellenwert in der europäischen supranationalen Rechtsordnung genießt, hat der allgemeine Kündigungsschutz hingegen einen sehr begrenzten Wirkungsbereich. (Vgl. § 8 C.)
79. Der sachliche Anwendungsbereich der Antidiskriminierungsrichtlinien umfasst den Entlassungsbedingungen. Inbegriffen sind vor allem das Kündigungsrecht, daneben ebenfalls die Voraussetzungen einer Abfindung für den Verlust des Arbeitsplatzes (Art. 3 I c RL 2000/43/EG; Art. 3 I c RL 2000/78/EG; Art. 14 I c RL 2006/54/EG). Das europäische Recht löst demnach das Problem der diskriminierenden Kündigungen unter dem Aspekt des Fehlens von einheitlichen europäischen allgemeinen kündigungsschutzrechtlichen Normen mithilfe von Vorschriften der europäischen antidiskriminierungsrechtlichen Richtlinien. (Vgl. § 8 B. und § 8 C.)

Nationale rechtliche Grundlagen des arbeitsrechtlichen Antidiskriminierungsrechts und des allgemeinen Kündigungsschutzrechts

80. Die Nichtdiskriminierungspflicht des Staates ist verfassungsrechtlich als ein eigenständiges und unabdingbares Recht des Schutzes vor Diskriminierungen nach den beiden deutschen und türkischen Rechtssystemen gewährleistet. (Vgl. § 9 A. I. und § 9 B. I.)
81. Das deutsche Grundgesetz positiviert die Gleichheit aller Menschen vor dem Gesetz sowie besondere Gleichheitssätze als ein in der Bundesrepublik Deutschland anerkanntes Menschenrecht unter Artikel 3 GG. Die türkische Verfassung verbindet das Prinzip der Gleichheit mit den Konzepten der Grundrechte und -freiheiten und assoziiert das Gleichheitsprinzip mit der Würde ebenso wie die materielle und ideelle Existenz des Menschen. Das Prinzip der Gleichheit gestaltet sich als ein unabänderliches Grundprinzip und gewährleistet einen Schutz gegen Diskriminierungen gemäß Artikel 10 der Verfassung. Die Verfassung stellt entschieden fest, aufgrund

der aufgezählten Merkmale dürften keine Ungleichheiten entstehen, weil diese Merkmale einige der gewichtigsten und vorherrschenden Ursachen der Ungleichheit in der Geschichte des gesellschaftlichen Lebens seien. Auf diese Weise kommt dem Recht auf Nichtdiskriminierung in der Werteskala der beiden Verfassungen eine hohe Bedeutung zu. (Vgl. § 9 A. I. und § 9 B. I.)

82. Der allgemeine Gleichheitssatz in Artikel 3 Absatz 1 GG sieht sich als eine programmatische Statuierung des deutschen verfassungsrechtlichen Gleichheitsideals. Artikel 3 Absatz 2 und 3 GG regulieren die besonderen Gleichheitssätze. Die türkische Verfassung enthält anders als die deutsche keinen Artikel 3 Absatz 1 GG entsprechenden allgemeinen Gleichheitssatz. Die Verfassung verbindet sowohl den allgemeinen Gleichheitssatz als auch das Diskriminierungsverbot in einem Satz des Artikels 10 der Verfassung. In der türkischen Verfassungsgeschichte kommt aber eine Nichtdiskriminierungspflicht vor einem allgemeinen Gleichbehandlungsgrundsatz mit dem Ziel der Gleichheit vor dem Gesetz zu. (Vgl. § 9 A. I. und § 9 B. I.)

83. Ein direkter Hinweis auf ein Recht auf Kündigungsschutz befindet sich anders als in der Charta der Grundrechte der Europäischen Union oder der RESC weder im deutschen Grundgesetz noch in der türkischen Verfassung. Anders als das Recht auf Nichtdiskriminierung ist ein Recht auf Kündigungsschutz nur bedingt in den nationalen Verfassungen der Bundesrepublik Deutschland und der Republik Türkei erwähnt. (Vgl. § 9 A. I. und § 9 B. I.)

84. In Bezug auf das deutsche Recht kommen verschiedene Interessen der Arbeitnehmer*innen, der Arbeitgeber*innen und sogar manchmal auch der Arbeitsuchenden in Verbindung mit den verfassungsrechtlich anerkannten und geschützten Rechten in Betracht. Verfassungsrechtliche Grundlagen des Rechts des*der Arbeitnehmers*in auf Kündigungsschutz können sich aus dem Schutz der Menschenwürde, dem Recht auf Betätigung der Arbeitskraft, dem Recht auf Berufsfreiheit, Sozialstaatsprinzip und dem Recht auf Arbeit ergeben. Demzufolge dient der Kündigungsschutz der Sicherung der Menschenwürde des*r Arbeitnehmers*in, da es gilt, die wirtschaftliche Existenz eines Individuums zu sichern und die Freiheit dessen zu garantieren, um die wesentlichen Teile der Menschenwürde zu gestalten. Sozialstaatsprinzip fordert auf der anderen Seite den Schutz der Schwächeren, die Arbeitnehmer*innen als schwächere Vertragspartner im Arbeitsvertrag gegenüber der Vertragsbeendigungsfreiheit des*r Arbeitgebers*in; es fordert den Staat auf, ungleiche Positionen der Bürger zu neutralisieren. (Art. 20, I GG und Art. 28, I GG). Der soziale Staat hat die Aufgabe, sich in das Arbeitsvertragsverhältnis einzumischen, wenn zwischen den Parteien des Arbeitsvertrages eine Machtasymmetrie besteht. (Vgl. § 9 A. I. und § 9 C.)

85. Zu erfassen sind kollidierende Grundrechtspositionen des*der Arbeitnehmers*in durch ein gemäß Artikel 12 Absatz 1 GG geschütztes Interesse an der Erhaltung seines*ihres Arbeitsplatzes sowie des*der Arbeitgebers*in durch ein gemäß Artikel 12 Absatz 1 GG geschütztes Interesse, in seinem*ihrem Unternehmen nur Mitarbeiter zu beschäftigen, die seinen*ihren

Vorstellungen entsprechen, und ihre Zahl auf das von ihm*ihr bestimmte Maß bestimmen. Die Bedürfnisse der beiden Parteien, die der Arbeitnehmer*innen und der Arbeitgeber*innen, sind auszugleichen. Der Staat ist lediglich verantwortlich für eine aus Artikel 12 Absatz 1 GG resultierende Schutzpflicht und hat aufgrund dieser einen Mindeststandard an Kündigungsschutz zu gewähren. Der Verfassungsgeber versucht die aus einer Kündigung resultierende Not durch das Kündigungsschutzgesetz zu lindern, welche aber immer unter Berücksichtigung der kollidierenden Grundrechtspositionen der Arbeitnehmer*innen und der Arbeitgeber*innen erfolgen soll. Eine derartige Interessenabwägung ist im Zusammenhang mit der Nichtdiskriminierungspflicht des Staates undenkbar. (Vgl. § 9 A. I.)

86. Verfassungsrechtliche Grundlage für das Recht auf Kündigung eines unbefristeten Arbeitsvertrages findet sich nach türkischem Recht in dem verfassungsrechtlich geschützten Persönlichkeitsrecht und in dem Prinzip der Freiheit der Menschen. Verfassungsrechtliche Grundlage für das Recht auf Kündigungsschutz eines unbefristeten Arbeitsvertrages findet sich auf der anderen Seite in mehreren Artikeln der Verfassung. (Vgl. § 9 B. I.)
87. Die türkische Verfassung sieht den Staat als einen Sozialstaat verpflichtet, für die Entwicklung der materiellen und ideellen Existenz des Menschen erforderliche Bedingungen zu schaffen, notwendige Maßnahmen zur Erhöhung des Lebensstandards der Arbeitenden zu ergreifen, um hinsichtlich der Entfaltung des Arbeitslebens die Arbeitenden und Arbeitslosen zu schützen (Art. 5 und Art. 49, II Verf. 1982). Somit nähert sich die Verfassung an die Ansätze, die den Schutz der materiellen und/oder sozialen Existenzgrundlage des*der Arbeitnehmers*in als Grund für den Kündigungsschutz sehen. (Vgl. § 9 B. I.)
88. Nach dem türkischen Recht ist es die Pflicht des Sozialstaates, die Gründe zu beseitigen, die den Einzelnen daran hindern, seine Grundrechte und -freiheiten wahrzunehmen (Art. 2 Verf. und Art. 48 Verf.). Sozialstaatsprinzip verleiht dem Staat als einem sozialen Staat die Rolle eines Beschützers, der aktiv die Konflikte bewältigen hilft. Es ist ein Staat, der durch das Beschützen der Schwachen gegen die Starken die soziale Gerechtigkeit und die soziale Balance bewahrt. Die verfassungsgebende Versammlung versetzt den Staat in eine Rolle als Stabilisator des Verhältnisses zwischen Arbeitnehmern*innen und Arbeitgebern*innen. Somit positioniert sie den Staat in eine positive Rolle. Es reicht nicht aus, dass die Arbeitnehmer*innen einen geeigneten Arbeitsplatz erhalten, sie sollten auch daran gehindert werden, ihren Arbeitsplatz nach der Einstellung leicht zu verlieren und sollten daher mit Kündigungsschutz ausgestattet werden. (Art. 49 Verf.) (Vgl. § 9 B. I.)
89. Die türkische Verfassung versteht das Arbeiten nicht nur als ein individuelles Phänomen, sondern auch als ein gesellschaftliches. Nur durch Arbeit bestehe die Möglichkeit, sich davon zu befreien, selbst und anderen Mitgliedern der Gesellschaft und der Gesellschaft im Allgemeinen zur Last zu fallen. Der Staat ist nach der türkischen Verfassung in den kündigungsrechtlichen

Fragen verpflichtet, nicht nur eine Interessenabwägung zu gewährleisten, sondern auch Maßnahmen zum Schutz des Arbeitsfriedens zu ergreifen und sich aktiv am Konflikt zwischen den Arbeitsvertragsparteien, nach der ausdrücklichen Erwähnung der Verfassung, auch unter Berücksichtigung der Arbeitsuchenden, zu beteiligen (Art. 49 II Verf.). (Vgl. § 9 B. I. 3.)

90. Die gesetzliche Grundlage des deutschen allgemeinen arbeitsrechtlichen Antidiskriminierungsrechts gestaltet das AGG, das zur Umsetzung der europarechtlichen Antidiskriminierungsrichtlinien und gleichzeitig auch zur Konkretisierung des verfassungsrechtlichen Gleichberechtigungsgebots (Art. 3 II GG) sowie der Diskriminierungsverbote (Art. 3 II GG) dient. Das in § 611a BGB a.F. geregelte Verbot der Geschlechterdiskriminierung hatte gegenüber anderen Diskriminierungsverboten im deutschen Recht eine Vorreiterfunktion, vor allem in Bezug auf eine diskriminierende Kündigung. Die gesetzliche Grundlage des türkischen allgemeinen arbeitsrechtlichen Antidiskriminierungsrechts findet in dem Arbeitsgesetz und dem GMRGI eine Erläuterung. Artikel 5 ArbG, die elementare gesetzliche Grundlage des arbeitsrechtlichen Diskriminierungsverbotes nach türkischem Arbeitsrecht, dient der Konkretisierung des Artikel 10 Verfassung, der Umsetzung der völkerrechtlichen Verträge, insbesondere der VN-Frauenrechtskonvention, der IAO Übereinkommen, vor allem dem IAO Übereinkommen Nr. 100, sowie der Vereinheitlichung des türkischen Rechts in Verbindung mit dem Recht der Europäischen Union. Antidiskriminierungsrechtlich basiert das GMRGI vor allem auf Artikel 10 der Verfassung und dem Besitzstand der EU, spezifisch auf den Antidiskriminierungsrichtlinien. Folglich haben beide – das deutsche AGG und das türkische GMRGI – ihre Grundlagen in den eigenen nationalen verfassungsrechtlichen Fundamenten wie auch im Recht der Europäischen Union. Antidiskriminierungsrechtliche Teile des türkischen Arbeitsgesetzes stützen sich zusätzlich wiederum auf völkerrechtliche Verträge. (Vgl. § 9 A. II und § 9 B. II.)

91. Theoretische Grundlagen des deutschen AGG schaffen einen auf der Würde des Menschen basierenden Ansatz zum Antidiskriminierungsrecht sowie die sozial egalitäre Perspektive des Antidiskriminierungsrechts – Chancengleichheit und Verteilungsgerechtigkeit, Sozial- und Beschäftigungspolitik und eine sich daraus herauskristallisierende Annahme der Bewahrung der Gleichheit als Schutzgut des Gesetzes. Sowohl die Präventivfunktion als auch die kompensierende Funktion ist bezweckt. Auf diese Weise bemüht sich das AGG um den Schutz des Betroffenen, aber auch um die Veränderung der Gesellschaft. Bei dem türkischen GMRGI steht ebenfalls die Würde des Menschen im Mittelpunkt des antidiskriminierungsrechtlichen Verständnisses. Der Schutz und die Förderung der Menschenrechte auf der Grundlage der Menschenwürde, die Gewährleistung des Rechts der Menschen auf Gleichbehandlung bei der Prävention hinsichtlich der Diskriminierung infolge der Wahrnehmung gesetzlich anerkannter Rechte und Freiheiten sind bezweckt. GMRGI ist ein Nachfolger einer langjährigen Tradition einer

Institutionalisierung der Menschenrechte in der Türkei. (Vgl. § 9 A. II und § 9 B. II.)

92. Der allgemeine Kündigungsschutz hat eine lange Tradition in der Bundesrepublik Deutschland. Das Kündigungsschutzgesetz ist 55 Jahre älter als das AGG. Ein arbeitsgesetzlicher Schutz gegen Kündigungen nach türkischem Recht entwickelte sich wiederum allmählich mit der Zeit. Fast zeitnah wie der arbeitsrechtliche Diskriminierungsschutz genießen Arbeitnehmer*innen in der Türkei erst seit 2002 den Kündigungsschutz. Die kündigungsschutzrechtlichen Regelungen des Arbeitsgesetzes dienen der Anpassung des türkischen Rechts in Bezug auf das IAO Übereinkommen Nr. 158. (Vgl. § 9 A. II. und § 9 B. II.)
93. Bis 2002 kannte das türkische Arbeitsrecht den Kündigungsschutz nicht. Bis dahin galt die Beendigungsfreiheit des Arbeitsvertrages nach dem türkischen Arbeitsrecht auch für arbeitsvertragliche Beziehungen. (Vgl. § 9 B. II.)
94. Das deutsche Kündigungsschutzgesetz ist bestrebt, eine Bestandsschutzfunktion zu erfüllen, beabsichtigt aber nicht die Übernahme einer Rolle als Abfindungsgesetz. Kündigungsschutzrechtliche Regelungen des türkischen Arbeitsgesetzes übernehmen wiederum unter anderem einen das Arbeiten zusichernden Faktor. (Vgl. § 9 A. II. und § 9 B. II.)
95. Anders als das deutsche Kündigungsschutzgesetz enthalten die türkischen kündigungsschutzrechtlichen Regelungen eine spezielle Norm über diskriminierende Kündigungen. Gemäß Artikel 18 Absatz 3 Buchstabe d Arbeitsgsetz stellen diskriminierende Gründe vor allem keinen triftigen Grund für eine Kündigung dar. Ebenfalls sind alle Kündigungsverfahren nach dem türkischen GMRGI durch das Diskriminierungsverbot abgedeckt. Somit enthält das GMRGI ebenfalls Bestimmungen, die direkt dem Thema der diskriminierenden Kündigungen gewidmet sind. (Vgl. § 9 B. II.)

Anwendungsbereiche des arbeitsrechtlichen Antidiskriminierungsrechts und des allgemeinen Kündigungsschutzrechts nach deutschem und türkischem Recht

96. Der persönliche Anwendungsbereich des im AGG festgelegten arbeitsrechtlichen Diskriminierungsverbotes umfasst Beschäftigte und geht über den klassischen arbeitsrechtlichen Begriff des „Arbeitnehmers“ weit hinaus. Anders als im deutschen Recht ist der persönliche Anwendungsbereich des im türkischen Arbeitsgesetz festgelegten arbeitsrechtlichen Diskriminierungsverbotes sehr eng geregelt. Nur Arbeitnehmer*innen, deren Arbeitsverhältnis innerhalb des Arbeitsgesetzes fallen, genießen Diskriminierungsschutz nach dem Arbeitsgesetz, welches viele Arbeiten und Betriebe nicht deckt. Der persönliche Anwendungsbereich des

arbeitsrechtlichen Diskriminierungsschutzes nach dem türkischen GMRGI deckt wiederum einen viel größeren Bereich ab als das Arbeitsgesetz und umfasst vor allem, wie das deutsche AGG, Beschäftigte, welche ermöglicht auch Arbeitnehmern*innen, die nicht in den Geltungsbereich des Arbeitsgesetzes fallen, von den Rechten des GMRGI zu profitieren. (Vgl. § 10 A. und § 10 B. II.)

97. Der sachliche Anwendungsbereich des AGG umfasst keine Kündigungen. Durch § 2 Absatz 4 AGG hat das AGG eine Regelungsausnahme in Bezug auf die Kündigung geschaffen, wonach für Kündigungen ausschließlich Bestimmungen zum allgemeinen und besonderen Kündigungsschutz gelten. Anders als im deutschen Recht beinhaltet der sachliche Anwendungsbereich des im türkischen Arbeitsgesetz festgelegten arbeitsrechtlichen Diskriminierungsschutzes Diskriminierungen bei der Beendigung des Arbeitsverhältnisses, vor allem die Kündigung. Der sachliche Anwendungsbereich des GMRGI erstreckt sich ebenfalls auf Arbeitgeberkündigungen. (Vgl. § 10 A. und § 10 B. II.)
98. Der deutsche Rechtsausschuss begründet seine Auffassung bezüglich § 2 Absatz 4 AGG: Für Kündigungen sollten ausschließlich die Bestimmungen zum allgemeinen und besonderen Kündigungsschutz Anwendung finden. Dies erscheine sachgerechter, weil diese Regelungen speziell auf Kündigungen zugeschnitten seien.[3077] Warum aber *„speziell auf Kündigungen zugeschnittene“* Regelungen für die Fälle diskriminierender Kündigungen sachgerechter erscheinen, nicht aber speziell auf Diskriminierungen zugeschnittene Normen der AGG, dafür gibt es keine Erklärung. (Vgl. § 10. A. I.)
99. Fraglich ist dabei, inwieweit die unterschiedlichen theoretischen und verfassungsrechtlichen Fundamente der beiden Rechtssysteme zu beachten sind. Das AGG dient nicht nur der Umsetzung der europäischen Antidiskriminierungsrichtlinien, vielmehr betrifft es auf der einen Seite auch die Umsetzung des Artikels 3 GG, welcher mit seiner menschenrechtlichen Natur den Bürgern ein unabdingbares Recht auf Diskriminierungsschutz verschafft. Auf der anderen Seite ist der Staat nach Artikel 12 GG lediglich verantwortlich, einen Mindeststandard an Kündigungsschutz zu gewähren, wobei eine Abwägung der kollidierenden Interessen der Arbeitnehmer*innen und Arbeitgeber*innen geboten ist, welche im Zusammenhang mit der Nichtdiskriminierungspflicht des Staates als undenkbar gilt. Während der Diskriminierungsschutz von den*der Arbeitgebern*in verlangt, die Arbeitnehmer*innen auch vor eigenen wirtschaftlich motivierten Entscheidungen des*der Arbeitgebers*in zu schützen; findet bei dem Kündigungsschutzrecht eine Gleichstellung der wirtschaftlichen Interessen des*der Arbeitgebers*in

3077 BT-Drs. 16/2022, 12.

mit den Interessen des Arbeitnehmers*in unter Berücksichtigung der Schutzbedürftigkeit des*der Arbeitnehmers*in statt. (Vgl. § 10. A. I.)

100. Das BAG erkennt das Problem der Europarechtswidrigkeit der Norm § 2 Absatz 4 AGG und versucht es durch eine hybride Lösung zu bewältigen, wonach die Prinzipien und Normen des AGG innerhalb des Systems des Kündigungsschutzes nach KSchG eingebettet sind. Das durch § 2 Absatz 4 AGG ausgelöste Problem gilt vor allem als ein Konflikt zwischen gleichen hierarchischen Gesetzesebenen – AGG und KSchG – in Verbindung mit dem Recht der Europäischen Union und dient mithin der Herstellung einer Kohärenz zwischen beiden gleichrangigen Regelungsregimen. (Vgl. § 10. A. I.)

101. Speziell auf Kündigungen zugeschnittene Regelungen genießen nach deutschem Recht Anwendungsvorrang; somit verbleibt das AGG nur als subsidiär anwendbar. (Vgl. § 10. A. I.)

102. Der persönliche Anwendungsbereich des allgemeinen Kündigungsschutzes nach dem deutschen Kündigungsschutzgesetz umfasst vor allem Arbeitnehmer*innen mit einem Arbeitsverhältnis, das im Betrieb oder Unternehmen länger als sechs Monate bestanden hat. Der persönliche Anwendungsbereich des allgemeinen Kündigungsschutzes nach dem türkischen Arbeitsrecht umfasst ebenfalls Arbeitnehmer*innen mit einem Arbeitsverhältnis, das im Betrieb oder Unternehmen länger als sechs Monate bestanden hat, aber nur diejenigen, die innerhalb des Anwendungsbereiches des Arbeitsgesetzes arbeiten. (Vgl. § 10 A. II. und § 10 B. III.)

103. Der betriebliche Anwendungsbereich des allgemeinen Kündigungsschutzes nach dem deutschen Kündigungsschutzgesetz gilt für sämtliche Betriebe und Verwaltungen des privaten und des öffentlichen Rechts. Ausgenommen sind Kleinbetriebe mit einer Beschäftigung von zehn oder weniger Arbeitnehmern*innen. Der türkische allgemeine Kündigungsschutz gilt wiederum nur für Betriebe, in denen 30 oder mehr Arbeitnehmer*innen Beschäftigung finden. (Vgl. § 10 A. I.)

104. Der sachliche Anwendungsbereich des allgemeinen Kündigungsschutzes nach dem deutschen Kündigungsschutzgesetz gewährleistet lediglich einen Schutz gegen ordentliche Kündigungen des*der Arbeitnehmers*in durch den*die Arbeitgeber*in. Unter den sachlichen Arbeitsbereich des allgemeinen Kündigungsschutzrechts des türkischen Rechts fallen ordentliche und außerordentliche Kündigungen unbefristeter Arbeitsverträge des*der Arbeitnehmers*in durch den*die Arbeitgeber*in. (Vgl. § 10 A. II und § 10 B. III.)

105. Die Ausschließung der Haushaltsdienste vom Anwendungsbereich des Arbeitsgesetzes – somit vom Anwendungsbereich des arbeitsrechtlichen Antidiskriminierungsrechts und des Kündigungsschutzes – durch den dem Anschein nach neutralen Artikel 4 Absatz 1 Buchstabe e ArbG kann sich als Benachteiligung einer Geschlechtsgruppe, Frauen als Merkmalsträger, erweisen und sich somit als eine mittelbare Diskriminierung gestalten.

Erhebliche Bedenken bestehen über die Korrespondierbarkeit der Ausnahmen der wesentlichen Arten von Arbeiten und Arbeitnehmern*innen vom Anwendungsbereich des türkischen allgemeinen Kündigungsschutzes anhand des IAO Übereinkommens Nr. 158. Durch einen Ausschluss von Betrieben mit weniger als 30 Arbeitnehmern*innen vom Anwendungsbereich des Kündigungsschutzes sind außerdem kleinere und mitlere Unternehmen sind vom den kündigungschutzrechtlichen Verpflichtungen befreit. Die große Mehrheit der Unternehmen in der Türkei besteht aus kleine und mittlere Unternehmen. Daher genießt eine relativ große Anzahl von Arbeitnehmern*innen keine Arbeitsplatzsicherheit. Der türkischen arbeitsrechtlichen allgemeinen Diskriminierungsschutz bietet dabei eine wesentlich höhere Reichweite. (Vgl. § 10 B. II.)

106. Im Zusammenhang mit diskriminierenden Arbeitgeberkündigungen finden nach deutschem Recht folgende gesetzliche Vorschriften Anwendung: Diskriminierende ordentliche Arbeitgeberkündigungen gegenüber Arbeitnehmern*innen, die innerhalb des Anwendungsbereiches des Kündigungsschutzgesetzes fallen, umfassen den Anwendungsbereich des Kündigungsschutzgesetzes. Materielle Diskriminierungsverbote des AGG – einschließlich der im AGG vorgesehenen Rechtfertigungsgründe – gelten ausschließlich bei der Auslegung der unbestimmten Rechtsbegriffe des Kündigungsschutzgesetzes, insbesondere bei der Konkretisierung der Sozialwidrigkeit und auch bei der Interpretierung der Sozialauswahl. Darüber hinaus bleibt § 15 Absatz 2 AGG ebenfalls anwendbar. Es heißt demzufolge: Die vorliegende Persönlichkeitsrechtsverletzung sei als solche unabhängig von der Frage zu sanktionieren, ob nach einer unwirksamen Kündigung das Arbeitsverhältnis fortbestehe. (Vgl. § 10 A. I. und § 10 C.)

107. Im Zusammenhang mit diskriminierenden Arbeitgeberkündigungen finden nach türkischem Recht folgende gesetzliche Vorschriften Anwendung: Diskriminierende Arbeitgeberkündigungen gegenüber Arbeitnehmern*innen, die innerhalb des Anwendungsbereiches des Arbeitsgesetzes und des Anwendungsbereichs des allgemeinen Kündigungsschutzes fallen, sind durch den Anwendungsbereich des allgemeinen arbeitsrechtlichen Diskriminierungsschutzes nach den Bestimmungen des Artikels 5 Arbeitsgesetz, durch den Anwendungsbereich des Kündigungsschutzes nach dem türkischen Arbeitsrecht nach den Artikeln 18, 20 und 21 des Arbeitsgesetzes und durch den Anwendungsbereich des arbeitsrechtlichen Diskriminierungsschutzes nach dem GMRGI umfasst. Es gelten sowohl Bestimmungen des Artikels 5 Arbeitsgesetz als auch die Normen des türkischen allgemeinen arbeitsrechtlichen Kündigungsschutzes, ebenso wie GMRGI. (Vgl. § 10 C.)

108. Die anwendbaren Normen bei einer diskriminierenden Kündigung für Arbeitsverhältnisse innerhalb des Kündigungsschutzes unterscheiden sich nach den nationalen Rechtssystemen voneinander in entscheidendem Maße. Das deutsche Recht sieht darin einen Konflikt zwischen den Normen des

allgemeinen Diskriminierungsschutzes und des allgemeinen Kündigungsschutzes. Für das türkische Recht ist es eine Schnittmenge in Bezug auf den allgemeinen Diskriminierungsschutz und den allgemeinen Kündigungsschutz, die sowohl den allgemeinen Diskriminierungsschutz als auch den allgemeinen Kündigungsschutz beinhalten. Darauffolgend gibt es in deutscher Rechtsordnung ein Mix-System im Hinblick auf die diskriminierende Kündigung, wobei die Normen über den allgemeinen arbeitsrechtlichen Diskriminierungsschutz des AGG in die Normen des Kündigungsschutzgesetzes eingebettet sind. In der türkischen Rechtsordnung existieren hingegen zwei arbeitsrechtliche Diskriminierungsschutzsysteme nach dem GMRGI nach dem Arbeitsgesetz und ein allgemeines Kündigungsschutzsystem nach dem Arbeitsgesetz gleichzeitig parallel zueinander. (Vgl. § 10 A. und § 10. C.)

Schutz vor Diskriminierung nach dem allgemeinen Diskriminierungsschutz am Beispiel einer Kündigung

109. Beide nationalen Rechtssysteme enthalten keine allgemeinen Definitionen der Diskriminierung im Sinne einer arbeitsrechtlichen Antidiskriminierung. Sowohl im deutschen AGG als auch im türkischen GMRGI sind jedoch detaillierte Begriffsbestimmungen verschiedener Formen der Diskriminierung wie unmittelbare und mittelbare Diskriminierung enthalten. Im türkischen Arbeitsgesetz hingegen fehlen diese Definitionen. (Vgl. § 11 A.)
110. In Bezug auf die Frage, ob zusätzliche Kategorien in den Geltungsbereich des bestehenden Antidiskriminierungsschutzes fallen – im Gegensatz zum Umfang, in dem Gesetzgeber tätig sind – verwenden sowohl das deutsche Grundgesetz und das Allgemeine Gleichbehandlungsgesetz als auch das türkische GMRGI den Ansatz, nach dem die Rechtsvorschriften so zu formulieren sind, dass sie eine erschöpfende Liste von Gründen enthalten. Damit unterscheiden sich GG, AGG und GMRGI von der völkerrechtlichen Tradition, wie sie bei AEMR, IPBPR, EMRK, aber auch bei GRC üblich ist, und ähneln den EU-Antidiskriminierungsrichtlinien (Vgl. Anh. I). Die türkische Verfassung und das Arbeitsgesetz – beide Artikel 5 ArbG und Artikel 18 ArbG – wiederum öffnen den Weg für weitere als in dem Gesetz aufgezählte Kategorien, den Schutz mittels einer Öffnungsklausel auszudehnen. (Vgl. § 11 B. I.)
111. Aufgezählt sind die Diskriminierungsmerkmale Rasse, Geschlecht, Religion – oder ähnliche/verwandete Merkmale wie Religion, bspw. Glaube, religiöse Anschauung – in GG, AGG, Verfasung, Arbeitsgesetz und GMRGI. Die ethnische Herkunft findet im AGG und im GMRGI einen Platz. Verfassung, Arbeitsgesetz und GMRGI nennen Hautfarbe insbesondere als ein Diskriminierungsmerkmal. Das Grundgesetz verwendet die Begriffe Herkunft,

Abstammung, Heimat. Sprache ist außer im AGG ein geschütztes Merkmal nach GG, Verfasssung, Arbeitsgesetz und GMRGI. Außer türkische Verfassung ist die Behinderung nach GG, AGG, Arbeitsgesetz und GMRGI geschütztes Diskriminierungsmerkmal. Das Merkmal sexuelle Identität ist wiederum nur im AGG, die Merkmale Vermögen, Geburt und Gesundheit sind nur in GMRGI ausdrücklich aufgezählt. Somit beinhaltet das AGG genau die gleichen Diskriminierungsmerkmale, die durch die AEUV abgedeckt sind. Von diesen – durch die nationalen antidiskriminierungsrechtlichen Normen – geschützten Diskriminierungskategorien gestalten sich das Alter in Deutschland und wiederum die politische Meinung in der Türkei als häufigste genannte Diskriminierungsmerkmale. (Vgl. § 9 A. I. und § 9 B. I. i.V.m. § 11 B. II.)

112. Im Zusammenhang mit der unmittelbaren Diskriminierung ähneln sich die Definitionen und somit auch die Tatbestandsmerkmale der unmittelbaren Diskriminierung in den beiden Rechtssystemen grundsätzlich stark. Allerdings fehlt ein Hinweis auf eine weniger günstige Behandlung nach türkischem Recht, was es fragwürdig macht, ob diese unterschiedliche Behandlung tatsächlich auch weniger günstig sein muss. Weiterhin versteht das türkische arbeitsrechtliche Antidiskriminierungsrecht einen*e vergleichbarer*e Arbeitnehmer*in als denjenigen*diejenige, der*die im Rahmen eines Arbeitsvertrages dieselbe oder eine ähnliche Arbeit im Betrieb verrichtet (i. V. m. Art. 12 III ArbG und Art. 13 III ArbG). Ein Vergleich mit einem früheren Beschäftigten oder mit einer hypothetischen Person, anders als das deutsche Recht, ist nicht gestattet. (§ 11 C. II. 2.)

113. Im Zusammenhang mit der mittelbaren Diskriminierung existiert ein Verbot einer mittelbaren Diskriminierung sowohl in Deutschland als auch in der Türkei. Allerdings ist diese Rechtsinstitution ziemlich neu nach türkischem Recht und die Rechtsprechung über diese befindet sich immer noch in der Entwicklung. Während nach deutschem Recht das Vorliegen des Anscheins nach neutralen Vorschriften, Kriterien oder Verfahren für das Bestehen einer mittelbaren Diskriminierung vorausgesetzt ist, sieht das türkische Recht das Vorliegen aller Arten der dem Anschein nach nichtdiskriminierenden Handlungen, Behandlungen und Verfahren als erste Voraussetzung. Somit verbindet das deutsche arbeitsrechtliche Antidiskriminierungsrecht die mittelbare Diskriminierung mit neutral formulierten und das türkische arbeitsrechtliche Antidiskriminierungsrecht mit nichtdiskriminierend formulierten Kriterien. Eine mittelbare Diskriminierung liegt nach dem deutschen AGG nur dann vor, wenn dem Anschein nach neutrale Vorschriften, Kriterien oder Verfahren, die zwar nicht unmittelbar auf der Mitgliedschaft in einer geschützten Gruppe beruhen, in der Tat aber im Wesentlichen oder überwiegend Personen, die eines der Diskriminierungsmerkmale gemäß § 1 AGG erfüllen, gegenüber anderen Personen

betreffen (§ 3 II AGG). Zwar ist im türkischen Arbeitsgesetz aufgrund des Wortlauts des Gesetzestextes als unterschiedliche Behandlung der fehlende Bezug auf benachteiligende Wirkung durch GMRGI korrigiert, findet sich immer noch auch in der Definition der mittelbaren Diskriminierung nach dem GMRGI kein Hinweis auf eine Vergleichsperson (Art. 5 III ArbG; Art. 3 I a GüBehinderten; Art 2 I e GMRGI). (Vgl. § 11 D.)

114. Eine objektive Rechtfertigung des benachteiligenden Handelns des*der Arbeitgebers*in gestaltet sich als ein Tatbestand der mittelbaren Diskriminierung nach den beiden Rechtsordnungen. Es fehlt aber im türkischen Recht – anders als im deutschen und europäischen Recht – ein Hinweis auf die nicht unbedingt angemessenen und erforderlichen Mittel zur Erreichung dieses Zieles. (Vgl. § 11 D.)

115. In Bezug auf die Rechtfertigung einer Diskriminierung unterscheiden sich die beiden arbeitsrechtlichen Diskriminierungsschutzsystemen wesentlich, indem das deutsche Recht dem europäischen und das türkische wiederum eine Mischung von Ansätzen des EGMR und dem europäischen Recht folgt. (Vgl. § 11 E.)

116. Nach deutschem Recht, folgend dem Beispiel des europäischen Rechts, sind nur bestimmte begrenzte Ausnahmen von unmittelbarer Diskriminierung vorgesehen, eine allgemeine Rechtfertigung unterliegt allein einer Prüfung im Zusammenhang mit einer mittelbaren Diskriminierung. (§§ 8 bis 10 AGG) Das türkische Arbeitsgesetz legt wiederum zwar keine Gründe fest, die unterschiedliche Behandlungen aufgrund der Diskriminierungsmerkmale nach dem allgemeinen arbeitsrechtlichen Diskriminierungsverbot rechtfertigen könnten, laut dem Verständnis des Schrifttums und des Kassationshofes hinsichtlich des Ansatzes des EGMR in Bezug auf das Diskriminierungsverbot nach EMRK verfolgt der*die Arbeitgeber*in einen berechtigten Zweck nach dem Grundsatz der Verhältnismäßigkeit; dies kann demzufolge sein*ihr Verhalten rechtfertigen. Erst nach dem Inkrafttreten des GMRGI befindet sich nach dem türkischen arbeitsrechtlichen Antidiskriminierungsrecht eine unionsrechtmäßige Aufzählung der bestimmten Beispiele, bei der die Rechtfertigungsgründe gelten. (Vgl. § 11 E. II)

117. Aufgezählte Rechtfertigungsmöglichkeiten nach dem deutschem AGG und dem türkischen GMRGI unterscheiden sich leicht voneinander. Das AGG spricht von wesentlichen und entscheidenden beruflichen Anforderungen, während nach türkischem Recht von zwingenden Anforderungen die Rede ist. Darüber hinaus sehen aber beide Rechtsordnungen Rechtfertigungsgründe wegen der Religion, Weltanschauung und des Alters. Nach türkischem Recht kann jedoch auch das Geschlecht einen Rechtfertigungsgrund darstellen. (Vgl. § 11 E.)

Schutz vor Kündigung nach dem Kündigungsschutzrecht am Beispiel einer diskriminierenden Kündigung

118. Das deutsche Recht erklärt eine sozial ungerechtfertigte Kündigung für rechtsunwirksam. Eine Kündigung ist sozial ungerechtfertigt, wenn sie nicht durch drei *„positive"* Kündigungsgründe bedingt ist, die in der Person oder in dem Verhalten des*der Arbeitnehmers*in liegen, oder durch dringende betriebliche Erfordernisse, die einer Weiterbeschäftigung des*der Arbeitnehmers*in in diesem Betrieb entgegenstehen (§ 1 II KSchG). Das türkische Recht wiederum verlangt – wie sein Vorbild IAO Übereinkommen Nr. 158 – von einer Kündigung das Stützen auf einen triftigen Kündigungsgrund (Art. 18 I und III ArbG). (Vgl. § 12 A. und § 12 B.)
119. Kündigungsgründe, die sich aus der Sphäre des*der Arbeitnehmers*in ergeben, sind nach deutschem Recht Gründe in der Person oder im Verhalten des*der Arbeitnehmers*in, nach türkischem Recht sind sie in der Unfähigkeit oder im Verhalten des*der Arbeitnehmers*in begründet. Sowohl die deutschen Kündigungsgründe hinsichtlich der Person des*der Arbeitnehmers*in als auch die türkischen Kündigungsgründe wegen der Unfähigkeit des*der Arbeitnehmers*in beruhen auf persönlichen Fähigkeiten und Eigenschaften des*der Arbeitnehmers*in. Das deutsche Recht verlangt in den Fällen der personenbedingten Kündigung eine Störung für eine erhebliche Zeit, das türkische Recht spricht von einer permanenten Beeinträchtigung. Einige Fallgruppen der personenbedingten Kündigung bzw. Kündigung wegen persönlicher Fähigkeiten und Eigenschaften, wie krankheitsbedingte Kündigung oder altersbedingte Kündigung, sind in den beiden Rechtsordnungen verschiedenartig untersucht und ausgelegt. (Vgl. § 12 B. I. und § 12 B. II.)
120. Weitere, sich aus der Sphäre des*der Arbeitnehmers*in ergebende Kündigungsgründe sind nach deutschem Recht Gründe im Verhalten des*der Arbeitnehmers*in, nach türkischem Recht betreffen sie das Verhalten des*der Arbeitnehmers*in. Verhaltensbedingte Kündigungsgründe in beiden Rechtsordnungen sind Gründe, die nicht ausreichend sind, um eine außerordentliche Kündigung zu rechtfertigen. Grundsätzlich beabsichtigen beide Rechtssysteme nicht das Bestrafen von Verhaltensweisen, vielmehr das Vermeiden des Risikos eines erneuten Auftretens der Verletzung vertraglicher Verpflichtungen durch Arbeitnehmer*innen. Einige Fallgruppen der verhaltensbedingten Kündigung, wie religiöse Symbole am Arbeitsplatz oder Kündigung wegen Glaubens- und Gewissenskonflikt, sind in beiden Rechtsordnungen verschiedenartig untersucht und ausgelegt. (Vgl. § 12 B. I. und § 12 B. II.)
121. Sich aus der Sphäre des*der Arbeitgebers*in ergebende Kündigungsgründe sind nach deutschem Recht durch betriebliche Gründe gerechtfertigt; nach türkischem Recht existieren die Gründe wegen der Erfordernisse des

Unternehmens, des Betriebes oder des Dienstes. In beiden Rechtssystemen genießen die Arbeitgeber*innen einen gewissen Entscheidungsspielraum. Ein wichtiger Unterschied zwischen beiden Rechtssystemen im Hinblick auf eine betriebsbedingte Kündigung besteht in der Sozialauswahl. Liegen nach deutschem Recht dringende betriebliche Erfordernisse vor, ist aber keine Weiterbeschäftigungsmöglichkeit für den*die Arbeitnehmer*in vorhanden, kann die Kündigung trotzdem sozial ungerechtfertigt sein, wenn der*die Arbeitgeber*in bei der Auswahl des*der Arbeitnehmers*in soziale Aspekte nicht oder nicht ausreichend berücksichtigt hat (§ 1, III 1 KSchG). Nach türkischem Recht ist die Sozialauswahl weder im türkischen Arbeitsgesetz vorgesehen noch findet sich ein Hinweis in der Gesetzesbegründung. Die türkische Rechtsprechung berücksichtigt objektive Auswahlkriterien bei betriebsbedingten Kündigungen. In der Regel gilt demzufolge nach dem türkischen Arbeitsrecht der*die Arbeitgeber*in an dem Punkt als frei, welche Arbeitnehmer*innen er*sie kündigen darf; solange er*sie das Prinzip der Gleichheit, der Grundsätze der Nichtdiskriminierung und der Gleichbehandlung nach Artikel 5 Arbeitsgesetz beachtet, sofern keine arbeits- oder tarifvertragliche Vereinbarung über die Verwendung von sozialen Auswahlkriterien vorliegt. (Vgl. § 12 B. I und § 12 B. II.)

122. Im deutschen Kündigungsschutzrecht gelten für alle Kündigungsgründe übergreifende allgemeine Prinzipien wie Prognoseprinzip, Ultima-Ratio-Prinzip, Prinzip der Interessenabwägung. Keine dieser Rechtsprinzipien hat aber eine rechtliche Grundlage im türkischen Recht. Trotzdem ist z. B. das Ultima-Ratio-Prinzip vom Schrifttum und insbesondere von der Rechtsprechung anerkannt; in dieser Hinsicht sind diese Prinzipien weitgehend vom deutschen Recht inspiriert. (Vgl. § 12 B. I und § 12 B. II.)

123. Das deutsche Recht erklärt eine sozial ungerechtfertigte Kündigung für rechtsunwirksam. Eine Kündigung ist sozial ungerechtfertigt, wenn sie nicht durch drei *„positive"* Kündigungsgründe bedingt ist (§ 1 II KSchG). Diese positiven Kündigungsgründe finden Ergänzung durch *„negative"* Gründe, die dazu führen, dass eine *„an sich"* gerechtfertigte Kündigung trotzdem sozial ungerechtfertigt sein kann (§ 1 II 2 KSchG und § 1 III, IV und V KSchG). (Vgl. § 12 A. und § 12 B.)

124. Das türkische Recht wiederum verlangt – wie sein Vorbild IAO Übereinkommen Nr. 158 – von einer Kündigung das Stützen auf einen triftigen Kündigungsgrund (Art. 18 I und III ArbG). Aufgezählt sind in dem Gesetzestext drei triftige Gründe, die sich aus der Fähigkeit oder dem Verhalten des*der Arbeitnehmers*in oder anhand der Anforderungen des Unternehmens, des Betriebes oder der Arbeit ergeben; sie enthalten aber anders als das deutsche Recht ebenfalls Gründe, die keine triftigen Gründe darstellen, darunter auch enthaltene diskriminierende Gründe (Art. 18 ArbG). Laut dem türkischen Arbeitsgesetz muss sich ein triftiger Kündigungsgrund nicht allein auf die Fähigkeit oder das Verhalten des*der Arbeitnehmers*in oder auf die Anforderungen des Unternehmens, des Betriebes oder der

Arbeit stützen – mit Überlassung der Konkretisierung des Grundes durch einen*e Richter*in – vielmehr existiert auch ein Katalog von einzeln und im Gesetzestext im Detail bearbeiteten Sachverhalten, die vor allem keine triftigen Gründe darstellen (Art. 18 III ArbG). Diese Sachverhalte sieht der Gesetzgeber als besonders schutzbedürftig und versucht bei der Auflistung dieser Gründe als unwirksame Kündigungsgründe für einige Rechte und Freiheiten, die genau genommen auch durch Arbeitsgesetzgebung an anderen Stellen garantiert sind, ohne Überlassung irgendeines Auslegungsspielraums eine starke Garantie zu schaffen. Einige Rechte und Freiheiten stellen demzufolge auf gar keinen Fall einen triftigen Grund für eine Kündigung dar. Eine entsprechende Auslegung ist somit ausgeschlossen. (Vgl. § 12 B. II.)

125. Artikel 18 Absatz 3 Buchstabe d Arbeitsgesetz erklärt diskriminierende Kündigungsgründe als unwirksam zu klassifizierende Kündigungsgründe, die keinen triftigen Grund für die Kündigung eines Arbeitsvertrages innerhalb des Kündigungsschutzes darstellen. Da die in Artikel 18 Arbeitsgesetz genannten Gründe mit den in Artikel 5 genannten Diskriminierungsgründen identisch oder diesen ähnlich sind, entsteht im Falle einer Kündigung aus diesen Gründen in Bezug auf die durch den Kündigungsschutz erfassten Arbeitnehmer*innen sowohl eine Verletzung der Nichtdiskriminierungspflicht als auch eine Kündigung des Arbeitsvertrages aus unwirksamen Gründen. Dadurch ist jede diskriminierende Kündigung innerhalb des Kündigungsschutzes, beruhend auf in Artikel 18 Absatz 3 Buchstabe d Arbeitsgesetz aufgezählte oder ähnliche Gründe, nach den Bestimmungen des türkischen Kündigungsschutzes eine sich auf keinen triftigen Grund stützende Kündigung. Deshalb ist die Frage, ob eine diskriminierende Kündigung aufgrund von geschützten Diskriminierungsmerkmalen gegen das Prinzip der Begründung der Kündigung aus triftigem Grund verstößt, nach dem türkischen Kündigungsschutzrecht bereits durch die Gesetzgebung beantwortet. Diskriminierende Gründe gestalten auf keinen Fall triftige Kündigungsgründe. Jede diskriminierende Kündigung ist nach dem Arbeitsgesetz eine Kündigung, die sich nicht auf einen triftigen Grund infolge der Fähigkeit oder des Verhaltens des*der Arbeitnehmers*in oder auf die Anforderungen des Unternehmens, des Betriebes oder der Arbeit stützt. Sind andere Voraussetzungen des Gesetzes erfüllt, kann dies zur Unwirksamkeit der Kündigung gemäß dem Kündigungsschutz führen. Demnach ist diese Norm ein wichtiger Unterschied zwischen den Systemen des Kündigungsschutzes nach dem deutschen und dem türkischen Recht. (Vgl. § 12 B. II.)

126. Die im türkischen Gesetzestext aufgezählten Gründe, die keine triftigen Gründe darstellen, führen anders als die im deutschen Kündigungsschutzgesetz enthaltenen negativen Kündigungsgründe nicht zu einer *„an sich“* gerechtfertigten Kündigung, die trotzdem rechtsunwirksam ist; vielmehr

beschreiben sie lediglich das Kriterium eines triftigen Grundes. Eine Kündigung, die sich nicht auf einen triftigen Grund stützt oder die sich auf einen nicht triftigen Grund stützt, ist unwirksam. (Vgl. § 12 B. II.)

127. Die Formulierung des Gesetzes ist eine fast wortgleiche Übersetzung der Artikel 5 und 6 IAO Übereinkommen Nr. 158. Anders als in Artikel 5 Absatz 1 Buchstabe d IAO Übereinkommen Nr. 158 sind die nationale Abstammung und soziale Herkunft nicht in den türkischen Gesetzestext einbezogen. Infolgedessen ist diese Norm ein direktes Produkt der Wirkung des völkerrechtlichen Arbeitsrechts, genauer gesagt des Rechtes der IAO, bezogen auf das nationale, türkische Arbeitsrecht; dies beweist sich als ein bedeutender Unterschied zwischen dem türkischen und dem deutschen Kündigungsschutzrecht. (Vgl. § 12 B. II.)

128. Mit der Aufzählung der diskriminierenden Gründe innerhalb der Gründe, die keinen triftigen Grund darstellen, bezieht das türkische Kündigungsschutzrecht das Verbot der Diskriminierung bei der Kündigung eines Arbeitsverhältnisses von sich aus in das Kündigungsschutzsystem mit ein. Eine Verzahnung des arbeitsrechtlichen Antidiskriminierungs- und Kündigungsschutzrechts oder der Export der Regelungen des Antidiskriminierungsrechts ist in dem Sinne nicht erforderlich. Theoretisch muss die Kündigung eines Arbeitsverhältnisses sich auf einen triftigen Grund stützen. Eine Kündigung, die sich nicht auf einen triftigen Grund stützt, ist unwirksam. Diskriminierende Gründe sind keine triftigen Gründe. Kündigungen, die sich auf diskriminierende Gründe stützen, sind unwirksam. Es entsteht im Falle einer Kündigung aus diesen Gründen in Bezug auf die durch den Kündigungsschutz erfassten Arbeitnehmer*innen sowohl eine Verletzung der Nichtdiskriminierungspflicht als auch eine Kündigung des Arbeitsvertrages aus Gründen, die keine triftige Kündigungsgründe darstellen. (Vgl. § 12)

Rechtsschutz für eine diskriminierende Kündigung

129. In Bezug auf die Rechtsschutzmechanismen hinsichtlich einer diskriminierenden Kündigung weisen zwei nationale Rechtssysteme erhebliche Unterschiede auf. Während das deutsche System Mechanismen keine Prüfung von Amts wegen und keine Pflichtmediation kennt, ist eine Unterstützung durch die Antidiskriminierungsverbände, das totale Konzept des Betriebsrates sowie ein Weiterbeschäftigungsanspruch während des Kündigungsschutzprozesses dem türkischen Recht fremd. Dies alle schwächen die Rechtsschutzmechanismen der diskriminierenden Kündigung in der Türkei gegenüber jeder im Vergleich zur deutschen. (Vgl. § 13)

130. Im türkischen Recht gibt es seit der Novellierungen in den letzten Jahren eine Neigung zu außergerichtliche Lösungswege der Rechtstreitigkeiten

im Vergleich zu dem deutschen Recht gibt. Das Erheben einer kostenfreien Beschwerde bei der Menschenrechte- und Gleichheitsinstitution der Türkei – ein innerhalb der türkischen Rechtsordnung wesentlich näher an der Exekutivgewalt positioniertes Entscheidungsgremium- oder eine Einigung während der kostenpflichtigen Pflichtmediation – mit Zahlungsverpflichtung erst im Falle einer Einigung – ist eine kostengünstigere Alternative als ein gerichtliches Verfahren. Allerdings könnte es die Arbeitnehmer*innen verleiten, eine außergerichtliche Streitbeilegung gegenüber gerichtlichen Verfahren zu bevorzugen, welche hingegen unter Berücksichtigung des menschenrechtlichen Charakters des Diskriminierungsverbotes kritisch zu betrachten ist. Die Entscheidungen der Gerichte über Diskriminierungsfälle setzen ein Zeichen für die gesamte Gesellschaft. In Diskriminierungsfällen geht es nicht allein um die diskriminierten Personen, vielmehr auch um die Diskriminierenden und die gesamte Gesellschaft. (Vgl. § 13 B. I. und § 13 B. II.)

131. In Bezug auf die Fristen zur Geltendmachung und Klageerhebung weichen beide Rechtssysteme voneinander ab. In den Fällen der diskriminierenden Kündigungen fordert deutsches Recht, dass die Klagen gegenüber innerhalb einer Frist von drei Wochen nach § 4 Satz 1 KSchG erhebt werden müssen. Für die Geltendmachung der Ansprüche nach § 15 Absatz 2 AGG gilt wiederum entweder die Frist von drei Wochen nach § 4 Satz 1 KSchG oder eine Frist von zwei Monaten; eine Entschädigungsklage in Bezug auf § 15 Absatz 2 AGG ist jedoch innerhalb von drei Monaten zu erheben. Nach türkischem Recht muss der*die Arbeitnehmer*in wiederum sich innerhalb einer einmonatigen Frist, länger als nach deutschem Recht, nach der Kündigung bei dem Pflichtmediationsverfahren an einen*eine Mediator*in hinsichtlich kündigungsschutzrechtlicher Normen wenden. Das türkische Recht erkennt jedoch keine Frist für die Geltendmachung der Diskriminierungsklage. Somit räumt der türkische Gesetzgeber im Vergleich zum deutschen diskriminierten Arbeitnehmern*innen einen sehr flexiblen Zeitraum hinsichtlich der Klageerhebungsfrist ein. (Vgl. § 13 A. IV. und § 13 B. II.)
132. In Bezug auf die Klageart stufen sowohl das deutsche als auch das türkische Schrifttum die Kündigungsschutzklage – nach deutschem Recht – und Wiedereinstellungsklage – nach türkischem Recht – als Feststellungsklage ein. (Vgl. § 13 A. V. und § 13 B. II.)
133. Beide Systeme verzeichnen ebenfalls Beweislasterleichterungen für Diskriminierungsfälle und eine Beweislastumkehr für Kündigungen. (Vgl. § 13.)
134. Während das deutsche Rechtssystem für diskriminierende Kündigungsfälle einen Schutz innerhalb des Kündigungsschutzsystems vorsieht – ausgenommen sind Ansprüche nach § 15, II AGG – aufgrund der parallel funktionierenden arbeitsrechtlichen Diskriminierungsschutzmechanismen nach GMRGI und dem Arbeitsrecht sowie das mit dem Diskriminierungsschutz synchronisch bestehende Kündigungsschutzrecht existieren im türkischen

Recht verschiedene Rechtsschutzmechanismen unter verschiedene Komplexitäten und Herausforderungen, welche der*die Arbeitnehmer*in innerhalb der gesetzlichen Grenzen selbst aussuchen kann. (Vgl. § 13)

Rechtsfolgen einer diskriminierenden Kündigung

135. Nach dem Grundkonzept des deutschen Kündigungsschutzgesetzes führt eine sozialwidrige Kündigung aufgrund ihrer sozialen Ungerechtfertigkeit oder aus anderen Gründen zu ihrer rechtlichen Unwirksamkeit. Demzufolge stellt das Arbeitsgericht aufgrund dessen ein weiterhin bestehendes Arbeitsverhältnis fest, das zum Zeitpunkt des Kündigungszugangs nach wie vor Bestand hat. Ähnlich wie im deutschen Recht stellt das Arbeitsgericht oder ein privater Schiedsrichter nach dem türkischen Recht das Ausbleiben eines triftigen Grundes für die Kündigung fest oder es handelt sich bei dem angegebenen Sachverhalt um keinen triftigen Grund; demzufolge kommt es zur Unwirksamkeitserklärung der Kündigung (Art. 21 I ArbG). Anders als im deutschen Recht handelt es sich hier um die Art einer sui generis Unwirksamkeit, nach der die Rechtsfolgen einer unwirksamen Kündigung nach dem türkischen Kündigungsschutz davon abhängen, ob der*die Arbeitnehmer*in eine Weiterbeschäftigung verlangt und ob der*die Arbeitgeber*in den*die Arbeitnehmer*in wieder einstellt. In Betracht kommen dabei Wiedereinstellung oder Nichtwiedereinstellung, Ankündigungsentschädigung (Art. 17 IV ArbG), Dienstalterabfindung (Art. 120 ArbG i. V. m. Art. 14 ArbG Nr. 1475), Arbeitsgarantieabfindung. (Vgl. § 14)
136. Im Falle der Nichtweiterbeschäftigung während des Kündigungsschutzprozesses bekommt der*die Arbeitnehmer*in nach dem deutschen Recht die Zahlung der Vergütung für den gesamten Zeitraum zwischen der Kündigung und der Entscheidung nach den Regeln des Annahmeverzugs, während er*sie nicht zur Erbringung zusätzlicher Dienstleistungen verpflichtet ist (§§ 615 Satz 1, 293 ff. BGB). Nach dem türkischen Recht sieht vor allem das Arbeitsgesetz keine Weiterbeschäftigungsmöglichkeit während des Kündigungsschutzprozesses vor. Ist der*die Arbeitnehmer*in einmal gekündigt, ist er*sie raus aus dem Betrieb. Außerdem bekommt er*sie im Falle einer Wiedereinstellung höchstens vier Monatsverdienste und sonstige Zuzahlungen (Art. 21 I, III und V ArbG). (Vgl. § 14 A. und § 14 B. II.)
137. Da das deutsche Kündigungsschutzgesetz in erster Linie ein Bestandsschutz-, aber kein Abfindungsgesetz ist, ist die Auflösung des Arbeitsverhältnisses durch eine Abfindungszahlung nur in Ausnahmefällen möglich. (§ 9, I, S. 1 KSchG; § 9, I, S. 2 KSchG und § 1a KSchG). Das türkische allgemeine Kündigungsschutzrecht räumt wiederum nur dem*der Arbeitgeber*in eine Art von Wahlrecht ein mit einem freien Gestaltungsraum in Bezug auf die Auflösung des Arbeitsverhältnisses durch eine Abfindungszahlung. Nachdem der*die

Arbeitnehmer*in nach der Zustellung des rechtskräftigen Urteils vom*von der Arbeitgeber*in die Weiterbeschäftigung beantragt, stellt der*die Arbeitgeber*in ihn*sie entweder innerhalb eines Monats wieder ein oder auch nicht. Im negativen Fall hat er*sie eine Arbeitsgarantieabfindung zu zahlen (Art. 21, I ArbG). Demzufolge trifft nach türkischem Recht der*die Arbeitgeber*in die Entscheidung, ob nach der Feststellung der Rechtswidrigkeit und der Unwirksamkeit der Kündigung der*die Arbeitnehmer*in in dem Betrieb, der ihn*sie aufgrund der fehlenden Weiterbeschäftigungsmöglichkeit durch die Kündigung freigestellt hatte, seine Wiedereinstellung erfährt oder nicht. Somit ähnelt das türkische allgemeine Kündigungsschutzrecht zunehmend mehr einem Abfindungsgesetz als einem Bestandsschutzgesetz im Vergleich mit dem deutschen Kündigungsschutzgesetz. Darüber hinaus räumt das türkische Recht dem*der Arbeitgeber*in offensichtlich eine bessere Position durch Anerkennung des Rechts hinsichtlich der Auflösung des Arbeitsvertrages durch Zahlung einer Abfindung im Vergleich mit dem*der Arbeitnehmer*in ein. (Vgl. § 14 A. II. und § 14 B. II.)

138. Die antidiskriminierungsrechtliche Folge einer diskriminierenden Kündigung nach dem deutschen Recht ist der Entschädigungsanspruch. Mit § 15 Absatz 2 AGG hat der deutsche Gesetzgeber eine eigenständige Anspruchsgrundlage für eine Entschädigung immaterieller Schäden bei Verstößen gegen das Benachteiligungsverbot aufgrund eines in § 1 AGG genannten Grundes geschaffen. Ein Entschädigungsanspruch nach § 15 Absatz 2 AGG ist durch § 2 Absatz 4 AGG nicht gesperrt. Da die Entschädigung nach § 15 Absatz 2 AGG eine Doppelfunktion hat, indem sie zum einen der vollständigen Kompensation des Schadens und zum anderen der Prävention dient, hat die Höhe der Entschädigung einem angemessenen Verhältnis zum erlittenen Schaden zu entsprechen und muss eine abschreckende Wirkung gegenüber dem*der Arbeitgeber*in besitzen. (Vgl. § 14)

139. Nach dem türkischen Recht unterscheiden sich die antidiskriminierungsrechtlichen Rechtsfolgen einer diskriminierenden Kündigung. Das GMRGI sieht eine Verwaltungsstrafe in Form einer Geldbuße für diskriminierende Kündigungen vor (Art. 25 I GMRGI; Art. 70 Verordnung über GMRGI). Die Geldbuße ist eine strafrechtliche, keinen Schadensersatz darstellende Sanktion, die nicht darauf abzielt, dem Opfer einen Ausgleich, einen Ersatz für den erlittenen Schaden zu leisten oder ihn*sie in finanzieller Hinsicht zufriedenzustellen, vielmehr zielt sie darauf, die Diskriminierung zu bestrafen, den*die Täter*in zur Einsicht zu bringen und ein erneutes Auftreten von Diskriminierung zu verhindern. Weitere antidiskriminierungsrechtliche Folgen einer diskriminierenden Kündigung nach dem türkischen Recht ergeben sich aus dem Arbeitsgesetz. Ein Verstoß gegen das Diskriminierungsverbot durch eine diskriminierende Kündigung führt zu einem Entschädigungsanspruch des*der Arbeitnehmers*in nach dem Arbeitsgesetz (Art. 5 VI ArbG). Diese Entschädigung gilt als eine Sanktion für das diskriminierende Verhalten des*der Arbeitgebers*in, hat aber einen pauschalen

Charakter und ist nicht an den Schaden geknüpft, den der*die Arbeitnehmer*in erleidet. Der*die Arbeitnehmer*in hat außerdem auch das Recht, die ihm*ihr verwehrten Rechte, z. B. nicht gezahlten Lohn, entgangene Bonus- oder Prämienzahlungen, geltend zu machen (Art. 5 VI ArbG). Des Weiteren sieht das Arbeitsgesetz auch ein Bußgeld vor, wobei es sich allerdings eher um einen symbolischen Betrag handelt (Art. 99 I a ArbG). Das türkische Recht versteht im Allgemeinen das Sanktionieren der Diskriminierungen nicht als eine einzelpersönliche Sache, vielmehr liegt die Betonung auf dem strafrechtlichen Charakter der Geldbuße nach GMRGI oder auf dem Bußgeld nach dem Arbeitsgesetz oder auf dem pauschalen Charakter der Diskriminierungsentschädigung nach dem Arbeitsgesetz, welche nicht direkt an den durch den*die Arbeitnehmer*in erlittenen Schaden geknüpft ist; eher geht es darum, das Verhältnis des*der Arbeitgebers*in gegenüber dem*der Arbeitnehmer*in zu ändern und somit letztendlich ein Zeichen für die Gesellschaft zu setzen. (Vgl. § 14 B.)

140. Nach dem türkischen Recht ist der*die Arbeitnehmer*in im Falle einer diskriminierenden Kündigung nicht verpflichtet, eine Wiedereinstellungsklage einzureichen, vielmehr kann er*sie auch nur seinen*ihren Anspruch auf Diskriminierungsentschädigung geltend machen. (Vgl. § 14 B. II.)

141. Das türkische Recht kennt keine Regelungen wie § 2 Absatz 4 AGG, die Anwendbarkeit der Normen des arbeitsrechtlichen Antidiskriminierungsrechts auf diskriminierende Kündigungen begrenzt. Darüber hinaus gelten nach der klaren Formulierung des türkischen Arbeitsgesetzes hinsichtlich des Kündigungsschutzes diskriminierende Kündigungsgründe als nicht triftige Kündigungsgründe; somit ist eine diskriminierende Kündigung nach kündigungsschutzrechtlichen Normen unwirksam. Auf diese Weise ist die Frage, ob eine Kündigung aus diskriminierenden Gründen gegen die Bestimmungen des Kündigungsschutzes verstößt, direkt durch das Gesetz beantwortet, es löst somit diesbezüglich keine Diskussionen aus. Es stellt sich die Frage, welche Entschädigung, Arbeitsgarantieabfindung und/oder Diskriminierungsentschädigung bei einer diskriminierenden Arbeitgeberkündigung zu zahlen ist. Die hinter der Arbeitsgarantieabfindung und Diskriminierungsentschädigung stehenden verschiedenen historischen Hintergründe, die verschiedenen Philosophien sowie die verschiedenen Ziele erlauben es und setzen es im Grunde auch voraus, dies für denselben Sachverhalt sowohl auf der einen Seite zu verlangen und auf der anderen Seite zahlen zu müssen. Das Recht des*der Arbeitnehmers*in für diskriminierende Kündigungen einen Schutz gegen Kündigung und Diskriminierung zu genießen, ist einzuräumen. Auch die vorherrschende Meinung in der Literatur sieht eine Diskriminierungsentschädigung als eine besondere Entschädigung, die der*die Arbeitnehmer*in im Falle einer Diskriminierung aus den in Artikel 5 Arbeitsgesetz festgesetzten Gründen während des Bestehens von Arbeitsverhältnissen oder bei der Beendigung des Arbeitsvertrages verlangen kann. (Vgl. § 14 B. II.)

142. In Bezug auf die Rechtsfolgen einer diskriminierenden Kündigung weisen die deutschen und türkischen Rechtssysteme erhebliche Unterschiede auf. Während auf der Grundlage von § 2 Absatz 4 AGG und der nachfolgenden Rechtsprechung nach dem deutschen Recht eine Verzahnung der beiden Rechtsgebiete – Antidiskriminierungsrecht und Kündigungsschutzrecht – im Hinblick auf eine diskriminierende Kündigung – ineinander vorausgesetzt ist und somit auf der Basis des Kündigungsschutzrechts ein Mix von Rechtsfolgen nach dem Kündigungsschutzgesetz und dem Allgemeinen Gleichbehandlungsgesetz in Betracht kommt, beinhaltet das türkische Recht aufgrund der parallel funktionierenden zwei arbeitsrechtlichen Systeme – Antidiskriminierungsrecht- und Kündigungsschutzrechtssystem – vielfältige Rechtsfolgen, die angefangen von der Unwirksamkeit der Kündigung über Geldbuße bis hin zu Abfindung und Entschädigung differieren. (Vgl. § 14 C.)

Literaturverzeichnis

Achterberg, Norbert: Das nachvertragliche Wettbewerbsverbot in verfassungsrechtlicher Sicht, JZ 1975, 713 ff.

Adomeit, Klaus: Kündigung und Kündigungsschutz im Arbeitsverhältnis: die Grundzüge unter Berücksichtigung der Rechtsprechung des Bundesarbeitsgerichts; mit einem Anhang: die gesetzlichen Kündigungsvorschriften, Düsseldorf 1962 „zitiert: Kündigung und Kündigungsschutz"

Adomeit, Klaus: Gleichbehandlung als Problem: offene Fragen zum Schutz vor Diskriminierung, Stuttgart Boorberg 2014 „zitiert: Gleichbehandlung als Problem"

Adomeit, Klaus / Mohr, Jochen: Kommentar zum Allgemeinen Gleichbehandlungsgesetz, Stuttgart, München, Hannover, Berlin, Weimar, Dresden 2007

Agentur der Europäischen Union für Grundrechte und Europarat, Handbuch zum europäischen Antidiskriminierungsrecht, Luxemburg 2018

Aktay, Nizamettin: İşe İade Davası Sonrası İşçinin İşverene İşe Davet Edilmesine Rağmen İşe Başlamamasının Sonuçlarına İlişkin Yargıtay Kararı İncelemesi, Sicil Eylül 2006, Yıl: 1, Sayı: 3, 103 ff.

Albayrak, Hakan / Yuvalı, Ertuğrul: İşverenin Eşit Davranma Borcuna Aykırı Davrandığı İddialarının İspat Hukuku Açısından Değerlendirilmesi, Legal İHSGHD, 2012 Sayı: 34, 73 ff.

Altman, Andrew: Discrimination, in: The Stanford Encyclopedia of Philosophy, Ed. Zalta, Edward N., Stanford 2016, 1 ff.

Arneson, Richard: Equality of Opportunity, in: The Stanford Encyclopedia of Philosophy, Ed. Zalta, Edward N., Stanford 2015, 1 ff.

Alçık, Merve: Türk Anayasa Mahkemesinin Trans Bireylere İlişkin Cinsiyet Değişikliği Kararları Üzerine Bir Değerlendirme, D.E.ÜÜ Dergisi, Prof. Dr. Durmuş Tezcan'a Armağan, C. 21, Özel S., 2019, 1875 ff.

Alp, Mustafa: İşçinin Feshe Karşı Korunması (İş Güvencesi Yasası), Dokuz Eylül Üniversitesi Hukuk Fakültesi Dergisi, 2003, Cilt: 5, Sayı: 1, 1 ff.

Alp, Seda / Taştan, Nejat: Türkiye'de Irk veya Etnik Köken Temelinde Ayrımcılığın İzlenmesi Raporu, İstanbul 2011

Alpagut, Gülsevil: İş Sözleşmesinin Feshinde Haklı – Geçerli Neden Ayrımı ve Yargıtay'ın Konuya İlişkin Kararlarının Değerlendirilmesi, Sicil 2006, Yıl:1, Sayı: 1, 71 ff.

Alpagut, Gülsevil: İş Sözleşmesinin Feshinde Sosyal Seçim Yükümlülüğü Mevcut Mudur?, Sicil 2006, Yıl: 1, Sayı: 4, 95 ff.

Alpagut, Gülsevil: Belirli ve Kısmi Süreli İş Sözleşmelerinde Ayırım Yasağı ve Oransallık İlkesi, in: Prof. Dr. Ali Güzel`e Armağan – Festschrift für Prof. Dr. Ali Güzel -,Hrsg. Canbolat, Talat, İstanbul 2010, S. 25 ff.

Ales, Edoardo / Bell, Mark / Deinert, Olaf / Robin-Olivier, Sophie (Hrsg.): International and European Labour Law: Article-by-Article Commentary, First Edition, Baden-Baden 2018 "zitiert: IELL/*Verfasser*in*"

Ascheid, Reiner / Preis, Ulrich / Schmidt, Ingrid: Kündigungsrecht: Großkommentar zum gesamten Recht der Beendigung von Arbeitsverhältnissen, 6. Auflage, 2021 „zitiert: A/P/S/*Verfasser*in*"

Astarlı, Muhittin: Genel Ekonomik Kriz Dönemlerinde İşletme Gerekleri Nedeniyle Fesih ve Kısa Çalışma İlişkisi, Sicil, 2010 Mart, 74 ff.

Aydoğdu, Emine (Hrsg.): Teşkilâtı Esasiye den Günümüze Anayasalar, Ankara 2005

Bakırcı, Kadriye: İş Güvencesi Kapsamındaki İşçilerin Doğrudan Tazminat Talep Hakları ve Kötüniyet veya Sendikal Tazminat ile Ayrımcılık Tazminatı İlişkisi, Sicil Haziran 2006, Yıl: 1, Sayı: 2, 114 ff.

Bakırcı, Kadriye: Anayasa Mahkemesi`nin Evlilik Sonrası İşten Ayrılan Kadın İşçilerin Kıdem Tazminatı Haklarına İlişkin Kararı, Sicil Aralık 2008, Yıl: 3, Sayı: 12, 112 ff.

Bakırcı, Kadriye: Uluslararası Hukuk, AB ve ABD Hukuku ile Karşılaştırmalı İş Hukukunda Cinsiyet Ayrımcılığı Yasağı İlkesinin İstisnaları ve Objektif Haklı Nedenler, Ankara 2012

Barton, Dirk Michael: Belastungen für die Wirtschaft (2), Der Arbeitgeber 1987, 470 ff.

Bauer, Jobst-Hubertus: Europäische Antidiskriminierungsrichtlinien und ihr Einfluss auf das deutsche Arbeitsrecht, NJW 2001, 2672 ff.

Bauer, Jobst-Hubertus / Thüsing, Gregor / Schunder, Achim: Das Allgemeine Gleichbehandlungsgesetz – Alter Wein in neune Schläuchen?, NZA 2006, 774 ff.

Bauer, Jobst-Hubertus / Göpfert, Burkhard / Krieger, Steffen (Hrsg.): Allgemeines Gleichbehandlungsgesetz, 3. Aufl., München 2011

Baybora, Dilek: Çalışma Yaşamında Yaş Ayrımcılığı ve Amerika Birleşik Devletleri`nde Yaş Ayrımcılığı Düzenlemesi Üzerine, Çalışma ve Toplum, 2010/1, 33 ff.

Baysal, Ulaş: İş Sözleşmesinin Süreli Feshinde İşçinin Yeterliliğine İlişkin Geçerli Sebepler, Diss. Gazi Üniversitesi 2011

Baysal, Ulaş: İşverenin Eşit Davranma Borcu ve İş Sözleşmesinin Feshinde Uygulanması, Legal İHSGHD 2010/25, S. 59 ff.

Becker, Christian: Vom Gleichheitssatz zum arbeitsrechtlichen Diskriminierungsverbot: Eine rechtsvergleichende Betrachtung der europäischen, italienischen und deutschen Rechtsentwicklung unter besonderer Berücksichtigung älterer Arbeitnehmer in befristeten Arbeitsverhältnissen, Berlin 2015

Becker, Gary: The Economics of Discrimination, Second Ed., Chicago&London, 1971

Bertelsmann, Klaus: Die Drei-Wochen-Frist für Kündigungsschutzklagen gegen diskriminierende Kündigungen im Spannungsfeld europarechtlicher Präklusionvorgaben, NZA 2016, 855 ff.

Birben, Erhan: İşletme Gerekleri Nedeniyle İşten Çıkarılaack İşçilerin Belirlenmesinde İşverenin Seçim Serbestisi ve Sınırları, Dokuz Eylül Üniversitesi Hukuk Fakültesi Dergisi, 2006 Cilt: 8, Sayı: 2, 7 ff.

Blank, Michael (Hrsg.): Muss der Kündigungsschutz reformiert werden?, Frankfurt am Main 2003

Boecken, Winfried / Topf, Hennin: Kündigungsschutz: zurück zum Bestandschutz durch Ausschluss des Annahmeverzuges, RdA 2004, 19 ff.

Boecken, Winfried / Düwell, Frank Josef / Diller, Martin / Hanau, Hans (Hrsg.): NomosKommentar Gesamtes Arbeitsrecht, 1. Auflage 2016 "zitiert: NK ArbR/*Verfasser*in*"

Boemke, Burkhard: Privatautonomie im Arbeitsvertragsrecht, NZA 1993, 532 ff.

Brest, Paul: The Supreme Court 1975 Term: Foreword: In Defense of the Antidiscrimination Principle, 90 Harvard Law Review 1976, 1 ff.

Buschmann, Rudolf: Internationaler Kündigungsschutz, in: Arbeitsvölkerrecht, Festschrift für Klaus Lörcher, Hrsg. Däubler, Wolfgang / Zimmer, Reingard, Baden-Baden 2013, S. 257 ff.

Borchardt, Klaus-Dieter: Das ABC des Rechts der Europäischen Union, Luxemburg 2010

Carolsfeld, Schnorr von: Arbeitsrecht, 2. Aufl., Göttingen 1954

Centel, Tankut: Metal Sektöründeki Son İş Bırakma Eylemleri Nedeniyle İşten Çıkarmalar, Sicil, Sayı: 36, 2016, 9 ff.

Coen, Martin: Das Recht auf Arbeit und der Bestandsschutz des gekündigten Arbeitsverhältnisses: materiellrechtliche und vollstreckungsrechtliche Probleme des Beschäftigungsrechts, Köln 1979

Crenshaw, Kimberlé Williams: Race, Reform, and Retrenchment: Transformation and Legitimation in Antidiscrimination Law, 101 Harvard Law Review 1988 Volume 101 Number 7, 1331 ff.

Çankaya, Osman Güven: İşçinin Ölümünün, Feshin Geçersizliğinin Tespiti Davalarına Etkisi, Yargıtay ın Yeni Görüşü, Sicil Mart 2010, Yıl: 5, Sayı: 17, 199 ff.

Çelik, Nuri: İşletmenin, İşyerininn veya İşin Gerekleri Sebebiyle İş Sözleşmesinin İşverence Feshinde Eşit Davranma Borcu, Sicil, 2006, Sayı: 4, 5 ff.

Çelik, Nuri: İşçilerin İşten Çıkarılmalarında İhbar ve Kıdem Tazminatları Dışında İsteyebilecekleri Tazminatlara İlişkin Sorunlar, Legal İHSGHD 2007/14, 485 ff.

Çelik, Nuri / Caniklioğlu, Nurşen / Canbolat, Talat: İş Hukuku Dersleri, Yenilenmiş 28. Baskı, İstanbul 2015

Çil, Şahin: Karar İncelemesi (Sendikal Tazminat), Legal İHSGHD 2005/6, 665 ff.

Däubler, Wolfgang: Abfindung statt Kündigungsschutz?, NJW 2002, 2292 ff.

Däubler, Wolfgang: Weltanschauung auf europäisch, NJW 2006, 2608 ff.

Däubler, Wolfgang / Bertzbach, Martin (Hrsg.): Allgemeines Gleichbehandlungsgesetz, Handkommentar, 4. Aufl., Baden-Baden 2018

Däubler, Wolfgang / Hjort, Jens Peter / Schubert, Michael / Wolmerath, Martin: Arbeitsrecht Individualarbeitsrecht mit kolletivrechtlichen Bezügen, Handkommentar, 4. Aufl., 2017 „zitiert: HK-ArbR /*Verfasser*in*“

Dedeoğlu, Saniye: Eşitlik mi Ayrımcılık mı? Türkiye`de Sosyal Devlet, Cinsiyet Eşitliği Politikaları ve Kadın İstihdamı, Çalışma ve Toplum 2009/2, 41 ff.

Demir, Deniz: Karar İncelemesi: Haklı Neden – Geçerli Neden Ayrımı, Çalışma ve Toplum 2007/3, 157 ff.

Demir, Fevzi: En Son Yargıtay Kararlası Işığında İş Hukuku ve Uygulaması, İzmir 2013

Diest, Antoinette von: Änderungen im Diskriminierungsschutz durch die Europäische Grundrechtecharta: Anwendungsbereich und inhaltliche Reichweite des Art. 21 Abs. 1 EGRC, 1. Aufl., Baden-Baden 2016.

Diller, Martin/Krieger, Steffen/Arnold, Christian: Kündigungsschutzgesetz plus Allgemeines Gleichbehandlungsgesetz., Sind Arbeitnehmer in Zukunft doppelt vor Kündigung geschützt?, NZA 16/2006, 887 ff.

Diller, Martin: Einstellungsdiskriminierung durch Dritte. Im Irrgarten von Entschädigung, Auskunft, einstweiliger Verfügung, Auschlussfrist und Rechtsweg, NZA 2007, 649.

Dirschmied, Karl: Das soziale Grundrecht „Recht auf Arbeit“, AuR September 1972, 257 ff.

Diskriminierung in Deutschland: Dritter Gemeinsamer Bericht der Antidiskriminierungsstelle des Bundes und der in ihrem

Zuständigkeitsbereich betroffenen Beauftragten der Bundesregierung und der Deutschen Bundestages, Berlin 2017

Doğan Yenisey, Kübra: İş Kanununda Eşitlik İlkesi ve Ayrımcılık Yasağı, Çalışma ve Toplum 2006/4, 63 ff.

Doğan Yenisey, Kübra: Eşit Davranma İlkesinin Uygulanmasında Metodoloji ve Orantılılık İlkesi, Legal İş Hukuku ve Sosyal Güvenlik Hukuku Dergisi 2005/7, 973 ff.

Doğan Yenisey, Kübra: Kadın-Erkek Eşitliği Bakımından Türk İş Hukuku'nun Avrupa Birli ğ i Hukuku İle Olası Uyum Sorunları, Kamu- İş 2012/4 (6), 1 ff (http://www.kamu-is.org.tr/pdf/643.pdf)

Domrös, Ronny: Krankheitsbedingte Kündigung als Verstoß gegen das Verbot der Diskriminierung wegen einer Behinderung in Beschäftigung und Beruf? Besprechung von EuGH, Urt. v. 11. 7. 2006 – Rs. C-13/05 Chacón Navas, NZA 2006, 1320 ff.

Donges, Juergen B. / Eekhoff, Johann / Franz, Wolfgang / Möschlel, Wernhard / Neumann, Manfred J.M. (Kronberger Kreis): Flexibler Kündigungsschutz am Arbeitsmarkt, Berlin 2004 „zitiert: *Kronberger Kreis*"

Dorndorf, Eberhard: Vertragsdurchsetzung als Funktion des Kündigungsschutzes, ZfA 1989, 345 ff.

Dubré, Ben: 50 Shlüsselideen Politik, Berlin Heildelberg, 2013

Dulay, Dilek: Karar İncelemesi. İşverenin Gözetim Borcunun Kapsamına İşçinin öören Bir Yargıtay Kararının De ğ erlendirilmesi, Çalışma ve Toplum, 2016/1 (48), 263 ff.

Dulay Yangın, Dilek: İşyerinde Dini Sembollerin Kullanımı (Karar İncelemesi), Çalışma ve Toplum 2019/3 (62), 2049 ff.

Dulay Yangın, Dilek / Doğan, Sevil: Özel Bir Risk Grubu Olarak Engelli Çalışanlara Yönelik Alınması Gereken İş Sağlığı ve Güvenliği Önlemlerinin Hukuki Çerçevesi, Sicil 2019/42, 110 ff.

Düğmeci, Fatih: Türkiye İnsan Hakları ve Eşitlik Kurumu'nun Yapısı ve İdare Üzerindeki Ayrımcılık Denetimi, Yüksek Lisans Tezi, Selçuk Üniversitesi Sosyal Bilimler Enstitüsü Kamu Hukuku Anabilim Dalı, Konya 2018

Dütz, Wilhelm / Thüsing, Gregor: Arbeitsrecht, 19. Aufl., 2014

Ekonomi, Münir: Hizmet Akdinin Feshi ve İş Güvencesi Konulu Toplantını Konuşma Metni ve Genel Görüşmeler, Çimento İşveren Dergisi, 2003 Mart, Özel Ek, 1 ff.

Epstein, Richard A.: In Defense of Contract at Will, 51 University of Chicago Law Review, 947 ff. Discrimination Laws, United States of America 1995

Epstein, Richard A.: Forbidden Grounds: The Case Against Employment Discrimination Laws, United States of America 1995

Ertürk, Şükran: İş İlişkisinde Temel Haklar, Ankara 2002

Eurofond: Sixth European Working Conditions Survey – Overview report (2017 update), Publications Office of the European Union, Luxembourg, 2017 Update

Europäische Kommission: Bericht der Kommission an das Europäische Parlament und den Rat: Gemeinsamer Bericht über die Anwendung der Richtlinie 2000/43/EG des Rates vom 29. Juni 2000 zur Anwendung des Gleichbehandlungsgrundsatzes ohne Unterschied der Rasse oder der ethnischen Herkunft („Richtlinie zur Rassengleichheit") und der Richtlinie 2000/78/EG des Rates vom 27. November 2000 zur Festlegung eines allgemeinen Rahmens für die Verwirklichung der Gleichbehandlung in Beschäftigung und Beruf („Gleichbehandlungsrichtlinie für den Bereich Beschäftigung"), COM(2014) 2 final, Brüssel, 17.1.2014

Evju, Stein: The European Social Charter and the International Labour Organisation – interlinks past and present, in: Arbeitsvölkerrecht, Festschrift für Klaus Lörcher, Hrsg. Däubler, Wolfgang / Zimmer, Reingard, Baden-Baden 2013, S. 146 ff.

Falkenberg, Rolf-Dieter: „Unsinn" des allgemeinen Kündigungsschutzes in Deutschland – Erwiderung auf Rühle, DB 1991 Heft 48, 2486 ff.

Fallon, Richard H. / Weiler, Paul C.: Firefighters v. Stotts: Conflicting Models of Racial Justice, The Supreme Court Review 1984 Volume 1, 1 ff.

Fiss, Owen: Groups and the Equal Protection Clause, Philosophy & Public Affairs Winter 1976 Volume 5 Number 2, 107 ff.

Franzen, Martin / Gallner, Inken / Oetker, Hartmut (Hrsg.): Kommentar zum europäischen Arbeitsrecht, 3. Auflage, München 2020 „zitiert: EuArbRK/ *Bearbeiter*in*"

Fredman, Sandra: Discrimination Law, 2. Edition, Oxford 2011

Fullinwider, Robert: Affirmative Action, in: The Stanford Encyclopedia of Philosophy Ed. Zalta, Edward N., Summer 2018 Edition, 1 ff.

Gareis, Sven Bernhard: Idee und Sytem der Vereinten Nationen, Informationen zur politischen Bildung 310/2011 – Vereinte Nationen, 4 ff.

Gardner, John: Liberals and Unlawful Discrimination, Oxford Journal of Legal Studies 1989 Volume 9, 1 ff.

Gosepath, Stefan: „Glechheit/Ungleichheit", in: Enzyklopädie Philosophie, Hrsg. H.J. Sandkühler, Bd. 1, Hamburg 1999

Gosepath, Stefan: Equality, in: Stanford Encyclopedia of Philosophy, Ed. Zalta, Edward N., Stanford Spring 2011, 1 ff.

Göller, Irmgard: Die Entwicklung des Kündigungsschutzrechts in Deutschland, Diss., Albert- Ludwigs-Universität zu Freiburg i. Br. 1974

Gökçeoğlu Balcı, Şebnem: Koruma mı Dışlama mı? Çalışma Mevzuatımızda Kadını Koruyucu Kimi Düzenlemelerin Kadın İstihdamı ve AB Normları Açısından Değerlendirilmesi, Çalışma ve Toplum 2017/3, 1263 ff.

Gözler, Kemal: İnsan Hakları Hukukuna Giriş, Bursa 2017

Grobys, Isabella / Panzer-Heemeier, Andrea (Hrsg.): StichwortKommentar Arbeitsrecht, Alphabetische Gesamtdarstellung, 3. Auflage, Edition 12 2020

Grotmann-Höfling, Günter: Die Arbeitsgerichtbarkeit 2013 im Lichte der Statistik, AuR 2014, 411 ff.

Gröpl, Christoph / Winthorst, Kay / von Coelln, Christian: Grundgesetz Studienkommentar, 4. Auflage, München 2020

Gsell, Beate / Krüger, Wolfgang / Lorenz, Stephan / Reymann, Christoph (Hrsg.): beck-online.Grosskommentar zum Zivilrecht, Stand: 1.6.2020 „zitiert: BeckOGK/*Verfasser*in*"

Gül, İdil Işıl / Karan, Ulaş: Ayrımcılık Yasağı Eğitim Rehberi, İstanbul 2011

Gülmez, Mesut: Sendikal Haklara İlişkin Sözleşmelerin İç Hukuka Üstünlüğü ve Yasalarımızdaki Aykırılıklar, Çalışma ve Toplum, 2005/1, 11 ff.

Gülmez, Mesut: İnsan Haklarında Ayrımcılık Yasaklı Eşitlik İlkesi: Aykırı Düşünceler, Çalışma ve Toplum, 2010/2, 217 ff.

Günay, Cevdet İlhan: İşçinin Davranışlarından Kaynaklanan Geçerli Fesih, Sicil 2009/14, 60 ff.

Günther, Sara: Arbeitsrechtlicher Antidiskriminierungsschutz und Diversity Management: AGG – Pflicht und Chance zugleich, Frankfurt am Main 2013

Günther, Jens / Frey, Anna: Diskriminiriende Kündigungen. Behindertenbegriff, angemessene Vorkehrungen und Entschädigung, NZA 2014, 584 ff.

Güzel, Ali: 3008 Sayılı İş Yasasının Önemi ve Başlıca Hükümleri, Sosyal Siyaset Konferansları Dergisi, Yıl 1986, Sayı 35 – 36, 165 ff.

Hanau, Peter: Das Allgemeine Gleichbehandlungsgesetz (arbeitsrechtlicher Teil) zwischen Bagatellisierung und Dramatisierung, ZIP 2006, 2189 ff.

Hedemann, Wilhelm: Der Arbeitsplatz als Rechtsgut, RdA 1953 Heft 4, 121 ff.

Herkner, Heinrich: Die Arbeiterfrage, Erster Band: Arbeiterfrage und Sozialreform, Berlin Leipzig 1922

Herschel, Wilhelm: Entwicklungstendenzen des Arbeitsrechts, RdA 1956, 161 ff.

Herschel, Wilhelm: Die Betriebszugehörigkeit als geschütztes Rechtsgut, RdA 1960, 121 ff.

Herschel, Wilhelm: Schutz der Betriebszugehörigkeit im Wandel der Zeiten, DB 1973, 80 ff.

Herschel, Wilhelm: Kündigungsschutz und Wettbewerb, RdA 1975, 28 ff.

Heyes, Cressida: Identity Politics, in: Stanford Encyclopedia of Philosophy, Ed. Zalta, Edward N., Stanford 2018, 1 ff.

Heywood, Andrew: Political Ideas and Concepts. An Introduction, London 1994

Horkheimer, Max: Notizen 1950 – 1969 und Dämmerung: Notizen in Deutschland, Frankfurt am Main 1974

Hoyningen-Huene, Gerrick von / Linck, Rüdiger / Krause, Rüdiger: Kündigungsschutzgesetz, Kommentar, 15. Aufl., München 2013 „zitiert: vHH/L/K/Verfasser*in"

Höland, Armin: "Muss der Kündigungsschutz reformiert werden?" Kündigungspraxis und Kündigungsschutz im deutschen Arbeitsrecht – Überlegungen zur Kritik am Kündigungsschutz -, in: Muss der Kündigungsschutz reformiert werden?, Hrsg. Blank, Michael, Frankfurt am Main 2003, S. 23 ff.

Hromadka, Wolfgang: Kündigungsschutz und Unternehmerfreiheit, in: Muss der Kündigungsschutz reformiert werden?, Hrsg. Blank, Michael, Frankfurt am Main 2003, S. 11 ff.

Huber, Hans: Die verfassungsrechtliche Bedeutung der Vertragsfreiheit, Berlin 1966

Hubmann, Heinrich: Das Persönlichkeitsrecht, 2. Aufl., Köln 1967

Hueck, Alfred: Das neue Kündigungsschutzgesetz des Wirtschaftsrates, RdA 1949, 331 ff.

Hueck, Alfred: Der Hattenheimer Entwurf des Kündigungsschutzgesetzes, RdA 1950, 65 ff.

Hueck, Alfred / Nipperdey, Hans Carl: Lehrbuch des Arbeitsrechts, I, 7. Aufl., Berlin, Frankfurt am Main 1963

Hug, Walther: Das Kündigungsrecht: Nach schweizerischem und unter Berücksichtigung des deutschen und österreichischen Arbeitsrechts: Samt einem allgemeinen Teil über die arbeitsrechtlichen Grundlagen, Band I, Die Probleme des Kündigungsrechts, Die arbeitsrechtlichen Grundlagen, Aarau 1926

Hug, Walther: Das Kündigungsrecht: Nach schweizerischem und unter Berücksichtigung des deutschen und österreichischen Arbeitsrechts: Samt einem allgemeinen Teil über die arbeitsrechtlichen Grundlagen, Band II, Das geltende Recht und seine Fortbildung, Aarau 1927

Huscroft, Grant: Discrimination, Dignity, and the Limits of Equality, Otago Law Review 2000 Volume 9 Number 4, 697 ff.

ILO: Protection against unjustified dismissal, International Labour Conference 82nd Sesssion, 1995, Geneva

ILO: Giving Globalization a Human Face, International Labour Conference 101st Session, 2012, Geneva

ILO: Rules of the Game. A brief Introduction to International Labour Standards, Third Revised Editon 2014, Geneva

Jacobs, Matthias: Grundprobleme des Entschädigunganspruchs nach § 15 Abs. 2 AGG, RdA 2009, 193 ff.

Jahn, Elke J.: Zur ökonomischen Theorie des Kündigungsschutzes: Volatilität der arbeitsnachfrage und duale Arbeitsmärkte, Berlin, 2002

Jarass, Hans D.:Charta der Grundrechte der Europäischen Union unter Einbeziehung der sonstigen Grundrechtsregelungen des Primärrechts und der EMRK, 4. Auflage 2021

Jellinek, Georg: Die Erklärung der Menschen- und Bürgerrechte: Ein Beitrag zur modernen Verfassungsgeschichte, 3. Aufl., München Leipzig 1919

Junker, Abbo: Grundkurs Arbeitsrecht, 19. Aufl., München 2020

Kaiser, Dagmar: Entzweiung von europäischem und deutschem Arbeitsrecht – Abschied vom Systemdenken?, NZA 2000, 1144 ff.

Kar, Bektaş: İşe İade (İş Güvencesi) davasında Yargılama Hukuku Sorunları, Ankara Barosu Dergisi, Kış 2008, Yıl: 66, Sayı: 1, 87 ff.

Kar, Bektaş: Ölçülülük İlkesinin İş Güvencesinde Uygulanması, Sicil 2009, Sayı: 15, 60 ff.

Karan, Ulaş: Uluslararası İnsan Hakları Hukuku Işığında Türk Hukukunda Ayrımcılık Yasağı, Diss. İstanbul Üniversitesi, İstanbul 2012

Kamanabrou, Sudabeh: Die arbeitsrechtlichen Vorschriften des Allgemeinen Gleichbehandlungsgesetzes, RdA 2006, 321 ff.

Kamanabrou, Sudabeh: Europarechtskonformer Schutz vor Benachteiligungen bei Kündigungen, RdA 2007, 199 ff.

Kasım, Ceren: Protection of workers against anti-union dismissal – the case of Turkey, in: New Industrial Relations in the Era of Globalization, Ed. Perulli, Adalberto / Bellomo, Stefano, Milano 2019, S. 105 ff.

Kasım, Ceren: Protection from Discriminatory Dismissal According to ILO Norms in the Context of German and Turkish National Law, in: The Future of Work – Labour Law and Labour Market Regulations in the Digital Era, Ed. Perulli, Adalberto / Treu, Tiziano, The Netherlands 2021, S. 275 ff.

Kaya, Gözde: EU Age Discrimination in Light of EU`s Demographic Challenges and ECJ Case Law, Dokuz Eylül Üniversitesi Hukuk Fakültesi Dergisi, Cilt: 17, Sayı: 1, 2015, 79 ff.

Kayaalp, Dilek: Türkiye İnsan Hakları ve Eşitlik Kurumu Kanununun İş Hukukuna Etkisi, Yüksek Lisans Tezi, Ankara Hacı Bayram Veli Üniversitesi Lisansüstü Eğitim Enstitüsü, Mayıs 2019

Kiel, Heinrich / Lunk, Stefan / Oetker, Hartmut (Hrsg.): Münchener Handbuch zum Arbeitsrecht, Band 1: Individualarbeitsrecht I, 4. Aufl. München 2018 "zitiert: MHdB ArbR/Verfasser*in"

Kirchner, Hildebert, unter Mitarbeit Pannier, Dietrich von: Abkürzungsverzeichnis der Rechtssprache, 6. Aufl., 2008

Kocabıyık, Selçuk: Toplu İş Sözleşmesinde Yer Alan Çalışma Yaşı Sınırına İlişkin Düzenleme Ayrımcılık Yasağına Aykırılık Teşkil Eder Mi?, Sicil 2009, Sayı 13, 227 ff.

Kocher, Eva: Arbeitsrechtlicher Diskriminierungsschutz, in: Europäisches Arbeits- und Sozialrecht, Hrsg. Schlachter, Monika / Heinig, Hans Michael (EnzEuR Bd. 7), Baden-Baden 2016, § 5 S. 219 ff.

Köksal, Mehmet: Türk İş Kanunu (Türkçe – Almanca) Das Türkische Arbeitsgesetzbuch (Türksich – Deutsch), İstanbul 2003

Krause, Rüdiger: Arbeitsrecht, 3. Aufl., Baden-Baden 2015

Krieger, Steffen: ArbG Osnabrück: Bildung von Altersgruppen für die Sozialauswahl bei betriebsbedingten Kündigungen als unzulässiges Altersdiskriminierung, FD-ArbR 2007, 225337

Kriele, Martin: Religiöse Diskriminierung in Deutschland, ZRP 2001, S. 495 ff.

Kingreen, Thorsten: Zur Reichweite des Diskriminierungsverbots in Art. E der Revidierten Europäischen Sozialcharta, SR 2/2020, 68 ff.

Kittner, Michael: Arbeitsrecht und marktwirtschaftliche Unternehmensführung – ein Gegensatz?, AuR 11/1995, 385 ff.

Kittner, Michael / Däubler, Wolfgang / Zwanziger, Bertram (Hrsg.): Kündigungsschutzrecht: KSchR; Kündigungen und andere Formen der Beendigung des Arbeitsverhältnisses, 8. Aufl., Frankfurt am Main 2011 „zitiert: KSchR/*Verfasser*“

Kittner, Michael / Kohler, Thomas C.: Kündigungsschutz in Deutschland und den USA, BB Beilage 2000 Nr. 4, 1 ff.

Körlings, Peter: Das dritte Geschlecht und die diskriminierungsfreie Einstellung, NZA 2018, 282 ff.

Landesarbeitsgericht Baden-Württemberg: Pressemitteilung, Erste Erfahrungen in der Rechtsprechung mit dem Allgemeinen Gleichbehandlungsgesetz (AGG), 27.6.2007

Larenz, Karl: Lehrbuch des Schuldrechts, Band I, Allgemeiner Teil, 14. Aufl., München 1987

Leipold, Dieter: Einstellungsfragebögen und das Recht auf Arbeit, AuR 1971, 161 ff.

Lembke, Ulrike: Europäisches Antidiskriminierungsrecht in Deutschland, APuZ 9/2016, 11 ff.

Leuchten, Alexius: Der Einfluss der EG-Richtlinien zur Gleichbehandlung auf das deutsche Arbeitsrecht, NZA, 1254 ff.

Lewinski, Kai von / Barros Fritz, Raphael de: Arbeitgeberhaftung nach dem AGG infolge des Einsatzes von Algorithmen bei Personalentscheidungen, NZA 2018, 620 ff.

Liebers, Hans-Joachim: Wiedereinstellung und Abfindung im amerikanischen Kündigungsrecht: mit einem Bericht über Tendenzunternehmen, Frankfurt a.M., 1986

Lingscheid, Anja: Antidiskriminierung im Arbeitsrecht, -Neue Entwicklungen im Gemeinschaftsrecht auf Grund der Richtlinien 2000/43/EG und 2000/78/EG und ihre Einfügung in das deutsche Gleichbehandlungsrecht-, Berlin 2004

Lindner, Josef Franz: Grundrechtfestigkeit des arbeitsrechtlichen Kündigungsschutzes?, RdA 2005, 166 ff.

Lordoğlu, Kuvvet / Aslan, Mustafa: Türkiye İşgücü Piyasalarında Etnik Bir Ayrımcılık Var Mıdır?, Çalışma ve Toplum, 2012/2, S. 117 ff.

Löwisch, Manfred: Mögliche arbeits- und sozialrechtliche Beiträge zur Bekämpfung der Arbeitslosigkeit, JZ 2000, 806 ff.

Löwisch, Manfred: Die kündigungsrechtlichen Vorschläge der "Agenda 2010", NZA 2003, 689 ff.

Löwisch, Manfred: Kündigen unter dem AGG, Betriebs-Berater 2006, 2189 ff.

Manav, A. Eda: Feshe İtiraz Davasının Yargılama Sürecinde Gerçekleşen Olayların Davaya Etkisi, Sicil Mart 2010, Yıl: 5, Sayı: 17, S. 58 ff.

Manav, A. Eda: 2000/43, 2000/78, 2006/54 Sayılı AB Direktifleri Çerçevesinde İş Hukukunda Ayrımcılıkla Mücadele ve Türkiye'deki Uygulamalar, Dokuz Eylül Üniversitesi Hukuk Fakültesi Dergisi Cilt: 15, Özel S., 2013, S.731 ff.

Martens, Wolfgang: Das Recht am Arbeitsplatz im Schrifttum und nach der Rechtsprechung des Bundesarbeitsgerichts zum Kündigungsschutz und Arbeitskamps, Diss., Westfällischen Wilhelms-Universität zu Münster, 1963

Molitor, Bernhard: Der Anspruch auf Beschäftigung im Rahmen des Arbeitsvertrages, Diss., Ludwig-Maximilians-Universität zu München 1955

Mollamahmutoğlu, Hamdi / Astarlı, Muhittin: İş Hukuku. Genel Kavramlar, Bireysel İş İlişkileri, Ankara 2011

Mollamahmutoğlu Hamdi / Astarlı, Muhittin / Baysal, Ulaş: İş Hukuku Ders Kitabı, Cilt 1: Bireysel İş Hukuku, 3. Bası, Ankara, 2019

Moll, Wilhelm (Hrsg.): Münchener Anwalts Handbuch, 4., überarbeitete und erweiterte Auflage, München 2017 „zitiert: MAH ArbR/*Verfasser*in*"

McCrudden, Christopher (Ed.): Anti-Discrimination Law, 1st ed., Cambridge 1991

McCrudden, Christopher (Ed.): Anti-Discrimination Law, 2nd ed., Wiltshire 2004

Müller-Glöge, Rudi / Preis, Ulrich / Schmidt, Ingrid (Hrsg.): Erfurter Kommentar zum Arbeitsrecht, 20., neu bearbeitete Auflage, München 2020

Münch, Ingo von / Kunig, Philip: Grundgesetz-Kommentar, Band 1 (Präambel bis Art. 19), 5., neubearbeitete Auflage, München 2000

Nenninger, Bernd: Das Recht auf Arbeit in Japan und Deutschland: eine rechts- und kulturvergleichende Untersuchung, Berlin 1994

Nemlioğlu Koca, Yasemin: Denizcilikte Cinsiyet Ayrımcılığı ve Önyargı Algısı: Ü Ü zerine Bir Ara ş tırma, Çalışma ve Toplum 2015/1, S. 151 ff.

Nikisch, Arthur: Arbeitsrecht, II. Band, 2. Aufl., Tübingen 1959

Nikisch, Arthur: Arbeitsrecht, I. Band, 3. Aufl., Tübingen 1961

Odaman, Serkan: Fransız Hukukunda ve Türk Hukukunda İşçinin Davranışları Açısından Geçerli Sebep Haklı Sebep Ayrımı, Çimento İşveren Dergisi, 2003 Mayıs, S. 20 ff.

Odyakmaz, Zehra / Keskin, Bayram / Deniz, Yusuf: 6701 Sayılı Türkiye İnsan Hakları ve Eşitlik Kurumu Kanunu Üzerine Bir Değerlendirme – I, Uyuşmazlık Mahkemesi Dergisi Haziran 2016, 721 ff.

Oetker, Hartmut: Der arbeitsrechtliche Bestandsschutz unter dem Firmament der Grundrechtsordnung: Einblicke in das arbeitsrechtliche Nervenzentrum, Stuttgart 1996

Oğuzman, Kemal / Öz, Turgut: Borçlar Hukuku Genel Hükümler Cilt – 1, 12. Bası, Istanbul 2014

Olbersdorf, Gert: Sozialer Rechtsstaat und Arbeitsrecht, AuR 1955, 129 ff.

Okur, Zeki: İş Hukukunda İşçinin Düşünceyi Açıklama Özgürlüğü, Kamu-İş, 2006, S. 4, 41 ff.

Öden, Merih: Türk Anayasa Hukukunda Eşitlik İlkesi, Ankara 2003

Özatalay, Cem / Doğuç, Seçil: Türkiye'de Ayrımcılık Algısı. Türleri-Failleri-Boyutları, Eşit Haklar İçin İzleme Derneği, 2018

Özbudun, Ergun: Türk Anayasa Hukuku, 19. Auflage, Ankara 2019

Papier, Hans-Jürgen: Art. 12 GG – Freiheit des Berufs und Grundrecht der Arbeit, DVBl. 1984 Heft 17, 801 ff.

Papier, Hans-Jürgen: Der verfassungsrechtliche Rahmen für Privatautonomie im Arbeitsrecht, RdA 1989 Heft 3, 137 ff.

Posner, Richard A.: An Economic Analysis of Sex Discrimination Laws, 56 University of Chicago Law Review 1989, 1311 ff.

Preis, Ulrich / Sagan, Adam: Europäisches Arbeitsrecht, Dr. Otto Schmidt Verlag, 2. Auflage 2019

Rath, Michael: Die Garantie des Rechts auf Arbeit, Göttingen 1974

Reichold, Hermann / Hahn, Oliver / Heinrich, Martin: Neuer Anlauf zur Umsetzung der Antidiskriminierungs-Richtlinien: Plädoyer für ein Artikelgesetz, NZA 2005, 1270 ff.

Reuter, Dieter: Das Recht auf Arbeit – ein Prinzip des Arbeitsrechts?, RdA 1978 Heft 6, 344 ff.

Reuter, Dieter: Grundlagen des Kündigungsschutzes – Bestandsaufnahme und Kritik, in: 25 Jahre Bundesarbeitsgericht, Hrsg. Gamillscheg, Franz/Hueck, Götz/ Wiedemann, Herbert, München 1979, S. 405 ff.

Reuter, Dieter: Unternehmerische Freiheit und betriebsbedingte Kündigung, RdA 2004 Heft 3, 161 ff.

Réaume, Denise G.: Discrimination and Dignity, 63 Louisiana Law Review 2003, 645 ff.

Richardi, Reinhard (Hrsg.): Betriebsverfassungsgesetz mit Wahlordnung, 16. neu bearbeitete Auflage, München 2018 „zitiert: Richardi BVerfG/*Verfasser*in*"

Richardi, Reinhard, Neues und Altes – Ein Ariadnefaden durch das Labyrinth des Allgemeinen Gleichbehandlungsgesetzes, NZA 2006, 881 ff.

Rohn, Wilhelm: Der Arbeitsvertrag der Bergarbeiter, Marburg 1913

Rolfs, Christian / Giesen, Richard / Kreikebohm, Ralf / Udsching, Peter (Hrsg.): Beck`sche Online-Kommentare BeckOK Arbeitsrecht, 55. Edition Stand 1.3.2020, München 2020 „zitiert: BeckOK ArbR/*Verfasser*in*"

Rudolf, Beate / Mahlmann, Matthias: Gleichbehandlungsrecht, Baden-Baden 2007

Rumpf, Christian: Die Verfassung der Republik Türkei Stand Juni 2018 Übersetzung von Prof. Dr. Christian Rumpf Rechtsanwalt in Stuttgart http://www.tuerkei-recht.de/downloads/Verfassung_synoptisch.pdf

Rühle, Hans Gottlob: Sinn und Unsinn des allgemeinen Kündigungsschutzes in Deutschland– Plädoyer für eine Neuordnung des Kündigungsschutzrechts -, DB 1991, 1378 ff.

Rüthers, Bernd: Vom Sinn und Unsinn des geltenden Kündigungsschutzrechts, NJW 2002, 1601 ff.

Sagan, Adam: Die Sanktion diskriminierender Kündigungen nach dem Allgemeinen Gleichbehandlungsgesetz, NZA 2006, 1257 ff.

Sarıbay Öztürk: Türkiye İnsan Hakları ve Eşitlik Kurumu Kanunu Sonrasında İş Sözleşmesinin Sona Ermesinde Yaşlı Ayrımcılığı, Sicil 2017 Sayı 37, 114 ff.

Savaş, Fatma Burcu: İş Sözleşmesinin İşveren Tarafından Haklı Nedenle Feshi, Diss. Galatasaray Üniversitesi 2011

Savigny, Friedrich Karl von: Das Obligationsrecht als Teil der heutigen Römischen Rechts, Berlin 1851

Säcker, Franz Jürgen / Rixecker, Roland / Oetker, Hartmut / Limperg, Bettina: Münchener Kommentra zum Bürgerlichen Gesetzbuch, 8. Auflage, München 2018 „zitiert: MüKoBGB/ *Verfasser*in*"

Schaub, Günter (Begründet von) / Ahrendt, Martina / Koch, Ulrich / Linck, Rüdiger / Treber, Jürgen / Vogelsnag, Hinrich (Hrsg.): Arbeitsrechts-Handbuch. Systematische Darstellung und Nachschlagewerk für die Praxis, 18., neu bearbeitete Auflage 2019 „zitiert: ArbR-HdB/*Verfasser*in*"

Schiek, Dagmar: Differenzierte Gerechtigkeit, Diskriminierungsschutz und Vertragsrecht, 1. Auflage, Baden-Baden 2000

Schiek, Dagmar: Gleichbehandlungsrichtlinien der EU – Umsetzung im deutschen Arbeitsrecht, NZA 2004, 873 ff.

Schiek, Dagmar: Grundsätzliche Bedeutung der gemeinschaftsrechtlichen Diskriminierungsverbote nach der Entscheidung Mangold, AuR 5/2006, 145 ff.

Schiek, Dagmar (Hrsg.): Allgemeines Gleichbehandlungsgesetz (AGG), Ein Kommentar aus europäischer Perspektive, 1. Aufl., München 2007

Scherr, Albert: Diskriminierung/Antidiskriminierung – Begriffe und Grundlagen, APuZ 9/2016, 3 ff.

Schlachter, Monika: Wege zur Gleichberechtigung: Vergleich des Arbeitsrechts der Bundesrepublik Deutschland und der Vereinigten Staaten, München 1993.

Schlachter, Monika / Heinig, Hans Michael (Hrsg.): Europäisches Arbeits- und Sozialrecht, 1. Auf. 2016

Schlachter, Monika: Kopftuchverbot auf „Kundenwunsch"? – Die Religionsfreiheit als notweniger Bestandteil der Rechtfertigungspr ü fung im Diskriminierungsrecht, EuZA 2018, S. 173 ff.

Schubert, Jens M. / Buschman, Rudolf (unter Mitarbeit von): Arbeitsvölkerrecht, Berlin 2017

Schulze, Reiner / Janssen, Andrè / Kadelbach, Stefan: Europarecht, 4. Auflage 2020

Schwerdtner, Peter: Arbeitsrecht I, München 1976

Schwerdtner, Peter: Die Garantie des Rechts auf Arbeit – Ein Weg zur Knechtschaft?-, ZfA 1977, 47 ff.

Seeland, Antonia: Das Kopftuch zwischen nationalem und Unionsrecht, AuR 2/2022, 75 ff.

Seifert, Achim: Die Interantionale Arbeitsorganisation und der deutsche Radikalenerlass, in: Arbeitsvölkerrecht, Festschrift für Klaus Lörcher, Hrsg. Däubler, Wolfgang / Zimmer, Reingard, Baden-Baden 2013, S. 42 ff.

Seifert, Mathias / Pawlowsky, Peter: Innerbetriebliches Vertrauen als Verbreitungsgrenze atypischer Beschäftigungsformen, MittAB 1998, 599 ff.

Sever, Rabia: İşverenin Eşit Davranma Borcu, Legal İHSGHD, 2012 Sayı: 34, 33 ff.

Sevimli, K. Ahmet: İşçinin Özel Yaşamına Müdahalenin Sınırları, Diss. İstanbul Üniversitesi Sosyal Bilimler Enstitüsü Özel Hukuk Anabilim Dalı 2006

Stebut, Dietrich von: Die Kosten des Produktionsfaktors Arbeit, RdA 1997, 293 ff.

Stein, Andreas: Die Beweislast in Diskriminierungsprozessesn – ein unbekanntes Wesen?, NZA 2016, 849 ff.

Stenslik, Bastian-Peter: Diskriminierende Arbeitgeberkündigungen und die europäischen Diskriminierungsverbote, 1. Aufl., Berlin 2010

Strauss, David A.: The Law and Economics of Racial Discrimination in Employment: The Case for Numerical Standards, 79 The Georgetown Law Journal 1991, 1619 ff.

Somersan, Semra: Irkların Olmadığı Bir Dünyada Irkçılık, in: Ayrımcılık: çok boyutlu yakla ş ımlar, Hrsg. Çayır, Kenan / Ayan, Müge, İstanbul Bilgi Üniversitesi Sosyoloji ve Eğitim Çalışmaları Birimi, 2018, S. 1 ff.

Sözer, Ali Nazım: AB nin İstihdama İlişkin 2000/78 EG Sayılı Çerçeve Yönergesi Işığında Türk İş Hukukunda Din, Dünya Görüşü, Özürlülük, Yaşlılık ve Cinsel Eğilime İlişkin Düzenlemeler, Sicil 2006 Sayı 2, 184 ff.

Sur, Melda: İş İlişkisinde Eşitlik İlkesi ve Ayrımcılık Yasağı, Sicil 2017 Sayı 37, 33 ff.

Süral, Nurhan: İstihdamda Cinsiyet Eşitliği, Sicil 2010 Sayı 20, 11 ff.

Süzek, Sarper: İş Hukuku, Yenilenmiş 9. Baskı, İstanbul 2013

Süzek, Sarper: İşverenin Eşit Davranma Borcu, Sicil Aralık 2008, S. 24 ff.

Syrup, Friedrich / Neuloch, Otto: Hundert Jahre Staatliche Sozialpolitik 1839 – 1939, Stuttgart 1957

Taşkent, Savaş: Geçerli Sebep Bağlamında Berlirli İlkeler, Sicil Mart 2011, 15 ff.

Taşkent, Savaş / Kurt, Dilek: Uluslararası Düççevesinde Türk İş Mevzuatında Kadın İşçinin Korunması, Çalışma ve Toplum 2014/1, 29 ff.

Taşyürek, Selda: Ayrımcılık Sebebi İle İŞ Akdinin Haksız Feshinde Ayrımcılık Tazminatı İle İş Güvencesi Tazminatına Birlikte Hükmedilip Hükmedilemeyeceği Sorunu, Çalışma ve Toplum 2013/3, 415 ff.

Teziç, Erdoğan: Anayasa Hukuku (Genel Esaslar), 2020, 24. Bası, İstanbul

Türkiye Büyük Millet Meclisi (TBMM): Yasama Dönemi: 26, Yasama Yılı: 1, Sıra Sayısı: 149, Türkiye İnsan Hakları ve Eşitlik Kurumu Kanunu Tasarısı (1/596) ile Kadın Erkek Fırsat Eşitliği Komisyonu ve İnsan Haklarını İnceleme KomisyonuRaporları, 2016. http://www.tbmm.gov.tr/develop/owa/sirasayi_sd.sorgu_baslangic

Thüsing, Gregor: Richtlinienkonforme Auslegung und unmittelbare Geltung von EG- Richtlinien im Anti-Diskriminierungsrecht, NJW 2003, 3441 ff.

Thüsing, Gregor: Arbeitsrechtlicher Diskriminierungsschutz: Das neu Allgemeine Gleichbehandlungsgesetz und andere arbeitsrechtliche Benachteiligungsverbote, München, 2007 „zitiert: *Thüsing*, Diskriminierungsschutz"

Thüsing, Gregor: Europäisches Arbeitsrecht, 2. Aufl., München 2011

Türkiye İşveren Sendikaları Konfederasyonu (TİSK) (Hrsg.): 4857 Sayılı İş Kanunu ve Gerekçesi: Kabul Edilen Değişiklik Önergeleri, Diğer Kanunlarla Yapılan Değişiklik Gerekçeleri ve 19 Ekim 2005 Tarihli Anayasa Mahkemesi Kararı İle Birlikte, 4. Bası, Ankara 2009

Toews, Arik: Die Entwicklung des Kündigungsschutzes von den Anfängen bis zur Gegenwart (mit einer vergleichenden Darstellung), Münster 2004

Treu, Tiziano: European Labor Policies suggestions for change: Universalities and peculiarities, The 2end JILPT Tokyo Comparative Labor Policy Seminar 2018, 26th- 28th March 2018, Opening Address

Tuncay, Can: İş Hukukunda Eşit Davranma İlkesi, İstanbul 1982

Tuncay, Can: İş Güvencesi Yasası Neler Getiriyor?, Çimento İşveren Dergisi, 2003 Ocak, 3 ff.

ÜÜniversitesi Hukuk Fakültesi Dergisi Cilt: 15, Özel S., 2013, (Basım Yılı: 2014), 369 ff.

UNFPA: A Human Rights-Based Approach to Programming: Practical Implementation Manual and Training Materials, 2010

Ünal, Canan: İş Hukukunda Yaş Ayrımcılığı, İstanbul 2018

Vasak, Karel: A 30-Year Struggle: The sustained efforts to give force of law to the Universal Declaration of Human Rights, The Unesco Courier, November 1977, 29 ff.

Walker, Wolf-Dietrich: Der Entschädigungssanspruch nach § 15 II AGG, NZA 2009, 5 ff.

Waltermann, Raimund: Freiheit der Arbeitsplatzwahl (Art. 12 Abs. 1 GG) – Grundrecht der Arbeitnehmer, DVBl. 1989, 699 ff.

Waltermann, Raimund: Arbeitsrecht, 17. Aufl., München 2014

Walwei, Ulrich: Die Beendigung von Arbeitsverhältnissen: Rechtlicher Reformbedarf und Kompensationsmöglichkeiten, MittAB 1/2000, 101 ff.

Weiwei, Li: Equality and Non-Discrimination Under International Human Rights Law, The Norwegian Center for Human Rights, 2004 http://www.humanrights.uio.no/forskning/publ/publikasjonsliste.html

Wenckebach, Johanna: Immaterieller Schadenersatz wegen diskriminierender Probezeitkündigung, AuR 12/2010, 499 ff.

Wendeling-Schröder, Ulrike: Grund und Grenzen gemeinschaftsrechtlicher Diskriminierungsverbote im Zivil- und Arbeitsrecht, NZA 2004, 1320 ff.

Wendeling-Schröder, Ulrike / Stein, Axel (Hrsg.): Allgemeines Gleichbehandlungsgesetz, Beck'sche Kommentare zum Arbeitsrecht, 1. Aufl., München 2008

Westen, Peter; The Empty Idea of Equality, Harvard Law Review, Vol. 95, No. 3 (Jan., 1982), 537 ff.

Wiedemann, Herbert: Subjektives Recht und sozialer Besitzstand nach dem KSchG, RdA 1961, 1 ff.

Wiedemann, Herbert: Altersschutz und Generationengerechtgkeit: Eine Rechtsprechungsanalyse zur Altersdiskriminierung, RdA 2017, 333 ff.

Wiedemann, Herbert: Die Gleichbehandlungsgebote im Arbeitsrecht, Tübingen 2001

Willemsen, Heinz-Josef / Schweibert, Ulrike: Schutz der Beschäftigten im Allgemeinen Gleichbehandlungsgesetz, NJW 2006, 2583 ff.

Windel, Peter: Aktuelle Beweisfragen im Antidiskriminierungsprozess, RdA 2011, 193 ff.

Wisskirchen, Gerlind / Bissels, Alexander: Das Fragerecht des Arbeitgebers bei Einstellung unter Berücksichtigung des AGG, NZA 2007, 169 ff.

Wolter, Henner: Reformbedarf beim Kündigungsrecht aus Arbeitnehmersicht Praxiserfahrungen und Schlussfolgerungen, NZA 2003, 1068 ff.

Wroblewski, Andrej: Recht auf Arbeit und ihr Wert – eine Aporie des Bundesarbeitsgerichts, AuR 7/2022, 299 ff.

Wüllenweber, Joachim: Die Entwicklung des Kündigungsschutzrechts seit dem ersten Weltkrieg, Diss., Rechtswissenschaftlichen Fakultät der Universität zu Köln, 1965

Yıldız, Gaye Burcu: İşverenin Eşit İşlem Yapma Borcu, Ankara 2008

Yıldız, Gaye Burcu: Türk İş Hukukunda Özürlülük ve Sağlık Durumuna Dayalı Ayrımcılık Yasağı, Sicil 2008, Sayı 10, 80 ff.

Yılmaz, Ejder: İşe İade Davasında Verilen Hükmün İcra Takibine Konulması, Sicil Mart 2010, Sayı: 17, 45 ff.

Yuvalı, Ertuğrul: İşçinin Kişisel Özellikleri Bakmından İşverenin Eşit Davranma Borcu, Diss. Gazi Üniversitesi 2011

Yuvalı, Ertuğrul: Türk Hukuku Ve Mukayeseli Hukukta Irk Ve Etnik Kökene Dayalı Ayrımcılık Yasa ğ ı, T ÜHİS İş Hukuku ve İktisat Dergisi Cilt: 24 Sayı: 3-4-5 Ağustos – Kasım 2012 / Şubat 2013, 71 ff.

Yüksel, Melek Onaran: Karşılaştırmalı Hukuk Işığında Türk İş Hukukunda Kadın – Erkek Eşitliği, İstanbul 2000

Zevkliler, Aydın: Medeni Kanun ve Cinsiyet Kargaşası, Türkiye Barolar Birliği Dergisi, Cilt:1, Sayı: 2, Mayıs 1988, 258 ff.

Ziegler, Eva: Das Verbot von Kündigungsgründen: Eine Möglichkeit sachlichen Kündigungsschutz im Arbeitsrecht, Bern, Stuttgart 1986

Zimmer, Reingard: Wirkungsweise, Auslegung und Implementierung der Standards der Internationalen Arbeitsorganisation in Deutschland, in: Arbeitsvölkerrecht, Festschrift für Klaus Lörcher, Hrsg. Däubler, Wolfgang / Zimmer, Reingard, Baden- Baden 2013, S. 29 ff.

Zöllner, Wolfgang: Sind im Interesse einer gerechten Verteilung der Arbeitsplätze Begründung und Beendigung der Arbeitsverhältnisse neu zu regeln?, Gutachten D 135 zum 52. Deutschen Juristentag, München 1978

Anhang

A. Anhang I: Geschützte Diskriminierungsmerkmale

INTER NATIONAL	VN-Charta	AEMR	IPBPR	IPWSKR	IAO Übk. Nr. 111	EMRK	EMRK ZusatzPro. 12	RESC
	1945 Art. 1	1948 Art. 2	1966 Art. 2	1966 Art. 2	1958 Art. 1, I, a	1950 Art. 14	2000 Art. 1	1996 Art. E
Rasse	+	+	+	+	+	+	+	+
Hautfarbe		+	+	+	+	+	+	+
Nationale Herkunft		+	+	+		+	+	+
Nationale Abstammung					+			
Ethnische Herkunft								
Soziale Herkunft		+	+	+	+	+	+	+
Herkunft								
Abstammung								
Heimat								
Zugehörigkeit zu einer nat.en Minderheit						+	+	+

INTER NATIONAL	**VN-Charta**	**AEMR**	**IPBPR**	**IPWSKR**	**IAO Übk. Nr. 111**	**EMRK**	**EMRK ZusatzPro. 12**	**RESC**
Sprache	+	+	+	+		+	+	+
Genetische Merkmale								
Geschlecht	+	+	+	+	+	+	+	+
Sexuelle Ausrichtung								
Sexuelle Identität								
Behinderung								
Alter								
Religion	+	+	+	+	+	+	+	+
Glauben								
Religiöse Anschauung								
Konfession								
Weltanschauung								
Philosophische Glauben								

INTER NATIONAL	**VN-Charta**	**AEMR**	**IPBPR**	**IPWSKR**	**IAO Übk. Nr. 111**	**EMRK**	**EMRK ZusatzPro. 12**	**RESC**
Politische Anschauung		+	+	+	+	+	+	+
Sonstige Anschauung		+	+	+		+	+	+
Vermögen		+	+	+		+	+	
Geburt		+	+	+		+	+	+
Gesundheit								+
Familienstand								
Öffnungsklausel		+ „sonstiger Status“	+ „sonstiger Status“	+ „sonstiger Status“	+ Art. 1 I b Übk. Nr . 111	+ „insbesondere wegen“ „sonstigeStatus“	+ „insbe-sondere wegen“ „sonstigeStatus“	+ „insbe-sondere“

SUPRA NATIONAL	GRC	AEUV	NATIONAL	GG	AGG	TR Verf	ArbG	GMRGI
	2007 Art. 21	1997 Art. 19		1949 Art. 3	2006 § 1	1982 Art. 10	2003 Art. 5	2016 Art. 3
Rasse	+	+	Rasse	+	+	+	+	+
Hautfarbe	+		Hautfarbe			+	+(2014)	+
Nationale Herkunft			Nationale Herkunft					
Nationale Abstammung			Nationale Abstammung					
Ethnische Herkunft	+	+	Ethnische Herkunft		+			+
Soziale Herkunft	+		Soziale Herkunft					
Herkunft			Herkunft	+				
Abstammung			Abstammung	+				
Heimat			Heimat	+				
Zugehörigkeit zu einer nat.en Minderheit	+		Zugehörigkeit zu einer nat.len Minderheit					
Sprache	+		Sprache	+		+	+	+

SUPRA NATIONAL	**GRC**	**AEUV**	**NATIONAL**	**GG**	**AGG**	**TR Verf**	**ArbG**	**GMRGI**
Genetische Merkmale	+		Genetische Merkmale					
Geschlecht	+	+	Geschlecht	+	+	+	+	+
Sexuelle Ausrichtung	+	+	Sexuelle Ausrictung					
Sexuelle Identität			Sexuelle Identität		+			
Behinderung	+	+	Behinderung	+(1994)	+		+(2014)	+
Alter	+	+	Alter		+			+
Religion	+	+	Religion		+	+	+	+
Glauben			Glauben	+				+
Religiöse Anschauung			Religiöse Anschauung	+				
Konfession			Konfession			+	+	+
Weltanschauung	+[a]	+[b]	Weltanschauung		+			
Philosophischer Glauben			Philosophischer Glauben			+	+	+ „philo. Ansch.“

SUPRA NATIONAL	GRC	AEUV	NATIONAL	GG	AGG	TR Verf	ArbG	GMRGI
Politische Anschauung	+		Politische Anschauung	+		+ „pol. Mein.“	+ „pol. Mei.“	+
Sonstige Anschauung	+		Sonstige Anschauung					
Vermögen	+		Vermögen					+
Geburt	+		Geburt					+
Gesundheit			Gesundheit					+
Familienstand			Familienstand					+
Öffnungsklausel	+ „insbesondere wegen“		Öffnungsklausel			+ „ähnliche Gründen“	+ „ähnliche Gründen“	

a Englische Version: „belief“

b Englische Version: „belief“

B. Anhang II: Unterzeichnete und ratifizierte völkerrechtliche Verträge

BUNDESREPUBLIK DEUTSCHLAND				REPUBLIK TÜRKEI		
Unterzeichnung	Ratifizierung	Inkrafttreten		Unterzeichnung	Ratifizierung	Inkrafttreten
1973			VN-CHARTA (1945)	1945		
			AEMR (1948)			
1950	1952	1953	EMRK (1950)	1950	1954	1954
1967	1967	1967	IAO Übk. Nr. 100 (1951)	1966	1967	1967
1961	1961	1961	IAO Übk. Nr. 111 (1958)	1966	1967	1967
1961	1965	1965	ESC (1961)	1961	1989	1989
1968	1973	1976	IPBPR (1966)	2000	2003	2003
1968	1973	1976	IPWSKR (1966)	2000	2003	2003
1967	1969	1969	AntirassismusK (1966)	1972	2002	2002
	1992	1993	1. Fakultativprotokoll zum IPBPR (1976)	2004	2006	2006
1980	1985	1985	FrauenrechteK (1979)	1985	1985	1986
-	-	-	IAO Übk Nr. 158 (1982)	1994	1994	1995
2007	2021	2021	RESC (1996)	2004	2007	2007
2007	2009	2009	BRK (2006)	2007	2009	2009
-	-	-	Fakultativprotokoll zum IPWSKR (2008)	-	-	-

C. Anhang III: Vergleich der nationalen deutschen und türkischen Rechtsvorschriften über den allgemeinen Kündigungsschutz

Deutschland	**Türkei**
Allgemeiner KSch geregelt in	
Eigenem Gesetz, KSchG (seit 1952)	Dem Arbeitsgesetz (seit 2003)
Kündigungsfristen und -termine nach Beschäftigungsdauer	
Für beide AG- und AN-Kündigungen	Für beide AG- und AN- Kündigungen
• 4 W zum Fünfzehnten oder zum Ende eines Ms • in Probezeit 2 W keine bestimmte Kündigungstermin	
Für die AG Kündigungen	
• 1 M ≤ 2 J zum Ende eines Ms • 2 M ≤ 5 J zum Ende eines Ms • 3 M ≤ 8 J zum Ende eines Ms • 4 M ≤ 10 J zum Ende eines Ms • 5 M ≤ 12 J zum Ende eines Ms • 6 M ≤ 15 J zum Ende eines Ms • 7 M ≤ 20 J zum Ende eines Ms	• 2 W < 6 M • 4 W = 6 M bis 1,5 J • 6 W = 1,5 J bis 3 J • 8 W < 3 J kein bestimmter Kündigungstermin
Möglichkeit einer ordentlichen Kündigung ohne Einhaltung der Frist	
nein	ja, bei Vorauszahlung der fälligen Monatsgehalte
Entschädigungszahlung bei nicht Einhaltung der Kündigungsfrist und nicht Vorauszahlung	
nein	ja, „Ankündigungsentschädigung“ 3 x für die Kündigungsfrist ausfallende Monatsgehalte
Anwendungsbereich des allgemeinen Kündigungsschutzes	
• auf AG*kündigungen • auf ordentliche Kündigung • 10 oder mehr AN*innen im Betrieb • erfasst AN*in • unbefristeter Arbeitsvertrag • 6 M bestandene Arbeitsverhältnis	• auf AG*kündigungen • auf ordentliche oder außerordentliche Kündigung • 30 oder mehr AN*innen im Betrieb • erfasst AN*in im Sinne von AG *Art. 4 ArbG* • unbefristeter Arbeitsvertrag • 6 M bestandene Arbeitsverhältnis

Deutschland	**Türkei**
Positive Kündigungsgründe	
Eine Kündigung ist sozial gerechtfertigt, wenn der Kündigungsgrund • in der Person des*der ANs*in • im Verhalten des*der ANs*in • in dringenden betrieblichen Erfordernissen liegt.	Ein triftiger Kündigungsgrund liegt • in der Fähigkeit des*der ANs*in • im Verhalten des*der ANs*in • in den Erfordernissen des Unternehmens, des Betriebes oder des Dienstes.
keine insbesondere aufgezählte Gründe	Folgende sind insbesondere keine triftigen Gründe • Gewerkschaftsmitgliedschaft,gewerkschaftliche Tätigkeit, Funktion als Arbeitnerhmervertreter • Gegen den*die AG*in Klage erheben oder beschwerden • Rasse, Hautfarbe, Geschlecht, Familienstand, Familienpflichten, Schwangerschaft, Geburt, Religion, politischer Anschauung und ähnliche. • Abwesenheit der weiblichen ANinnen wegen eines Verbots des Gesetzes • Abwesenheit wegen der Krankheit
Negative Kündigungsgründe	
An sich sozialgerechtfertigte Kündigung ist trotzdem sozial ungerechtfertigt, wenn • die Kündigung Richtlinien verstößt • AN* an einem anderen Arbeitsplatz, anderem Betrieb weiterbeschäftigt werden kann • der Betriebsrat odere ähnliche widerspricht • die Weiterbeschäftigung nach Fortbildung möglich ist • bei der Auswahl die Dauer der Betriebszugehörigkeit, das Lebensalter, die Unterhaltspflichten, die Schwerbehinderung nicht/nicht ausreichend berücksichtigt worden	keine aufgezählte Gründe

Deutschland	**Türkei**
Abfindung vorm Klageerheben / vor der Pflichtmediation	
ja • bei betrbiesbedingster Kündigung • nur wenn AN keine Klage erhebt • in Höhe von 0,5 Monatsverdienste für jedes Jahr des Bestehens des Arbeitsverhältnisses	nein
Klagefrist	
3 W nach Zugang	1 M nach Zugang – Pflichtmediation 2 W ab dem Datum der letzten Protokolle der Mediation – Wiedereinstellungsklage
Weiterbeschäftigung während des Kündigungsschutzprozesses	
ja	nein
Abfindung nach Entscheidung zur Fortsetzung des Arbeitsverhältnisses	
ja • nach der Fortsetzungentscheidung • auf Antrag des*der ANs*in entscheidet das Gericht • auf Antrag des*der AGs*in aus betrieblichen Gründen entscheidet das Gericht • in Höhe von bis zu 12 Monatsverdienste setzt das Gericht fest	ja • nach der Fortsetzungsentscheidung • AN*in verlangt wiedereinstellung ... • AG*in stellt innerhalb 1 M den*die AN*in nicht ein • in Höhe von 4 bis 8 Monatsgehälter setzt d. Gericht bei Fortsetzungentscheidung fest
Entgangenen Entgelt und Zuzahlungen	
ja, nach Anrechnung	ja, bis maximum 4 Monatsgehälter
Dienstaltersabfindung	
nein	ja • auch nach ordentlichen AG*-Kündigung • mindestens 1 J Beschäftigung • 30 Tagesgehalt für jedes vollen Dienstjahres

AG*: Arbeitgeber*in, AN*: Arbeitnehmer*in, J: Jahr, M: Monat, T: Tag, W: Woche

Übersetzungen einiger türkischer Rechtsvorschriften vom Türkischen ins Deutsche

Zur besseren Verständlichkeit für nicht mit türkischen Rechtsvorschriften sich auskennende Leser*innen enthält dieser Teil der Arbeit Übersetzungen einiger untersuchter türkischer Rechtsvorschriften der Verfasserin ins Deutsche. Die türkische Sprache ist geschlechtsneutral und enthält keine Pronomen. Aus gesetzgebungstechnisch üblichen Gründen erfolgte die Übersetzung in maskuliner Form. Ohne besonderen Hinweis gelten die Übersetzung von Prof. Dr. Christian Rumpf, Rechtsanwalt in Stuttgart, „Die Verfassung der Republik Türkei Stand Juni 2018" als Übersetzung der 1982er-Verfassung, und für die Übersetzung des Arbeitsgesetzes die Übersetzung von Dr. iur. Mehmet Köksal als ausschlaggebend.

A. Verfassung der Republik Türkei vom 20.4.1924 mit der Gesetzesnummer 491

Vierter Teil: Öffentliche Rechte der Türken

Artikel 69. Die Türken sind vor dem Gesetz gleich und ohne Ausnahme verpflichtet das Gesetz zu befolgen. Alle Arten des Privilegs einer Gruppe, Klasse, Familie und Person sind aufgehoben und verboten.

B. Verfassung der Republik Türkei vom 9.7.1961 mit der Gesetzesnummer 334

Zweiter Teil: Grundrechte und Pflichten

III. Gleichheit

Artikel 12. Jeder ist ohne irgendeinen Unterschied aufgrund von Sprache, Rasse, Geschlecht, politischer Ansicht, Weltanschauung, Religion und Konfession vor dem Gesetz gleich.

Weder einer Person noch einer Familie, Gruppe oder Klasse darf ein Privileg eingeräumt werden.

C. Verfassung der Republik Türkei vom 7.11.1982 mit der Gesetzesnummer 2709[3077]

Erster Teil: Allgemeine Grundsätze

X. Gleichheit vor dem Gesetz

Artikel 10. Jeder ist ohne irgendeinen Unterschied aufgrund von Sprache, Rasse, Hautfarbe, Geschlecht, politische Meinung, philosophischem Glauben, Religion, Konfession oder ähnlichen Gründen vor dem Gesetz gleich.

(Zusatz 7.5.2004 – 5170 Art. 1) Frauen und Männer genießen die gleiche Rechte. Der Staat ist verpflichtet diese Gleichheit zu verwirklichen. (Zusatz 7.5.2010 – 5982 Art. 1) Maßnahmen zur Erreichung dieses Zieles dürfen nicht als Verstoß gegen den Gleichheitsgrundsatz ausgelegt werden.

(Zusatz 7.5.2010 – 5982 Art. 1) Maßnahmen zum Schutz von Kindern, Alten, Behinderten, Witwen und Waisen von Gefallenen oder im Dienst Verstorbenen sowie von Invaliden und Veteranen gelten nicht als Verstoß gegen den Gleichheitsgrundsatz.

Weder einer Person noch einer Familie, Gruppe oder Klasse darf ein Privileg eingeräumt werden.

Die Staatsorgane und Verwaltungsbehörden haben bei all ihren Aktionen gemäß dem Prinzip der Gleichheit vor dem Gesetz zu handeln.

D. Arbeitsgesetz vom 25.8.1971 mit der Gesetzesnummer 1475

Dienstalterabfindung

Artikel 14 (geänderter erster Absatz: 29.07.1983, Artikel 2869/3) Wenn der Arbeitsvertrag der Arbeitnehmer, die innerhalb des Geltungsbereichs dieses Gesetzes fallen:

1. vom Arbeitgeber – ausgenommen wegen der in Artikel 17 Absatz 2 angegebenen Gründe[3078] –

3077 Außer diesem Artikel verwendet diese Dissertationsschrift die Übersetzung von Prof. Dr. Christian Rumpf Rechtsanwalt in Stuttgart. „Die Verfassung der Republik Türkei Stand Juni 2018" http://www.tuerkei-recht.de/downloads/verfassung.pdf (14.12.2019) Zu beachten sind jedoch die letzten Änderungen und der aktuelle Stand der Verfassung.

3078 Heutige: Ordentliche Kündigung vom Arbeitgebers und außerordentliche Kündigung vom Arbeitgeber aus gesundheitlichen und zwingenden Gründen und bei der Festnahme oder Verhaftung des Arbeitnehmers.

2. vom Arbeitnehmer Artikel 16 diesem Gesetz entsprechend[3079];
3. wegen der Wehrpflicht;
4. um von den gesetzlichen Institutionen Rente, Alters- oder Invaliditätsrente zu beanspruchen oder um Kapitalauszahlung zu empfangen,

gekündigt wird oder von einer Arbeitnehmerin innerhalb eines Jahres nach ihrer Heirat mit ihrem Wunsch beendet wird oder wegen des Todes des Arbeitnehmers beendet wird, hat der Arbeitgeber dem Arbeitnehmer eine Dienstalterabfindung in Höhe des Entgelts des Arbeitnehmers von 30 Tagen für jedes volle Dienstjahr ab Beginn des Arbeitsvertrages zu zahlen. .Zahlungen sind für Zeiträume von mehr als einem Jahr zum gleichen Satz zu leisten.

[...]

E. Seearbeitsgesetz vom 20.4.1967 mit der Gesetzesnummer 854

Anwendungsbereich des Gesetzes

Artikel 1 Dieses Gesetz gilt für Schiffsleute und deren Arbeitgeber, die auf einem Schiff mit türkischer Flagge mit 100 oder mehr Bruttoregistertonnen im Meer, in einem See oder einem Fluss arbeiten.

F. Pressearbeitsgesetz vom 13.6.1952 mit der Gesetzesnummer 5953

Anwendungsbereich des Gesetzes

Artikel 1 (geändert am 4.01.1961) Die Artikel dieses Gesetzes gelten geistig und künstlerisch tätigen Arbeitnehmern und deren Arbeitgebern, die bei Zeitungen, Zeitschriften, Nachrichten- und Fotoagenturen, soweit diese in der Türkei veröffentlicht werden, arbeiten und außerhalb der Definition des Arbeitnehmers gemäß dem Arbeitsgesetz fallen.

Die Kündigung des Vertrages durch den Arbeitgeber und die Dienstalterabfindung

Artikel 6 [...]
(Zusatz 9.08.2002 Artikel 4773/12, geändert am 22.05.2003 Artikel 4857/116) Die Vorschriften der Artikel 18, 19, 20, 21 und 29 des Arbeitsgesetzes sind analog anzuwenden.

3079 Heutige: Außerordentliche Kündigung vom Arbeitnehmers.

G. Arbeitsgesetz vom 22.5.2003 mit der Gesetzesnummer 4857

Erster Teil: Allgemeine Vorschriften

Zweck und Anwendungsbereich

Artikel 1 Der Zweck dieses Gesetzes ist es, die Rechte und Pflichten der Arbeitgeber und der im Rahmen eines Arbeitsvertrages beschäftigten Arbeitnehmer im Zusammenhang mit den Arbeitsbedingungen und dem Arbeitsplatz zu regulieren.

Mit Ausnahme der in Artikel 4 genannten Fälle gilt dieses Gesetz für alle Betriebe und ihre Arbeitgeber, Arbeitgebervertreter und Arbeitnehmer, unabhängig von dem Gegenstand ihrer Tätigkeit.

[...]

Ausnahmen

Artikel 4 In den nachstehend aufgezählten Arbeiten und Arbeitsverhältnissen gelten die Bestimmungen dieses Gesetzes nicht.

a) See- und Lufttransportarbeiten;
b) Land- und forstwirtschaftliche Betriebe oder Unternehmen mit 50 oder weniger Arbeitnehmern;
c) alle landwirtschaftlichen Bauarbeiten, ausgeübt im Rahmen der Familienwirtschaft;
d) Haus- und Handarbeiten, ausschließlich ausgeführt von Familienmitgliedern und Blutsverwandten bis zum dritten Grad;
e) Haushaltsdienste;
f) abgesehen von den Vorschriften über Arbeitsschutz und Arbeitssicherheit die Rechtsverhältnisse der Auszubildenden;
g) Sportler;
h) nur zum Zweck der Rehabilitation beschäftigte Arbeitnehmer;
i) Kleingewerbebetriebe, die unter die Definition in Artikel 2 der Handwerker und kleine Handarbeiten Gesetz mit der Nummer 507 fallen, die höchstens drei Arbeitnehmer beschäftigen.

Folgende Tätigkeiten sind Gegenstand dieses Gesetzes:

a) Lade- und Löscharbeiten zu und von Schiffen in Häfen und Anlegestellen;
b) alle Bodenaktivitäten des Luftverkehrs;
c) Arbeiten in den Werkstätten und Fabriken, in denen landwirtschaftliches Handwerk ausgeübt oder gefertigt wird;
d) Bauarbeiten in landwirtschaftlichen Betrieben;

e) Beschäftigung in öffentlich zugänglichen Parks und Gärten oder zugehörige Teile eines Betriebes;
f) Arbeiten von Meeresfrüchte-Produzenten, deren Tätigkeit nicht durch das-Seearbeitsgesetz geregelt und nicht landwirtschaftliche Arbeit ist.

Grundsatz der Gleichbehandlung

Artikel 5 Beim Arbeitsverhältnis darf keine Diskriminierung aufgrund von Sprache, Rasse, Geschlecht, Behinderung, politische Meinung, philosophischem Glauben, Religion und Konfession oder ähnlichen Gründen vorhanden sein.

Sofern keine wesentlichen Gründe bestehen, darf der Arbeitgeber[3080] nicht Vollzeitbeschäftigte gegenüber Teilzeitbeschäftigten, befristet beschäftigte Arbeitnehmer[3081] gegenüber unbefristet Beschäftigten unterschiedlich behandeln.

Der Arbeitgeber darf beim Abschluss des Arbeitsvertrages, bei der Gestaltung und Anwendung von Arbeitsbedingungen und bei der Beendigung des Arbeitsvertrages einen Arbeitnehmer/eine Arbeitnehmerin aufgrund des Geschlechts oder einer Schwangerschaft weder unmittelbar noch mittelbar unterschiedlich behandeln; es sei denn, es liegen biologische oder zwingende Gründe im Zusammenhang mit der Art der Arbeit vor.

Für gleiche oder gleichwertige Arbeit darf aufgrund des Geschlechts keine Festlegung eines geringeren Entgelts erfolgen.

Die Anwendung besonderer Schutzvorschriften wegen des Geschlechts des Arbeitnehmers kann eine geringere Bezahlung nicht rechtfertigen.

Kommt es während des Arbeitsverhältnisses oder bei dessen Beendigung zum Verstoß gegen die Bestimmungen der vorstehenden Abschnitte, kann der Arbeitnehmer sowohl einen Schadenersatzanspruch bis zur Höhe von vier Monatsgehältern als auch die ihm verwehrten Rechte geltend machen. Artikel 31 des Gewerkschaftsgesetzes mit der Nummer 2821 bleibt unberührt.

Der Arbeitnehmer muss den Verstoß des Arbeitgebers gegen die Bestimmungen der vorstehenden Abschnitte beweisen, Artikel 20 bleibt unberührt. Gelingt es dem Arbeitnehmer, eine Situation aufzuzeigen, die die Möglichkeit des Vorliegens eines Verstoßes glaubhaft darlegt, obliegt dem Arbeitgeber die Pflicht des Beweises, dass kein Verstoß vorliegt.

Zweiter Teil: Arbeitsvertrag, dessen Arten und Kündigung

Definition und Form

Artikel 8 Der Arbeitsvertrag ist eine Vereinbarung, wonach eine Partei (der Arbeitnehmer) sich verpflichtet, eine abhängige Arbeit zu leisten, die andere

---

3080 Alle "der Arbeitgeber" bezeichnen beide der Arbeitgeber und die Arbeitgeberin.
3081 Alle ""der Arbeitnehmer" bezeichnen beide der Arbeitnehmer und die Arbeitnehmerin.

Partei (der Arbeitgeber) sich verpflichtet, eine vereinbarte Vergütung zu gewähren. Der Arbeitsvertrag bedarf keiner besonderen Form, soweit im Gesetz nicht anders festgelegt.

Arbeitsverträge für ein Jahr oder auf längere Dauer sind schriftlich abzuschließen. ...

[...]

Die Bestimmung der Freiheit, der Art und des Typs des Arbeitsvertrages

Artikel 9 Die Parteien können im Rahmen der gesetzlichen Grenzen den Arbeitsvertrag nach ihren Bedürfnissen in beliebiger Art gestalten.

[...]

Einschränkungen bei der Unterscheidung zwischen befristeten und unbefristeten Arbeitsverträgen

Artikel 12: [1] Ein im Rahmen eines befristeten Arbeitsvertrages beschäftigter Arbeitnehmer darf nicht gegenüber einem vergleichbaren, im Rahmen eines unbefristeten Arbeitsvertrages beschäftigten Arbeitnehmer eine Ungleichbehandlung erfahren, nur weil sein Arbeitsvertrag befristet ist, wenn kein berechtigter Grund vorliegt.

[...]

[3] Der vergleichbare Arbeitnehmer ist derjenige, der im Rahmen eines unbefristeten Vertrages in derselben oder einer ähnlichen Tätigkeit im Betrieb beschäftigt ist. Befindet sich kein solcher Arbeitnehmer im Betrieb, so gilt ein Arbeitnehmer mit einem unbefristeten Vertrag, der dieselbe oder eine ähnliche Tätigkeit in einem Betrieb unter vergleichbaren Bedingungen in denselbem Wirtschaftszweig ausübt, als vergleichbarer Arbeitnehmer.

[...]

Teilzeit- und Vollzeitarbeitsverträge

Artikel 13 Ein Arbeitsvertrag ist ein Teilzeitarbeitsvertrag, bei dem die normale Wochenarbeitszeit des Arbeitnehmers wesentlich kürzer im Verhältnis zu einem vergleichbaren vollzeitbeschäftigten Arbeitnehmer ist.

Ein im Rahmen eines Teilzeitarbeitsvertrages beschäftigter Arbeitnehmer darf gegenüber einem vergleichbaren, im Rahmen eines Vollzeitarbeitsvertrages beschäftigten Arbeitnehmer keine Ungleichbehandlung erfahren, nur weil er einen Arbeitsvertrag über Teilzeit hat. Entgelt und andere geldwerte Interessen der Teilzeitbeschäftigten sind in Übereinstimmung mit der Dauer ihrer Arbeitszeit im Verhältnis zu einem vergleichbaren Vollzeitarbeitnehmer zu gewähren.

Der vergleichbare Arbeitnehmer ist derjenige, der in derselben oder einer ähnlichen Tätigkeit im Betrieb vollzeitbeschäftigt ist. Befindet sich kein solcher Arbeitnehmer im Betrieb, so gilt ein Arbeitnehmer mit einem Vollzeitvertrag, der dieselbe oder eine ähnliche Tätigkeit in einem Betrieb unter vergleichbaren Bedingungen in demselben Wirtschaftszweig ausübt, als vergleichbarer Arbeitnehmer.

[...]

Arbeit auf Abruf

Artikel 14 Ein Arbeitsverhältnis, das eine Erbringung der Arbeitsleistung der Arbeitnehmer entsprechend dem Bedarf bei einem schriftlichen Vertrag vorsieht, ist ein Teilzeitarbeitsvertrag, der auf Arbeit auf Abruf basiert.

Arbeitsvertrag mit Probezeit

Artikel 15 Legen die Parteien im Arbeitsvertrag eine Probezeit fest, darf diese Probezeit maximal zwei Monate betragen. Mittels eines Tarifvertrages ist es allerdings möglich, diese Probezeit auf vier Monate zu verlängern.

Innerhalb der Probezeit können beide Parteien ohne Einhaltung einer Kündigungsfrist und ohne Zahlung einer Entschädigung das Arbeitsverhältnis beenden. DerAnspruch auf Lohn und andere Rechte für die geleistete Arbeit bleibt erhalten.

Kündigung mit Frist

Artikel 17 Vor der Kündigung eines unbefristeten Arbeitsvertrages muss eine Mitteilung an die andere Partei von der kündigenden Partei erfolgen.

Der Arbeitsvertrag gilt dann als gekündigt,

a) wenn das Arbeitsverhältnis weniger als sechs Monate bestanden hat nach Ablauf einerFrist von zwei Wochen nach der Kündigungserklärung;
b) wenn das Arbeitsverhältnis sechs Monate bis eineinhalb Jahre bestanden hat nach Ablauf einer Frist von vier Wochen nach der Kündigungserklärung;
c) wenn das Arbeitsverhältnis eineinhalb Jahre bis drei Jahre bestanden hat nach Ablauf einer Frist von sechs Wochen nach der Kündigungserklärung;
d) wenn das Arbeitsverhältnis mehr als drei Jahre bestanden hat nach Ablauf einer Frist von acht Wochen nach der Kündigungserklärung.

Dies sind Mindestfristen, eine Verlängerung mithilfe von Verträgen ist möglich.

Die Partei, die die Frist nicht einhält, hat dem Anderen eine Entschädigung zu zahlen, die dem Entgelt des Arbeitnehmers für den Zeitraum der Kündigungsfrist entspricht.

Der Arbeitgeber kann den Arbeitsvertrag durch die Auszahlung des Entgelts des Arbeitnehmers für den Zeitraum der Kündigungsfrist im Voraus kündigen.

Eine Nichtbeachtung des Grundsatzes der Kündigung durch den Arbeitgeber oder die Beendigung des Arbeitsverhältnisses durch eine Zahlung im Voraus des der Kündigungsfrist entsprechenden Entgelts hindert nicht die

Anwendung der Artikel 18, 19, 20 und 21 dieses Gesetzes. In den Fällen, in denen der Arbeitsvertrag des Arbeitnehmers gemäß Artikel 18 Abschnitt 1 außerhalb des Geltungsbereiches der Artikel 18, 19, 20 und 21 dieses Gesetzes durch eine missbräuchliche Ausübung des Kündigungsrechtes Beendigung erfährt, hat der Arbeitgeber Schadenersatz in Höhe des dreifachen Entgelts für den Zeitraum der Kündigungsfrist des Arbeitnehmers zu zahlen. Bei Nichteinhaltung der Kündigungsfrist ist dem Arbeitnehmer eine zusätzliche Vergütung im Einklang mit Absatz 4 zu zahlen.

In der Berechnung der Abfindungen und für nicht eingehaltene Kündigungsfristen im Voraus gezahlter Lohn, der laut diesem Artikel zu zahlen ist, sind alle finanziellen Vorteile sowie weitere, in monetären Begriffen zu messende Vorteile aus dem Vertrag und aus dem Gesetz neben dem in Artikel 32 Absatz 1 definierten Lohn zu berücksichtigen.

Begründung der Kündigung aus einem triftigen Grund

Artikel 18 Der Arbeitgeber, der den unbefristeten Arbeitsvertrag eines seit mindestens sechs Monaten im Betrieb mit dreißig oder mehr beschäftigten Arbeitnehmern tätigen Arbeitnehmers kündigt, soll sich auf einen triftigen Grund stützen, der sich aus der Fähigkeit oder dem Verhalten des Arbeitnehmers oder auf die Anforderungen des Unternehmens, des Betriebes oder des Dienstes ergibt.

In der Berechnung der sechsmonatigen Beschäftigungszeit finden auch in Artikel 66 aufgezählte Zeiträume Berücksichtigung.

Folgende Sachverhalte stellen vor allem keinen triftigen Grund für die Kündigung dar:

a) Gewerkschaftsmitgliedschaft oder Teilnahme an gewerkschaftlichen Aktivitäten außerhalb der Arbeitszeiten oder – mit Zustimmung des Arbeitgebers – innerhalb der Arbeitszeiten;
b) Tätigkeit als Gewerkschaftsvertreter des Betriebs;
c) Einreichung einer Beschwerde bei Behörden oder Erhebung einer gerichtlichen Klage zur Verfolgung der gesetzlichen oder vertraglichen Rechte des Arbeitnehmers gegenüber dem Arbeitgeber sowie ein Beteiligen an einem in dieser Angelegenheit anhängigen Verfahren gegen den Arbeitgeber;
d) Rasse, Hautfarbe, Geschlecht, Familienstand, familiäre Verpflichtungen, Schwangerschaft, Geburt, Religion, politische Meinung und ähnliche Gründe;
e) Abwesenheit von der Arbeit während der in Artikel 74 vorgesehenen Zeiten und in denen die Beschäftigung von weiblichen Arbeitnehmern verboten ist;
f) vorübergehende Abwesenheit von der Arbeit während der in Artikel 25 Absatz 1 Buchstabe b vorgesehenen Wartepflicht wegen Krankheit oder Unfall.

Bei der Berechnung der sechs Monate Minimum Beschäftigungszeit des Arbeitnehmers sind die Arbeitszeiten des Arbeitnehmers in einem Betrieb oder in verschiedenen Betrieben desselben Arbeitgebers zu berücksichtigen. Hat der Arbeitgeber mehr als einen Betrieb in derselben Branche, kommt es zur Ermittlung der Zahl der Arbeitnehmer auf der Grundlage der Gesamtzahl der Arbeitnehmer in diesen Betrieben.

Dieser Artikel, Artikel 19 und 21 und die letzte Ziffer des Artikels 25 finden keine Anwendung auf die Arbeitgebervertreter, die das gesamte Unternehmen leiten, ihre Gehilfen und die Arbeitgebervertreter, die den gesamten Betrieb leiten und zur selbstständigen Einstellung und Entlassung von Arbeitnehmern berechtigt sind.

Form der Kündigung

Artikel 19 Der Arbeitgeber hat die Kündigung schriftlich und mit klarer und präziser Darlegung der Kündigungsgründe zu verfassen.

Die Kündigung eines unbefristeten Arbeitsverhältnisses eines Arbeitnehmers aus Gründen im Zusammenhang mit seinem Verhalten oder seiner Leistung besitzt keine Rechtskraft, bevor dem Arbeitnehmer die Möglichkeit gegeben ist, sich gegen die Vorwürfe zu verteidigen. Das Kündigungsrecht des Arbeitgebers gemäß Artikel 25 Absatz 2 bleibt jedoch vorbehalten.

Verfahren bei Widerspruch gegen eine Kündigung

Artikel 20 [3082] Ein gekündigter Arbeitnehmer muss sich innerhalb eines Monats nach Mitteilung der Kündigung mit der Behauptung, bei der Kündigungserklärung sei kein Grund angegeben worden oder der angezeigte Grund sei nicht als triftiger Grund anzusehen, gemäß den Bestimmungen des Arbeitsgerichtsgesetzes an den Mediator wenden. Ist am Ende der Mediationstätigkeit keine Einigung zu erzielen, ist es innerhalb von zwei Wochen ab dem Erstellungsdatum des letzten Protokolls möglich, eine Klage beim Arbeitsgericht einzureichen. Bei Einverständnis der Parteien kann auch ein privater Schiedsrichter anstelle des Arbeitsgerichts die Vorlage des Rechtsstreits bearbeiten. Eine Klage ohne Einreichen des Antrags beim Mediator hat eine Ablehnungsentscheidung aufgrund des Fehlens der prozessualen Voraussetzung an die Parteien von Amts wegen zur Folge. Ein Mediator kann innerhalb von zwei Wochen nach Amtszustellung der endgültigen Ablehnungsentscheidung beantragt werden.

Der Arbeitgeber trägt die Beweislast für das Beruhen der Kündigung auf einem triftigen Grund. Allerdings liegt die Beweislast aufseiten des Arbeitnehmers,

---

3082 Vor dem 12.10.2017 geltende Regelung: Ein gekündigter Arbeitnehmer kann gegen die Kündigung seines Arbeitsvertrages innerhalb eines Monats nach Mitteilung der Kündigung mit der Behauptung, bei der Kündigungserklärung sei kein Grund angegeben worden oder der angezeigte Grund sei nicht als triftiger Grund anzusehen, beim Arbeitsgericht Klage erheben.

wenn er behauptet, der Kündigungsgrund unterscheide sich von dem vom Arbeitgeber präsentierten Grund.

Das Verfahren ist innerhalb kurzer Zeit abzuschließen. Im Falle einer Berufung gegen die Entscheidung des Gerichts entscheidet das Regionale Arbeitsgericht so schnell wie möglich und endgültig.

Wirkungen der Kündigung ohne triftigen Grund

Artikel 21 Stellt das Gericht oder ein privater Schiedsrichter eine Kündigung als unwirksam aufgrund einer nicht erfolgten Angabe eines triftigen Grundes oder einer Ungültigkeit des angeblichen Grundes fest, muss der Arbeitgeber den gekündigten Arbeitnehmer innerhalb eines Monats wieder einstellen. Unterbleibt innerhalb eines Monats auf Antrag des Arbeitnehmers die Wiedereinstellung, ist er dazu verpflichtet, dem Arbeitnehmer eine Abfindung zu zahlen, deren Höhe zwischen vier und acht Monatsgehältern des Arbeitnehmers liegt.

Erklärt das Gericht oder der private Schiedsrichter die Unwirksamkeit der Kündigung im Urteil, bezeichnet es auch die Höhe der Abfindung, die im Falle der Nichtwiedereinstellung des Arbeitnehmers zu zahlen ist.

Für den Zeitraum vom Entlassungsdatum bis zur Bekanntgabe der rechtskräftigen Entscheidung sind für die Dauer der Nichtbeschäftigung an den Arbeitnehmer höchstens vier Monatsverdienste und sonstige Zuzahlungen zu leisten.

Das Gericht oder der private Schiedsrichter bestimmt die Abfindung in Absatz 2 und die Monatsverdienste und sonstige Zuzahlungen in Absatz 3 auf der Grundlage des Lohnes zum Zeitpunkt des Verfahrens in Geld.

Erfolgt die Wiedereinstellung des Arbeitnehmers, kommt es für nicht eingehaltene Kündigungsfristen des im Voraus gezahlten Lohnes und der Dienstalterabfindung zur Anrechnung des auf den gemäß Absatz 3 dieses Artikels gezahlten Betrages. Erhielt der Arbeitnehmer keine Kündigungsfrist oder kam es für nicht eingehaltene Kündigungsfristen im Voraus nicht zur Zahlung des Lohnes, ist die Höhe des Lohnes für diese Zeiträume dem nicht wiedereingestellten Arbeitnehmer gesondert zu zahlen.

Der Arbeitnehmer muss innerhalb von zehn Werktagen nach der Zustellung des rechtskräftigen Urteils von dem Arbeitgeber die Weiterbeschäftigung beantragen. Beantragt der Arbeitnehmer innerhalb dieser Frist nicht die Weiterbeschäftigung, gilt die Kündigung als wirksam und der Arbeitgeber haftet lediglich für die rechtlichen Folgen dieser Kündigung.

Falls die Parteien sich am Ende der Mediationstätigkeit auf die Wiedereinstellung des*der Arbeitnehmers*in einigen; müssen sie Folgendes festlegen:

a) das Datum des Arbeitsbeginns;
b) den Geldbetrag der in Absatz 3 geregelten Löhne und sonstigen Zuzahlungen;
c) im Falle einer nicht erfolgten Wiedereinstellung des Arbeitnehmers ist der in Absatz 2 festgelegte Geldbetrag der Abfindung zu bestimmen. Andernfalls

gilt die Vereinbarung als nicht erfolgreich und der Abschlussbericht wird entsprechend erstellt. Beginnt der Arbeitnehmer nicht zum vereinbarten Termin mit der Arbeit, gilt die Kündigung als wirksam und der Arbeitgeber haftet lediglichfür die rechtlichen Folgen dieser Kündigung.

Eine Änderung der Bestimmungen der Absätze 1, 2 und 3 dieses Artikels ist auf keinen Fall zuläsig; abweichende Vereinbarungen sind ungültig.

Änderung von Arbeitsbedingungen und die Kündigung des Arbeitsvertrages

Artikel 22 Der Arbeitgeber kann wesentliche Änderungen von Arbeitsbedingungen, die durch den Arbeitsvertrag, durch die betriebliche Richtlinie, im Anhang zum Arbeitsvertrag oder Ähnliches oder durch die Betriebsübung entstanden sind, nur bei schriftlicher Mitteilung dem Arbeitnehmer vorlegen. Änderungen, die gegen diese Schriftform verstoßen oder die der Arbeitnehmer innerhalb von sechs Arbeitstagen schriftlich nicht angenommen hat, sind für den Arbeitnehmer unverbindlich. Akzeptiert der Arbeitnehmer innerhalb dieser Frist den Änderungsvorschlag nicht, kann der Arbeitgeber den Arbeitsvertrag mit der Begründung, die Änderung beruhe auf einem triftigen Grund oder es gebe einen anderen triftigen Grund für die Kündigung, bei schriftlicher Erklärung und durch die Einhaltung der Kündigungsfrist kündigen. In diesem Fall kann der Arbeitnehmer nach den Bestimmungen der Artikel 17 bis 21 Klage erheben.

Die Parteien können jederzeit die Arbeitsbedingungen im gegenseitigen Einvernehmen ändern. Die Änderung von Arbeitsbedingungen gilt allerdings nicht rückwirkend.

Fristlose Kündigung des Arbeitnehmers wegen eines berechtigten Grundes

Artikel 24 In folgenden Fällen ist der Arbeitnehmer berechtigt, das Arbeitsverhältnis, ob befristet oder unbefristet, vor dem Ablauf der Frist oder ohne Beachtung der Kündigungsfrist zu kündigen:

I. Aus gesundheitlichen Gründen:
   a) wenn die Ausführung der im Arbeitsvertrag beschriebenen Arbeit aus einem Grund, der sich aus der Art der Arbeit ergibt, die Gesundheit oder das Leben des Arbeitnehmers gefährdet;
   b) wenn der Arbeitgeber oder ein anderer Arbeitnehmer, der ständig in der Nähe des Arbeitnehmers ist, mit dem er in direktem Kontakt steht, von einer ansteckenden Krankheit befallen ist oder an einer Krankheit, die mit der Arbeit des Arbeitnehmers unvereinbar ist, leidet.

II. Gegen die guten Sitten und den Grundsatz von Treu und Glauben verstoßende Vorkommnisse und Ähnliches:

a) wenn der Arbeitgeber bei Vertragsabschluss durch eine falsche Angabe der Eigenschaften oder der Bedingungen über eine der wesentlichen Bestandteile des Arbeitsvertrages oder durch falsche Mitteilungen den Arbeitnehmer täuscht;
b) wenn die Rede oder die Handlung des Arbeitgebers gegen die Ehre oder die Würde des Arbeitnehmers oder eines Mitglieds der Familie des Arbeitnehmers gerichtet ist oder wenn der Arbeitgeber den Arbeitnehmer sexuell belästigt;
c) wenn der Arbeitgeber den Arbeitnehmer oder ein Mitglied seiner Familie angreift oder ihm oder ihnen droht; er den Arbeitnehmer oder ein Mitglied seiner Familie anstiftet, illegale Aktionen zu begehen; in dem Fall begeht er gegen den Arbeitnehmer oder eines seiner Familienmitglieder ein Verbrechen, das eine Inhaftierung erfordert; wenn er den Arbeitnehmer bezichtigt, alle möglichen, gegen ihn vorgebrachte Anschuldigungen begangen zu haben, oder er ihn grundlos beschuldigt;
d) wenn es zu einer sexuellen Belästigung des Arbeitnehmers durch einen anderen Arbeitnehmer oder durch Dritte im Betrieb gekommen ist und keine angemessenen Maßnahmen getroffen wurden, obwohl derArbeitgeber darüber Informationen erhalten hat;
e) wenn der Arbeitgeber den Lohn des Arbeitnehmers nicht in Übereinstimmung mit dem Arbeitsgesetz und den Bedingungen des Vertrags ausgerechnet oder gezahlt hat;
f) sofern ein Akkordlohn vereinbart ist, wenn der Arbeitgeber dem Arbeitnehmer eine geringere Anzahl an zu bearbeitenden Stücken oder kleinere Aufgaben zukommen lässt, als es dem Arbeitgeber möglich ist und wenn der Arbeitnehmer für die entstehende Entgeltdifferenz keine Entschädigung erhält.

III. Zwingende Gründe:

Hierbei handelt es sich um eine Verhinderung der Tätigkeit des Betriebs aufgrund zwingender Gründe für eine Dauer von mehr als einer Woche.

Fristlose Kündigung des Arbeitgebers wegen eines berechtigten Grundes

Artikel 25 In folgenden Fällen ist der Arbeitgeber berechtigt, das Arbeitsverhältnis, befristet oder unbefristet, vor Ablauf der Frist oder ohne Beachtung der Kündigungsfrist zu kündigen.

I. Aus Gründen der Gesundheit:

a) wenn der Arbeitnehmer aufgrund seines eigenen Vorsatzes oder aufgrund eines unordentlichen Lebenswandels oder aufgrund eines Alkoholismus sich eine Krankheit zugezogen oder eine Verletzung erlitten hat, sodass er mindestens drei Tage hintereinander oder in einem Monat insgesamt fünf Tage ausfällt;

b) wenn die Gesundheitbehörde die Krankheit, an der der Arbeitnehmer leidet, als nicht heilbar einstuft und der Arbeitnehmer nicht in der Lage ist, am Arbeitsplatz zu arbeiten.

Außerhalb dieser der in (a) genannten Gründe ist der Arbeitgeber berechtigt, in den Fällen von Krankheit, Unfall, Geburt und Schwangerschaft den Vertrag nur dann fristlos zu kündigen, wenn der Arbeitnehmer mehr als sechs Wochen nach Ablauf der in Artikel 17 vorgesehenen Kündigungsfristen arbeitsunfähig ist. In den Fällen von Geburt und Schwangerschaft beginnt der oben genannte Zeitraum am Ende der Frist nach Artikel 74. Es sind aber keine Löhne zu zahlen für den Zeitraum, in dem der Arbeitnehmer wegen der Aussetzung des Arbeitsvertrages nicht arbeitet.

II. Gegen die guten Sitten und den Grundsatz von Treu und Glauben verstoßende Vorkommnisse und Ähnliches:

a) wenn der Arbeitnehmer bei Vertragsabschluss durch die fälschliche Behauptung, er besäße die erforderlichen Eigenschaften oder erfülle die Anforderungen, die für die wesentlichen Bestandteile des Arbeitsvertrages vonnöten seien, oder durch ungenaue Informationen oder Worte den Arbeitgeber in die Irre führt;

b) wenn die Rede oder die Handlung des Arbeitnehmers gegen die Ehre oder die Würde des Arbeitgebers oder ein Mitglied seiner Familie gerichtet ist oder wenn der Arbeitnehmer den Arbeitgeber in einer Art und Weise, die dessen Ehre und Würde verletzt, ungerechtfertigt angezeigt hat;

c) wenn der Arbeitnehmer einen anderen Arbeitnehmer des Arbeitgebers sexuell belästigt;

d) wenn der Arbeitnehmer den Arbeitgeber oder ein Mitglied seiner Familie oder einen anderen Arbeitnehmer des Arbeitgebers angreift oder er betrunken oder unter Drogeneinwirkung am Arbeitsplatz ankommt oder diese Substanzen am Arbeitsplatz verwendet;

e) wenn der Arbeitnehmer durch unehrliche und seinen Verpflichtungen nicht ensprechende Verhaltensweisen Aktionen gegen denArbeitgeber begeht wie einen Vertrauensbruch, Diebstahl oder eine Offenlegung der Geschäftsgeheimnisse des Arbeitgebers;

f) wenn der Arbeitnehmer im Betrieb eine Straftat begeht, die mit mehr als sieben Tagen Haft und ohne Bewährung strafbar ist;

g) wenn der Arbeitnehmer an zwei aufeinanderfolgenden Arbeitstagen oder zweimal in einem Monat am Arbeitstag nach einem Ruhetag oder an drei Arbeitstagen in einem Monat ohne Erlaubnis oder ohne einen berechtigten Grund der Arbeit fernbleibt;

h) wenn der Arbeitnehmer sich weigert, nach einer Verwarnung seine Tätigkeiten zu erfüllen;

ı) wenn der Arbeitnehmer vorsätzlich oder grob fahrlässig die Sicherheit der Arbeit gefährdet oder Maschinen, Anlagen oder andere Gegenstände oder Materialien, die Eigentum des Betriebs sind, oder unter der Obhut des Betriebes beschädigt und die Kosten dieser Beschädigungen nicht mit seinem 30-Tage-Lohn ausgeglichen werden können.

III. Zwingende Gründe:

Höhere Gewalt ist eine Verhinderung der Tätigkeit des Arbeitnehmers aufgrund zwingender Gründe mit einer Dauer von mehr als einer Woche.

IV. Wenn die Abwesenheit des Arbeitnehmers im Falle der Festnahme oder der Verhaftung des Arbeitnehmers länger als die in Artikel 17 angegebene Kündigungsfrist dauert.

Der Arbeitnehmer kann gemäß den Artikeln 18, 20 und 21 eine Klage erheben mit der Behauptung, die Kündigung stehe mit den in den vorherigen Absätzen angegebenen Gründen nicht im Einklang.

Kündigungserklärungsfrist für die fristlose Kündigung

Artikel 26 Eine Geltendmachung des in den Artikeln 24 und 25 für den Arbeitgeber oder für den Arbeitnehmer erkannte Rechts der Kündigung aufgrund von gegen die guten Sitten und den Grundsatz der Gutwilligkeit verstoßenden Vorkommnissen ist nach sechs Tagen nach Kenntnisnahme der Tatsachen oder auf jeden Fall nach einem Jahr nach der Handlung nicht möglich. Hat der Arbeitnehmer sich materielle Vorteile verschafft, ist die einjährige Frist nicht zu beachten.

[...]

Beschäftigungsgebot für Behinderte, Vorbestrafte und Opfer von Terrorakten

Artikel 30 Die Arbeitgeber haben in ihren Betrieben mit fünfzig oder mehr beschäftigten Arbeitnehmern drei Prozent in privaten Einrichtungen und vier Prozent in öffentlichen Einrichtungen an Behinderten und zwei Prozent an Vorbestraften einzustellen und müssen diese entsprechend ihren beruflichen Fähigkeiten und ihrer körperlichen und geistigen Verfassung beschäftigen. [...]

[...]

Mehrarbeit Lohn

Artikel 41 Die Durchführung von Mehrarbeit kann für Zwecke wie das Interesse des Landes oder die Art des Betriebes oder die Notwendigkeit zur Steigerung der Produktion erforderlich sein. Mehrarbeit ist die Arbeit, die im Rahmen der gesetzlichen Voraussetzungen 45 Stunden pro Woche überschreitet. .[...]

Jede Stunde der Mehrarbeit ist mit fünfzig Prozent des normalen Stundenlohnes zusätzlich zu vergüten.

Beträgt die vertraglich vereinbarte Wochenarbeitszeit weniger als 45 Stunden, gilt die über die vertraglich vereinbarte Wochenarbeitszeit hinausgehende und unter 45 Stunden verbleibende Arbeit als Überstundenzeit. Jede Stunde an Mehrarbeit erfährt eine zusätzliche Vergütung in Höhe von 25 Prozent zusätzlich zum normalen Stundenlohn.

[...]

Verstoß gegen die allgemeinen Vorschriften

Artikel 99

a) Ein Arbeitgeber oder Arbeitgebervertreter, der gegen die Prinzipien und Verpflichtungen gemäß Artikel 5 dieses Gesetzes verstößt, muss für jeden Arbeitnehmer in dieser Situation 150 Lira Geldbuße zahlen.
b) Ein Arbeitgeber oder Arbeitgebervertreter, der gegen die Prinzipien und Verpflichtungen gemäß Artikel 7 dieses Gesetzes verstößt, muss für jeden Arbeitnehmer in dieser Situation 250 Lira Geldbuße zahlen.

[...]

Vorschriften, die außer Kraft sind

Artikel 120 Außer Artikel 14 sind die Vorschriften des Arbeitsgesetzes vom 25.8.1971 mit der Gesetzesnummer 1475 außer Kraft.

H. Gesetz über Menschenrechte- und Gleichheitsinstitution der Türkei vom 6.4.2016 mit der Gesetzesnummer 6701

Erster Teil: Zweck, Geltungsbereich und Definitionen

Zweck und Geltungsbereich

Artikel 1 (1) Der Zweck dieses Gesetzes: Schutz und Förderung der Menschenrechte auf der Grundlage der Menschenwürde, Gewährleistung des Rechts auf Gleichbehandlung der Menschen, Verhinderung von Diskriminierung bei der Inanspruchnahme gesetzlich anerkannter Rechte und Freiheiten und die Arbeit im Einklang mit diesen Grundsätzen, wirksame Bekämpfung von Folter und Misshandlung und hinsichtlich der Erfüllung der Aufgabe eines nationalen Präventionsmechanismus die Wahrung der Menschenrechte und die Förderung der Gleichheitsinstitution der Türkei, die Regelung ihrer Organisation, Aufgaben und Befugnisse.

Definitionen

Artikel 2 (1) Bei der Umsetzung dieses Gesetzes ist auf folgende Punkte zu verweisen:

a) Trennung: Personen, die sich von anderen infolge eines Grundes oder mehrerer der in diesem Gesetz aufgeführten Gründe angesichts einer Handlung oder Untätigkeit getrennt halten;
b) Anweisung zur Diskriminierung: Anweisung einer Person, die befugt ist, in ihrem Namen Handlungen und Transaktionen durchzuführen oder die Anweisung eines Beamten, andere Personen zu diskriminieren;

[...]

ç) Mehrfache Diskriminierung: Ein diskriminierendes, mit mehr als einem Diskriminierungsgrund verbundenes Verfahren;
d) Unmittelbare Diskriminierung: jede unterschiedliche Behandlung, die einer natürlichen oder juristischen Person aufgrund von in diesem Gesetz vorgesehenen Diskriminierungsmerkmalen den gleichen Zugang zu gesetzlich anerkannten Rechten und Freiheiten im Vergleich zu anderen in vergleichbare Situation behindert oder erschwert;
e) Mittelbare Diskriminierung: Versetzung einer natürlichen oder juristischen Person im Zusammenhang mit den in diesem Gesetz verankerten Diskriminierungsgründen als Ergebnis aller Arten hinsichtlich des Anscheins nach nichtdiskriminierender Handlungen, Behandlungen oder Verfahren in Bezug auf eine nachteilige Position im Hinblick auf die Wahrnehmung gesetzlich anerkannter, objektiv aber nicht zu rechtfertigender Rechte und Freiheiten;
f) Behinderte: Personen, die von Einstellungen und Umweltbedingungen betroffen sind, die ihre uneingeschränkte und wirksame Teilnahme unter den gleichen Bedingungen wie andere Personen aufgrund des Verlustes von körperlichen, mentalen, psychischen und sensorischen Fähigkeiten auf verschiedenen Ebenen einschränken.

[...]

m) Diskriminierung wegen Annahme: Eine natürliche oder juristische Person erlebt eine diskriminierende Behandlung in Bezug auf die Wahrnehmung gesetzlich anerkannter Rechte und Freiheiten aufgrund der Annahme, es ergäben sich Diskriminierungsgründe, obwohl sie mit keinem der in diesem Gesetz aufgeführten Diskriminierungsgründe im Zusammenhang steht.

Zweiter Teil: Diskriminierungsbekämpfung

Gleichbehandlungsgrundsatz und Diskriminierungsverbot

Artikel 3 (1) Jeder genießt gleichermaßen die gesetzlich anerkannten Rechte und Freiheiten.

(2) Nach diesem Gesetz sind Diskriminierungen aufgrund von Geschlecht, Rasse, Hautfarbe, Sprache, Religion, Glauben, Konfession, philosophischer oder politischer Anschauung, ethnische Herkunft, Vermögen, Geburt, Familienstand, gesundheitlicher Zustand, Behinderung und Alter verboten.
(3) Im Falle eines Verstoßes gegen das Diskriminierungsverbot sind öffentliche Einrichtungen und Organisationen, die die Pflicht und Befugnis zum Handeln in Bezug auf das Thema haben, und berufliche Einrichtungen in Form von öffentlichen Einrichtungen verpflichtet, erforderliche Maßnahmen zu treffen, um den Verstoß zu beenden, seine Folgen zu beseitigen, seine Wiederholung zu verhindern und gerichtliche und administrative Folgemaßnahmen sicherzustellen.
(4) Die für die Durchsetzung des Diskriminierungsverbotes verantwortlichen juristischen Personen und Personen des privaten Rechts sind verpflichtet, die erforderlichen Maßnahmen zur Feststellung, zur Beseitigung der Diskriminierung und zur Gewährleistung der Gleichstellung in Bezug auf die in ihren Zuständigkeitsbereich fallenden Themen zu treffen.

Arten der Diskriminierung

Artikel 4 (1) Folgende Arten von Diskriminierung fallen unter dieses Gesetz:

a) Trennung;
b) Anweisungen zur Diskriminierung und das Befolgen dieser Anweisung;
c) Mehrfachdiskriminierung;
d) Unmittelbare Diskriminierung;
d) Mittelbare Diskriminierung;
e) Mobbing am Arbeitsplatz;
f) zumutbare Nichtregulierung;
g) Belästigung;
h) Diskriminierung wegen Annahme des Vorliegens eines Diskriminierungsgrundes.

Beschäftigung und Selbstständigkeit

Artikel 6 (1) Der Arbeitgeber oder die vom Arbeitgeber ermächtigte Person darf den Arbeitnehmer des Arbeitgebers oder die Person, die sich zu diesem Zweck bewirbt; die Person, die sich an einem Arbeitsplatz befindet, um praktische Berufserfahrung zu sammeln, oder die Person, die sich zu diesem Zweck bewirbt, oder die Person, die Informationen über den Arbeitsplatz oder die Arbeit erhalten möchte, um in irgendeiner Funktion zu arbeiten oder praktische Berufserfahrung zu sammeln, bei arbeitsbezogenen Prozessen einschließlich der Informationen, Bewerbung, Auswahlkriterien, Einstellungsvoraussetzungen sowie bei der Arbeit und Beendigung der Arbeit nicht diskriminieren.
[...]

Fälle, in denen Diskriminierungsvorwürfe nicht vorgetragen werden dürfen

Artikel 7 – (1) Fälle und Ausnahmen, in denen der Anspruch auf Diskriminierung nicht unter dieses Gesetz zu stellen ist, sind wie folgt:

a) In den Bereichen Beschäftigung und Selbstständigkeit: wenn zwingende berufliche Anforderungen bestehen, eine angemessene und dem Zweck entsprechende unterschiedliche Behandlung;
b) Situationen, die die Beschäftigung eines bestimmten Geschlechts erfordern;
c) bei der Einstellung und Beschäftigung: Festlegung und Anwendung von Altersgrenzen aufgrund der Erfordernisse des Dienstes, unterschiedliche altersabhängige Behandlung, sofern dies in einem angemessenen Verhältnis zu den Anforderungen und dem Zweck steht;
d) besondere Maßnahmen und Schutzmaßnahmen für Kinder oder Personen, die an einem besonderen Ort aufbewahrt werden sollten;
d) in einer religiösen Einrichtung: das Angebot von religiösen Diensten oder zur Erziehung und Ausbildung im Zusammenhang mit dieser Religion bei der Möglichkeit, nur Mitglieder dieser Religion zu beschäftigen;
e) die Suche der Vereinigungen, Stiftungen, Gewerkschaften, politischen Parteien und Berufsverbände nach bestimmten Voraussetzungen und Qualifikationen auf der Grundlage des Zwecks, des Prinzips und der Werte in einschlägigen Gesetzen oder jeweiligen Statuten bei Personen, die Mitglieder werden wollen;
f) unterschiedliche, notwendige, angemessene und verhältnismäßige Behandlung zur Beseitigung von Ungleichheiten;
g) unterschiedliche Behandlung aufgrund der Bedingungen und des rechtlichen Status von Nichtstaatsangehörigen bei Einreise und Aufenthalt.

I. Gesetz über die Behinderten vom 1.7.2005 mit der Gesetzesnummer 5378

Erster Teil: Zweck, Geltungsbereich, Definitionen und allgemeine Grundsätze

Definitionen

Artikel 3 (geändert 6.4.2014 – 6518/ Art. 63) Die Umsetzung dieses Gesetzes verweist auf:

a) Unmittelbare Diskriminierung: Jede unterschiedliche Behandlung, die auf einer Diskriminierung aufgrund einer Behinderung basiert, die es verhindert, einschränkt oder erschwert, dass Behinderte die gleichen Rechte und Freiheiten genießen wie andere in vergleichbaren Situationen;

b) Mittelbare Diskriminierung: Die Versetzung von Behinderten im Zusammenhang mit dem Diskriminierungsgrund Behinderung als Ergebnis aller Arten hinsichtlich des Anscheins nach nichtdiskriminierender Handlungen, Behandlungen und Verfahren in einer nachteiligen Position im Hinblick auf die objektiv nicht zu rechtfertigende Wahrnehmung von Rechten und Freiheiten;
c) Behinderte: Personen, die von Einstellungen und Umweltbedingungen betroffen sind, die ihre uneingeschränkte und wirksame Teilnahme unter den gleichen Bedingungen wie andere Personen aufgrund des Verlustes von körperlichen, mentalen, psychischen und sensorischen Fähigkeiten auf verschiedenen Ebenen einschränken.
d) Diskriminierung aufgrund von Behinderung: Unterscheidung, Ausschluss oder Beschränkung aufgrund einer Behinderung bei der uneingeschränkten und gleichberechtigten Ausübung oder dem Anwenden von Menschenrechten und Grundfreiheiten in einem politischen, wirtschaftlichen, sozialen, kulturellen, zivilen oder anderen Bereich.

...

www.ingramcontent.com/pod-product-compliance
Ingram Content Group UK Ltd.
Pitfield, Milton Keynes, MK11 3LW, UK
UKHW021824290926
8980IPUK00004B/255

9 783631 882399